バンコクの主要地名

アソーク通り
ซอยอโศก
ソーイ アソーク

ウィークエンドマーケット
ตลาดจตุจักร
タラート チャトゥチャック

エーカマイ通り
ซอยเอกมัย
ソーイ エーカマイ

王宮前広場
สนามหลวง
サナームルアン

カオサン通り
ถนนข้าวสาร
タノン カーオサーン

国立博物館
พิพิธภัณฑสถาน
ピピッタパン サターン ヘン チャート

サイアムスクエア
สยามสแควร์
サヤーム サクウェー

シーロム通り
ถนนสีลม
タノン シーロム

シリキット・コンベンションセンター
ศูนย์การประชุมแห่งชาติสิริกิติ์
スーン カーン プラチュム ヘン チャート シリキット

スクンビット通り
ถนนสุขุมวิท
タノン スクムウィット

スラウォン通り
ถนนสุรวงศ์
タノン スラウォン

タイ文化センター
ศูนย์วัฒนธรรมแห่งประเทศไทย
スーン ウッタナタム ヘン プラテート タイ

チャトチャック公園
สวนจตุจักร
スアン チャトゥチャック

中華街
เยาวราช
ヤオワラート

ドンムアン空港
สนามบินดอนเมือง
サナームビン ドーンムアン

サターニー ロットファイ フアフムホーン

モーチット・バスターミナル
สถานีขนส่งหมอชิตใหม่
サターニー コンソン モーチット マイ

ラーマ4世通り
ถนนพระราม๔
タノン プララーム シー

ワット・アルン
วัดอรุณ
ワット アルン

ワット・プラケオ
วัดพระแก้ว
ワット プラケーオ

ワット・ポー
วัดโพธิ์
ワット ポー

デイリー
日タイ英
タイ日英
辞典

Daily Japanese-Thai-English Dictionary

宇戸清治[監修]
三省堂編修所[編]

三省堂

© Sanseido Co., Ltd. 2004

Printed in Japan

編集協力

มาลี อุโดะ (宇戸マリー)

สุนัดดา รักตะบุตร (スナッダー・ラックタブット)

ณัฐวุฒิ ศรีเทพ (ナッタウット・シーテープ)

Vijarn Kamnerdkhag
Sompop Chuaysrinuan
Charosporn Chalermtiarana

(株)三省堂辞書編集システム　　　(株)ジャレックス

装丁　米谷テツヤ
装画　東恩納裕一
見返し図版　Jmap

まえがき

　旅行や会話に役立ち，親しみやすい3か国語辞典をめざして本シリーズが誕生したのは,今から2年前です．幸い，読者の皆様からご好評をいただき,本年はタイ語版をお届けできることになりました．

　21世紀に入り，私たちを取り巻く世界は急速な変化を遂げつつあります．コンピュータ技術の飛躍的な発展により，地球は一挙に狭くなりました．
　これは言語の世界にも影響を及ぼし，とくに，インターネットの分野における英語の優位性は揺るぎないものとなりました．
　その一方で,世界各地の固有の言語の重要性も増しています．言語は文化を写す鏡，その多様性に私たちは強く惹かれます．いろいろな国の人々とその国の言葉でコミュニケーションできる楽しみは，外国語を学ぶ原点ともいえましょう．一つの単語から，外国語学習の扉が無限に開かれます．

　その際に，強い味方となるのが辞書です．しかし，多くの辞書は限られたスペースに最大の情報を盛ろうとするため，見やすさ，引きやすさの点で問題があります．また，詳細な語義区分や文法解説などが入っていても，初学者にとっては，かえって単語そのものの意味に迫りにくくなっている場合もあります．

　本書は，学生からシルバー世代まで幅広い初学者の立場を考え，思い切ってシンプルに編集しました．

　まず，「日タイ英」の部では基本語はもちろん，タイに関連する言葉も含め約12,000項目を収録しました．

　つぎに，「タイ日英」の部には重要語を中心に約9,000語の見出し語を収めました．タイの文字は最初はとっつきにくい感じもしますが，簡単な文法をはじめに掲載し，声調がわかりやすいカナ発音を採用しましたので，抵抗なくなじんでいただけると思います．

　また分野別のコラムでは多様なジャンルの言葉を関連づけて覚えることができ，バンコクのスカイトレイン・地下鉄路線図や地名一覧の付録は観光・ビジネス・生活に役立ちます．

本書の編集は，日本語と英語の選定および英語のカタカナ発音は原則としてシリーズ共通とし，タイ語部分と全体的な監修を東京外国語大学教授　宇戸清治先生と(財)アジア学生文化協会ABKアジアセミナー　タイ語講座講師　江田優子先生にお願いいたしました．

　日タイ両国の関係は近年ますます深く，親しくなっています．このハンディな「デイリー日タイ英・タイ日英辞典」が，タイとタイ語を愛するみなさんの強い味方となることを心から願っています．

2004年 5月

三省堂編修所

目　次

- この辞典の使い方 .... (v) ～ (vi)
- タイ語の発音 .... (vii) ～ (viii)
- アルファベット表 .... (xi) ～ (xii)
- タイ語の文法 .... (xiii) ～ (xvii)
- タイ語の手紙の書き方 .... (xviii) ～ (xxii)
- 日タイ英辞典 .... 1 ～ 822
- 日常会話 .... 823 ～ 848
- タイ日英辞典 .... 849 ～ 1048

■タイ語の発音

 タイ語を学ぼうとする初心者がまず頭を痛めるのが発音です．タイ語の発音には日本語や英語には見られない声調など，いくつかのはっきりした特徴があるためです．逆にこれらの特徴によって，タイ語は世界の言語の中でも，最も美しい響きを持った言葉のひとつであると言われています．

●母音

 タイ語の母音は日本語とほぼ同じア，イ，ウ，エ，オの5つに，日本語にはない4つを加えて合計9種類あり，それぞれに長母音と短母音の区別があります．後者の4つの母音はカタカナでは正確に表記できないので，本書ではもっとも近い日本語の発音を当てています．それぞれの母音の特徴は次の通りです．

a……日本語の「ア」と同じ

i……日本語の「イ」と同じ

e……日本語の「エ」と同じ

ɛ……「ア」の口の形で「エ」と発音（本書では「エ」と表記）

u……唇をすぼめて「ウ」と発音

ɯ……「イ」の口の形で「ウ」と発音（本書では「ウ」と表記）

o……唇をすぼめて「オ」と発音

ɔ……口を大きく開いて「オ」と発音する．

ə……「ア」と「ウ」の中間の音（本書では「ウ」と表記）

●子音

 タイ語の子音は21種類あり，その多くが日本語とほぼ同じ発音です．ただ，「息を吐かないで発音する音」（無気音）と「息を強く吐く音」（有気音）の区別は大事です．頭子音（音節の先頭に来る子音）のカタカナ表記はいろいろありますが，本書では無気音も有気音もどちらも「カ，チャ，タ，パ」で表記しています．本格的にマスターするにはタイ人の実際の発音に触れて，両者をしっかりと区別できるようになって下さい．
・**無気音**：息が漏れないよう注意しつつ「ガ，ジャ，ダ，バ」を濁らせずに発音する感じです．口の前に手を当てて発音し，息がかからなければ合格．初心者は少し苦労します．

・**有気音**：息を強く吐き出しながら「カ，チャ，タ，パ」と発音します．手を当てると息が強くかかるので分かります．日本人には比較的発音しやすい子音です．

もうひとつ注意を要する点は，たとえばプラー（魚）やクラパオ（鞄）などの二重子音（１１種類）では「パー」や「カパオ」のように発音され，それぞれ２番目の子音である l，r がほとんど聞き取れないことです．本書では［プラー］，［クラパオ］のように第２子音の発音まで書いてありますが，これもタイ人との会話を通じて実際の発音に慣れましょう．

音節の最後にくる末子音は k, t, p, m, n, ŋ, i, o(u), ʔ の９種類ありますが，特に次の３つの発音には注意が必要です（ʔ は声門閉鎖音という子音で，短母音で終わる音節の後や，母音で始まる音節の前に来ます）．

k ……「はっきり」の「はっ」で止めた音．rak（愛する）は「ラック」ではなく「ラッ」．

t ……「ちょっと」の「ちょっ」で止めた音．set（終わる）は「セット」ではなく「セッ」．

p ……「さっぱり」の「さっ」で止めた音．phop（会う）は「ポップ」ではなく「ポッ」．

本書では煩雑を避けるため，末子音を小文字でカタカナ表記するか，次にくる頭子音と同じ発音の場合に「ッ」と表記してあります．とりあえず最後にくる「カ，タ，パ」行の音は英語ほどはっきり発音はしないという規則を守っていれば，自然に上手になります．

●声調

声調とはアクセントとは違って，ある音節全体の音の高低や抑揚のことです．同じ綴りでもマー（来る），マ̌ー（犬），マ́ー（馬）とか，クライ（遠い），クライ（近い）のように声調が違うと意味も違ってきます．この声調ができなければタイ語をマスターすることはできません．タイ語の声調には次の５つがあり，本書では平声以外の四つをカナ発音の上に

マ̀ー　マ̂ー　マ́ー　マ̌ー　のように示してあります．

平声　　　普通の声の高さで平らに発音する．

低声　＼　低い声で抑揚をつけず平らに発音する．

下声　∧　高いところから一気に下降する調子で発音する．

高声　／　高い声で最後まで平らに発音する．

上声　∨　低いところから上昇させ高い音で終わる．

この辞典の使い方

【タイ語の発音・文法、手紙の書き方】

・発音，声調規則，文法解説，アルファベット表および文例つきの手紙の書き方を巻頭に収録．

【日タイ英の部】

● 日本語見出し語欄

・日常よく使われる日本語約 12,000 を五十音順に配列．
・長音「ー」は直前の母音に置き換えて配列．

例：アーチスト→ああちすと，チーム→ちいむ

・常用漢字以外の漢字も使用し，すべてふりがなを付した．
・語義が複数ある場合には，（　）で分類．

● タイ語欄

・見出しの日本語に対応するタイ語を掲載．
・かっこ類については「略号・記号一覧」を参照．
・タイ語には声調記号つきのカナ発音を併記（巻頭「タイ語の発音」参照）．

● 英語欄

・見出しの日本語に対応する英語を掲載．ただし品詞が一致しない場合もある．
・タイ語に対応する英語が存在しない場合は空欄のままか，タイ語をイタリック体の欧文で示した．
・英語にもカナ発音を併記した．

● コラム

・関連する単語を，36のテーマやキーワードのもとに掲載．
・原則として英語も併記したが，カナ発音は省略．
・コラムの目次は裏見返しを参照．

【タイ日英の部】

- 基本的なタイ語約9千語を見出しとした.
- 声調記号つきのカナ発音を併記.
- タイ語に対応する英語も掲載したが,その英語が存在しない場合は省略するか,タイ語をイタリック体の欧文で示した.

【日常会話表現の部】

- テーマや状況別に,よく使われる会話表現を掲載.
- 英語も併記したが,カナ発音は省略.
- 目次は裏見返しを参照.

【巻末付録】

- 全国の有名な観光地名と全県名に,カナ発音つきのタイ語を併記して五十音順に掲載した.

■略語・記号一覧■

⇒　空見出しから見出し語への送り
(　)省略可能・補足
《　》説明・注記
[　]言い換え可能

《王》王室用語　　《文》文章語　　《単》単位
《口》口語・俗語　《動》動物　　　《植》植物

(その他一般記号)

/…/　カナ発音
(英…)　見出し語に対応する英語
〜　見出し語相当部分

■タイ文字の初歩

タイ文字はその形状から読むのが難解だと思われがちですが、英語と同じように、母音字と子音字を組み合わせる表音文字ですので、アルファベットと基本的な母音符号を学べば、すぐに簡単な単語を読んだり自分の名前をタイ文字で書いたりできるようになります。タイ文字の読み書きができるメリットは計り知れなく大きいので、ぜひ挑戦してみて下さい（手書き文字の例が「手紙の書き方」にあります）。

●アルファベット

タイ語のアルファベット（タイ語で「コー・カイ」）は４２文字あります。同じ発音の文字が複数ある場合でも、実際の単語で使用頻度が高いのはそのうちの１つ程度です。それぞれの文字には名称がついています。また中類字、高類字、低類字の区別は正しい声調を知る上で必ず必要な知識です。辞書ではこのアルファベットの順序に単語が配列されています（xi, xii ページ参照）。

●母音符号 （－は子音字の位置）

タイ語の母音符号は、-า[-aa]、-ิ[-ii]、-ุ[-uu]、เ-[-ee]、โ-[-oo] のように子音字の上下や左右に書かれたり、เ-ีย[-ia] のように左右と上から子音字を囲むように書く二重母音もあります。また、ไ-[-ai] と ใ-[-ai] のように同じ音なのに形が違うものがあります。次ページはタイ語のすべての母音符号（真性母音、二重母音、余剰母音）を網羅した表です。

タイ語の単語は子音字と母音符号、４つの声調符号、その他の符号（反復符号ๆ, 省略記号ฯ, 黙字符号 ์ など）の組み合わせでできています。一例をあげておきましょう。

ม[子音 m-]+า[母音 -aa] = มา[maa] マー「来る」

ร[子音 r-]+เ-ีย[母音 -ia-]+น[子音 -n] = เรียน[rian] リアン「学ぶ」

●声調規則

上の２つの単語は簡単に読め、声調も平声なので問題ありませんが、通常はこれほど簡単ではなく、声調規則をしっかりと覚えておかないと正しい声調で発音できません。

声調符号には ˋ ˇ ˜ ˦ の４種類があり、この符号と音節の子音の字類によって、声調が決まります。なお、平音 音または m, n, ŋ, i, o(u) で終わる音節で、促音節 k, ʔ で終わる音節です。

■母音

真 性 母 音			
長母音	短母音	長母音	短母音
-า アー	-ะ ア	แ- エー	แ-ะ エ
-า- アー	-ั- ア	แ-- エー	แ็- エ
			(แ-- エ)
-ี イー	-ิ イ	โ- オー	โ-ะ オ
-ี- イー	-ิ- イ	โ-- オー	-- オ
-ื อ ウー	-ึ ウ	-อ オー	เ-าะ オ
-ื - ウー	-ึ- ウ	-อ- オー	-็อ- オ
			(-อ- オ)
-ู ウー	-ุ ウ	เ-อ ウー	เ-อะ ウ
-ู- ウー	-ุ- ウ	เ-ิ- ウー	(เ-ิ- ウ)
		(เ-ย ウーイ)	
เ- エー	เ-ะ エ	⎛ - はそこに ⎞	
เ-- エー	เ็- エ	⎜ 子音字が入ること ⎟	
	(เ-- エ)	⎝ を表す ⎠	

二 重 母 音		余 剰 母 音
長母音	短母音	
เ-ีย イア	เ-ียะ イア	
เ-ีย- イア		ไ- アイ
เ-ือ ウア	เ-ือะ ウア	ใ- アイ
เ-ือ- ウア		เ-า アオ
ウア	-ัวะ ウア	-ำ アム

■アルファベット表

文字	呼び方	字類	頭子音	末子音
ก	ไก่ [コー カイ] 鶏のコー	中	k-	-k
ข	ไข่ [コー カイ] 卵のコー	高	kh-	-k
ค	ควาย [コー クワーイ] 水牛のコー	低	kh-	-k
ฆ	ระฆัง [コー ラカン] 鐘のコー	低	kh-	-k
ง	งู [ゴー グー] 蛇のグー	低	ŋ-	-ŋ
จ	จาน [チョー チャーン] 皿のチョー	中	c-	-t
ฉ	ฉิ่ง [チョー チン] シンバルのチョー	高	ch-	/
ช	ช้าง [チョー チャーン] 象のチョー	低	ch-	-t
ซ	โซ่ [ソー ソー] 鎖のソー	低	s-	-t
ฌ	เฌอ [チョー チュー] 樹木のチョー	低	ch-	-t
ญ	หญิง [ヨー イン] 女のヨー	低	y-	-n
ฎ	ชฎา [ドー チャダー] 冠のドー	中	d-	-t
ฏ	ปฏัก [トー パタック] 鞭のトー	中	t-	-t
ฐ	ฐาน [トー ターン] 台座のトー	高	th-	-t
ฑ	มณโท [トー モントー] モントー夫人のトー	低	th-	-t
ฒ	ผู้เฒ่า [トー ターオ] 老人のトー	低	th-	-t
ณ	เณร [ノー ネーン] 小僧のノー	低	n-	-n
ด	เด็ก [ドー デック] 子供のドー	中	d-	-t
ต	เต่า [トー タオ] 亀のトー	中	t-	-t
ถ	ถุง [トー トゥン] 袋のトー	高	t-	-t

ท	ทหาร [トー タハーン] 兵隊のトー	低	th-	-t
ธ	ธง [トー トン] 旗のトー	低	th-	-t
น	หนู [ノー ヌー] ネズミのノー	低	n-	-n
บ	ใบไม้ [ボー バイマーイ] 木の葉のボー	中	b-	-p
ป	ปลา [ポー プラー] 魚のポー	中	p-	-p
ผ	ผึ้ง [ポー プン] ミツバチのポー	高	ph-	
ฝ	ฝา [フォー ファー] 蓋のフォー	高	f-	
พ	พาน [ポー パーン] 高脚台のポー	低	ph-	-p
ฟ	ฟัน [フォー ファン] 歯のフォー	低	f-	-p
ภ	สำเภา [ポー サムパオ] ジャンク船のポー	低	ph-	-p
ม	ม้า [モー マー] 馬のモー	低	m-	-m
ย	ยักษ์ [ヨー ヤック] 鬼のヨー	低	y-	-i
ร	เรือ [ロー ルア] 船のロー	低	r-	-n
ล	ลิง [ロー リン] 猿のロー	低	l-	-n
ว	แหวน [ウォー ウェーン] 指輪のウォー	低	w-	-u
ศ	ศาลา [ソー サーラー] 休憩所のソー	高	s-	-t
ษ	ฤๅษี [ソー ルーシー] 仙人のソー	高	s-	-t
ส	เสือ [ソー スア] トラのソー	高	s-	-t
ห	หีบ [ホー ヒープ] 箱のホー	高	h-	
ฬ	จุฬา [ロー チュラー] 凧のロー	低	l-	-n
อ	อ่าง [オー アーン] 洗面器のオー	中	?	
ฮ	นกฮูก [ホー ノック フーク] フクロウのホー	低	h-	

■声調

声調規則表	声調符号なし		声調符号あり			
	平音節	促音節	ˋ	ˊ	ˊ	˖
中類字	ー	\	\	∧	∧	∨
高類字	∨	\	\	∧		
低類字	ー	長母音 ∧ / 短母音 /	∧	∧		

 ー 平声
 \ 低声
 ∧ 下声
 / 高声
 ∨ 上声

　上の声調規則表を参考にして，ある単語の正しい声調を決定する順序は，次の通りです．なお実際の発音では慣用による例外もあります

1. 頭子音字が中・高・低類字のどれであるかを見て，横軸を決めます．
2. 声調符号の有無とその種類を見ます．**พ่อ** [ポ-] (父) や **เข้า** [カオ] (入る) などはここまででわかります．
3. 声調記号がない場合は，平音節か促音節かを見ます．平音節なら，**สวย** [スアイ] (美しい) のように表からわかります．
4. もし促音節の場合，頭子音字が中・高類字のどれかであれば，**ตอบ** [トープ] (答える) や **ถูก** [トゥーク] (安い) のようにすぐ決まります．頭子音字が低類字である場合は，長母音か短母音かを見ます．**ราก** [ラーク] (根) と **รัก** [ラック] (愛する) の声調の違いがこれでわかります．

■タイ語の文法

　タイ語は中国語などと同様に孤立語の部類に入ります．従って，動詞や形容詞などの単語が時制や人称によって語形変化することはいっさいありません．また，日本語の「てにをはが」にあたる助詞も用いません．そのため文章の意味は，主として語順（文中での単語の位置関係）によって決まります．

タイ語の基本的な語順は「主語+動詞+目的語」です.言い換えれば,タイ語の品詞はそれが文のどこに置かれるかによって決まることになります.単語の修飾関係では「修飾される語+修飾する語」のように日本語や英語とは逆になります.時制や数(複数,単数)などはほとんど考える必要はありません.主語が明らかな場合は省略される点は日本語と同じです.

●等式文「…は…です」(以下の文では説明用に単語を分けて書いてあります)

ผม เป็น นักเรียน 「私(男)は学生です」
[ポム　ペン　ナックリアン]
私　…です　学生

เป็น [ペン]「…です」は繋動詞で英語の be 動詞に相当します.ほかに **คือ** [クー]「…です」も用いられます.

●動詞文

ดิฉัน ชอบ ทุเรียน 「私(女)はドリアンが好きです」
[ディチャン チョープ トゥリアン]
私　好む　ドリアン

これがタイ語のもっとも基本的な動詞文です.これを基礎にして,2つの動詞が連続したり,修飾語などが交じったりした例文を一つ掲げておきます.

เขา ชอบ เล่น กอล์ฟ มาก「彼はゴルフが大好きです」
[カオ チョープ レン ゴープ マーク]
彼　好む　遊ぶ　ゴルフ　とても

目的語が2つある場合は「主語+動詞+直接目的語(…を)+間接目的語(…に)」の順になります.

เพื่อน ให้ หนังสือ ผม 「友人が私に本をくれた」
[プアン　ハイ　ナンスー　ポム]
友人　あげる　本　私

อยู่ [ユー]は「いる,ある」と存在を意味する動詞です.別の動詞 **มี** [ミー]にも所有「持っている」のほか存在の意味がありますが, **มี** [ミー]はその存在の有無が不確かな場合に用いられます.

คุณ ยุพา อยู่ ไหม ครับ「ユパーさんはいますか?」
[クン ユパー ユー マイ クラップ]
ユパーさん　いる　…か　(ていねい)

ที่นั่น มี พนักงาน ชื่อ ยุพา ไหม ครับ

「そちらにユパーという従業員はいますか?」

[ティーナンミー パナックガーン チュー ユパー マイ クラップ]
そこ いる 従業員 名前 ユパー …か (ていねい)

●形容詞文

ภาษาไทย ยาก 「タイ語は難しいです」

[パーサータイ ヤーク]
タイ語 難しい

形容詞は動詞と同じ働きをするので,等式文特有の **เป็น** [ペン] は用いません.

●否定文

否定文は,1. 等式文であるか,2. 動詞文・形容詞文であるかによって異なる語を用います.

1. 等式文の場合. **เป็น** [ペン] (…です) が **ไม่ใช่** [マイチャイ] (…ではない) になります.

ผม ไม่ใช่ นักเรียน 「私は学生ではありません」

[ポム マイチャイ ナックリアン]
私 …でない 学生

2. 動詞文・形容詞文の場合. 動詞や形容詞の前に **ไม่** [マイ] (…しない) を置きます.

ดิฉัน ไม่ ชอบ ทุเรียน

「私はドリアンは好きではありません」
[ディチャン マイ チョープ トゥリアン]
私 …しない 好む ドリアン

ภาษาไทย ไม่ ยาก 「タイ語は難しくない」

[パーサータイ マイ ヤーク]
タイ語 …でない 難しい

●疑問文

文末に次の語を置くと疑問文になります.

หรือ, หรือเปล่า 「…ですか?」(どの文にも使えます)

[ルー], [ルー プラーオ]

ไหม 「…ですか?」(動詞文・形容詞文だけに使います)

[マイ]

ใช่ ไหม 「…でしょう?」(どの文にも使えます)
[チャイ マイ]

แล้ว หรือ ยัง 「もう…しましたか?」(動詞文だけに使います)
[レーオ ルー ヤン]

このほか、「いつ」「どこ」「だれ」「何」「どう」「なぜ」「いくら」「いくつ」などの疑問詞を使うこともできます.

จะ ไป เชียงใหม่ เมื่อไหร่
「チェンマイへはいつ行きますか?」
[チャ パイ チアンマイ ムアライ]
(未来) 行く チェンマイ いつ

พบ กับ เขา ที่ไหน 「どこで彼に会いましたか?」
[ポップ カップ カオ ティーナイ]
会う …と 彼 どこ

ใคร พูด ภาษาญี่ปุ่น เป็น 「だれが日本語を話せますか?」
[クライ プート パーサーイープン ペン]
だれ 話す 日本語 できる

คุณ ต้องการ อะไร 「あなたは何が欲しいのですか?」
[クン トンカーン アライ]
あなた 望む 何

นี่ ทาน อย่างไร ดี 「これはどう食べたらいいですか?」
[ニー ターン ヤーンライ ディー]
これ 食べる どのように 良い

ทำไม คุณ เรียน ภาษาญี่ปุ่น อยู่
「あなたはなぜ日本語を学んでいるですか?」
[タムマイ クン リアン パーサーイープン ユー]
なぜ あなた 学ぶ 日本語 …している

ค่า เช่า เท่าไร 「レンタル料はいくらですか?」
[カー チャオ タオライ]
値段 借りる いくら

คุณแม่ อายุ เท่าไร 「お母さんの年齢はいくつですか?」
[クンメー アーユ タオライ]
お母さん 歳 いくつ

●強調・命令・依頼文

動詞を強く言うか，文末に **สิ** [シ], **เถอะ** [トゥ], **หน่อย** [ノイ], **เลย** [ルーイ], **นะ** [ナ] などを添えます.

มา เร็วๆ สิ 「はやく来なさい」
[マー レオ レオ シ]
来る はやく …なさい

ช่วย หน่อย 「ちょっと手伝って」
[チュアイ ノイ]
助ける ちょっと

ดีใจ เลย 「すごくうれしい」
[ディーチャイ ルーイ]
うれしい すごく

●助動詞

タイ語には時制その他を表わすさまざまな助動詞があり，動詞の直前や文末で用いられます．下は完了，願望，禁止の助動詞を使った例文です．

รถไฟใต้ดิน ออก ไป แล้ว
「地下鉄は出て行ってしまいました」
[ロットファイタイディン オーク パイ レーオ]
地下鉄 出る 行く …した

อยาก ไป ภูเก็ต ไหม 「プーケットへ行きたいですか？」
[ヤーク パイ プーケット マイ]
…したい 行く プーケット …ですか？

ไป บ้าน เขา ไม่ ได้ 「彼の家に行ってはいけない」
[パイ バーン カオ マイ ダーイ]
行く 家 彼 だめです

●男性形と女性形

タイ語には一人称と文末のていねい表現だけに男女間による使い分けがあります．「私」は男性であれば **ผม** [ポム], 女性であれば **ดิฉัน** [ディチャン]を用います．同様にていねい表現は，男性であれば文末に **ครับ** [クラップ], 女性であれば **ค่ะ** [カ] (肯定文, 否定文) または **คะ** [カ] (疑問文) を添えます．このていねい表現は単独で使うと「はい」という意味になります．

■タイ語の手紙の書き方

(なるべく黒インクは避け,青が望ましい)

1. 宛名

```
① คุณ ② จารุวัฒน์ บุษมาลี ③ (คุณปู)
④ 27/71 ถนน พหลโยธิน
เขต จตุจักร 10900 ⑤ กรุงเทพฯ
THAILAND
```

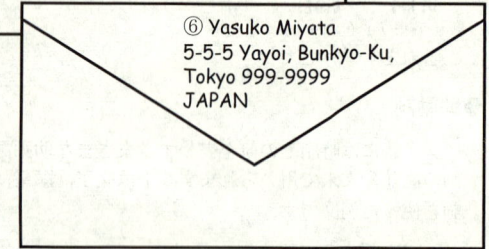

⑥ Yasuko Miyata
5-5-5 Yayoi, Bunkyo-Ku,
Tokyo 999-9999
JAPAN

①…様: 普通の手紙では目上・目下,男女を問わず **คุณ…**[クン]でよい.さらに正式・ビジネスでは **เรียนคุณ…**[リアン クン](…殿)とする.そのほかの肩書は以下の通り.
先生・教授 **ครู, อาจารย์** [クルー, アーチャーン]
医者(女医) **แพทย์(แพทย์หญิง)** [ペート(ペート イン)]
僧侶 **พระคุณท่าน** [プラクン タン]
生徒 **นักเรียน** [ナックリアン]
子ども(男子) **เด็กชาย** [デック チャーイ]
子ども(女子) **เด็กหญิง** [デック イン]

②氏名(例:チャールワット(名前)・ブッサマーリー(名字)様): タイでは正式には名字ではなく名前で呼び合う.この例でも,クン・チャールワットと呼び,クン・ブッサマーリーとは呼ばない.

③ニックネーム（例：プー様）：タイ人同士では普段ニックネームで呼び合うことが多く，職場の同僚などは本名を知らないこともあるので，念のためにニックネームも書き添えるとよい．

④住所：バンコクの区（**เขต** [ケート]）は **ข.** 通り（**ถนน** [タノン]）は **ถ.** 小路（ソイ）（**ซอย** [ソーイ]）は **ซ.** 県（**จังหวัด** [チャンウット]）は **จ.** 郡（**อำเภอ** [アムプー]）は **อ.** 区（**ตำบล** [タムボン]）は **ต.** 村（**บ้าน** [バーン]）は **บ.** と略すことができる．

⑤都市名　バンコクの正式名は長いので（コラム参照），**กรุงเทพฯ** あるいは **ก.ท.ม.** と省略する．

⑥差出人の住所・氏名は裏の上部に書く．

2．書式

① <u>โดเกียว, 28 ก.พ. 2547</u>

② คุณจารุวัฒน์ที่รัก

③ สวัสดีค่ะ คุณจารุวัฒน์ สบายดีหรือคะ
　วันก่อนขอบคุณมากที่อุตสาห์พาไปเที่ยวงานช้างที่สุรินทร์ ทั้งสามีและลูกสาวดิฉันก็ตื่นเต้นมากเพราะได้เห็นช้างจำนวนมากขนาดนั้นเป็นครั้งแรก
　　　　โอกาสหน้าอยากให้คุณมาญี่ปุ่นในช่วงหน้าหนาว ดิฉันจะได้พาไปดูเทศกาลหิมะ แล้วพบกันใหม่ในเร็วๆนี้
　　　　ฝากความคิดถึงครอบครัวคุณด้วยค่ะ
　　　　　　　　④ รักและคิดถึง
　　　　　　　　⑤ จาก Yasuko (น้ำผึ้ง)

① 発信地，日付 （例：東京　2547年2月28日）：公文書ではタイ数字（コラム参照）を使うが，普段はアラビア数字でよい．またタイでは釈迦入滅の日を基準にした「仏暦」を使うことも多い．西暦に543（コヨミ）をたすと仏暦になる．

② 呼びかけ（例：親愛なるチャールワット様）　ほかに以下のような例がある．

(先輩・目上に) 拝啓…様　**คุณ...ที่นับถือ** [クン…ティー ナップトゥー]，**คุณ...ที่เคารพ** [クン…ティー カオロップ]

(友人・同輩に) …さんへ　**คุณ...ที่คิดถึง** [クン…ティー キットゥン]，**คุณ...เพื่อนรัก** [クン…プアン ラック]

(子どもに) …ちゃんへ　**น้อง...ที่รัก** [ノーン…ティー ラック]

③ 本文（例：チャールワット様　こんにちは．お元気ですか？先日はスリンの象祭りに連れていっていただきありがとうございました．たくさんの象をあんなに見るのは初めてで，夫も娘もとても驚いていました．こんどはぜひ雪祭りを見に，冬の日本においで下さい．わたしがご案内します．ではまたお近いうちにお目にかかりましょう．ご家族のみなさんによろしくお伝え下さい)

文例

■ **新年おめでとうございます**　（手書き文字見本）

สวัสดีปีใหม่
サワッディー ピーマイ

■ **誕生日おめでとうございます**

สุขสันต์วันเกิด
スックサン ワンクート

■ **合格おめでとうございます**

ขอแสดงความยินดีที่สอบได้
コー サデーン クワーム インディー ティー ソープ ダーイ

■ **進級おめでとうございます**

ขอแสดงความยินดีที่เลื่อนชั้น
コー サデーン クワーム インディー ティー ルアン チャン

■ご卒業おめでとうございます

ขอแสดงความยินดีที่สำเร็จการศึกษา
コー サデーン クワーム インディー ティー サムレット カーン スックサー

■ご結婚おめでとうございます

ขอแสดงความยินดีที่คุณแต่งงาน
コー サデーン クワーム インディー ティー クン テンガーン

■ご出産おめでとうございます

ขอแสดงความยินดีกับการคลอดลูก
コー サデーン クワーム インディー カップ カーン クロート ルーク

■どうぞ末永くお幸せに

ขอให้คู่บ่าวสาวมีความสุขตลอดไป
コー ハイ クーバーオサーオ ミー クワーム スック タロート パイ

■仕事が計画通り成功なさいますように

ขอให้งานสำเร็จสมประสงค์
コー ハイ ガーン サムレット ソムプラソン

■一日も早く回復なさいますように

ขอให้หายวันหายคืน
コー ハイ ハーイ ワン ハーイ クーン

■またお目にかかれますように

หวังว่าคงได้พบกันอีก
ワン ワー コン ダイ ポップ カン イーク

■お体に気をつけてください (手書き文字見本)

ขอให้รักษาสุขภาพให้ดี
コー ハイ ラックサー スッカパープ ハイ ディー

■しっかり勉強してください

พยายามตั้งใจเรียน
パヤーヤーム タンチャイ リアン

■いつもあなたのことを思っています (手書き文字見本)

คิดถึงคุณเสมอ
キットゥン クン サムー

■どうぞお元気で
ขอให้โชคดี
コー ハイ チョーク ディー

■ご家族のみなさんによろしくお伝え下さい
ฝากความคิดถึงถึงครอบครัวคุณ
ファーク クワーム キットトゥン トゥン クローックルア クン

■またお便りします
แล้วจะเขียนมาใหม่
レーオ チャ キアン マー マイ

■返事が遅くなってごめんなさい
ขอโทษที่ตอบจดหมายช้า
コートート ティー トープ チョットマーイ チャー

④結び
■尊敬をこめて
ด้วยความเคารพ
ドゥアイ クワーム カオロップ

■幾重にも敬愛の念をこめて
ด้วยความเคารพอย่างสูง
ドゥアイ クワーム カオロップ ヤーンスーン

■敬いお慕いしつつ…
รักและเคารพ
ラック レ カオロップ

■いつも気にかけています
รักและคิดถึง
ラック レ キットトゥン

⑤サイン：自分のニックネームがあれば書き添える．

日	タイ	英

あ, ア

ああ！
โธ่
โถ่-
oh, ah
オウ, アー

<ruby>愛<rt>あい</rt></ruby>
ความรัก
クワーム ラック
love
ラヴ

<ruby>ISO<rt>アイエスオー</rt></ruby>
มาตรฐานการตรวจสอบ, ไอเอสโอ
マートラターン カーン トルアット ソープ, アイ エス オー
ISO
アイエスオー

<ruby>IMF<rt>アイエムエフ</rt></ruby>
องค์การทุนเงินตราระหว่างประเทศ, ไอเอมเอฟ
オンカーン トゥン グントラー ラワーン プラテート, アイ エム エフ
IMF
アイエムエフ

<ruby>相変わらず<rt>あいか</rt></ruby>
เหมือนเดิม
ムアン ドゥーム
as usual
アズ ユージュアル

<ruby>IQ<rt>アイキュー</rt></ruby>
ระดับสติปัญญา, ไอคิว
ラダップ サティ パンヤー, アイ キウ
IQ
アイキュー

<ruby>愛嬌のある<rt>あいきょう</rt></ruby>
มีเสน่ห์
ミー サネー
charming
チャーミング

あいこ
เสมอกัน, เจ๊ากัน
サムー カン, チャオ カン
be even
ビ イーヴン

<ruby>愛国心<rt>あいこくしん</rt></ruby>
ความรักชาติ
クワーム ラック チャート
patriotism
ペイトリオティズム

アイコン
ไอคอน, รูปสัญลักษณ์
アイコン, ループ サンヤラック
icon
アイカン

<ruby>挨拶<rt>あいさつ</rt></ruby>
การทักทาย
カーン タック ターイ
greeting
グリーティング

（言葉）
คำทักทาย
カム タック ターイ
greeting
グリーティング

<ruby>愛称<rt>あいしょう</rt></ruby>
ชื่อเล่น
チュー レン
nickname
ニクネイム

日	タイ	英
あいしょう 相性	สมพงศ์ ソムポン	affinity アフィニティ
～がいい	เข้ากันได้ดี カオ カン ダイ ディー	be congenial *to* ビ コンチーニャル
～が悪い	เข้ากันไม่ได้ カオ カン マイ ダーイ	be uncongenial *to* ビ アンコンチーニャル
あいじょう 愛情	ความรัก クワーム ラック	love, affection ラヴ, アフェクション
あいじん 愛人	ชู้รัก チュー ラック	lover ラヴァ
あいず 合図	สัญญาณ サンヤーン	signal, sign スィグナル, サイン
～する	ส่งสัญญาณ, ให้สัญญาณ ソン サンヤーン, ハイ サンヤーン	give a signal ギヴ ア スィグナル
アイスクリーム	ไอศครีม アイサクリーム	ice cream アイス クリーム
あい 愛する	รัก ラック	love ラヴ
あいそ 愛想		
～のよい	อย่างสนิทชิดชอบ, มีไมตรีจิต ヤーン サニット チット チョープ, ミー マイトリー チット	affable アファブル
～が尽きる	เบื่อหน่าย, ทำให้รู้สึกเกลียด ブア ナーイ, タム ハイ ルースック クリアット	become disgusted ビカム ディスガステド
あいだ 間	ช่องว่าง チョン ワーン	space スペイス
（距離）	ระยะทาง ラヤターン	distance ディスタンス
（間隔）	ระยะห่าง ラヤハーン	interval インタヴァル
…の～に	ในระหว่าง... ナイ ラワーン	between, among ビトウィーン, アマング
（時間）	ระยะเวลา, ช่วงเวลา ラヤウェーラー, チュアン ウェーラー	during デュアリング

日	タイ	英
あいつ	มัน マン	that man [woman] ザット マン [ウーマン]
相手 (仲間)	เพื่อน プアン	companion, partner カンパニオン, パートナー
(ダンスや恋愛などの)	คู่ クー	partner パートナー
(婚約者)	คู่หมั้น クー マン	fiancé(e) フィアンセイ
(取引先)	ลูกค้า ルーク カー	customer カスタマ
アイディア	ความคิด, ไอเดีย クワーム キット, アイディア	idea アイディーア
IT産業	อุตสาหกรรมไอที ウッサーハカム アイティー	information technology インフォメイション テクノロジ
ID	บัตรประจำตัว バット プラチャム トゥア	ID アイディー
開[空]いている	เปิด プート	open オウプン
(空き)	ว่าง ワーン	vacant ヴェイカント
(自由)	อิสระ, ว่าง イッサラ, ワーン	free フリー
アイドル	ไอดอล, ดารา アイドン, ダーラー	idol アイドル
生憎	โชคไม่ดี, เคราะห์ร้าย チョーク マイ ディー, クロ ラーイ	unfortunately アンフォーチュネトリ
愛撫する	เล้าโลม ラオ ローム	caress カレス
合間	ช่วงเวลา, เวลาว่าง チュアン ウェーラー, ウェーラー ワーン	interval, leisure インタヴァル, リージャ
曖昧な	กำกวม, คลุมเครือ カムクアム, クルムクルア	vague, ambiguous ヴェイグ, アンビギュアス

日	タイ	英
アイロン	เตารีด タオ リート	iron アイアン
～をかける	รีดผ้า リート パー	iron アイアン
会う		
（面会）	พบ, เจอ ポップ, チュー	see スィー
（遭遇）	พบ, เจอ, ประสบ ポップ, チュー, プラソップ	meet ミート
合う	เหมาะ, เหมาะสม モ, モソム	fit, suit フィト, スート
（一致）	เหมือน, เข้ากัน ムアン, カオ カン	agree, match *with* アグリー, マチ
（正確）	ถูกต้อง トゥーク トン	be right ビ ライト
アウト	ข้างนอก, ออก カーン ノーク, オーク	out アウト
～プット	ผลลัพธ์, เอาท์พุท ポン ラップ, アウプット	output アウトプト
～ライン		
（外側の線）	เส้นรอบนอก セン ローブ ノーク	outline アウトライン
（外形）	รูปร่าง ループ ラーン	outline アウトライン
（概略）	สังเขป, สรุป サン ケープ, サルップ	outline アウトライン
喘ぐ	หอบ ホープ	pant, gasp パント, ギャスプ
和える	ยำ, คลุกเคล้า ヤム, クルック クラオ	dress... *with* ドレス
亜鉛	สังกะสี サンカシー	zinc ズィンク

日	タイ	英
<ruby>青<rt>あお</rt></ruby>	สีน้ำเงิน, สีเขียว シーナムグン, シーキアオ	blue, green ブルー, グリーン
<ruby>青い<rt>あお</rt></ruby>	น้ำเงิน, เขียว ナムグン, キアオ	blue, green ブルー, グリーン
（蒼い）	ซีดเผือด シート プアット	pale ペイル
（未熟）	อ่อนหัด, ยังไม่ชำนาญ オーン ハット, ヤング マイ チャムナーン	inexperienced イニクスピアリアンス
<ruby>扇ぐ<rt>あお</rt></ruby>	พัด パット	fan ファン
<ruby>青ざめる<rt>あお</rt></ruby>	ซีด シート	turn pale ターン ペイル
<ruby>青写真<rt>あおじゃしん</rt></ruby>	แผนการ ペーンカーン	blueprint ブループリント
<ruby>青白い<rt>あおじろ</rt></ruby>	ซีดเผือด シート プアット	pale, wan ペイル, ワン
<ruby>青信号<rt>あおしんごう</rt></ruby>	ไฟเขียว ファイ キアオ	green traffic light グリーン トラフィク ライト
<ruby>仰向けに<rt>あおむ</rt></ruby>	หงาย ガーイ	on *one's* back オン バク
<ruby>煽る<rt>あお</rt></ruby>	กระพือ, (ทำให้)เคลื่อนไหว, ก่อให้เกิด クラプー, (タム ハイ) クルアンワイ, コー ハイ クート	stir up スター アップ
<ruby>垢<rt>あか</rt></ruby>	เหงื่อไคล グア クライ	dirt ダート
<ruby>赤<rt>あか</rt></ruby>	สีแดง シー デーン	red レド
<ruby>赤い<rt>あか</rt></ruby>	แดง デーン	red レド
<ruby>赤くなる<rt>あか</rt></ruby>	เปลี่ยนเป็นสีแดง, แดงขึ้น プリアン ペン シー デーン, デーン クン	turn red ターン レド

あ

日	タイ	英
<ruby>赤字<rt>あかじ</rt></ruby>になる	ขาดดุล カート ドゥン	deficit デフィスィト
<ruby>赤信号<rt>あかしんごう</rt></ruby>	ไฟแดง ファイ デーン	red traffic light レッド トラフィク ライト
アカ<ruby>族<rt>ぞく</rt></ruby>	ชาวอีก้อ チャーオイーコー	the Akha ジ アカ
<ruby>赤身<rt>あかみ</rt></ruby>（肉の）	เนื้อแดง ヌア デーン	lean リーン
<ruby>明<rt>あ</rt></ruby>かり	แสง, แสงสว่าง セーン, セーン サウーン	light, lamp ライト, ランプ
<ruby>上<rt>あ</rt></ruby>がる	ขึ้น クン	go up, rise ゴウ アップ, ライズ
（物価が）	ขึ้น, แพงขึ้น クン, ペーン クン	rise, advance ライズ, アドヴァンス
（緊張する）	ตื่นเต้น, ตึงเครียด トゥーン テン, トゥン クリアット	get nervous ゲト ナーヴァス
<ruby>明<rt>あか</rt></ruby>るい	สว่าง サウーン	bright, light ブライト, ライト
（明朗な）	ร่าเริง, ยิ้มแย้มแจ่มใส ラールーン, イムイエーム チェムサイ	cheerful チアフル
（精通）	เจนจัด チェーンチャット	be familiar *with* ビ ファミリャ
<ruby>赤<rt>あか</rt></ruby>ん<ruby>坊<rt>ぼう</rt></ruby>	ทารก, ลูกอ่อน ターロック, ルーク オーン	baby ベイビ
<ruby>空<rt>あ</rt></ruby>き	ช่องว่าง チョン ウーン	opening, gap オウプニング, ギャプ
（余地）	ที่ว่าง ティー ウーン	room ルーム
（空席）	ที่นั่งว่าง ティー ナン ウーン	vacant seat ヴェイカント スィート
～<ruby>缶<rt>かん</rt></ruby>	กระป๋องเปล่า クラポン プラオ	empty can エンプティ キャン

日	タイ	英
～地	ที่ดินว่างเปล่า ティー ディン ウーン プラオ	unoccupied land アナキュパイド ランド
～びん	ขวดเปล่า クアット プラオ	empty bottle エンプティ バトル
～部屋	ห้องว่าง ホン ウーン	vacant room ヴェイカント ルーム
あき 秋	ฤดูใบไม้ร่วง ルドゥー バイマイ ルアン	autumn, fall オータム, フォール
あ 飽きっぽい	ขี้เบื่อ キー ブア	get tired easily ゲット タイアドイージリ
あき 明らかな	ชัดแจ้ง, กระจ่าง, แจ่มแจ้ง チャット チェーン, クラチャーン, チェム チェーン	clear, evident クリア, エヴィデント
あき 明らかに	อย่างแจ้งชัด, อย่างแจ่มแจ้ง ヤーン チェーン チャット, ヤーン チェム チェーン	clearly クリアリ
あきら 諦める	ตัดใจ, หมดหวัง, ล้มเลิก タット チャイ, モット ワン, ロム ルーク	give up, abandon ギヴ アップ, アバンドン
あ 飽きる	เบื่อ, หน่าย, ระอา ブア, ナーイ, ラアー	get tired of ゲト タイアド
あき 呆れる	ประหลาดใจ, ตกตะลึง プララート チャイ, トック タルン	be amazed at ビ アメイズド
あく 悪	ความชั่วร้าย クワーム チュア ラーイ	evil, vice イーヴィル, ヴァイス
あ 開く	เปิด プート	open オウプン
あ 空く	ว่าง ウーン	become vacant ビカム ヴェイカント
あくうん 悪運	โชคร้าย, เคราะห์ร้าย チョーク ラーイ, クロ ラーイ	devil's luck デヴィルズ ラク
～が強い	เคราะห์ดี クロ ディー	lucky ラキ
あくえいきょう 悪影響	ผลร้าย ポン ラーイ	bad influence バッド インフルエンス

日	タイ	英
あくしつ 悪質な	ทราม, เลว, ร้าย サーム、レーオ、ラーイ	vicious ヴィシャス
あくしゅ 握手する	จับมือ チャップ ムー	shake hands *with* シェイク ハンズ
アクセサリー	เครื่องประดับ クルアン プラダップ	accessories アクセサリズ
アクセス	ติดต่อ, สื่อสาร ティット トー、スーサーン	access アクセス
アクセル	คันเร่ง カン レン	accelerator アクセラレイタ
アクセント	สำเนียง, การลงเสียงหนัก サムニアン、カーン ロン シアン ナック	accent アクセント
あくどい	งกเงิน ゴック グン	vicious ヴィシャス
あくにん 悪人	ผู้ร้าย プー ラーイ	bad person バド パーソン
あくび 欠伸をする	หาว ハーオ	yawn ヨーン
あくま 悪魔	ปีศาจ, มาร ピサート、マーン	devil デヴィル
あくまで	ถึงที่สุด トゥン ティー スット	to the end トゥー ジ エンド
あくむ 悪夢	ฝันร้าย ファン ラーイ	nightmare ナイトメア
あぐら 胡坐をかく	นั่งไขว่ห้าง ナン クワイ ハーン	sit cross-legged スィト クロースレゲド
アクリル	อะคริลิค アクリリック	acrylic アクリリク
アクロバット	กายกรรม, ผาดโผน カーイヤカム、パート ポーン	acrobat アクロバト
あ あし と 揚げ足を取る	จับผิด チャップ ピット	nitpick ニトピク

日	タイ	英
<ruby>開<rt>あ</rt></ruby>ける	เปิด プート	open オウプン
（目を）	ลืม ルーム	open オウプン
（口を）	อ้า アー	open オウプン
<ruby>空<rt>あ</rt></ruby>ける	ทำให้ว่าง タム ハイ ワーン	empty エンプティ
<ruby>明<rt>あ</rt></ruby>ける		
（夜が）	สว่าง, ฟ้าสาง, รุ่งเช้า サワーン, ファー サーン, ルン チャーオ	The day breaks. ザ デイ ブレイクス
<ruby>挙<rt>あ</rt></ruby>げる		
手を〜	ชู, ยก チュー, ヨック	raise *one's* hand レイズ ハンド
例を〜	ยกตัวอย่าง ヨック トゥア ヤーン	give an example ギヴ アン イグザンプル
<ruby>上<rt>あ</rt></ruby>げる	ยก, ขึ้น, ชู, ヨック, クン, チュー	raise, lift レイズ, リフト
（向上）	ทำให้ดีขึ้น タム ハイ ディー クン	promote, improve プロモウト, インプルーヴ
（供与）	ให้, ยกให้, มอบให้ ハイ, ヨック ハイ, モープ ハイ	give, offer ギヴ, オーファ
<ruby>揚<rt>あ</rt></ruby>げる	ทอด トート	deep-fry ディープフライ
<ruby>顎<rt>あご</rt></ruby>	คาง カーン	jaw, chin ヂョー, チン
<ruby>憧<rt>あこが</rt></ruby>れる	ใฝ่ฝัน, คิดถึง, ปรารถนา ファイ ファン, キット トゥン, プラーッタナー	aspire *to*, long *for* アスパイア, ローング
<ruby>朝<rt>あさ</rt></ruby>	ตอนเช้า, ยามเช้า トーン チャーオ, ヤーム チャーオ	morning モーニング
<ruby>麻<rt>あさ</rt></ruby>	ป่าน パーン	hemp ヘンプ

日	タイ	英
（布）	ลินิน リニン	linen リネン
あさ 浅い	ตื้น トゥーン	shallow シャロウ
（軽微）	เบา, เล็กน้อย バオ, レック ノーイ	slight スライト
あさいち 朝市	ตลาดเช้า タラート チャーオ	morning open-air market モーニング オープネア マーケット
あさって 明後日	มะรืนนี้ マルーン ニー	the day after tomorrow ザ デイ アフタ トモーロウ
あさひ 朝日	แดดยามเช้า デート ヤーム チャーオ	morning sun モーニング サン
浅ましい	น่าบัดสี, ไร้ยางอาย ナー バット シー, ライ ヤーン アーイ	shameful シェイムフル
あざ 鮮やかな	แจ่มใส, จ้า, สดใส チェム サイ, チャー, ソット サイ	vivid ヴィヴィド
（手際）	ปราดเปรื่อง, หลักแหลม プラート プルアン, ラック レーム	splendid スプレンディド
あざわら 嘲笑う	หัวเราะเยาะ フア ロ ヨ	ridicule リディキュール
あし 脚	ขา カー	leg レグ
あし 足	เท้า, ตีน タオ, ティーン	foot フト
（犬の）	เท้าสุนัข タオ スナック	paw ポー
あじ 味	รสชาติ ロット チャート	taste テイスト
アジア	เอเชีย エーチア	Asia エイジャ
～の	ของเอเชีย コーン エーチア	Asian エイジャン

日	タイ	英

かいはつぎんこう
アジア開発銀行　ธนาคารเพื่อการพัฒนาแห่งเอเชีย　Asian Development Bank
　　　　　　　　タナーカーン プア カーン パッタナー　エイジャン ディヴェロプメント バンク
　　　　　　　　ヘン エーチア

あしあと
足跡　รอยเท้า /ローイ ターオ/　footprint /フトプリント/

■味■ รสชาติ /ロット チャート/

おいしい　อร่อย /アロイ/ (㊩ nice, delicious)

まずい　ไม่อร่อย /マイ アロイ/ (㊩ not good)

あま
甘い　หวาน /ワーン/ (㊩ sweet)

から
辛い　เผ็ด /ペット/ (㊩ hot)

にが
苦い　ขม /コム/ (㊩ bitter)

しぶ
渋い　ฝาด /ファート/ (㊩ astringent)

す
酸っぱい　เปรี้ยว /プリアオ/ (㊩ sour, acid)

しおから
塩辛い　เค็ม /ケム/ (㊩ salty)

あまず
甘酸っぱい　หวานอมเปรี้ยว /ワーン オム プリアオ/ (㊩ sweet and sour)

こ
濃い　รสจัด /ロット チャット/ (㊩ thick, strong)

うす
薄い　รสจืด /ロット チュート/ (㊩ weak)

あっさりした　ไม่จัด, ไม่เลี่ยน /マイ チャット, マイ リアン/ (㊩ simple, plain)

しつこい　(รส)จัด /(ロット)チャット/ (㊩ heavy)

かる
軽い　เบา /バオ/ (㊩ light, slight)

おも
重い　หนัก /ナック/ (㊩ heavy)

こう
香ばしい　หอม /ホーム/ (㊩ aromatic)

こくがある　เข้มข้น /ケム コン/ (㊩ rich)

さっぱりしている　ไม่เลี่ยน, ไม่มัน /マイ リアン, マイ マン/ (㊩ plain, light)

日	タイ	英
足が出る	ขาดทุน カート トゥン	run over the budget ラン オウヴァ ザ バヂェト
足首	ข้อเท้า コー ターオ	ankle アンクル
味気ない	เซ็ง, จืด, ชืด, เบื่อหน่าย セン, チュート, チュート, ブア ナーイ	wearisome ウィアリサム
アシスタント	ผู้ช่วย プー チュアイ	assistant アスィスタント
明日	พรุ่งนี้ プルン ニー	tomorrow トモーロウ
味見する	ชิมรส チム ロット	taste テイスト
味わう	ลิ้มรส リム ロット	taste, relish テイスト, レリシュ
預り証	ใบรับฝาก バイ ラップ ファーク	check チェク
預かる	รับฝาก, เก็บ ラップ ファーク, ケップ	keep キープ
預ける	ฝาก ファーク	leave, deposit リーヴ, ディパズィト
アスファルト	ลาดยาง, ยางมะตอย ラート ヤーン, ヤーン マトーイ	asphalt アスフォールト
アスレチック	กรีฑา クリーター	athletics アスレティクス
汗	เหงื่อ グア	sweat スウェト
～をかく	เหงื่อออก グア オーク	sweat, perspire スウェト, パスパイア
ASEAN	อาเซียน アーシアン	ASEAN エイシーエン
汗疹	ผด ポット	heat rash ヒート ラシュ

日	タイ	英
あせ 焦る	กระสับกระส่าย, ร้อนใจ クラサップ クラサーイ, ローン チャイ	be impatient ビ インペイシェント
あそこ	ที่โน่น ティー ノーン	that place, there ザト プレイス, ゼア
あそ 遊び	การเล่น カーン レン	play プレイ
（娯楽）	บันเทิง バントゥーン	amusement アミューズメント
（気晴らし）	พักผ่อน, เปลี่ยนอิริยาบท パック ポーン, プリアン イリヤーボット	diversion ディヴァージョン
～に行く	ไปเที่ยว パイ ティオ	go for pleasure ゴウ フォ プレジャ
～半分に	เป็นเล่น ペン レン	half-heartedly ハフハーテドリ
あそ 遊ぶ	เล่น レン	play プレイ
（…を楽しむ）	สนุกกับ... サヌック カップ…	amuse *oneself* アミューズ
あた 与える	ให้ ハイ	give, present ギヴ, プリゼント
あたた 暖［温］かい	อุ่น ウン	warm ウォーム
（温暖）	อบอุ่น オップ ウン	mild マイルド
（心が）	อุ่นใจ ウン チャイ	genial ヂーニャル
あたた 暖める	อุ่น, ทำให้ร้อน ウン, タム ハイ ローン	warm (up), heat ウォーム（アップ）, ヒート
あだな 仇名	ชื่อเล่น, ฉายา チューレン, チャーヤー	nickname ニクネイム
あたま 頭	ศีรษะ, หัว シーサ, ルア	head ヘド

日	タイ	英
(頭脳)	สมอง, ปัญญา サモーン, パンヤー	brains, intellect ブレインズ, インテレクト
～がいい[悪い]	สมองดี[สมองไม่ดี] サモーン ディー [サモーン マイ ディー]	clever [slow] クレヴァ [スロウ]
～越しに	ข้ามหัว カーム フア	over the head *of* オウヴァ ザ ヘド
新しい	ใหม่ マイ	new ニュー
(新鮮)	สด ソット	fresh フレシュ
(最新)	ใหม่ที่สุด, ล่าสุด マイ ティー スット, ラー スット	recent リースント
当たり	ถูก, ถูกต้อง トゥーク, トゥーク トン	hit ヒト
(成功)	ความสำเร็จ クワーム サムレット	success サクセス
(1人)当たり	ต่อ..., ...ละ トー, ラ	per, a パ, ア
(…の)辺り	ใกล้, ข้างเคียง, แถวๆ クライ, カーン キアン, テオ テオ	neighborhood ネイバフド
当たり前の	ธรรมดา, ปกติ, สามัญ タムマダー, パカティ, サーマン	common, ordinary カモン, オーディネリ
(当然)	เป็นธรรมดา, แน่นอน, ย่อม ペン タムマダー, ネーノーン, ヨム	natural ナチュラル
当たる	ถูก, โดน, ตรงกับ トゥーク, ドーン, トロン カップ	hit, strike ヒト, ストライク
(的中・到達)	เข้าเป้า, ตรงเป้า カオ パオ, トロン パオ	come true カム トルー
(成功)	สำเร็จ サムレット	make a hit メイク ア ヒト
あちこち	ทางโน้นทางนี้ ターン ノーン ターン ニー	here and there ヒア アンド ゼア

日	タイ	英
あちら	ทางโน้น ターン ノーン	(over) there (オウヴァ) ゼア
熱[暑]い	ร้อน ローン	hot ハト
厚い	หนา ナー	thick スィク
悪化する	ทรุดโทรม, แย่ลง スット ソーム, イェー ロン	grow worse グロウ ワース
扱う	ใช้ チャイ	manage, deal with マニヂ, ディール ウィズ
（操作）	ใช้, บังคับ チャイ, バンカップ	handle ハンドル
（待遇）	รับรอง, ทำให้เพลิดเพลิน ラップ ローン, タム ハイ プルート プルーン	treat, entertain トリート, エンタテイン
厚かましい	หน้าด้าน, หน้าหนา ナー ダーン, ナー ナー	impudent インピュデント
暑がり	ขี้ร้อน キー ローン	be sensitive to the heat ビ センスィティヴ トゥ ザ ヒート
暑苦しい	ร้อนอ้าว ローン アーオ	sultry, stuffy サルトリ, スタフィ
暑さ	ความร้อน クワーム ローン	heat ヒート
厚さ	ความหนา クワーム ナー	thickness スィクネス
あっさり	เรียบง่าย, อย่างง่าย リアップ ガーイ, ヤーン ガーイ	simply, plainly スィンプリ, プレインリ
（味）	จืด チュート	light ライト
圧縮する	อัด, บีบ, กด アット, ビープ, ゴット	compress コンプレス
あっという間に	ในชั่วพริบตา ナイ チュア プリップ ター	in an instant イン アン インスタント

日	タイ	英
圧倒する（あっとう）	ท่วมท้น, ขาดลอย, โค่น トゥアム トン, カート ローイ, コーン	overwhelm オウヴァホウェルム
アップデートする	อัพเดท アップデート	update アプデイト
集まり（あつ）	การชุมนุม, การรวมกลุ่ม カーン チュムヌム, カーン ルアム クルム	crowd クラウド
（会合）	การประชุม, การชุมนุม カーン プラチュム, カーン チュムヌム	gathering, meeting ギャザリング, ミーティング
集まる（あつ）	รวม, ชุมนุม ルアム, チュムヌム	gather ギャザ
集める（あつ）	รวม, เก็บ, สะสม ルアム, ケップ, サソム	gather, collect ギャザ, コレクト
圧力（あつりょく）	ความดัน, แรงกด クワーム ダン, レーン コット	pressure プレシャ
当てが外れる（あ はず）	ผิดหวัง ピット ワン	be disappointed ビ ディサポインテド
当てにする（あ）	มุ่งหวัง ムン ワン	rely リライ
当てにならない（あ）	เอาแน่ไม่ได้ アオ ネー マイ ダーイ	be not reliable ビ ナト リライアブル
宛て先（あ さき）	ที่อยู่ ティー ユー	address アドレス
あてずっぽうに	สุ่มๆ スム スム	at a guess アト ア ゲス
宛て名（あ な）	ชื่อ (ที่อยู่) チュー (ティー ユー)	address アドレス
当てはまる（あ）	สอดคล้อง, เหมาะสม ソート クローン, モソム	apply *to*, conform *to* アプライ, コンフォーム
当てはめる（あ）	นำมาใช้, ทำให้เหมาะสม ナム マー チャイ, タム ハイ モソム	apply アプライ

日	タイ	英
<ruby>当<rt>あ</rt></ruby>てる		
（叩く）	แตะ, โดน, ปะ テ ドーン, パ	hit, strike ヒト, ストライク
（風・日にさらす）	ตาก ターク	expose to イクスポウズ
（推測）	คาดคะเน, เดา, ทาย カート カネー, ダオ, ターイ	guess ゲス
（布などを）	จัดสรร チャット サン	put プト
<ruby>後<rt>あと</rt></ruby>		
～で	ที่หลัง, ภายหลัง, แล้ว ティー ラン, パーイ ラン, レーオ	later, after レイタ, アフタ
～の	หลัง, ต่อ ラン, トー	next, latter ネクスト, ラタ
<ruby>跡<rt>あと</rt></ruby>	รอย ローイ	mark, trace マーク, トレイス
<ruby>後足<rt>あとあし</rt></ruby>	เท้าหลัง タオ ラン	hind leg ハインド レグ
<ruby>後味<rt>あとあじ</rt></ruby>	รสที่ติดอยู่ในคอ ロット ティー ティット ユー ナイ コー	aftertaste アフタテイスト
～が悪い	มีความรู้สึกไม่ดีภายหลัง ミークワーム ルースック マイディー パーイ ラン	uncomfortable アンカンファタブル
<ruby>後始末<rt>あとしまつ</rt></ruby>する	เก็บของที่ใช้แล้ว ケップ コーン ティー チャイ レーオ	settle セトル
<ruby>跡継<rt>あとつ</rt></ruby>ぎ	ผู้สืบทอด, ทายาท プー スープ トート, ターヤート	successor サクセサ
アドバイザー	ที่ปรึกษา ティー プルックサー	adviser アドヴァイザ
アドバイス	การแนะนำ, คำแนะนำ カーン ネナム, カム ネナム	advice アドヴァイス
～する	แนะนำ, แนะแนว ネナム, ネネーオ	advise アドヴァイズ

日	タイ	英
<ruby>穴<rt>あな</rt></ruby>	รู, ช่อง ルー, チョン	hole, opening ホウル, オウプニング
～を開ける	เจาะรู チョ ルー	bore ボー
アナウンサー	โฆษก コーソック	announcer アナウンサ
アナウンス	การประกาศ カーン プラカート	announcement アナウンスメント
～する	ประกาศ プラカート	announce アナウンス
<ruby>貴方<rt>あなた</rt></ruby>	คุณ, ท่าน クン, タン	you ユー
アナログの	อนาล็อก アナーロック	analog アナローグ
<ruby>兄<rt>あに</rt></ruby>	พี่ชาย ピー チャーイ	(elder) brother (エルダ) ブラザ
アニメ	การ์ตูน, อานิมะชั่น カートゥーン, アーニ メーチャン	cartoon カートゥーン
<ruby>兄嫁<rt>あによめ</rt></ruby>	พี่สะใภ้ ピー サパイ	one's elder brother's wife, sister-in-law (エルダ) ブラザズ ワイフ, スィスタリンロー
<ruby>姉<rt>あね</rt></ruby>	พี่สาว ピー サーオ	(elder) sister (エルダ) スィスタ
あの	นั้น ナン	the, that, those ザ, ザト, ゾウズ
～頃	เมื่อนั้น, ตอนนั้น ムア ナン, トーン ナン	in those days イン ゾウズ デイズ
あの<ruby>世<rt>よ</rt></ruby>	ปรภพ ポーラポップ	the other world ジ アザ ワールド
あのような[に]	อย่างโน้น ヤーン ノーン	such サチ

日	タイ	英
アパート	แฟลต フレット	apartment アパートメント
あばずれの	เลว レーオ	hussy ハスィ
暴れる	อาละวาด アーラワート	behave violently ビヘイヴ ヴァイオレントリ
アパレル業界	วงการเสื้อผ้า ウォンカーン スア パー	apparel industry アパレル インダストリ
アピールする	แสดงออก, ชวน サデーン オーク, チュアン	appeal *to* アピール
浴びせる	ให้อาบ ハイ アープ	pour *on* ポー
（質問など）	ป้อน ポーン	fire, shoot ファイア, シュート
浴びる		
水を〜	อาบน้ำ アープ ナーム	take a shower テイク ア シャウア
非難を〜	ถูกติ, ถูกวิจารณ์ トゥーク ティ, トゥーク ウィチャーン	be accused *of* ビ アキューズド
虻	ตัวเหลือบ トゥア ルアップ	horsefly ホースフライ
アフターケア	พักฟื้น パック フーン	aftercare アフタケア
アフターサービス	บริการหลังการขาย ボーリカーン ラン カーン カーイ	after-sales service アフタセイルズ サーヴィス
危ない	อันตราย アンタラーイ	dangerous, risky デインヂャラス, リスキ
脂	ไขมัน カイ マン	grease, fat グリース, ファト
油	น้ำมัน ナム マン	oil オイル

日	タイ	英
<ruby>脂身<rt>あぶらみ</rt></ruby>	ไขมัน カイ マン	fat ファト
アフリカ	แอฟริกา エーフリカー	Africa アフリカ
<ruby>炙る<rt>あぶる</rt></ruby>	ย่าง, ปิ้ง ヤーン, ピン	roast ロウスト
<ruby>溢れる<rt>あふれる</rt></ruby>	ล้น, เอ่อ, นอง ロン, ウー, ノーン	overflow, flood オウヴァフロウ, フラド
<ruby>尼<rt>あま</rt></ruby>	แม่ชี メー チー	nun ナン
<ruby>甘い<rt>あまい</rt></ruby>	หวาน ウーン	sweet スウィート
（寛容）	ใจกว้าง, ใจง่าย チャイ クワーン, チャイ ガーイ	indulgent インダルヂェント
<ruby>甘える<rt>あまえる</rt></ruby>	ออเซาะ, ฉอเลาะ, สำออย オーソ, チョーロ サム オーイ	behave like a baby ビヘイヴ ライク ア ベイビ
<ruby>甘く見る<rt>あまくみる</rt></ruby>	ประมาณต่ำไป プラマーン タム パイ	make little of メイク リトル
アマチュア	มือสมัครเล่น ムー サマックレン	amateur アマチャ
<ruby>天の川<rt>あまがわ</rt></ruby>	ทางช้างเผือก ターン チャーン プアック	Milky Way ミルキウェイ
<ruby>甘やかす<rt>あまやかす</rt></ruby>	ตามใจ, เอาใจมากเกินไป タームチャイ, アオ チャイ マーク クーン パイ	spoil, indulge スポイル, インダルヂ
<ruby>余り<rt>あまり</rt></ruby>	ส่วนที่เหลือ スアンティー ルア	rest レスト
～にも	เกินไป, เหลือเกิน クーン パイ, ルア クーン	too (much) トゥー (マチ)
<ruby>余り…ない<rt>あまり</rt></ruby>	ไม่ค่อย... マイ コイ	not very, not so ナト ヴェリ, ナト ソウ
<ruby>余る<rt>あまる</rt></ruby>	เหลือ ルア	remain リメイン

日	タイ	英
あま 甘んじる	พอใจ, อดทน ポーチャイ, オット トン	be contented *with* ビ コンテンテド
あみ 網		net ネト
（投網）	ตาข่าย ターカーイ	casting net キャスティング ネト
（曳き網）	แห, อวน ヘー, ウアン	seine セイン
あみど 網戸	มุ้งลวด ムン ルアット	wire door ワイア ドー
あ 編む	ถัก タック	knit ニト
（竹，芦で）	สาน サーン	plait プレイト
あめ 飴	ลูกกวาด, ลูกอม ルーク クワート, ルーク オム	candy キャンディ
あめ 雨	ฝน フォン	rain レイン
〜が降る	ฝนตก フォン トック	It rains. イト レインズ
〜が上がる	ฝนหาย フォン ハーイ	It stops raining. イト スタプス レイニング
アメリカ	อเมริกา アメーリカー	America アメリカ
〜の	ของอเมริกา コーン アメーリカー	American アメリカン
あやかる	ตามอย่าง, เอาอย่าง ターム ヤーン, アオ ヤーン	take after, share *one's* good luck テイク アフタ, シェア グド ラク
あやす	กล่อม クローム	dandle ダンドル
あや 怪しい	น่าสงสัย, น่าพิรุธ ナー ソンサイ, ナー ピルット	doubtful, suspect ダウトフル, サスペクト

日	タイ	英
（奇異な）	พิลึก ピルック	strange ストレインヂ
あやま 謝る	ขอโทษ コートート	apologize *to* アパロヂャイズ
あゆ よ 歩み寄る		
（近寄る）	หันหน้าเข้าหากัน ハン ナー カオ ハー カン	walk up ウォーカプ
（妥協する）	ประนีประนอม プラニー プラノーム	compromise カンプロマイズ
あら 粗い	ขรุขระ, หยาบ クルクラ, ヤープ	rough, coarse ラフ, コース
あら 洗う	ล้าง, ซัก ラーン, サック	wash, cleanse ウォーシュ, クレンズ
（髪）	สระ サ	shampoo シャンプー
あらかじ 予め	ก่อน, ล่วงหน้า コーン, ルアン ナー	beforehand ビフォーハンド
さが あら捜しする	คอยจับผิด コーイ チャップ ピット	find fault *with* ファインド フォールト
あらし 嵐	พายุ, มรสุม パーユ, モーラスム	storm, tempest ストーム, テンペスト
あら 荒らす	ทำให้เสียหาย タム ハイ シア ハーイ	damage ダミヂ
あらそ 争い	การต่อสู้ カーン トー スー	quarrel クウォーレル
（口論）	การถกเถียง カーン トック ティアン	dispute ディスピュート
（紛争）	ความขัดแย้ง クワーム カット イェーン	conflict カンフリクト
あらそ 争う	ต่อสู้, แข่งขัน トースー, ケン カン	fight, quarrel ファイト, クウォーレル
（口論）	ถกเถียง, พิพาท トック ティアン, ピパート	dispute *with* ディスピュート

日	タイ	英
あらた **改める**		
（変更）	เปลี่ยน, เปลี่ยนแปลง プリアン, プリアン プレーン	renew, revise, change リニュー, リヴァイズ, チェインヂ
（改善）	ปรับปรุง, แก้ไข プラップ プルン, ケー カイ	reform, improve リフォーム, インプルーヴ
アラビア	อาหรับ, แขก アーラップ, ケーク	Arabia アレイビア
～数字	เลขอารบิค レーク アーラビック	Arabic figures アラビク フィギャズ
アラブの	ของอาหรับ, ของแขก コーン アーラップ, コーン ケーク	Arabian アレイビアン
あらわ **表す**	แสดง, แสดงออก サデーン, サデーン オーク	show, manifest ショウ, マニフェスト
あらわ **現れる**	ปรากฏ プラーコット	come out, appear カム アウト, アピア
あり **蟻**	มด モット	ant アント
あ あ **有り合わせの**	ที่มีอยู่, ใกล้มือ ティー ミー ユー, クライ ムー	on hand アン ハンド
あ う **有り得る**	เป็นไปได้ ペン パイ ダーイ	possible パシブル
あ え **有り得ない**	เป็นไปไม่ได้ ペン パイ マイ ダーイ	impossible インパシブル
あ がた **有り難い**	รู้สึกขอบคุณ ルースック コープ クン	thankful サンクフル
あ **有りがちな**	มักจะมีบ่อย マック チャ ミー ボイ	common カモン
あ がと **有り難う**	ขอบคุณ, ขอบใจ コープ クン, コープ チャイ	Thank you. サンキュー
ありのままの	ตามความเป็นจริง ターム クワーム ペン チン	frank, plain フランク, プレイン

日	タイ	英
アリバイ	ข้อแก้ตัว コー ケー トゥア	alibi アリバイ
ありふれた	ปกติ, ธรรมดา パカティ, タムマダー	common, ordinary カモン, オーディネリ
在[有]る	มี ミー	there is, be ゼア イズ, ビ
（場所）	มี, อยู่ ミー, ユー	be situated ビ スィチュエイテド
（保持）	มี ミー	have, possess ハヴ, ポゼス
或る	บาง バーン	a, one ア, ワン
～人	บางคน バーン コン	certain person サートン パーソン
～日	วันหนึ่ง ワン ヌン	one day ワン デイ
或いは	หรือ ルー	(either...) or (イーザ) オー
（多分）	บางที バーン ティー	perhaps, maybe パハプス, メイビ
アルカリ性の	ด่าง ダーン	alkali アルカライ
歩く	เดิน ドゥーン	walk, go on foot ウォーク, ゴウ オン フト
アルコール	แอลกอฮอล์ エンコホー	alcohol アルコホール
～中毒	พิษสุราเรื้อรัง ピットスラー ルア ラン	alcoholic アルコホリク
アルバイトをする	ทำงานพิเศษ タム ガーン ピセート	work part-time ワーク パートタイム
アルバム	สมุดภาพ, อัลบั้ม サムット パープ, アラバム	album アルバム

日	タイ	英
アルファベット	ตัวอักษร トゥア アックソーン	alphabet アルファベト
アルミニウム	อลูมิเนียม アルーミニアム	aluminum アルーミナム
アルミフォイル	ฟอยล์ フォーイ	aluminum foil アルーミナム フォイル
あれ	โน่น, นั้น ノーン, ナン	that, it ザト, イト
～から	จากนั้นมา, ตั้งแต่นั้นมา チャーク ナン マー, タンテー ナン マー	since then スィンス ゼン
～ほど	ถึงขนาดนั้น, มากเท่านั้น トゥン カナート ナン, マーク タオ ナン	so (much) ソウ (マチ)
荒れる		be rough ビ ラフ
（波）	มีคลื่นลม ミー クルーン ロム	be rough ビ ラフ
（天候）	ปั่นป่วน パン プアン	be rough ビ ラフ
（荒廃）	ร้าง ラーン	be ruined ビ ルーインド
（土地）	ถูกทำลาย, ร้าง トゥーク タム ラーイ, ラーン	waste ウェイスト
（建物）	ทรุดโทรม スット ソーム	out of repair アウトヴ リペア
（肌）	ผิวหยาบ ピウ ヤープ	get rough ゲト ラフ
アレルギー	แพ้, ภูมิแพ้ ペー, プーム ペー	allergy アラヂ
泡	ฟอง フォーン	bubble, foam バブル, フォウム
合わせる	รวมกัน, ผสมกัน ルアム カン, パソム カン	put together, unite プト トゲザ, ユーナイト
（適合）	ทำให้เหมาะสม タム ハイ モソム	set, adjust セト, アヂャスト

26

日	タイ	英
（照合）	เปรียบเทียบ プリアップ ティアップ	compare コンペア
あわ 慌ただしい	เร่งรีบ, รีบร้อน レーング リープ, リープ ローン	hurried ハーリド
あわ 慌てる	ปั่นป่วน, ผลุนผลัน, ตะลีตะลาน パン プアン, プルン プラン, タリー タラーン	be upset ビ アプセト
（急ぐ）	รีบ リープ	be hurried ビ ハーリド
あわ 哀［憐］れな	น่าสงสาร, น่าสังเวช ナー ソンサーン, ナー サンウェート	sad, poor サド, プア
あん 案	แผน, ร่าง ペーン, ラーン	plan プラン
（提案）	ข้อเสนอ コー サヌー	proposal プロポウザル
あんい 安易な	ง่าย, สบาย ガーイ, サバーイ	easy イーズィ
あんき 暗記する	จำ, ท่องจำ チャム, トン チャム	learn by heart ラーン バイ ハート
アンケート	แบบสอบถาม ベープ ソープ ターム	questionnaire クウェスチョネア
あんけん 案件	เรื่อง ルアン	matter マタ
あんごう 暗号	รหัสลับ ラハット ラップ	cipher, code サイファ, コウド
アンコール	เอาอีก, อังกอร์ アオ イーク, アンコー	encore アーンコー
あんざん 暗算	การคิดเลขในใจ カーン キット レーク ナイ チャイ	mental arithmetic メンタル アリスメティク
あんしょうばんごう 暗証番号	หมายเลขรหัส マーイ レーク ラハット	code number コウド ナンバ
あんしん 安心する	รู้สึกโล่งใจ ルースック ローン チャイ	feel relieved フィール リリーヴド

日	タイ	英
_{あんせい} **安静にする**	พักผ่อน, พักฟื้น パック ポーン, パック フーン	keep quiet キープ クワイアト
_{あんぜん} **安全**	ความปลอดภัย クワーム プロートパイ	security スィキュアリティ
～な	ปลอดภัย プロートパイ	safe, secure セイフ, スィキュア
～ベルト	เข็มขัดนิรภัย ケムカット ニラパイ	seat belt スィート ベルト
～ピン	เข็มกลัด ケム クラット	safety pin セイフティ ピン
アンダーシャツ	เสื้อชั้นใน スア チャン ナイ	undershirt アンダシャート
アンダーライン	เส้นใต้ セン タイ	underline アンダライン
アンティーク	ของเก่า, แอนทีค コーン カオ, エーンティーク	antique アンティーク
_{あんてい} **安定した**	มั่นคง, สมดุล マンコン, ソムドゥン	stable ステイブル
アンテナ	เสาอากาศ, สายอากาศ サオ アーカート, サーイ アーカート	antenna, aerial アンテナ, エアリアル
あんな	อย่างนั้น, เช่นนั้น ヤーン ナン, チェン ナン	such, like that サチ, ライク ザト
～に	อย่างนั้น, ขนาดนั้น ヤーン ナン, カナート ナン	to that extent トゥ ザト イクステント
_{あんない} **案内**	การแนะนำ カーン ネナム	guidance ガイダンス
（通知）	การแจ้ง カーン チェーン	notice ノウティス
～する	นำ, แนะนำ ナム, ネナム	guide, show ガイド, ショウ
（通知）	แจ้ง チェーン	notify ノウティファイ

日	タイ	英
～所	ที่สอบถาม ティー ソープ ターム	information desk インフォメイション デスク
い 暗に	อย่างลับๆ ヤーン ラップ ラップ	tacitly タスィトリ
アンバランス	ไม่สมดุล マイ ソムドゥン	imbalance インバランス
アンプ	เครื่องขยายเสียง クルアン カヤーイ シアン	amplifier アンプリファイア
アンペア	แอมแปร์ エームペー	ampere アンピア
アンモニア	แอมโมเนีย エーンモーニア	ammonia アモウニヤ
安楽		
～な	สุขสบาย スック サバーイ	comfortable, easy カンフォタブル, イーズィ
～死	ตายอย่างสงบ ターイ ヤーン サゴップ	euthanasia ユーサネイジア

い, イ

日	タイ	英
胃	กระเพาะอาหาร クラポ アーハーン	stomach スタマク
好い	ดี, ดีงาม ディー, ディー ガーム	good, fine, nice グド, ファイン, ナイス
言い争う	ทะเลาะกัน, โต้เถียง タロカン, トー ティアン	quarrel *with* クウォーレル
いいえ	ไม่, ไม่ใช่, เปล่า マイ, マイ チャイ, プラオ	no ノウ
言い返す	ย้อนว่า, ตอบกลับ ヨーン ワー, トープ クラップ	answer back アンサ バク
言いがかりをつける	หาเรื่อง ハー ルアン	make a false charge *against* メイク ア フォールス チャーヂ

日	タイ	英
いい加減な	ส่งเดช, ซี้ซั้ว シンデート, シー スア	random ランダム
(あいまい)	คลุมเครือ, ไม่แน่ชัด クルム クルア, マイ ネー チャット	vague ヴェイグ
(無責任)	ไร้ความรับผิดชอบ ライ クワーム ラップ ピット チョープ	irresponsible イリスパンスィブル
言い過ぎる	พูดเกินไป プート クーン パイ	say more than enogh セイ モア ザン イナフ
いい線いってる	ดำเนินไปด้วยดี ダムヌーン パイ ドゥアイディー	do well, be on the right track ドゥ ウェル, ビー アン ザ ライト トラク
言いなりになる	อยู่ในโอวาท ユー ナイ オーワート	be under *a person's* thumb ビ アンダ サム
言い逃れる	พูดเอาตัวรอด プート アオ トゥア ロート	excuse *oneself* イクスキューズ
言い触らす	ปล่อยข่าวลือ プローイ カーオ ルー	spread スプレド
言い分	ข้อแก้ตัว コー ケー トゥア	say, opinion セイ, オピニョン
Eメール	อีเมล イーメール	e-mail イーメイル
EU	อียู イーユー	EU イーユー
言い訳	การแก้ตัว カーン ケー トゥア	excuse, pretext イクスキュース, プリーテクスト
委員	กรรมการ カムマカーン	member of a committee メンバ オヴ ア コミティ
～会	คณะ カナ	committee コミティ
～長	ประธาน プラターン	chairperson of a committee チェアパースン オヴ ア コミティ
言う	พูด, บอก, กล่าว プート, ボーク, クラーオ	say, tell セイ, テル,

日	タイ	英
(称する)	เรียกว่า, ชื่อว่า リアック ワー, チュー ワー	call, name コール, ネイム
い 言うなれば	ถ้าจะว่าไป ター チャ ワー パイ	so to speak ソウ トゥ スピーク
家 (いえ)	บ้าน, เรือน バーン, ルアン	house, home ハウス, ホウム
(家族・家庭)	ครอบครัว クローブクルア	family ファミリ
家出する (いえで)	หนีออกจากบ้าน ニー オーク チャーク バーン	run away from home ラナウェイ フラム ホウム
以下 (いか)	ต่ำกว่า, น้อยกว่า, ลงมา タム クワー, ノイ クワー, ロン マー	less than, under レス ザン, アンダ
～のように	ดังต่อไปนี้ ダン トー パイ ニー	as follows アズ ファロウズ
以外 (いがい)	นอกจาก ノーク チャーク	except, excepting イクセプト, イクセプティング
…の何ものでもない	ไม่ใช่อะไรนอกจาก... マイ チャイ アライ ノーク チャーク	be nothing but... ビ ナスィング バト
意外な (いがい)	ผิดคาด, เหนือความคาดหมาย ピット カート, ヌア クワーム カート マーイ	unexpected アニクスペクテド
胃潰瘍 (いかいよう)	กระเพาะอาหารเป็นแผล クラポ アーハーン ペンプレー	stomach ulcer スタマク アルサ
いかがわしい	น่าสงสัย ナー ソンサイ	doubtful ダウトフル
(わいせつな)	ลามก ラーモック	indecent インディーセント
医学 (いがく)	แพทยศาสตร์, วิชาแพทย์ ペータヤサート, ウィチャー ペート	medical science メディカル サイエンス
～部	คณะแพทยศาสตร์ カナ ペータヤサート	medical department メディカル ディパートメント
筏 (いかだ)	แพ ペー	raft ラフト

■家■　บ้าน / バーン /

門(もん)　ประตูรั้ว / プラトゥー ルア / ([英]gate)

呼び鈴(よびりん)　ออดกริ่ง / オートクリン / ([英]bell)

ドア　ประตู / プラトゥー / ([英]door)

ベランダ　ระเบียง / ラビアン / ([英]veranda)

庭(にわ)　สวน / スアン / ([英]garden, yard)

部屋(へや)　ห้อง / ホン / ([英]room)

和室(わしつ)　ห้องแบบญี่ปุ่น / ホン ベープ イープン / ([英]Japanese-style room)

応接室(おうせつしつ)　ห้องรับแขก / ホン ラップ ケーク / ([英]reception room)

リビングルーム　ห้องนั่งเล่น / ホン チン レン / ([英]living room)

ダイニング　ห้องทานข้าว / ホン ターン カーオ / ([英]dining room)

書斎(しょさい)　ห้องหนังสือ / ホン ナンスー / ([英]study)

寝室(しんしつ)　ห้องนอน / ホン ノーン / ([英]bedroom)

浴室(よくしつ)　ห้องอาบน้ำ / ホン アープ ナーム / ([英]bathroom)

トイレ　ห้องน้ำ / ホン ナーム / ([英]toilet)

キッチン　ห้องครัว / ホン クルア / ([英]kitchen)

廊下(ろうか)　ทางเดิน / ターン ドゥーン / ([英]corridor)

屋根(やね)　หลังคา / ランカー / ([英]roof)

窓(まど)　หน้าต่าง / ナーターン / ([英]window)

車庫(しゃこ)　โรงรถ / ローン ロット / ([英]garage)

塀(へい)　กำแพง,รั้ว / カムペーン、ルア / ([英]wall, fence)

階段(かいだん)　บันได / バンダイ / ([英]staircase)

壁(かべ)　ฝาผนัง / ファーパナン / ([英]wall)

日	タイ	英
鋳型（いがた）	แม่พิมพ์ メー ピム	mold モウルド
怒り（いかり）	ความโกรธ, โทสะ クワーム クロート, トーサ	anger, rage アンガ, レイヂ
遺憾な（いかんな）	น่าเสียใจ ナー シアチャイ	regrettable リグレタブル
息（いき）	ลมหายใจ ロム ハーイチャイ	breath ブレス
〜を吸う	หายใจเข้า ハーイ チャイ カオ	breathe in ブレス イン
〜を吐く	หายใจออก ハーイ チャイ オーク	breathe out ブレス アウト
〜をする	หายใจ ハーイ チャイ	breathe ブレス
行き（いき）	ขาไป カー パイ	the way to ザ ウェイトゥ
異議（いぎ）	ข้อขัดแย้ง コー カット イェーン	objection オブヂェクション
意義（いぎ）	คำนิยาม, ความหมาย カム ニヤーム, クワーム マーイ	meaning ミーニング
生き生きした（いきいきした）	สด, กระปรี้กระเปร่า ソット, クラプリー クラプラオ	lively, fresh ライヴリ, フレシュ
勢い（いきおい）	พลัง, อำนาจ パラン, アムナート	power, force パウア, フォース
生き返る（いきかえる）	ฟื้นคืนชีพ フーン クーン チープ	come back to life カム バク トゥ ライフ
生き方（いきかた）	วิถีชีวิต, การดำรงชีวิต ウィティー チーウィット, カーン ダムロン チーウィット	lifestyle ライフスタイル
行き先（いきさき）	จุดหมาย チュットマーイ	destination デスティネイション
いきさつ	บ่อเกิด, ความเป็นมา ボー クート, クワーム ペン マー	circumstances サーカムスタンスィズ

日	タイ	英
（詳細）	รายละเอียด ラーイ ラィアット	details ディテイルズ
い す 行き過ぎる	ผ่านเลยไป パーン ルーイ パイ	go past ゴウ パスト
い ちが 行き違う	สวนกัน スアン カン	pass パス
い づま 行き詰る	ถึงจุดจบ トゥン チュット チョップ	come to deadlock カム トゥ デドラク
生きている	มีชีวิตอยู่ ミー チーウィット ユー	live, living ライヴ, リヴィング
い ど 行き止まり	ทางตัน ターン タン	dead end デド エンド
いき 粋な	โก้, โก้เก๋ コー, コー ケー	smart スマート
いきなり	ในทันทีทันใด, อย่างกระทันหัน ナイ タンティー タンダイ, ヤーン クラタンハン	suddenly, abruptly サドンリ, アブラプトリ
いきぬ 息抜き	พักผ่อน パック ポーン	rest レスト
い のこ 生き残る	มีชีวิตรอด, อยู่รอด ミー チーウィット ロート, ユー ロート	survive サヴァイヴ
イギリス	ประเทศอังกฤษ, เกาะอังกฤษ プラテート アンクリット, コ アンクリット	England, UK イングランド, ユーケー
～人	คนอังกฤษ コン アンクリット	Englishman イングリシュマン
い 生きる	ดำเนินชีวิต, มีชีวิต ダムヌーン チーウィット, ミー チーウィット	live, be alive リヴ, ビ アライヴ
い 行く	ไป パイ	go, come ゴウ, カム
（出発）	ออกเดินทาง オーク ドゥーンターン	leave リーヴ
いくじ 育児	การดูแลเลี้ยงดูเด็ก カーン ドゥーレー リアンドゥー デック	child care チャイルド ケア

日	タイ	英
意気地なし（いくじ） คนขี้ขลาด コンキー クラート		coward カウアド
幾つ（いく） เท่าไร, กี่ タオライ、キー		how many ハウ メニ
（何歳） อายุเท่าไร アーユ タオライ		how old ハウ オウルド
幾つか（いく） นิดหน่อย, บ้าง ニット ノイ、バーン		some, several サム、セヴラル
幾ら？（いく） เท่าไร, เท่าไหร่ タオライ、タオライ		How much? ハウ マチ
幾らか（いく） นิดหน่อย, บ้าง ニット ノイ、バーン		some, a little サム、ア リトル
池（いけ） บ่อน้ำ, สระ ボー ナーム、サ		pond, pool パンド、プール
意見（いけん） ความคิดเห็น クワーム キット ヘン		opinion, idea オピニョン、アイディーア
威厳（いげん） ความสง่า クワーム サガー		dignity ディグニティ
以後（いご） จากนี้ไป チャーク ニー パイ		from now on フラム ナウ オン
（その後） ภายหลัง パーイ ラン		after, since アフタ、スィンス
意向（いこう） เจตนา チェーットナー		intention インテンション
移行する（いこう） เคลื่อน, ย้าย クルアン、ヤーイ		move, shift ムーヴ、シフト
居酒屋（いざかや） ร้านเหล้า, บาร์, ผับ ラーン ラオ、バー、パップ		tavern, bar タヴァン、バー
いざこざ การทะเลาะวิวาท, ก่อเหตุ カーン タロウィワート、コー ヘート		trouble トラブル
いざとなると ในยามคับขัน ナイ ヤーム カップ カン		at the last moment アト ザ ラスト モウメント

日	タイ	英
いさ 勇ましい	กล้าหาญ クラーハーン	brave, courageous ブレイヴ, カレイヂャス
いさん 遺産	มรดก モーラドック	inheritance, legacy インヘリタンス, レガスィ
いし 意志	ความตั้งใจ クワーム タン チャイ	will, volition ウィル, ヴォウリション
いし 石	หิน ヒン	stone ストウン
いじ 意地	ความดื้อ, ความหัวแข็ง クワーム ドゥー, クワーム ファ ケン	obstinacy アプスティナスィ
いしき 意識	สติ, ความรู้สึกตัว サティ, クワーム ルースック トゥア	consciousness カンシャスネス
～する	มีสติ, รู้สึกตัว ミー サティ, ルースック トゥア	be conscious *of* ビ カンシャス
いじける	ขยาด カヤート	become crooked ビカム クルケド
いじ 維持する	รักษา ラックサー	maintenance メインテナンス
いじひ 維持費	ค่าบำรุงรักษา カー バムルン ラックサー	cost of maintenance コースト オヴ メインテナンス
いじめる	กลั่นแกล้ง クラン クレーン	torment, bully トーメント, ブリ
いしゃ 医者	หมอ, แพทย์ モー, ペート	doctor ダクタ
いしゃりょう 慰謝料	ค่าเสียหาย カー シア ハーイ	compensation money カンペンセイション マニ
いじゅう 移住する	ย้ายที่อยู่, อพยพ ヤーイ ティーユー, オッパヨップ	emigrate, immigrate エミグレイト, イミグレイト
いしょ 遺書	พินัยกรรม ピナイカム	will ウィル
いしょう 意匠	ลวดลาย, แบบ ルアット ラーイ, ベープ	design ディザイン

日	タイ	英
〜登録	การจดทะเบียนแบบ カーン チョット タビアン ベープ	registration of designs レヂストレイション オヴ ディザインス
いしょう 衣装	เครื่องแต่งกาย クルアン テンカーイ	clothes, costume クロウズ, カステューム
いじょう 以上	มากกว่า, เกิน マーク クワー, クーン	more than, over モー ザン, オウヴァ
いじょう 異常な	ผิดปกติ ピット パカティ	abnormal アブノーマル
いしょく 移植		
（植物）	การย้าย(ต้นไม้) カーン ヤーイ (トン マーイ)	transplantation トランスプランテイション
（臓器）	การผ่าตัดเปลี่ยน カーン パー タット プリアン	transplantation トランスプランテイション
いしょく 異色の	ที่ผิดแปลก, ที่แตกต่าง ティー ピット プレーク, ティー テーク ターン	unique ユーニーク
いじる	แตะต้อง テトン	finger, fumble *with* フィンガ, ファンブル
いじわる 意地悪な	หยาบคาย, นิสัยไม่ดี ヤープ カーイ, ニサイ マイ ディー	ill-natured, nasty イルネイチャド, ナスティ
いす 椅子	เก้าอี้ カオ イー	chair, stool チェア, ストゥール
イスラム教 きょう	ศาสนาอิสลาม サーッサナー イッサラーム	Islam イスラーム
〜徒	มุสลิม ムッサリム	Muslim, Islam マズリム, イスラーム
いずれ	อย่างไหน, อันไหน ヤーンナイ, アンナイ	which, either (ホ)ウィチ, イーザ
（まもなく）	ไม่ช้าก็เร็ว マイ チャー ゴー レオ	another time アナザ タイム
（近々）	สักวัน サック ワン	some day サム デイ
（どのみち）	ถึงอย่างไร トゥン ヤーンライ	anyhow エニハウ

日	タイ	英
いせい 異性	เพศตรงข้าม ペート トロン カーム	opposite sex アポズィト セクス
いせい 威勢のいい	กล้าหาญ, ภูมิใจ クラーハーン、プーム チャイ	influence, spirits インフルエンス, スピリツ
いせき 遺跡	ซากโบราณสถาน サーク ボーラーン サターン	ruins ルーインズ
いぜん 以前	เมื่อก่อน, แต่ก่อน ムア コーン、テー コーン	ago, before アゴウ, ビフォー
いぜん 依然として	ยังคง, ตามเดิม ヤン コン、ターム ドゥーム	still スティル
いそうろう 居候	ผู้ขออาศัยเขาอยู่ プー コー アーサイ カオ ユー	freeloader フリーローダー
いそが 忙しい	ยุ่ง ユン	be busy ビ ビズィ
いそ 急がせる	เร่ง レン	hurry up ハリ アプ
いそ 急ぎの	ด่วน ドゥアン	urgent アーヂェント
いそ 急ぐ	รีบ リープ	hurry, hasten ハーリ, ヘイスン
いぞく 遺族	ครอบครัวของผู้ตาย クローブクルア コーン プー ターイ	bereaved family ビリーヴド ファミリ
いぞん 依存する	พึ่ง, ขึ้นอยู่กับ プン, クン ユー カップ	depend on ディペンド
いた 板	แผ่นไม้, กระดาน ペン マーイ、クラダーン	board ボード
(金属板)	แผ่นโลหะ ペン ローハ	plate プレイト
いたい 遺体	ศพ ソップ	dead body デド バディ

日	タイ	英
痛い		
（部分）	เจ็บ チェップ	hurt ハート
（全体）	ปวด プアット	painful, sore ペインフル, ソー
偉大な	ยิ่งใหญ่ イン ヤイ	great, grand グレイト, グランド
抱く	กอด コート	have, bear ハヴ, ベア
（関心を）	สนใจ ソンチャイ	have ハヴ
（悪意を）	คิดคด キットコット	bear ベア
委託する	มอบหมาย モープ マーイ	entrust, consign イントラスト, コンサイン
委託販売	ฝากขาย ファーク カーイ	consignment sale コンサインメント セイル
悪戯	แกล้ง クレーン	mischief, trick ミスチフ, トリク
～な	ชอบแกล้ง, ซน チョープ クレーン, ソン	naughty ノーティ
板挟み	กลืนไม่เข้าคายไม่ออก クルーン マイ カオ カーイ マイ オーク	dilemma ディレマ
痛み	ความเจ็บปวด クワーム チェップ プアット	pain, ache ペイン, エイク
～止め	ยาแก้ปวด ヤー ケー プアット	painkiller ペインキラ
傷む		
（損壊）	เสียหาย, เป็นแผล, มีแผล シア ハーイ, ペン プレー, ミー プレー	become damaged ビカム ダミヂド
（腐敗）	เน่า, เสีย ナオ, シア	rot, go bad ラト, ゴウ バド

日	タイ	英
いた 痛む	เจ็บ, ปวด チェップ、プアット	ache, hurt エイク、ハート
いた 炒める	ผัด パット	fry フライ
イタリア	อิตาลี イターリー	Italy イタリ
イタリック体 （たい）	ตัวเอน トゥア エーン	italics イタリクス
いた 至る	ถึง トゥン	arrive *at* アライヴ
～所	ทุกที่, ทั่วๆไป トゥック ティー、トゥア トゥア パイ	everywhere エヴリ（ホ）ウェア
いたわ 労る	ปลอบโยน プローブ ヨーン	take (good) care *of* テイク（グド）ケア
いち 位置	ตำแหน่ง, ที่ タムネン、ティー	position ポズィション
いちがつ 一月	มกราคม マッカラーコム	January ヂャニュエリ
いちじ 一時しのぎの	ฉาบฉวย チャープ チュアイ	makeshift メイクシフト
いちじてき 一時的な	ชั่วระยะเวลาหนึ่ง チュア ラヤ ウェーラーヌン	temporary テンポレリ
いちじる 著しい	อย่างน่าสังเกต ヤーン ナー サンケート	remarkable, marked リマーカブル、マークト
いちど 一度	หนึ่งครั้ง ヌン クラン	once, one time ワンス、ワン タイム
～に	พร้อมกัน プローム カン	at the same time アト ザ セイム タイム
いちどう 一同	ทุกๆคน, ทั้งหมด トゥック トゥック コン、タンモット	all, everyone オール、エヴリワン
いちにち 一日	หนึ่งวัน ヌン ワン	a day ア デイ

日	タイ	英
～おきに	วันเว้นวัน ワン ウェン ワン	every other day エヴリ アザ デイ
～中	ทั้งวัน, ตลอดวัน タン ワン, タロート ワン	all day (long) オール デイ (ローング)
一人前（食事など）	สำหรับหนึ่งคน サムラップ ヌン コン	one portion ワン ポーション
～になる	เป็นผู้ใหญ่ ペン プーヤイ	become independent ビカム インディペンデント
一年	หนึ่งปี ヌン ピー	a year ア イア
～中	ทั้งปี, ตลอดปี タン ピー, タロート ピー	all (the) year オール (ザ) イア
市場	ตลาด タラート	market マーケト
一番	ที่หนึ่ง, เบอร์หนึ่ง ティー ヌン, ブー ヌン	first, No.1 ファースト, ナンバ ワン
（最も）	ที่สุด ティー スット	most, best モウスト, ベスト
一部	ส่วนหนึ่ง スアン ヌン	a part ア パート
（一冊）	หนึ่งเล่ม ヌン レム	a copy ア カピ
一面	ด้านหนึ่ง ダーン ヌン	one side ワン サイド
（新聞の）	หน้าหนึ่ง ナー ヌン	front page フラント ペイヂ
（全面）	ทุกด้าน トゥック ダーン	whole surface ホウル サーフェス
いちゃつく	พลอดรัก プロート ラック	flirt, neck フラーク, ネク
一律	ทั่วกัน トゥア カン	equally イークワリ

日	タイ	英
いちりゅう 一流の	ชั้นหนึ่ง チャン ヌン	first-class ファーストクラス
いつ	เมื่อไหร่ ムア ライ	when (ホ)ウェン
いつう 胃痛	ปวดท้อง プアット トーン	stomachache スタマクエイク
いっか 一家	ครอบครัว クローブクルア	family ファミリ
（家庭）	บ้าน バーン	home ホウム
いつか	สักวันหนึ่ง サック ワン ヌン	some time サム タイム
（過去の）	ครั้งหนึ่ง クラン ヌン	once, at one time ワンス, アト ワン タイム
いっかい 一回	ครั้งหนึ่ง クラン ヌン	once, one time ワンス, ワン タイム
いっかい 一階	ชั้นหนึ่ง チャン ヌン	first floor ファースト フロー
いつから	ตั้งแต่เมื่อไหร่ タンテー ムアライ	since when シンス (ホ)ウェン
いっき 一気に	รวดเดียว ルアット ディアオ	in one go イン ワン ゴウ
いっこ 一個	หนึ่งอัน ヌン アン	one, a piece ワン, ア ピース
いっこう 一行	กลุ่ม, ผู้รวมคณะ クルム, プー ルアム カナ	party パーティ
いっさくじつ 一昨日	เมื่อวานซืน ムア ワーン スーン	the day before yesterday ザ デイ ビフォー イェスタディ
いっさくねん 一昨年	สองปีก่อน ソーン ピー コーン	the year before last ザ イア ビフォー ラスト
いっさんかたんそ 一酸化炭素	คาร์บอนมอนอกไซด์ カー ボーン モーン オックサイ	carbon monoxide カーボン モナクサイド

日	タイ	英
いっしき 一式	ทั้งชุด, หนึ่งชุด タン チュット, ヌン チュット	a complete set ア コンプリート セト
いっしゅ 一種の…	ชนิดหนึ่ง チャニット ヌン	a kind of..., a sort of... ア カインド オヴ, ア ソート オヴ
いっしゅうかん 一週間	หนึ่งอาทิตย์ ヌン アーティット	a week ア ウィーク
いっしゅん 一瞬	ในพริบตา ナイ プリップ ター	a moment ア モウメント
いっしょう 一生	ตลอดชีวิต, ชั่วชีวิต タロート チーウィット, チュア チーウィット	(whole) life (ホウル) ライフ
いっしょうけんめい 一生懸命	อย่างสุดความสามารถ ヤーン スット クワーム サーマート	with all *one's* might ウィズ オール マイト
いっしょ 一緒に	ด้วยกัน ドゥアイ カン	together, with トゲザ, ウィズ
〜行く [来る]	ไป[มา]เป็นเพื่อน パイ [マー] ペン プアン	go [come] together ゴウ [カム] トゲザ
いっせい 一斉に	พร้อมกัน プローム カン	all at once オール アト ワンス
い 言ったとおり でしょう？	เห็นไหม ヘン マイ	So I told you! ソウ アイ トウルド ユー
いっち 一致する	ตรงกัน, สอดคล้องกัน トロン カン, ソート クローン カン	agree アグリー
いっつい 一対の	หนึ่งคู่, คู่หนึ่ง ヌン クー, クー ヌン	a pair *of* ア ペア
いってい 一定の	คงที่, ที่แน่นอน コンティー, ティー ネー ノーン	fixed フィクスト
いつ 何時でも	เมื่อไหร่ก็, เสมอ ムア ライ コー, サムー	anytime, always エニタイム、オールウェイズ
いっとう 一等	ชั้นหนึ่ง チャン ヌン	first class ファースト クラス
（一等賞）	รางวัลที่หนึ่ง ラーンワン ティー ヌン	first prize ファースト プライズ

日	タイ	英
いつの間にか	โดยไม่รู้เนื้อรู้ตัว ドーイ マイ ルー ヌア ルー トゥア	unawares アナウェアズ
いっぱい 一杯	หนึ่งถ้วย, หนึ่งแก้ว ヌン トゥアイ, ヌン ケーオ	a cup of, a glass of ア カプ, ア グラス
（満杯）	เต็มถ้วย, เต็มแก้ว テム トゥアイ, テム ケーオ	full of フル
～の	เต็ม テム	full フル
いっぱん 一般	ธรรมดา タムマダー	generality ヂェネラリティ
～的な	อย่างปกติ, อย่างธรรมดา ヤーン パカティ, ヤーン タムマダー	general, common ヂェネラル, カモン
～に	โดยปกติ, โดยทั่วไป ドーイ パカティ, ドーイ トゥア パイ	generally ヂェネラリ
いっぽう 一方	ฝ่ายหนึ่ง, ด้านหนึ่ง ファーイ ヌン, ダーン ヌン	one side ワン サイド
（もう一方）	อีกด้าน イーク ダーン	the other side ジ アザ サイド
（話変わって）	ในขณะเดียวกัน, ส่วน ナイ カナディアオ カン, スアン	meanwhile ミーン (ホ) ワイル
～通行	วันเวย์ ワンウェー	one-way traffic ワンウェイ トラフィク
～的な	ด้านเดียว, ฝ่ายเดียว ダーン ディアオ, ファーイ ディアオ	one-sided ワンサイデド
いつまでも	ตลอดกาล タロート カーン	forever フォレヴァ
いつも	เสมอ サムー	always オールウェイズ
いつものように	ตามเคย ターム クーイ	as usual アズ ユージュアル
イデオロギー	ทัศนคติ タッサナカティ	ideology アイディアロヂ

日	タイ	英
いてざ 射手座	ราศีธนู ラーシー タヌー	Sagittarius, The Archer サヂテアリアス, ジ アーチャ
いてん 移転する	เคลื่อนไหว, ย้าย クルアンワイ, ヤーイ	move to ムーヴ
いでん 遺伝	กรรมพันธุ์ カムマパン	heredity ヘレディティ
いでんし 遺伝子	หน่วยพันธุกรรม, ยีน ヌアイ パントゥカム, イーン	gene チーン
〜組み換え	การตัดต่อยีน カーン タット トー イーン	gene recombination チーン リーカンビネイション
いと 糸	ด้าย ダーイ	thread, yarn スレド, ヤーン
いと 意図	ความมุ่งหมาย クワーム ムン マーイ	aim エイム
いど 井戸	บ่อน้ำ ボーナーム	well ウェル
いどう 移動する	ย้าย, เคลื่อนที่ ヤーイ, クルアンティー	move ムーヴ
いとぐち 糸口	ร่องรอย, จุดเริ่ม ロン ローイ, チュット ルーム	clue クルー
いとこ 従兄・従姉 [従弟・従妹]	ลูกพี่[ลูกน้อง] ルーク ピー [ルーク ノーン]	cousin カズン
いと 愛しい	คิดถึง, เป็นที่รัก キットゥン ペンティー ラック	dear, beloved ディア, ビラヴィド
いない 以内	ภายใน パーイ ナイ	within, less than ウィズィン, レス ザン
いなか 田舎	ชนบท, บ้านนอก チョンナボット, バーン ノーク	countryside カントリサイド
(生国)	บ้านเกิด バーン クート	hometown ホウムタウン
〜者	คนบ้านนอก コン バーン ノーク	rustic ラスティク

日	タイ	英
いなご 蝗	ตั๊กแตน タッカテーン	locust ロウカスト
いなさく 稲作	การทำนา カーン タム ナー	rice crop ライス クラブ
いなす	ป้องปัด ポン パット	parry パリ
いなな 嘶く	เสียงม้าร้อง シアン マーローン	neigh ネイ
イニシアチブ	ความคิดริเริ่ม クワーム キット リルーム	initiative イニシャティヴ
いにん 委任する	มอบหมาย モープ マーイ	leave, entrust リーヴ, イントラスト
いぬ 犬	หมา, สุนัข マー, スナック	dog ドーグ
～（戌）年	ปีจอ ピー チョー	the Year of the Dog ジ イヤ オヴ ザ ドーグ
いぬじ 犬死にする	ตายเปล่า ターイ プラーオ	die in vain ダイ イン ヴェイン
いね 稲	ข้าว カーオ	rice ライス
～刈り	เกี่ยวข้าว キアオ カーオ	harvest ハーヴェスト
いねむ 居眠り	นั่งหลับ, สัปหงก ナン ラップ, サッパゴック	nap, doze ナプ, ドウズ
いのしし 猪	หมูป่า ムー パー	wild boar ワイルド ボー
～（亥）年	ปีกุน ピー クン	the Year of the Boar ジ イヤ オヴ ザ ボー
いのち 命	ชีวิต チーウィット	life ライフ
いのち 命がけで	ซึ่งเสี่ยงชีวิต スン シアン チーウィット	at the risk of *one's* life アト ザ リスク オヴ ライフ

日	タイ	英
<ruby>祈<rt>いの</rt></ruby>り	การสวด, การอธิษฐาน カーン スアット, カーン アティット ターン	prayer プレア
<ruby>祈<rt>いの</rt></ruby>る	สวด, อธิษฐาน スアット, アティット ターン	pray *to* プレイ
（望む）	หวัง, ภาวนา ワン, パーワナー	wish ウィシュ
<ruby>威張<rt>いば</rt></ruby>る	หยิ่ง, จองหอง, ถือตัว イン, チョーン ホーン, トゥー トゥア	be haughty ビ ホーティ
<ruby>違反<rt>いはん</rt></ruby>	ทำผิด, ผิดกฎ タム ピット, ピット コット	violation ヴァイオレイション

■衣服■ เสื้อผ้า / スア パー /

スーツ ชุด, สูท / チュット, スート / (⊛suit)

ズボン กางเกง / カーンケーン / (⊛trousers)

スラックス กางเกงสแล็ก / カーンケーン サレック / (⊛slacks)

スカート กระโปรง / クラプローン / (⊛skirt)

ミニスカート กระโปรงสั้น / クラプローン サン / (⊛mini)

ワンピース ชุดติดกัน / チュット ティット カン / (⊛dress, one-piece)

シャツ เสื้อเชิ้ต / スア チュート / (⊛shirt)

ポロシャツ เสื้อโปโล / スア ポーロー / (⊛polo shirt)

Tシャツ เสื้อยืด / スア ユート / (⊛T-shirt)

セーター สเวตเตอร์ / サウェートゥー / (⊛sweater, pullover)

ベスト เสื้อกั๊ก / スア カック / (⊛vest)

ブラウス เสื้อสตรี / スア サトリー / (⊛blouse)

<ruby>着物<rt>きもの</rt></ruby> กิโมโน / キモーノー / (⊛*kimono*)

コート เสื้อโค้ท / スア コート / (⊛coat)

ジャケット แจ็คเก็ต / チェックケット / (⊛jacket)

レインコート เสื้อกันฝน / スア カンフォン / (⊛raincoat)

チュットタイ（タイ礼装） ชุดไทย / チュットタイ / (⊛*chut Thai*)

日	タイ	英
〜する	ผิด ピット	violate ヴァイオレイト
いびき 鼾をかく	กรน クロン	snore スノー
いふく 衣服	เสื้อผ้า スア パー	clothes, dress クロウズ, ドレス
イベント	นิทรรศการ, การแสดง ニタッサカーン, カーン サデーン	event イヴェント
いほう 違法の	ผิดกฎหมาย ピット コットマーイ	illegal イリーガル

パーシン（筒型スカート） ผ้าซิ่น, ผ้าถุง / パー シン, パー トゥン / (英 *pha-sin, pha-thung*)

長袖 แขนยาว / ケーン ヤーオ / (英 long sleeves)

半袖 แขนสั้น / ケーン サン / (英 short sleeves)

ノースリーブの แขนกุด / ケーン クット / (英 sleeveless)

ベルト เข็มขัด / ケム カット / (英 belt)

ネクタイ เน็คไท / ネックタイ / (英 necktie, tie)

マフラー, スカーフ ผ้าพันคอ / パー パン コー / (英 muffler, scarf)

てぶくろ
手袋 ถุงมือ / トゥン ムー / (英 gloves)

スアラーチャパテーン（タイ男性正装上着） เสื้อราชปะแตน / スア ラーチャパテーン / (英 *sua rachapaten*)

パームアン（タイ男性正装ズボン） ผ้าม่วง / パームアン / (英 *phamuang*)

パーヌン（タイ女性正装スカート） ผ้านุ่ง / パー ヌン / (英 *phanun*)

サバイ（タイ女性正装肩布） สไบ / サバイ / (英 *sabai*)

モーホーム（藍染め農民服） มอฮ่อม / モーホーム / (英 *mohom*)

パーカーオマー（男性用万能布） ผ้าขาวม้า / パーカーオ マー / (英 *pha-khaoma*)

くつ
靴 รองเท้า / ローン ターオ / (英 shoes, boots)

サンダル รองเท้าแตะ / ローン ターオ テ / (英 sandal shoes)

くつした
靴下 ถุงเท้า / トゥン ターオ / (英 socks, stockings)

日	タイ	英
いま 今	ตอนนี้ トーン ニー	now ナウ
いま 居間	ห้องนั่งเล่น ホン ナン レン	living room リヴィング ルーム
いまいま 忌々しい	น่าชิงชัง, รู้สึกเจ็บใจ ナー チン チャン, ルースック チェップ チャイ	annoying アノイイング
いま 今から	ต่อไปนี้ トー パイ ニー	from now フラム ナウ
いまごろ 今頃	ขณะนี้, ตอนนี้ カナニー, トーン ニー	at this time アト ズィス タイム
いまさら 今更	มาถึงตอนนี้ マートゥン トーン ニー	now, at this time ナウ, アト ズィス タイム
いま 今までに	จนบัดนี้, เท่าที่ผ่านมา チョン バット ニー, タオ ティー パーン マー	by this time バイ ズィス タイム
いみ 意味	ความหมาย クワーム マーイ	meaning, sense ミーニング, センス
～する	แปลว่า, หมายความว่า プレー ウー, マーイ クワーム ウー	mean, signify ミーン, スィグニファイ
イミテーション	เลียนแบบ リアン ベープ	imitation イミテイション
いみん 移民	คนต่างด้าว コン ターン ダーオ	emigrant, immigrant エミグラント, イミグラント
～する	อพยพ オッパヨップ	emigrate エミグレイト
（外地から）	อพยพเข้าเมือง オッパヨップ カオ ムアン	immigrate イミグレイト
いむしつ 医務室	ห้องพยาบาล ホン パヤーバーン	dispensary ディスペンサリ
イメージ	ภาพพจน์, อิมเมจ パープ ポット, イムメート	image イミヂ
いもうと 妹	น้องสาว ノーン サーオ	(younger) sister （ヤンガ）スィスタ

日	タイ	英
鋳物（いもの）	ของหล่อ コーン ロー	molding モウルディング
嫌々（いやいや）	อย่างไม่เต็มใจ ヤーン マイ テム チャイ	reluctantly リラクタントリ
嫌がらせ（いや）	กลั่นแกล้ง クラン クレーン	vexation ヴェクセイション
違約金（いやくきん）	เงินค่าปรับ グン カー プラップ	forfeit フォーフィト
意訳する（いやく）	แปลเอาความ プレー アオ クワーム	give a free translation ギヴ ア フリー トランスレイション
卑しい（いや）	ถ่อมตัว, หยาบคาย トム トゥア, ヤープ カーイ	low, humble ロウ, ハンブル
癒す（いや）	รักษา ラックサー	heal, cure ヒール, キュア
嫌な（いや）	ขยะแขยง, น่าชัง カヤカエーン, チー チャン	disgusting ディスガスティング
イヤホーン	หูฟัง フー ファン	earphone イアフォウン
嫌らしい（いや）	น่าชัง, น่าสะอิดสะเอียน, ลามก チー チャン, チー サイット サイアン, ラーモック	disagreeable ディサグリーアブル
イヤリング	ต่างหู ターン フー	earring イアリング
いよいよ	ในที่สุด ナイ ティー スット	at last アト ラスト
（ますます）	มากขึ้นไปอีก マーク クン パイ イーク	more and more モー アンド モー
意欲（いよく）	ความตั้งใจ, ใจปรารถนา クワーム タン チャイ, チャイ プラーッタナー	volition ヴォウリション
以来（いらい）	ตั้งแต่, หลังจากที่ タン テー, ラン チャーク ティー	since, after that スィンス, アフタ ザト
依頼（いらい）	คำขอร้อง カム コー ローン	request リクウェスト

日	タイ	英
～する	ขอร้อง コー ローン	ask, request アスク, リクウェスト
いらいらする	ร้อนรน, หงุดหงิด ローン ロン, グット ギット	be irritated ビ イリテイテド
イラスト	ภาพประกอบ パーブ プラコーブ	illustration イラストレイション
イラストレーター	ช่างเขียนภาพประกอบ チャーン キアン パーブ プラコーブ	illustrator イラストレイタ
入り口	ทางเข้า ターン カオ	entrance エントランス
入り浸る	ขลุกอยู่เป็นประจำ クルック ユー ペン プラチャム	frequent フリークウェント
医療	การรักษาพยาบาล カーン ラックサー パヤーバーン	medical treatment メディカル トリートメント
～費	ค่ารักษาพยาบาล カー ラックサー パヤーバーン	fee for medical treatment フィー フォ メディカル トリートメント
威力	อานุภาพ, ฤทธิ์ アーヌパーブ, リット	power, might パウア, マイト
居る	อยู่ ユー	be, there is [are] ビー, ゼア イズ [アー]
要る	เอา, ต้องการ アオ, トンカーン	need, want ニード, ワント
居留守を使う	แสร้งทำเป็นไม่อยู่ セーン タム ペン マイユー	pretend to be out プリテンド トゥ ビ アウト
異例の	ข้อยกเว้น コー ヨック ウェン	exceptional イクセプショナル
入れ替える	สับเปลี่ยน サップ プリアン	replace リプレイス
入れ墨	รอยสัก ローイ サック	tattoo タトゥー
入れ歯	ฟันปลอม ファン プローム	artificial tooth アーティフィシャル トゥース

日	タイ	英
<ruby>入<rt>い</rt></ruby>れる	ใส่ サイ	put... *in* プト
<ruby>淹<rt>い</rt></ruby>れる（茶を）	ชงชา チョン チャー	make tea メイク ティー
<ruby>色<rt>いろ</rt></ruby>	สี シー	color カラ
<ruby>色々<rt>いろいろ</rt></ruby>な	หลายอย่าง, ต่างๆ ラーイ ヤーン　ターン ターン	various ヴェアリアス
<ruby>色気<rt>いろけ</rt></ruby>がある	มีเสน่ห์ ミー サネー	sexy セクスィ

■色■ สี /シー/

<ruby>黒<rt>くろ</rt></ruby> สีดำ /シー ダム/ (㊤black)

グレー สีเทา /シー タオ/ (㊤gray)

<ruby>白<rt>しろ</rt></ruby> สีขาว /シー カーオ/ (㊤white)

<ruby>青<rt>あお</rt></ruby> สีน้ำเงิน /シー ナムグン/ (㊤blue)

<ruby>赤<rt>あか</rt></ruby> สีแดง /シー デーン/ (㊤red)

<ruby>緑<rt>みどり</rt></ruby> สีเขียว /シー キアオ/ (㊤green)

<ruby>茶<rt>ちゃ</rt></ruby> สีน้ำตาล /シー ナムターン/ (㊤brown)

<ruby>紫<rt>むらさき</rt></ruby> สีม่วง /シー ムアン/ (㊤purple, violet)

<ruby>黄<rt>き</rt></ruby> สีเหลือง /シー ルアン/ (㊤yellow)

<ruby>透明<rt>とうめい</rt></ruby> ใส, โปร่งแสง /サイ、プローン セーン/ (㊤transparency)

オレンジ สีส้ม /シー ソム/ (㊤orange)

ピンク สีชมพู /シー チョムプー/ (㊤pink)

<ruby>紺<rt>こん</rt></ruby> สีกรมท่า /シー クロンマター/ (㊤dark blue)

ベージュ สีเบจ, สีเนื้อ /シー ベート、シー ヌア/ (㊤beige)

<ruby>金色<rt>きんいろ</rt></ruby> สีทอง /シー トーン/ (㊤golden)

<ruby>銀色<rt>ぎんいろ</rt></ruby> สีเงิน /シー グン/ (㊤silver)

い

日	タイ	英
<ruby>色白<rt>いろじろ</rt></ruby>の	สีจาง, สีซีด, สีอ่อน シー チャーン, シー シート, シー オーン	fair フェア
<ruby>異論<rt>いろん</rt></ruby>	คำคัดค้าน, ข้อแย้ง カム カット カーン, コー イェーン	objection オブ**チェ**クション
<ruby>岩<rt>いわ</rt></ruby>	ก้อนหิน コーン ヒン	rock ラク
<ruby>祝い<rt>いわ</rt></ruby>	การอวยพร, การฉลอง カーン ウアイポーン, カーン チャローン	celebration セレブレイション
<ruby>祝う<rt>いわ</rt></ruby>	อวยพร, ฉลอง ウアイポーン, チャローン	celebrate セレブレイト
<ruby>所謂<rt>いわゆる</rt></ruby>	ที่เรียกกันว่า ティー リアック カン ワー	so-called ソウコールド
<ruby>因果<rt>いんが</rt></ruby>	สาเหตุ サー ヘート	destiny デスティニ
<ruby>印鑑<rt>いんかん</rt></ruby>	ตรา トラー	seal スィール
<ruby>陰気<rt>いんき</rt></ruby>な	มืดมัว ムート ムア	gloomy グルーミ
インク	หมึก ムック	ink インク
<ruby>陰茎<rt>いんけい</rt></ruby>	ของลับผู้ชาย, ลึงค์, ควย コーン ラップ プーチャーイ, ルン, クアイ	penis ピーニス
<ruby>陰険<rt>いんけん</rt></ruby>な	เจ้าเล่ห์ チャウ レー	crafty クラフティ
<ruby>印刷<rt>いんさつ</rt></ruby>する	พิมพ์ ピム	print プリント
<ruby>印紙<rt>いんし</rt></ruby>	อากรแสตมป์ アーコーン サテーム	revenue stamp レヴェニュー スタンプ
<ruby>印象<rt>いんしょう</rt></ruby>	ความประทับใจ クワーム プラタップ チャイ	impression インプレション

日	タイ	英
インスタントの	สำเร็จรูป サムレット ルーブ	instant インスタント
インスタントラーメン	บะหมี่กึ่งสำเร็จรูป バミー クン サムレット ルーブ	instant noodles インスタント ヌードルズ
インストールする	ติดตั้ง ティット タン	install インストール
インストラクター	วิทยากร ウィッタヤーコーン	instructor インストラクタ
インスピレーション	ความมุ่งหวัง クワーム ムン ワン	inspiration インスピレイション
いんぜい 印税	ค่าลิขสิทธิ์ カー リッカシット	royalty ロイアルティ
いんそつ 引率する	นำ ナム	lead リード
インターチェンジ	จุดเข้าออกทางด่วน チュット カオ オーク ターン ドゥアン	interchange インタチェインヂ
インターネット	อินเทอร์เน็ต インターネット	Internet インタネト
～カフェ	ร้านอินเทอร์เน็ต ラーン インターネット	Internet café インタネト キャフェイ
インターホン	อินเตอร์โฟน インターフォーン	interphone インタフォウン
いんたい 引退する	เกษียณ, ออกจากงาน カシアン, オーク チャーク ガーン	retire リタイア
インタビュー	สัมภาษณ์ サムパート	interview インタヴュー
インチ	นิ้ว ニウ	inch インチ
いんちき	ปลอมแปลง, ของเก๊, โกง プローム プレーン, コーン ケ, コーン	fake フェイク
インテリ	ปัญญาชน パンヤーチョン	intellectual インテレクチュアル

日	タイ	英
インテリア	ตกแต่งภายใน トックテン パーイ ナイ	interior design インティアリア ディザイン
インド	อินเดีย インディア	India インディア
インドシナ	อินโดจีน インドーチーン	Indochina インドチャイナ
イントネーション	การออกเสียงสูงต่ำ カーン オーク シアン スーン タム	intonation イントネイション
いんねん 因縁	เวรกรรม ウェーンカム	fate フェイト
インプット	การป้อนเข้า, กระแสไฟเข้า カーン ポーン カオ, クラセー ファイ カオ	input インプト
インフラ ストラクチャー	สาธารณูปโภค, โครงการสร้างพื้นฐาน サーターラヌーパポーク, クロンカーン サーン プーン ターン	infrastructure インフラストラクチャ
インフルエンザ	ไข้หวัดใหญ่ カイ ウット ヤイ	influenza インフルエンザ
インフレ	เงินเฟ้อ グン フー	inflation インフレイション
インボイス	ใบส่งของ バイ ソン コーン	invoice インヴォイス
いんぼう 陰謀	การสุมหัว, การสมคบ カーン スム フア, カーン ソム コップ	plot, intrigue プラト, イントリーグ
いんもう 陰毛	ขนเพชร コン ペット	pubic hair ピュービク ヘア
いんよう 引用する	อ้างอิง, กล่าวอ้าง アーンイン, クラーオ アーン	quote, cite クウォウト, サイト
いんりょう 飲料水	น้ำดื่ม ナム ドューム	drinking water ドリンキング ウォータ
いんりょく 引力	แรงดึงดูด レーン ドゥン ドゥート	attraction アトラクション

日	タイ	英

う, ウ

ウイークデー	วันธรรมดา ワン タムマダー	weekday ウィークデイ
初々しい _{ういうい}	แรกรุ่น レーク ルン	innocent イノセント
ウイスキー	วิสกี้ ウィッサキー	whiskey (ホ)ウィスキ
ウイルス	ไวรัส ワイラット	virus ヴァイアラス
ウインカー	ไฟเลี้ยว ファイ リアオ	blinkers ブリンカズ
ウインクする	ขยิบตา カイップ ター	wink ウィンク
ウインチ	กว้าน クワーン	winch ウィンチ
ウール	ขนสัตว์ コン サット	wool ウル
上 _{うえ}	บน, ข้างบน ボン, カーン ボン	upper part アパ パート
(頂上)	ยอด ヨート	top, summit タプ, サミト
(表面)	พื้นผิว プーン ピウ	surface サーフェス
～に	บน, ข้างบน ボン, カーン ボン	on オン
～の	ที่อยู่ข้างบน ティー ユー カーン ボン	above アバヴ
(年齢が)	แก่(กว่า), อายุมาก(กว่า) ケー (クワー), アーユマーク (クワー)	older *than* オウルダ
(地位が)	สูง スーン	upper アパ

日	タイ	英
(質・能力が)	ดี(กว่า), สูง(กว่า) ディー (クワー), スーン (クワー)	superior *to* スピアリア
ウエイター	บอย, พนักงานเสิร์ฟ ボイ, パナック ガーン サーフ	waiter ウェイタ
ウエイトレス	พนักงานเสิร์ฟ(หญิง) パナック ガーン サーフ (イン)	waitress ウェイトレス
ウエスト	เอว エーオ	weist ウエイスト
ウエットな	ใจอ่อน チャイ オーン	sentimental センティメンタル
植える	ปลูก プルーク	plant プラント
(栽培)	เพาะปลูก ポ プルーク	raise, grow レイズ, グロウ
ウォーミングアップ	วอร์มร่างกาย ウォーム ラーンカーイ	warm-up ウォームアップ
魚座	ราศีมีน ラーシー ミーン	Pisces, the Fishes パイセズ, ザ フィシズ
迂回する	อ้อม オーム	make a detour メイク ア ディートゥア
嗽をする	กลั้วคอ クルア コー	gargle ガーグル
迂闊な	สะเพร่า サプラオ	careless ケアレス
浮かぶ	ลอย ローイ	float フロウト
(心に)	นึกขึ้นมา, ผุดขึ้น ヌック クン マー, プット クン	occur to オカー トゥ
受かる	ผ่าน パーン	pass パス
雨季	ฤดูฝน, หน้าฝน ルドゥー フォン, ナーフォン	rainy season レイニー スィーズン

日	タイ	英
うきうきする	ดีอกดีใจ ディー オック ディー チャイ	feel happy フィール ハピ
浮き輪	ห่วงยาง フアン ヤーン	float ring フロウト リング
浮く	ลอย ローイ	float フロウト
（余る）	เหลือ ルア	save セイヴ
受け入れる	ยอมรับ, รับ ヨーム ラップ, ラップ	receive, accept リスィーヴ, アクセプト
請け負う	รับเหมา ラップ マオ	contract コントラクト
受け継ぐ	รับทอดต่อ, สืบต่อ ラップ トート トー, スープ トー	succeed to サクスィード トゥ
（性質・財産を）	รับช่วงต่อ ラップ チュアン トー	inherit インヘリト
受付	การต้อนรับ, รีเซฟชั่น カーン トーン ラップ, リーセプチャン	receipt, acceptance リスィート, アクセプタンス
（受付所）	ประชาสัมพันธ์ プラチャー サムパン	information office インフォメイション オーフィス
～係	พนักงานต้อนรับ パナックガーン トーンラップ	information clerk インフォメイション クラーク
受け付ける	รับ, สนอง ラップ, サノーン	receive, accept リスィーヴ, アクセプト
受取人	ผู้รับ プー ラップ	recipient リスィピアント
（手形の）	ผู้รับ プー ラップ	receiver リスィーヴァ
（保険金の）	ผู้รับ(เงินประกัน) プー ラップ (グン プラカン)	beneficiary ベネフィシエリ
受け取る	รับ ラップ	receive, get リスィーヴ, ゲト

日	タイ	英
受^うけ持^もつ	ดูแล, ควบคุม ドゥーレー, クアップ クム	take charge of テイク チャーヂ
受^うける	รับ ラップ	receive, get リスィーヴ, ゲト
（試験を）	เข้า(สอบ) カオ (ソープ)	take テイク
（こうむる）	ได้รับ, ถูก, โดน ダイ ラップ, トゥーク, ドーン	suffer サファ
動^{うご}かす	เคลื่อน, ย้าย クルアン, ヤーイ	move ムーヴ
（機械を）	เดินเครื่อง ドゥーン クルアン	run, work, operate ラン, ワーク, アパレイト
（心を）	ดลใจ, กระตุ้น ドンチャイ, クラトゥン	move, touch ムーヴ, タチ
動^{うご}き	การเคลื่อนไหว カーン クルアン ヴイ	movement, motion ムーヴメント, モウション
（活動）	ความเคลื่อนไหว クワーム クルアン ヴイ	activity アクティヴィティ
（動向）	แนวโน้ม ネーオ ノーム	trend トレンド
動^{うご}く	เคลื่อนไหว, เคลื่อนที่, ขยับ クルアン ヴイ, クルアン ティー, カヤップ	move ムーヴ
（変わる）	เปลี่ยนแปลง プリアン プレーン	change チェインヂ
（運行する）	เดิน, หมุน ドゥーン, ムン	go, run, work ゴウ, ラン, ワーク
（心が）	สะเทือนใจ サトゥアン チャイ	be moved ビ ムーヴド
兎^{うさぎ}	กระต่าย クラターイ	rabbit ラビト
～（卯）年	ปีเถาะ ピート	the Year of the Hare ジ イヤ オヴ ザ ヘア
牛^{うし}	วัว ウア	bull, ox, cow ブル, アクス, カウ

日	タイ	英
～(丑)年	ปีฉลู ピー チャルー	the Year of the Ox ジ イヤ オヴ ジ アクス
蛆(うじ)	หนอน, ตัวหนอน ノーン, トゥア ノーン	worm, maggot ワーム, マゴト
失う(うしなう)	เสีย, ทำหาย シア, タム ハーイ	lose, miss ルーズ, ミス
後ろ(うしろ)	หลัง ラン	back バク
後ろめたさ(うしろめたさ)	ความรู้สึกละอายใจ クワーム ルースック ラアーイ チャイ	feeling of guilty フィーリング オヴ ギルティ
渦(うず)	น้ำวน ナム ウォン	whirlpool (ホ)ワールプール
薄い(うすい)	บาง バーン	thin スィン
(色が)	อ่อน オーン	light ライト
(濃度)	อ่อน オーン	weak ウィーク
うずうずする	กระวนกระวาย クラウォン クラワーイ	be impatient to ビ インペイシャント
疼く(うずく)	เสียว シアオ	ache, hurt エイク, ハート
薄暗い(うすぐらい)	มืด, สลัว ムート, サルア	dim, dark, gloomy ディム, ダーク, グルーミ
薄める(うすめる)	เจือจาง チュア チャーン	thin, dilute スィン, ダイリュート
右折する(うせつする)	เลี้ยวขวา リアオ クワー	turn to the right ターン トゥ ザ ライト
嘘(うそ)	การโกหก, เรื่องโกหก カーン コーホック, ルアン コーホック	lie ライ
～をつく	โกหก, พูดโกหก コーホック, プート コーホック	tell a lie テル ア ライ

日	タイ	英
嘘つき	คนโกหก コン コーホック	liar ライア
歌	เพลง プレーン	song ソーング
（詩歌）	กลอน, บทกวี クローン, ボット カウィー	poem ポウエム
歌う	ร้องเพลง ローン プレーン	sing スィング
疑う	สงสัย, ไม่เชื่อ ソンサイ, マイ チュア	doubt, distrust, suspect ダウト, ディストラスト, サスペクト
疑わしい	น่าสงสัย ナー ソンサイ	doubtful ダウトフル
（不審）	น่าสงสัย, มีพิรุธ ナー ソンサイ, ミー ピルット	suspicious サスピシャス
家	บ้าน バーン	house ハウス
（家族）	ครอบครัว クロープクルア	family ファミリ
打ち明ける	สารภาพ サーラパープ	tell, confess テル, コンフェス
打ち合わせ	การประชุม カーン プラチュム	meeting ミーティング
〜をする	นัดแนะกัน ナット ネ カン	make arrangements メイク アレインヂメンツ
内側	ข้างใน カーン ナイ	inside インサイド
内気な	ขี้อาย キー アーイ	shy, timid シャイ, ティミド
打ち解ける	สนิทสนม サニット サノム	open *one's* heart オウプン ハート
（…の）うちに	ภายใน パーイ ナイ	during 【デュア】リング

日	タイ	英
うちゅう 宇宙	อวกาศ アワカート	universe ユーニヴァース
～飛行士	มนุษย์อวกาศ マヌット アワカート	astronaut アストロノート
～人	มนุษย์ต่างดาว マヌット ターン ダーオ	alien エイリャン
～ステーション	สถานีอวกาศ サターニー アワカート	space station スペイス ステイション
うちょうてん 有頂天になる	ดีใจอย่างที่สุด ディー チャイ ヤーン ティー スット	go into ecstasies *over* ゴウ イントゥ エクスタスィズ
うちわけ 内訳	รายละเอียด ラーイ ライアット	breakdown ブレイクダウン
う 撃つ	ยิง イン	fire, shoot ファイア, シュート
う 打つ	ตี ティー	strike, hit ストライク, ヒト
（心を）	สะเทือนใจ サトゥアン チャイ	move, touch ムーヴ, タチ
うっかりして	เผลอ, ใจลอย プルー, チャイ ローイ	carelessly ケアレスリ
うつく 美しい	สวย, สวยงาม スアイ, スアイ ガーム	beautiful ビューティフル
うつ 移す	โอน, โยกย้าย オーン, ヨーク ヤーイ	move, transfer ムーヴ, トランスファー
（病気を）	ติด, ติดต่อ ティット, ティット トー	give, infect ギヴ, インフェクト
うつ 写す	ถ่าย ターイ	copy カピ
うった 訴える	ฟ้องร้อง フォーン ローン	sue スー
（手段に）	ใช้วิธี チャイ ウィティー	resort to リゾート トゥ

日	タイ	英
（世論に）	ร้องต่อ ローン トー	appeal to アピール トゥ
鬱陶しい	หม่นหมอง, มืดครึ้ม モン モーン, ムート クルム	gloomy グルーミ
うっとりする	เพลิดเพลิน, ปีติ プルート プルーン, ピーティ	be absent-minded ビ アブセントマインデド
鬱憤を晴らす	ระบายอารมณ์ ラバーイ アーロム	satisfy *one's* resentment サティスファイ リゼントゥメント
俯く	ก้มหัว ゴム フア	hang *one's* head ハング ヘド
移る	ย้าย, โอน ヤーイ, オーン	move ムーヴ
（感染）	ติด(โรค) ティット (ローク)	catch キャチ
器	ภาชนะ パーチャナ	vessel ヴェスル
腕	แขน ケーン	arm アーム
（腕前）	ฝีมือ, ความสามารถ フィーム-, クワーム サーマート	ability, skill アビリティ, スキル
〜によりをかける	เต็มฝีมือ テム フィー ムー	exert *one's* utmost skill イグザート アトゥモウスト スキル
腕時計	นาฬิกาข้อมือ ナーリカー コー ムー	wristwatch リストワチ
雨天決行	ไม่งดแม้ฝนตก マイ ゴット メー フォン トック	take place rain or shine テイク プレイス レイン オア シャイン
頷く	พยักหน้า パヤック ナー	nod ナド
うな垂れる	คอตก コー トック	drop *one's* head ドラプ ヘド
唸る	คราง クラーン	groan グロウン

日	タイ	英
（動物が）	เห่า, คำราม ハオ, カムラーム	roar, growl ロー, グラウル
うぬぼ 自惚れ	ทะนงตัว, หลงตัวเอง タノン トゥア, ロン トゥア エーン	self-conceit セルフコンスィート
～の強い	หยิ่ง, ทรนง イン, トーラノン	self-conceited セルフコンスィーテド
うぬぼ 自惚れる	ถือตัว トゥー トゥア	become conceited ビカム コンスィーテド
うば 奪う	ขโมย, ปล้น カモーイ, プロン	take... away, rob テイク アウェイ, ラブ
（地位を）	ถอด(ยศ) トート (ヨット)	usurp ユーザープ
（権利を）	ตัด(สิทธิ์) タット (シット)	deprive ディプライヴ
うばぐるま 乳母車	รถเข็น ロット ケン	baby carriage ベイビ キャリヂ
うぶ 初な	ไร้เดียงสา ライ ディアンサー	innocent, naive イノセント, ナーイーヴ
うま 馬	ม้า マー	horse ホース
（雌馬）	ม้าตัวเมีย マー トゥア ミア	mare メア
～が合わない	ไม่กินกัน マイ キン カン	don't get on well *with* ドウント ゲト オン ウェル
～（午）年	ปีมะเมีย ピー マミア	the Year of the Horse ジイヤ オヴ ザ ホース
うま 巧い	เก่ง ケン	good, skillful グド, スキルフル
うま 旨い	อร่อย アロイ	good, delicious グド, ディリシャス
うまく行く	ไปได้สวย パイ ダイ スアイ	go well ゴウ ウェル

日	タイ	英
<ruby>埋<rt>う</rt></ruby>まる	หมก モック	be buried ビ ベリド
<ruby>生<rt>う</rt></ruby>まれつき	แต่กำเนิด テー カム ヌート	by nature バイ ネイチャ
<ruby>生[産]<rt>う</rt></ruby>まれる	เกิด クート	be born ビ ボーン
（成立）	กำเนิด, ก่อตั้ง カム ヌート, コー タン	come into existence カム イントゥ イグズィステンス
<ruby>海<rt>うみ</rt></ruby>	ทะเล タレー	sea, ocean スィー, オウシャン
<ruby>生[産]<rt>う</rt></ruby>む	ออกลูก, ออกผล オーク ルーク, オーク ポン	bear ベア
（卵を）	วางไข่, ออกไข่ ワーン カイ, オーク カイ	lay レイ
（生じる）	ผลิต パリット	produce プロデュース
<ruby>呻<rt>うめ</rt></ruby>く	คราง クラーン	groan, moan グロウン, モウン
<ruby>埋<rt>う</rt></ruby>め<ruby>立<rt>た</rt></ruby>てる	ถม トム	fill... in, reclaim リクレイム, フィル イン
<ruby>埋<rt>う</rt></ruby>める	ฝัง, หมก ファン, モック	bury ベリ
（満たす）	เติมเต็ม トゥーム テム	fill フィル
<ruby>右翼<rt>うよく</rt></ruby>	ปีกขวา, ฝ่ายขวา ピーク クワー, ファーイ クワー	right wing ライト ウィング
<ruby>裏<rt>うら</rt></ruby>	หลัง ラン	back バク
（反対側）	ด้านหลัง, ตรงข้าม ダーン ラン, トロン カーム	reverse side リヴァース サイド
<ruby>裏返<rt>うらがえ</rt></ruby>す	กลับหลัง クラップ ラン	turn over ターン オウヴァ

日	タイ	英
<ruby>裏書<rt>うらが</rt></ruby>き	สลักหลัง サラック ラン	endorsement インドースメント
<ruby>裏切<rt>うらぎ</rt></ruby>る	หักหลัง ハック ラン	betray ビトレイ
（予想を）	ทำให้ผิดหวัง タム ハイ ピット ワン	be contrary *to* ビ カントレリ
<ruby>裏口<rt>うらぐち</rt></ruby>	ประตูหลัง プラトゥー ラン	back door バク ドー
<ruby>裏地<rt>うらじ</rt></ruby>	ซับใน サップ ナイ	lining ライニング
<ruby>占<rt>うらな</rt></ruby>い	โชคลาง, ดวง チョーク ラーン, ドゥアン	fortune-telling フォーチュンテリング
〜<ruby>師<rt>し</rt></ruby>	หมอดู, โหร モードゥー, ホーン	fortune-teller フォーチュンテラ
<ruby>占<rt>うらな</rt></ruby>う	ดูดวง, ทำนาย ドゥー ドゥアン, タムナーイ	tell *a person's* fortune テル フォーチュン
ウラニウム	ยูเรเนียม ユーレーニアム	uranium ユアレイニアム
<ruby>恨<rt>うら</rt></ruby>み	ความแค้น クワーム ケーン	grudge グラヂ
〜を<ruby>晴<rt>は</rt></ruby>らす	แก้แค้น ケー ケーン	revenge *oneself* リヴェンジ
<ruby>恨<rt>うら</rt></ruby>む	แค้น ケーン	bear... a grudge ベア ア グラヂ
（<ruby>残念<rt>ざんねん</rt></ruby>に<ruby>思<rt>おも</rt></ruby>う）	เสียใจ シアチャイ	regret リグレト
<ruby>羨<rt>うらや</rt></ruby>ましい	น่าอิจฉา チー イッチャー	enviable エンヴィアブル
<ruby>羨<rt>うらや</rt></ruby>む	อิจฉา イッチャー	envy エンヴィ
<ruby>売<rt>う</rt></ruby>り<ruby>上<rt>あ</rt></ruby>げ	ยอดขาย ヨート カーイ	amount sold アマウント ソウルド

日	タイ	英
売り切れる	ขายหมด カーイ モット	be sold out ビ ソウルド アウト
売り込む	โฆษณาส่งเสริม コーッサナー ソンスーム	sell セル
売り場	พื้นที่ขาย プーンティー カーイ	department ディパートメント
売る	ขาย カーイ	sell セル
閏年	ปีอธิกมาส ピー アティカマート	leap year リープ イア
潤う	ชุ่มชื้น チュム チューン	be moistured ビ モイスチャド
うるさい	น่ารำคาญ ナー ラムカーン	annoying アノイイング
（しつこい）	จู้จี้ チュー チー	persistent パスィステント
（音が）	หนวกหู ヌアック フー	noisy ノイズィ
うるさい！	หนวกหู ヌアック フー	Don't be noisy! ドント ビ ノイズィ
漆	น้ำรัก ナム ラック	lacquer, japan ラカ, ヂャパン
嬉しい	ดีใจ ディー チャイ	happy, delightful ハピ, ディライトフル
ウレタン	ยูรีเทน ユーリーテーン	urethane ユアラセイン
売れっ子	เป็นที่นิยม, กำลังฮิต ペン ティー ニヨム, カムラン ヒット	popular person パピュラ パースン
売れ残る	เหลือขาย ルア カーイ	be left unsold ビ レフト アンソウルド
売れ行き	การขาย カーン カーイ	sale セイル

日	タイ	英
売れる	ขายดี カーイ ディー	sell well セル ウェル
（商品になる）	เป็นที่ต้องการของตลาด ペン ティー トンカーン コーン タラート	be marketable ビ マーケタブル
（顔・名が）	เป็นที่รู้จัก ペン ティー ルーチャック	become well known ビカム ウェル ノウン
鱗	เกล็ดปลา クレット プラー	scale スケイル
うろたえる	ลุกลี้ลุกลน ルック リー ルック ロン	be upset ビ アプセト
浮気	ชู้, หักหลัง, นอกใจ チュー, ハック ラン, ノーク チャイ	affair アフェア
～者	เจ้าชู้ チャオ チュー	inconstant lover インカンスタント ラヴァ
上着	เสื้อนอก スア ノーク	coat コウト
噂	ข่าวโคมลอย, ข่าวลือ カーオ コーム ローイ, カーオ ルー	rumor ルーマ
上の空	ใจลอย チャイ ローイ	absent-minded アブセント マインディド
上辺	พื้นผิว プーン ピウ	surface サーフェス
～を取り繕う	ผักชีโรยหน้า パックチー ローイ ナー	save appearances セイヴ アピアランスィズ
上回る	เกิน, เหนือกว่า, มากกว่า クーン, ヌア クヴァー, マーク クヴァー	exceed イクスィード
うん！	เออ ウー	yes イェス
運	โชคชะตา, ดวง チョーク チャター, ドゥアン	fate, destiny フェイト, デスティニ
（幸運）	โชคดี チョーク ディー	fortune, luck フォーチュン, ラク

日	タイ	英
<ruby>運営<rt>うんえい</rt></ruby>	การจัดการ カーン チャッカーン	management マニヂメント
<ruby>運河<rt>うんが</rt></ruby>	ลำคลอง ラムクローン	canal カナル
うんざりする	เบื่อ ブア	be sick *of* ビ スィク
<ruby>運送<rt>うんそう</rt></ruby>	การขนส่ง カーン コン ソン	transportation トランスポテイション
<ruby>運賃<rt>うんちん</rt></ruby>	ค่าโดยสาร カー ドーイサーン	fare フェア
（貨物の）	ค่าขนส่ง カー コン ソン	freight rates フレイト レイツ
<ruby>運転<rt>うんてん</rt></ruby>	การขับรถ, การขี่ カーン カップ ロット, カーン キー	driving ドライヴィング
（機械の）	การเดินเครื่อง カーン ドゥーン クルアン	operation アパレイション
〜する	ขับ, ขี่ カップ, キー	drive ドライヴ
（機械を）	เดินเครื่อง ドゥーン クルアン	operate アパレイト
<ruby>運転手<rt>うんてんしゅ</rt></ruby>	คนขับ コン カップ	driver ドライヴァ
（タクシーの）	คนขับรถแท็กซี่ コン カップ ロット テックシー	driver ドライヴァ
（列車の）	คนขับรถไฟ コン カップ ロット ファイ	engineer エンヂニア
<ruby>運転免許証<rt>うんてんめんきょしょう</rt></ruby>	ใบขับขี่ バイ カップ キー	driver's license ドライヴァズ ライセンス
<ruby>運動<rt>うんどう</rt></ruby>	การเคลื่อนไหว, การเคลื่อนที่ カーン クルアンワイ, カーン クルアンティー	movement, motion ムーヴメント, モウション
（身体の）	การออกกำลังกาย カーン オーク カムラン カーイ	exercise エクササイズ

日	タイ	英
～する	ออกกำลัง オーク カムラン	exercise エクササイズ
～会	งานแข่งขันกีฬา ガーン ケンカン キーラー	athletic meet アスレティク ミート
運命（うんめい）	โชคชะตา チョーク チャター	fate, destiny フェイト, デスティニ
運（うん）よく	โชคดี チョーク ディー	fortunately フォーチュネトリ

え, エ

日	タイ	英
絵（え）	ภาพ パープ	picture ピクチャ
～を描く	วาดภาพ ワート パープ	draw, paint ドロー, ペイント
柄（え）	ด้าม, คัน ダーム, カン	handle ハンドル
えっ？	เอ๊ะ エ	What? (ホ)ワット
エアコン	แอร์, เครื่องปรับอากาศ エー, クルアン プラップ アーカート	air conditioner エアコンディショナ
エアメール	แอร์เมล์ エーメーン [エーメーオ]	airmail エアメイル
エアロビクス	แอโรบิค エーロービック	aerobics エアロウビクス
永遠（えいえん）の	ถาวร, ชั่วนิรันดร, ไม่รู้จบ ターウォーン, チュア ニランドーン, マイ ルー チョップ	eternal イターナル
映画（えいが）	หนัง, ภาพยนตร์ ナン, パープパヨン	picture, movie ピクチャ, ムーヴィ
～館	โรงหนัง, โรงภาพยนตร์ ローン ナン, ローン パープパヨン	movie theater ムーヴィ スィーアタ

日	タイ	英
えいきゅう 永久に	อย่างถาวร ヤーン ターウォーン	permanently パーマネントリ
えいきょう 影響	ผลกระทบ, อิทธิพล ポン クラトップ, イッティポン	influence インフルエンス
～する	กระทบกระเทือน クラトップ クラトゥアン	influence インフルエンス
えいぎょう 営業	ธุรกิจ, กิจการ, การค้า トゥラキット, キッチャカーン, カーンカー	business ビズネス
～する	ทำธุรกิจ, ทำการค้า タム トゥラキット, タム カーンカー	do business ドゥー ビズネス
～中である	เปิดทำการ プート タムカーン	be open ビ オウプン
～時間	เวลาทำการ ウェーラー タムカーン	office hours オーフィス アウワズ
～許可証	ใบอนุญาตให้ประกอบกิจการ バイ アヌヤート ハイ プラコープ キッチャカーン	business license ビズネス ライセンス
～部	แผนกซื้อขาย パネーク スー カーイ	business department ビズネス ディパートメント
～所	ที่ทำงาน, สำนักงานขาย ティー タムガーン, サムナック ガーン カーイ	sales office セイルズ オーフィス
えいご 英語	ภาษาอังกฤษ パーサー アンクリット	English イングリシュ
えいしゃ 映写する	ฉาย チャーイ	project プロチェクト
えいじゅう 永住する	ตั้งถิ่นฐานถาวร タン ティン ターン ターウォーン	reside permanently リザイド パーマネントリ
えいせいほうそう 衛星放送	ข่าวดาวเทียม カーオ ダーオ ティアム	satellite broadcasting サテライト ブロードキャスティング
えいせいてき 衛生的な	ถูกหลักอนามัย トゥーク ラック アナマイ	hygienic, sanitary ハイチーニク, サニテリ
えいぞう 映像	ภาพ, จินตภาพ パープ, チンタパープ	image イミヂ

日	タイ	英
<ruby>栄転<rt>えいてん</rt></ruby>する	เลื่อนตำแหน่ง ルアン タムネン	be promoted ビ プロモウテド
<ruby>英雄<rt>えいゆう</rt></ruby>	วีรบุรุษ, คนเก่ง, ฮีโร่ ウィーラブルット, コン ケン, ヒーロー	hero ヒーロウ
<ruby>栄養<rt>えいよう</rt></ruby>	โภชนาการ, สารอาหาร ポーチャナーカーン, サーン アーハーン	nutrition ニュートリション
<ruby>営利事業<rt>えいりじぎょう</rt></ruby>	กิจการหากำไร キッチャカーン ハー カムライ	commercial enterprise カマーシャル エンタプライズ
エージェント	ตัวแทน, เอเย่นต์ トゥアテーン, エーイェン	agent エイヂェント
ATM _{エーティーエム}	ตู้เอทีเอ็ม トゥー エー ティー エム	ATM エイティエム
えーと…	เออ ウー	well ウェル
AV<ruby>機器<rt>きき</rt></ruby> _{エーブイきき}	เครื่องโสตทัศน์ クルアン ソータタット	audiovisual equipment オーディオヴィジュアル イクウィップメント
<ruby>笑顔<rt>えがお</rt></ruby>	หน้ายิ้มแย้ม, รอยยิ้ม ナー イム イェーム, ローイ イム	smiling face スマイリング フェイス
<ruby>描<rt>えが</rt></ruby>く	วาด, เขียน ワート, キアン	draw, paint ドロー, ペイント
（描写）	บรรยาย バンヤーイ	describe ディスクライブ
<ruby>駅<rt>えき</rt></ruby>	สถานี サターニー	station ステイション
<ruby>易者<rt>えきしゃ</rt></ruby>	หมอดู モー ドゥー	fortune-teller フォーチュンテラ
<ruby>液晶<rt>えきしょう</rt></ruby>	ผลึกเหลว パルックレーオ	liquid crystal リクウィド クリスタル
エキス	สารสกัด, หัวยา サーンサカット, フアヤー	extract エクストラクト

日	タイ	英
エキスパート	ผู้ชำนาญการ, ผู้เชี่ยวชาญ プー チャムナーンカーン, プー チアオ チャーン	expert エクスパート
エキゾチックな	หรู, ดูมีระดับ ルー, ドゥー ミー ラダップ	exotic イグザティク
液体（えきたい）	ของเหลว コーン レーオ	liquid, fluid リクウィド, フルーイド
えくぼ	ลักยิ้ม ラック イム	dimple ディンプル
えげつない	ชั่วช้า, ต่ำช้า チュア チャー, タム チャー	vulgar ヴァルガー
エゴイスト	คนเห็นแก่ตัว, คนทะนงตัว コン ヘン ケートゥア, コン タノン トゥア	egoist イーゴウイスト
エコノミークラス	ชั้นประหยัด チャン プラヤット	economy class イカノミ クラス
エコノミスト	นักเศรษฐศาสตร์ ナック セーッタサート	economist イカノミスト
えこひいき	ลำเอียง ラム イアン	partiality パシアリティ
エコロジー	นิเวศวิทยา ニウェート ウィッタヤー	ecology イカロヂ
餌（えさ）	อาหารสัตว์ アーハーン サット	food フード
餌食（えじき）	เหยื่อ ユア	prey, victim プレイ, ヴィクティム
SF（エスエフ）	ไซไฟ, นิยายวิทยาศาสตร์ サイファイ, ニヤーイ ウィッタヤーサート	science fiction サイエンス フィクション
エスカレーター	บันไดเลื่อน バンダイ ルアン	escalator エスカレイタ
エステ	เสริมสวย サームスアイ	beauty treatment ビューティ トリートメント
枝（えだ）	กิ่งไม้ キン マイ	branch, bough ブランチ, バウ

72

日	タイ	英
エチケット	มารยาท マーラヤート	etiquette エティケト
エックス線 (せん)	เอกซเรย์, รังสีเอ็กซ์ エックスレー, ランシー エック	X rays エクスレイズ
エッセイ	เรียงความ リアン クワーム	essay エセイ
エッセンス	แก่น, สาร, จุดสำคัญ ケン, サーラ, チュット サムカン	essence エセンス
エッチな	สัปดน, ทะลึ่ง サッパドン, タルン	dirty ダーティ
干支（じゅうにし）(十二支)	สิบสองนักษัตร シップ ソーン ナック サット	Chinese astrology チャイニーズ アストラロヂ
エナメル	ยาทาเล็บ, ยาเคลือบ ヤー ターレップ, ヤー クルアップ	enamel イナメル
NGO (エヌジーオー)	เอ็นจีโอ エン チー オー	NGO エンジーオウ
エネルギー	พลังงาน, แรง パラン ガーン, レーン	energy エナヂ
エネルギッシュな	กระตือรือร้น, มีกำลังงาน クラトゥー ルーロン, ミー カムラン ガーン	energetic エナチェティク
絵の具 (えのぐ)	สีสำหรับวาดเขียน シー サムラップ ウート キアン	paints, colors ペインツ, カラズ
絵葉書 (えはがき)	โปสการ์ด ポーッサカート	picture postcard ピクチャ ポウストカード
海老 (えび)	กุ้ง クン	shrimp, prawn シュリンプ, プローン
FM (エフエム)	เอฟ.เอ็ม. エフ エム	FM エフエム
FOB (エフオービー)	ราคาสินค้าส่งลงเรือ ラーカー シンカー ソン ロン ルア	FOB エフオービー
エプロン	ผ้ากันเปื้อน パー カン プアン	apron エイプロン

日	タイ	英
絵本(えほん)	หนังสือภาพ ナンスーパープ	picture book ピクチャ ブク
エメラルド	มรกต モーラコット	emerald エメラルド
偉い(えらい)	ยิ่งใหญ่ イン ヤイ	great グレイト
（有名な）	ที่มีชื่อเสียง ティー ミー チュー シアン	famous フェイマス
（優れた）	ยอดเยี่ยม ヨート イアム	excellent エクセレント
選ぶ(えらぶ)	เลือก ルアック	choose, select チューズ, セレクト
（選挙する）	เลือกตั้ง ルアック タン	elect イレクト
襟(えり)	ปกเสื้อ ポック スア	collar カラ
エリート	หัวกะทิ, พวกชั้นยอด フア カティ, プアック チャン ヨート	elite エイリート
得る(える)	ได้, รับ, ได้รับ ダイ, ラップ, ダイ ラップ	get, gain, obtain ゲト, ゲイン, オブテイン
LSI	แอลเอสไอ エル エス アイ	LSI エルエスアイ
エレガントな	สละสลวย サラ サルアイ	elegant エリガント
エレクトーン	อิเล็คโทน イレックトーン	electronic organ イレクトラニク オーガン
エレクトロニクス	อิเล็คโทรนิค イレックトローニック	electronics イレクトラニクス
エレベーター	ลิฟท์ リフ	lift, elevator リフト, エレヴェイタ
円(えん)	วงกลม ウォン クロム	circle サークル

日	タイ	英
（貨幣）	เยน イェーン	yen イェン
えんかい 宴会	งานเลี้ยง ガーン リアン	banquet バンクウェト
えんがん 沿岸	ชายฝั่งทะเล チャーイ ファン タレー	coast コウスト
えんぎ 演技	การแสดง カーン サデーン	performance パフォーマンス
～する	แสดง サデーン	act, perform アクト，パフォーム
えんぎ 縁起	ประวัติ, ตำนาน プラワット, タムナーン	history, origin ヒストリ，オーリヂン
～をかつぐ	ถือโชคถือลาง トゥー チョーク トゥー ラーン	believe in omens ビリーヴ イン オウメンズ
～のいい[悪い]	ลางดี[ร้าย] ラーン ディー[ラーイ]	lucky [unlucky] ラキ [アンラキ]
えんき 延期する	ยืดเวลา, เลื่อน ユート ウェーラー, ルアン	postpone ポウストポウン
えんげい 園芸	การทำสวน カーン タム スアン	gardening ガードニング
えんげき 演劇	ละครเวที ラコーン ウェーティー	theater, drama スィータ，ドラーマ
えんこ 縁故	เส้น, ความเกี่ยวดองกัน セン, クワーム キアオ ドーン カン	relation リレイション
えんさん 塩酸	กรดไฮโดรลิก クロット ハイドローリック	hydrochloric acid ハイドロクローリック アスィド
えんし 遠視	สายตายาว サーイ ター ヤーオ	farsightedness ファーサイテドネス
エンジニア	วิศวกร ウィッサワコーン	engineer エンヂニア
えんしゅつ 演出する	กำกับการแสดง カムカップ カーン サデーン	direct ディレクト

日	タイ	英
えんじょ 援助	ความช่วยเหลือ クワーム チュアイ ルア	help ヘルプ
～する	ช่วยเหลือ チュアイ ルア	help, assist ヘルプ, アスィスト
えんしょう 炎症	การอักเสบ カーン アックセープ	inflammation インフラメイション
えん 演じる	แสดง サデーン	perform, play パフォーム, プレイ
エンジン	เครื่องยนต์ クルアン ヨン	engine エンヂン
えんすい 円錐	กรวย クルアイ	cone コウン
エンスト	เครื่องดับ クルアン ダップ	engine stall エンヂン ストール
えんぜつ 演説	ปาฐกถา パータカター	speech スピーチ
～する	แสดงปาฐกถา サデーン パータカター	make a speech メイク ア スピーチ
えんそう 演奏する	เล่นดนตรี, แสดงดนตรี レン ドントリー, サデーン ドントリー	play, perform プレイ, パフォーム
えんそく 遠足	ปิกนิก, เดินทางไกล ピックニック, ドゥーン ターン クライ	excursion イクスカージョン
えんだか 円高	ค่าเงินเยนแข็งตัว カー グン イェーン ケン トゥア	strong yen rate ストロング イェン レイト
えんだん 縁談	การสู่ขอแต่งงาน カーン スー コー テン ガーン	marriage proposal マリヂ プロポウザル
えんちゅう 円柱	เสากลม サオ クロム	column カラム
えんちょう 延長する	ขยาย, ต่ออายุ, ยืดเวลา カヤーイ, トー アーユ, ユート ウェーラー	prolong, extend プロローング, イクステンド
えんでん 塩田	นาเกลือ ナー クルア	salt farm ソールト ファーム

日	タイ	英
<small>えんとう</small> 円筒	ทรงกระบอก <small>ソン クラボーク</small>	cylinder <small>スィリンダ</small>
<small>えんとつ</small> 煙突	ปล่องไฟ <small>プロン ファイ</small>	chimney <small>チムニ</small>
<small>えんぴつ</small> 鉛筆	ดินสอ <small>ディンソー</small>	pencil <small>ペンスル</small>
～削り	ที่เหลาดินสอ <small>ティー ラオ ディンソー</small>	pencil sharpener <small>ペンスル シャープナ</small>
<small>えんまん</small> 円満な	กลมเกลียว, เข้ากันได้ดี <small>クロム クリアオ, カオ カン ダイ ディー</small>	harmonious <small>ハーモウニアス</small>
<small>えんやす</small> 円安	ค่าเงินเยนอ่อนตัว <small>カー グン イェーン オーン トゥア</small>	weak yen rate <small>ウィーク イェン レイト</small>
<small>えんりょ</small> 遠慮	ความเกรงใจ, ความลังเล <small>クワーム クレーン チャイ, クワーム ランレー</small>	reserve, hesitation <small>リザーヴ, ヘズィテイション</small>
～がちな	ขี้เกรงใจ <small>キー クレーン チャイ</small>	reserved, modest <small>リザーヴド, マデスト</small>
～する	เกรงใจ, เจียมตัว <small>クレーン チャイ, チアム トゥア</small>	be reserved <small>ビ リザーヴド</small>
ご～なく！	ไม่ต้องเกรงใจ <small>マイ トン クレーン チャイ</small>	Please feel free. <small>プリーズ フィール フリー</small>

お, オ

日	タイ	英
<small>お</small> 尾	หาง, ปลาย <small>ハーン, プラーイ</small>	tail <small>テイル</small>
おあいにくさま	เสียใจด้วย <small>シアチャイ ドゥアイ</small>	I'm sorry. <small>アイム ソーリ</small>
<small>おい</small> 甥	หลานชาย <small>ラーン チャーイ</small>	nephew <small>ネフュー</small>
<small>お かえ</small> 追い返す	ไล่กลับ <small>ライ クラップ</small>	send away <small>センド アウェイ</small>
<small>お こ きんし</small> 追い越し禁止	ห้ามแซง <small>ハーム セーン</small>	no passing <small>ノウ パスィング</small>

日	タイ	英
追い越す	แซง セーン	pass パス
美味しい	อร่อย アロイ	nice, delicious ナイス, ディリシャス
追い出す	ไล่ออก, ขับไล่ ライ オーク, カップ ライ	drive out ドライヴ アウト
追い付く	ตามทัน, ไล่ทัน ターム タン, ライ タン	catch up キャチ アプ
追い詰める	คาดคั้น, ไล่จนมุม カート カン, ライ チョンムム	corner コーナー
(…に)於いて	ณ... ナ	at, on, in アト, オン, イン
追い払う	ขับไล่, ไล่ カップ ライ, ライ	drive away ドライヴ アウェイ
老いる	แก่ลง ケー ロン	grow old グロウ オウルド
オイル	น้ำมัน ナムマン	oil オイル
エンジン〜	น้ำมันเครื่อง ナムマン クルアン	engine oil エンヂンオイル
サラダ〜	น้ำมันสลัด ナムマン サラット	salad oil サラド オイル
王	กษัตริย์, พระเจ้าอยู่หัว, ราชา カサット, プラチャオ ユー ファ, ラーチャー	king キング
〜族	ราชวงศ์ ラーチャウォン	royal family ロイアル ファミリ
追う	ไล่ตาム ライ ターム	run after, chase ランナフタ, チェイス
(牛や馬を)	ไล่, ขับไล่ ライ, カップ ライ	drive ドライヴ
(流行を)	ตาม, ไล่ตาม ターム, ライ ターム	follow ファロウ

日	タイ	英
負う		
（かつぐ）	แบก, หาม ベーク, ハーム	bear... on *one's* back ベア オン バク
(責任・義務を)	รับภาระ ラップ パーラ	take... upon *oneself* テイク アパン
押印する	ประทับตรา プラタップ トラー	put *one's* seal プト スィール
応援する	สนับสนุน サナップ サヌン	aid, support エイド, サポート
(声援)	เชียร์ チア	cheer, root for チア, ルート フォー
扇	พัด パット	fan ファン
王宮	พระราชวัง プララーッチャワン	palace パレス
応急手当	ปฐมพยาบาล パトム パヤーバーン	first aid ファースト エイド
王国	ราชอาณาจักร ラーッチャアーナーチャック	kingdom キングダム
黄金	ทอง, ทองคำ トーン, トーンカム	gold ゴウルド
応札する	ประกวดราคา プラクアット ラーカー	submit a tender サブミト ア テンダ
王子	เจ้าฟ้าชาย, พระราชโอรส チャオ ファー チャーイ, プララーッチャ オーロット	prince プリンス
牡牛座	ราศีพฤษภ ラーシー パルソップ	Taurus, the Bull トーラス, ザ ブル
(…に)応じて	ตอบสนอง(...) トープ サノーン	according to アコーディング トゥ
王女	เจ้าฟ้าหญิง, พระราชกุมารี チャオ ファー イン, プララーッチャ クマーリー	princess プリンセス

日	タイ	英
おう 応じる	ตอบ トープ	answer, reply *to* アンサ, リプライ
（承諾）	ยอมตกลง, ยอมรับ ヨーム トック ロン, ヨーム ラップ	comply *with*, accept コンプライ, アクセプト
おうせつしつ 応接室	ห้องรับแขก ホン ラップ ケーク	reception room リセプション ルーム
おうだん 横断する	ข้าม, ตัด カーム, タット	cross クロース
〜歩道	ทางม้าลาย ターン マーラーイ	crosswalk クロースウォーク
おうと 嘔吐する	อาเจียน アーチアン	vomit ヴァミト
おうひ 王妃	พระราชินี プララーチニー	queen クウィーン
おうふく 往復	การไปกลับ カーン パイ クラップ	going and returning ゴウイング アンド リターニング
〜切符	ตั๋วไปกลับ トゥア パイ クラップ	round-trip ticket ラウンドトリプ ティケト
〜する	ไปกลับ パイ クラップ	go to... and back ゴウ トゥ アンド バク
おうぼ 応募する	สมัคร サマック	apply アプライ
おうぼう 横暴な	รุนแรง, ดุดัน ルン レーン, ドゥダン	oppressive オプレスィヴ
おうよう 応用	การประยุกต์ カーン プラユック	application アプリケイション
〜する	ประยุกต์ プラユック	apply アプライ
おうりょう 横領する	ยักยอก ヤック ヨーク	embezzle インベズル
お 終える	ทำเสร็จ, จบ, สำเร็จ タム セット, チョップ, サムレット	finish, complete フィニシュ, コンプリート

日	タイ	英
多い(おお)	มาก, เยอะแยะ マーク, ユィェ	many メニ
（量）	มาก, เยอะแยะ マーク, ユィェ	much マチ
（回数）	บ่อย ボイ	frequent フリークウェント
OEM製品(オーイーエムせいひん)	ผลิตภัณฑ์ชิ้นส่วนเพื่อใช้ในการประกอบ パリッタパン チン スアン プァ チャイ ナイ カーン プラコープ	OEM product オーイーエム プラダクト
大いに(おお)	เป็นอย่างมาก, เป็นอย่างสูง ペン ヤーン マーク, ペン ヤーン スーン	greatly, very much グレイトリ, ヴェリ マチ
覆う(おお)	คลุม, ปกคลุม クルム, ポック クルム	cover カヴァ
OA機器(オーエーきき)	เครื่องประเมินข้อมูล クルアン プラムーン コー ムーン	office automation equipement オーフィス オートメイション イクウィップメント
大きい(おお)		
（声が）	ใหญ่, โต, ดัง ヤイ, トー, ダン	big, large, loud ビグ, ラーヂ, ラウド
（巨大・莫大）	ใหญ่โต, มหึมา ヤイ トー, マフマー	huge, enormous ヒューヂ, イノーマス
大きく(おお)		
〜する	ทำให้ใหญ่ขึ้น タム ハイ ヤイ クン	enlarge インラーヂ
〜なる	ใหญ่ขึ้น, โตขึ้น ヤイ クン, トー クン	grow big グロウ ビグ
大きさ(おお)	ขนาด カナート	size サイズ
大きなお世話だ(おお せわ)	ไม่ต้องมายุ่ง マイ トン マー ユン	That's none of your business. ザッツ ナン オヴ ユア ビズネス

日	タイ	英
オークション	การประมูล カーン プラムーン	auction オークション
おお 多くの	ส่วนมาก スアン マーク	many メニ
おおくらしょう 大蔵省	กระทรวงการคลัง クラスアン カーン クラン	Ministry of Finance ミニストリ オヴ ファイナンス
おおげさ 大袈裟な	ที่เกินความจริง ティー クーン クワーム チン	exaggerated イグザチェレイテド
オーケストラ	วงออเคสตรา ウォン オーケストラー	orchestra オーケストラ
おおざっぱ 大雑把な	คร่าวๆ, หยาบ クラーオ クラーオ, ヤープ	rough, loose ラフ, ルース
おおさわ 大騒ぎ	โกลาหล コーラーホン	fuss ファス
オーストリア	ออสเตรีย オーストリア	Austria オーストリア
おおぜい 大勢の	มากมาย, จำนวนมาก マーク マーイ, チャムヌアン マーク	a large number *of* ア ラーヂ ナンバ
オーダー	ลำดับ, การสั่งซื้อ ラムダップ, カーン サンスー	order オーダ
オーディーエー ODA	โอดีเอ オー ディー エー	Official Development Assistance オフィシャル ディヴェロプメント アシスタンス
オーディション	การทดสอบเสียง カーン トット ソープ シアン	audition オーディション
オーデコロン	น้ำหอม, โอเดอโคโลญจ์ ナム ホーム, オードゥコーローン	eau de cologne オウドコロウン
さんりん オート三輪	สามล้อ, ตุ๊กๆ サームロー, トゥック トゥック	three-wheeler truck スリー ウィーラ トラク
オートバイ	รถจักรยานยนต์, รถมอเตอร์ไซค์ ロット チャックラヤーンヨン, ロット モーターサイ	motorcycle モウタサイクル

日	タイ	英
オートマチック (車)	เกียร์ออโต้ キア オートー	automatic オートマティク
オートメーション	อัตโนมัติ アッタノーマット	automation オートメイション
オーナー	เจ้าของ チャオ コーン	owner オウナ
オーバーホール	ปรับปรุงใหม่ プラップ プルン マイ	overhaul オウヴァホール
OB	ศิษย์เก่า シット カオ	graduate グラヂュエト
(ゴルフ)	โอบี オー ビー	out of bounds アウト オヴ バウンヅ
オーブン	เตาอบ タオ オップ	oven アヴン
オープンする	เปิด プート	open オウプン
大晦日	วันสิ้นปี ワン シン ピー	New Year's Eve ニュー イアズ イーヴ
大昔	โบราณ, เก่าแก่ ボーラーン, カオ ケー	ancient days エインシェント デイズ
大目に見る	ไม่เอาโทษ, ผ่อนผัน マイ アオ トート, ポーン パン	overlook, tolerate オウヴァルク, タラレイト
大文字	อักษรตัวใหญ่ アックソーン トゥア ヤイ	capital letter キャピトル レタ
大家	เจ้าของบ้านเช่า チャオ コーン バーン チャオ	owner オウナ
公の	สาธารณะ, ของรัฐบาล サーターラナ, コーン ラッタバーン	public パブリク
(公式の)	เป็นทางการ ペン ターンカーン	official オフィシャル

83

お

日	タイ	英
おおらかな	เอื้อเฟื้อ, เผื่อแผ่ ウア フア, プア ペー	largehearted ラーヂハーテド
おか 丘	เนิน ヌーン	hill ヒル
かあ お母さん	แม่, คุณแม่ メー, クン メー	mother マザ
(…の) お陰で	ด้วยของ ドゥアイ コーン	thanks to... サンクス トゥ
おかしい	น่าขบขัน ナー コップ カン	amusing アミューズィング
(滑稽な)	ขำ, น่าขบขัน, ตลก カム, ナー コップ カン, タロック	funny ファニ
(奇妙な)	แปลก, ประหลาด, น่าสงสัย プレーク, プララート, ナー ソンサイ	strange ストレインヂ
おか 侵す	บุกรุก, ล่วงล้ำ ブック ルック, ルアンラム	invade インヴェイド
(侵害する)	ละเมิด ラムート	violate ヴァイオレイト
おか 犯す	กระทำความผิด, ก่อ(อาชญากรรม) クラタム クワームピット, コー(アーッチャヤーカム)	commit コミト
(法律などを)	ละเมิด, ฝ่าฝืน ラムート, ファー フーン	violate ヴァイオレイト
(婦女を)	ข่มขืน コム クーン	rape レイプ
おかず	กับข้าว カップ カーオ	dish ディシュ
おかま	กะเทย カトゥーイ	gay ゲイ
おが 拝む	นับถือ, บูชา, ไหว้ ナップトゥー, ブーチャー, ワイ	worship ワーシプ

日	タイ	英
（祈願）	ภาวนา, สวดมนต์ パーワナー, スアット モン	pray to プレイ
おがわ 小川	ลำธาร ラムターン	brook, stream ブルク, ストリーム
おき 沖	น่านน้ำ ナーン ナーム	offing オーフィング
おきて 掟	กฎ, กติกา, บัญญัติ コット, カティカー, バンヤット	law, rule ロー, ルール
おぎな 補う	ชดเชย, ต่อเติม チョット チューイ, トー トゥーム	make up for メイカプ
…おきに	ทุก…, …เว้น… トゥック, ウェン	every… エヴリ
き い お気に入り	ของชอบ コーン チョープ	favorite フェイヴァリト
おきもの 置き物	เครื่องตกแต่ง, เครื่องประดับ クルアン トックテン, クルアン プラダップ	ornament オーナメント
お 起きる	ลุกขึ้น ルック クン	get up, rise ゲタプ, ライズ
（目を覚ます）	ตื่น(นอน) トゥーン (ノーン)	wake up ウェイカプ
（事件が）	เกิดขึ้น クート クン	happen, occur ハプン, オカー
おく 奥	ส่วนลึก, ด้านหลัง スアン ルック, ダーン ラン	back バック
おく 億	ร้อยล้าน ローイ ラーン	one hundred million ワン ハンドレド ミリョン
お 置く	วาง, ไว้, ตั้ง ワーン, ウイ, タン	put, place プト, プレイス
おくがい 屋外の	กลางแจ้ง クラーン チェーン	outdoor アウトドー
おく 奥さん	คุณนาย クン ナーイ	Mrs. ミスィズ

日	タイ	英
<ruby>屋上<rt>おくじょう</rt></ruby>	ดาดฟ้า ダート ファー	roof ルーフ
<ruby>屋内<rt>おくない</rt></ruby>の	ในร่ม ナイ ロム	indoor インドー
<ruby>奥<rt>おく</rt></ruby>の<ruby>手<rt>て</rt></ruby>を<ruby>出<rt>だ</rt></ruby>す	ปล่อยทีเด็ด プロイ ティーデット	play *one's* best card プレイ ベスト カード
<ruby>奥歯<rt>おくば</rt></ruby>	ฟันกราม ファン クラーム	back tooth バク トゥース
<ruby>臆病<rt>おくびょう</rt></ruby>な	ขี้ขลาด キー クラート	cowardly, timid カウアドリ, ティミド
<ruby>奥行<rt>おくゆき</rt></ruby>	ความลึก, ส่วนลึก クワーム ルック, スアン ルック	depth デプス
<ruby>遅<rt>おく</rt></ruby>らせる	ชะลอ チャロー	delay ディレイ
<ruby>送<rt>おく</rt></ruby>り<ruby>先<rt>さき</rt></ruby>	ที่อยู่ของผู้รับ ティー ユー コーン プー ラップ	destination デスティネイション
（人）	ผู้รับ プー ラップ	consignee カンサイニー
<ruby>送<rt>おく</rt></ruby>り<ruby>主<rt>ぬし</rt></ruby>	ผู้ส่ง プー ソン	sender センダ
<ruby>贈<rt>おく</rt></ruby>り<ruby>物<rt>もの</rt></ruby>	ของขวัญ コーン クワン	present, gift プレズント, ギフト
<ruby>送<rt>おく</rt></ruby>る	ส่ง ソン	send センド
（金を）	ส่งเงิน ソン グン	remit リミト
（見送る）	ส่ง ソン	see... off スィー オーフ
（派遣）	ส่งไป ソン パイ	dispatch ディスパチ
（過ごす）	ใช้เวลา, ใช้ชีวิต チャイ ウェーラー, チャイ チーウィット	pass パス

日	タイ	英
贈る(おくる)	ให้ ハイ	present プリゼント
（称号を）	ให้ ハイ	confer コンファー
（賞を）	มอบ モープ	award アウォード
遅れをとる(おくれをとる)	ล้าหลัง ラー ラン	be behind others ビ ビハインド アザ
遅れる(おくれる)	สาย サーイ	be late *for* ビ レイト
（時計が）	เดินช้า, ไม่ตรง ドゥーン チャー, マイ トロン	lose ルーズ
（遅刻）	มาสาย マー サーイ	be late *for* ビ レイト
（定刻に）	ไม่ทัน マイ タン	be late *for* ビ レイト
（時代などに）	ล้าสมัย ラー サマイ	be behind ビ ビハインド
桶(おけ)	ถัง, อ่าง, กะละมัง タン, アーン, カラマン	tub, pail タブ, ペイル
おこがましい	ไม่เจียมตัว マイ チアム トゥア	presumptuous プリザンプチュアス
起こす(おこす)	ทำให้เกิดขึ้น タム ハイ クート クン	raise, set up レイズ, セタプ
（寝ている人を）	ปลุก プルック	wake ウェイク
（ものごとを）	ก่อให้เกิด コー ハイ クート	cause コーズ
（火を）	จุดไฟ チュット ファイ	make a fire メイク ア ファイア
行う(おこなう)	ทำ, กระทำ タム, クラタム	do, act ドゥー, アクト

日	タイ	英
（実施）	ทำ, ปฏิบัติ, ดำเนิน タム, パティバット, ダムヌーン	put in practice プト イン プラクティス
（催す）	ฉลอง, ประกอบ チャローン, プラコープ	hold, celebrate ホウルド, セレブレイト
怒りっぽい	ขี้โมโห キー モーホー	quick-tempered クウィクテンパド
起こる	เกิดขึ้น クート クン	happen, occur ハプン, オカー
（戦争・火事が）	เกิด クート	break out ブレイクアウト
（起因する）	เกิด(จาก) クート(チャーク)	arise *from* アライズ
怒る	โกรธ, โมโห クロート, モーホー	get angry ゲット アングリ
奢る	เลี้ยง リアン	treat トリート
（贅沢をする）	ฟุ่มเฟือย フムフアイ	be extravagant ビ イクストラビガント
押さえる	กด コット	hold... down ホウルド ダウン
抑える	กด コット	suppress サプレス
（息，涙を）	กลั้น クラン	suppress サプレス
（抑制）	ควบคุม クアップ クム	control コントロウル
（抑止）	ยับยั้ง, ระงับ ヤップ ヤン, ラガップ	check チェク
幼い	วัยเด็ก ワイ デック	infant, juvenile インファント, デューヴェナイル
（幼稚な）	ไม่ประสา マイ プラサー	childish チャイルディシュ

お

88

日	タイ	英
おさ **治まる**	ปักหลัก パック ラック	be settled ビ セトルド
（鎮まる）	สงบลง サゴップ ロン	calm down カーム ダウン
おさ **納まる**	เก็บได้ ケップ ダーイ	be put *in* ビ プト
（気持ちが）	พอใจ ポー チャイ	be satisfied ビ サティスファイド
おさ **治める**	ปกครอง ポック クローン	rule, govern ルール, ガヴァン
（鎮定）	ยับยั้ง, ปราบ ヤップ ヤン, プラープ	suppress サプレス
おさ **納める**	จ่าย, ชำระ チャーイ, チャムラ	pay ペイ
（納品）	ส่งของ ソン コーン	deliver ディリヴァ
（税金など）	เสีย シア	pay ペイ
おじ **叔［伯］父**		
（父母の兄）	ลุง ルン	uncle アンクル
（父の弟妹）	อา アー	uncle アンクル
（父の弟）	อาชาย アー チャーイ	uncle アンクル
（母の弟妹）	น้า ナー	uncle アンクル
（母の弟）	น้าชาย ナー チャーイ	uncle アンクル
お **惜しい**	น่าเสียดาย ナー シア ダーイ	regrettable リグレタブル
おじいさん		
（父方）	คุณปู่ クン プー	grandfather グランドファーザ

日	タイ	英
（母方）	คุณตา クン ター	grandfather グランドファーザ
（老人）	ตาแก่, ผู้เฒ่า ター ケー, プー タオ	old man オウルド マン
教える	สอน, สั่งสอน ソーン, サン ソーン	teach, instruct ティーチ, インストラクト
（告げる）	บอก ボーク	tell テル
（知らせる）	แจ้ง チェーン	inform *of* インフォーム
押しかける	กรูเข้าไป クルー カオ パイ	go uninvited ゴウ アニンヴァイティド
お辞儀する	โค้ง, คำนับ コーン, カムナップ	bow バウ
押し込む	ยัด(เข้า), ใส่ ヤット(カオ), サイ	push *in*, stuff *into* プシュ, スタフ
押し付けがましい	จู้จี้จ้าน チュン チャーン	pushy プシィ
押し付ける	ดัน, ฝืน ダン, フーン	press プレス
（強制）	บังคับ, บีบบังคับ バン カップ, ビープ バン カップ	force フォース
押し通す	ดึงดัน, ยืนยัน ドゥン ダン, ユーン ヤン	carry *one's* point キャリ ポイント
押しボタン	ปุ่มกด プム コット	push button プシュ バトン
おしぼり	ผ้าเย็น パー イェン	wet hand towel ウェット ハンド タウエル
惜しむ	เสียดาย シアダーイ	regret リグレト
（節約する）	ประหยัด プラヤット	spare スペア

日	タイ	英
おしめ	ผ้าอ้อม パー オーム	diaper ダイアパ
お喋り		
〜する	คุย クイ	chat, chatter チャト, チャタ
〜な	ที่คุยเก่ง, ปากพล่อย ティー クイ ケン, パーク プロイ	talkative トーカティヴ
(口が軽い)	ปากโป้ง パーク ポーン	have a big mouth ハヴ ア ビグ マウス
お洒落	ทันสมัย タン サマイ	dressing up ドレスィング アプ
〜する	แต่งตัว テン トゥア	dress smartly ドレス スマートリ
〜な	ที่ทันสมัย, ที่ดูดี ティー タン サマイ, ティー ドゥー ディー	stylish スタイリシュ
汚職	คอร์รัปชั่น コーラップチャン	corruption コラプション
白粉	แป้ง ペーン	powder パウダ
押す	กด コット	push, press プシュ, プレス
(印を)	ประทับตรา プラタップ トラー	stamp スタンプ
雄	ตัวผู้, เพศผู้ トゥアプー, ペートプー	male メイル
汚水	น้ำเสีย ナム シア	filthy water フィルスィ ウォータ
おずおずと	อย่างกลัวๆกล้าๆ ヤーン クルア クルア クラー クラー	timidly ティミドリ
お世辞	คำยอ カム ヨー	compliment カンプリメント
〜を言う	ยอ, ยกยอ ヨー, ヨック ヨー	compliment, flatter カンプリメント, フラタ

日	タイ	英
お節介な（せっかいな）	ยุ่ง, สะเออะ, แส่ ユン, サウ, セー	meddling メドリング
汚染（おせん）	มลพิษ モンラピット	pollution ポルーション
遅い（おそい）	ช้า, สาย チャー, サーイ	late レイト
（速度が）	ช้า チャー	slow スロウ
襲う（おそう）	ทำร้าย, จู่โจม タムラーイ, チュー チョーム	attack アタク
（天災などが）	ทำลาย タム ラーイ	hit ヒト
お供え（おそなえ）	ของบูชา, เครื่องเซ่น コーン ブーチャー, クルアン セン	offering オーファリング
おぞましい	น่าสะอิดสะเอียน ナー サイット サイアン	disgusting ディスガスティング
恐らく（おそらく）	บางที, อาจจะ バーン ティー, アーッチャ	perhaps パハプス
恐れ（おそれ）	ความกลัว クワーム クルア	fear フィア
（懸念）	ความกังวล, ความวิตก クワーム カンウォン, クワーム ウィトック	apprehension アプリヘンション
恐れる（おそれる）	กลัว, กังวล, วิตก クルア, カンウォン, ウィトック	fear, be afraid *of* フィア, ビ アフレイド
恐ろしい（おそろしい）	น่ากลัว ナー クルア	fearful, awful フィアフル, オーフル
オゾン	โอโซน オーソーン	ozone オウゾウン
お互いに（おたがいに）	ทั้งคู่, ทั้งสองฝ่าย, ซึ่งกันและกัน タン クー, タン ソーン ファーイ, スン カン レ カン	each other イーチ アザ
お高くとまる（おたかくとまる）	ถือตัว トゥー トゥア	give *oneself* airs ギヴ エアズ

日	タイ	英
おだてる	ยกยอ ヨック ヨー	flatter フラタ
穏やかな	สงบ, เงียบ サゴップ, ギアップ	calm カーム
（気性が）	สุภาพ, นุ่มนวล スパープ, ヌム ヌアン	gentle チェントル
（気候が）	ปลอดโปร่ง プロート プローン	mild マイルド
（穏当な）	ปานกลาง パーン クラーン	moderate マダレト
陥る	ตก, ร่วง, หล่น トック, ルアン, ロン	fall フォール
落ちこぼれる	ด้อยกว่าคนอื่น ドイ クウー コン ウーン	drop out ドラプ アウト
落ち着いた	ใจเย็น, เย็นตา チャイ イェン, イェン ター	calm カーム
落ち着く	สงบใจ サゴップ チャイ	become calm ビカム カーム
（定住）	ปักหลัก パック ラック	settle down セトル ダウン
落ちぶれる	ตกต่ำ トック タム	fall low フォール ロウ
落ち目である	ตกอับ, ดวงตก トック アップ, ドゥアン トック	run of bad luck ラン オヴ バド ラク
落ちる	ตก, หล่น トック, ロン	fall, drop フォール, ドラプ
（試験に）	สอบตก ソープ トック	fail フェイル
（日・月が）	ตก トック	set, sink セト, スィンク
（汚れ・しみが）	หลุด ルット	come off カム オーフ

日	タイ	英
（色が）	ตก トック	fade フェイド
おっと 夫	สามี サーミー	husband ハズバンド
お釣り	เงินทอน グン トーン	change チェインヂ
おでき	ฝี フィー	boil ボイル
おてん 汚点	รอยเปื้อน ローイ プアン	stain ステイン
てんきや お天気屋	คนผีเข้าผีออก コン ピー カオ ピーオーク	capricious カプリシャス
てんば お転婆	ทอมบอย トム ボーイ	tomboy タムボイ
おと 音	เสียง シアン	sound サウンド
（雑音）	เสียงแทรก, เสียงรบกวน シアン セーク, シアン ロップクアン	noise ノイズ
お父さん	คุณพ่อ クン ポー	father ファーザ
おとうと 弟	น้องชาย ノーン チャーイ	(younger) brother （ヤンガ）ブラザ
おど 威かす	หลอก, ขู่ ロ̀ーク, クー	threaten, menace スレトン, メナス
とぎばなし お伽話	นิทาน, เรื่องเล่า ニターン, ルアン ラオ	fairy tale フェアリ テイル
おとこ 男	ผู้ชาย プーチャーイ	man, male マン, メイル
～らしい	สมชาย ソム チャーイ	manly マンリ
～らしくない	ไม่สมกับเป็นผู้ชาย マイ ソム カップ ペン プーチャーイ	not manly ナト マンリ

日	タイ	英
<ruby>男<rt>おとこ</rt></ruby>の<ruby>子<rt>こ</rt></ruby>	เด็กผู้ชาย デック プー チャーイ	boy ボイ
<ruby>脅<rt>おど</rt></ruby>し	การหลอก, การขู่ カーン ローク, カーン クー	threat, menace スレト, メナス
<ruby>陥<rt>おとしい</rt></ruby>れる	ล่อให้ติดกับ ロー ハイ ティット カップ	entrap イントゥラップ
お<ruby>年玉<rt>としだま</rt></ruby>	ของขวัญปีใหม่, แต๊ะเอีย コーン クワン ピー マイ, ティア	New Year's gift ニュー イアズ ギフト
<ruby>落<rt>お</rt></ruby>とし<ruby>前<rt>まえ</rt></ruby>をつける	ชดใช้ チョット チャイ	settle up セトラップ
<ruby>落<rt>お</rt></ruby>とす	ทำตก, ทำหล่น タム トック, タム ロン	drop, let fall ドラプ, レト フォール
（失う）	หาย ハーイ	lose ルーズ
（抜かす・避ける）	ละเว้น ラ ウェーン	omit オウミト
（汚れを）	ล้าง ラーン	remove リムーヴ
（信用・人気を）	เสีย, หมด シア, モット	lose ルーズ
<ruby>脅<rt>おど</rt></ruby>す	หลอก, ขู่ ローク, クー	threaten, menace スレトン, メナス
<ruby>訪<rt>おとず</rt></ruby>れる	เยี่ยม, ไปหา イアム, パイ ハー	visit ヴィズィト
<ruby>一昨日<rt>おととい</rt></ruby>	วานซืนนี้ ワーン スーン ニー	the day before yesterday ザ デイ ビフォー イェスタディ
<ruby>一昨年<rt>おととし</rt></ruby>	สองปีก่อน ソーン ピー コーン	the year before last ザ イア ビフォー ラスト
<ruby>大人<rt>おとな</rt></ruby>	ผู้ใหญ่ プー ヤイ	adult, grown-up アダルト, グロウナプ
おとなしい	ว่านอนสอนง่าย ワー ノーン ソーン ガーイ	gentle, quiet ヂェントル, クワイアト

日	タイ	英
おとめざ 乙女座	ราศีกันย์ ラーシー カン	Virgo, the Virgin ヴァーゴウ, ヴァーヂン
おど 踊り	การเต้นรำ, ฟ้อนรำ カーン テン ラム, フォーン ラム	dance ダンス
おど ば 踊り場	ที่พักบันได ティー パック バンダイ	landing ランディング
おと 劣る	แย่กว่า, ต่ำกว่า イェー クヴー, タム クヴー	be inferior *to* ビ インフィアリア
おど 踊る	รำ, เต้นรำ, ฟ้อน ラム, テン ラム, フォーン	dance ダンス
おとろ 衰える	อ่อนแรง, เสื่อมโทรมลง オーン レーン, スアム ソーム ロン	become weak ビカム ウィーク
（人気が）	ลดลง ロット ロン	decline ディクライン
（風・火が）	เบาลง バオ ロン	go down ゴウ ダウン
おどろ 驚かす	ทำให้ตกใจ, ทำให้ประหลาดใจ タム ハイ トック チャイ, タム ハイ プララート チャイ	surprise, astonish サプライズ, アスタニシュ
おどろ 驚き	ความตกใจ, ความประหลาดใจ クワーム トック チャイ, クワーム プララート チャイ	surprise サプライズ
おどろ 驚く	ตกใจ, ใจหาย, แปลกใจ, ประหลาดใจ トック チャイ, チャイ ハーイ, プレーク チャイ, プララート チャイ	be surprised ビ サプライズド
おな 同じ	เหมือนกัน ムアン カン	same セイム
（等しい・同一の）	เท่ากัน, เดียวกัน タオ カン, ディアオ カン	equal, equivalent イークワル, イクウィヴァレント
（同型の）	แบบเดียวกัน ベープ ディアオ カン	similar スィミラ
（共通の）	รวมกัน ルアム カン	common カモン

日	タイ	英
(似ている)	คล้ายกัน クラーイ カン	similar スィミラ
(…と) 同^{おな}じように	เช่นเดียวกับ... チェン ディアオ カップ	similarly スィミラリ
オナニーをする	ชักว่าว, ตกเบ็ด チャック ワーオ, トック ベット	masturbate マスタベイト
おならをする	ตด トット	break wind ブレイク ウィンド
鬼^{おに}	ยักษ์, ปีศาจ ヤック, ピサート	ogre, demon オウガ, ディーモン
鬼^{おに}ごっこ	ซ่อนหา ソーン ハー	tag タグ
尾根^{おね}	สันเขา サン カオ	ridge リヂ
おねしょをする	ฉี่รดที่นอน チー ロット ティーノーン	wet the bed ウェト ザ ベド
斧^{おの}	ขวาน クワーン	ax, hatchet アクス, ハチェト
各々^{おのおの}	แต่ละ, ทุก テーラ, トゥック	each イーチ
叔[伯]母^{おば}		
(父母の姉)	ป้า パー	aunt アント
(母の妹)	น้า ナー	aunt アント
(父の妹)	อา アー	aunt アント
おばあさん		
(父方)	คุณย่า クン ヤー	grandmother グランドマザ
(母方)	คุณยาย クン ヤーイ	grandmother グランドマザ

日	タイ	英
（老婆）	ยาย ヤーイ	old woman オウルド ウマン
オパール	โอปอล์, มุกดา オーポー, ムックダー	opal オウパル
お化け	ผี, วิญญาณ ピー, ウィンヤーン	ghost ゴウスト
おはよう	สวัสดี サウッディー	Good morning. グド モーニング
帯	ผ้าคาดเอว パーカート エーオ	belt, *obi*, sash ベルト, オウビ, サッシュ
怯える	กลัว, ตกใจ クルア, トック チャイ	be frightened *at* ビ フライトンド
誘き出す	หลอกล่อให้ออกมา ロークロー ハイ オーク マー	decoy *a person* out ディーコウイ アウト
牡羊座	ราศีเมษ ラーシー メート	Aries, the Ram エアリーズ, ザ ラム
オピニオンリーダー	ผู้นำทางด้านความคิด プー ナム ターン ダーン クワーム キット	opinion leader アピニアン リーダ
オフィス	สำนักงาน サムナック ガーン	office オーフィス
オブザーバー	ผู้สังเกตการณ์ プー サンケート カーン	observer オブザーヴァ
オフサイド	ล้ำหน้า ラム ナー	offside オフサイド
オフシーズン	นอกฤดู ノーク ルドゥー	off-season オーフスィーズン
オプショナル・ツアー	ออพชั่นนัลทัวร์ オープチャンナル トゥア	optional tour アプショナル トゥア
オプション	ทางเลือก ターン ルアック	option アプション
汚物	ของสกปรก コーン ソッカプロック	filth フィルス

日	タイ	英
オフレコで	ไม่ปรากฏ マイ プラーコット	off-the-record オーフザレコド
オペレーター	โอเปอเรเตอร์ オーペーレーター	operator アパレイタ
覚え書き	บันทึก バントゥック	memorandum メモランダム
（外交上の）	จดหมายเหตุ チョットマーイ ヘート	note ノウト
覚えている	จำได้ チャム ダーイ	remember リメンバ
覚えてろ！	ฝากไว้ก่อน ファーク ウイ コーン	I'll remember this! アイル リメンバ ディス
覚える	จำ チャム	learn ラーン
（記憶する）	จำ, จดจำ チャム, チョット チャム	remember リメンバ
（感じる）	รู้สึก ルースック	feel フィール
溺れる	จมน้ำ チョム ナーム	be drowned ビ ドラウンド
（ふける）	หมกมุ่น, หลงใหล モック ムン, ロン ライ	indulge in インダルヂ
お前	เธอ, มึง トゥー, ムン	you ユー
（夫婦間で）	เธอ トゥー	darling ダーリング
（子供に）	หนู ヌー	dear ディア
（目下に）	เอ็ง エン	you ユー
おまけ	ของแถม コーン テーム	extra エクストラ

日	タイ	英
（景品・割増）	ของแถม コーン テーム	premium プリーミアム
（割引）	การลดราคา カーン ロット ラーカー	discount ディスカウント
～に	ยิ่งไปกว่านั้น イン パイ クウー ナン	moreover モアロウヴァ
お守り	เครื่องราง クルアン ラーン	charm, talisman チャーム, タリスマン
おみくじを引く	เซียมซี シアム シー	pick a fortune slip ピク ア フォーチュン スリプ
おむつ	ผ้าอ้อม パー オーム	diaper ダイアパ
おめでとう	ขอแสดงความยินดี コー サデーン クワーム インディー	Congratulations! コングラチュレイションズ
重い	หนัก ナック	heavy ヘヴィ
（重要・重大）	สำคัญ サムカン	important, grave インポータント, グレイヴ
（病が）	ป่วยหนัก プアイ ナック	serious スィアリアス
（罰が）	โทษหนัก トート ナック	severe スィヴィア
思い上がる	เห่อเหิม ウー ラーム	be puffed *with* ビ パフト
思いがけず	โดยไม่ได้คาด ドーイ マイ ダイ カート	unexpectedly アニクスペクティドゥリ
思いがけない	ไม่คาดฝัน, มิได้คาด マイ カート ファン, ミダイ カート	unexpected アニクスペクテド
思い出す	นึกออก, รำลึก ヌック オーク, ラム ルック	remember, recall リメンバ, リコール
思い違い	เข้าใจผิด カオ チャイ ピット	misunderstanding ミサンダスタンディング

日	タイ	英
思い付く おもいつく	นึกออก ヌック オーク	think of スィンク
思い出 おもいで	ความทรงจำ クワーム ソン チャム	memories メモリズ
思いやり おもいやり	ความเห็นอกเห็นใจ クワーム ヘン オック ヘン チャイ	consideration コンスィダレイション
思う おもう	คิด キット	think スィンク
（感じる）	รู้สึก ルースック	feel フィール
（推測する）	คาดการณ์ カート カーン	suppose サポウズ
重苦しい おもくるしい	อึดอัด, หนักใจ ウット アット, ナック チャイ	oppressive オプレスィヴ
重さ おもさ	น้ำหนัก ナム ナック	weight ウェイト
面白い おもしろい	น่าสนใจ, สนุก ナー ソンチャイ, サヌック	interesting インタレスティング
（奇妙な）	แปลก, ประหลาด, น่าสงสัย プレーク, プララート, ナー ソンサイ	odd アド
玩具 おもちゃ	ของเล่น コーン レン	toy トイ
表 おもて	เบื้องหน้า, ข้างหน้า ブアン ナー, カーン ナー	face フェイス
（前面）	หน้า, ด้านหน้า ナー, ダーン ナー	front フラント
（戸外）	หน้าประตู ナー プラトゥー	out of doors アウト オヴ ドーズ
主な おもな	หลัก, สำคัญ ラック, サムカン	main, principal メイン, プリンスィパル
主に おもに	ส่วนใหญ่, ที่สำคัญ スアン ヤイ, ティー サムカン	mainly, mostly メインリ, モウストリ

日	タイ	英
おもに 重荷	ภาระหนัก パーラ ナック	burden バードン
おもり 錘	ลูกตุ้ม ルーク トゥム	weights, plumb ウェイツ, プラム
おも 思わず	อย่างลืมตัว, โดยไม่ได้ตั้งใจ ヤーン ルーム トゥア, ドーイ マイ ダイ タン チャイ	involuntarily インヴォランタリリ
おも 重んじる	ถือความสำคัญ トゥー クワーム サムカン	value ヴァリュー
（尊重する）	นับถือ ナップトゥー	attach importance *to* アタチ インポータンス
おや 親	พ่อแม่, บิดามารดา ポー メー, ビダー マーンダー	parent ペアレント
（両親）	พ่อแม่ ポー メー	parents ペアレンツ
（トランプの）	เจ้ามือ チャオ ムー	dealer ディーラ
～会社	บริษัทแม่ ボーリサット メー	mother company マザ カンパニ
おや？	อ้าว, เอ๊ะ, เอ アーオ, エ, エー	Gee! ジー
おやこうこう 親孝行	กตัญญูต่อพ่อแม่ カタンユー トー ポー メー	dutifulness to *one's* parents デューティフォネス トゥ ペアレンツ
おやし 親知らず	ฟันคุด ファン クット	wisdom tooth ウィズダム トゥース
やす ごよう お安い御用	เรื่องขี้ผง ルアン キー ポン	It's no trouble. イツ ノートラブル
おやふこう 親不孝	อกตัญญูต่อพ่อแม่ アカタンユー トー ポー メー	undutifulness to *one's* parents アンデューティフォネス トゥ ペアレンツ
おやゆび 親指	นิ้วโป้ง, นิ้วหัวแม่มือ ニウ ポーン, ニウ ファア メー ムー	thumb サム
（足の）	นิ้วโป้ง(เท้า), นิ้วหัวแม่เท้า ニウ ポーン(ターオ), ニウ ファア メー ターオ	big toe ビグ トウ

日	タイ	英
およ 泳ぐ	ว่ายน้ำ ウーイ ナーム	swim スウィム
およ 及ぶ	รวมทั้ง, ถึง ルアム タン, トゥン	reach, amount to リーチ, アマウント
（匹敵）	เทียบเท่า ティアップ タオ	match マチ
オランダ	ฮอลแลนด์, เนธอร์แลนด์ ホーレーン, ネーターレーン	Holland, Netherlands ハランド, ネザランズ
おり 檻	กรง クロン	cage ケイヂ
お かえ 折り返す	พับกลับ, วกกลับ パップ クラップ, ウォック クラップ	turn down ターン ダウン
（引き返す）	เอาคืน, กลับที่เก่า アオ クーン, クラップ ティー カオ	turn back ターン バク
オリジナルの	ต้นแบบ トン ベープ	original オリヂナル
お たた 折り畳む	พับ パップ	fold up フォウルド アプ
お め 折り目	รอยพับ, รอยจีบ ローイ パップ, ローイ チープ	fold フォウルド
おりもの 織物	ผ้า パー	textile, fabrics テクスタイル, ファブリクス
お 下［降］りる	ลง ロン	come down カム ダウン
（乗り物から）	ลง ロン	get off, get out of ゲトーフ, ゲタウト
オリンピック	โอลิมปิก オーリムピック	the Olympic games ジ オリンピク ゲイムズ
お 織る	ทอผ้า トー パー	weave ウィーヴ
お 折る	พับ パップ	break, snap ブレイク, スナプ

日	タイ	英
（曲げる）	หักงอ, ม้วน ハック ゴー, ムアン	bend ベンド
お オルガン	ออร์แกน オーケーン	organ オーガン
オルゴール	กล่องเพลง クロン プレーン	music box ミューズィク バクス
折れる	หัก ハック	break ブレイク
（譲歩）	ยอมจำนน, โอนอ่อน ヨーム チャムノン, オーン オーン	give in ギヴ イン
卸		
～売り業者	ร้านขายส่ง ラーン カーイ ソン	wholesale dealer ホウルセイル ディーラ
～値	ราคาขายส่ง ラーカー カーイ ソン	wholesale price ホウルセイル プライス
下［降］ろす	เอาลง アオ ロン	take down テイク ダウン
（乗客を）	ส่ง ソン	drop ドラプ
（積み荷を）	ขนลง コン ロン	unload アンロウド
終わり	จบ チョップ	end, close エンド, クロウズ
（劇・映画など）	ตอนจบ トーン チョップ	end エンド
終わる	จบ チョップ	end, close エンド, クロウズ
（完成する）	เสร็จ セット	finish フィニシュ
（完結する）	สรุป サルップ	conclude コンクルード
恩	บุญคุณ ブン クン	obligation アブリゲイション

日	タイ	英
～を仇で返す	เนรคุณ ネーラ クン	return evil for good リターン イーヴァル フォ グド
～を返す	ตอบแทนบุญคุณ トープ テーン ブン クン	repay *a person's* kindness リペイ カインドネス
おんがく 音楽	เพลง, ดนตรี プレーン, ドントリー	music ミューズィク
～家	นักดนตรี ナック ドントリー	musician ミューズィシャン
おんけい 恩恵	ความเมตตาปรานี クワーム メーッター プラーニー	favor, benefit フェイヴァ, ベネフィト
おんけん 穏健な	พอประมาณ ポー プラマーン	moderate マダレト
おんこう 温厚な	อ่อนโยน, อบอุ่น オーン ヨーン, オップ ウン	gentle チェントル
オン ザ ジョップ トレーニング	การฝึกอบรมในงาน カーン フック オップロム ナイ ガーン	on-the-job training オン ザ ジャブ トレイニング
おんしつ 温室	ห้องกระจก ホン クラチョック	greenhouse グリーンハウス
～効果	ปรากฏการณ์เรือนกระจก プラーコット カーン ルアン クラチョック	greenhouse effect グリーンハウス イフェクト
おんし 恩知らず	อกตัญญู アカタンユー	ingratitude イングラティテュード
おんじん 恩人	ผู้มีพระคุณ プー ミー プラクン	benefactor ベネファクタ
おんすい 温水	น้ำร้อน ナム ローン	hot water ハト ウォータ
おんせん 温泉	น้ำพุร้อน ナム プ ローン	hot spring, spa ハト スプリング, スパー
おんたい 温帯	แถบอุ่น テープ ウン	the temperate zone ザ テンペレト ゾウン
おんだん 温暖な	อบอุ่น オップ ウン	warm, mild ウォーム, マイルド

日	タイ	英
音痴 おんち	เสียงหลงคีย์ シアン ロン キー	tone deafness トゥン デフネス
方向～だ	หลงทางง่าย ロン ターン ガーイ	have no sense of direction ハヴ ノウ センス オヴ ディレクション
温度 おんど	อุณหภูมิ ウンハブーム	temperature テンパラチャ
～計	เทอร์โมมิเตอร์ トゥーモーミトゥー	thermometer サマメタ
音頭をとる おんど	เป็นหัวโจก ペン ファア チョーク	lead リード
女 おんな	ผู้หญิง プー イン	woman ウマン
～好き	เจ้าชู้ チャオ チュー	womanizer ウマナイザ
女の子 おんなこ	เด็กผู้หญิง, สาว デック プー イン, サーオ	girl, young girl ガール, ヤング ガール
恩に着せる おんき	ลำเลิกบุญคุณ ラムルーク ブン クン	demand gratitude *from* ディマンド グラテテュード
音波 おんぱ	คลื่นเสียง クルーン シアン	a sound wave ア サウンド ウェイヴ
穏便に済ませる おんびんす	ทำให้จบลงอย่างสันติ タム ハイ チョップ ロン ヤーン サンティ	settle *a matter* peacefully セトル ピースフリ
音符 おんぷ	โน้ตดนตรี ノート ドントリー	note ノウト
おんぶする	ขี่หลัง キー ラン	carry... on *one's* back キャリ オン バク
オンライン	ออนไลน์ オーン ライ	on-line オンライン

106

日	タイ	英

か, カ

科
สกุล, พันธุ์, วงศ์
サクン, パン, ウォン
family
ファミリ

(学科の分科)
แผนกวิชา, ภาควิชา
パネーク ウィチャー, パーク ウィチャー
department
ディパートメント

(学科・課程)
หลักสูตร
ラック スート
course
コース

課
แผนก, ภาค
パネーク, パーク
section, division
セクション, ディヴィジョン

(教科書などの)
บท
ボット
lesson
レスン

蚊
ยุง
ユン
mosquito
モスキートウ

蛾
ผีเสื้อกลางคืน
ピー スア クラーンクーン
moth
モース

カーソル
เคอร์เซอร์
クースー
cursor
カーサ

カーテン
ม่าน
マーン
curtain
カートン

ガードマン
ยาม
ヤーム
guard
ガード

ガードレール
ราวกั้นถนน
ラーオ カン タノン
guardrail
ガードレイル

カートン
กล่องกระดาษ
クロン クラダート
carton
カートン

カーブ
โค้ง
コーン
curve, turn
カーヴ, ターン

カーペット
พรม
プロム
carpet
カーペト

ガールスカウト
เนตรนารี
ネート ナーリー
girl scout
ガールスカウト

日	タイ	英
ガールフレンド	เพื่อนหญิง, แฟน プアン イン, フェーン	girlfriend ガールフレンド
かい 会	การประชุม, งานเลี้ยง カーン プラチュム, ガーン リアン	meeting, party ミーティング, パーティ
（団体）	สมาคม, คณะ サマーコム, カナ	society ソサイアティ
かい 回	ครั้ง, หน クラン, ホン	time タイム
（競技・ゲーム）	ครั้ง, หน, ที クラン, ホン, ティー	round, inning ラウンド, イニング
かい 貝	หอย ホイ	shellfish シェルフィシュ
かい 階	ชั้น チャン	floor フロー
かいいん 会員	สมาชิก サマーチック	member, membership メンバ, メンバシプ
かいか 階下	ข้างล่าง カン ラーン	downstairs ダウンステアズ
かいが 絵画	ภาพ, ภาพวาด, รูป パープ, パープ ワート, ループ	picture, painting ピクチャ, ペインティング
（美術作品）	จิตรกรรม チッタカム	pictorial art ピクトーリアル アート
がいか 外貨	เงินต่างประเทศ グン ターン プラテート	foreign money フォーリン マニ
かいがい 海外	ต่างประเทศ ターン プラテート	foreign countries フォーリン カントリズ
か か 買い換える	ซื้อใหม่ スー マイ	buy a new... バイ ア ニュー
かいかく 改革	การปฏิรูป カーン パティループ	reform, innovation リフォーム, イノヴェイション
～する	ปฏิรูป パティループ	reform, innovate リフォーム, イノヴェイト

日	タイ	英
かいかつ 快活な	ร่าเริง, แจ่มใส ラールーン, チェム サイ	cheerful チアフル
かいがん 海岸	ชายทะเล, ชายฝั่ง, หาด チャーイ タレー, チャーイ ファン, ハート	seashore, beach スィーショー, ビーチ
がいかん 外観	รูปร่างภายนอก ループ ラーン パーイ ノーク	appearance アピアランス
かいぎ 会議	การประชุม カーン プラチュム	meeting, conference ミーティング, カンファレンス
かいきゅう 階級	ชั้น, ยศ, ระดับ チャン, ヨット, ラダップ	class, rank クラス, ランク
かいきょう 海峡	ช่องแคบ チョーン ケープ	strait, channel ストレイト, チャヌル
かいぎょう 開業する	เปิดกิจการ プート キッチャカーン	start a business スタート ア ビズネス
かいぐん 海軍	ทหารเรือ タハーン ルア	navy ネイヴィ
かいけい 会計	การเงิน, การบัญชี カーン グン, カーン バンチー	account, finance アカウント, フィナンス
～係	สมุห์บัญชี, เจ้าหน้าที่การเงิน サムバンチー, チャオナーティー カーン グン	cashier, accountant キャシア, アカウンタント
～監査	การตรวจสอบบัญชี カーン トルアット ソープ バンチー	auditing オーディティング
～士	นักการบัญชี ナック カーン バンチー	accountant アカウンタント
～年度	ปีงบประมาณ ピー ゴップ プラマーン	fiscal year フィスカル イア
かいけつ 解決する	แก้ปัญหา, คลี่คลาย ケー パンハー, クリー クライ	settle, solve セトル, サルヴ
かいけん 会見	การสัมภาษณ์ カーン サムパート	interview インタヴュー
かいげんれい 戒厳令	กฎอัยการศึก ゴット アイヤカーン スック	martial law マーシャル ロー

日	タイ	英
かいこ 蚕	ตัวไหม トゥア マイ	silkworm スィルクワーム
かいこ 解雇する	ยื่นซองขาว ユーン ソーン カーオ	discharge ディスチャーヂ
かいご 介護	การดูแล カーン ドゥーレー	care ケア
かいごう 会合	การประชุม, การชุมนุม カーン プラチュム, カーン チュムヌム	meeting, gathering ミーティング, ギャザリング
がいこう 外交官	นักการทูต ナック カーン トゥート	diplomat ディプロマト
がいこく 外国	ต่างประเทศ, เมืองนอก ターン プラテート, ムアン ノーク	foreign country フォーリン カントリ
～為替	เงินตราต่างประเทศ グン トラー ターン プラテート	foreign exchange フォーリン イクスチェインヂ
～人	คนต่างชาติ, คนต่างประเทศ コン ターン チャート, コン ターン プラテート	foreigner フォーリナ
～の	ของต่างประเทศ コーン ターン プラテート	foreign フォーリン
がいこつ 骸骨	โครงกระดูก クローン クラドゥーク	skeleton スケルトン
かいさい 開催する	จัด, เปิดงาน, จัดงาน チャット, プート ガーン, チャット ガーン	hold, open ホウルド, オウプン
かいさつぐち 改札口	ช่องตรวจตั๋ว チョン トルアット トゥア	ticket gate ティケト ゲイト
かいさん 解散する	แตกแยก, เลิกล้ม テーク イェーク, ルーク ロム	break up ブレイカプ
（議会を）	ยุบ(สภา) ユップ(サパー)	dissolve ディゾルヴ
がいさん 概算	การประมาณ, ค่าประมาณ カーン プラマーン, カー プラマーン	rough estimate ラフ エスティメト
がいし 外資	เงินทุนต่างประเทศ グン トゥン ターン プラテート	foreign capital フォーリン キャピトル

日	タイ	英
かいし 開始する	เริ่มต้น ルーム トン	start, begin スタート, ビギン
か し 買い占める	กว้านซื้อ, รวบซื้อ クワーン スー, ルアップ スー	buy up, corner バイ アプ, コーナ
かいしゃ 会社	บริษัท ボーリサット	company, firm カンパニ, ファーム
～員	พนักงาน บริษัท パナックガーンボーリサット	office worker オーフィス ワーカ
かいしゅう 回収する	เก็บรวบรวม ケップ ルアップ ルアム	recover リカヴァ
かいじゅう 怪獣	สัตว์ประหลาด サット プララート	monster マンスタ
がいしゅつ 外出する	ออกไปข้างนอก オーク パイ カン ノーク	go out ゴウ アウト
かいじょう 会場	สถานที่จัดงาน, ห้องประชุม サターンティー チャット ガーン, ホン プラチュム	venue ヴェニュ
がいしょく 外食する	ทานข้าวนอกบ้าน ターン カーオ ノーク バーン	eat out イート アウト
かいすい 海水	น้ำทะเล ナム タレー	seawater スィーウォータ
かいすいよく 海水浴	เล่นน้ำทะเล レン ナム タレー	sea bathing スィー ベイジング
かいすうけん 回数券	ตั๋วคูปอง トゥア クーポーン	communication ticket コミューニケイション ティケト
かいせつ 解説	การอธิบาย, คำอธิบาย カーン アティバーイ, カム アティバーイ	explanation エクスプラネイション
～する	อธิบาย, วิจารณ์, บรรยาย アティバーイ, ウィチャーン, バンヤーイ	explain, comment イクスプレイン, カメント
かいせん 回線	สาย サーイ	circuit, line サーキト, ライン
がいせん 外線	สายนอก サーイ ノーク	outside line アウトサイド ライン

日	タイ	英
かいぜん 改善する	ปรับปรุง, แก้ไข プラップルン, ケー カイ	improve インプルーヴ
かいそう 海草	สาหร่ายทะเล サーラーイ タレー	seaweed スィーウィード
かいぞう 改造する	ดัดแปลงสร้างใหม่ ダット プレーン サーン マイ	reconstruct リーコンストラクト
かいたく 開拓		
～する	บุกเบิก, ถากถาง ブック ブーク, ターク ターン	open up オウプン アプ
～者	ผู้บุกเบิก, ผู้ริเริ่ม プー ブック ブーク, プー リルーム	pioneer パイアニア
か 買いだめする	ซื้อเก็บตุนไว้ใช้, ตุนไว้ スー ケップ トゥン ワイ チャイ, トゥン ワイ	stock up スタク アプ
かいだん 会談	การประชุมหารือ, การเจรจากัน カーン プラチュム ハールー, カーン チェーラチャー カン	talk, conference トーク, カンファレンス
かいだん 階段	บันได バンダイ	stairs ステアズ
がいちゅう 外注	จ้างบริษัทอื่นทำ チャーン ボーリサットウーン タム	outsourcing アウトソーシング
がいちゅう 害虫	แมลงที่ให้โทษ マレーン ティー ハイ トート	harmful insect, vermin ハームフル インセクト, ヴァーミン
かいちゅうでんとう 懐中電灯	ไฟฉาย ファイチャーイ	flashlight フラシュライト
かいちょう 会長	ประธาน, นายกสมาคม プラターン, ナーヨック サマーコム	president プレジデント
かいちょう 快調だ	ไปได้สวย パイ ダイ スアイ	be in the best condition ビ イン ザ ベスト コンディション
かいつう 開通する	เปิด(เส้นทาง), เชื่อมต่อ プート (センターン), チュアム トー	be opened to traffic ビ オウプンド トゥ トラフィク

日	タイ	英
か つ 買い付ける	สั่งซื้อ サン スー	buy, purchase バイ, パーチェス
か て 買い手	ผู้ซื้อ プー スー	buyer バイア
かいてい 改定する	แก้ไขใหม่, ปรับปรุงเพิ่มเติม ケーカイ マイ, プラップルン プーム トゥーム	revise, change リヴァイズ, チェインヂ
かいてき 快適な	ที่สะดวกสบาย, สบายใจ ティー サドゥアック サバーイ, サバーイ チャイ	agreeable, comfortable アグリーアブル, カンフォタブル
かいてん 開店	การเปิดร้าน カーン プート ラーン	opening オウプニング
かいてん 回転する	หมุน, เวียน ムン, ウィアン	turn, rotate ターン, ロウテイト
ガイド	ไกด์, มัคคุเทศก์ カイ, マッククテート	guide ガイド
～ブック	ไกด์บุ๊ค, หนังสือคู่มือ カイ ブック, ナンスー クームー	guidebook ガイドブク
～ライン	คำแนะนำ カム ネナム	guidelines ガイドライン
かいとう 解答	ข้อไข, คำตอบ, การแก้ปัญหา コーカイ, カム トープ, カーン ケー パンハー	answer, resolution アンサ, レゾルーション
かいとう 回答	การตอบ, คำตอบ カーン トープ, カム トープ	reply リプライ
～する	ตอบ トープ	reply *to* リプライ
がいとう 街灯	ไฟข้างทาง ファイ カーン ターン	streetlight ストリートライト
かいにゅう 介入する	เข้าแทรก カオ セーク	intervene インタヴィーン
かいにん 解任する	ถอดถอน トート トーン	dismiss ディスミス
がいねん 概念	หลักทั่วไป, ความคิด ラック トゥアパイ, クワーム キット	notion, concept ノウション, カンセプト

日	タイ	英
<ruby>開発<rt>かいはつ</rt></ruby>	การพัฒนา, พัฒนาการ カーン パッタナー, パッタナー カーン	exploitation エクスプロイテイション
〜する	พัฒนา パッタナー	develop, exploit ディヴェロプ, エクスプロイト
〜途上国	ประเทศกำลังพัฒนา プラテート カムラン パッタナー	developing country ディヴェロピング カントリ
<ruby>会費<rt>かいひ</rt></ruby>	ค่าบำรุง, ค่าเข้าร่วม カー バムルン, カー カオ ルアム	(membership) fee (メンバシプ) フィー
<ruby>外部<rt>がいぶ</rt></ruby>	ภายนอก, ด้านนอก パーイ ノーク, ダーン ノーク	outside アウトサイド
<ruby>回復する<rt>かいふく</rt></ruby>	ฟื้นตัว, กลับคืนสภาพเดิม フーントゥア, クラップクーン サパープ ドゥーム	recover, restore リカヴァ, リストー
<ruby>怪物<rt>かいぶつ</rt></ruby>	สัตว์ประหลาด サット プララート	monster マンスタ
(人)	(คน)มหัศจรรย์ (コン) マハッサチャン	monstrous fellow マンストラス フェロウ
<ruby>開放経済<rt>かいほうけいざい</rt></ruby>	ระบบเศรษฐกิจเปิด ラボップ セーッタキット プート	open economy オウプン イカノミ
<ruby>解放する<rt>かいほう</rt></ruby>	ปลดปล่อย, ปลดเปลื้อง プロット プローイ, プロット プルアン	release, liberate リリース, リバレイト
<ruby>開放する<rt>かいほう</rt></ruby>	เปิด, เปิดทิ้งไว้ プート, プート ティン ワイ	open オウプン
<ruby>解剖する<rt>かいぼう</rt></ruby>	ผ่า, ชันสูตร パー, チャンナスート	dissection ディセクション
<ruby>外務省<rt>がいむ</rt></ruby>	กระทรวงการต่างประเทศ クラスアン カーン ターンプラテート	Ministry of Foreign Affairs ミニストリ オヴ フォーリン アフェアズ
<ruby>買い物<rt>かもの</rt></ruby>	การซื้อของ カーン スー コーン	shopping シャピング
<ruby>外来語<rt>がいらいご</rt></ruby>	คำทับศัพท์ カム タップサップ	loanword ロウンワード
<ruby>戒律<rt>かいりつ</rt></ruby>	ศีล シーン	commandment コマンドメント

日	タイ	英
_{がいりゃく} 概略	เค้าเรื่อง, ใจความสังเขป カオ ルアン, チャイクワーム サンケープ	outline, summary アウトライン, サマリ
_{かいりょう} 改良	การปรับปรุง カーン プラップルン	improvement インプルーヴメント
_{かいろ} 回路	วงจร ウォンチョーン	circuit サーキト
_{かいわ} 会話	การสนทนา, การพูดคุย カーン ソンタナー, カーン プート クイ	conversation カンヴァセイション
_{かいん} 下院	สภาผู้แทนราษฎร サパー プー テーン ラーッサドーン	Lower House ロウア ハウス
_か 飼う	เลี้ยง リアン	keep, raise キープ, レイズ
_か 買う	ซื้อ スー	buy, purchase バイ, パーチェス
カウンセラー	ผู้ให้คำแนะนำ, ที่ปรึกษา プー ハイ カム ネナム, ティー プルックサー	counselor カウンスラ
カウンセリング	การให้คำแนะนำปรึกษา カーン ハイ カム ネナム プルックサー	counseling カウンスリング
カウンター	เคาน์เตอร์ カオトゥー	counter カウンタ
_{かえ} 返す	คืน クーン	return, send back リターン, センド バク
_{かえる} 蛙	กบ ゴップ	frog フローグ
_{かえ} 帰る	กลับ クラップ	come [go] home カム [ゴウ] ホウム
_か 変える	เปลี่ยน, เปลี่ยนแปลง	change チェインヂ
_{かお} 顔	หน้า, หน้าตา ナー, ナーター	face, look フェイス, ルク
～を立てる	ไว้หน้า ワイ ナー	save *a person's* face セイヴ フェイス

日	タイ	英
～をつぶす	หักหน้า ハック チー	shame *a person* シェイム
～が広い	กว้างขวาง クワーン クワーン	be popular ビ パピュラ
顔色 (かおいろ)	สีหน้า シー チー	complexion コンプレクション
～をうかがう	อ่านสีหน้า アーン シー チー	see how *someone* reacts スィー ハウ リアクツ
顔なじみ (かお)	คนที่คุ้นเคย コン ティー クン クーイ	familiar face ファミリャ フェイス
顔見知り (かおみし)	รู้จักหน้า ルーチャック チー	know *a person* by sight ノウ バイ サイト
顔役 (かおやく)	ผู้มีอิทธิพล プー ミー イッティポン	boss ボース
香り (かお)	กลิ่น, กลิ่นหอม クリン, クリン ホーム	smell, fragrance スメル, フレイグランス
香[薫]る (かお)	ส่งกลิ่น(หอม) ソン クリン (ホーム)	be fragrant フレイグラント
画家 (がか)	จิตรกร チッタコーン	painter ペインタ
加害者 (かがいしゃ)	ผู้ทำร้าย プー タム ラーイ	assailant アセイラント
抱える (かか)	หอบ, หิ้ว ホープ, ヒウ	hold... in *one's* arms ホウルド イン アームズ
価格 (かかく)	ราคา, มูลค่า ラーカー, ムーン カー	price, value プライス, ヴァリュー
化学 (かがく)	เคมี ケーミー	chemistry ケミストリ
～工業	อุตสาหกรรมเคมี ウッサーハカム ケーミー	chemical industry ケミカル インダストリ
～物質	สารเคมี サーン ケーミー	chemical material ケミカル マティアリアル

日	タイ	英
～調味料	ผงชูรส ポン チュー ロット	chemical seasoning ケミカル スィーズニング
科学	วิทยาศาสตร์ ウィッタヤーサート	science サイエンス
～者	นักวิทยาศาสตร์ ナック ウィッタヤーサート	scientist サイエンティスト
掲げる	ยก, ชัก ヨック, チャック	hoist ホイスト
（看板などを）	แขวน クウェーン	hang ハング
案山子	หุ่นไล่กา フン ライ カー	scarecrow スケアクロウ
踵	ส้นเท้า ソン ターオ	heel ヒール
鏡	กระจกเงา クラチョック ガオ	mirror, glass ミラ, グラス
屈む	ก้ม, โค้ง ゴム, コーン	stoop ストゥープ
輝き	ประกาย, ส่องแสง プラカーイ, ソーン セーン	brilliance ブリリャンス
輝く	แวววาว, ระยิบระยับ ウェーオ ワーオ, ラユップ ラヤップ	shine, glitter シャイン, グリタ
係員	เจ้าหน้าที่ チャオ ナーティー	person in charge *of* パーソン イン チャーヂ
かかりつけの	ประจำ プラチャム	regular レギュラ
掛かる	แขวน, ห้อย クウェーン, ホイ	hang *on, from* ハング
（金が）	ใช้เงิน, เสียเงิน チャイ グン, シア グン	cost コースト
（時間が）	ใช้เวลา, เสียเวลา チャイ ウェーラー, シア ウェーラー	take テイク

日	タイ	英
(医者に)	ไปหาหมอ パイ ハー モー	consult, see コンサルト, スィー
(エンジンが)	ติด ティット	start スタート
(病気に)	เป็นโรค ペン ローク	be taken ill ビ テイクン イル
かか 関[係]わる	เกี่ยวข้อง キアオ コーン	be concerned in ビ コンサーンド イン
かぎ 鍵	กุญแจ クンチェー	key キー
か か 書き換える	เขียนใหม่ キアン マイ	rewrite リーライト
(名義を)	โอน(กรรมสิทธิ์) オーン (カンマシット)	transfer トランスファー
かきとめ 書留	ลงทะเบียน ロンタビアン	registration レヂストレイション
か と 書き留める	จดไว้, บันทึก チョット ワイ, バントゥック	write down ライト ダウン
か なお 書き直す	เขียนแก้ใหม่ キアン ケー マイ	rewrite リーライト
か まちが 書き間違える	เขียนผิด キアン ピット	make a mistake in writing メイク ア ミステイク イン ライティング
か まわ 掻き回す	คน, กวน コン, クアン	stir スター
かきゅうせい 下級生	รุ่นน้อง ルン ノーン	lower-class student ロウアクラス ステューデント
(…する) 限り	เท่าที่... タオ ティー	as far as... アズ ファー アズ
かぎ 限る	จำกัด, เฉพาะ チャムカット, チャポ	limit リミト
か 欠く	ขาด, ขาดแคลน カート, カート クレーン	lack ラク

日	タイ	英
書く	เขียน キアン	write ライト
掻く	เกา, ขูด カオ, クート	scratch, rake スクラチ, レイク
(水を)	พาย パーイ	paddle パドル
家具	เครื่องเรือน, เฟอร์นิเจอร์ クルアン ルアン, フーニチュー	furniture ファーニチャ
嗅ぐ	ดม ドム	smell, sniff スメル, スニフ
額	กรอบ クロープ	frame フレイム
(金額)	จำนวน チャムヌアン	amount, sum アマウント, サム

■家具■ เฟอร์นิเจอร์ / ファーニチュー /

クローゼット ตู้เสื้อผ้า / トゥー スア パー / (⊛closet, wardrobe)
椅子 เก้าอี้ / カオイー / (⊛chair, stool)
長椅子 เก้าอี้ยาว / カオイー ヤーオ / (⊛couch)
肘掛け椅子 เก้าอี้เท้าแขน / カオイー ターオ ケーン / (⊛armchair)

ソファー โซฟา / ソーファー / (⊛sofa)
机 โต๊ะ / ト / (⊛desk)
テーブル(食卓) โต๊ะอาหาร / ト アーハーン / (⊛dining table)
本棚 ชั้นหนังสือ / チャン ナンスー / (⊛bookshelf)
食器棚 ตู้ใส่ถ้วยชาม / トゥー サイ トゥアイ チャーム / (⊛cupboard)

カーテン ม่าน / マーン / (⊛curtain)
絨毯 พรม / プロム / (⊛carpet, rug)
ベッド เตียง / ティアン / (⊛bed)

日	タイ	英
<ruby>学位<rt>がくい</rt></ruby>	ปริญญา パリンヤー	degree ディグリー
<ruby>架空<rt>かくう</rt></ruby>の	สมมุติ, ที่แต่งขึ้น ソムムット, ティー テン クン	imaginary イマヂネリ
<ruby>各駅停車<rt>かくえきていしゃ</rt></ruby>	รถไฟธรรมดา ロットファイ タムマダー	local train ロウカル トレイン
<ruby>格言<rt>かくげん</rt></ruby>	สุภาษิต, คติพจน์ スパーシット, カティ ポット	maxim マクスィム
<ruby>覚悟<rt>かくご</rt></ruby>する	เตรียมใจ, ปลง トリアム チャイ, プロン	be prepared *for* ビ プリペアド
<ruby>格差<rt>かくさ</rt></ruby>	ความแตกต่าง クワーム テークターン	difference, gap ディファレンス, ギャプ
<ruby>学士<rt>がくし</rt></ruby>	ปริญญาตรี パリンヤー トリー	bachelor バチェラ
<ruby>隠<rt>かく</rt></ruby>し<ruby>味<rt>あじ</rt></ruby>	ส่วนปรุงพิเศษ スアン プルン ピセート	subtle seasoning サトル スィーズニング
<ruby>確実<rt>かくじつ</rt></ruby>な	ที่แน่นอน, แน่ๆ ティー ネー ノーン, ネー ネー	sure, certain シュア, サートン
<ruby>学者<rt>がくしゃ</rt></ruby>	นักวิชาการ ナック ウィチャーカーン	scholar スカラ
<ruby>確信<rt>かくしん</rt></ruby>する	เชื่อมั่น チュアマン	be convinced *of, that* ビ コンヴィンストゥ
<ruby>隠<rt>かく</rt></ruby>す	ซ่อน, ปิดบัง ソーン, ピットバン	hide, conceal ハイド, コンスィール
<ruby>学生<rt>がくせい</rt></ruby>	นักศึกษา ナック スックサー	student ステューデント
〜<ruby>証<rt>しょう</rt></ruby>	บัตรนักศึกษา バット ナック スックサー	student's ID card ステューデンツ アイディー カード
<ruby>覚醒剤<rt>かくせいざい</rt></ruby>	ยาบ้า, ยาม้า ヤー バー, ヤー マー	stimulant スティミュラント
<ruby>拡大<rt>かくだい</rt></ruby>する	ขยาย カヤーイ	magnify マグニファイ

日	タイ	英
がくちょう 学長	อธิการบดี アティカーンボーディー	president プレジデント
かくちょう 拡張する	ขยาย, เพิ่ม カヤーイ, プーム	extend イクステンド
かくづけ 格付け	การจัดระดับ カーン チャット ラダップ	rating レイティング
かくてい 確定する	ตัดสินแน่นอน タットシン ネー ノーン	decide ディサイド
かくど 角度	มุม, องศา ムム, オンサー	angle アングル
かくとく 獲得する	ได้มา, ครอบครอง ダイマー, クローブ クローン	acquire, obtain アクワイア, オブテイン
かくにん 確認する	ยืนยัน ユーンヤン	confirm コンファーム
がくねん 学年	ชั้นปี チャン ピー	grade グレイド
がくひ 学費	ค่าเล่าเรียน カー ラオリアン	school expenses スクール イクスペンスィズ
がくふ 楽譜	โน้ตเพลง ノート プレーン	music ミュージク
がくぶ 学部	คณะ カナ	faculty ファカルティ
かくへいき 核兵器	อาวุธนิวเคลียร์ アーウット ニウクリア	nuclear weapon ニュークリア ウェポン
かくほ 確保する	เก็บ, รักษา ケップ, ラックサー	secure スィキュア
かくめい 革命	การปฏิวัติ カーン パティワット	revolution レヴォルーション
がくや 楽屋	ห้องแต่งตัว ホン テン トゥア	dressing room ドレスィング ルーム

日	タイ	英
<ruby>確率<rt>かくりつ</rt></ruby>	ความน่าจะเป็น クワーム ナーチャペン	probability プラバビリティ
<ruby>確立する<rt>かくりつ</rt></ruby>	สถาปนา, ก่อตั้ง サターパナー, コータン	establish イスタブリシュ
<ruby>閣僚<rt>かくりょう</rt></ruby>	รัฐมนตรี ラッタモントリー	Cabinet ministers キャビネト ミニスタズ
<ruby>学力<rt>がくりょく</rt></ruby>	วิทยฐานะ ウィッタヤ ターナ	academic ability アカデミク アビリティ
<ruby>学歴<rt>がくれき</rt></ruby>	ประวัติการศึกษา プラワット カーン スックサー	schooling スクーリング
<ruby>隠れる<rt>かく</rt></ruby>	ซ่อน, แอบ ソーン, エープ	hide *oneself* ハイド
<ruby>隠れん坊<rt>かく ぼう</rt></ruby>	การเล่นซ่อนหา カーン レン ソーン ハー	hide-and-seek ハイダンスィーク
<ruby>学割<rt>がくわり</rt></ruby>	ส่วนลดนักเรียน スアン ロット ナックリアン	reduced fee for students リデュースド フィー フォ ステューデンツ
<ruby>賭け<rt>か</rt></ruby>	การพนัน カーン パナン	gambling ギャンブリング
<ruby>陰<rt>かげ</rt></ruby>	ร่มเงา ロム ガオ	shade シェイド
<ruby>影<rt>かげ</rt></ruby>	ภาพเงา パープ ガオ	shadow, silhouette シャドウ, スィルエト
<ruby>崖<rt>がけ</rt></ruby>	หน้าผา ナー パー	cliff クリフ
<ruby>家計<rt>かけい</rt></ruby>	บัญชีในบ้าน バンチー ナイ バーン	household economy ハウスホウルド イカノミ
<ruby>駆け落ちする<rt>か お</rt></ruby>	หนีตามกันไป ニー ターム カン パイ	elope イロウプ
<ruby>賭け事<rt>か ごと</rt></ruby>	การพนัน カーン パナン	gambling ギャンブリング
<ruby>掛け算<rt>か ざん</rt></ruby>	การคูณ カーン クーン	multiplication マルティプリケイション

日	タイ	英
かけつ 可決する	รับรอง ラップ ローン	approve アプルーヴ
(…に) かけては	เรื่องเกี่ยวกับ... ルアン キアオ カップ	as to アズ トゥー
か ね 掛け値なしに	ตรงไปตรงมา トロン パイ トロン マー	to be candid トゥー ビ キャンディド
か ひ 駆け引き	อุบาย, กลวิธี ウバーイ, コンラヴィティー	tactics タクティクス
か ぶとん 掛け布団	ผ้าห่ม, ผ้านวม パーホム, パーヌアム	quilt, comforter クウィルト, カンフォタ
か 架ける	สร้าง, ติดตั้ง サーン, ティット タン	build... over... ビルド オウヴァ
(橋を)	ทอดสร้าง トート サーン	build... over... ビルド…オウヴァ…
か 掛ける	แขวน クウェーン	hang, suspend ハング, サスペンド
(掛け算)	คูณ クーン	multiply マルティプライ
(費用を)	ใช้เงิน チャイ グン	spend money スペンド マニ
(電話を)	โทร, โทรศัพท์, พูดโทรศัพท์ トー, トーラサップ, プート トーラサップ	call コール
(めがね・鍵を)	ใส่ サイ	put, lock プト, ラク
(水・泥を)	รด ロット	throw スロウ
(目覚まし時計を)	ตั้งนาฬิกา タン ナーリカー	set セト
(時間・手間を)	กิน キン	spend スペンド
か 欠ける	แตก, หัก, บิ่น テーク, ハック, ビン	break *off* ブレイク
(不足)	ไม่พอ, ขาด マイ ポー, カート	lack ラク

か

日	タイ	英
か 賭ける	วางเดิมพัน, พนัน ワーン ドゥーム パン, パナン	bet *on* ベト
命を〜	เสี่ยงอันตราย, เสี่ยงชีวิต シアン アンタラーイ, シアン チーウィット	risk *one's* life リスク ライフ
かこ 過去	อดีต, เวลาที่ล่วงไป アディート, ウェーラー ティー ルアン パイ	past パスト
かご 籠	ตะกร้า, กรง タクラー, クロン	basket, cage バスケト, ケイヂ
かこい 囲い	รั้ว, วงล้อม ルア, ウォン ローム	enclosure, fence インクロウジャ, フェンス
かこう 河口	ปากน้ำ パーク チーム	mouth of a river マウス オヴ ア リヴァ
かこう 加工		
〜する	แปรรูป プレー ループ	process プラセス
〜品	สินค้าผลิต シンカー パリット	processed goods プラセスド グヅ
かこ 囲む	ล้อม, ล้อมรอบ, ปิดกั้น ローム, ローム ローブ, ピット カン	surround, enclose サラウンド, インクロウズ
かさ 傘	ร่ม ロム	umbrella アンブレラ
(日傘)	ร่มกันแดด ロム カン デート	parasol パラソール
〜をさす	กางร่ม カーン ロム	hold umbrella ホウルド アンブレラ
かさい 火災		
〜報知機	สัญญาณแจ้งอัคคีภัย サンヤーン チェーン アックキーパイ	fire alarm ファイア アラーム
〜保険	ประกันอัคคีภัย プラカン アックキーパイ	fire insurance ファイア インシュアランス
かざぐるま 風車	กังหันลม カンハン ロム	pinwheel ピン (ホ) ウィール

日	タイ	英
がさつな	เอะอะตึงตัง エアトゥンタン	rude ルード
重なる	ซ้อน(กัน), ทับ(กัน), ทับซ้อน ソーン(カン), タップ(カン), タップソーン	be piled up, overlap パイルドアプ, オウヴァラプ
日程が〜	ซ้อน(กัน) ソーン(カン)	fall on フォールアン
嵩にかかる	ซ้ำเติม サムトゥーム	act on *one's* superior situation アクトオンスピアリアスィチュエイション
重ねる	วางทับ, สุม, กอง ワーンタップ, スム, コーン	pile up パイルアプ
失敗を〜	ทำผิดซ้ำ タムピットサム	repeat failures リピートフェイリャズ
嵩張る	ใหญ่ขึ้น, เป็นก้อนใหญ่ ヤイクン, ペンコーンヤイ	be bulky ビバルキ
飾り	การตกแต่ง, สิ่งประดับ カーントックテン, シンプラダップ	decoration, ornament デコレイション, オーナメント
飾る	ตกแต่ง, ประดับ トックテン, プラダップ	decorate, ornament デコレイト, オーナメント
(陳列)	ตั้งแสดง, ตั้งโชว์ タンサデーン, タンチョー	display ディスプレイ
火山	ภูเขาไฟ プーカオファイ	volcano ヴァルケイノウ
歌詞	เนื้อเพลง スアプレーン	words, text ワーズ, テクスト
菓子	ขนม カノム	confectionery, cake コンフェクショネリ, ケイク
貸し	การให้ยืม, การให้เช่า カーンハイユーム, カーンハイチャオ	loan ロウン
華氏	ฟาเรนไฮต์ ファーレーンハイ	Fahrenheit ファレンハイト

日	タイ	英
かじ 家事	งานบ้าน ガーン バーン	housework ハウスワーク
かじ 火事	ไฟไหม้ ファイ マイ	fire ファイア
かしかた 貸方	ทางเจ้าหนี้ ターン チャオ ニー	credit side クレディト サイド
か き 貸し切りの	เช่าเหมา チャオ マオ	chartered チャータド
かしきんこ 貸金庫	ตู้นิรภัยเช่า トゥー ニラパイ チャオ	safe-deposit box セイフ ディパズィト バクス
かしこ 賢い	ฉลาด, หลักแหลม チャラート, ラック レーム	wise, clever ワイズ, クレヴァ
か だお 貸し倒れ	หนี้สูญ ニー スーン	dead loan デド ロウン
かしつ 過失	ข้อผิดพลาด コー ピット プラート	fault, error フォールト, エラ
かしつけきん 貸付金	เงินให้กู้ グン ハイ クー	loan ロウン
カジノ	บ่อน, คาสิโน ボン, カーシノー	casino カスィーノウ
かしゃ 貨車	รถบรรทุกสินค้า ロット バントゥック シンカー	freight car フレイト カー
か や 貸し家	บ้านให้เช่า バーン ハイ チャオ	house for rent ハウス
かしゅ 歌手	นักร้อง ナック ローン	singer スィンガ
カジュアルな	ลำลอง ラムローン	casual キャジュアル
かじゅえん 果樹園	สวนผลไม้ スアン ポンラマーイ	orchard オーチャド
かじょう 過剰な	มากเกินไป, เกิน マーク クーン パイ, クーン	excess, surplus イクセス, サープラス

日	タイ	英
かしょくしょう 過食症	โรคอ้วน, โรคกินอาหารเกินปริมาณ ローク ウアン, ローク キン アーハーン クーン パリマーン	bulimia ビューリミア
かしらもじ 頭文字	อักษรย่อ, อักษรนำหน้า アックソーン ヨー, アックソーン ナム ナー	initial letter イニシャル レタ
かじ 齧る	แทะ テ	gnaw at, nibble *at* ノー, ニブル
か 貸す	ให้ยืม ハイ ユーム	lend, advance レンド, アドヴァンス
（ただで）	ให้ยืม ハイ ユーム	lend レンド
（賃貸し）	ให้เช่า ハイ チャオ	rent, lease レント, リース
かす 滓	ตะกอน, กาก, เศษ タコーン, カーク, セート	dregs ドレグズ
かず 数	ตัวเลข, จำนวน トゥアレーク, チャムヌアン	number, figure ナンバ, フィギャ
ガス	ก๊าซ, แก๊ส カート, ケート	gas ギャス
（濃霧）	หมอกหนา モーク ナー	thick fog スィク フォーグ
かずかず 数々の	หลาย ラーイ	many メニ
かす 微かな	แว่วๆ, แผ่วๆ, เลือนลาง ウェオ ウェオ, ペオ ペオ, ルアン ラーン	faint, slight フェイント, スライト
かすみ 霞	หมอก モーク	haze ヘイズ
かす 霞む	มัว, พร่า, สลัว, เป็นฝ้ามัว ムア, プラー, サルア, ペン ファー ムア	be hazy ビ ヘイジ
目が〜	ตาพร่า ター プラー	have blurred vision ハヴ ブラード ヴィジョン

日	タイ	英
<ruby>掠<rt>かす</rt></ruby>れる	เลือน, แหบ ルアン, ヘープ	get hoarse ゲト ホース
声が〜	เสียงแหบ シアン ヘープ	have a hoarse voice ハヴ ア ホース ヴォイス
<ruby>風<rt>かぜ</rt></ruby>	ลม, สายลม ロム, サーイ ロム	wind, breeze ウィンド, ブリーズ
<ruby>風邪<rt>かぜ</rt></ruby>	ไข้หวัด カイ ウット	cold, flu コウルド, フルー
〜をひく	เป็นหวัด ペン ウット	catch (a) cold キャチ (ア) コウルド
<ruby>火星<rt>かせい</rt></ruby>	ดาวอังคาร ダーオ アンカーン	Mars マーズ
<ruby>課税する<rt>かぜい</rt></ruby>	ประเมินภาษี プラムーン パーシー	tax タクス
<ruby>化石<rt>かせき</rt></ruby>	ฟอซซิล, ซากดึกดำบรรพ์ フォーッシン, サーク ドゥック ダムバン	fossil ファスィル
<ruby>稼<rt>かせ</rt></ruby>ぐ	หาเงิน ハー グン	earn アーン
時間を〜	(แกล้ง)ล่วงเวลา, (クレーン) ルアン ウェーラー	gain time ゲイン タイム
カセットテープ	เทปคาสเซ็ท テープ カーッセット	cassette tape カセト テイプ
<ruby>火葬<rt>かそう</rt></ruby>	เผาศพ パオ ソップ	cremation クリメイション
<ruby>画像<rt>がぞう</rt></ruby>	รูป, ภาพ ループ, パープ	picture, image ピクチャ, イミヂ
<ruby>仮装する<rt>かそう</rt></ruby>	ปลอมตัว プローム トゥア	disguise ディスガイズ
<ruby>数<rt>かぞ</rt></ruby>える	นับ, คำนวณ ナップ, カムヌアン	count, calculate カウント, キャルキュレイト
<ruby>家族<rt>かぞく</rt></ruby>	ครอบครัว クローブ クルア	family ファミリ

日	タイ	英
かそく 加速する	เร่ง レン	accelerate アクセラレイト
ガソリン	น้ำมัน(รถ) ナムマン (ロット)	gasoline, gas ギャソリーン, ギャス
～スタンド	ปั๊มน้ำมัน パム ナムマン	filling station フィリング ステイション
かた 型・形	รูปร่าง, แบบ ループ ラーン, ベープ	pattern パタン
（形状）	รูปร่างลักษณะ ループ ラーン ラックサナ	shape シェイプ
（形式）	แบบ ベープ	form フォーム
（方式）	วิธี ウィティー	rule, style ルール, スタイル
（様式）	รูปแบบ ループ ベープ	style, mode, type スタイル, モウド, タイプ
（鋳型）	แม่พิมพ์ メー ピム	mold モウルド
かた 肩	ไหล่, บ่า ライ, バー	shoulder ショウルダ
～がこる	ปวดไหล่, เมื่อยไหล่ プアット ライ, ムアイ ライ	have stiff shoulders ハヴ スティフ ショウルダーズ
かた 固[堅・硬]い	แข็ง ケン	hard, solid ハード, サリド
かだい 課題	หัวข้อ, ปัญหา, แบบฝึกหัด ファ コー, パン ハー, ベープ フック ハット	subject, theme サブヂェクト, スィーム
かたうで 片腕		
（腹心）	คนมือขวา コン ムー クワー	right-hand man ライトハンド マン
かたおも 片思い	ความรักข้างเดียว クワームラック カーンディアオ	one-sided love ワン サイデド ラヴ
かたが 肩書き	ตำแหน่ง タムネン	title タイトル

日	タイ	英
肩代わりする	รับภาระแทน ラップ パーラ テーン	take over テイコウヴァ
敵	ศัตรู サットルー	enemy, foe エネミ, フォウ
硬さ	ความแข็ง クワーム ケン	hardness ハードネス

■家族■ ครอบครัว / クローブクルア /

父 พ่อ / ポー / (英father)
母 แม่ / メー / (英mother)
兄 พี่ชาย / ピー チャーイ / (英(elder) brother)
姉 พี่สาว / ピー サーオ / (英(elder) sister)
弟 น้องชาย / ノーン チャーイ / (英(younger) brother)
妹 น้องสาว / ノーン サーオ / (英(younger) sister)
夫 สามี / サーミー / (英husband)
妻 ภรรยา / パンラヤー / (英wife)
息子 ลูกชาย / ルーク チャーイ / (英son)
娘 ลูกสาว / ルーク サーオ / (英daughter)
祖父 ปู่, ตา / プー、ター / (英grandfather)
祖母 ย่า, ยาย / ヤー、ヤーイ / (英grandmother)
叔[伯]父 ลุง, อา, น้า / ルン、アー、ナー / (英uncle)
叔[伯]母 ป้า, อา, น้า / パー、アー、ナー / (英aunt)
いとこ ลูกพี่ลูกน้อง / ルーク ピー ルーク ノーン / (英cousin)
甥 หลานชาย / ラーン チャーイ / (英nephew)
姪 หลานสาว / ラーン サーオ / (英niece)
孫 หลาน / ラーン / (英grandchild)

日	タイ	英
<ruby>型式<rt>かたしき</rt></ruby>	แบบ / ベープ	model / マデル
<ruby>形<rt>かたち</rt></ruby>	รูปร่าง, แบบ / ループ ラーン, ベープ	shape, form / シェイプ, フォーム
<ruby>片付く<rt>かたづく</rt></ruby>	เก็บ, จัด / ケップ, チャット	be put in order / ビ プト イン オーダ

曾孫（ひまご）　เหลน / レーン / (⑧ great-grandchild)
継母（けいぼ）　แม่เลี้ยง / メー リアン / (⑧ stepmother)
舅（しゅうと）　พ่อสามี, พ่อตา / ポー サーミー、ポー ター / (⑧ father-in-law)
姑（しゅうとめ）　แม่สามี, แม่ยาย / メー サーミー、メー ヤーイ / (⑧ mother-in-law)
義兄（ぎけい）　พี่เขย / ピー クーイ / (⑧ brother-in-law)
義姉（ぎし）　พี่สะใภ้ / ピー サパイ / (⑧ sister-in-law)
義弟（ぎてい）　น้องเขย / ノーン クーイ / (⑧ brother-in-law)
義妹（ぎまい）　น้องสะใภ้ / ノーン サパイ / (⑧ sister-in-law)
親, 両親（おや, りょうしん）　พ่อแม่ / ポー メー / (⑧ parent(s))
兄弟, 姉妹（きょうだい, しまい）　พี่น้อง / ピー ノーン / (⑧ brother(s), sister(s))
夫婦（ふうふ）　สามีภรรยา / サーミー パンラヤー / (⑧ couple)
子供（誰かの）（こども）　ลูก / ルーク / (⑧ child)
子供（こども）　เด็ก / デック / (⑧ child)
養子（ようし）　ลูกเลี้ยง / ルーク リアン / (⑧ adopted child)
末っ子（すえっこ）　ลูกคนสุดท้อง / ルーク コン スット トーン / (⑧ youngest child)
長男（ちょうなん）　ลูกชายคนโต / ルーク チャーイ コン トー / (⑧ oldest son)
長女（ちょうじょ）　ลูกสาวคนโต / ルーク サーオ コン トー / (⑧ oldest daughter)
親戚（しんせき）　ญาติ / ヤート / (⑧ relative)
先祖（せんぞ）　บรรพบุรุษ / バンパブルット / (⑧ ancestor)

日	タイ	英
（完結）	จบ, เสร็จ, หมด チョップ, セット, モット	be finished ビ フィニシュト
（処理）	จัดการ チャッカーン	be settled ビ セトルド
片付ける		put... in order プト イン オーダ
（しまう）	เก็บ ケップ	put away プト アウェイ
（完結）	จบ, เสร็จ チョップ, セット	finish フィニシュ
（処理）	จัดการ, สะสาง チャッカーン, ササーン	settle セトル
蝸牛	หอยทาก ホイ ターク	snail スネイル
片手	มือข้างเดียว ムー カーン ディアオ	one hand ワン ハンド
刀	ดาบ ダープ	sword ソード
肩の凝らない	เบาสมอง バオ サモーン	easy イーズィ
肩幅	ความกว้างของไหล่ クワーム クワーン コーン ライ	shoulder length ショウルダ レングス
片方	ข้างเดียว カーン ディアオ	one of the pair ワン ノヴ ザ ペア
（片側）	ข้างเดียว カーン ディアオ	one side ワン サイド
固まる	แข็ง ケン	harden ハードン
片道	เที่ยวเดียว ティアオ ディアオ	one way ワン ウェイ
～切符	ตั๋วเที่ยวเดียว トゥア ティアオ ディアオ	one-way ticket ワンウェイ ティケト

日	タイ	英
かたむ 傾く	เอียง, เอน, เย้ イアン, エーン, イェー	lean, incline リーン, インクライン
かたむ 傾ける	โน้ม, ทำให้เอียง ノーム, タム ハイ イアン	incline, bend インクライン, ベンド
耳を〜	ฟัง ファン	listen to リスン トゥ
かた 固める	ทำให้แข็ง タム ハイ ケン	harden ハードン
かたよ 偏る	เอียงเอน イアン エーン	lean *to*, be biased リーン, ビ バイアスト
かた 騙る		
（名を）	ปลอม プローム	assume a false name アスューム ア フォールス ネイム
カタログ	แคตตาล็อก ケーッターロック	catalog キャターローグ
かち 価値	ค่า, คุณค่า カー, クン カー	value, worth ヴァリュー, ワース
〜のある	มีค่า ミー カー	valuable ヴァリュアブル
〜のない	ไม่มีค่า, ไร้ค่า マイ ミー カー, ライ カー	valueless ヴァリューレス
〜観	ค่านิยม カー ニヨム	sense of values センス オヴ ヴァリューズ
か 勝ち	ชัยชนะ チャイ チャナ	victory, win ヴィクトリ, ウィン
かちく 家畜	สัตว์เลี้ยง サット リアン	livestock ライヴスタク
かちょう 課長	หัวหน้าแผนก ラア チー パネーク	section manager セクション マニヂャ
か 勝つ	ชนะ, มีชัย チャナ, ミー チャイ	win ウィン
（克服）	เอาชนะ アオ チャナ	overcome オウヴァカム

日	タイ	英
<ruby>学科<rt>がっか</rt></ruby>	สาขา サーカー	subject サブヂクト
（大学の）	ภาควิชา, คณะ パーク ウィチャー, カナ	department ディパートメント
<ruby>学課<rt>がっか</rt></ruby>	วิชาเรียน ウィチャー リアン	lesson レスン
<ruby>学会<rt>がっかい</rt></ruby>	บัณฑิตยสถาน バンティット サターン	society, academy ソサイアティ, アキャデミ
<ruby>学界<rt>がっかい</rt></ruby>	วงวิชาการ ウォン ウィチャーカーン	academic circles アカデミク サークルズ
がっかりする	ผิดหวัง, ใจแป้ว ピット ワン, チャイ ペーオ	be disappointed ビ ディサポインテド
<ruby>学期<rt>がっき</rt></ruby>	ภาคเรียน, เทอม パーク リアン, トゥーム	term ターム
～末	ปลายเทอม プライ トゥーム	semester-end セメスタ エンド
<ruby>楽器<rt>がっき</rt></ruby>	เครื่องดนตรี クルアン ドントリー	musical instrument ミュージカル インストルメント
<ruby>画期的な<rt>かっきてき</rt></ruby>	ที่จะเปิดยุคใหม่ ティー チャ プート ユック マイ	epoch-making エポクメイキング
<ruby>活気のある<rt>かっき</rt></ruby>	มีชีวิตชีวา ミー チーウィット チーワー	full of life フル オヴ ライフ
<ruby>学級<rt>がっきゅう</rt></ruby>	ระดับชั้น, ชั้นเรียน ラダップ チャン, チャン リアン	class クラス
<ruby>担ぐ<rt>かつ</rt></ruby>	แบกหาม ベーク, ハーム	shoulder ショウルダ
（だます）	หลอก ローク	deceive ディスィーヴ
がっくりする	ท้อใจ トー チャイ	be disappointed, break down ビー ディサポインテド, ブレイクダウン
<ruby>括弧<rt>かっこ</rt></ruby>	วงเล็บ ウォン レップ	bracket ブラケト

日	タイ	英
かっこいい	ดูดี, เท่ห์ ドゥーディー, テー	neat, super, cool ニート, スーパ, クール
かっこう 格好	รูปร่าง, ท่าทาง ループラーン, ター ターン	shape, form シェイプ, フォーム
～の	เหมาะสม モッソム	suitable スータブル
がっこう 学校	โรงเรียน ローンリアン	school スクール
かつじ 活字	ตัวพิมพ์ トゥア ピム	type タイプ
がっしょう 合唱	ร้องประสานเสียง ローン プラサーン シアン	chorus コーラス
がっしょう 合掌する	ประนมมือ, พนมมือ プラノム ムー, パノム ムー	put *one's* hands together プト ハンズ トゥゲザ
（タイ式の礼）	ไหว้ ワイ	put *one's* hands together プト ハンズ トゲザ
かっそうろ 滑走路	ลานบิน ラーン ビン	runway ランウェイ
かって 勝手		
（事情・様子）	สภาพ, สถานะ サパープ, サターナ	circumstances サーカムスタンスィズ
～な	ที่เอาแต่ใจ, ที่เห็นแก่ตัว ティー アオ テー チャイ, ティー ヘン ケー トゥア	selfish セルフィシュ
～に	ตามอำเภอใจ ターム アムプーチャイ	as *one* pleases アズ プリージズ
かつて	ก่อนหน้านี้, ครั้งหนึ่ง, เคย... コーン ナー ニー, クラン ヌン, クーイ	once, before ワンス, ビフォー
かつどう 活動	กิจกรรม キッチャカム	activity アクティヴィティ
かっとなる	โมโห, โกรธ モーホー, クロート	fly into a rage フライ イントゥア レイヂ

日	タイ	英
かっぱつ 活発な	กระปรี้กระเปร่า クラプリー クラプラオ	active, lively アクティヴ, ライヴリ
カップル	แฟน, คู่รัก フェーン, クー ラック	couple カプル
がっぺい 合併する	รวมกัน ルアム カン	merge マーヂ
かつやく 活躍する	ใช้ความสามารถ チャイ クワーム サーマート	be active *in* ビ アクティヴ
かつよう 活用	การใช้, การประยุกต์ カーン チャイ, カーン プラユック	practical use プラクティカル ユース
（動詞などの）	กระจายคำกริยา クラチャーイ カム キリヤー	conjugation カンヂュゲイション
～する	ใช้, ประยุกต์ チャイ, プラユック	put... to practical use プト トゥ プラクティカル ユース
かつら	วิก ウィック	wig ウィグ
かてい 家庭	ครอบครัว クローブ クルア	home, family ホウム, ファミリ
～科	วิชาการเรือน ウィチャー カーン ルアン	homemaking course ホウムメイキング コース
～用品	เครื่องใช้ในบ้าน クルアン チャイ ナイ バーン	household ハウスホウルド
かてい 仮定する	สมมุติ ソムムット	assume, suppose アスューム, サポウズ
カテゴリー	ประเภท プラペート	category キャテゴーリ
かど 角	มุม, หัวแง่ ムム, フア ゲー	corner, turn コーナ, ターン
かどう 稼動		
～する	ปฏิบัติการ パティバット カーン	operate アパレイト
～率	อัตราการทำงาน アットラー カーン タムガーン	rate of operation レイト オヴ アパレイション

日	タイ	英
<ruby>下等<rt>かとう</rt></ruby>な	ระดับต่ำ ラダップ タム	inferior, low インフィアリア, ロウ
<ruby>蚊取<rt>かと</rt></ruby>り<ruby>線香<rt>せんこう</rt></ruby>	ยากันยุง ヤー カン ユン	mosquito-repellent incense モスキートウ リペラント インセンス
カトリック	ศาสนาคริสต์นิกายคาธอลิก サーッサナー クリット ニカーイ カートリック	Catholicism カサリスィズム
<ruby>金網<rt>かなあみ</rt></ruby>	ลวด, ตาข่าย ルアット, ター カーイ	wire netting ワイア ネティング
<ruby>家内<rt>かない</rt></ruby>	ภรรยา, เมียของตน パンラヤー, ミア コーン トン	my wife マイ ワイフ
<ruby>叶<rt>かな</rt></ruby>う	เป็นจริง, บรรลุ ペン チン, バンル	be fulfilled ビ フルフィルド
<ruby>悲[哀]<rt>かな</rt></ruby>しい	เศร้า, เสียใจ サオ, シア チャイ	sad, sorrowful サド, サロウフル
<ruby>悲[哀]<rt>かな</rt></ruby>しみ	ความเศร้า, ความเสียใจ クワーム サオ, クワーム シア チャイ	sorrow, sadness サロウ, サドネス
<ruby>悲[哀]<rt>かな</rt></ruby>しむ	รู้สึกเศร้า, รู้สึกเสียใจ ルースック サオ, ルースック シア チャイ	feel sad, grieve フィール サド, グリーヴ
カナダ	แคนาดา ケーナーダー	Canada キャナダ
<ruby>金槌<rt>かなづち</rt></ruby>	ฆ้อน, ค้อน コーン, コーン	hammer ハマ
<ruby>必<rt>かなら</rt></ruby>ず	แน่นอน, แน่ๆ ネー ノーン, ネー ネー	without fail ウィザウト フェイル
(ぜひ, きっと)	ให้ได้ ハイ ダーイ	by all means バイ オール ミーンズ
かなり	ค่อนข้าง コン カーン	fairly, pretty フェアリ, プリティ
〜の	ค่อนข้าง コン カーン	considerable コンスィダラブル

日	タイ	英
<ruby>敵<rt>かな</rt></ruby>わない	สู้ไม่ได้ スー マイ ダーイ	be no match ビー ノウ マチ
<ruby>蟹<rt>かに</rt></ruby>	ปู プー	crab クラブ
～座	ราศีกรกฎ ラーシー コーラコット	Cancer, the Crab キャンサ, ザ クラブ
<ruby>加入<rt>かにゅう</rt></ruby>する	เข้าร่วม カオ ルアム	join, enter ヂョイン, エンタ
カヌー	เรือแคนนู ルア ケーンヌー	canoe カヌー
<ruby>金<rt>かね</rt></ruby>	เงิน グン	money マニ
<ruby>鐘<rt>かね</rt></ruby>	ระฆัง ラカン	bell ベル
<ruby>加熱<rt>かねつ</rt></ruby>する	ทำให้ร้อน タム ハイ ローン	heat ヒート
<ruby>過熱<rt>かねつ</rt></ruby>する	ร้อนเกินไป ローン クーン パイ	overheat オウヴァヒート
<ruby>金儲けをする<rt>かねもう</rt></ruby>	หาเงิน, ทำกำไร ハー グン, タム カムライ	make money メイク マニ
<ruby>金持ち<rt>かねも</rt></ruby>	คนรวย, เศรษฐี コン ルアイ, セーッティー	rich person リチ パーソン
<ruby>兼<rt>か</rt></ruby>ねる	เป็นทั้ง...และ... ペン タン レ	combine *with* コンバイン
<ruby>化膿<rt>かのう</rt></ruby>する	เป็นหนอง ペン ノーン	suppurate サプュレイト
<ruby>可能性<rt>かのうせい</rt></ruby>	ความเป็นไปได้ クワーム ペン パイ ダーイ	possibility パスィビリティ
<ruby>可能<rt>かのう</rt></ruby>な	ที่เป็นไปได้ ティー ペン パイ ダーイ	possible パスィブル
<ruby>彼女<rt>かのじょ</rt></ruby>	เธอ, เขา, หล่อน トゥー, カオ, ロン	she シー

日	タイ	英
(恋人)	แฟน, คนรัก フェーン, コン ラック	girlfriend ガールフレンド
カバー	ผ้าคลุม パー クルム	cover カヴァ
〜する	คลุม クルム	cover カヴァ
庇う	ปกป้อง, ป้องกัน ポック ポン, ポン カン	protect プロテクト
鞄	กระเป๋า クラパオ	bag バグ
過半数	ส่วนใหญ่, จำนวนมาก スアン ヤイ, チャムヌアン マーク กว่าครึ่ง クウー クルン	majority マチョーリティ
黴	รา ラー	mold, mildew モウルド, ミルデュー
〜が生える	ขึ้นรา クン ラー	get moldy ゲト モウルディ
画鋲	เป๊ก, หมุด ペック, ムット	thumbtack サムタク
花瓶	แจกัน チェーカン	vase ヴェイス
株	ตอไม้ トーマーイ	stump スタンプ
(株式)	หุ้น フン	stocks スタクス
株券	ใบหุ้น バイ フン	stock certificate スタク サティフィケト
株式	หุ้น フン	stocks スタクス
〜会社	บริษัทจำกัด ボーリサット チャムカット	joint-stock corporation チョイントスタク コーポ

日	タイ	英
～市場	ตลาดหลักทรัพย์ タラート ラックサップ	stock market スタク マーケット
被（かぶ）せる	คลุม, ครอบ クルム, クロープ	cover *with* カヴァ
カプセル	แคปซูล ケープスーン	capsule キャプスル
甲虫（かぶとむし）	ด้วงใหญ่ ドゥアン ヤイ	beetle ビートル
株主（かぶぬし）	ผู้ถือหุ้น プー トゥー フン	stockholder スタクホウルダ
～総会	ประชุมใหญ่ผู้ถือหุ้น プラチュム ヤイ プー トゥー フン	general meeting of stockholders チェネラル ミーティング オヴ スタクホウルダス
被（かぶ）る	สวม, ครอบ, ใส่ スアム, クロープ, サイ	put on, wear プト アン, ウェア
かぶれる	แพ้, เป็นผื่น ペー, ペン プーン	skin eruptions スキン イラプションズ
花粉（かふん）	ละอองเกสร ラオーン ケーソーン	pollen パルン
～症	อาการแพ้ละอองเกสร アーカーン ペー ラオーン ケーソーン	hay fever ヘイ フィーヴァ
壁（かべ）	กำแพง, ฝาผนัง カムペーン, ファー パナン	wall, partition ウォール, パーティション
貨幣（かへい）	เงินตรา グン トラー	money, coin マニ, コイン
壁紙（かべがみ）	วอลเปเปอร์ ウォーン ペーパー	wallpaper ウォールペイパ
窯（かま）	เตาเผา タオ パオ	kiln キルン
構（かま）いません	ไม่เป็นไร マイ ペン ライ	Never mind, No problem ネヴァ マインド, ノウ プラブレム

日	タイ	英
かま 構う	เป็นห่วง, สนใจ ペン フアン, ソンチャイ	care *about*, mind ケア, マインド
（干渉する）	เข้าไปยุ่ง カオ パイ ユン	meddle *in*, with メドル
（世話する）	ดูแล, เอาใจใส่ ドゥー レー, アオ チャイ サイ	care for ケア フォー
かま 構うものか	ช่างมัน チャーン マン	It doesn't matter. イト ダズン マタ
かまきり 蟷螂	ตั๊กแตนตำข้าว タッカテーン タム カーオ	mantis マンティス
かまととぶる	ทำเป็นไม่ประสีประสา タム ペン マイ プラシー プラサー	play the innocence プレイ ジイノセンス
がまん 我慢する	อดทน オットン	be patient ビ ペイシェント
かみ 紙	กระดาษ クラダート	paper ペイパ
かみ 神	พระเจ้า, เทวดา プラチャオ, テーワダー	god ガド
かみ 髪	ผม ポム	hair ヘア
かみそり 剃刀	มีดโกน ミート コーン	razor レイザ
かみなり 雷	ฟ้าร้อง ファー ローン	thunder サンダ
〜が落ちる	ฟ้าผ่า ファー パー	be struck by lightning ビ ストラク バイ ライトニング
かみはんき 上半期	ครึ่งปีแรก クルン ピー レーク	first half of the year ファースト ハフ オヴ ザ イア
か 噛む	กัด, เคี้ยว カット, キアオ	bite, chew, gnaw バイト, チュー, ノー
ガム	หมากฝรั่ง マーク ファラン	chewing gum チューイング ガム

日	タイ	英
か めい 加盟する	เข้าร่วม, สมทบ カオ ルアム, ソム トップ	be affiliated ビ アフィリエイテド
がめつい	หน้าเลือด ナー ルアット	greedy グリーディ
カメラ	กล้อง, กล้องถ่ายรูป クロン, クロン ターイループ	camera キャメラ
～マン	ช่างกล้อง, ตากล้อง チャーン クロン, ター クロン	cameraman, photographer キャメラマン, フォタグラファ
か めん 仮面	หน้ากาก ナー カーク	mask マスク
～をかぶる	ใส่หน้ากาก, สวมหน้ากาก サイ ナー カーク, スアム ナー カーク	mask, disguise マスク, ディスガイズ
～劇	โขน コーン	masque マスク
が めん 画面	หน้าจอ, สกรีน ナー チョー, サカリーン	screen, picture スクリーン, ピクチャ
か も 鴨	เป็ด ペット	duck ダク
(騙されやすい人)	คนหูเบา コン フー バオ	sucker サカ
～にする	ต้มหมู トム ムー	make a sucker of... メイク ア サカ オヴ
か もく 科［課］目	วิชา ウィチャー	subject サブヂクト
必修～	วิชาบังคับ ウィチャー バンカップ	required subject リクワイアド サブヂクト
選択～	วิชาเลือก ウィチャー ルアック	compulsory subject コンパルソリ サブヂクト
かもしれない	อาจจะ..., สงสัยว่า... アーッチャ, ソンサイ ワー	may be メイビ
か もつ 貨物	สินค้า, สิ่งของ シン カー, シン コーン	freight, cargo フレイト, カーゴウ

日	タイ	英
<ruby>蚊帳<rt>かや</rt></ruby>	มุ้ง ムン	mosquito net モスキートウ ネト
<ruby>火薬<rt>かやく</rt></ruby>	ดินปืน ディン プーン	gunpowder ガンパウダ
<ruby>痒い<rt>かゆい</rt></ruby>	คัน カン	itchy イチ
<ruby>通う<rt>かよう</rt></ruby>	ไปมา パイ マー	commmute to, attend カミュート, アテンド
（頻繁に）	ไปๆมาๆบ่อย パイ パイ マー マー ボイ	visit frequently ヴィジト フリークウェントリ
（心が）	เข้ากัน カオ カン	be communicated ビ コミューニケイテド
<ruby>画用紙<rt>がようし</rt></ruby>	กระดาษวาดเขียน クラダート ワート キアン	drawing paper ドローイング ペイパ
<ruby>火曜日<rt>かようび</rt></ruby>	วันอังคาร ワン アンカーン	Tuesday テューズディ
<ruby>殻<rt>から</rt></ruby>	เปลือก プルアック	husks ハスクス
（貝の）	เปลือกหอย プルアック ホイ	shell シェル
（…）から		
（時間）	ตั้งแต่... タン テー	since スィンス
（場所）	จาก... チャーク	from フラム
<ruby>柄<rt>がら</rt></ruby>	ลวดลาย, แบบ ルアット ラーイ, ベープ	pattern, design パタン, ディザイン
カラー（襟）	ปกเสื้อ ポック スア	collar カラ
<ruby>辛い<rt>からい</rt></ruby>	เผ็ด ペット	hot, pungent ハト, パンチャント
（塩辛い）	เค็ม ケム	salty ソールティ

日	タイ	英
からかう	แหย่ イェー	make fun of メイク ファン オヴ
がらくた	ของโปเก, ของสัพเพเหระ, ขยะ コーン ポーケー, コーン サップペーヘーラ, カヤ	rubbish, trash ラビシュ, トラシュ
辛口の	รสเผ็ด, รสขม ロット ペット, ロット コム	dry, hot, salty ドライ, ハト, ソールティ
（批評などが）	ปากจัด, เผ็ดร้อน パーク チャット, ペット ローン	harsh, sharp ハーシュ, シャープ
ガラス	แก้ว, กระจก ケーオ, クラチョック	glass グラス
体	ร่างกาย ラーン カーイ	body バディ
（体格）	รูปร่าง ループ ラーン	physique フィズィーク
（健康）	สุขภาพ スッカパープ	health ヘルス
空の	เปล่า プラオ	empty エンプティ
柄の悪い	หยาบคาย ヤープ カーイ	be lowbred ビ ロウブレド
カラフルな	มีสีสัน ミー シー サン	colorful カラフル
借り	หนี้สิน, เงินกู้ ニー シン, グン クー	debt, loan デト, ロウン
カリキュラム	หลักสูตร ラック スート	curriculum カリキュラム
カリスマ	ความสามารถพิเศษ クワーム サーマート ピセート	charisma カリズマ
仮の	ชั่วคราว チュア クラーオ	temporary テンポレリ
下流	ท้ายน้ำ ターイ ナーム	lower reaches ロウア リーチズ

■体■ ร่างกาย / ラーンカーイ /

<ruby>頭<rt>あたま</rt></ruby> ศีรษะ,หัว / シーサ ラア / (英head)
<ruby>肩<rt>かた</rt></ruby> ไหล่ / ライ / (英shoulder)
<ruby>首<rt>くび</rt></ruby> คอ / コー / (英neck)
<ruby>胸<rt>むね</rt></ruby> หน้าอก / チーオック / (英breast, chest)
<ruby>腹<rt>はら</rt></ruby> ท้อง, พุง / トーン、プン / (英belly)
<ruby>背<rt>せ</rt></ruby> หลัง,ส่วนหลัง / ラン、スアンラン / (英back)
<ruby>手<rt>て</rt></ruby>, <ruby>腕<rt>うで</rt></ruby> มือ,แขน / ムー、ケーン / (英hand, arm)
<ruby>手首<rt>てくび</rt></ruby> ข้อมือ / コー ムー / (英wrist)
<ruby>掌<rt>てのひら</rt></ruby> ฝ่ามือ / ファー ムー / (英the palm of the hand)
<ruby>肘<rt>ひじ</rt></ruby> ศอก,ข้อศอก / ソーク、コー ソーク / (英elbow)
<ruby>腰<rt>こし</rt></ruby> เอว / エーオ / (英waist)
<ruby>足<rt>あし</rt></ruby>, 脚 เท้า,ขา / ターオ、カー / (英foot, leg)
<ruby>膝<rt>ひざ</rt></ruby> เข่า / カオ / (英knee)
<ruby>股<rt>もも</rt></ruby> ต้นขา / トンカー / (英thigh)
ふくらはぎ น่อง / ノーン / (英calf)
<ruby>足首<rt>あしくび</rt></ruby> ข้อเท้า / コー ターオ / (英ankle)
<ruby>髪<rt>かみ</rt></ruby> ผม / ポム / (英hair)
<ruby>顔<rt>かお</rt></ruby> หน้า,หน้าตา / ナー、ナーター / (英face, look)
<ruby>眉<rt>まゆ</rt></ruby> คิ้ว / キウ / (英eyebrow)
<ruby>睫毛<rt>まつげ</rt></ruby> ขนตา / コンター / (英eyelashes)
<ruby>目<rt>め</rt></ruby> ตา / ター / (英eye)
<ruby>耳<rt>みみ</rt></ruby> หู / フー / (英ear)
<ruby>鼻<rt>はな</rt></ruby> จมูก / チャムーク / (英nose)
<ruby>口<rt>くち</rt></ruby> ปาก / パーク / (英mouth)
<ruby>歯<rt>は</rt></ruby> ฟัน / ファン / (英tooth)
<ruby>尻<rt>しり</rt></ruby> ก้น, สะโพก / コン、サポーク / (英hip)

日	タイ	英
か 借りる	ยืม, กู้, เช่า ユーム, クー, チャオ	borrow, rent バロウ, レント
か 刈る	ถาง, เกี่ยว ターン, キアオ	reap, harvest リープ, ハーヴェスト
かる 軽い	เบา バオ	light, slight ライト, スライト
（気分が）	ง่ายดาย ガーイ ダーイ	feel so much lighter フィール ソウ マチ ライタ
カルシウム	แคลเซียม ケーンシアム	calcium キャルスィアム
ガルーダ	ครุฑ クルット	Garuda ガルーダ
カルテ	ใบประวัติคนไข้ バイ プラワット コン カイ	chart チャート
かれ 彼	เขา カオ	he ヒー
（恋人）	แฟน フェーン	boyfriend ボイフレンド
かれい 華麗な	สวย, สง่า スアイ, サガー	splendid, gorgeous スプレンディド, ゴーヂャス
ガレージ	โรงรถ ローン ロット	garage ガラーヂ
カレーライス	ข้าวราดแกงกะหรี่ カーオ ラート ケーン カリー	curry and rice カーリ アンド ライス
かれら 彼等	เขา, พวกเขา カオ, プアック カオ	they ゼイ
か 枯れる	เฉา, ตาย チャオ, ターイ	wither, die ウィザ, ダイ
ぞく カレン族	กะเหรี่ยง カリアン	the Karen ザ カレン
カレンダー	ปฏิทิน パティティン	calendar キャレンダ

日	タイ	英
かろう 過労	การทำงานหนักเกินไป カーン タムガーン ナック クーン パイ	overwork オウヴァワーク
がろう 画廊	ที่แสดงภาพเขียน ティー サデーン パープ キアン	art gallery アート ギャラリ
かろ 辛うじて	เฉียดฉิว, ในที่สุดก็... チアット チウ, ナイ ティースット コー	barely ベアリ
カロリー	แคลอรี่ ケーローリー	calorie キャロリ
かわ 川	แม่น้ำ メー チーム	river リヴァ
かわ 皮	ผิว, เปลือก ピウ, プルアック	skin スキン
（獣皮）	หนัง, ขน ナン, コン	hide, leather, fur ハイド, レザ, ファー
（樹皮）	เปลือกไม้ プルアック マーイ	bark バーク
（果皮）	เปลือก プルアック	peel ピール
がわ 側	ข้าง, ฝ่าย カーン, ファーイ	side サイド
かわい 可愛い	น่ารัก ナー ラック	pretty, lovely プリティ, ラヴリ
かわい 可愛がる	รัก, เอ็นดู ラック, エンドゥー	love, pet ラヴ, ペト
かわいそう 可哀想な	น่าสงสาร ナー ソン サーン	poor, pitiable プア, ピティアブル
かわ 乾いた	แห้ง ヘーン	dry ドライ
かわ 乾かす	ทำให้แห้ง タム ハイ ヘーン	dry ドライ
かわかみ 川上	ต้นน้ำ トン チーム	upper reaches アパ リーチズ

日	タイ	英
かわぎし 川岸	ริมแม่น้ำ, ริมน้ำ リム ヌー チーム, リムチーム	riverbank リヴァバンク
かわ 乾く	แห้ง ヘーン	dry (up) ドライ（アプ）
かわ 渇く（喉が）	หิวน้ำ ヒウ チーム	thirsty サースティ
かわしも 川下	ปลายแม่น้ำ プライ ヌー チーム	lower reaches ロウア リーチズ
かわせ 為替	การแลกเปลี่ยนเงินตรา カーン レーク プリアン グン トラー	money order マニ オーダ
〜レート	อัตราแลกเปลี่ยน アットラー レーク プリアン	exchange rate イクスチェインヂ レイト
かわら 瓦	กระเบื้อง クラブアン	tile タイル
か 代わり	การแทน カーン テーン	substitute サブスティテュート
〜に	แทนที่ テーン ティー	instead of, for インステド オヴ, フォー
か 代わる	แทน, ทดแทน テーン, トット テーン	replace リプレイス
か 変わる	เปลี่ยน プリアン	change, turn *into* チェインヂ, ターン
かん 勘	สัญชาตญาณ サンチャートヤーン	intuition インテューイション
〜が鋭い	หัวไว ラア ワイ	be sharp ビ シャープ
かん 管	ท่อ トー	tube, pipe テューブ, パイプ
かん 缶	กระป๋อง クラポン	can キャン
〜切り	เครื่องเปิดกระป๋อง クルアン プート クラポン	can opener キャン オウプナ

日	タイ	英
<ruby>癌<rt>がん</rt></ruby>	โรคมะเร็ง ローク マレン	cancer キャンサ
<ruby>肝炎<rt>かんえん</rt></ruby>	โรคตับอักเสบ ローク タップ アックセープ	hepatitis ヘパタイティス
<ruby>棺桶<rt>かんおけ</rt></ruby>	โลงศพ ローン ソップ	coffin コーフィン
<ruby>眼科<rt>がんか</rt></ruby>	โรคตา ローク ター	ophthalmology アフサルマロヂ
〜医	จักษุแพทย์, หมอตา チャックスペート, モー ター	eye doctor アイ ダクタ
<ruby>灌漑<rt>かんがい</rt></ruby>	รดน้ำ, ชลประทาน ロット ナーム, チョンラプラターン	irrigation イリゲイション
<ruby>考え<rt>かんが</rt></ruby>	ความคิด クワーム キット	thought, thinking ソート, スィンキング
（観念）	ความเห็น, ความสำนึก クワーム ヘン, クワーム サム ヌック	idea アイディーア
（意見）	ความคิดเห็น クワーム キット ヘン	opinion オピニョン
<ruby>考える<rt>かんが</rt></ruby>	คิด キット	think スィンク
<ruby>感覚<rt>かんかく</rt></ruby>	ความรู้สึก クワーム ルースック	sense, feeling センス, フィーリング
<ruby>間隔<rt>かんかく</rt></ruby>	ระยะ, ช่องว่าง ラヤ, チョン ワーン	space, interval スペイス, インタヴァル
〜をあける	เว้นช่องว่าง, เว้นระยะ ウェン チョン ワーン, ウェン ラヤ	leave a space リーヴ ア スペイス
<ruby>管轄<rt>かんかつ</rt></ruby>	ความรับผิดชอบ クワーム ラップ ピット チョープ	jurisdiction of ヂュアリスディクション
カンガルー	จิงโจ้ チンチョー	kangaroo キャンガルー

日	タイ	英
<ruby>換気<rt>かんき</rt></ruby>		
〜する	ระบายอากาศ ラバーイ アーカート	ventilate ヴェンティレイト
〜扇	พัดลมระบายอากาศ パット ロム ラバーイ アーカート	ventilating fan ヴェンティレイティング ファン
<ruby>寒季<rt>かんき</rt></ruby>	ฤดูหนาว, หน้าหนาว ルドゥー ナーオ, ナーナーオ	cold season コウルド スィーズン
<ruby>観客<rt>かんきゃく</rt></ruby>	ผู้ชม プーチョム	spectator スペクテイタ
<ruby>環境<rt>かんきょう</rt></ruby>	สิ่งแวดล้อม シン ウェートローム	environment インヴァイアロンメント
〜汚染	สิ่งแวดล้อมเสื่อมเสีย シン ウェートローム スアム シア	environmental pollution インヴァイアロンメンタル ポルーション
〜破壊	ทำลายสิ่งแวดล้อม タムラーイ シン ウェートローム	environmental destruction インヴァイアロンメンタル ディストラクション
〜保護	การคุ้มครองสิ่งแวดล้อม カーン クム クローン シン ウェートローム	environmental conservation インヴァイアロンメンタル カンサヴェイション
<ruby>元金<rt>がんきん</rt></ruby>	เงินต้น グン トン	principal プリンスィパル
<ruby>関係<rt>かんけい</rt></ruby>	ความสัมพันธ์ クワーム サムパン	relation(ship) リレイション (シプ)
〜がある	สัมพันธ์, เกี่ยวข้อง サムパン, キアオ コーン	be related *to* ビ リレイテド
〜ない	ไม่เกี่ยว マイ キアオ	have nothing to do with ハヴ ナスィング トゥ ドゥ ウィズ
<ruby>歓迎<rt>かんげい</rt></ruby>	การต้อนรับ カーン トーンラップ	welcome ウェルカム
歓迎!	ยินดีต้อนรับ インディー トーンラップ	Welcome! ウェルカム
〜会	งานเลี้ยงต้อนรับ ガーン リアン トーンラップ	reception リセプション
〜する	ต้อนรับ トーンラップ	welcome ウェルカム

日	タイ	英
かんげき 感激する	ประทับใจ, รู้สึกตื้นตันใจ プラタップ チャイ, ルースック トゥーン タンチャイ	be deeply moved *by* ビ ディープリ ムーヴド
かんけつ 簡潔な	กระทัดรัด, สั้นๆ クラタットラット, サン サン	brief, concise ブリーフ, コンサイス
かんご 看護	การพยาบาล カーン パヤーバーン	nursing ナースィング
～する	พยาบาล, ดูแล パヤーバーン, ドゥーレー	nurse ナース
～師	พยาบาล パヤーバーン	nurse ナース
かんこう 観光	การท่องเที่ยว, ทัศนาจร カーン トン ティアオ, タッサナーチョーン	sightseeing サイトスィーイング
～案内所	สถานที่แนะนำการท่องเที่ยว サターン ティー ネナム カーン トン ティアオ	tourist information center トゥアリスト インフォメイション センタ
～客	นักท่องเที่ยว ナック トン ティアオ	tourist トゥアリスト
～バス	รถนำเที่ยว ロット ナム ティアオ	sightseeing bus サイトスィーイング バス
かんこうへん 肝硬変	โรคตับแข็ง ローク タップ ケン	cirrhosis スィロウスィス
かんこく 韓国	ประเทศเกาหลีใต้ プラテート カオリー ターイ	Korea コリーア
がんこ 頑固な	ดื้อ, ดื้อดัน, หัวแข็ง ドゥー, ドゥーダン, ブア ケン	stubborn, obstinate スタボン, アブスティネト
かんさ 監査	การตรวจสอบ カーン トルアット ソープ	inspection インスペクション
かんさつ 観察する	สังเกต, เฝ้าดู サンケート, ファオ ドゥー	observe オブザーヴ
かんさん 換算する	แลกเปลี่ยน レーク プリアン	convert コンヴァート
かんし 監視	การเฝ้าสังเกต カーン ファオ サンケート	surveillance サヴェイランス

日	タイ	英
<ruby>感<rt>かん</rt></ruby>じ	ความรู้สึก クワーム ルースック	feeling フィーリング
（印象）	ความประทับใจ クワーム プラタップ チャイ	impression インプレション
～のいい人	คนท่าทางดี コン ター ターン ディー	nice person ナイス パースン
<ruby>漢字<rt>かんじ</rt></ruby>	ตัวอักษรจีน トゥア アックソーン チーン	Chinese character チャイニーズ キャラクタ
<ruby>幹事<rt>かんじ</rt></ruby>	ผู้ดำเนินการจัดงาน プー ダムヌーン カーン チャット ガーン	manager, organizer マニヂャ, オーガナイザ
(…に) <ruby>関<rt>かん</rt></ruby>して	เกี่ยวกับ... キアオ カップ	about, as to アバウト, アズ トゥー
<ruby>患者<rt>かんじゃ</rt></ruby>	ผู้ป่วย プー プアイ	patient, case ペイシェント, ケイス
<ruby>感謝<rt>かんしゃ</rt></ruby>する	ขอบคุณ コープ クン	thank サンク
<ruby>感受性<rt>かんじゅせい</rt></ruby>	ความรู้สึก, ภาวะไหวรู้สึก クワーム ルースック, パーワ ワイ ルースック	sensibility センスィビリティ
～が<ruby>強<rt>つよ</rt></ruby>い	ความรู้สึกไว クワーム ルースック ワイ	keen sensibility キーン センスィビリティ
<ruby>勘定<rt>かんじょう</rt></ruby>	บัญชี, การคิดเลข バンチー, カーン キット レーク	calculation キャルキュレイション
（支払い）	การจ่ายเงิน, ชำระเงิน カーン チャーイ グン, チャムラ グン	payment ペイメント
お～！	เช็คบิลด้วย チェック ビン ドゥアイ	Check, please! チェク プリーズ
<ruby>感情<rt>かんじょう</rt></ruby>	ความรู้สึก, อารมณ์ クワーム ルースック, アーロム	feeling, emotion フィーリング, イモウション
～<ruby>的<rt>てき</rt></ruby>になる	เกิดอารมณ์รุนแรงขึ้น クート アーロム ルンレーン クン	become emotional ビカム イモウショナル
<ruby>干渉<rt>かんしょう</rt></ruby>する	ก้าวก่าย, แทรกแซง カーオ カーイ, セーク セーン	interfere インタフィア

日	タイ	英
かんしょう 鑑賞する	ชม, ดู チョム, ドゥー	appreciate アプリーシエイト
かんしょうてき 感傷的な	อารมณ์อ่อนไหว アーロム オーン ワイ	sentiment センティメント
がんじょう 頑丈な	แข็งแรง, ทนทาน ケン レーン, トン ターン	strong, stout ストローング, スタウト
かん 感じる	รู้สึก ルースック	feel フィール
かんしん 関心	ความสนใจ クワーム ソンチャイ	concern, interest コンサーン, インタレスト
～を持つ	สนใจ ソンチャイ	be interested ビインタレステッド
かんしん 感心する	ชื่นชม チューン チョム	admire アドマイア
かんじん 肝心な	สำคัญ サムカン	important, essential インポータント, イセンシャル
かんせい 完成		
～する	ทำเสร็จสมบูรณ์, สร้างเสร็จ タム セット ソムブーン, サーン セット	complete, accomplish コンプリート, アカンプリシュ
～品	สินค้าที่ผลิตแล้ว シンカー ティー パリット レーオ	finished goods フィニシュト グヅ
かんぜい 関税	ภาษีศุลกากร パーシー スンラカーコーン	customs, duty カスタムヅ, デューティ
かんせいとう 管制塔	หอบังคับการ ホー バン カップカーン	control tower コントロウル タウア
かんせつ 関節	ข้อต่อ コートー	joint チョイント
かんせつぜい 間接税	ภาษีทางอ้อม パーシー ターン オーム	indirect tax インディレクト タクス
かんせつてき 間接的に	โดยทางอ้อม ドーイ ターン オーム	indirectly インディレクトリ

日	タイ	英
かんせつ 間接の	ทางอ้อม, โดยปริยาย ターン オーム, ドーイ パリヤーイ	indirect インディレクト
かんせつひ 間接費	รายจ่ายทางอ้อม ラーイ チャーイ ターン オーム	indirect costs インディレクト コーストゥ
かんせん 感染する	ติดเชื้อโรค ティット チュア ローク	be infected *with* ビ インフェクテド
かんせんどうろ 幹線道路	ทางหลวง ターン ルアン	highway ハイウェイ
かんぜん 完全な	บริบูรณ์ ボーリブーン	perfect パーフィクト
〜に	อย่างสมบูรณ์, อย่างบริบูรณ์ ヤーン ソムブーン, ヤーン ボーリブーン	perfectly パーフィクトリ
かんそう 乾燥する	แห้ง ヘーン	dry ドライ
かんそう 感想	ความรู้สึกที่ประทับใจ クワーム ルースック ティー プラタップ チャイ	thoughts, impressions ソーツ, インプレションズ
かんぞう 肝臓	ตับ タップ	liver リヴァ
かんだい 寛大な	ที่เอื้อเฟื้อ, มีเมตตา, ใจกว้าง ティー ウアフア, ミー メーッター, チャイ クワーン	generous チェネラス
がんたん 元旦	วันขึ้นปีใหม่ ワン クン ピー マイ	New Year's Day ニュー イアズ デイ
かんたん 簡単な	ง่าย, ง่ายดาย ガーイ, ガーイ ダーイ	simple, easy スィンプル, イーズィ
〜に	อย่างง่าย, ง่ายๆ ヤーン ガーイ, ガイ ガーイ	simply, easily スィンプリ, イーズリ
かんちがいする 勘違いする	เข้าใจผิด カオチャイ ピット	mistake ミステイク
かんちょう 官庁	หน่วยงานราชการ ヌアイ ガーン ラーチャカーン	government offices ガヴァンメント オーフィスィーズ
かんちょう 干潮	น้ำลง ナム ロン	low tide ロウ タイド

日	タイ	英
かんちょう 潅[浣]腸	สวนทวาร スアン タワーン	enema エネマ
かんづめ 缶詰め	อาหารกระป๋อง アーハーン クラポン	canned food キャンド フード
かんてい 鑑定	การพิจารณาตัดสิน カーン ピチャーラナー タッドシン	expert opinion エクスパート オピニョン
かんてい 官邸	ทำเนียบ タムニアップ	official residence オフィシャル レズィデンス
かんてん 観点	จุดทรรศนะ, มุมมอง, แง่คิด チュット タッサナ, ムム モーン, ゲーキット	viewpoint ヴューポイント
かんでん 感電する	ถูกไฟดูด トゥーク ファイ ドゥート	receive an electric shock リスィーヴ アン イレクトリク シャク
かんどう 感動		
～する	รู้สึกประทับใจ ルースック プラタップ チャイ	be moved *by* ビ ムーヴド
～的な	ที่น่าประทับใจ, ซาบซึ้ง ティー ナー プラタップ チャイ, サープ スン	impressive インプレスィヴ
かんとうし 間投詞	คำอุทาน カム ウターン	interjection インタチェクション
かんとく 監督	การควบคุม, การดูแล カーン クアップクム, カーン ドゥーレー	supervision スーパヴィジャン
(人)	ผู้ควบคุม プー クアップクム	superintendent シューパリンテンデント
(映画の)	ผู้กำกับการแสดง プー カムカップ カーン サデーン	director ディレクタ
(スポーツの)	ผู้จัดการทีม プー チャットカーン ティーム	manager マニヂャ
～する	ควบคุม, ดูแล クアップクム, ドゥーレー	supervise スーパヴァイズ
かんな 鉋	กบ コップ	plane プレイン

日	タイ	英
カンニング	การทุจริตในการสอบ カーン トゥチャリット ナイ カーン ソープ	cheating チーティング
かんぱい 乾杯！	ชนแก้ว, ไชโย チョン ケーオ, チャイヨー	Cheers! チアズ
かんぱい 乾杯する	ดื่มอวยพร ドゥーム ウアイポーン	drink a toast *to* ドリンク ア トウスト
かんばつ 旱魃	การแห้งแล้ง, ฝนแล้ง カーン ヘーンレーン, フォン レーン	drought ドラウト
がんば 頑張る	พยายาม, บากบั่น, ตั้งอกตั้งใจ パヤーヤーム, バーク バン, タン オック タン チャイ	work hard ワーク ハード
（持ちこたえる）	ทน, ไม่เสื่อมถอย トン, マイ スアム トイ	hold out ホウルド アウト
（主張する）	ตั้งใจ タン チャイ	insist *on* インスィスト
がんばって！	สู้ๆ, สู้เค้า, ทำให้เต็มที่นะ スー スー, スー カオ, タム ハイ テムティーナ	Do your best!, Good luck! ドゥ ユア ベスト, グドラク
かんばん 看板	ป้าย, แผ่นป้าย パーイ, ペン パーイ	billboard, signboard ビルボード, サインボード
かんびょう 看病する	ดูแลรักษา, พยาบาล ドゥー レー ラックサー, パヤーバーン	nurse, look after ナース, ルク アフタ
かんぶ 幹部	ผู้บริหารงาน プー ボーリハーン ガーン	management マニヂメント
かんぺき 完璧な	อย่างสมบูรณ์แบบ ヤーン ソムブーン ベープ	flawless, perfect フローレス, パーフィクト
かんぽうやく 漢方薬	ยาจีน, ยาแผนโบราณ ヤー チーン, ヤー ペーンボーラーン	herb medicine アーブ メディスィン
カンマ	ลูกน้ำ, คอมม่า ルーク ナーム, コムマー	comma カマ
かんゆう 勧誘する	ชวน, เชิญ チュアン, チューン	solicit, canvass ソリスィト, キャンヴァス

日	タイ	英
かんらくがい 歓楽街	ย่านบันเทิง ヤーン バントゥーン	entertainment area エンタテインメント エアリア
かんらんしゃ 観覧車	ชิงช้าสวรรค์ チンチャー サワン	Ferris wheel フェリス ウィール
かんり 管理	การควบคุม カーン クアップ クム	control コントロウル
（支配）	การจัดการ カーン チャットカーン	management マニヂメント
（保管）	การจัดเก็บ カーン チャット ケップ	charge チャーヂ
～する	ควบคุม クアップ クム	control コントロウル
（管理）	จัดการ チャットカーン	manage マニヂ
（保管）	จัดเก็บ チャット ケップ	take charge of テイク チャーヂ
～人	ผู้จัดเก็บ, ผู้ดูแล プー チャット ケップ, プー ドゥーレー	caretaker, janitor ケアテイカ, ヂャニタ
～職	ตำแหน่งบริหาร タム ネン ボーリハーン	administrative post アドミニストレイティヴ ポウスト
かんりょう 官僚	ข้าราชการ カー ラーチャカーン	bureaucrat ビュアロクラト
～主義	ระบบเจ้าขุนมูลนาย, อำมาตยาธิปไตย ラボップ チャオ クン ムーンナーイ, アムマート ヤーティパタイ	bureaucratism ビュアロクラティズム
かんれい 慣例	ประเพณี, ขนบธรรมเนียม プラペーニー, カノップ タムニアム	custom, usage カスタム, ユースィヂ
かんれん 関連		
～する	เกี่ยวข้อง(กับ) キアオ コーン (カップ)	be related to ビ リレイテド
～会社	บริษัทในเครือ ボーリサット ナイ クルア	associated company アソウシエイテド カンパニ

日	タイ	英
かんろく 貫禄のある	น่ายำเกรง ナー ヤム クレーン	look dignified ルク ディグニファイド
かんわ 緩和する	ผ่อนปรน, คลี่คลาย ポーン プロン, クリー クラーイ	ease, relieve イーズ, リリーヴ

き, キ

日	タイ	英
き 木	ต้นไม้ トンマーイ	tree トリー
ギア	เกียร์ キア	gear ギア
きあつ 気圧	ความกดอากาศ クワーム ゴット アーカート	atmospheric pressure アトモスフェリク プレシャ
～計	บาโรมิเตอร์ バーローミター	barometer バロメタ
キーボード	คีย์บอร์ด, แป้นพิมพ์ キーボート, ペンピム	keyboard キーボード
キーホルダー	พวงกุญแจ プアン クンチェー	key ring キー リング
きいろ 黄色	สีเหลือง シールアン	yellow イェロウ
キーワード	คีย์เวิร์ด キーウォート	key word キー ワード
ぎいん 議員	สมาชิกสภา サマーチック サパー	member of an assembly メンバオヴ アン アセンブリ
国会～	สมาชิกรัฐสภา サマーチック ラッタサパー	member of the Diet メンバ オヴ ザ ダイエト
き 消える	หายไป, สาบสูญ ハーイ パイ, サープ スーン	vanish, disappear ヴァニシュ, ディサピア
（火が）	ไฟดับ ファイ ダップ	fire goes out ファイア ゴウズ アウト
きおく 記憶	ความจำ, ความทรงจำ クワーム チャム, クワーム ソンチャム	memory メモリ

■木■ ต้นไม้ /トンマーイ/

<ruby>松<rt>まつ</rt></ruby>　ต้นสน /トン ソン/ (㋐pine)

<ruby>杉<rt>すぎ</rt></ruby>　ต้นสนญี่ปุ่น /トン ソン イープン/ (㋐Japan cedar)

<ruby>柳<rt>やなぎ</rt></ruby>　ต้นหลิว /トン リウ/ (㋐willow)

<ruby>竹<rt>たけ</rt></ruby>　ไม้ไผ่ /マイ パイ/ (㋐bamboo)

チーク　ต้นสัก, ไม้สัก /トン サック、マイ サック/ (㋐teak wood)

<ruby>桜<rt>さくら</rt></ruby>　ซากุระ /サークラ/ (㋐cherry tree)

タイ<ruby>桜<rt>ざくら</rt></ruby> (オオバナサルスベリ)　อินทนิล, ตะแบก /インタニン、タベーク/ (㋐Queen's flower)

<ruby>梅<rt>うめ</rt></ruby>　บ๊วย /ブアイ/ (㋐plum tree)

<ruby>火炎樹<rt>かえんじゅ</rt></ruby> (ホウオウボク)　ต้นหางนกยูงฝรั่ง /トン ハーン ノック ユーン ファラン/ (㋐flame tree)

<ruby>椰子<rt>やし</rt></ruby>　ต้นปาล์ม /トン パーム/ (㋐palm)

ホウガンボク　ต้นลูกปืนใหญ่ /トン ルーク プーン ヤイ/ (㋐cannonball tree)

ウチワヤシ (タビビトノキ)　ต้นตาลโตนด /トン ターン タノート/ (㋐traveler's tree)

<ruby>菩提樹<rt>ぼだいじゅ</rt></ruby>　ต้นโพธิ์ /トン ポー/ (㋐Bodhi tree)

タコノキ　ต้นเตย /トン トゥーイ/ (㋐screw pine)

モクセンナ　ต้นทรงบาดาล /トン ソンバーダーン/ (㋐scrambled eggs)

イランイランノキ　ต้นกระดังงาไทย /トン クラダンガータイ/ (㋐perfume tree)

バニヤン (ベンガル菩提樹)　ต้นนิโครธ, ต้นไทร /トン ニクロート、トン サイ/ (㋐banyan tree)

ユーカリ　ยูคาลิป /ユーカーリップ/ (㋐eucalyptus)

ゴムノキ　ต้นยาง /トン ヤーン/ (㋐rubber tree)

日	タイ	英
～する	จำ, จดจำ チャム, チョットチャム	memorize, remember メモライズ, リメンバ
きおくれする 気後れする	ตื่นเต้น, หนักใจ トゥーン テン, ナック チャイ	lose *one's* nerve ルーズ ナーヴ
きおん 気温	อุณหภูมิ ウンハブーム	temperature テンパラチャ
きか 幾何	เรขาคณิต レーカー カニット	geometry ヂーアメトリ
きかい 機会	โอกาส オーカート	opportunity, chance アパチューニティ, チャンス
きかい 機械	เครื่องจักร, กลไก クルアン チャック, コンカイ	machine, apparatus マシーン, アパラタス
ぎかい 議会	สภาผู้แทนราษฎร サパー プーテーン ラートサドーン	assembly, parliament アセンブリ, パーラメント
きかいな 奇怪な	ลึกลับ ルック ラップ	strange ストレインヂ
き おも 気が重い	หนักใจ ナック チャイ	heavyhearted ヘヴィハーテド
き か 気が変わる	กลับใจ クラップ チャイ	change *one's* mind チェインヂ マインド
き き 気が利く	เอาใจใส่แม้แต่เรื่องเล็กๆน้อยๆ アオ チャイ サイ メーテー ルアン レック レック ノーイ ノーイ	clever クレヴァ
きかく 企画	การวางแผน, แผนงาน カーン ワーン ペーン, ペーン ガーン	plan, project プラン, プラヂェクト
～する	วางแผน ワーン ペーン	make a plan メイク ア プラン
きかく 規格	มาตรฐาน マートラターン	standard スタンダド
～品	ของได้มาตรฐาน コーン ダイ マートラターン	standardized goods スタンダダイズド グヅ

日	タイ	英
気が狂う	เป็นบ้า ペン バー	go mad ゴウ マド
着飾る	แต่งตัว, แต่งกาย テン トゥア, テン カーイ	dress up ドレス アプ
帰化する	โอนสัญชาติ オーン サン チャート	be naturalized *in* ビ ナチュラライズド
気が付く	สังเกตเห็น サンケート ヘン	notice ノウティス
(行き届く)	เอาใจใส่ アオ チャイ サイ	be attentive ビ アテンティヴ
(意識を取り戻す)	รู้สึกตัว, ฟื้นสติ ルースック トゥア, フーン サティ	come to *oneself* カム トゥ
気が強い	ใจเข้มแข็ง チャイ ケム ケン	strong ストローング
気が長い	ใจเย็น チャイ イェン	patient ペイシェント
気兼ねする	เกรงใจ クレーン チャイ	be afraid of giving trouble *to* ビ アフレイド オヴ ギヴィング トラブル
気が早い	ใจเร็ว チャイ レオ	short-tempered ショートテンパド
気が短い	ใจร้อน チャイ ローン	hasty ヘイスティ
気軽に	สบายๆ, ง่ายๆ サバーイ サバーイ, ガイ ガイ	freely ライトハーテド
期間	ระยะเวลา ラヤ ウェーラー	period, term ピアリアド, ターム
機関	เครื่องจักร, เครื่องกล クルアン チャック, クルアン コン	engine, machine エンヂン, マシーン
(機構)	หน่วยงาน, สถาบัน ヌアイ ガーン, サターバン	organ オーガン
基幹産業	อุตสาหกรรมหลัก ウッサーハカム ラック	key industries キー インダストリズ

日	タイ	英
きかんしゃ 機関車	รถจักร ロット チャック	locomotive ロウコモウティヴ
きかんじゅう 機関銃	ปืนกล プーン コン	machine gun マシーン ガン
きかんとうしか 機関投資家	นักลงทุนสถาบัน ナック ロン トゥン サターバン	institutional investor インスティテューショナル インヴェスタ
きき 危機	วิกฤตการณ์ ウィクリッタカーン	crisis クライスィス
～管理	การบริหารความเสี่ยง カーン ボーリハーン クワーム シアン	risk management リスク マニヂメント
ききゅう 気球	บอลลูน ボーンルーン	balloon バルーン
きぎょう 企業	บริษัท, กิจการ, วิสาหกิจ ボーリサット, キッチャカーン, ウィサーハキット	enterprise エンタプライズ
きぎょうか 起業家	นักลงทุน ナック ロン トゥン	entrepreneur アーントレプレナー
ききょう 帰郷する	กลับบ้านเกิด クラップ バーン クート	go home ゴウ ホウム
き わ 聞き分けのよい	ว่านอนสอนง่าย ワー ノーン ソーン ガーイ	docile, reasonable ダスィル, リーズナブル
ききん 基金	เงินทุน, มูลนิธิ グーン トゥン, ムーンラニティ	fund ファンド
ききん 飢饉	ความขาดแคลน, ความอดอยาก クワーム カート クレーン, クワーム オット ヤーク	famine ファミン
ききんぞく 貴金属	โลหะมีค่า ローハミーカー	precious metals プレシャス メトルズ
き 効く	มีผล, ได้ผล ミー ポン, ダイ ポン	have effect *on* ハヴ イフェクト
き 聞[聴]く	ฟัง ファン	listen *to*, hear リスン, ヒア
（尋ねる）	ถาม ターム	ask, inquire アスク, インクワイア

日	タイ	英
(耳を貸す)	รับฟัง, ยอมรับ ラップ ファン, ヨーム ラップ	listen *to* リスン
きぐ 器具	เครื่องมือ, เครื่องใช้ クルアン ムー, クルアンチャイ	utensil, implement ユーテンスィル, インプレメント
きくば 気配り	การเอาใจใส่ カーン アオ チャイ サイ	care, consideration ケア, コンスィデレイション
きげき 喜劇	ละครชวนหัว, ละครตลก ラコーン チュアンフア, ラコーン タロック	comedy カメディ
きけん 危険	อันตราย, ภัย アンタラーイ, パイ	danger, risk デインヂャ, リスク
～な	มีอันตราย ミー アンタラーイ	dangerous, risky デインヂャラス, リスキ
～を冒す	เสี่ยงภัย シアン パイ	run a risk ラナ リスク
きげん 期限	กำหนดเวลา カムノット ウェーラー	term, deadline ターム, デドライン
きげん 機嫌	อารมณ์ アーロム	humor, mood ヒューマ, ムード
～が良い	อารมณ์ดี アーロム ディー	be in a good humor ビ インナ グド ヒューマ
～が悪い	อารมณ์ไม่ดี アーロム マイ ディー	be out of humor ビ アウトヴ ヒューマ
～を取る	เอาใจ アオ チャイ	flatter フラタ
きげん 起源	ต้นกำเนิด トン カムヌート	origin オーリヂン
きけん 棄権する	สละสิทธิ์ サラ シット	default ディフォールト
きげんぜん 紀元前	ก่อนคริสตกาล コーンクリッタカーン	B.C.(Before Christ) ビースィー(ビフォー クライスト)
きこう 気候	ภูมิอากาศ プーミアーカート	climate, weather クライメト, ウェザ

日	タイ	英
記号(きごう)	เครื่องหมาย クルアンマーイ	mark, sign マーク, サイン
聞こえる(きこえる)	ได้ยิน ダイイン	hear ヒア
帰国する(きこくする)	กลับประเทศ, กลับบ้าน クラップ プラテート, クラップ バーン	return home リターン ホウム
ぎこちない	งุ่มง่าม, อึกอัก グム ガーム, ウック アック	awkward, clumsy オークワド, クラムズィ
既婚の(きこんの)	ที่แต่งงานแล้ว ティー テンガーン レーオ	married マリド
ぎざぎざの	หยักๆ, เป็นจักๆ ヤック ヤック, ペン チャック チャック	serrated サレイテド
気さくな(きさくな)	ง่ายๆ, ใจกว้าง, เป็นมิตร ガイ ガーイ, チャイ クワーン, ペン ミット	frank フランク
気障な(きざな)	ดัดจริต ダットチャリット	affected アフェクテド
刻む(きざむ)	สับ, ตัด, หั่น, แกะสลัก サップ, タット, ハン, ケサラック	cut カト
岸(きし)	ฝั่ง, ชายฝั่ง ファン, チャーイ ファン	bank バンク
記事(きじ)	ข่าว, บทความ カーオ, ボット クワーム	article アーティクル
技師(ぎし)	วิศวกร, นายช่าง ウィッサワコーン, ナーイ チャーン	engineer エンヂニア
義歯(ぎし)	ฟันปลอม ファン プローム	artificial tooth アーティフィシャル トゥース
義姉(ぎし)	พี่สะใภ้ ピー サパイ	sister-in-law スィスタリンロー
議事(ぎじ)	ระเบียบการ ラビアップカーン	proceedings プロスィーディングズ

日	タイ	英
～日程	ระเบียบวาระ ラビアップワーラ	agenda アヂェンダ
～録	รายงานการประชุม ラーイガーン カーン プラチュム	minutes マイニューツ
ぎしき 儀式	พิธี ピティー	ceremony, rites セレモウニ, ライツ
きじつ 期日	วันที่กำหนด ワンティー カムノット	date, time limit デイト, タイム リミト
きし 軋む	ดังเอียดๆ ダン イアット イアット	creak クリーク
きしゃ 記者	นักข่าว, ผู้สื่อข่าว ナック カーオ, プー スー カーオ	pressman プレスマン
きしゃ 汽車	รถไฟ ロット ファイ	train トレイン
きしゃ 喜捨をする	อุทิศ ウティット	give alms ギヴ アームズ
きしゅくしゃ 寄宿舎	หอพัก ホー パック	dormitory ドーミトーリ
きじゅつ 奇術	มายากล マーヤーコン	magic マヂク
ぎじゅつ 技術	เทคนิค, เทคโนโลยี テックニック, テックノーローイー	technique, technology テクニーク, テクナロヂ
～提携	การร่วมมือทางเทคโนโลยี カーン ルアム ムー ターン テックノーローイー	technical tie-up テクニカル タイアプ
～者	วิศวกร ウィッサワコーン	engineer エンヂニア
～移転	การถ่ายทอดเทคโนโลยี カーン ターイ トート テックノーローイー	technology transfer テクナロヂ トランスファー
きじゅん 基準	มาตรฐาน, เกณฑ์ マートラターン, ケーン	standard, basis スタンダド, ベイスィス
きず 傷	แผล, บาดแผล プレー, バートプレー	wound, injury ウーンド, インヂャリ

日	タイ	英
（物の）	ตำหนิ, รอยขีดข่วน タムニ, ローイ キート クアン	flaw フロー
（心の）	แผล プレー	trauma トラウマ
奇数 きすう	เลขคี่ レーク キー	odd number アド ナンバ
キスする	จูบ チューブ	kiss キス
絆 きずな	ความผูกพัน, สายสัมพันธ์ クワーム プークパン, サーイ サムパン	bond バンド
規制 きせい	กำหนดกฎเกณฑ์ カムノット ゴットケーン	regulation レギュレイション
～緩和	การผ่อนคลาย カーン ポーン クラーイ	deregulation ディレギュレイション
犠牲 ぎせい	การเสียสละ, การสังเวย カーン シア サラ, カーン サンウェーイ	sacrifice サクリファイス
～者	เหยื่อ, ผู้รับเคราะห์ ユア, プーラップ クロ	victim ヴィクティム
帰省する きせいする	เยี่ยมบ้านเกิด イアム バーン クート	go home ゴウ ホウム
寄生虫 きせいちゅう	พยาธิ, ผู้ที่เกาะคนอื่นกิน パヤート, プーティーゴ コン ウーン キン	parasite パラサイト
既製の きせいの	สำเร็จรูป サムレット ループ	ready-made レディメイド
既製服 きせいふく	เสื้อผ้าสำเร็จรูป スアパー サムレット ループ	ready-made clothes レディメイド クロウズ
奇跡 きせき	พิศวง, เรื่องอัศจรรย์ ピッサウォン, ルアン アッサチャン	miracle, wonder ミラクル, ワンダ
～的な	ที่น่าพิศวง, ที่อัศจรรย์ ティーナーピッサウォン, ティー アッサチャン	miraculous ミラキュラス
季節 きせつ	ฤดู, หน้า ルドゥー, ナー	season スィーズン

日	タイ	英
きぜつ **気絶する**	สิ้นสติ, สลบ シン サティ, サロップ	faint, swoon フェイント, スウーン
ぎぜん **偽善的な**	หลอกลวง ローックルアン	hypocritical ヒポクリティカル

■季節・月■ ฤดู, หน้า /ルドゥー, チー/・เดือน /ドゥアン/

- 季節（きせつ）　ฤดู, หน้า /ルドゥー, チー/ (英season)
- 春（はる）　ฤดูใบไม้ผลิ /ルドゥー バイマーイ プリ/ (英spring)
- 夏（なつ）　หน้าร้อน, ฤดูร้อน /チー ローン, ルドゥー ローン/ (英summer)
- 秋（あき）　ฤดูใบไม้ร่วง /ルドゥー バイマーイ ルアン/ (英autumn, fall)
- 冬（ふゆ）　หน้าหนาว, ฤดูหนาว /チー チーオ, ルドゥー チーオ/ (英winter)
- 雨季（うき）　ฤดูฝน, หน้าฝน /ルドゥー フォン, チー フォン/ (英rainy season)
- 乾季（かんき）　ฤดูแล้ง, หน้าแล้ง /ルドゥー レーン, チー レーン/ (英dry season)
- 暑季（しょき）　ฤดูร้อน, หน้าร้อน /ルドゥー ローン, チー ローン/ (英hot season)
- 月（つき）　เดือน /ドゥアン/ (英month)
- 1月（いちがつ）　เดือนมกราคม /ドゥアン マカラーコム/ (英January)
- 2月（にがつ）　เดือนกุมภาพันธ์ /ドゥアン クムパーパン/ (英February)
- 3月（さんがつ）　เดือนมีนาคม /ドゥアン ミーナーコム/ (英March)
- 4月（しがつ）　เดือนเมษายน /ドゥアン メーサーヨン/ (英April)
- 5月（ごがつ）　เดือนพฤษภาคม /ドゥアン プルッサパーコム/ (英May)
- 6月（ろくがつ）　เดือนมิถุนายน /ドゥアン ミトゥナーヨン/ (英June)
- 7月（しちがつ）　เดือนกรกฎาคม /ドゥアン カラッカダーコム/ (英July)
- 8月（はちがつ）　เดือนสิงหาคม /ドゥアン シンハーコム/ (英August)
- 9月（くがつ）　เดือนกันยายน /ドゥアン カンヤーヨン/ (英September)
- 10月（じゅうがつ）　เดือนตุลาคม /ドゥアン トゥラーコム/ (英October)
- 11月（じゅういちがつ）　เดือนพฤศจิกายน /ドゥアン プルッサチカーヨン/ (英November)
- 12月（じゅうにがつ）　เดือนธันวาคม /ドゥアン タンワーコム/ (英December)

日	タイ	英
基礎(きそ)	พื้นฐาน, ขั้นต้น プーンターン, カン トン	base ベイス
～的な	ขั้นพื้นฐาน, ขั้นต้น カン プーンターン, カン トン	fundamental, basic ファンダメントル, ベイスィク
寄贈(きぞう)する	บริจาค ボーリ チャーク	donate ドウネイト
偽造(ぎぞう)する	ปลอม プローム	forge フォーヂ
規則(きそく)	กฎ, ระเบียบ ゴット, ラビアップ	rule, regulations ルール, レギュレイションズ
～的な	ที่ถูกระเบียบ ティー トゥーク ラビアップ	regular レギュラ
～正しい	เป็นระเบียบ ペン ラビアップ	regular, orderly レギュラ, オーダリ
貴族(きぞく)	คนชั้นสูง, ขุนนาง, ผู้ดี コン チャン スーン, クン ナーン, プー ディー	noble, aristocrat ノウブル, アリストクラト
義足(ぎそく)	ขาเทียม カー ティアム	artificial leg アーティフィシャル レグ
起訴(きそ)する	ฟ้องร้อง, ดำเนินคดี フォーン ローン, ダムヌーン カディー	prosecute プラスィキュート
北(きた)	เหนือ, ทิศเหนือ ヌア, ティット ヌア	the north ザ ノース
ギター	กีตาร์ キーター	guitar ギター
気体(きたい)	ก๊าซ, อากาศธาตุ カート, アーカーッサタート	gaseous body, gas ギャスィアス バディ, ギャス
議題(ぎだい)	หัวข้อการประชุม フアコー カーン プラチュム	agenda アヂェンダ
期待(きたい)する	หวัง, คาดหวัง ワン, カート ワン	expect イクスペクト
鍛(きた)える	ฝึกฝน, ตีเหล็ก フックフォン, ティー レック	forge, temper フォーヂ, テンパ

168

日	タイ	英
きたく 帰宅する	กลับบ้าน クラップ バーン	return home, get home リターン ホウム, ゲト ホウム
きたちょうせん 北朝鮮	เกาหลีเหนือ カオリー ヌア	North Korea ノース コリア
きだ 気立てがいい	จิตใจงาม チッチャイ ガーム	good-natured グドネイチャド
きたな 汚い	สกปรก, เลอะเทอะ ソッカプロック, ルトゥ	dirty, soiled ダーティ, ソイルド
（金銭に）	โลภ, ละโมบ, งก ロープ, ラモープ, ゴック	stingy スティンヂ
きち 基地	ฐานทัพ ターン タップ	base ベイス
きちじつ 吉日	มงคลวาร, วันดีคืนดี モンコン ワーン, ワン ディー クーン ディー	lucky day ラキ デイ
きちょう 機長	กัปตัน(เครื่องบิน) カップタン (クルアンビン)	captain キャプティン
ぎちょう 議長	ประธาน プラターン	chairperson チェアパースン
きちょう 貴重な	ล้ำค่า, มีค่า ラム カー, ミー カー	precious, valuable プレシャス, ヴァリュアブル
きちょうひん 貴重品	ของมีค่า コーン ミー カー	valuables ヴァリュアブルズ
きちょうめん 几帳面な	เคร่งครัด, เป็นระเบียบ クレーンクラット, ペン ラビアップ	exact, methodical イグザクト, ミサディカル
きちんと	อย่างเป็นระเบียบ, อย่างถูกต้อง ヤーン ペン ラビアップ, ヤーン トゥークトン	exactly, accurately イグザクトリ, アキュレトリ
きつい	ลำบาก, หนัก, รุนแรง ラム バーク, ナック, ルンレーン	strong, hard ストローング, ハード
（服などが）	คับ カップ	tight タイト
きつえんじょ[せき] 喫煙所［席］	สถานที่[ที่นั่ง]สูบบุหรี่ サターン ティー [ティーナン] スープ ブリー	smoking area [seat] スモウキング エアリア スィート

日	タイ	英
気遣う (きづか)	กังวล, เอาใจใส่ดูแล カンウォン, アオ チャイ サイ ドゥーレー	mind, worry マインド, ワーリ
切っ掛け (きっかけ)	จุดเริ่ม, ต้นเหตุ, โอกาส チュット ルーム, トンヘート, オーカート	chance, opportunity チャンス, アポチューニティ
喫茶店 (きっさてん)	ร้านกาแฟ ラーン カーフェー	coffee shop, tearoom コフィ シャプ, ティールム
生粋の (きっすい)	แท้ テー	genuine, native チェニュイン, ネイティヴ
キッチン	ครัว クルア	kitchen キチン
切手 (きって)	แสตมป์ サテーム	stamp スタンプ
きっと	อย่างแน่นอน, แน่ๆ ヤーン ネーノーン, ネーネー	surely, certainly シュアリ, サートンリ
きっぱりと	ชัดเจน チャット チェーン	clearly クリアリ
切符 (きっぷ)	ตั๋ว トゥア	ticket ティケト
規定 (きてい)	ระเบียบ, กฎข้อบังคับ ラビアップ, ゴット コーバンカップ	regulations レギュレイションズ
軌道 (きどう)	วงโคจร, วิถีโคจร ウォン コーチョーン, ウィティー コーチョーン	orbit オービト
～に乗る	ดำเนินไปด้วยดี ダムヌーン パイ ドゥアイディー	get on the right track ゲト アン ザ ライト トラク
既得権 (きとくけん)	สิทธิที่ได้อยู่แล้ว シッティ ティー ダイ ユー レーオ	vested rights ヴェステド ライツ
危篤の (きとく)	ร่อแร่, ปางตาย ローレー, パーン ターイ	critical クリティカル
気取る (きど)	ท่ามาก, วางมาด ター マーク, ワーンマート	be affected ビ アフェクテド
気に入る (きい)	ชอบใจ, พอใจ, ติดใจ チョープ チャイ, ポーチャイ, ティットチャイ	be pleased *with* ビ プリーズド

日	タイ	英
き く 気に食わない	ผิดใจ ピット チャイ	be displeased ビ ディスプリーズド
き 気にする	เป็นห่วง, วิตกกังวล ペン フアン, ウィトック カンウォン	worry *about* ワーリ
きにゅう 記入する	เขียน, กรอก キアン, クローク	write *in* ライト
きぬ 絹	ไหม マイ	silk スィルク
〜織物	ผ้าไหม パー マイ	silk goods スィルク グヅ
きねん 記念	ที่ระลึก ティーラルック	commemoration コメモレイション
〜碑	อนุสาวรีย์ アヌサーワリー	monument マニュメント
〜日	วันที่ระลึก ワン ティーラルック	memorial day メモーリアル デイ
〜品	ของที่ระลึก コーン ティーラルック	souvenir, memorial スーヴェニア, メモーリアル
きのう 機能	หน้าที่, บทบาท ナーティー, ボットバート	function ファンクション
きのう 昨日	เมื่อวานนี้ ムアワーンニー	yesterday イェスタディ
ぎのう 技能	ทักษะ, ฝีมือ, ความชำนาญ タックサ, フィームー, クワーム チャムナーン	skill スキル
きのこ 茸	เห็ด ヘット	mushroom マシュルム
き どく 気の毒な	น่าสงสาร, น่าสังเวช ナー ソンサーン, ナー サンウェート	pitiable, poor ピティアブル, プア
き 気のよい	ใจดี, ใจกว้าง チャイ ディー, チャイ クワーン	good-natured グドネイチャド
き よわ 気の弱い	ขี้ขลาด, ใจอ่อน キー クラート, チャイ オーン	weak-willed ウィークウイルド

日	タイ	英
きば 牙	เขี้ยว キアオ	fang ファング
（象などの）	งา(ช้าง) ガー(チャーン)	tusk タスク
きばつ 奇抜な	แปลกใหม่, พิกล プレーク マイ, ピコン	novel, original ナヴェル, オリヂナル
きば 気晴らし	เรื่องเพลิดเพลิน ルアン プルート プルーン	pastime, diversion パスタイム, ダイヴァーション
きばん 基盤	รากฐาน ラーク ターン	base, foundation ベイス, ファウンデイション
きび 厳しい	เข้มงวด, เคร่งครัด ケム グアット, クレーン クラット	severe, strict スィヴィア, ストリクト
きふ 寄付	การบริจาค カーン ボーリチャーク	donation ドウネイション
～する	บริจาค ボーリチャーク	donate, contribute *to* ドウネイト, カントリビュト
ギブアンドテイクで	ให้และรับ ハイ レラップ	give-and-take ギヴアンテイク
ギプス	เฝือก ファック	plaster cast プラスタ キャスト
きぶん 気分	อารมณ์, ความรู้สึก アーロム, クワーム ルースック	mood, feeling ムード, フィーリング
～を害する	ทำให้อารมณ์เสีย タム ハイ アーロム シア	hurt ハート
きぼ 規模	ขนาด カナート	scale スケイル
きぼう 希望	ความหวัง, ความต้องการ クワーム ワン, クワーム トンカーン	hope, wish ホウプ, ウィシュ
～する	หวัง, ต้องการ, ปรารถนา ワン, トンカーン, プラーッタナー	hope, wish ホウプ, ウィシュ
きほん 基本	หลัก, รากฐาน, พื้นฐาน ラック, ラーク ターン, プーン ターン	basis, standard ベイスィス, スタンダド

き

日	タイ	英
～的な	แบบหลักมูลฐาน, แบบพื้นฐาน	basic, fundamental
きまえ 気前のよい	ใจกว้าง	generous
きまぐ 気紛れな	ใจโลเล, ผีเข้าผีออก	capricious
きまつ 期末	จุดจบ, ปลาย	end of the term
～試験	สอบปลายเทอม, สอบไล่	term end examination
き 気ままな	ตามใจชอบ	carefree
き 決まり	กฎเกณฑ์	rule, regulation
～文句	ประโยคที่ถูกกำหนดไว้แล้ว	set phrase
き 決まる	ตัดสินใจ, ตกลง	be settled, be decided
きみ 黄身	ไข่แดง	yolk
きみどり 黄緑	สีเขียวอ่อน	yellowish green
きみょう 奇妙な	แปลก, ชอบกล	strange, queer
ぎむ 義務	หน้าที่, ภาระ	duty, obligation
～教育	การศึกษาภาคบังคับ	compulsory education
きむずか 気難しい	เอาใจยาก	hard to please
ぎめい 偽名	นามสมมุติ, ชื่อปลอม	assumed name

日	タイ	英
き 決める	ตัดสิน, ตั้งใจ, ตกลง タットシン, タン チャイ, トック ロン	fix, decide *on* フィクス, ディサイド
きも 気持ち	ความรู้สึก クワーム ルースック	feeling フィーリング
きも めい 肝に銘じる	จำไว้ไม่ลืม チャム ワイ マイ ルーム	take... to heart テイク トゥ ハート
きもの 着物	กิโมโน キモーノー	*kimono* キモウノウ
（衣服）	เสื้อผ้า スア パー	clothing クロウズィング
ぎもん 疑問	คำถาม, ปัญหา カム ターム, パン ハー	question, doubt クウェスチョン, ダウト
きゃく 客	แขก ケーク	caller, visitor コーラ, ヴィズィタ
（招待客）	แขกรับเชิญ ケーク ラップ チューン	guest ゲスト
（店の）	ลูกค้า ルーク カー	customer カスタマ
（乗客）	ผู้โดยสาร プー ドーイ サーン	passenger パセンヂャ
きゃく 規約	กติกา, ข้อตกลง カティカー, コー トック ロン	agreement, contract アグリーメント, カントラクト
ぎゃくたい 虐待	ทรมาน, ข่มเหง トーラマーン, コム ヘーン	abuse アビューズ
ぎゃくてん 逆転する	พลิกกลับ プリック クラップ	be reversed ビ リヴァースト
ぎゃく 逆の	ที่ตรงกันข้าม, กลับ ティー トロン カン カーム, クラップ	reverse, contrary リヴァース, カントレリ
きゃくほん 脚本	บทละคร ボット ラコーン	play, drama, scenario プレイ, ドラーマ, スィネアリオ
きゃしゃ 華奢な	บอบบาง, สะโอดสะอง ボープ バーン, サオート サオン	delicate デリケト

日	タイ	英
キャスト	ผู้แสดง プー サデーン	cast キャスト
客観的な きゃっかんてき	ทรรศนะจากคนภายนอก タッサナ チャーク コン パーイ ノーク	objective オブチェクティヴ
キャッシュ	เงินสด グン ソット	cash キャシュ
～カード	บัตรเงินสด バット グン ソット	bank card バンク カード
キャッチフレーズ	สโลแกน, คำขวัญ サローケーン, カム クワン	catchphrase キャチフレイズ
キャバレー	คาบาเรต์ カーバーレー	cabaret キャバレイ
キャプテン	กัปตัน カップタン	captain キャプティン
ギャラ （出演料）	เงินค่าแสดง グン カー サデーン	performance fee パフォーマンス フィー
キャラクター	ลักษณะท่าทาง, นิสัย ラックサナ ター ターン, ニサイ	character キャラクタ
キャリア	ประวัติการทำงาน プラワット カーン タムガーン	career カリア
キャンセル		
～する	ยกเลิก, เพิกถอน ヨック ルーク, プーク トーン	cancel キャンセル
～待ち	รอการยกเลิก ロー カーン ヨック ルーク	standby スタンバイ
キャンディー	ลูกอม, ลูกกวาด ルーク オム, ルーククワート	candy キャンディ
キャンパス	วิทยาเขต ウィッタヤーケート	campus キャンパス
キャンプ	ค่าย, แคมป์ カーイ, ケーム	camp キャンプ

日	タイ	英
ギャンブル	การพนัน カーン パナン	gambling ギャンブリング
キャンペーン	แคมเปญ ケムペーン	campaign キャンペイン
きゅうか 休暇	การพักร้อน カーン パック ローン	vacation, holiday ヴェイケイション, ハリデイ
～を取る	ลาพักร้อน ラー パック ローン	take a vacation テイク ア ヴェイケイション
きゅうきゅうしゃ 救急車	รถพยาบาล ロット パヤーバーン	ambulance アンビュランス
きゅうぎょう 休業する	ปิดบริการ, หยุดงาน ピット ボリカーン, ユット ガーン	close クロウズ
きゅうくつ 窮屈な	คับ, แคบ カップ, ケープ	narrow, tight ナロウ, タイト
（厳しい）	เข้มงวด, กวดขัน ケム クアット, クアット カン	strict, rigid ストリクト, リヂド
（気詰まり）	อึดอัด ウット アット	constrained カンストレインド
きゅうけい 休憩		
～する	หยุดพัก, พักผ่อน ユット パック, パック ポーン	take a rest テイク ア レスト
～所	ที่พัก ティー パック	resting area レスティング エアリア
～時間	เวลาพัก ウェーラー パック	interval インタヴァル
きゅうこうれっしゃ 急行列車	รถด่วน ロット ドゥアン	express イクスプレス
キューシー QC	ควบคุมคุณภาพ クアップクム クンナパープ	quality control クワリティ コントロウル
きゅうしき 旧式の	แบบเก่า, ล้าสมัย ベープ カオ, ラー サマイ	old-fashioned オウルドファションド
きゅうじつ 休日	วันหยุด ワン ユット	holiday ハリデイ

日	タイ	英
きゅうしゅう 吸収する	ดูดซึม, ดูดกลืน ドゥート スム, ドゥート クルーン	absorb アブソーブ
きゅうしょく 休職	พักงาน パック ガーン	suspension from office サスペンション フラム オフィス
きゅうじん 求人	รับสมัครพนักงาน ラップ サマック パナックガーン	job offer チャブ オーファ
～広告	โฆษณาต้องการคนงาน コーッサナー トンカーン コン ガーン	want ad ワント アド
きゅうしんてき 急進的な	รุนแรง, ราดิกัล ルンレーン, ラーディカン	radical ラディカル
きゅうす 急須	กาชงชา カー チョン チャー	tea pot ティーパト
きゅうせい 旧姓	นามสกุลเดิม ナームサクン ドゥーム	former name フォーマ ネイム
(既婚女性の)	นามสกุลก่อนแต่งงาน ナームサクン コーン テン ガーン	birth name バース ネイム
きゅうそく 急速な	อย่างรวดเร็ว ヤーン ルアット レオ	rapid, prompt ラピド, プランプト
きゅうてい 宮廷	พระราชวัง プララーッチャワン	Court コート
～料理	อาหารชาววัง アーハーン チャーオワン	court dishes コート ディシュイズ
きゅうでん 宮殿	วัง, ปราสาท ワン, プラーサート	palace パレス
きゅう 急な	ด่วน, ฉุกเฉิน ドゥアン, チュック チューン	emergency イマーヂェンスィ
きゅう 急に	อย่างกระทันหัน ヤーン クラタンハン	suddenly サドンリ
ぎゅうにく 牛肉	เนื้อวัว ヌア ウア	beef ビーフ
ぎゅうにゅう 牛乳	นม, นมวัว ノム, ノム ウア	milk ミルク

日	タイ	英
きゅうびょう 急病	โรคปัจจุบัน ロー⁀ク パッチュバン	sudden illness サドン イルネス
きゅうふ 給付	การตอบแทน カーン トープ テーン	benefit ベネフィト
きゅうめいどうい 救命胴衣	เสื้อชูชีพ スア チューチープ	life jacket ライフ ヂャケト
きゅうゆう 旧友	เพื่อนเก่า プアン カオ	old friend オウルド フレンド
きゅうゆ 給油する	เติมน้ำมัน トゥーム ナムマン	refuel リーフューアル
きゅうよう 急用	ธุระด่วน トゥラドゥアン	urgent business アーヂェント ビズネス
きゅうよう 休養する	พักผ่อน パック ポーン	take a rest テイク ア レスト
きゅうりょう 給料	เงินเดือน グン ドゥアン	pay, salary ペイ, サラリ
～日	วันเงินเดือน ワン グン ドゥアン	pay day ペイデイ
きょう 今日	วันนี้ ワンニー	today トデイ
ぎょう 行	บรรทัด バンタッ⁀ト	line ライン
きょういく 教育	การศึกษา カーン スックサー	education エヂュケイション
～する	ให้การศึกษา, อบรมสั่งสอน ハイ カーン スックサー, オップロム サンソーン	educate エヂュケイト
～制度	ระบบการศึกษา ラボップ カーン スックサー	education system エヂュケイション スィステム
～委員会	คณะกรรมการการศึกษา カナ カムマカーン カーン スックサー	Board of Education ボード オヴ エヂュケイション
～学部	คณะศึกษาศาสตร์ カナ スックサーサート	faculty of education ファカルティ オヴ エヂュケイション

日	タイ	英
きょういてき 驚異的な	น่าอัศจรรย์ ナー アッサチャン	wonderful ワンダフル
きょうか 教科	วิชา, วิชาที่สอน ウィチャー, ウィチャー ティー ソーン	subject サブヂクト
きょうかい 協会	สมาคม, ชมรม サマーコム, チョムロム	association, society アソウスィエイション, ソサイエティ
きょうかい 教会	โบสถ์ ボート	church チャーチ
ぎょうかい 業界	วงการ ウォンカーン	industry インダストリ
きょうがく 共学	สหศึกษา サハ スックサー	coeducation コウエヂュケイション
きょうかしょ 教科書	หนังสือเรียน, ตำรา ナンスー リアン, タムラー	textbook テクストブク
きょうか 強化する	ทำให้แข็งแรงขึ้น タム ハイ ケンレーン クン	strengthen ストレンクスン
きょうかん 共感する	เห็นใจ, เห็นอกเห็นใจ ヘン チャイ, ヘン オック ヘン チャイ	sympathize スィンパサイズ
きょうき 凶器	อาวุธร้าย アーウット ラーイ	weapon ウェポン
きょうぎ 競技	การแข่งขัน カーン ケンカン	competition カンピティション
～会	การแข่งขันกีฬา カーン ケンカン キーラー	athletic competition アスレティクス カンピティション
きょうぎ 教義	ลัทธิศาสนา ラッティ サーッサナー	doctrine ダクトリン
ぎょうぎ 行儀	มารยาท, ความประพฤติ マーラヤート, クワーム プラプルット	behavior, manners ビヘイヴャ, マナズ
きょうきゅう 供給	อุปทาน, ความต้องการขาย ウッパターン, クワーム トンカーン カーイ	supply サプライ
～する	แจกจ่าย, จ่ายให้ チェーク チャーイ, チャーイ ハイ	supply サプライ

日	タイ	英
きょうぐう 境遇	สภาพแวดล้อม サパープ ウェート ローム	circumstances サーカムスタンスィズ
（環境）	สิ่งแวดล้อม シン ウェート ローム	surrounding サラウンディング
きょうくん 教訓	บทเรียน, คำสั่งสอน ボット リアン, カム サンソーン	lesson レスン
きょうけんびょう 狂犬病	โรคกลัวน้ำ ローク クルア ナーム	hydrophobia ハイドロフォウビア
きょうごう 競合する	แข่ง (กับ) ケン (カップ)	compete *with* コンピート
きょうざい 教材	อุปกรณ์การสอน ウッパコーン カーン ソーン	teaching material ティーチング マティアリアル
きょうさんしゅぎ 共産主義	ลัทธิคอมมิวนิสต์ ラッティ コムミウニット	communism カミュニズム
きょうし 教師	ครู, อาจารย์ クルー, アーチャーン	teacher, professor ティーチャ, プロフェサ
ぎょうじ 行事	งานประเพณี, พิธี ガーン プラペーニー, ピティー	event, function イヴェント, ファンクション
きょうしつ 教室	ห้องเรียน ホン リアン	classroom クラスルーム
ぎょうしゃ 業者	ผู้ประกอบกิจการ プー プラコープ キッチャカーン	dealer ディーラ
きょうじゅ 教授	ศาสตราจารย์ サーットサトラーチャーン	professor プロフェサ
ぎょうしゅ 業種	ประเภทการค้า, ประเภทธุรกิจ プラペート カーン カー, プラペート トゥラキット	type of business タイプ オヴ ビズネス
きょうしゅくする 恐縮する	รู้สึกเกรง ルースック クレーン	be ashamed ビ アシェイムド
ぎょうせい 行政	การปกครอง, การบริหาร カーン ポックローン, カーンボーリハーン	administration アドミニストレイション
～機関	ฝ่ายบริหารปกครอง ファーイ ボーリハーン ポックローン	administrative organ アドミニストレイティヴ オーガン

日	タイ	英
きょうせい 強制する	บังคับ バンカップ	compel, force カンペル, フォース
ぎょうせき 業績	ผลงาน ポンガーン	achievement, results アチーヴメント, リザルツ
きょうそう 競争	การแข่งขัน カーン ケンカン	competition, contest カンピティション, カンテスト
～する	แข่งขัน ケンカン	compete カンピート
～力	ความสามารถในการแข่งขัน クワーム サーマート ナイ カーン ケンカン	competitiveness コンペティティヴネス
～相手	คู่แข่งขัน クー ケンカン	rival ライヴァル
きょうそう 競走	การวิ่งแข่ง カーン ウィン ケン	race レイス
きょうそうざい 強壮剤	ยาชูกำลัง ヤー チュー カムラン	tonic タニク
きょうだい 兄弟	พี่น้อง(ผู้ชาย) ピー ノーン プーチャーイ	brother ブラザ
きょうだい 鏡台	โต๊ะเครื่องแป้ง ト クルアン ペーン	dresser ドレサ
きょうちょう 強調する	เน้น, ย้ำ, ยืนยัน ネン, ヤム, ユーン ヤン	emphasize, stress エンファサイズ, ストレス
きょうつう 共通		
～の	ที่ร่วมกัน, ที่เหมือนกัน ティー ルアム カン, ティー ムアン カン	common カモン
～点	ข้อเหมือน, ข้อร่วม コー ムアン, コー ルアム	point in common ポイント イン カモン
きょうてい 協定	สนธิสัญญา, ข้อตกลง ソンティ サンヤー, コー トック ロン	agreement, convention アグリーメント, カンヴェンション
～を結ぶ	ผูกสนธิสัญญา, ตกลง プーク ソンティ サンヤー, トック ロン	enter into an agreement エンタ イントゥ アン アグリーメント
きょうてん 経典	คัมภีร์ カムピー	scriptures スクリプチャズ

日	タイ	英
きょうど 強度	ความเข้ม クワーム ケム	intensity インテンスィティ
きょうど 郷土	บ้านเกิด, ถิ่นกำเนิด バーン クート, ティン カム ヌート	*one's* home ホウム
～料理	อาหารท้องถิ่น アーハーン トーン ティン	local dishes ロウカル ディシュイズ
きょうとう 教頭	หัวหน้าครู, รองครูใหญ่ フア ナー クルー, ローン クルー ヤイ	vice-principal ヴァイスプリンスィパル
きょうどうくみあい 協同組合	สหกรณ์ サハコーン	cooperative コウアパラティヴ
きょうどう 共同の	ร่วมมือกัน ルアム ムー カン	common, joint カモン, チョイント
きよう 器用な	ชำนาญ, แคล่วคล่อง チャムナーン, クレオ クロン	skillful スキルフル
きょうばい 競売	การประมูล カーン プラムーン	auction オークション
きょうはく 脅迫する	ข่มขู่, ขู่กรรโชก コムクー, クー カンチョーク	threaten, menace スレトン, メナス
きょうはん 共犯	การร่วมกันกระทำความผิด カーン ルアム カン クラタム クワーム ピット	complicity カンプリスィティ
～者	ผู้สมรู้ร่วมคิด プー ソム ルー ルアム キット	accomplice アカンプリス
きょうふ 恐怖	ความหวาดกลัว クワーム ワート クルア	fear, fright, terror フィア, フライト, テラ
きょうぼう 共謀する	สมคบกัน ソムコップ カン	conspire with コンスパイア ウィズ
きょうみ 興味	ความสนใจ クワーム ソンチャイ	interest インタレスト
～深い	น่าสนใจอย่างมาก ナー ソンチャイ ヤーン マーク	interesting インタレスティング
～を持つ	สนใจ ソンチャイ	be interested *in* ビ インタレステド

日	タイ	英
ぎょうむ 業務	กิจกรรม, การงาน キッチャカム, カーンガーン	business ビズネス
きょうゆう 共有	เป็นเจ้าของร่วมกัน ペン チャオ コーン ルアム カン	joint-ownership チョイント オウナシプ
きょうよう 教養	การศึกษาและความรู้ カーン スックサー レ クワーム ルー	culture, education カルチャ, エヂュケイション
～のある	มีการศึกษาและความรู้ ミー カーン スックサー レ クワーム ルー	educated エヂュケイテド
きょうりゅう 恐竜	ไดโนเสาร์ ダイノーサオ	dinosaur ダイナソー
きょうりょく 協力	ความร่วมมือ クワーム ルアム ムー	cooperation コウアパレイション
～する	ร่วมมือ ルアム ムー	cooperate *with* コウアパレイト
きょうりょくな 強力な	ที่แข็งแรง, ที่มีพลัง ティー ケン レーン, ティー ミー パラン	strong, powerful ストローング, パウアフル
ぎょうれつ 行列	ขบวน, แถว カブアン, テオ	procession, parade プロセション, パレイド
(列)	แถว, คิว テオ, キウ	line, queue ライン, キュー
～する	เดินแถว ドゥーン テオ	march in procession マーチ イン プロセション
(列をつくる)	เข้าแถว, เข้าคิว カオ テオ, カオ キウ	line up, queue up ライン アプ, キュー アプ
きょうれつな 強烈な	เข้มข้น, แรงจัด ケム コン, レーン チャット	intense インテンス
きょか 許可	การอนุญาต カーン アヌヤート	permission パミション
～する	อนุญาต アヌヤート	permit パミト
～証	ใบอนุญาต バイ アヌヤート	permit パミト

日	タイ	英
ぎょぎょう 漁業	การประมง カーン プラモン	fishery フィシャリ
きょく 曲	เพลง, ทำนองเพลง プレーン, タムノーン プレーン	tune, piece テューン, ピース
きょく 局	กรม クロム	department ディパートメント
～長	อธิบดี アティボーディー	chief of the office チーフ オヴ ジ オーフィス
きょくげい 曲芸	กายกรรมโลดโผน カーイヤカム ロート ポーン	acrobat アクロバト
きょくせん 曲線	เส้นโค้ง セン コーン	curve カーヴ
きょくたんな 極端な	ที่เกินไป, อย่างสุดขีด ティー クーン パイ, ヤーン スット キート	extreme, excessive イクストリーム, イクセスィヴ
きょくもく 曲目	รายการเพลง ラーイカーン プレーン	program, number プロウグラム, ナンバ
きょしょくしょう 拒食症	โรคปฏิเสธอาหาร, โรคผอม ローク パティ セート アーハーン, ローク ポーム	anorexia アナレキシア
きょぜつ 拒絶		
～する	ปฏิเสธ, บอกปัด パティ セート, ボーク パット	refuse, reject レフューズ, リヂェクト
～反応	การปฏิเสธ カーン パティ セート	rejection リヂェクション
ぎょせん 漁船	เรือหาปลา, เรือประมง ルア ハー プラー, ルア プラモン	fishing boat フィシング ボウト
きょだいな 巨大な	ใหญ่มหึมา, มโหฬาร ヤイ マフマ-, マホーラーン	huge, gigantic ヒューヂ, ヂャイギャンティク
きょてん 拠点	ฐานทัพ, ที่มั่น ターン タップ, ティー マン	base, stronghold ベイス, ストローングホウルド
きょねん 去年	ปีที่แล้ว ピー ティー レーオ	last year ラスト イア

日	タイ	英
<ruby>拒否<rt>きょひ</rt></ruby>する	ปฏิเสธ, บอกปัด パティ セート, ボーク パット	deny, reject ディナイ, リヂェクト
～反応	ปฏิกิริยาโต้ตอบ パティキリヤー トートープ	rejection reaction リヂェクション リアクション
<ruby>漁民<rt>ぎょみん</rt></ruby>	ชาวประมง チャーオ プラモン	fisherman フィシャマン
<ruby>距離<rt>きょり</rt></ruby>	ระยะห่าง ラヤ ハーン	distance ディスタンス
～を置く	เว้นระยะห่าง ウェン ラヤ ハーン	keep... at a distance キープ アト ア ディスタンス
<ruby>嫌<rt>きら</rt></ruby>う	เกลียด, ไม่ชอบ クリアット, マイ チョープ	dislike ディスライク
きらきらする	เป็นประกาย ペン プラカーイ	glitter グリタ
<ruby>気楽<rt>きらく</rt></ruby>な	สบายๆ, ง่ายๆ サバーイ サバーイ, ガーイ ガーイ	optimistic, easy アプティミスティク, イーズィ
<ruby>錐<rt>きり</rt></ruby>	สว่าน サワーン	drill, gimlet ドリル, ギムレト
<ruby>切<rt>き</rt></ruby>り		
～をつける	ทำให้จบ タム ハイ チョップ	put an end to プト アン エンド トゥ
～がない	ไม่รู้จบ マイ ルー チョップ	endless エンドレス
<ruby>霧<rt>きり</rt></ruby>	หมอก モーク	fog, mist フォーグ, ミスト
<ruby>義理<rt>ぎり</rt></ruby>	ภาระ, หน้าที่, สิ่งที่ควร パーラ, ナー ティー, シン ティー クアン	duty, obligation デューティ, アブリゲイション
ギリシャ	ประเทศกรีก プラテート クリーク	Greece グリース
<ruby>切<rt>き</rt></ruby>り<ruby>捨<rt>す</rt></ruby>てる	ตัดทิ้ง タット ティン	cut away カト アウェイ

日	タイ	英
（端数を）	ตัดเศษทิ้ง タット セート ティン	round down ラウンド ダウン
キリスト教	ศาสนาคริสต์ サーッサナー クリット	Christianity クリスチアニティ
～徒	ชาวคริสต์ チャーオ クリット	Christian クリスチャン
きりつ 規律	วินัย, ระเบียบ ウィナイ, ラビアップ	discipline ディスィプリン
き つ 切り詰める	ประหยัด プラヤット	reduce, cut down リデュース, カト ダウン
き ぬ 切り抜ける	รอดตัว, ผ่านพ้น ロート トゥア, パーン ポン	get through ゲト スルー
き ふだ 切り札	ไพ่ใบเด็ด, ทีเด็ด パイ バイ デット, ティー デット	trump トランプ
き み 切り身	ชิ้น, แผ่น チン, ペン	slice, fillet スライス, フィレイ
きりょく 気力	กำลังใจ カムラン チャイ	energy, vigor エナヂ, ヴィガ
き 切る	ตัด, ฟัน, โค่น タット, ファン, コーン	cut カト
電源を～	ปิด ピット	turn off ターン オフ
スイッチを～	ปิดสวิทช์ ピット サウィット	switch off スウィチ オフ
電話を～	วางโทรศัพท์ ワーン トーラサップ	ring off リング オフ
き 着る	สวม, ใส่ スアム, サイ	put on プト オン
きれい 綺麗な	สวย, งดงาม スアイ, ゴットガーム	pretty, beautiful プリティ, ビューティフル
（清潔な）	สะอาด サアート	clean クリーン

日	タイ	英
綺麗に	อย่างสวยงาม ヤーン スアイ ガーム	beautifully ビューティフリ
(すっかり)	เรียบร้อย リアップローイ	completely カンプリートリ
切れる	สามารถตัดได้ サーマート タット ダーイ	cut well カト ウェル
(電話が)	ถูกตัด トゥーク タット	be cut off ビ カト オフ
(不足する)	หมด, ไม่พอ, ขาด モット, マイ ポー, カート	be out *of* ビ アウト
(頭が)	ไววอง ワイ ウォン	sharp シャープ
記録	การบันทึก, สถิติ カーン バントゥック, サティティ	record レコド
～する	บันทึก バントゥック	record リコード
～を破る	ทำลายสถิติ タムラーイ サティティ	break the record ブレイク ザ リコード
議論	ข้อถกเถียง コートック ティアン	argument アーギュメント
際どい	อันตราย アンタラーイ	delicate, close デリケト, クロウズ
気を失う	สลบ サロップ	faint フェイント
気をつける	ระวัง ラワン	take care テイク ケア
気を回す	นึกเดาไปเอง ヌック ダオ パイ エーン	guess *at* ゲス
気を許す	ชะล่าใจ チャラー チャイ	be off *one's* guard ビ オフ ガード
気をよくする	ดีใจ ディー チャイ	be pleased *by* ビ プリーズド

日	タイ	英
きん 金	ทอง トーン	gold ゴウルド
ぎん 銀	เงิน グン	silver スィルヴァ
きんいつ 均一の	เหมือน(เท่า)กันหมด ムアン (タオ) カン モット	uniform ユーニフォム
きんえん 禁煙	ปลอดบุหรี่ プロート ブリー	No Smoking. ノウ スモウキング
～する	เลิกสูบบุหรี่ ルーク スープ ブリー	give up smoking ギヴ アプ スモウキング
～席	ที่นั่งปลอดบุหรี่ ティー ナン プロート ブリー	nonsmoking seat ノンスモウキング スィート
きんがく 金額	จำนวนเงิน チャムヌアン グン	sum, amount of money サム, アマウント アヴ マニ
きんがん 近眼	สายตาสั้น サーイ ター サン	near-sightedness ニアサイテドネス
きんきゅう 緊急の	ฉุกเฉิน チュック チューン	urgent アーヂェント
きんぎょ 金魚	ปลาทอง プラー トーン	goldfish ゴウルドフィシュ
きんこ 金庫	ตู้นิรภัย, ตู้เซฟ トゥー ニラパイ, トゥーセーフ	safe, vault セイフ, ヴォールト
ぎんこう 銀行	ธนาคาร, แบงค์ タナーカーン, ベン	bank バンク
きんし 禁止する	ห้าม ハーム	forbid, prohibit フォビド, プロヒビト
きんしゅ 禁酒	ห้ามดื่มเหล้า, หยุดดื่มเหล้า ハーム ドゥーム ラオ, ユット ドゥーム ラオ	abstinence アブスティネンス
きんしゅくざいせい 緊縮財政	นโยบายการลดค่าใช้จ่าย ナヨーバーイ カーン ロット カー チャイ チャーイ	reduced budget リデュースト バヂェト
きんじょ 近所	เพื่อนบ้าน, บ้านใกล้เคียง プアン バーン, バーン クライ キアン	neighborhood ネイバフド

日	タイ	英
きんせいの取れた 均整の取れた	ได้สัดส่วน ダイ サット スアン	well-balanced ウェルバランスト
きんぞく 金属	โลหะ ロー ハ	metal メタル
きんだい 近代	สมัยใกล้ปัจจุบันนี้ サマイ クライ パッチュバン ニー	modern ages マダン エイヂズ
～的	ทันสมัย タン サマイ	modernistic マダニスティク
きんちょうする 緊張する	เครียด, ประหม่า クリアット, プラマー	be tense ビ テンス
きんにく 筋肉	กล้ามเนื้อ クラーム ヌア	muscles マスルズ
きんぱく 金箔	ทองคำเปลว トーンカム プレーオ	gold foil ゴウルド フォイル
きんべんな 勤勉な	ขยัน, วิริยะ カヤン, ウィリヤ	industrious インダストリアス
きんゆう 金融	การเงิน, การคลัง カーン グン, カーン クラン	finance フィナンス
～緩和	ผ่อนปรนเงื่อนไขการกู้ยืมเงิน ポン プロン グアンカイ カーン クー ユーム グン	financial relaxation フィナンシャル リーラクセイション
きんようび 金曜日	วันศุกร์ ワン スック	Friday フライディ
きんり 金利	ดอกเบี้ย ドーク ビア	interest rates インタレスト レイツ

く, ク

日	タイ	英
く 区		
（県の）	ตำบล タムボン	district ディストリクト
（バンコクの）	เขต ケート	ward ウォード

日	タイ	英
具 (ぐ)	ส่วนประกอบ, ส่วนผสม スアン プラコープ, スアン パソム	ingredients イングリーディエンツ
具合 (ぐあい)	สภาพ, อาการ, สุขภาพ サパープ, アーカーン, スッカパープ	condition, state カンディション, ステイト
杭 (くい)	เสาเข็ม, หลัก サオケム, ラック	stake, pile ステイク, パイル
区域 (くいき)	พื้นที่, เขต, บริเวณ プーンティー, ケート, ボーリウェーン	area, zone エアリア, ゾウン
食いしん坊 (くいしんぼう)	คนตะกละ コン タクラ	big eater ビグ イータ
クイズ	การทดสอบ, เกมตอบปัญหา カーン トット ソープ, ケーム トープ パンハー	quiz クウィズ
食い違う (くいちがう)	แตกต่างกัน, ขัดกัน テーク ターン カン, カット カン	be different *from* ビ ディファレント
空間 (くうかん)	ช่องว่าง, เนื้อที่ チョン ワーン, スアティー	space, room スペイス, ルーム
空気 (くうき)	อากาศ アーカート	air エア
(雰囲気)	บรรยากาศ バンヤーカート	atmosphere アトモスフィア
空虚な (くうきょな)	ว่างเปล่า ワーン プラオ	empty エンプティ
空軍 (くうぐん)	ทหารอากาศ タハーン アーカート	air force エア フォース
空港 (くうこう)	สนามบิน, ท่าอากาศยาน サナーム ビン, ター アーカート サヤーン	airport エアポート
空室 (くうしつ)	ห้องว่าง ホン ワーン	vacant room ヴェイカント ルーム
偶数 (ぐうすう)	เลขคู่ レーク クー	even number イーヴン ナンバ
空席 (くうせき)	ที่นั่งว่าง ティーナン ワーン	vacant seat ヴェイカント スィート

日	タイ	英
(ポスト)	ตำแหน่งว่าง タムネン ワーン	vacant position ヴェイカント ポズィション
<ruby>偶然<rt>ぐうぜん</rt></ruby>	บังเอิญ バンウーン	chance, accident チャンス, アクスィデント
～に	โดยบังเอิญ ドーイ バンウーン	by chance バイ チャンス
～の	โดยบังเอิญ ドーイ バンウーン	accidental アクスィデンタル
<ruby>空想<rt>くうそう</rt></ruby>する	ฝัน, ฝันเฟื่อง ファン, ファン ファン	fancy ファンスィ
クーデター	รัฐประหาร, ปฏิวัติ ラッタプラハーン, パティワット	coup d'état クー デイター
<ruby>空洞化<rt>くうどうか</rt></ruby>	โพรงว่าง プローン ワーン	hollowing ハロウイング
<ruby>空腹<rt>くうふく</rt></ruby>である	หิว ヒウ	hungry ハングリ
クーポン	คูปอง クーポーン	coupon クーパン
<ruby>空輸<rt>くうゆ</rt></ruby>	การขนส่งทางอากาศ カーン コンソン ターン アーカート	air transport エア トランスポート
クーラー	เครื่องปรับอากาศ クルアン プラップ アーカート	air conditioner エア カンディショナ
クエスチョンマーク	เครื่องหมายคำถาม クルアンマーイ カムターム	question mark クウェスチョン マーク
<ruby>区画<rt>くかく</rt></ruby>	เขต, การแบ่งเขต ケート, カーン ベン ケート	division ディヴィジョン
<ruby>九月<rt>くがつ</rt></ruby>	เดือนกันยายน ドゥアン カンヤーヨン	September セプテンバ
<ruby>区間<rt>くかん</rt></ruby>	ตอน, ระยะ トーン, ラヤ	section セクション
<ruby>茎<rt>くき</rt></ruby>	ลำต้น, ก้าน ラムトン, カーン	stalk, stem ストーク, ステム

日	タイ	英
<ruby>釘<rt>くぎ</rt></ruby>	ตะปู タプー	nail ネイル
～を打つ	ตอกตะปู トーク タプー	drive a nail ドライヴ ア ネイル
～付けになる	ถูกตรึงไว้ トゥーク トルン ワイ	be glued *to* ビ グルード
<ruby>苦境<rt>くきょう</rt></ruby>	ภาวะคับขัน パーワカップカン	difficult situation ディフィカルト スィチュエイション
<ruby>区切り<rt>くぎり</rt></ruby>	การหยุด, การจบ, การแบ่ง カーン ユット, カーン チョップ, カーン ベン	end, pause エンド, ポーズ
～をつける	ทำให้หยุด, ทำให้จบ タム ハイ ユット, タム ハイ チョップ	break off ブレイク オフ
<ruby>区切る<rt>くぎる</rt></ruby>	แบ่งกั้น ベン カン	divide ディヴァイド
<ruby>九九<rt>くく</rt></ruby>	สูตรคูณ スート クーン	multiplication table マルティプリケイション テイブル
<ruby>草<rt>くさ</rt></ruby>	หญ้า ヤー	grass, herb グラス, ハーブ
<ruby>臭い<rt>くさい</rt></ruby>	เหม็น, กลิ่นเหม็น メン, クリン メン	smelly, stinking スメリ, スティンキング
<ruby>鎖<rt>くさり</rt></ruby>	โซ่ ソー	chain チェイン
<ruby>腐る<rt>くさる</rt></ruby>	เน่า, เสีย, บูด ナオ, シア, ブート	rot, go bad ラト, ゴウ バド
<ruby>櫛<rt>くし</rt></ruby>	หวี ウィー	comb コウム
<ruby>籤<rt>くじ</rt></ruby>	สลาก, ฉลาก サラーク, チャラーク	lot, lottery ラト, ラタリ
～を引く	จับฉลาก チャップ チャラーク	draw lots ドラウ ロッツ
<ruby>挫く<rt>くじく</rt></ruby>	ทำให้เคล็ด, เคล็ด, บิด タム ハイ クレット, クレット, ビット	sprain, wrench スプレイン, レンチ

日	タイ	英
挫ける（くじける）	ท้อแท้, ท้อถอย トーテー, トートイ	be discouraged ビ ディスカーリヂド
くしゃみをする	จาม チャーム	sneeze スニーズ
苦情（くじょう）	การบ่น, การร้องทุกข์ カーン ボン, カーン ローン トゥック	complaint カンプレイント
苦笑する（くしょうする）	ยิ้มแหยๆ, ขืนหัวเราะ イム イェー イェー, クーン ブアロ	force a smile フォース ア スマイル
苦心する（くしんする）	ทำด้วยความยากลำบาก タム ドゥアイ クワーム ヤーク ラムバーク	take pains テイク ペインズ
屑籠（くずかご）	ตะกร้าใส่ขยะ タクラー サイ カヤ	wastebasket ウェイストバスケット
ぐずぐずする	ชักช้า, ลังเล, อึกอัก, โอ้เอ้ チャック チャー, ランレー, ウック アック, オー エー	be slow, hesitate ビ スロウ, ヘズィテイト
くすぐったい	จั๊กจี้ チャッカチー	ticklish ティクリシュ
くすぐる	จี้, จี้เส้น チー, チー セン	tickle ティクル
崩す（くずす）	รื้อ, ทำลาย, ทลาย ルー, タムラーイ, タラーイ	pull down, break プル ダウン, ブレイク
（金を）	แตกเงิน テーク グン	change チェインヂ
薬（くすり）	ยา ヤー	medicine, drug メディスィン, ドラグ
～屋	ร้านขายยา ラーン カーイ ヤー	pharmacy, drugstore ファーマスィ, ドラグストー
薬指（くすりゆび）	นิ้วนาง ニウ ナーン	ring finger リング フィンガ
崩れる（くずれる）	พังทลาย, แตกสลาย パン タラーイ, テーク サラーイ	crumble, collapse クランブル, カラプス
（形が）	เสีย, เล スィア, レ	get out of shape ゲト アウト オヴ シェイプ

日	タイ	英
（天気が）	อากาศไม่ดี アーカート マイ ディー	weather breaks ウェザ ブレイクス
癖 (くせ)	นิสัย, ความเคยชิน ニサイ, クワーム クーイ チン	habit ハビト
糞 (くそ)	อุจจาระ, ขี้, มูล ウッチャーラ, キー, ムーン	excrement, shit エクスクレメント, シト
具体的な (ぐたいてき)	ที่เป็นรูปธรรม ティー ペン ループ パタム	concrete カンクリート
砕く (くだ)	ทุบ, บด トゥップ, ボット	break, smash ブレイク, スマシュ
くたくただ	เพลีย プリア	be dead tired ビ デド タイアド
くたびれもうけ	เสียแรงเปล่าๆ シア レーン プラオ プラオ	labor in vain レイバ イン ヴェイン
果物 (くだもの)	ผลไม้ ポンラマーイ	fruit フルート
下らない (くだ)	ไร้สาระ, ไม่มีประโยชน์ ライ サーラ, マイ ミー プラヨート	trifling, trivial トライフリング, トリヴィアル
口 (くち)	ปาก パーク	mouth マウス
愚痴 (ぐち)	คำบ่น カム ボン	idle complaint アイドル カンプレイント
～をこぼす	บ่น ボン	idle complaint アイドル カンプレイント
口が悪い (くちわる)	ปากร้าย パーク ラーイ	foul tongued ファウル タングド
口癖になる (くちぐせ)	ถ้อยคำติดปาก トイ カム ティット パーク	way of speak ウェイ オヴ スピーク
口喧嘩する (くちげんか)	โต้เถียงกัน, ทะเลาะกัน トー ティアン カン, タロ カン	quarrel クウォレル

日	タイ	英
<ruby>口答<rt>くちごた</rt></ruby>えする	เถียงตอบ ティアン トープ	talk back トーク バク
<ruby>口<rt>くち</rt></ruby>コミで	ด้วยการบอกเล่าต่อๆ ドゥアイ カーン ボーク ラオ トー トー	by word-of-mouth
<ruby>口止<rt>くちど</rt></ruby>めする	ห้ามไม่ให้พูด ハーム マイ ハイ プート	seal a person's lips スィール ア リプス
<ruby>口<rt>くち</rt></ruby>の<ruby>軽<rt>かる</rt></ruby>い	ปากโป้ง パーク ポーン	have a big mouth ハヴ ア ビグ マウス
<ruby>嘴<rt>くちばし</rt></ruby>	จะงอยปาก チャゴーイ パーク	bill, beak ビル, ビーク
<ruby>唇<rt>くちびる</rt></ruby>	ริมฝีปาก リム フィー パーク	lip リプ
<ruby>口笛<rt>くちぶえ</rt></ruby>	การผิวปาก カーン ピウ パーク	whistle (ホ)ウィスル
〜を<ruby>吹<rt>ふ</rt></ruby>く	ผิวปาก ピウ パーク	give a whistle ギヴ ア (ホ)ウィスル
<ruby>口紅<rt>くちべに</rt></ruby>	ลิปสติก リップ サティック	rouge, lipstick ルージュ, リプスティク
<ruby>靴<rt>くつ</rt></ruby>	รองเท้า ローン ターオ	shoes, boots シューズ, ブーツ
〜をはく	ใส่รองเท้า, สวมรองเท้า サイ ローン ターオ, スアム ローン ターオ	put on shoes プト オン シューズ
〜を<ruby>脱<rt>ぬ</rt></ruby>ぐ	ถอดรองเท้า トート ローン ターオ	take off shoes テイコーフ シュ]ーズ
クッキー	คุกกี้ クッキー	cookie, biscuit クキ, ビスキト
<ruby>靴下<rt>くつした</rt></ruby>	ถุงเท้า トゥン ターオ	socks, stockings サクス, スタキングズ
クッション	หมอนอิง モーン イン	cushion クション
<ruby>靴擦<rt>くつず</rt></ruby>れ	รองเท้ากัด ローン ターオ カット	sore from a shoe ソー フラム ア シュー

日	タイ	英
くっつく	ติด ティット	stick *to* スティク
くっつける	ติด ティット	join, stick ヂョイン, スティク
くつひも 靴紐	เชือกผูกรองเท้า チュアック プーク ローン ターオ	shoestring シューストリング

■果物■ ผลไม้ /ポンラマーイ/

いちご
苺　สตรอเบอรี่ /サトローベーリー/ (㊥strawberry)

オレンジ　ส้ม /ソム/ (㊥orange)

キウイ　กีวี /キーウィー/ (㊥kiwi)

グレープフルーツ　ส้มโอ /ソムオー/ (㊥grapefruit)

サクランボ　เชอรี่ /チューリー/ (㊥cherry)

すいか
西瓜　แตงโม /テーンモー/ (㊥watermelon)

なし
梨　สาลี่ /サーリー/ (㊥pear)

かき
柿　ลูกพลับ /ルーク プラップ/ (㊥persimmon)

グアバ　ฝรั่ง /ファラン/ (㊥guava)

ココナツ　มะพร้าว /マプラーオ/ (㊥coconuts)

ドリアン　ทุเรียน /トゥリアン/ (㊥durian)

パイナップル　สับปะรด /サッパロット/ (㊥pineapple)

バナナ　กล้วย /クルアイ/ (㊥banana)

パパイヤ　มะละกอ /マラゴー/ (㊥papaya)

ぶどう
葡萄　องุ่น /アグン/ (㊥grapes)

マンゴー　มะม่วง /マムアン/ (㊥mango)

マンゴスチン　มังคุด /マンクット/ (㊥mangosteen)

メロン　แคนตาลูป /ケンターループ/ (㊥melon)

もも
桃　ลูกท้อ /ルーク トー/ (㊥peach)

日	タイ	英
<ruby>靴<rt>くつ</rt></ruby>べら	ช้อนรองเท้า チョーン ローンターオ	shoehorn シューホーン
<ruby>靴磨<rt>くつみが</rt></ruby>き	การขัดรองเท้า カーン カット ローンターオ	shoe polishing シュー パリシング
(人)	คนขัดรองเท้า コン カット ローンターオ	shoeblack シューブラク

ライチ ลิ้นจี่ / リンチー / (英 litchi)

ランブータン เงาะ / ゴ / (英 rambutan)

<ruby>林檎<rt>りんご</rt></ruby> แอ็ปเปิ้ล / エップン / (英 apple)

ライム มะนาว / マナーオ / (英 lime)

<ruby>梅<rt>うめ</rt></ruby> ลูกบ๊วย / ルーク ブアイ / (英 lemon)

<ruby>無花果<rt>いちじく</rt></ruby> มะเดื่อ / マドゥア / (英 fig)

スターフルーツ มะเฟือง / マフアン / (英 carambola)

<ruby>石榴<rt>ざくろ</rt></ruby> ทับทิม / タップティム / (英 pomegranate)

パンの<ruby>実<rt>み</rt></ruby> สาเก / サーケー / (英 bread fruit)

ローズアップル ชมพู่ / チョムプー / (英 rose apple)

ジャックフルーツ ขนุน / カヌン / (英 jack fruit)

<ruby>蓮<rt>はす</rt></ruby>の<ruby>実<rt>み</rt></ruby> ลูกบัว / ルーク ブア / (英 lotus seed)

パッションフルーツ เสาวรส / サオワロット / (英 passion fruit)

<ruby>釈迦頭<rt>しゃかとう</rt></ruby> น้อยหน่า / ノーイナー / (英 custard apple)

<ruby>竜眼<rt>りゅうがん</rt></ruby>, ロンガン ลำไย / ラムヤイ / (英 longan)

サポジラ ละมุด / ラムット / (英 sapodilla)

タマリンド มะขาม / マカーム / (英 tamarind)

ザボン ส้มโอ / ソムオー / (英 pommelo)

日	タイ	英
靴屋 (くつや)	ร้านขายรองเท้า ラーン カーイ ローンターオ	shoe store シュー ストー
寛ぐ (くつろ)	ทำตัวตามสบาย タム トゥア ターム サバーイ	make *oneself* at home メイク アト ホウム
功徳 (くどく)	บุญกุศล ブン クソン	good deeds グド ディーズ
〜を積む	ทำบุญ タム ブン	do good deeds ドゥ グド ディーズ
口説く (くど)	ชักชวน チャック チュアン	persuade パスウェイド
（女性を）	จีบ, เกี้ยวพาราสี, แทะโลม チープ, キアオ パーラーシー, テローム	make advances *to* メイク アドヴァーンスィズ
国 (くに)	ประเทศ, เมือง プラテート, ムアン	country カントリ
（祖国）	เมืองแม่ ムアン メー	fatherland ファーザランド
（国家）	ประเทศ, บ้านเมือง, รัฐ プラテート, バーン ムアン, ラット	state ステイト
配る (くば)	แจก, แจกจ่าย チェーク, チェーク チャーイ	distribute ディストリビュト
首 (くび)	คอ コー	neck ネク
（頭部）	หัว, ศีรษะ フア, シーサ	head ヘド
〜にする	ไล่ออก ライ オーク	fire ファイア
〜になる	ถูกไล่ออก トゥーク ライ オーク	be fired ビ ファイアド
工夫する (くふう)	ค้นคิด, ประดิษฐ์ コン キット, プラディット	devise, contrive ディヴァイズ, カントライヴ
区別 (くべつ)	การแบ่งแยก カーン ベン イェーク	distinction ディスティンクション

日	タイ	英
<ruby>窪<rt>くぼ</rt></ruby>み	โพรง, กลวง プローン, クルアン	hollow ハロウ
<ruby>窪<rt>くぼ</rt></ruby>む	ยุบ, ยู่ ユップ, ユー	sink スィンク
<ruby>組<rt>くみ</rt></ruby>		
（学校の）	ชั้น(เรียน) チャン リアン	class クラス
（グループ）	กลุ่ม, ทีม クルム, ティーム	group, team グループ, ティーム
（一揃い）	ชุด チュット	set セト
（一対）	คู่ クー	pair ペア
<ruby>組合<rt>くみあい</rt></ruby>	สหบาล, สหภาพ サハバーン, サハパープ	association, union アソウスィエイション, ユーニオン
<ruby>組<rt>く</rt></ruby>み<ruby>合<rt>あ</rt></ruby>わせ	การรวมกัน カーン ルアム カン	combination カンビネイション
<ruby>組<rt>く</rt></ruby>み<ruby>立<rt>た</rt></ruby>て	การประกอบ(ขึ้น) カーン プラコープ (クン)	structure ストラクチャ
（機械などの）	การประกอบเครื่อง カーン プラコープ クルアン	assembling アセンブリング
<ruby>組<rt>く</rt></ruby>み<ruby>立<rt>た</rt></ruby>てる	ประกอบ プラコープ	put... together, assemble プト トゲザ, アセンブル
<ruby>汲<rt>く</rt></ruby>む	ตัก, วิด タック, ウィット	draw ドロー
<ruby>組<rt>く</rt></ruby>む	รวม, ประกอบ ルアム, プラコープ	unite *with* ユーナイト
足を〜	ไขว่ห้าง クワイ ハーン	cross *one's* legs クロース レグズ
<ruby>雲<rt>くも</rt></ruby>	เมฆ メーク	cloud クラウド
<ruby>蜘蛛<rt>くも</rt></ruby>	แมงมุม メーン ムム	spider スパイダ

日	タイ	英
<ruby>曇<rt>くも</rt></ruby>り	มีเมฆมาก ミー メーク マーク	cloudy weather クラウディ ウェザ
<ruby>曇<rt>くも</rt></ruby>る	เมฆหนา, มัว メーク ナー, ムア	become cloudy ビカム クラウディ
<ruby>悔<rt>くや</rt></ruby>しい	เจ็บใจ, ขุ่นเคือง チェップ チャイ, クン クアン	mortifying, vexing モーティファイング, ヴェクスィング
<ruby>悔<rt>く</rt></ruby>やむ	เสียใจ, โศกเศร้าเสียใจ シア チャイ, ソーク サオ シア チャイ	repent, regret リペント, リグレト
くよくよする	กังวลใจ, เสียใจ カンウォン チャイ, シア チャイ	mope モウプ
<ruby>暗<rt>くら</rt></ruby>い	มืด ムート	dark, gloomy ダーク, グルーミ
クライマックス	ไคลแม็กซ์, จุดสุดยอด クライ メック, チュット スット ヨート	climax クライマクス
グラウンド	สนาม サナーム	ground グラウンド
クラクション	แตร トレー	horn ホーン
<ruby>暮<rt>く</rt></ruby>らし	ความเป็นอยู่, การใช้ชีวิต クワーム ペン ユー, カーン チャイ チーウィット	life, living ライフ, リヴィング
～を立てる	ทำมาหากิน タム マー ハー キン	make *one's* living メイク リヴィング
クラシック	คลาสสิก クラーッシック	classic クラスィク
～音楽	เพลงคลาสสิก プレーン クラーッシック	classical music クラスィカル ミューズィク
<ruby>暮<rt>く</rt></ruby>らす	ใช้ชีวิต, ดำรงชีวิต チャイ チーウィット, ダムロン チーウィット	live, make a living リヴ, メイク ア リヴィング
グラス	แก้ว ケーオ	glass グラス
～ファイバー	ใยแก้ว ヤイ ケーオ	glass fiber グラス ファイバ

日	タイ	英
クラスメート	เพื่อนร่วมชั้นเรียน プアン ルアム チャン リアン	classmate クラスメイト
クラッカー	ขนมปังกรอบ カノムパン クロープ	cracker クラカ
（かんしゃく玉）	ประทัด プラタット	cracker クラカ
ぐらつく	คลอน, โย้เย้, ยวบๆ クローン, ヨーイェー, ユアップ ユアップ	shake シェイク
（決心が）	โลเล ローレー	waver ウェイヴァ
クラッチ	คลัช クラット	crutch クラチ
グラビア	ภาพถ่าย パープ ターイ	gravure グラヴュア
クラブ	คลับ クラップ	club クラブ
ゴルフ〜		
（団体）	กอล์ฟคลับ, ชมรมกอล์ฟ ゴープ クラップ, チョムロム ゴープ	golf club ガルフ クラブ
（打棒）	กอล์ฟคลับ, ไม้ตีกอล์ฟ ゴープ クラップ, マイ ティー ゴープ	(golf) club （ゴルフ）クラブ
〜活動	กิจกรรมกลุ่ม キッチャカム クルム	club クラブ
グラフ	กราฟ, แผนภูมิ クラープ, ペーンプーム	graph グラフ
円〜	กราฟวงกลม クラープ ウォン クロム	circle graph サークル グラフ
棒〜	กราฟแท่ง クラープ テン	bar graph バー グラフ
折れ線〜	กราฟเส้น クラープ セン	line graph ライン グラフ
比べる	เปรียบเทียบ プリアップ ティアップ	compare カンペア

日	タイ	英
グラマーな	หุ่นยั่วยวนตา フン ユアユアン ター	voluptuous ヴァラプチュアス
暗闇 (くらやみ)	ความมืด クワーム ムート	darkness, dark ダークネス, ダーク
グリース	จาระบี チャーラビー	grease グリース
クリーニング	การซักแห้ง カーン サック ヘーン	cleaning クリーニング
〜店	ร้านซักแห้ง ラーン サック ヘーン	laundry ローンドリ
クリーム	ครีม クリーム	cream クリーム
クリーンな	มือขาวสะอาด ムー カーオ サアート	clean クリーン
繰り返し (く かえ)	การทำซ้ำ カーン タム サム	repetition, refrain レペティション, リフレイン
繰り返す (く かえ)	ทำซ้ำ タム サム	repeat リピート
繰り越す (く こ)	ยกไป ヨック パイ	carry forward キャリ フォーワド
クリスマス	คริสต์มาส クリッサマート	Christmas クリスマス
〜イブ	คริสต์มาสอีฟ クリッサマート イープ	Christmas Eve クリスマス イーヴ
クリックする	คลิ๊ก, กดปุ่ม クリック, コット プム	click クリク
クリップ	คลิป, ที่หนีบกระดาษ クリップ, ティー ニープ クラダート	clip クリプ
クリニック	คลีนิค クリーニック	clinic クリニク
来る (く)	มา マー	come, arrive カム, アライヴ

日	タイ	英
狂う	เป็นบ้า ペン バー	go mad ゴウ マド
（調子が）	ผิดปกติ ピット パカティ	go wrong ゴウ ロング
（計画などが）	ผิดแผน ピット ペーン	be upset ビ アプセト
グループ	กลุ่ม, คณะ クルム, カナ	group グループ
苦しい	เจ็บปวด, อึดอัด チェップ プアット, ウット アット	painful, hard ペインフル, ハード
（困難な）	ยาก, ลำบาก ヤーク, ラムバーク	hard, difficult ハード, ディフィカルト
苦しみ	ความเจ็บปวด, ความยากลำบาก クワーム チェップ プアット, クワーム ヤーク ラムバーク	pain, suffering ペイン, サファリング
苦しむ	เจ็บปวด, ทรมาน チェップ プアット, トーラマーン	suffer *from* サファ
（悩む）	ลำบาก, รับทุกข์ยาก ラムバーク, ラップ トゥック ヤーク	be troubled *with* ビ トラブルド
苦しめる	ทำให้เจ็บปวด, ทรมาน タム ハイ チェップ プアット, トーラマーン	torment トーメント
踝	ตาตุ่ม ターตุム	ankle アンクル
車		
（車輪）	ล้อ ロー	wheel (ホ)ウィール
（車両）	รถ ロット	vehicle ヴィーイクル
（自動車）	รถยนต์ ロット ヨン	car カー
車椅子	รถเข็น ロット ケン	wheelchair (ホ)ウィールチェア

日	タイ	英
くるむ	ห่อ, หุ้ม ホー, フム	wrap up ラプ アプ
グルメ	นักกิน ナック キン	gourmet ガーメイ
グレー	สีเทา シー タオ	gray グレイ
クレーム	การเรียกร้องค่าเสียหาย カーン リアック ローン カー シア ハーイ	claim, complaint クレイム, カンプレイント
～をつける	เรียกร้องค่าเสียหาย リアック ローン カー シア ハーイ	make a complaint メイク ア カンプレイント
クレーン(車) (しゃ)	(รถ)ปั้นจั่น, รถเครน (ロット) パンチャン, ロット クレーン	crane クレイン
クレジットカード	บัตรเครดิต バット クレーディット	credit card クレディト カード
クレヨン	สีเทียน シー ティアン	crayon クレイアン
呉れる く	ให้, ส่งให้ ハイ, ソン ハイ	give, present ギヴ, プリゼント
暮れる く	มืดลง ムート ロン	get dark ゲト ダーク
ぐれる	เสียคน シア コン	go astray ゴウ アストレイ
クレンザー	น้ำยาทำความสะอาด, ผงขัด ナム ヤー タム クワーム サアート, ポン カット	cleanser クレンザ
黒 くろ	สีดำ シー ダム	black ブラク
黒い くろ	ดำ ダム	black ブラク
苦労する くろう	ลำบาก, อดอยาก, ตรากตรำ ラムバーク, オット ヤーク, トラーク トラム	suffer, work hard サファ, ワーク ハード
玄人 くろうと	ผู้เชี่ยวชาญ, มืออาชีพ プー チアオチャーン, ムー アーチープ	expert, professional エクスパート, プロフェショナル

日	タイ	英
グローバリゼーション	โลกาภิวัตน์ ローカーピウット	globalization グロウバライゼイション
グローバルスタンダード	โลกาภิวัตน์ ローカーピウット	global standard グロウバル スタンダード
クロール	การว่ายน้ำท่าฟรีสไตล์ カーン ウーイ チーム ター フリーサタイ	crawl クロール
<ruby>黒字<rt>くろじ</rt></ruby>	ได้กำไร, ได้ดุล ダイ カムライ, ダイ ドゥン	black ブラク
クロスワード	อักษรไขว้ アックソーン クワイ	crossword クロースワード
<ruby>黒幕<rt>くろまく</rt></ruby>	ผู้มีอิทธิพล プー ミー イッティポン	wirepuller ワイアプラ
<ruby>咥える<rt>くわ</rt></ruby>	คาบ カープ	hold...in *one's* mouth ホウルド イン マウス
<ruby>詳しい<rt>くわ</rt></ruby>	ละเอียด, รู้ดี ライアット, ルー ディー	detailed ディーテイルド
（熟知）	เชี่ยวชาญ, คุ้นเคย チアオチャーン, クン クーイ	be well acquainted *with* ビ ウェル アクウェインテド
<ruby>詳しく<rt>くわ</rt></ruby>	โดยละเอียด ドーイ ライアット	minutely マイニュートリ
<ruby>加わる<rt>くわ</rt></ruby>	เข้าร่วม カオ ルアム	join, enter チョイン, エンタ
<ruby>郡<rt>ぐん</rt></ruby>	อำเภอ アムプー	district ディストリクト
<ruby>群衆<rt>ぐんしゅう</rt></ruby>	ฝูงชน フーン チョン	crowd クラウド
<ruby>勲章<rt>くんしょう</rt></ruby>	เครื่องราชอิสริยาภรณ์ クルアン ラーッチャ イッサリヤーポーン	decoration デコレイション
<ruby>軍人<rt>ぐんじん</rt></ruby>	ทหาร タハーン	soldier, serviceman ソウルヂャ, サーヴィスマン
<ruby>燻製の<rt>くんせい</rt></ruby>	รมควัน ロム クワン	smoked スモウクト

日	タイ	英
ぐんたい 軍隊	กองทัพ コーン タップ	the armed forces ジ アームド フォースィズ
ぐんび 軍備	อาวุธ, การตระเตรียมอาวุธ アーウット, カーン トラトリアム アーウット	armaments アーマメンツ
くんれん 訓練	การฝึก, การฝึกซ้อม カーン フック, カーン フック ソーム	training トレイニング
～する	ฝึกหัด, ฝึกซ้อม フック ハット, フック ソーム	train, drill トレイン, ドリル

け, ケ

日	タイ	英
け 毛	ขน コン	hair ヘア
（頭髪）	ผม ポム	hair ヘア
ゲイ	เกย์ ケー	gay ゲイ
げい 芸	ศิลปะ シンラパ	art, accomplishments アート, アカンプリシュメンツ
けいい はら 敬意を払う	อ่อนน้อม オーン ノーム	pay *one's* respects *to* ペイ リスペクツ
けいえい 経営	การบริหาร, การจัดการ カーン ボーリハーン, カーン チャッカーン	management マネヂメント
～者	ผู้จัดการ, ผู้บริหาร プー チャッカーン, プー ボーリハーン	manager マネヂャ
～する	บริหาร, จัดการ ボーリハーン, チャッカーン	manage, run マネヂ, ラン
けいかい 警戒する	คอยระวัง, ระมัดระวัง コーイラワン, ラマット ラワン	guard *against* ガード
けいかく 計画	แผนการ, โครงการ ペーンカーン, クローンカーン	plan, project プラン, プロヂェクト
～する	วางแผน ワーン ペーン	plan, project プラン, プロヂェクト

日	タイ	英
けいかん 警官	ตำรวจ タムルアット	police officer ポリース オーフィサ
けいき 景気	สภาวะ เศรษฐกิจ サパーワ セータキット	business ビズネス
（市況）	สภาวะตลาด サパーワタラート	market マーケト
～がいい[悪い]	สภาพเศรษฐกิจดี[ไม่ดี] サパープセータキット ディー[マイ ディー]	Business is brisk [dull]. ビズネス イズ ブリスク[ダル]
けいき 計器	เครื่องมือวัด クルアン ムー ワット	
けいけん 経験	ประสบการณ์ プラソップカーン	experience イクスピアリアンス
～者	ผู้มีประสบการณ์ プー ミー プラソップカーン	experienced person イクスピアリアンスト パースン
～する	ได้รับประสบการณ์, ประสบ ダイ ラップ プラソップカーン, プラソップ	experience イクスピアリアンス
～がある	เคย クーイ	have done ハブ ダン
～が豊富だ	มีประสบการณ์มาก ミー プラソップカーン マーク	well-experienced ウェルイクスピアリエンスト
けいご 敬語	คำสุภาพ, คำให้เกียรติ カム スパープ, カム ハイ キアット	honorific アナリフィク
けいこう 傾向	แนวโน้ม ネーオノーム	tendency テンデンスィ
けいこうとう 蛍光灯	หลอดไฟเรืองแสง, หลอดนีออน ロート ファイ ルアン セーン, ロート ニーオーン	fluorescent lamp フルーオレスント ランプ
けいこく 警告	คำเตือน, การเตือน カム トゥアン, カーン トゥアン	warning, caution ウォーニング, コーション
～する	เตือน トゥアン	warn ウォーン
けいざい 経済	เศรษฐกิจ セータキット	economy, finance イカノミ, フィナンス

日	タイ	英
~学	เศรษฐศาสตร์ セータサート	economics イーコナミクス
~的な	แบบประหยัด ベープ プラヤット	economical イーコナミカル
~学部	คณะเศรษฐศาสตร์ カナ セータサート	faculty of economics ファカルティ オヴ イーコナミクス
けいさい 掲載する	ลงพิมพ์ ロン ピム	publish パブリシュ
けいさつ 警察	ตำรวจ タムルアット	police ポリース
~官	เจ้าหน้าที่ตำรวจ チャオナーティー タムルアット	police officer ポリース オーフィサ
~署	สถานีตำรวจ サターニー タムルアット	police station ポリース ステイション
けいさん 計算	การคำนวณ カーン カムヌアン	calculation キャルキュレイション
~機	เครื่องคิดเลข クルアン キット レーク	calculator キャルキュレイタ
~する	คำนวณ カムヌアン	calculate, count キャルキュレイト, カウント
~書	งบการเงิน ゴップ カーン グン	statements (of accounts) ステイトメンツ (オヴ アカウンツ)
けいじ 掲示		
~する	ประกาศ プラカート	notice, bulletin ノウティス, ブレティン
~板	กระดานติดประกาศ クラダーン ティット プラカート	notice board ノウティス ボード
けいしき 形式	รูปแบบ, แบบแผน ループ ベープ, ベープ ペーン	form, formality フォーム, フォーマリティ
~的な	เป็นพิธี, ตามแบบแผน ペン ピティー, タームベープ ペーン	formal フォーマル
げいじゅつ 芸術	ศิลปะ シンラパ	art アート

日	タイ	英
～家	ศิลปิน, จิตรกร シンラピン, チットラコーン	artist アーティスト
けいしょう 敬称	คำนำหน้าชื่อ カムナム チュー	title of honor タイトル オヴ アナ
けいじょうしゅうし 経常収支	บัญชีกระแสรายวัน バンチー クラセー ラーイワン	current balance カーレント バランス
けいしょう 継承する	รับช่วงต่อ, สืบทอด ラップ チュアント-, スープ トート	succeed *to* サクスィード
けいしょく 軽食	อาหารว่าง, อาหารเบา アーハーン ワーン, アーハーン バオ	light meal ライト ミール
けいすう 係数	สัมประสิทธิ์ サムプラシット	coefficient コウエフィシェント
けいせい 形成する	ก่อรูป, สร้าง コー ループ, サーン	formation フォーメイション
けいせん 罫線	เส้นบรรทัด セン バンタット	ruled line ルールド ライン
けいそつ 軽率な	ใจเบา, สะเพร่า, ไม่รอบคอบ チャイ バオ, サプラオ, マイ ローブ コープ	careless, rash ケアレス, ラシュ
けいたい 携帯		
～する	นำติดตัวไป, พกพา ナム ティット トゥア パイ, ポック パー	carry キャリ
～電話	โทรศัพท์มือถือ トーラサップ ムートゥー	mobile phone モウバイル フォウン
けいと 毛糸	ไหมพรม マイ プロム	woolen yarn ウレン ヤーン
げいにん 芸人	ศิลปิน, นักแสดง シンラピン, ナック サデーン	entertainer エンタテイナ
(寄席などの)	นักแสดง ナック サデーン	vaudevillian ヴォードヴィリアン
げいのう 芸能	มหรสพ マホーラソップ	entertainments エンタテインメンツ
～人	นักแสดง, ดารา ナック サデーン, ダーラー	entertainer エンタテイナ

日	タイ	英
～界	วงการบันเทิง ウォンカーン バントゥーン	show business ショウ ビズネス
けいば 競馬	การแข่งม้า カーン ケン マー	horse racing ホース レイスィング
～場	สนามแข่งม้า サナーム ケン マー	racetrack レイストラク
けいはくな 軽薄な	มักง่าย, ไม่เอาจริงเอาจัง マック ガーイ, マイ アオ チン アオ チャン	frivolous フリヴォラス
けいばつ 刑罰	โทษทัณฑ์, การลงโทษ トート タン, カーン ロントート	punishment パニシュメント
けいはんざい 軽犯罪	ลหุโทษ ラフ トート	minor offense マイナ オフェンス
けいひ 経費	ค่าใช้จ่าย カー チャイ チャーイ	expenses イクスペンスィズ
けいび 警備		
する	คุ้มกัน, เฝ้ายาม クム カン, ファオ ヤーム	defend, guard ディフェンド, ガード
～員	ยาม ヤーム	guard ガード
けいひん 景品	ของชำร่วย, ของแถม コーン チャム ルアイ, コーン テーム	free gift フリー ギフト
けいべつ 軽蔑する	ดูถูก, เหยียดหยาม ドゥー トゥーク, イアット ヤーム	despise, scorn ディスパイズ, スコーン
けいほう 警報	การเตือนภัย, สัญญาณภัย カーン トゥアン パイ, サンヤーン パイ	warning, alarm ウォーニング, アラーム
けいむしょ 刑務所	คุก, เรือนจำ クック, ルアンチャム	prison プリズン
けいやく 契約	(การทำ)สัญญา (カーン タム) サンヤー	contract カントラクト
～書	หนังสือสัญญา ナンスー サンヤー	contract カントラクト

日	タイ	英
～する	ทำสัญญา タム サンヤー	contract コントラクト
…経由で	โดยผ่าน... ドーイ パーン	by way of, via バイ ウェイ オヴ, ヴァイア
形容詞	คำคุณศัพท์ カム クンナサップ	adjective アヂクティヴ
経理	การบัญชี カーン バンチー	accounting アカウンティング
～部	แผนกบัญชี パネーク バンチー	account department アカウント ディパートメント
計略	กลอุบาย, แผนการ コン ウバーイ, ペーンカーン	stratagem ストラタヂャム
計量する	วัด, ชั่ง ウット, チャン	measure メジャ
経歴	ประวัติ プラワット	career カリア
系列	ตระกูล トラクーン	series, group スィアリーズ, グループ
～会社	บริษัทในเครือเดียวกัน ボーリサット ナイ クルア ディアオ カン	affiliated company アフィリエイテド カンパニ
経路	เส้นทาง セン ターン	course, route コース, ルート
ケーキ	เค้ก ケーク	cake ケイク
ケース	กล่อง, หีบ クロン, ヒープ	case ケイス
（場合）	กรณี カラニー	case ケイス
ケースバイケース	แล้วแต่สถานการณ์ レーオ テー サターナカーン	depend on circumstances ディペンド オン サーカムスタンスィズ
ケーブル	สายเคเบิ้ล サーイ ケーブン	cable ケイブル

日	タイ	英
～テレビ	ทีวีเสรี ティーウィー セーリー	cable television ケイブル テレヴィジョン
～カー	รถเคเบิ้ล ロット ケーブン	cable car ケイブル カー

け

日	タイ	英
ゲーム	เกม ケーム	game ゲイム
けおりもの 毛織物	ผ้าขนสัตว์ パー コン サット	woolen goods ウレン グッズ
けが 怪我	บาดแผล, การบาดเจ็บ バート プレー, カーン バート チェップ	wound, injury ウーンド, インヂュリ
～をする	บาดเจ็บ バート チェップ	get hurt ゲト ハート
げか 外科	แผนกศัลยกรรม パネーク サンラヤカム	surgery サーヂャリ
～医	ศัลยแพทย์ サンラヤペート	surgeon サーヂョン
けが 汚す	ทำให้เปื้อน タム ハイ プアン	stain ステイン
(名誉などを)	ทำให้เสื่อมเสีย タム ハイ スアム シア	disgrace ディスグレイス
けが 汚れ	ความไม่บริสุทธิ์ クワーム マイ ボーリスット	impurity インピュアリティ
(汚点)	มลทิน モンティン	stain ステイン
けがわ 毛皮	หนังสัตว์, ขนสัตว์ ナン サット, コン サット	fur ファー
げき 劇	ละคร, การแสดง ラコーン, カーン サデーン	play プレイ
げきじょう 劇場	โรงละคร, โรงมหรสพ ローン ラコーン, ローン マホーラソップ	theater スィアタ
げきだん 劇団	คณะละคร カナラコーン	theatrical company スィアトリカル カンパニ

日	タイ	英
げきれい 激励する	ปลุกใจ, ให้กำลังใจ プルック チャイ, ハイ カムラン チャイ	encourage インカーリヂ
けさ 今朝	เช้าวันนี้, เช้านี้ チャオ ワンニー, チャオ ニー	this morning ズィス モーニング
けさ 袈裟	จีวร チーウォーン	Buddhist monk's robe ブディスト マンクス ロウブ
げざい 下剤	ยาถ่าย ヤー ターイ	purgative, laxative パーガティヴ, ラクサティヴ
げし 夏至	ครีษมายัน クリーッサマーヤン	summer solstice サマ サルスティス
けしき 景色	วิว, ทิวทัศน์ ウィウ, ティウタット	scenery, view スィーナリ, ヴュー
け 消しゴム	ยางลบ ヤーン ロップ	eraser, rubber イレイサ, ラバ
げしゅく 下宿	บ้านพัก, หอพัก バーン パック, ホー パック	lodgings ラヂングズ
〜する	พัก, เช่าห้อง パック, チャオ ホン	room *at* ルーム
げじゅん 下旬	ปลายเดือน プライ ドゥアン	latter part of a month ラタ パート オヴ ア マンス
けしょう 化粧	การแต่งหน้า カーン テン ナー	makeup メイカプ
〜室	ห้องแต่งตัว ホン テン トゥア	dressing room ドレスィング ルーム
〜する	แต่งหน้า テン ナー	make up メイク アプ
〜品	เครื่องสำอาง クルアン サムアーン	cosmetics コズメティク
け 消す (テレビ・ガスなどを)	ปิด ピット	turn off ターン オフ
(火を)	ดับ ダップ	put out プト アウト

日	タイ	英
（明かりを）	ปิดไฟ ピットファイ	switch off スウィッチ オフ
（消しゴムで）	ลบ ロップ	erase イレイス
姿を～	หายตัว ハーイ トゥア	disappear ディスアピア
下水(げすい)	น้ำทิ้ง ナムティン	sewage シュイヂ

■化粧品■　เครื่องสำอาง / クルアン サムアーン /

口紅(くちべに)　ลิปสติก / リップサティック / (㊥rouge, lipstick)

アイシャドー　อายชาโดว์ / アーイチャードー / (㊥eye shadow)

マスカラ　มัสคาร่า / マッスカーラー / (㊥mascara)

リップクリーム　ลิปครีม / リップクリーム / (㊥lip cream)

化粧水(けしょうすい)　โลชั่นบำรุงผิว / ローチャン バムルン ピウ / (㊥skin lotion)

乳液(にゅうえき)　โลชั่นน้ำนม / ローチャン ナムノム / (㊥milky lotion)

クレンジングクリーム　ครีมล้างหน้า / クリーム ラーン ナー / (㊥cleansing cream)

ファンデーション　ครีมรองพื้น / クリーム ローン プーン / (㊥foundation)

パック　ห่อ,แพ็ค / ホー、ペック / (㊥pack)

日焼(ひや)け止(ど)めクリーム　ครีมกันแดด / クリーム カン デート / (㊥sunblock)

シャンプー　ยาสระผม, แชมพู / ヤー サポム、チェームプー / (㊥shampoo)

リンス　ครีมนวดผม / クリーム ヌアット ポム / (㊥rinse)

トリートメント　ครีมบำรุงเส้นผม / クリーム バムルン センポム / (㊥treatment)

石鹸(せっけん)　สบู่ / サブー / (㊥soap)

パウダリー ファンデーション　แป้งผสมรองพื้น / ペーン パソム ローン プーン / (㊥powdery foundation)

日	タイ	英
〜道	ท่อระบายน้ำ トー ラバーイ チーム	drainage ドレイニヂ
ゲストハウス	เกสต์เฮ้าส์ ゲース ハウ	guesthouse ゲストハウス
削る	เหลา ラオ	shave シェイヴ
（かんなで）	ไสไม้ サイ マーイ	plane プレイン
（削減）	ลดลง, ตัด ロット ロン, タット	curtail カーテイル
毛染め	น้ำยาย้อมผม ナム ヤー ヨーム ポム	hair dye ヘア ダイ
桁	คาน カーン	beam ビーム
（数字の）	หลัก ラック	figure フィギャ
気高い	สง่างาม, สูงส่ง サガー ガーム, スーン ソン	noble, dignified ノウブル, ディグニファイド
けちな	ตระหนี่, งก, ขี้เหนียว トラニー, ゴック, キー ニアオ	stingy スティンヂ
けちをつける	ตำหนิติเตียน タムニ ティティアン	find fault with ファインド フォールト ウィズ
血圧	ความดันโลหิต クワームダン ローヒット	blood pressure ブラド プレシャ
決意する	ตัดสินใจ, ตั้งใจ タットシン チャイ, タンチャイ	make up *one's* mind メイク アプ マインド
血液	เลือด, โลหิต ルアット, ローヒット	blood ブラド
〜型	กลุ่มเลือด クルム ルアット	blood type ブラド タイプ
結果	ผล ポン	result リザルト

日	タイ	英
けっかん 欠陥	ข้อบกพร่อง, จุดผิดพลาด コー ボック プロン, チュット ピット プラート	defect, fault ディフェクト, フォルト
けっかん 血管	เส้นเลือด セン ルアット	blood vessel ブラド ヴェセル
げっかんし 月刊誌	นิตยสารรายเดือน ニタヤサーン ライ ドゥアン	monthly マンスリ
けつぎ 決議する	ลงมติ ロン マティ	resolve リザルヴ
げっきゅう 月給	เงินเดือน グン ドゥアン	salary サラリ
けっきょく 結局	ในที่สุด ナイ ティー スット	after all アフタ オール
けっきん 欠勤	ขาดงาน カート ガーン	absence アブセンス
げっけい 月経	ประจำเดือน プラチャム ドゥアン	menstruation, period メンストルエイション, ピアリオド
けっこう 結構		
（かなり）	ค่อนข้าง コン カーン	quite, rather クワイト, ラザ
〜です （満足・同意）	ดี, ใช้ได้ ディー, チャイ ダーイ	all right, do オール ライト, ドウ
（十分）	พอแล้ว, ไม่เอา ポー レーオ, マイ アオ	No, thank you. ノウ サンク ユー
〜な	ที่ดี, ดีทีเดียว ティー ディー, ディー ティー ディアオ	excellent, nice エクセレント, ナイス
げっこう 月光	แสงจันทร์ セーン チャン	moonlight ムーンライト
けつごう 結合する	รวมกัน, ประสานการ ルアム カン, プラサーン カーン	unite, combine ユーナイト, コンバイン
けっこん 結婚	การแต่งงาน, สมรส カーン テン ガーン, ソムロット	marriage マリヂ

日	タイ	英
～式	งานแต่งงาน, พิธีสมรส ガーン テン ガーン, ピティー ソムロット	wedding ウェディング
～する	แต่งงาน, สมรส テン ガーン, ソムロット	be married *to* ビ マリド
けっさい 決済する	เฉ่ง, ชำระ, เคลียร์เงิน チェン, チャムラ, クリア グン	settle セトル
けっさく 傑作	งานชิ้นยอด ガーン チン ヨート	masterpiece マスタピース
けっさん 決算	การงดบัญชี, เคลียร์บัญชี カーン ゴット バンチー, クリア バンチー	settlement of accounts セトルメント アヴ アカウンツ
げっしゃ 月謝	ค่าเล่าเรียน(รายเดือน) カー ラオリアン (ライ ドゥアン)	monthly fee マンスリ フィー
げっしゅう 月収	รายได้ต่อเดือน ライ ダーイ トー ドゥアン	monthly income マンスリ インカム
けっしょう 決勝	การแข่งขันชนะเลิศ カーン ケンカン チャナルート	final ファイナル
げっしょく 月食	จันทรุปราคา チャンタルプラーカー	eclipse of the moon イクリプス オヴ ザ ムーン
けっしん 決心する	ตกลงใจ, ตัดสินใจ トックロン チャイ, タットシン チャイ	make up *one's* mind メイク アプ マインド
けっせい 血清	เซรุ่ม セールム	serum スィアラム
けっせき 欠席する	ขาด, ไม่มา, ไม่เข้าร่วม カート, マイ マー, マイ カオ ルアム	be absent *from* ビ アブセント
けつだん 決断する	ตัดสิน タットシン	decide ディサイド
けってい 決定	การชี้ขาด, การตัดสิน カーン チー カート, カーン タットシン	decision ディスィジョン
～する	ชี้ขาด, ตัดสิน チー カート, タットシン	decide ディサイド
けってん 欠点	จุดอ่อน, จุดบกพร่อง チュット オーン, チュット ボック プロン	fault, weak point フォルト, ウィーク ポイント

日	タイ	英
けっとう 血統	สายเลือด, เชื้อสาย サーイ ルアット, チュア サーイ	blood, lineage ブラド, リニイヂ
（動物の）	สายพันธุ์ サーイ パン	pedigree ペディグリー
げっぷ	เรอ ルー	burp バープ
げっぷ 月賦	เงินผ่อน グン ポーン	monthly installments マンスリ インストールメンツ
けっぺきな 潔癖な	รักความสะอาด ラック クワーム サアート	cleanly, fastidious クレンリ, ファスティディアス
けつまつ 結末	ผล, ตอนจบ ポン, トーン チョップ	end, result エンド, リザルト
げつまつ 月末	สิ้นเดือน シン ドゥアン	the end of the month ジ エンド オヴ ザ マンス
げつようび 月曜日	วันจันทร์ ワン チャン	Monday マンディ
げつれいの 月例の	ประจำเดือน プラチャム ドゥアン	monthly マンスリ
けつれつする 決裂する	แตกแยก テーク イェーク	rupture ラプチャ
けつろん 結論	ข้อสรุป, สรุปความ コー サルップ, サルップ クワーム	conclusion カンクルージョン
けなす 貶す	วิจารณ์ให้เสียหาย, พูดไม่ดี ウィチャーン ハイ シア ハーイ, プート マイディー	speak ill of スピーク イル
げねつざい 解熱剤	ยาลดไข้ ヤー ロット カイ	antipyretic アンティパイレティク
けはい 気配	เค้า, เครื่องหมายแสดงล่วงหน้า カオ, クルアン マーイ サデーン ルアン ナー	sign, indication サイン, インディケイション
けびょう 仮病	แกล้งป่วย, ไข้มารยา クレーン プアイ, カイ マーンヤー	feigned illness フェインド イルネス
げひんな 下品な	หยาบคาย, เลวทราม ヤープ カーイ, レーオサーム	vulgar, coarse ヴァルガ, コース

日	タイ	英
煙い (けむい)	มีควัน, ควันตลบ ミー クワン, クワン タロップ	smoky スモウキ
毛虫 (けむし)	หนอน ノーン	caterpillar キャタピラ
煙 (けむり)	ควัน クワン	smoke スモウク
下痢 (げり)	โรคท้องร่วง ローク トーン ルアン	diarrhea ダイアリア
～止め	ยาแก้ท้องเสีย ヤー ケー トーン シア	medicine for diarrhea メディスィン フォ ダイアリーア
けりがつく	หมดเรื่อง モット ルアン	be settled ビ セトルド
ゲリラ	กองโจร コーン チョーン	guerrilla ガリラ
蹴る (ける)	เตะ テ	kick キク
下劣な (げれつな)	ต่ำช้า, เลวทราม タム チャー, レーオサーム	mean, base ミーン, ベイス
券 (けん)	ตั๋ว, บัตร トゥア, バット	ticket, coupon ティケト, キューパン
県 (けん)	จังหวัด チャンウット	province プラヴァンス
剣 (けん)	ดาบ ダープ	sword ソード
腱 (けん)	เอ็น エン	tendon テンドン
険悪な (けんあくな)	คุกคาม, มีภัยอันตราย クックカーム, ミー パイ アンタラーイ	threatening スレトニング
懸案 (けんあん)	เรื่องที่ค้างอยู่ ルアン ティー カーン ユー	pending problem ペンディング プラブレム
原案 (げんあん)	ญัตติเดิม, ร่างหนังสือ ヤッティ ドゥーム, ラーン ナンスー	original plan オリヂナル プラン

日	タイ	英
権威 (けんい)	เกียรติศักดิ์, อำนาจปกครอง キアッティ サック, アムナート ポックローン	authority, prestige オサリティ, プレスティージ
検印 (けんいん)	ตรารับรอง トラー ラップローン	seal スィール
原因 (げんいん)	สาเหตุ, ต้นเหตุ サーヘート, トン ヘート	cause, origin コーズ, オリヂン
検疫 (けんえき)	การตรวจโรค カーン トルアット ローク	quarantine クウォランティーン
現役の (げんえきの)	ประจำการ プラチャムカーン	active アクティヴ
検閲 (けんえつ)	การตรวจสอบ, เซ็นเซอร์ カーン トルアット ソープ, センスー	inspection, censorship インスペクション, センサシプ
喧嘩 (けんか)	การทะเลาะเบาะแว้ง カーン タロボウェーン	quarrel, dispute クウォレル, ディスピュート
(殴り合い)	ชกต่อยกัน チョック トイ カン	fight ファイト
～する	ทะเลาะ(กัน) タロ (カン)	quarrel *with* クウォレル
原価 (げんか)	ราคาต้นทุน ラーカー トン トゥン	cost price コースト プライス
～計算	คำนวณต้นทุน カムヌアン トン トゥン	cost accounting コスト アカウンティング
見解 (けんかい)	ความคิดเห็น, ทัศนคติ クワーム キット ヘン, タッサナカティ	opinion, view オピニオン, ヴュー
限界 (げんかい)	ขีดจำกัด, ขอบข่าย キート チャムカット, コープ カーイ	limit, bounds リミト, バウンヅ
幻覚剤 (げんかくざい)	ยาหลอนประสาท ヤー ローン プラサート	hallucinogen, LSD ハルースィノヂェン, エルエスディー
見学する (けんがくする)	ดูงาน, ทัศนศึกษา ドゥー ガーン, タッサナ スックサー	inspect, visit インスペクト, ヴィズィト
厳格な (げんかくな)	เข้มงวด, เคร่งครัด ケム グアット, クレン クラット	strict, rigorous ストリクト, リガラス

日	タイ	英
げんかしょうきゃく 減価償却	การลดค่า カーン ロット カー	depreciation ディプリーシエイション
げんかん 玄関	ทางเข้า, ห้องประตูบ้าน ターン カオ, ホン プラトゥー バーン	entrance エントランス
げんきな 元気な	ร่าเริง, กำลังวังชา, สบายดี ラールーン, カムラン ワンチャー, サバーイ ディー	spirited, lively スピリティド, ライヴリ
けんきゅう 研究	การวิจัย, การค้นคว้า カーン ウィチャイ, カーン コン クワー	study, research スタディ, リサーチ
～者	นักวิจัย ナック ウィチャイ	student, scholar ステューデント, スカラ
～所	สถาบันวิจัย サターバン ウィチャイ	laboratory ラブラトーリ
～する	วิจัย, ค้นคว้า ウィチャイ, コン クワー	make researches *in* メイク リサーチィズ
げんきゅうする 言及する	พูดถึง プート トゥン	mention メンション
けんきょな 謙虚な	ถ่อมตัว トム トゥア	modest マデスト
けんきん 献金	การบริจาคเงิน カーン ボーリチャーク グン	donation ドウネイション
げんきん 現金	เงินสด グン ソット	cash キャシュ
～払い	ชำระด้วยเงินสด チャムラ ドゥアイ グン ソット	cash payment キャシュ ペイメント
げんけい 原型	แม่พิมพ์ メー ピム	prototype プロウトタイプ
けんけつ 献血	บริจาคเลือด ボーリチャーク ルアット	blood donation ブラド ドウネイション
けんげん 権限	ขอบเขต, อำนาจ コープケート, アムナート	competence カンピテンス
けんこう 健康	สุขภาพ スッカパープ	health ヘルス

221

け

日	タイ	英
～な	สุขภาพดี, อนามัย スッカパープ ディー, アナーマイ	healthy, sound ヘルスィ, サウンド
～診断	การตรวจสุขภาพ カーン トルアット スッカパープ	medical examination メディカル イグザミネイション
げんこう 原稿	ต้นฉบับ トン チャバップ	manuscript, copy マニュスクリプト, カピ
げんごがく 言語学	ภาษาศาสตร์ パーサーサート	linguistics リングウィスティクス
げんこく 原告	โจทก์ チョート	plaintiff プレインティフ
げんこつ 拳骨	กำปั้น, หมัด カムパン, マット	fist フィスト
けんさ 検査	การตรวจ, การตรวจสอบ カーン トルアット, カーン トルアット ソープ	inspection インスペクション
～する	ตรวจ, ตรวจสอบ トルアット, トルアット ソープ	inspect, examine インスペクト, イグザミン
げんざい 現在	ปัจจุบัน, เวลานี้ パッチュバン, ウェーラーニー	present プレズント
～の	ของปัจจุบัน コーン パッチュバン	present プレズント
げんざいりょう 原材料	วัตถุดิบ ウットゥディップ	raw material ロー マティアリアル
けんさくする 検索する	ค้นหา コンハー	refer to, retrieve リファー トゥ, リトリーヴ
げんさく 原作	ต้นฉบับ トン チャバップ	original オリヂナル
～者	ผู้แต่งต้นฉบับ プー テン トン チャバップ	(original) author (オリヂナル) オーサ
けんさつかん 検察官	อัยการ アイヤカーン	public prosecutor パブリク プラスィキュータ
げんさんち 原産地	แหล่งผลิต レン パリット	the place of origin ジ プレイス オヴ オリヂン

日	タイ	英
けんじ 検事	อัยการ アイヤカーン	public prosecutor パブリク プラスィキュータ
げんし 原子	อะตอม, ปรมาณู アトーム, パラマーヌー	atom アトム
〜爆弾	ระเบิดปรมาณู ラブート パラマーヌー	atomic bomb アタミク バム
げんじつ 現実	ความเป็นจริง クワーム ペン チン	reality, actuality リアリティ, アクチュアリティ
〜の	เป็นจริง ペン チン	real, actual リーアル, アクチュアル
けんじつ 堅実な	มั่นคง マンコン	steady ステディ
けんじゅう 拳銃	ปืนพก プーン ポック	pistol, revolver ピストル, リヴァルヴァ
げんじゅうしょ 現住所	ที่อยู่ปัจจุบัน ティーユー パッチュバン	present address プレゼント アドレス
けんしゅうする 研修する	ฝึกงาน フック ガーン	study スタディ
〜生	ผู้ฝึกงาน プー フック ガーン	trainee トレイニー
げんじゅうな 厳重な	เข้มงวด, กวดขัน ケム グアット, クアット カン	strict, severe ストリクト, スィヴィア
げんしゅくな 厳粛な	เคร่งขรึม クレン クルム	grave, solemn グレイヴ, サレム
けんしょう 懸賞	รางวัล ラーンワン	prize プライズ
げんしょう 現象	ปรากฏการณ์ プラーコットカーン	phenomenon フィナメノン
げんじょう 現状	สภาพปัจจุบัน サパープ パッチュバン	present condition プレゼント カンディション
げんしりょく 原子力	พลังงานนิวเคลียร์ パランガーン ニウクリア	nuclear power ニュークリア パウア

日	タイ	英
～発電所	โรงไฟฟ้าพลังงานนิวเคลียร์ ローン ファイファー パランガーン ニウクリア	nuclear power station ニュークリア パウア ステイション
げんしろ 原子炉	เครื่องปฏิกรณ์นิวเคลียร์ クルアン パティコーン ニウクリア	nuclear reactor ニュークリア リアクタ
けんしん 検診	ตรวจโรค トルアット ローク	medical examination メディカル イグザミネイション
けんしんてき 献身的に	อย่างจงรักภักดี ヤーン チョン ラック パックディー	devotedly ディヴォウテドリ
げんぜい 減税する	ลดภาษี ロット パーシー	reduce taxes リデュース タクシズ
けんせつ 建設する	สร้าง, ก่อสร้าง サーン, コー サーン	construct カンストラクト
げんせんちょうしゅう 源泉徴収	หักภาษี ณ ที่จ่าย ハック パーシー ナ ティー チャーイ	withholding (at the source) ウィズホウルディング
けんぜん 健全な	แข็งแรงสมบูรณ์ ケンレーン ソムブーン	sound サウンド
けんぞう 建造	การก่อสร้าง カーン コーサーン	construction カンストラクション
げんそう 幻想	ภาพลวงตา, ภาพฝัน パープ ルアン ター, パープ ファン	illusion, vision イルージョン, ヴィジョン
げんぞう 現像する	ล้างฟิล์ม ラーン フィム	develop ディヴェロプ
げんそく 原則	หลักการ ラック カーン	principle プリンスィプル
げんそく 減速する	ลดความเร็ว ロット クワーム レオ	slow down スロウ ダウン
げんぞく 還俗する	สึก スック	return to secular life リターン トゥ セキュラ ライフ
けんそん 謙遜する	ถ่อมตัว トム トゥア	be modest ビ マディスト
げんだい 現代	ยุคปัจจุบัน, สมัยนี้ ユック パッチュバン, サマイ ニー	present age プレゼント エイヂ

日	タイ	英
〜の	ของปัจจุบัน コーン パッチュバン	modern マダン
現地 げんち	ท้องถิ่น トーン ティン	spot スパト
〜時間	เวลาท้องถิ่น ウェーラー トーン ティン	local time ロウカル タイム
〜の	ของท้องถิ่น コーン トーン ティン	local ロウカル
建築 けんちく	สถาปัตย์ サターパット	building ビルディング
（建築術）	สถาปัตยกรรม サターパッタヤカム	architecture アーキテクチャ
〜家	สถาปนิก サターパニック	architect アーキテクト
県知事 けんちじ	ผู้ว่าราชการจังหวัด プー ウー ラーッチャカーン チャンウット	provincial governor プロヴィンシャル ガヴァナ
県庁 けんちょう	ศาลากลางจังหวัด サーラー クラーン チャンウット	prefectural office プリフェクチャラル オーフィス
限定する げんてい	จำกัด チャムカット	limit *to* リミト
減点 げんてん	หักคะแนน ハック カネーン	demerit mark ディーメリト マーク
原点 げんてん	จุดเริ่มต้น チュット ルーム トン	starting point スターティング ポイント
限度 げんど	ขีดจำกัด キート チャムカット	limit リミト
検討する けんとう	พิจารณา ピチャーラナー	examine イグザミン
見当をつける けんとう	คาดเดา, คาดคะเน カート ダオ, カート カネー	guess ゲス
現場 げんば	ที่เกิดเหตุ ティー クート ヘート	spot スパト

日	タイ	英
けんびきょう 顕微鏡	กล้องจุลทรรศน์ クロン チュンラタット	microscope マイクロスコウプ
けんぶつ 見物する	เที่ยวชม ティアオ チョム	see, visit スィー, ヴィズィト
けんぶん ひろ 見聞を広める	เปิดหูเปิดตา プート フー プート ター	see more of the world スィー モー オヴ ザ ワールド
げんぶん 原文	ต้นฉบับ トン チャバップ	original text オリヂナル テクスト
けんぽう 憲法	รัฐธรรมนูญ ラッタタムマヌーン	constitution カンスティテューション
げんぽん 原本	ต้นแบบ, ฉบับเดิม トン ベープ, チャバップ ドゥーム	original オリヂナル
げんみつ 厳密な	อย่างเคร่งครัดและละเอียด ヤーン クレン クラット レ ライアット	strict, close ストリクト, クロウス
けんめい 懸命に	อย่างขะมักเขม้น ヤーン カマック カメン	eagerly, hard イーガリ, ハード
けんもん 検問	ตรวจ トルアット	checkup チェカプ
～所	ด่านตรวจ ダーントルアット	checkpoint チェクポイント
けんやく 倹約する	ประหยัด プラヤット	economize イカノマイズ
げんゆ 原油	น้ำมันดิบ ナムマン ディップ	crude oil クルード オイル
けんり 権利	สิทธิ シッティ	right ライト
～金	แป๊ะเจี๊ยะ ペ チア	premium プリーミアム
げんり 原理	หลักการ, ทฤษฎี ラックカーン, トリッサディー	principle, theory プリンスィプル, スィオリ
げんりょう 原料	วัตถุดิบ ワットトゥ ディップ	raw materials ロー マティアリアルズ

日	タイ	英
げんりょう 減量	ลดความอ้วน ロット クワーム ウアン	loss in weight ロス イン ウェイト
けんりょく 権力	อำนาจ, อิทธิพล アムナート, イッティポン	power, authority パウア, オサリティ

こ, コ

日	タイ	英
こ 個	อัน, ก้อน, ชิ้น アン, コーン, チン	piece ピース
こ 子	เด็ก, ลูก デック, ルーク	child, infant チャイルド, インファント
ご 語	คำ, พจน์ カム, ポット	word, term ワード, ターム
こい 濃い	เข้ม ケム	dark, deep ダーク, ディープ
（密度）	ขน, หนาแน่น コン, ナーネン	thick スィク
（味）	แก่, (รส)จัด ケー, (ロット) チャット	strong ストロング
こい 恋	ความรัก クワーム ラック	love ラヴ
～人	คนรัก, แฟน コン ラック, フェーン	boy [girl] friend, lover ボーイ [ガール] フレンド, ラヴァ
～しい	คิดถึง キット トゥン	miss, think *of* ミス, スィンク
～する	รัก ラック	fall in love *with* フォール イン ラヴ
ごい 語彙	คำศัพท์ カム サップ	vocabulary ヴォウキャビュレリ
こい 故意に	โดยเจตนา ドーイ チェータナー	on purpose アン パーパス
こいぬ 小犬	ลูกสุนัข ルーク スナック	puppy パピ

日	タイ	英
コイル	ขดลวด コット ルアット	coil コイル
コイン	เหรียญ リアン	coin コイン
～ロッカー	ตู้เก็บของแบบหยอดเหรียญ トゥー ケップ コーン ベープ ヨート リアン	coin-operated locker コインアパレイテド ラカ
こう 甲 （手の）	หลังมือ ラン ムー	back バク
ごう 業	กรรม カム	karma カーマ
こうあん 考案する	ออกแบบ, วางแผน オーク ベープ, ワーンペーン	devise ディヴァイズ
こうい 好意	ไมตรีจิต, เจตนาดี マイトリーチット, チェートナー ディー	goodwill グドウィル
こうい 行為	การกระทำ, พฤติการณ์ カーン クラタム, プルッティカーン	act, action, deed アクト, アクション, ディード
こうい 黄衣	ผ้าเหลือง パー ルアン	monk's yellow robe マンクス イェロウ ロウブ
こういしつ 更衣室	ห้องแต่งตัว ホン テン トゥア	dressing room ドレスィング ルーム
こういしょう 後遺症	ผลกระทบตามมา ポン クラトップ タームマー	sequelae シクウィーリー
ごうい 合意する	ตกลงยินยอมกัน トック ロン インヨーム カン	agree アグリー
こういん 工員	พนักงานโรงงาน パナックガーン ローンガーン	factory worker ファクトリ ワーカ
ごういん 強引に	ด้วยกำลัง ドゥアイ カムラン	by force バイ フォース
ごうう 豪雨	ฝนตกหนัก フォン トック ナック	heavy rain ヘヴィ レイン
こううん 幸運	โชคดี チョーク ディー	fortune, luck フォーチュン, ラク

日	タイ	英
こううんき 耕耘機	เครื่องไถนา クルアン タイ ナー	cultivator カルティヴェイタ
こうえきじぎょう 公益事業	สาธารณูปโภค サーターラヌーパポーク	public utility パブリック ユーティリティ
こうえん 公園	สวนสาธารณะ スアン サーターラナ	park パーク
こうえん 講演	การบรรยาย, ปาฐกถา カーン バンヤーイ, パータカター	lecture レクチャ
～する	บรรยาย バンヤーイ	lecture *on* レクチャ
こうえん 公演する	แสดง サデーン	perform パフォーム
こうえん 後援する	อุดหนุน ウット ヌン	support サポート
こうか 効果	ผล ポン	effect, efficacy イフェクト, エフィカスィ
～がある	มีผล, ได้ผล ミー ポン, ダイ ポン	be effective ビ イフェクティヴ
こうか 硬貨	เหรียญ, เหรียญกษาปณ์ リアン, リアン カサープ	coin コイン
こうかい 航海	การเดินเรือ カーン ドゥーン ルア	navigation ナヴィゲイション
～する	เดินเรือ ドゥーン ルア	navigate ナヴィゲイト
こうがい 公害	มลพิษ モンラピット	pollution ポリューション
こうがい 郊外	ชานเมือง チャーン ムアン	suburbs サバーブズ
こうかい 後悔する	เสียใจ シアチャイ	regret リグレト
こうかい 公開する	เปิดเผย, ประกาศ プートプーイ, プラカート	open... to the public オウプン トゥ ザ パブリック

日	タイ	英
<ruby>公開大学<rt>こうかいだいがく</rt></ruby>	มหาวิทยาลัยเปิด マハー・ウィッタヤーライ プート	open university オウプン ユーニヴァースィティ
<ruby>光学<rt>こうがく</rt></ruby>	ทัศนศาสตร์ タッサナサート	optics アプティクス
～機器	อุปกรณ์แสง ウッパコーン セーン	optical instrument アプティカル インストルメント
<ruby>工学<rt>こうがく</rt></ruby>	วิศวกรรมศาสตร์ ウィッサワカムサート	engineering エンヂニアリング
～部	คณะวิศวกรรมศาสตร์ カナ ウィッサワカムサート	faculty of technology ファカルティ オヴ テクナロヂ
<ruby>合格する<rt>ごうかく</rt></ruby>	สอบได้, เข้าเกณฑ์, ผ่าน ソープ ライ ダーイ, カオ ケーン, パーン	pass パス
<ruby>豪華な<rt>ごうか</rt></ruby>	โอ่อ่า, หรูหรา オーアー, ルーラー	gorgeous, deluxe ゴーヂャス, デルクス
<ruby>睾丸<rt>こうがん</rt></ruby>	ลูกอัณฑะ ルーク アンタ	testicles テスティクルズ
<ruby>抗癌剤<rt>こうがんざい</rt></ruby>	สารต่อต้านมะเร็ง サーン トーターン マレン	anticancer agent アンティキャンサ エイヂェント
<ruby>交換する<rt>こうかん</rt></ruby>	แลกเปลี่ยน レーク プリアン	exchange イクスチェインヂ
<ruby>後期<rt>こうき</rt></ruby>	สมัยหลัง, ระยะหลัง サマイ ラン, ラヤ ラン	latter term ラタ ターム
(二学期制の)	ภาคเรียนหลัง, เทอมหลัง パーク リアン ラン, トゥーム ラン	second semester セカンド セメスタ
<ruby>講義<rt>こうぎ</rt></ruby>	การบรรยาย カーン バンヤーイ	lecture レクチャ
～する	บรรยาย バンヤーイ	lecture レクチャ
<ruby>高気圧<rt>こうきあつ</rt></ruby>	ความกดอากาศสูง クワーム コット アーガート スーン	high atmospheric pressure ハイ アトモスフェリク プレシャ
<ruby>好奇心<rt>こうきしん</rt></ruby>	ความอยากรู้อยากเห็น クワーム ヤーク ルー ヤーク ヘン	curiosity キュアリアスィティ

日	タイ	英
こうぎ **抗議する**	คัดค้าน, ประท้วง カット カーン, プラトゥアン	protest *against* プロテスト
こうきな **高貴な**	ชั้นสูง, มีสง่า チャン スーン, ミー サガー	noble ノウブル
こうきゅうな **高級な**	ชั้นสูง チャン スーン	high-class *articles* ハイクラス
こうきょう **公共**		
〜の	สาธารณะ, ส่วนรวม サーターラナ, スアン ルアム	public, common パブリク, カモン
〜料金	ค่าน้ำค่าไฟ, ค่าสาธารณูปโภค カー ナーム カー ファイ, カー サーターラヌーパポーク	public utility charges パブリク ユーティリティ チャーヂズ
こうぎょう **工業**	อุตสาหกรรม ウッサーハカム	industry インダストリ
〜地帯	เขตอุตสาหกรรม ケート ウッサーハカム	industrial area インダストリアル エアリア
〜団地	นิคมอุตสาหกรรม ニコム ウッサーハカム	industrial complex インダストリアル コンプレクス
こうぎょう **鉱業**	การเหมืองแร่ カーン ムアン レー	mining マイニング
ごうきん **合金**	โลหะผสม ローハ パソム	alloy アロイ
こうぐ **工具**	เครื่องมือ クルアン ムー	tool, implement トゥール, インプレメント
こうくう **航空**		
〜会社	สายการบิน サーイ カーン ビン	airline エアライン
〜機	เครื่องบิน, อากาศยาน クルアン ビン, アーカートサヤーン	aircraft エアクラフト
〜券	ตั๋วเครื่องบิน トゥア クルアン ビン	airline ticket エアライン ティケト
〜便	ไปรษณีย์อากาศ プライサニー アーカート	airmail エアメイル

日	タイ	英
こうけい **光景**	ภาพ, ทิวทัศน์ パープ, ティウタッット	spectacle, scene スペクタクル, スィーン
こうげい **工芸**	ศิลปการช่าง, ศิลปกิจ シンラパ カーン チャーン, シンラパキット	craft クラフト
ごうけい **合計**	ผลรวม ポン ルアム	sum, total サム, トウタル
〜する	รวมยอด ルアム ヨート	total, sum up トウタル, サム アプ
こうけいき **好景気**	การค้าเจริญ カーンカー チャルーン	prosperity, boom プラスペリティ, ブーム
こうけいしゃ **後継者**	ผู้สืบตำแหน่ง, ผู้รับช่วงต่อ プー スープ タムネン, プー ラップ チュアントー	successor サクセサ
こうげき **攻撃する**	โจมตี, จู่โจม チョームティー, チューチョーム	attack, charge アタク, チャーヂ
こうけつあつ **高血圧**	ความดันโลหิตสูง クワーム ダン ローヒット スーン	high blood pressure ハイ ブラド プレシャ
こうげん **高原**	ที่ราบสูง ティー ラープ スーン	plateau プラトウ
こうけん **貢献する**	ช่วยเหลือ, สนับสนุน チュアイ ルア, サナップ サヌン	contribute *to* カントリビュト
こうこう **高校**	โรงเรียนมัธยมปลาย ローンリアン マッタヨム プラーイ	high school ハイ スクール
〜生	นักเรียนมัธยมปลาย ナックリアン マッタヨム プラーイ	high school student ハイ スクール ステューデント
こうごう **皇后**	พระราชินี, สมเด็จพระนางเจ้าฯ プラ ラーチニー, ソムデット プラナーン チャオ	empress エンプレス
こうこがく **考古学**	โบราณคดี ボーラーンカディー	archaeology アーキアロヂ
こうこく **広告**	การโฆษณา, การประกาศ カーン コーッサナー, カーン プラカート	advertisement アドヴァタイズメント
〜する	โฆษณา, ประกาศ コーッサナー, プラカート	advertise, publicize アドヴァタイズ, パブリサイズ

日	タイ	英
～代理店	บริษัทโฆษณา ボーリサットコーッサナー	advertising agency アドヴァタイズィング エイヂェンスィ
こうご 交互に	ผลัดกัน, สลับกัน プラットカン, サラップカン	alternately オールタネトリ
こうさ 交叉 [差]		
～する	ตัดกัน, ไขว้กัน タットカン, クワイカン	cross, intersect クロース, インタセクト
～点	สี่แยก, จุดตัดกัน シーイェーク, チュットタットカン	crossing, crossroads クロースィング, クロースロウヅ
こうざ 講座	หมวดวิชา, การบรรยาย ムアットヴィチャー, カーンバンヤーイ	chair, lecture チェア, レクチャ
こうざ 口座	บัญชี バンチー	account アカウント
～を開く[閉じる]	เปิด[ปิด]บัญชี プート [ピット] バンチー	open [close] an account オウプン [クロウス] アン アカウント
こうさい 交際		
～する	คบหา コップハー	associate with アソウシエイト
～費	ค่ารับรอง カーラップローン	expense accounts イクスペンス アカウンツ
こうさく 工作		
～機械	เครื่องมือกล, เครื่องกลึง クルアンムーコン, クルアンクルン	machine tool マシーン トゥール
～する	ประกอบการงาน プラコープ カーン ガーン	maneuver, engineer マヌーヴァ, エンヂニア
こうざん 鉱山	เหมืองแร่ ムアンレー	mine マイン
こうさん 降参する	ยอมแพ้ ヨームペー	surrender to サレンダ
こうし 講師	อาจารย์, ผู้บรรยาย アーチャーン, プーバンヤーイ	lecturer レクチャラ
こうじ 工事	การก่อสร้าง, การโยธา カーンコーサーン, カーンヨーター	work, construction ワーク, カンストラクション

日	タイ	英
～現場	สถานที่ก่อสร้าง	construction site
こうしきの 公式の	เป็นทางการ, ตามรูปแบบ	official, formal
こうじつ 口実	คำอ้าง, ข้อแก้ตัว	pretext, excuse
こうしゃ 校舎	อาคารเรียน	schoolhouse
こうしゅう 公衆	สาธารณชน	public
～電話	โทรศัพท์สาธารณะ	pay phone
～便所	ห้องน้ำ(ส้วม)สาธารณะ	public lavatory
こうしゅう 講習	การฝึกอบรม	course
こうじょ 控除	การหักออก	deduction
～する	หักออก	deduct
こうじょう 工場	โรงงาน	factory, plant
～長	ผู้จัดการโรงงาน	factory manager
こうしょう 交渉する	เจรจา, ต่อรอง	negotiate *with*
こうじょう 向上する	ดีขึ้น	rise
ごうじょう 強情な	ดื้อดึง, หัวแข็ง	obstinate
こうしょうにん 公証人	พนักงานจดทะเบียน	notary

日	タイ	英
こうしょきょうふしょう 高所恐怖症	โรคกลัวความสูง ロー<u>ク</u> クルア クワーム スーン	acrophobia アクロ**フォ**ウビア
こうしょく 好色な	เจ้าชู้ チャオ チュー	lecherous **レ**チャラス
こうしん 行進する	เดินแถว, เดินสวนสนาม ドゥーン テオ, ドゥーン スアン サナーム	march マーチ
こうしん 更新する	ต่ออายุ トー アーユ	renewal リ**ニュ**ーアル
こうしんりょう 香辛料	เครื่องเทศ クルアン テー<u>ト</u>	spices ス**パ**イスィズ
こうすい 香水	น้ำหอม ナム ホーム	perfume パー**フュ**ーム
こうずい 洪水	น้ำท่วม, อุทกภัย ナム トゥアム, ウトッカパイ	flood, inundation フ**ラ**ド, イナン**デ**イション
こうせい 構成	ส่วนประกอบ スアン プラコー<u>プ</u>	composition カンポ**ズィ**ション
〜する	ประกอบ(ด้วย) プラコー<u>プ</u> (ドゥアイ)	compose カン**ポ**ウズ
ごうせい 合成	การประกอบ, การสังเคราะห์ カーン プラコー<u>プ</u>, カーン サンクロ	synthesis ス**ィ**ンサスィス
〜樹脂	ยางสังเคราะห์ ヤーン サンクロ	synthetic resin スィン**セ**ティク **レ**ズィン
〜する	ประกอบ, ผสม プラコー<u>プ</u>, パソム	synthesize, compound **スィ**ンササイズ, コン**パ**ウンド
こうせいしょう 厚生省	กระทรวงสาธารณสุข クラスアン サーターラナスック	Ministry of Welfare **ミ**ニストリ オヴ **ウェ**ルフェア
こうせい 校正する	ตรวจทาน, ปรู๊ฟ トゥルアッ<u>ト</u> ターン, プルー<u>フ</u>	proofread プ**ル**ーフリード
こうせい 公正な	ที่ยุติธรรม, ที่สมเหตุสมผล ティー ユッティタム, ティー ソムヘート ソムポン	just, fair **チャ**スト, **フェ**ア
こうせいぶっしつ 抗生物質	สารปฏิชีวนะ サーン パティチーワナ	antibiotic アンティバイ**ア**ティク

日	タイ	英
<ruby>鉱石<rt>こうせき</rt></ruby>	แร่, สินแร่ レー, シン レー	ore オー
<ruby>功績<rt>こうせき</rt></ruby>	ผลงานสร้างสรรค์ ポンガーン サーン サン	distinguished services ディスティングウィシュト サーヴィスィズ
<ruby>光線<rt>こうせん</rt></ruby>	ลำแสง, รังสี ラムセーン, ランシー	ray, beam レイ, ビーム
<ruby>公然と<rt>こうぜん</rt></ruby>	อย่างเปิดเผย, อย่างเป็นทางการ ヤーン プート プーイ, ヤーン ペン ターン カーン	openly, publicly オウプンリ, パブリクリ
<ruby>香草<rt>こうそう</rt></ruby>	สมุนไพร サムン プライ	herb アーブ
<ruby>構想<rt>こうそう</rt></ruby>	แผนงาน, ความคิด ペーンガーン, クワーム キット	plan, conception プラン, コンセプション
<ruby>高僧<rt>こうそう</rt></ruby>	ภิกษุที่มีสมณศักดิ์สูง ピックス ティー ミー サマナサック スーン	high priest ハイ プリースト
<ruby>構造<rt>こうぞう</rt></ruby>	โครงสร้าง クローンサーン	structure ストラクチャ
<ruby>高層建築<rt>こうそうけんちく</rt></ruby>	อาคารสูง, ตึกชั้นสูง アーカーン スーン, トゥック チャン スーン	high-rise ハイライズ
<ruby>拘束する<rt>こうそく</rt></ruby>	ควบคุม クアップ クム	restraint リストレイント
<ruby>高速道路<rt>こうそくどうろ</rt></ruby>	ทางด่วน ターン ドゥアン	expressway イクスプレスウェイ
<ruby>交替[代]<rt>こうたい</rt></ruby>	การเปลี่ยน, การผลัด カーン プリアン, カーン パラット	shift シフト
〜する	เปลี่ยน, ผลัด プリアン, パラット	take turns テイク ターンズ
<ruby>後退する<rt>こうたい</rt></ruby>	ถอยหลัง トイ ラン	retreat リトリート
<ruby>皇太子<rt>こうたいし</rt></ruby>	มกุฎราชกุมาร マクットラーッチャ クマーン	Crown Prince クラウン プリンス
<ruby>公団<rt>こうだん</rt></ruby>	องค์การ オンカーン	public corporation パブリク コーポレイション

日	タイ	英
〜住宅	อาคารสงเคราะห์ アーカーン ソン クロ	public housing complex パブリク ハウズィング カンプレクス
こうちゃ 紅茶	ชาฝรั่ง チャー ファラン	tea ティー
こうちょう 校長	อาจารย์ใหญ่ アーチャーン ヤイ	principal プリンスィパル
こうちょう 好調な	อยู่ในสภาพดี ユー ナイ サパープ ディー	in good condition イン グド カンディション
こうつう 交通	การจราจร カーン チャラーチョーン	traffic トラフィク
〜機関	ระบบการขนส่ง ラボップ カーン コンソン	transportation トランスポーテイション
〜事故	อุบัติเหตุที่เกิดจาก การจราจร ウバッティヘート ティー クート チャーク カーン チャラーチョーン	traffic accident トラフィク アクスィデント
〜違反	ผิดกฎจราจร ピット コット チャラーチョーン	violation of traffic regulations ヴァイオレイション オヴ トラフィク レギュレイションズ
〜費	ค่ารถ, ค่าพาหนะ カー ロット, カー パーハナ	traveling expenses トラヴリング イクスペンスィズ
こうてい 工程	กระบวนการ クラブアンカーン	progress of work プラグレス オヴ ワーク
こうてい 肯定する	ยอมรับ, ยืนยัน ヨーム ラップ, ユーン ヤン	affirm アファーム
こうていぶあい 公定歩合	อัตราดอกเบี้ยที่แบงค์ชาติ กำหนด アットラードーク ビア ティー ベン チャート カムノット	official discount rate オフィシャル ディスカウント レイト
こうてき 公的な	เป็นทางการ, เป็นของสาธารณะ ペン ターンカーン, ペン コーン サーターラナ	official, public オフィシャル, パブリク
こうてつ 鋼鉄	เหล็กกล้า レック クラー	steel スティール

日	タイ	英
<ruby>好転<rt>こうてん</rt></ruby>する	ปรับปรุงให้ดีขึ้น プラップルン ハイ ディー クン	turn for the better ターン フォ ザ ベター
<ruby>行動<rt>こうどう</rt></ruby>	การกระทำ, ความประพฤติ カーン クラタム, クワーム プラプルット	action, conduct アクション, カンダクト
〜する	ปฏิบัติ, ประพฤติ パティバット, プラプルット	act アクト
<ruby>講堂<rt>こうどう</rt></ruby>	หอประชุม, ศาลา ホープラチュム, サーラー	hall, auditorium ホール, オーディトーリアム
<ruby>強盗<rt>ごうとう</rt></ruby>	โจร, ขโมย チョーン, カモーイ	robber, burglar ラバ, バーグラ
<ruby>高等学校<rt>こうとうがっこう</rt></ruby>	โรงเรียนมัธยมปลาย ローンリアン マッタヨム プラーイ	high school ハイ スクール
<ruby>高等裁判所<rt>こうとうさいばんしょ</rt></ruby>	ศาลอุทธรณ์ サーン ウットーン	high court ハイ コート
<ruby>購読料<rt>こうどくりょう</rt></ruby>	ค่าเป็นสมาชิก カー ペン サマーチック	subscription サブスクリプション
<ruby>郷<rt>ごう</rt></ruby>に<ruby>入<rt>い</rt></ruby>りては <ruby>郷<rt>ごう</rt></ruby>に<ruby>従<rt>したが</rt></ruby>え	เข้าเมืองตาหลิ่ว ต้องหลิ่วตาตาม カオムアン ター リウ トン リウ ター ターム	Do in Rome as the Romans do. ドゥ イン ロウム アズ ザ ロウマンス ドゥ
<ruby>後任<rt>こうにん</rt></ruby>	ผู้สืบตำแหน่ง プー スープ タム ネン	successor サクセサ
<ruby>公認会計士<rt>こうにんかいけいし</rt></ruby>	ผู้ตรวจสอบบัญชี プー トルアット ソープ バンチー	certified public accountant サーティファイド パブリク アカウンタント
<ruby>公認<rt>こうにん</rt></ruby>の	ที่รับรองแล้ว ティー ラップローン レーオ	official, approved オフィシャル, アプルーヴド
<ruby>光年<rt>こうねん</rt></ruby>	ปีแสง ピー セーン	light-year ライトイヤー
<ruby>後輩<rt>こうはい</rt></ruby>	รุ่นน้อง ルン ノーン	junior チューニア
<ruby>荒廃<rt>こうはい</rt></ruby>した	รกร้าง ロックラーン	ruined ルーインド

日	タイ	英
こう 香ばしい	หอม ホーム	fragrant フレイグラント
こうはつかいはつ 後発開発 とじょうこく 途上国	ประเทศพัฒนาน้อยที่สุด プラテート パッタナーノーイ ティー スット	least developed countries リースト ディヴェロプト カントリズ
こうはん 後半	ครึ่งหลัง クルン ラン	latter half ラタ ハフ
こうばん 交番	ป้อมตำรวจ ポム タム ルアット	police box ポリース バクス
こうび 交尾する	ผสมพันธุ์ パソム パン	copulae カピュレイト
こうひょう 公表する	เปิดเผย プート プーイ	announce アナウンス
こうひょう 好評の	ที่นิยมกัน ティー ニヨム カン	popular パピュラ
こうふ 鉱夫	คนขุดแร่ コン クット レー	miner マイナ
こうふく 幸福	ความสุข クワーム スック	happiness ハピネス
〜な	มีความสุข ミー クワーム スック	happy ハピ
こうぶつ 好物	ของโปรด コーン プロート	favorite food フェイヴァリト フード
こうぶんしょ 公文書	เอกสารราชการ エーッカサーン ラーッチャカーン	official document オフィシャル ダキュメント
こうふん 興奮する	ตื่นเต้น トゥーン テン	be excited ビ イクサイテド
こうへい 公平な	ที่เท่าเทียมกัน, ยุติธรรม ティー タオ ティアム カン, ユッティタム	fair, impartial フェア, インパーシャル
ごうべんじぎょう 合弁事業	การร่วมลงทุน カーン ルアム ロントゥン	joint venture チョイント ヴェンチャ

日	タイ	英
こうほ 候補	การสมัคร カーン サマック	candidature キャンディダチャ
～者	ผู้สมัคร プー サマック	candidate キャンディデイト
こうほう 広報	ข่าวประชาสัมพันธ์ カーオ プラチャーサムパン	public information パブリク インフォメイション
ごうほうてき 合法的な	ตามกฎหมาย ターム ゴットマーイ	legal リーガル
こうぼ 公募する	เปิดรับจากทั่วไป プート ラップ チャーク トゥア パイ	collect ... publicly コレクト…パブリクリ
ごうまん 傲慢な	โอหัง, อวดดี オーハン, ウアット ディー	haughty ホーティ
こうみょう 巧妙な	ชำนาญ, คล่องแคล่ว チャムナーン, クロン クレオ	skillful, dexterous スキルフル, デクストラス
こうむ 公務	หน้าที่ราชการ ナーティー ラーッチャカーン	official duties オフィシャル デューティズ
～員	ข้าราชการ カー ラーッチャカーン	public official パブリク オフィシャル
こうむ 被る	ประสบ, ได้รับ プラソップ, ダイ ラップ	suffer, receive サファ, リスィーヴ
こうもく 項目	หัวข้อ フア コー	item, clause アイテム, クローズ
こうもん 肛門	ทวารหนัก タワーン ナック	anus エイナス
こうやく 膏薬	พลาสเตอร์ยา, กอเอี๊ยะ プラーストゥー ヤー, コーイア	plaster プラスタ
こうよう 紅葉	ใบไม้สีแดง バイ マーイ シー デーン	red leaves レド リーヴズ
こうよう 効用	ประโยชน์ プラヨート	use, effect ユーズ, イフェクト
こうようご 公用語	ภาษากลาง パーサー クラーン	official language オフィシャル ラングウィヂ

日	タイ	英
<ruby>甲羅<rt>こうら</rt></ruby>	กระดอง クラドーン	shell シェル
<ruby>行楽<rt>こうらく</rt></ruby>	การท่องเที่ยว カーン トン ティアオ	excursion イクスカージョン
〜客	นักท่องเที่ยว ナック トンティアオ	excursionist イクスカージョニスト
<ruby>合理<rt>ごうり</rt></ruby>		
〜化する	จัดให้สมเหตุสมผล チャット ハイ ソムヘート ソムポン	rationalization ラショナリゼイション
〜的な	สมเหตุสมผล ソムヘート ソムポン	rational ラショナル
<ruby>小売りする<rt>こう</rt></ruby>	ขายปลีก カーイ プリーク	retail リーテイル
<ruby>公立<rt>こうりつ</rt></ruby>	ของรัฐบาล コーン ラッタバーン	public パブリク
<ruby>効率的な<rt>こうりつてき</rt></ruby>	อย่างมีประสิทธิภาพ ヤーン ミー プラシッティパープ	efficient イフィシェント
<ruby>交流<rt>こうりゅう</rt></ruby>	การแลกเปลี่ยน カーン レーク プリアン	exchange イクスチェインヂ
(電流の)	ไฟฟ้ากระแสสลับ ファイファー クラセー サラップ	alternating current オールタネイティング カーレント
〜する	แลกเปลี่ยน レーク プリアン	exchange イクスチェインヂ
<ruby>合流する<rt>ごうりゅう</rt></ruby>	ร่วม ルアム	confluence カンフルーエンス
<ruby>香料<rt>こうりょう</rt></ruby>	เครื่องหอม クルアン ホーム	perfume パーフューム
(食品)	เครื่องปรุงรส クルアン プルンロット	flavor フレイヴァ
<ruby>効力<rt>こうりょく</rt></ruby>	ผล, ประสิทธิภาพ ポン, プラシッティパープ	effect, efficacy イフェクト, エフィカスィ

日	タイ	英
（法律）	มีผลบังคับใช้ ミー ポン バン カップ チャイ	validity ヴァリディティ
こうりょ 考慮する	ตริกตรอง トゥルック トローン	consider カンスィダ
こうれい 高齢	สูงอายุ スーン アーユ	advanced age アドヴァンスト エイヂ
～化社会	สังคมที่มีผู้สูงอายุมาก サンコム ティー ミー プー スーン アーユ マーク	aging society エイヂング ソサイアティ
～者	ผู้สูงอายุ プー スーン アーユ	old people オウルド ピープル
こえ 声	เสียง シアン	voice ヴォイス
ごえい 護衛する	คุ้มกัน, ป้องกัน クム カン, ポン カン	guard, escort ガード, エスコート
こ 超［越］える	เกิน クーン	exceed, pass イクスィード, パス
（向こうへ）	ข้าม カーム	go over, cross ゴウ オウヴァ, クロース
コース	คอร์ส コース	course コース
（競走などの）	ลู่วิ่ง ルーウィン	lane レイン
（ゴルフ）	คอร์ส コース	course コース
コーチ	โค้ช, ครูฝึก コーッ, クルー フック	coach コウチ
コーティング	การเคลือบ カーン クルアップ	coating コウティング
コート	เสื้อโค้ท スア コート	coat コウト
（球技の）	สนามเล่น サナーム レン	court コート

日	タイ	英
コード	คอร์ด コート	cord コード
（暗号）	รหัส ラハット	code コウド
コーヒー	กาแฟ カーフェー	coffee コーフィ
コーラス	คอรัส, ร้องประสานเสียง コーラット, ローン プラサーン シアン	chorus コーラス
コーラン	คัมภีร์โกหร่าน カムピー コーラーン	Koran クラーン
こおり 氷	น้ำแข็ง ナム ケン	ice アイス
こおりざとう 氷砂糖	น้ำตาลกรวด ナムターン クルアット	sugar candy シュガ キャンディ
こお 凍る	เย็นจนเป็นน้ำแข็ง イェン チョン ペン ナム ケン	freeze フリーズ
ゴール	จุดหมาย, ประตู チュット マーイ, プラトゥー	goal ゴウル
～キーパー	ผู้รักษาประตู プーラックサー プラトゥー	goalkeeper ゴウルキーパ
ゴールインする	เข้าประตู カオ プラトゥー	reach the goal リーチ ザ ゴウル
こおろぎ	จิ้งหรีด チンリート	cricket クリケット
ごかい 誤解	การเข้าใจผิด カーン カオ チャイ ピット	misunderstanding ミスアンダスタンディング
～する	เข้าใจผิด カオ チャイ ピット	misunderstand ミスアンダスタンド
こがいしゃ 子会社	บริษัทสาขา ボーリサット サーカー	subsidiary サブスィディエリ
コカイン	โคเคน コーケーン	cocaine コウケイン

日	タイ	英
ごがつ 五月	เดือนพฤษภาคม ドゥアン プルッサパーコム	May メイ
こがら 小柄な	รูปร่างเล็ก ループ ラーン レック	small スモール
ごかんせい 互換性のある	ใช้แทนกันได้ チャイ テーン カン ダーイ	compatible コンパティブル
こぎって 小切手	เช็ค チェック	check チェク
ごきぶり	แมลงสาบ マレーン サープ	cockroach カクロウチ
こきゃく 顧客	ลูกค้า ルーク カー	customer, client カスタマ, クライエント
こきゅう 呼吸	การหายใจ カーン ハーイ チャイ	respiration レスピレイション
～する	หายใจ ハーイ チャイ	breathe ブリーズ
こきょう 故郷	บ้านเกิด バーン クート	hometown ホウムタウン
こ 漕ぐ	พาย, แจว パーイ, チェーオ	row ロウ
こくえい 国営の	รัฐวิสาหกิจ ラット ウィ サーハキット	state-run ステイトラン
こくおう 国王	พระมหากษัตริย์, พระเจ้าอยู่หัว プラマハー カサット, プラ チャオ ユーフア	king, monarch キング, マナク
こくさい 国債	พันธบัตรรัฐบาล パンタバット ラッタバーン	national debt ナショナル デト
こくさい 国際		
～的な	สากล, นานาชาติ サーコン, ナーナーチャート	international インタナショナル
～運転免許証	ใบขับขี่สากล バイ カップキー サーコン	international driver's license インタナショナル ドライヴァズ ライセンス

日	タイ	英
～結婚	การแต่งงานกับคนต่างชาติ カーン テンガーン カップ コン ターン チャート	mixed marriage ミクスト マリヂ
～線	สายการบินระหว่างประเทศ サーイ カーンビン ラウーン プラテート	international airline インタナショナル エアライン
～電話	โทรศัพท์ต่างประเทศ トーラサップ ターン プラテート	overseas telephone call オウヴァスィーズ テレフォウン コール
～法	กฎหมายระหว่างประเทศ コットマーイ ラウーン プラテート	international law インタナショナル ロー
～関係	ความสัมพันธ์ระหว่างประเทศ クワーム サムパン ラウーン プラテート	international relations インタナショナル リレイションズ
～会議	การประชุมนานาชาติ カーン プラチュム ナーナーチャート	international conference インタナショナル カンファレンス
こくさん 国産の	ที่ผลิตในประเทศ ティー パリット ナイ プラテート	domestic ドメスティク
～品	ของทำในประเทศ コーン タム ナイ プラテート	domestic product ドメスティク プラダクト
こくじん 黒人	คนผิวดำ コン ピウ ダム	black ブラク
こくせいちょうさ 国勢調査	การสำรวจสำมะโนประชากร カーン サムルアット サムマノー プラチャーコーン	census センサス
こくせき 国籍	สัญชาติ サンチャート	nationality ナショナリティ
こくそ 告訴する	ฟ้องร้อง フォーン ローン	accuse アキューズ
こくどう 国道	ทางหลวง ターン ルアン	national road ナショナル ロウド
こくない 国内		
～の	ในประเทศ ナイ プラテート	domestic ドメスティク
～線	สายการบินในประเทศ サーイ カーン ビン ナイ プラテート	domestic airline ドメスティク エアライン
こくはく 告白する	สารภาพ サーラパープ	confess カンフェス

日	タイ	英
こくばん 黒板	กระดานดำ クラダーン ダム	blackboard ブラクボード
～拭き	แปรงลบกระดาน プレーン ロップ クラダーン	eraser イレイサ
ごくひ 極秘	ความลับสุดยอด クワーム ラップ スット ヨート	top secret タブ スィークレット
こくふく 克服する	ชนะความลำบาก チャナ クワーム ラム バーク	conquer, overcome カンカ, オウヴァカム
こくほう 国宝	สมบัติของชาติ ソムバット コーン チャート	national treasure ナショナル トレジャ
こくぼうしょう 国防省	กระทรวงกลาโหม クラスアン カラーホーム	Department of Defense ディパートメント オヴ ディフェンス
こくみん 国民	ประชาชน, ราษฎร プラチャーチョン, ラーッサドーン	nation, people ネイション, ピープル
こくもつ 穀物	ธัญญพืช タンヤチート	grain, cereals グレイン, スィアリアルズ
こくゆう 国有の	แห่งชาติ ヘン チャート	national ナショナル
こくりつ 国立の	แห่งชาติ, ของรัฐบาล ヘン チャート, コーン ラッタバーン	national ナショナル
こくれん 国連	สหประชาชาติ サハプラチャーチャート	UN ユーエン
こけ 苔	ตะไคร่ タクライ	moss モス
こけい 固形の	ของแข็ง コーン ケン	solid サリド
こ 焦げる	ไหม้ マイ	burn バーン
ごげん 語源	รากศัพท์ ラーク サップ	origin of a word オーリヂン オヴ ア ワード
ここ	ที่นี่ ティー ニー	here, this place ヒア, ズィス プレイス

日	タイ	英
古語	ภาษาโบราณ パーサー ボーラーン	old word オウルド ワード
午後	หลังเที่ยง ランティアン	afternoon アフタヌーン
凍える	หนาวจนแข็ง ナーオ チョン ケン	freeze フリーズ
ココナツ	มะพร้าว マプラーオ	coconut コウコナト
～ミルク	น้ำกะทิ ナム カティ	coconut milk コウコナト ミルク
心	หัวใจ, ใจ フア チャイ, チャイ	mind, heart マインド, ハート
（精神）	วิญญาณ ウィンヤーン	spirit スピリト
（感情）	ความรู้สึก クワーム ルースック	feeling フィーリング
～ゆくまで	ถึงอกถึงใจ トゥン オック トゥン チャイ	to *one's* heart's content トゥ ハーツ カンテント
～のままに	อย่างเต็มใจ ヤーン テム チャイ	at *one's* own will アト オウン ウィル
～が広い[狭い]	ใจกว้าง[แคบ] チャイ クワーン [ケープ]	large-[narrow-]minded ラーヂ [ナロウ] マインデド
～をつかむ	ชนะใจ チャナ チャイ	attract a person アトラクト ア パーソン
心掛ける	ใส่ใจ, ระวัง サイ チャイ, ラワン	bear in mind ベア イン マインド
心構え	การเตรียมใจ カーン トリアム チャイ	preparation プレパレイション
志	ความหวัง, ความตั้งใจ クワーム ワン, クワーム タンチャイ	will, intention ウィル, インテンション
志す	ตั้งใจ, มุ่งหมาย タンチャイ, ムンマーイ	intend, aim インテンド, エイム

日	タイ	英
心細い (こころぼそい)	ว้าเหว่ ウーウェー	forlorn フォローン
快い (こころよい)	ชอบใจ, สบายใจ チョープ チャイ, サバーイ チャイ	pleasant, agreeable プレザント, アグリーアブル
快く (こころよく)	ด้วยความยินดี ドゥアイ クワーム インディー	with pleasure ウィズ プレジャ
誤差 (ごさ)	ผลต่างที่คำนวณ, คลาดเคลื่อน ポン ターン ティー カムヌアン, クラート クルアン	error エラ
ござ	เสื่อ スア	mat マト
小雨 (こさめ)	ฝนปรอย フォン プローイ	light rain ライト レイン
腰 (こし)	เอว エーオ	waist ウェイスト
孤児 (こじ)	เด็กกำพร้า デック カムプラー	orphan オーファン
乞食 (こじき)	ขอทาน コー ターン	beggar ベガ
個室 (こしつ)	ห้องส่วนตัว ホン スアン トゥア	private room プライヴェト ルーム
固執する (こしつする)	ยึดมั่น ユット マン	persist パスィスト
ゴシップ	นินทา ニンター	gossip ガスィプ
腰布 (こしぬの)	ผ้านุ่ง パー ヌン	*sarong* サローン
故障する (こしょうする)	เสีย シア	go wrong ゴウ ローング
誤植 (ごしょく)	การพิมพ์ผิด カーン ピム ピット	misprint ミスプリント
こじれる	เลวร้ายลง レーオ ラーイ ロン	become complicated ビカム カンプリケイテド

日	タイ	英
個人 (こじん)	บุคคล ブッコン	individual インディヴィデュアル
～主義	ลัทธินิยมปัจเจกชน ラットティ ニヨム パットチェークチョン	individualism インディヴィデュアリズム
～的な	ส่วนบุคคล スアン ブッコン	individual, personal インディヴィデュアル, パーソナル
越[超]す (こす)	ข้าม, เกิน, ผ่าน カーム, クーン, パーン	exceed, pass イクスィード, パス
コスト	ต้นทุน, ราคา トン トゥン, ラーカー	cost コースト
～ダウン	การลดต้นทุน カーン ロット トン トゥン	cost saving コースト セイヴィング
擦る (こす)	ขัด, ถู, ขยี้ カット, トゥー, カイー	rub ラブ
個性 (こせい)	บุคลิกภาพ ブッカリッカパープ	personality パーソナリティ
～的な	ลักษณะเฉพาะ, ลักษณะพิเศษ ラックサナ チャポ, ラックサナ ピセート	unique ユーニーク
戸籍 (こせき)	ทะเบียนสำมะโนครัว タビアン サムマノー クルア	family register ファミリ レヂスタ
～謄本	สำเนาทะเบียนบ้าน サムナオ タビアン バーン	copy of family register カピ オヴ ファミリ レヂスタ
小銭 (こぜに)	เงินย่อย グン ヨイ	change チェインヂ
午前 (ごぜん)	ก่อนเที่ยง コーン ティアン	morning モーニング
～中	ภายในก่อนเที่ยง パーイ ナイ コーン ティアン	during the morning デュアリング ザ モーニング
固体 (こたい)	ของแข็ง コーン ケン	solid サリド
古代の (こだい)	เก่าแก่ カオ ケー	ancient エインシェント

日	タイ	英
答え	คำตอบ カムトープ	answer, reply アンサ, リプライ
（解答）	เฉลย チャルーイ	solution ソルーション
答える	ตอบ トープ	answer, reply アンサ, リプライ
応える	ตอบสนอง, ตอบโต้ トープ サノーン, トープ トー	respond リスパンド
（報いる）	ตอบแทน トープ テーン	meet ミート
こだま	เสียงสะท้อน シアン サトーン	echo エコウ
こだわり	ความชอบส่วนตัว クワーム チョープ スアン トゥア	
…にこだわる	ยึดติดกับ... ユット ティット カップ	be particular *about* ビ パティキュラ
御馳走する	เลี้ยง リアン	treat トゥリート
誇張する	พูดเกินความจริง プート クーン クワーム チン	exaggerate イグザヂャレイト
こつ	เคล็ด, เทคนิค クレット, テックニック	knack ナク
〜をつかむ	รู้เคล็ดลับ ルー クレット ラップ	get the knack ゲト ザ ナク
国家	บ้านเมือง, รัฐ バーン ムアン, ラット	state ステイト
〜元首	ประมุข プラムック	sovereign サヴレン
国歌	เพลงชาติ プレーン チャート	national anthem ナショナル アンセム
国会	รัฐสภา ラッタサパー	the Diet ザ ダイエト

日	タイ	英
〜議員	สมาชิกรัฐสภา サマーチック ラッタサパー	member of the Diet メンバ オヴ ザ ダイエト
こづか 小遣い	เงินใช้จ่ายส่วนตัว グン チャイ チャーイ スアン トゥア	pocket money パケト マニ
こっき 国旗	ธงชาติ トン チャート	national flag ナショナル フラグ
こっきょう 国境	ชายแดน チャーイ デーン	frontier フランティア
コック		
（男性）	พ่อครัว ポー クルア	cook クク
（女性）	แม่ครัว メー クルア	cook クク
こっけい 滑稽な	น่าขัน, ตลก ナー カン, タロック	funny, humorous ファニ, ヒューマラス
ごつごつした	ขรุขระ クルクラ	rugged ラゲド
こっそり	ลอบ, แอบ, ลับๆ ロープ, エープ, ラップ ラップ	quietly, in secret クワイエトリ, イン スィークレト
こづつみ 小包	ห่อของ, พัสดุ ホー コーン, パッサドゥ	package, parcel パキヂ, パースル
こっとうひん 骨董品	โบราณวัตถุ ボーラーン ウットトゥ	curio, antique キュアリオウ, アンティーク
コップ	แก้ว ケーオ	glass グラス
こてい 固定する	คงที่ コン ティー	fix フィクス
こてん 古典	คลาสสิก, ดั้งเดิม クラーッシック, ダンドゥーム	classic クラスィク
〜的な	แบบคลาสสิก, แบบดั้งเดิม ベープ クラーッシック, ベープ ダンドゥーム	classic クラスィク
〜文学	วรรณคดี ワンナカディー	classics クラスィクス

日	タイ	英
こどく 孤独な	โดดเดี่ยว ドート ディアオ	solitary サリテリ
ことし 今年	ปีนี้ ピーニー	this year ズィス イア
ことづけ 言付け	คำฝาก カム ファーク	message メスィヂ
ことば 言葉	คำพูด カム プート	speech スピーチ
（言語）	ภาษา パーサー	language ラングウィヂ
（語）	คำ カム	word ワード
こども 子供	เด็ก, ลูก デック, ルーク	child チャイルド
ことわざ 諺	สุภาษิต スパーシット	proverb プラヴァブ
ことわる 断わる	ปฏิเสธ パティセート	refuse リフューズ
（辞退する）	บอกปัด ボーク パット	decline ディクライン
こな 粉	ผง ポン	powder パウダ
（穀類の）	แป้ง ペーン	flour フラウア
こなごな 粉々になる	ป่น, ยับ ポン, ヤップ	smash into pieces スマシュ イントゥ ピースィズ
コネ	มีเส้น(สาย) ミー セン (サーイ)	connections カネクションズ
こねこ 小猫	ลูกแมว ルーク メーオ	kitten キトン
この	นี้ ニー	this, these ズィス, ズィーズ

日	タイ	英
この間 (あいだ)	วันก่อน ワン ゴーン	the other day ジ アザ デイ
このくらい	แค่นี้ ケー ニー	this much ズィス マチ
この頃 (ごろ)	หมู่นี้, เวลานี้ ムー ニー, ウェーラー ニー	now, these days ナウ, ズィーズ デイズ
この前 (まえ)	คราวที่แล้ว クラーオ ティー レーオ	last time ラスト タイム
好ましい (この)	น่าปรารถนา ナー プラーッタナー	desirable ディザイアラブル
(感じのいい)	มีความรู้สึกดี ミー クワーム ルースック ディー	agreeable アグリーアブル
(よりよい)	น่าพอใจ ナー ポー チャイ	preferable プレファラブル
好み (この)	ความชอบ, รสนิยม クワーム チョープ, ロッサニヨム	taste テイスト
好む (この)	ชอบ チョープ	like, be fond *of* ライク, ビ フォンド
この世 (よ)	โลกนี้ ローク ニー	this world ズィス ワールド
琥珀 (こはく)	อำพัน アムパン	amber アンバ
湖畔 (こはん)	ริมทะเลสาบ リム タレーサープ	lakeside レイクサイド
ご飯 (はん)	ข้าว, ข้าวสวย カーオ, カーオ スアイ	rice ライス
(食事)	อาหาร アーハーン	meal ミール
コピー	สำเนา, ก็อปปี้ サムナオ, コッピー	photocopy, copy フォウトカピ, カピ
～する	ถ่ายสำเนา ターイ サムナオ	copy カピ

日	タイ	英
〜商品	สินค้าปลอม / シンカー プローム	fake products / フェイク プラダクツ
こぶ 瘤	ปุ่ม / プム	lump, bump / ランプ, バンプ
ごぶごぶ 五分五分の	ครึ่งต่อครึ่ง, ก้ำกึ่งกัน / クルン トー クルン, カム クン カン	fifty-fifty / フィフティ フィフティ
こぶし 拳	หมัด, กำปั้น / マット, カム パン	fist / フィスト
こぼ 零す	ทำหก / タム ホック	spill / スピル
こぼ 零れる	หก / ホック	fall, drop, spill / フォール, ドラプ, スピル
（溢れる）	ล้น, ท่วม / ロン, トゥアム	overflow / オウヴァフロウ
こま 独楽	ลูกข่าง / ルーク カーン	top / タプ
こま 駒（将棋の）	ตัวหมากรุก / トゥア マークルック	piece / ピース
コマーシャル	โฆษณา / コーッサナー	commercial / カマーシャル
こま 細かい	เล็กน้อย, ละเอียด / レック ノーイ, ライアット	small, fine / スモール, ファイン
（詳細）	รายละเอียด / ラーイ ライアット	detailed / ディテイルド
ごまか 誤魔化す	ตบตา, หลอกลวง / トップ ター, ロー ルアン	cheat, swindle / チート, スウィンドル
こま 困らせる	ทำให้ลำบาก, ทำให้รำคาญ / タム ハイ ラム バーク, タム ハイ ラムカーン	embarrass, annoy / インバラス, アノイ
こま 困る	แย่, ลำบาก / イェー, ラム バーク	have trouble / ハヴ トラブル
（当惑）	ลำบากใจ, อลักเอลื่อ / ラム バーク チャイ, アラック アルア	be annoyed / ビ アノイド

日	タイ	英
（金に）	เดือดร้อน ドゥアット ローン	be hard up *for* ビ ハード アプ
ごみ	ขยะ カヤ	dust, refuse ダスト, レフュース
～箱	ถังขยะ タン カヤ	dustbin ダストビン
コミュニケ	แถลงการณ์ タレーン カーン	communiqué コミューニケイ
コミュニケーション	การสื่อสาร カーン スーサーン	communication カミューニケイション
込[混]む	คับคั่ง, แออัด カップ カン, エー アット	be jammed ビ チャムド
ゴム	ยาง ヤーン	rubber ラバ
米	ข้าว カーオ	rice ライス
こめかみ	ขมับ カマップ	temple テンプル
コメディ	การแสดงตลก カーン サデーン タロック	comedy カミディ
コメディアン	ตัวตลก トゥア タロック	comedian カミーディアン
込める	บรรจุ バンチュ	charge チャーヂ
コメント	ความเห็น, ข้อสังเกต クワーム ヘン, コー サンケート	comment カメント
ごめんなさい	ขอโทษ コー トート	I'm sorry. アイム サリ
子守	พี่เลี้ยงเด็ก ピー リアン デック	baby-sitter ベイビスィタ
～歌	เพลงกล่อมเด็ก プレーン クローム デック	lullaby ララバイ

日	タイ	英
こもん 顧問	ที่ปรึกษา ティー プルックサー	adviser, counselor アドヴァイザ, カウンセラ
こゆうの 固有の	ลักษณะพิเศษ ラックサナピセート	peculiar *to* ピキューリア
こゆび 小指	นิ้วก้อย ニウ コイ	little finger リトル フィンガ
（足の）	นิ้วก้อยเท้า ニウ コイ ターオ	little toe リトル トウ
こよみ 暦	ปฏิทิน パティティン	calendar キャリンダ
こら 堪える	อดทน, ทน オットン, トン	bear, endure ベア, インデュア
（抑制）	กลั้น クラン	control, suppress カントロウル, サプレス
ごらく 娯楽	ความบันเทิง, ความเริงรมย์ クワーム バントゥーン, クワーム ルーンロム	amusement アミューズメント
コラム	คอลัมน์ コーラム	column カラム
こ しょう 凝り性の	พิถีพิถัน ピティー ピタン	concentrative カンセントレイティヴ
こりつ 孤立する	แยก, อยู่โดดเดี่ยว イェーク, ユー ドート ディアオ	be isolated ビ アイソレイテド
懲りる	หลาบ, เข็ด ラープ, ケット	have had enough *of* ハヴ ハド イナフ
こ 凝る	ใฝ่ใจ, หมกมุ่น ファイ チャイ, モック ムン	be absorbed *in* ビ アブソーブド
（肩などが）	เมื่อย ムアイ	grow stiff グロウ スティフ
コルク	จุกก็อก チュック コック	cork コーク
ゴルフ	กอล์ฟ ゴープ	golf ガルフ

日	タイ	英
〜場	สนามกอล์ฟ サナーム ゴーフ	golf links ガルフ リンクス
これ	อันนี้ アン ニー	this ズィス
これから	ต่อไปนี้, จากนี้ไป トー パイ ニー, チャーク ニー パイ	hereafter ヒアラフタ
コレクション	ของสะสม コーン サソム	collection カレクション
コレクトコール	โทรศัพท์เก็บเงินปลายทาง トーラサップ ケップ グン プラーイ ターン	collect call カレクト コール
コレステロール	คอลเลสเตอรอล コーンレスターローン	cholesterol コレスタロウル
転がる	กลิ้ง クリン	roll ロウル
（倒れる）	ล้ม ロム	fall フォール
殺し文句	คำพูดที่เด็ด カム プート ティーデット	telling expression テリング イクスプレション
殺す	ฆ่า カー	kill, murder キル, マーダ
転ぶ	หกล้ม ホック ロム	tumble down タンブル ダウン
衣	เสื้อ スア	clothes クロウズ
（僧侶の）	จีวร チーウォーン	Buddhist monk's robe ブディスト マンクス ロウブ
（フライの）	แป้งที่ชุบ ペーン ティー チュップ	coating コウティング
恐[怖]い	น่ากลัว ナー クルア	terrible, fearful テリブル, フィアフル
恐[怖]がる	กลัว クルア	fear, be afraid フィア, ビ アフレイド

日	タイ	英
こわ 壊す	ทำลาย, ทำแตก タムラーイ, タム テーク	break, destroy ブレイク, ディストロイ
こわ 壊れる	แตก, เสีย テーク, シア	break, be broken ブレイク, ビ ブロウクン
こんきょ 根拠	หลักฐาน, มูลฐาน ラック ターン, ムーン ターン	ground グラウンド
こんき 根気よく	อย่างพากเพียร ヤーン パークピアン	patiently ペイシェントリ

■ゴルフ■ กอล์ฟ /ゴーフ/

ゴルフバッグ　ถุงกอล์ฟ /トゥン ゴーフ/ (英golf bag)

ウッド　ไม้กอล์ฟ /マイ ゴーフ/ (英wood)

アイアン　เหล็ก /レック/ (英iron)

ドライバー　ไดรเวอร์ /ダライヴァー/ (英driver)

パター　พัตเตอร์ /パッター/ (英putter)

ピッチングウェッジ　พิทชิ่งเวดจ์ /ピッチンウェット/ (英pitching wedge)

ゴルフボール　ลูกกอล์ฟ /ルーク ゴーフ/ (英golf ball)

キャディー　แคดดี้ /ケッティー/ (英caddy)

ギャラリー　ผู้ชม /プーチョム/ (英gallery)

ハンディキャップ　แฮนดีแคป /ヘーンディーケップ/ (英handicap)

グロススコア　คะแนนกรอส /カネーン クロース/ (英gross score)

ネットスコア　คะแนนเน็ต /カネーン ネット/ (英net score)

イン　รอบอิน /ローブ イン/ (英in)

アウト　รอบเอาต์ /ローブ アオ/ (英out)

ゆうしょうしゃ
優勝者　ผู้ชนะเลิศ /プー チャナルート/ (英winner)

ティーオフ　ทีออฟ /ティーオーフ/ (英tee off)

フォロー　ตามลม /ターム ロム/ (英following wind)

日	タイ	英
コンクール	การประกวด カーン プラクアット	contest カンテスト
コンクリート	คอนกรีต コーンクリート	concrete カンクリート
今月	เดือนนี้ ドゥアン ニー	this month ズィス マンス
混血児	ลูกครึ่ง ルーク クルン	child of mixed parentage チャイルド オヴ ミクスト ペアランティヂ

アゲンスト　ทวนลม / トゥアン ロム / (英against wind)

フック　ตีลูกฮุก / ティー ルーク フック / (英hook)

スライス　ตีลูกสไลซ์ / ティー ルーク サライ / (英slice)

フェアウェー　แฟร์เวย์ / フェーウェー / (英fairway)

水に落とす　ตีตกน้ำ / ティー トック ナーム / (英hit into the water hazard)

林に入れる　ตีเข้าป่า / ティー カオ パー / (英hit into the woods)

グリーン　กรีน / クリーン / (英green)

バンカー　บ่อทราย / ボー サーイ / (英bunker)

バンカーショット　ระเบิดทราย / ラブート サーイ / (英bunker)

スライスライン　สไลซ์ไลน์ / サライ ライ / (英slice line)

フックライン　ฮุคไลน์ / フック ライ / (英hook line)

カップ, ホール　หลุม / ルム / (英cup, hole)

パット　พัต / パット / (英putt)

スコアカード　สกอร์การ์ด / サコーカート / (英score card)

ニアピン　ตีใกล้ธง / ティー クライ トン / (英closest to the pin)

スウィング　สวิง / サウィン / (英swing)

アドレス　แอดเดรส / エットレス / (英address)

ラインをはずす　ให้ไลน์ผิด / ハイ ライ ピット / (英miss the line)

日	タイ	英
今後（こんご）	ต่อไปนี้ トー パイ ニー	from now on フラム ナウ オン
コンサート	คอนเสิร์ต コーン スート	concert カンサト
コンサルタント	ผู้รับปรึกษา プー ラップ プルックサー	consultant カンサルタント
今週（こんしゅう）	สัปดาห์นี้, อาทิตย์นี้ サップダー ニー, アーティット ニー	this week ズィス ウィーク
根性（こんじょう）		
（性格）	สันดาน サンダーン	nature ネイチャ
（気力）	กำลังใจ, ความกล้า カムラン チャイ, クワーム クラー	spirit, grit スピリト, グリト
～がある	มีความอุตสาหะ ミー クワーム ウットサーハ	be a man of spirit ビ ア マン オヴ スピリト
コンセプト	คอนเซปต์, แนวความคิด コーン セップ, ネーオ クワーム キット	concept カンセプト
コンセンサス	สมานภาพ サマーナパープ	consensus コンセンサス
混線する（こんせん）	สายยุ่ง サーイ ユン	get crossed ゲト クロースト
コンセント	ปลั๊กไฟ プラック ファイ	outlet アウトレト
コンタクトレンズ	คอนแทคเลนส์ コーン テック レーン	contact lenses カンタクト レンズィズ
懇談会（こんだんかい）	งานสังสรรค์ ガーン サンサン	round-table conference ラウンドテーブル カンファレンス
昆虫（こんちゅう）	แมลง マレーン	insect インセクト
コンディション	สภาพ, เงื่อนไข サパープ, グアン カイ	condition カンディション

日	タイ	英
コンテスト	การประกวด カーン プラクアット	contest カンテスト
コンテナ	ตู้คอนเทนเนอร์ トゥー コーンテーン ヌー	container カンテイナ
今度	คราวนี้ クラーオ ニー	this time ズィス タイム
（次回）	คราวหน้า クラーオ ナー	next time ネクスト タイム
混同する	ปะปน パポン	confuse コンフューズ
コンドーム	ถุงยางอนามัย トゥン ヤーン アナーマイ	condom カンドム
コンドミニアム	คอนโดมิเนียม コーンドーミニアム	condominium カンドミニアム
コントロールする	ควบคุม クアップ クム	control カントロウル
こんな	เช่นนี้, อย่างนี้ チェン ニー, ヤーン ニー	such サチ
困難	ความยากลำบาก クワーム ヤーク ラムバーク	difficulty ディフィカルティ
～な	ยาก, ลำบาก ヤーク, ラムバーク	difficult, hard ディフィカルト, ハード
今日	วันนี้, ปัจจุบันนี้ ワン ニー, パッチュバン ニー	today トデイ
こんにちは	สวัสดี サウッディー	Hello! ヘロウ
コンパクト	ตลับแป้งที่มีกระจก タラップ ペーン ティー ミー クラチョック	(powder) compact (パウダ) カンパクト
～な	กะทัดรัด カタット ラット	compact カンパクト
～ディスク	แผ่นซีดี ペーン シー ディー	compact disk カンパクト ディスク

日	タイ	英
コンパス		
（羅針盤）	เข็มทิศ ケムティット	compass カンパス
（製図用）	วงเวียน ウォンウィアン	compasses カンパスィズ
今晩	คืนนี้ クーンニー	this evening ズィス イーヴニング
こんばんは	สวัสดี サワッディー	Good evening. グド イーヴニング

■コンピュータ■ คอมพิวเตอร์ / コームピウトゥー /

コンピュータ　คอมพิวเตอร์ / コームピウトゥー / (英 computer)

パソコン　คอมพิวเตอร์ / コームピウトゥー / (英 personal computer)

ノートパソコン　แล็ปทอป / レップトップ / (英 notebook-type computer)

ハードウェア　ฮาร์ดแวร์ / ハートウェー / (英 hardware)

ハードディスク　ฮาร์ดดิสก์ / ハートディス / (英 hard disk)

ソフトウェア　ซอฟต์แวร์ / ソーフウェー / (英 software)

オペレーティングシステム　ระบบปฏิบัติการ / ラボップ パティ パットカーン / (英 operating system)

プログラム　โปรแกรม / プロークレム / (英 program)

インストール　อินสตอล / インストーン / (英 installation)

キーボード　แป้นพิมพ์, คีย์บอร์ด / ペン ピム、キー ボート / (英 keyboard)

キー　คีย์ / キー / (英 key)

マウス　เมาส์ / マウス / (英 mouse)

マウスパッド　แผ่นรองเมาส์ / ペン ローン マウス / (英 mouse pad)

モニター　หน้าจอ, มอนิเตอร์ / ナー チョー、モーニトゥー / (英 monitor)

データベース　ฐานข้อมูล / ターン コームーン / (英 data base)

ネットワーク　เครือข่าย, เน็ตเวิร์ค / クルア カーイ、ネットウーク / (英 network)

日	タイ	英
コンビ (相棒)	คู่หู クーフー	partner, duo パートナ, デューオウ
コンビナート	นิคมอุตสาหกรรม ニコム ウットサーハカム	industrial complex インダストリアル カンプレクス
コンビニ	ร้านสะดวกซื้อ ラーンサドゥアック スー	convenience store カンヴィーニェンス ストー
コンピュータ	คอมพิวเตอร์ コームピウトゥー	computer カンピュータ

ハッカー　แฮกเกอร์, ผู้เจาะระบบ / ヘックー、プー チョ ラボップ / (英hacker)

プリンター　เครื่องปริ้นท์ / クルアン プリン / (英printer)

レーザープリンター　เครื่องปริ้นท์เลเซอร์ / クルアン プリン レーザー / (英laser printer)

スキャナー　เครื่องสแกนเนอร์ / クルアン サケーン ヌー / (英scanner)

モバイル　โมบายล์ / モーバーイ / (英mobile)

データ　ข้อมูล / コームーン / (英data)

ファイル　ไฟล์ / ファイ / (英file)

カーソル　เคอเซอร์, ตัวชี้ตำแหน่ง / クースー、トゥアチー タムネン / (英cursor)

デスクトップ　คอมพิวเตอร์แบบตั้งโต๊ะ / コームピウトゥー ベープ タント / (英desk-top computer)

フォルダ　โฟลเดอร์ / フォールドゥー / (英directory)

アイコン　ไอคอน / アイコン / (英icon)

ウインドウ　วินโดว์ / ウィンドー / (英window)

メモリ　เมมโมรี่, หน่วยความจำ / メムモーリー、ヌアイ クワームチャム / (英memory)

ディスクドライブ　ช่องใส่ดิสก์ / チョン サイ ディス / (英disk drive)

フロッピーディスク　ฟลอปปี้ดิสก์ / フロッピーティス / (英floppy disk)

周辺機器 (しゅうへんきき)　อุปกรณ์ต่อพ่วง / ウッパコーント- プアン / (英peripherals)

日	タイ	英
コンプレックス	ปมด้อย ポムドイ	complex カンプレクス
こんぽう 梱包する	ห่อ ホー	pack up パク アプ
こんぽん 根本的な	ที่เป็นรากฐาน ティー ペン ラーク ターン	fundamental ファンダメントル
こんや 今夜	คืนนี้ クーン ニー	tonight トナイト
こんやく 婚約		
〜者	คู่หมั้น クー マン	fiancé(*e*) フィアンセ (イ)
〜する	หมั้น マン	be engaged *to* ビ インゲイヂド
こんらん 混乱	ความสับสน クワーム サップソン	confusion カンフュージョン
〜する	สับสน サップソン	be confused ビ カンフューズド

さ, サ

日	タイ	英
差	ความแตกต่าง, ช่องว่าง クワーム テーㇰ ターン, チョン ワーン	difference ディファレンス
さあ (どうぞ)	เอาเลย, เชิญ アオ ルーイ, チューン	Oh, Please オウ, プリーズ
さあ (どうでしょう)	อื้ม ウーム	I say, Well... アイ セイ, ウェル…
サーカス	ละครสัตว์ ラコーン サット	circus サーカス
サークル	วงกลม ウォン クロム	circle サークル
(部活)	ชมรม チョムロム	circle サークル
サーバー	เซิร์ฟเวอร์ スーㇷ゚ヴー	server サーヴァ
サービス	บริการ ボーリカーン	service サーヴィス
～料	ค่าบริการ カー ボーリカーン	service charge サーヴィス チャーヂ
～業	ธุรกิจบริการ トゥラキット ボーリカーン	service, trade サーヴィス, トレイド
サーブ	การเสิร์ฟ, ลูกเสิร์ฟ カーン スーㇷ゚, ルーㇰ スーㇷ゚	serve, service サーヴ, サーヴィス
サーファー	นักกีฬาโต้คลื่น ナック キーラー トー クルーン	surfer サーファ
サーフィン	กีฬาโต้คลื่น キーラー トー クルーン	surfing サーフィング
サーフボード	กระดานโต้คลื่น クラダーン トー クルーン	surfboard サーフボード
サームロー	สามล้อ サーム ロー	three-wheeler truck スリー ホウィーラ トラㇰ

日	タイ	英
さい 犀	แรด レート	rhinoceros ライナセロス
(…) 歳	ปี ピー	… years old イアズ オウルド
さいあく 最悪の	แย่ที่สุด, เลวที่สุด イェー ティー スット, レオ ティー スット	worst ワースト
～場合	กรณีที่เลวร้ายที่สุด コーラニー ティー レオラーイ ティー スット	worst case ワースト ケイス
さいかい 最下位	ต่ำที่สุด タム ティー スット	lowest rank ロウィスト ランク
さいがい 災害	ภัยพิบัติ パイ ピバット	calamity, disaster カラミティ, ディザスタ
ざいかい 財界	วงการเงิน ウォン カーン グン	financial world フィナンシャル ワールド
さいかい 再会する	พบกันใหม่ ポップ カン マイ	meet again ミート アゲン
さいかい 再開する	เปิดใหม่ プート マイ	reopen リーオウプン
さいき 才気	ไหวพริบ, หลักแหลม ワイ プリップ, ラック レーム	talent タレント
さいきん 最近	เมื่อเร็วๆนี้ ムア レオレオ ニー	recently リースントリ
さいきん 細菌	เชื้อโรค チュア ローク	bacteria, germ バクティアリア, チャーム
さいく 細工	งานฝีมือ, ประณีต ガーン フィー ムー, プラニート	work ワーク
さいくつ 採掘する	ขุดแร่ クット レー	mine マイン
サイクリング	การขี่จักรยาน カーン キー チャックラヤーン	cycling サイクリング
さいけつ 採血	การเจาะเลือด カーン チョ ルアット	drawing blood ドローイング ブラド

日	タイ	英
さいけつ 採決	การลงมติ カーン ロン マティ	vote ヴォウト
さいけん 債券	พันธบัตร, ใบบอนด์ パンタバット, バイ ボーン	debenture, bond ディベンチャ, バンド
さいけんしゃ 債権者	เจ้าหนี้ チャオ ニー	creditor クレディタ
さいご 最期	อวสาน アワサーン	death, last moment デス ラスト モウメント
さいご 最後	สุดท้าย, ท้ายสุด スッターイ, ターイ スット	last, end ラスト, エンド
〜の	สุดท้าย スッターイ	last, final ラスト, ファイナル
ざいこ 在庫	สต๊อค サトック	stocks スタクス
〜管理	การควบคุมสต๊อค カーン クアップ クム サトック	inventory control インヴェントーリ コントロウル
さいこう 最高	สูงสุด スーン スット	supremacy シュプレマスィ
〜裁判所	ศาลฎีกา サーン ディーカー	Supreme Court シュプリーム コート
〜だ！	สุดยอด スット ヨート	Great! グレイト！
さいころ	ลูกเต๋า ルーク タオ	dice ダイ
さいこん 再婚	การแต่งงานใหม่ カーン テンガーン マイ	second marriage セコンド マリヂ
さいさん あ 採算が合う	ได้กำไร, คุ้มค่า ダイ カムライ, クム カー	be profitable ビ プラフィタブル
ざいさん 財産	ทรัพย์สมบัติ サップ ソムバット	estate, fortune イステイト, フォーチュン
さいし 妻子	ลูกเมีย ルーク ミア	*one's* family ファミリ

日	タイ	英
さいじつ 祭日	วันเทศกาล ワン テーッサカーン	festival day, holiday フェスティヴァル デイ, ハリデイ
ざいしつ 材質	คุณภาพของวัสดุ クンナパープ コーン ワッサドゥ	quality of the material クワリティ オヴ ザ マティアリアル
さいしゅう 採集する	เก็บรวบรวม ケップ ルアップ ルアム	collect, gather カレクト, ギャザ
さいしょ 最初	ที่แรก ティー レーク	beginning ビギニング
〜の	แรก レーク	first, initial ファースト, イニシャル
〜は	ตอนแรก トーン レーク	at first アト ファースト
〜から	ตั้งแต่แรก タンテー レーク	from the beginning フラム ザ ビギニング
さいしょうげん 最小限	น้อยที่สุด, อย่างน้อย ノーイ ティー スット, ヤーン ノーイ	minimum ミニマム
さいしょう 最小の	เล็กที่สุด, น้อยที่สุด レック ティー スット, ノーイ ティー スット	least, smallest リースト, スモレスト
さいじょう 最上の	ดีที่สุด ディー ティー スット	best ベスト
さいしょくしゅぎしゃ 菜食主義者	มังสวิรัติ マンサウィラット	vegetarian ヴェヂテアリアン
さいしん 細心の	รอบคอบ, ถี่ถ้วน ロープ コープ, ティー トゥアン	careful, prudent ケアフル, プルーデント
さいしん 最新		
〜の	ใหม่ที่สุด, ทันสมัย マイ ティー スット, タン サマイ	latest, up-to-date レイティスト, アプトゥデイト
〜型	รุ่นใหม่ล่าสุด ルン マイ ラー スット	latest model レイテスト マドル
サイズ	ขนาด カナート	size サイズ
ざいせい 財政	การเงิน, การคลัง カーングン, カーン クラン	finances フィナンスィズ

日	タイ	英
さいせいき 最盛期	ช่วงที่รุ่งเรืองที่สุด チュアン ティー ルンルアン ティー スット	prime プライム
さいせい 再生する	เกิดใหม่, งอกใหม่ クート マイ, ゴーク マイ	regenerate リチェナレイト
（録音物の）	เล่นเทป レン テープ	playback プレイバク
さいぜんせん 最前線	แนวหน้า ネーオ ナー	front フラント
さいそく 催促する	เร่งเร้า レン ラオ	press, urge プレス, アーヂ
サイダー	ไซเดอร์ サイドゥー	soda pop ソウダ パプ
さいだいげん 最大限	มากที่สุด, อย่างมาก マーク ティー スット, ヤーン マーク	maximum マクスィマム
さいだい 最大の	ใหญ่ที่สุด ヤイ ティー スット	maximum マクスィマム
さいたく 採択	การรับเอา, การนำมาใช้ カーン ラップ アオ, カーン ナムマー チャイ	adoption, choice アダプション, チョイス
さいだん 祭壇	แท่นบูชา テン ブーチャー	altar オールタ
ざいだん 財団	มูลนิธิ ムーンラニティ	foundation ファウンデイション
さいちゅう 最中に	ท่ามกลาง, กำลัง タームクラーン, カムラン	in the midst of イン ザ ミドスト
さいてい 裁定	การตัดสิน カーン タット シン	decision ディスィジョン
さいてい 最低の	ต่ำที่สุด, แย่ที่สุด タム ティー スット, イェー ティー スット	minimum, worst ミニマム, ワースト
さいていちんぎん 最低賃金	ค่าจ้างขั้นต่ำ カー チャーン カン タム	minimum wages ミニマム ウェイヂズ
さいてき 最適な	ที่เหมาะสมที่สุด ティー モゥム ティー スット	most suitable モウスト スータブル

日	タイ	英
さいてん 採点する	ให้คะแนน ハイ カネーン	mark, grade マーク, グレイド
サイト	เว็บไซต์ ウェブ サイ	website ウェブサイト
サイドブレーキ	เบรคมือ ブレーク ムー	hand brake ハンド ブレイク
さいなん 災難	ภัย, โชคร้าย パイ, チョーク ラーイ	misfortune, calamity ミスフォーチュン, カラミティ
～にあう	ประสบภัย プラソップ パイ	meet with a misfortune ミート ウィズ ア ミスフォーチュン
さいのう 才能	ความสามารถ, สติปัญญา クワーム サーマート, サティパンヤー	talent, ability タレント, アビリティ
さいばい 栽培する	เพาะปลูก ポプルーク	cultivate, grow カルティヴェイト, グロウ
さいはっこう 再発行する	ออกใหม่ オーク マイ	reissue リイシュー
さいはつ 再発する	เกิดซ้ำ クート サム	recur リカー
さいばん 裁判	การตัดสินคดี カーン タット シン カディー	justice, trial チャスティス, トライアル
～官	ผู้พิพากษา プー ピパーク サー	judge チャヂ
～所	ศาล(ยุติธรรม) サーン (ユティタム)	court of justice コート オヴ チャスティス
さいふ 財布	กระเป๋าสตางค์ クラパオ サターン	purse, wallet パース, ワレト
さいへん 再編する	จัดใหม่, วางใหม่ チャット マイ, ワーン マイ	reorganize リオーガナイズ
さいほう 裁縫	งานเย็บปักถักร้อย ガーン イェップ パック タック ローイ	needlework ニードルワーク
さいぼう 細胞	เซลล์ セール	cell セル

日	タイ	英
さいみんじゅつ 催眠術	การสะกดจิต カーン サゴットチット	hypnotism ヒプノティズム
さいむ 債務	หนี้สิน ニーシン	debt デト
ざいむ 財務	การคลัง カーン クラン	financial affairs ファイナンシャル アフェアズ
～省	กระทรวงการคลัง クラスアン カーン クラン	Ministry of Finance ミニストリ オヴ フィナンス
ざいもく 材木	ไม้, ท่อนไม้ マーイ, トン マーイ	wood, lumber ウド, ランバ
さいよう 採用する	นำมาใช้, บรรจุพนักงาน ナムマーチャイ, バンチュ パナックガーン	adopt アダプト
ざいりゅうほうじん 在留邦人	คนญี่ปุ่นที่อาศัยอยู่ต่างประเทศ コン イープン ティー アーサイ ユー タン プラテート	Japanese residents ヂャパニーズ レズィデンツ
ざいりょう 材料	วัสดุ ワッサドゥ	materials マティアリアルズ
さいりよう 再利用する	นำกลับมาใช้อีก ナム クラップ マーチャイ イーク	recycle リーサイクル
さいりょう 最良の	ดีที่สุด ディーティー スット	best ベスト
ざいりょく 財力	กำลังทรัพย์ カムラン サップ	financial power ファイナンシャル パウア
サイレン	หวอ, ไซเรน ウォー, サイレン	siren サイアレン
サイン	ลายเซ็น, การเซ็นชื่อ ラーイセン, カーン セン チュー	autograph, signature オートグラフ, スィグナチャ
サウナ	การอบซาวน่า カーン オップ サオチー	sauna サウナ
…さえ	...ก็, แม้แต่... コー, メー テー	even イーヴン
さえぎ 遮る	ขัดขวาง, ขัดจังหวะ, บัง カット クワーン, カット チャンワ, バン	interrupt, obstruct インタラプト, オブストラクト

日	タイ	英
さえず 囀る	เพรียกพร้อง プリアック プローン	sing, chirp スィング, チャープ
さ 冴える	สว่าง, สดใส, ฉลาด サワーン, ソットサイ, チャラート	be bright ビ ブライト
(目が)	ตาแข็ง ター ケン	be wakeful ビ ウェイクフル
さお 竿	คันเบ็ด, ไม้ราว, ไม้ถ่อ カン ペット, マイ ラーオ, マイ トー	pole, rod ポウル, ラド
さか 坂	ลาด, เนิน ラート, ヌーン	slope, hill スロウプ, ヒル
さかい 境	เขตแดน, ขอบ ケート デーン, コープ	boundary, border バウンダリ, ボーダ

■魚・水棲動物■ ปลา, สัตว์น้ำ / プラー, サットナーム /

- 鯛 (たい) ปลาซีบรีม / プラー シーブリーム / (英 sea bream)
- 鰯 (いわし) ปลาซาร์ดีน / プラー サーディーン / (英 sardine)
- 鯵 (あじ) ปลาทู / プラー トゥー / (英 horse mackerel)
- 鮭 (さけ) ปลาแซลมอน / プラー セーンモーン / (英 salmon)
- 鮪 (まぐろ) ปลาทูน่า / プラー トゥーナー / (英 tuna)
- 鰹 (かつお) ปลาคะซึโอะ / プラー カスオ / (英 bonito)
- 鰻 (うなぎ) ปลาไหล / プラー ライ / (英 eel)
- 真魚鰹 (まなかつお) ปลาจะละเม็ด / プラー チャラメット / (英 harvest fish)
- 蛸 (たこ) ปลาหมึกยักษ์ / プラー ムック ヤック / (英 octopus)
- 烏賊 (いか) ปลาหมึก / プラー ムック / (英 cuttlefish, squid)
- 海老 (えび) กุ้ง / クン / (英 shrimp, prawn, lobster)
- 蟹 (かに) ปู / プー / (英 crab)
- 渡り蟹 (わたりがに) ปูม้า / プー マー / (英 blue crab)

日	タイ	英
さか 栄える	เจริญ, รุ่งเรือง チャルーン, ルン ルアン	prosper プラスパ
さか 逆さま	กลับหัวเป็นท้าย クラップ ルア ペン ターイ	inversion インヴァージョン
さが 捜[探]す	หา, แสวงหา ハー, サウェーン ハー	seek *for*, look *for* スィーク, ルク
さかだち 逆立ちする	ทำท่าหกสูง タム ター ホック スーン	do a handstand ドゥー ア ハンドスタンド
さかな 魚	ปลา プラー	fish フィシュ
さかな (酒の)肴	กับแกล้ม カップ クレーム	relish レリシュ

栄螺 (さざえ) หอยนมสาว / ホイ ノム サーオ / (㊥turban shell)
鮑 (あわび) เป๋าฮื้อ / パオ フー / (㊥abalone)
蛤 (はまぐり) หอยกาบ / ホイ カープ / (㊥clam)
浅蜊 (あさり) หอยลาย / ホイ ラーイ / (㊥clam)
鯰 (なまず) ปลาดุก / プラー ドゥック / (㊥cat fish)
牡蛎 (かき) หอยนางรม / ホイ ナーンロム / (㊥oyster)
雷魚 (らいぎょ) ปลาช่อน / プラー チョン / (㊥snakehead fish)
タツノオトシゴ ม้าน้ำ / マー ナーム / (㊥sea horse)
クラゲ แมงกะพรุน / メーン カプルン / (㊥jellyfish)
ナマコ ปลิงทะเล / プリンタレー / (㊥sea cucumber)
ウニ หอยเม่น / ホイ メン / (㊥sea urchin)
ヒトデ ปลาดาว / プラー ダーオ / (㊥starfish)
鯨 (くじら) ปลาวาฬ / プラー ワーン / (㊥whale)
海豹 (あざらし) แมวน้ำ / メーオ ナーム / (㊥seal)
海豚 (いるか) ปลาโลมา / プラー ローマー / (㊥dolphin)

日	タイ	英
<ruby>遡<rt>さかのぼ</rt></ruby>る	ทวนขึ้นไป トゥアン クン パイ	go up ゴウ アプ
（過去に）	ย้อนหลัง ヨーン ラン	go back ゴウ バク
<ruby>酒屋<rt>さかや</rt></ruby>	ร้านขายสุรา ラーン カーイ スラー	liquor store リカ ストー
<ruby>逆<rt>さか</rt></ruby>らう	ต่อต้าน, ทวน, ฝ่าฝืน トーターン, トゥアン, ファーフーン	oppose, go against オポウズ, ゴウ アゲンスト
<ruby>盛<rt>さか</rt></ruby>り	ระดับที่สูงสุด ラダップ ティー スーン スット	height ハイト
（人生の）	ช่วงเวลาที่ดีที่สุด チュアン ウェーラー ティー ディーティー スット	prime プライム
<ruby>盛<rt>さか</rt></ruby>り<ruby>場<rt>ば</rt></ruby>	ย่านชุมชน ヤーン チュムチョン	busiest area ビズィエスト エアリア
<ruby>下<rt>さ</rt></ruby>がる	ลง, ลด ロン, ロット	fall, drop フォール, ドラプ
（垂れ下がる）	แขวน クウェーン	hang down ハング ダウン
（気温が）	อุณหภูมิลดลง ウンハプーム ロット ロン	drop in the temperature ドラプ イン ザ テンプラチャ
（物価が）	ค่าครองชีพลดลง カー クローンチープ ロット ロン	fall in prices ファル イン プライスィズ
<ruby>盛<rt>さか</rt></ruby>んな	เจริญ, รุ่งเรือง チャルーン, ルン ルアン	prosperous プラスペラス
<ruby>先<rt>さき</rt></ruby>	ปลาย, จุดหมายข้างหน้า プラーイ, チュットマーイ カーンナー	point, tip ポイント, ティプ
（未来）	อนาคต アナーコット	future フューチャ
（続き）	ต่อมา, ต่อไป トー マー, トー パイ	sequel スィークウェル
<ruby>先<rt>さき</rt></ruby>に	ล่วงหน้า, ก่อน ルアン ナー, コーン	in advance, first イン アドヴァンス, ファースト

日	タイ	英
<ruby>詐欺<rt>さぎ</rt></ruby>	การฉ้อโกง カーン チョー コーン	fraud フロード
～師	คนต้มตุ๋น コン トム トゥン	swindler スウィンドラ
<ruby>一昨昨日<rt>さきおととい</rt></ruby>	สามวันก่อน サーム ワン ゴーン	three days ago スリー デイズ アゴウ
サキソフォン	แซ็กโซโฟน セックソーフォーン	saxophone サクソフォウン
<ruby>先走る<rt>さきばし</rt></ruby>	ล้ำหน้า ラム ナー	go too far ahead *of* ゴウ トゥー ファー アヘド
<ruby>先払いする<rt>さきばら</rt></ruby>	จ่ายล่วงหน้า チャーイ ルアン ナー	pay in advance ペイ イン アドヴァンス
<ruby>先ほど<rt>さき</rt></ruby>	เมื่อกี้นี้ ムア キー ニー	a little while ago ア リトル ホワイル アゴウ
<ruby>先物取引<rt>さきものとりひき</rt></ruby>	การทำสัญญาทางการค้าล่วงหน้า カーン タム サンヤー ターン カーン カー ルアン ナー	futures trading フューチャズ トレイディング
<ruby>砂丘<rt>さきゅう</rt></ruby>	เนินทราย ヌーン サーイ	dune デューン
<ruby>作業<rt>さぎょう</rt></ruby>	การทำงาน, การปฏิบัติการ カーン タム ガーン, カーン パティ バット カーン	work, operations ワーク, アペレイションズ
～する	ทำงาน, ปฏิบัติการ タム ガーン, パティ バット カーン	work, operate ワーク, アペレイト
～服	ชุดทำงาน チュット タム ガーン	work clothes ワーク クロウズ
<ruby>先んじる<rt>さき</rt></ruby>	รุกหน้า ルック ナー	be ahead *of* ビ アヘド
<ruby>裂く<rt>さ</rt></ruby>	ฉีก チーク	rend, tear, sever レンド, テア, セヴァ
<ruby>割く<rt>さ</rt></ruby>	แบ่ง, แบ่งแยก ベン, ベン イェーク	spare スペア

日	タイ	英
時間を〜	ปลีกเวลา プリーク ウェーラー	spare スペア
<ruby>咲<rt>さ</rt></ruby>く	บาน, ผลิ バーン, プリ	bloom, come out ブルーム, カム アウト
<ruby>柵<rt>さく</rt></ruby>	รั้ว ルア	fence フェンス
<ruby>索引<rt>さくいん</rt></ruby>	ดัชนี ダッチャニー	index インデクス
<ruby>削減<rt>さくげん</rt></ruby>する	ตัดทอนลง タット トーン ロン	cut カト
<ruby>作者<rt>さくしゃ</rt></ruby>	ผู้แต่ง プーテン	writer, author ライタ, オーサ
<ruby>搾取<rt>さくしゅ</rt></ruby>する	รีดเอา, บีบคั้น リート アオ, ビープ カン	squeeze スクウィーズ
<ruby>削除<rt>さくじょ</rt></ruby>する	กำจัด, ลบออก カムチャット, ロップ オーク	delete ディリート
<ruby>作戦<rt>さくせん</rt></ruby>	ยุทธการ, แผนการ ユッタカーン, ペーン カーン	operations アペレイションズ
〜を練る	วางแผน ワーン ペーン	work out a plan ワーカウト ア プラン
<ruby>昨年<rt>さくねん</rt></ruby>	ปีที่แล้ว ピー ティー レーオ	last year ラスト イア
<ruby>作品<rt>さくひん</rt></ruby>	ผลงาน ポン ガーン	work, piece ワーク, ピース
<ruby>作文<rt>さくぶん</rt></ruby>	เรียงความ リアン クワーム	composition カンポズィション
<ruby>作物<rt>さくもつ</rt></ruby>	ผลิตผล パリッタポン	crops クラプス
<ruby>桜<rt>さくら</rt></ruby>	ซากุระ サークラ	cherry tree チェリ トリー
（花）	ดอกซากุระ ドーク サークラ	cherry blossoms チェリ ブラソムズ

日	タイ	英
(客寄せの)	หน้าม้า ナー マー	come-on カム アン
桜桃 (さくらんぼ)	เชอรรี่ チューリー	cherry チェリ
策略 (さくりゃく)	ชั้นเชิง, อุบาย チャン チューン, ウバーイ	plan, plot プラン, プラト
探る (さぐる)	ค้นหา コン ハー	search, look for サーチ, ルク フォー
(手探り)	คลำ クラム	feel for フィール フォー
(動向を)	สอดแนม ソート ネーム	spy スパイ
石榴 (ざくろ)	ทับทิม タップティム	pomegranate パムグラネト
鮭 (さけ)	ปลาแซลมอน プラー セーンモーン	salmon サモン
酒 (さけ)	เหล้า, สุรา ラオ, スラー	sake, alcohol サーキ, アルコホール
～を飲む	ดื่มเหล้า ドゥーム ラオ	drink ドリンク
～呑み	ขี้เหล้า キー ラオ	drinker ドリンカ
叫ぶ (さけぶ)	ร้อง, ตะโกน ローン, タコーン	shout, cry シャウト, クライ
避ける (さける)	หลีกเลี่ยง リーク リアン	avoid アヴォイド
裂ける (さける)	ปริ, แตกแยก プリ, テーク イェーク	split スプリト
下げる (さげる)	ลดลง ロット ロン	lower, drop ラウア, ドラプ
笹 (ささ)	ใบไผ่ バイ パイ	bamboo grass バンブー グラス

日	タイ	英
些細な	เล็กน้อย レック ノーイ	trifling, trivial トライフリング, トリヴィアル
支える	ค้ำจุน, ยัน カム チュン, ヤン	support, maintain サポート, メインテイン
捧げる	ถวาย, มอบ タヴーイ, モープ	lift up リフト アップ
（奉仕）	อุทิศ ウティット	devote *oneself to* ディヴォウト
囁く	กระซิบ クラシップ	whisper (ホ) ウィスパ
刺さる	ทิ่ม, แทง ティム, テーン	stick スティク
挿絵	ภาพประกอบ パープ プラコープ	illustration イラストレイション
差し押さえる	อายัด アーヤット	seize スィーズ
差し込む	ใส่เข้าไป サイ カオ パイ	insert インサート
（光が）	ส่องแสง ソン セーン	shine in シャイン イン
（プラグを）	เสียบปลั๊ก シアップ プラック	plug in プラグ イン
指図する	สั่ง サン	direct, instruct ディレクト, インストラクト
差し迫った	คับขัน カップ カン	pressing プレスィング
差出人	ผู้ส่ง プー ソン	sender, remitter センダ, リミタ
差し出がましい	เสือก, สะเออะ スアック, サウ	pushy プシ
差し引く	หักออก ハック オーク	deduct *from* ディダクト

日	タイ	英
刺身(さしみ)	ปลาดิบ プラー ディップ	sashimi サシミ
差す(さす)	ใส่, สอด サイ, ソート	insert インサート
(傘を)	กางร่ม カーン ロム	put up an umbrella プト アップ アン アンブレラ
(水を)	เทน้ำ, รินน้ำ テー ナーム, リン ナーム	pour ポー
刺す(さす)	แทง テーン	pierce, stab ピアス, スタブ
(蚊・蜂が)	กัด, ต่อย カット, トイ	bite, sting バイト, スティング
挿す(さす)	เสียบ, ปัก シアップ, パック	insert, put into インサート, プト イントゥ
指す(さす)	ชี้ チー	point to ポイント
(指名)	กำหนดตัว, ส่งชื่อ カムノット トゥア, ソン チュー	name, nominate ネイム, ナミネイト
授ける(さずける)	ให้, มอบ ハイ, モープ	give, grant ギヴ, グラント
サスペンション	เครื่องแขวน クルアン クウェーン	suspension サスペンション
擦る(さする)	ถู, ลูบ トゥー, ループ	rub ラブ
座席(ざせき)	ที่นั่ง ティー ナン	seat スィート
左折する(させつする)	เลี้ยวซ้าย リアオ サーイ	turn left ターン レフト
挫折する(ざせつする)	หมดท่า モット ター	be frustrated ビ フラストレイテド
…させておく	ปล่อยให้... プローイ ハイ	let レト

日	タイ	英
…させて下さい	ขอ…, ขอให้… コー, コー ハイ	Let me…, May I… レト ミー, メイ アイ
(人に)…させる	ให้(คน)ทำ… ハイ (コン) タム	make a *person* do, let メイク, レト
誘う	ชวน チュアン	invite インヴァイト
(促す)	ชักจูง チャック チューン	induce インデュース
(誘惑)	ยั่วยวน ユアユアン	tempt テンプト
蠍	แมงป่อง メーンポン	scorpion スコーピオン
〜座	ราศีพิจิก ラーシー ピチック	Scorpio, the Scorpion スコーピオ, スコーピオン
サタン(通貨)	สตางค์ サターン	*satang* サターン
冊	เล่ม レム	volume, copy ヴァリュム, カピ
札	ธนบัตร, ใบ タナバット, バイ	bill ビル
撮影する	ถ่ายภาพ ターイ パープ	photograph, film フォウトグラフ, フィルム
雑音	เสียงรบกวน シアン ロップクアン	noise ノイズ
作家	นักเขียน, นักประพันธ์ ナック キアン, ナック プラパン	writer, author ライタ, オーサ
サッカー	ฟุตบอล フットボーン	soccer, football サカ, フトボール
錯覚する	เห็นฝาดไป ヘン ファート パイ	be deluded to misapprehend ビディルーデッド トゥ ミサプリヘンド
さっき	เมื่อกี้นี้ ムア キー ニー	(just) now (チャスト) ナウ

280

日	タイ	英
さっきょく 作曲する	แต่งเพลง テン プレーン	compose カンポウズ
～家	นักแต่งเพลง ナック テン プレーン	composer カンポウザ
さっきん 殺菌する	ฆ่าเชื้อ カー チュア	sterilization ステリリゼイション
ざっくばらんに	ตรงไปตรงมา トロン パイ トロン マー	frankly フランクリ
ざっし 雑誌	นิตยสาร ニッタヤサーン	magazine マガズィーン
ざっしゅ 雑種	ลูกผสม, พันธุ์ผสม ルーク パソム, パン パソム	crossbreed, hybrid クロースブリード, ハイブリド
さつじん 殺人	ฆาตกรรม カータッカム	homicide, murder ハミサイド, マーダ
～犯	ฆาตกร カータッコーン	homicide, murderer ハミサイド, マーダラ
さっ 察する	คาดคะเน カート カネー	guess, imagine ゲス, イマヂン
ざっそう 雑草	วัชพืช ウッチャプート	weeds ウィーツ
さっそく 早速	ในทันที ナイ タンティー	immediately イミーディエトリ
ざつだん 雑談	การพูดคุย カーン プート クイ	gossip, chat ガスィプ, チャト
さっちゅうざい 殺虫剤	ยาฆ่าแมลง ヤー カー マレーン	insecticide インセクティサイド
ざっとう 雑踏	ความแออัด クワーム エーアット	congestion コンチェスチョン
さっとう 殺到する	ออ, ฮือกัน オー, フーカン	rush ラシュ
ざつ 雑な	หยาบ, คร่าวๆ ヤープ, クラオ クラーオ	rough, rude ラフ, ルード

日	タイ	英
さっぷうけい 殺風景な	โหรงเหรง ホーン レーン	dreary ドリアリ
さつまいも 薩摩芋	มันเทศ マン テート	sweet potato スウィート ポテイトウ
さて！	เอาละ アオ ラ	Well ウェル
さてい 査定する	ประเมิน プラムーン	assess アセス
さといも 里芋	เผือก プアック	taro ターロウ
さとう 砂糖	น้ำตาล ナム ターン	sugar シュガ
さどう 茶道	พิธีชงชา ピティー チョン チャー	tea ceremony ティー セリモウニ
さと 悟る	ตระหนัก, ตรัสรู้ トラナック, トラッサルー	realize, notice リーアライズ, ノウティス
サドル	อานรถ アーン ロット	saddle サドル
さなぎ 蛹	ดักแด้ ダックデー	chrysalis, pupa クリサリス, ピューパ
さば 鯖	ปลาซาบะ プラー サーバ	mackerel マクレル
〜を読む	เดาสุ่ม ダオ スム	fake the numbers フェイク ザ ナンバーズ
さばく 砂漠	ทะเลทราย タレー サーイ	desert デザト
さばけた	ไม่ถือสา マイ トゥーサー	frank フランク
さび 錆	สนิม サニム	rust ラスト

日	タイ	英
〜止め	กันสนิม カン サニム	rust preventive, anticorrosive ラスト プリヴェンティヴ, アンティコロウスィヴ
寂しい	เหงา, ว้าเหว่ ガオ, ワーウェー	lonely, desolate ロウンリ, デソレト
錆びる	สนิมขึ้น サニム クン	rust ラスト
寂れた	ซบเซา ソップ サオ	desolate デソレト
サファイア	แซฟไฟร์, นิล セーファイ, ニン	sapphire サファイア
座布団	เบาะรองนั่ง ボローン ナン	cushion クション
差別する	แบ่งแยก ベン イェーク	discriminate ディスクリミネイト
サポーター	ผู้สนับสนุน プー サナップサヌン	supporter サポータ
サボる	โดดร่ม ドート ロム	be idle ビ アイドル
…様(手紙で)	คุณ, เรียนคุณ クン, リアン クン	Dear ディア
ざまあ見ろ！	สมน้ำหน้า ソム ナム ナー	Shame on you! シェイム アン ユー
様々な	หลากหลาย, ต่างๆ ラーク ラーイ, タン ターン	various, diverse ヴェアリアス, ダイヴァース
覚ます (目を)	ตื่น トゥーン	wake up ウェイカップ
妨げる	รบกวน, ขัดขวาง ロップクアン, カット クワーン	disturb ディスターブ
様にならない	ผิดท่า, ไม่เป็นท่า ピット ター, マイ ペン ター	do not look good ドゥ ナト ルク グド

日	タイ	英
彷徨う	เตร็ดเตร่	wander about
サミット	การประชุมสุดยอด	summit
寒い	หนาว	cold, chilly
寒がり	ขี้หนาว	a person sensitive to the cold
寒気		
～がする	รู้สึกหนาว	feel a chill
寒さ	ความหนาว	cold
鮫	ปลาฉลาม	shark
冷める	เย็น (ลง)	cool (down)
(色が) 褪める	(สี)ตก, จาง	fade
莢隠元	ถั่วแขก	string bean
作用	การกระทำ	action, function
～する	ทำ, กระทำ	act *upon*, affect
さようなら	ลาก่อน, สวัสดี	Good-bye.
左翼	ปีกซ้าย	left

日	タイ	英
（思想）	ลัทธิฝ่ายซ้าย ラッティ ファーイ サーイ	left wing レフト ウィング
さら 皿	จาน チャーン	plate, dish プレイト, ディシュ
さらいしゅう 再来週	อีกสองอาทิตย์ イーク ソーン アーティット	the week after next ザ ウィーク アフタ ネクスト
さらいねん 再来年	อีกสองปี イーク ソーン ピー	the year after next ジ イア アフタ ネクスト
ざらざらの	หยาบ, สาก ヤープ, サーク	rough, coarse ラフ, コース
さら 曝す	ฟอก フォーク	expose イクスポウズ
恥を〜	ทำให้ขายหน้า タム ハイ カーイ チー	shame *oneself* in public シェイム イン パブリク
さらそうじゅ 沙羅双樹	สาละ サーラ	sal サール
サラダ	สลัด サラット	salad サラド
さら 更に	นอกจากนี้, อีก ノーク チャーク ニー, イーク	still more, further スティル モー, ファーザ
サラミ	ไส้กรอกซะลามี サイクローク サラーミー	salami サラーミ
サラリーマン	พนักงานบริษัท パナックガーン ボーリサット	office worker オーフィス ワーカ
さりげない	ธรรมดา, อย่างหน้าเฉย タムマダー, ヤーン ナーチューイ	natural, casual ナチュラル, キャジュアル
さる 猿	ลิง リン	monkey, ape マンキ, エイプ
〜（申）年	ปีวอก ピー ウォーク	the Year of the Monkey ザ イヤ オヴ ザ マンキ
さ 去る	จากไป チャーク パイ	quit, leave クウィト, リーヴ

日	タイ	英
ざる 笊	ตะกร้าไม้ไผ่ タクラー マイ パイ	bamboo basket バンブー バスケット
サルン (通貨)	สลึง サルン	*salung* サルン
さわ 沢	หนองน้ำ, บึง ノーン ナーム, ブン	swamp, marsh スワンプ, マーシュ
さわ 騒ぎ	เสียงเอ็ดตะโร シアン エッタロー	noise, clamor ノイズ, クラマ
(騒動)	ความโกลาหล クワーム コーラーホン	disturbance ディスターバンス
さわ 騒ぐ	ทำเสียงอึกทึก, เอะอะ タム シアン ウックトゥック, エ ア	make a noise メイク ア ノイズ
(騒動)	โกลาหล コーラーホン	make a disturbance メイク ア ディスターバンス
爽やかな	สดชื่น ソット チューン	refreshing リフレシング
さわ 触る	จับ, แตะต้อง チャップ, テトン	touch, feel タチ, フィール
さん 酸	กรด クロット	acid アスィド
…さん		
(呼びかけ)	คุณ... クン	Mr., Mrs., Miss., Ms. ミスタ, ミスィズ, ミス, ミズ
さんか 参加		
～者	ผู้เข้าร่วม プー カオ ルアム	participant パーティスィパント
～する	เข้าร่วม カオ ルアム	participate, join パーティスィペイト, ヂョイン
さんかい 産科医	สูติแพทย์ スーティ ペート	obstetrician アブステトリシャン
ざんがい 残骸	ซาก サーク	remains, wreckage リメインズ, レキヂ

日	タイ	英
さんかく 三角	สามเหลี่ยม サーム リアム	triangle トライアングル
～形（の）	(ที่เป็น)รูปสามเหลี่ยม (ティー ペン)ルーブ サーム リアム	triangle, triangular トライアングル, トライアンギュラ
さんがくみんぞく 山岳民族	ชาวเขา チャーオ カオ	hill tribe ヒル トライブ
さんがつ 三月	เดือนมีนาคม ドゥアン ミーナーコム	March マーチ
さんぎいん じょういん 参議院（上院）	วุฒิสภา ウッティ サパー	House of Councilors ハウス オヴ カウンスラズ
さんきゃく 三脚	ขาตั้งสามขา カー タン サーム カー	tripod トライパド
ざんぎゃく 残虐な	โหดร้าย ホート ラーイ	atrocious, brutal アトロウシャス, ブルートル
さんぎょう 産業	อุตสาหกรรม ウッサーハカム	industry インダストリ
ざんぎょう 残業	โอที オーティー	overtime work オウヴァタイム ワーク
～手当	ค่าล่วงเวลา, ค่าโอที カー ルアン ウェーラー, カー オーティー	overtime pay オウヴァタイム ペイ
サングラス	แว่นกันแดด ウェン カン デート	sunglasses サングラスィズ
さんこう 参考	การอ้างอิง カーン アーンイン	reference レファレンス
～にする	ใช้อ้างอิง チャイ アーンイン	refer *to* レファー
～までに	สำหรับใช้อ้างอิง サムラップ チャイ アーン イン	for your information フォ ヤ インフォメイション
～書	หนังสือคู่มือ ナンスー クー ムー	study aid スタディ エイド
ざんこく 残酷な	โหดร้าย ホート ラーイ	cruel, merciless クルエル, マースィレス

日	タイ	英
さんさろ 三叉路	สามแยก サーム イェーク	three-forked road スリー フォークト ロウド
さんじせいげん 産児制限	การคุมกำเนิด カーン クム カム ヌート	birth control バース カントロウル
さんじゅう 三重の	สามชั้น サーム チャン	threefold, triple スリーフォウルド, トリプル
さんしょう 参照する	อ้างอิง アーンイン	refer *to* リファー
ざんしん 斬新な	ใหม่ マイ	new, novel ニュー, ナヴェル
さんすう 算数	เลขคณิต レーク カニット	arithmetic アリスメティク
サンスクリット	สันสกฤต サンサクリット	Sanskrit サンスクリト
さんせい 賛成する	เห็นด้วย ヘン ドゥアイ	approve *of* アプルーヴ
さんせい 酸性	เป็นกรด ペン クロット	acidity アスィディティ
～雨	ฝนกรด フォン クロット	acid rain アスィド レイン
さんそ 酸素	ออกซิเจน オクシチェン	oxygen アクスィチェン
ざんだか 残高	ยอดเงินคงเหลือ ヨート グン コン ルア	balance バランス
サンタクロース	ซานตาคลอส サーンターク ロート	Santa Claus サンタ クローズ
サンダル	รองเท้าแตะ ローン ターオ テ	sandals サンダルズ
さんち 産地	แหล่งผลิต レン パリット	place of production プレイス オヴ プロダクション
サンドイッチ	แซนด์วิช セーンウィット	sandwich サンドウィチ

日	タイ	英
ざんにん 残忍な	โหดร้าย ホート ラーイ	cruel クルーエル
ざんねん 残念な	น่าเสียดาย, น่าเสียใจ ナー シアダーイ, ナー シアチャイ	regrettable リグレタブル
さんぱい 参拝する	ไปนมัสการ パイ ナマッサカーン	visit a temple ヴィズィット ア テンプル
さんばし 桟橋	สะพานเทียบเรือ サパーン ティアップ ルア	pier ピア
さんぱつ 散髪	การตัดผม カーン タット ポム	haircut ヘアカト
さんび 賛美する	สรรเสริญ, ชมเชย サン スーン, チョムチューイ	praise プレイズ
さんふじんか 産婦人科	สูตินรีเวช スーティナリーウェート	obstetrics and gynecology オブステトリクス アンド ガイナカロヂィ
さんぶつ 産物	ผลผลิต, ผลิตภัณฑ์ ポン パリット, パリッタパン	product, produce プラダクト, プロデュース
サンプル	ตัวอย่าง トゥア ヤーン	sample サンプル
さんぽ 散歩する	เดินเล่น ドゥーン レン	take a walk テイク ア ウォーク
さんぽうせつ 三宝節	วันอาสาฬหบูชา ワン アーサーラハブーチャー	*Asanha Bucha* アサーンハ ブーチャー
さんま 秋刀魚	ปลาซัมมะ プラー サンマ	saury ソーリ
さんまいめ 三枚目	คนตลก コン タロック	comic actor カミク アクタ
さんまん 散漫な	หละหลวม ラルアム	loose ルース
さんみ 酸味	รสเปรี้ยว ロット プリアオ	acidity アスィディティ

日	タイ	英
さんみゃく 山脈	เทือกเขา トゥアック カオ	mountain range マウンティン レインヂ
さんらん 産卵する	วางไข่, ออกไข่ ワーン カイ, オーク カイ	lay eggs レイ エグズ
さんらん 散乱する	กระจัดกระจาย クラチャット クラチャーイ	be dispersed ビ ディスパースト
さんりんしゃ 三輪車	รถสามล้อ ロット サーム ロー	tricycle トライスィクル
さんれつ 参列する	เข้าร่วมพิธี カオ ルアム ピティー	attend アテンド

し, シ

日	タイ	英
し 市	อำเภอ, เมือง アムプー, ムアン	city, town スィティ, タウン
し 死	ความตาย クワーム ターイ	death デス
し …氏	นาย ナーイ	Mr. ミスタ
し 詩	บทกวี, กลอน ボット カウィー, クローン	poetry, poem ポウイトリ, ポウイム
じ 字	ตัวอักษร トゥア アックソーン	letter, character レタ, キャラクタ
じ 時	...โมง, ...เวลา モーン, ウェーラー	o'clock オクラク
じ 痔	ริดสีดวงทวาร リッシードゥアン タワーン	piles, hemorrhoids パイルズ, ヘモロイヅ
しあい 試合	การแข่งขัน カーン ケンカン	game, match ゲイム, マチ
しあ 仕上げる	ทำเสร็จ タム セット	finish, complete フィニシュ, カンプリート

日	タイ	英
しあさって 明々後日	อีกสามวันข้างหน้า, มะเรื่อง イーク サーム ワン カン チー, マルアン	two days after tomorrow トゥー デイズ アフタ トマロウ
しあわ 幸せ	ความสุข クワーム スック	happiness ハピネス
～な	มีความสุข ミー クワーム スック	happy, fortunate ハピ, フォーチュネト
ジーエヌピー GNP	จีเอ็นพี チーエンピー	gross national product グロウス ナショナル プラダクト
シーエム CM	โฆษณา コーッサナー	commercial カマーシャル
じいしき　つよ 自意識が強い	มีความสำนึกอย่างแรงกล้า ミー クワーム サム スック ヤーン レーン クラー	be strongly self-conscious ビ ストロングリ セルフ カンシャス
しいたけ 椎茸	เห็ดหอม ヘット ホーム	*shiitake* シータケイ
シーツ	ผ้าปูที่นอน パー プー ティー ノーン	(bed) sheet (ベド) シート
シーディー CD	ซีดี シーディー	compact disk カンパクト ディスク
～ロム	ซีดีรอม シーディー ローム	CD-ROM スィーディーラム
シートベルト	เข็มขัดนิรภัย ケム カット ニラパイ	seatbelt スィートベルト
シーピーユー CPU	ซีพียู シー ピー ユー	central processing unit セントラル プロセスィング ユーニト
ジープ	รถจี๊ป ロット チープ	jeep チープ
シーフード	อาหารทะเล アーハーン タレー	seafood スィーフード
し 強いる	บังคับ バン カップ	force, compel フォース, コンペル
シール	สติ๊กเกอร์ サティック ゲー	sticker スティカ

日	タイ	英
しい 仕入れる	ซื้อสินค้าเข้าร้าน スー シンカー カオ ラーン	stock スタク
しいん 子音	พยัญชนะ パヤンチャナ	consonant カンソナント
ジーンズ	กางเกงยีนส์ カーンケーン イーン	jeans ヂーンズ
じえい 自衛隊	กองกำลังป้องกันตนเอง コーン カムラン ポンカン トン エーン	Self-Defense Force セルフディフェンス フォース
じえいぎょう 自営業	ธุรกิจส่วนตัว トゥラキット スアン トゥア	Self-employed セルフインプロイド
シェービング クリーム	ครีมโกนหนวด クリーム コーン ヌアット	shaving cream シェイヴィング クリーム
ジェスチャー	การแสดงท่าทาง カーン サデーン ターターン	gesture ヂェスチャ
ジェット機 き	เครื่องบินไอพ่น クルアンビン アイ ポン	jet plane ヂェト プレイン
ジェネレーション ギャップ	ความแตกต่างระหว่างรุ่น クワーム テークターンラウーン ルン	generation gap ヂェネレイション ギャプ
しえん 支援する	สนับสนุน, ช่วยเหลือ サナップ サヌン, チュアイ ルア	support サポート
しお 塩	เกลือ クルア	salt ソールト
～辛い	เค็ม ケム	salty ソールティ
～漬け	การดองเค็ม カーン ドーン ケム	salted food ソールティド フード
しおく 仕送りする	ส่งเงินให้ ソン グン ハイ	send money *to* センド マニ
しおどき 潮時	เวลาเหมาะ ウェーラー モ	time タイム

日	タイ	英
しおり 栞	ที่คั่นหนังสือ ティーカン ナンスー	bookmark ブクマーク
しお 萎れる	แห้งเหี่ยว ヘーン ヒアオ	droop, wither ドループ, ウィザ
しか 鹿	กวาง クワーン	deer ディア
しかい 司会		
～者	โฆษก, พิธีกร コーソック, ピティーコーン	master of ceremonies マスタ アヴ セレモニィズ
～する	เป็นพิธีกร ペン ピティーコーン	preside *at* プリザイド
しかい 視界	การมองเห็น カーン モーン ヘン	sight サイト
しかい 歯科医	หมอฟัน モー ファン	dentist デンティスト
しがいきょくばん 市外局番	รหัสจังหวัด ラハット チャンウット	area code エアリア コウド
じかい 次回	คราวหน้า クラーオ ナー	next time ネクスト タイム
しがいせん 紫外線	รังสีอัลตราไวโอเลต ランシー アントラー ワイオーレート	ultraviolet rays アルトラヴァイオレト レイズ
しかえ 仕返しする	แก้แค้น, แก้เผ็ด ケーケーン, ケーペット	revenge *oneself on* リヴェンヂ
しかく 四角	สี่เหลี่ยม シーリアム	square スクウェア
しかく 資格	คุณสมบัติ クンナソムバット	qualification クワリフィケイション
じかく 自覚		
～症状	อาการที่ผู้ป่วยรู้สึกได้ アーカーン ティー プーパイル ルースック ダーイ	psychosomatic symptoms サイコウソマティク スィンプタムズ
～する	สำนึก サムヌック	be conscious *of* ビ カンシャス

日	タイ	英
しかし	แต่ テー	but, however バト, ハウエヴァ
自家製の	ที่ทำเอง ティー タム エーン	homemade ホウムメイド
仕方がない	ช่วยไม่ได้ チュアイ マイ ダーイ	it can't be helped, nothing can イト キャント ビ ヘルプト, ナスィング キャン ビ ダン
仕方なく	จำใจ チャム チャイ	against *a person's* will アゲンスト ウィル
四月	เดือนเมษายน ドゥアン メーサーヨン	April エイプリル
自活する	เลี้ยงชีพด้วยตัวเอง リアン チープ ドゥアイ トゥア エーン	support *oneself* サポート
しがみつく	เกาะ, ติด コ, ティット	cling *to* クリング
しかも	ยิ่งกว่านั้น イン クヴー ナン	moreover, besides モーロウヴァ, ビサイヅ
自家用車	รถส่วนบุคคล ロット スアン ブッコン	*one's* car カー
叱る	ดุ, ว่ากล่าว ドゥ, ヴー クラーオ	scold, reprove スコウルド, リプルーヴ
しかるべき	สมควร ソム クアン	right ライト
志願		
〜する	อาสา アーサー	volunteer *for* ヴァランティア
〜者	ผู้สมัคร プー サマック	volunteer ヴァランティア
時間		
(時間の単位)	ชั่วโมง チュアモーン	hour アウア

■時間■ เวลา, ชั่วโมง / ウェーラー、チュアモーン /

とし
年 ปี / ピー / (英year)

つき
月 เดือน / ドゥアン / (英month)

しゅう
週 อาทิตย์, สัปดาห์ / アーティット、サップダー / (英week)

ひ
日 วัน / ワン / (英day, date)

じ
時 เวลา / ウェーラー / (英time)

…じかん
…時間 …ชั่วโมง / チュアモーン / (英…hour(s))

ふん
分 นาที / ナーティー / (英minute)

びょう
秒 วินาที / ウィナーティー / (英second)

ひづけ
日付 วันที่ / ワンティー / (英date)

ようび
曜日 วัน / ワン / (英day)

ごぜん
午前 ก่อนเที่ยง / コーン ティアン / (英morning)

ごご
午後 หลังเที่ยง / ラン ティアン / (英afternoon)

あさ
朝 ตอนเช้า / トーン チャーオ / (英morning)

ひる
昼 เที่ยง / ティアン / (英daytime, noon)

よる
夜 กลางคืน / クラーン クーン / (英night)

よあ
夜明け เช้ามืด, รุ่งเช้า / チャオ ムート、ルン チャーオ / (英dawn, daybreak)

にちぼつ
日没 พระอาทิตย์ตก / プラアーティット トック / (英sunset)

ゆうがた
夕方 ตอนเย็น / トーン イェン / (英evening)

しんや
深夜 กลางดึก / クラーン ドゥック / (英midnight)

きょう
今日 วันนี้ / ワンニー / (英today)

あす
明日 พรุ่งนี้ / プルンニー / (英tomorrow)

あさって
明後日 วันมะรืน / ワンマルーン / (英the day after tomorrow)

きのう
昨日 เมื่อวานนี้ / ムアワーンニー / (英yesterday)

おととい
一昨日 วานซืน / ワーンスーン / (英the day before yesterday)

日	タイ	英
（時）	เวลา ウェーラー	time タイム
～通りに	ตรงต่อเวลา トロン トー ウェーラー	on time アン タイム
時間割	ตารางสอน ターラーン ソーン	class schedule クラス スケデュール
指揮		
～者	ผู้บังคับบัญชา プー バンカップ バンチャー	commander, director カマンダ, ディレクタ
（演奏の）	วาทยกร ワーッタヤコーン	conductor カンダクタ
～する	บังคับบัญชา バンカップ バンチャー	command, direct カマンド, ディレクト
式	พิธี ピティー	ceremony セリモウニ
（方式）	แบบแผน, หลักการ ベープ ペーン, ラッカーン	method, system メソド, スィスティム
（型）	รูปแบบ ループ ベープ	style, form スタイル, フォーム
（数式）	สมการ サマカーン	expression イクスプレション
時期	เวลา, วาระ, ฤดูกาล ウェーラー, ワーラ, ルドゥーカーン	time, season タイム, スィーズン
磁気	แรงแม่เหล็ก レーン メーレック	magnetism マグネティズム
敷金	เงินมัดจำ グン マッチャム	deposit ディパズィト
式次第	กำหนดการ カムノット カーン	program of a ceremony プロウグラム オヴ アセレモウニ
式場	โรงพิธี ローン ピティー	hall of ceremony ホール オヴ セリモウニ
色調	โทนสี トーン シー	tone トウン

日	タイ	英
しきもう 色盲	ตาบอดสี ターボートシー	color blindness カラ ブラインドネス
しきもの 敷物	พรม, ผ้าปู プロム, パー プー	carpet, rug カーペト, ラグ
じきゅう 時給	ค่าจ้างต่อชั่วโมง カー チャーン トー チュアモーン	hourly wage アウアリ ウェイヂ
じきゅうじそく 自給自足	การเลี้ยงตัวเอง カーン リアン トゥア エーン	self-sufficiency セルフサフィセンスィ
じぎょう 事業	กิจการ キッチャカーン	enterprise, undertaking エンタプライズ, アンダテイキング
しきり 仕切り	ที่กั้น ティー カン	partition パーティション
しきる 仕切る	กั้น カン	divide ディヴァイド
しきん 資金	เงินทุน グン トゥン	capital, funds キャピタル, ファンヅ
～繰り	กระแสเงินสด クラセー グン ソット	fund management ファンド マニヂメント
し 敷く	ปู プー	lay, spread レイ, スプレド
ジグザグの	คดเคี้ยว コット キアオ	zigzag ズィグザグ
ジグソーパズル	ภาพต่อ, จิ๊กซอว์ パープトー, チックソー	jigsaw puzzle ヂグソー パズル
しくみ 仕組み	กลไก コンカイ	mechanism メカニズム
しけい 死刑	โทษประหาร トート プラハーン	capital punishment キャピタル パニシュメント
しげきする 刺激する	กระตุ้น, ปลุกเร้า クラトゥン, プルック ラオ	stimulate, excite スティミュレイト, イクサイト

日	タイ	英
試験 (しけん)	การสอบ, การทดสอบ カーン ソープ, カーン トット ソープ	examination, test イグザミネイション, テスト
～する	สอบ, ทดสอบ ソープ, トット ソープ	examine, test イグザミン, テスト
入学～	สอบเข้าเรียน ソープ カオ リアン	entrance examination エントランス イグザミネイション
～を受ける	เข้าสอบ カオ ソープ	take an examination テイク アン イグザミネイション

■時刻■ เวลา / ウェーラー /

以下のように 5 つの時間帯と呼び方に分かれる.

1. 深夜・早朝 1 時～5 時 ตี.. [ティー]
2. 午前 6 時～11 時 ...โมงเช้า [モーン チャーオ]
3. 午後 1 時～3 時 บ่าย...โมง [バーイ モーン]
4. 夕方 4 時～6 時 ...โมงเย็น [モーン イェン]
5. 夜 7 時～12 時 ...ทุ่ม [トゥム]

午前 6 時　หกโมงเช้า / ホック モーン チャーオ / (英 6 a.m.)
午前 7 時　เจ็ดโมงเช้า / チェット モーン チャーオ / (英 7 a.m.)
午前 8 時　แปดโมงเช้า / ペート モーン チャーオ / (英 8 a.m.)
午前 9 時　เก้าโมงเช้า / カーオ モーン チャーオ / (英 9 a.m.)
午前 10 時　สิบโมงเช้า / シップ モーン チャーオ / (英 10 a.m.)
午前 11 時　สิบเอ็ดโมงเช้า / シップエット モーン チャーオ / (英 11 a.m.)
正午　เที่ยง / ティアン / (英 12 noon)
午後 1 時　บ่ายโมง / バーイモーン / (英 1 p.m.)
午後 2 時　บ่ายสองโมง / バーイ ソーン モーン / (英 2 p.m.)
午後 3 時　บ่ายสามโมง / バーイ サーム モーン / (英 3 p.m.)
午後 4 時　สี่โมงเย็น / シー モーン イェン / (英 4 p.m.)
午後 5 時　ห้าโมงเย็น / ハー モーン イェン / (英 5 p.m.)

日	タイ	英
～に受かる	สอบได้ ソーブ ダーイ	pass an examination パス アン イグザミネイション
～に落ちる	สอบตก ソーブ トック	fail an examination フェイル アン イグザミネイション
資源	ทรัพยากร サッパヤーコーン	resources リーソースィズ
人的～	ทรัพยากรบุคคล サッパヤーコーン ブッコン	human resources ヒューマン リソースィズ

午後6時　หกโมงเย็น / ホック モーン イェン / (英6 p.m.)
午後7時　หนึ่งทุ่ม / ヌン トゥム / (英7 p.m.)
午後8時　สองทุ่ม / ソーン トゥム / (英8 p.m.)
午後9時　สามทุ่ม / サーム トゥム / (英9 p.m.)
午後10時　สี่ทุ่ม / シー トゥム / (英10 p.m.)
午後11時　ห้าทุ่ม / ハー トゥム / (英11 p.m.)
午前0時　เที่ยงคืน / ティアン クーン / (英12 midnight)
午前1時　ตีหนึ่ง / ティー ヌン / (英1 a.m.)
午前2時　ตีสอง / ティー ソーン / (英2 a.m.)
午前3時　ตีสาม / ティー サーム / (英3 a.m.)
午前4時　ตีสี่ / ティー シー / (英4 a.m.)
午前5時　ตีห้า / ティー ハー / (英5 a.m.)
午前4時20分　ตีสี่ยี่สิบนาที / ティー シー イー-シップ ナーティー / (英4:20 a.m.)
午後8時15分　สองทุ่มสิบห้านาที / ソーン トゥム シップ ハー ナーティー / (英8:15 p.m.)
午後4時半　สี่โมงครึ่ง / シー モーン クルン / (英4:30 p.m.)
午前9時45分　เก้าโมงสี่สิบห้านาที / カーオ モーン シー-シップハー ナーティー / (英9:45 a.m.)
午後8時半　สองทุ่มครึ่ง / ソーン トゥム クルン / (英8:30 p.m.)

日	タイ	英
じけん **事件**	เหตุการณ์ へートカーン	event, incident, case イヴェント, インスィデント, ケイス
じこ **事故**	อุบัติเหตุ ウバッティヘート	accident アクスィデント
じこく **時刻**	เวลา ウェーラー	time, hour タイム, アウア
〜表	ตารางเวลา ターラーン ウェーラー	timetable, schedule タイムテイブル, スケヂュル
じごく **地獄**	นรก ナロック	hell, inferno ヘル, インファーノウ
じこしょうかい **自己紹介する**	แนะนำตัวเอง ネナム トゥア エーン	introduce *oneself* イントロデュース
しごと **仕事**	งาน, อาชีพ ガーン, アーチープ	work, business, task ワーク, ビズネス, タスク
じさ **時差**	ความต่างของเวลา クワーム ターン コーン ウェーラー	difference in time ディフレンス イン タイム
〜ぼけ	เจ็ทแล็ก チェット レック	jet lag チェト ラグ
しざい **資材**	วัสดุ ウッサドゥ	materials マティアリアルス
しさく **試作する**	ทดลองทำ トット ローン タム	produce by way of trial プロデュース バイ ウェイ オヴ トライアル
しさくひん **試作品**	สินค้าที่ลองทำดู シンカー ティー ローンタム ドゥー	trial product トライアル プラダクト
しさつ **視察する**	ตรวจการณ์ トルアットカーン	inspect, visit インスペクト, ヴィズィト
じさつ **自殺する**	ฆ่าตัวตาย カー トゥア ターイ	commit suicide カミト スーイサイド
ししざ **獅子座**	ราศีสิงห์ ラーシー シン	Leo, the Lion レオ, ザ ライオン

日	タイ	英
しじ 指示する	ชี้, บ่งบอก チー, ボン ボーク	indicate インディケイト
しじ 支持する	สนับสนุน サナップ サヌン	support, back up サポート, バクアプ
ししつ 資質	ลักษณะ, คุณสมบัติ ラックサナ, クンナソムバット	nature, temperament ネイチャ, テンペラメント
じじつ 事実	ความจริง, ข้อเท็จจริง クワーム チン, コー テットチン	fact, truth ファクト, トルース
ししゃ 支社	สาขา サーカー	branch ブランチ
ししゃ 死者	ผู้ตาย, ผู้เสียชีวิต プー ターイ, プー シアチーウィット	dead person, dead デド パースン, デド
じしゃく 磁石	แม่เหล็ก メー レック	magnet マグネト
ししゃごにゅう 四捨五入する	ปัดเลขทศนิยมตั้งแต่ห้าขึ้น パット レーク トッサニヨム タンテー ハー クン	round ラウンド
ししゅう 刺繍	การปัก カーン パック	embroidery インブロイダリ
ししゅつ 支出	รายจ่าย ラーイ チャーイ	expenses, expenditure イクスペンスィズ, イクスペンディチャ
じしゅてき 自主的な	ด้วยตนเอง ドゥアイ トン エーン	independent インディペンデント
（自発的）	โดยสมัครใจ ドーイ サマック チャイ	voluntary ヴァランテリ
ししょ 司書	บรรณารักษ์ バンナーラック	librarian ライブレアリアン
じしょ 辞書	พจนานุกรม ポッチャナーヌクロム	dictionary ディクショネリ
じじょ 次女	ลูกสาวคนที่สอง ルーク サーオ コン ティーソーン	second daughter セコンド ドータ
しじょう 市場	ตลาด タラート	market マーケト

日	タイ	英
じじょう 事情	สถานการณ์ サターナカーン	circumstances サーカムスタンスィズ
（理由）	เหตุผล ヘートポン	reasons リーズンズ
じしょく 辞職する	ลาออก ラー オーク	resign リザイン
ししょばこ 私書箱	ตู้ปณ. トゥー ポーノー	post-office box, P.O.Box ポウストオーフィス バクス, ピーオーバクス
しじん 詩人	กวี カウィー	poet ポウイト
じしん 自信	ความมั่นใจ クワーム マンチャイ	confidence カンフィデンス
じしん 地震	แผ่นดินไหว ペンディン ワイ	earthquake アースクウェイク
しすう 指数	ดรรชนี ダッチャニー	index number インデクス ナンバ
物価～	ดรรชนีราคาโภคภัณฑ์ ダッチャニー ラーカー ポーッカパン	price index プライス インデクス
しず 静かな	เงียบ ギアップ	silent, still, calm サイレント, スティル, カーム
システム	ระบบ ラボップ	system スィスティム
～エンジニア	ช่างระบบ チャーン ラボップ	system engineer スィスティム エンヂニア
しず 沈む	จม チョム	sink, go down スィンク, ゴウ ダウン
（太陽などが）	ตก トック	set セト
しず 鎮める	ทำให้สงบ タム ハイ サゴップ	quell クウェル

日	タイ	英
姿勢 (しせい)	ท่า, ท่าทาง ター, ターターン	posture, pose パスチャ, ポウズ
自制する (じせいする)	ควบคุมตัวเอง クアップクム トゥア エーン	control *oneself* カントロウル
施設 (しせつ)	สถาบัน サターバン	institution インスティテューション
公共〜	สถานที่สาธารณะ サターン ティー サーターラナ	public facilities パブリク ファスィリティズ
視線 (しせん)	สายตา サーイター	eyes, glance アイズ, グランス
自然 (しぜん)	ธรรมชาติ タムマチャート	nature ネイチャ
〜に	ตามธรรมชาติ, โดยธรรมชาติ ターム タムマチャート, ドーイ タムマチャート	naturally ナチュラリ
〜保護	การอนุรักษ์ธรรมชาติ カーン アヌラック タムマチャート	protection of nature プロテクション オヴ ネイチャ
慈善 (じぜん)	การทำทาน, การกุศล カーン タムターン, カーン クソン	charity, benevolence チャリティ, ビネヴォレンス
〜事業	กิจกรรมการกุศล キッチャカム カーン クソン	charity チャリティ
事前に (じぜんに)	ล่วงหน้า ルアン ナー	beforehand ビフォーハンド
…しそうだ	ดูเหมือนจะ... ドゥー ムアン チャ	almost to... オールモウスト トゥ
時速 (じそく)	ความเร็วต่อชั่วโมง クワーム レオ トー チュアモーン	speed per hour スピード パー アウア
子孫 (しそん)	ลูกหลาน ルーク ラーン	descendant, posterity ディセンダント, パステリティ
自尊心 (じそんしん)	ความทะนงใจ クワーム タノン チャイ	self-respect, pride セルフリスペクト, プライド
下 (した)	ข้างล่าง, ใต้ カーン ラーン, タイ	lower part, bottom ラウア パート, バトム

日	タイ	英
した 舌	ลิ้น リン	tongue タング
…したい	อยาก... ヤーク	want ワント
じたい 辞退する	ปฏิเสธ, บอกปัด パティセート, ボーク パット	decline, refuse ディクライン, レフューズ
じだい 時代	สมัย, ยุค サマイ, ユック	time, period, era タイム, ピアリオド, イアラ
～遅れの	ล้าสมัย ラー サマイ	old-fashioned オルド ファションド
した 慕う	คิดถึง キット トゥン	yearn *after*, long *for* ヤーン, ローング
したう 下請け	การรับเหมาช่วง カーン ラップ マオ チュアン	subcontract サブカントラクト
したが 従う	ตาม, ติดตาม ターム, ティット ターム	follow, accompany ファロウ, アカンパニ
(逆らわない)	เชื่อฟัง チュア ファン	obey オベイ
したが 下書き	ฉบับร่าง チャ バップ ラーン	draft ドラフト
したが 従って (…である)	เพราะฉะนั้น プロチャ ナン	so that, therefore ソウ ザト, ゼアフォー
(…に) 従って	ตาม ターム	according to... アコーディング トゥ
したぎ 下着	ชุดชั้นใน チュット チャン ナイ	underwear アンダウェア
…したことがある	เคย クーイ	have done ハヴ ダン
した 親しい	สนิท, ใกล้ชิด サニット, クライ チット	close, familiar クロウス, ファミリア
したた 滴る	หยด ヨット	drop, drip ドラプ, ドリプ

日	タイ	英
(ちょうど)…したところだ	พึ่ง..., เพิ่ง プン, プン	just... ヂャスト…
下取り	การซื้อขายแลกเปลี่ยน カーン スー カーイ レーク プリアン	trade-in トレイドイン
下見	การดูล่วงหน้า カーン ドゥー ルアン ナー	preliminary inspection プリミネリ インスペクション
示談	การยอมความ カーン ヨーム クワーム	private settlement プライヴェト セトルメント
七月	เดือนกรกฎาคม ドゥアン カラッカダーコム	July ヂュライ
質屋	โรงรับจำนำ ローン ラップ チャムナム	pawnshop ポーンシャプ
試着する	ลองใส่ ローン サイ	try on トライ オン
市長	นายกเทศมนตรี ナーヨック テーッサモントリー	mayor メイア
次長	รองหัวหน้า ローン フアナー	deputy manager デピュティ マニヂャ
視聴者	ผู้ชม プー チョム	TV audience ティーヴィー オーディエンス
視聴率	เรทติ้ง レート ティン	audience rating オーディエンス レイティング
質	คุณภาพ クンナパープ	quality クワリティ
歯痛	ปวดฟัน プアット ファン	toothache トゥーセイク
実演	สาธิต サーティット	demonstration, performance デモンストレイション, パフォーマンス

日	タイ	英
じっか 実家	บ้านเกิด, บ้านพ่อแม่ バーン クート, バーン ポー メー	parents' home ペアレンツ ホウム
しっかくする 失格する	เสียสิทธิ์ シア シット	be disqualified ビー ディスクワリファイド
しっき 漆器	เครื่องเขิน クルアン クーン	japan ware ヂャパン ウェア
しつぎおうとう 質疑応答	การถามตอบ カーン ターム トープ	questions and answers クウェスチョンズ アンド アンサズ
しつぎょう 失業		
～する	ว่างงาน, ตกงาน ワーン ガーン, トック ガーン	lose *one's* job ルーズ ヂャブ
～者	ผู้ว่างงาน プー ワーン ガーン	unemployed アンエンプロイド
～率	อัตราการว่างงาน アットラー カーン ワーン ガーン	unemployment rate アニンプロイメント レイト
じつぎょうか 実業家	นักธุรกิจ ナック トゥラキット	businessman ビズネスマン
じっきょうちゅうけい 実況中継	การถ่ายทอดสด カーン ターイトート ソット	live broadcast ライヴ ブロードキャスト
シックな	งาม, เก๋ ガーム, ケー	chic シーク
しっけ 湿気	ความชื้น クワーム チューン	moisture モイスチャ
しつけ 躾	การอบรม, ระเบียบวินัย カーン オップロム, ラビアップ ウィナイ	training, discipline トレイニング, ディスィプリン
しつげんする 失言する	พูดพลั้ง プート プラン	make a slip of the tongue メイク ア スリプ オブ ザ タング
じっけん 実験	การทดลอง カーン トット ローン	experiment イクスペリメント
～する	ทดลอง トット ローン	experiment イクスペリメント

日	タイ	英
実現する	ทำให้เป็นจริง, เกิดขึ้นจริง タム ハイ ペン チン, クート クン チン	realize, come true リーアライズ, カム トルー
しつこい	ดันทุรัง ダントゥラン	persistent, obstinate パスィステント, アブスティネト
失効する	หมดอายุ, เป็นโมฆะ モット アーユ, ペン モーカ	lapse ラプス
実行する	ปฏิบัติ, ดำเนินการ パティ バット, ダムヌーンカーン	carry out, practice キャリ アウト, プラクティス
実際に	แท้จริง, จริง テー チン, チン	actually, really アクチュアリ, リーアリ
実施する	ใช้บังคับ チャイ バンカップ	enforce インフォース
実習	การฝึกงาน カーン フック ガーン	practice, training プラクティス, トレイニング
～生	ผู้ฝึกงาน プー フック ガーン	trainee トレイニー
実績	ผลงาน ポン ガーン	results, achievements リザルツ, アチーヴメンツ
実践する	ปฏิบัติจริง パティ バット チン	practice プラクティス
失踪する	หาย, สาบสูญ ハーイ, サープ スーン	disappear ディサピア
質素な	เรียบง่าย リアップ ガーイ	plain, simple プレイン, スィンプル
実態	สภาพที่เป็นจริง サパープ ティー ペン チン	realities リーアリティズ
知ったかぶりをする	ทำเป็นรู้ดี タム ペン ルー ディー	pretend to know プリテンド トゥ ノウ
実地研修	การฝึกงานในสถานที่จริง カーン フック ガーン ナイ サターン ティー チン	on-the-job training オンザ チャブ トレイニング

日	タイ	英
しっと 嫉妬		
〜する	อิจฉา イッチャー	be jealous of, envy ビ チェラス, エンヴィ
〜深い	ขี้อิจฉา, ขี้หึง キー イッチャー, キー フン	jealous, envious チェラス, エンヴィアス
しつど 湿度	ความชื้น クワーム チューン	humidity ヒューミディティ
じっとしている	อยู่เฉย, อยู่นิ่ง ユー チュイ, ユー ニン	keep quiet キープ クワイエト
じつ 実に	ทีเดียว ティー ディアオ	indeed インディード
じつ 実は	จริงๆแล้ว チン チン レーオ	in fact イン ファクト
ジッパー	ซิป シップ	zipper ズィパ
しっぱい 失敗する	ผิดพลาด, ล้มเหลว ピット プラート, ロム レーオ	fail in フェイル
しっぷ 湿布	แผ่นประคบแก้ปวด ペン プラコップ ケー プアット	compress カンプレス
じつぶつだい 実物大	ขนาดเท่าของจริง カナート タオ コーン チン	actual size アクチュアル サイズ
しっぽ 尻尾	หาง ハーン	tail テイル
しつぼう 失望する	ผิดหวัง, ท้อแท้ ピット ワン, トーテー	be disappointed ビ ディサポインテド
じつむ 実務	งานภาคปฏิบัติธุรกิจ ガーン パーク パティバット トゥラキット	practical business プラクティカル ビズネス
しつもん 質問	คำถาม カム ターム	question クウェスチョン
〜する	ถาม ターム	ask a question アスク ア クウェスチョン

日	タイ	英
<ruby>実用的<rt>じつよう</rt></ruby>な	ใช้ได้จริง チャイ ダイ チン	practical プラクティカル
<ruby>実力<rt>じつりょく</rt></ruby>	ความสามารถ, กำลัง クワーム サーマート, カムラン	ability アビリティ
～者	ผู้มีอิทธิพล プー ミー イッティポン	influential person インフルエンシャル パースン
<ruby>失礼<rt>しつれい</rt></ruby>な	ไม่มีมารยาท マイ ミー マーラヤート	rude, impolite ルード, インポライト
<ruby>失恋<rt>しつれん</rt></ruby>する	อกหัก オック ハック	be heartbroken ビ ハートブロウクン
<ruby>指定<rt>してい</rt></ruby>する	กำหนด, ระบุ カムノット, ラブ	appoint, designate アポイント, デズィグネイト
～席	ที่นั่งจอง ティーナン チョーン	reserved seat リザーヴド スィート
…している	อยู่, กำลัง, กำลังอยู่, ユー, カムラン, カムラン ユー	to be doing トゥ ビ ドゥーイング
…しておく	...ไว้ ウィ	leave, keep リーヴ, キープ
<ruby>指摘<rt>してき</rt></ruby>する	บ่งบอก ボン ボーク	point out, indicate ポイント アウト, インディケイト
…してみる	ลอง...ดู ローン ドゥー	try トライ
<ruby>支店<rt>してん</rt></ruby>	สาขา サーカー	branch ブランチ
～長	ผู้จัดการสาขา プー チャッカーン サーカー	branch manager ブランチ マニヂャ
<ruby>自伝<rt>じでん</rt></ruby>	อัตชีวประวัติ アッタチーワ プラワット	autobiography オートバイアグラフィ
<ruby>自転車<rt>じてんしゃ</rt></ruby>	จักรยาน チャックラヤーン	bicycle バイスィクル
<ruby>指導<rt>しどう</rt></ruby>する	แนะนำ, สั่งสอน ネナム, サン ソーン	guide, lead, coach ガイド, リード, コウチ

日	タイ	英
自動車 (じどうしゃ)	รถยนต์ ロットヨン	car, automobile カー, オートモビル
自動的に (じどうてきに)	โดยอัตโนมัติ ドーイ アッタノーマット	automatically オートマティカリ
自動ドア (じどうドア)	ประตูอัตโนมัติ プラトゥー アッタノーマット	automatic door オートマティク ドー
自動販売機 (じどうはんばいき)	เครื่องขายของอัตโนมัติ クルアン カーイ コーン アッタノーマット	vending machine ヴェンディング マシーン
しとやかな	สุภาพอ่อนโยน スパープ オーン ヨーン	graceful グレイスフル
…しながら…する	...ไป...ไปด้วย, ...พลาง...พลาง パイ パイ ドゥアイ, プラーン プラーン	as..., while... アズ, (ホ)ワイル
品切れ (しなぎれ)	สินค้าหมด シンカー モット	sold out ソウルド アウト
萎びる (しなびる)	เหี่ยว, เฉา ヒアオ, チャオ	wither ウィザ
品物 (しなもの)	สิ่งของ, สินค้า シンコーン, シンカー	article, goods アーティクル, グッズ
しなやかな	อ่อน, ยืดหยุ่นได้ オーン, ユート ユン ダーイ	flexible フレクスィブル
シナリオ	บทละคร, บทภาพยนตร์ ボット ラコーン, ボット パープパヨン	scenario, screenplay スィネアリオウ, スクリーンプレイ
次男 (じなん)	ลูกชายคนที่สอง ルーク チャーイ コン ティー ソーン	second son セコンド サン
老舗 (しにせ)	ร้านเก่าแก่ ラーン カオケー	old shop オウルド シャプ
辞任する (じにんする)	ลาออก(จากตำแหน่ง) ラーオーク (チャーク タムネン)	resign リザイン
死ぬ (しぬ)	ตาย ターイ	die ダイ

日	タイ	英
じぬし 地主	เจ้าของที่ดิน チャオ コーン ティーディン	landowner ランドオウナ
しの 凌ぐ	อดทน オット トン	endure, bear インデュア, ベア
（切り抜ける）	รอดพ้น ロート ポン	tide over タイド オウヴァ
（追い越す）	เหนือกว่า, มากกว่า ヌア クワー, マーク クワー	exceed, surpass イクスィード, サーパス
しの 偲ぶ	รำลึกถึง ラムルック トゥン	remember リメンバ
しはいにん 支配人	ผู้จัดการ プー チャッカーン	manager マニヂャ
しばい 芝居	การแสดง, ละคร カーン サデーン, ラコーン	play, drama プレイ, ドラーマ
じはく 自白する	สารภาพ サーラパープ	confess コンフェス
じばさんぎょう 地場産業	อุตสาหกรรมพื้นบ้าน ウッサーハカム プーン バーン	local industry ロウカル インダストリ
しばしば	บ่อยๆ ボイ ボイ	often オーフン
じはつてき 自発的な	โดยสมัครใจ ドーイ サマック チャイ	spontaneous, voluntary スパンテイニアス, ヴァランテリ
しばふ 芝生	สนามหญ้า サナーム ヤー	lawn ローン
しはら 支払い	การจ่ายเงิน カーン チャーイ グン	payment ペイメント
～能力	ความสามารถในการจ่ายเงิน クワーム サーマート ナイ カーン チャーイ グン	solvency サルヴェンスィ
しばら 暫く	สักครู่ サック クルー	for a while フォー ア ホワイル
（かなりの時間）	นาน ナーン	for a long time フォー ア ローング タイム

日	タイ	英
じばら き 自腹を切る	ชักเนื้อ チャック ヌア	pay for ... out of one's own pocket ペイ フォ アウト オヴ オウン パケト
しば 縛る	ผูกมัด プーク マット	bind バインド
しはん 市販の	ที่ขายตามร้านค้าทั่วไป ティー カーイ ターム ラーン カー トゥア パイ	on the market オン ザ マーケト
しはんがっこう 師範学校	วิทยาลัยครู ウィッタヤーライ クルー	normal school ノーマル スクール
しはんき 四半期	ช่วงเวลาสามเดือน チュアン ウェーラー サーム ドゥアン	quarter クウォータ
じひ 慈悲	ความเมตตา, ความปรานี クワーム メーッター, クワーム プラーニー	mercy, pity マースィ, ピティ
～深い	ใจบุญ チャイ ブン	merciful マースィフル
じびいんこうか 耳鼻咽喉科	แผนกหูคอจมูก パネーク フー コー チャムーク	otorhinolaryngology オウトウライノウラリンガロヂ
しひ 私費で	โดยเสียค่าใช้จ่ายเอง ドーイ シア カー チャイチャーイ エーン	at one's own expense アト オウン イクスペンス
しひょう 指標	เครื่องชี้ クルアン チー	index インデクス
じひょう 辞表	ใบลาออก バイ ラー オーク	resignation レズィグネイション
じびょう 持病	โรคประจำตัว ローク プラチャム トゥア	chronic disease クラニク ディズィーズ
しび 痺れる	ชา チャー	become numb ビカム ナム
しぶ 支部	สำนักงานสาขา サムナック ガーン サーカー	branch ブランチ

日	タイ	英
渋い	ฝาด ファート	astringent アストリンジェント
（好みが）	มีรสนิยมดี ミー ロット ニヨム ディー	quiet, tasteful クワイアト, テイストフル
飛沫	ฝอยน้ำ フォーイ ナーム	spray スプレイ
しぶしぶ	อย่างไม่เต็มใจ ヤーン マイ テム チャイ	reluctantly リラクタントリ
しぶとい	ดื้อดึง ドゥー ドゥン	tenacious, obstinate テネイシャス, アブスティネト
自分	ตัวเอง, ตนเอง トゥア エーン, トン エーン	self セルフ
～勝手な	เห็นแก่ตัว ヘン ケー トゥア	selfish セルフィシュ
～自身	ตัวเอง トゥア エーン	oneself ワンセルフ
紙幣	ธนบัตร タナ バット	bill ビル
脂肪	ไขมัน カイマン	fat, grease ファト, グリース
死亡率	อัตราการตาย アットラー カーン ターイ	death rate デス レイト
萎む	หดเหี่ยว ホット ヒアオ	wither, fade ウィザ, フェイド
絞[搾]る	บีบ, บิด, คั้น ビープ, ビット, カン	press, wring, squeeze プレス, リング, スクウィーズ
（出力を）	หรี่, ลด リー, ロット	down ダウン
資本	ทุน トゥン	capital キャピタル
～家	นายทุน ナーイ トゥン	capitalist キャピタリスト

日	タイ	英
～金	เงินทุน グン トゥン	capital キャピタル
～主義	ระบบทุนนิยม ラボップ トゥン ニヨム	capitalism キャピタリズム
縞 (しま)	ลาย, ลายทาง ラーイ, ラーイ ターン	stripes ストライプス
島 (しま)	เกาะ ゴ	island アイランド
姉妹 (しまい)	พี่น้อง(ผู้หญิง) ピー ノーン (プーイン)	sisters スィスタズ
仕舞う (しまう)	เก็บ ケップ	put away プト アウェイ
字幕 (じまく)	คำบรรยายใต้ภาพยนตร์ カム バンヤーイ タイ パーッピヨン	subtitles サブタイトルズ
始末書 (しまつしょ)	หนังสือภาคทัณฑ์ ナンスー パークタン	written apology リトン アパロヂ
しまった！	ตายแล้ว ターイ レーオ	Oops! ウプス！
閉まる (しまる)	ปิด ピット	shut, be closed シャト, ビ クロウズド
自慢する (じまんする)	โอ้อวด オー ウアット	boast *of*, be proud *of* ボウスト, ビー プラウド
染み (しみ)	รอยด่าง ローイ ダーン	stain ステイン
地味な (じみな)	เรียบๆ リアップ リアップ	plain, quiet プレイン, クワイアト
シミュレーション	การสมมุติขึ้น カーン ソムムット クン	simulation スィミュレイション
染みる (しみる)	ซึม スム	penetrate, soak ペネトレイト, ソウク
事務 (じむ)	งานธุรการ ガーン トゥラカーン	business, affairs ビズネス, アフェアズ

日	タイ	英
〜員	พนักงาน パナックガーン	clerk, office worker クラーク, オーフィス ワーカ
〜所	สำนักงาน サムナックガーン	office オーフィス
〜局長	ผู้จัดการฝ่ายสำนักงาน プー チャッカーン ファーイ サムナックガーン	secretary-general セクレテリチェナラル
〜的な	เหมือนธุรกิจ ムアン トゥラキット	businesslike ビズネスライク
〜用品	อุปกรณ์สำนักงาน ウッパコーン サムナックガーン	office supplies オーフィス サプライズ
氏名	ชื่อ นามสกุล チュー ナームサクン	full name フル ネイム
指名する	เสนอชื่อ, แต่งตั้ง サヌー チュー, テン タン	name, nominate ネイム, ナミネイト
締め切り	กำหนดเวลา カムノット ウェーラー	deadline デドライン
締め切る	ปิด, หมดเขต ピット, モット ケート	keep closed, close キープ クロウズド, クロウズ
示す	แสดง, ชี้ サデーン, チー	show, indicate ショウ, インディケイト
締め出す	ปิดไม่ให้เข้า ピット マイ ハイ カオ	shut out シャト アウト
自滅する	พินาศ, ล่มจม ピナート, ロム チョム	ruin *oneself* ルーイン
湿った	เปียกชื้น ピアック チューン	damp ダンプ
湿る	ชื้น, เปียก チューン, ピアック	dampen ダンプン
占める	ยึดครอง ユット クローン	occupy アキュパイ

日	タイ	英
し 閉める	ปิด ピッ	shut, close シャト, クロウズ
し 締める	ทำให้แน่น, รัด タム ハイ ネン, ラット	tighten タイトン
じめん 地面	พื้นดิน プーン ディン	earth, ground アース, グラウンド
しも 霜	น้ำค้างแข็ง ナム カーン ケン	frost フロースト
じもと 地元の	ท้องถิ่น トーン ティン	local ロウカル
しもはんき 下半期	ครึ่งปีหลัง クルン ピー ラン	latter half of the year ラタ ハーフ オヴ ザ イア
しもん 指紋	ลายนิ้วมือ ライ ニウ ムー	fingerprint フィンガプリント
ジャージー	ชุดวอร์ม チュット ウォーム	jersey チャーズィ
ジャーナリスト	นักหนังสือพิมพ์ ナック ナン スー ピム	journalist チャーナリスト
シャープペンシル	ปากกาดินสอ パーッカー ディンソー	mechanical pencil メキャニカル ペンスル
しゃいん 社員	พนักงานบริษัท パナックガーン ボーリサット	employee, staff インプロイイー, スタフ
しゃかい 社会	สังคม サンコム	society ソサイエティ
～学	สังคมศาสตร์ サンコム サート	sociology ソウスィアロヂィ
～主義	ระบอบสังคมนิยม ラボープ サンコム ニヨム	socialism ソウシャリズム
～見学	ทัศนศึกษา タッサナ スックサー	field trip フィールド トリプ
しゃがむ	ย่อเข่า ヨー カオ	squat down スクワト ダウン

日	タイ	英
じゃぐち 蛇口	ก๊อกน้ำ コックナーム	tap, faucet タプ, フォーセト
じゃくてん 弱点	จุดอ่อน, ปมด้อย チュット オーン, ポムドイ	weak point ウィーク ポイント
しゃくど 尺度	มาตราวัด マートラーウット	measure, scale メジャ, スケイル
しゃく さわ 癪に障る	แค้นใจ ケーン チャイ	feel offended by フィール オフェンディド バイ
しゃくや 借家	บ้านเช่า バーン チャオ	rented house レンテド ハウス
〜人	ผู้เช่า プーチャオ	tenant テナント
しゃくようしょうしょ 借用証書	หนังสือกู้ยืม ナンスー クー ユーム	bond of debt バンド オヴ デト
ジャケット	แจ๊คเก็ต チェッケット	jacket ヂャケト
しゃこ 車庫	โรงรถ ローン ロット	garage ガラージ
しゃこう 社交界	วงสังคม ウォン サンコム	fashionable society ファショナブル ソサイアティ
しゃこうてき 社交的な	ชอบสมาคม チョープ サマーコム	sociable ソウシャブル
しゃしょう 車掌	กระเป๋ารถ クラパオ ロット	conductor, guard カンダクタ, ガード
しゃしん 写真	รูปถ่าย ループ ターイ	photograph フォウトグラフ
〜家	ช่างภาพ チャーン パープ	photographer フォタグラファ
〜屋	ร้านถ่ายรูป ラーン ターイ ループ	photo studio フォウトウ ステューディオウ
〜写りがいい	ถ่ายรูปขึ้น ターイ ループ クン	be photogenic ビ フォウトチェニク

日	タイ	英
ジャズ	แจ๊ซ チェート	jazz チャズ
社説	บทบรรณาธิการ ボット バンナーティカーン	editorial エディトーリアル
車線	ช่องเดินรถ チョン ドゥーン ロット	lane レイン
社宅	บ้านพักของบริษัท バーン パック コーン ボーリサット	company house カンパニ ハウス
遮断する	สกัดกั้น サカット カン	intercept インタセプト
鯱	ปลาวาฬเพชรฆาต プラーワーン ペッチャ カート	killer whale キラ ホウェイル
社長	ประธานบริษัท プラターン ボーリサット	president プレズィデント
シャツ	เสื้อเชิ้ต スア チュート	shirt シャート
（下着）	ชุดชั้นใน チュット チャン ナイ	undershirt アンダシャート
借款	การกู้เงิน カーン クー グン	loan ロウン
ジャッキ	แม่แรง メー レーン	jack チャク
借金	หนี้ ニー	debt, loan デト, ロウン
しゃっくり	สะอึก サウック	hiccup ヒカプ
シャッター	บานเกล็ดหน้าต่าง バーンクレット ナーターン	shutter シャタ
（カメラの）	ชัตเตอร์ チャットゥー	shutter シャタ
車道	ถนน タノン	roadway ロウドウェイ

日	タイ	英
社風 (しゃふう)	ประเพณีนิยมของบริษัท プラペーニー ニヨム コーン ボーリサット	company's style カンパニズ スタイル
しゃぶる	ดูด, เลีย ドゥート, リア	suck, suckle サク, サクル
シャベル	พลั่ว プルア	shovel シャヴル
シャボン玉 (だま)	ฟองสบู่ フォーン サブー	soap bubbles ソウプ バブルズ
邪魔 (じゃま)		
〜する	รบกวน, กีดขวาง ロップクアン, キート クワーン	disturb, hinder ディスターブ, ヒンダ
〜な	กีดขวาง キート クワーン	obstructive オブストラクテイヴ
シャム猫 (ねこ)	แมวสยาม メーオ サヤーム	Siamese cat サヤミーズ キャット
ジャム	แยม イェーム	jam ヂャム
斜面 (しゃめん)	พื้นลาดเอียง プーン ラート イアン	slope スロウプ
砂利 (じゃり)	กรวด クルアット	gravel グラヴェル
車両 (しゃりょう)	รถ, พาหนะ ロット, パーハナ	vehicles, cars ヴィーイクルズ, カーズ
車輪 (しゃりん)	ล้อ ロー	wheel (ホ) ウィール
洒落 (しゃれ)	คำคม, คำตลก カム コム, カム タロック	joke, witticism ヂョウク, ウィティスィズム
謝礼 (しゃれい)	คำตอบแทน カム トープ テーン	remuneration リミュナレイション
洒落た (しゃれ)	เก๋, วางท่าโต ケー, ワーン ター トー	witty, smart ウィティ, スマート

日	タイ	英
シャワー	ฝักบัว ファック ブア	shower シャウア
ジャングル	ป่าดง パー ドン	jungle チャングル
じゃんけん	เป่ายิ้งฉุบ パオ イン チュップ	janken
(グー,チョキ,パー)	ค้อน, กรรไกร, กระดาษ コーン, カンクライ, クラダート	rock, scissors, paper ラク, スィザズ, ペイパ
シャン族	ฉาน, ไทยใหญ่, เงี้ยว チャーン, タイ ヤイ, ギアオ	the Shan ザ シャン
ジャンパー	เสื้อกันลม スア カン ロム	windbreaker ウィンドブレイカ
ジャンプする	กระโดด クラドート	jump チャンプ
シャンプー	ยาสระผม, แชมพู ヤー サポム, チェームプー	shampoo シャンプー
ジャンル	ประเภท プラペート	genre ジャーンル
首位	ตำแหน่งที่หนึ่ง タム ネン ティー ヌン	leading position リーディング ポズィション
週	อาทิตย์, สัปดาห์ アーティット, サップダー	week ウィーク
銃	ปืน プーン	gun ガン
…中	ทั้ง, ตลอด, ทั่ว タン, タロート, トゥア	all through, throughout オール スルー, スルーアウト
自由	เสรีภาพ, อิสรภาพ セーリーパープ, イッサラパープ	freedom, liberty フリーダム, リバティ
～席	ที่นั่งไม่ระบุเบอร์ ティー ナン マイ ラブ ブー	non-reserved seat ナンリザーヴド スィート
～な	เสรี, อย่างอิสระ セーリー, ヤーン イッサラ	free, liberal フリー, リベラル

日	タイ	英
～貿易	การค้าเสรี カーンカー セーリー	free trade フリー トレイド
～主義	เสรีนิยม セーリー ニヨム	liberalism リベラリズム
しゅうい 周囲	รอบตัว ロープ トゥア	circumference サカムファレンス
（環境）	สภาพแวดล้อม サパープ ウェート ローム	surroundings サラウンディングズ
じゅうい 獣医	สัตวแพทย์ サッタワペート	veterinarian ヴェテリネアリアン
じゅういちがつ 十一月	เดือนพฤศจิกายน ドゥアン プルットサチカーヨン	November ノウヴェンバ
しゅうえき 収益	กำไร カムライ	profits, gains プラフィツ, ゲインズ
じゅうおく 十億	พันล้าน パン ラーン	billion ビリョン
しゅうかい 集会	การชุมนุม, การประชุม カーン チュムヌム, カーン プラチュム	meeting, gathering ミーティング, ギャザリング
しゅうかくする 収穫する	เก็บเกี่ยว ケップ キアオ	harvest, reap ハーヴィスト, リープ
しゅうがくりょこう 修学旅行	ทัศนศึกษา タッサナ スックサー	school trip スクール トリプ
じゅうがつ 十月	เดือนตุลาคม ドゥアン トゥラーコム	October アクトウバ
しゅうかん 習慣	ประเพณี, นิสัย プラペーニー, ニサイ	habit, custom ハビト, カスタム
～的な	เป็นประเพณี ペン プラペーニー	habitual ハビチュアル
しゅうかんし 週刊誌	แม็กกาซีนรายสัปดาห์ メーッカシーン ラーイ サッブダー	weekly magazine ウィークリ マガジン
しゅうき 周期	คาบเวลา カープ ウェーラー	cycle, period サイクル, ピアリアド

日	タイ	英
しゅうきゅう 週給	ค่าจ้างรายสัปดาห์ カー チャーン ラーイ サップダー	weekly pay ウィークリ ペイ
しゅうきょう 宗教	ศาสนา サーッサナー	religion リリヂョン
じゅうぎょういん 従業員	พนักงาน, คนงาน パナックガーン, コン ガーン	employee, worker インプロイイー, ワーカ
しゅうぎょうきそく 就業規則	ข้อบังคับการทำงาน コー バンカップ カーン タムガーン	office regulations オーフィス レギュレイションズ
しゅうきん 集金する	เก็บเงิน ケップ グン	collect money コレクト マニ
しゅうけい 集計する	รวมยอด ルアム ヨート	total トウタル
じゅうこうぎょう 重工業	อุตสาหกรรมหนัก ウッサーハカム ナック	heavy industries ヘヴィ インダストリズ
しゅうごう 集合する	รวมตัว ルアム トゥア	gather ギャザ
じゆうこうどう 自由行動	ตามอัธยาศัย ターム アッタヤーサイ	individual action インディヴィチュアル アクション
ジューサー	เครื่องปั่นน้ำผลไม้ クルアン パン ナム ポンラマーイ	juicer ヂューサ
しゅうさい 秀才	ผู้มีพรสวรรค์ プー ミー ポーンサワン	talented person タレンティド パースン
しゅうし 修士	มหาบัณฑิต マハー バンディット	master マスタ
しゅうし 収支	รายรับรายจ่าย ラーイ ラップ ラーイ チャーイ	income and outgo インカム アンド アウトゴウ
じゅうじつ 充実した	แน่นแฟ้น ネン フェーン	full, complete フル, カンプリート
じゅうし 重視する	ให้ความสำคัญ ハイ クワーム サムカン	attach importance *to* アタチ インポータンス

日	タイ	英
しゅうしゅう 収集		
～する	สะสม サソム	collect コレクト
～家	นักสะสม ナック サソム	collector カレクタ
じゅうしょ 住所	ที่อยู่ ティーユー	address アドレス
じゅうしょう 重傷	บาดเจ็บสาหัส バーッチェップ サーハット	serious wound スィリアス ウーンド
しゅうしょく 就職する	เข้าทำงาน カオ タムガーン	find employment ファインド インプロイメント
しゅうじん 囚人	นักโทษ ナック トート	prisoner プリズナ
しゅうしんこよう 終身雇用	ระบบการจ้างงานตลอดชีพ ラボップ カーン チャーン ガーン タロート チープ	lifetime employment ライフタイム インプロイメント
ジュース	น้ำผลไม้ ナム ポンラマーイ	juice ヂュース
しゅうせい 習性	นิสัย ニサイ	habit ハビト
しゅうせいえき 修正液	ยาลบ ヤー ロップ	whiteout (ホ)ワイトアウト
しゅうせい 修正する	แก้ไข ケーカイ	amend, revise アメンド, リヴァイズ
しゅうせきかいろ 集積回路	วงจรรวม ウォンチョーン ルアム	IC アイスィー
じゅうたい 渋滞	รถติด ロット ティット	traffic jam トラフィク チャム
じゅうたい 重体	บาดเจ็บสาหัส バーッチェップ サーハット	serious condition スィリアス カンディション
じゅうだい 重大な	ที่สำคัญ, ที่ร้ายแรง ティー サムカン, ティー ラーイ レーン	grave, serious グレイヴ, スィリアス

日	タイ	英
じゅうたく 住宅	เคหะ ケーハ	house, housing ハウス，ハウズィング
しゅうだん 集団	กลุ่ม クルム	group, body グループ，バディ
じゅうたん 絨毯	พรม プロム	carpet, rug カーペット，ラグ
しゅうちしん 羞恥心	ความละอายใจ クワーム ラアーイ チャイ	sense of shame センス オヴ シェイム
しゅうちゃく 執着する	ยึดมั่น ユット マン	stick *to* スティク
しゅうちゅう 集中		
～する	ตั้งใจ, รวบรวม タン チャイ，ルアップ ルアム	concentrate カンセントレイト
～治療室	ห้องไอซียู ホン アイ シー ユー	ICU アイスィーユー
しゅうてん 終点	ปลายทาง プラーイ ターン	end of a line エンド オヴ ア ライン
じゅうでん 充電する	อัดไฟ アット ファイ	charge チャーヂ
シュート	ยิง, ชู้ต イン，チュート	shot シャト
しゅうと 舅	พ่อสามี, พ่อตา ポー サーミー，ポーター	father-in-law ファーザインロー
しゅうとめ 姑	แม่สามี, แม่ยาย メー サーミー，メー ヤーイ	mother-in-law マザインロー
じゅうなん 柔軟な	อ่อนนุ่ม, ยืดหยุ่น オーン ヌム，ユートユン	flexible, supple フレクスィブル，サプル
じゅうにがつ 十二月	เดือนธันวาคม ドゥアン タンワーコム	December ディセンバ
じゅうにし 十二支	สิบสองนักษัตร シップ ソーン ナック サット	Chinese astrology チャイニーズ アストロロヂ

日	タイ	英
しゅうにゅう 収入	รายได้ ラーイ ダーイ	income インカム
～印紙	อากรแสตมป์ アーコーン サテーム	revenue stamp レヴェニュー スタンプ
しゅうにん 就任	การรับตำแหน่ง カーン ラップ タム ネン	inauguration イノーギュレイション
しゅうねん …周年	ครบรอบ...ปี クロップ ローブ ピー	...anniversary アニヴァーサリ
しゆう 私有の	ส่วนบุคคล スアン ブッコン	private プライヴェト
しゅうは 宗派	นิกาย ニカーイ	sect セクト
しゅうはすう 周波数	ความถี่ クワーム ティー	frequency フリークウェンスィ
じゅうびょう 重病	ป่วยหนัก プアイ ナック	serious illness スィリアス イルネス
しゅうぶん 秋分	ศารทวิษุวัต サートウィ スウット	autumnal equinox オータムナル イークウィナクス
じゅうぶん 十分		
～な	พอเพียง ポー ピアン	sufficient, enough サフィシェント, イナフ
もう～だ	พอแล้ว ポー レーオ	That's enough. ザツ イナフ
しゅうへん 周辺	บริเวณ ボーリウェーン	circumference サーカムフェレンス
しゅうまつ 週末	สุดสัปดาห์ スット サップダー	weekend ウィーケンド
じゅうみん 住民	ผู้อยู่อาศัย プー ユー アーサイ	inhabitants, residents インハビタンツ, レズィデンツ
～登録	ลงทะเบียนสำมะโนครัว ロン タビアン サムマノークルア	resident registration レズィデント レジストレイション

日	タイ	英
じゅうやく 重役	ผู้อำนวยการ, ผู้บริหาร プー アムヌアイカーン, プー ボーリハーン	director ディレクタ
じゅうゆ 重油	น้ำมันหนัก ナムマン ナック	heavy oil ヘヴィ オイル
しゅうようする 収容する	บรรจุ バンチュ	receive リスィーヴ
じゅうような 重要な	สำคัญ サムカン	important, principal インポータント, プリンスィパル
しゅうりする 修理する	ซ่อมแซม ソーム セーム	repair, mend リペア, メンド
しゅうろくする 収録する	บันทึก, อัด バントゥック, アット	recording リコーディング
しゅうわい 収賄	คอร์รัปชั่น コーラップチャン	corruption, graft コラプション, グラフト
しゅえい 守衛	ยาม ヤーム	guard ガード
しゅえん 主演	ผู้แสดงนำ プー サデーン ナム	leading role リーディング ロウル
〜する	แสดงนำ サデーン ナム	play the leading part プレイ ザ リーディング パート
〜男優	พระเอก プラ エーク	leading actor リーディング アクタ
〜女優	นางเอก ナーン エーク	leading actress リーディング アクトレス
しゅかんてきな 主観的な	โดยคิดนึกเอาในใจเอง ドーイ キット ヌック アオ ナイ チャイ エーン	subjective サブチェクティヴ
しゅぎ 主義	ลัทธิ, นิยม ラッティ, ニヨム	principle, doctrine プリンスィプル, ダクトリン
しゅぎょうする 修行する	บวชเรียน, ฝึกฝน ブアット リアン, フック フォン	train, study トレイン, スタディ
じゅぎょう 授業	การสอน カーン ソーン	teaching, lesson ティーチング, レスン

日	タイ	英
~料	ค่าเล่าเรียน カー ラオ リアン	tuition トゥイション
じゅく 塾	โรงเรียนสอนพิเศษ ローンリアン ソーン ピセート	private school プライヴェト スクール
しゅくがかい 祝賀会	งานเลี้ยงฉลอง ガーン リアン チャローン	celebration セレブレイション
しゅくじつ 祝日	วันหยุดราชการ ワン ユット ラーッチャカーン	public holiday, festival パブリク ハリデイ, フェスティヴァル
しゅくしゃ 宿舎	บ้านพัก バーン パック	lodging ラヂング
しゅくしょう 縮小する	ย่อให้เล็กลง ヨー ハイ レック ロン	reduce リデュース
じゅく 熟する	สุกงอม スック ゴーム	become ripe, mature ビカム ライプ, マテュア
しゅくだい 宿題	การบ้าน カーン バーン	homework ホウムワーク
じゅくねん 熟年	ผู้อาวุโส プー アーウソー	mature age マテュア エイヂ
しゅくはく 宿泊する	ค้างแรม カーン レーム	lodge, stay ラヂ, ステイ
~料	ค่าพัก カー パック	hotel charges ホウテル チャーヂズ
~客	แขกที่พัก ケーク ティー パック	guest ゲスト
じゅくれん 熟練する	ชำนาญ チャムナーン	become skilled ビカム スキルド
じゅくれんろうどうしゃ 熟練労働者	ช่างฝีมือ チャーン フィー ムー	skilled worker スキルド ワーカ
しゅげい 手芸	หัตถกรรม ハッタカム	handicraft ハンディクラフト
じゅけん 受験する	เข้าสอบ カオ ソープ	take an examination テイク アン ネグザミネイション

日	タイ	英
しゅご **主語**	ประธาน (ของประโยค) プラターン (ゴーン プラヨーク)	subject サブヂクト
しゅさい **主催**		
〜する	เป็นเจ้าภาพ ペン チャオパーブ	supervise スーパヴァイズ
〜者	สปอนเซอร์ サポーンサー	president プレズィデント
しゅざい **取材する**	สืบข่าว スープ カーオ	gather information ギャザ インフォメイション
じゅし **樹脂**	ยางไม้ ヤーン マーイ	resin レズィン
しゅじゅつ **手術**	การผ่าตัด カーン パー タット	operation アペレイション
〜する	ผ่าตัด パー タット	operate アパレイト
しゅしょう **首相**	นายกรัฐมนตรี ナーヨック ラッタモントリー	prime minister プライム ミニスタ
じゅしょう **受賞**		
〜する	ได้รับรางวัล ダイ ラップ ラーンワン	win a prize ウィン ア プライズ
〜者	ผู้ได้รับรางวัล プー ダイ ラップ ラーンワン	prize winner プライズ ウィナ
じゅしょうする **授賞する**	มอบรางวัล モープ ラーンワン	award a prize *to* アウォード ア プライズ
しゅじん **主人**	หัวหน้าครอบครัว フアナー クローップクルア	head of a family ヘド オヴ ア ファミリ
(店の)	เจ้าของร้าน チャオ コーン ラーン	proprietor プロプライエタ
(夫)	สามี サーミー	husband ハズバンド
じゅしんする **受信する**	รับข้อความ ラップ コー クワーム	receive リスィーヴ

日	タイ	英
しゅじんこう **主人公**		
（男性）	พระเอก プラ エーク	hero ヒアロウ
（女性）	นางเอก ナーン エーク	heroine ヘロウイン
じゅず **数珠**	ลูกประคำ ルーク プラカム	Buddhist rosary ブディスト ロウザリ
しゅぞく **種族**	เชื้อชาติ, เผ่า チュア チャート, パオ	race, tribe レイス, トライブ
しゅだん **手段**	วิธีการ ウィティーカーン	means, way ミーンズ, ウェイ
～を選ばない	ไม่เลือกวิธีการ マイ ルアック ウィティーカーン	by any means バイ エニ ミーンズ
しゅちょう **主張する**	ยืนยัน ユーン ヤン	assert, claim アサート, クレイム
しゅつえん **出演する**	ออกแสดง オーク サデーン	appear on the stage アピア オン ザ ステイヂ
しゅっか **出荷する**	ส่งของ ソン コーン	ship, forward シプ, フォーワド
しゅっきん **出勤する**	ไปทำงาน パイ タムガーン	go to work ゴウ トゥ ワーク
しゅっけ **出家する**	บวช ブアット	become a Buddhist monk ビカム ア ブディスト マンク
しゅっけきゅうか **出家休暇**	ลาบวช ラー ブアット	leave to be a Buddhist monk リーヴ トゥ ビ ア ブディスト マンク
しゅっけつ **出血する**	เลือดออก ルアット オーク	bleed ブリード
しゅっこうしゃいん **出向社員**	พนักงานที่ย้าย パナックガーン ティーヤーイ	visiting worker ヴィズィティング ワーカ
しゅっこく **出国する**	ออกนอกประเทศ オーク ノーク プラテート	leave a country リーヴ ア カントリ

日	タイ	英
~カード	ใบเข้าออกนอกประเทศ バイ カオ オーク ノーク プラテート	departure card ディパーチャ カード
しゅっさん 出産する	คลอด クロート	give birth *to* ギヴ バース
しゅっし 出資する	ลงทุน ロン トゥン	investment インヴェストメント
しゅつじょう 出場する	ลงแข่ง, เข้าร่วมแข่งขัน ロン ケン, カオ ルアム ケンカン	participate *in* パーティスィペイト
しゅっしんち 出身地	สถานที่เกิด サターン ティー クート	hometown ホウムタウン
しゅっせ 出世する	ได้เป็นใหญ่เป็นโต, ประสบความสำเร็จ ダイ ペン ヤイ ペン トー, プラソップ クワーム サムレット	succeed in life サクスィード イン ライフ
しゅっせいしょうめいしょ 出生証明書	สูติบัตร スーティ バット	report of a birth リポート オヴ ア バース
しゅっせいりつ 出生率	อัตราการเกิด アットラー カーン クート	birthrate バースレイト
しゅっせき 出席		
~する	เข้าร่วม カオ ルアム	attend, be present *at* アテンド, ビ プレズント
~者	ผู้เข้าร่วม プー カオ ルアム	attendance アテンダンス
しゅっぱつ 出発する	ออกเดินทาง オーク ドゥーン ターン	start, depart スタート ディパート
しゅっぱん 出版		
~する	พิมพ์ออกจำหน่าย ピム オーク チャムナーイ	publish, issue パブリシュ, イシュー
~社	สำนักพิมพ์ サムナック ピム	publishing company パブリシング カンパニ
しゅつりょく 出力する	กำลังส่งออก カムラン ソン オーク	output アウトプト

日	タイ	英
しゅと 首都	เมืองหลวง ムアン ルアン	capital, metropolis キャピタル, メトロポリス
～圏	เขตเมืองหลวง ケート ムアン ルアン	metropolitan area メトロポリタン エリア
しゅどうの 手動の	ที่บังคับด้วยมือ ティー バンカップ ドゥアイ ムー	hand-operated, manual ハンドアパレイテド, マニュアル
しゅどうけん 主導権	อำนาจการบังคับบัญชา アムナート カーン バンカップ バンチャー	initiative イニシャティヴ
～を握る	มีอำนาจการบังคับบัญชา ミー アムナート カーン バンカップ バンチャー	take the initiative テイク ザ イニシャティヴ
じゅどうたい 受動態	กรรมวาจก カンマワーチョック	passive voice パシヴ ヴォイス
じゅにゅう 授乳する	ให้นม ハイ ノム	nurse, feed ナース, フィード
しゅにん 主任	หัวหน้า フアナー	chief, head チーフ, ヘド
しゅのう 首脳	ผู้นำ プー ナム	head ヘド
～会談	การประชุมระดับสูง カーン プラチュム ラダップ スーン	top-level conference タプレヴェル カンフレンス
シュノーケル	สน็อกเกิ้ล サノックーン	snorkel スノーケル
しゅひん 主賓	แขกคนสำคัญ ケーク コン サムカン	guest of honor ゲスト オヴ アナ
しゅふ 主婦	แม่บ้าน メー バーン	housewife ハウスワイフ
しゅみ 趣味	งานอดิเรก ガーン アディレーク	hobby ハビ
じゅみょう 寿命	อายุ, อายุขัย アーユ アーユカイ	span of life スパン オヴ ライフ
平均～	อายุเฉลี่ย アーユ チャリア	average life span アヴレヂ ライフ スパン

日	タイ	英
<ruby>種目<rt>しゅもく</rt></ruby>	ประเภท プラペート	item アイテム
（競技の）	ประเภทกีฬา プラペート キーラー	event イヴェント
<ruby>呪文<rt>じゅもん</rt></ruby>	คาถา カーター	spell スペル
～を唱える	เสกคาถา セーク カーター	chant a spell チャント ア スペル
<ruby>主役<rt>しゅやく</rt></ruby>		leading role, star リーディング ロウル, スター
（男性）	พระเอก プラ エーク	lead actor リード アクタ
（女性）	นางเอก ナーン エーク	lead actress リード アクトレス
<ruby>腫瘍<rt>しゅよう</rt></ruby>	เนื้องอก ヌア ゴーク	tumor テューマ
<ruby>需要<rt>じゅよう</rt></ruby>	อุปสงค์, ความต้องการ ウッパソン, クワーム トンカーン	demand ディマンド
ジュラルミン	โลหะอลูมิเนียมผสมชนิดหนึ่ง ローハ アルーミニアム パソム チャニット ヌン	duralumin デュアラリュミン
<ruby>受理<rt>じゅり</rt></ruby>する	รับ ラップ	receive リスィーヴ
<ruby>種類<rt>しゅるい</rt></ruby>	ชนิด, ประเภท チャニット, プラペート	kind, sort カインド, ソート
シュレッダー	เครื่องทำลายเอกสาร クルアン タムライ エーッカサーン	shredder シュレダ
<ruby>手話<rt>しゅわ</rt></ruby>	ภาษามือ パーサー ムー	sign language サイン ラングウィヂ
<ruby>順位<rt>じゅんい</rt></ruby>	อันดับ アンダップ	grade, ranking グレイド, ランキング
<ruby>瞬間<rt>しゅんかん</rt></ruby>	ชั่วอึดใจ チュア ウッチャイ	moment モウメント

日	タイ	英
～的に	ภายในพริบตา パーイ ナイ プリップ ター	momentarily モウメンテリリ
じゅんかん 循環する	เป็นวงจร ペン ウォンチョーン	circulate, rotate サーキュレイト, ロウテイト
じゅんきん 純金	ทองบริสุทธิ์ トーン ボーリスット	pure gold ピュア ゴウルド
じゅんけっしょう 準決勝	รอบรองชนะเลิศ ロープ ローン チャナルート	semifinals セミファイナルズ
じゅんじ 順次	ทยอย, ตามลำดับ タヨーイ, ターム ラムダップ	in order イン オーダ
じゅんじゅんけっしょう 準々決勝	ควอเตอร์ไฟนอล クウォーターファイノール	quarterfinals クウォータファイナルズ
じゅんじょ 順序	ลำดับ ラムダップ	order オーダ
じゅんしん 純真な	ไร้เดียงสา ライ ディアンサー	naive, innocent ナーイーヴ, イノセント
じゅんすい 純粋な	บริสุทธิ์, แท้ ボーリスット, テー	pure, genuine ピュア, チェニュイン
じゅんせいぶひん 純正部品	อะไหล่แท้ アライ テー	genuine parts チェニュイン パーツ
じゅんちょう 順調な	ราบรื่น ラープ ルーン	smooth, favorable スムーズ, フェイヴァラブル
じゅんのう 順応する	ปรับปรน プラップ プロン	adapt *oneself* アダプト
じゅんばん 順番	ลำดับ ラムダップ	order, turn オーダ, ターン
～に	เป็นลำดับ ペン ラムダップ	by turns バイ ターンズ
じゅんび 準備		
～する	เตรียมพร้อม トリアム プロ―ム	prepare プリペア

日	タイ	英
～運動	เตรียมออกกำลังกาย トリアム オーク カムラン カーイ	warm-up ウォーマップ
しゅんぶん 春分	วสันตวิษุวัต ワサンタウィスウット	vernal equinox ヴァーナル イークウィナクス
じゅんりえき 純利益	กำไรสุทธิ カムライ スッティ	net income ネト インカム
じょい 女医	แพทย์หญิง ペート イン	woman doctor ウマン ダクタ
しょう 省	กระทรวง クラスアン	ministry ミニストリ
しょう 章	บท ボット	chapter チャプタ
しょう 賞	รางวัล ラーンワン	prize, award プライズ, アウォード
しよう 使用		
～する	ใช้ チャイ	use ユーズ
～人	ลูกจ้าง, คนใช้ ルーク チャーン, コン チャイ	employee インプロイイー
～料	ค่าใช้จ่าย カーチャイ チャーイ	fee フィー
しよう 私用	ธุระส่วนตัว トゥラ スアン トゥア	private business プライヴェト ビズネス
しよう 仕様	ข้อกำหนด, คุณลักษณะ コー カムノット, クンナラックサナ	specification スペスィフィケイション
しょうい 少尉	ร้อยตรี ローイ トリー	second lieutenant セカンド ルーテナント
じょういん 上院	วุฒิสภา ウティサパー	Upper House アパ ハウス
～議員	สมาชิกวุฒิสภา サマーチック ウティサパー	member of the Upper House メンバ オヴ ザ アパ ハウス

日	タイ	英
<ruby>上映<rt>じょうえい</rt></ruby>する	ฉาย, แสดง チャーイ, サデーン	put on, show プト オン, ショウ
<ruby>省<rt>しょう</rt></ruby>エネ	ประหยัดพลังงาน プラヤット パラン ガーン	energy conservation エナヂ カンサヴェイション
<ruby>上演<rt>じょうえん</rt></ruby>する	แสดง サデーン	present プリゼント
<ruby>消化<rt>しょうか</rt></ruby>		
〜する	ย่อย ヨイ	digest ディヂェスト
〜不良	การย่อยอาหารไม่ดี カーン ヨイ アーハーン マイ ディー	indigestion インディヂェスチョン
<ruby>消火器<rt>しょうかき</rt></ruby>	เครื่องดับเพลิง クルアン ダップ プルーン	extinguisher イクスティングウィシャ
<ruby>紹介<rt>しょうかい</rt></ruby>する	แนะนำ ネナム	introduce イントロデュース
<ruby>照会<rt>しょうかい</rt></ruby>する	สอบถาม ソープ ターム	reference レファレンス
<ruby>障害<rt>しょうがい</rt></ruby>	อุปสรรค, กีดขวาง ウッパサック, キート クワーン	obstacle アブスタクル
〜者	คนพิการ コン ピカーン	disabled person ディスエイブルト パーソン
<ruby>奨学金<rt>しょうがくきん</rt></ruby>	ทุนการศึกษา トゥン カーン スックサー	scholarship スカラシプ
<ruby>昇格<rt>しょうかく</rt></ruby>する	เลื่อนยศ ルアン ヨット	be raised to a higher rank ビ レイズド トゥ ア ハイア ランク
<ruby>小学生<rt>しょうがくせい</rt></ruby>	นักเรียนประถม ナックリアン プラトム	schoolchild スクールチャイルド
<ruby>奨学生<rt>しょうがくせい</rt></ruby>	นักเรียนทุน ナックリアン トゥン	scholarship student スカラシプ ステューデント
<ruby>商学部<rt>しょうがくぶ</rt></ruby>	คณะพาณิชยศาสตร์ カナ パーニッチャヤサート	faculty of commercial science ファカルティ オヴ コマーシャル サイエンス

日	タイ	英
<ruby>正月<rt>しょうがつ</rt></ruby>	ปีใหม่ ピー マイ	New Year ニュー イア
<ruby>小学校<rt>しょうがっこう</rt></ruby>	โรงเรียนประถม ローンリアン プラトム	elementary school エレメンタリ スクール
<ruby>正気<rt>しょうき</rt></ruby>	สติ サティ	soberness ソウバネス
〜の	มีสติ ミー サティ	sane セイン
〜を失う	หมดสติ モット サティ	lose consciousness ルーズ カンシャスネス
<ruby>将棋<rt>しょうぎ</rt></ruby>	หมาก マーク	*shogi*
<ruby>蒸気<rt>じょうき</rt></ruby>	ไอน้ำ アイ ナーム	vapor, steam ヴェイパ, スティーム
〜機関車	รถจักรไอน้ำ ロット チャック アイ ナーム	steam locomotive スティーム ロウコモウティヴ
<ruby>乗客<rt>じょうきゃく</rt></ruby>	ผู้โดยสาร プー ドーイサーン	passenger パセンヂャ
<ruby>上級生<rt>じょうきゅうせい</rt></ruby>	รุ่นพี่ ルン ピー	senior student スィーニャ ステューデント
<ruby>昇給する<rt>しょうきゅう</rt></ruby>	เงินเดือนขึ้น グン ドゥアン クン	raise レイズ
<ruby>上級の<rt>じょうきゅう</rt></ruby>	ชั้นสูง チャン スーン	higher, upper ハイヤ, アパ
<ruby>商業<rt>しょうぎょう</rt></ruby>	การค้า カーン カー	commerce カマス
<ruby>情[状]況<rt>じょうきょう</rt></ruby>	สถานการณ์ サターナカーン	situation スィチュエイション
<ruby>消極的な<rt>しょうきょくてき</rt></ruby>	อย่างไม่กระตือรือร้น ヤーン マイ クラトゥールーロン	negative, passive ネガティヴ, パスィヴ
<ruby>賞金<rt>しょうきん</rt></ruby>	รางวัล ラーンワン	prize プライズ

日	タイ	英
しょうぐん 将軍	นายพล ナーイ ポン	general ヂェナラル
しょうけん 証券	หุ้น, พันธบัตร フン, パンタバット	bill, bond ビル, バンド
しょうげん 証言	คำให้การ, พยาน カム ハイ カーン, パヤーン	testimony テスティモウニ
～する	ให้การ, พยานให้การ ハイ カーン, パヤーン ハイ カーン	testify テスティファイ
じょうけん 条件	เงื่อนไข グアン カイ	condition, terms カンディション, タームズ
しょうこ 証拠	หลักฐาน ラックターン	proof, evidence プルーフ, エヴィデンス
しょうご 正午	เที่ยง ティアン	noon ヌーン
しょうこう 将校	นายทหาร ナーイ タハーン	officer オーフィサ
しょうごう 称号	บรรดาศักดิ์, ตำแหน่ง バンダーサック, タムネン	title タイトル
じょうこう 条項	บทกฎหมาย ボット ゴットマーイ	articles アーティクルズ
しょうこうかいぎしょ 商工会議所	หอการค้า ホー カーン カー	Chamber of Commerce チェインバ オヴ カマース
しょうさ (陸軍) 少佐	พันตรี パン トリー	major メイヂャ
しょうさい 詳細	รายละเอียด ラーイ ラ イアット	details ディテイルズ
じょうざい 錠剤	ยาเม็ด ヤー メット	tablet タブレト
じょうざぶぶっきょう 上座部仏教	นิกายสถวีระ, เถรวาท ニカーイ サタウィーラ, テーラワート	Theravada Buddhism スィラヴァーダ ブディズム

日	タイ	英
しょうさん 硝酸	กรดไนตริก クロット ナイトリック	nitric acid ナイトリク アスィド
しょうさん 賞賛する	สรรเสริญ サン スーン	praise プレイズ
じょうし 上司	หัวหน้างาน ファチー ガーン	superior, boss スピアリア, ボース
しょうじき 正直な	ซื่อตรง スー トロン	honest アニスト
じょうしき 常識	สามัญสำนึก サーマン サムヌック	common sense カモン センス
じょうしつ 上質の	คุณภาพดี クンナパープ ディー	of fine quality オヴ【ファ】イン クワリティ
しょうしゃ 商社	บริษัทการค้า ボーリサット カーンカー	trading company トレイディング カンパニ
しょうしゅう 召集する	เรียกประชุม リアック プラチュム	convene, call カンヴィーン, コール
（軍隊を）	ระดมพล ラドム ポン	muster, call out マスタ, コール アウト
じょうじゅん 上旬	ต้นเดือน トン ドゥアン	early in the month アーリ イン ザ マンス
しょうしょ 証書	ใบรับรอง バイ ラップローン	bond, deed バンド, ディード
しょうじょ 少女	เด็กหญิง デック イン	girl ガール
しょうしょう 少将（陸軍）	พลตรี ポン トリー	major メイヂャ
しょうじょう 症状	อาการ アーカーン	symptom スィンプトム
しょうじょう 賞状	เกียรติบัตร キアッティバット	certificate of merit サティフィケト オヴ メリト

日	タイ	英
<ruby>上昇<rt>じょうしょう</rt></ruby>		
〜する	ขึ้น クン	rise, go up ライズ, ゴウ アプ
〜気流	กระแสลมเคลื่อนสูงขึ้น クラセー ロム クルアン スーン クン	updraft アプドラフト
<ruby>小乗仏教<rt>しょうじょうぶっきょう</rt></ruby>	หินยาน ヒンヤーン	Hinayana Buddhism ヒナヤーナ ブディズム
<ruby>生じる<rt>しょう</rt></ruby>	เกิดขึ้น クート クン	happen, take place ハプン, テイク プレイス
<ruby>昇進する<rt>しょうしん</rt></ruby>	เลื่อนตำแหน่ง ルアン タムネン	be promoted ビ プロモウテド
<ruby>浄水器<rt>じょうすいき</rt></ruby>	เครื่องกรองน้ำ クルアン クローン ナーム	water purifier ウォータ ピュアリファイア
<ruby>小数<rt>しょうすう</rt></ruby>	ทศนิยม トッサニヨム	decimal デスィマル
〜点	จุดทศนิยม チュット トッサニヨム	decimal point デスィマル ポイント
<ruby>少数<rt>しょうすう</rt></ruby>(の)	ส่วนน้อย スアン ノーイ	minority マイノリティ
〜意見	ความเห็นส่วนน้อย クワーム ヘン スアン ノーイ	minority opinion マイノリティ
〜派	กลุ่มส่วนน้อย クルム スアン ノーイ	minority マイノリティ
<ruby>少数民族<rt>しょうすうみんぞく</rt></ruby>	ชนเผ่าน้อย チョン パオ ノーイ	minority race ミノーリティ レイス
<ruby>上手な<rt>じょうず</rt></ruby>	เก่ง ケン	skillful スキルフル
<ruby>小説<rt>しょうせつ</rt></ruby>	นวนิยาย ナワ ニヤーイ	novel ナヴェル
〜家	นักเขียน ナック キアン	novelist ナヴェリスト

日	タイ	英
<ruby>常設<rt>じょうせつ</rt></ruby>の	เป็นประจำ ペン プラチャム	standing, permanent スタンディング, パーマネント
<ruby>肖像<rt>しょうぞう</rt></ruby>	รูปคน ループ コン	portrait ポートレイト
～画	ภาพเขียนรูปคน パープ キアン ループ コン	portrait ポートレト
～権	สิทธิการใช้รูปของบุคคล シッティ カーン チャイ ループ コーン ブッコン	right of portrait ライト オヴ ポートレト
<ruby>消息<rt>しょうそく</rt></ruby>	ข่าวคราว カーオ クラーオ	news ニューズ
<ruby>招待<rt>しょうたい</rt></ruby>		
～する	เชิญ チューン	invite インヴァイト
～券	บัตรเชิญ バット チューン	invitation ticket インヴィテイション ティキト
～状	จดหมายเชิญ チョットマーイ チューン	invitation letter インヴィテイション レタ
<ruby>状態<rt>じょうたい</rt></ruby>	สภาพ サパープ	state, situation ステイト, スィチュエイション
<ruby>上達<rt>じょうたつ</rt></ruby>する	ก้าวหน้า カーオ ナー	make progress メイク プラグレス
<ruby>商談<rt>しょうだん</rt></ruby>	การต่อรองธุรกิจ カーン トーローン トゥラキット	business talk ビズネス トーク
<ruby>冗談<rt>じょうだん</rt></ruby>	ล้อเล่น ロー レン	joke, jest ヂョウク, ヂェスト
～を言う	พูดเล่น プート レン	joke, jest ヂョウク, ヂェスト
～でしょう?	พูดเล่นใช่ไหม プート レン チャイマイ	You must be joking. ユ マスト ビ ヂョウキング
<ruby>承知<rt>しょうち</rt></ruby>しました	ได้รับทราบ ダイ ラップ サープ	All right, (sir/ma'am). オール ライト (サー/マーム)
<ruby>承知<rt>しょうち</rt></ruby>する	ยอมรับ, ตกลง ヨーム ラップ, トック ロン	agree, consent アグリー, カンセント

日	タイ	英
<ruby>焼酎<rt>しょうちゅう</rt></ruby>	เหล้าโรง ラオ ローン	rough distilled spirits ラフ ディスティルド スピリッツ
<ruby>情緒<rt>じょうちょ</rt></ruby>	อารมณ์, บรรยากาศ アーロム, バンヤーカート	emotion, atmosphere イモウション, アトモスフィア
～不安定な	คุ้มดีคุ้มร้าย クム ディー クム ラーイ	emotionally unstable イモウショナリ アンステイブル
<ruby>小腸<rt>しょうちょう</rt></ruby>	ลำไส้เล็ก ラムサイ レック	small intestine スモール インテスティン
<ruby>象徴<rt>しょうちょう</rt></ruby>	สัญลักษณ์ サンヤラック	symbol スィンボル
～する	เป็นสัญลักษณ์ ペン サンヤラック	symbolize スィンボライズ
<ruby>商店<rt>しょうてん</rt></ruby>	ร้านค้า ラーン カー	store, shop ストー, シャプ
～街	ย่านร้านค้า ヤーン ラーン カー	shopping street シャピング ストリート
<ruby>衝動的な<rt>しょうどうてき</rt></ruby>	หุนหัน フン ハン	impulsive インパルスィヴ
<ruby>上等な<rt>じょうとう</rt></ruby>	ยอดเยี่ยม ヨート イアム	good, superior グド, スピアリア
<ruby>消毒<rt>しょうどく</rt></ruby>		
～する	ฆ่าเชื้อ カー チュア	disinfect ディスインフェクト
～薬	ยาฆ่าเชื้อ ヤー カー チュア	disinfectant ディスインフェクタント
<ruby>衝突する<rt>しょうとつ</rt></ruby>	ชนกัน チョン カン	collide *with* カライド
<ruby>性に合わない<rt>しょう あ</rt></ruby>	ไม่เหมาะสม マイ モッサム	disagree *with* ディサグリー
<ruby>小児科<rt>しょうにか</rt></ruby>	กุมารเวช クマーンラウェート	pediatrics ピーディアトリクス

日	タイ	英
しょうにゅうどう 鐘乳洞	ถ้ำหินปูน タム ヒン プーン	limestone cave ライムストウン ケイヴ
しょうにん 商人	พ่อค้า ポーカー	merchant マーチャント
しょうにん 証人	พยาน パヤーン	witness ウィトネス
しようにん 使用人	คนงาน, คนใช้ コン ガーン, コン チャイ	employee インプロイイー
しょうにん 承認する	ยอมรับ ヨーム ラップ	approve, recognize アプルーヴ, レコグナイズ
じょうねつ 情熱的な	กระตือรือร้น クラトゥールーロン	passionate パショネト
しょうねん 少年	เด็กชาย デック チャーイ	boy ボイ
しょうばい 商売	การค้าขาย カーン カー カーイ	trade, business トレイド, ビズネス
じょうはつ 蒸発する	ระเหย ラヘーイ	evaporate イヴァポレイト
（失踪）	สาบสูญ, หายตัว サーブ スーン、ハーイ トゥア	disappear ディサピア
しょうひ 消費		
～する	บริโภค ボーリポーク	consume, spend カンシューム, スペンド
～者	ผู้บริโภค プー ボーリポーク	consumer カンシューマ
～税	ภาษีมูลค่าเพิ่ม パーシー ムーンラカー プーム	consumption tax カンサンプション タクス
しょうひょう 商標	ตรา, ยี่ห้อ トラー, イーホー	trademark, brand トレイドマーク, ブランド
しょうひん 賞品	รางวัล ラーンワン	prize プライズ

342

日	タイ	英
しょうひん 商品	สินค้า シンカー	commodity, goods コマディティ, グヅ
～化する	ทำให้เป็นการค้า タムハイペンカーンカー	commercialize カマーシャライズ
じょうひん 上品な	สง่างาม サガーガーム	elegant, refined エリガント, リファインド
しょうひんけん 商品券	ใบรับรองสินค้า バイラップローンシンカー	gift certificate ギフトサティフィケト
じょうぶ 上部	ข้างบน カーンボン	upper part アパパート
じょうぶ 丈夫な	แข็งแรง ケンレーン	strong, robust ストローング, ロウバスト
しょうべん 小便	ปัสสาวะ, ฉี่ パッサーワ, チー	urine ユアリン
じょうほ 譲歩する	ยินยอม インヨーム	concede カンスィード
しょうほう 商法	กฎหมายพาณิชย์ ゴットマーイパーニット	commercial code カマーシャル コウド
しょうぼう 消防	การดับเพลิง カーンダップ プルーン	fire fighting ファイア ファイティング
～士	พนักงานดับเพลิง パナックガーンダップ プルーン	fire fighter ファイア ファイタ
～車	รถดับเพลิง ロットダップ プルーン	fire engine ファイア エンヂン
～署	สถานีดับเพลิง サターニーダップ プルーン	fire house ファイア ハウス
じょうほう 情報	ข่าวสาร カーオサーン	information インフォメイション
しょうみ 正味の	สุทธิ スッティ	net ネト
じょうむいん 乗務員	พนักงานประจำรถ パナックガーン プラチャム ロット	crew member クルー メンバ

日	タイ	英
しょうめい 照明	การส่องสว่าง カーン ソン サウーン	illumination イルーミネイション
しょうめい 証明	หลักฐาน ラックターン	proof, evidence プルーフ, エヴィデンス
～書	ใบรับรอง バイ ラップローン	certificate サティフィケト
～する	พิสูจน์ ピスート	prove, verify プルーヴ, ヴェリファイ
しょうめん 正面	ด้านหน้า ダーン ナー	front フラント
しょうもうひん 消耗品	วัสดุสิ้นเปลือง ワッサドゥ シン プルアン	expendable supplies イクスペンダブル サプライズ
じょうやく 条約	สนธิสัญญา ソンティ サンヤー	treaty, pact トリーティ, パクト
しょうゆ 醤油	ซีอิ๊ว シーイウ	soy sauce ソイ ソース
しょうよう 商用		
～で	เกี่ยวกับการค้า キアオ カップ カーン カー	on business オン ビズネス
じょうようしゃ 乗用車	รถยนต์ส่วนบุคคล ロットヨン スアンブッコン	passenger car パセンチャ カー
しょうらい 将来	อนาคต アナーコット	future フューチャ
～性	ความเป็นไปได้, มีอนาคต クワーム ペン パイ ダーイ, ミー アナーコット	potential ポウテンシャル
しょうり 勝利	ชัยชนะ チャイ チャナ	victory ヴィクトリ
しょうりゃくする 省略する	ย่อ ヨー	omit, abridge オウミト, アブリヂ
じょうりゅうしゅ 蒸留酒	เหล้ากลั่น ラオ クラン	distilled liquor ディスティルド リカ

日	タイ	英
しょうれい 奨励する	ส่งเสริม ソン スーム	encourage インカーリヂ
じょうれん 常連	(ขา) ประจำ (カー) プラチャム	regular customer レギュラ カスタマ
ショー	โชว์ チョー	show ショウ
じょおう 女王	พระราชินี プラ ラーチニー	queen クウィーン
ショーウインドー	ตู้โชว์ トゥー チョー	show window ショウ ウィンドウ
ショーツ	กางเกงใน カーンケーン ナイ	shorts ショーツ
ショート		
～する	ลัดวงจร ラット ウォンチョーン	short-circuit ショート サーキト
～パンツ	กางเกงขาสั้น カーンケーン カー サン	short pants ショート パンツ
ショールーム	ห้องแสดงสินค้า ホン サデーン シンカー	showroom ショウルーム
しょき 初期	ระยะแรก ラヤレーク	first stage ファースト ステイヂ
しょき 暑季	ฤดูร้อน, หน้าร้อン ルドゥー ローン, ナー ローン	hot season ハト スィーズン
しょきゅう 初級	ชั้นต้น チャン トン	beginners' level ビギナズ レヴェル
じょきょうじゅ 助教授	รองศาสตราจารย์ ローン サートサトラーチャーン	assistant professor アスィスタント プロフェサ
ジョギング	การวิ่งออกกำลัง カーン ウィン オーク カムラン	jogging ヂャギング
しょく 職	งาน, อาชีพ ガーン, アーチープ	job, work, position ヂャブ, ワーク, ポズィション

| 日 | タイ | 英 |

しょくいん
職員　　พนักงาน
パナックガーン
　　staff
　　スタフ

■職業■　อาชีพ / アーチーブ /

いしゃ
医者　หมอ, แพทย์ / モー、ペート / (㊥doctor)

イラストレーター　นักเขียนภาพประกอบ / ナック キアン パープ プラコープ / (㊥illustrator)

うんてんしゅ
運転手　คนขับรถ / コン カップ ロット / (㊥driver)

エンジニア　วิศวกร / ウィッサワコーン / (㊥engineer)

おんがくか
音楽家　นักดนตรี / ナック ドントリー / (㊥musician)

かいしゃいん
会社員　พนักงานบริษัท / パナックガーン ボーリサット / (㊥office worker)

がか
画家　จิตรกร / チットラコーン / (㊥painter)

しゃしんか
写真家　ช่างภาพ / チャーン パープ / (㊥photographer)

かんごし
看護師　พยาบาล / パヤーバーン / (㊥nurse)

きょうし
教師　ครู, อาจารย์ / クルー、アーチャーン / (㊥teacher)

のうか
農家　ชาวนา / チャーオ ナー / (㊥farmer)

りょうし
漁師　ชาวประมง / チャーオ プラモン / (㊥fisherman)

ぎんこういん
銀行員　พนักงานธนาคาร / パナックガーン タナーカーン / (㊥bank clerk)

けいさつかん
警察官　ตำรวจ / タムルアット / (㊥police officer)

げいじゅつか
芸術家　ศิลปิน / シンラピン / (㊥artist)

けんちくか
建築家　สถาปนิก / サターパニック / (㊥architect)

こういん
工員　พนักงานโรงงาน / パナックガーン ローンガーン / (㊥factory worker)

こうむいん
公務員　ข้าราชการ / カー ラーッチャカーン / (㊥public official)

さいばんかん
裁判官　ผู้พิพากษา / プー ピパークサー / (㊥judge, the court)

さっか
作家　นักเขียน / ナック キアン / (㊥writer, author)

しょうにん
商人　พ่อค้า, แม่ค้า / ポーカー、メーカー / (㊥merchant)

日	タイ	英
しょくぎょう **職業**	อาชีพ アーチープ	occupation オキュペイション

消防士 (しょうぼうし) พนักงานดับเพลิง / パナックガーン ダップ プルーン / (㊎ fire fighter)
職人 (しょくにん) ช่าง / チャーン / (㊎ workman, artisan)
新聞記者 (しんぶんきしゃ) นักหนังสือพิมพ์ / ナック ナンスーピム / (㊎ pressman, reporter)
スタイリスト สไตล์ลิสต์ / サタイリット / (㊎ fashion coordinator)
スチュワーデス แอร์โฮสเตส / エーホーッサテート / (㊎ flight attendant)
政治家 (せいじか) นักการเมือง / ナック カーンムアン / (㊎ statesman, politician)
セールスマン เซลล์แมน / セールメーン / (㊎ salesman)
設計士 (せっけいし) สถาปนิก, ผู้ออกแบบ / サターパニック, プー オーク ベープ / (㊎ designer)
船員 (せんいん) ลูกเรือ / ルーク ルア / (㊎ crew, seaman)
大工 (だいく) ช่างไม้ / チャーン マーイ / (㊎ carpenter)
通訳 (つうやく) ล่าม / ラーム / (㊎ interpreter)
デザイナー นักออกแบบ / ナック オーク ベープ / (㊎ designer)
店員 (てんいん) พนักงานขาย / パナックガーン カーイ / (㊎ clerk)
判事 (はんじ) ผู้พิพากษา, ตุลาการ / プー ピパークサー, トゥラーカーン / (㊎ judge)
秘書 (ひしょ) เลขานุการ / レーカーヌカーン / (㊎ secretary)
美容師 (びようし) ช่างเสริมสวย / チャーン スーム スアイ / (㊎ beautician)
不動産屋 (ふどうさんや) นายหน้าค้าที่ดิน / ナーイナー カー ティー ディン / (㊎ estate agent)
弁護士 (べんごし) ทนายความ / タナーイ クワーム / (㊎ lawyer, barrister)
編集者 (へんしゅうしゃ) บรรณาธิการ / バンナーティカーン / (㊎ editor)
薬剤師 (やくざいし) เภสัชกร / ペーサッチャコーン / (㊎ pharmacist, druggist)

日	タイ	英
～病	โรคจากอาชีพ ローク チャーク アーチープ	occupational disease アキュペイショナル ディズィーズ
～安定所	สำนักงานจัดหางาน サムナックガーン チャット ハー ガーン	employment security office インプロイメント スィキュアリティ オーフィス
～学校	โรงเรียนอาชีวศึกษา ローンリアン アーチーウ スックサー	vocational school ヴォウケイショナル スクール
しょくじ 食事	อาหาร アーハーン	meal ミール
しょくたく 嘱託	จ้างเป็นเวลา チャーン ペン ウェーラー	part-time employment パートタイム インプロイメント
しょくちゅうどく 食中毒	อาหารเป็นพิษ アーハーン ペン ピット	food poisoning フード ポイズニング
しょくつう 食通	นักชิม ナック チム	gourmet グアメイ
しょくどう 食堂	โรงอาหาร ローン アーハーン	dining room ダイニング ルーム
（飲食店）	ร้านอาหาร ラーン アーハーン	eating house イーティング ハウス
～車	รถเสบียง ロット サビアン	dining car ダイニング カー
しょくにん 職人	คนงาน, ช่าง コン ガーン, チャーン	workman, artisan ワークマン, アーティザン
しょくば 職場	ที่ทำงาน ティー タムガーン	place of work プレイス オヴ ワーク
しょくひ 食費	ค่าอาหาร カー アーハーン	food expenses フード イクスペンスィズ
しょくぶつ 植物	พืช プート	plant, vegetation プラント, ヴェヂテイション
しょくみんち 植民地	อาณานิคม, เมืองขึ้น アーナーニコム, ムアン クン	colony カロニ

日	タイ	英
しょくもつ 食物	อาหาร アーハーン	food フード
しょくよく 食欲	ความอยากอาหาร クワーム ヤーク アーハーン	appetite アペタイト
〜がある	เจริญอาหาร チャルーン アーハーン	have a large appetite ハヴァ ラージ アピタイト
〜がない	เบื่ออาหาร ブア アーハーン	have little appetite ハヴ リトゥル アピタイト
しょくりょう 食糧	อาหาร アーハーン	food, provisions フード, プロヴィジョンズ
しょくりょうひんてん 食料品店	ร้านขายของชำ ラーン カーイ コーン チャム	grocery グロウサリ
じょげん 助言	คำแนะนำ カム ネナム	advice, counsel アドヴァイス, カウンセル
〜する	แนะนำ ネナム	advise, counsel アドヴァイズ, カウンセル
じょこう 徐行する	ขับช้าๆ カップ チャー チャー	go slow ゴウ スロウ
しょさい 書斎	ห้องหนังสือ ホン ナン スー	study スタディ
しょざいち 所在地	ที่ตั้ง ティー タン	location ロウケイション
じょさい 如才ない	ฉลาด チャラート	tactful, shrewd タクトフル, シュルード
じょさんぷ 助産婦	นางผดุงครรภ์ ナーン パドゥン カン	midwife ミドワイフ
しょしき 書式	แบบฟอร์ม ベープ フォーム	form, format フォーム, フォーマト
じょしつき 除湿機	เครื่องขจัดความชื้น クルアン カチャット クワーム チューン	dehumidifier ディヒュミディファイア
じょしゅ 助手	ผู้ช่วย プー チュアイ	assistant アスィスタント

日	タイ	英
～席	ที่นั่งข้างคนขับ ティーナン カーン コン カップ	passenger seat パセンジャ スィート
処女 (しょじょ)	สาวบริสุทธิ์ サーオ ボーリスット	virgin, maiden ヴァーヂン, メイドン
～作	ผลงานชิ้นแรก ポン ガーン チン レーク	first work ファースト ワーク
徐々に (じょじょに)	ทีละน้อย ティー ラ ノーイ	gradually, slowly グラヂュアリ, スロウリ
初心者 (しょしんしゃ)	ผู้เริ่มต้น プー ルーム トン	beginner ビギナ
女性 (じょせい)	ผู้หญิง プー イン	woman ウマン
(…) に所属する (しょぞく)	ขึ้นอยู่กับ... クン ユー カップ	belong to ビローング
所帯 (しょたい)	ครอบครัว クロープクルア	household, family ハウスホウルド, ファミリ
所長 (しょちょう)	ผู้อำนวยการ プー アムヌアイカーン	head, director ヘド, ディレクタ
食器 (しょっき)	ภาชนะใส่อาหาร パーチャナサイ アーハーン	tableware テイブルウェア
～棚	ตู้เก็บภาชนะ トゥー ケップ パーチャナ	cupboard カバド
ジョッキ	เหยือก ユアック	jug, mug ヂャグ, マグ
ショック	ช็อค, ตกใจ チョック, トック チャイ	shock シャク
しょっぱい	เค็ม ケム	salty ソールティ
ショッピングセンター	ศูนย์การค้า スーン カーン カー	shopping center シャピング センタ

| 日 | タイ | 英 |

しょてん
書店 ร้านหนังสือ bookstore
ラーン ナンスー ブクストー

しょとく
所得 รายได้ income
ラーイ ダーイ インカム

〜税 ภาษีรายได้ income tax
パーシー ラーイ ダーイ インカム タクス

しょにんきゅう
初任給 เงินเดือนขั้นต้น starting salary
グン ドゥアン カン トン スターティング サラリ

しょひょう
書評 การวิจารณ์หนังสือ book review
カーン ウィチャーン ナンスー ブク リヴュー

しょぶん
処分する กำจัด dispose *of*
カムチャット ディスポウズ

■**食器**■ ภาชนะใส่อาหาร / パーチャナサイ アーハーン /

コップ แก้ว / ケーオ / (㊧glass)

カップ ถ้วย / トゥアイ / (㊧cup)

グラス แก้ว / ケーオ / (㊧glass)

ジョッキ เหยือก / ユアック / (㊧jug, mug)

みずさし
水差し เหยือกน้ำ / ユアック ナーム / (㊧pitcher)

ティーポット กาน้ำชา / カー ナーム チャー / (㊧teapot)

コーヒーポット หม้อกาแฟ / モー カーフェー / (㊧coffeepot)

さら
皿 จาน / チャーン / (㊧plate, dish)

わん
碗 ชาม / チャーム / (㊧bowl)

はし
箸 ตะเกียบ / タキアップ / (㊧chopsticks)

スプーン ช้อน / チョーン / (㊧spoon)

フォーク ส้อม / ソーム / (㊧fork)

ナイフ มีด / ミート / (㊧knife)

ストロー หลอดดูด / ロート ドゥート / (㊧straw)

日	タイ	英
(処罰)	ลงโทษ ロントート	punish パニシュ
序文 (じょぶん)	คำนำ カム ナム	preface プレフィス
初歩 (しょほ)	ขั้นต้น チャントン	rudiments ルーディメンツ
処方箋 (しょほうせん)	ใบสั่งยา バイ サン ヤー	prescription プリスクリプション
庶民的な (しょみんてきな)	แบบชาวบ้าน ベープ チャーオ バーン	popular ポピュラ
署名 (しょめい)	ลายเซ็น ラーイ セン	signature スィグナチャ
～する	เซ็นชื่อ セン チュー	sign サイン
除名する (じょめいする)	ตัดชื่อออก タット チュー オーク	expel イクスペル
所有 (しょゆう)		
～する	มี, เป็นเจ้าของ ミー, ペン チャオ コーン	have, possess, own ハヴ, ポゼス, オウン
～権	กรรมสิทธิ์ カンマシット	ownership, title オウナシプ, タイトル
～者	เจ้าของ チャオ コーン	owner, proprietor オウナ, プラプライアタ
女優 (じょゆう)	ดาราหญิง ダーラー イン	actress アクトレス
処理する (しょりする)	จัดการ チャッカーン	dispose of, treat ディスポウズ, トリート
書類 (しょるい)	เอกสาร エーッカサーン	documents, papers ダキュメンツ, ペイパズ
ショルダーバッグ	กระเป๋าสะพาย クラパオ サパーイ	shoulder bag ショウルダ バグ

日	タイ	英
地雷(じらい)	กับระเบิด　カップ ラブート	mine　マイン
白髪(しらが)	ผมหงอก　ポム ゴーク	gray hair　グレイ ヘア
白けさせる(しら)	ทำให้หมดสนุก　タム ハイ モット サヌック	chill　チル
白々しい(しらじら)	น่าเบื่อหน่าย　ナー ブアナーイ	hollow　ハロウ
知らせ(し)	ข่าว, การแจ้ง, การประกาศ　カーオ, カーン チェーン, カーン プラカート	notice, information　ノウティス, インフォメイション
知らせる(し)	แจ้ง, บอกให้ทราบ　チェーン, ボーク ハイ サープ	inform, tell, report　インフォーム, テル, リポート
知らないうちに	โดยไม่รู้ตัว　ドーイ マイ ルー トゥア	without *one's* knowledge　ウィザウト ナリヂ
しらばくれる	แกล้งทำเป็นไม่รู้เรื่อง　クレーン タム ペン マイ ルー ルアン	feign ignorance　フェイン イグノランス
素面(しらふ)	ตอนยังไม่เมา　トーン ヤン マイ マオ	soberness　ソウバネス
調べる(しら)	ตรวจ, สืบ　トルアット, スープ	examine, check up　イグザミン, チェク アプ
虱(しらみ)	เหา, หมัด　ハオ, マット	louse　ラウス
尻(しり)	ก้น　コン	hips, buttocks　ヒプス, バトクス
知り合い(し あ)	คนรู้จัก　コン ルーチャック	acquaintance　アクウェインタンス
知り合う(し あ)	รู้จักกัน　ルーチャック カン	get to know　ゲト トゥ ノウ
シリコン	ซิลิโคน　シリコン	silicon　スィリコン

日	タイ	英
自立する	เป็นอิสระ, เป็นเอกเทศ ペン イッサラ, ペン エーッカテート	become independent ビカム インディペンデント
私立の	ของเอกชน コーン エーッカチョン	private プライヴェト
市立の	ของเทศบาล コーン テーッサバーン	municipal ミューニスィパル
支流	แคว クウェー	tributary, branch トリビュテリ, ブランチ
資料	เอกสาร, ข้อมูล エーッカサーン, コー ムーン	materials, data マティアリアルズ, デイタ
磁力	แรงแม่เหล็ก レーン メーレック	magnetism マグネティズム
思慮深い	รอบคอบ, ฉลาด ロープコープ, チャラート	prudent プルーデント
シリンダー	กระบอกสูบ クラボーク スープ	cylinder スィリンダ
汁	น้ำ, แกง ナーム, ケーン	juice ヂュース
（スープなど）	น้ำแกง, น้ำซุป ナム ケーン, ナム スップ	soup スープ
知る	รู้ ルー	know ノウ
（学ぶ）	เรียนรู้ リアン ルー	learn ラーン
（気づく）	รู้ตัว ルー トゥア	be aware *of* ビ アウェア
シルエット	เงามืด ガオ ムート	silhouette スィルエト
シルク	ไหม, แพร マイ, プレー	silk スィルク
～ロード	ถนนสายแพรไหม タノン サーイ プレー マイ	the Silk Road ザ スィルク ロウド

日	タイ	英
しるし 印	สัญลักษณ์ サンヤラック	mark, sign マーク, サイン
～をつける	เขียน[ทำ]เครื่องหมาย キアン [タム] クルアン マーイ	to mark, put a mark on マーク, プタ マーク オン
しれい 指令	คำสั่ง カム サン	orders オーダズ
じれい 辞令	คำสั่งแต่งตั้ง カム サン テンタン	written appointment リトン アポイントメント
じれったい	งุ่นง่านใจ グンガーン チャイ	irritating イリテイティング
し わた 知れ渡る	เป็นที่รู้ทั่วกัน ペン ティー ルー トゥア カン	be known to all ビ ノウン トゥ オール
しれん 試練	การทดสอบ カーン トッソープ	trial, ordeal トライアル, オーディール
ジレンマ	สภาวะลำบาก サパーワ ラムバーク	dilemma ディレマ
しろ 城	ปราสาท プラーサート	castle キャスル
しろ 白	สีขาว シー カーオ	white (ホ)ワイト
～い	ขาว カーオ	white (ホ)ワイト
（色白）	สีอ่อน, สีซีด シー オーン, シー シート	fair フェア
しろあり 白蟻	ปลวก プルアック	white ant (ホ)ワイト アント
しろうと 素人	สมัครเล่น サマック レン	amateur アマター
しろくろ 白黒の	ขาวดำ カーオ ダム	black and white ブラク アンド (ホ)ワイト
～フィルム	ฟิล์มขาวดำ フィム カーオ ダム	monochrome film マノクロウム フィルム

日	タイ	英
シロップ	น้ำเชื่อม ナム チュアム	syrup スィラプ
白身（卵の）	ไข่ขาว カイ カーオ	white （ホ）ワイト
皺	รอยย่น ローイ ヨン	wrinkles リンクルズ
（物の）	รอยยับ ローイ ヤップ	creases クリースィズ
芯	แก่น, แกน ケン, ケーン	core コー
鉛筆の〜	ไส้ดินสอ サイ ディンソー	lead レド
人員	จำนวนคน チャムヌアン コン	staff スタフ
侵害		
〜する	ละเมิด ラムート	infringe インフリンヂ
人権〜	ละเมิดสิทธิมนุษยชน ラムート シッティ マヌッサヤチョン	infringement of human rights インフリンヂメント オヴ ヒューマン ライツ
人格	บุคลิกภาพ ブッカリッカパープ	character, personality キャラクタ, パーソナリティ
〜者	บุคลิกภาพดี ブッカリッカパープ ディー	noble person ノウブル パースン
進学する	เรียนต่อ リアン トー	go on to ゴウ オン
進化する	วิวัฒนา ウィワッタナー	evolve イヴァルヴ
新型	แบบใหม่ ベープ マイ	new model ニュー マドル
新学期	ภาคการศึกษาใหม่ パーク カーン スックサー マイ	new school term ニュー スクール ターム

日	タイ	英
新刊 しんかん	ฉบับใหม่ チャバップ マイ	new publication ニュー パブリケイション
新規の しんきの	ใหม่ マイ	new, fresh ニュー, フレシュ
蜃気楼 しんきろう	ภาพลวงตา パープ ルアン ター	mirage ミラージ
新記録 しんきろく	สถิติใหม่ サティティ マイ	new record ニュー レコド
親近感 しんきんかん	ความรู้สึกสนิทชิดใกล้ クワーム ルースック サニット チット クライ	affinity アフィニティ
ジンクス	ความซวย, ลางร้าย クワーム スアイ, ラーン ライ	jinx ヂンクス
シンクタンク	สถาบันวิจัย サターバン ウィチャイ	think tank スィンク タンク
シングル		
（部屋）	เตียงเดี่ยว ティアン ディアオ	single bed スィングル ベド
（独身者）	โสด ソート	singles スィングルズ
シンクロナイズド スイミング	ระบำใต้น้ำ ラバム タイ チーム	synchronized swimming スィンクロナイズド スウィミング
神経 しんけい	ประสาท プラサート	nerve ナーヴ
～衰弱	ประสาทอ่อน プラサート オーン	nervous breakdown ナーヴァス ブレイクダウン
～痛	ปวดประสาท プアット プラサート	neuralgia ニュアラルヂャ
～質な	ประสาทไว プラサート ワイ	sensitive センスィティヴ
新月 しんげつ	ขึ้นหนึ่งค่ำ, จันทร์เสี้ยว クン ヌン カム, チャン シアオ	new moon ニュー ムーン

日	タイ	英
人権(じんけん)	สิทธิมนุษยชน シッティ マヌットサヤチョン	human rights ヒューマン ライツ
真剣な(しんけんな)	ที่เอาจริงเอาจัง ティー アオ チン アオ チャン	serious, earnest スィリアス, アーニスト
人件費(じんけんひ)	ค่าจ้าง カーチャーン	personnel expenses パーソネル イクスペンスィズ
信仰(しんこう)	ความเชื่อถือ クワーム チュア トゥー	faith, belief フェイス, ビリーフ
～する	เชื่อถือ チュア トゥー	believe in ビリーヴ
～心	ศรัทธา サッター	faith フェイス
信号(しんごう)	สัญญาณ サンヤーン	signal スィグナル
交通～	สัญญาณไฟจราจร, ไฟแดง サンヤーン ファイ チャラーチョーン, ファイ デーン	traffic light トラフィク ライト
人口(じんこう)	พลเมือง ポンラムアン	population パピュレイション
～密度	ความหนาแน่นของประชากร クワーム ナーネン コーン プラチャーコーン	population density パピュレイション デンスィティ
人工(じんこう)		
～的な[に]	เทียม ティアム	artificial, artificially アーティフィシャル, アーティフィシャリ
～衛星	ดาวเทียม ダーオ ティアム	artificial satellite アーティフィシャル サテライト
～呼吸	การผายปอด カーン パーイ ポート	artificial respiration アーティフィシャル レスピレイション
申告する(しんこくする)	รายงาน, แจ้ง, ยื่น ラーイ ガーン, チェーン, ユーン	report, declare リポート, ディクレア
深刻な(しんこくな)	ที่ร้ายแรง, มหันต์, ขรึม ティー ラーイレーン, マハン, クルム	serious, grave スィリアス, グレイヴ

日	タイ	英
しんこんりょこう 新婚旅行	ฮันนีมูน ハンニームーン	honeymoon ハニムーン
しんさ 審査する	ตรวจสอบ トルアット ソープ	examine イグザミン
じんざい 人材	บุคลากร ブッカラーコーン	talented person タレンテド パーソン
～派遣会社	บริษัทจัดหางาน ボーリサット チャット ハー ガーン	staff agency スタフ エイヂェンスィ
しんさつ 診察する	ตรวจสุขภาพ トルアット スッカパープ	examine イグザミン
しんし 紳士	สุภาพบุรุษ スパープ ブルット	gentleman ヂェントルマン
じんじ 人事	ฝ่ายบุคคล ファーイ ブッコン	personnel matters パーソネル マタズ
～異動	การโยกย้ายตำแหน่ง カーン ヨークヤーイ タムネン	personnel change パーソネル チェインジ
～部	แผนกบุคคล パネーク ブッコン	personal section パーソナル セクション
しんしつ 寝室	ห้องนอน ホン ノーン	bedroom ベドルム
しんじつ 真実	ความจริง クワーム チン	truth トルース
しんじゃ 信者	ศาสนิกชน サーッサニッカチョン	believer ビリーヴァ
じんじゃ 神社	วัดชินโต ワット チントー	*Shinto* shrine シントウ シュライン
しんじゅ 真珠	ไข่มุก カイ ムック	pearl パール
じんしゅ 人種	ชนชาติ チョンチャート	race レイス
～差別	การเหยียดผิว カーン イアット ピウ	racial discrimination レイシャル ディスクリミネイション

日	タイ	英
しんじゅう 心中する	ฆ่าตัวตายคู่ カー トゥア ターイ クー	commit double suicide コミト ダブル スーイサイド
しんしゅつ 進出		
〜する	ก้าวหน้า, พัฒนา カーオ ナー, パッタナー	advance アドヴァンス
海外〜	การขยายกิจการไปต่างประเทศ カーン カヤーイ キッチャカーン パイ ターン プラテート	make advancements overseas メイク アドヴァンスメンツ オウヴァスィーズ
しんじょう 信条	ความเชื่อ, ความยึดมั่น クワーム チュア, クワーム ユット マン	belief, principle ビリーフ, プリンスィプル
しん 信じる	เชื่อ, ไว้ใจ チュア, ワイ チャイ	believe ビリーヴ
しんじん 新人	หน้าใหม่ ナー マイ	newcomer, rookie ニューカマ, ルキ
じんしんばいばい 人身売買	การค้าคน カーン カー コン	human traffic ヒューマン トラフィク
しんすい 浸水する	น้ำท่วม ナム トゥアム	be flooded ビ フラデド
じんせい 人生	ชีวิต チーウィット	life ライフ
しんせい 申請する	ยื่นขอ, สมัคร ユーン コー, サマック	apply *for* アプライ
しんせい 神聖な	ศักดิ์สิทธิ์ サックシット	holy, sacred ホウリ, セイクレド
しんせき 親戚	ญาติ ヤート	relative レラティヴ
シンセサイザー	เครื่องสังเคราะห์ クルアン サンクロ	synthesizer スィンセサイザ
しんせつ 親切な	ใจดี チャイ ディー	kind カインド

日	タイ	英
しんぜん **親善** サンタワ マイトリー	สันถวไมตรี	friendship フレンドシプ
～試合	การแข่งขันกระชับมิตร カーン ケンカン クラチャップ ミット	friendly match フレンドリ マチ
～使節	ทูตมิตรภาพ トゥート ミットラパープ	goodwill envoy グドウィル エンヴォイ
しんせん **新鮮な**	สด, ใหม่ ソット, マイ	fresh, new フレシュ, ニュー
しんぞう **心臓**	หัวใจ フアチャイ	heart ハート
じんぞう **腎臓**	ไต タイ	kidney キドニ
しんたい **身体**	ร่างกาย ラーンカーイ	body バディ
～障害者	คนพิการ コン ピカーン	physically disabled person フィズィカリ ディスエイブルド パースン
～検査	การตรวจร่างกาย カーン トルアット ラーンカーイ	physical examination フィズィカル イグザミネイション
しんだい **寝台車**	รถนอน ロット ノーン	sleeping car スリーピング カー
しんたいそう **新体操**	ยิมนาสติกลีลาใหม่ イムナースティック リーラーマイ	rhythmic gymnastics リズミク ヂムナスティクス
しんたくがいしゃ **信託会社**	บริษัทเงินทุนหลักทรัพย์ ボーリサット グン トゥン ラックサップ	trust トラスト
しんだん **診断**		
～する	วินิจฉัยโรค ウィニットチャイ ローク	diagnose ダイアグノウズ
～書	ใบรับรองแพทย์ バイ ラップローン ペート	medical certificate メディカル サティフィケト
しんちゅう **真鍮**	ทองเหลือง トーン ルアン	brass ブラス

日	タイ	英
しんちょう **身長**	ความสูง クワーム スーン	stature スタチャ
しんちょう **慎重な[に]**	รอบคอบ, ระมัดระวัง ローブコーブ, ラマット ラワン	cautious, prudent [cautiously, prudently] コーシャス, プルーデント コーシャスリ, プルーデントリ
しんでんず **心電図**	คลื่นหัวใจ クルーン フアチャイ	electrocardiogram イレクトロウカーディオグラム

■ **人体** ■ ร่างกายมนุษย์ / ラーン カーイ マヌット /

のう
脳 สมอง / サモーン / (英 brain)

ほね
骨 กระดูก / クラドゥーク / (英 bone)

きんにく
筋肉 กล้ามเนื้อ / クラーム ヌア / (英 muscle)

けっかん
血管 เส้นเลือด / セン ルアット / (英 blood vessel)

しんけい
神経 เส้นประสาท / セン プラサート / (英 nerve)

きかんし
気管支 หลอดลม / ロート ロム / (英 bronchus)

しょくどう
食道 หลอดอาหาร / ロート アーハーン / (英 gullet)

はい
肺 ปอด / ポート / (英 lungs)

しんぞう
心臓 หัวใจ / フアチャイ / (英 heart)

い
胃 กระเพาะอาหาร / クラポ アーハーン / (英 stomach)

だいちょう
大腸 ลำไส้ใหญ่ / ラムサイ ヤイ / (英 large intestine)

しょうちょう
小腸 ลำไส้เล็ก / ラムサイ レック / (英 small intestine)

じゅうにしちょう
十二指腸 ลำไส้เล็กส่วนบน / ラムサイ レック スアン ボン / (英 duodenum)

もうちょう
盲腸 ไส้ติ่ง / サイティン / (英 cecum)

かんぞう
肝臓 ตับ / タップ / (英 liver)

すいぞう
膵臓 ตับอ่อน / タップ オーン / (英 pancreas)

じんぞう
腎臓 ไต / タイ / (英 kidney)

日	タイ	英
しんとう 神道	ลัทธิชินโต ラッティ チントー	*Shinto* シントウ
じんどう 人道		
～主義	มนุษยธรรม マヌットサヤタム	humanitarianism ヒューマニテアリアニズム
～的な	อย่างมีมนุษยธรรม ヤーン ミー マヌットサヤタム	humane ヒューメイン
しんどう 振動する	กระเทือน クラトゥアン	vibrate ヴァイブレイト
しんどう 震動する	สั่น, ไหว, สะเทือน サン, ワイ, サトゥアン	tremble トレンブル
シンナー	ทินเนอร์ ティンナー	paint thinner ペイント スィナ
しんにゅう 侵入する	บุกรุก ブック ルック	invade インヴェイド
しんにゅうしゃいん 新入社員	พนักงานใหม่ パナックガーン マイ	new employee ニュー インプロイイー
しんにゅうせい 新入生	นักเรียนใหม่ ナックリアン マイ	new student ニュー ステューデント
しんねん 新年	ปีใหม่ ピー マイ	new year ニュー イア
～おめでとう	สวัสดีปีใหม่ サワッディー ピー マイ	A Happy New Year! ア ハピ ニュー イア
しんぱい 心配する	กังวล, เป็นห่วง カンウォン, ペン ワアン	be anxious *about* ビ アンクシャス
しんぱん 審判	การตัดสิน カーン タットシン	judgment ヂャヂメント
(人)	ผู้ตัดสิน プー タットシン	umpire, referee アンパイア, レファリー
しんぴてき 神秘的な	ลึกลับ ルック ラップ	mysterious ミスティアリアス

日	タイ	英
しんぴん 新品	ของใหม่ コーン マイ	new article ニュー アーティクル
しんぷ 新婦	เจ้าสาว チャオ サーオ	bride ブライド
しんぷ 神父	บาทหลวง バート ルアン	father ファーザ
しんぶん 新聞	หนังสือพิมพ์ ナンスー ピム	newspaper, press ニューズペイパ, プレス
～記者	นักหนังสือพิมพ์ ナック ナンスー ピム	pressman, reporter プレスマン, リポータ
～社	บริษัทหนังสือพิมพ์ ボーリサット ナンスー ピム	newspaper publishing company ニューズペイパ パブリシング カンパニ
じんぶんかがく 人文科学	มนุษยศาสตร์ マヌットサヤサート	humanities ヒューマニティズ
じんぶんがくぶ 人文学部	คณะมนุษยศาสตร์ カナ マヌットサヤサート	faculty of humane studies ファカルティ オヴ ヒューメイン スタディズ
しんぽ 進歩		
～する	ก้าวหน้า カーオナー	make progress, advance メイク プラグレス, アドヴァンス
～的な	ที่ก้าวหน้า ティー カーオナー	advanced, progressive アドヴァンスト, プログレスィヴ
シンポジウム	การประชุมสัมมนา カーン プラチュム サムマナー	symposium スィンポウズィアム
シンボル	สัญลักษณ์ サンヤラック	symbol スィンボル
しんまい 新米	ข้าวใหม่ カーオ マイ	new rice ニュー ライス
（初心者）	มือใหม่ ムー マイ	novice, newcomer ナヴィス, ニューカマ

日	タイ	英
じんみゃく 人脈	เส้นสาย セン サーイ	connections コネクションズ
じんめい 人名	ชื่อคน チュー コン	name of a person ネイム オヴ ア パースン
しんや 深夜	กลางดึก クラーン ドゥック	midnight ミドナイト
しんゆう 親友	เพื่อนสนิท プアン サニット	close friend クロウス フレンド
しんよう 信用		
（信頼）	ความเชื่อใจ クワーム チュア チャイ	reliance, trust リライアンス, トラスト
～する	เชื่อ, ไว้ใจ チュア, ウイ チャイ	trust, rely トラスト, リライ
～状	แอลซี エン シー	L/C エル シー
しんらつ 辛辣な	ที่ปากจัด, ที่เสียดแทง ティー パーク チャット, ティー シアット テーン	bitter ビタ
しんり 心理	สภาพจิตใจ サパープ チットチャイ	mental state メンタル ステイト
～学	จิตวิทยา チッタウィッタヤー	psychology サイカロヂィ
～学者	นักจิตวิทยา ナック チッタウィッタヤー	psychologist サイカロヂスト
しんり 真理	ความจริง クワーム チン	truth トルース
しんりゃく 侵略する	รุกราน ルックラーン	invade, raid インヴェイド, レイド
しんりょうじょ 診療所	คลีนิก クリーニック	clinic クリニック
しんりん 森林	ป่า パー	forest, woods フォリスト, ウド＋ズ

日	タイ	英
しんるい 親類	ญาติ ヤート	relative レラティヴ
しんろ 進路	เส้นทาง センターン	course, way コース, ウェイ
しんろう 新郎	เจ้าบ่าว チャオ バーオ	bridegroom ブライドグルーム
しんわ 神話	เทพนิยาย テーッパニヤーイ	myth, mythology ミス, ミサロヂィ

す, ス

日	タイ	英
す 巣		
（鳥の）	รัง(นก) ラン (ノック)	nest ネスト
（ハチの）	รวง(ผึ้ง) ルアン (プン)	beehive ビーハイヴ
（クモの）	ใยแมงมุม ヤイ メーンムム	cobweb カブウェブ
ず 図	รูป, ภาพ ループ, パープ	picture, figure ピクチャ, フィギャ
～に乗る	ได้ใจ ダイ チャイ	be puffed ビ パフト
ずあん 図案	แบบ, ลวดลาย ベープ, ルアットラーイ	design, sketch ディザイン, スケチ
すいえい 水泳	ว่ายน้ำ ワーイ ナーム	swimming スウィミング
すいがい 水害	อุทกภัย ウトッカパイ	flood damage フラド ダミヂ
す がら 吸い殻	ก้นบุหรี่ コン ブリー	cigarette end スィガレト エンド
すいぎゅう 水牛	ควาย クワーイ	water buffalo ウォータ バファロウ

日	タイ	英
すいぎん 水銀	ปรอท パロート	mercury マーキュリ
すいこう 推敲する	ขัดเกลา カット クラオ	polish パリシュ
すいさつ 推察する	คาดหมาย カート マーイ	guess, conjecture ゲス, コンヂェクチャ
すいさんぎょう 水産業	อุตสาหกรรมทางน้ำ ウッサーハカム ターン チャーム	fisheries フィシャリズ
すいさんぶつ 水産物	ผลิตภัณฑ์ทางน้ำ パリッタパン ターン チャーム	marine products マリーン プラダクツ
すいしつ 水質	คุณภาพน้ำ クンナパープ チャーム	water quality ウォータ クワリティ
～汚染	มลพิษทางน้ำ モンラピット ターン チャーム	water pollution ウォタ パルーション
～検査	การตรวจสอบน้ำ カーン トルアット ソープ チャーム	water analysis ウォタ アナリスィス
すいしゃ 水車	กังหันน้ำ カンハン チャーム	water mill ウォータ ミル
すいじゅん 水準	ระดับ, มาตรฐาน ラダップ, マートラターン	level, standard レヴル, スタンダド
すいしょう 水晶	ผลึก パルック	crystal クリスタル
すいじょう 水上スキー	สกีน้ำ サキー チャーム	water-skiing ウォータスキーイング
スイス	สวิสเซอร์แลนด์ サウィッサーレーン	Switzerland スウィツァランド
すいせい 水星	ดาวพุธ ダーオ プット	Mercury マーキュリ
すいせい 彗星	ดาวหาง ダーオ ハーン	comet カメト
すいせん 推薦する	แนะนำ ネナム	recommend レコメンド

日	タイ	英
すいせんべんじょ 水洗便所	ชักโครก チャックローク	flush toilet フラシュ トイレト
すいそ 水素	ไฮโดรเจน ハイドローチェーン	hydrogen ハイドロチェン
すいそう 水槽	ที่เก็บน้ำ, ถังน้ำ ティーケップ チャム, タン チャム	water tank, cistern ウォータ タンク, スィスタン
(熱帯魚などの)	ตู้ปลา トゥー プラー	aquarium アクウェアリアム
すいぞう 膵臓	ตับอ่อน タップ オーン	pancreas パンクリアス
すいぞくかん 水族館	พิพิธภัณฑ์สัตว์น้ำ ピピッタパン サット チャム	aquarium アクウェアリアム
すいそく 推測する	เดา, ทาย, คาดคะเน ダオ, ターイ, カートカネー	guess, conjecture ゲス, カンチェクチャ
すいちゅうめがね 水中眼鏡	แว่นตาว่ายน้ำ ウェンター ワーイ チャム	swimming goggles スウィミング ガグルズ
すいちゅうよくせん 水中翼船	เรือติดปีกแฉลบน้ำ ルア ティット ピーク チャレープ チャム	hydrofoil ハイドロフォイル
すいちょく 垂直な	ตั้งตรง タン トロン	vertical ヴァーティカル
スイッチ	สวิตช์ サウィット	switch スウィチ
す 空いている	ว่าง ワーン	not crowded ナト クラウデド
すいでん 水田	นาข้าว ナー カーオ	rice field ライス フィールド
すいとう 水筒	กระติกน้ำ クラティック チャム	water bottle, canteen ウォータ バトル, キャンティーン
すいどう 水道	ประปา プラパー	water service ウォータ サーヴィス
すいはんき 炊飯器	หม้อหุงข้าว モー フン カーオ	rice-cooker ライス クカ

日	タイ	英
<ruby>随筆<rt>ずいひつ</rt></ruby>	เรียงความ リアン クワーム	essay エセイ
<ruby>随分<rt>ずいぶん</rt></ruby>	อย่างมาก, อย่างยิ่ง ヤーン マーク, ヤーン イン	fairly, extremely フェアリ, イクストリームリ
<ruby>水平な[の]<rt>すいへい</rt></ruby>	ราบ, แนวนอน ラープ, ネーオ ノーン	level レヴル
～線	เส้นขอบฟ้า センコープ ファー	horizon ホライズン
<ruby>睡眠<rt>すいみん</rt></ruby>	การนอนหลับ カーン ノーン ラップ	sleep スリープ
～不足	การนอนหลับไม่เพียงพอ カーン ノーン ラップ マイ ピアンポー	insufficient sleep インサフィシェント スリープ
～薬	ยานอนหลับ ヤー ノーン ラップ	sleeping drug スリーピング ドラグ
<ruby>水曜日<rt>すいようび</rt></ruby>	วันพุธ ワン プット	Wednesday ウェンズディ
<ruby>推理<rt>すいり</rt></ruby>		
～する	สันนิษฐาน サンニッターン	reason, infer リーズン, インファー
～小説	นิยายสืบสวน ニヤーイ スープスアン	detective story ディテクティヴ ストーリ
<ruby>水力発電<rt>すいりょくはつでん</rt></ruby>	การผลิตไฟฟ้าด้วยพลังน้ำ カーン パリット ファイファー ドゥアイ パラン チーム	hydroelectricity ハイドロウイレクトリスィティ
<ruby>睡蓮<rt>すいれん</rt></ruby>	บัว ブア	water lily ウォタ リリ
<ruby>水路<rt>すいろ</rt></ruby>	ทางน้ำ, ชลมารค ターン チーム, チョンラマーク	waterway, channel ウォタウェイ, チャネル
<ruby>吸う<rt>す</rt></ruby>	สูด, หายใจเข้า スート, ハーイ チャイ カオ	breathe in, inhale ブリーズ イン, インヘイル
(たばこを)	สูบ スープ	smoke スモウク
<ruby>数学<rt>すうがく</rt></ruby>	คณิตศาสตร์ カニッタ サート	mathematics マセマティクス

■数字■ ตัวเลข /トゥア レーク/

(1～10 までの ( ) 内はタイ数字. 11 以降はそれぞれを組み合わせる)

0 ศูนย์ (๐) /スーン/ (英zero)

1 หนึ่ง (๑) /ヌン/ (英one)
 (序数) ที่หนึ่ง /ティー ヌン/ (英first)

2 สอง (๒) /ソーン/ (英two)
 (序数) ที่สอง /ティー ソーン/ (英second)

3 สาม (๓) /サーム/ (英three)
 (序数) ที่สาม /ティー サーム/ (英third)

4 สี่ (๔) /シー/ (英four)
 (序数) ที่สี่ /ティー シー/ (英fourth)

5 ห้า (๕) /ハー/ (英five)
 (序数) ที่ห้า /ティー ハー/ (英fifth)

6 หก (๖) /ホック/ (英six)
 (序数) ที่หก /ティー ホック/ (英sixth)

7 เจ็ด (๗) /チェット/ (英seven)
 (序数) ที่เจ็ด /ティー チェット/ (英seventh)

8 แปด (๘) /ペート/ (英eight)
 (序数) ที่แปด /ティー ペート/ (英eighth)

9 เก้า (๙) /カーオ/ (英nine)
 (序数) ที่เก้า /ティー カーオ/ (英ninth)

10 สิบ (๑๐) /シップ/ (英ten)
 (序数) ที่สิบ /ティー シップ/ (英tenth)

11 สิบเอ็ด /シップ エット/ (英eleven)
 (序数) ที่สิบเอ็ด /ティー シップ エット/ (英eleventh)

12 สิบสอง /シップ ソーン/ (英twelve)
 (序数) ที่สิบสอง /ティー シップ ソーン/ (英twelfth)

13 สิบสาม /シップ サーム/ (英thirteen)

（序数） ที่สิบสาม / ティー シップ サーム / ([英] thirteenth)

14 สิบสี่ / シップ シー / ([英] fourteen)

（序数） ที่สิบสี่ / ティー シップ シー / ([英] fourteenth)

15 สิบห้า / シップ ハー / ([英] fifteen)

（序数） ที่สิบห้า / ティー シップ ハー / ([英] fifteenth)

16 สิบหก / シップ ホック / ([英] sixteen)

（序数） ที่สิบหก / ティー シップ ホック / ([英] sixteenth)

17 สิบเจ็ด / シップ チェット / ([英] seventeen)

（序数） ที่สิบเจ็ด / ティー シップ チェット / ([英] seventeenth)

18 สิบแปด / シップ ペート / ([英] eighteen)

（序数） ที่สิบแปด / ティー シップ ペート / ([英] eighteenth)

19 สิบเก้า / シップ カーオ / ([英] nineteen)

（序数） ที่สิบเก้า / ティー シップ カーオ / ([英] nineteenth)

20 ยี่สิบ / ネー シップ / ([英] twenty)

21 ยี่สิบเอ็ด / ネー シップ エット / ([英] twenty-one)

30 สามสิบ / サーム シップ / ([英] thirty)

40 สี่สิบ / シー シップ / ([英] forty)

50 ห้าสิบ / ハー シップ / ([英] fifty)

60 หกสิบ / ホック シップ / ([英] sixty)

70 เจ็ดสิบ / チェット シップ / ([英] seventy)

80 แปดสิบ / ペート シップ / ([英] eighty)

90 เก้าสิบ / カーオ シップ / ([英] ninety)

100 ร้อย / ローイ / ([英] one hundred)

1000 พัน / パン / ([英] one thousand)

10, 000 หมื่น / ムーン / ([英] ten thousand)

100, 000 แสน / セーン / ([英] one hundred thousand)

1, 000, 000 ล้าน / ラーン / ([英] one million)

す

日	タイ	英

10,000,000　สิบล้าน / シップ ラーン / (英 ten million)

100,000,000　ร้อยล้าน / ローイ ラーン / (英 one hundred million)

2倍　สองเท่า / ソーン タオ / (英 twice)

3倍　สามเท่า / サーム タオ / (英 three times)

1 / 2　เศษหนึ่งส่วนสอง / セート ヌン スアン ソーン / (英 a half)

2 / 3　เศษสองส่วนสาม / セート ソーン スアン サーム / (英 two thirds)

2 4/5　สอง เศษสี่ส่วนห้า / ソーン セート シー スアン ハー / (英 two and four fifths)

0.1　ศูนย์จุดหนึ่ง / スーン チュット ヌン / (英 point one)

2.14　สองจุดหนึ่งสี่ / ソーン チュット ヌン シー / (英 two point fourteen)

日	タイ	英
数字 (すうじ)	ตัวเลข トゥア レーク	figure, numeral フィギャ, ニューメラル
図々しい (ずうずうしい)	หน้าด้าน ナーダーン	impudent, audacious インピュデント, オーデイシャス
スーツ	สูท スート	suit スート
〜ケース	กระเป๋าเดินทาง クラパオ ドゥーンターン	suitcase スートケイス
スーパーマーケット	ซุปเปอร์มาร์เก็ต スッパー マーケット	supermarket スーパマーケト
崇拝する (すうはいする)	นับถือ, เคารพ, บูชา ナップトゥー, カオロップ, ブーチャー	worship, adore ワーシプ, アドー
スープ	ซุป, น้ำแกง スップ, ナム ケーン	soup スープ
数量 (すうりょう)	จำนวน チャムヌアン	quantity クワンティティ
末っ子 (すえっこ)	ลูกคนสุดท้อง ルーク コン スット トーン	youngest child ヤンゲスト チャイルド

日	タイ	英
スカート	กระโปรง クラプローン	skirt スカート
スカーフ	ผ้าพันคอ パー パン コー	scarf スカーフ
スカイダイビング	กีฬากระโดดร่ม キーラー クラドート ロム	skydiving スカイダイヴィング
スカイトレイン (BTS)	บีทีเอส, รถไฟลอยฟ้า ビーティーエス、ロット ファイ ローイ ファー	BTS, Skytrain ビーティーエス、スカイトレイン
素顔 (すがお)	ใบหน้าที่ไม่มีการแต่งเติม バイ ナー ティー マイ ミー カーン テン トゥーム	face without makeup フェイス ウィザウト メイカプ
（本当の顔）	โฉมหน้าอันแท้จริง, ภูมิหลัง チョーム ナー アン テー チン、プーム ラン	real face リアル フェイス
清々しい (すがすがしい)	สดชื่น, สดใส ソット チューン、ソット サイ	refreshing, fresh リフレシング、フレシュ
姿 (すがた)	รูปร่าง, รูปทรง ループ ラーン、ループ ソン	figure, shape フィギャ、シェイプ
図鑑 (ずかん)	หนังสือภาพ ナン スー パープ	illustrated book イラストレイテド ブク
スカンク	สกั๊งค์ サカン	skunk スカンク
隙 (すき)	ช่องว่าง チョン ワーン	opening, gap オウプニング、ギャプ
（弱点）	ช่องโหว่ チョン ウォー	unguarded point アンガーデド ポイント
～を見せる	เปิดช่องโหว่ プート チョン ウォー	let up *one's* guard レタプ ワンズ ガード
鋤 (すき)	เสียม シアム	plow プラウ
杉 (すぎ)	ต้นสนญี่ปุ่น トン ソン イープン	Japanese cedar チャパニーズ スィーダ
スキー	สกี サキー	skiing, ski スキーイング、スキー

日	タイ	英
好き嫌い	ความชอบความเกลียด クワーム チョープ クワーム クリアット	likes and dislikes ライクス アンド ディスライクス
透き通った	ใส, โปร่งใส サイ, プローンサイ	transparent, clear トランスペアレント, クリア
好きな	ที่ชอบ ティー チョープ	favorite フェイヴァリト
隙間	ช่องว่าง チョン ワーン	opening, gap オウプニング, ギャプ
〜風	ลมที่พัดเข้ามาทางช่องว่าง ロム ティー パット カオ マー ターン チョン ワーン	draft ドラフト
スキムミルク	นมไขมันต่ำ ノム カイマン タム	skim milk スキム ミルク
スキャンダル	เรื่องอื้อฉาว, เรื่องน่าอัปยศ ルアン ウーチャーオ, ルアン ナー アッパヨット	scandal スキャンダル
スキューバ ダイビング	สกูบาไดวิ่ง サクーバ ダイヴィン	scuba diving スキューバ ダイヴィング
過ぎる	ผ่าน, เลย パーン, ルーイ	pass, go past パス, ゴウ パスト
（時が）	ผ่าน, ล่วง, เลย パーン, ルアン, ルーイ	pass, elapse パス, イラプス
（…すぎる）	...เกินไป クーン パイ	go too far ゴウ トゥ ファー
（超過）	เกิน, มากกว่า クーン, マーク クワー	be over, exceed ビ オウヴァ, イクスィード
（期限が）	เลย, หมดเขต, หมดอายุ ルーイ, モット ケート, モット アーユ	be out, expire ビ アウト, イクスパイア
スキンシップ	สัมผัสทางร่างกาย サムパット ターン ラーンカーイ	physical contact フィズィカル カンタクト
スキンダイビング	สกินไดวิ่ง, ดำน้ำตัวเปล่า サキン ダイヴィン, ダム ナーム トゥア プラオ	skin diving スキン ダイヴィング
空く	ว่าง ワーン	become less crowded ビカム レス クラウディド

日	タイ	英
お腹が〜	หิว ヒウ	feel hungry フィール ハングリ
梳く	หวีผม ウィー ポム	comb コウム
直ぐ	ทันที タンティー	at once, immediately アト ワンス, イミーディエトリ
（容易に）	ง่าย ガーイ	easily, readily イーズィリ, レディリ
（ほんの）	ทันที タンティー	just, right ヂャスト, ライト
掬う	ตัก, ช้อน タック, チョーン	scoop, ladle スクープ, レイドル
救う	ช่วย, บรรเทาทุกข์ チュアイ, バンタオ トゥック	help, relieve ヘルプ, リリーヴ
スクーター	สกู๊ตเตอร์ サクーットゥー	scooter スクータ
スクープ	ข่าว, สกู๊ป カーオ, サクープ	scoop スクープ
すぐそこ	ใกล้ๆ クライ クライ	just over there ヂャスト オウヴァ ゼア
少ない	น้อย ノーイ	few, little フュー, リトル
少なくとも	อย่างน้อย ヤーン ノーイ	at least アト リースト
スクラップ	ชิ้น, เศษ, กาก チン, セート, カーク	scrap スクラブ
（切り抜き）	ชิ้น チン	clipping, cutting クリピング, カティング
スクランブルエッグ	ไข่คน カイ コン	scrambled eggs スクランブルド エグズ
スクリーン	สกรีน, จอ サクリーン, チョー	screen スクリーン

日	タイ	英
優^{すぐ}れた	เก่ง, ยอดเยี่ยม ケン, ヨート イアム	excellent, fine エクセレント, ファイン
優^{すぐ}れる	ดีกว่า, เก่งกว่า ディー クワー, ケン クワー	be better, be superior *to* ビ ベタ, ビ シュピアリア
スクロール	เลื่อน ルアン	scroll スクロウル
図形^{ずけい}	แผนภาพ ペーン パープ	figure, diagram フィギャ, ダイアグラム
スケール		
（規模）	มาตราส่วน マートラー スアン	scale スケイル
（度量）	ใจ, อัธยาศัย チャイ, アッタヤーサイ	caliber キャリバ
スケジュール	กำหนดการ カムノット カーン	schedule スケヂュル
スケッチ	ภาพร่าง パープ ラーン	sketch スケチ
透^すける	โปร่งใส プローン サイ	be transparent ビ トランスペアレント
スコア	คะแนน, แต้ม カネーン, テーム	score スコー
凄^{すご}い	ยอดเยี่ยม ヨート イアム	wonderful, great ワンダフル, グレイト
（恐ろしい）	แย่, เลวร้าย イェー, レーオ ラーイ	terrible, horrible テリブル, ホリブル
すごい！	แน่ไปเลย ネー パイ ルーイ	That's great!, Wow! ザツ グレイト！, ワウ
スコール	ห่าฝน ハー フォン	squall スクウォール
すごく	ไม่ใช่เล่น, อย่างมาก マイ チャイ レン, ヤーン マーク	very ヴェリ

日	タイ	英
すこ 少し	นิดหน่อย, เล็กน้อย ニット ノイ, レック ノーイ	a few, a little ア フュー, ア リトル
す 過ごす	ใช้เวลา, ผ่าน チャイ ウェーラー, パーン	pass, spend パス, スペンド
スコップ	พลั่ว プルア	scoop, shovel スクープ, シャヴル
すさまじい	น่าขนพอง ナー コン ポーン	dreadful, terrible ドレドフル, テリーブル
ずさん 杜撰な	เลินเล่อ ルーン ルー	careless, slipshod ケアレス, スリプシャド
すじ 筋	เส้น, แถบ, แถว セン, テープ, テオ	line, stripe ライン, ストライプ
（腱）	เอ็น エン	tendon テンドン
（話の）	โครงเรื่อง クローン ルアン	plot プラト
〜の通った	สมเหตุสมผล ソム ヘート ソム ポン	reasonable リーズナブル
すしづ 鮨詰めの	แออัด エーアット	jam-packed ヂャムパクト
すじみち 筋道	เหตุผล, ตรรกศาสตร์ ヘートポン, タッカサート	reason, logic リーズン, ラヂク
すじょう 素性	ต้นกำเนิด, ภูมิหลัง トン カム ヌート, プーム ラン	birth, origin バース, オーリヂン
すす 煤	เขม่า カマオ	soot スト
すず 鈴	กระดิ่ง クラディン	bell ベル
すず 錫	ดีบุก ディーブック	tin ティン
すす 濯ぐ	บ้วน, ล้าง ブアン, ラーン	rinse リンス

日	タイ	英
涼しい	เย็น イェン	cool クール
進む	เดินหน้า ドゥーン ナー	go forward ゴウ フォーワド
（進行）	ก้าวหน้า カーオ ナー	progress プログレス
涼む	ตากลม ターク ロム	enjoy the cool air インヂョイ ザ クール エア
勧める	แนะนำ, ชวน ネナム, チュアン	advise アドヴァイズ
進める	ทำให้ก้าวหน้า タム ハイ カーオ ナー	advance, push on アドヴァンス, プシュ オン
啜る	จิบ, ดูด, สูด チップ, ドゥート, スート	sip, slurp スィプ, スラープ
進んで	สมัครใจ サマック チャイ	voluntarily ヴァランテアリリ
裾	ชาย, ริม, ปลาย チャーイ, リム, プラーイ	skirt, train スカート, トレイン
スター	ดารา ダーラー	star スター
スタイリスト	สไตล์ลิสต์, ช่างเสริมสวย サタイリット, チャーン スーム スアイ	stylist スタイリスト
スタイル	สไตล์, แบบ サタイ, ベープ	style スタイル
（容姿）	รูปร่าง ループラーン	figure フィギャ
スタジアム	สนามกีฬา サナーム キーラー	stadium ステイディアム
スタジオ	สตูดิโอ サトゥーディオー	studio ステューディオウ
スタッフ	สตาฟฟ์, เจ้าหน้าที่ サターフ, チャオ ナーティー	staff スタフ

日	タイ	英
スタミナ	พลัง, ความอดทน パラン, クワーム オットン	stamina スタミナ
廃れる	เลิกนิยม ルーク ニヨム	go out of use ゴウ アウト オヴ ユース
スタンド		
（観客席）	อัฒจันทร์ アッタチャン	stand, bleachers スタンド, ブリーチャズ
（電灯）	โคมไฟตั้งโต๊ะ コーム ファイ タン トッ	desk lamp デスク ランプ
スタンプ	ตราประทับ トラー プラタップ	stamp, postmark スタンプ, ポウストマーク
～台	ที่ประทับตรา ティー プラタップ トラー	stamp pad スタンプ パド
スチーム	ไอน้ำ アイ チーム	steam スティーム
スチュワーデス	แอร์โฮสเตส エーホーッサテート	flight attendant フライト アテンダント
…ずつ	ทีละ… ティー ラ	each, every イーチ, エヴリ
頭痛	ปวดหัว プアット ファア	headache ヘディク
スツール	เก้าอี้ไม่มีพนัก カオイー マイ ミー パナック	stool ストゥール
すっかり	ทั้งหมด, อย่างสมบูรณ์ タン モット, ヤーン ソムブーン	all, entirely オール, インタイアリ
ずっと	โดยตลอด ドーイ タロート	throughout スルーアウト
酸っぱい	เปรี้ยว プリアオ	sour, acid サウア, アスィド
すっぱ抜く	เปิดเผย プート プーイ	break ブレイク

日	タイ	英
ステーキ	สเต็ก サテック	steak ステイク
ステージ	เวที ウェーティー	stage ステイヂ
すてき 素敵な	งดงาม ゴット ガーム	lovely, beautiful, fantastic ラヴリ, ビューティフル, ファンタスティク
ステッカー	สติ๊กเกอร์, รูปลอก サティックー, ループ ローク	sticker スティカ
ステッキ	ไม้เท้า マイ ターオ	cane ケイン
すで 既に	แล้ว レーオ	already オールレディ
す 捨てる	ทิ้ง ティン	throw away, dump スロウ アウェイ, ダンプ
ステレオ	สเตอริโอ サトゥーリオー	stereo スティアリオウ
ステンレス	สเตนเลส サテーンレート	stainless steel ステインレス スティール
ストーカー	สตอลเกอร์ サトーカー	stalker ストーカ
ストーブ	เตาทำความร้อน タオ タム クワーム ローン	heater, stove ヒータ, ストウヴ
ストッキング	ถุงน่อง トゥン ノーン	stockings スタキングズ
ストック	สต๊อกสินค้า サトック シンカー	stock スタク
ストップウォッチ	นาฬิกาจับเวลา ナーリカー チャップ ウェーラー	stopwatch スタプワチ
ストライキ	สไตร๊ค, ประท้วงหยุดงาน サトライ, プラトゥアン ユット ガーン	strike ストライク

日	タイ	英
ストライプ	สาย, แถบ サーイ, テープ	stripes ストライプス
ストリッパー	นักเต้นระบำเปลื้องผ้า ナック テン ラバム プルアン パー	stripteaser ストリプティーザ
ストリップ	การเปลื้องผ้า カーン プルアン パー	strip show, striptease ストリプ ショウ, ストリプティーズ
ストレス	ความเครียด クワーム クリアット	stress ストレス
ストロー	หลอดดูด ロート ドゥート	straw ストロー
砂	ทราย サーイ	sand サンド
素直な	ที่ว่าง่าย, ที่เชื่อฟัง ティー ウー ガーイ, ティー チュア ファン	docile, obedient ダスィル, オビーディエント
スナック（菓子）	ของว่าง コーン ワーン	snack スナク
（店）	บาร์ バー	snack (bar) スナク（バー）
砂浜	หาดทราย ハート サーイ	sands サンヅ
則ち	เรียกว่า, หมายถึง リアック ウー, マーイ トゥン	namely, that is ネイムリ, ザト イズ
スニーカー	รองเท้าผ้าใบ ローン ターオ パーバイ	sneakers スニーカズ
スヌーカー	สนุกเกอร์ サヌックグー	snooker スヌーカ
脛	หน้าแข้ง ナー ケーン	leg, shin レグ, シン
～をかじる	เกาะกิน コ キン	be dependent on *one's* parents ビ ディペンデント アン ペアレンツ

日	タイ	英
拗ねる（す）	งอน ゴーン	be sulky, be cynical ビ サルキ, ビ スィニカル
頭脳（ずのう）	สมอง, สติปัญญา サモーン, サティパンヤー	brains, head ブレインズ, ヘド
スパイ	สายลับ サーイ ラップ	spy, secret agent スパイ, スィークレト エイヂェント
スパイス	เครื่องเทศ クルアン テート	spice スパイス
スパゲッティ	สปาเก็ตตี้ サパーケッティー	spaghetti スパゲティ
すばしこい	รวดเร็ว, ว่องไว ルアット レオ, ウォン ワイ	nimble, agile ニンブル, アヂル
スパナ	ประแจ プラチェー	wrench, spanner レンチ, スパナ
ずば抜けて（ぬ）	เด่นเป็นพิเศษ デン ペン ピセート	by far, exceptionally バイ ファー, イクセプショナリ
素早い（すばや）	ว่องไว ウォン ワイ	nimble, quick ニンブル, クウィク
素晴らしい（すば）	ยอดเยี่ยม ヨート イアム	wonderful, splendid ワンダフル, スプレンディド
スピーカー	ลำโพง ラムポーン	speaker スピーカ
スピーチ	สุนทรพจน์ スントーラポット	speech スピーチ
スピード	ความเร็ว クワーム レオ	speed スピード
～違反	ผิดกฎจราจรความเร็ว ピット コット チャラーチョーン クワーム レオ	speeding スピーディング
～メーター	มาตรวัดความเร็ว マート トラワット クワーム レオ	speedometer スピダマタ
スプーン	ช้อน チョーン	spoon スプーン

日	タイ	英
スプリング	สปริง サプリン	spring スプリング
スプリンクラー	สปริงเกิล サプリンクーン	sprinkler スプリンクラ
スプレー	สเปรย์ サプレー	spray スプレイ
スペア	สำรอง サムローン	spare, refill スペア, リーフィル
スペイン	ประเทศสเปน プラテート サペーン	Spain スペイン
スペース	ช่องว่าง チョン ワーン	space スペイス
スペースシャトル	กระสวยอวกาศ クラスアイ アワカート	space shuttle スペイス シャトル
スペード	ไพ่โพธิ์ดำ パイ ポー ダム	spade スペイド
スペシャリスト	ผู้เชี่ยวชาญ プー チアオ チャーン	specialist スペシャリスト
すべすべした	เกลี้ยง クリアン	smooth, slippery スムーズ, スリパリ
スペック	สเป็ค サペック	specifications, specs スペスィフィケイションズ, スペクス
全て	ทั้งหมด, ทั้งปวง タン モット, タン プアン	everything, all エヴリスィング, オール
～の	ทั้งหมด タン モット	all, every, whole オール, エヴリ, ホウル
滑り台	กระดานลื่น クラダーン ルーン	slide スライド
滑る	ลื่น, ไถล ルーン, タライ	slip, slide スリプ, スライド
(スケートで)	ลื่นด้วยสเก็ต ルーン ドゥアイ サケット	skate スケイト

日	タイ	英
（床が）	ลื่น ルーン	be slippery ビ スリパリ
スペル	การสะกด カーン サコット	spelling スペリング
スポークスマン	โฆษก コーソック	spokesman スポウクスマン
スポーツ	กีฬา キーラー	sports スポーツ
〜マン	นักกีฬา ナック キーラー	sportsman, athlete スポーツマン，アスリート
スポットライト	ไฟสปอตไลท์ ファイ サポットライ	spotlight スパトライト

■スポーツ■ กีฬา / キーラー /

柔道（じゅうどう） ยูโด / ユードー / ([英]*judo*)

体操（たいそう） ยิมนาสติก / イムナーサティック / ([英]gymnastics)

新体操（しんたいそう） ยิมนาสติกลีลาใหม่ / イムナーサティック リーラーマイ / ([英]rhythmic gymnastics)

バレーボール วอลเลย์บอล / ウォーンレーボーン / ([英]volleyball)

バスケットボール บาสเก็ตบอล / バーサケットボーン / ([英]basketball)

卓球（たっきゅう） ปิงปอง / ピンポーン / ([英]table tennis)

バドミントン แบดมินตัน / ベットミンタン / ([英]badminton)

水泳（すいえい） ว่ายน้ำ / ワーイ ナーム / ([英]swimming)

テニス เทนนิส / テンニット / ([英]tennis)

スケート สเก็ต / サケート / ([英]skating)

ラグビー รักบี้ / ラックビー / ([英]rugby)

アメリカンフットボール อเมริกันฟุตบอล / アメーリカン フットボーン / ([英]American football)

日	タイ	英
ズボン	กางเกง カーンケーン	trousers トラウザズ
スポンサー	สปอนเซอร์ サポーンスー	sponsor スパンサ
スポンジ	ฟองน้ำ フォーン チャム	sponge スパンヂ
スマートな	สมาร์ท サマート	smart, stylish スマート, スタイリシュ
隅(すみ)	มุม ムム	nook, corner ヌク, コーナ
墨(すみ)	หมึก ムック	China ink チャイナ インク

野球(やきゅう) เบสบอล / ベースボーン / (英 baseball)

ソフトボール ซอฟท์บอล / ソーフボーン / (英 softball)

サッカー ฟุตบอล / フットボーン / (英 soccer, football)

ゴルフ กอล์ฟ / ゴーフ / (英 golf)

スキー สกี / サキー / (英 ski)

マラソン มาราธอน / マーラートーン / (英 marathon)

陸上競技(りくじょうきょうぎ) การแข่งขันกรีฑา / カーン ケンカン クリーター / (英 athletic sports)

100メートル走(そう) วิ่งร้อยเมตร / ウィン ローイ メート / (英 the 100-meter dash)

ハンマー投(な)げ ขว้างฆ้อน / クワーン コーン / (英 hammer throw)

走(はし)り高跳(たかと)び กระโดดสูง / クラドート スーン / (英 high jump)

棒高跳(ぼうたかと)び กระโดดค้ำถ่อ / クラドート カムトー / (英 pole vault)

空手(からて) คาราเต้ / カーラーテー / (英 *karate*)

セパタクロー ตะกร้อ / タクロー / (英 *takraw*)

日	タイ	英
炭(すみ)	ถ่าน ターン	charcoal チャーコウル
済(す)みません	ขอโทษ コートート	I'm sorry. アイム サリ
（依頼・呼び掛け）	ขอโทษ コートート	Excuse me. イクスキューズ ミ
住(す)む	อยู่, อาศัย ユー, アーサイ	live リヴ
スムースな	ราบรื่น ラープ ルーン	smooth スムーズ
図面(ずめん)	แผนผัง ペーン パン	drawing ドローイング
スモッグ	หมอก, ควัน モーク, クワン	smog スマグ
スライス	แผ่น, ชิ้น ペン, チン	slice スライス
スライド	สไลด์ サライ	slide スライド
ずらす	เลื่อน ルアン	shift, move シフト, ムーヴ
（時間を）	เลื่อนเวลา ルアン ウェーラー	stagger スタガ
スラックス	กางเกงขายาว カーンケーン カーヤーオ	slacks スラクス
スラム	สลัม, ชุมชนแออัด サラム, チュムチョン エー アット	slum スラム
スラング	คำสแลง カム サレーン	slang スラング
スランプ	การตกต่ำ カーン トック タム	slump スランプ
掏摸(すり)	การล้วงกระเป๋า カーン ルアン クラパオ	pickpocket ピクパケト

日	タイ	英
擦り下ろす	ขูด クート	grind, grate グラインド, グレイト
擦り切れる	ฉีกขาด チーック カート	wear out ウェア アウト
スリッパ	รองเท้าแตะ ローン ターオ テ	slippers スリパズ
スリップ	ลื่นไถล ルーン タライ	skid スキド
（下着）	เสื้อชั้นในสตรี スア チャン ナイ サトリー	slip スリプ
～する	ลื่น, ไถล ルーン, タライ	skid スキド
磨り減る	สึก スック	wear down ウェア ダウン
擦りむく	ถลอก タロ-ク	graze グレイズ
スリムな	ผอม ポーム	slim スリム
スリランカ	ศรีลังกา シーランカー	Sri Lanka スリー ラーンカ
スリル	เรื่องตื่นเต้น ルアン トゥーンテン	thrill スリル
為る	ทำ, เล่น タム, レン	do, try, play ドゥ, トライ, プレイ
狡い	ขี้โกง キー コーン	sly スライ
ずる賢い	โกง コーン	cunning カニング
鋭い	แหลม レーム	sharp, pointed シャープ, ポインテド
擦れ違う	สวนกัน スアン カン	pass each other パス イーチ アザ

日	タイ	英
ずれる	คลาดเคลื่อน クラート クルアン	shift シフト
（逸脱）	หักเห ハック ヘー	deviate ディーヴィエイト
スローガン	คำขวัญ カムクワン	slogan, motto スロウガン, マトウ
スローモーション	ภาพถ่ายช้า パープ ターイ チャー	slow motion スロウ モウション
スロットマシン	สล็อตแมชชีน サロット メーシン	slot machine スラト マシーン
座る	นั่ง ナン	sit down, take a seat スィト ダウン, テイク ア スィート
宋胡録焼き	เครื่องดินเผาสังคโลก クルアン ディン パオ サンカローク	*Sangkalok* ware サンカロク ウエア
すんなりと	สะดวกราบรื่น サドゥアック ラープ ルーン	smoothly スムーズリ
寸法	ขนาด, ส่วนสัด カナート, スアン サット	measure, size メジャ, サイズ

せ, セ

背	หลัง, ด้านหลัง ラン, ターン ラン	back バク
（身長）	ความสูง クワーム スーン	height ハイト
（椅子の）	พนักเก้าอี้ パナック カオ イー	ridge リヂ
姓	นามสกุล ナームサクン	family name, surname ファミリ ネイム, サーネイム
性	เพศ ペート	sex セクス
(…の)せいで	เพราะ... プロ	due to ... デュー トゥ

日	タイ	英
せいい 誠意	ความจริงใจ クワーム チンチャイ	sincerity スィンセリティ
せいいっぱい 精一杯	อย่างเต็มที่ ヤーン テムティー	as hard as possible アズ ハード アズ パスィブル
せいえき 精液	น้ำกาม ナム カーム	sperm スパーム
せいえんする 声援する	ให้กำลังใจ, เชียร์ ハイ カムラン チャイ, チア	encourage, cheer インカーリヂ, チア
せいおう 西欧	ยุโรปตะวันตก ユローブ タワン トック	West Europe ウェスト ユアロプ
せいか 成果	ผลงาน, ผล ポン ガーン, ポン	result, fruits リザルト, フルーツ
せいかい 政界	วงการเมือง ウォン カーンムアン	political world ポリティカル ワールド
せいかい 正解	คำตอบที่ถูกต้อง, เฉลย カムトープ ティー トゥーク トン, チャルーイ	correct answer カレクト アンサ
せいかく 性格	นิสัย, บุคลิกภาพ ニサイ, ブッカリッカパープ	character, personality キャラクタ, パーソナリティ
せいかく 正確な	ถูกต้อง, แน่นอน トゥーク トン, ネーノーン	exact, correct イグザクト, カレクト
せいかつ 生活	ความเป็นอยู่, ชีวิต クワーム ペン ユー, チーウィット	life, livelihood ライフ, ライヴリフド
〜する	ดำรงชีวิต ダムロン チーウィット	live リヴ
〜費	ค่าครองชีพ カー クロンチープ	living expenses リヴィング イクスペンスィス
ぜいかん 税関	ด่านศุลกากร ダーン スンラカーコーン	customs カスタムズ
せいかんする 静観する	เฝ้าดู ファオ ドゥー	wait and see ウェイト アンド スィー
せいき 世紀	ศตวรรษ サッタワット	century センチュリ

日	タイ	英
せいぎ 正義	ความยุติธรรม クワーム ユッティタム	justice チャスティス
～感	จรรยาบรรณ チャンヤーバン	sense of justice センソヴ チャスティス
せいきゅう 請求		
～する	เรียกร้อง リアック ローン	ask, claim, demand アスク, クレイム, ディマンド
～書	ใบแจ้งหนี้ バイ チェーン ニー	bill ビル
せいきょ 逝去する	ถึงแก่กรรม トゥン ケー カム	pass away パス アウェイ
せいぎょ 制御	การควบคุม カーン クアップ クム	control カントロウル
～する	ควบคุม クアップ クム	control カントロウル
せいきょう 生協	สหกรณ์ผู้บริโภค サハコーン プー ボーリポーク	co-op (co-operative) コウアプ
せいきょく 政局	สถานการณ์การเมือง サターナカーン カーン ムアン	political situation ポリティカル スィチュエイション
ぜいきん 税金	ภาษี パースィー	tax タクス
せいけい た 生計を立てる	ทำมาหากิน タム マー ハー キン	make a living メイク ア リヴィング
せいけいげか 整形外科	ศัลยกรรมตกแต่ง サンラヤカム トックテン	plastic surgery プラスティク サーヂャリ
せいけつ 清潔な	สะอาด サアート	clean, neat クリーン, ニート
せいけん 政権	อำนาจทางการเมือง アムナート ターン カーンムアン	political power ポリティカル パウア
せいげん 制限する	จำกัด チャムカット	limit, restrict リミト, リストリクト

日	タイ	英
せいこう 成功	ความสำเร็จ クワーム サムレット	success サクセス
～する	สำเร็จ サムレット	succeed *in* サクスィード
せいこう 性交する	เพศสัมพันธ์ ペート サムパン	make love メイク ラヴ
せいこう 精巧な	ประณีต プラニート	delicate, elaborate デリケト, イラボレト
せいざ 星座	กลุ่มดาว クルム ダーオ	constellation カンステレイション
せいさい 制裁	การลงโทษ, บทลงโทษ カーン ロントート, ボット ロントート	punishment, sanction パニシュメント, サンクション
せいざいしょ 製材所	โรงเลื่อย ローン ルアイ	sawmill ソーミル
せいさく 政策	นโยบาย ナヨーバーイ	policy パリスィ
せいさく 制［製］作する	ทำ, ผลิต タム, パリット	make, produce メイク, プロデュース
せいさん 生産	การผลิต カーン パリット	production, manufacture プロダクション, マニュファクチャ
～する	ผลิต パリット	produce, manufacture プロデュース, マニュファクチャ
大量～	ผลิตจำนวนมาก パリット チャムヌアン マーク	mass production マス プロダクション
～高	ปริมาณที่ผลิต パリマーン ティー パリット	output アウトプト
～者	ผู้ผลิต プー パリット	maker メイカ
せいさん 清算する	ชำระบัญชี チャムラ バンチー	settle *one's* debts, liquidate セトラ デツ, リクウィデイト
せいし 精子	อสุจิ アスチ	spermatozoon スパーマタゾーン

日	タイ	英
せいじ 政治	การเมือง カーン ムアン	politics パリティクス
～家	นักการเมือง ナック カーン ムアン	statesman, politician ステイツマン, パリティシャン
～学	(คณะ)รัฐศาสตร์ (カナ) ラッタサート	political science パリティカル サイエンス
～活動	กิจกรรมทางการเมือง キッチャカム ターン カーン ムアン	political activity パリティカル アクティヴィティ
～資金	เงินทุนสำหรับการเมือง グントゥン サムラップ カーン ムアン	political funds パリティカル ファンヅ
せいしき 正式な	ที่เป็นพิธีการ, ที่เป็นทางการ ティー ペン ピティーカーン, ティー ペン ターンカーン	formal, official フォーマル, オフィシャル
せいしつ 性質	ลักษณะ, นิสัย ラックサナ, ニサイ	nature, disposition ネイチャ, ディスポズィション
せいじつ 誠実な	จริงใจ, ซื่อสัตย์ チンチャイ, スーサット	sincere, honest スィンスィア, アニスト
せいしゃいん 正社員	พนักงานประจำ パナックガーン プラチャム	ordinary employee オーディネリ インプロイイー
せいじゅく 成熟する	สุก, เจริญเต็มที่ スック, チャルーン テムティー	ripen, mature ライプン, マテュア
せいしゅん 青春	วัยหนุ่มสาว ワイ ヌム サーオ	youth ユース
せいしょ 清書	ฉบับที่แก้แล้ว チャバップ ティー ケー レーオ	fair copy フェア カピ
せいしょ 聖書	คัมภีร์ไบเบิล カムピー バイブーン	the Bible ザ バイブル
せいじょう 正常な	ปกติ パカティ	normal ノーマル
せいしょうねん 青少年	เยาวชน ヤオワチョン	younger generation ヤンガ ヂェナレイション
せいしょくき 生殖器	อวัยวะสืบพันธุ์ アワイヤワ スーブ パン	sexual organs セクシュアル オーガンズ

日	タイ	英
せいしょくしゃ 聖職者	พระสอนศาสนา プラソーン サーッサナー	clergyman クラーヂマン
せいしん 精神	จิตใจ, ใจ チッチャイ, チャイ	spirit, mind スピリト, マインド
～病	โรคจิต ローク チット	mental illness メンタル イルネス
～安定剤	ยาระงับประสาท ヤー ラガップ プラサート	tranquilizer トランクウィライザ
せいじん 成人	ผู้ใหญ่ プーヤイ	adult, grown-up アダルト, グロウナプ
～する	เป็นผู้ใหญ่, โตเต็มที่ ペン プーヤイ, トー テムティー	grow up グロウ アプ
せいじん 聖人	นักบุญ ナック ブン	saint セイント
せいしんかい 精神科医	จิตแพทย์ チッタ ペート	psychiatrist サイカイアトリスト
せいず 製図	การเขียนแบบ カーン キアンベープ	drafting, drawing ラフティング, ドローイング
せいすい 聖水	น้ำมนต์ ナム モン	holy water ホウリ ウォータ
せいせき 成績	ผลงาน, ผลการเรียน ポン ガーン, ポン カーン リアン	result, record リザルト, レコード
せいぜん 整然と	อย่างเป็นระเบียบ ヤーン ペン ラビアップ	in good order, regularly イン グド オーダ, レギュラリ
せいぞうぎょう 製造業	อุตสาหกรรมการผลิต ウッサーハカム カーン パリット	manufacturing industry マニュファクチャリング インダストリ
せいそな 清楚な	สะอาดหมดจด サアート モット チョット	neat ニート
せいぞん 生存		
～する	มีชีวิตอยู่ ミー チーウィット ユー	exist, survive イグズィスト, サヴァイヴ

日	タイ	英
～競争	การต่อสู้เพื่ออยู่รอด カーン トース― プア ユー ロート	struggle for survival ストラグル フォー サヴァイヴァル
せいたいけい 生態系	ระบบนิเวศ ラボップ ニウェート	ecosystem イーコウシステム
せいだい 盛大な	ใหญ่โต ヤイ トー	prosperous, grand プラスペラス, グランド
ぜいたく 贅沢な	ฟุ่มเฟือย フムフアイ	luxurious ラグジュアリアス
せいち 聖地	สถานที่ศักดิ์สิทธิ์ サターンティー サックシット	sacred ground セイクリド グラウンド
せいちょう 声調	วรรณยุกต์ ワンナユック	tone トウン
せいちょう 成長する	เจริญเติบโต チャルーン トゥープ トー	grow グロウ
せいつう 精通する	รู้แตกฉาน ルー テーク チャーン	be familiar *with* ビ ファミリア
せいてつじょ 製鉄所	โรงงานทำเหล็ก ローンガーン タム レック	steelworks, ironworks スティールワークス, アイアンワークス
せいでんき 静電気	ไฟฟ้าสถิต ファイファー サティット	static electricity スタティク イレクトリスィティ
せいと 生徒	นักเรียน ナック リアン	student, pupil ステューデント, ピューピル
せいど 制度	ระบบ, ระบอบ ラボップ, ラボープ	system, institution スィスティム, インスティテューション
せいど 精度	ความแม่นยำ クワーム メン ヤム	degree of precision ディグリー オヴ プリスィジョン
せいとう 政党	พรรคการเมือง パック カーン ムアン	political party ポリティカル パーティ
せいどう 青銅	ทองสัมฤทธิ์ トーン サムリット	bronze ブランズ

日	タイ	英
せいとう **正当** 〜な	ที่ถูกต้อง, ที่เหมาะสม ティー トゥーク トン, ティー モゾム	just, proper, legal ヂャスト, プラパ, リーガル
〜防衛	การป้องกันตนเอง カーン ポンカン トン エーン	self-defense セルフディフェンス
せいとん **整頓する**	จัดให้เรียบร้อย ヂャット ハイ リアップローイ	put in order プト イン オーダ
せいなん **西南**	ตะวันตกเฉียงใต้ タワントック チアン タイ	southwest サウスウェスト
せいねん **青年**	วัยรุ่น, วัยหนุ่มสาว ワイ ルン, ワイ ヌム サーオ	young man, youth ヤング マン, ユース
せいねんがっぴ **生年月日**	วันเดือนปีเกิด ワン ドゥアン ピー クート	date of birth デイト オヴ バース
せいのう **性能**	สมรรถนะ サマッタナ	capacity, efficiency カパスィティ, イフィシェンスィ
せいはんたい **正反対**	ตรงกันข้าม トロンカン カーム	exact opposite イグザクト アポズィット
せいび **整備する**	บำรุงรักษา, จัดเตรียม バムルン ラックサー, ヂャット トリアム	prepare, equip, maintain プリペア, イクウィブ, メインテイン
せいびょう **性病**	กามโรค カームマローク	venereal disease ヴィニアリアル ディズィーズ
せいひん **製品**	ผลิตภัณฑ์ パリッタパン	product プラダクト
せいふ **政府**	รัฐบาล ラッタバーン	government ガヴァンメント
せいぶ **西部**	ภาคตะวันตก パーク タワントック	the west ザ ウェスト
せいふく **制服**	เครื่องแบบ クルアン ベープ	uniform ユーニフォーム

日	タイ	英
せいふく 征服する	พิชิต ピチット	conquer カンカ
せいぶつ 生物	สิ่งมีชีวิต シン ミー チーウィット	living thing, life リヴィング スィング, ライフ
～学	ชีววิทยา チーウィッタヤー	biology バイアロヂィ
せいぶん 成分	ส่วนประกอบ, ส่วนผสม スアン プラコープ, スアン パソム	ingredient イングリーディエント
せいべつ 性別	เพศ ペート	sex distinction セクス ディスティンクション
せいほうけい 正方形	สี่เหลี่ยมจัตุรัส シー リアム チャットゥラット	square スクウェア
せいほく 西北	ตะวันตกเฉียงเหนือ タワントック チアン ヌア	northwest ノースウェスト
せいほん 製本	การเย็บเล่ม カーン イェップ レム	binding バインディング
せいまいじょ 精米所	โรงสี ローン シー	rice mill ライス ミル
せいみつ 精密		
～な	แม่นยำ メン ヤム	precise, minute プリサイス, マイニュート
～機械	เครื่องมือแม่นยำ クルアン ムー メン ヤム	precision machine プレスィジョン マシーン
～検査	การตรวจสอบอย่างละเอียด カーン トルアット ソープ ヤーン ライアット	minute examination マイニュート イグザミネイション
ぜいむしょ 税務署	กรมสรรพากร クロム サンパーコーン	tax office タクス オーフィス
せいめいほけん 生命保険	ประกันชีวิต プラカン チーウィット	life insurance ライフ インシュアランス
せいめい 声明	การประกาศ カーン プラカート	declaration デクラレイション

日	タイ	英
～を出す	แถลง タレーン	announce アナウンス
せいもん 正門	ประตูหน้า プラトゥーナー	front gate フラント ゲイト
せいやく 制約	ข้อจำกัด コー チャムカット	restriction, limitation リストリクション, リミテイション
せいやく 誓約書	หนังสือสัญญา ナンスー サンヤー	contract, covenant カントラクト, カヴェナント
せいよう 西洋 (の)	ตะวันตก タワントック	the West, western ザ ウェスト, ウェスタン
～人	คนฝรั่ง コン ファラン	Westerner ウェスタナ
せいよう 静養する	พักฟื้น パック フーン	take a rest テイク ア レスト
せいよく 性欲	กามตัณหา カーム タンハー	sexual desire セクシュアル ディザイア
せいり 生理 (現象)	สรีรกิจ サリーラ キット	physiology フィズィアロヂィ
(月経)	ประจำเดือน プラチャム ドゥアン	menstruation, period メンストルエイション, ピアリオド
～学	สรีรวิทยา サリーラ ウィッタヤー	physiology フィズィアロヂィ
～ナプキン	ผ้าอนามัย パー アナーマイ	sanitary napkin サニテリ ナプキン
ぜいりし 税理士	พนักงานทำบัญชีอากร パナックガーン タム バンチー アーコーン	licensed tax accountant ライセンスト タクス アカウンタント
せいり 整理する	จัด, สะสาง チャット, ササーン	put in order プト イン オーダ
せいりつ 成立する	จัดตั้งขึ้น チャットタン クン	be formed ビ フォームド
(法案などが)	ผ่านมติ パーン マティ	be concluded ビ コンクルーデド

日	タイ	英
ぜいりつ 税率	อัตราภาษี アットラー パーシー	tax rates タクス レイツ
せいりょく 勢力	อิทธิพล, อำนาจ イッティポン, アムナート	influence, power インフルエンス, パウア
〜争い	การชิงอำนาจกัน カーン チン アムナート カン	struggle for power ストラグル フォー パワ
せいりょく 精力	พลังงาน, เรี่ยวแรง パラン ガーン, リアオ レーン	energy, vitality エナヂ, ヴァイタリティ
〜的な	กระฉับกระเฉง クラチャップ クラチェーン	energetic, vigorous エナヂェティク, ヴィゴラス
せいれい 精霊	วิญญาณ, ผี ウィンヤーン, ピー	spirit スピリト
せいれき 西暦	คริสต์ศักราช クリットサッカラート	Christian Era クリスチャン イアラ
せいれつ 整列する	เขาแถว カオ テオ	stand in a row スタンド イン ア ロウ
セーター	เสื้อไหมพรม スア マイ プロム	sweater, pullover スウェタ, プロウヴァ
セールスマン	พนักงานขาย パナックガーン カーイ	salesman セイルズマン
せお 背負う	แบก ベーク	carry on *one's* back キャリ オン バク
せかい 世界	โลก ローク	world ワールド
〜遺産	มรดกโลก モーラドック ローク	World Heritage ワールド ヘリティヂ
〜的な	ระดับ(โลก) ラダップ (ローク)	worldwide ワールドワイド
〜銀行	ธนาคารโลก タナカーン ローク	World Bank ワールド バンク
せかいぼうえききかん 世界貿易機関 (WTO)	องค์การการค้าโลก オンカーン カーンカー ローク	World Trade Organization ワールド トレイド オーガニゼイション

日	タイ	英
せ急かす	เร่ง, รีบ レン, リープ	expedite, hurry エクスペダイト, ハーリ
せがむ	รบเร้า ロップラオ	pester ペスタ
せき席	ที่นั่ง ティー ナン	seat スィート
～料	ค่าหัว カー ファ	cover charge カヴァ チャーヂ
せきがいせん赤外線	รังสีอินฟราเรด ランシー インファーレート	infrared rays インフラレド レイズ
せきじゅうじ赤十字	กาชาด カーチャート	red cross レド クロース
せきずい脊髄	ไขสันหลัง カイ サンラン	spinal cord スパイナル コード
せ た急き立てる	รีบเร่ง リープ レン	hurry, hasten ハーリ, ヘイスン
せきたん石炭	ถ่านหิน ターン ヒン	coal コウル
せきどう赤道	เส้นศูนย์สูตร セン スーン スート	equator イクウェイタ
せき と止める	ทด トット	dam up ダム アプ
せきにん責任	ความรับผิดชอบ クワーム ラップ ピット チョープ	responsibility リスパンスィビリティ
～をとる	รับผิดชอบ ラップ ピット チョープ	take responsibility テイク リスパンスィビリティ
～感がある	มีความรับผิดชอบ ミー クワーム ラップ ピット チョープ	have sense of responsibility ハヴ センソヴ リスパンスィビリティ
～者	ผู้รับผิดชอบ プー ラップ ピット チョープ	responsible person リスパンスィブル パーソン

日	タイ	英
せきばら 咳払い	กระแอม クラエーム	cough コーフ
せきぶん 積分	อินติเกรชั่น インティクレーチャン	integral calculus インテグラル キャルキュラス
せきめん 赤面する	หน้าแดง, อาย ナー デーン, アーイ	blush ブラシュ
せきゆ 石油	น้ำมัน ナム マン	petroleum, oil ペトロウリアム, オイル
せきり 赤痢	โรคบิด ローク ビット	dysentery ディセンテアリ
せき 咳をする	ไอ アイ	cough コーフ
セクシーな	เซ็กซี่ セックシー	sexy セクスィ
セクション	แผนก パネーク	section セクション
セクハラ	การคุกคามทางเพศ カーン クッカーム ターン ペート	sexual harassment セクシュアル ハラスメント
せけん 世間	สังคม, โลก サンコム, ローク	world, society ワールド, ソサイエティ
～話	เรื่องทั่วไป ルアン トゥアパイ	small talk スモール トーク
せしゅう 世襲	การสืบตระกูล カーン スープ トラクーン	heredity ヒレディティ
せそう 世相	สภาพสังคม サパープ サンコム	social conditions ソウシャル カンディションズ
せだい 世代	ชั่วอายุคน チュア アーユ コン	generation ヂェナレイション
～交代	การเปลี่ยนรุ่น カーン プリアン ルン	generational shift ヂェナレイショナル シフト
せつ 説	ความคิดเห็น クワーム キット ヘン	opinion オピニオン

日	タイ	英
（理論）	ทฤษฎี トリッサディー	theory スィーオリ
ぜつえん 絶縁する（交際）	ตัดขาด タット カート	break off relations *with* ブレイク オフ リレイションズ
（電気）	ฉนวน チャヌアン	insulate インシュレイト
せっかい 石灰	ปูนขาว プーン カーオ	lime ライム
せっかちな	ใจร้อน チャイ ローン	hasty, impetuous ヘイスティ, インペチュアス
せっきょう 説教する	เทศน์, อบรมสั่งสอน テート, オップロム サンソーン	preach プリーチ
せっきょくてき 積極的な	อย่างกระตือรือร้น ヤーン クラトゥールーロン	positive, active パズィティヴ, アクティヴ
セックス	เพศสัมพันธ์ ペート サムパン	sex セクス
～する	เอากัน, ร่วมเพศ アオ カン, ルアム ペート	make love メイク ラヴ
せっけい 設計	การวางแผน, การออกแบบ カーン ワーン ペーン, カーン オーク ベープ	plan, design プラン, ディザイン
～者	สถาปนิก, ผู้ออกแบบ サターパニック, プー オーク ベープ	designer ディザイナ
～図	พิมพ์เขียว ピム キアオ	plan, blueprint プラン, ブループリント
～する	วางแผน, ออกแบบ ワーン ペーン, オーク ベープ	plan, design プラン, ディザイン
せっけっきゅう 赤血球	เม็ดโลหิตแดง メット ローヒット デーン	red blood corpuscle レド ブラド コーパスル
せっけん 石鹸	สบู่ サブー	soap ソウプ
ゼッケン	เบอร์ติดเสื้อนักกีฬา ブー ティット スア ナック キーラー	player's number プレイアズ ナンバ

日	タイ	英
せっこう 石膏	ปูนปลาสเตอร์ プーン プラーッサター	gypsum, plaster ヂプサム, プラスタ
ぜっこう 絶交する	เลิกติดต่อ ルーク ティット トー	cut contact *with* カト カンタクト
ぜっこう 絶好の	ดีที่สุด, ดีเลิศ ディーティーッスット, ディー ルート	best, ideal ベスト, アイディアル
～チャンス	โอกาสทอง オーカート トーン	ideal opportunity アイディアル アパトゥニティ
ぜっさん 絶賛する	ยกย่องสรรเสริญ ヨックヨン サン スーン	extol イクストウル
せっしょく 接触する	สัมผัส, แตะ, ติดต่อ サムパット, テ ティット トー	touch, make contact *with* タチ, メイク カンタクト
せつじょく 雪辱する	แก้แค้น, ล้างอาย ケーケーン, ラーン アーイ	revenge リヴェンヂ
せっ 接する	แตะ, ติดต่อ テ ティット トー	touch, make contact *with* タチ, メイク カンタクト
（隣接）	ติดกัน ティット カン	adjoin アヂョイン
せっせい 節制	ความพอดี クワーム ポー ディー	temperance テンパランス
～する	รู้จักความพอดี ルーチャック クワーム ポー ディー	be moderate *in* ビ マダレト
せっせん 接戦	สู้สี スーシー	close game クロウス ゲイム
せつぞく 接続する	ต่อกัน トー カン	join, connect *with* ヂョイン, カネクト
せつぞくし 接続詞	คำสันธาน カム サンターン	conjunction カンヂャンクション
せったい 接待する	ต้อนรับ, รับรอง トーンラップ, ラップローン	entertain インタテイン
せったいひ 接待費	ค่าเลี้ยงรับรอง カー リアン ラップローン	expense account イクスペンス アカウント

日	タイ	英
ぜつだい 絶大な	มโหฬาร マホーラーン	greatest グレイティスト
ぜったい 絶対の [に]	อย่างแน่นอน, เด็ดขาด ヤーン ネー ノーン, デット カート	absolute アブソリュート
せつだん 切断する	ตัด タット	cut off カト オフ
せっち 設置する	ติดตั้ง ティット タン	establish イスタブリシュ
せっちゃくざい 接着剤	กาว カーオ	adhesive アドヒースィヴ
せっちゅうあん 折衷案	การประนีประนอม カーン プラニー プラノーム	compromise カンプロマイズ
ぜっちょう 絶頂	ยอด, สุดยอด ヨート, スット ヨート	summit, height サミト, ハイト
人気の〜	เป็นที่นิยมอันดับหนึ่ง ペン ティー ニヨム アンダップ ヌン	height of popularity ハイト オヴ パピュラリティ
せってい 設定する	จัดตั้ง, กำหนด チャット タン, カムノット	establish, set up イスタブリシュ, セト アプ
せってん 接点	จุดสัมผัส チュット サムパット	point of contact ポイント オヴ カンタクト
セット		
（ひとそろい）	ชุด チュット	set, suite セト, スイート
（スポーツなど）	เซ็ต セット	set セト
（髪の）	จัดทรง, เซ็ตผม チャット ソン, セット ポム	set セト
（映画）	ฉากหลัง, ฉากละคร チャーク ラン, チャーク ラコーン	set セト
（メニュー）	ชุด, เซ็ต チュット, セット	set lunch [dinner] セト ランチ ［ディナ］
セットする	เซ็ท セット	set セト

日	タイ	英
(タイマーなど)	ตั้ง タン	set セト
せつど 節度のある	ปานกลาง, พอสมควร パーン クラーン, ポーソムクアン	moderation モダレイション
せっとう 窃盗	การลักทรัพย์, ขโมย カーン ラック サップ, カモーイ	theft セフト
〜犯	ขโมย カモーイ	thief スィーフ
せっとく 説得する	ชักชวน チャック チュアン	persuade パスウェイド
せっとくりょく 説得力がある	ชวนเชื่อ チュアン チュア	persuasive パスウェイスィヴ
せつび 設備	อุปกรณ์, เครื่องติดตั้ง ウッパコーン, クルアン ティット タン	equipment イクウィプメント
〜投資	การลงทุนด้วยอุปกรณ์ カーン ロン トゥン ドゥアイ ウッパコーン	plant and equipment investment プラント アンド イクウィプメント インヴェストメント
ぜつぼう 絶望的な	น่าผิดหวัง, น่าเสียใจ ナー ピット ワン, ナー シア チャイ	desperate デスパレト
せつめい 説明	คำอธิบาย カム アティバーイ	explanation エクスプロネイション
〜書	คู่มือการใช้ クー ムー カーン チャイ	explanatory note イクスプラナートリ ノウト
〜する	อธิบาย, ชี้แจง アティバーイ, チー チェーン	explain イクスプレイン
ぜつめつ 絶滅する	สูญพันธุ์ スーン パン	become extinct ビカム イクスティンクト
せつやく 節約する	ประหยัด プラヤット	economize *in*, save イカノマイズ, セイヴ
せつりつ 設立する	ก่อตั้ง, จัดตั้ง コー タン, チャット タン	establish, found イスタブリシュ, ファウンド

日	タイ	英
せなか 背中	หลัง ラン	back バク
せの 背伸びする	ยืดตัว ユート トゥア	stand on tiptoe スタンド オン ティプトウ
（高望み）	ทำเกินตัว タム クーン トゥア	aim too high エイム トゥー ハイ
ぜひ 是非とも	ทีเดียว, ให้ได้ ティー ディアオ, ハイ ダーイ	by all costs バイ オール コースツ
セピア色 いろ	สีน้ำตาลแก่, ซีเปีย シー ナムターン ケ, シーピア	sepia スィーピア
せびる	รบเร้า ロップ ラオ	tease ティーズ
せびろ 背広	เสื้อสูท スア スート	business suit ビズネス スート
せぼね 背骨	กระดูกสันหลัง クラドゥーク サン ラン	backbone バクボウン
せま 狭い	แคบ ケープ	narrow, small ナロウ, スモール
せま 迫る	ใกล้เข้ามา クライ カオ マー	approach アプロウチ
（切迫）	กระชั้นชิด クラチャン チット	be on the verge *of* ビ オン ザ ヴァーヂ
（強いる）	บังคับ バン カップ	press, urge プレス, アーヂ
せみ 蝉	จักจั่น チャッカチャン	cicada スィケイダ
セミコロン	อัฒภาค アッタパーク	semicolon セミコウロン
セミナー	สัมมนา サンマナー	seminar セミナー
せ 攻める	โจมตี チョーム ティー	attack, assault アタク, アソールト

日	タイ	英
責める	ติเตียน / ティ ティアン	blame, reproach / ブレイム, リプロウチ
セメント	ซีเมนต์ / シーメン	cement / スィメント
ゼラチン	วุ้น / ウン	gelatin / ヂェラティン
セラドン焼き	เครื่องดินเผาศิลาดล / クルアン ディン パオ シラードン	Celadon ware / セラドン ウエア
セラピスト	นักกายภาพบำบัด / ナック カーイヤパープ バムバット	therapist / セラピスト
セラミック	เซรามิค / セーラーミック	ceramics / スィラミクス
ゼリー	เยลลี่ / イェンリー	jelly / ヂェリ
台詞	บท, บทละคร / ボット, ボット ラコーン	speech, dialogue / スピーチ, ダイアローグ
セルフサービス	บริการตัวเอง / ボーリカーン トゥア エーン	self-service / セルフサーヴィス
セルフタイマー	ตั้งเวลาได้อัตโนมัติ / タン ウェーラー ダイ アッタノーマット	self-timer / セルフタイマ
セルロイド	เซลลูลอยด์ / センルーロイ	celluloid / セリュロイド
セルロース	เซลลูโลส / センルーロート	cellulose / セリュロウス
ゼロ	ศูนย์ / スーン	zero / ズィアロウ
セロテープ	สก็อตเทป / サゴットテープ	Scotch tape / スカチ テイプ
セロハン	กระดาษแก้ว / クラダート ケーオ	cellophane / セロフェイン
セロリ	ผักขึ้นฉ่าย / パック クン チャーイ	celery / セラリ

日	タイ	英
世論(せろん)	ความเห็นสาธารณชน クワーム ヘン サーターラナチョン	public opinion パブリク オピニオン
世話(せわ)をする	ดูแล ドゥーレー	take care テイク ケア
千(せん)	พัน パン	thousand サウザンド
栓(せん)	จุก, ก๊อก チュック, ゴック	stopper, plug スタパ, プラグ
線(せん)	เส้น セン	line ライン
（駅の番線）	รางรถไฟ ラーン ロットファイ	track トラク
（路線）	สาย サーイ	line ライン
禅(ぜん)	นิกายเซ็น ニカーイ セン	Zen ゼン
善(ぜん)	ความดี クワーム ディー	good, goodness グド, グドネス
繊維(せんい)	เส้นใย, ไฟเบอร์ セン ヤイ, ファイブァー	fiber ファイバ
善意(ぜんい)	เจตนาดี チェータナー ディー	goodwill グドウィル
船員(せんいん)	ลูกเรือ ルーク ルア	crew, seaman クルー, スィーマン
全員(ぜんいん)	ทุกคน トゥック コン	all members オール メンバズ
前回(ぜんかい)	ครั้งที่แล้ว クラン ティー レーオ	last time ラスト タイム
戦艦(せんかん)	เรือรบ ルア ロップ	battleship バトルシプ
前期(ぜんき)	เทอมต้น トゥーム トン	first term ファースト ターム

日	タイ	英
せんきょ 選挙	การเลือกตั้ง カーン ルアック タン	election イレクション
～する	เลือกตั้ง ルアック タン	elect イレクト
～運動	การหาเสียงเลือกตั้ง カーン ハーシアン ルアック タン	election campaign イレクション キャンペイン
～権	สิทธิเลือกตั้ง シッティ ルアック タン	right to vote ライト トゥ ヴォウト
せんきょうし 宣教師	มิชชั่นนารี ミッチャンナーリー	missionary ミショネリ
せんくしゃ 先駆者	นักบุกเบิก ナック ブックブーク	pioneer パイオニア
せんげつ 先月	เดือนที่แล้ว ドゥアン ティーレーオ	last month ラスト マンス
せんげん 宣言	ประกาศ プラカート	declaration デクラレイション
～する	ประกาศ, แจ้ง プラカート, チェーン	declare, proclaim ディクレア, プロクレイム
せんご 戦後	หลังสงคราม ラン ソンクラーム	after the war アフタ ザ ウォー
ぜんご 前後	หน้าหลัง ナーラン	front and rear フラント アンド リア
(時間的な)	ก่อนหลัง コーン ラン	before and after ビフォー アンド アフタ
(順序)	ตามลำดับ ターム ラムダップ	order, sequence オーダ, スィークウェンス
(およそ)	ประมาณ プラマーン	about, or so アバウト, オー ソウ
せんこう 専攻	วิชาเอก ウィチャー エーク	special study スペシャル スタディ
～する	เรียนเอก リアン エーク	major *in* メイチャ
副～	วิชารอง ウィチャー ローン	minor マイナ

日	タイ	英
せんこう 線香	ธูป トゥープ	incense stick インセンス スティク
せんこくする 宣告する	ประกาศ, ตัดสิน プラカート, タット シン	sentence センテンス
ぜんこく 全国	ทั่วประเทศ トゥア プラテート	whole country ホウル カントリ
～的な	ทั้งประเทศ タン プラテート	national ナショナル
センサー	เซ็นเซอร์ センスー	sensor センサ
せんさい 戦災	ความเสียหายจากสงคราม クワーム シア ハーイ チャーク ソンクラーム	war damage ウォー ダミヂ
せんざい 洗剤	ผงซักฟอก, น้ำยาล้าง ポン サック フォーク, ナム ヤー ラーン	detergent, cleanser ディターヂェント, クレンザ
せんさい 繊細な	บอบบาง, ละเอียดอ่อน ボープ バーン, ライアット オーン	delicate デリケト
せんざいのうりょく 潜在能力	ความสามารถที่อยู่ข้างใต้ クワーム サーマート ティー ユー カーン タイ	latent ability レイテント アビリティ
せんし 戦死する	ถูกฆ่าในสงคราม トゥーク カー ナイ ソンクラーム	fall in battle フォール イン バトル
せんしじだい 先史時代	สมัยก่อนประวัติศาสตร์ サマイ コーン プラウッティ サート	prehistory プリヒストリ
せんじつ 先日	วันก่อน ワン コーン	the other day ジ アザ デイ
ぜんじつ 前日	วันก่อนหน้า ワン コーン ナー	the day before ザ デイ ビフォー
せんしゃ 戦車	รถถัง ロット タン	tank タンク
ぜんしゃ 前者	แรก レーク	former フォーマ
せんしゅ 選手	นักกีฬา, ผู้เล่น ナック キーラー, プーレン	athlete, player アスリート, プレイア

日	タイ	英
〜権	การแข่งขัน カーン ケンカン	championship チャンピオンシプ
先週 (せんしゅう)	อาทิตย์ที่แล้ว アーティット ティーレーオ	last week ラスト ウィーク
先住民 (せんじゅうみん)	คนพื้นเมือง コン プーン ムアン	aborigines アボリヂニーズ
選出する (せんしゅつ)	คัดเลือก カット ルアック	elect イレクト
戦術 (せんじゅつ)	กลยุทธ์ コンラユット	tactics タクティクス
染色 (せんしょく)	สีย้อมผ้า シー ヨーム パー	dyeing ダイイング
染色体 (せんしょくたい)	โครโมโซม クローモーソーム	chromosome クロウモソウム
前進する (ぜんしん)	ก้าวหน้า カーオ ナー	advance アドヴァンス
全身 (ぜんしん)	ทั้งตัว タン トゥア	whole body ホウル バディ
先進国 (せんしんこく)	ประเทศพัฒนาแล้ว プラテート パッタナー レーオ	developed countries ディヴェロップト カントリズ
扇子 (せんす)	พัด パット	folding fan フォウルディング ファン
センスがいい	มีรสนิยมดี ミー ロット ニヨム ディー	have good taste ハヴ グド テイスト
潜水艦 (せんすいかん)	เรือดำน้ำ ルア ダム ナーム	submarine サブマリーン
潜水する (せんすい)	ดำน้ำ ダム ナーム	dive ダイヴ
先生 (せんせい)	ครู, อาจารย์ クルー, アーチャーン	teacher, instructor ティーチャ, インストラクタ
占星術 (せんせいじゅつ)	โหราศาสตร์ ホーラーサート	astrology アストラロヂィ

日	タイ	英
センセーショナルな	น่าดึงดูดใจ ナー ドゥン ドゥート チャイ	sensational センセイショナル
ぜんぜん 全然…	ไม่...เลย マイ ルーイ	not at all ナット アト オール
せんせんしゅう 先々週	สองอาทิตย์ที่แล้ว ソーン アーティット ティー レーオ	the week before last ザ ウィーク ビフォー ラスト
せんぞ 先祖	บรรพบุรุษ バンパブルット	ancestor アンセスタ
せんそう 戦争	สงคราม ソンクラーム	war, warfare ウォー, ウォーフェア
ぜんそく 喘息	โรคหืด ロークフート	asthma アズマ
ぜんたい 全体	ทั้งหมด タン モット	whole ホウル
〜の	โดยส่วนรวม ドーイ スアン ルアム	whole, general ホウル, チェナラル
〜として	เป็นส่วนรวม ペン スアン ルアム	in general イン チェネラル
せんたく 洗濯	การซักผ้า カーン サック パー	wash, washing ワシュ, ワシング
〜する	ซักผ้า サック パー	wash, laundry ワシュ, ローンドリ
〜機	เครื่องซักผ้า クルアン サック パー	washing machine ワシング マシーン
〜屋	ร้านซักผ้า ラーン サック パー	laundry ローンドリ
〜ばさみ	ไม้หนีบผ้า マイ ニープ パー	clothespin クロウズピン
せんたくかもく 選択科目	วิชาเลือก ウィチャー ルアック	elective subject イレクティヴ サブヂクト
せんたくし 選択肢	ตัวเลือก トゥア ルアック	choices チョイスィス

日	タイ	英
せんたん **先端**	ปลาย プラーイ	point, tip ポイント, ティプ
～を行く	นำหน้า ナム ナー	be in the vanguard ビ イン ザ **ヴァ**ンガード
～技術	เทคโนโลยีระดับสูง テックノーローイー ラダップ スーン	cutting-edge technology **カ**ティングエヂ テク**ノ**ロヂィ
ぜんちし **前置詞**	คำบุพบท カム ブッパボット	preposition プレポ**ズィ**ション
センチメートル	เซนติเมตร センティメート	centimeter **セ**ンティミータ
センチメンタルな	ที่ซาบซึ้ง, ที่สะเทือนอารมณ์ ティー サープスン, ティー サトゥアン アーロム	sentimental センティ**メ**ンタル
せんちょう **船長**	กัปตัน カップタン	captain **キャ**プティン
ぜんちょう **前兆**	ลาง, นิมิต ラーン, ニミット	omen, sign, symptom **オ**ウメン, **サ**イン, **ス**ィンプトム
ぜんてい **前提**	สมมุติฐาน ソムムッティ ターン	premise プ**レ**ミス
～にする	ตั้งสมมุติฐาน タン ソムムッティ ターン	set forth as a premise セト フォース アザ プ**レ**ミス
せんでん **宣伝**	โฆษณา コーッサナー	publicity パブ**リ**スィティ
～する	โฆษณา コーッサナー	advertise **ア**ドヴァタイズ
せんとう **先頭**	ผู้นำ プー ナム	head ヘド
せんどう **扇動する**	ก่อกวน, ทำให้ปั่นป่วน コー クアン, タム ハイ パンプアン	stir up, agitate ス**ター** アプ, **ア**ヂテイト
せんどう **先導する**	นำทาง ナム ターン	lead リード
せんとうき **戦闘機**	เครื่องบินรบ クルアン ビン ロップ	fighter **ファ**イタ

日	タイ	英
せんにゅうかん 先入観	อคติ, อุปาทาน アカティ, ウパーターン	preconception f. プリーコンセプション
せんにん 仙人	ฤษี ルシー	ascetic, hermit アセティク, ハーミト
ぜんにんしゃ 前任者	ผู้ที่อยู่มาก่อน プーティーユーマーコーン	predecessor プレディセサ
せんぬき 栓抜き	ที่เปิดขวด ティープートクアット	corkscrew, bottle opener コークスクルー, バトル オウプナ
せんねん 専念する	อุทิศตัว, หมกมุ่น ウティット トゥア, モック ムン	devote *oneself to* ディヴォウト
せんのう 洗脳する	ล้างสมอง ラーン サモーン	brainwash ブレインウォーシュ
せんばい 専売	ผูกขาดการขาย プーク カート カーン カーイ	monopoly モナポリ
～特許	สิทธิบัตร シッティ バット	patent パテント
せんぱい 先輩	รุ่นพี่ ルン ピー	senior, elder スィーニア, エルダ
せんばつ 選抜する	คัดเลือก カット ルアック	select, pick out スィレクト, ピク アウト
せんぱつ 洗髪する	สระผม サ ポム	shampoo シャンプー
せんばん 旋盤	เครื่องกลึง クルアン クルン	lathe レイズ
ぜんはん 前半	ครึ่งแรก クルン レーク	first half ファースト ハフ
ぜんぱん 全般	โดยรวม ドーイ ルアム	whole ホウル
～の[に]	โดยทั่วไป, ส่วนรวม ドーイ トゥア パイ, スアン ルアム	whole ホウル
ぜんぶ 全部	ทั้งหมด タン モット	all, whole オール, ホウル

日	タイ	英
せんぷうき 扇風機	พัดลม パット ロム	electric fan イレクトレク ファン
ぜんぽう 前方の	ด้านหน้า ダーン ナー	before, in front of ビフォー, イン フラント アヴ
ぜんまい	ลาน ラーン	spring スプリング
せんめい 鮮明な	กระจ่าง, แจ่ม クラチャーン, チェム	clear クリア
ぜんめん 前面	ด้านหน้า ダーン ナー	front フラント
せんめんき 洗面器	อ่างล้างหน้า アーン ラーン ナー	washbasin ウォーシュベイスン
せんめんじょ 洗面所	ห้องน้ำ ホン ナム	lavatory, bathroom ラヴァトーリ, バスルーム
せんめんだい 洗面台	อ่างล้างหน้า アーン ラーン ナー	washbasin ワシュベイスン
せんもん 専門	ความเชี่ยวชาญ クワーム チアオ チャーン	specialty スペシャルティ
～家	ผู้เชี่ยวชาญ プー チアオ チャーン	specialist スペシャリスト
～学校	โรงเรียนเทคนิค, โรงเรียนอาชีวะ ローンリアン テックニック, ローンリアン アーチーウ	technical school テクニカル スクール
～的な	เฉพาะ, พิเศษ チャポ, ピセート	technical, professional テクニカル, プロフェショナル
せんやく 先約	การนัดไว้แล้ว カーン ナット ウイ レーオ	previous engagement プリーヴィアス インゲイヂメント
せんゆう 占有する	ครอบครอง クローブ クローン	possess, occupy ポゼス, アキュパイ
せんよう 専用の	เฉพาะ, เท่านั้น チャポ, タオ ナン	exclusive イクスクルースィヴ
ぜんりつせん 前立腺	ต่อมลูกหมาก トム ルーク マーク	prostate プラステイト

日	タイ	英
せんりゃく 戦略	กลยุทธ์ コンラユット	strategy ストラテヂィ
せんりょう 占領する	ยึดครอง ユット クローン	occupy, capture アキュパイ, キャプチャ
ぜんりょく 全力で	เต็มแรง テム レーン	all *one's* strength オール ストレンクス
～投球	เต็มแรง テム レーン	exert all *one's* strength イグザート オール ストレングス
ぜんれい 前例	เยี่ยงอย่างเก่า イアンヤーン カオ	precedent プレスィデント
～がない	ไม่มีเยี่ยงอย่างเก่า マイ ミー イアンヤーン カオ	without precedent ウィザウト プレスィデント
せんれん 洗練する	ทำให้บริสุทธิ์ タム ハイ ボーリスット	refine リファイン
せんろ 線路	ทางรถไฟ ターン ロットファイ	railway line レイルウェイ ライン

そ, ソ

日	タイ	英
そあく 粗悪な	หยาบ, ชั้นเลว ヤープ, チャン レーオ	of poor quality オヴ プア クワリティ
そう 層	ชั้น チャン	layer レイア
ぞう 象	ช้าง チャーン	elephant エレファント
ぞう 像	ภาพ, รูปปั้น, รูปสลัก パープ, ループ パン, ループ サラック	image, figure, statue イミヂ, フィギャ, スタチュー
そうあん 草案	ฉบับร่าง チャ バップ ラーン	draft ドラフト
そうおう 相応の	เท่าที่ควร タオ ティー クアン	suitable スータブル
そうおん 騒音	เสียงรบกวน シアン ロップクアン	noise ノイズ

日	タイ	英
そうか 造花	ดอกไม้ประดิษฐ์ ドーク マーイ プラディット	imitation flower イミテイション フラウア
そうかい 総会	การประชุมใหญ่ カーン プラチュム ヤイ	general meeting ヂェナラル ミーティング
そうがく 総額	ยอดรวม ヨート ルアム	total (amount) トウタル (アマウント)
ぞうかする 増加する	เพิ่มขึ้น プーム クン	increase, augment インクリース, オーグメント
そうがんきょう 双眼鏡	กล้องส่องทางไกล クロンソーン ターン クライ	binoculars バイナキュラズ
そうぎ 葬儀	งานศพ ガーン ソップ	funeral フューネラル
ぞうきん 雑巾	ผ้าขี้ริ้ว パー キーリウ	dustcloth ダストクロース
そうきんする 送金する	ส่งเงิน ソン グン	send money センド マニ
そうぐうする 遭遇する	เผชิญ パチューン	meet *with* ミート
ぞうげ 象牙	งาช้าง ガー チャーン	ivory アイヴォリ
そうけい 総計	จำนวนทั้งหมด チャムヌアン タンモット	total amount トウタル アマウント
そうげん 草原	ทุ่งหญ้า トゥン ヤー	plain, prairie プレイン, プレアリ
そうこ 倉庫	โกดัง, คลังสินค้า コーダン, クラン シンカー	warehouse ウェアハウス
そうごう 総合		
～する	รวมกัน ルアム カン	synthesize スィンセサイズ
～的な	โดยรวม ドーイ ルアム	synthetic スィンセティク

日	タイ	英
～商社	บริษัทการค้าทั่วไป ボーリサット カーンカー トゥア パイ	general trading company チェネラル トレイディング カンパニ
そうご 相互の	ซึ่งกันและกัน スン カン レ カン	mutual, reciprocal ミューチュアル, リスィプロカル
そうごん 荘厳な	เคร่งขรึม クレーン クルム	solemn, sublime サレム, サブライム
そうさ 捜査する	สำรวจ, สืบสวน サムルアット, スーブ スアン	look for ルク フォー
そうさ 操作する	เดินเครื่อง, ควบคุม ドゥーン クルアン, クアップクム	operate アペレイト
そうさい 総裁	ผู้อำนวยการ プー アムヌアイカーン	president プレズィデント
そうさい 相殺する	ชดเชย チョット チューイ	offset, setoff オーフセト, セトオーフ
そうさく 創作する	ประดิษฐ์, สร้าง プラディット, サーン	create, compose クリエイト, カンポウズ
そうさく 捜索する	ค้นหา コン ハー	search for サーチ フォー
そうされいじょう 捜査令状	หมายค้น マーイ コン	search warrant サーチ ウォーラント
そうしき 葬式	งานศพ ガーン ソップ	funeral フューネラル
そうじき 掃除機	เครื่องดูดฝุ่น クルアン ドゥート フン	vacuum cleaner ヴァキュアム クリーナ
そうじ 掃除する	ทำความสะอาด タム クワーム サアート	clean, sweep クリーン, スウィープ
そうじゅう 操縦	การควบคุม カーン クアップ クム	steering, management スティアリング, マニヂメント
～士	นักบิน ナック ビン	pilot パイロト
～する	ควบคุม クアップ クム	handle, operate ハンドル, アペレイト

日	タイ	英
（飛行機を）	ขับ(เครื่องบิน) カップ（クルアン ビン）	pilot パイロт
（船を）	ขับ(เรือ) カップ（ルア）	steer スティア
そうじゅく 早熟な	แก่แดด ケー デート	precocious プリコウシャス
そうしょく 装飾	การตกแต่ง カーン トック テン	decoration デコレイション
〜する	ประดับ, ตกแต่ง プラダップ, トックテン	decorate デコレイт
そうしん 送信する	ส่ง, สื่อสาร ソン, スー サーン	transmit トランスミト
ぞうぜい 増税	การขึ้นภาษี カーン クン パーシー	tax increase タクス インクリース
そうせつ 創設する	สร้าง, จัดตั้ง サーン, チャット タン	found ファウンド
ぞうせんじょ 造船所	อู่ต่อเรือ ウー トー ルア	shipyard シプヤード
そうぞう 創造	การประดิษฐ์, การสร้าง カーン プラディット, カーン サーン	creation クリエイション
〜する	ประดิษฐ์, สร้าง プラディット, サーン	create クリエイт
〜的な	สร้างสรรค์ サーン サン	creative, original クリエイティヴ, オリジナル
そうぞう 想像	จินตนาการ チンタナーカーン	imagination, fancy イマヂネイション, ファンスィ
〜上の	จินตนาการสมมุติ チンタナーカーン ソムムット	imaginary イマヂネリ
〜する	สร้างจินตนาการ サーン チンタナーカーン	imagine, fancy イマヂン, ファンスィ
〜力	พลังสร้างสรรค์ パラン サーン サン	imagination イマヂネイション

日	タイ	英
そうぞく **相続**		
～する	รับช่วง, สืบมรดก ラップ チュアン, スープ モーラドック	inherit, succeed インヘリット, サクスィード
～税	ภาษีมรดก パーシー モーラドック	inheritance tax インヘリタンス タクス
～人	ผู้รับช่วง, ผู้สืบมรดก プー ラップチュアン, プー スープ モーラドック	heir, heiress エア, エアレス
そうたいてき **相対的な**	โดยเทียบเคียง, สัมพัทธ์ ドーイ ティアップ キアン, サムパット	relative レラティヴ
そうだい **壮大な**	สง่า, ใหญ่โต サガー, ヤイ トー	magnificent, grand マグニフィセント, グランド
そうだん **相談する**	ปรึกษา プルックサー	consult *with* カンサルト
そうち **装置**	อุปกรณ์, กลไก ウッパコーン, コンカイ	device, equipment ディヴァイス, イクウィプメント
そうちょう **早朝**	เช้าตรู่, เช้ามืด チャオ トルー, チャオ ムート	early in the morning アーリ イン ザ モーニング
ぞうてい **贈呈**	การมอบให้ カーン モープ ハイ	presentation プリーゼンテイション
そうです	ใช่ チャイ	Yes. イェス
そうとう **相当**		
～する	เท่าเทียม タオ ティアム	suit, be fit *for* スート, ビ フィト
～な	ค่อนข้าง(มาก), สมควร コン カーン (マーク), ソムクアン	considerable, fair コンスィダラブル, フェア
そうどう **騒動**	จลาจล チャラーチョン	disturbance, confusion ディスターバンス, カンフュージョン
ぞうとうひん **贈答品**	ของชำร่วย コーン チャムルアイ	gift ギフト
そうなれば	ละก็ ラ コー	then ゼン

日	タイ	英
そうなん 遭難する	ประสบภัย プラソップ パイ	meet with an accident, be wrecked ミート ウィズ アン アクスィデント, ビ レクト
そうにゅう 挿入する	ใส่, สอดแทรก サイ, ソート セーク	insert インサート
そうば 相場	ราคาตลาด ラーカー タラート	market price マーケト プライス
（投機）	ลงทุน ロン トゥン	speculation スペキュレイション
そうび 装備	อุปกรณ์ ウッパコーン	equipment, outfit イクウィプメント, アウトフィト
～する	ติดตั้งอุปกรณ์ ティット タン ウッパコーン	equip *with* イクウィプ
そうべつかい 送別会	งานเลี้ยงอำลา ガーン リアン アムラー	farewell party フェアウェル パーティ
そうむぶ 総務部	แผนกธุรการ パネーク トゥラカーン	general affairs department ヂェナラル アフェアズ ディパートメント
ぞうよぜい 贈与税	ภาษีการบริจาค パーシー カーン ボーリチャーク	gift tax ギフト タクス
そうらん 騒乱	จลาจล チャラーチョン	disturbance ディスターバンス
そうりだいじん 総理大臣	นายกรัฐมนตรี ナーヨック ラッタモントリー	Prime Minister プライム ミニスタ
そうりつ 創立		
～する	ก่อตั้ง コー タン	found, establish ファウンド, イスタブリシュ
～者	ผู้ก่อตั้ง プー コー タン	founder ファウンダ
そうりょ 僧侶	พระ, พระสงฆ์ プラ, プラソン	Buddhist monk ブディスト マンク
そうりょう 送料	ค่าส่ง カー ソン	postage, carriage ポウスティヂ, キャリヂ

日	タイ	英
ぞうわい 贈賄	การติดสินบน カーン ティット シンボン	bribery ブライバリ
そ 添える	เพิ่มเติม, แนบมา プーム トゥーム, ネープ マー	affix, attach アフィクス, アタチ
ソイ（小路）	ซอย ソーイ	alley, street アリ, ストリート
ソース	ซอส ソート	sauce ソース
ソーセージ	ไส้กรอก サイクローク	sausage ソスィヂ
ソーダ	โซดา ソーダー	soda ソウダ
ソートする	แยกประเภท イェーク プラペート	sort ソート
そくし 即死する	ตายคาที่ ターイ カーティー	be killed instantly ビ キルド インスタントリ
そくしん 促進する	ส่งเสริม ソン スーム	promote プロモウト
販売〜	ส่งเสริมการขาย ソン スーム カーン カーイ	sales promotion セイルズ プロモウション
(…に) 属する	สังกัดอยู่(ใน...) サン カット ユー (ナイ)	belong to ビローング
そくせき 即席の	ทันทีทันใด タンティー タンダイ	instant インスタント
ぞくぞくする	เสียวไส้ シアオ サイ	be thrilled with ビ スリルド
(寒さで)	หนาวสั่น ナーオ サン	feel a chill フィール ア チル
そくたつ 速達	ไปรษณีย์ด่วน プライサニー ドゥアン	special delivery スペシャル ディリヴァリ
そくばい 即売	การแสดงพร้อมขาย カーン サデーン プロームカーイ	spot sale スパト セイル

日	タイ	英
そくばく 束縛する	ผูกมัด プーク マット	restrain, restrict リストレイン, リストリクト
そくほう 速報	ข่าวด่วน カーオ ドゥアン	prompt report プランプト リポート
そくりょう 測量する	วัด, ชั่ง ウット, チャン	measure, survey メジャ, サーヴェイ
そこ 底	พื้น, ก้น プーン, コン	bottom バトム
（靴の）	พื้นรองเท้า プーン ローンターオ	sole ソウル
そこぢから 底力	พลังงานแฝง パランガーン フェーン	latent power レイテント パウア
そざい 素材	วัตถุดิบ ウットゥ ディップ	material マティアリアル
そしき 組織	องค์กร オンコーン	organization オーガニゼイション
～する	จัดตั้งองค์กร チャット タン オンコーン	organize, form オーガナイズ, フォーム
そし 阻止する	ขัดขวาง カット クワーン	hinder, obstruct ヒンダ, オブストラクト
そしつ 素質	ความสามารถ, พรสวรรค์ クワーム サーマート, ポーン サワン	nature, gift ネイチャ, ギフト
そして	แล้ว, และ レーオ, レ	and, then アンド, ゼン
そしょう 訴訟	การฟ้องร้อง カーン フォーン ローン	suit, action スート, アクション
そしょく 粗食	อาหารพื้นๆ アーハーン プーン プーン	simple diet スィンプル ダイエット
そせん 祖先	บรรพบุรุษ バンパブルット	ancestor アンセスタ
そそ 注ぐ	ริน リン	flow *into* フロウ

日	タイ	英
(液体を)そそぐ	เท (テー)	pour (ポー)
そそっかしい	ซุ่มซ่าม (スム サーム)	careless (ケアレス)
そそのかす 唆す	ยุยง (ユ ヨン)	tempt, seduce (テンプト, スィデュース)
そだつ 育つ	เติบโตขึ้น (トゥープ トー クン)	grow (グロウ)
そだてる 育てる	เลี้ยง (リアン)	bring up (ブリング アプ)
(動物を)	เลี้ยง (リアン)	rear, raise (リア, レイズ)
(植物を)	ปลูก (プルーク)	cultivate (カルティヴェイト)
そち 措置	การจัดการ (カーン チャッカーン)	measure, step (メジャ, ステプ)
そちら	ทางนั้น (ターン ナン)	that way, there (ザト ウェイ, ゼア)
そつぎょう 卒業	การจบการศึกษา (カーン チョップ カーン スックサー)	graduation (グラチュエイション)
～する	เรียนจบ (リアン チョップ)	graduate *from* (グラチュエイト)
～生	ผู้จบการศึกษา (プー チョップ カーン スックサー)	graduate (グラチュエト)
～論文	วิทยานิพนธ์ (ウィッタヤーニポン)	graduation thesis (グラチュエイション スィースィス)
～式	พิธีแจกประกาศนียบัตร (ピティー チェーク プラカート サニーヤバット)	graduation ceremony (グラチュエイション セレモウニ)
～証書	ประกาศนียบัตร (プラカート サニーヤバット)	certificate (サティフィケト)
ソックス	ถุงเท้า (トゥン ターオ)	socks (サクス)

日	タイ	英
そっけない	เย็นชา イェン チャー	cold, blunt コウルド, ブラント
率直な	ตรงไปตรงมา トロン パイ トロン マー	frank, outspoken フランク, アウトスポウクン
(…に) 沿って	ตาม... ターム	along..., on... アロング, オン
そっと	แผ่วเบา, แอบ ペオ バオ, エープ	quietly, softly クワイエトリ, ソーフトリ
ぞっとする	รู้สึกสยดสยอง ルースック サヨット サヨーン	shudder, shiver シャダ, シヴァ
袖	แขนเสื้อ ケーン スア	sleeve スリーヴ
外	ข้างนอก カーン ノーク	outside アウトサイド
～の	นอก ノーク	outdoor, external アウトドー, エクスターナル
供え物	เครื่องเซ่น クルアン セン	offerings オーファリングズ
その	นั้น ナン	that ザト
その上	นอกจากนั้น ノーク チャーク ナン	besides ビサイヅ
その内	ในไม่ช้า ナイ マイ チャー	soon スーン
その代わり	แทนที่ テーン ティー	instead インステド
その後	หลังจากนั้น ラン チャーク ナン	afterwards アフタワヅ
その頃	ขณะนั้น カナ ナン	about that time アバウト ザト タイム
その他	และอื่นๆ レ ウーン ウーン	and so on アンド ソウ オン

日	タイ	英
その通り！	นั่นนะซี ナン ナ シー	That's it! ザツ イト！
その時	เวลานั้น, ตอนนั้น ウェーラー ナン, トーン ナン	then, at that time ゼン, アト ザト タイム
傍	ข้าง, ใกล้เคียง カーン, クライ キアン	side サイド
〜に	ข้างๆ カン カーン	by, beside バイ, ビサイド
雀斑	กระ, ฝ้า クラ ファー	freckles フレクルズ
祖父		
（父方）	ปู่ プー	grandfather グランファーザ
（母方）	ตา ター	grandfather グランファーザ
ソファー	โซฟา ソーファー	sofa ソウファ
ソフトウェア	ซอฟท์แวร์ ソーフウェー	software ソーフトウェア
祖父母	ปู่, ย่า, ตา, ยาย プー, ヤー, ター, ヤーイ	grandparents グランペアレンツ
素振り	ท่าทาง, ลักษณะ ター ターン, ラックサナ	behavior ビヘイヴャ
祖母		
（父方）	ย่า ヤー	grandmother グランマザ
（母方）	ยาย ヤーイ	grandmother グランマザ
素朴な	เรียบง่าย リアップ ガーイ	simple, artless スィンプル, アートレス
粗末な	ไม่หรูหรา マイ ルー ラー	coarse, humble コース, ハンブル

日	タイ	英
背く	หักหลัง, ไม่เชื่อฟัง ハックラン, マイ チュア ファン	disobey, betray ディスオベイ, ビトレイ
ソムリエ	ผู้เชี่ยวชาญทางไวน์ プー チアオチャーン ターン ワイ	sommelier サマリエイ
染める	ย้อมสี ヨーム シー	dye, color ダイ, カラ
そもそも	เป็นอันว่า ペン アン ワー	first(ly), basically ファースト (リ), ベイスィカリ
微風	ลมโชย ロム チョーイ	breeze ブリーズ
空	ท้องฟ้า トーン ファー	sky スカイ
剃る	โกน コーン	shave シェイヴ
それ	นั่น, อันนั้น ナン, アン ナン	it, that イト, ザト
それ以来	หลังจากนั้น ラン チャーク ナン	since then スィンス ゼン
それから	หลังจากนั้น ラン チャーク ナン	and, since then アンド, スィンス ゼン
それぞれ	ต่างคนต่าง ターン コン ターン	respectively リスペクティヴリ
〜の	แต่ละ テー ラ	respective, each リスペクティヴ, イーチ
それだけ	เท่านั้น, แค่นั้น タオ ナン, ケー ナン	only オウンリ
それで (したがって)	ดังนั้น ダン ナン	then ゼン
それでは	งั้น ガン	well, then ウェル, ゼン
それなりに	พอสมควร ポー ソムクアン	in its own way イン イツ オウン ウェイ

日	タイ	英
それはそうだが	ถูกแล้วแต่... トゥーク レーオ テー	That's right but... ザツ ライト バト
それほど…ではない	ไม่(ค่อย)...เท่าไร マイ (コイ) タオライ	not so... ナト ソウ
それまで	จนถึง, จนกว่าจะ チョン トゥン, チョン クヴーチャ	till then ティル ゼン
それゆえ	เพราะฉะนั้น プロチャナン	so, therefore ソウ, ゼアフォー
逸れる	หักเห ハック ヘー	turn away ターン アウェイ
揃う	ครบ クロップ	be even ビ イーヴン
(整う)	พร้อม, เสร็จ プローム, セット	become complete ビカム カンプリート
(集まる)	รวบรวม ルアップ ルアム	gather ギャザ
揃える	จัดเรียง チャット リアン	make even メイク イーヴン
(まとめる)	สรุป, รวบรวม サルップ, ルアップ ルアム	complete, collect カンプリート, カレクト
(整える)	จัดระเบียบ チャット ラビアップ	arrange アレインジ
算盤	ลูกคิด ルーク キット	abacus アバカス
そわそわする	กระสับกระส่าย クラサップ クラサーイ	become restless ビカム レストレス
損	การขาดทุน カーン カート トゥン	loss, disadvantage ロス, ディサドヴァンティヂ
~をする	ขาดทุน カート トゥン	lose ルーズ
損害	ความเสียหาย クワーム シア ハーイ	damage, loss ダミヂ, ロス

日	タイ	英
～をこうむる	ได้รับความเสียหาย タイ ラップ クワーム シア ハーイ	suffer damages サファ ダミヂズ
～賠償	ค่าชดเชยความเสียหาย カー チョット チューイ クワーム シア ハーイ	compensation for damages カンペンセイション フォー ダミヂズ
ソンクラン	สงกรานต์ ソンクラーン	Songkran, Thai New Year ソンクラン, タイ ニュー イア
尊敬する	เคารพ, นับถือ カオロップ, ナップトゥー	respect, esteem リスペクト, イスティーム
尊厳	ศักดิ์ศรี サックシー	dignity, prestige ディグニティ, プレスティージ
存在	การมีตัวตนอยู่ カーン ミー トゥア トン ユー	existence イグズィステンス
～する	มีอยู่ ミー ユー	exist, be existent イグズィスト, ビ イグズィステント
ぞんざいな	หยาบคาย ヤープ カーイ	impolite, rough インポライト, ラフ
損失	การขาดทุน, การเสียหาย カーン カート トゥン, カーン シア ハーイ	loss, disadvantage ロス, ディサドヴァンティヂ
存続する	สืบทอด スープ トート	continue コンティニュー
尊大な	ยิ่ง, อวดดี イン, ウアット ディー	arrogant アロガント
尊重する	เคารพ, นับถือ カオロップ, ナップトゥー	respect, esteem リスペクト, イスティーム
村長	ผู้ใหญ่บ้าน プーヤイ バーン	village chief ヴィリヂ チーフ
そんな	เช่นนั้น チェン ナン	such サチ

日	タイ	英

た, タ

ダークホース	ม้ามืด マー ムート	dark horse ダーク ホース
ダース	โหล ロー	dozen ダズン
タートルネック	เสื้อคอเต่า スア コー タオ	turtleneck タートルネク
タイ	ไทย タイ	Thailand タイランド
〜語	ภาษาไทย パーサー タイ	Thai タイ
〜人	คนไทย コン タイ	Thai タイ
〜式ボクシング	มวยไทย ムアイ タイ	Thai boxing タイ バクスィング
台 (だい)	แท่น, ที่วาง テン, ティーワーン	stand, pedestal スタンド, ペデスタル
タイアップ	ผูกติดกัน, ร่วมกัน プーク ティット カン, ルアム カン	tie-up タイアプ
大尉（陸軍）(たいい)	ร้อยเอก ローイ エーク	captain キャプテン
体育 (たいいく)	พลศึกษา パラスックサー	physical education フィズィカル エヂュケイション
〜館	โรงยิม ローン イム	gymnasium ヂムネイズィアム
退院する (たいいん)	ออกจากโรงพยาบาล オーク チャーク ローンパヤーバーン	leave the hospital リーヴ ザ ハスピタル
ダイエット	ไดเอ็ท ダイ エット	diet ダイエト
〜をする	ลดความอ้วน ロット クワーム ウアン	go on a diet ゴウ オン ア ダイエト

日	タイ	英
たいおう 対応する	สอดคล้องกัน, ตรงกัน ソート クローン カン, トロン カン	correspond *to* コーレスパンド
ダイオード	ไดโอด ダイオート	diode ダイオウド
ダイオキシン	ไดออกซิน ダイオークシン	dioxin ダイアクスィン
たいおん 体温	อุณหภูมิร่างกาย ウンハプーム ラーンカーイ	temperature テンパラチャ
〜計	ปรอทวัดอุณหภูมิร่างกาย パロート ウット ウンハプーム ラーンカーイ	thermometer サマメタ
たいかい 大会	การประชุม, การแข่งขัน カーン プラチュム, カーン ケンカン	general meeting チェナラル ミーティング
たいかく 体格	รูปร่าง ループ ラーン	physique, build フィズィーク, ビルド
だいがく 大学	มหาวิทยาลัย, วิทยาลัย マハー ウィッタヤーライ, ウィッタヤーライ	university, college ユーニヴァースィティ, カリヂ
〜院	บัณฑิตวิทยาลัย バンティット ウィッタヤーライ	graduate school グラヂュエット スクール
〜生	นักศึกษา ナック スックサー	university student ユーニヴァースィティ ステューデント
だいがくいんせい 大学院生	นักศึกษาบัณฑิตวิทยาลัย ナック スックサー バンティット ウィッタヤーライ	graduate student グラヂュエイト ステューデント
たいがく 退学する	ลาออกจากโรงเรียน ラー オーク チャーク ローンリアン	leave school リーヴ スクール
たいかくせん 対角線	เส้นทแยงมุม セン タイェーン ムム	diagonal ダイアゴナル
たいき 大気	บรรยากาศ, อากาศ バンヤーカート, アーカート	air, atmosphere エア, アトモスフィア
〜汚染	มลพิษของบรรยากาศ モンラピット コーン バンヤーカート	air pollution エア ポリューション
だいきぼ 大規模な	ขนาดใหญ่ カナート ヤイ	large-scale ラーヂスケイル

日	タイ	英
だいきゅう **代休**	วันหยุดชดเชย ワン ユット チョット チューイ	day off *for* デイ オーフ
たいきゅうせい **耐久性**	ความทนทาน クワーム トン ターン	durability デュアラビリティ
たいきょくけん **太極拳**	มวยจีน ムアイ チーン	*tai chi chuan* タイ チー チュアン
だいく **大工**	ช่างไม้ チャーン マーイ	carpenter カーペンタ
たいぐう **待遇**	การปฏิบัติ, การบริการ カーン パティバット, カーン ボーリカーン	treatment トリートメント
たいくつ **退屈**		
～する	เบื่อหน่าย ブア ナーイ	get bored *of* ゲト ボード
～な	น่าเบื่อ, น่ารำคาญ ナー ブア, ナー ラムカーン	boring, tedious ボーリング, ティーディアス
たいけい **体形**	รูปร่าง ループ ラーン	figure フィギャ
たいけい **体系**	ระบบ ラボップ	system スィスティム
たいけん **体験する**	ประสบ, ได้ประสบการณ์ プラソップ, ダイ プラソップカーン	experience, go through イクスピアリアンス, ゴウ スルー
たいこ **太鼓**	กลอง クローン	drum ドラム
たいこう **対抗する**	คัดค้าน, ต่อต้าน カットカーン, トーターン	oppose, cope *with* オポウズ, コウプ
だいこう **代行する**	ทำแทน タム テーン	act *for* アクト
たいこく **大国**	ประเทศใหญ่ プラテート ヤイ	great nation グレイト ネイション
たいさ（陸軍） **大佐**	พันเอก パン エーク	colonel カーネル

日	タイ	英
<ruby>題材<rt>だいざい</rt></ruby>	เนื้อเรื่อง ヌア ルアン	subject, theme サブヂクト, スィーム
<ruby>滞在する<rt>たいざい</rt></ruby>	พักอยู่ パック ユー	stay ステイ
<ruby>対策<rt>たいさく</rt></ruby>	วิธีแก้ไข, การจัดการ ウィティー ケーカイ, カーン チャッカーン	measures メヂャズ
<ruby>大使<rt>たいし</rt></ruby>	เอกอัครราชทูต エーク アッカラーッチャトゥート	ambassador アンバサダ
～館	สถานทูต サターン トゥート	embassy エンバスィ
<ruby>大事<rt>だいじ</rt></ruby>		
～な	สำคัญ, มีค่า サムカン, ミー カー	important, precious インポータント, プレシャス
～にする	เอาใจใส่, ระมัดระวัง アオ チャイ サイ, ラマット ラワン	cherish チェリシュ
ダイジェスト	บทย่อ ボット ヨー	digest ダイヂェスト
<ruby>体質<rt>たいしつ</rt></ruby>	สังขารแต่เดิม サンカーン テー ドゥーム	constitution カンスティテューション
<ruby>大して…でない<rt>たい</rt></ruby>	ไม่ค่อย…, ไม่…มากหนัก マイ コイ, マイ マーク ナック	not very ナト ヴェリ
<ruby>台車<rt>だいしゃ</rt></ruby>	รถเข็นขนของ ロット ケン コン コーン	cart カート
<ruby>貸借対照表<rt>たいしゃくたいしょうひょう</rt></ruby>	บัญชีงบดุล バンチー ゴップ ドゥン	balance sheet バランス シート
<ruby>体重<rt>たいじゅう</rt></ruby>	น้ำหนัก ナムナック	weight ウェイト
～計	เครื่องชั่งน้ำหนัก クルアン チャン ナムナック	scales スケイルズ
<ruby>対象<rt>たいしょう</rt></ruby>	เป้าหมาย パオ マーイ	object アブヂクト

日	タイ	英
たいしょう 対称	สมมาตร ソムマート	symmetry スィメトリ
たいしょう 大将	หัวหน้า, ผู้นำ フアナー, プーナム	head, leader, boss ヘド, リーダ, ボース
（軍隊の）	พลเอก ポンエーク	general ヂェネラル
だいじょうぶ 大丈夫	ปลอดภัย プロートパイ	safe, secure セイフ, スィキュア
～ですか？	เป็นอะไรไหม ペン アライ マイ	Are you OK? アー ユー オウケイ
だいじょうぶっきょう 大乗仏教	มหายาน マハーヤーン	Mahayana Buddhism マハヤーナ ブディズム
たいしょく 退職		
～する	เกษียณ, ออกจากงาน カシアン, オークチャーク ガーン	retire *from* リタイア
～金	บำเหน็จ バムネット	retirement allowance リタイアメント アラウアンス
だいじん 大臣	รัฐมนตรี ラッタモントリー	minister ミニスタ
たいしん 耐震の	ทนต่อแผ่นดินไหว トントー ペンディン ワイ	earthquake-proof アースクウェイクプルーフ
たいせい 体制	ระบอบ ラボープ	organization オーガニゼイション
たいせいよう 大西洋	มหาสมุทรแอตแลนติก マハーサムット エットレーンティック	the Atlantic ジ アトランティク
たいせき 体積	ปริมาตร パリマート	volume ヴァリュム
たいそう 体操	กายกรรม, ยิมนาสติก カーイヤカム, イムナートサティック	gymnastics ヂムナスティクス
だいたい 大体	ส่วนมาก, โดยสังเขป スアンマーク, ドーイ サンケープ	outline, summary アウトライン, サマリ

日	タイ	英
(およそ)	ประมาณ プラマーン	about アバウト
(一般に)	โดยทั่วไป ドーイ トゥア パイ	generally チェナラリ
だいたすう 大多数	ส่วนใหญ่, ส่วนมาก スアン ヤイ, スアン マーク	a large majority ア ラーヂ マヂョリティ
だいたんな 大胆な	บังอาจ バン アート	bold, daring ボウルド, デアリング
だいち 大地	แผ่นดิน ペン ディン	ground グラウンド
たいちょう 体調	สภาพร่างกาย サパープ ラーンカーイ	physical condition フィズィカル カンディション
たいちょう 隊長	ผู้บังคับบัญชา プー バンカップ バンチャー	commander, captain カマンダ, キャプティン
だいちょう 台帳	สมุดทะเบียน サムット タビアン	ledger レヂャ
タイツ	เสื้อรัดรูป スア ラット ループ	tights タイツ
たいてい 大抵	โดยปกติ ドーイ パカティ	generally チェナラリ
(大部分)	ส่วนมาก, ส่วนใหญ่ スアン マーク, スアン ヤイ	almost オールモウスト
たいど 態度	ท่าทาง, กิริยา, มารยาท ター ターン, キリヤー, マーラヤート	attitude, manner アティテュード, マナ
たいとうの 対等の	ที่เท่าเทียมกัน ティー タオ ティアム カン	equal, even イークワル, イーヴン
だいとうりょう 大統領	ประธานาธิบดี プラターナーティボディー	president プレズィデント
だいどころ 台所	ครัว, ห้องครัว クルア, ホン クルア	kitchen キチン
タイトル	ชื่อเรื่อง, หัวข้อ チュー ルアン, フア コー	title タイトル

日	タイ	英
台無し（だいな）にする	ทำลาย, ทำให้เสีย タムラーイ, タム ハイ シア	ruin, spoil ルーイン，スポイル
ダイナマイト	ไดนาไมต์ ダイナーマイ	dynamite ダイナマイト
ダイナミックな	แบบเคลื่อนที่, ไหวตัว ベープ クルアンティー, ワイ トゥア	dynamic ダイナミク

■台所用品■ เครื่องครัว / クルアン クルア /

鍋（なべ） หม้อ / モー / （[英]pan）

薬缶（やかん） กาต้มน้ำ / カートム ナム / （[英]kettle）

フライパン กระทะ / クラタ / （[英]frying pan）

包丁（ほうちょう） มีด / ミート / （[英]kitchen knife）

俎（まないた） เขียง / キアン / （[英]cutting board）

杓子（しゃくし） ทัพพี / タップピー / （[英]ladle）

ボウル ชาม / チャーム / （[英]bowl）

計量（けいりょう）カップ ถ้วยตวง / トゥアイ トゥアン / （[英]measuring cup）

ミキサー มิกเซอร์,เครื่องปั่น / ミックスー、クルアン パン / （[英]mixer）

フライ返し（がえ） ตะหลิว / タリウ / （[英]spatula）

泡立て器（あわたてき） เครื่องตีไข่ / クルアン ティー カイ / （[英]whisk）

笊（ざる） กระจาด / クラチャート / （[英]draining basket）

七輪（しちりん） เตาไฟ / タオ ファイ / （[英]clay charcoal stove）

バット ถาด / タート / （[英]tray）

水瓶（みずがめ） ตุ่มมังกร / トゥム マンコーン / （[英]water jar）

臼（うす） ครก / クロック / （[英]mortar）

杵（きね） สาก / サーク / （[英]pastle）

炭（すみ） ถ่าน / ターン / （[英]charcoal）

ジャー กระติกน้ำ / クラティック ナム / （[英]thermos）

クーラーボックス ถังแช่เย็น / タン チェー イェン / （[英]cooler）

日	タイ	英
第二次世界大戦	สงครามโลกครั้งที่สอง	World War II
耐熱の	ทนความร้อน	heatproof
ダイバー	นักประดาน้ำ	diver
代表	ตัวแทน, ผู้แทน	representative
～する	เป็นตัวแทน	represent
～団	กลุ่ม[คณะ]ตัวแทน	delegation
～的な	ที่เป็นสัญลักษณ์, ที่เป็นแบบอย่าง	typical
～取締役	ประธานบริษัท	representative director
タイピン	เข็มกลัดเน็คไท	tiepin
ダイビング	การดำน้ำ	diving
タイプ	ชนิด, แบบ, ประเภท, การพิมพ์	type
（好きな人の）	สเป็ก	type
～ライター	เครื่องพิมพ์ดีด	typewriter
台風	พายุไต้ฝุ่น	typhoon
大部分	ส่วนมาก, ส่วนใหญ่	greater part
太平洋	มหาสมุทรแปซิฟิก	the Pacific

日	タイ	英
大変(たいへん)	อย่างมาก, อย่างยิ่ง ヤーン マーク, ヤーン イン	very, extremely ヴェリ, イクストリームリ
〜な	ร้ายแรง, รุนแรง ラーイ レーン, ルン レーン	serious, grave スィリアス, グレイヴ
(やっかいな)	ยุ่งยาก, ลำบาก ユン ヤーク, ラムバーク	troublesome, hard トラブルサム, ハード
(たいした)	ดีเยี่ยม, ยอดเยี่ยม ディー イアム, ヨート イアム	wonderful, splendid ワンダフル, スプレンディド
〜だ！	ตายจริง, แย่แล้ว ターイ チン, イェー レーオ	Heavens! ヘヴンズ
大便(だいべん)	อุจจาระ ウッチャーラ	feces フィースィーズ
大砲(たいほう)	ปืนใหญ่ プーン ヤイ	gun, cannon ガン, キャノン
台本(だいほん)	บท ボット	playbook プレイブク
(映画の)	บทภาพยนตร์ ボット パーッパヨン	scenario スィネアリオウ
大麻(たいま)	กัญชา カンチャー	hemp ヘンプ
(マリファナ)	กัญชา カンチャー	marijuana マリホワーナ
タイマー	เครื่องจับเวลา クルアン チャップ ウェーラー	timer タイマ
タイミング	จังหวะเวลา チャンウ ウェーラー	timing タイミング
タイム		
(中断)	การหยุดพัก カーン ユット パック	time-out タイムアウト
題名(だいめい)	หัวข้อ, ชื่อเรื่อง フア コー, チュー ルアン	title タイトル
タイヤ	ยางรถ ヤーン ロット	tire タイア

日	タイ	英
ダイヤモンド	เพชร ペッ_ト	diamond ダイアモンド
ダイヤル	หน้าปัด, หมุน ナーパッ_ト, ムン	dial ダイアル
たいよう 太陽	ดวงอาทิตย์ ドゥアン アーティッ_ト	the sun ザ サン
たいようねんすう 耐用年数	อายุการใช้งาน アーユ カーン チャイ ガーン	durable years デュラブル イア
たい 平らな	เรียบ, ราบ リアッ_プ, ラープ	even, level, flat イーヴン, レヴル, フラト
だいり 代理	ตัวแทน, ผู้แทน トゥア テーン, プー テーン	representative, proxy レプリゼンタティヴ, プラクスィ
～店	ร้านตัวแทน ラーン トゥア テーン	agency エイヂェンスィ
～人	ผู้แทน, ตัวแทน プー テーン, トゥア テーン	agent エイヂェント
たいりく 大陸	ทวีป タ ヴィープ	continent カンティネント
だいりせき 大理石	หินอ่อน ヒン オーン	marble マーブル
たいりつ 対立する	ต่อต้าน, เป็นปรปักษ์ トーターン, ペン ポーラパック	be opposed *to* ビ オポウズド
たいりょうせいさん 大量生産	การผลิตปริมาณมาก カーン パリッ_ト パリマーン マーク	mass production マス プロダクション
たいりょく 体力	กำลังกาย, ความแข็งแรง カムラン カーイ, クワーム ケン レーン	physical strength フィズィカル ストレンクス
タイル	กระเบื้อง クラブアン	tile タイル
ダイレクトメール	การขายทางไปรษณีย์ カーン カーイ ターン プライサニー	direct mail ディレクト メイル
たいわん 台湾	ไต้หวัน タイワン	Taiwan タイワーン

日	タイ	英
田植え(たう)	การดำนา カーン ダム ナー	rice-planting ライスプランティング
タウンハウス	ทาวน์เฮาส์, ตึกแถว ターウハウ, トゥック テオ	town house タウン ハウス
ダウンロードする	ดาวน์โหลด ダーオロート	download ダウンロウド
唾液(だえき)	น้ำลาย ナム ラーイ	saliva サライヴァ
絶えず(た)	เสมอ, ไม่ขาดสาย サムー, マイ カート サーイ	always, all the time オールウェイズ, オール ザ タイム
耐える(た)	ทน トン	bear, stand ベア, スタンド
(持ちこたえる)	ต้านทาน ターン ターン	withstand ウィズスタンド
楕円(だえん)	วงรี, รูปไข่ ウォン リー, ループ カイ	ellipse, oval イリプス, オウヴァル
倒す(たお)	ทำให้ล้ม タム ハイ ロム	knock down ナク ダウン
(負かす)	เอาชนะ アオ チャナ	defeat, beat ディフィート, ビート
タオル	ผ้าเช็ดตัว パー チェット トゥア	towel タウエル
タオルケット	ผ้าห่ม パー ホム	light cotton blanket ライト カトゥン ブランキット
倒れる(たお)	ล้ม, ทลาย ロム, タラーイ	fall, break down フォール, ブレイク ダウン
高い(たか)	สูง スーン	high, tall ハイ, トール
値段が～	แพง ペーン	expensive イクスペンスィヴ
打開する(だかい)	หาทางออก ハー ターン オーク	make a breakthrough メイク ア ブレイクスルー

日	タイ	英
たが 互いに[の]	ต่างฝ่าย, ซึ่งกันและกัน ターン ファーイ, スン カン レ カン	mutually [mutual] ミューチュアリ [ミューチュアル]
たかくけいえい 多角経営	การกระจายธุรกิจ カーン クラチャーイ トゥラキット	multiple operation of business マルテブル アパレイション オヴ ビズネス
たか 高さ	ความสูง クワーム スーン	height, altitude ハイト, アルティテュード
だがっき 打楽器	เครื่องตี クルアン ティー	percussion instrument パーカション インストルメント
たか 高まる	สูงขึ้น スーン クン	rise ライズ
(感情が)	ตื่นเต้น トゥーン テン	get excited ゲト イクサイテド
たか 高める	ทำให้สูงขึ้น タム ハイ スーン クン	raise レイズ
たがや 耕す	ไถนา, เพาะปลูก タイ ナー, ポプルーク	cultivate, plow カルティヴェイト, プラウ
たかゆかしきかおく 高床式家屋	บ้านใต้ถุนทรงสูง バーン タイ トゥン サン スーン	raised-floor house レイズド フロア ハウス
たから 宝	ทรัพย์สมบัติ サップ ソム バット	treasure トレジャ
だから	เพราะฉะนั้น, ก็เลย プロチャナン, コー ルーイ	so, therefore ソウ, ゼアフォ
たからくじ 宝籤	ล็อตเตอรี่ ロッターリー	lottery ラタリ
～に当たる	ถูกล็อตเตอรี่ トゥーク ロッターリー	win...in a lottery ウィン イン ア ロタリ
たかる	จับกลุ่ม チャップ クルム	swarm, crowd スウォーム, クラウド
(ゆすり)	ข่มขู่ コム クー	blackmail ブラクメイル

440

日	タイ	英
<ruby>滝<rt>たき</rt></ruby>	น้ำตก ナム トック	waterfall, falls ウォタフォール, フォールズ
タキシード	ทักซิโด タックシドー	tuxedo タクスィードウ
<ruby>焚き火<rt>た び</rt></ruby>	กองไฟ コーン ファイ	bonfire バンファイア
<ruby>妥協する<rt>だきょう</rt></ruby>	ประนีประนอม プラニー プラノーム	compromise *with* カンプロマイズ
<ruby>炊く<rt>た</rt></ruby>		
（ご飯を）	หุงข้าว フン カーオ	boil rice ボイル ライス
<ruby>抱く<rt>だ</rt></ruby>	กอด ゴート	embrace インブレイス
（子供を）	อุ้มลูก ウム ルーク	hold a child ホールド ア チャイルド
<ruby>沢山の<rt>たくさん</rt></ruby>	มาก マーク	many, much メニ, マチ
タクシー	แท็กซี่ テックシー	taxi タクスィ
～を拾う	เรียกแท็กซี่ リアック テックシー	catch a taxi キャチ ア タクスィ
<ruby>託児所<rt>たくじしょ</rt></ruby>	สถานรับเลี้ยงเด็กเล็ก サターン ラップリアン デック レック	day nursery ディ ナーサリ
タークシン<ruby>大王<rt>だいおう</rt></ruby>	สมเด็จพระเจ้าตากสินมหาราช ソムデット プラチャオ タークシン マハーラート	King Taksin the Great キング タークシン ザ グレイト
<ruby>宅配<rt>たくはい</rt></ruby>	บริการส่งของ ボーリカーン ソン コーン	door-to-door delivery ドータドー ディリヴァリ
<ruby>托鉢<rt>たくはつ</rt></ruby>		
（捧げる側）	ตักบาตร タック バート	almsgiving アームスギヴィング
（受ける側）	บิณฑบาตร ビンタ バート	mendicancy メンディカンシー

日	タイ	英
<ruby>逞<rt>たくま</rt></ruby>しい	แข็งแรง ケン レーン	sturdy, stout スターディ, スタウト
<ruby>巧<rt>たく</rt></ruby>みに [な]	ชำนาญ チャムナーン	skillful [skillfully] スキルフル [スキルフリ]
(…) だけ	เฉพาะ, เพียง, เท่านั้น チャポ, ピアン, タオ ナン	only, alone オウンリ, アロウン
<ruby>妥結<rt>だけつ</rt></ruby>する	ตกลงร่วมมือ トック ロン ルアム ムー	reach an agreement リーチ アン アグリーメント
<ruby>凧<rt>たこ</rt></ruby>	ว่าว ワーオ	kite カイト
〜を揚げる	ชักว่าว チャック ワーオ	fly a kite フライ ア カイト
<ruby>多国籍<rt>たこくせき</rt></ruby>の	นานาชาติ ナーナー チャート	multinational マルティナショナル
多彩な	หลากสี, แตกต่าง ラーク シー, テーク ターン	colorful カラフル
ダサい	เชยเลย チューイ ルーイ	not cool ナト クール
<ruby>打算的<rt>ださんてき</rt></ruby>な	ที่คำนึงถึงผลประโยชน์ตนเอง ティー カムヌン トゥン ポン プラヨート トン エーン	calculating キャルキュレイティング
だし	น้ำซุป, น้ำแกง ナム スップ, ナム ケーン	broth, stock ブロス, スタク
<ruby>確<rt>たし</rt></ruby>か		
〜な	แน่นอน ネーノーン	sure, certain シュア, サートン
〜に	อย่างแน่นอน ヤーン ネーノーン	certainly サートンリ
<ruby>確<rt>たし</rt></ruby>かめる	พิสูจน์ ピスート	make sure *of* メイク シュア
<ruby>足<rt>た</rt></ruby>し<ruby>算<rt>ざん</rt></ruby>	บวก ブアック	addition アディション

日	タイ	英
出し抜く	ชิงทำก่อน チン タム ゴーン	forestall フォストール
駄洒落	ตลกเล่นคำ タロック レン カム	cheap joke チープ ヂョウク
打診する	ตรวจโรค トルアット ローク	examine by percussion イグザミン バイ パーカション
（意向を）	ฟังเสียง, ทาบทาม ファン シアン, タープ タ―ム	sound out サウンド アウト
足す	เพิ่มเติม, บวก プーム トゥーム, ブアック	add アド
出す	เอาออก アオ オーク	take out テイク アウト
（提出）	ส่ง, ยื่น ソン, ユーン	hand in ハンド イン
（発行）	จำหน่าย チャムナーイ	publish パブリシュ
（露出）	เปิดเผย, แสดง プート プーイ, サデーン	expose イクスポウズ
（手紙などを）	ส่ง ソン	mail, post メイル, ポウスト
多数	ส่วนมาก スアン マーク	majority マヂョリティ
～決	การตัดสินจากเสียงข้างมาก カーン タットシン チャーク シアン カーン マーク	majority rule マヂョリティ, ルール
～の	จำนวนมาก チャムヌアン マーク	numerous, many ニューメラス, メニ
助け合う	ช่วยกัน チュアイ カン	help each other ヘルプ イーチ アザ
助ける	ช่วยเหลือ チュアイ ルア	help ヘルプ
（救助）	ช่วยชีวิต チュアイ チーウィット	save セイヴ

日	タイ	英
尋ねる	ถาม ターム	ask アスク
訪ねる	ไปเยี่ยม パイ イアム	visit ヴィズィト
戦い	การต่อสู้, สงคราม カーン トー スー, ソンクラーム	war ウォー
（戦闘）	สงคราม ソンクラーム	battle バトル
（闘争）	การต่อสู้ カーン トー スー	fight ファイト
戦[闘]う	ต่อสู้ トー スー	fight ファイト
叩き台	ฉบับร่าง チャバップ ラーン	original plan オリヂナル プラン
叩く	ตี ティー	strike, hit, knock ストライク, ヒト, ナク
但し	แต่, แต่ว่า テー, テー ウー	but, however バト, ハウエヴァ
正しい	ถูกต้อง トゥーク トン	right, correct ライト, カレクト
只の	ธรรมดา タムマダー	ordinary オーディネリ
（無料）	ฟรี フリー	gratis グラティス
畳む	พับ パップ	fold フォウルド
漂う	ลอย ローイ	drift, float ドリフト, フロウト
祟り	วิบากกรรม ヴィバーク カム	curse カース
立ち会う	อยู่ด้วยเป็นพยาน ユー ドゥアイ ペン パヤーン	attend *at* アテンド

日	タイ	英
立ち上げる	เปิดเครื่อง プート クルアン	start up スタート アプ
立入禁止	ห้ามเข้า ハーム カオ	No Admittance ノウ アドミタンス
立ち止まる	หยุดเดิน ユット ドゥーン	stop, halt スタプ, ホールト
立ち直る	ตั้งตัวใหม่ タン トゥア マイ	get over, recover ゲト オウヴァ, リカヴァ
立ち退く	ย้ายออก ヤーイ オーク	leave, move out リーヴ, ムーヴ アウト
立場	สถานะ サターナ	standpoint スタンドポイント
立ち寄る	แวะ ヴェ	drop by ドラプ バイ
経つ	ผ่านไป パーン パイ	pass, go by パス, ゴウ バイ
立つ	ยืน, ลุกขึ้น ユーン, ルック クン	stand, rise スタンド, ライズ
辰(年)	ปีมะโรง ピー マローン	the Year of the Dragon ザ イア オヴ ザ ドラゴン
卓球	ปิงปอง ピンポーン	table tennis テイブル テニス
脱穀する	นวดข้าว ヌアット カーオ	thresh スレシュ
脱脂綿	สำลี サムリー	absorbent cotton アブソーベント カトン
達する	บรรลุ, ถึง バンル, トゥン	reach, arrive *at* リーチ, アライヴ
達成する	สำเร็จ サムレット	accomplish, achieve アカンプリシュ, アチーヴ

日	タイ	英
脱税する (だつぜい)	หนีภาษี ニー パーシー	evade a tax イヴェイド ア タクス
脱線する (だっせん)	ตกราง トック ラーン	be derailed ビ ディレイルド
（話が）	ออกนอกเรื่อง オーク ノーク ルアン	digress *from* ダイグレス
たった	เพียง ピアン	only, just オウンリ, チャスト
〜今	เดี๋ยวนี้ ディアオ ニー	just now チャスト ナウ
脱退する (だったい)	ถอนตัวออก トーン トゥア オーク	withdraw *from* ウィズドロー
タッパー	ตลับเกลียว, กล่องถนอมอาหาร ターブ クリアオ, クロンタノーム アーハーン	tub タブ
竜巻 (たつまき)	พายุทอร์นาโด パーユ トーナードー	tornado トーネイドウ
脱毛 (だつもう)	ผมร่วง ポム ルアン	loss of hair ロス オヴ ヘア
（除毛）	การกำจัดขน カーン カムチャット コン	depilation デピレイション
脱落する (だつらく)	ตก, พลาด トック, プラート	be omitted, fall off ビ オウミテド, フォール オフ
縦 (たて)	แนวตั้ง ネーオ タン	length レンクス
縦糸 (たていと)	เส้นด้ายยืน センダーイ ユーン	warp ウォープ
立て替える (たてかえる)	ทดรอง, จ่ายแทนไปก่อน トット ローン, チャーイテーン パイ コーン	pay *for* ペイ
建前 (たてまえ)	จุดมุ่งหมาย, สิ่งที่แสดงออกมาภายนอก チュット ムンマーイ, シン ティー サデーン オーク マー パーイ ノーク	professed intention プロフェスト インテンション

日	タイ	英
<ruby>建物<rt>たてもの</rt></ruby>	ตึก, อาคาร トゥック, アーカーン	building ビルディング
<ruby>建<rt>た</rt></ruby>てる	สร้าง サーン	build, construct ビルド, カンストラクト
<ruby>立<rt>た</rt></ruby>てる	ตั้ง タン	stand, put up スタンド, プト アプ
（立案）	วางแผน ワーン ペーン	form, make フォーム, メイク
<ruby>妥当<rt>だとう</rt></ruby>な	เหมาะสม モッサム	proper, appropriate プラパ, アプロウプリエト
たとえ…でも	ถึงแม้ว่า トゥン メーワー	even if イーヴン イフ
<ruby>例<rt>たと</rt></ruby>えば	อย่างเช่น ヤーン チェン	for example フォー イグザンプル
<ruby>例<rt>たと</rt></ruby>える	ยกตัวอย่าง ヨック トゥア ヤーン	compare to カンペア
<ruby>棚<rt>たな</rt></ruby>	หิ้ง ヒン	shelf, rack シェルフ, ラク
<ruby>谷<rt>たに</rt></ruby>	หุบเขา フップ カオ	valley ヴァリ
ダニ	เห็บ ヘップ	tick, mite ティク, マイト
<ruby>他人<rt>たにん</rt></ruby>	คนอื่น コン ウーン	others アザズ
（知らない人）	คนแปลกหน้า コン プレークナー	stranger ストレインチャ
<ruby>種<rt>たね</rt></ruby>	เม็ด, เมล็ด メット, マレット	seed スィード
～を蒔く	หว่าน ウーン	sow ソウ
<ruby>楽<rt>たの</rt></ruby>しい	สนุก サヌック	happy, cheerful ハピ, チアフル

日	タイ	英
楽(たの)しみ	ความสนุกสนาน クワーム サヌック サナーン	pleasure, joy プレジャ, ヂョイ
楽(たの)しむ	เพลิดเพลิน プルート プルーン	enjoy インヂョイ
頼(たの)む	ขอร้อง コーローン	ask, request アスク, リクウェスト
頼(たの)もしい	เชื่อถือได้, พึ่งได้ チュア トゥーダーイ, プン ダーイ	reliable リライアブル
(有望な)	มีอนาคตแจ่มใส ミー アナーコット チェムサイ	promising プラミスィング
煙草(たばこ)	บุหรี่ ブリー	tobacco トバコウ
〜を吸う	สูบบุหรี่ スープ ブリー	smoke スモウク
束(たば)ねる	มัด マット	bundle バンドル
度々(たびたび)	บ่อยๆ, เสมอ ボイボイ, サムー	often オーフン
(…の)度(たび)に	...ทีไร, ทุกครั้งที่... ティーライ, トゥック クラン ティー	every time エヴリ タイム
ダビングする	อัดเพิ่ม, ก๊อปปี้ アット プーム, コッピー	dub ダブ
タフな	แข็งแกร่ง ケン クレン	tough, hardy タフ, ハーディ
だぶだぶの	หลวม ルアム	loose-fitting ルースフィティング
ダブる	ซ้อน ソーン	be doubled ビ ダブルド
ダブルの	ทวี タウィー	double ダブル
〜の服	เสื้อกระดุมสองแถว スア クラドゥム ソーン テオ	double-breasted coat ダブルブレスティド コウト

日	タイ	英
ダブルス	เล่นคู่ レン クー	doubles ダブルズ
ダブルルーム	ห้องคู่ ホン クー	double room ダブル ルーム
た ぶん 多分	บางที, อาจจะ バーンティー, アート チャ	perhaps, maybe パハプス, メイビ
た もの 食べ物	อาหาร, ของกิน アーハーン, コーン キン	food, provisions フード, プロヴィジョンズ
た 食べる	กิน, ทาน キン, ターン	eat イート
た ほう 他方	ด้านอื่น ダーン ウーン	on the other hand オン ザ アザ ハンド
たま 球	ลูกบอล, ลูกกลม ルーク ボーン, ルーク クロム	ball, bulb ボール, バルブ
たま 玉	ลูกปัด, อัญมณี ルーク パット, アンヤマニー	bead, gem ビード, チェム
たまご 卵	ไข่ カイ	egg エグ
たましい 魂	วิญญาณ ウィンヤーン	soul, spirit ソウル, スピリト
だま 騙す	หลอกลวง ローク ルアン	deceive, cheat ディスィーヴ, チート
たまに	เป็นครั้งคราว ペン クラン クラーオ	occasionally オケイジョナリ
たま 堪らない	ทนไม่ไหว トン マイ ヴィ	unbearable アンベアラブル
(渇望・切望)	กังวล, ร้อนใจ カンウォン, ローン チャイ	be anxious *for* ビ アンクシャス
た 溜まる	รวบรวม, สะสม ルアップルアム, サソム	accumulate, gather アキューミュレイト, ギャザ

た

日	タイ	英
黙る(だま)	เงียบ ギアップ	become silent ビカム サイレント
ダム	เขื่อน クアン	dam ダム
溜め息をつく(た いき)	ถอนหายใจ トーン ハーイ チャイ	sigh サイ
ダメージ	ความเสียหาย クワーム シア ハーイ	damage ダミヂ
試す(ため)	ลอง, ทดลอง ローン, トット ローン	try, test トライ, テスト
駄目な(だめ)	ใช้ไม่ได้ チャイ マイ ダーイ	useless, no use ユースレス, ノウ ユース
躊躇う(ためら)	ลังเล ランレー	hesitate ヘズィテイト
貯める(た)	เก็บ ケップ	save, store セイヴ, ストー
溜める(た)	สะสม サソム	accumulate, collect アキューミュレイト, カレクト
保つ(たも)	รักษา ラックサー	keep キープ
頼る(たよ)	พึ่งพาอาศัย プン パー アーサィ	rely on, depend on リライ オン, ディペンド オン
たらい	อ่าง アーン	tub タブ
堕落する(だらく)	เลวลง レーオ ロン	degenerate *into* ディチェネレイト
だらける	หละหลวม ラルアム	be lazy ビ レイズィ
だらしない	ไม่เรียบร้อย, เสเพล マイ リアップ ローイ, セーブレー	untidy, slovenly アンタイディ, スラヴンリ

日	タイ	英
_た足りない	ขาด, ไม่พอ カート, マイ ポー	be short *of* ビ ショート
_{たりょう}多量に	จำนวนมาก チャムヌアン マーク	abundantly アバンダントリ
_た足りる	พอ ポー	be enough ビ イナフ
_{たる}樽	ถังไม้ タン マーイ	barrel, cask バレル, キャスク
だるい	เมื่อย ムアイ	feel heavy, be dull フィール ヘヴィ, ビ ダル
_{たる}弛む	หย่อน ヨーン	be loose, slacken ビ ルース, スラクン
タレ	น้ำจิ้ม ナム チム	sauce サース
_{だれ}誰	ใคร クライ	who フー
～か	ใครสักคน クライ サック コン	someone, somebody サムワン, サムボディ
～かいませんか?	ใครอยู่ไหม クライ ユー マイ	Is anybody here? イズ エニバディ ヒア
_た垂れる	แขวน, ห้อย クウェーン, ホイ	hang, drop ハング, ドラプ
(滴る)	หยด ヨット	drop, drip ドラプ, ドリプ
だれる	ยืดยาด ユート ヤート	dull ダル
(退屈)	น่าเบื่อ ナーブア	be bored *by* ビ ボード
タレント	ดารา ダーラー	personality パーソナリティ
_{たん}痰	เสมหะ, เสลด セームハ サレート	phlegm, sputum フレム, スピュータム

日	タイ	英
段（だん）	ขั้น, บันได カン, バンダイ	step, stair ステプ, ステア
単位（たんい）	หน่วย ヌアイ	unit ユーニト
（授業の）	หน่วยกิต ヌアイキット	credit クレディト
担架（たんか）	เปลหาม プレーハーム	stretcher ストレチャ
単価（たんか）	ราคาอันละ ラーカー アンラ	unit price ユーニト プライス
タンカー	เรือบรรทุกน้ำมัน ルア バントゥック ナムマン	tanker タンカ
段階（だんかい）	ขั้นตอน カントーン	step, stage ステプ, ステイヂ
弾丸（だんがん）	ลูกปืน, กระสุน ルーク プーン, クラスン	bullet, shell ブレト, シェル
短期（たんき）	ระยะสั้น ラヤサン	short term ショート ターム
〜大学	วิทยาลัยหลักสูตร๒ปี ウィッタヤーライ ラックスート ソーン ピー	junior college ヂューニャ カリヂ
短気な（たんきな）	ใจร้อน チャイローン	quick-tempered クウィクテンパド
タンク	แท็งก์ テーン	tank タンク
（戦車）	รถถัง ロット タン	tank タンク
団結する（だんけつする）	สามัคคี サーマッキー	unite ユーナイト
探検する（たんけんする）	สำรวจ, ผจญภัย サムルアット, パチョンパイ	explore イクスプロー
単語（たんご）	คำศัพท์ カム サップ	word ワード

日	タイ	英
<ruby>炭坑<rt>たんこう</rt></ruby>	เหมืองถ่านหิน ムアン ターン ヒン	coal mine コウル マイン
<ruby>談合<rt>だんごう</rt></ruby>する	ประชุมปรึกษา プラチュム プルックサー	rig a bid リグ ア ビド
ダンサー	นักเต้น ナック テン	dancer ダンサ
<ruby>炭酸<rt>たんさん</rt></ruby>	กรดคาร์บอนิก クロット カーボーニック	carbonic acid カーバニック アスィド
～水	โซดา ソーダー	soda water ソウダ ウォータ
～飲料	น้ำอัดลม ナム アット ロム	soda pop ソウダ パプ
<ruby>端子<rt>たんし</rt></ruby>	ขั้วต่อสาย クア トー サーイ	terminal ターミナル
<ruby>男子<rt>だんし</rt></ruby>	ชาย チャーイ	boy, man ボイ, マン
<ruby>断食<rt>だんじき</rt></ruby>する	อดอาหาร オット アーハーン	fast ファスト
<ruby>短縮<rt>たんしゅく</rt></ruby>する	ย่อ, ยน ヨー, ヨン	shorten, reduce ショートン, リデュース
<ruby>単純<rt>たんじゅん</rt></ruby>な	ที่เรียบง่าย ティー リアップ ガーイ	plain, simple プレイン, スィンプル
<ruby>短所<rt>たんしょ</rt></ruby>	ข้อเสีย コー スィア	shortcoming ショートカミング
<ruby>誕生<rt>たんじょう</rt></ruby>		
～する	เกิด クート	be born ビ ボーン
～石	พลอยประจำเดือนเกิด プローイ プラチャム ドゥアン クート	birthstone バースストウン
～日	วันเกิด ワン クート	birthday バースデイ
～日おめでとう!	สุขสันต์วันเกิด スック サン ワン クート	Happy birthday! ハピ バースデイ

日	タイ	英
たんす 箪笥	ตู้เสื้อผ้า トゥースアパー	chest of drawers チェスト オヴ ドローズ
ダンス	เต้นรำ テン ラム	dancing, dance ダンスィング, ダンス
～パーティ	งานเต้นรำ ガーン テン ラム	dance party ダンス パーティ
たんすい 淡水	น้ำจืด ナム チュート	fresh water フレシュ ウォータ
だんすい 断水	การน้ำไม่ไหล カーン ナム マイ ライ	water cutoff ウォータ カトーフ
たんすいかぶつ 炭水化物	คาร์โบไฮเดรท カーボハイドレート	carbohydrate カーボハイドレイト
たんすいぎょ 淡水魚	ปลาน้ำจืด プラー ナム チュート	fresh-water fish フレシュ ウォータ フィシュ
だんせい 男性	ผู้ชาย プー チャーイ	male メイル
たんそ 炭素	คาร์บอน カーボーン	carbon カーボン
だんたい 団体	กลุ่ม, ชมรม, คณะ クルム, チョムロム, カナ	party, organization パーティ, オーガニゼイション
～交渉	การเจรจา(ของ) カーン チェーラチャー(コーン)	collective bargaining コレクティヴ バゲニング
～旅行	กรุ๊ปทัวร์ クルップ トゥア	group tour グループ トゥア
だんだん 段々と	ทีละน้อย ティーラノーイ	gradually グラヂュアリ
だんち 団地	หมู่บ้าน ムーバーン	housing development ハウズィング ディヴェロプメント
たんちょう 単調な	เสียงเดียว, ซ้ำกัน シアン ディアオ, サム カン	monotonous, dull モナトナス, ダル
たんてい 探偵	นักสืบ ナック スープ	detective ディテクティヴ

日	タイ	英
<ruby>担当<rt>たんとう</rt></ruby>		
〜する	รับผิดชอบ ラップ ピット チョープ	take charge *of* テイク チャーヂ
〜者	ผู้รับผิดชอบ プー ラップ ピット チョープ	person-in-charge パースン インチャーヂ
<ruby>単独<rt>たんどく</rt></ruby>の	เอกเทศ, ด้วยตัวคนเดียว エーッカテート, ドゥアイ トゥア コン ディアオ	sole, individual ソウル, インディヴィヂュアル
<ruby>段取<rt>だんど</rt></ruby>りをつける	จัดเตรียม チャット トリアム	make arrangements *for* メイク アレインヂメント
<ruby>単<rt>たん</rt></ruby>に	เพียงแค่ ピアン ケー	only, merely オウンリ, ミアリ
<ruby>丹念<rt>たんねん</rt></ruby>に	อย่างระมัดระวัง ヤーン ラマット ラワン	laboriously ラボリアスリ
<ruby>堪能<rt>たんのう</rt></ruby>する	พอใจ ポー チャイ	be satisfied *with* ビ サティスファイド
<ruby>短波<rt>たんぱ</rt></ruby>	คลื่นสั้น クルーン サン	shortwave ショートウェイヴ
<ruby>蛋白質<rt>たんぱくしつ</rt></ruby>	โปรตีน プローティーン	protein プロウティーイン
<ruby>淡白<rt>たんぱく</rt></ruby>な	ไม่แยแส マイ イェーセー	frank, indifferent フランク, インディファレント
(味・色が)	อ่อน, จืด オーン, チュート	light, simple ライト, スィンプル
ダンピング	การหลั่ง(สินค้า)เข้ามาขาย カーン ラン (シンカー)カオ マー カーイ	dumping ダンピング
ダンプカー	รถดั๊มพ์ ロット ダム	dump truck ダンプ トラク
<ruby>田圃<rt>たんぼ</rt></ruby>	นา ナー	rice field ライス フィールド
<ruby>担保<rt>たんぽ</rt></ruby>	จำนอง チャムノーン	security, mortgage スィキュアリティ, モーギヂ

日	タイ	英
<ruby>暖房<rt>だんぼう</rt></ruby>	เครื่องทำความร้อน クルアン タム クワーム ローン	heating ヒーティング
<ruby>段ボール<rt>だん</rt></ruby>	ลังกระดาษ ラン クラダート	corrugated paper コラゲイティド ペイパ
<ruby>端末<rt>たんまつ</rt></ruby>	ปลาย プラーイ	terminal ターミナル
<ruby>断面<rt>だんめん</rt></ruby>	หน้าตัด ナー タット	section, phase セクション；フェイズ
～図	ภาพตัดขวาง パープ タット クワーン	cross section クロス セクシャン
<ruby>段落<rt>だんらく</rt></ruby>	ย่อหน้า, วรรค	paragraph パラグラフ

ち，チ

日	タイ	英
<ruby>血<rt>ち</rt></ruby>	เลือด, โลหิต ルアット, ローヒット	blood ブラド
チアリーダー	กองเชียร์, เชียร์ลีดเดอร์ コーンチア, チアリードゥー	cheerleader チアリーダ
<ruby>治安<rt>ちあん</rt></ruby>	ความสงบ クワーム サゴップ	public peace パブリク ピース
<ruby>地位<rt>ちい</rt></ruby>	ตำแหน่ง, ฐานะ タムネン, ターナ	position ポズィション
社会的～	ฐานะทางสังคม ターナターン サンコム	social position ソーシアル ポズィション
<ruby>地域<rt>ちいき</rt></ruby>	เขต, ภูมิภาค ケート, プーミパーク	region, zone リーヂョン, ゾウン
<ruby>小さい<rt>ちい</rt></ruby>	เล็ก レック	small, little スモール, リトル
（微細な）	ละเอียด ライアット	minute, fine マイニュート, ファイン
（幼い）	อายุน้อย, เด็กๆ アーユノーイ, デックデック	little, young リトル, ヤング

日	タイ	英
チーズ	เนยแข็ง ヌーイ ケン	cheese チーズ
チーフ	หัวหน้า ファナー	chief, head チーフ, ヘド
チーム	ทีม, คณะ ティーム, カナ	team ティーム
～ワーク	การทำงานเป็นทีม カーン タムガーン ペン ティーム	teamwork ティームワーク
知恵	สติปัญญา, ความฉลาด サティ パンヤー, クワーム チャラート	wisdom, intelligence ウィズドム, インテリジェンス
チェーン	โซ่ ソー	chain チェイン
～店	กลุ่มร้านขายปลีกที่มีเจ้าของเดียวกัน クルム ラーン カーイプリーク ティー ミー チャオコーン ディアオカン	chain store チェイン ストー
チェス	หมากรุก マーク ルック	chess チェス
チェック		
～する	ตรวจสอบ, เช็ค トルアット ソープ, チェック	check チェク
～リスト	รายการตรวจสอบ ラーイカーン トルアットソープ	checklist チェクリスト
～アウト	เช็คเอ๊าท์ チェック アウ	checkout チェクアウト
～イン	เช็คอิน チェック イン	check in チェク イン
地下	ใต้ดิน タイ ディン	underground アンダグラウンド
～室	ห้องใต้ดิน ホン タイ ディン	basement, cellar ベイスメント, セラ
～水	น้ำบาดาล ナム バーダーン	underground water アンダグラウンド ウォータ

ち

日	タイ	英
～道	ทางใต้ดิน ターン タイ ディン	underpass, subway アンダパス，サブウェイ
ちか 近い	ใกล้, ใกล้ชิด クライ，クライ チット	near, close *to* ニア，クロウス
ちかい 地階	ชั้นใต้ดิน チャン タイ ディン	basement ベイスメント
ちが 違い	ความแตกต่าง クワーム テーク ターン	difference ディフレンス
ちか 近いうちに	ในเร็วๆนี้, ในไม่ช้า ナイ レオ レオ ニー，ナイ マイ チャー	before long ビフォー ローング
ちがいほうけん 治外法権	สิทธิในการอยู่นอกอำนาจกฎหมาย シッティ ナイ カーン ユー ノーク アムナート コットマーイ	extraterritorial rights エクストラテリトーリアル ライツ
ちか 誓う	สาบาน, ปฏิญาณ サーバーン，パティヤーン	vow, swear ヴァウ，スウェア
ちが 違う	แตกต่าง, ต่างกัน テーク ターン，ターン カン	differ *from* ディファ
ちかごろ 近頃	หมู่นี้ ムー ニー	recently, these days リーセントリ，ズィーズ デイズ
ちかづ 近付く	เข้าใกล้ カオ クライ	approach アプロウチ
ちかみち 近道	ทางลัด ターン ラット	short cut ショート カト
ちかてつ 地下鉄	รถไฟใต้ดิน ロットファイ タイディン	subway サブウェイ
ちかよ 近寄る	เข้าใกล้ カオ クライ	approach アプロウチ
ちから 力	แรง, กำลัง, พลัง レーン，カムラン，パラン	power, energy パウア，エナヂ
（体力）	แรง, กำลัง, พลัง レーン，カムラン，パラン	strength, force ストレンクス，フォース
（能力）	ความสามารถ クワーム サーマート	ability, power アビリティ，パウア

日	タイ	英
痴漢 (ちかん)	ไอ้ลามก アイ ラーモック	pervert パヴァート
地球 (ちきゅう)	โลก ローク	the earth ジ アース
～儀	ลูกโลก ルーク ローク	globe グロウブ
千切る (ちぎる)	ฉีก チーク	tear off テア オフ
チキン	ไก่ カイ	chicken チキン
地区 (ちく)	เขต ケート	district, section ディストリクト, セクション
畜生 (ちくしょう)	สัตว์เดรัจฉาน サット デーラッチャーン	beast ビースト
（人）	คนที่ใจโหดเหี้ยมอย่างสัตว์ コン ティー チャイ ホート ヒアム ヤーン サット	brute ブルート
（ののしり）	ให้ตายสิ, ระยำ, ไอ้สัตว์ ハイ ターイ シ, ラヤム, アイ サット	Damn it! ダム イト
蓄積 (ちくせき)	การสะสม カーン サソム	accumulation アキューミュレイション
乳首 (ちくび)	หัวนม フア ノム	nipple, teat ニプル, ティート
地形 (ちけい)	ลักษณะพื้นที่ ラックサナ プーンティー	landform ランドフォーム
チケット	ตั๋ว, บัตร トゥア, バット	ticket ティケト
遅刻する (ちこくする)	(มา, ไป)ช้า, สาย (マー, パイ)チャー, サーイ	be late for ビ レイト
知事 (ちじ)	ผู้ว่าราชการจังหวัด プーワーラーッチャカーン チャンウット	governor ガヴァナ
知識 (ちしき)	ความรู้ クワーム ルー	knowledge ナリヂ

日	タイ	英
ちじん 知人	คนรู้จัก コン ルーチャック	acquaintance アクウェインタンス
ちず 地図	แผนที่ ペーンティー	map, atlas マプ, アトラス
ちせい 知性	ปัญญา パンヤー	intellect, intelligence インテレクト, インテリヂェンス
ちそう 地層	ชั้นดิน, ชั้นหิน チャン ディン, チャン ヒン	stratum, layer ストレイタム, レイア
チタン	ไทเทเนียม タイテーニアム	titanium タイテイニアム
ちち 乳	น้ำนม ナム ノム	(mother's) milk (マザズ) ミルク
ちち 父	พ่อ, บิดา ポー, ビダー	father ファーザ
ちぢむ 縮む	หด, ย่น ホット, ヨン	shrink シュリンク
ちぢめる 縮める	ย่อ, ทำให้เล็กลง ヨー, タム ハイ レック ロン	shorten, abridge ショートン, アブリヂ
ちちゅうかい 地中海	ทะเลเมดิเตอร์เรเนียน タレー メーディトゥーレーニアン	the Mediterranean ザ メディタレイニアン
ちぢれた 縮れた	หยิก イック	be curled, wrinkle ビ カールド, リンクル
ちつ 腟	ช่องคลอด チョン クロート	vagina ヴァヂャイナ
ちつじょ 秩序	ระเบียบ ラビアップ	order オーダ
ちっそ 窒素	ไนโตรเจน ナイトローヂェーン	nitrogen ナイトロヂェン
ちっそくする 窒息する	หายใจไม่ออก ハーイ チャイ マイ オーク	be suffocated ビ サフォケイテド

日	タイ	英
チップ	ทิป ティップ	tip ティプ
ちてき 知的な	ในทางสติปัญญา ナイ ターン サティ パンヤー	intellectual インテレクチュアル
ちてきざいさん 知的財産	ทรัพย์สินทางปัญญา サップシン ターン パンヤー	intellectual property インテレクチュアル プラパティ
ちてん 地点	แหล่ง, แห่ง レン, ヘン	point, spot ポイント, スパト
ちのう 知能	สติปัญญา サティ パンヤー	intellect, intelligence インテレクト, インテリヂェンス
～犯	อาชญากรทางปัญญา アーッチャヤーコーン ターン パンヤー	intellectual crime インテレクチュアル クライム
～指数	เลขแสดงเชาวน์, ระดับไอคิว レーク サデーン チャオ, ラダップ アイ キウ	I.Q. アイキュー
ちぶさ 乳房	เต้านม タオ ノム	breasts ブレスツ
ちへいせん 地平線	เส้นขอบฟ้า セン コープ ファー	horizon ホライズン
ちほう 地方	ชนบท チョンナボット	locality, country ロウキャリティ, カントリ
～自治体	องค์กรที่ปกครองส่วนท้องถิ่น オンコーン ティー ポックローン スアン トーンティン	local government ロウカル ガヴァンメント
ちみつ 緻密な	ละเอียดลออ, ประณีต ライアット ラオー, プラニート	minute, fine マイニュート, ファイン
ちめい 地名	ชื่อสถานที่ チュー サターンティー	name of a place ネイム オヴ ア プレイス
ちゃ 茶	ชา チャー	tea ティー
チャーターする	เช่า チャオ	charter チャータ
ちゃーはん 炒飯	ข้าวผัด カーオ パット	fried rice フライド ライス

日	タイ	英
チャーミングな	มีเสน่ห์ ミー サネー	charming チャーミング
チャイム	ระฆัง, กริ่ง ラカン, クリン	chime チャイム
ちゃいろ 茶色	สีน้ำตาล シー ナムターン	brown ブラウン
ちゃか 茶化す	พูดเป็นเรื่องเล่น プート ペン ルアン レン	make fun *of* メイク ファン
ちゃくじつ 着実		
〜な	ที่มั่นคง ティー マンコン	steady ステデ
〜に	อย่างมั่นคง ヤーン マンコン	steadily ステディリ
ちゃくばら 着払い	การเก็บเงินปลายทาง カーン ケップ グン プライ ターン	collect on delivery カレクト オン ディリヴァリ
おうちょう チャクリ王朝	ราชวงศ์จักรี ラーチャウォン チャックリー	the Chakri Dynasty ザ チャクリ ダイナスティ
ちゃくりく 着陸する	ร่อนลง ロン ロン	land ランド
チャック	ซิป シップ	zipper ズィパ
ぞく チャム族	จาม チャーム	the Cham ザ チャム
チャリティー	การกุศล カーン クソン	charity チャリティ
チャレンジする	ท้าทาย ターターイ	challenge チャリンヂ
ちゃわん 茶碗	ชามข้าว チャーム カーオ	rice-bowl ライスボウル
チャンス	โอกาส オーカート	chance, opportunity チャンス, アポテューニティ

日	タイ	英
～をつかむ	ได้ที ダイ ティー	get a chance ゲト ア チャンス
ちゃんと	อย่างเรียบร้อย ヤーン リアップ ローイ	neatly ニートリ
（正しく）	อย่างถูกต้อง ヤーン トゥーク トン	properly プラパリ
チャンネル	ช่อง チョン	channel チャネル
チャンピオン	ผู้ชนะ, แชมป์ プー チャナ, チェーム	champion チャンピオン
注 ちゅう	ข้อสังเกต, หมายเหตุ コー サンケート, マーイ ヘート	notes ノウツ
注意 ちゅうい	การระวัง カーン ラワン	attention アテンション
（警告）	คำเตือน カム トゥアン	caution, warning コーション, ウォーニング
（忠告）	คำแนะนำ カム ネナム	advice アドヴァイス
～する	ระวัง ラワン	pay attention *to* ペイ アテンション
（警告）	เตือน トゥアン	warn ウォーン
（忠告）	แนะนำ ネナム	advise アドヴァイズ
チューインガム	หมากฝรั่ง マーク ファラン	chewing gum チューイング ガム
中央 ちゅうおう	ศูนย์กลาง スーン クラーン	center センタ
～集権	การรวมอำนาจไว้ที่ศูนย์กลาง カーン ルアム アムナート ワイ ティー スーン クラーン	centralization セントラライゼイション
仲介 ちゅうかい	ตัวกลาง トゥア クラーン	mediation ミーディエイション

日	タイ	英
～者	คนกลาง コン クラーン	mediator ミーディエイタ
～する	แทรกกลาง セーク クラーン	mediate *between* ミーディエイト
～料	ค่านายหน้า カー ナーイ ナー	commission コミッション
ちゅうがく 中学	โรงเรียนมัธยมต้น ローンリアン マッタヨム トン	junior high school チューニア ハイ スクール
～生	นักเรียนมัธยมต้น ナックリアン マッタヨム トン	junior high school student チューニア ハイ スクール ステューデント
ちゅうかりょうり 中華料理	อาหารจีน アーハーン チーン	Chinese food チャイニーズ フード
ちゅうかん 中間	ระหว่างกลาง ラワーン クラーン	middle ミドル
～管理職	ฝ่ายบริหารระดับกลาง ファーイ ボーリハーンラダップ クラーン	middle management ミドルマニヂメント
ちゅうきゅうの 中級の	ชั้นกลาง チャン クラーン	intermediate インタミーディエト
ちゅうきんとう 中近東	ตะวันออกกลาง タワン オーク クラーン	the Middle East ザ ミドル イースト
ちゅうくらい 中位	ปานกลาง パーン クラーン	average アヴァリヂ
ちゅうけい 中継		
～する	ถ่ายทอด ターイ トート	relay リーレイ
～放送	การถ่ายทอดสด カーン ターイ トート ソット	relay リーレイ
ちゅうこ 中古		
～車	รถเก่า ロット カオ	used car ユーズド カー
～の	เก่า, มือสอง カオ, ムー ソーン	used, secondhand ユーズド, セコンドハンド

日	タイ	英
ちゅうこく **忠告**	กาแนะนำ, การตักเตือน カーン ネナム, カーン タック トゥアン	advice アド**ヴァ**イス
ちゅうごく **中国**	ประเทศจีน プラテート チーン	China **チャ**イナ
～語	ภาษาจีน パーサー チーン	Chinese チャイ**ニー**ズ
～人	คนจีน コン チーン	Chinese チャイ**ニー**ズ
～正月	ตรุษจีน トルット チーン	Chinese New Year チャイ**ニー**ズ **ニュー** **イ**ア
ちゅうさい **仲裁する**	ไกล่เกลี่ย クライ クリア	arbitrate **アー**ビトレイト
ちゅうざいいん **駐在員**	พนักงานที่อยู่ประจำ パナックガーン ティー ユー プラチャム	overseas worker オウ**ヴァ**ースィーズ **ワー**カ
ちゅうし **中止する**	หยุด, ยกเลิก ユット, ヨック ルーク	stop, suspend ス**タ**プ, サス**ペ**ンド
ちゅうじつ **忠実な**	ซื่อสัตย์ スー サット	faithful **フェ**イスフル
ちゅうしゃ **駐車**		
～する	จอดรถ チョート ロット	park **パー**ク
～禁止	ห้ามจอด ハーム チョート	No Parking **ノ**ウ **パー**キング
～場	ที่จอดรถ ティー チョート ロット	parking lot **パー**キング **ラ**ト
～違反	การละเมิดที่จอดรถ カーン ラムート ティー チョート ロット	parking violation **パー**キング ヴァイオ**レ**イション
ちゅうしゃ **注射する**	ฉีดยา チート ヤー	inject イン**チェ**クト
ちゅうじゅん **中旬**	กลางเดือน クラーン ドゥアン	the middle of the month ザ **ミ**ドル オヴ ザ **マ**ンス
ちゅうしょう **中傷する**	พูดใส่ร้าย, หมิ่นประมาท プート サイ ラーイ, ミン プラマート	speak ill *of* ス**ピー**ク **イ**ル

日	タイ	英
ちゅうしょうきぎょう **中小企業**	อุตสาหกรรมขนาดเล็กและกลาง ウッサーハカム カナートレック レ クラーン	smaller enterprises スモーラ エンタプライズィズ
ちゅうしょうてき **抽象的な**	นามธรรม, อย่างไม่มีตัวมีตน ナームマタム, ヤーン マイミー トゥア ミー トン	abstract アブストラクト
ちゅうしょく **昼食**	อาหารกลางวัน アーハーン クラーン ワン	lunch ランチ
ちゅうしん **中心**	ศูนย์กลาง スーン クラーン	center, core センタ, コー
～地	จุดศูนย์กลาง チュット スーン クラーン	center センタ
～街	ตัวเมือง トゥア ムアン	downtown ダウンタウン
ちゅうすう **中枢**	ใจกลาง チャイ クラーン	center センタ
ちゅうぜつ **中絶**	การแท้งลูก カーン テーン ルーク	abortion アボーション
妊娠～する	แท้ง テーン	have an abortion ハヴ アン ナボーション
ちゅうせん **抽選**	การจับฉลาก カーン チャップ チャラーク	lottery ラタリ
ちゅうたい **中退する**	ออกจากโรงเรียนกลางคัน オーク チャーク ローンリアン クラーン カン	dropout ドラパウト
ちゅうだん **中断する**	หยุดกลางคัน ユット クラーン カン	interrupt インタラプト
ちゅうとう **中東**	ตะวันออกกลาง タワン オーク クラーン	the Middle East ザ ミドル イースト
ちゅうとうきょういく **中等教育**	มัธยมศึกษาตอนต้น マッタヨム スックサー トーン トン	secondary education セコンデリ エヂュケイション
ちゅうどく **中毒**	มีพิษ ミー ピット	poisoning ポイズニング
～する	เป็นพิษ, โดนพิษ ペン ピット, ドーン ピット	be poisoned *by* ビ ポイズンド

466

日	タイ	英
チューナー	เครื่องรับสัญญาณ クルアン ラップ サンヤーン	tuner テューナ
ちゅうねん 中年	วัยกลางคน ワイ クラーン コン	middle age ミドル エイヂ
チューブ	ท่อ, หลอด トー, ロート	tube テューブ
ちゅうぼう 厨房	ครัว クルア	kitchen キチン
ちゅうもく 注目	ข้อสังเกต コー サンケート	notice ノウティス
～する	สังเกต サンケート	take notice *of* テイク ノウティス
～の的	ที่น่าสนใจ ティー ナー ソンチャイ	center of attention センタ オヴ アテンション
ちゅうもん 注文する	สั่ง サン	order オーダ
ちゅうりつ 中立の	เป็นกลาง ペン クラーン	neutral ニュートラル
ちゅうりゅう 中流	ตอนกลางของกระแสน้ำ トーン クラーン コーン クラセー ナーム	midstream ミドストリーム
～階級	ชนชั้นกลาง チョン チャン クラーン	middle classes ミドル クラスィズ
ちゅうわ 中和する	ทำให้เป็นกลาง タム ハイ ペン クラーン	neutralize ニュートララィズ
チュラロンコン だいおう 大王	สมเด็จพระจุฬาลงกรณ์, พระปิยมหาราช,ร.๕ ソムデット プラ チュラーロンコーン, プラ ピア マハー ラート, ロー ハー	King Chulalongkorn the Great キング チューラーロンコーン ザ グレイト
ちょう 腸	ลำไส้ ラムサイ	intestines インテスティンズ
ちょう 蝶	ผีเสื้อ ピー スア	butterfly バタフライ

日	タイ	英
調印する ちょういん	เซ็น, ประทับตรา セン, プラタップ トラー	sign サイン
超音波 ちょうおんぱ	อัลตราซาวน์ アントラーサーオ	ultrasound アルトラサウンド
超過 ちょうか		
～する	เกิน クーン	exceed イクスィード
～料金	คิดเงินเพิ่ม キット グン プーム	excess charge イクシス チャージ
長官 ちょうかん	ผู้อำนวยการ プー アムヌアイカーン	director ディレクタ
長期の ちょうき	ระยะยาว ラヤヤーオ	long term ローング ターム
長距離 ちょうきょり	ระยะไกล ラヤクライ	long distance ローング ディスタンス
～バス	รถทัวร์, รถประจำทาง ロット トゥア, ロット プラチャム ターン	long distance bus ローング ディスタンス バス
聴講生 ちょうこうせい	ผู้เข้าฟัง プー カオ ファン	auditor オーディタ
超高層ビル ちょうこうそう	ตึกระฟ้า トゥック ラファー	skyscraper スカイスクレイパ
彫刻 ちょうこく	การแกะสลัก カーン ケサラック	sculpture スカルプチャ
調査 ちょうさ	การตรวจสอบ, การสืบสวน カーン トルアット ソープ, カーン スープ スアン	examination イグザミネイション
～する	ตรวจสอบ, สืบสวน トルアット ソープ, スープ スアン	examine, investigate イグザミン, インヴェスティゲイト
調子 ちょうし	ทำนอง タムノーン	tune テューン
（拍子）	จังหวะ チャンワ	time, rhythm タイム, リズム

日	タイ	英
(具合)	สภาพ サパープ	condition カンディション
ちょうしゅう 聴衆	ผู้เข้าฟัง プーカオ ファン	audience オーディエンス
ちょうしゅう 潮州	แต้จิ๋ว テーチウ	Chaozhou チャオズー
ちょうしゅう 徴収する	เก็บ ケップ	collect コレクト
ちょうしょ 長所	ข้อดี, ข้อได้เปรียบ コーディー, コータイ プリアップ	strong point, merit ストロング ポイント, メリト
ちょうじょ 長女	ลูกสาวคนโต ルーク サーオ コン トー	oldest daughter オルディスト ドータ
ちょうしょう 嘲笑する	เยาะเย้ย ヨユーイ	laugh at, ridicule ラフ アト, リディキュール
ちょうじょう 頂上	ยอด ヨート	summit サミト
ちょうしょく 朝食	อาหารเช้า アーハーン チャーオ	breakfast ブレクファスト
ちょうせい 調整する	ปรับปรุง プラップ プルン	regulate, adjust レギュレイト, アヂャスト
ちょうせつ 調節する	ปรับ プラップ	regulate, control レギュレイト, カントロウル
ちょうせん 挑戦	การท้า, การทดลอง カーン ター, カーン トット ローン	challenge チャリンヂ
～者	ผู้ท้าชิง, ผู้ทดลอง プー ター チン, プー トット ローン	challenger チャレンヂャ
～する	ท้า, ทดลอง ター, トット ローン	challenge チャリンヂ
ちょうたつ 調達する	จัดหามาให้ チャット ハー マー ハイ	supply, provide サプライ, プロヴァイド
ちょうちん 提灯	โคมกระดาษ コーム クラダート	paper lantern ペイパ ランタン

日	タイ	英
ちょうてい 調停する	ชี้ขาด チーカート	arbitrate アービトレイト
ちょうてん 頂点	จุดยอด チュットヨート	peak ピーク
～に達する	ถึงจุดยอด トゥン チュットヨート	reach the peak リーチ ザ ピーク
ちょうど 丁度	พอดี ポーディー	just, exactly ヂャスト, イグザクトリ
～よい	ตรง, ถ้วน, พอดี トロン, トゥアン, ポーディー	just, enough, fit ヂャスト, イナフ, フィト
ちょうなん 長男	ลูกชายคนโต ルーク チャーイ コン トー	oldest son オルディスト サン
ちょう 蝶ネクタイ	หูกระต่าย フー クラターイ	bow tie ボウ タイ
ちょうのうりょく 超能力	พลังจิต パラン ヂット	extrasensory perception エクストラセンソリ パセプション
ちょうはつ 挑発する	ท้าทาย ター ターイ	provoke プラヴォウク
ちょうふく 重複する	ทำซ้ำ, ซ้อน タム サム, ソーン	be repeated ビ リピーテド
ちょうへい 徴兵	การเกณฑ์ทหาร カーン ケーン タハーン	conscription, draft カンスクリプション, ドラフト
ちょうぼ 帳簿	สมุดบัญชี サムット バンチー	account book アカウント ブク
ちょうほうけい 長方形	สี่เหลี่ยมผืนผ้า シー リアム プーン パー	rectangle レクタングル
ちょうみりょう 調味料	เครื่องปรุง クルアン プルン	seasoning スィーズニング
ちょうれい 朝礼	เข้าแถวตอนเช้า カオ テオ トーン チャーオ	morning gathering モーニング ギャザリング
ちょうわ 調和	ความกลมกลืน, ความสมดุล クワーム クロム クルーン, クワーム ソムドゥン	harmony ハーモニ

日	タイ	英
～する	ประสาน, ทำให้เข้ากัน プラサーン, タム ハイ カオ カン	be in harmony *with* ビ イン ハーモニ
チョーク	ชอล์ก チョーク	chalk チョーク
ちょきん 貯金	เงินฝาก, เงินเก็บ グン ファーク, グン ケップ	savings, deposit セイヴィングズ, ディパズィット
～する	ฝากเงิน, เก็บเงิน ファーク グン, ケップ グン	save セイヴ
ちょくしん 直進する	ตรงไปข้างหน้า トロン パイ カーン ナー	go straight ahead ゴウ ストレイト アヘド
ちょくせつ 直接	ตรงๆ トロン トロン	directly ディレクトリ
～の	โดยตรง ドーイ トロン	direct ディレクト
ちょくせん 直線	เส้นตรง セン トロン	straight line ストレイト ライン
～距離	ระยะทางเป็นเส้นตรง ラヤターン ペン セン トロン	one-line distance ワンライン ディスタンス
ちょくつう 直通の	ตรง トロン	direct, nonstop ディレクト, ナンスタプ
ちょくほうたい 直方体	รูปทรงสี่เหลี่ยมผืนผ้า ループソン シー リアム プーン パー	cuboid キューボイド
ちょくめん 直面する	เผชิญหน้า パチューン ナー	face, confront フェイス, コンフラント
ちょくやく 直訳する	แปลตรงตัว プレー トロン トゥア	literal translation リタラル トランスレイション
ちょくりゅう 直流	กระแสไฟตรง クラセー ファイ トロン	direct current, DC ディレクト カーレント
チョコレート	ช็อกโกแลต チョッコーレット	chocolate チャコレト
ちょさくけん 著作権	ลิขสิทธิ์ リッカシット	copyright カピライト

日	タイ	英
ちょしゃ 著者	ผู้เขียน, ผู้แต่ง プー キアン, プー テン	author, writer オーサ, ライタ
ちょすいち 貯水池	อ่างเก็บน้ำ アーン ケップ ナーム	reservoir レザヴワー
ちょぞうする 貯蔵する	เก็บ, รักษา ケップ, ラックサー	store, keep ストー, キープ

ち

■調味料・香辛料・ハーブ■ เครื่องปรุงรส, เครื่องเทศ /クルアン プルン ロット、クルアン テート/

さとう
砂糖 น้ำตาล /ナムターン/ (英sugar)

やしざとう
椰子砂糖 น้ำตาลปี๊บ /ナムターン ピープ/ (英palm sugar)

しお
塩 เกลือ /クルア/ (英salt)

す
酢 น้ำส้มสายชู /ナム ソム サーイチュー/ (英vinegar)

しょうゆ
醤油 ซีอิ๊ว /シーイウ/ (英soy sauce)

ぎょしょう
魚醤, ナンプラー น้ำปลา /ナム プラー/ (英*nampla*, fish sauce)

オイスターソース น้ำมันหอย /ナムマン ホイ/ (英oyster sauce)

ケチャップ ซอสมะเขือเทศ /ソース マクアテート/ (英catsup)

あぶら
サラダ油 น้ำมันพืช /ナムマン プート/ (英salad oil)

バター เนย /ヌーイ/ (英butter)

ココナツミルク กะทิ /カティ/ (英coconut milk)

ナムプリック(タイ風ディップ) น้ำพริก /ナム プリック/ (英Thai dip)

エビペースト กะปิ /カピ/ (英shrimp paste)

とうがらし
唐辛子 พริก /プリック/ (英red pepper)

こつぶとうがらし
小粒唐辛子 พริกขี้หนู /プリック キーヌー/ (英small red pepper)

ほ とうがらし
干し唐辛子 พริกแห้ง /プリック ヘーン/ (英dried red pepper)

こなとうがらし
粉唐辛子 พริกป่น /プリック ポン/ (英red pepper powder)

こしょう
胡椒 พริกไทย /プリック タイ/ (英pepper)

日	タイ	英
ちょっかく 直角	มุมฉาก ムム チャーク	right angle ライト アングル
ちょっかん 直感	สัญชาตญาณ, เซ้นส์ サンチャーッタヤーン, センー	intuition インテュイション
〜的な	ตามสัญชาตญาณ ターム サンチャーッタヤーン	intuitive インテューイティヴ

ち

なまこしょう
生胡椒 พริกไทยสด / プリック タイ ソット / (⊛green pepper)
にんにく
大蒜 กระเทียม / クラティアム / (⊛garlic)
はちみつ
蜂蜜 น้ำผึ้ง / ナム プン / (⊛honey)
ごま
胡麻 งา / ガー / (⊛sesame)
こむぎこ
小麦粉 แป้งสาลี / ペーン サーリー / (⊛flour)
こ
パン粉 แป้งขนมปัง / ペーン カノムパン / (⊛bread crums)
しょうが
生姜 ขิง, ข่า / キン、カー / (⊛ginger)

ターメリック，ウコン ขมิ้นชัน / カミンチャン / (⊛turmeric)

タマリンド มะขาม / マカーム / (⊛tamarind)

パセリ ผักชีฝรั่ง / パックチー ファラン / (⊛parsley)

ミント ใบสะระแหน่ / バイ サラネー / (⊛mint)

コブミカンの葉 ใบมะกรูด / バイ マクルート / (⊛kaffer lime leaf)

バイトゥーイ（ニオイタコノキの葉） ใบเตย / バイ トゥーイ / (⊛screw pine leaf)

パクチー，香菜（シャンツァイ） ผักชี / パックチー / (⊛coriander)

レモングラス ตะไคร้ / タクライ / (⊛lemongrass)

スイートバジル โหระพา / ホーラパー / (⊛sweet basil)

ホーリバジル กะเพรา / カプラオ / (⊛holy basil)

唐辛子入りナムプラー พริกน้ำปลา / プリック ナム プラー / (⊛hot *nampla*)

日	タイ	英
ちょっけい 直径	เส้นผ่านศูนย์กลาง セン パーン スーン クラーン	diameter ダイアメタ
ちょっこう 直行する	ไปโดยตรง パイ ドーイ トロン	go direct ゴウ ディレクト
ちょっと	สักครู่ サック クルー	for a moment フォー ア モウメント
（少し）	เล็กน้อย レック ノーイ	a little ア リトル
（呼びかけ）	เดี๋ยวก่อน, คุณๆ ディアオ コーン, クン クン	Hey!, Say! ヘイ, セイ
ち 散らかる	หล่นกระจาย ロン クラチャーイ	be scattered ビ スキャタド
チラシ	ใบปลิว バイ プリウ	leaflet, handbill リーフレト, ハンドビル
ちり 地理	ภูมิศาสตร์ プーミサート	geography ヂアグラフィ
ちりょう 治療する	รักษา ラックサー	treat, cure トリート, キュア
ち 散る	ร่วง, หล่น ルアン, ロン	scatter, disperse スキャタ, ディスパース
（花が）	ร่วง ルアン	fall フォール
ちんあ 賃上げ	การขึ้นค่าแรง カーン クン カー レーン	wage increase ウェイヂ インクリース
ちんぎん 賃金	ค่าแรง カー レーン	wages, pay ウェイヂズ, ペイ
ちんせいざい 鎮静剤	ยาระงับประสาท ヤー ラガップ プラサート	tranquilizer トランクウィライザ
ちんたい 賃貸		
～する	ให้เช่า ハイ チャオ	rent レント

日	タイ	英
〜料	ค่าเช่า カー チャオ	rent レント
ちんつうざい 鎮痛剤	ยาแก้ปวด ヤー ケー プアット	painkiller ペインキラ
ちんぴら	จิ๊กโก๋ チックゴー	punk パンク
ちんぼつ 沈没する	จมน้ำ チョム ナーム	sink スィンク
ちんれつ 陳列する	จัดวาง チャットワーン	exhibit, display イグズィビト, ディスプレイ

つ, ツ

日	タイ	英
ついか 追加	การเพิ่ม カーン プーム	addition アディション
〜する	เพิ่มทีหลัง プーム ティーラン	add to アド
ついきゅう 追及する	ไต่สวน タイ スアン	accuse アキューズ
ついきゅう 追求する	แสวงหา サウェーン ハー	pursue パスー
ついしん 追伸	ปัจฉิมลิขิต, ป.ล. パットチム リキット, ポーロー	postscript, P.S. ポウストスクリプト
ついたて 衝立	ฉากกั้นห้อง チャーク カン ホン	screen スクリーン
(…に) ついて	เกี่ยวกับ... キアオ カップ	about, with アバウト, ウィズ
ついている	โชคดี, ดวงขึ้น チョーク ディー, ドゥアン クン	be lucky ビ ラキ
ついてない！	โชคไม่ดี チョーク マイ ディー	Bad luck! バド ラク
ついでに	ถือโอกาสนั้นทำเรื่องอื่นด้วย トゥー オーカート ナン タム ルアン ウーン ドゥアイ	by the way バイ ザウェイ

日	タイ	英
ついて行く	ตามไป ターム パイ	follow ファロウ
追突する	ชนท้าย チョン ターイ	crash into the rear of クラシュ イントゥ ザ リア
遂に	ในที่สุด ナイ ティースット	at last アト ラスト
墜落する	ตก, หล่น トック, ロン	fall, drop フォール, ドラプ
（飛行機が）	ตก トック	crash クラシュ
ツイン		
〜ルーム	ห้องเตียงคู่ ホン ティアン クー	twin room トウィン ルーム
〜ベッド	เตียงคู่ ティアン クー	twin bed トウィン ベド
通貨	เงินตรา グン トラー	currency カーレンスィ
通学する	ไปโรงเรียน パイ ローンリアン	go to school ゴウ トゥ スクール
通過する	เลยไป, ผ่าน ルーイ パイ, パーン	pass by パス バイ
通関	การผ่านด่านศุลกากร カーン パーン ダーン スンラカーコーン	customs clearance カスタムズ クリアランス
通勤する	ไปทำงาน パイ タムガーン	go to the office ゴウ トゥー ザ オーフィス
通常の	ปกติ パカティ	usual, ordinary ユージュアル, オーディネリ
通じる	เชื่อมต่อถึงกัน チュアム トー トゥンカン	go to, lead to ゴウ, リード
（意志・意味が）	สื่อกันเข้าใจ スー カン カオチャイ	be understood ビ アンダストゥド

日	タイ	英
つうしん 通信	การสื่อสาร カーン スー サーン	communication カミューニケイション
～社	สำนักข่าว サムナック カーオ	news agency ニューズ エイヂェンスィ
～教育	การศึกษาทางไปรษณีย์ カーン スックサー ターン プライサニー	correspondence course コーレスパンデンス コース
つうち 通知	การแจ้ง カーン チェーン	notice ノウティス
～する	แจ้งให้ทราบ チェーン ハイ サープ	inform, notify インフォーム, ノウティファイ
つうふう 痛風	โรคเก๊าต์ ローク カオ	gout ガウト
つうやく 通訳	ล่าม ラーム	interpreter インタープリタ
～する	แปล プレー	interpret インタープリト
同時～	การแปลสด カーン プレー ソット	simultaneous interpreter サイマルテイニアス インタープリタ
つうよう 通用する	ใช้ได้ทั่วไป チャイ ダーイ トゥア パイ	pass *for*, be in use パス, ビ イン ユース
ツーリスト	นักท่องเที่ยว ナック トン ティアオ	tourist トゥアリスト
～ポリス	ตำรวจท่องเที่ยว タムルアット トン ティアオ	tourist police トゥアリスト ポリース
つうろ 通路	ทางเดิน ターン ドゥーン	passage, path パスィヂ, パス
つえ 杖	ไม้เท้า マイ ターオ	stick, cane スティク, ケイン
つがい 番	คู่ クー	pair ペア
つか かた 使い方	วิธีใช้ ウィティー チャイ	use ユース

日	タイ	英
使う	ใช้ チャイ	use, employ ユーズ, インプロイ
（費やす）	ใช้ไป チャイ パイ	spend スペンド
束の間の	ชั่วขณะ, ประเดี๋ยวเดียว チュア カナ, プラディアオ ディアオ	momentary モウメンテリ
掴[捕]まえる	จับ チャップ	catch キャチ
（逮捕する）	จับกุม チャップ クム	arrest アレスト
（捕獲する）	จับตัวไว้ チャップ トゥア ワイ	capture キャプチャ
掴[捕]まる	ถูกจับกุม トゥーク チャップ クム	be caught ビ コート
（すがる）	ยึด, จับแน่น ユット, チャップ ネン	grasp, hold on *to* グラスプ, ホウルド オン
掴む	จับ, คว้า, กำแน่น チャップ, クワー, カム ネン	seize, catch スィーズ, キャチ
疲れる	เหนื่อย ヌアイ	be tired ビ タイアド
月	ดวงจันทร์ ドゥアンチャン	the moon ザ ムーン
（暦の）	เดือน ドゥアン	month マンス
（…に）つき	...ละ ラ	per, for パー, フォア
次	ต่อไป, ถัดไป トー パイ, タット パイ	next one ネクスト ワン
～に	ต่อไปนี้ トー パイ ニー	next, secondly ネクスト, セコンドリ
～の	ต่อไป, ถัดไป トー パイ, タット パイ	next, following ネクスト, ファロウイング

日	タイ	英
付き合い	การคบหาสมาคม カーン コップ ハー サマーコム	association アソウスィエイション
付き合う	คบหาสมาคม コップ ハー サマーコム	keep company *with* キープ カンパニ
（男女が）	เป็นแฟนกัน ペン フェーン カン	go out *with* ゴウ アウト
突き当たり	ปลายทาง, สุดทาง プラーイ ターン, スット ターン	end エンド
突き当たる	ชน, ปะทะ チョン, パタ	run against ラン アゲンスト
突き刺す	ทิ่ม, แทง ティム, テーン	thrust, pierce スラスト, ピアス
付き添う	คอยดูแลอยู่ข้างๆ コーイ ドゥー レー ユー カン カーン	attend *on*, accompany アテンド, アカンパニ
継ぎ足す	เติม トゥーム	add *to* アド
次々と	มาเรื่อยๆ マー ルアイ ルアイ	one after another ワン アフタ アナザ
突き飛ばす	ชนกระเด็น チョン クラデン	push... away プシュ アウェイ
月並みな	ปกติ, ธรรมดา パカティ, タムマダー	common カモン
付き纏う	ตามติดตลอด ターム ティット タロート	follow... about ファロウ アバウト
継ぎ目	รอยต่อ ローイ トー	joint, juncture チョイント, チャンクチャ
月夜	คืนข้างขึ้น クーン カーン クン	moonlight night ムーンライト ナイト
着く	ถึง トゥン	arrive *at*, in アライヴ
注ぐ	เท, ริน テー, リン	pour ポー

日	タイ	英
机（つくえ）	โต๊ะ ト	desk, bureau デスク, ビュアロウ
尽くす（つくす）	ใช้ทั้งหมด, ทุ่มเท チャイ タン モット, トゥム テー	exhaust イグゾースト
（尽力）	ทำจนถึงที่สุด タム チョン トゥン ティースット	serve, endeavor サーヴ, インデヴァ
全力を〜	สุดความสามารถ スット クワーム サーマート	do *one's* best ドゥー ワンズ ベスト
償う（つぐなう）	ชดเชย チョット チューイ	compensate *for* カンペンセイト
作り方（つくりかた）	วิธีทำ ウィティー タム	directions, recipe ディレクションズ, レスィピ
作る（つくる）	ทำ, สร้าง, ผลิต タム, サーン, パリット	make メイク
（創造）	สร้าง サーン	create クリエイト
（製造・産出）	ผลิต パリット	manufacture, produce マニュファクチャ, プロデュース
（形成）	จัดทำ チャット タム	form, organize フォーム, オーガナイズ
（建設）	สร้าง サーン	build, construct ビルド, カンストラクト
繕う（つくろう）	ปะ, ชุน, ซ่อม パ チュン, ソーム	repair, mend リペア, メンド
（体裁を）	รักษา ラックサー	save セイヴ
つけ上がる（つけあがる）	ได้ใจ ダイ チャイ	be puffed up ビ パフド アプ
付け加える（つけくわえる）	เพิ่มเติม プーム トゥーム	add アド
（に）付け込む（つけこむ）	ฉวยโอกาส(ที่) チュアイ オーカート (ティー)	take advantage *of* テイク アドヴァンティヂ

日	タイ	英
付けで(買う)	ซื้อเชื่อ スー チュア	on credit オン クレディト
漬物	ผักดอง パック ドーン	pickles ピクルズ
付ける	ติด, แนบ, ตั้ง ティット, ネープ, タン	put, attach プト, アタチ
点ける	จุดไฟ チュット ファイ	light, set fire ライト, セト ファイア
電気を〜	เปิดไฟ プート ファイ	put on the light プット オン ザ ライト
漬ける	ดอง ドーン	pickle ピクル
都合	สภาพการณ์ サパープ カーン	convenience カンヴィーニエンス
〜のよい	สะดวก サドゥアック	convenient コンヴィーニェント
伝える	แจ้งให้ทราบ チェーン ハイ サープ	tell, report テル, リポート
(伝承)	เล่าต่อๆกัน ラオ トー トー カン	hand down *to* ハンド ダウン
(伝授)	ถ่ายทอด, ชี้แนะ ターイ トート, チーネ	teach, initiate ティーチ, イニシエイト
伝わる	ถ่ายทอดมา ターイ トート マー	be conveyed ビ カンヴェイド
(伝承)	ถ่ายทอดมา ターイ トート マー	be handed down *from* ビ ハンディド ダウン
(噂が)	แพร่ข่าวลือ プレー カーオ ルー	spread, pass スプレド, パス
土	พื้นดิน, ดิน プーン ディン, ディン	earth, soil アース, ソイル
培う	เพาะปลูกฝัง ポ プルーク ファン	cultivate, foster カルティヴェイト, フォスタ

日	タイ	英
筒 (つつ)	ท่อ, กระบอก トー, クラボーク	pipe, tube パイプ, チューブ
続き (つづき)	เรื่องต่อเนื่อง ルアン トー ヌアン	sequel スィークウェル
続く (つづく)	ดำเนินต่อ ダムヌーン トー	continue, last カンティニュー, ラスト
(後に)	ตามไป ターム パイ	follow, succeed to ファロウ, サクスィード
続ける (つづける)	ทำต่อ タム トー	continue カンティニュー
突っ込む (つっこむ)	พุ่งเข้าใส่, เสียบ プン カオ サイ, シアップ	thrust... into スラスト イントゥ
慎む (つつしむ)	ระมัดระวัง, เจียม ラマット ラワン, チアム	refrain from リフレイン
慎ましい (つつましい)	ถ่อมตัว, สงบเสงี่ยม トム トゥア, サゴップ サギアム	modest, humble マディスト, ハンブル
包み (つつみ)	ของที่ห่อไว้ コーン ティー ホー ワイ	package, parcel パキヂ, パースル
包む (つつむ)	ห่อ ホー	wrap, envelop in ラプ, インヴェロプ
綴る (つづる)	สะกดคำ サゴット カム	spell スペル
(綴じる)	เย็บ イェップ	bind, file バインド, ファイル
務める (つとめる)	ทำหน้าที่ タム ナー ティー	serve サーヴ
(演じる)	แสดงบทบาท サデーン ボット バート	play, act プレイ, アクト
綱 (つな)	เชือกใหญ่ チュアック ヤイ	rope ロウプ
～引き	การชักเย่อ カーン チャッカユー	tug of war タグ オヴ ウォー

日	タイ	英
～渡り	การเดินไต่เชือก カーン ドゥーン タイ チュアック	ropewalking ロウプウォーキング
繋ぐ (つなぐ)	ผูกกัน, เชื่อมต่อกัน プーク カン, チュアム トー カン	tie, connect タイ, カネクト
手を～	จับมือ チャップ ムー	hold hands ホウルド ハンヅ
津波 (つなみ)	คลื่นสึนามิ クルーン スナーミ	*tsunami*, tidal wave ツナーミ, タイドル ウェイヴ
抓る (つねる)	หยิก イック	pinch, nip ピンチ, ニプ
角 (つの)	เขาสัตว์ カオ サット	horn ホーン
唾 (つば)	น้ำลาย ナム ラーイ	spittle, saliva スピトル, サライヴァ
翼 (つばさ)	ปีก ピーク	wing ウィング
粒 (つぶ)	เม็ด, หยด メット, ヨット	grain, drop グレイン, ドラプ
潰す (つぶす)	บด, ขยี้ ボット, カイー	break, crush ブレイク, クラシュ
(暇・時間を)	ฆ่าเวลา カー ウェーラー	waste, kill ウェイスト, キル
呟く (つぶやく)	พึมพำ プム パム	murmur マーマ
潰れる (つぶれる)	พังทลาย パンタラーイ	break, be crushed ブレイク, ビ クラシュド
(破産)	ล้มละลาย ロム ララーイ	go bankrupt ゴウ バンクラプト
ツベルクリン	การทดสอบเชื้อวัณโรค カーン トット ソープ チュア ワンナローク	tuberculin テュバーキュリン
壺 (つぼ)	ไห ハイ	jar, pot チャー, パト

日	タイ	英
(急所)	จุดสำคัญในร่างกาย チュット サムカン ナイ ラーンカーイ	point ポイント
～を押さえる	จับประเด็นสำคัญ チャップ プラデン サムカン	get the knack of ゲト ザ ナク
つぼみ 蕾	ดอกตูม ドーク トゥーム	bud バド
つま 妻	ภรรยา パンラヤー	wife ワイフ
つまさき 爪先	ปลายเท้า プラーイ ターオ	tiptoe ティプトウ
つまず 躓く	สะดุด サドゥット	stumble スタンブル
つ 摘まむ	หยิบ, หนีบ イップ, ニープ	pick, pinch ピク, ピンチ
つまようじ 爪楊枝	ไม้จิ้มฟัน マイ チム ファン	toothpick トゥースピク
つまらない	น่าเบื่อ, ไร้ค่า ナーブア, ライ カー	worthless, trivial ワースレス, トリヴィアル
つまり	กล่าวคือ, คือว่า クラーオ クー, クー ワー	after all, in short アフタ オール, イン ショート
つ 詰まる	อุดตัน ウット タン	be stuffed ビ スタフト
(充満)	เต็มไปด้วย テム パイ ドゥアイ	be packed ビ パクト
(喉に)	ติด(คอ) ティット (コー)	choke チョウク
(鼻が)	คัด(จมูก) カット (チャムーク)	be stuffed up ビ スタフト アプ
つみ 罪	ความผิด, บาป クワーム ピット, バープ	sin スィン
(犯罪)	อาชญากรรม アーッチャヤーカム	crime, offense クライム, オフェンス

日	タイ	英
～を犯す	ทำความผิด タム クワーム ピット	commit a crime カミト ア クライム
～を着せる	โยนความผิด,ติโทษ,ใส่ความ ヨーン クワーム ピット, ティトート, サイ クワーム	lay *on* レイ
積み重ねる	วางซ้อนกัน ワーン ソーン カン	pile up パイル アプ
積み木	บล็อคไม้ (ของเล่น) ブロック マーイ (コーン レン)	blocks, bricks ブラクス, ブリクス
積み立てる	สะสมเงิน サソム グン	deposit ディパズィト
積む	ซ้อน, กอง, สะสม ソーン, コーン, サソム	pile, lay パイル, レイ
（積載）	บรรทุก バントゥック	load ロウド
摘む	เด็ด, ปลิด デット, プリット	pick, pluck ピク, ブラク
爪	เล็บ レップ	nail, claw ネイル, クロー
～切り	กรรไกรตัดเล็บ カンクライ タット レップ	nail clipper ネイル クリパ
詰め合わせ	กลุ่มส่งของนานาประเภท クルム ソンコーン ナーナープラペート	assortment アソートメント
詰め込む	จัดเก็บ, ยัดใส่ チャット ケップ, ヤット サイ	pack *with* パク
（知識を）	เร่งท่องจำ[เรียน] レン トンチャム [リアン]	cram クラム
冷たい	เย็น イェン	cold, chilly コウルド, チリ
詰める	บรรจุ, ยัด バンチュ, ヤット	stuff, fill スタフ, フィル
（席を）	ทำให้ชิดกัน タム ハイ チット カン	make room メイク ルーム

日	タイ	英
(…する)つもりだ	หมายจะ, คิดว่า マーイ チャ, キット ワー	will, be going to ウィル, ビゴウイング トゥー
積もる	ทับถม, สะสม タップトム, サソム	accumulate アキューミュレイト
艶	มันวาว マン ワーオ	gloss, luster グロス, ラスタ
梅雨	ฤดูฝน ルドゥー フォン	rainy season レイニ スィーズン
露	น้ำค้าง ナム カーン	dew, dewdrop デュー, デュードラプ
強い	แข็งแรง, รุนแรง ケン レーン, ルン レーン	strong, powerful ストローング, パウアフル
強気の	ไม่ยอมแพ้ マイ ヨーム ペー	strong, aggressive ストローング, アグレスィヴ
強さ	ความเข้มแข็ง クワーム ケム ケン	strength ストレンクス
強まる	รุนแรงขึ้น ルン レーン クン	become strong ビカム ストローング
強める	ทำให้รุนแรง タム ハイ ルン レーン	strengthen ストレンクスン
辛い	ลำบาก, หนักหนา ラムバーク, ナックナー	hard, painful ハード, ペインフル
貫く	เจาะทะลุ チョ タル	pierce, penetrate ピアス, ペネトレイト
(貫徹する)	สำเร็จ, สมความตั้งใจ サムレット, ソム クワーム タン チャイ	accomplish, achieve アカンプリシュ, アチーヴ
釣り	การตกปลา カーン トック プラー	fishing フィシング
〜糸	สายเบ็ด サーイ ベット	line ライン
〜竿	คันเบ็ด カン ベット	fishing rod フィシング ラド

日	タイ	英
～針	ตะขอเบ็ด タコー ベット	fishhook フィシュフク
釣り合い	ความสมดุลย์ クワーム ソムドゥン	balance バランス
～をとる	รักษาความสมดุลย์ ラックサー クワーム ソムドゥン	balance, harmonize バランス, ハーモナイズ
釣り合う	ผสมผสาน, สมดุลย์ パソム パサーン, ソムドゥン	balance, match バランス, マチ
釣り銭	เงินทอน グン トーン	change チェインヂ
吊り橋	สะพานแขวน サパーン クウェーン	suspension bridge サスペンション ブリヂ
釣る	ตกปลา トック プラー	fish フィシュ
（誘う）	หลอกล่อ ローク ロー	tempt テンプト
吊るす	แขวน クウェーン	hang, suspend ハング, サスペンド
つるつるの	เกลี้ยง, ลื่น クリアン, ルーン	slippery, smooth スリパリ, スムーズ
鶴嘴	พลั่ว プルア	pickax ピクアクス
連れ	คนที่พาด้วยกัน コン ティー パー ドゥアイ カン	companion カンパニオン
連れて行く	พาไป パー パイ	take テイク
連れて来る	พามา パー マー	bring ブリング
悪阻	แพ้ท้อง ペー トーン	morning sickness モーニング スィクネス

日	タイ	英
て, テ		
て 手	มือ ムー	hand, arm ハンド, アーム
…で	ด้วย, ที่, โดย ドゥアイ, ティー, ドーイ	with, by, at, in, on ウィズ, バイ, アト, オン
であ 出会う	เจอ, มาพบ チュー, マー ポップ	meet, come across ミート, カム アクロス
であんご 出安居	ออกพรรษา オーク パンサー	*Okphansa* オークパンサー
ていあん 提案	การเสนอ, ข้อเสนอ カーン サヌー, コー サヌー	proposal プロポウザル
～する	เสนอ, ยื่นข้อเสนอ サヌー, ユーン コーサヌー	propose, suggest プロポウズ, サグチェスト
ティー		
～バッグ	ถุงชา トゥンチャー	teabag ティーバグ
～ポット	กาน้ำชา カーナム チャー	teapot ティーパト
ティー Tシャツ	เสื้อยืดคอกลม スア ユート コー クロム	T-shirt ティーシャート
ディーゼルエンジン	เครื่องยนต์ดีเซล クルアンヨン ディーセーン	diesel engine ディーゼル エンヂン
ディーラー	ตัวแทนจำหน่าย トゥア テーン チャム ナーイ	dealer ディーラ
ていいん 定員	จำนวนคนที่จุได้ チャムヌアン コン ティーチュ ダーイ	capacity カパスィティ
ていか 定価	ราคาป้าย, ราคาที่กำหนดไว้ ラーカーパーイ, ラーカー ティー カムノット ウイ	fixed price フィクスト プライス
ていかん 定款	หนังสือบริคณห์สนธิ ナンスー ボーリコン ソンティ	articles of association アーティクルズ オヴ アソウスィエイション

日	タイ	英
ていき 定期		
～預金	บัญชีเงินฝากประจำ バンチー グン ファーク プラチャム	deposit account ディパズィト アカウント
～券	ตั๋วเดือน トゥア ドゥアン	commutation ticket カミュテイション ティケト
～的な	ที่เป็นประจำ, ที่เป็นช่วงๆ ティー ペン プラチャム, ティー ペン チュアン チュアン	regular, periodic レギュラ, ピアリアディク
ていきあつ 低気圧	ความกดอากาศต่ำ クワーム コット アーカート タム	low pressure, depression ロウ プレシャ, ディプレション
ていきゅうび 定休日	วันหยุดประจำ ワン ユット プラチャム	regular holiday レギュラ ハリデイ
ていきょう 提供する	เสนอ, สนับสนุน サヌー, サナップ サヌン	offer, supply オファ, サプライ
（番組を）	อุปถัมภ์รายการ ウッパタム ラーイカーン	sponsor スパンサ
テイクアウトの	ซื้อเอาไปที่บ้าน スー アオ パイ ティー バーン	takeout テイカウト
ていけい 提携	การร่วมมือ カーン ルアム ムー	tie-up タイアプ
～する	ร่วมมือ ルアム ムー	cooperate *with* コウアペレイト
～会社	บริษัทที่ร่วมทำการค้า ボーリサット ティー ルアム タム カーンカー	affiliated company アフィリエイテド カンパニ
ていけつあつ 低血圧	ความดันโลหิตต่ำ クワーム ダン ローヒット タム	low blood pressure ロウ ブラド プレシャ
ていこう 抵抗	การขัดขืน, การต่อต้าน カーン カット クーン, カーン トー ターン	resistance リズィスタンス
～する	ขัดขืน, ต่อต้าน カット クーン, トー ターン	resist, oppose リズィスト, オポウズ
～力	ความต้านทาน クワーム ターン ターン	resistance, tolerance リズィスタンス, タルランス

日	タイ	英
停止(ていし)する	หยุด, หยุดชะงัก ユット, ユット チャガック	stop, suspend スタプ, サスペンド
定時(ていじ)	เวลาที่กำหนดไว้ ウェーラー ティー カムノット ワイ	fixed time フィクスト タイム
停車(ていしゃ)する	จอดรถ チョート ロット	stop スタプ
定住(ていじゅう)する	ตั้งถิ่นฐาน タン ティンターン	settle セトル
提出(ていしゅつ)する	ยื่น, ส่ง, เสนอ ユーン, ソン, サヌー	present, submit プレゼント, サブミト
提唱(ていしょう)する	เสนอ(ข้อคิดเห็น) サヌー(コー キット ヘン)	advocate, propose アドヴォケイト, プロポウズ
定食(ていしょく)	อาหารชุด アーハーン チュット	set meal セト ミール
定数(ていすう)	จำนวนที่กำหนดไว้ チャムヌアン ティー カムノット ワイ	fixed number フィクスト ナンバ
ディスクジョッキー	ผู้จัดรายการเพลง, ดีเจ プー チャット ラーイカーン プレーン, ディー チェー	disk jockey ディスク チャキ
ディスコ	ดิสโก้ ディッサコー	disco, discotheque ディスコウ, ディスコテク
ディスプレイ	การจัดแสดง, จอภาพ カーンチャット サデーン, チョー パープ	display ディスプレイ
訂正(ていせい)する	แก้ไขที่ผิด ケーカイ ティー ピット	correct, revise カレクト, リヴァイズ
定説(ていせつ)	ทฤษฎีซึ่งเป็นที่ยอมรับ トリッサディー スン ペン ティー ヨーム ラップ	established theory イスタブリシュト スィオリ
低俗(ていぞく)な	ต่ำทราม, ชั้นต่ำ タム サーム, チャン タム	vulgar, lowbrow ヴァルガ, ロウブラウ
低調(ていちょう)な	เฉื่อยชา, ซบเซา チュアイ チャー, ソップサオ	inactive, dull イナクティヴ, ダル

日	タイ	英
ティッシュ	กระดาษชำระ, ทิชชู クラダート チャムラ, ティッチュー	tissue ティシュー
ていっぱい 手一杯だ	เต็มมือ テム ムー	have *one's* hands full ハヴ ハンズ フル
ていでん 停電	ไฟดับ ファイ ダップ	power failure パウア フェイリュア
ていど 程度	ระดับ, ขนาด ラダップ, カナート	degree, grade ディグリー, グレイド
ていとう 抵当	ทรัพย์สินที่จำนอง サップシン ティー チャムノーン	mortgage モーギヂ
～に入れる	จำนอง チャムノーン	mortgage モーギヂ
ていねい 丁寧		
～な	สุภาพ, มีมารยาท スパープ, ミー マーラヤート	polite, courteous ポライト, カーティアス
～に	อย่างสุภาพ ヤーン スパープ	politely, courteously ポライトリ, カーティアスリ
ていねん 定年	เกษียณอายุ カシアン アーユ	retirement age リタイアメント エイヂ
～退職	การเกษียณ カーン カシアン	retirement リタイアメント
ていはく 停泊する	จอดเรือ チョート ルア	anchor アンカ
ていはつ 剃髪する	โกนหัว コーン ファ	take the tonsure テイク ザ タンシュア
ていひょう 定評のある	มีชื่อเสียงเป็นที่ยอมรับ ミー チューシアン ペンティー ヨーム ラップ	reputable レピュタブル
ていぼう 堤防	เขื่อน, ทำนบ クアン, タムノップ	bank, embankment バンク, インバンクメント
ていめい 低迷する	ตกต่ำ, ซบเซา トック タム, ソップ サオ	be sluggish ビ スラギシュ

日	タイ	英
出入り口(でいりぐち)	ทางเข้าออก ターン カオ オーク	doorway ドアウェイ
停留所(ていりゅうじょ)	ป้ายจอดรถ パーイ チョート ロット	stop スタプ
手入れ(てい)	การดูแลรักษา カーン ドゥーレー ラックサー	maintenance メインテナンス
(警察の)	การเข้าตรวจค้น カーン カオ トルアット コン	police raid ポリース レイド
〜する	ดูแลรักษา ドゥーレー ラックサー	take care *of* テイク ケア
定例の(ていれい)	สามัญ サーマン	regular レギュラ
ディレクター	ผู้อำนวยการ, ผู้กำกับการแสดง プー アムヌアイカーン, プー カムカップ カーン サデーン	director ディレクタ
データ	ข้อมูล コームーン	data デイタ
〜ベース	ฐานข้อมูล, คาต้าเบส ターン コームーン, ダーター ベース	data base デイタ ベイス
〜処理	การประมวลผลข้อมูล カーン プラムアンポン コームーン	data processing デイタ プラセシング
デートする	นัดพบของชายหญิง ナット ポップ コーン チャーイ イン	date デイト
テーブル	โต๊ะ ト	table テイブル
〜クロス	ผ้าปูโต๊ะ パー プー ト	tablecloth テイブルクロス
テーマ	หัวข้อ, หัวเรื่อง フア コー, フア ルアン	theme, subject スィーム, サブヂクト
テールランプ	ไฟท้ายรถ ファイ ターイ ロット	tail light テイル ライト
手遅れだ(ておく)	ช้าเกินไป, สายเกินไป チャー クーンパイ, サーイ クーンパイ	be too late ビ トゥー レイト

日	タイ	英
<ruby>手掛<rt>てが</rt></ruby>かり	ร่องรอย ローン ローイ	clue, key クルー, キー
<ruby>手書<rt>てが</rt></ruby>きの	ที่เขียนด้วยลายมือ ティー キアン ドゥアイ ラーイ ムー	handwritten ハンドリトン
<ruby>出掛<rt>でか</rt></ruby>ける	ออกไปข้างนอก オーク パイ カーン ノーク	go out ゴウ アウト
<ruby>手形<rt>てがた</rt></ruby>	ตั๋วเงินจ่าย トゥア グン チャーイ	note, bill ノウト, ビル
（手の形）	รอยมือ ローイ ムー	handprint ハンドプリント
<ruby>手紙<rt>てがみ</rt></ruby>	จดหมาย チョット マーイ	letter レタ
<ruby>手柄<rt>てがら</rt></ruby>	เกียรติประวัติ, ความสำเร็จ キアッティプラウット, クワーム サムレット	exploit イクスプロイト
<ruby>手軽<rt>てがる</rt></ruby>な	ง่ายๆ ガイ ガーイ	easy, light イーズィ, ライト
<ruby>敵<rt>てき</rt></ruby>	ศัตรู, ฝ่ายตรงข้าม サットルー, ファーイ トロン カーム	enemy, opponent エネミ, オポウネント
<ruby>適応<rt>てきおう</rt></ruby>する	ปรับตัว, ปรับให้เหมาะสม プラップ トゥア, プラップ ハイ モッサム	adjust *oneself to* アヂャスト
<ruby>的確<rt>てきかく</rt></ruby>な	ถูกต้องแม่นยำ トゥーク トン メン ヤム	precise, exact プリサイス, イグザクト
<ruby>出来事<rt>できごと</rt></ruby>	เหตุการณ์ ヘート カーン	event, incident イヴェント, インスィデント
<ruby>敵視<rt>てきし</rt></ruby>する	มองว่าเป็นศัตรู モーン ウー ペン サットルー	be hostile *to* ビ ハストル
テキスト	หนังสือเรียน, ตำรา ナンスー リアン, タムラー	text テクスト
<ruby>適<rt>てき</rt></ruby>する	เหมาะสม モッサム	fit, suit フィト, スート
<ruby>適性<rt>てきせい</rt></ruby>	ความเหมาะสม クワーム モッサム	aptitude アプティテュード

日	タイ	英
てきせつ 適切な	เหมาะสม モソム	proper, adequate プロパ, アディクウェット
できだか 出来高	จำนวนที่ผลิตได้ チャムヌアン ティー パリット ダーイ	output, yield アウトプト, イールド
〜払いで	ราคาตามผลงานรวม ラーカー ターム ポン ガーン ルアム	on a piece rate オン ナ ピース レイト
できたら(もし)	ถ้าเป็นไปได้ ター ペン パイ ダーイ	if possible イフ, パスィブル
てきとう 適当な	สมควร, เหมาะสม ソム クアン, モソム	fit *for*, suitable *to, for* フィト, スータブル
てきど 適度の	พอดี, พอสมควร ポー ディー, ポー ソム クアン	moderate, temperate マダレト, テンパレト
てきぱきと	คล่องแคล่ว クローン クレーオ	promptly プランプトリ
てきよう 適用する	ประยุกต์, นำมาใช้ プラユック, ナム マー チャイ	apply アプライ
でき 出来る	สามารถ, ทำได้, ได้ サーマート, タム ダーイ, ダーイ	can キャン
(可能)	เป็น, ออก, ไหว ペン, オーク, ワイ	be possible ビ パスィブル
(生産・産出)	ได้ผล, ผลิต ダイポン, パリット	be produced ビ プロデュースト
(形成)	สร้างเสร็จ サーン セット	be made, be formed ビ メイド, ビ フォームド
(生じる)	เกิดขึ้น, ทำจาก クート クン, タム チャーク	be born, form ビ ボーン, フォーム
(能力がある)	มีความสามารถ ミー クワーム サーマート	able, good エイブル, グド
かぎ できる限り	เท่าที่จะทำได้ タオ ティー チャ タムダーイ	be capable *of* ビ ケイパブル
てぎわ 手際のよい	ฝีมือดี, มีทักษะ フィー ムー ディー, ミー タックサ	skillful スキルフル

494

て

日	タイ	英
出口（でぐち）	ทางออก ターン オーク	exit, way out エクスィト, ウェイ アウト
テクニック	เทคนิค テックニック	technique テクニーク
手首（てくび）	ข้อมือ コー ムー	wrist リスト
梃子（てこ）	คานงัด カーン ガット	lever レヴァ
手心を加える（てごころをくわえる）	ผ่อนปรน ポーン プロン	use *one's* discretion ユーズ ディスクレション
てこずる	มีความยุ่งยาก ミー クワーム ユン ヤーク	have trouble *with* ハヴ トラブル
手応えがある（てごたえがある）	มีการตอบสนอง ミー カーン トープ サノーン	have effect ハヴ イフェクト
凸凹な（でこぼこな）	เป็นหลุมเป็นบ่อ, ขรุขระ ペン ルム ペン ボー, クル クラ	uneven, bumpy アニーヴン, バンピ
手頃な（てごろな）	พอดี, กำลังดี ポー ディー, カムラン ディー	handy, reasonable ハンディ, リーズナブル
手強い（てごわい）	ดื้อรั้น, น่ากลัว ドゥー ラン, ナー クルア	tough, formidable タフ, フォーミダブル
デザート	ของหวาน コーン ワーン	dessert ディザート
デザイナー	นักออกแบบ ナック オーク ベープ	designer ディザイナ
デザイン	การออกแบบ カーン オーク ベープ	design ディザイン
弟子（でし）	ลูกศิษย์ ルーク シット	pupil, disciple ピュービル, ディサイプル
手仕事（てしごと）	งานฝีมือ ガーン フィー ムー	manual work マニュアル ワーク
デジタルの	ดิจิตอล ディチトン	digital ディヂタル

日	タイ	英
てじな 手品	มายากล マーヤー コン	magic tricks マヂク トリクス
で 出しゃばる	ยุ่งเรื่องคนอื่น, เสือก ユン ルアン コン ウーン, スアック	meddle メドル
てじゅん 手順	ลำดับ, ขั้นตอน ラムダップ, カン トーン	order, process オーダ, プラセス
てじょう 手錠	กุญแจมือ クンチェー ムー	handcuffs ハンドカフズ
…でしょう	อาจจะ, คง アート チャ, コン	would, could, might ウド, クド, マイト
…でしょう？	ใช่ไหม チャイ マイ	Isn't that so? イズント ザット ソー
てすうりょう 手数料	ค่าธรรมเนียม カー タムニアム	commission カミション
デスク	โต๊ะ ト	desk デスク
～ワーク	งานนั่งโต๊ะ ガーン ナン ト	deskwork デスクワーク
テスト	ทดสอบ, ข้อสอบ トット ソープ, コー ソープ	test テスト
てすり 手摺	ราว ラーオ	handrail ハンドレイル
てそう 手相	ลายมือ ラーイ ムー	lines of the palm ラインズ オヴ ザ パーム
～見	หมอดูลายมือ モー ドゥー ラーイ ムー	palmist パーミスト
でたらめ 出鱈目	มั่ว, ไร้สาระ, เหลวไหล ムア, ライ サーラ, レオライ	nonsense ナンセンス
～な	โดยสุ่มเดา, มั่วๆ ドーイ スム ダオ, ムアムア	irresponsible イリスパンスィブル
てちょう 手帳	สมุดบันทึก サムット バントゥック	notebook ノウトブク

日	タイ	英
^{てつ} 鉄	เหล็ก レック	iron アイアン
^{てっかい} 撤回する	ถอน, ยกเลิก トーン, ヨック ルーク	withdraw ウィズドロー
^{てつがく} 哲学	ปรัชญา プラッチヤー	philosophy フィラソフィ
～者	นักปรัชญา ナック プラッチヤー	philosopher フィラソファ
^{てっきん} 鉄筋コンクリート	คอนกรีตเสริมเหล็ก コーンクリート スーム レック	ferroconcrete フェロウカンクリート
^{てづく} 手作りの	ที่ทำด้วยมือ ティー タム ドゥアイ ムー	handmade ハンドメイド
^て ^{きん} 手付け金	เงินมัดจำ グン マットチャム	earnest money アーニスト マニ
^{てっこう} 鉄鋼	เหล็กกล้า レック クラー	iron and steel アイアン アンド スティール
^{てっこつ} 鉄骨	โครงเหล็ก クローン レック	iron frame アイアン フレイム
デッサン	ภาพร่าง パープ ラーン	sketch スケチ
^{てったい} 撤退する	ถอนตัว トーン トゥア	withdraw, pull out ウィズドロー, プル アウト
^{てつだ} 手伝う	ช่วย チュアイ	help, assist ヘルプ, アスィスト
^{てつづ} 手続き	ขั้นตอน, ระเบียบการ カン トーン, ラビアップカーン	procedure プロスィーチャ
^{てっていてき} 徹底的な	อย่างเด็ดขาด, อย่างเต็มที่ ヤーン デット カート, ヤーン テム ティー	thorough, complete サロ, コンプリート
^{てつどう} 鉄道	ทางรถไฟ ターン ロット ファイ	railroad レイルロウド
^{てっぱん} 鉄板	แผ่นเหล็ก ペン レック	iron plate アイアン プレイト

日	タイ	英
鉄棒（てつぼう）	ท่อนเหล็ก トーン レック	iron bar アイアン バー
（体操の）	บาร์โหน バー ホーン	horizontal bar ホリザンタル バー
鉄砲（てっぽう）	ปืน プーン	gun ガン
徹夜する（てつやする）	อยู่ถึงเช้า ユー トゥン チャーオ	stay up all night ステイ アプ オール ナイト
出て来る（でてくる）	ออกมา オーク マー	come out *of*, appear カム アウト, アピア
出て行く（でてゆく）	ออกไป オーク パイ	go out ゴウ アウト
テナント	ผู้เช่า プー チャオ	tenant テナント
手に負えない（てにおえない）	เหลือกำลัง ルア カムラン	hard to handle ハード トゥ ハンドル
テニス	เทนนิส テーン ニット	tennis テニス
～コート	สนามเทนนิส サナーム テーン ニット	tennis court テニス コート
手荷物（てにもつ）	สัมภาระที่หิ้วติดตัว サムパーラ ティー ヒウ ティット トゥア	baggage バギヂ
～預かり所	ที่รับฝากกระเป๋า ティー ラップ ファーク クラパオ	baggage room バギヂ ルーム
掌・手の平（てのひら・てのひら）	ฝ่ามือ ファー ムー	palm of the hand パーム オヴ ザ ハンド
デノミネーション	การลดค่าเงิน カーン ロット カー グン	redenomination リーディナミネイション
…ではあっても	แม้แต่..., แม้กระทั่ง... メー テー, メー クラタン	though ゾウ
デパート	ห้างสรรพสินค้า ハーン サッパシンカー	department store ディパートメント ストー

498

日	タイ	英
てはい 手配する	เตรียมการจัดการ トリアム カーン チャッ カーン	arrange アレインジ
デビューする	แสดงครั้งแรก サデーン クラン レーク	make *one's* debut メイク デイビュー
てぶくろ 手袋	ถุงมือ トゥン ムー	gloves グラヴズ
て 手ぶらで	มือเปล่า ムー プラオ	empty-handed エンプティハンディド
デフレ	เงินฝืด グン フート	deflation ディフレイション
てま 手間がかかる	ใช้แรงและเวลา チャイ レーン レ ウェーラー	take time and effort テイク タイム アンド エフォト
デマ	ข่าวโคมลอย カーオ コームローイ	false rumor フォルス ルーマ
てまえ 手前	ข้างหน้า カーン ナー	before, on this side ビフォー, オン ジス サイド
でまえ 出前	บริการส่งถึงที่ ボーリカーン ソン トゥン ティー	meal delivery service ミール デリヴァリ サーヴィス
でむか 出迎える	ต้อนรับ, ไปรับ トーン ラップ, パイ ラップ	meet, receive ミート, リスィーヴ
デメリット	ข้อเสีย コー シア	demerit ディーメリット
デモ		
（行進）	การเดินขบวน カーン ドゥーン カブアン	demonstration デモンストレイション
（実演）	สาธิต サーティット	demonstration デモンストレイション
てもと 手許[元]に	ในมือ ナイ ムー	at hand アト ハンド
デュエット	การร้องเพลงคู่ カーン ローン プレーン クー	duet デュエト

日	タイ	英
てら 寺	วัด ウット	temple テンプル
て 照らす	ส่องแสง ソン セーン	light, illuminate ライト, イリューミネイト
デリケートな	บอบบาง, ละเอียดอ่อน ボープ バーン, ライアット オーン	delicate デリケト
で 出る	ออก オーク	go out ゴウ アウト
(出席・参加)	เข้าร่วม カオ ルアム	attend, join アテンド, チョイン
(現れる)	ปรากฏ プラーコット	come out, appear カム アウト, アピア
テレックス	เทเล็กซ์ テーレック	telex テレクス
テレパシー	การติดต่อกันทางจิต カーン ティット トー カン ターン チット	telepathy テレパスィ
テレビ	โทรทัศน์ トーラタット	television テレヴィジョン
～番組	รายการโทรทัศน์ ラーイカーン トーラタット	program プロウグラム
テレホンカード	บัตรโทรศัพท์ バット トーラサップ	telephone card テレフォウン カード
て 照れる	อาย, เขิน アーイ, クーン	be shy ビ シャイ
テロ	ก่อการร้าย コー カーン ラーイ	terrorism テラリズム
～リスト	ผู้ก่อการร้าย プー コー カーン ラーイ	terrorist テラリスト
テロップ	คำอธิบายประกอบภาพ カム アティバーイ プラコープ パープ	telop テロウプ
てん 点	จุด チュット	dot, point ダト, ポイント

日	タイ	英
（点数）	คะแนน カネーン	score, point スコー, ポイント
でんあつ 電圧	แรงดันไฟฟ้า レーン ダン ファイファー	voltage ヴォウルティヂ
てんいん 店員	พนักงานขาย パナック ガーン カーイ	clerk クラーク
てんか 添加		
〜する	เพิ่มเติม プーム トゥーム	add アド
〜物	สารผสมอาหาร サーン パソム アーハーン	additive アディティヴ
てんき 天気	อากาศ アーカート	weather ウェザ
（晴天）	อากาศดี アーカート ディー	fine weather ファイン ウェザ
〜予報	พยากรณ์อากาศ パヤーコーン アーカート	weather forecast ウェザ フォーキャスト
でんき 伝記	ชีวประวัติ チーウプラワット	biography バイアグラフィ
でんき 電気	ไฟฟ้า ファイ ファー	electricity イレクトリスィティ
（電灯）	แสงไฟ セーン ファイ	electric light イレクトレク ライト
〜掃除機	เครื่องดูดฝุ่น クルアンドゥート フン	vacuum cleaner ヴァキュアム クリーナ
でんきゅう 電球	หลอดไฟ ロート ファイ	electric bulb イレクトレク バルブ
てんきん 転勤する	ย้ายไปอยู่ต่างสาขา ヤーイ パイ ユー ターン サーカー	change jobs チェインヂ チャブズ
てんけい 典型的な	เป็นแบบอย่าง ペン ベープ ヤーン	typical, ideal ティピカル, アイディアル
でんげん 電源	แหล่งกำเนิดไฟฟ้า レン カムヌート ファイファー	power supply パウア サプライ

日	タイ	英
点検する てんけん	ตรวจเช็ค トルアット チェク	inspect, check インスペクト, チェク
転校する てんこう	ย้ายโรงเรียน ヤーイ ローンリアン	change schools チェインヂ スクール
天国 てんごく	สวรรค์ サワン	Heaven, Paradise ヘヴン, パラダイス
伝言 でんごん	ข้อความ コー クワーム	message メスィヂ
～する	ฝากข้อความ ファーク コー クワーム	give a message ギヴ ア メスィヂ
天才 てんさい	อัจฉริยะ アッチャリヤ	genius ヂーニアス
天災 てんさい	ภัยธรรมชาติ パイ タムマチャート	calamity, disaster カラミティ, ディザスタ
添削する てんさく	ตรวจแก้งานเขียน トルアット ケー ガーン キアン	correct カレクト
展示 てんじ		
～会	การแสดงนิทรรศการ カーン サデーン ニタッサカーン	exhibition, show エクスィビション, ショウ
～する	แสดง サデーン	exhibit イグズィビト
点字 てんじ	อักษรเบรลล์ アックソーン ベオ	braille ブレイル
電子 でんし	อิเล็กตรอน イレックトロン	electron イレクトラン
～工学	วิศวกรรมอิเล็กทรอนิกส์ ウィッサワカム イレックトローニック	electronics イレクトラニクス
～レンジ	เตาไมโครเวฟ タオ マイクローウェーフ	microwave oven マイクロウェイヴ アヴン
電磁波 でんじは	คลื่นแม่เหล็กไฟฟ้า クルーン メーレック ファイファー	electromagnetic wave イレクトロウマグネティク ウェイヴ

日	タイ	英
でんしゃ 電車	รถไฟฟ้า ロット ファイファー	train トレイン
てんじょう 天井	เพดาน ペーダーン	ceiling スィーリング
てんじょういん 添乗員	มัคคุเทศก์ マッククテート	tour conductor トウア カンダクタ
てんしょく 天職	อาชีพที่เหมาะที่สุด アーチープ ティー モ ティー スット	vocation ヴォウケイション
てんしょく 転職する	เปลี่ยนงาน プリアン ガーン	change *one's* occupation チェインヂ アキュペイション
てんすう 点数	คะแนน, แต้ม カネーン, テーム	marks, score マークス, スコー
でんせつ 伝説	ตำนาน タムナーン	legend レヂェンド
てんせん 点線	เส้นประ セン プラ	dotted line ダテド ライン
でんせん 伝染		
〜する	ระบาด ラバート	be infectious ビ インフェクシャス
〜病	โรคระบาด, โรคติดต่อ ローク ラバート, ローク ティット トー	infectious disease インフェクシャス ディズィーズ
でんせん 電線	สายไฟ サーイ ファイ	electric wire イレクトレク ワイア
てんそう 転送する	ส่งต่อ ソン トー	forward フォーワド
でんたく 電卓	เครื่องคิดเลข クルアン キット レーク	calculator キャルキュレイタ
でんち 電池	ถ่านไฟฉาย, แบตเตอรี่ ターン ファイ チャーイ, ベーッタリー	battery バテリ
でんちゅう 電柱	เสาไฟฟ้า サオ ファイファー	telegraph pole テレグラフ ポウル

日	タイ	英
<ruby>点滴<rt>てんてき</rt></ruby>	การให้น้ำเกลือ カーン ハイ ナム クルア	intravenous drip injection イントラヴィーナス ドリプ インヂェクション
テント	เต๊นท์ テン	tent テント
<ruby>伝統<rt>でんとう</rt></ruby>	ประเพณี プラペーニー	tradition トラディション
<ruby>電灯<rt>でんとう</rt></ruby>	ดวงไฟ ドゥアン ファイ	electric light イレクトレク ライト
<ruby>天道虫<rt>てんとうむし</rt></ruby>	แมลงเต่าทอง マレーン タオ トーン	ladybug, ladybird レイディバグ, レイディバード
<ruby>転任する<rt>てんにん</rt></ruby>	ย้ายไปรับตำแหน่งใหม่ ヤーイ パイ ラップ タムネン マイ	be transferred *to* ビ トランスファード
<ruby>電熱器<rt>でんねつき</rt></ruby>	เครื่องทำความร้อน クルアン タム クワーム ローン	electric heater イレクトレク ヒータ
<ruby>天然<rt>てんねん</rt></ruby>		
〜ガス	แก๊สธรรมชาติ ケート タムマチャート	natural gas ナチュラル ギャス
〜資源	ทรัพยากรธรรมชาติ サッパヤーコーン タムマチャート	natural resources ナチュラル リーソースィズ
〜記念物	เขตหรือสิ่งอนุรักษ์ ケート ル シン アヌラック	natural monument ナチュラル マニュメント
〜の	ธรรมชาติ タムマチャート	natural ナチュラル
<ruby>天皇<rt>てんのう</rt></ruby>	จักรพรรดิ チャックラパット	emperor エンペラ
<ruby>天王星<rt>てんのうせい</rt></ruby>	ดาวยูเรนัส, ดาวมฤตยู ダーオ ユーレーナット, ダーオ マルッタユー	Uranus ユアラナス
<ruby>電波<rt>でんぱ</rt></ruby>	คลื่นไฟฟ้า クルーン ファイファー	radio wave レイディオウ ウェイヴ
<ruby>天火<rt>てんぴ</rt></ruby>	เตาอบ タオ オップ	oven アヴン

日	タイ	英
<ruby>天引<rt>てんびき</rt></ruby>する	หักออก, หักเงิน ハック オーク, ハック グン	deduct ディダクト
<ruby>伝票<rt>でんぴょう</rt></ruby>	ใบสั่งสินค้า バイ サン シンカー	slip スリプ
<ruby>天秤座<rt>てんびんざ</rt></ruby>	ราศีตุล ラーシー トゥン	Libra, the Balance ライブラ, ザ バランス
<ruby>添付<rt>てんぷ</rt></ruby>する	แนบ, ติดมาด้วย ネープ, ティット マー ドゥアイ	attach アタチ
<ruby>電報<rt>でんぽう</rt></ruby>	โทรเลข トーラレーク	telegram テレグラム
～を打つ	ส่งโทรเลข ソン トーラレーク	send a telegram センド ア テレグラム
<ruby>点滅<rt>てんめつ</rt></ruby>する	กะพริบ カプリップ	blink, flash ブリンク, フラシュ
<ruby>天文学<rt>てんもんがく</rt></ruby>	ดาราศาสตร์ ダーラーサート	astronomy アストラノミ
<ruby>展覧会<rt>てんらんかい</rt></ruby>	นิทรรศการ, การแสดง ニタッサカーン, カーン サデーン	exhibition エクスィビション
<ruby>電流<rt>でんりゅう</rt></ruby>	กระแสไฟฟ้า クラセー ファイファー	electric current イレクトレク カーレント
<ruby>電力<rt>でんりょく</rt></ruby>	พลังงานไฟฟ้า パランガーン ファイファー	electric power イレクトレク パウア
<ruby>電話<rt>でんわ</rt></ruby>	โทรศัพท์ トーラサップ	telephone テレフォウン
～局	องค์การโทรศัพท์ オンカーン トーラサップ	telephone exchange テレフォウン イクスチェインヂ
～する	โทรศัพท์ トーラサップ	call コール
～帳	สมุดโทรศัพท์ サムット トーラサップ	telephone book テレフォウン ブク
～番号	เบอร์[หมายเลข]โทรศัพท์ ブー [マーイレーク] トーラサップ	telephone number テレフォウン ナンバ

日	タイ	英

と, ト

戸	ประตู プラトゥー	door ドー
…と…	...กับ... カップ	and, with アンド, ウィズ
度	ครั้ง, หน クラン, ホン	time タイム
（角度・温度）	องศา オンサー	degree ディグリー
（程度）	ระดับ ラダップ	degree, extent ディグリー, イクステント
ドア	ประตู プラトゥー	door ドー
樋	ราง ラーン	gutter, rainwater pipe ガタ, レインウォータ パイプ
問い合わせる	สอบถาม ソープ ターム	inquire インクワイア
…といえば	ขึ้นชื่อว่า... クン チュー ウー	Talking about... トーキング アバウト
ドイツ	ประเทศเยอรมัน プラテート ユーラマン	Germany ヂャーマニ
トイレ(ット)	ห้องน้ำ, สุขา ホン ナーム, スカー	toilet トイレト
～ペーパー	กระดาษชำระ クラダート チャムラ	toilet paper トイレト ペイパ
塔	เจดีย์, สถูป, ปรางค์, หอ チェーディー, サトゥープ, プラーン, ホー	pagoda, tower パゴウダ, タウア
藤	หวาย ウーイ	cane ケイン
銅	ทองแดง トーン デーン	copper カパ

日	タイ	英
～メダル	เหรียญทองแดง リアン トーン デーン	bronze medal ブランズ メドル
どうい 同意する	ตกลง, เห็นด้วย トック ロン, ヘン ドゥアイ	agree *with*, consent アグリー, カンセント
とういつ 統一する	รวมให้เป็นหนึ่งเดียว ルアム ハイ ペン ヌン ディアオ	unite, unify ユーナイト, ユーニファイ
どういん 動員する	ระดมพล, เกณฑ์คน ラドム ポン, ケーン コン	mobilize モウビライズ
とうかく あらわ 頭角を現す	โดดเด่น ドート デン	cut a brilliant figure *in* カト アブリリャント フィギャ
とうがらし 唐辛子	พริก プリック	red pepper レド ペパ
とうかん 投函する	ส่งจดหมาย ソン チョットマーイ	mail a letter メイル ア レタ
どうかん 同感である	เห็นพ้องด้วย ヘン ポーン ドゥアイ	agree *with* アグリー
とうき 投機	การเสี่ยงโชค, การเก็งกำไร カーン シアン チョーク, カーン ケン カムライ	speculation スペキュレイション
とうき 陶器	เครื่องปั้นดินเผา クルアン パン ディン パオ	earthenware アースンウェア
どうき 動悸	หัวใจเต้นแรง フアチャイ テン レーン	palpitations パルピテイションズ
どうぎ 動議	ญัตติ ヤットティ	motion モウション
とうき 登記する	จดทะเบียน チョットタビアン	register レヂスタ
とうぎ 討議する	อภิปราย アピプラーイ	discuss ディスカス
どうぎご 同義語	คำพ้อง カムポーン	synonym スィノニム
どうきせい 同期生	รุ่นเดียวกัน ルン ディアオ カン	classmate クラスメイト

日	タイ	英
とうきゅう 等級	ลำดับ, ระดับชั้น ラムダップ, ラダップ チャン	class, rank クラス, ランク
とうぎゅう 闘牛	การชนวัว カーン チョン ウア	bullfight ブルファイト
どうきゅうせい 同級生	เพื่อนร่วมชั้น プアン ルアム チャン	classmate クラスメイト
とうぎょ 闘魚	ปลากัด プラー カット	fishfight フィシュファイト
どうぎょう 同業	อาชีพเดียวกัน アーチーブ ディアオ カン	same profession セイム プロフェション
とうきょく 当局	เจ้าหน้าที่, หน่วยงานที่รับผิดชอบ チャオ チー ティー, ヌアイ ガーン ティー ラップ ピット チョープ	authorities オサリティズ
どうぐ 道具	เครื่องมือ, อุปกรณ์ クルアン ムー, ウッパコーン	tool トゥール
どうくつ 洞窟	ถ้ำ, อุโมงค์ タム, ウモーン	cave ケイヴ
とうげ 峠	ช่วงข้ามเขา チュアン カーム カオ	pass パス
とうけい 統計	สถิติ サティティ	statistics スタティスティクス
とうけい 闘鶏	ชนไก่ チョン カイ	cockfight カクファイト
とうげい 陶芸	เครื่องเคลือบ クルアン クルアップ	ceramics スィラミクス
どうこう 動向	แนวโน้ม ネーオ ノーム	trend, tendency トレンド, テンデンスィ
とうごう 統合する	รวมเข้าด้วยกัน ルアム カオ ドゥアイ カン	unite, unify ユーナイト, ユーニファイ
どうこう 同行する	ไปด้วย パイ ドゥアイ	go together ゴウ トゲザ

日	タイ	英
とうざよきん 当座預金	บัญชีกระแสรายวัน バンチー クラセー ラーイワン	current deposit カーレント ディパズィット
とうさん 倒産	การล้มละลาย カーン ロム ララーイ	bankruptcy バンクラプトスィ
〜する	ล้มละลาย, เจ๊ง ロム ララーイ, チェン	go bankrupt ゴウ バンクラプト
どうさん 動産	สังหาริมทรัพย์ サンハーリマサップ	moveable property ムーヴァブル プラパティ
とうし 投資	การลงทุน カーン ロン トゥン	investment インヴェストメント
〜家	นักลงทุน ナック ロン トゥン	investor インヴェスタ
〜する	ลงทุน ロン トゥン	invest インヴェスト
とうし 闘志	จิตใจที่จะต่อสู้ チットチャイ ティー チャ トー スー	fighting spirit ファイティング スピリト
とうじ 当時	ในเวลานั้น, ในขณะนั้น ナイ ウェーラー ナン, ナイ カナ ナン	at that time アト ザト タイム
〜の	ในตอนนั้น ナイ トーン ナン	of those days オヴ ゾウズ デイズ
どうし 動詞	คำกริยา カム クリヤー	verb ヴァーブ
とうじつ 当日	วันนั้น ワン ナン	that day ザト デイ
どうして	ทำไม タムマイ	why (ホ)ワイ
(如何にして)	อย่างไร ヤーンライ	how ハウ
どうしても	อย่างไรก็ตาม ヤーンライ コー ターム	by all means バイ オール ミーンズ
どうじ 同時に	พร้อมกัน, ในเวลาเดียวกัน プロームカン, ナイ ウェーラー ディアオ カン	at the same time アト ザ セイム タイム

日	タイ	英
とうしゃばん 謄写版	เครื่องโรเนียว クルアン ローニアオ	mimeograph ミミオグラフ
とうじょう 搭乗		
～口	ประตูทางขึ้น プラトゥー ターン クン	boarding gate ボーディング ゲイト
～券	บอร์ดดิ้งพาส, บัตรที่นั่ง ボーティン パース, バット ティー ナン	boarding pass ボーディング パス
とうじょう 登場する	ปรากฏขึ้น, ปรากฏตัว プラーゴット クン, プラーゴット トゥア	enter, appear エンタ, アピア
どうじょう 同情する	เห็นอกเห็นใจ, สงสาร ヘン オック ヘン チャイ, ソンサーン	sympathize *with* スィンパサイズ
とうしょ 投書する	ส่งคำร้อง, ส่งบทความ ソン カム ローン, ソン ボットクワーム	contribute *to* カントリビュト
とうすい 陶酔する	มัวเมา, ดื่มด่ำ ムア マオ, ドゥーム ダム	be intoxicated *with* ビ インタクスィケイテド
どうせ	ถึงอย่างไรก็ トゥン ヤーンライ コー	anyway エニウェイ
（結局）	ในที่สุด ナイ ティースット	after all アフタ オール
どうせい 同棲する	อยู่กินด้วยกัน （โดยไม่ได้แต่งงาน） ユー キン ドゥアイ カン （ドーイ マイ ダイ テンガーン）	cohabit *with* コウハビト
とうぜん 当然	ย่อมจะ, เป็นธรรมดา ヨムチャ, ペンタムマダー	naturally ナチュラリ
（…が）～の	ย่อมจะ ヨムチャ	natural, right ナチュラル, ライト
とうせん 当選する	ได้รับเลือก ダイ ラップ ルアック	be elected ビ イレクテド
（懸賞に）	ได้รับรางวัล ダイ ラップ ラーンワン	win the prize ウィン ザ プライズ
どうぞ	เชิญ, กรุณา チューン, カルナー	please プリーズ

日	タイ	英
どうそう 同窓		
～会	สมาคมศิษย์เก่า サマーコム シット カオ	alumni association アラムナイ アソウシエイション
～生	ศิษย์เก่า, เพื่อนร่วมโรงเรียน シット カオ, プアン ルアム ローンリアン	alumnus, alumna アラムナス, アラムナ
どうぞう 銅像	รูปหล่อทองสัมฤทธิ์ ループ ロー トーン サムリット	bronze statue ブランズ スタチュー
とうだい 灯台	ประภาคาร プラパーカーン	lighthouse ライトハウス
とうちゃく 到着する	มาถึง, ไปถึง マー トゥン, パイ トゥン	arrive *at* アライヴ
とうちょう 盗聴する	แอบฟัง, ดักฟัง エープ ファン, ダック ファン	tap タプ
とうてい 到底（…ない）	(...)เป็นไปไม่ได้ ペン パイ マイ ダーイ	not at all ナト アト オール
どうてい 童貞	หนุ่มบริสุทธิ์, ซิง ヌム ボーリスット, シン	virginity ヴァチニティ
どうてん 同点	คะแนนเท่ากัน カネーン タオ カン	tie タイ
とうと 尊い	ประเสริฐ, สูงศักดิ์ プラスート, スーン サック	noble ノウブル
（貴重な）	ล้ำค่า ラムカー	precious プレシャス
とうとう	ในที่สุด, ท้ายสุด ナイ ティースット, ターイ スット	at last アト ラスト
どうとう 同等の	เท่าเทียมกัน, เสมอภาค タオ ティアム カン, サムー パーク	equal イークワル
どうとく 道徳	ศีลธรรม シーン タム	morality モラリティ
～的な	อย่างมีศีลธรรม ヤーン ミー シーン タム	moral モラル

日	タイ	英
とうどり 頭取	ประธานของธนาคาร プラターン コーン タナーカーン	president プレズィデント
とうなん 東南	ตะวันออกเฉียงใต้ タワン オーク チアン ターイ	the southeast ザ サウスイースト
～アジア	เอเชียตะวันออกเฉียงใต้ エーシア タワン オーク チアン ターイ	Southeast Asia サウスイースト エイジャ
とうなん 盗難	การขโมย, การลักทรัพย์ カーン カモーイ, カーン ラック サップ	robbery ラバリ
～保険	ประกันทรัพย์สิน プラカン サップシン	burglary insurance バーグラリ インシュアランス
～にあう	ถูกขโมย, ถูกลักทรัพย์ トゥーク カモーイ, トゥーク ラック サップ	be burglarized ビ バーグラライズド
～届	ใบแจ้งโจรภัย バイ チェーン チョーン パイ	theft report セフト リポート
どうにゅう 導入する	นำสิ่งใหม่ๆเข้ามาใช้ ナム シン マイ マイ カオ マー チャイ	introduce イントロデュース
とうにん 当人	เจ้าตัว チャオ トゥア	persons concerned, the same person パーソンズ コンサーンド, ザ セイム パーソン
どうねんぱい 同年輩の	รุ่นเดียวกัน, วัยเดียวกัน ルン ディアオ カン, ワイ ディアオ カン	of the same age オヴ ザ セイム エイヂ
とうばん 当番	เวร, ถึงคราว ウェーン, トゥン クラーオ	turn ターン
どうはん 同伴する	นำไป, นำมา ナム パイ, ナム マー	bring ブリング
とうひょう 投票する	ลงคะแนนเสียง, เลือกตั้ง ロン カネーン シアン, ルアック タン	vote *for* ヴォウト
とうぶ 東部	ภาคตะวันออก パーク タワン オーク	the east ザ イースト
どうふう 同封する	แนบมาด้วย ネープ マー ドゥアイ	enclose インクロウズ

512

日	タイ	英
どうぶつ 動物	สัตว์ サット	animal アニマル
〜園	สวนสัตว์ スアン サット	zoo ズー
〜学	สัตววิทยา サッタワ ウィッタヤー	zoology ゾウアロヂィ
とうぶん 当分	สักพัก, ระยะหนึ่ง サック パック, ラヤ ヌン	for the time being フォー ザ タイム ビーイング
とうほく 東北	ตะวันออกเฉียงเหนือ タワン オーク チアン ヌア	the northeast ザ ノースイースト
(タイ)〜地方	ภาคตะวันออกเฉียงเหนือ, อีสาน パーク タワン オーク チアン ヌア, イーサーン	the Northeast district, Esarn ザ ノースイースト ディストリクト, イーサーン
とうほん 謄本	สำเนา サムナオ	copy カピ
どうみゃく 動脈	เส้นโลหิตแดง セン ローヒット デーン	artery アータリ
〜硬化	โรคเส้นโลหิตแข็งตัว ローク セン ローヒット ケン トゥア	arteriosclerosis アーティアリオウスクレロウスィス
とうめい 透明な	ใส, โปร่งแสง サイ, プローン セーン	transparent トランスペアレント
とうめん 当面	ปัจจุบัน, ขณะนี้ パッチュバン, カナニー	for the present フォー ザ プレズント
どうやら…だ	ท่าทางจะ ターターン チャ	somehow, likely サムハウ, ライクリ
とうゆ 灯油	น้ำมันก๊าด ナムマン カート	kerosene ケロスィーン
とうよう 東洋	ประเทศทางตะวันออก プラテート ターン タワン オーク	the East, the Orient ジ イースト, ジ オリエント
どうよう 動揺する	ปั่นป่วน, โยกสั่น パンプアン, ヨーク サン	be agitated ビ アヂテイテド

日	タイ	英
どうよう 同様の [に]	แบบเดียวกัน, เหมือนกัน ベープ ディアオ カン, ムアン カン	similar, like [in the same way] スィミラ, ライク [イン ザ セイム ウェイ]
どうりょう 同僚	เพื่อนร่วมงาน プアン ルアム ガーン	colleague カリーグ
どうろ 道路	ถนน タノン	road ロウド
とうろく 登録する	ลงทะเบียน ロン タビアン	register, enter *in* レヂスタ, エンタ
とうろくしょうひょう 登録商標	เครื่องหมายการค้าที่จดทะเบียน クルアンマーイ カーンカー ティー チョット タビアン	registered trademark レヂスタド トレイドマーク

■動物■   สัตว์ /サット/

ライオン　สิงโต /シント-/ (㊍lion)

とら
虎　เสือ /スア/ (㊍tiger)

きりん
麒麟　ยีราฟ /イーラープ/ (㊍giraffe)

ぞう
象　ช้าง /チャーン/ (㊍elephant)

しか
鹿　กวาง /クワーン/ (㊍deer)

ぶた
豚　หมู /ムー/ (㊍pig)

うし
牛　วัว /ウア/ (㊍cattle)

ひつじ
羊　แกะ /ケ/ (㊍sheep)

やぎ
山羊　แพะ /ペ/ (㊍goat)

くま
熊　หมี /ミー/ (㊍bear)

らくだ
駱駝　อูฐ /ウート/ (㊍camel)

かば
河馬　ฮิปโป /ヒッポー/ (㊍hippopotamus)

パンダ　แพนด้า /ペーンダー/ (㊍panda)

コアラ　หมีโคอะล่า /ミー コーアラー/ (㊍koala)

日	タイ	英
とうろん 討論	การอภิปราย カーン アピプラーイ	discussion ディスカション
～する	อภิปราย, โต้เถียง アピプラーイ, トーティアン	discuss ディスカス
どうわ 童話	นิทานเด็ก ニターン デック	fairy tale フェアリ テイル
とお 遠い	ไกล クライ	far, distant ファー, ディスタント
とお 遠くに	ห่างไกล ハーン クライ	far away ファー アウェイ
とお 遠ざける	หลีกห่างจาก リーク ハーン チャーク	keep away キープ アウェイ

カンガルー　จิงโจ้ / チンチョー / (英kangaroo)

さる
猿　ลิง / リン / (英monkey, ape)

テナガザル　ชะนี / チャニー / (英gibbon)

ゴリラ　กอริลล่า / コーリンラー / (英gorilla)

サイ　แรด / レート / (英rhinoceros)

たぬき
狸　แรคคูน / レックーン / (英raccoon dog)

きつね
狐　สุนัขจิ้งจอก / スナック チンチョーク / (英fox)

いぬ
犬　หมา, สุนัข / マー、スナック / (英dog)

ねこ
猫　แมว / メーオ / (英cat)

すいぎゅう
水牛　ควาย / クワーイ / (英water buffalo)

かめ
亀　เต่า / タオ / (英turtle)

コウモリ　ค้างคาว / カーンカーオ / (英bat)

スッポン　ตะพาบน้ำ / タパーブナーム / (英soft-shelled turtle)

トッケー　ตุ๊กแก / トゥッケー / (英wall gecko)

ヤモリ　จิ้งจก / チンチョック / (英gecko)

日	タイ	英
とお 通す	ผ่าน, ลอด パーン, ロート	pass through パス スルー
（部屋に）	นำทาง, เชิญเข้าไป ナム ターン, チューン カオ パイ	show in ショウ イン
トースター	เตาปิ้งขนมปัง タオ ピン カノム パン	toaster トウスタ
トースト	ขนมปังปิ้ง カノム パン ピン	toast トウスト
トーナメント	ทัวร์นาเม้นต์ トゥアナーメン	tournament トゥアナメント
ドーピング	ใช้ยาโด๊ป チャイ ヤー ドープ	doping ドウピイング
とおまわ 遠回しに	อ้อมค้อม オーム コーム	indirectly インディレクトリ
とおまわ 遠回り	ทางอ้อม ターン オーム	detour ディートゥア
～する	อ้อม オーム	make a detour メイク ア ディートゥア
とお 通り	ถนน タノン	road, street ロウド, ストリート
とお かか 通り掛る	ผ่านมา パーン マー	happen to pass ハプン トゥ パス
とお す 通り過ぎる	ผ่านเลยไป パーン ルーイ パイ	pass by パス バイ
とお ぬ 通り抜ける	ตัดผ่าน タット パーン	pass through パス スルー
とお 通る	ผ่าน, สื่อ パーン, スー	pass パス
とかい 都会	เมืองใหญ่ ムアン ヤイ	city, town スィティ, タウン

日	タイ	英
とかく…だ	...นั้นมักเป็นอย่างนั้นแหละ チン マック ペン ヤーン チン レ	be apt to ビ アプト トゥ
とかげ	จิ้งเหลน チンレーン	lizard リザド
溶かす	หลอม, ละลาย ローム, ララーイ	melt, dissolve メルト, ディザルヴ
梳かす	หวี ウィー	comb コウム
尖った	แหลม, คม レーム, コム	pointed ポインテド
咎める	ต่อว่า, ตำหนิ トー ウー, タムニ	blame ブレイム
気が〜	รู้สึกผิด ルースック ピット	feel guilty フィール ギルティ
時	เวลา, โมง ウェーラー, モーン	time, hour タイム, アウア
…する〜	เมื่อ, เวลา, ตอน ムア, ウェーラー, トーン	when (ホ)ウェン
どぎつい	รุนแรงอย่างมาก ルンレーン ヤーン マーク	loud ラウド
どきっとする	ประหลาดใจ, หัวใจเต้นแรง プララート チャイ, フアチャイ テン レーン	be shocked ビ シャクド
時々	บางที, บางครั้ง バーン ティー, バーン クラン	sometimes サムタイムズ
どきどきする	ตื่นเต้น, ใจเต้น トゥーン テン, チャイ テン	beat, throb ビート, スラブ
ドキュメンタリー	สารคดี サーラカディー	documentary ダキュメンタリ
読経する	สวดมนต์ スアット モン	recite a sutra リサイト ア スートラ
途切れる	ขาดตอน, หยุด, ขัด (จังหวะ) カート トーン, ユット, カット (チャンワ)	break, stop ブレイク, スタプ

日	タイ	英
と 解く	แก้, คลี่คลาย ケー, クリー クラーイ	untie, undo アンタイ, アンドゥー
（解除）	ยกเลิก, ปลดปล่อย ヨック ルーク, プロット プローイ	cancel, release キャンセル, リリース
（問題を）	แก้ปัญหา, ตอบคำถาม ケー パンハー, トープ カム ターム	solve, answer サルヴ, アンサ
とく 得	ผลประโยชน์, กำไร ポン プラヨート, カムライ	profit, gains プラフィト, ゲインズ
（有利）	ได้เปรียบ ダイ プリアップ	advantage, benefit アドヴァンティヂ, ベニフィト
～をする	ได้กำไร ダイ カムライ	benefit ベネフィト
とく 徳	คุณธรรม クンナタム	virtue, merit ヴァーチュー, メリト
～を積む	ทำบุญ タム ブン	cultivate virtue カルティヴェイト ヴァーチュー
と 研ぐ	ลับ, ขัด ラップ, カット	grind, whet グラインド, (ホ)ウェト
ど 退く	ถอย, หลีกทาง トイ, リーク ターン	get out of the way ゲト アウト オヴ ザ ウェイ
どく 毒	พิษ ピット	poison ポイズン
～ガス	แก๊สพิษ ケス ピット	poison gas ポイズン ギャス
～薬	ยาพิษ ヤー ピット	poison ポイズン
とくい 得意	ความภูมิใจ クワーム プーム チャイ	pride プライド
（得手）	เก่ง, ถนัด ケン, タナット	strong point ストローング ポイント
～先	ลูกค้าขาประจำ ルーク カー カー プラチャム	customer, patron カスタマ, ペイトロン

日	タイ	英
～である	เก่ง, ถนัด ケン, タナット	be good *at* ビグド
とくぎ 特技	ความสามารถพิเศษ クワーム サーマート ピセート	specialty スペシャルティ
どくさいしゃ 独裁者	ผู้เผด็จการ プー パデットカーン	dictator ディクテイタ
とくさつ 特撮	การถ่ายทำพิเศษ カーン ターイ タム ピセート	special effects スペシャル イフェクツ
とくさんひん 特産品	ผลผลิตพิเศษของพื้นเมืองนั้น ポン パリット ピセート コーン プーン ムアン ナン	special product スペシャル プラダクト
どくじ 独自の	ต้นแบบ, ไม่เหมือนใคร トン ベープ, マイ ムアン クライ	original, unique オリヂナル, ユーニーク
どくしゃ 読者	ผู้อ่าน プー アーン	reader リーダ
とくしゅう 特集	บทความพิเศษ ボットクワーム ピセート	feature articles フィーチャ アーティクルズ
とくしゅな 特殊な	เป็นพิเศษ ペン ピセート	special, unique スペシャル, ユーニーク
とくしょく 特色	ลักษณะเด่นพิเศษ ラックサナ デン ピセート	characteristic キャラクタリスティク
どくしょする 読書する	อ่านหนังสือ アーン ナンスー	read リード
どくしん 独身	คนโสด コン ソート	unmarried person アンマリド パースン
～の	เป็นโสด ペン ソート	celibate, single セリベト, スィングル
とくせい 特性	ลักษณะพิเศษ ラックサナ ピセート	characteristic キャラクタリスティク
どくぜつ 毒舌	ปากคม, ปากกล้า パーク コム, パーク クラー	spiteful tongue スパイトフル タング
どくせんきんしほう 独占禁止法	กฎหมายป้องกันการผูกขาด コットマーイ ポンカンカーン プーク カート	Antimonopoly Law アンティモナポリ ロー

519

日	タイ	英
どくせん 独占する	ผูกขาดแต่ผู้เดียว プーク カート テー プー ディアオ	monopolize モナポライズ
どくそうてき 独創的な	สร้างสรรค์ サーン サン	original オリヂナル
どくだん 独断で	ตัดสินใจตามลำพัง タットシン チャイ ターム ラムパン	on *one's* own judgment オン **オウン** チャヂメント
とくちょう 特徴	ลักษณะพิเศษ ラックサナ ピセート	characteristic キャラクタリスティク
とくちょう 特長	จุดแข็ง, ข้อดี チュット ケン, コー ディー	strong point ストロング ポイント
とくてい 特定の	ที่กำหนดไว้เฉพาะ ティー カムノット ウイ チャポ	specific, specified スピ**シ**ィフィク, ス**ペ**シィファイド
とくてん 得点	แต้ม, คะแนน テーム, カネーン	score, runs スコー, ランズ
～する	ได้แต้ม ダイ テーム	score スコー
どくとく 独得の	ที่เป็นเอกลักษณ์ ティー ペン エーッカラック	unique, peculiar ユーニーク, ピキューリア
とく 特に	โดยเฉพาะ ドーイ チャポ	especially イスペシャリ
とくばい 特売	ลดราคา ロット ラーカー	sale セイル
とくはいん 特派員	นักข่าวพิเศษประจำต่างประเทศ ナック カーオ ピセート プラチャム ターン プラテート	correspondent コレスパンデント
とくべつ 特別		
～な	เป็นพิเศษ ペン ピセート	special, exceptional スペシャル, イクセプショナル
～に	โดยเฉพาะ ドーイ チャポ	specially スペシャリ
どくへび 毒蛇	งูพิษ グー ピット	venomous snake ヴェノマス スネイク

日	タイ	英
とくめい 匿名	นามแฝง ナーム フェーン	anonymity アノニミティ
とくゆう 特有の	ลักษณะเฉพาะตัว ラックサナ チャポ トゥア	peculiar *to* ピキューリア
どくりつ 独立	เอกราช エーッカラート	independence インディペンデンス
～する	เป็นเอกราช, ไม่ขึ้นกับใคร ペン エーッカラート, マイ クン カップ クライ	become independent *of* ビカム インディペンデント
～した	ที่เป็นอิสระ ティー ペン イッサラ	independent インディペンデント
どくりょく 独力で	ตามลำพัง, ด้วยตัวเอง ターム ラムパン, ドゥアイ トゥア エーン	by *oneself* バイ
とげ 刺	หนาม ナーム	thorn, prickle ソーン, プリクル
とけい 時計	นาฬิกา ナーリカー	watch, clock ワチ, クラク
～台	หอนาฬิกา ホー ナーリカー	clock tower クラクタウア
～回りの	ตามเข็มนาฬิกา ターム ケム ナーリカー	clockwise クラクワイズ
と 解ける	คลี่คลาย, แก้ クリー クラーイ, ケー	get loose ゲト ルース
(ほどける)	หลุดออก ルット オーク	come loose カム ルース
(問題が)	แก้ได้, ตอบได้ ケー ダイ, トープ ダイ	be solved ビ サルヴド
と 溶ける	ละลาย ララーイ	melt, dissolve メルト, ディザルヴ
ど 退ける	หลบไปที่อื่น ロップ パイ ティー ウーン	remove リムーヴ
どこ	ที่ไหน ティー ナイ	where (ホ)ウェア

日	タイ	英
どこか	บางที่, สักแห่ง バーン ティー, サック ヘン	somewhere サムホウェア
どこでも	ทั่วๆ ไป トゥア トゥア パイ	anywhere, wherever エニホウェア, (ホ)ウェアレヴァ
とこや 床屋	ร้านตัดผม ラーン タット ポム	barbershop バーバシャプ
ところどころ 所々	ที่โน่นที่นี่ ティー ノーン ティー ニー	here and there ヒア アンド ゼア
とさか 鶏冠	หงอนไก่ ゴーン カイ	crest クレスト
とざん 登山する	ปีนเขา ピーン カオ	climb a mountain クライム ア マウンテン
とし 都市	เมืองใหญ่ ムアン ヤイ	city スィティ
とし 年	ปี ピー	year イア
（年齢）	อายุ アーユ	age, years エイヂ, イアズ
～を取る	อายุมากขึ้น アーユ マーク クン	grow old グロウ オウルド
としうえ 年上の	แก่กว่า, อายุมากกว่า ケー クヴー, アーユ マーク クヴー	older オウルダ
と こ 閉じ込める	กักขัง カック カン	shut, imprison シャト, インプリズン
と こ 閉じ籠もる	ขังตัวเอง カン トゥア エーン	shut *oneself* up シャト アプ
としした 年下の	อายุน้อยกว่า アーユ ノーイ クヴー	younger ヤンガ
…として	เป็น..., ในฐานะ... ペン, ナイ ターナ	as, for アズ, フォー

日	タイ	英
土砂 (どしゃ)	ดินทราย ディン サーイ	earth and sand アース アンド サンド
～崩れ	ดินถล่ม ディン タロム	landslide ランドスライド
土壌 (どじょう)	ดิน ディン	soil ソイル
図書館 (としょかん)	หอสมุด ホー サムット	library ライブラリ
年寄り (としより)	ผู้สูงอายุ, คนแก่ プー スーン アーユ, コン ケー	aged エイヂド
綴じる (とじる)	เย็บเล่ม イェップ レム	bind, file バインド, ファイル
閉じる (とじる)	ปิด ピット	shut, close シャト, クロウズ
都心 (としん)	กลางเมือง クラーン ムアン	center of a city センタ オヴ ア スィティ
度数 (どすう)	จำนวนครั้ง, ดีกรี, องศา チャムヌアン クラン, ディークリー, オンサー	frequency, degree フリークウェンスィ, ディグリー
土星 (どせい)	ดาวเสาร์ ダーオ サオ	Saturn サタン
塗装する (とそうする)	ทาสี, พ่นสี ターシー, ポン シー	painting, coating ペインティング, コウティング
土葬 (どそう)	การฝังศพ カーン ファン ソップ	burial ベリアル
土台 (どだい)	รากฐาน, พื้นฐาน ラーク ターン, プーン ターン	foundation, base ファウンデイション, ベイス
途絶える (とだえる)	หยุด, ขาดหาย ユット, カート ハーイ	stop, cease スタプ, スィース
戸棚 (とだな)	ตู้เก็บของ トゥー ケップ コーン	cabinet, locker キャビネト, ラカ
トタン	สังกะสี サンカシー	galvanized iron ギャルヴァナイズド アイアン

日	タイ	英
どたんば 土壇場で	ในนาทีสุดท้าย ナイ ナーティー スット ターイ	last moment ラスト モウメント
とち 土地	ที่ดิน ティー ディン	land ランド
とちゅう 途中		
〜下車する	ลงรถระหว่างทาง ロン ロット ラウーン ターン	stop over *at* スタブ オウヴァ
〜で	ระหว่างทาง ラウーン ターン	on *one's* way オン ウェイ
どちら	อันไหน アン ナイ	which (ホ)ウィチ
(場所)	ที่ไหน, ทางไหน ティー ナイ, ターン ナイ	where (ホ)ウェア
どちらも	ทั้งสอง, ทั้งคู่ タン ソーン, タン クー	both, either ボウス, イーザ
とっきゅう 特急	รถด่วนพิเศษ ロット ドゥアン ピセート	special express スペシャル イクスプレス
とっきょ 特許	สิทธิบัตร シッティ バット	patent パテント
ドック	อู่ต่อเรือ ウー トー ルア	dock ダク
とっくん 特訓	การฝึกฝนพิเศษ カーン フック フォン ピセート	special training スペシャル トレイニング
とっけん 特権	สิทธิพิเศษ シッティ ピセート	privilege プリヴィリヂ
どっしりした	หนักแน่น ナック ネン	heavy, dignified ヘヴィ, ディグニファイド
とつぜん 突然	อย่างกะทันหัน ヤーン カタンハン	suddenly サドンリ
どっちみち	จะอย่างไรก็ตาม チャ ヤーンライ コー ターム	anyhow エニハウ

日	タイ	英
取っ手 (とって)	ที่จับ, ลูกบิด ティー チャップ, ルーク ビット	handle, knob ハンドル, ナブ
…にとって	สำหรับ... サムラップ	for, to, with フォー, トゥ, ウィズ
取って来る (とってくる)	เอามา, หยิบมา アオ マー, イップ マー	bring, fetch ブリング, フェチ
トッピング	ท็อปปิ้ง トップピン	topping タピング
トップ	สูงสุด, ยอด スーン スット, ヨート	top タプ
トップクラスの	ชั้นนำ チャン ナム	first class ファースト クラス
土手 (どて)	ตลิ่ง タリン	bank, embankment バンク, インバンクメント
とても	มาก マーク	very ヴェリ
届く (とどく)	ถึง トゥン	reach リーチ
(到着)	มาถึง, ไปถึง マー トゥン, パイ トゥン	arrive *at* アライヴ
届ける (とどける)	รายงาน, แจ้ง ラーイ ガーン, チェーン	report *to*, notify リポート, ノウティファイ
(送る)	ส่ง ソン	send, deliver センド, ディリヴァ
整う (ととのう)	เรียบร้อย, เป็นระเบียบ リアップローイ, ペン ラビアップ	be in good order ビ イング ド オーダ
(準備が)	พร้อม プローム	be ready ビ レディ
整える (ととのえる)	ทำให้เรียบร้อย タム ハイ リアップ ローイ	put in order プト イン オーダ
(調整)	ปรับ プラップ	adjust, fix アヂャスト, フィクス

日	タイ	英
（準備）	เตรียม トリアム	prepare プリペア
止[留]まる	คงอยู่, หยุดนิ่ง, เหลือ コンユー, ユット ニン, ルア	stay, remain ステイ, リメイン
止[留]める	หยุดไว้ ユット ワイ	leave リーヴ
（保つ）	ทำให้คงอยู่ タム ハイ コン ユー	retain リテイン
ドナー	ผู้บริจาค プー ボーリ チャーク	donor ドウナ
唱える	อ่านออกเสียง, สวด アーン オーク シアン, スアット	recite, chant リサイト, チャント
隣	ข้างเคียง カーン キアン	next door ネクスト ドー
〜の	ข้างๆ, ติดกัน カーン カーン, ティット カン	next ネクスト
怒鳴る	ตะโกน, ดุด่า タコーン, ドゥ ダー	cry, yell クライ, イェル
とにかく	อย่างไรก็ตาม ヤーンライ コー ターム	anyway エニウェイ
どの…	…ไหน ナイ	which (ホ)ウィチ
どのくらい	เท่าไร タオライ	how ハウ
どのように	อย่างไร ヤーンライ	how to ハウ トゥ
トパーズ	บุษราคัม ブッサラーカム	topaz トウパズ
賭博	การพนัน カーン パナン	gambling ギャンブリング
飛ばす	บิน, ปลิว ビン, プリウ	fly フライ

日	タイ	英
(ページや順番を)	กระโดดข้าม クラドート カーム	skip スキプ
(車を)	ขับรถเร็ว カップ ロット レオ	drive fast ドライヴ ファスト
と あ 跳び上がる	กระโดดขึ้น クラドート クン	jump up, leap ヂャンプ アプ, リープ
と お 飛び降りる	กระโดดลง クラドート ロン	jump down ヂャンプ ダウン
と こ 跳び越える	กระโดดข้าม クラドート カーム	jump over ヂャンプ オウヴァ
と こ 飛び込む	กระโดดเข้าไป, พุ่งเข้าไป クラドート カオ パイ, プン カオ パイ	jump *into*, dive *into* ヂャンプ, ダイヴ
と だ 飛び出す	กระโดดออก クラドート オーク	fly out, jump out *of* フライ アウト, ヂャンプ アウト
と つ 飛び付く	กระโดดใส่, กระโดดจับ クラドート サイ, クラドート チャップ	jump *at*, fly *at* ヂャンプ, フライ
トピックス	หัวข้อ ラア コー	topic タピク
と は 飛び跳ねる	เต้นหยอยๆ テン ヨイ ヨーイ	hop, jump ハプ, ヂャンプ
と 跳ぶ	กระโดด クラドート	jump, leap ヂャンプ, リープ
と 飛ぶ	บิน ビン	fly, soar フライ, ソー
どぶ 溝	ท่อระบายน้ำ, คูน้ำ トー ラバーイ チーム, クー ナーム	ditch ディチ
とほう く 途方に暮れる	จนใจ チョン チャイ	be confused ビ コンフューズド
とほう 途方もない	ผิดธรรมดา ピット タムマダー	extraordinary イクストローディネリ
とぼける	แสร้งทำเป็นไม่รู้ セーン タム ペン マイルー	pretend not to know プリテンド ナト トゥ ノウ

日	タイ	英
と 徒歩で	โดยเดินเท้า ドーイ ドゥーン ターオ	on foot オン フト
とまど 戸惑う	ลังเล, งุนงง ランレー, グン ゴン	be at a loss ビ アト ア ロス
と 止まる	หยุด ユット	stop, halt スタプ, ホールト
（車が）	จอด チョート	stop スタプ
（鳥が枝に）	เกาะ コ	perch パーチ
と 泊まる	พัก, ค้าง パック, カーン	stay *at* ステイ
と がね 留め金	ตะขอ タコー	clasp, hook クラスプ, フク
と 止める	หยุด, จอด, กลั้น ユット, チョート, クラン	stop スタプ
（抑止）	ป้องปราม ポン プラーム	hold, check ホウルド, チェク
（禁止）	ห้าม ハーム	forbid, stop フォビド, スタプ
と 泊める	ให้พัก ハイ パック	take... in テイク イン
と 留める	ผูก, ติด, กลัด プーク, ティット, クラット	fasten, fix ファスン, フィクス
ともだち 友達	เพื่อน プアン	friend フレンド
とも 共に		
（両方とも）	พร้อมกับ プローム カップ	both ボウス
（一緒に）	ด้วยกัน ドゥアイ カン	with ウィズ

528

日	タイ	英
どもる	ติดอ่าง ティット アーン	stutter スタタ
土曜日(どようび)	วันเสาร์ ワン サオ	Saturday サタディ
虎(とら)	เสือ スア	tiger タイガ
～(寅)年	ปีขาล ピー カーン	the Year of the Tiger ザ イヤ オヴ ザ タイガ
ドライアイス	น้ำแข็งแห้ง ナムケン ヘーン	dry ice ドライ アイス
トライアスロン	ไตรกีฬา トライキーラー	triathlon トライアスロン
ドライクリーニング	ซักแห้ง サック ヘーン	dry cleaning ドライ クリーニング
ドライバー	คนขับรถ コン カップ ロット	driver ドライヴァ
(ねじ回し)	ไขควง カイ クアン	screwdriver スクルードライヴァ
ドライブする	ขับรถเที่ยว カップ ロット ティアオ	go for a drive ゴウ フォー ア ドライヴ
ドライヤー	ไดร์เป่าผม ダイ バオ ポム	drier ドライア
トラクター	รถแทรกเตอร์ ロット トレックトゥー	tractor トラクタ
トラック	รถบรรทุก ロット バントゥック	truck トラク
(競走路)	ลู่วิ่ง ルーウィン	track トラク
トラブル	ปัญหา パン ハー	trouble トラブル
トラベラーズチェック	เช็คเดินทาง チェック ドゥーン ターン	traveler's check トラヴラズ チェク

日	タイ	英
ドラマ	ละคร ラコーン	drama ドラーマ
ドラマチックな	เหมือนละคร ムアン ラコーン	dramatic ドラマティク
トランク	กระเป๋าเดินทาง クラパオ ドゥーン ターン	trunk, suitcase トランク, スートケイス
（車の）	กระโปรงท้ายรถ クラプローン ターイ ロット	trunk トランク
トランクス	กางเกงบ็อกเซอร์ カーンケーン ボックサー	trunks トランクス
トランジスター	ทรานซิสเตอร์ トラーンシットゥー	transistor トランズィスタ
トランジット	เปลี่ยนเครื่องบิน プリアン クルアン ビン	transit トランスィト
トランス	หม้อแปลงไฟ モー プレーン ファイ	transformer トランスフォーマー
トランプ	ไพ่ パイ	cards カーヅ
トランポリン	เตียงสปริง ティアン サプリン	trampoline トランポリン
とり 鳥	นก ノック	bird バード
～（酉）年	ปีระกา ピー ラカー	the Year of the Cock ザ イヤ オヴ ザ カク
と あ 取り上げる	หยิบยก イップ ヨック	take up テイク アプ
（奪う）	แย่งไป イェーン パイ	take away テイク アウェイ
（採用）	รับ ラップ	adopt アダプト
と あつか 取り扱い	การปฏิบัติ, การดูแล カーン パティ バット, カーン ドゥーレー	handling, treatment ハンドリング, トリートメント

日	タイ	英
～説明書	คู่มือแนะนำวิธีการใช้งาน クームー ネナム ウィティーカーン チャイ ガーン	user's manual ユーザズ マニュアル
取り扱う	จัดการ, ดูแล, รับทำ チャッカーン, ドゥーレー, ラップ タム	handle, treat ハンドル, トリート

■鳥■　นก / ノック /

鶏　ไก่ / カイ / (英 fowl, chicken)

アヒル　เป็ด / ペット / (英 duck)

白鳥　หงส์ / ホン / (英 swan)

鶴　นกกระยาง / ノック クラヤーン / (英 crane)

鷹　เหยี่ยว / イアオ / (英 hawk)

鷲　นกอินทรี / ノック インシー / (英 eagle)

燕　นกนางแอ่น / ノック ナーン エーン / (英 swallow)

郭公　นกกาเหว่า / ノック カーウオ / (英 cuckoo)

鳩　นกพิราบ / ノック ピラープ / (英 pigeon, dove)

鴎　นกนางนวล / ノック ナーンヌアン / (英 seagull)

烏　กา / カー / (英 crow)

梟　นกฮูก / ノック フーク / (英 owl)

ペンギン　เพนกวิน / ペンクウィン / (英 penguin)

ホーンビル　นกเงือก / ノック グアック / (英 hornbill)

孔雀　นกยูง / ノック ユーン / (英 peacock)

雉　ไก่ฟ้า / カイ ファー / (英 pheasant)

カナリア　นกคีรีบูน / ノック キーリーブーン / (英 canary)

オウム　นกแก้ว / ノック ケーオ / (英 parrot)

インコ　นกหงส์หยก / ノック ホン ヨック / (英 parakeet)

雀　นกกระจอก / ノック クラチョーク / (英 sparrow)

鵞鳥　ห่าน / ハーン / (英 goose)

日	タイ	英
トリートメント	การบำรุง, การดูแลรักษา カーン バムルン, カーン ドゥーレー ラックサー	treatment トリートメント
取り入る	เอาอกเอาใจ アオ オック アオ チャイ	ingratiate イングレイシエイト
取り柄	ข้อดี コー ディー	merit メリト
取り返す	เอาคืน アオ クーン	take back, recover テイク バク, リカヴァ
取り替える	เปลี่ยน プリアン	exchange, replace イクスチェインヂ, リプレイス
鳥籠	กรงนก クロン ノック	cage ケイヂ
取り決める	กำหนด, ทำสัญญา カムノット, タム サンヤー	arrange, agree *on* アレインジ, アグリー
取り組む	จับคู่ต่อสู้, จัดการ チャップ クー トー スー, チャッカーン	tackle タクル
取り消す	ยกเลิก ヨック ルーク	cancel キャンセル
取り越し苦労をする	ตีตนก่อนไข้ ティー トン コーン カイ	be overanxious ビ オウヴァアン(ク)シャス
取り下げる	ถอน トーン	withdraw ウィズドロー
取り仕切る	ควบคุมดูแล クアップクム ドゥーレー	manage マニヂ
取締役	กรรมการบริหาร カムマカーン ボーリハーン	director ディレクタ
取り締まる	ควบคุม クアップ クム	control, regulate カントロウル, レギュレイト
取り出す	เอาออกมา アオ オーク マー	take out テイク アウト
取り立てる	เรียกเก็บ リアック ケップ	collect カレクト

日	タイ	英
トリック	กล, เล่ห์เหลี่ยม コン, レー リアム	trick トリク
取り繕う	กลบเกลื่อน クロップ クルアン	smooth over スムーズ オウヴァ
取り付ける	ติดตั้ง ティット タン	install インストール
取り留めのない	ไม่เกาะติดกัน マイ コ ティット カン	incoherent インコウヒアレント
鶏肉	เนื้อไก่ ヌア カイ	chicken チキン
取り除く	กำจัด, ลบออก カムチャット, ロップ オーク	remove リムーヴ
取り外す	ถอดออก トート オーク	take away テイク アウェイ
取引	การค้าขาย カーン カー カーイ	transactions トランサクションズ
～する	ทำการค้าขาย タム カーン カー カーイ	do business *with* ドゥ ビズネス
～先	ลูกค้า ルーク カー	customer カスタマ
取り分	ส่วนแบ่ง スアン ベン	share シェア
取り巻く	ล้อม ローム	surround サラウンド
取り乱す	แสดงกริยาไม่เหมาะสม サデーン クリヤー マイ モッサム	be confused ビ カンフューズド
取り戻す	เอากลับมา アオ クラップ マー	take back, recover テイク バク, リカヴァ
塗料	สีเคลือบ シー クルアップ	paint ペイント
努力	ความพยายาม クワーム パヤーヤーム	effort エファト

■度量衡■ การชั่งตวงวัด / カーン チャン トゥアン ウット /

ミリ　มิลลิเมตร / ミンリメート / ([英]millimeter)

センチ　เซนติเมตร / センティメート / ([英]centimeter)

メートル　เมตร / メート / ([英]meter)

キロ　กิโลเมตร / キローメート / ([英]kilometer)

ヤード　หลา / ラー / ([英]yard)

マイル　ไมล์ / マイ / ([英]mile)

平方(へいほう)メートル　ตารางเมตร / ターラーン メート / ([英]square meter)

平方(へいほう)キロメートル　ตารางกิโลเมตร / ターラーン キローメート / ([英]square kilometer)

アール　หนึ่งร้อยตารางเมตร / ヌンローイ ターラーン メート / ([英]are)

ヘクタール　เฮกตาร์ / ヘックター / ([英]hectare)

エーカー　เอเคอร์ / エークー / ([英]acre)

グラム　กรัม / クラム / ([英]gram)

キロ　กิโลกรัม / キロークラム / ([英]kilogram)

オンス　ออนซ์ / オーン / ([英]ounce)

ポンド　ปอนด์ / ポーン / ([英]pound)

トン　ตัน / タン / ([英]ton)

立方(りっぽう)センチ　ลูกบาศก์เซนติเมตร / ルークバート センティメート / ([英]cubic centimeter)

リットル　ลิตร / リット / ([英]liter)

立方(りっぽう)メートル　ลูกบาศก์เมตร / ルークバート メート / ([英]cubic meter)

キロ　กิโลเมตร / キローメート / ([英]kilometer)

マイル　ไมล์ / マイ / ([英]mile)

ノット　นอต / ノット / ([英]knot)

摂氏(せっし)　เซลเซียส / セーンシアット / ([英]Celsius)

華氏(かし)　ฟาเรนไฮต์ / ファーレンハイ / ([英]Fahrenheit)

535

日	タイ	英
〜する	พยายาม パヤーヤーム	make an effort メイク アン エファト
取り寄せる	สั่งให้นำมาส่ง サン ハイ ナム マー ソン	order オーダ
ドリル	สว่าน サワーン	drill ドリル
（練習問題）	แบบฝึกหัด ベーブ フック ハット	drill ドリル
取り分ける	แบ่ง ベン	distribute, serve ディストリビュト, サーヴ
ドリンク剤	เครื่องดื่มชูกำลัง クルアン ドゥーム チュー カムラン	health drink ヘルス ドリンク
捕［獲］る	จับ チャップ	catch, capture キャチ, キャプチャ
採る	รับ, เก็บ ラップ, ケップ	adopt, take アダプト, テイク
（採集）	ชุมนุม, รวบรวม チュムヌム, ルアップ ルアム	gather, pick ギャザ, ピク
取る	เอา, หยิบ, จับ アオ, イップ, チャップ	take, hold テイク, ホウルド
（受け取る）	รับ, ได้รับ ラップ, ダイ ラップ	get, receive ゲト, リスィーヴ
（除去）	เอาออก, ถอน アオ オーク, トーン	take off, remove テイク オフ, リムーヴ
（盗む）	ขโมย カモーイ	steal, rob スティール, ラブ
ドル	ดอลลาร์ ドーン ラー	dollar ダラ
ドル箱	แหล่งเงินแหล่งทอง レン グン レン トーン	gold mine ゴウルド マイン
どれ	อันไหน アン ナイ	which (ホ)ウィチ

と

日	タイ	英
どれい 奴隷	ทาส タート	slave スレイヴ
トレース	การลากเส้น カーン ラーク セン	tracing トレイスィング
トレーナー	ครูฝึก クルー フック	trainer トレイナ
（シャツ）	เสื้อวอร์ม スア ウォーム	sweat shirt スウェット シャート
トレーニング	การออกกำลัง, การฝึกฝน カーン オーク カムラン, カーン フック フォン	training トレイニング
トレーラー	รถพ่วง ロット プアン	trailer トレイラ
ドレス	ชุดกระโปรง チュット クラプローン	dress ドレス
ドレッサー	โต๊ะเครื่องแป้ง ト クルアン ペーン	dresser ドレサ
ドレッシング	น้ำสลัด ナム サラット	dressing ドレスィング
どろ 泥	โคลน クローン	mud, dirt マド, ダート
とろう お 徒労に終わる	เปล่าประโยชน์ プラオ プラヨート	come to nothing カム トゥ ナスィング
トロフィー	ถ้วยรางวัล トゥアイ ラーンワン	trophy トロウフィ
どろぼう 泥棒	ขโมย カモーイ	thief, burglar スィーフ, バーグラ
どわす 度忘れする	ลืมไปชั่วขณะหนึ่ง ルーム パイ チュア カナ ヌン	slip *one's* mind スリプ マインド
トン	ตัน タン	ton タン

日	タイ	英
<ruby>鈍感<rt>どんかん</rt></ruby>な	มีความรู้สึกช้า ミー クワーム ルースック チャー	stupid, dull ステューピド, ダル
<ruby>鈍行<rt>どんこう</rt></ruby>	รถไฟธรรมดา ロット ファイ タムマダー	local train ロウカル トレイン
とんでもない	เกินคาด, น่าตกใจ クーン カート, ナー トック チャイ	surprising, shocking サプライズィング, シャキング
（大変な）	ร้ายกาจ ラーイ カート	awful, terrible オーフル, テリブル
（否定）	ไม่ใช่ マイ チャイ	Of course not! オフ コース ナト
どんな	อย่างไหน ヤーン ナイ	what (ホ)ワト
どんなに	เพียงใด, แค่ไหน ピアン ダイ, ケー ナイ	however ハウエヴァ
トンネル	อุโมงค์ ウモーン	tunnel タネル
<ruby>丼<rt>どんぶり</rt></ruby>	ชามข้าว チャーム カーオ	bowl ボウル
<ruby>蜻蛉<rt>とんぼ</rt></ruby>	แมลงปอ マレーン ポー	dragonfly ドラゴンフライ
<ruby>問屋<rt>とんや</rt></ruby>	ร้านขายส่ง ラーン カーイ ソン	wholesale store ホウルセイル ストー
<ruby>貪欲<rt>どんよく</rt></ruby>な	ตะกละ, โลภมาก タクラ, ローブ マーク	greedy グリーディ

日	タイ	英
な, ナ		
名 (な)	ชื่อ チュー	name ネイム
なあんだ！	นั่นแน่ ナン ネー	Oh! オウ
無い (ない)	ไม่มี マイ ミー	There is no... ゼア イズ ノウ
(持っていない)	ไม่มี マイ ミー	have no... ハヴ ノウ
(…では) ない	ไม่ใช่..., ไม่... マイ チャイ, マイ	not, no ナト, ノウ
内科 (ないか)	แผนกโรคภายใน パネーク ローク パーイナイ	internal medicine インターナル メディスィン
内閣 (ないかく)	คณะรัฐมนตรี カナラッタモントリー	Cabinet, Ministry キャビネト, ミニストリ
～改造	สับเปลี่ยน(รัฐมนตรี) サップリアン (ラッタモントリー)	cabinet reshuffle キャビネト, リーシャフル
内向的な (ないこうてきな)	เก็บตัวไม่สุงสิงกับใคร ケップ トゥア マイ スン シン カップ クライ	introverted イントロヴァーテド
内需 (ないじゅ)	อุปสงค์ภายในประเทศ ウッパソン パーイナイ プラテート	domestic demand ドメスティク ディマンド
内線 (ないせん)	สายใน サーイ ナイ	extension イクステンション
内戦 (ないせん)	สงครามกลางเมือง ソンクラーム クラーン ムアン	civil war スィヴィル ウォー
内装 (ないそう)	ตบแต่งภายใน トップ テン パーイナイ	interior インティアリア
内臓 (ないぞう)	เครื่องใน, อวัยวะภายใน クルアン ナイ, アワイヤワパーイナイ	internal organs インターナル オーガンズ
ナイター	การแข่งขันกีฬากลางคืน カーン ケン カン キーラー クラーン クーン	night game ナイト ゲイム

日	タイ	英
ナイトクラブ	ไนต์คลับ ナイ クラップ	nightclub ナイトクラブ
ナイフ	มีด ミート	knife ナイフ
内部(ないぶ)	ข้างใน, ภายใน カーン ナイ, パーイナイ	inside インサイド
内務省(ないむしょう)	กระทรวงมหาดไทย クラスアン マハート タイ	Ministry of Interior ミニストリ オヴ インティアリア
内面(ないめん)	ด้านใน, ข้างใน ダーン ナイ, カーン ナイ	inside インサイド
内容(ないよう)	เนื้อหา, สาระ ヌアハー, サーラ	contents, substance カンテンツ, サブスタンス
ナイロン	ไนลอน ナイローン	nylon ナイラン
苗(なえ)	ต้นอ่อน トン オーン	seedling スィードリング
尚更(なおさら)	ยิ่งไปกว่านั้น イン パイ クワー ナン	still more スティル モー
直す(なおす)	แก้ไข ケーカイ	correct, reform カレクト, リフォーム
(修理)	ซ่อม, ซ่อมแซม ソーム, ソーム セーム	mend, repair メンド, リペア
治す(なおす)	รักษา ラックサー	cure キュア
直る(なおる)	แก้ไขแล้ว ケーカイ レーオ	be corrected ビ カレクテド
(修理して)	ซ่อมแล้ว ソーム レーオ	be repaired ビ リペアド
治る(なおる)	หายป่วย ハーイ プアイ	get well ゲト ウェル
中(なか)	ข้างใน カーン ナイ	inside インサイド

日	タイ	英
〜に	ใน ナイ	in, within イン, ウィズィン
長い	ยาว ヤーオ	long ローング
長生きする	อายุยืน アーユ ユーン	live long リヴ ローング
仲買人	นายหน้าซื้อขาย ナーイ ナー スー カーイ	broker ブロウカ
長靴	รองเท้าบูท ローンターオ ブート	boots ブーツ
長さ	ความยาว クワーム ヤーオ	length レンクス
流し	อ่างล้างภาชนะ アーン ラーン パーチャナ	sink スィンク
流す	เท, ระบาย テー, ラバーイ	pour, drain ポー, ドレイン
（物を）	ลอย, ทำให้ไหล ローイ, タム ハイ ライ	float フロウト
長袖	(เสื้อ)แขนยาว (スア) ケーン ヤーオ	long sleeves ローング スリーヴズ
仲直りする	คืนดีกัน クーン ディー カン	reconcile レコンサイル
長年	หลายปี, เวลานาน ラーイ ピー, ウェーラー ナーン	for years フォー イアズ
長引く	ยืดยาว, ยืดเยื้อ ユート ヤーオ, ユート ユア	be prolonged ビ プロロングド
仲間	เพื่อน, สหาย プアン, サハーイ	companion コムパニョン
中身	เนื้อหา, สิ่งที่อยู่ภายใน ヌア ハー, シン ティー ユー パーイナイ	contents, substance カンテンツ, サブスタンス
眺める	ชม, จ้องมอง チョム, チョーン モーン	see, look at スィー, ルク アト

日	タイ	英
<ruby>長持<rt>ながも</rt></ruby>ちする	ทนทาน, ใช้ทน トン ターン, チャイ トン	be durable ビ デュアラブル
<ruby>中指<rt>なかゆび</rt></ruby>	นิ้วกลาง ニウ クラーン	middle finger ミドル フィンガ
(…し) ながら …する	...ไป...ไป, ...พลาง...พลาง パイ パイ, プラーン プラーン	while..., as... (ホ) ワイル, アズ
<ruby>流<rt>なが</rt></ruby>れ	กระแส クラセー	stream , current ストリーム, カーレント
〜作業	ระบบสายสะพานส่ง ラボップ サーイ サパーン ソン	assembly line アセンブリ ライン
<ruby>流<rt>なが</rt></ruby>れ<ruby>星<rt>ぼし</rt></ruby>	ดาวตก ダーオ トック	shooting star シューティング スター
<ruby>流<rt>なが</rt></ruby>れる	ไหล ライ	flow, run フロウ, ラン
(時が)	ผ่าน パーン	pass パス
<ruby>泣<rt>な</rt></ruby>く	ร้องไห้, ร่ำไห้ ローン ハイ, ラム ハイ	cry, weep クライ, ウィープ
<ruby>鳴<rt>な</rt></ruby>く	ร้อง, ส่งเสียง ローン, ソン シアン	cry クライ
(小鳥が)	ร้อง ローン	sing スィング
(犬が)	เห่า ハオ	bark バーク
(猫が)	ร้อง ローン	mew ミュー
<ruby>慰<rt>なぐさ</rt></ruby>める	ปลอบใจ プローブ チャイ	console, comfort カンソウル, カムファト
<ruby>無<rt>な</rt></ruby>くす	ทำหาย タム ハーイ	lose ルーズ

日	タイ	英
無^なくなる	หาย ハーイ	get lost ゲト ロスト
（消滅）	สูญหาย スーン ハーイ	disappear ディサピア
（尽きる）	หมด モット	run short ラン ショート
殴^{なぐ}る	ชก, ต่อย チョック, トイ	strike, beat ストライク, ビート
嘆^{なげ}かわしい	เสียใจ, น่าเศร้า シア チャイ, ナー サオ	deplorable ディプローラブル
嘆^{なげ}く	เศร้าโศก サオ ソーク	lament, grieve ラメント, グリーヴ
投^なげ出^だす		
（放棄する）	ทอดทิ้ง トート ティン	give up ギヴ アプ
投^なげる	ขว้าง, โยน クワーン, ヨーン	throw, cast スロウ, キャスト
仲人^{なこうど}	พ่อสื่อ, แม่สื่อ ポー スー, メー スー	matchmaker マチメイカ
和^{なご}やかな	อ่อนโยน, เป็นกันเอง オーン ヨーン, ペン カンエーン	peaceful, friendly ピースフル, フレンドリ
名残^{なごり}	ร่องรอย, ความอาลัยอาวรณ์ ローン ロイ, クワーム アーライ アーウォーン	trace, vestige トレイス, ヴェスティヂ
～惜しい	อาลัยอาวรณ์ アーライ アーウォーン	be reluctant to part ビ リラクタント トゥ パート
情^{なさ}け	ความเห็นอกเห็นใจ クワーム ヘン オック ヘン チャイ	sympathy スィンパスィ
（哀れみ）	ความสงสาร クワーム ソンサーン	pity ピティ
（慈悲）	เมตตากรุณา メーッター カルナー	mercy マースィ

日	タイ	英
情け無い (なさけない)	น่าเวทนา, น่าสมเพช ナー ウェータナー, ナー ソムペート	miserable, lamentable ミザラブル, ラメンタブル
成し遂げる (なしとげる)	ทำให้สำเร็จ タム ハイ サムレット	accomplish アカンプリシュ
馴染みの (なじみの)	คุ้นเคย, ประจำ クン クーイ, プラチャム	familiar, favorite ファミリャ, フェイヴァリト
馴染む (なじむ)	คุ้นเคย クン クーイ	become attached to ビカム アタチト
ナショナリズム	ชาตินิยม チャート ニヨム	nationalism ナショナリズム
何故 (なぜ)	ทำไม タムマイ	why (ホ)ワイ
何故なら (なぜなら)	เพราะว่า プロ ワー	because, for ビコズ, フォー
謎 (なぞ)	ปริศนา, ลึกลับ プリッサナー, ルック ラップ	riddle, mystery リドル, ミスタリ
宥める (なだめる)	ปลอบโยน, เอาใจ プローブ ヨーン, アオ チャイ	calm, soothe カーム, スーズ
なだらかな	เรียบ, ไม่ชัน リアップ, マイ チャン	gentle, fluent ヂェントル, フルエント
夏 (なつ)	หน้าร้อน, ฤดูร้อน ナー ローン, ルドゥー ローン	summer サマ
～休み	วันหยุดหน้าร้อน ワン ユット ナー ローン	summer vacation サマ ヴェイケイション
捺印する (なついんする)	ประทับตรา プラタップ トラー	seal スィール
懐かしい (なつかしい)	ที่หวนคิดถึง ティー ルアン キット トゥン	sweet スウィート
懐かしむ (なつかしむ)	นึกถึงความหลัง ヌック トゥン クワーム ラン	long for ローング フォー

日	タイ	英
名付ける	ตั้งชื่อ, เรียกว่า タン チュー, リアック ワー	name, call ネイム, コール
ナッツ	ถั่ว トゥア	nut ナト
ナット	น็อต, แป้นเกลียว ノット, ペン クリアオ	nut ナト
納豆	ถั่วเน่า トゥア ネオ	fermented soybeans ファーメンテド ソイビーンズ
撫でる	ลูบ ループ	stroke, pat ストロウク, パト
等	เป็นต้น ペン トン	and so on アンド ソウ オン
斜めの	เฉียง, เอียง チアン, イアン	slant, oblique スラント, オブリーク
何	อะไร アライ	what (ホ) ワト
（聞き返し）	อะไรนะ アライ ナ	What? (ホ) ワト
何か	บางสิ่ง, อะไรบางอย่าง バーン シン, アライ バーン ヤーン	something サムスィング
何気なく	ไม่แสดงท่าทีใดๆ マイ サデーン ター ティー ダイ ダイ	casually キャジュアリ
…なので	เพราะ... プロ	so, because ソウ, ビコーズ
…なのに	ทั้งๆที่... タン タン ティー	although, in spite of オールゾウ, イン スパイト オヴ
ナプキン	ผ้าเช็ดปาก パー チェット パーク	napkin ナプキン
（生理用）	ผ้าอนามัย パー アナーマイ	sanitary napkin サニテリ ナプキン

日	タイ	英
^{なふだ}名札	ป้ายชื่อ パーイ チュー	name tag ネイム タグ
ナフタリン	ลูกเหม็น ルーク メン	naphthalene ナフサリーン
^{なべ}鍋	หม้อ モー	pan パン
^{なまいき}生意気な	อวดดี, แก่แดด ウアット ディー, ケー デート	insolent, saucy インソレント, ソースィ
^{なまえ}名前	ชื่อ チュー	name ネイム
^{なまぐさ}生臭い	เหม็นคาว メン カーオ	fishy フィシ
^{なま もの}怠け者	คนขี้เกียจ コン キー キアット	lazy person レイズィ パースン
^{なま}怠ける	ขี้เกียจ キー キアット	be idle ビ アイドル
^{なまなま}生々しい	สดๆ ソット ソット	fresh, vivid フレシュ, ヴィヴィド
^{なまぬる}生温い	อุ่น ウン	lukewarm ルークウォーム
(中途半端な)	ไม่ตัดสินใจให้เด็ดขาด マイ タット シン チャイ ハイ デット カート	lukewarm ルークウォーム
^{なま}生の	สด ソット	raw ロー
^{なま}生ビール	เบียร์สด ビア ソット	draft beer ドラフト ビア
^{なまほうそう}生放送	ถ่ายทอดสด ターイ トート ソット	live broadcast ライヴ ブロードキャスト
^{なまり}鉛	ตะกั่ว タクア	lead レド
^{なまり}訛がある	มีสำเนียงแปร่ง ミー サムニアン プレーン	speak with an accent スピーク, ウィズ アン アクセント

日	タイ	英
波 なみ	คลื่น クルーン	wave ウェイヴ
涙 なみだ	น้ำตา ナム ター	tears ティアズ
〜ぐむ	น้ำตาคลอตา ナム ター クロー ター	be moved to tears ビ ムーヴド トゥティアズ
なめくじ	ตัวทาก トゥア ターク	slug スラグ
滑らかな なめ	ลื่น ルーン	smooth スムーズ
舐める な	เลีย, ดูด リア, ドゥート	lick, lap リク, ラプ
(侮る)	ดูหมิ่น ドゥー ミン	despise ディスパイズ
悩み なや	ความกังวล クワーム カンウォン	anxiety, worry アングザイエティ, ワーリ
悩む なや	กังวล, ทรมาน カンウォン, トーラマーン	suffer *from* サファ
ナーラーイ大王 だいおう	สมเด็จพระนารายณ์มหาราช ソムデット プラ ナーラーイ マハーラート	King Narai the Great キング ナーラーイ ザ グレート
習う なら	เรียน リアン	learn ラーン
慣らす な	ทำให้คุ้นเคย タム ハイ クン クーイ	accustom アカストム
(…しなければ) ならない	ต้อง, ควร トン, クアン	have to, must ハフ トゥ, マスト
並ぶ なら	เข้าแถว カオ テオ	line up ライン アプ
並べる なら	เรียงราย, โชว์ リアン ラーイ, チョー	arrange アレインジ

日	タイ	英
（列挙）	กล่าวเป็นข้อๆ クラーオ ペン コー コー	enumerate イニューマレイト
な きん 成り金	เศรษฐีใหม่ セーッティー マイ	upstart アプスタート
(…に) なりたい	อยากจะเป็น... ヤーク チャ ペン	want to be ワント トゥ ビ
な ゆ 成り行き	ความเป็นไป, ขั้นก้าวหน้า クワーム ペン パイ, カンカーオ チー	course of things コース オブ スィングズ
〜に任せる	เลยตามเลย ルーイ ターム ルーイ	leave... to chance リーヴ トゥ チャンス
な 成る	กลายเป็น クラーイ ペン	become ビカム
（変わる）	เปลี่ยนเป็น プリアン ペン	turn *into* ターン
な 生る	ออกผล オーク ポン	grow, bear グロウ, ベア
な 鳴る	ร้อง ローン	sound, ring サウンド, リング
ナルシスト	คนหลงตัวเอง コン ロン トゥア エーン	narcissist ナースィスィスト
なるべく	เท่าที่เป็นไปได้ タオ ティー ペン パイ ダーイ	if possible イフ パスィブル
なるほど！	อ๋อ, จริงๆ オー, チン チン	Well, I see ウェル, アイスィー
ナレーション	การพากย์ カーン パーク	narration ナレイション
だいおう ナレースワン大王	สมเด็จพระนเรศวรมหาราช ソムデット プラ ナレースアン マハーラート	King Naresuan the Great キング ナレースアン ザ グレイト
ナレーター	ผู้พากย์ プー パーク	narrator ナレイタ

日	タイ	英
馴れ馴れしい	ทำท่าคุ้นเคย タム ター クン クーイ	familiar ファミリア
慣れる	คุ้นเคย クン クーイ	get used *to* ゲト ユースト
縄	เชือก チュアック	rope ロウプ
縄跳び	กระโดดเชือก クラドート チュアック	jump rope チャンプ ロウプ
縄張り	กำหนดเขตแดน カムノット ケート デーン	territory テリトーリ
何回	กี่ครั้ง キー クラン	how many times ハウ メニ
南極	ขั้วโลกใต้ クア ローク ターイ	the South Pole ザ サウス ポウル
南京虫	ตัวเรือด トゥア ルアット	bedbug ベドバグ
軟膏	ยาทาขี้ผึ้ง ヤー ター キープン	ointment オイントメント
何時	กี่โมง キー モーン	what time, when ホワト タイム, ホウェン
ナンセンス	ไร้สาระ ライ サーラ	nonsense ナンセンス
何度も	บ่อย, หลายครั้ง ボイ, ラーイ クラン	many times メニ タイムズ
難破する	เรือล่ม ルア ロム	be wrecked ビ レクド
ナンパする	เกี้ยวผู้หญิง キアオ プーイン	pick up a girl ピク アプ ア ガール
ナンバー	หมายเลข マーイ レーク	number ナンバ

日	タイ	英
〜プレート	ป้ายทะเบียนรถ パーイ タビアン ロット	license plate ライセンス プレイト
ナンバーワン	ที่หนึ่ง ティー ヌン	Number 1 ナンバ ワン
難病（なんびょう）	โรคที่รักษายาก ロークティー ラックサー ヤーク	incurable disease インキュアラブル ディズィーズ
南部（なんぶ）	ภาคใต้ パーク ターイ	the south ザ サウス
ナンプラー	น้ำปลา ナム プラー	*nampla*, fish sauce ナム プラ, フィシュ ソース
南米（なんべい）	อเมริกาใต้ アメーリカー ターイ	South America サウス アメリカ
難民（なんみん）	ผู้อพยพ プー オッパヨップ	refugees レフュヂーズ

に, ニ

日	タイ	英
荷（に）	ของที่บรรทุก, ภาระ コーン ティー バントゥック, パーラ	load ロウド
…に	ที่..., ใน, แก่, แด่ ティー, ナイ, ケー, デー	at, in, on, for, to アト, イン, フォー, トゥ
似合う（にあう）	เหมาะสม, เข้ากัน モソム, カオ カン	become, suit ビカム, シュート
ニーズ	ความจำเป็น, ความต้องการ クワーム チャムペン, クワーム トンカーン	necessity, need ニセスィティ, ニード
煮え切らない（にえきらない）	คลุมเครือ クルム クルア	vague ヴァーグ
（不決断）	ลังเลใจ, ไม่แสดงออกแน่ชัด ランレー チャイ, マイ サデーン オーク ネー チャット	irresolute イレゾルート
煮える（にえる）	ต้มสุก トム スック	be boiled ビ ボイルド

日	タイ	英
匂い (にお)	กลิ่น クリン	smell, odor スメル, オウダ
臭う (にお)	ส่งกลิ่นเหม็น ソン クリン メン	stink スティンク
匂う (にお)	ส่งกลิ่น ソン クリン	smell スメル
二階 (にかい)	ชั้นสอง チャン ソーン	second floor セコンド フロー
苦い (にが)	ขม, ขื่นขม コム, クーン コム	bitter ビタ
逃がす (に)	ปล่อย プローイ	let go, set free レト ゴウ, セト フリー
(取り逃がす)	ปล่อยให้หนี, พลาด プローイ ハイ ニー, プラート	let... escape, miss レト イスケイプ, ミス
二月 (にがつ)	เดือนกุมภาพันธ์ ドゥアン クムパーパン	February フェブルエリ
苦手である (にがて)	ไม่ถนัด, ไม่เก่ง マイ タナット, マイ ケン	be weak *in* ビ ウィーク
苦々しい (にがにが)	ไม่พึงพอใจอย่างยิ่ง マイ プン ポーチャイ ヤーン イン	unpleasant アンプレザント
苦笑いする (にがわら)	ยิ้มแหยๆ イム イェー イェー	smile bitterly スマイル ビタリ
面皰 (にきび)	สิว シウ	pimple ピンプル
賑やかな (にぎ)	จอแจ, พลุกพล่าน チョー チェー, プルック プラーン	crowded クラウディド
(活気のある)	คึกคัก クックカック	lively ライヴリ
握る (にぎ)	จับ, กุม チャップ, クム	grasp グラスプ
賑わう (にぎ)	จอแจ, พลุกพล่าน チョー チェー, プルック プラーン	be crowded ビ クラウデド

日	タイ	英
にく 肉	เนื้อ ヌア	flesh, meat フレシュ, ミート
にく 憎い	เกลียดชัง クリアット チャン	hateful, detestable ヘイトフル, ディテスタブル
にくがん 肉眼	ตาเปล่า ター プラオ	naked eye ネイキド アイ
にく 憎しみ	ความเกลียด, ความขุ่นเคืองใจ クワーム クリアット, クワーム クン クアン チャイ	hatred ヘイトリド
にくしん 肉親	ญาติใกล้ชิด ヤート クライ チット	near relatives ニア レラティヴズ
にくたい 肉体	ร่างกาย, สังขาร ラーンカーイ, サン カーン	body, flesh バディ, フレシュ
～労働	การทำงานที่ใช้แรงกาย カーン タムガーン ティー チャイ レーンカーイ	physical labor フィズィカル レイバ
～労働者	กรรมกร カムマコーン	physical worker フィズィカル ワーカ
～関係を持つ	ได้เสียกัน ダイ シア カン	have sexual relations ハヴ セクシャル リレイションズ
にく 憎む	เกลียด クリアット	hate ヘイト
にくや 肉屋	ร้านขายเนื้อ ラーン カーイ ヌア	meat shop ミート シャプ
にく 憎らしい	น่ารังเกียจ, น่าชัง ナー ランキアット, ナー チャン	hateful, detestable ヘイトフル, ディテスタブル
に 逃げる	หนี, หลบหนี ニー, ロップ ニー	run away, escape ラン アウェイ, イスケイプ
ニコチン	นิโคติน ニコーティン	nicotine ニコティーン
にこやかな	ร่าเริง, ยิ้มแย้ม ラールーン, イム イェーム	cheerful, smiling チアフル, スマイリング
にご 濁る	ขุ่น, มัว クン, ムア	become muddy ビカム マディ

日	タイ	英
にさんかたんそ 二酸化炭素	คาร์บอนไดออกไซด์ カーボーン ダイオークサイ	carbon dioxide カーボン ダイアクサイド
にし 西	ทิศตะวันตก ティット タワントック	the west ウェスト
にじ 虹	รุ้ง ルン	rainbow レインボウ
にじ 滲む	ซึม スム	blot ブラト
にじゅうかぜい 二重課税	ภาษีซ้อน パーシー ソーン	double taxation ダブル, タクセイション
にじゅう 二重の	สองชั้น, ซ้อน ソーン チャン, ソーン	double, dual ダブル, デュアル
ニス	น้ำมันเคลือบเงา ナムマン クルアップ ガオ	varnish ヴァーニシュ
にせ 偽		
～の	ปลอม プローム	imitation イミテイション
～物	ของปลอม コーン プローム	imitation, counterfeit イミテイション, カウンタフィト
にせさつ 偽札	ธนบัตรปลอม タナバット プローム	counterfeit bill カウンタフィト ビル
にちじ 日時	วันเวลา ワン ウェーラー	time, date タイム, デイト
にちじょう 日常の	ประจำวัน プラチャム ワン	daily デイリ
にちぼつ 日没	พระอาทิตย์ตก プラアーティット トック	sunset サンセト
にちようび 日曜日	วันอาทิตย์ ワン アーティット	Sunday サンディ
にちようひん 日用品	ของใช้ประจำวัน コーン チャイ プラチャム ワン	daily necessaries デイリ ネセセリズ

日	タイ	英
にっか 日課	กิจวัตรประจำวัน キッチャワット プラチャム ワン	daily work デイリ ワーク
にっかん 日刊	รายวัน ラーイ ワン	daily デイリ
にっき 日記	บันทึกประจำวัน バントゥック プラチャム ワン	diary ダイアリ
にっきゅう 日給	ค่าแรงต่อวัน カー レーン トー ワン	day's wage デイズ ウェイヂ
ニックネーム	ชื่อเล่น チュー レン	nickname ニクネイム
にづく 荷造りする	บรรจุสัมภาระ バンチュ サンパーラ	pack パク
ニッケル	นิกเกิล ニック クン	nickel ニクル
にっこう 日光	แสงแดด セーン デート	sunlight, sunshine サンライト, サンシャイン
〜浴	อาบแดด アープ デート	sunbath サンバス
にっしゃびょう 日射病	โรคลมแดด ローク ロム デート	sunstroke サンストロウク
にっしょく 日食	สุริยุปราคา スリユッパラーカー	solar eclipse ソウラ イクリプス
にっすう 日数	จำนวนวัน チャムヌアン ワン	number of days ナンバ オヴ デイズ
にっ 日タイの	(ของ)ญี่ปุ่นไทย (コーン) イープン タイ	Japan-Thailand ヂャパン タイランド
にってい 日程	กำหนดการ カムノット カーン	day's program デイズ プロウグラム
ニットウエア	เสื้อไหมพรมถัก スア マイ プロム タック	knitwear ニトウェア
にっとう 日当	เบี้ยเลี้ยงประจำวัน ビア リアン プラチャム ワン	daily allowance デイリ アラウアンス

日	タイ	英
似(に)ている	คล้ายๆกัน クラーイ クラーイ カン	look like ルク ライク
二等(にとう)	ชั้นสอง チャン ソーン	second class セコンド クラス
担(にな)う	แบก, รับมอบหมาย ベーク, ラップ モープ マーイ	carry, bear キャリ, ベア
荷主(にぬし)	เจ้าของสินค้า チャオ コーン シンカー	shipper シパ
二倍(にばい)	สองเท่า ソーン タオ	twice トワイス
鈍(にぶ)い	ทื่อ, ช้า トゥー, チャー	dull, blunt ダル, ブラント
日本(にほん)	ญี่ปุ่น イープン	Japan チャパン
～語	ภาษาญี่ปุ่น パーサー イープン	Japanese チャパニーズ
～酒	เหล้าสาเกญี่ปุ่น ラオ サーケー イープン	*sake* サーキ
～人	คนญี่ปุ่น コン イープン	Japanese チャパニーズ
～料理	อาหารญี่ปุ่น アーハーン イープン	Japanese food チャパニーズ フード
荷物(にもつ)	ของ, สัมภาระ コーン, サムパーラ	baggage バギヂ
にやにやする	อมยิ้ม オム イム	grin グリン
入院(にゅういん)する	เข้าโรงพยาบาล カオ ローンパヤーバーン	enter hospital エンタ ハスピタル
入会(にゅうかい)する	เข้าเป็นสมาชิก カオ ペン サマーチック	join チョイン
入学(にゅうがく)		
～金	ค่าแป๊ะเจี๊ยะ カー ペチア	entrance fee エントランス フィー

日	タイ	英
~する	เข้าโรงเรียน カオ ローンリアン	enter a school エンタ ア スクール
~試験	การสอบเข้าเรียน カーン ソープ カオ リアン	entrance examination エントランス イグザミネイション
入荷する	สินค้าเข้า シンカー カオ	arrive アライヴ
入金する	ฝาก[ได้รับ]เงิน ファーク [ダイ ラップ] グン	pay, receive money ペイ, リスィーヴ マニ
入国		
~管理	ตรวจคนเข้าเมือง トルアット コン カオ ムアン	immigration イミグレイション
~する	เข้าประเทศ カオ プラテート	enter a country エンタ ア カントリ
入札する	ประมูล プラムーン	bid, tender ビド, テンダ
乳酸菌	แบคทีเรียแลคโตบาซิลัส ベクティーリア レクトーバーシラット	lactic acid bacteria ラクティク アスィド バクティアリア
入社する	เข้าทำงาน カオ タムガーン	join a company チョイン ア カンパニ
入場		
~券	บัตรผ่านประตู バット パーン プラトゥー	admission ticket アドミション ティケト
~料	ค่าเข้า カー カオ	admission fee アドミション フィー
ニュース	ข่าว カーオ	news ニューズ
~キャスター	ผู้ประกาศข่าว, โฆษก プー プラカート カーオ, コーソック	newscaster ニューズキャスタ
~速報	ข่าวด่วน カーオ ドゥアン	news flash ニューズ フラシュ
乳製品	ผลิตภัณฑ์จากนม パリッタパン チャーク ノム	dairy products デアリ プラダクツ

日	タイ	英
ニューフェイス	หน้าใหม่, รุ่นใหม่ ナーマイ, ルン マイ	new face ニュー フェイス
にゅうよく 入浴する	อาบน้ำ アープ ナーム	take a bath テイク ア バス
にゅうりょく 入力する	ใส่ข้อมูล サイ コームーン	input インプト
にょう 尿	ปัสสาวะ パッサーワ	urine ユアリン
にら 睨む	จ้องมอง チョーン モーン	glare *at* グレア
にりゅう 二流の	ชั้นสอง チャン ソーン	second-rate セコンドレイト
に 似る	คล้าย クラーイ	resemble リゼンブル
に 煮る	ต้ม トム	boil, cook ボイル, クク
にわ 庭	สวน スアン	garden, yard ガードン, ヤード
にわとり 鶏	ไก่ カイ	fowl, chicken ファウル, チキン
にんか 認可する	อนุมัติ アヌマット	authorize オーソライズ
にんき 人気のある	ได้รับความนิยม ダイ ラップ クワーム ニヨム	popular パピュラ
にんぎょ 人魚	นางเงือก ナーン グアック	mermaid マーメイド
にんぎょう 人形	ตุ๊กตา トゥッカター	doll ダル
〜劇	การแสดงหุ่น カーン サデーン フン	puppet show パペト ショウ
にんげん 人間	มนุษย์ マヌット	human being ヒューマン ビーイング

556

日	タイ	英
～関係	มนุษยสัมพันธ์ マヌットサヤ サムパン	human relations ヒューマン
～工学	วิศวกรรมปัจจัยมนุษย์ ウィサワカム パッチャイ マヌット	ergonomics アーガナミクス
にんしき 認識する	รับรู้, สำนึก ラップルー, サムヌック	recognize レコグナイズ
にんじょう 人情	ความรักใคร่เพื่อนมนุษย์ クワーム ラック クライ プアン マヌット	human nature ヒューマン ネイチャ
にんしん 妊娠		
～する	ตั้งครรภ์ タン カン	conceive カンスィーヴ
～している	มีท้อง ミー トーン	pregnant プレグナント
にんそう 人相	ลักษณะหน้าตา ラックサナ ナーター	facial features フェイシャル フィーチャス
にんてい 認定する	วินิจฉัยกำหนด ウィニッチャイ カムノット	authorize, recognize オーソライズ, レコグナイズ
にんぷ 妊婦	หญิงมีครรภ์ イン ミー カン	pregnant woman プレグナント ウマン
にんむ 任務	หน้าที่ ナーティー	duty, office デューティ, オフィス
～を果たす	ทำหน้าที่ タム ナーティー	fulfill *one's* duty フルフィル デューティ
にんめい 任命する	แต่งตั้ง テン タン	appoint アポイント

ぬ, ヌ

日	タイ	英
ぬ 縫いぐるみ	ตุ๊กตา トゥッカター	stuffed toy スタフト トイ
ぬ 縫う	เย็บ イェップ	sew, stitch ソウ, スティチ
ヌード	(ภาพ)เปลือย (パープ) プルアイ	nude ヌード

日	タイ	英
ぬかるむ	แฉะ チェ	be muddy ビ マディ
抜く	ดึงออก, ถอนออก ドゥン オーク, トーン オーク	pull out プル アウト
（除く）	เอาออก アオ オーク	remove リムーヴ
（省く）	ละเว้น, ละเลย ラウェーン, ラルーイ	omit, skip オウミト, スキプ
（追い抜く）	แซง セーン	outrun アウトラン
脱ぐ	ถอด トート	put off プト オフ
拭う	เช็ด, ถู チェット, トゥー	wipe ワイプ
脱け殻	คราบ クラープ	cast-off skin キャストーフ スキン
抜け目がない	รู้ฉลาด, หัวใส ルー チャラート, フア サイ	shrewd シュルー
抜ける	ร่วง, หลุด, ตกหล่น ルアン, ルット, トックロン	come off カム オフ
（脱退）	ถอนตัว, ลาออก トーン トゥア, ラー オーク	leave, withdraw リーヴ, ウィズドロー
盗む	ขโมย カモーイ	steal, rob スティール, ラブ
布	ผ้า パー	cloth クロス
沼	บึง, หนอง ブン, ノーン	marsh, bog マーシュ, バグ
濡らす	ทำเปียก タム ピアック	wet, moisten ウェト, モイスン
塗る	ทา, ลงสี ター, ロン シー	paint ペイント

日	タイ	英
(薬などを)	ทายา ターヤー	apply アプライ
ぬる 温い	อุ่น ウン	tepid, lukewarm テピド, ルークウォーム
ぬ 濡れる	เปียก ピアック	get wet ゲト ウェト

ね, ネ

日	タイ	英
ね 根	ราก ラーク	root ルート
～に持つ	มีความขุ่นแค้น ミー クワーム クン ケーン	have a grudge against ハヴ ア グラヂ アゲインスト
ねあ 値上がり	การสูงขึ้นของราคา カーン スーン クン コーン ラーカー	rise in price ライズ イン プライス
ねあ 値上げする	ขึ้นราคา クン ラーカー	raise the price レイズ ザ プライス
ねう 値打ち	ค่า, คุณค่า カー, クン カー	value, merit ヴァリュ, メリト
ネームバリュー がある	ชื่อเสียง チュー シアン	famous フェイマス
ネオン	นีออน ニーオーン	neon ニーアン
ネガ	เนกาทีฟ, ปฏิเสธ, ทางลบ ネーカーティープ, パティセート, ターン ロップ	negative ネガティヴ
ねが 願う	ปรารถนา, หวัง, ขอร้อง プラーッタナー, ワン, コー ローン	wish ウィシュ
ね 寝かす	ให้นอนหลับ, ปล่อยวางทิ้งไว้ ハイ ノーン ラップ, プロイ ワーン ティン ワイ	put to bed プト トゥ ベド
(横にする)	เอาตัวลงนอน アオ トゥア ロン ノーン	lay down レイ ダウン
(熟成・発酵)	บ่ม ボム	mature, age マチュア, エイヂ

日	タイ	英
値切る	ต่อรองราคา ト-ローン ラーカー	bargain バーギン
ネクタイ	เน็คไท ネックタイ	necktie, tie ネクタイ, タイ
猫	แมว メーオ	cat キャト
寝言を言う	ละเมอ ラムー	talk in *one's* sleep トーク イン スリープ
寝込む	หลับสนิท ラップ サニット	fall asleep フォール アスリープ
（病気で）	ป่วยลง プアイ ロン	be ill in bed ビ イル イン ベド
寝転ぶ	เอนหลัง エーン ラン	lie down ライ ダウン
値下がり	การลดลงของราคา カーン ロット ロン コーン ラーカー	fall in price フォール イン プライス
値下げする	ลดราคา ロット ラーカー	reduce the price リデュース ザ プライス
螺子	ตะปูเกลียว タプー クリアオ	screw スクルー
〜回し	ไขควง カイ クアン	screwdriver スクルードライヴァ
捻る	บิด ビット	twist, turn トウィスト, ターン
鼠	หนู ヌー	rat, mouse ラト, マウス
〜（子）年	ปีหนู, ชวด ピーヌー, チュアット	the Year of the Rat ジ イア オブ ザ ラト
妬む	อิจฉา, หึงหวง, ริษยา イッチャー, ハン フアン, リットサヤー	be jealous *of*, envy ビ ヂェラス, エンヴィ
値段	ราคา ラーカー	price プライス

日	タイ	英
ねつ 熱	ไข้, ความร้อน カイ, クワーム ローン	heat, fever ヒート, フィーヴァ
ネッカチーフ	ผ้าพันคอ パー パン コー	neckerchief ネカチフ
ねつききゅう 熱気球	บอลลูน ボーンルーン	hot-air balloon ホッテア バルーン
ねづ 根付く	ฝังราก ファン ラーク	take root テイク ルート
ネックレス	สร้อยคอ ソイ コー	necklace ネクリス
ねっしん 熱心な	มุ่งมั่น, ใส่ใจ ムン マン, サイ チャイ	eager, ardent イーガ, アーデント
ねっ 熱する	ทำให้ร้อน タム ハイ ローン	heat ヒート
ねったい 熱帯	เขตร้อน ケート ローン	the tropical ザ トラピカル
ねっちゅう 熱中する	จดจ่อ チョット チョー	be absorbed *in* ビ アブソーブド
ネットワーク	เครือข่าย, เน็ตเวิร์ค クルア カーイ, ネット ウーク	network ネトワーク
ねっとう 熱湯	น้ำเดือด ナム ドゥアット	boiling water ボイリング ウォータ
ねつびょう 熱病	ไข้สูง カイ スーン	fever フィーヴァ
ねづよ 根強い	เข้มแข็ง ケム ケン	deep-rooted ディープルーテド
ねば づよ 粘り強い	คงทน, เข้มแข็ง コン トン, ケム ケン	tenacious, persistent ティネイシャス, パスィステント
ねば 粘る	เหนียวติด ニアオ ティット	be sticky ビ スティキ

日	タイ	英
（根気よく）	อดทน, ทนทาน オットン, トン ターン	persevere パースィヴィア
涅槃（ねはん）	นิพพาน ニッパーン	nirvana ニアーヴァーナ
値引きする（ねびきする）	ลดราคา ロット ラーカー	discount ディスカウント
寝袋（ねぶくろ）	ถุงนอน トゥン ノーン	sleeping-bag スリーピングバグ
値札（ねふだ）	ป้ายติดราคา パーイ ティット ラーカー	price tag プライス タグ
値踏みする（ねぶみする）	ตีราคา ティー ラーカー	estimate エスティメイト
寝坊する（ねぼうする）	ตื่นสาย トゥーン サーイ	get up late ゲト アプ レイト
寝惚ける（ねぼける）	สะลึมสะลือ サルム サルー	be half asleep ビ ハフ アスリープ
寝巻（ねまき）	ชุดนอน チュット ノーン	pajamas パヂャーマズ
根回し（ねまわし）	การปูทางไว้ก่อน カーン プー ターン ウイ コーン	groundwork グラウンドワーク
眠い（ねむい）	ง่วงนอน グアン ノーン	be sleepy ビ スリーピ
眠る（ねむる）	นอนหลับ ノーン ラップ	sleep スリープ
狙い（ねらい）	เป้าหมาย パオ マーイ	aim エイム
狙う（ねらう）	เล็ง レン	aim *at* エイム
寝る（ねる）	นอน ノーン	sleep スリープ
（寝床に入る）	เข้านอน カオ ノーン	go to bed ゴウ トゥベド

日	タイ	英
（横になる）	นอนลง ノーン ロン	lie down ライ ダウン
ねん 年	ปี ピー	year イア
ねんがじょう 年賀状	ส.ค.ส. ソー コー ソー	New Year's card ニュー イアズ カード
ねんがっぴ 年月日	วันเดือนปี ワン ドゥアン ピー	date デイト
ねんかん 年鑑	หนังสือรายปี, หนังสือรุ่น ナンスー ラーイ ピー, ナンスー ルン	almanac オールマナク
ねんかん 年間の	ต่อปี トー ピー	annual, yearly アニュアル, イアリ
ねんきん 年金	บำนาญ バムナーン	pension, annuity ペンスィアン, アニュイティ
ねんげつ 年月	กาล, เวลา カーン, ウェーラー	time, years タイム, イアズ
ねんこうじょれつ 年功序列	การเลื่อนตำแหน่งโดยถือเกณฑ์อาวุโส カーン ルアン タムネン ドーイ トゥー ケーン アーウソー	seniority スィニオリティ
ねんざ 捻挫する	เคล็ด クレット	sprain スプレイン
ねんじきゅうか 年次休暇	วันหยุดประจำปี ワン ユット プラチャム ピー	annual holidays アニュアル ハリデイズ
ねんしゅう 年収	รายได้ต่อปี ラーイ ダーイ トー ピー	annual income アニュアル インカム
ねんじゅう 年中	ตลอดปี タロート ピー	all the year オール ザ イア
～無休	ไม่หยุดตลอดปี マイ ユット タロート ピー	open throughout the year オウプン スルーアウト ザ イア
ねんだい 年代	ยุค, สมัย ユック, サマイ	age, era エイヂ, イアラ

日	タイ	英
年中行事 (ねんちゅうぎょうじ)	งานประจำทุกปี ガーン プラチャム トゥック ピー	annual event アニュアル イヴェント
粘土 (ねんど)	ดินเหนียว ディン ニアオ	clay クレイ
念のため (ねん)	เพื่อความแน่ใจ プア クワーム ネー チャイ	to make sure トゥ メイク シュア
燃費 (ねんぴ)	ค่าเชื้อเพลิง カー チュア プルーン	mileage マイリヂ
年表 (ねんぴょう)	ตารางลำดับปี ターラーン ラムダップ ピー	chronological table クラノラヂカル テイブル
粘膜 (ねんまく)	เยื่อเมือก ユア ムアック	mucous membrane ミューカス メンブレイン
年末 (ねんまつ)	สิ้นปี シン ピー	the end of the year ジ エンド オヴ ザ イア
年利 (ねんり)	ดอกเบี้ยต่อปี ドーク ビア トー ピー	annual interest アニュアル インタレスト
燃料 (ねんりょう)	เชื้อเพลิง チュア プルーン	fuel フュエル
年齢 (ねんれい)	อายุ アーユ	age エイヂ
念を押す (ねん お)	ตรวจดูให้แน่ใจ トルアット ドゥー ハイ ネー チャイ	remind リマインド

の, ノ

日	タイ	英
…の (所有・所属)	ของ, แห่ง コーン, ヘン	of, 's オヴ, ズ
ノイズ	เสียงรบกวน シアン ロップクアン	noise ノイズ
ノイローゼ	โรคประสาท ローク プラサート	neurosis ニュアロウスィス

日	タイ	英
のう 脳	สมอง サモーン	brain ブレイン
のうえん 農園	ฟาร์ม ファーム	farm, plantation ファーム、プランテイション
のうか 農家	เกษตรกร カセートラコーン	farmhouse ファームハウス
のうがく 農学	เกษตรศาสตร์ カセートラサート	agriculture アグリカルチャ
のうき 納期	กำหนดในการนำส่ง カムノット ナイ カーン ナム ソン	delivery date ディリヴァリ デイト
(金の)	กำหนดในการชำระ カムノット ナイ カーン チャムラ	date of payment デイト オヴ ペイメント
のうきょう 農協	สหกรณ์การเกษตร サハコーン カーン カセート	farmer's cooperative ファーマズ コウアペラティヴ
のうぎょう 農業	เกษตรกรรม カセートラカム	agriculture アグリカルチャ
のうぐ 農具	เครื่องมือการเกษตร クルアン ムー カーン カセート	farming tool ファーミング トゥール
のうさんぶつ 農産物	ผลิตภัณฑ์ทางการเกษตร パリッタパン ターン カーン カセート	farm produce ファーム プロデュース
のうじょう 農場	ฟาร์ม ファーム	farm ファーム
のうぜい 納税	การเสียภาษี カーン シア パーシー	payment of taxes ペイメント オヴ タクスィズ
～者	ผู้เสียภาษี プー シア パーシー	taxpayer タクスペイア
のうそん 農村	ชนบท チョンナボット	farm village ファーム ヴィリヂ
のうち 農地	พื้นที่เกษตรกรรม プーン ティー カセートラカム	agricultural land アグリカルチュラル ランド
のうど 濃度	ความเข้มข้น クワーム ケム コン	density デンスィティ

日	タイ	英
ノウハウ	ความรู้, ความชำนาญ クワーム ルー, クワーム チャムナーン	know-how ノウハウ
納品書	ใบส่งของ バイ ソン コーン	statement of delivery ステイトメント オブ ディリヴァリ
納品する	นำส่ง ナム ソン	deliver ディリヴァ
農民	ชาวนาชาวไร่, เกษตรกร チャーオ ナー チャーオ ライ, カセートラコーン	farmer ファーマ
農薬	สารเคมีในการเกษตร サーン ケーミー ナイ カーン カセート	agricultural chemicals アグリカルチュラル ケミカルズ
能率	ประสิทธิภาพ プラシッティパープ	efficiency イフィシェンスィ
～的な	ที่มีประสิทธิภาพ ティー ミー プラシッティパープ	efficient イフィシェント
能力	ความสามารถ クワーム サーマート	ability, capacity アビリティ, カパスィティ
～給	ระบบค่าจ้างจูงใจ ラボップ カーチャーン チューンチャイ	performance-based pay パフォーマンス ベイスド ペイ
ノーコメント	ไม่ออกความเห็น マイ オーク クワーム ヘン	No comment. ノウ カメント
ノート	สมุดโน้ต サムット ノート	notebook ノウトブク
逃す	ปล่อย プロイ	let go, set free レト ゴウ, セト フリー
(取り損なう)	พลาด プラート	fail to catch フェイル トゥ キャチ
逃れる	หนี, หนีรอด ニー, ニー ロート	escape, get off イスケイプ, ゲト オフ
(避ける)	หลบหลีก, หลีกเลี่ยง ロップ リーク, リーク リアン	avoid アヴォイド
鋸	เลื่อย ルアイ	saw ソー

566

日	タイ	英
残(のこ)す	เก็บไว้, ทิ้งไว้ ケップ ワイ, ティン ワイ	leave behind, save リーヴ ビハインド, セイヴ
残(のこ)り	ที่เหลือ ティー ルア	rest レスト
残(のこ)る	เหลือ, สืบทอด ルア, スープ トート	stay, remain ステイ, リメイン
のし上(あ)がる	ได้ดิบได้ดี ダイ ディップ ダイ ディー	rise in the world ライズ イン ザ ワールド
ノズル	หัวฉีด, ลิ้นนมหนู ファ チート, リン ノム ヌー	nozzle ナズル
載(の)せる	วางลง ワーン ロン	put, set プト, セト
(積む)	บรรจุ, บรรทุก バンチュ, バントゥック	load on ロウド
(記載)	ลงตีพิมพ์, ใส่ ロン ティー ピム, サイ	record, publish リコード, パブリシュ
(…を)除(のぞ)いて	เว้นแต่... ウェン テー...	except イクセプト
除(のぞ)く	เอาออก, กำจัด アオ オーク, カム チャット	remove リムーヴ
(除外)	ยกเว้น ヨック ウェン	exclude, omit イクスクルード, オウミト
覗(のぞ)く	ส่อง, แอบมอง ソン, エープ モーン	peep ピープ
望(のぞ)み	ความปรารถนา クワーム プラーッタナー	wish, desire ウィシュ, ディザイア
(期待)	การคาดหวัง カーン カート ワン	hope, expectation ホウプ, エクスペクテイション
(見込み)	คาดการณ์ カート カーン	prospect, chance プラスペクト, チャンス
望(のぞ)む	ปรารถนา, ต้องการ プラーッタナー, トンカーン	want, wish ワント, ウィシュ

日	タイ	英
（期待）	หวัง, วิงวอน ワン, ウィン ウォーン	hope, expect ホウプ, イクスペクト
ノックする	เคาะประตู コ プラトゥー	knock ナク
ノックアウト	น็อคเอ๊าท์ ノック アウ	knockout ナクアウト
乗っ取る	เข้าครอบครอง カオ クローブ クローン	take over テイク オウヴァ
のっぽ	คนตัวสูงโย่ง コン トゥア スーン ヨーン	tall person トール パースン
喉	คอ コー	throat スロウト
～が渇く	หิวน้ำ ヒウ チーム	be thirsty ビ サースティ
のどかな	เงียบสงบ ギアップ サゴップ	peaceful, quiet ピースフル, クワイエト
喉仏	ลูกกระเดือก ルーク クラドゥアック	Adam's apple アダムズ アプル
罵る	ด่า, ต่อว่า ダー, トー ワー	abuse アビューズ
延ばす	ทำให้ช้า, ขยาย タム ハイ チャー, カヤーイ	lengthen, extend レンクスン, イクステンド
（延期）	ยืดเวลา ユート ウェーラー	put off, delay プト オフ, ディレイ
伸ばす	ทำให้ยาว, ยื่นมือ タム ハイ ヤーオ, ユーン ムー	lengthen, stretch レンクスン, ストレチ
（まっすぐにする）	ดึงขึ้น ドゥン クン	straighten ストレイトン
（才能を）	พัฒนา パッタナー	develop ディヴェロプ
野原	ทุ่งหญ้า トゥン ヤー	fields フィールヅ

日	タイ	英
伸び伸びと	ตามสบาย ターム サバーイ	free and easy フリー アンド イーズィ
延びる	เลื่อนไป, ขยาย ルアン パイ, カヤーイ	be put off ビ プト オフ
（距離が）	ยาวขึ้น ヤーオ クン	be prolonged ビ プロロングド
伸びる	ยืดไป ユート パイ	extend, stretch イクステンド, ストレチ
（発展・成長）	พัฒนา, เติบโต パッタナー, トゥープ トー	develop, grow ディヴェロプ, グロウ
ノブ	ลูกบิด ルーク ビット	knob ナブ
延べ	รวมทั้งหมด ルアム タンモット	total トウタル
のぼせる	หน้าแดงขึ้น ナー デーン クン	be flushed ビ フラシュド
（夢中）	คร่ำเคร่ง, หมกมุ่น クラム クレーン, モック ムン	be crazy *about* ビ クレイズィ
（思い上がる）	ลำพอง ラムポーン	be conceited ビ コンスィーテド
登る	ปีน ピーン	climb クライム
蚤	หมัด マット	flea フリー
飲み薬	ยากิน ヤー キン	internal medicine インターナル メディスィン
ノミネートする	แต่งตั้ง テン タン	nominate ナミネイト
飲み水	น้ำดื่ม ナム ドゥーム	drinking water ドリンキング ウォータ
飲み物	เครื่องดื่ม クルアン ドゥーム	drink, beverage ドリンク, ベヴァリヂ

■飲み物■ เครื่องดื่ม / クルアン ドゥーム /

水 น้ำ / ナム / (㊟water)
ミネラルウォーター น้ำแร่ / ナム レー / (㊟mineral water)
炭酸水 โซดา / ソーダー / (㊟soda water)
赤ワイン ไวน์แดง / ワイ デーン / (㊟red wine)
白ワイン ไวน์ขาว / ワイ カーオ / (㊟white wine)
ビール เบียร์ / ビア / (㊟beer)
生ビール เบียร์สด / ビア ソット / (㊟draft beer)
ウイスキー วิสกี้ / ウィッサキー / (㊟whiskey)
シャンパン แชมเปญ / チェームペーン / (㊟champagne)
日本酒 เหล้าสาเก / ラオ サーケー / (㊟*sake*)
カクテル ค็อกเทล / コックテーン / (㊟cocktail)
コーラ โค้ก / コーク / (㊟coke)
ジュース น้ำผลไม้ / ナム ポンラマーイ / (㊟juice)
マンゴージュース น้ำมะม่วง / ナム マムアン / (㊟mango juice)
ココナツジュース น้ำมะพร้าว / ナム マプラーオ / (㊟coconut juice)
ミルク นม / ノム / (㊟milk)
豆乳 นมถั่วเหลือง / ノム トゥア ルアン / (㊟soymilk)
コーヒー กาแฟ / カーフェー / (㊟coffee)
カフェオレ กาแฟใส่นม / カーフェー サイ ノム / (㊟cafe au lait)
アイスコーヒー โอเลี้ยง / オーリアン / (㊟iced coffee)
紅茶 ชา / チャー / (㊟tea)
ミルクティー ชานม / チャー ノム / (㊟tea with milk)
レモンティー ชามะนาว / チャー マナーオ / (㊟tea with lemon)
アイスティー ชาดำเย็น / チャーダム イェン / (㊟iced tea)
緑茶 ชาเขียว / チャー キアオ / (㊟green tea)
中国茶 ชาจีน / チャー チーン / (㊟Chinese tea)
ココア โกโก้ / コーコー / (㊟cocoa)

日	タイ	英
飲み屋 (の や)	ร้านเหล้า, บาร์ ラーン ラオ, バー	tavern, bar タヴァン, バー
飲む (の)	ดื่ม ドゥーム	drink, take ドリンク, テイク
のめりこむ	หลวมตัว, ถูกชักพา ルアム トゥア, トゥーク チャック パー	be involved *in* ビ インヴァルヴド
糊 (のり)	กาว カーオ	paste, starch ペイスト, スターチ
乗り遅れる (の おく)	คลาดรถ クラート ロット	miss ミス
（時代に）	ล้าหลัง ラー ラン	be left behind ビ レフト ビハインド
のりがいい	เข้าถึงอารมณ์ดี カオ トゥン アーロム ディー	be high, be into it ビ ハイ, ビ イントゥ イト
乗り換える (の か)	เปลี่ยนรถ プリアン ロット	change チェインヂ
乗組員 (のりくみいん)	ลูกเรือ ルーク ルア	crew クルー
乗り越す (の こ)	เลย, ผ่านพ้น ルーイ, パーン ポン	pass パス
乗り物 (の もの)	ยานพาหนะ ヤーン パーハナ	vehicle ヴィーイクル
乗る (の)	ขึ้นบน クン ボン	get on ゲト オン
（乗り物に）	ขึ้นรถ クン ロット	ride, take ライド, テイク
ノルマ	บรรทัดฐาน バンタット ターン	assignment アサインメント
呪い (のろ)	การสาปแช่ง カーン サープ チェーン	curse カース
呪う (のろ)	สาป サープ	curse カース

日	タイ	英
のんきな	ไม่ทุกข์ร้อน, สบายๆ マイ トゥック ローン, サバーイ サバーイ	easy, carefree イーズィ, ケアフリー
飲んだくれ	ขี้เมา キー マオ	drunkard ドランカド
のんびりと	ตามสบาย ターム サバーイ	free from care フリー フラム ケア
ノンフィクション	เรื่องจริง ルアン チン	nonfiction ナンフィクション

日	タイ	英

は, ハ

は 歯	ฟัน (ファン)	tooth (トゥース)
は 刃	คมมีด (コム ミート)	edge, blade (エヂ, ブレイド)
は 葉	ใบไม้ (バイ マーイ)	leaf, blade (リーフ, ブレイド)
バー	บาร์ (バー)	bar (バー)
ばあい 場合	กรณี (カラニー)	case, occasion (ケイス, オケイジョン)
～によります	แล้วแต่สถานการณ์ (レーオ テー サターンカーン)	That depends. (ザト ディペンズ)
はあく 把握する	เข้าใจเป็นอย่างดี (カオチャイ ペン ヤーン ディー)	grasp (グラスプ)
バーゲン	การขายของลดราคา (カーン カーイ コーン ロット ラーカー)	sale (セイル)
バーコード	รหัสแท่ง, บาร์โค้ด (ラハット テン, バーコート)	bar code (バー コウド)
バージョン	เวอร์ชั่น, รุ่น (ワーチャン, ルン)	version (ヴァージョン)
バージン	สาวบริสุทธิ์ (サーオ ボーリスット)	virgin (ヴァジン)
パーセント	เปอร์เซ็นต์, ร้อยละ (パーセン, ローイ ラ)	percent (パセント)
バーチャルな	สภาวะเหมือนจริง (サパーワ ムアン チン)	virtual (ヴァーチュアル)
バーツ	บาท (バート)	baht (バーツ)
パーティー	งานเลี้ยง, ปาร์ตี้ (ガーン リアン, パーティー)	party (パーティ)

日	タイ	英
～を開く	จัดงานปาร์ตี้ チャット ガーン パーティー	have a party ハヴ ア パティ
バーテン	คนผสมเหล้า コン パソム ラオ	bartender, barman バーテンダ, バーマン
ハート		
～形の	ที่เป็นรูปหัวใจ ティー ペン ループ フアチャイ	heart-shaped ハート
(トランプ)	โพแดง ポーデーン	heart ハート
ハードウェア	ฮาร์ดแวร์, อุปกรณ์เครื่องเหล็ก ハーtエー, ウッパコーン クルアン レック	hardware ハードウェア
バード		
ウオッチング	การไปดูนก カーン パイ ドゥー ノック	bird watching バード ワチング
パートタイマー	คนงานชั่วคราว コン ガーン チュア クラーオ	part-timer パートタイマ
パートナー	คู่, หุ้นส่วน クー, フン スアン	partner パートナ
ハーフ		
(混血の人)	ครึ่ง, ลูกครึ่ง クルン, ルーク クルン	mixed race ミクスト レイス
ハーブ	สมุนไพร サムン プライ	herb アーブ
バーベキュー	บาร์บีคิว バービーキウ	barbecue バービキュー
パーマ	การดัดผม カーン ダット ポム	permanent パーマネント
ハーモニー	ความกลมกลืน クワーム クロム クルーン	harmony ハーモニ
ハーモニカ	หีบเพลงปาก ヒープ プレーン パーク	harmonica ハーマニカ

日	タイ	英
灰 (はい)	เถ้า, ขี้เถ้า タオ, キー タオ	ash アシュ
肺 (はい)	ปอด ポート	lung ラング
はい！(男性)	ครับ クラップ	Yes! イエス
(女性)	ค่ะ カ	Yes! イエス
倍 (ばい)		
(二倍)	สองเท่า ソーン タオ	twice, double トワイス, ダブル
(…倍)	...เท่า タオ	...times タイムズ
パイ	ขนมพาย カノム パーイ	pie, tart パイ, タート
バイアスロン	ทวิกีฬา タウィ キーラー	biathlon バイアスロン
灰色 (はいいろ)	สีเทา シー タオ	gray グレイ
ハイウェイ	ทางด่วน ターン ドゥアン	expressway イクスプレスウェイ
背泳 (はいえい)	การว่ายน้ำท่ากรรเชียง カーン ウーイ ナム ター カンチアン	backstroke バクストロウク
バイオテクノロジー	เทคโนโลยีชีวภาพ テックノーローイー チーワパープ	biotechnology バイオウテクナロディ
パイオニア	ผู้บุกเบิก, ผู้ริเริ่ม プー ブック ブーク, プー リルーム	pioneer パイオニア
バイオリン	ไวโอลิน ワイオーリン	violin ヴァイオリン

日	タイ	英
<ruby>廃棄<rt>はいき</rt></ruby>		
～する	ทิ้ง, กำจัด ティン, カムチャット	abandon アバンダン
～物	ของเสีย, ขยะ コーン シア, カヤ	waste ウェイスト
<ruby>排気ガス<rt>はいき</rt></ruby>	ไอเสีย アイ シア	exhaust gas イグゾースト ギャス
<ruby>配給する<rt>はいきゅう</rt></ruby>	ปันส่วน, แจกจ่าย パン スアン, チェークチャーイ	supply サプライ
<ruby>黴菌<rt>ばいきん</rt></ruby>	เชื้อโรค チュア ローク	bacteria, germ バクティアリア, チャーム
ハイキング	การเดินป่าหรือภูเขา カーン ドゥーン パー ルー プーカオ	hiking ハイキング
バイク	รถจักรยานยนต์, มอเตอร์ไซค์ ロット チャックラヤーン ヨン, モーターサイ	motorbike モウタバイク
～タクシー	มอเตอร์ไซค์รับจ้าง モーターサイ ラップ チャーン	motorbike taxi モウタバイク タクスィ
<ruby>配偶者<rt>はいぐうしゃ</rt></ruby>	คู่สมรส クー ソムロット	spouse スパウズ
<ruby>背景<rt>はいけい</rt></ruby>	เบื้องหลัง ブアン ラン	background バクグラウンド
（舞台の）	ฉากหลัง チャーク ラン	setting セティング
<ruby>配合する<rt>はいごう</rt></ruby>	ประกอบ, ปรุง プラコープ, プルン	combine コンバイン
<ruby>灰皿<rt>はいざら</rt></ruby>	ที่เขี่ยบุหรี่ ティーキア ブリー	ashtray アシュトレイ
<ruby>廃止する<rt>はいし</rt></ruby>	ยกเลิก, ล้มเลิก ヨック ルーク, ロム ルーク	abolish, repeal アバリシュ, リピール
<ruby>歯医者<rt>はいしゃ</rt></ruby>	หมอฟัน, ทันตแพทย์ モー ファン, タンタペート	dentist デンティスト

日	タイ	英
ばいしゃくにん 媒酌人	พ่อสื่อ, แม่สื่อ ポー スー, メー スー	go-between ゴウビトウィーン
ハイジャック	การจี้เครื่องบิน カーン チー クルアン ビン	hijack ハイヂャク
～する	จี้เครื่องบิน チー クルアン ビン	hijack ハイヂャク
ばいしゅん 売春		
～する	ขายตัว, เป็นโสเภณี カーイ トゥア, ペン ソーペーニー	prostitute *oneself* プラスティテュート
～婦	โสเภณี ソーペーニー	prostitute プラスティテュート
ばいしょう 賠償する	ชดใช้, ชดเชย チョット チャイ, チョット チューイ	compensate カンペンセイト
はいすい 廃水	น้ำเสีย ナム シア	waste fluid ウェイスト フルーイド
はいすい 排水する	ระบายน้ำ ラバーイ チーム	drain ドレイン
はいせつ 排泄		
～する	ขับถ่าย カップ ターイ	excrete イクスクリート
～物	สิ่งที่ขับถ่ายออก シン ティー カップ ターイ オーク	excrement エクスクレメント
はいせん 配線	เดินสายไฟ ドゥーン サーイ ファイ	wiring ワイアリング
はいた 歯痛	ปวดฟัน プアット ファン	toothache トゥースエイク
はいたつ 配達する	ส่ง, นำส่ง ソン, ナム ソン	deliver ディリヴァ
バイタリティー	พลังชีวิต パラン チーウィット	vitality ヴァイタリティ
はいち 配置	การจัดวาง カーン チャット ワーン	arrangement アレインジメント

日	タイ	英
〜する	จัดวาง チャット ワーン	arrange, dispose アレインジ, ディスポウズ
〜転換	การโยกย้าย カーン ヨーク ヤーイ	reshuffle of the personnel リシャフル オヴ ジ パーソネル
ハイテク	เทคโนโลยีนำสมัย テックノーローイー ナム サマイ	high tech ハイ テク
売店	ร้านค้าเล็กๆ ラーン カー レック レック	stall, stand ストール, スタンド
配当	เงินปันผล グン パン ポン	dividend ディヴィデンド
売買	การซื้อขาย カーン スー カーイ	dealing ディーリング
〜する	ซื้อขาย, ค้าขาย スー カーイ, カー カーイ	deal *in* ディール
バイパス	ทางอ้อม ターン オーム	bypass バイパス
ハイヒール	รองเท้าส้นสูง ローンターオ ソン スーン	high-heeled shoes ハイ ヒールド シューズ
パイプ	ท่อ トー	pipe パイプ
パイプライン	ท่อส่ง(น้ำมัน, ก๊าซ) トー ソン ナムマン, カート	pipeline パイプライン
配分する	จัดสรร チャット サン	distribute ディスッリビュート
ハイヤー	รถรับจ้าง ロット ラップ チャーン	hired car ハイアド カー
俳優	นักแสดง ナック サデーン	actor, actress アクタ, アクトレス
配慮する	คำนึงถึง カムヌン トゥン	take into consideration テイク イントゥ カンスィダレイション
入る	เข้า カオ	enter, go in エンタ, ゴウ イン

日	タイ	英
（加入）	เข้า, เข้าร่วม カオ, カオ ルアム	join チョイン
（収容できる）	เข้าได้, จุได้ カオ ダーイ, チュ ダーイ	accommodate アカモデイト
（収入が）	ได้, ได้รับ ダイ, ダイ ラップ	have an income *of* ハヴ アン インカム
パイロット	นักบิน ナック ビン	pilot パイロト
～ショップ	ร้านค้าทดลอง ラーンカー トットローン	pilot shop パイラト シャプ
は 這う	คลาน, เลื้อย クラーン, ルアイ	crawl, creep クロール, クリープ
バウンドする	กระเด้ง クラデン	bound バウンド
はえ 蝿	แมลงวัน マレーン ワン	fly フライ
は 生える	ขึ้น, งอก クン, ゴーク	grow, come out グロウ, カム アウト
はか 墓	สุสาน, หลุมฝังศพ スサーン, ルム ファン ソップ	grave, tomb グレイヴ, トゥーム
ばか 馬鹿	คนโง่, คนบ้าๆบอๆ コン ゴー, コン バー バー ボー ボー	fool フール
～な	โง่, บ้าๆบอๆ ゴー, バー バー ボー ボー	foolish フーリシュ
～にする	ดูถูก ドゥー トゥーク	make a fool *of* メイク ア フール
はがき 葉書	ไปรษณียบัตร プライサニーヤバット	postal card ポウスタル カード
は 剥がす	ดึงออก, ลอก ドゥン オーク, ローク	tear, peel テア, ピール
はかせ 博士	ดอกเตอร์ ドークトゥー	doctor ダクタ

日	タイ	英
<ruby>捗<rt>はかど</rt></ruby>る	ก้าวหน้าไปด้วยดี カーオ ナー パイ ドゥアイ ディー	make progress メイク プラグレス
<ruby>儚<rt>はかな</rt></ruby>い	ไม่ยั่งยืน, ไม่แน่นอน マイ ヤンユーン, マイ ネーノーン	transient, vain トランシェント, ヴェイン
<ruby>馬鹿馬鹿<rt>ばかばか</rt></ruby>しい	ไร้สาระ, เหลวไหล, โง่เขลา ライ サーラ, レーオ ライ, ゴー クラオ	ridiculous, absurd リディキュラス, アブサード
<ruby>秤<rt>はかり</rt></ruby>	เครื่องชั่ง, ตาชั่ง クルアン チャン, ター チャン	balance, scales バランス, スケイルズ
(…して)ばかりいる	เอาแต่...เท่านั้น アオ テー タオ ナン	be always ...doing ビ オールウェイズ
<ruby>計<rt>はか</rt></ruby>る	วัด, ชั่ง ウット, チャン	measure, weigh メジャ, ウェイ
<ruby>剥<rt>は</rt></ruby>がれる	ลอก, หลุดร่วง ローク, ルット ルアン	peal off ピール オフ
<ruby>破棄<rt>はき</rt></ruby>する	ยกเลิก, เพิกถอน ヨック ルーク, プークトーン	cancel キャンセル
(判決を)	กลับคำพิพากษา クラップ カム ピパークサー	reverse リヴァース
<ruby>吐<rt>は</rt></ruby>き<ruby>気<rt>け</rt></ruby>がする	คลื่นไส้ クルーン サイ	feel sick in *one's* stomach フィール スィク イン スタマク
パキスタン	ปากีสถาน パーキーサターン	Pakistan パキスタン
<ruby>掃<rt>は</rt></ruby>く	กวาด クワート	sweep, clean スウィープ, クリーン
<ruby>吐<rt>は</rt></ruby>く	พ่น, ถุย ポン, トゥイ	spit スピト
(へどを)	อาเจียน アーチアン	vomit ヴァミト
<ruby>履<rt>は</rt></ruby>く	ใส่, สวม サイ, スアム	put on, wear プト オン, ウェア

日	タイ	英
はぐき 歯茎	เหงือก グアック	gums ガムズ
はくしゅ 拍手する	ตบมือ, ปรบมือ トップ ムー, プロップ ムー	clap *one's* hands クラブ ハンヅ
はくじょう 白状する	สารภาพ サーラパープ	confess カンフェス
はくじょう 薄情な	ไม่มีความเห็นอกเห็นใจ マイ ミー クワーム ヘン オック ヘン チャイ	coldhearted コウルドハーテド
はくじん 白人	คนผิวขาว, คนฝรั่ง コン ピウ カーオ, コン ファラン	white (ホ) ワイト
はくぞう 白象	ช้างเผือก チャーン プアック	white elephant (ホ) ワイト エレファント
ばくだい 莫大な	มหาศาล, ที่ใหญ่โต マハーサーン, ティー ヤイトー	vast, immense ヴァスト, イメンス
ばくだん 爆弾	ระเบิด ラブート	bomb バム
ばくちく 爆竹	ประทัด プラタット	firecracker ファイアクラカ
はくないしょう 白内障	ต้อกระจก トー クラチョック	cataract キャタラクト
ばくは 爆破する	ทำลายด้วยดินระเบิด タムラーイ ドゥアイ ディン ラブート	blast ブラスト
ばくはつ 爆発	การระเบิด カーン ラブート	explosion イクスプロウジョン
はくぶつかん 博物館	พิพิธภัณฑ์ ピピッタパン	museum ミューズィアム
はぐるま 歯車	เฟือง フアン	cogwheel, gear カグホウィール, ギア
はけ 刷毛	แปรง プレーン	brush ブラシュ

日	タイ	英
激(はげ)しい	รุนแรง, เข้มข้น ルン レーン, ケム コン	violent, intense ヴァイオレント, インテンス
バケツ	ถังน้ำ タン ナーム	pail, bucket ペイル, バケト
励(はげ)ます	ให้กำลังใจ ハイ カムラン チャイ	encourage インカーリヂ
励(はげ)む	ทุ่มเท, ใส่ใจ トゥムテー, サイ チャイ	work hard ワーク ハード
化(ば)け物(もの)	ปีศาจ, ผี ピーサート, ピー	bogy, monster ボウギ, マンスタ
禿(は)げる	ผมร่วง ポム ルアン	become bald ビカム ボールド
剥(は)げる	หลุดออก ルット オーク	come off カム オフ
派遣(はけん)		
〜する	ส่งไป ソン パイ	send, dispatch センド, ディスパチ
〜社員	พนักงานประจำการ パナック ガーン プラチャムカーン	temporary worker テンポラリ ワーカ
箱(はこ)	กล่อง, หีบ クロン, ヒープ	box, case バクス, ケイス
パゴダ	เจดีย์ チェーディー	pagoda パゴウダ
運(はこ)ぶ	ขน, บรรทุก コン, バントゥック	carry キャリ
バザー	การขายสิ่งของเพื่อการกุศล カーン カーイ シン コーン プア カーン クソン	charity bazaar チャリティ バザー
挟(はさ)まる	คั่น, อยู่กึ่งกลาง カン, ユー クン クラーン	get in *between* ゲト イン
鋏(はさみ)	กรรไกร, ก้าม カンクライ, カーム	scissors スィザズ

日	タイ	英
はさ 挟む	ใส่ระหว่าง, หนีบ サイ ラウーン, ニープ	insert, pinch インサート, ピンチ
はさん 破産する	ล้มละลาย ロム ララーイ	go bankrupt ゴウ バンクラプト
はし 橋	สะพาน サパーン	bridge ブリヂ
はし 端	ปลาย プラーイ	end, tip エンド, ティプ
（縁）	ขอบ, ริม コープ, リム	edge, corner エヂ, コーナ
はし 箸	ตะเกียบ タキアップ	chopsticks チャプスティクス
はじ 恥	ความอับอาย, ความขายหน้า クワーム アップ アーイ, クワーム カーイ チー	shame, humiliation シェイム, ヒューミリエイション
～をかく	อับอาย, ขายหน้า アップ アーイ, カーイ チー	be put to shame ビ プト トゥ シェイム
～知らず	หน้าด้าน チー ダーン	shameless シェイムレス
はじ 弾く	ดีด ディート	snap スナップ
はしご 梯子	บันได バンダイ	ladder ラダ
はしたない	ไม่เรียบร้อย マイ リアップローイ	mean, low ミーン, ロウ
はじ 始まる	เริ่ม, ตั้งต้น ルーム, タン トン	begin, start ビギン, スタート
はじ 初めて（の）	ครั้งแรก クランレーク	for the first time フォー ザ ファースト タイム
はじ 初めに	ก่อนอื่น コーン ウーン	first ファースト

日	タイ	英
始める (はじめる)	เริ่ม ルーム	begin, start, open ビギン, スタート, オウプン
はしゃぐ	ลิงโลด リン ロート	frolic フラリク
パジャマ	ชุดนอน チュット ノーン	pajamas パチャーマズ
場所 (ばしょ)	สถานที่ サターンティー	place, site プレイス, サイト
(余地)	ที่ว่าง ティー ワーン	room, space ルーム, スペイス
柱 (はしら)	เสา サオ	pillar, post ピラ, ポウスト
走る (はしる)	วิ่ง ウィン	run, dash ラン, ダシュ
恥じる (はじる)	อับอาย アップ アーイ	be ashamed ビ アシェイムド
(…の)はずだ	ควรจะ..., น่าจะ..., คงจะ...แน่ๆ クアン チャ, チー チャ, コン チャ ネー ネー	...ought to *do* オート トゥ
バス	รถเมล์ ロット メー	bus バス
～停	ป้ายรถเมล์ パーイ ロットメー	bus stop バス スタプ
～ターミナル	สถานีขนส่ง, บ.ข.ส. サターニー コンソン, ボー コー ソー	bus terminal バス ターメナル
場末 (ばすえ)	ชานกรุง チャーン クルン	outskirts アウトスカーツ
恥ずかしい (はずかしい)	น่าอาย, น่าขายหน้า ナー アーイ, ナー カーイ ナー	shameful シェイムフル
(きまりが悪い)	อาย アーイ	be ashamed ビ アシェイムド
恥ずかしがる (はずかしがる)	ขวยเขิน クアイ クーン	be shy ビ シャイ

日	タイ	英
バスケット	ตะกร้า タクラー	basket バスケト
～ボール	บาสเกตบอล バーッサケット ボーン	basketball バスケトボール
外す	เอาออก アオ オーク	take off, remove テイク オフ, リムーヴ
（ボタンを）	ปลดกระดุม プロット クラドゥム	unbutton アンバトン
（席を）	ลุกออกจากที่นั่ง ルック オーク チャーク ティー ナン	leave リーヴ
パスタ	พาสต้า パーサター	pasta パースタ
バスタオル	ผ้าเช็ดตัว パー チェット トゥア	bath towel バス タウエル
バスタブ	อ่างอาบน้ำ アーン アープ ナーム	bathtub バスタブ
バスト	หน้าอก ナー オック	bust バスト
パスポート	หนังสือเดินทาง, พาสปอร์ต ナンスー ドゥーン ターン, パーサポート	passport パスポート
パズル	ปริศนา プリッサナー	puzzle パズル
ジグソー～	ตัวต่อจิ๊กซอร์ トゥア トー チックソー	jigsaw puzzle ヅィグソー パズル
クロスワード～	ปริศนาอักษรไขว้ プリッサナー アックソーン クワイ	crossword puzzle クロスワード パズル
外れる	หลุดออก ルット オーク	come off カム オフ
（当たらない）	พลาด, ไม่ตรง プラート, マイ トロン	miss, fail ミス, フェイル
バスローブ	เสื้อคลุมอาบน้ำ スア クルム アープ ナーム	bathrobe バスロウブ

日	タイ	英
パスワード	รหัส ラハット	password パスワード
パソコン	คอมพิวเตอร์ コームピウトゥー	personal computer パーソナル カンピュータ
はた 旗	ธง トン	flag, banner フラグ, バナ
はだ 肌	ผิว ピウ	skin スキン
はたお 機織り	การทอผ้า カーン トー パー	weaving ウィーヴィング
（人）	คนทอผ้า コン トー パー	weaver ウィーヴァ
はだか 裸	การเปลือย, โป๊ カーン プルアイ, ポー	nakedness ネイキドネス
〜の	เปลือย プルアイ	naked ネイキド
〜になる	แก้ผ้า ケー パー	undress アンドレス
はたき	ไม้ปัดฝุ่น マイ パット フン	duster ダスタ
はたく	ปัด パット	dust ダスト
はたけ 畑	สวน, ไร่ スアン, ライ	field, farm フィールド, ファーム
はだし 裸足で	ด้วยเท้าเปล่า ドゥアイ ターオ プラオ	barefoot ベアフト
はためく	สะบัด, กระพือ サバット, クラプー	flutter フラタ
はたら 働き	การทำงาน カーン タム ガーン	work, labor ワーク, レイバ
（活動）	การประกอบกิจกรรม カーン プラコープ キッチャカム	action, activity アクション, アクティヴィティ

586

日	タイ	英
（機能）	การเดิน, หน้าที่ カーン ドゥーン, チー ティー	function ファンクション
（功績）	ความสำเร็จ クワーム サムレット	achievement アチーヴメント
はたら 働く	ทำงาน タム ガーン	work ワーク
（作用）	ทำ タム	act *on* アクト
はち 鉢	กระถาง, ชาม, บาตร クラターン, チャーム, バート	bowl, pot ボウル, パト
はち 蜂	ผึ้ง プン	bee ビー
～蜜	น้ำผึ้ง ナム プン	honey ハニ
ばち 罰が当たる	กรรมตามสนอง カム ターム サノーン	incur punishment インカー パヌシィメント
ばちが 場違いの	ผิดที่ ピット ティー	out of place アウト オヴ プレイス
はちがつ 八月	เดือนสิงหาคม ドゥアン シンハーコム	August オーガスト
はちょう 波長	ช่วงยาวคลื่น チュアン ヤーオ クルーン	wavelength ウェイヴレンクス
ばつ 罰	โทษ トート	punishment, penalty パニシュメント, ペナルティ
バツ（×印）	กากบาท カー カバート	cross クロース
はつおん 発音	การออกเสียง カーン オーク シアン	pronunciation プロナンスィエイション
～する	ออกเสียง オーク シアン	pronounce プロナウンス
はっき 発揮する	แสดงออก サデーン オーク	display, show ディスプレイ, ショウ

は

日	タイ	英
はっきり	แจ่มแจ้ง チェム チェーン	clearly クリアリ
〜する	กระจ่างแจ้ง クラチャーン チェーン	become clear ビカム クリア
〜と	จัดเจน チャット チェーン	clearly クリアリ
罰金	เงินค่าปรับ グン カー プラップ	fine ファイン
パッキング	เก็บของ, ห่อของ ケップ コーン, ホー コーン	packing パキング
バックアップする	สนับสนุน, สำรอง, แบ็กอับ サナップ サヌン, サムローン, ベックアップ	backup バカプ
バッグ	กระเป๋า クラパオ	bag バグ
バックする	ถอยหลัง トイ ラン	back バク
抜群の	เด่น, ยอดเยี่ยม デン, ヨート イアム	outstanding アウトスタンディング
パッケージ	หีบ, ห่อ ヒープ, ホー	package パキヂ
初恋	รักแรก ラック レーク	first love ファースト ラヴ
発行する	ออก, ตีพิมพ์ オーク, ティー ピム	publish, issue パブリシュ, イシュー
発散する	แพร่กระจาย プレー クラチャーイ	emit イミト
バッジ	เหรียญเข็มเหน็บ リアン ケム ネップ	badge バヂ
発射する	ยิง イン	fire, shoot ファイア, シュート
発信する	ส่ง ソン	transmit トランスミト

日	タイ	英
ばっ 罰する	ลงโทษ ロン トート	punish パニシュ
はっせい 発生する	เกิดขึ้น クート クン	occur オカー
はっそう 発送する	ส่งออก ソン オーク	send out センド アウト
バッタ	ตั๊กแตน タッカテーン	grasshopper グラスハパ
はったつ 発達する	พัฒนา, เจริญเติบโต パッタナー, チャルーン トゥープ トー	develop, advance ディヴェロプ, アドヴァンス
はっちゅう 発注する	สั่งสินค้า サン シンカー	order オーダ
バッテリー	แบตเตอรี่ ベットゥーリー	battery バタリ
はってん 発展	การพัฒนา カーン パッタナー	development ディヴェロプメント
～する	พัฒนา, เจริญ パッタナー, チャルーン	develop, expand ディヴェロプ, イクスパンド
～途上国	ประเทศกำลังพัฒนา プラテート カムラン パッタナー	developing country ディヴェロピング カントリ
はつでん 発電		
～機	เครื่องกำเนิดไฟฟ้า クルアン カムヌート ファイファー	dynamo ダイナモウ
～所	โรงผลิตไฟฟ้า ローン パリット ファイファー	power plant パウア プラント
はっとする	สะดุดใจ サドゥット チャイ	be startled *at* ビ スタートォド
はつばい 発売する	ขาย, ออกจำหน่าย カーイ, オーク チャムナーイ	put on sale プト オン セイル
ハッピーエンド	แฮปปี้เอ็นดิ้ง ヘッピー エンディン	happy ending ハピ エンディング

日	タイ	英
はっぴょう 発表する	ประกาศ, รายงาน プラカート, ラーイ ガーン	announce アナウンス
（刊行）	วางแผง ワーン ペーン	publish パブリシュ
（研究などを）	เสนอผลงาน サヌーポン ガーン	present プリゼント
はっぽう 発泡スチロール	โฟม フォーム	foam styrol フォウム スタイロル
はっぽうふさ 八方塞がり	มืดแปดด้าน ムート ペート ダーン	dead end デド エンド
はつめい 発明する	ประดิษฐ์, คิดค้น プラディット, キット コン	invent, devise インヴェント, ディヴァイズ
はで 派手な	ที่สะดุดตา, ฉูดฉาด ティー サドゥット ター, チュート チャート	gay, showy ゲイ, ショウイ
パトカー	รถตำรวจ ロット タムルアット	squad car スクワド カー
バドミントン	แบดมินตัน ベットミンタン	badminton バドミントン
はな 花	ดอกไม้ ドーク マーイ	flower フラウア
はな 鼻	จมูก チャムーク	nose ノウズ
はなし 話		
（物語）	เรื่องราว ルアン ラーオ	story ストーリ
～にならない	ไม่เป็นเรื่อง マイ ペン ルアン	be out of the question ビ アウト オヴ ザ クウェスチョン
～が合う	พูดคุยเข้ากันได้ プート クイ カオ カン ダーイ	have topics of common interest ハヴ タピクス オヴ コモン インタレスト

日	タイ	英
話し合う	พูดกัน, คุยกัน, เจรจา プート カン, クイ カン, チェーラチャー	talk *with*, discuss *with* トーク, ディスカス
話し中	สายไม่ว่าง サーイ マイ ワーン	The line is busy. ザ ライン イズ ビズィ

■花■ ดอกไม้ / ドーク マーイ /

タンポポ　ดอกแดนดี้ไลออน / ドーク デーンティーライオーン / (⊛dandelion)

チューリップ　ทิวลิป / ティウリップ / (⊛tulip)

紫陽花　ดอกไฮแดรนเยีย / ドーク ハイドレーンイアイ / (⊛hydrangea)

バラ　กุหลาบ / クラープ / (⊛rose)

向日葵　ดอกทานตะวัน / ドーク ターンタワン / (⊛sunflower)

朝顔　ผักบุ้ง ฝรั่ง / パック ブン ファラン / (⊛morning glory)

百合　ดอกลิลลี่ / ドーク リンリー / (⊛lily)

菖蒲　ดอกไอริส / ドーク アイリット / (⊛flag, iris)

菊　เบญจมาศ / ベンチャマート / (⊛chrysanthemum)

水仙　จุ้ยเซียน / チュイシアン / (⊛narcissus)

ジャスミン　มะลิ / マリ / (⊛jasmine)

蓮, 睡蓮　ดอกบัว / ドーク ブア / (⊛lotus)

ナンバンサイカチ　ราชพฤกษ์ / ラーッチャプルック / (⊛golden shower)

カーネーション　คาร์เนชั่น / カーネーチャン / (⊛carnation)

蘭　กล้วยไม้ / クルアイ マーイ / (⊛orchid)

菫　ดอกไวโอเล็ต / ドーク ワイオーレット / (⊛violet)

ブーゲンビリア　เฟื่องฟ้า / ファンファー / (⊛Bougainvillea)

プルメリア　ลั่นทม / ランㇳム / (⊛plumeria)

ハイビスカス　ชบา / チャバー / (⊛hibiscus)

ホテイアオイ　ผักตบชวา / パックトップ チャワー / (⊛water hyacinth)

カンナ　พุทธรักษา / プッタラックサー / (⊛canna)

日	タイ	英
放<ruby>はな</ruby>す	ปล่อย プロイ	free, release フリー, リリース
離<ruby>はな</ruby>す	ทำให้ห่าง, แยก タム ハイ ハーン, イェーク	separate, detach セパレイト ディタチ
話<ruby>はな</ruby>す	พูด, คุย プート, クイ	speak, talk スピーク トーク
花束<ruby>はなたば</ruby>	ช่อดอกไม้ チョー ドーク マーイ	bouquet ブーケイ
鼻血<ruby>はなぢ</ruby>	เลือดกำเดา ルアット カムダオ	nosebleed ノウズブリード
花火<ruby>はなび</ruby>	ดอกไม้ไฟ ドーク マーイ ファイ	fireworks ファイアワークス
花<ruby>はな</ruby>びら	กลีบดอก クリープ ドーク	petal ペタル
鼻水<ruby>はなみず</ruby>	น้ำมูก ナム ムーク	snivel スニヴル
花婿<ruby>はなむこ</ruby>	เจ้าบ่าว チャオ バーオ	bridegroom ブライドグルーム
鼻持<ruby>はなも</ruby>ちならない	น่ารังเกียจ, น่ารำคาญ ナー ランキアット, ナーラムカーン	disgusting ディスガスティング
花屋<ruby>はなや</ruby>	ร้านดอกไม้ ラーン ドーク マーイ	flower shop フラウア シャプ
（人）	คนขายดอกไม้ コン カーイ ドーク マーイ	florist フロリスト
華<ruby>はな</ruby>やかな	สดใสเด่น, รุ่งเรือง ソット サイ デン, ルンルアン	gorgeous, bright ゴーヂャス, ブライト
花嫁<ruby>はなよめ</ruby>	เจ้าสาว チャオ サーオ	bride ブライド
離<ruby>はな</ruby>れる	ห่าง, ออก(จาก) ハーン, オーク (チャーク)	leave, go away *from* リーヴ, ゴウ アウェイ

日	タイ	英
<ruby>花輪<rt>はなわ</rt></ruby>	พวงมาลา プアン マーラー	wreath リース
（装飾用の）	พวงมาลัย プアン マーライ	garland ガーランド
はにかむ	อาย アーイ	be shy ビ シャイ
パニック	หวาดหวั่น, ตกใจ, แตกตื่น ウートウン, トック チャイ, テーク トゥーン	panic パニク
<ruby>羽<rt>はね</rt></ruby>	ขนนก コン ノック	feather, plume フェザ, プルーム
（翼）	ปีก ピーク	wing ウィング
ばね	สปริง サプリン	spring スプリング
<ruby>跳<rt>は</rt></ruby>ね<ruby>返<rt>かえ</rt></ruby>る	เด้งกลับ デン クラップ	rebound リバウンド
ハネムーン	ฮันนีมูน ハンニームーン	honeymoon ハニムーン
パネラー	ผู้อภิปรายกลุ่ม プー アピプラーイ クルム	panelist パネリスト
<ruby>跳<rt>は</rt></ruby>ねる	กระโดด クラドート	leap, jump リープ, チャンプ
（泥・水が）	กระเด็น クラデン	splash スプラシュ
<ruby>母<rt>はは</rt></ruby>	แม่ メー	mother マザ
<ruby>幅<rt>はば</rt></ruby>・<ruby>巾<rt>はば</rt></ruby>	ความกว้าง クワーム クワーン	width, breadth ウィドス, ブレドス
<ruby>派閥<rt>はばつ</rt></ruby>	พรรค, พวก, ก๊ก パック, プアック, コック	faction ファクション
<ruby>幅広<rt>はばひろ</rt></ruby>い	กว้าง クワーン	wide, broad ワイド, ブロード

日	タイ	英
パビリオン	พลับพลา, ศาลา プラップラー, サーラー	pavilion パヴィリオン
パフォーマンス	การแสดง カーン サデーン	performance パフォーマンス
歯ブラシ	แปรงสีฟัน プレーン シー ファン	toothbrush トゥースブラシュ
葉巻	บุหรี่ซิการ์ ブリー シ カー	cigar スィガー
浜辺	ชายหาด チャーイ ハート	beach, seashore ビーチ, スィーショー
嵌まる	เข้าพอดี カオ ポー ディー	fit *into* フィト
(夢中になる)	ติด, ติดงอมแงม ティット, ティット ゴームゲーム	be crazy about ビ クレイズィ アバウト
歯磨き	ยาสีฟัน ヤー シー ファン	toothpaste トゥースペイスト
ハム	แฮม ヘーム	ham ハム
破滅する	เสื่อมสลาย, พินาศ スアム サラーイ, ピナート	be ruined ビ ルーインド
嵌める	สอด, บรรจุ ソート, バンチュ	put in, set プト イン
(着用)	ใส่, สวม サイ, スアム	wear, put on ウェア, プト オン
(騙す)	หลอก ローク	entrap, cheat イントラプ, チート
場面	สถานการณ์, ฉาก サターナカーン, チャーク	scene スィーン
破門する	ขับไล่ออก カップ ライ オーク	expel イクスペル
早い	เช้า, ก่อนเวลา チャーオ, コーン ウェーラー	early アーリ

日	タイ	英
速(はや)い	เร็ว レオ	quick, fast クウィク, ファスト
早(はや)く	แต่เช้า テー チャーオ	early, soon アーリ, スーン
～しなさい！	เร็วๆซิ レオ レオ シ	Hurry up! ハーリ アプ
速(はや)く	อย่างเร็ว, ด่วน ヤーン レオ, ドゥアン	quickly, fast クウィクリ, ファスト
速(はや)さ	ความเร็ว クワーム レオ	quickness, speed クウィクネス, スピード
林(はやし)	ป่าไม้ パー マーイ	forest, wood フォリスト, ウド
早(はや)めに	เร็วก่อนเวลา レオ ゴーン ウェーラー	early, in advance アーリ, イン アドヴァンス
早(はや)める	ทำให้เร็ว タム ハイ レオ	quicken, hasten クウィクン, ヘイスン
流行(はや)る	นิยมกัน ニヨム カン	be in fashion, be popular ビ イン ファション, ビ パピュラ
（繁盛）	รุ่งเรือง ルン ルアン	be prosperous ビ プラスペラス
（病気などが）	ระบาด ラ バート	be prevalent ビ プレヴァレント
腹(はら)	ท้อง トーン	belly ベリ
（腸）	ลำไส้ ラム サイ	bowels バウエルズ
（胃）	กระเพาะ クラポ	stomach スタマク
～が減る	หิวข้าว ヒウ カーオ	hungry ハングリ
払(はら)い戻(もど)す	จ่ายคืน チャーイ クーン	refund, repay リファンド, リペイ

日	タイ	英
払(はら)う	จ่าย チャーイ	pay ペイ
（埃を）	ปัดฝุ่น パット フン	dust ダスト
バラエティー	หลากหลาย ラーク ラーイ	variety ヴァライエティ
～番組	รายการวาไรตี ラーイカーン ワーライティー	variety show ヴァライエティ ショウ
腹黒(はらぐろ)い	ชั่วร้าย, เชื่อถือไม่ได้ チュア ラーイ, チュア トゥー マイ ダーイ	wicked, malicious ウィキド, マリシャス
パラシュート	ร่มชูชีพ ロム チューチープ	parachute パラシュート
晴(は)らす	ทำให้แจ่มใส タム ハイ チェム サイ	dispel ディスペル
（うさを）	ขจัดความเศร้าหมอง カチャット クワーム サオモーン	divert ディヴァート
（恨みを）	แก้แค้น ケー ケーン	revenge *oneself* リヴェンヂ
ばらす	ทำให้กระจัดกระจาย タム ハイ クラチャット クラチャーイ	take to pieces テイク トゥ ピースィズ
（暴露）	เปิดเผย プート プーイ	disclose, expose ディスクロウズ, イクスポウズ
（殺す）	เก็บ, จัดการ, ฆ่า ケップ, チャッカーン, カー	kill キル
パラソル	ร่มกันแดด ロム カン デート	parasol パラソル
はらはらする	ใจสั่น チャイ サン	feel uneasy フィール アヌィーズィ
ばらばらの	กระจัดกระจาย クラチャット クラチャーイ	separate, scattered セパレイト, スキャタド
パラボラ アンテナ	จานรับดาวเทียม チャーン ラップ ダーオティアム	parabolic antenna パラボリック アンテナ

日	タイ	英
バラモン^{きょう}教	พราหมณ์ プラーム	Brahmanism ブラーマニズム
パラリンピック	การแข่งขันกีฬาคนพิการ カーン ケン カン キーラー コン ピカーン	Paralympics パラリンピクス
バランス	ความสมดุล クワーム ソムドゥン	balance バランス
～を取る	ทรงตัว ソン トゥア	balance バランス
～を失う	เสียหลัก シア ラック	loose balance ルース バランス
^{はり}針	เข็ม ケム	needle ニードル
(釣り針)	เบ็ด ベット	hook フク
(時計の長[短]針)	เข็มยาว[สั้น] ケム ヤーオ [サン]	hand ハンド
^{は}張り^{あ}合う	แข่งขัน ケン カン	rival ライヴァル
バリエーション	การผันแปร カーン パン プレー	variation ヴェアリエイション
^{はりがね}針金	ลวด ルアット	wire ワイア
^{は}張り^{がみ}紙	โปสเตอร์ ポースタトゥー	bill, poster ビル, ポウスタ
バリカン	ปัตตะเลี่ยน パッタリアン	hair clippers ヘア クリパズ
^{ばりき}馬力	แรงม้า レーン マー	horsepower ホースパウア
^{は}張り^{き}切る	มีพลังและความมุ่งมั่น ミー パラン レ クワーム ムン マン	be vigorous ビ ヴィゴラス
バリケード	เครื่องกีดขวาง クルアン キート クワーン	barricade バリケイド

日	タイ	英
春 (はる)	ฤดูใบไม้ผลิ ルドゥー バイ マーイ プリ	spring スプリング
張る (は)	ขึง, กาง クン, カーン	stretch, extend ストレチ, イクステンド
（覆う）	ปิด, ปกคลุม ピット, ポック クルム	cover カヴァ
貼る (は)	ติด ティット	stick, put on スティク, プト オン
バルコニー	ระเบียง ラビアン	balcony バルコニ
バルブ	วาล์ว ワーウ	valve ヴァルヴ
パルプ	เยื่อกระดาษ ユア クラダート	pulp パルプ
晴れ (は)	อากาศแจ่มใส アーカート チェムサイ	fine weather ファイン ウェザ
バレエ	บัลเล่ต์ バーンレー	ballet バレイ
パレード	พาเหรด パーレート	parade パレイド
バレーボール	วอลเลย์บอล ウォンレーボーン	volleyball ヴァリボール
破裂する (はれつ)	ระเบิด, ปะทุ ラブート, パトゥ	explode, burst イクスプロウド, バースト
腫れ物 (は もの)	สิ่งที่บวม, ฝี シン ティー ブアム, フィー	swelling, boil スウェリング, ボイル
腫れる (は)	บวม ブアム	become swollen ビカム スウォウルン
晴れる (は)	อากาศปลอดโปร่ง アーカート プロート プローン	clear up クリア アプ
（気分が）	สดชื่น, โล่งใจ ソット チューン, ローンチャイ	be refreshed ビ リフレシュト

日	タイ	英
（疑いが）	หมดข้อสงสัย モット コー ソンサイ	be cleared ビ クリアド
ばれる	เปิดเผย プート プーイ	be exposed, come out ビ イクスポウズド, カム アウト
はれんち 破廉恥な	ไร้ยางอาย ライ ヤーン アーイ	infamous, shameless インフェマス, シェイムレス
パロディー	เรื่องล้อเลียน ルアン ロー リアン	parody パロディ
パワー	กำลัง, แรง カムラン, レーン	power パウア
〜がある	มีแรง ミー レーン	be powerful ビ パウアフォ
〜ウインドー	กระจกไฟฟ้า クラチョック ファイファー	power window パウア ウィンドウ
〜ステアリング	ระบบบังคับเลี้ยวเพาเวอร์ ラボップ バンカップ リアオ パオウー	power steering パウア スティアリング
はん 班	กลุ่ม クルム	group グループ
パン	ขนมปัง カノム パン	bread ブレド
はんい 範囲	ขอบเขต コープ ケート	limit, sphere リミト, スフィア
はんえい 繁栄する	รุ่งเรือง ルン ルアン	be prosperous ビ プラスペラス
はんえい 反映する	สะท้อน サトーン	reflect リフレクト
はんが 版画	ภาพพิมพ์ パープ ピム	print, woodcut プリント, ウドカト
ハンガー	ไม้แขวนเสื้อ マイ クウェーン スア	hanger ハンガ
ばんかい 挽回する	กู้ クー	recover レカヴァ

日	タイ	英
はんかがい 繁華街	ย่านการค้า ヤーン カーン カー	busy street ビズィ ストリート
ハンカチ	ผ้าเช็ดหน้า パー チェット ナー	handkerchief ハンカチフ
バンガロー	บังกะโล バンカロー	bungalow バンガロウ
はんきょう 反響		
〜する	เสียงสะท้อน シアン サトーン	echo, resound エコウ, リザウンド
〜を呼ぶ	กระทบกระเทือน クラトップ クラトゥアン	create a sensation クレエイト ア センセイシュン
パンクする	ยางแตก ヤーン テーク	go flat ゴウ フラト
ばんぐみ 番組	รายการ ラーイカーン	program プロウグラム
ハングリーな	ที่ปรารถนา, ละโมบ ティー プラーッタナー, ラモープ	hungry ハングリ
はんけい 半径	รัศมี ラッサミー	radius レイディアス
はんげき 反撃する	โต้ตอบ トー トープ	strike back ストライク バク
はんけつ 判決	การตัดสิน, การพิพากษา カーン タッシン, カーン ピパークサー	judgment チャヂメント
はんげつ 半月	ดวงจันทร์ครึ่งดวง ドゥアンチャン クルン ドゥアン	half-moon ハフムーン
はんけん 版権	ลิขสิทธิ์ リッカシット	copyright コピライト
ばんごう 番号	หมายเลข マーイ レーク	number ナンバ
バンコク	กรุงเทพฯ クルンテープ	Bangkok バンカク

日	タイ	英
<ruby>犯罪<rt>はんざい</rt></ruby>	อาชญากรรม アーッチャヤーカム	crime クライム
～者	อาชญากร アーッチャヤーコーン	criminal クリミナル
<ruby>万歳<rt>ばんざい</rt></ruby>！	ไชโย チャイヨー	Hurrah! フロー
ハンサムな	รูปหล่อ ループ ロー	handsome ハンサム
<ruby>判事<rt>はんじ</rt></ruby>	ผู้พิพากษา, ตุลาการ プー ピパークサー, トゥラーカーン	judge ヂャヂ
<ruby>反射<rt>はんしゃ</rt></ruby>	การสะท้อน カーン サトーン	reflection, reflex リフレクション, リーフレクス
～する	สะท้อน サトーン	reflect リフレクト
<ruby>繁盛する<rt>はんじょう</rt></ruby>	รุ่งเรือง ルン ルアン	be prosperous ビ プラスペラス
パンスト	ถุงน่อง トゥン ノン	pantyhose パンティホウズ
<ruby>半<rt>はん</rt></ruby>ズボン	กางเกงขาสั้น カーンケーン カー サン	shorts, knee pants ショーツ, ニー パンツ

■バンコクの正式名称■ กรุงเทพฯ / クルンテープ /

กรุงเทพมหานคร อมรรัตนโกสินทร์ มหินทรายุธยา มหาดิลกภพ นพรัตนราชธานีบุรีรมย์ อุดมราชนิเวศ มหาสถาน อมรพิมาน อวตารสถิต สักกะทัตติยวิษณุกรรมประสิทธิ์ / クルンテープ マハーナコーン アモーン ラッタナ コーシン マヒンタラーユッタヤー マハーディロッカポップ ノッパラッタナ ラーチャターニー ブリーロム ウドム ラーチャニウェート マハーサターン アモーンラピマーン アワターン サティット サッカタティヤ ウィットサヌカム プラシット / 天人の都、偉大なる都城、帝釈天<ruby>（<rt></rt></ruby>たいしゃくてん）の不壊（ふえ）の宝玉、帝釈天の戦争なき平和な、偉大にして最高の土地、九種の宝玉の如き心楽しき王都、数々の大王宮に富み、神が権化して住みたまう、帝釈天が建築神ヴィシュヌカルマをして作らせたまいし（タイ日大辞典）

日	タイ	英
<ruby>反<rt>はん</rt></ruby>する	ต่อต้าน, ผิดกฎ トー ターン, ピット ゴット	be contrary *to* ビ カントレリ
<ruby>反省<rt>はんせい</rt></ruby>する	ทบทวนสำนึก トップトゥアン サム ヌック	reflect on リフレクト オン
<ruby>帆船<rt>はんせん</rt></ruby>	เรือใบ ルア バイ	sailer セイラ
<ruby>絆創膏<rt>ばんそうこう</rt></ruby>	พลาสเตอร์ยา プラーッサトゥー ヤー	plaster プラスタ
<ruby>反則<rt>はんそく</rt></ruby>	การเล่นผิดกติกา カーン レン ピット カティカー	foul ファウル
<ruby>半袖<rt>はんそで</rt></ruby>	แขนสั้น ケーン サン	short sleeves ショート スリーヴズ
ハンダ	บัดกรี バックリー	solder ソダ
<ruby>反対<rt>はんたい</rt></ruby>		
〜側	ฝ่ายตรงข้าม ファーイ トロン カーム	opposite side アポズィト サイド
〜する	คัดค้าน, ไม่เห็นด้วย カット カーン, マイ ヘン ドゥアイ	oppose, object *to* オポウズ, オブヂェクト
〜派	ฝ่ายค้าน ファーイ カーン	oppositionists オポニーショズィスツ
バンタム<ruby>級<rt>きゅう</rt></ruby>	รุ่นแบนตั้มเวท ルン ベーンタム ウェート	bantamweight バンタムウェイト
パンタロン	กางเกงขายาวถึงข้อเท้า カーンケーン カー ヤーオ トゥン コー ターオ	pantaloons パンタルーンズ
<ruby>判断<rt>はんだん</rt></ruby>する	วินิจฉัย, ตัดสินใจ ウィニッチャイ, タット シン チャイ	judge ヂャヂ
<ruby>番地<rt>ばんち</rt></ruby>	เลขที่บ้าน レーク ティー バーン	street number トリート ナンバ
パンツ	กางเกงใน カーンケーン ナイ	briefs, shorts ブリーフス, ショーツ

日	タイ	英
(ズボン)	กางเกง カーンケーン	pants パンツ
判定する	ตัดสิน タットシン	judge チャヂ
パンティー	กางเกงในของผู้หญิง カーンケーン ナイ コーン プーイン	panties パンティズ
~ストッキング	ถุงน่องเต็มตัว トゥン ノーン テム トゥア	pantyhose パンティホウズ
ハンディキャップ	เงื่อนไขที่เสียเปรียบ グアン カイ ティー シア プリアップ	handicap ハンディキャプ
バンド	เข็มขัด, สายรัด ケムカット, サーイ ラット	strap, belt ストラプ, ベルト
(楽隊)	วงดนตรี ウォン ドントリー	band バンド
半島	แหลม, คาบสมุทร レーム, カープ サムット	peninsula ペニンシュラ
半導体	สารกึ่งตัวนำ サーン クン トゥア ナム	semiconductor セミコンダクタ
半年	ครึ่งปี クルン ピー	half year ハーフ イヤ
ハンドバッグ	กระเป๋าถือ クラパオ トゥー	handbag, purse ハンドバグ, パース
ハンドブック	คู่มือ クー ムー	handbook ハンドブク
パントマイム	ละครใบ้ ラコーン バイ	pantomime パントマイム
ハンドル	มือจับ ムー チャップ	handle ハンドル
(自動車の)	พวงมาลัย プアン マーライ	steering wheel ウィール
(自転車の)	ที่จับ ティー チャップ	handlebar ハンドルバー

日	タイ	英
はんにち 半日	ครึ่งวัน クルン ワン	half a day ハフ ア デイ
はんにん 犯人	ผู้ร้าย, อาชญากร プーラーイ, アーッチャヤコーン	offender, criminal オフェンダ, クリミナル
ばんねん 晩年	บั้นปลายชีวิต バン プラーイ チーウィット	*one's* later years レイタ イアズ
はんのう 反応	การตอบสนอง, ปฏิกิริยา カーン トープ サノーン, パティキリヤー	reaction, response リアクション, リスパンス
〜する	ตอบสนอง トープ サノーン	react *to*, respond *to* リアクト, リスパンド
バンパー	กันชน カン チョン	bumper バンパ
ハンバーガー	แฮมเบอร์เกอร์ ヘームブークー	hamburger ハンバーガ
はんばい 販売する	ขาย カーイ	sell, deal *in* セル, ディール
ばんぱく 万博	งานแสดงสินค้านานาชาติ ガーン サデーン シンカ ナーナー チャート	Expo エクスポウ
はんぱつ 反発する	โต้กลับ, ผลัก トー クラップ, パラック	repulse, repel リパルス, リペル
はんぱ 半端な	อย่างกระท่อนกระแท่น ヤーン クラトーン クラテーン	odd アド
ばんぶつせつ 万仏節	วันมาฆบูชา ワン マーカブーチャー	*Makha Bucha* マカ ブチャ
パンフレット	แผ่นพับ ペン パップ	pamphlet, brochure パンフレト, ブロウシュア
はんぶん 半分	ครึ่งหนึ่ง クルン ヌン	half ハフ
ハンモック	เปลญวน プレー ユアン	hammock ハモク

は

日	タイ	英
パン屋	ร้านขนมปัง ラーン カノム パン	bakery ベイカリ
氾濫する	น้ำท่วม ナム トゥアム	flood, overflow フラド, オウヴァフロウ
(供給過剰)	เต็มไปด้วย テム パイ ドゥアイ	flood フラド
反論する	โต้แย้ง トー イェーン	argue *against* アーギュー

ひ, ヒ

日	タイ	英
火	ไฟ ファイ	fire ファイア
ピアニスト	นักเปียโน ナック ピアノー	pianist ピアニスト
ピアノ	เปียโน ピアノー	piano ピアーノウ
贔屓する	สนับสนุน, เข้าข้าง サナップ サヌン, カオ カーン	favor フェイヴァ
ビーズ	ลูกปัด ルーク パット	beads ビーヅ
ヒーター	เครื่องทำความร้อน クルアン タム クワーム ローン	heater ヒータ
ピーナッツ	ถั่วลิสง トゥア リソン	peanut ピーナト
ビール	เบียร์ ビア	beer ビア
非営利団体	องค์การที่ไม่หวังกำไร オンカーン ティー マイ ワン カムライ	NPO エンピーオウ
ピエロ	ตัวตลก トゥア タロック	clown クラウン

日	タイ	英
被害(ひがい)	ความเสียหาย クワーム シア ハーイ	damage ダミヂ
～者	ผู้เสียหาย プー シア ハーイ	sufferer, victim サフアラ, ヴィクティム
控え目な(ひかえめな)	เจียมตัว, อย่างเกรงใจ チアム トゥア, ヤーン クレーン チャイ	moderate マダレト
日帰り旅行(ひがえりりょこう)	การท่องเที่ยวในวันเดียว カーン トン ティアオ ナイ ワン ディアオ	day trip デイ トリプ
控える(ひかえる)		
(メモ)	จด チョット	write down ライト ダウン
(待機)	เตรียมรอ, อยู่ใกล้ トリアム ロー, ユー クライ	wait ウェイト
(抑制する)	อดกลั้น オット クラン	refrain *from* リフレイン
日陰(ひかげ)	ที่ร่ม ティー ロム	shade シェイド
日傘(ひがさ)	ร่มกันแดด ロム カン デート	sunshade, parasol サンシェイド, パラソル
東(ひがし)	ทิศตะวันออก ティット タワン オーク	the east ジ イースト
非課税(ひかぜい)	ยกเว้นภาษี ヨック ウェン パーシー	tax exemption タクス イグゼムプシュン
僻む(ひがむ)	น้อยใจ ノーイ チャイ	to twist the meaning of トゥ トウィスト ザ ミーニング オヴ
光(ひかり)	แสง セーン	light, ray ライト, レイ
光る(ひかる)	ส่องแสง, สว่าง ソン セーン, サウーン	shine, flash シャイン, フラシュ
轢かれる(ひかれる)	ถูกทับ トゥーク タップ	be run over ビ ラン オウヴァ

日	タイ	英
ひかんてき 悲観的な	แบบมองโลกในแง่ร้าย ベーブ モーン ローク ナイ ゲー ラーイ	pessimistic ペスィミスティク
ひ あ だ 引き合いに出す	อ้างถึง, อ้างอิง テーン トゥン, テーン イン	mention, quote メンション, クウォウト
ひ あ 引き合う	คุ้ม クム	pay ペイ
ひき 率いる	นำ, เป็นผู้นำ ナム, ペン プー ナム	lead, conduct リード, カンダクト
ひ う 引き受ける	รับ(หน้าที่) ラップ(チーティー)	undertake アンダテイク
(受託)	รับทำ ラップ タム	accept アクセプト
ひ お 引き起こす	ยกขึ้น, ปลุก ヨック クン, プルック	raise レイズ
(もたらす)	ทำให้เกิด タム ハイ クート	cause コーズ
ひ お 引き落とす		
(口座から)	โอนเงิน オーン グン	charge to *one's* account チャーヂ トゥ アカウント
ひ か けん 引き換え券	บัตรแลกเปลี่ยน バット レーク プリアン	claim tag, coupon クレイム タグ, クーポン
ひ かえ 引き返す	กลับที่เดิม クラップ ティー ドゥーム	return リターン
ひ 引きこもる	เก็บตัว ケップ トゥア	stay indoors, shut *oneself* up ステイ インドーズ, シャト アプ
ひ ざん 引き算	การลบเลข カーン ロップ レーク	subtraction サブトラクション
ひ しお 引き潮	น้ำลง ナム ロン	ebb tide エブ タイド
ひ ず 引き摺る	ลากดึง ラーク ドゥン	trail, drag トレイル, ドラグ

日	タイ	英
引き出し	ลิ้นชัก リンチャック	drawer ドローア
引き出す	ดึงออก ドゥン オーク	draw out ドロー アウト
（預金を）	ถอนเงิน トーン グン	withdraw ウィズドロー
引き立てる	ทำให้เด่น タム ハイ デン	favor フェイヴァ
引き立て役	ดาวล้อมเดือน ダーオ ローム ドゥアン	foil フォイル
引き継ぐ	สืบทอด スープ トート	succeed *to* サクスィード
（人に）	รับช่วง ラップ チュアン	hand over ハンド オウヴァ
引き戸	ประตูเลื่อน プラトゥー ルアン	sliding door スライディング ドー
引き留[止]める	หน่วงเหนี่ยว, ยับยั้ง, หยุด ヌアン ニアオ, ヤップヤン, ユット	keep, stop キープ, スタプ
引き取る	รับไว้ ラップ ワイ	receive リスィーヴ
ビギナー	ผู้เริ่มต้น プー ルーム トン	beginner ビギナ
ビキニ	ชุดว่ายน้ำบิกินี チュット ワーイ ナーム ビキニー	bikini ビキニ
挽き肉	เนื้อบด, เนื้อสับ ヌア ボット, ヌア サップ	minced meat ミンスド ミート
轢き逃げ	การชนแล้วหนี カーン チョン レーオ ニー	hit and run ヒト アンド ラン
引き抜く	ดึงออก, ถอนออก ドゥン オーク, トーン オーク	pull out プル アウト
（人材を）	ดึงคน, ดึงตัวไป ドゥン コン, ドゥン トゥア パイ	headhunt ヘッドハント

日	タイ	英
引き延[伸]ばす	ยืดเวลา, ดึงขยาย ユート ウェーラー, ドゥンカヤーイ	stretch ストレチ
（写真を）	ขยาย カヤーイ	enlarge インラーヂ
卑怯な	ชั้นต่ำ, ขี้ขลาด チャン タム, キー クラート	mean, foul ミーン, ファウル
引き分け	เสมอกัน サムー カン	draw, drawn game ドロー, ドローン ゲイム
引き渡す	ส่งมอบ ソン モープ	hand over, deliver ハンド オウヴァ, ディリヴァ
非金属	อโลหะ アローハ	non-metal ノン メトォ
引く	ดึง, ลาก ドゥン, ラーク	pull, draw プル, ドロー
（注意などを）	ดึงดูด ドゥン ドゥート	attract アトラクト
（辞書を）	ดู, เปิด, หา ドゥー, プート, ハー	consult カンサルト
（差し引く）	ลบ, หักลบ ロップ, ハック ロップ	deduct ディダクト
（電話などを）	ติดตั้ง, ต่อ ティットタン, トー	install インストール
弾く	เล่น, สี, ดีด レン, シー, ティート	play プレイ
低い	ต่ำ タム	low ロウ
（背が）	เตี้ย ティア	short ショート
卑屈な	ต่ำต้อย, ประจบประแจง タム トイ, プラチョップ プラチェーン	servile サーヴァル
ピクニック	ปิกนิก ピックニック	picnic ピクニク

日	タイ	英
びくびくする	สั่นกลัว, หวาดกลัว サン クルア, ウート クルア	be scared *of* ビ スケアド
ひげ 髭	หนวด ヌアット	mustache マスタシュ
（あご・頬の）	เครา クラオ	beard, whiskers ビアド, (ホ)ウィスカズ
～を生やす	ไว้หนวด ワイ ヌアット	grow a mustache グロウ ア マステァシ
～を剃る	โกน コーン	shave シェイヴ
ひげき 悲劇	ละครกำสรวล, เรื่องเศร้า ラコーン カムスアン, ルアン サオ	tragedy トラヂェディ
ひけつ 秘訣	เคล็ดลับ クレット ラップ	secret スィークレト
ひけつ 否決する	ไม่ยอมรับ, บอกปัด マイ ヨーム ラップ, ボーク パット	reject リヂェクト
ひこう 飛行		
～機	เครื่องบิน クルアン ビン	airplane, plane エアプレイン, プレイン
～場	สนามบิน, ท่าอากาศยาน サナーム ビン, ター アーカーササヤーン	airport, airfield エアポト, エアフィールド
びこう 備考	หมายเหตุ マーイ ヘート	note, remarks ノウト, リマークス
ひこうしき 非公式の	ไม่เป็นทางการ マイ ペン ターン カーン	unofficial, informal アナフィシャル, インフォーマル
びこう 尾行する	สะกดรอยตาม, ติดตาม サコット ローイ ターム, ティット ターム	follow ファロウ
ひごうほう 非合法の	ผิดกฎหมาย ピット コットマーイ	illegal イリーガル
ひこく 被告	จำเลย チャムルーイ	defendant, accused ディフェンダント, アキューズド

日	タイ	英
ひごろ 日頃	โดยปกติ, เป็นประจำ ドーイ パカティ, ペン プラチャム	usually, always ユージュアリ, オールウェイズ
ひざ 膝	เข่า, ตัก カオ, タック	knee, lap ニー, ラプ
～蹴り	เข่าลอย カオ ローイ	knee strike ニー ストライク
ビザ	วีซ่า ウィーサー	visa ヴィーザ
ピザ	พิซซ่า ピッサー	pizza ピーツァ
ひさいしゃ 被災者	ผู้ประสบภัย プー プラソップ パイ	sufferer サファラ
ひさぶ 久し振りですね!	ไม่ได้เจอกันตั้งนาน マイ ダイ チュー カン タン ナーン	I haven't seen you for ages. アイ ハヴントスィーンユー フォー エイチェズ
ひさん 悲惨な	น่าสังเวช, น่าเวทนา ナー サンウェート, ナー ウェータナー	miserable, wretched ミザラブル, レチド
ひじ 肘	ศอก, ข้อศอก ソーク, コー ソーク	elbow エルボウ
～打ち	ตีศอก ティー ソーク	elbow strike エルボウ ストライク
ひじか いす 肘掛け椅子	เก้าอี้มีที่วางแขน カオイー ミー ティー ワーン ケーン	armchair アームチェア
ひしがた 菱形	รูปสี่เหลี่ยมขนมเปียกปูน ループ シー リアム カノム ピアックプーン	rhombus, lozenge ランバス, ラズィンヂ
ビジネス	ธุรกิจ トゥラキット	business ビズネス
～マン	นักธุรกิจ ナック トゥラキット	businessman ビズネスマン
ひしゃく 柄杓	กระบวย, จวัก クラブアイ, チャウック	dipper, ladle ディパ, レイドル
びじゅつ 美術	ศิลปะ シンラパ	art, fine arts アート, ファイン アーツ

日	タイ	英
～館	หอศิลป์ ホーシン	art museum アート ミューズィアム
ひしょ 秘書	เลขาธิการ, เลขานุการ レーカーティカーン, レーカーヌカーン	secretary セクレテリ
ひしょ 避暑	พักร้อน パック ローン	summering サマリング
ひじょう 非常		
～階段	บันไดฉุกเฉิน バンダイ チュック チューン	emergency staircase イマーヂェンスィ ステアケイス
～口	ทางออกฉุกเฉิน ターン オーク チュック チューン	emergency exit イマーヂェンスィ エクスィト
～事態	ภาวะฉุกเฉิน パーワ チュック チューン	state of emergency ステート オヴ イマーヂェンスィ
～に	อย่างมาก, ยิ่งนัก, เหลือเกิน ヤーン マーク, イン ナック, ルア クーン	very, unusually ヴェリ, アニュージュアリ
ひじょうきん 非常勤の	พิเศษ, ชั่วคราว ピセート, チュア クラーオ	part-time パートタイム
ひじょうしき 非常識な	ไม่มีสามัญสำนึก マイ ミー サーマン サムヌック	absurd, unreasonable アブサード, アンリーズナブル
ひしょち 避暑地	รีสอร์ต, สถานที่ตากอากาศ リーゾート, サターン ティー タークアーカート	summer resort サマ リゾート
びじん 美人	คนสวย コン スアイ	beauty ビューティ
ひすい 翡翠	หยก ヨック	jade ヂェイド
ビスケット	ขนมปังกรอบ カノムパン クローブ	biscuit ビスキト
ヒステリー	ฮิสทีเรีย ヒスティーリア	hysteria ヒスティアリア
ヒステリックな	ประสาท บ้าคลั่ง プラサート バー クラン	hysterical ヒステリカル

日	タイ	英
ピストル	ปืนพก プーン ポック	pistol ピストル
ピストン	ลูกสูบ ルーク スープ	piston ピストン
歪み(ひずみ)	การบิดเบี้ยว カーン ビット ビアオ	distortion ディストーシュン
歪む(ひずむ)	บิด, เบี้ยว ビット, ビアオ	be warped ビ ウォープト
微生物(びせいぶつ)	จุลินทรีย์ チュリンシー	microorganism マイクロウオーガニズム
襞(ひだ)	จีบ, กลีบ チープ, クリープ	fold フォウルド
額(ひたい)	หน้าผาก ナー パーク	forehead フォリド
浸す(ひたす)	แช่, จิ้ม, จุ่ม チェー, チム, チュム	soak *in*, dip *in* ソウク, ディプ
ビタミン	วิตามิน ヴィターミン	vitamin ヴァイタミン
左(ひだり)	ซ้าย サーイ	left レフト
～側	ข้างซ้าย カーン サーイ	left side レフト サイド
～に曲がる	เลี้ยวซ้าย リアオ サーイ	turn left ターン レフト
～きき	ถนัดซ้าย タナット サーイ	left-handed レフト ハンディド
引っ掛かる(ひっかかる)	ติด ティット	get caught *in, on* ゲト コート
(だまされる)	ถูกหลอกลวง トゥーク ローク ルアン	be cheated ビ チーティド
引っ掻く(ひっかく)	ข่วน クアン	scratch スクラチ

日	タイ	英
引っ掛ける	แขวน, หลอกลวง クウェーン, ローク ルアン	hang ハング
筆記		
～試験	สอบข้อเขียน ソープ コー キアン	written examination リトン イグザミネイション
～用具	เครื่องเขียน クルアン キアン	writing materials ライティング マティアリアルズ
ピックアップ（トラック）	รถปิคอัพ ロット ピックアップ	pick-up truck ピカプ トラク
引っ繰り返す	พลิกคว่ำ プリック クワム	overturn オウヴァターン
日付	วันที่ ワン ティー	date デイト
引っ越す	ย้าย ヤーイ	move, remove ムーヴ, リムーヴ
羊	แกะ ケ	sheep シープ
～（未）年	ปีมะแม ピー マメー	the Year of the Ram ザ イア オヴ ザ ラム
必須の	ขาดไม่ได้, จำเป็น カート マイ ダーイ, チャム ペン	indispensable インディスペンサブル
ひったくる	วิ่งราว, ฉก ウィン ラーオ, チョック	snatch スナチ
ヒッチハイク	การโบกรถ カーン ボーク ロット	hitchhike ヒチハイク
匹敵する	เคียงบ่าเคียงไหล่ キアン バー キアン ライ	be equal *to* ビ イークワル
ヒットする	รับความนิยม ラップ クワーム ニヨム	hit, success ヒト, サクセス
引っ張る	ดึง, ยืด ドゥン, ユート	stretch ストレチ

日	タイ	英
ヒッピー	บุปผาชน ブッパー チョン	hippie ヒピ
ヒップ	สะโพก, ก้น サポーク, コン	hip ヒプ
ひつよう 必要な	ที่จำเป็น ティー チャム ペン	necessary ネセセリ
ひてい 否定する	ปฏิเสธ パティ セート	deny ディナイ
ビデオ	วีดีโอ ウィディーオー	video ヴィディオウ
～テープ	วีดีโอเทป ウィディーオー テープ	videotape ヴィディオウテイプ
～カメラ	กล้องถ่ายวีดีโอ クローン ターイ ウィーディーオー	video camera ヴィディオ ケアームラ
～デッキ	เครื่องวีดีโอ クルアン ウィーディーオー	video deck, video cassette recorder ヴィディオ デク, ヴィディオ カセト レコーダ
ひと 人	คน コン	person, one パーソン, ワン
（男）	ผู้ชาย プー チャーイ	man マン
（女）	ผู้หญิง プー イン	woman ウマン
（人類）	มนุษย์ マヌット	mankind マンカインド
（他人）	คนอื่น コン ウーン	others, other people アザズ, アザ ピープル
（個人）	บุคคล ブッコン	individual インディヴィチュアォ
ひど 酷い	โหดร้าย, รุนแรง ホート ラーイ, ルン レーン	cruel, terrible クルエル, テリーブル
ひとがら 人柄	อุปนิสัย ウッパニサイ	character キャラクタ

日	タイ	英
ひどく	อย่างแรง ヤーン レーン	terribly テリブリ
ひとごみ 人込み	คนแน่น, ฝูงชน コン ネーン, フーン チョン	crowd クラウド
ひとごろし 人殺し	ฆาตกรรม カータカム	murder マーダ
（人）	ฆาตกร カータコーン	murderer マーダラ
ひとさ ゆび 人差し指	นิ้วชี้ ニウ チー	forefinger フォーフィンガ
ひと 等しい	เท่ากัน タオ カン	be equal *to* ビ イークワル
ひとじち 人質	ตัวประกัน トゥア プラカン	hostage ハスティヂ
ひとそろ 一揃い	เป็นชุด ペン チュット	a set ア セト
ひと 一つ	หนึ่งอัน ヌン アン	one ワン
ひとで 海星	ปลาดาว プラー ダーオ	starfish スターフィシュ
ひとで 人手		
（手助け）	มือผู้อื่น, ความช่วยเหลือ ムー プーウーン, クワーム チュアイ ルア	help, hand ヘルプア, ハンド
（働き手）	แรงงาน レーン ガーン	hand ハンド
ひと 人でなし	คนใจอำมหิต コン チャイ アムマヒット	brute ブルート
ひとなつ 人懐っこい	คุ้นเคยกับคนง่าย クン クーイ カップ コン ガーイ	amiable エイミアブル
ひとな 人並みの	อย่างคนธรรมดา, อย่างคนทั่วไป ヤーン コン タムマダー, ヤーン コン トゥアパイ	ordinary, average オーディネリ, アヴァリヂ

日	タイ	英
ひとまえ 人前で	ต่อหน้าสาธารณะชน トー ナー サーターラナチョン	in public イン パブリク
ひとみ 瞳	ตาดำ, แก้วตา ター ダム, ケーオ ター	pupil ピューピル
ひとみし 人見知りする	เข้ากับคนยาก カオ カップ コン ヤーク	be shy ビ シャイ
ひとめぼ 一目惚れ	พอเห็นเข้าก็รัก ポー ヘン カオ コー ラック	love at first sight ラヴ アト ファースト サイト
ひとり 一人	หนึ่งคน ヌン コン	one ワン
～で	คนเดียว コン ディアオ	alone, by *oneself* アロウン, バイ
ひと ごと い 独り言を言う	พูดกับตัวเอง プート カップ トゥア エーン	talk to *oneself* トーク トゥ
ひとり こ 一人っ子	ลูกคนเดียว ルーク コン ディアオ	only child オウンリ チャイルド
ひとりでに	เป็นเอง ペン エーン	of *itself* オヴ イトゥセルフ
ひと よ 独り善がり	การคิดว่าเฉพาะตนเองถูกต้อง カーン キット ワー チャポ トンエーン トゥーク トン	self-satisfaction セルフサティスファクション
ひな 鄙びた	แบบชนบท ベープ チョンナボット	rural ルアラル
ひなん 避難する	ลี้ภัย, อพยพ リー パイ, オッパヨップ	take refuge *in, from* テイク レフューヂ
ひなん 非難する	ติเตียน, ตำหนิ ティティアン, タムニ	blame, accuse ブレイム, アキューズ
ビニール	พลาสติก プラーッサティック	vinyl ヴァイニル
～袋	ถุงพลาสติก トゥン プラーッサティック	plastic bag プラスティク バグ

日	タイ	英
ひにく 皮肉		
～を言う	พูดถากถาง, ประชด プート ターク ターン, プラチョット	sarcasm, irony サーキャズム, アイアロニ
～な	ช่างเสียดสี チャーン シアットシー	sarcastic, ironical サーキャスティク, アイラニカル
ひにん 避妊する	คุมกำเนิด クム カム ヌート	contraception カントラセプション
ひね 捻る	บิด, หักนิ้ว ビット, ハック ニウ	twist, twirl トウィスト, トワール
ひ で 日の出	พระอาทิตย์ขึ้น プラアーティット クン	sunrise サンライズ
ひばん 非番	นอกเวร ノーク ウェーン	off duty オーフ デューティ
ひはん 批判する	วิพากวิจารณ์ ウィパーク ウィチャーン	criticize クリティサイズ
ひび 罅	รอยแตก, รอยร้าว ローイ テーク, ローイ ラーオ	crack クラク
ひび 響く	ก้อง, สะท้อน コーン, サトーン	sound, resound サウンド, リザウンド
（影響）	มีอิทธิพลต่อ ミー イッティポン トー	influence *on* インフルエンス
ひひょう 批評する	วิจารณ์ ウィチャーン	criticize, comment *on* クリティサイズ, カメント
びびる	เสียวไส้ シアオ サイ	choke チョウク
びひん 備品	สิ่งที่จัดเตรียมไว้, อุปกรณ์ シン ティー チャット トリアム ワイ, ウッパコーン	fixtures フィクスチャズ
ひふ 皮膚	ผิวหนัง ピウ ナン	skin スキン
～科	แผนกโรคผิวหนัง パネーク ローク ピウ ナン	dermatology デーマタロディ

日	タイ	英
ひぼん 非凡な	เกินกว่าธรรมดา クーン クワー タムマダー	exceptional イクセプショナル
ひま 暇	เวลาว่าง ウェーラー ワーン	time, leisure タイム, リージャ
〜な	ว่าง ワーン	free, not busy フリー, ナト ビズィ
〜つぶしをする	ฆ่าเวลา カー ウェーラー	kill time キル タイム
ひまご 曾孫	เหลน レーン	great-grandchild グレイト グランチャイルド
ひみつ 秘密	ความลับ クワーム ラップ	secret スィークレト
〜の	ลับลี้, ลับๆ ラップ リー, ラップ ラップ	secret スィークレト
びみょう 微妙な	ละเอียดอ่อน ラ イアット オーン	subtle, delicate サトル, デリケト
ひめい 悲鳴	เสียงร้อง シアン ローン	scream, cry スクリーム, クライ
〜を上げる	ร้องเสียงแหลม ローン シアン レーム	scream, cry スクリーム, クライ
ひも 紐	เชือก チュアック	string, cord ストリング, コード
（情夫）	แมงดา メーンダー	pimp ピンプ
ひ 冷やかす	แหย่, หยอก, ยั่วเย้า イェー, ヨーク, ユア ヤオ	banter, tease バンタ, ティーズ
ひゃく 百	ร้อย ローイ	hundred ハンドリド
ひやく 飛躍する	กระโดดสูง, พัฒนาอย่างรวดเร็ว クラドート スーン, パッタナー ヤーン ルアット レオ	leap, jump リープ, ヂャンプ
ひゃくまん 百万	ล้าน ラーン	million ミリオン

日	タイ	英
ひゃくぶん いっけん 百聞は一見に 如かず	สิบปากว่าไม่เท่าตาเห็น シップ パーク ワー マイ タオ ター ヘン	Seeing is believing. スィーイング イズ ビリーヴィング
ひや 日焼けする	โดนแดด ドーン デート	get sunburnt ゲト サンバーント
ひ 冷やす	แช่เย็น, ทำให้เย็น チェー イェン, タム ハイ イェン	cool, ice クール, アイス
ひやっとする	เสียวไส้ シアオ サイ	be in fear ビ イン フィア
ひやとい ろうどうしゃ 日雇労働者	ลูกจ้างรายวัน ルーク チャーン ラーイ ワン	day laborer デイ レイバラ
ビヤホール	เบียร์การ์เด้น ビア ガーデン	beer hall ビア ホール
ひゆ 比喩	อุปมา ウッパマー	figure of speech フィギャ オヴ スピーチ
～的な	โดยเปรียบเทียบ ドーイ プリアップ ティアップ	figurative フィギュラティヴ
ヒューズ	ฟิวส์ フィウ	fuse フューズ
ビュッフェ	บุฟเฟต์ ブッフェー	buffet バフェト
ひょう 表	ตาราง ターラーン	table, diagram テイブル, ダイアグラム
ひょう 雹	ลูกเห็บ ルーク ヘップ	hail ヘイル
ひよう 費用	ค่าใช้จ่าย カー チャイ チャーイ	cost コスト
～対効果	ผลลัพธ์จากการลงทุน ポン ラップ チャーク カーン ロン トゥン	cost-effectiveness コースト イフェクティヴネス
びょう 秒	วินาที ウィナーティー	second セコンド

日	タイ	英
びょういん 美容院	ร้านเสริมสวย ラーン スーム スアイ	beauty salon ビューティ サラン
びょういん 病院	โรงพยาบาล ローン パヤーバーン	hospital ハスピタル
ひょうか 評価	การประเมิน カーン プラムーン	estimation エスティメイション
～する	ประเมิน, ตีค่า プラムーン, ティー カー	estimate, evaluate エスティメイト, イヴァリュエイト

■病院■ โรงพยาบาล / ローン パヤーバーン /

いしゃ
医者 หมอ, แพทย์ / モー、ペート / (英doctor)

かんごし
看護師 พยาบาล / パヤーバーン / (英nurse)

かんじゃ
患者 ผู้ป่วย / プー プアイ / (英patient, case)

しんさつしつ
診察室 ห้องตรวจโรค / ホン トルアット ローク / (英consulting room)

しゅじゅつしつ
手術室 ห้องผ่าตัด / ホン パータット / (英operating room)

びょうしつ
病室 ห้องพักผู้ป่วย / ホン パック プー プアイ / (英sickroom, ward)

やっきょく
薬局 ห้องจ่ายยา / ホン チャーイ ヤー / (英pharmacist's office)

ないか
内科 อายุรกรรม / アーユラカム / (英internal medicine)

げか
外科 ศัลยกรรม / サンラヤカム / (英surgery)

しか
歯科 ทันตกรรม / タンタカム / (英dental surgery)

がんか
眼科 จักษุวิทยา / チャックスウィッタヤー / (英ophthalmology)

さんふじんか
産婦人科 สูตินรีเวช / スーティナリーウェート / (英obstetrics and gynecology)

しょうにか
小児科 กุมารเวช / クマーンラウェート / (英pediatrics)

じびいんこうか
耳鼻咽喉科 โรคหูคอจมูก / ローク フー コー チャムーク / (英otorhinolaryngology)

せいけいげか
整形外科 ศัลยกรรมตกแต่ง / サンラヤカム トックテン / (英plastic surgery)

レントゲン เอ็กซ์เรย์ / エックスレー / (英X rays)

日	タイ	英
びょうがいちゅう 病害虫	แมลงทำลายพืช マレーン タムラーイ プート	vermin, pest ヴァーミン, ペスト
びょうき 病気	โรค ロ̂ーク	sickness, disease スィクネス, ディズィーズ
〜になる	เป็นโรค, ป่วย, เจ็บ ペン ロ̂ーク, プアイ, チェップ	get ill ゲト イル
〜欠勤	ลาป่วย ラー プアイ	sick leave スィク リーヴ
ひょうぎかい 評議会	คณะกรรมการ カナカムマカーン	council カウンスィル
ひょうきん 剽軽な	น่าขัน ナー カン	facetious, funny ファスィーシャス, ファニ

■病気■ โรค /ロ̂ーク/

せきり
赤痢 โรคบิด /ロ̂ーク ビット/ (㊧dysentery)

コレラ อหิวาต์ /アヒワー/ (㊧cholera)

チフス ไข้รากสาด /カイ ラ̂ーク サ̀ート/ (㊧typhoid, typhus)

マラリア ไข้มาลาเรีย /カイ マーラーリア/ (㊧malaria)

ジフテリア โรคคอตีบ /ロ̂ーク コーティープ/ (㊧diphtheria)

けっかく
結核 วัณโรค /ワンナロ̂ーク/ (㊧tuberculosis)

エイズ
AIDS โรคเอดส์ /ロ̂ーク エ̀ート/ (㊧AIDS)

サーズ
SARS โรคซาร์ส /ロ̂ーク サー/ (㊧SARS)

アルツハイマー病 โรคอัลไซเมอร์ /ロ̂ーク アルサイマー/ (㊧Alzheimer's disease)

はしか
麻疹 โรคหัด /ロ̂ーク ハット/ (㊧the measles)

かぜ
風邪 ไข้หวัด /カイ ウ̀ット/ (㊧cold, flu)

がん
癌 โรคมะเร็ง /ロ̂ーク マレン/ (㊧cancer)

しょくちゅうどく
食中毒 อาหารเป็นพิษ /アーハーン ペン ピット/ (㊧food poisoning)

日	タイ	英
～者	คนสนุก, คนขี้เล่น コン サヌック, コン キー レン	facetious person ファスィーシャス パスン
ひょうけつ 票決する	ลงคะแนน, ลงมติ ロン カネーン, ロン マティ	vote ヴォウト
ひょうげん 表現	การแสดง カーン サデーン	expression イクスプレション
～する	แสดง サデーン	express イクスプレス
ひょうさつ 表札	ป้ายชื่อหน้าประตู パーイ チュー ナー プラトゥー	doorplate ドープレイト
ひょうざん 氷山	ภูเขาน้ำแข็ง プーカオ ナム ケン	iceberg アイスバーグ

ひ

もうちょうえん
盲腸炎 โรคไส้ติ่งอักเสบ / ローク サイティン アックセープ / (㋲ appendicitis)

ふくつう
腹痛 ปวดท้อง / プアット トーン / (㋲ stomachache)

むしば
虫歯 ฟันผุ / ファンプ / (㋲ decayed tooth)

ねんざ
捻挫 เคล็ด, พลิก / クレット, プリック / (㋲ sprain)

こっせつ
骨折 กระดูกหัก / クラドゥーク ハック / (㋲ fracture)

だぼく
打撲 ฟกช้ำ / フォック チャム / (㋲ bruise)

だっきゅう
脱臼 ข้อเคลื่อน, ข้อหลุด / コー クルアン, コー ルット / (㋲ dislocation)

のういっけつ
脳溢血 เลือดออกในสมอง / ルアット オークナイ サモーン / (㋲ cerebral hemorrhage)

じ
痔 ริดสีดวงทวารหนัก / リッシードゥアンタワーンナック / (㋲ hemorrhoid)

はいえん
肺炎 โรคปอดอักเสบ / ローク ポート アックセープ / (㋲ pneumonia)

とうにょうびょう
糖尿病 โรคเบาหวาน / ローク バオ ワーン / (㋲ diabetes)

たんせき
胆石 นิ่ว / ニウ / (㋲ gallstone)

しんきんこうそく
心筋梗塞 กล้ามเนื้อหัวใจตาย / クラーム ヌア フアチャイ ターイ / (㋲ myocardial infarction)

日	タイ	英
ひょうし 表紙	หน้าปก ナー ポック	cover カヴァ
びようし 美容師	ช่างเสริมสวย チャーン スーム スアイ	beautician ビューティシャン
ひょうしき 標識	สัญญาณ サンヤーン	sign, mark サイン，マーク
ひょうじ 表示する	แสดงให้เข้าใจ サデーン ハイ カオチャイ	indicate インディケイト
びょうじゃく 病弱な	ร่างกายอ่อนแอ ラーン カーイ オーン エー	sickly スィクリ
ひょうじゅん 標準	มาตรฐาน マートラターン	standard スタンダド
～語	ภาษากลาง パーサー クラーン	standard language スタンダド ラングウィヂ
～的な	ตามมาตรฐาน ターム マートラターン	standard, normal スタンダド，ノーマル
(…を)～とする	เป็นมาตรฐาน ペン マートラターン	consider as a standard カンスィダ アズ ア スタンダード
ひょうじょう 表情	สีหน้า シー ナー	expression イクスプレション
びょうじょう 病状	อาการป่วย アーカーン プアイ	condition カンディション
ひょうしょう 表彰する	ชมเชย, ประกาศเกียรติคุณ チョム チューイ, プラカート キアッティクン	commend, honor カメンド，アナ
びょうしん 秒針	เข็มวินาที ケム ウィナーティー	second hand セコンド ハンド
びょうどう 平等の	ที่เท่าเทียม ティー タオ ティアム	equal イークワル
びょうにん 病人	ผู้ป่วย プー プアイ	sick person スィク パースン
ひょうはくざい 漂白剤	น้ำยาฟอก ナム ヤー フォーク	bleach ブリーチ

日	タイ	英
ひょうばん 評判	ชื่อเสียง, คำเล่าลือ チュー シアン, カム ラオ ルー	reputation レピュテイション
ひょうひょう 飄々とした	ล่องลอยไร้จุดหมาย ロン ロイ ライ チュット マーイ	easygoing イーズィゴウイン
ひょうめん 表面	พื้นผิว, ผิวหน้า プーン ピウ, ピウ ナー	surface サーフェス
ひょうろん 評論	การวิจารณ์ カーン ウィチャーン	criticism, review クリティスィズム, リヴュー
〜家	นักวิจารณ์ ナック ウィチャーン	critic, reviewer クリティク, リヴューア
ひよく 肥沃な	อุดมสมบูรณ์ ウドム ソムブーン	fertile ファーティル
ひよ 日除け	เครื่องกันแดด クルアン カン デート	sunshade サンシェイド
ひよこ 雛	ลูกไก่, ลูกนก ルーク カイ, ルーク ノック	chick チク
ビラ	ใบปลิว バイ プリウ	bill, handbill ビル, ハンドビル
ひらおよ 平泳ぎ	ว่ายกบ ワーイ コップ	breast stroke ブレスト ストロウク
ひら 開く	เปิด, แก้ プート, ケー	open オウプン
（開始）	เริ่มต้น ルーム トン	open, start オウプン, スタート
ひら 開ける	ได้รับการพัฒนา ダイ ラップ カーン パッタナー	be civilized ビ スィヴィライズド
（発展）	เจริญขึ้น チャルーン クン	develop ディヴェロプ
（広がる）	ขยาย, เปิด カヤーイ, プート	spread, open スプレド, オウプン
ピリオド	มหัพภาค マハップ パーク	period ピアリオド

日	タイ	英
ひりつ 比率	อัตราส่วน アットラー スアン	ratio レイシオウ
ひりひりする	แสบ セープ	smart スマート
ビリヤード	บิลเลียด ビンリアット	billiards ビリアツ
ひりょう 肥料	ปุ๋ย プイ	fertilizer, manure ファーティライザ, マニュア
ひる 昼	เที่ยง, ตอนกลางวัน ティアン, トーン クラーンワン	daytime, noon デイタイム, ヌーン
ひる 蛭	ปลิง, ทาก プリン, ターク	leech リーチ
ピル(避妊薬)	ยาคุมกำเนิด ヤー クム カムヌート	pill ピル
ビルディング	ตึก トゥック	building ビルディング
ひるね 昼寝する	นอนกลางวัน ノーン クラーン ワン	have a nap ハヴ ア ナプ
ひるま 昼間	เวลากลางวัน ウェーラー クラーン ワン	daytime デイタイム
ビルマ	พม่า パマー	Burma バーマ
ひるやすみ 昼休み	พักเที่ยงวัน パック ティアン ワン	noon recess ヌーン リセス
ひれ 鰭	ครีบปลา クリープ プラー	fin フィン
ひれい 比例	สัดส่วน サット スアン	proportion プロポーション
～する	แปรผันตาม プレー パン ターム	be in proportion *to* ビ イン プロポーション
にく ヒレ肉	เนื้อสันใน スア サン ナイ	fillet フィレト

日	タイ	英
ひろい 広い	กว้าง クワーン	wide, broad ワイド, ブロード
ヒロイン	นางเอก ナーン エーク	heroine ヘロウイン
ひろう 疲労	ความเหนื่อยล้า クワーム ヌアイラー	fatigue ファティーグ
ひろう 拾う	เก็บ ケップ	pick up ピク アプ
ひろうえん 披露宴	งานเลี้ยงฉลองการสมรส ガーン リアン チャローン カーン ソムロット	wedding banquet ウェディング バンクウィト
ビロード	กำมะหยี่ カムマイー	velvet ヴェルヴェト
ひろがる 広がる	ขยายออกไป, แพร่หลาย カヤーイ オーク パイ, プレー ラーイ	extend, expand イクステンド, イクスパンド
ひろげる 広げる	ขยาย, ทำให้กว้าง カヤーイ, タム ハイ クワーン	extend, enlarge イクステンド, インラーヂ
ひろさ 広さ	ความกว้าง クワーム クワーン	width ウィドス
ひろば 広場	ลาน ラーン	open space オウプン スペイス
ひろまる 広まる	แผ่ออก, เลื่องลือ ペー オーク, ルアン ルー	spread スプレド
ひろめる 広める	ทำให้รู้กันทั่ว タム ハイ ルー カン トゥア	spread スプレド
ひわいな 卑猥な	หยาบโลน, ลามก ヤープ ローン, ラーモック	dirty ダーティ
びん 瓶	ขวด, แจกัน クアット, チェーカン	bottle バトル
ピン	เข็มหมุด ケム ムット	pin ピン

日	タイ	英
敏感な（びんかん）	ประสาทไว プラサート ワイ	sensitive *to* センスィティヴ
ピンク	สีชมพู シー チョムプー	pink ピンク
貧血（ひんけつ）	โลหิตจาง ローヒット チャーン	anemia アニーミア
品質（ひんしつ）	คุณภาพ クンナパープ	quality クワリティ
貧弱な（ひんじゃくな）	ไม่เพียงพอ, อ่อน マイ ピアン ポー, オーン	poor, meager プア, ミーガ
品種（ひんしゅ）	พันธุ์ パン	kind, variety カインド, ヴァライエティ
ピンセット	คีม, แหนบ キーム, ネープ	tweezers トウィーザズ
便箋（びんせん）	กระดาษเขียนจดหมาย クラダート キアン チョットマーイ	letter paper レタ ペイパ
ピンチ	วิกฤต ウィクリット	pinch ピンチ
ヒンディー語（ご）	ภาษาฮินดี パーサー ヒンディー	Hindi ヒンディー
ヒント	บอกใบ้, กล่าวเป็นนัย ボーク バイ, クラーオ ペン ナイ	hint ヒント
ピント	โฟกัส フォーカット	focus フォウカス
ヒンドゥー教（きょう）	ศาสนาฮินดู サーッサナー ヒンドゥー	Hinduism ヒンドウイズム
ピンナップ	รูปติดกำแพง ループ ティット カムペーン	pinup ピナプ
ピンはねする	อมเงิน オム グン	kickback, rake-off キクバク, レイクオフ

日	タイ	英
ひんぱん 頻繁に	สม่ำเสมอ, บ่อยๆ サム๋ム サム๋ー, ボイ ボイ	frequently フリークウェントリ
びんぼう 貧乏		
～な	จน, ยากจน チョン, ヤーク チョン	poor プア
～人	คนจน コン チョン	poor people プア ピープォ
ピンぼけの	ถ่ายไม่ชัด ターイ マイ チャット	be out of focus ビ アウト オヴ フォウカス
ひんやりした	เยือกเย็น ユアック イェン	cool クーオ

ふ, フ

日	タイ	英
ぶ 部	แผนก, กอง パネーク, コーン	section セクション
ファーストクラス	ชั้นหนึ่ง チャン ヌン	first class ファースト クラース
ファーストフード	อาหารจานด่วน アーハーン チャーン ドゥアン	fast food ファスト フード
ぶあい 歩合	อัตรา アットラー	rate, percentage レイト, パセンティヂ
ぶあいそう 無愛想な	ไม่อ่อนหวาน マイ オーン ワーン	unsociable アンソウシャブル
ファイト	จิตใจต่อสู้ チットチャイ トー スー	fighting spirits ファイティング スピリツ
ファイル	แฟ้ม フェーム	file ファイル
ファスナー	ซิป シップ	fastener ファスナ
ファックス	แฟกซ์ フェーック	fax ファクス

日	タイ	英
ファッション	แฟชั่น フェーチャン	fashion ファション
ファミコン	เกมแฟมิลี่ ケーム フェーミリー	video game ヴィディオウ ゲイム
ファン	แฟน フェーン	fan ファン
ふあん 不安な	กระสับกระส่าย, กังวลใจ クラサップ クラサーイ, カンウォン チャイ	uneasy, anxious アニーズィ, アンクシャス
ふあんてい 不安定な	ที่ไม่แน่นอน, ที่ไม่มั่นคง ティー マイ ネー ノーン, ティー マイ マン コン	unstable アンステイブル
ファンデーション	ครีมรองพื้น クリーム ローン プーン	foundation ファウンデイション
フィアンセ	คู่หมั้น クー マン	fiancé フィアーンセイ
フィート	ฟุต フット	feet フィート
フィールドワーク	การวิจัยภาคสนาม カーンウィチャイ パーク サナーム	fieldwork フィールドワーク
フィクション	เรื่องไม่จริง, เรื่องแต่ง ルアン マイ チン, ルアン テン	fiction フィクション
ふいちょう 吹聴する	พูดไปทั่ว プート パイ トゥア	announce, trumpet アナウンス, トランペット
フィットネスクラブ	ฟิตเนส フィットネス	fitness center フィトネス センタ
フィルター	ที่กรอง, ฟิลเตอร์ ティー クローン, フィルトゥー	filter フィルタ
フィルム	ฟิล์ม フィム	film フィルム
ブーケ	ช่อดอกไม้ チョー ドーク マーイ	bouquet ブーケイ

日	タイ	英
ふうけい 風景	ทิวทัศน์ ティウタット	scenery スィーナリ
ふうし 風刺	การเหน็บแนม, การเสียดสี カーン ネップ ネーム, カーン シアット シー	satire サタイア
ふうせん 風船	บัลลูน バンルーン	balloon バルーン
ふうぞく 風俗	ขนบธรรมเนียม カノップ タムニアム	customs, manners カスタムズ, マナズ
ふうちょう 風潮	แนวโน้มของสังคม ネーオノーム コーン サンコム	trend, tendency トレンド, テンデンスィ
ブーツ	รองเท้าบูท ローン ターオ ブート	boots ブーツ
ふうとう 封筒	ซองจดหมาย ソーン チョットマーイ	envelope エンヴェロウプ
ふうふ 夫婦	สามีภรรยา サーミー パンラヤー	couple カプル
ブーム	บูม, เป็นที่นิยม ブーム, ペン ティー ニヨム	boom ブーム
ふうりん 風鈴	กระดึง クラドゥン	wind-bell ウィンド ベル
プール	สระว่ายน้ำ サ ワーイ チーム	swimming pool スウィミング プール
〜する	เก็บไว้ ケップ ワイ	pool プール
ふうん 不運な	ที่[ซึ่ง]โชคไม่ดี ティー [スン] チョーク マイ ディー	unlucky アンラキ
ふえ 笛	ขลุ่ย, นกหวีด クルイ, ノック ウィート	whistle (ホ)ウィスル
フェザー級 きゅう	รุ่นเบา ルン バオ	featherweight フェザウェイト

ふ

631

日	タイ	英
フェミニズム	สตรีนิยม, เฟมินิซึ่ม サトリーニョム, フェミニスム	feminism フェミニズム
フェリー	เรือข้ามฟาก ルア カーム ファーク	ferry フェリ
ふ 増える	เพิ่มขึ้น プーム クン	increase *in* インクリース
フォーク	ส้อม ソム	fork フォーク
フォークソング	เพลงโฟล์กซอง プレーン フォークソーン	folk song フォウク ソング
フォークリフト	รถยก ロット ヨック	forklift truck フォークリフト トラック
フォローする (丸くおさめる)	กู้หน้าให้ クー ナー ハイ	smooth over スムーズ オウヴァ
ふか 部下	ลูกน้อง ルーク ノーン	subordinate サブオーディネト
ふか 深い	ลึก, ลึกซึ้ง ルック, ルック スン	deep, profound ディープ, プロファウンド
ぶがいしゃ 部外者	คนภายนอก コン パーイ ノーク	an outsider アン アウトサイダ
ふかい 不快な	ไม่พอใจ, ไม่สนุก マイ ポー チャイ, マイ サヌック	unpleasant アンプレザント
ふかいりする 深入りする	ถลำลึก タラム ルック	go deep into ゴウ ディープ イントゥ
ふかけつ 不可欠な	ที่ขาดไม่ได้, ที่จำเป็น ティー カート マイ ダーイ, ティー チャム ペン	indispensable インディスペンサブル
ふかかちぜい 付加価値税	ภาษีมูลค่าเพิ่ม, แว็ต パーシー ムーン カー プーム, ウェート	value added tax ヴェアリュー アディドゥ タクス
ふか 深さ	ความลึก クワーム ルック	depth デプス

632

日	タイ	英
ぶかっこう 不格好な	ดูไม่ดี ドゥー マイ ディー	unsightly アンサイトリ
ふかのう 不可能な	เป็นไปไม่ได้ ペン パイ マイ ダーイ	impossible インパスィブル
ふかんぜん 不完全な	ไม่สมบูรณ์ マイ ソムブーン	imperfect インパーフィクト
ぶき 武器	อาวุธ アーウット	arms, weapon アームズ, ウェポン
ふきげん 不機嫌な	อารมณ์ไม่ดี アーロム マイ ディー	bad-tempered バドテンパド
ふきそく 不規則な	ผิดกฎเกณฑ์, ไม่สม่ำเสมอ ピット コッケーン, マイ サマム サムー	irregular イレギュラ
ふきつ 不吉な	เป็นลางร้าย, ดวงไม่ดี ペン ラーン ラーイ, ドゥアン マイ ディー	unlucky アンラキ
ふ でもの 吹き出物	สิว, ผื่น シウ, プーン	pimple ピンプル
ぶきみ 不気味な	น่าสะพรึงกลัว, พิกล ナー サプルン クルア, ピコン	weird, uncanny ウィアド, アンキャニ
ふきゅう 普及する	กระจาย, แพร่หลาย クラチャーイ, プレー ラーイ	spread, diffuse スプレド, ディフューズ
ふきょう 不況	เศรษฐกิจตกต่ำ セータキット トック タム	depression, slump ディプレション, スランプ
ぶきよう 不器用な	ที่ไม่ประณีต, เก้งก้าง ティー マイ プラニート, ケーン カーン	clumsy, awkward クラムズィ, オークワド
ふきん 布巾	ผ้าเช็ดถ้วยชาม パー チェット トゥアイ チャーム	dish towel ディシュ タウエル
ふ 拭く	เช็ด, ถู チェット, トゥー	wipe ワイプ
ふ 吹く	เป่า, พัด, พ่น パオ, パット, ポン	blow ブロウ

日	タイ	英
ふく 服	เสื้อผ้า スア パー	clothes クロウズズ
ふくごう 複合	การประกอบส่วนต่างๆ カーン プラコープ スアンターン ターン	complex カンプレクス
～農業	เกษตรกรรมผสมผสาน カセートラカムパソム パサーン	multiple agriculture マルティプル アグリカルチャ
ふくざつ 複雑な	ซับซ้อน サップソーン	complicated カンプリケイテド
ふくさよう 副作用	ผลข้างเคียง ポン カーン キアン	side effect サイド イフェクト
ふくさんぶつ 副産物	ผลพลอยได้ ポン プローイ ダーイ	by-product バイプロダクト
ふくし 副詞	กริยาวิเศษณ์ クリヤー ウィセート	adverb アドヴァーブ
ふくし 福祉	สวัสดิการ, สังคมสงเคราะห์ サウッディカーン, サンコム ソン クロ	welfare ウェルフェア
ふくしゅう 復讐	การแก้แค้น, การแก้เผ็ด カーン ケー ケーン, カーン ケー ペット	revenge リヴェンヂ
～する	แก้แค้น, แก้เผ็ด ケー ケーン, ケー ペット	revenge *on* リヴェンヂ
ふくしゅう 復習する	ทบทวน トップ トゥアン	review リヴュー
ふくそう 服装	เสื้อผ้า, เครื่องแต่งกาย スア パー, クルアン テン カーイ	dress, clothes ドレス, クロウズズ
ふくつう 腹痛	ปวดท้อง プアット トーン	stomachache スタマケイク
ふく 含む	รวม, อม ルアム, オム	contain, include カンテイン, インクルード
ふく 含める	ใส่รวม, รวมอยู่ด้วย サイ ルアム, ルアム ユー ドゥアイ	include インクルード
ふく 脹[膨]らます	ทำให้พอง タム ハイ ポーン	swell スウェル

日	タイ	英
ふく 脹[膨]らむ	พองตัว, ขยายตัว, บวม ポーン トゥア, カヤーイ トゥア, ブアム	swell スウェル
ふく 膨れる	พอง, บวม, โกรธ, ฟู ポーン, ブアム, クロート, フー	swell スウェル
ふくろ 袋	ถุง トゥン	bag, sac バグ, サク
ふけ 雲脂	ขี้รังแค キー ランケー	dandruff ディアンドゥラフ
ふけい 父兄	ผู้ปกครอง プー ポックローン	parents ペアレンツ
ふけいき 不景気	เศรษฐกิจตกต่ำ セータキット トック タム	depression ディプレション
ふけつ 不潔な	ไม่สะอาด, สกปรก マイ サアート, ソッカプロック	unclean, dirty アンクリーン, ダーティ
ふ 老ける	แก่ลง, แก่ตัว ケー ロン, ケー トゥア	grow old グロウ オウルド
ふこう 不幸	ความทุกข์, เคราะห์ร้าย クワーム トゥック, クロラーイ	unhappiness アンハピネス
～な	ไม่เป็นสุข, โชคร้าย マイ ペン スック, チョーク ラーイ	unhappy アンハピ
ふごう 富豪	เศรษฐี セートティー	wealthy person ウエルスィ パーソン
ふごうかく 不合格	การตก, การไม่ผ่าน カーン トック, カーン マイ パーン	failure フェイリュア
ふこうへい 不公平な	ไม่ยุติธรรม マイ ユティタム	unfair, partial アンフェア, パーシャル
ふごうり 不合理な	ไม่สมเหตุสมผล マイ ソム ヘート ソム ポン	unreasonable アンリーズナブル
ブザー	กริ่ง クリン	buzzer バザ
ふさい 負債	หนี้สิน ニー シン	debt デト

日	タイ	英
^{ふさ}塞がる	ถูกปิด, อุดตัน トゥーク ピット, ウッタン	be closed ビ クロウズド
(部屋・席などが)	ถูกใช้, ไม่ว่าง トゥーク チャイ, マイ ワーン	be occupied ビ アキュパイド
^{ふさく}不作	ผลผลิตไม่ดี ポン パリット マイ ディー	bad harvest バド ハーヴィスト
^{ふさ}塞ぐ	ปิด, ขวาง, อุด, ขุ่นมัว ピット, クワーン, ウット, クン ムア	close, block クロウズ, ブラク
(場所を)	กินที่ キン ティー	occupy アキュパイ
ふざける	พูดเล่น, ล้อเล่น, แกล้ง プート レン, ロー レン, クレーン	joke, jest ヂョウク, ヂェスト
^{ぶさほう}無作法な	ไม่มีมารยาท マイ ミー マーラヤート	rude ルード
^{ぶざま}無様な	น่าเกลียด, ดูไม่ได้ ナー クリアット, ドゥー マイ ダーイ	shapeless シェイプレス
^{ふさわ}相応しい	เหมาะสม モソム	suitable, becoming スータブル, ビカミング
^{ぶじ}無事に	อย่างปลอดภัย, โดยสวัสดิภาพ ヤーン プロート パイ, ドーイ サワッティパープ	safely セイフリ
^{ふしぎ}不思議な	แปลก, ประหลาด, มหัศจรรย์ プレーク, プララート, マハッサチャン	mysterious, strange ミスティアリアス, ストレインヂ
^{ふしぜん}不自然な	ไม่เป็นธรรมชาติ マイ ペン タムマチャート	unnatural アンナチャラル
^{ふじゅう}不自由な	ไม่สะดวก, พิการ マイ サドゥアック, ピカーン	inconvenient インコンヴィーニェント
^{ふじゅうぶん}不十分な	ไม่เพียงพอ マイ ピアン ポー	insufficient インサフィシェント
^{ふじゅん}不純な	ไม่บริสุทธิ์ マイ ボーリスット	impure インピュア
^{ふじゅんぶつ}不純物	สิ่งไม่บริสุทธิ์ シン マイ ボーリスット	impurities インピュアリティズ

日	タイ	英
ぶしょ 部署	ตำแหน่ง タム ネン	post ポウスト
ぶしょう 不[無]精な	ขี้เกียจ, เกียจคร้าน キー キアット, キアット クラーン	lazy レイズィ
ぶじょく 侮辱する	ดูหมิ่น, ดูถูก ドゥー ミン, ドゥー トゥーク	insult インサルト
ふじん 夫人	ภรรยา, คุณนาย パンラヤー, クン ナーイ	wife ワイフ
ふしんせつ 不親切な	ใจร้าย, ไม่โอบอ้อมอารี チャイ ラーイ, マイ オープ オーム アーリー	unkind アンカインド
ぶすい 無粋な	ไม่งดงาม, ไม่ละเอียดอ่อน マイ ゴット ガーム, マイ ライアット オーン	inelegant インエリガント
ふせ 布施	ทาน ターン	donation, offering ドウネイション, オーファリン
ふせい 不正な	ไม่ยุติธรรม, ทุจริต マイ ユッティタム, トゥッチャリット	unjust, foul アンヂャスト, ファウル
ふせいかく 不正確な	ไม่ถูกต้อง マイ トゥーク トン	inaccurate イナキュレト
ふせ 防ぐ	ป้องกัน, ต้าน ポン カン, ターン	defend, protect ディフェンド, プロテクト
（防止）	ป้องกัน, ขัดขวาง ポン カン, カット クワーン	prevent プリヴェント
ふ 伏せる	หมอบ, คว่ำ モープ, クワム	turn down ターン ダウン
（隠す）	คลุม, ซ่อน クルム, ソーン	conceal カンスィール
ぶぞく 部族	เผ่า パオ	tribe トゥライブ
ふそく 不足する	ขาดแคลน カート クレーン	be short *of*, lack ビ ショート, ラク
ふそく 不測の	ไม่สามารถคาดการณ์ได้ マイ サーマート カート カーン ダーイ	unforeseen アンフォースィーン

日	タイ	英
ふぞくひん 付属品	เครื่องประกอบ クルアン プラコープ	accessories アクセソリズ
ふた 蓋	ฝา ファー	lid リド
ふだ 札	ป้าย パーイ	label, tag レイベル, タグ
ぶた 豚	หมู ムー	pig ピグ
～肉	เนื้อหมู ヌア ムー	pork ポーク
ぶたい 舞台	เวที ウェーティー	stage ステイヂ
ふたご 双子	ฝาแฝด ファー フェート	twins トウィンズ
～座	ราศีมิถุน ラーシー ミトゥン	Gemini, the Twins ヂェミニ, ザ トウィンズ
ふたん 負担する	รับเป็นภาระ ラップ ペン パーラ	bear, share ベア, シェア
ふち 縁	ขอบ, ริม コープ, リム	edge, brink エヂ; ブリンク
ふちゅうい 不注意な	ซึ่งไม่ระวัง スン マイ ラワン	careless ケアレス
ぶちょう 部長	ผู้อำนวยการ プー アムヌアイカーン	director ディレクタ
ふつう 普通		
～の	ปกติ, ธรรมดา パカティ, タムマダー	usual, general ユージュアル, ヂェネラル
～は	โดยปกติ ドーイ パカティ	usually ユージュアリ
ぶっか 物価	ราคาสินค้า, ค่าครองชีพ ラーカー シンカー, カー クローン チープ	prices プライスィズ

ふ

638

日	タイ	英
ふつかよ 二日酔い	อาการเมาค้าง アーカーン マオ カーン	hangover ヘァングオウヴァ
ぶつかる	ชน, โดน チョン, ドーン	hit, strike ヒト, ストライク
ふっきゅう 復旧する	ฟื้นฟู フーン フー	be restored ビ リストード
ぶっきょう 仏教	ศาสนาพุทธ サーッサナー プット	Buddhism ブディズム
～徒	พุทธศาสนิกชน プッタサーサニッカチョン	Buddhist ブディスト
ぶつける	ขว้าง, ปา クワーン, パー	throw *at* スロウ
（衝突）	ชน, ปะทะ チョン, パタ	bump *against* バンプ
ふつごう 不都合な	ไม่สะดวก マイ サドゥアック	inconvenience インコンヴィーニェンス
ぶつじつ 仏日	วันพระ ワン プラ	Buddhist day of worship ブディスト デイ オヴ ワーシプ
ぶっしゃり 仏舎利	พระธาตุ プラ タート	Buddha's ashes ブダズ エァシズ
ぶつぞう 仏像	พระพุทธรูป プラプッタループ	image of Buddha イミヂ オヴ ブダ
ぶったい 物体	วัตถุ, สิ่งของ ウットゥ, シン コーン	object, thing アブヂクト, スィング
ぶつだん 仏壇	หิ้งพระ ヒン プラ	Buddhist altar ブディスト オールタ
ぶったんせつ 仏誕節	วันวิสาขบูชา ワン ウィサーカブーチャー	*Visakha Bucha* ウィサーカ ブーチャー
ぶっとう 仏塔	เจดีย์ チェーディー	pagoda パゴウダ
ふっとう 沸騰する	เดือด ドゥアット	boil ボイル

日	タイ	英
ぶつりがく 物理学	ฟิสิกส์ フィシック	physics フィズィクス
ぶつれき 仏暦	พุทธศักราช プッタサッカラート	Buddhist Calendar ブディスト キャレンダ
ふで 筆	พู่กัน プーカン	writing brush ライティング ブラシュ
ブティック	ร้านบูติก ラーン ブーティック	boutique ブーティーク
ふてきとう 不適当な	ไม่เหมาะสม マイ モッソム	unsuitable アンスータブル
ふと 太い	หนา, ใหญ่ ナー, ヤイ	big, thick ビグ, スィク
ふどうさん 不動産	อสังหาริมทรัพย์ アサンハーリムサップ	immovables イムーヴァブルズ
ふとう 不当な	ไม่ถูกต้อง, ไม่เป็นธรรม マイ トゥーク トン, マイ ペン タム	unjust アンヂャスト
ふとくい 不得意	ไม่เก่ง マイ ケン	weak ウィーク
ふと 太った	อ้วน ウアン	fat ファト
ぶど 歩留まり	ส่วนประโยชน์ที่ได้รับ スアン プラヨート ティー ダイ ラップ	yield イールド
ふと 太[肥]る	อ้วนขึ้น ウアン クン	grow fat グロウ ファト
ふとん 布団	ที่นอน, ฟูก ティー ノーン, フーク	bedclothes ベドクロウズズ
ふなつ ば 船着き場	ท่าเรือ ター ルア	wharf ウォーフ
ふなびん 船便で	ส่งทางเรือ ソン ターン ルア	by surface mail バイ サーフィス メイル

日	タイ	英
^{ふなよ} 船酔い	เมาเรือ マオ ルア	seasickness スィースィクネス
^{ふな} 不慣れな	ไม่คุ้นเคย マイ クン クーイ	unaccustomed アナカストムド
^{ぶなん} 無難な	ปลอดภัย, ไม่มีข้อเสีย プロート パイ, マイ ミーコー シア	safe, pretty good セイフ, プリティ グド
^{ふにん} 赴任する	ไปประจำงานใหม่ パイ プラチャム ガーン マイ	leave [start] for *one's* post リーヴ フォ ポウスト
^{ふね} 船・舟	เรือ ルア	boat, ship ボウト, シプ
〜に乗る [を降りる]	ลงเรือ[ขึ้นเรือ] ロン ルア クン ルア	get aboard a ship [get off a ship] ゲト アボードア シプ [ゲト オフ ア シプ]
^{ふはい} 腐敗する	เน่า ナオ	rot ラト
(堕落する)	เสื่อมเสีย スアム シア	corrupt カラプト
^{ぶひん} 部品	ชิ้นส่วน チン スアン	parts パーツ
^{ぶぶん} 部分	ส่วน スアン	part パート
^{ふへんてき} 普遍的な	โดยทั่วไป, อย่างสากล ドーイ トゥアパイ, ヤーン サーコン	universal ユーニヴァーサル
^{ふべん} 不便な	ไม่สะดวก マイ サドゥアック	inconvenient インコンヴィーニェント
^{ふまん} 不満な	ไม่พอใจ マイ ポー チャイ	discontented ディスコンテンテド
^{ふみきり} 踏切	ทางข้ามรถไฟ ターン カーム ロットファイ	crossing クロースィング
^ふ 踏む	เหยียบ, ย่ำ イアップ, ヤム	step, tread ステプ, トレド

日	タイ	英
(手続きなどを)	ผ่าน パーン	go through ゴウ スルー
不名誉な	เสียชื่อเสียเกียรติ シア チュー シア キアット	dishonorable ディサナラブル
不毛な	กันดาร, ไร้ประโยชน์ カンダーン, ライ プラヨート	sterile ステリル
麓	เชิงเขา チューン カオ	foot フト
部門	แผนก, ประเภท パネーク, プラペート	section セクション
増やす	เพิ่มขึ้น プーム クン	increase インクリース
冬	ฤดูหนาว ルドゥー ナーオ	winter ウィンタ
不愉快な	น่าเบื่อ, ไม่ถูกใจ ナー ブア, マイ トゥーク チャイ	disagreeable ディサグリーアブル
扶養家族	ครอบครัวที่ต้องเลี้ยงดู クロープクルア ティー トン リアン ドゥー	dependent ディペンデント
フライ	อาหารทอด アーハーン トート	fry フライ
フライ級	รุ่นฟลายเวท ルン フラーイウェート	flyweight フライウェイト
フライト	เที่ยวบิน ティアオ ビン	flight フライト
プライド	ความภาคภูมิใจ クワーム パーク プーム チャイ	pride プライド
プライバシー	เรื่องส่วนตัว ルアン スアン トゥア	privacy プライヴァスィ
フライパン	กระทะแบน クラタ ペーン	frying pan フライイング パン
プライベートな	ส่วนบุคคล, เป็นส่วนตัว スアン ブッコン, ペン スアン トゥア	private プライヴェト

日	タイ	英
ブラインド	มู่ลี่ ムーリー	blind ブラインド
ブラウス	เสื้อสตรี スア サトリー	blouse ブラウズ
プラカード	ป้ายประกาศ パーイ プラカート	placard プラカード
プラグ	ปลั๊ก プラック	plug プラグ
ぶら下がる	ห้อย, โหน ホイ, ホーン	hang, dangle ハング, ダングル
ぶら下げる	แขวน クウェーン	hang, suspend ハング, サスペンド
ブラシ	แปรง プレーン	brush ブラシュ
ブラジャー	เสื้อยกทรง スア ヨック ソン	brassiere, bra ブラズィア, ブラー
プラス	บวก, ในทางที่ดี ブアック, ナイ ターン ティー ディー	plus プラス
(＋印)	เครื่องหมายบวก クルアン マーイ ブアック	plus プラス
プラスチック	พลาสติก プラーッサティック	plastic プラスティク
フラストレーション	ความขัดข้องใจ クワーム カット コーン チャイ	frustration フラストレイション
ブラスバンド	คณะดนตรีแตรวง カナ ドントリー トレー ウォン	brass band ブラス バンド
プラチナ	ทองขาว トーン カーオ	platinum プラティナム
ぶらつく	เดินเรื่อยเปื่อย ドゥーン ルアイ プアイ	walk about ウォーク アバウト
ブラックリスト	บัญชีดำ バンチー ダム	blacklist ブラクリスト

日	タイ	英
フラッシュ	แฟลช フレット	flashlight フラシュライト
プラネタリウム	ท้องฟ้าจำลอง トーン ファー チャムローン	planetarium プラニテアリアム
ぶらぶらする	แกว่งไกว クウェン クワイ	swing, dangle スウィング, ダングル
(さまよう)	เดินเรื่อยเปื่อย ドゥーン ルアイ プアイ	wander ワンダ
(怠ける)	เกียจคร้าน キアット クラーン	be lazy ビ レイズィ
プラモデル	ตัวต่อพลาสติก トゥア トー プラースサティック	plastic toy-model kit プラスティク トイマドル キト
振られる (異性に)	ถูกทิ้ง トゥーク ティン	be rejected ビ リヂェクテド
プランクトン	แพลงตอน プレーントーン	plankton プランクトン
ぶらんこ	ชิงช้า チンチャー	swing, trapeze スウィング, トラピーズ
フランス	ฝรั่งเศส ファラン セート	France フランス
プランター	กระถาง クラターン	planter プランタ
フランチャイズ	สัมปทาน, ร้านสาขา サムパターン, ラーン サーカー	franchise フランチャイズ
ブランデー	บรั่นดี ブランディー	brandy ブランディ
ブランド	ยี่ห้อ, ตรา イーホー, トラー	brand ブランド
～品	ของมียี่ห้อ コーン ミーイーホー	brand-name item ブランドネイム アイテム
プラント	อุปกรณ์ติดตั้งทั้งหมด ウッパコーン ティッタン タンモット	plant プラント

ふ

日	タイ	英
ふり 不利な	เสียเปรียบ シア プリアップ	disadvantageous ディサドヴァンテイヂャス
フリーの	อิสระ イッサラ	free フリー
（暇がある）	ว่าง ワーン	free フリー
フリーザー	ช่องแช่แข็ง チョン チェー ケン	freezer フリーザ
フリーター	คนรับจ้างทำงานชั่วคราว コン ラップ チャーンタムガーン チュア クラーオ	job hopping part-time worker **チョブ ホピング** パートタイム **ワーカ**
ブリーフ	กางเกงใน カーンケーンナイ	briefs ブリーフス
ふりえき 不利益	เสียผลประโยชน์ シア ポン プラヨート	disadvantage ディサドヴァンティヂ
ふりかえ 振替	โอนเงิน オーン グン	transfer トランスファー
〜休日	วันหยุดชดเชย ワン ユット チョット チューイ	substitute holiday サブスティチュート ホリデイ
ふ　かえ 振り返る	หันกลับ ハン クラップ	look back *at, upon* ルク バク
ふ 振りかける	พรม, โรย プロム, ローイ	sprinkle スプリンクル
ブリキ	แผ่นเหล็กที่หุ้มดีบุก ペン レック ティー フム ディーブック	tinplate ティンプレイト
ふ　こ 振り込む	โอนเงินเข้าบัญชี オーン グン カオ バンチー	transfer *to* トランスファー
プリペイドカード	การ์ดที่ชำระเงินล่วงหน้าแล้ว カート ティー チャムラ グン ルアン ナー レーオ	prepaid card プリペイド カード
ふ　む 振り向く	หันหลัง, เหลียวหลัง ハン ラン, リアオ ラン	turn *to*, look back ターン, ルク バク
ふりょうさいけん 不良債権	หนี้สูญ ニー スーン	bad loans ベァド ロウンズ

日	タイ	英
ふりょうひん 不良品	ของเสีย コーン シア	inferior goods インフィアリア グヅ
(…の) 振りをする	ทำเป็น, เสแสร้ง タム ペン, セー セーン	pretend プレテンド
プリン	พุดดิ้ง プッティン	pudding プディング
ふりん 不倫する	เป็นชู้ ペン チュー	commit adultery コミト アダルテリ
プリンター	เครื่องพิมพ์ クルアン ピム	printer プリンタ
プリント	สิ่งพิมพ์, อัดภาพ シン ピム, アット パープ	copy, print カピ, プリント
〜アウト	พิมพ์ ピム	printout プリントアウト
ふ 振る	สั่น, โรย, เขย่า サン, ローイ, カヤオ	shake, wave シェイク, ウェイヴ
(異性を)	ทิ้ง ティン	reject リヂェクト
ふる 古い	เก่า, โบราณ カオ, ポーラーン	old, ancient オウルド, エインシェント
ブルーカラー	คนงานใช้แรงงาน コン ガーン チャイ レーンガーン	blue-collar worker ブルーカラ ワーカ
フルート	ฟลุ๊ต フルット	flute フルート
ふる 震える	สั่น サン	tremble, shiver トレンブル, シヴァ
ふるぎ 古着	เสื้อของเก่า スア コーン カオ	used clothing ユーズド クロウズィング
ふるくさ 古臭い	เชย, ล้าสมัย チューイ, ラー サマイ	old-fashioned オウルドファションド

日	タイ	英
ふるさと 故郷	บ้านเกิด バーン クート	home, hometown ホウム, ホウムタウン
ブルドーザー	รถปราบดิน ロット プラープ ディン	bulldozer ブルドウザ
プルトニウム	พลูโตเนียม プルートーニアム	plutonium プルートウニアム
ブルネイ	บรูไน ブルーナイ	Brunei ブルナイ
ふるほん 古本	หนังสือเก่า ナンスー カオ	used book ユーズド ブク
振る舞う	กระทำ, ประพฤติ クラタム, プラプルット	behave ビヘイヴ
ぶれい 無礼な	ไม่มีมารยาท マイ ミー マーラヤート	impolite, rude インポライト, ルード
ブレーキ	เบรค, ห้ามล้อ ブレーク, ハーム ロー	brake ブレイク
～をかける	เหยียบเบรค イアップ ブレーク	put on the brake プト オン ザ ブレイク
プレイボーイ	เพลย์บอย, เจ้าชู้ プレーボーイ, チャオ チュー	playboy プレイボイ
ブレーン	มันสมอง, ที่ปรึกษา マン サモーン, ティー プルックサー	brains ブレインズ
ブレスレット	กำไล, สร้อยข้อมือ カムライ, ソイ コー ムー	bracelet ブレイスレト
プレゼンテーション	การนำเสนอ, การรายงาน カーン ナム サヌー, カーン ラーイ ガーン	presentation プリーゼンテイション
プレゼント	ของขวัญ コーン クワン	present プレズント
～する	ให้ของขวัญ ハイ コーン クワン	give a present ギヴ ア プリゼント
フレックスタイム	เวลาทำงานยืดหยุ่น ウェーラー タムガーン ユート ユン	flextime フレクスタイム

日	タイ	英
プレッシャー	ความกดดัน クワーム コット ダン	pressure プレシャ
ふろ 風呂	อ่างอาบน้ำ, ห้องอาบน้ำ アーン アープ ナーム, ホン アープ ナーム	bath バス
～に入る	อาบน้ำ アープ ナーム	take a bath テイク ア バス
プロ (の)	มืออาชีพ, โปร ムー アーチープ, プロー	pro プロウ
ブローカー	โบรคเกอร์, นายหน้าซื้อขาย ブローッカー, ナーイ ナー スー カーイ	broker ブロウカ
ブローチ	เข็มกลัด ケム クラット	brooch ブロウチ
フローチャート	แผนภูมิแสดงขั้นตอน ペーンプーム サデーン カントーン	flow chart フロウ チャート
ふろく 付録	ภาคผนวก, ของแถม パーク パヌアック, コーン テーム	supplement サプリメント
プログラマー	โปรแกรมเมอร์ プロークレムマー	programmer プロウグラマ
プログラミング	โปรแกรมมิ่ง プロークレムミン	programming プロウグラミング
プログラム	โปรแกรม, รายการ プロークレム, ラーイカーン	program プロウグラム
プロジェクト	โครงการ, วางแผน クローンカーン, ワーン ペーン	project プロチェクト
プロセス	ขั้นตอนการดำเนินงาน カン トーン カーン ダムヌーン ガーン	process プラセス
プロダクション	การผลิต, โปรดักชั่น カーン パリット, プローダックチャン	production プロダクション
フロッピー	ฟลอปปี้ フロッピー	floppy フラピ
プロデューサー	โปรดิวเซอร์ プローティウサー	producer プロデューサ

日	タイ	英
プロパンガス	ก๊าซธรรมชาติ カート タムマチャート	propane プロウペイン
プロフィール	ประวัติส่วนตัว プラウット スアントゥア	profile プロウファイル
プロペラ	ใบพัด バイ パット	propeller プロペラ
プロポーション	อัตราส่วน アットラー サット スアン	proportion プロポーション
～がいい	หุ่นสำอาง フン サムアーン	well-proportioned ウェルプロポーションド
プロポーズする	ขอแต่งงาน コー テンガーン	propose marriage *to* プロポウズ マリヂ
プロモーション	โปรโมชั่น, การโฆษณา プロモーチャン, カーン コーッサナー	promotion プロモウション
プロモーター	ผู้ส่งเสริม プー ソン スーム	promoter プロモウタ
プロレス	มวยปล้ำอาชีพ ムアイ プラム アーチープ	professional wrestling プロフェショナル レスリング
フロント	รีเซพชั่น リーセップチャン	front desk フラント デスク
～ガラス	กระจกหน้า クラチョック ナー	windshield ウィンシールド
ブロンド	ผมสีทอง ポム シー トーン	blonde ブランド
ふわた 不渡り	เช็คเด้ง チェック デン	dishonor ディスアナ
ふわふわの	อ่อนนุ่ม, เบาโหวง, ฟู オーン ヌム, バオ ウォーン, フー	fluffy フラフィ
ふん 分	นาที ナーティー	minute ミヌト
ふん 糞	มูล, ขี้, อุจจาระ ムーン, キー, ウッチャーラ	feces, excrements フィースィーズ, エクスクレメンツ

日	タイ	英
ふんいき 雰囲気	บรรยากาศ バンヤーカート	atmosphere アトモスフィア
ふんか 噴火する	ภูเขาไฟระเบิด プーカオ ファイ ラブート	erupt イラプト
ぶんか 文化	วัฒนธรรม ウッタナタム	culture カルチャ
〜的な	เชิงวัฒนธรรม チューン ウッタナタム	cultural カルチャラル
〜財	มรดกทางวัฒนธรรม モーラドック ターン ウッタナタム	cultural assets カルチャラル エァセツ
ぶんかい 分解する	แยกชิ้นส่วน イェーク チン スアン	resolve *into*, decompose リザルヴ, ディーコンポウズ
ぶんがく 文学	วรรณคดี, วรรณกรรม ワンナカディー, ワンナカム	literature リテラチャ
ぶんぎょう 分業	การแบ่งงาน カーン ベン ガーン	division of labor ディヴィジョン オヴ レイバ
ぶんさん 分散する	แยกกระจาย イェーク クラチャーイ	disperse ディスパース
ぶんしょ 文書	เอกสาร, งานเขียน エーッカサーン, ガーン キアン	document ダキュメント
ぶんしょう 文章	ประโยค プラヨーク	sentence センテンス
ふんしょくけっさん 粉飾決算	บัญชีผี バンチー ピー	account rigging アカウント リギング
ふんすい 噴水	น้ำพุ ナムプ	fountain ファウンティン
ぶんすう 分数	เลขเศษส่วน レーク セート スアン	fraction フラクション
ぶんせき 分析する	วิเคราะห์ ウィクロ	analyze アナライズ
ふんそう 紛争	การพิพาท, การขัดแย้ง カーン ピパート, カーン カット イェーン	conflict カンフリクト

日	タイ	英
ぶんたい **文体**	รูปแบบประโยค ルーブ ベーブ プラヨーク	style スタイル
ぶんたん **分担する**	แบ่งหน้าที่ ベン チーティー	share シェア
ぶんつう **文通する**	เขียนจดหมายโต้ตอบกัน キアン チョットマーイ トープ カン	correspond *with* コレスパンド
ぶんべつ **分別のある**	รู้ผิดรู้ถูก ルー ピット ルー トゥーク	discreet ディスクリート
ぶんぽう **文法**	ไวยากรณ์ ワイヤーコーン	grammar グラマ
ぶんぼうぐ **文房具**	เครื่องเขียน クルアン キアン	stationery ステイショネリ
ぶんめい **文明**	อารยธรรม アーラヤタム	civilization スィヴィリゼイション
ぶんや **分野**	สาขา, แขนง サーカー, カネーン	field, line フィールド, ライン
ぶんるい **分類する**	แยกประเภท イェーク プラペート	classify クラスィファイ
ぶんれつ **分裂する**	แตกแยก テーク イェーク	split スプリト

へ, ヘ

ヘア		
～スタイル	ทรงผม ソン ポム	hairstyle ヘアスタイル
～トニック	ยาบำรุงผม ヤー バムルン ポム	hair tonic ヘア タニク
～ピース	วิกผม ウィック ポム	hairpiece ヘアピース
ペア	คู่ クー	pair ペア

日	タイ	英
ベアリング	แบริ่ง, ลูกปืน ベーリン, ルーク プーン	bearing ベアリング
へい 塀	รั้ว, กำแพง ルア, カムペーン	wall, fence ウォール, フェンス
へいえき 兵役	การเกณฑ์ทหาร カーン ケーン タハーン	military service ミリテリ サーヴィス
へいき 平気な	สงบ, ไม่ใส่ใจ サゴップ, マイ サイ チャイ	calm カーム
へいきん 平均	ค่าเฉลี่ย カー チャリア	verage アヴァリヂ
〜すると	โดยเฉลี่ย ドーイ チャリア	on average オン アヴァリジ
へいこうゆにゅう 並行輸入	การนำเข้าโดยผ่านประเทศที่สาม カーン ナム カオ ドーイ パーン プラテート ティー サーム	parallel import パラレル インポート
へいさ 閉鎖する	ปิด ピット	close クロウズ
へいじつ 平日	วันธรรมดา ワン タムマダー	weekday ウィークデイ
へいじょう 平常の	ปกติ パカティ	normal ノーマル
へいたい 兵隊	ทหาร タハーン	soldier ソウルヂャ
（軍隊）	กองทหาร コーン タハーン	army アーミ
へいてん 閉店する	ปิดร้าน ピット ラーン	close クロウズ
へいぼん 平凡な	สามัญ, ธรรมดา サーマン, タムマダー	common, ordinary カモン, オーディネリ
へいや 平野	ทุ่งราบ トゥン ラープ	plain プレイン
へいわ 平和	ความสงบสุข, สันติภาพ クワーム サゴップ スック, サンティパープ	peace ピース

日	タイ	英
〜な	สงบสุข, มีสันติภาพ サゴップ スック, ミー サンティ パープ	peaceful ピースフル
ベーコン	เบคอน ベーコーン	bacon ベイコン
ページ	หน้า ナー	page ペイヂ
ベージュ	สีน้ำตาลอ่อน シー ナムターン オーン	beige ベイジュ
ペース	ความเร็วในการเดินหน้า クワーム レオ ナイ カーンドゥーン ナー	pace ペイス
ベースアップ	การขึ้นค่าแรง カーン クン カー レーン	raise in wages レイズ イン ウェイヂズ
ペースメーカー	ผู้กำหนดความเร็ว プー カムノット クワーム レオ	pacemaker ペイスメイカ
（心臓の）	เครื่องกระตุ้นหัวใจ クルアン クラトゥン フアチャイ	pacemaker ペイスメイカ
ペーパーバック	หนังสือปกอ่อน ナンスー ポック オーン	paperback ペイパバク
…べきだ	ควร, น่าจะ クアン, ナー チャ	must マスト
ベクトル	เวกเตอร์ ウェークトゥー	vector ヴェクタ
凹む	ยุบ, บุ๋ม ユップ, ブム	be dented, sink ビ デンテド, スィンク
凹んだ	เป็นหลุม, ยุบลงไป ペン ルム, ユップ ロン パイ	dented デンテド
ベストセラー	หนังสือที่ขายดีที่สุด ナンスー ティー カーイ ディー ティー スット	best seller ベスト セラ
臍	สะดือ サドゥー	navel ネイヴェル

日	タイ	英
下手な（へた）	ไม่เก่ง マイ ケン	clumsy, poor クラムズィ, プア
ペダル	ที่ถีบจักรยาน ティー ティープ チャックラヤーン	pedal ペドル
ぺちゃんこな	แบน ベーン	flat フラト
別荘（べっそう）	บ้านพักตากอากาศ バーン パック ターク アーカート	villa ヴィラ
別送品（べっそうひん）	ของที่แยกส่งต่างหาก コーン ティー イェーク ソン ターン ハーク	articles shipped by separate post アーティコォズ シップト バイ セパレイティド ポスト
別途（べっと）	ต่างหาก ターン ハーク	separate セパレイト
ベッド	เตียง ティアン	bed ベド
ペット	สัตว์เลี้ยง サット リアン	pet ペト
ヘッドホン	หูฟัง フー ファン	headphone ヘドフォウン
〜ステレオ	ซาวด์เบ้าท์ サーオ バオ	walkman ウォークマン
ヘッドライト	ไฟหน้า ファイ ナー	headlight ヘドライト
ヘッドレスト	หมอนรองศีรษะ モーン ローン シーサ	headrest ヘドレスト
別の（べつ）	อื่น ウーン	different, another ディフレント, アナザ
別々に（べつべつ）	ต่างหาก, ต่างคนต่าง ターン ハーク, ターン コン ターン	separately セパレトリ
別々の（べつべつ）	แต่ละ テーラ	separate, respective セパレイト, リスペクティヴ

日	タイ	英
へつら 諂う	ประจบ, เอาใจ プラチョップ, アオ チャイ	flatter フラタ
べつりょうきん 別料金	ค่าพิเศษ カー ピセート	additional fee アディショナル フィー
ベテラン	ผู้มีประสบการณ์ プー ミー プラソップカーン	veteran, expert ヴェテラン, エクスパート
ベトナム	เวียดนาม ヴィアットナーム	Vietnam ヴィーエトナーム
ヘドロ	โคลนตม クローン トム	sludge スラヂ
ペニシリン	เพนนิซิลิน ペン ニシリン	penicillin ペニスィリン
ペニス	อวัยวะเพศชาย アワイヤワペート チャーイ	penis ピーニス
いた ベニヤ板	ไม้อัด マイ アット	plywood プライウド
へび 蛇	งู グー	snake, serpent スネイク, サーペント
～ (巳) 年	ปีมะเส็ง ピー マセン	the Year of the Snake ジ イヤ オヴ ザ スネイク
きゅう ヘビー級	รุ่นเฮฟวี่เวท ルン ヘップウィーウェート	heavyweight ヘヴィウェイト
へや 部屋	ห้อง ホン	room ルーム
へ 減らす	ทำให้ลดลง タム ハイ ロット ロン	decrease, reduce ディクリース, リデュース
ベランダ	ระเบียง ラビアン	veranda ヴェランダ
へり 縁	ขอบ, ริม コープ, リム	edge, border エヂ, ボーダ

日	タイ	英
ヘリコプター	เฮลิคอปเตอร์ ヘリコップトゥー	helicopter ヘリカプタ
減る	ลดลง, น้อยลง ロット ロン, ノーイ ロン	decrease, diminish ディークリース, ディミニシュ
ベル	กระดิ่ง, กริ่ง クラディン, クリン	bell ベル
ベルト	เข็มขัด ケム カット	belt ベルト
～コンベアー	สายพานขนส่ง サーイ パーン コン ソン	belt conveyor ベルト カンヴェイア
ヘルメット	หมวกกันน็อค ムアック カン ノック	helmet ヘルメト
ヘロイン	เฮโรอีน ヘーローイーン	heroin ヘロウイン
辺（図形の）	ด้าน ダーン	side サイド
便	ความสะดวก クワーム サドゥアック	convenience カンヴィーニェンス
（大便）	อุจจาระ ウッチャーラ	bowel movement バウエル ムーヴメント
ペン	ปากกา パークカー	pen ペン
変圧器	หม้อแปลง モー プレーン	transformer トランスフォーマ
弁解	ขอแก้ตัว コー ケー トゥア	excuse イクスキュース
便器	โถส้วม トー スアム	toilet トイレト
便宜を計る	วิ่งเต้นให้ ウィン テン ハイ	give facilities ギヴ ファスィリティズ
ペンキ	สีทา シー ター	paint ペイント

日	タイ	英
<ruby>勉強<rt>べんきょう</rt></ruby>	การเรียน カーン リアン	study, work スタディ, ワーク
〜する	เรียน リアン	study, work スタディ, ワーク
<ruby>偏見<rt>へんけん</rt></ruby>	อคติ, ความเห็นที่ลำเอียง アカティ, クワーム ヘン ティー ラムイアン	prejudice, bias プレデュディス, バイアス
<ruby>弁護<rt>べんご</rt></ruby>		
〜士	ทนายความ タナーイ クワーム	lawyer, barrister ローヤ, バリスタ
〜する	แก้ต่าง, ว่าความ ケー ターン, ワー クワーム	plead, defend プリード, ディフェンド
<ruby>変更<rt>へんこう</rt></ruby>する	เปลี่ยนแปลง プリアン プレーン	change, alter チェインヂ, オルタ
<ruby>偏向<rt>へんこう</rt></ruby>する	โน้มเอียง ノーム イアン	be partial to ビ パーシャル トゥ
<ruby>返済<rt>へんさい</rt></ruby>する	จ่ายคืน チャーイ クーン	repayment リペイメント
<ruby>偏差値<rt>へんさち</rt></ruby>	ค่าความเบี่ยงเบน カー クワーム ビアン ベーン	deviation ディーヴィエイション
<ruby>返事<rt>へんじ</rt></ruby>	คำตอบ カム トープ	answer, reply アンサ, リプライ
〜をする	ตอบกลับ トープ クラップ	answer, reply アンサ, リプライ
ベンジャロン<ruby>焼<rt>や</rt></ruby>き	เครื่องถ้วยชามเบญจรงค์ クルアン トゥアイ チャーム ベーンチャロン	*Benjarong* ware ベンジャロン ウェア
<ruby>編集<rt>へんしゅう</rt></ruby>	การเรียบเรียง カーン リアップ リアン	editing エディティング
〜者	บรรณาธิการ, ผู้เรียบเรียง バンナーティカーン, プーリアップ リアン	editor エディタ
〜する	เรียบเรียง リアップ リアン	edit エディト
〜長	บรรณาธิการ バンナーティカーン	editor in chief エディタ イン チーフ

日	タイ	英
べんじょ 便所	ห้องน้ำ, สุขา ホン チャーム, スカー	lavatory, toilet ラヴァトーリ, トイレト
べんしょう 弁償する	ชดใช้, ชดเชย チョット チャイ, チョット チューイ	pay for ペイ フォー
ベンジン	น้ำมันเบนซิน ナムマン ベンシン	benzine ベンズィーン
へんせい 編成する	จัดทำกลุ่ม チャット タム クルム	form, organize フォーム, オーガナイズ
ペンダント	จี้, สร้อย チー, ソイ	pendant ペンダント
ベンチ	ม้านั่ง マーナン	bench ベンチ
ペンチ	คีม キーム	pincers ピンサズ
へんでんしょ 変電所	สถานีแปลงไฟฟ้า サターニー プレーン ファイファー	substation サブステイション
へんどう 変動		
～する	ผันผวน, แปรปรวน パン プアン, プレー プルアン	change チェインヂ
(物価などの)	การขึ้นๆลงๆ カーン クン クン ロンロン	fluctuations フラクチュエイションズ
～相場制	ระบบลอยตัว ラボップ ローイ トゥア	floating exchange rate system フロウティング エクスチェインヂ レイト スィステム
べんとう 弁当	ข้าวกล่อง, ปิ่นโต カーオ クロン, ピントー	lunch ランチ
～箱	ปิ่นโต ピントー	lunch box ランチ バクス
へん 変な	แปลก, ประหลาด, พิลึก プレーク, プララート, ピルック	strange, peculiar ストレインヂ, ピキューリア
ペンネーム	นามปากกา ナーム パークカー	pen name ペン ネイム

日	タイ	英
べんぴ 便秘する	ท้องผูก トーン プーク	be constipated ビ カンスティペイテド
へんぴん 返品する	คืนสินค้า クーン シンカー	return リターン
ペンフレンド	เพื่อนทางจดหมาย プアン ターン チョットマーイ	pen pal ペン パル
べんり 便利な	สะดวก サドゥアック	convenient カンヴィーニェント

ほ, ホ

日	タイ	英
ほ 帆	ใบเรือ バイ ルア	sail セイル
ほ 穂	รวง(ข้าว) ルアン (カーオ)	ear イア
ほいくしょ 保育所	สถานรับเลี้ยงเด็ก サターン ラップ リアン デック	day nursery ディ ナーサリ
ボイコットする	คว่ำบาตร クワム バート	boycott ボイカト
ボイラー	หม้อน้ำ モー ナーム	boiler ボイラ
ぼいん 母音	สระ サラ	vowel ヴァウエル
ぼいん 拇印	การประทับรอยนิ้วมือ カーン プラタップ ローイ ニウ ムー	thumb impression サム インプレション
ポイント		
（点）	จุด チュット	point ポイント
（要点）	ประเด็น プラデン	point ポイント
（得点）	คะแนน カネーン	point ポイント

日	タイ	英
(フォントサイズ)	พ้อยน์ท์ ポーイン	point ポイント
ぼう 棒	ท่อนไม้, ท่อนเหล็ก トーン マーイ, トーン レック	stick, rod スティク, ラド
ほうあん 法案	ร่างกฎหมาย, ร่างพระราชบัญญัติ ラーン コットマーイ, ラーン プララーッ チャバンヤット	bill ビル
ほうえい 放映する	ออกอากาศ オーク アーカート	telecast テレキャスト
ぼうえい 防衛する	ป้องกัน ポン カン	defend ディフェンド
ぼうえき 貿易	การค้าขายกับต่างประเทศ カーン カー カーイ カップ ターン プラテート	trade, commerce トレイド, カマス
～する	ค้าขายกับต่างประเทศ カー カーイ カップ ターン プラテート	trade *with* トレイド
ぼうえんきょう 望遠鏡	กล้องส่องทางไกล クローン ソン ターン クライ	telescope テレスコウプ
ぼうえん 望遠レンズ	เลนส์ถ่ายภาพระยะไกล レーン ターイ パープ ラヤ クライ	telephoto lens テレフォウトウ レンズ
ぼうおん 防音の	เก็บเสียง ケップ シアン	soundproof サウンドプルーフ
ほうか 放火する	วางเพลิง ワーン プルーン	set fire *to* セト ファイア
ほうかい 崩壊する	พังทลาย, ล้มละลาย パン タラーイ, ロム ララーイ	collapse カラプス
(…の) ほうがいい	…ดีกว่า ディー クワー	be better than ビ ベタ ザン
ぼうがい 妨害する	กีดขวาง, ขัดขวาง キート クワーン, カット クワーン	disturb, hinder ディスターブ, ハインダ
ほうがく 方角	ทิศทาง ティット ターン	direction ディレクション
ほうがく 法学	นิติศาสตร์ ニティ サート	law ロー

日	タイ	英
〜部	คณะนิติศาสตร์ カナ ニティサート	faculty of law ファカルティ オヴ ロー
ほうかご 放課後	หลังโรงเรียนเลิก ラン ローンリアン ルーク	after school アフタ スクール
ぼうかん 傍観		
〜者	ผู้มองดูอยู่ข้างๆ プー モーン ドゥー ユー カン カーン	onlooker アンルカ
〜する	มองดูอยู่ข้างๆ モーン ドゥー ユー カン カーン	look on ルク オン
ほうがんし 方眼紙	กระดาษตาตาราง, กระดาษกราฟ クラダート ター ターラーン, クラダート クラーフ	graph paper グラーフ
ほうき 箒	ไม้กวาด マイ クワート	broom ブルム
ほうき 放棄する	สละ, ละทิ้ง サラ, ラティン	abandon アバンダン
ほうげん 方言	ภาษาท้องถิ่น パーサー トーンティン	dialect ダイアレクト
ぼうけん 冒険	การผจญภัย カーン パチョン パイ	adventure アドヴェンチャ
ぼうげん 暴言	คำหยาบคาย, คำที่รุนแรง カム ヤープ カーイ, カム ティー ルン レーン	abusive words アビュースィヴ ワーヅ
ほうこう 方向	ทิศทาง, เป้าหมาย ティット ターン, パオ マーイ	direction ディレクション
〜音痴	หลงทางง่าย ロン ターン ガーイ	have no sense of direction ハヴ ノウ センス オヴ ディレクション
ぼうこう 暴行	การทำร้าย, การข่มขืน カーン タム ラーイ, カーン コム クーン	violence, outrage ヴァイオレンス, アウトレイヂ
ほうこく 報告	การรายงาน カーン ラーイガーン	report リポート
〜する	รายงาน ラーイガーン	report, inform リポート, インフォーム
〜書	หนังสือรายงาน ナンスー ラーイガーン	report リポート

日	タイ	英
ぼうさい 防災	การป้องกันภัย(พิบัติ) カーン ポンカン パイ (ピバット)	prevention of disasters プリヴェンション オヴ ディザスタズ
ほうさく 豊作	การเก็บเกี่ยวได้ผลดี カーン ケップ キィアオ ダイ ポン ディー	good harvest グド ハーヴィスト
ほうしする 奉仕する	อุทิศตน, บริการ, ทำประโยชน์ ウティット トン, ボーリカーン, タム プラヨート	serve サーヴ
ぼうし 帽子	หมวก ムアック	hat, cap ハト, キャプ
ほうしき 方式	รูปแบบ, วิธีการ ルーブベーブ, ヴィティーカーン	form, method フォーム, メソド
ほうしゃ 放射		
〜線	รังสี ランシー	radiant rays レイディアント レイズ
〜能	กัมมันตภาพรังสี カムマンタパーブ ランシー	radioactivity レイディオウアクティヴィティ
ほうしゅう 報酬	ค่าตอบแทน カートーブ テーン	pay, fee ペイ, フィー
ほうしん 方針	แนวทาง, นโยบาย ネーオ ターン, ナヨーバーイ	course, policy コース, パリスィ
ほうじん 法人	นิติบุคคล ニティ ブッコン	juridical person ヂュアリディカル パースン
ぼうすいの 防水の	กันน้ำ カン ナーム	waterproof ウォータプルーフ
ほうせき 宝石	อัญมณี, เพชรพลอย アンヤマニー, ペット プローイ	jewel ヂューエル
ぼうぜんと 茫然と	เหม่อ, ใจลอย, อึ้ง ムー, チャイ ローイ, ウン	blankly ブランクリ
ほうそう 放送	การกระจายเสียง, การออกอากาศ カーン クラヂャーイ シアン, カーン オーク アーカート	broadcast ブロードキャスト
〜局	สถานีวิทยุ[โทรทัศน์] サターニー ヴィッタユ[トーラタット]	broadcasting station ブロードキャスティング ステイション

日本語	タイ語	英語
～する	กระจายเสียง, ออกอากาศ クラチャーイ シアン, オーク アーカート	broadcast ブロードキャスト
ほうそうする 包装する	ห่อ, บรรจุ ホー, バンチュ	wrap ラプ
ぼうそうぞく 暴走族	แก๊งรถซิ่ง ケーン ロット シン	motorcycle gang モウタサイクル ギャング
ほうそく 法則	กฎ, ระเบียบ コット, ラビアップ	law, rule ロー, ルール
ほうたい 包帯	ผ้าพันแผล パー パン プレー	bandage バンディヂ
ぼうだい 膨大な	ใหญ่โต, มหาศาล ヤイ トー, マハーサーン	enormous, huge イノーマス, ヒューヂ
ぼうちゅうざい 防虫剤	ยากันแมลง ヤー カン マレーン	insecticide インセクティサイド
ほうちょう 包丁	มีดทำครัว ミート タム クルア	kitchen knife キチン ナイフ
ほう お 放って置く	ละทิ้ง, ปล่อยทิ้งไว้ ラ ティン, プローイ ティン ワイ	neglect, leave... alone ニグレクト, リーヴ アロウン
ぼうっとする	อยู่เฉยๆ ユー チュイ チューイ	be absent-minded ビ アブセント マインディド
ほうていしき 方程式	สมการ サマカーン	equation イクウェイション
ほうてき 法的な	ทางด้านกฎหมาย ターン ダーン コットマーイ	legal リーガル
ほうどう 報道する	รายงานข่าว ラーイガーン カーオ	report, inform リポート, インフォーム
ぼうどう 暴動	จลาจล チャラーチョン	riot ライオト
ぼうはてい 防波堤	ทำนบกันคลื่น タムノップ カン クルーン	breakwater ブレイクウォータ
ぼうはん 防犯	การป้องกันอาชญากรรม カーン ポンカン アーッチャヤーカム	crime prevention クライム プリヴェンション

日	タイ	英
ぼうふう 暴風	พายุ, ลมแรง パーユ　ロム レーン	storm, gale ストーム, ゲイル
〜雨	พายุฝน パーユ フォン	storm, rainstorm ストーム, レインストーム
ほうふく 報復する	แก้แค้น, แก้เผ็ด ケー ケーン, ケー ペット	retaliate リタリエイト
ぼうふざい 防腐剤	วัตถุกันเสีย ウットゥ カン シア	preservative プリザーヴァティヴ
ほうふ 豊富な	อุดมสมบูรณ์, มั่งคั่ง ウドム ソムブーン, マンカン	rich *in*, abundant *in* リチ, アバンダント
ほうべん 方便	วิธีการ, วิถีทาง ウィティー カーン, ウィティー ターン	expedient イクスピーディエント
ほうほう 方法	วิธี, หนทาง ウィティー, ホン ターン	way, method ウェイ, メソド
ほうむしょう 法務省	กระทรวงยุติธรรม クラスアン ユッティタム	Ministry of Justice ミニストリ オヴ チャスティス
ぼうめい 亡命する	ลี้ภัยทางการเมือง リー パイ ターン カーン ムアン	defect ディフェクト
ほうめん 方面	ภาค, เขต パーク, ケート	district ディストリクト
（方向）	ทาง, ทิศทาง ターン, ティット ターン	direction ディレクション
（局面）	ด้าน ダーン	aspect アスペクト
ほうもん 訪問	การเยี่ยม カーン イアム	visit, call ヴィズィット, コール
〜する	ไปหา, เยี่ยม パイ ハー, イアム	visit ヴィズィット
〜販売	การไปขายสินค้าถึงบ้านผู้ซื้อ カーン パイ カーイ シンカー トゥン バーン プー スー	door-to-door selling ドータドー セリング
ぼうらく 暴落する	ตกฮวบฮาบ トック フアップ ハープ	fall sharply フォール シャープリ

日	タイ	英
ぼうり 暴利	กำไรเกินควร カムライ クーン クアン	excessive profits イクセスィヴ プラフィッツ
ほう だ 放り出す	โยนออก ヨーン オーク	throw out スロウ アウト
（放棄）	ละทิ้ง, โยนทิ้ง ラ ティン, ヨーン ティン	abandon アバンドン
ほうりつ 法律	กฎหมาย ゴットマーイ	law ロー
ぼうりゃく 謀略	อุบาย ウバーイ	plot プラト
ぼうりょく 暴力	การใช้กำลังรุนแรง カーン チャイ カムラン ルン レーン	violence ヴァイオレンス
～団	กลุ่มอันธพาล, กลุ่มนักเลง クルム アンタパーン, クルム ナックレーン	gang ギャング
ボウリング	โบว์ลิ่ง ボーリン	bowling ボウリング
ボウル	ชาม チャーム	bowl ボウル
ほうろう 琺瑯	เคลือบ クルアップ	enamel イナメル
ほうろう 放浪する	ร่อนเร่, พเนจร ロン レー, パネーチョーン	wander ワンダ
ほ 吠える	เห่า ハオ	bark, howl, roar バーク, ハウル, ロー
ほお 頬	แก้ม ケーム	cheek チーク
ボーイ	บอย ボイ	waiter, bellboy ウェイタ, ベルボイ
～フレンド	แฟน フェーン	boyfriend ボイフレンド
～スカウト	ลูกเสือ ルーク スア	Boy Scouts ボーイ スカウツ

日	タイ	英
ポーカー	ไพ่โป๊กเกอร์ パイ ポッカー	poker ポウカ
ホース	สายยาง, ท่อ サーイ ヤーン, トー	hose ホウズ
ポータブルの	พกพาได้ ポック パー ダーイ	portable ポータブル
ボート	เรือลำเล็ก ルア ラム レック	boat ボウト
ポートレート	รูปคน ループ コン	portrait ポートレイト
ボーナス	โบนัส ボーナット	bonus ボウナス
頰紅 (ほおべに)	บลัชออน, ที่ทาแก้ม ブラット オーン, ティー ター ケーム	rouge ルージュ
ホーム		
（駅の）	ชานชาลา チャーン チャーラー	platform プラトフォーム
ホームシックになる	คิดถึงบ้าน キット トゥン バーン	get homesick ゲト ホウムスィク
ホームステイ	โฮมสเตย์ ホーム サテー	homestay ホウムステイ
ホームページ	โฮมเพจ ホーム ペート	home-page ホウムペイヂ
ホームルーム	โฮมรูม ホーム ルーム	homeroom ホウムルーム
ホームレス	คนจรจัด, หลักลอย コン チョーン チャット, ラック ローイ	homeless ホウムレス
ボール	ลูกบอล ルーク ボーン	ball ボール
ボール紙 (がみ)	กระดาษแข็ง クラダート ケン	cardboard カードボード

日	タイ	英
ボールペン	ปากกาลูกลื่น パークカー ルーク ルーン	ball-point ボールポイント
暈す (ぼかす)	ไล่สี, ทำให้กำกวม ライ シー, タム ハイ カム クアム	mute, temper ミュート, テンパ
(…の) 外に (ほか)	นอกจากนี้ ノーク チャーク ニー	besides, else ビサイヅ, エルス
外の (ほか)	อื่น ウーン	another, other アナザ, アザ
保管する (ほかん)	เก็บรักษา ケップ ラックサー	keep, store キープ, ストー
簿記 (ぼき)	บัญชี バンチー	bookkeeping ブクキーピング
ボキャブラリー	คำศัพท์ カム サップ	vocabulary ヴォウキャビュレリ
補給する (ほきゅう)	เติม, เพิ่มเติม トゥーム, プーム トゥーム	supply, replenish サプライ, リプレニシュ
募金 (ぼきん)	การเรี่ยไรเงิน カーン リアライ グン	fund raising ファンド レイズィング
僕 (ぼく)	ผม, ฉัน, เรา ポム, チャン, ラオ	I, me アイ, ミー
ボクサー	นักมวย ナック ムアイ	boxer バクサ
牧師 (ぼくし)	พระ, บาทหลวง プラ, バート ルアン	pastor, parson パスタ, パースン
牧場 (ぼくじょう)	ทุ่งเลี้ยงสัตว์ トゥン リアン サット	pasture, ranch パスチャ, ランチ
ボクシング		
(国際式)	มวยสากล ムアイ サーコン	boxing バクスィング
(タイ式)	มวยไทย ムアイ タイ	Thai boxing タイ バクスィング

ほ

日	タイ	英
ぼくちく 牧畜	ปศุสัตว์ パスサット	stock farming スタク ファーミング
ほくとしちせい 北斗七星	ดาวไถ ダーオ タイ	the Big Dipper ザ ビグ ディパ
ぼくめつ 撲滅する	ทำลายล้าง, กำจัดให้สิ้นซาก タムラーイ ラーン, カムチャット ハイ シン サーク	exterminate イクスターミネイト
ほくろ 黒子	ไฝ ファイ	mole モウル
ほけつ 補欠	ตัวสำรอง トゥア サムローン	substitute サブスティテュート
ポケット	กระเป๋า クラパオ	pocket パケト
ぼ 惚ける	หลงๆลืมๆ ロン ロン ルーム ルーム	grow senile グロウ スィーナイル
ほけん 保険	การประกันภัย カーン プラカン パイ	insurance インシュアランス
～会社	บริษัทประกันภัย ボーリサット プラカン パイ	insurance company インシュアランス カンパニ
～金	เงินประกันภัย グン プラカン パイ	insurance money インシュアランス マニ
～を掛ける	ทำประกัน タム プラカン	insure インシュア
～料	เบี้ยประกัน ビア プラカン	premium プリーミアム
ほけんじょ 保健所	สถานีอนามัย サターニー アナーマイ	health center ヘルス センタ
ぼこう 母校	โรงเรียนเก่า ローンリアン カオ	*one's* old school オウルド スクール
ほこう 歩行者	คนเดินถนน コン ドゥーン タノン	walker, pedestrian ウォーカ, ペデストリアン
ぼこく 母国	ประเทศแม่, มาตุภูมิ プラテート メー, マートゥプーム	mother country マザ カントリ

日	タイ	英
～語	ภาษาแม่ パーサー ヌー	mother tongue マザ タン
保護者	ผู้ปกครอง プー ポックローン	protector, guardian プロテクタ, ガーディアン
保護する	คุ้มครอง, ปกป้อง, อนุรักษ์ クム クローン, ポック ポン, アヌラック	protect プロテクト
保護貿易主義	การตั้งกำแพงการค้า カーン タン カムペーン カーン カー	protectionism プロテクショニズム
祠	ศาลเจ้า サーン チャオ	shrine シュライン
誇り	ความภูมิใจ クワーム プーム チャイ	pride プライド
～にする	ภูมิใจ プームチャイ	be proud *of* ビ ブラウド オヴ
埃	ฝุ่น フン	dust ダスト
誇る	ภาคภูมิใจ パーク プーム チャイ	be proud *of* ビ ブラウド
星	ดาว ダーオ	star スター
欲しい	อยากได้, ต้องการ ヤーク ダーイ, トンカーン	want, wish *for* ワント, ウィシュ
星占い	ทำนายราศี タムナーイ ラーシー	horoscope ホロスコウプ
補習	การเรียนพิเศษ カーン リアン ピセート	extra lessons エクストラ レスンズ
補充する	เพิ่มเติม, เสริม プーム トゥーム, スーム	supplement サプリメント
募集する	รับสมัคร, เชิญชวน ラップ サマック, チューン チュアン	invite インヴァイト
保守的な	อนุรักษ์นิยม アヌラック ニヨム	conservative コンサーヴァティヴ

日	タイ	英
ほしょう 保証	การรับประกัน カーン ラップ プラカン	guarantee ギャランティー
～書	ใบรับรอง バイ ラップ ローン	warranty ウォーランティ
～する	รับประกัน, รับรอง ラップ プラカン, ラップ ローン	guarantee, assure ギャランティー, アシュア
～人	ผู้ค้ำประกัน プー カム プラカン	guarantor, surety ギャラントー, シュアティ
～金	เงินประกัน グン プラカン	deposit ディポズィト
ほしょう 補償する	ชดเชย チョット チューイ	compensate コンペンセイト
ほじょきん 補助金	เงินช่วยบำรุง グン チュアイ バムルン	subsidy サブスィディ
ほじょ 補助する	ช่วยเหลือ, อนุเคราะห์ チュアイ ルア, アヌクロ	assist アスィスト
ほ 乾[干]す	ตากให้แห้ง ターク ハイ ヘーン	dry, air ドライ, エア
(池などを)	ระบายน้ำ ラバーイ ナーム	drain ドレイン
ボス	เจ้านาย, หัวหน้า チャオ ナーイ, フア ナー	boss バス
ポスター	โปสเตอร์ ポーストゥー	poster ポウスタ
ホステス	พนักงานต้อนรับ, เจ้าภาพหญิง, สาวดริ๊งค์ パナックガーン トーン ラップ, チャオ パープ イン, サーオ ドリン	hostess ホウステス
ホスト	เจ้าภาพชาย チャオ パープ チャーイ	host ホウスト
ポスト	ตู้ไปรษณีย์ トゥー プライサニー	mailbox メイルバクス

日	タイ	英
（地位）	ตำแหน่ง タムネン	post ポウスト
ほそ 細い	เรียว, เล็ก リアオ, レック	thin, small スィン, スモール
ほそう 舗装する	ลาดยางถนน ラート ヤーン タノン	pave ペイヴ
ほそく 補足する	เพิ่มเติม プーム トゥーム	supplement サプリメント
ほそなが 細長い	เรียวยาว リアオ ヤーオ	long and slender ローング アンド スレンダ
ほぞん 保存する	เก็บรักษาไว้ ケップ ラックサー ワイ	preserve, keep プリザーヴ, キープ
ほたる 蛍	หิ่งห้อย ヒン ホイ	firefly ファイアフライ
ボタン	กระดุม, ปุ่ม クラドゥム, プム	button バトン
ぼち 墓地	สุสาน スサーン	graveyard グレイヴヤード
ほっきにん 発起人	ผู้นำเสนอ プー ナム サヌー	proposer, promoter プロポウサ, プロモウタ
ほっきょく 北極	ขั้วโลกเหนือ クア ローク ヌア	the North Pole ザ ノース ポウル
～星	ดาวเหนือ ダーオ ヌア	the polestar ポウルスター
ホック	ตะขอ タコー	hook フク
ほっさ 発作	อาการชักกระตุก アーカーン チャック クラトゥック	fit, attack フィト, アタク
～的な	ชักกระตุก チャック クラトゥック	fitful フィトフル
ぼっしゅう 没収する	ริบยึด リップ ユット	confiscate カンフィスケイト

ほ

日	タイ	英
<ruby>発足<rt>ほっそく</rt></ruby>する	เปิดทำการ, จัดตั้งขึ้น プート タム カーン, チャット タン クン	set up セト アプ
ホッチキス	แม็ก, ที่เย็บกระดาษ メック, ティー イェップ クラダート	stapler ステイプラ
ポット	กาน้ำชา カー ナム チャー	pot パト
(魔法瓶)	กระติกน้ำร้อน クラティック ナム ローン	thermos サーモス
<ruby>没頭<rt>ぼっとう</rt></ruby>する	หมกมุ่น, ทุ่มเท モック ムン, トゥム テー	be absorbed *in* ビ アブソーブド
ホットシャワー	อาบน้ำร้อน アープ ナム ローン	hot shower ハト シャウア
ほっとする	โล่งใจ, ถอนหายใจ ローン チャイ, トーン ハーイ チャイ	feel relieved フィール リリーヴド
ポップス	เพลงป๊อป プレーン ポップ	pop music パプ ミューズィク
ボディーガード	บอดี้การ์ด, คนคุ้มกัน ボーディーカート, コン クム カン	bodyguard バディガード
ボディーチェック	ตรวจค้นร่างกาย トルアット コン ラーンカーイ	body search バディ サーチ
ボディービル	เพาะกาย ポカーイ	body building バディ ビルディング
ホテル	โรงแรม ローンレーム	hotel ホウテル
<ruby>歩道<rt>ほどう</rt></ruby>	ทางเดิน ターン ドゥーン	sidewalk サイドウォーク
〜橋	สะพานลอย サパーン ローイ	flyover フライオウヴァ
<ruby>解<rt>ほど</rt></ruby>く	แก้, คลาย ケー, クラーイ	untie, unfasten アンタイ, アンファスン
<ruby>仏<rt>ほとけ</rt></ruby>	พระพุทธเจ้า プラプッタ チャオ	Buddha ブダ

日	タイ	英
殆ど (ほとん)	เกือบจะ / クアップ チャ	almost, nearly / オールモウスト, ニアリ
（否定）	แทบจะไม่ / テープ チャ マイ	hardly / ハードリ
ポニーテール	ผมยาวเป็นหางม้า / ポム ヤーオ ペン ハーン マー	ponytail / ポウニテイル
母乳 (ぼにゅう)	นมแม่ / ノム メー	mother's milk / マザズ ミルク
哺乳瓶 (ほにゅうびん)	ขวดนม / クアット ノム	nursing bottle / ナースィン ボトル
骨 (ほね)	กระดูก / クラドゥーク	bone / ボウン
骨組み (ほねぐみ)	โครงสร้าง / クローン サーン	frame, structure / フレイム, ストラクチャ
炎・焔 (ほのお)	เปลวไฟ / プレーオ ファイ	flame / フレイム
仄めかす (ほのめかす)	พูดเป็นนัย / プート ペン ナイ	hint, suggest / ヒント, サグチェスト
ホバークラフト	โฮเวอร์คราฟท์ / ホーワーク ラープ	hovercraft / ハヴァクラフト
ポピュラーな	เป็นที่นิยม / ペン ティー ニヨム	popular / パピュラ
頬 (ほほ)	แก้ม / ケーム	cheek / チーク
保母 (ほぼ)	ครูพี่เลี้ยงเด็ก / クルー ピー リアン デック	nurse / ナース
微笑ましい (ほほえましい)	ชวนให้ยิ้ม / チュアン ハイ イム	pleasing / プリーズィング
微笑む (ほほえむ)	ยิ้ม / イム	smile *at* / スマイル
褒める (ほめる)	ชม, ยกย่อง / チョム, ヨック ヨン	praise / プレイズ

ほ

日	タイ	英
ホモ	การรักร่วมเพศ カーン ラック ルアム ペート	homosexuality ホウモセクシュアリティ
（人）	พวกรักร่วมเพศ プアック ラック ルアム ペート	homosexual ホウモセクシュアル
ぼやく	บ่น ボン	complain カンプレイン
ぼやける	เลือนลาง, สลัว, มัว ルアン ラーン, サルア, ムア	grow dim グロウ ディム
ほやほやの	สดๆร้อนๆ ソット ソット ローン ローン	fresh フレシュ
ボランティア	อาสาสมัคร アーサー サマック	volunteer ヴォランティア
堀 (ほり)	คู クー	moat, ditch モウト, ディチ
ポリープ	ติ่งเนื้องอก ティン ヌア ゴーク	polyp パリプ
ポリエステル	โพลิเอสเตอร์ ポーリエーストゥー	polyester パリエスタ
ポリエチレン	โพลิเอธีลีน ポーリエーティーリーン	polyethylene パリエスィリーン
ポリシー	นโยบาย ナヨーバーイ	policy パリスィ
掘り出し物 (ほりだしもの)	ของที่ขุดพบ コーン ティー クット ポップ	find ファインド
ポリ袋 (ポリぶくろ)	ถุงพลาสติก トゥン プラーッサティック	plastic bag プラスティック バグ
保留する (ほりゅうする)	หยุดไว้, กันเอาไว้ ユット ワイ, カン アオ ワイ	reserve リザーヴ
捕虜 (ほりょ)	เชลย チャルーイ	prisoner プリズナ
掘る (ほる)	ขุด, เจาะ クット, チョ	dig, excavate ディグ, エクスカヴェイト

日	タイ	英
彫る	แกะสลัก ケサラック	carve, engrave カーヴ, イングレイヴ
ぼる	โก่งราคา, ต้มตุ๋น コーン ラーカー, トム トゥン	overcharge オウヴァチャーヂ
ボルト	กลอน クローン	bolt ボウルド
（電圧）	โวลต์ ウォーン	volt ヴォウルト
ポルトガル	โปรตุเกส プロートゥケート	Portugal ポーチュガル
ポルノ	ภาพลามก, โป๊ パープ ラーモック, ポー	pornography ポーナグラフィ
ホルモン	ฮอร์โมน ホーモーン	hormone ホーモウン
惚れる	ตกหลุมรัก, หลงใหล トック ルム ラック, ロン ライ	fall in love *with* フォール イン ラヴ
ポロシャツ	เสื้อคอโปโล スア コー ポーロー	polo shirt ポウロウ シャート
ほろ苦い	ออกขมๆ オーク コム コム	bittersweet ビタスウィート
亡[滅]びる	ล่มสลาย, พินาศ ロム サラーイ, ピナート	fall, perish フォール, ペリシュ
亡[滅]ぼす	ทำลายล้าง, ถล่ม タムラーイ ラーン, タロム	ruin, destroy ルーイン, ディストロイ
ぼろぼろの	รุ่งริ่ง, ปอนๆ ルン リン, ポーン ポーン	ragged ラギド
ホワイトカラー	คนทำงานในสำนักงาน コン タムガーン ナイ サムナックガーン	white-collar worker (ホ)ワイト カラ ワーカ
ホワイトボード	กระดานขาว クラダーン カーオ	white board (ホ)ワイト ボード
本	หนังสือ ナンスー	book ブク

日	タイ	英
ぼん 盆	ถาด タート	tray トレイ
ほんかくてき 本格的な	แท้จริง, เต็มที่, จริงจัง テー チン, テム ティー, チン チャン	real, genuine リーアル, チェニュイン
ほんかん 本館	อาคารหลัก アーカーン ラック	main building メイン ビルディング
ほんきで 本気で	เอาจริงเอาจัง アオ チン アオ チャン	seriously スィリアスリ
ほんきょち 本拠地	ฐานที่มั่น ターン ティー マン	base ベイス
ほんこん 香港	ฮ่องกง ホンコン	Hong Kong ハンカン
ほんしつてき 本質的な	คุณลักษณะที่แท้จริง クンナラックサナ ティー テー チン	essential イセンシャル
ほんしゃ 本社	สำนักงานใหญ่ サムナックガーン ヤイ	head office ヘド オーフィス
ほんしょう 本性	นิสัยที่แท้จริง ニサイ ティー テーチン	nature ネイチャ
ほんしん 本心	เจตนาที่แท้จริง チェータナー ティー テー チン	real intention リーアル インテンション
ほんせき 本籍	ที่อยู่ตามสำมะโนครัว ティー ユー ターム サムマノー クルア	registered domicile レヂスタド ダミサイル
ほんそうする 奔走する	วิ่งเต้น ウィンテン	make efforts メイク エファツ
ほんたい 本体	โครงสร้างหลัก クローン サーン ラック	main body メイン バディ
ほんだな 本棚	ชั้นวางหนังสือ チャン ワーン ナンスー	bookshelf ブクシェルフ
ぼんち 盆地	แอ่ง, หุบเขา エン, フップ カオ	basin ベイスン

日	タイ	英
ほんてん **本店**	ร้านใหญ่ ラーン ヤイ	head office ヘド オーフィス
ほんとう **本当**	ความจริง クワーム チン	truth トルース
～に	จริงๆ チン チン	truly, really トルーリ, リーアリ
～の	เรื่องจริง, จริง ルアン チン, チン	true, real トルー, リーアル
ほんにん **本人**	เจ้าตัว チャオ トゥア	person in question パースン イン クウェスチョン
ほんね **本音**	ใจจริง チャイ チン	true mind トルー マインド
ボンネット （自動車の）	ฝากระโปรงหน้า ファー クラプローン ナー	hood, bonnet フド, ボネト
ほんの	เพียงแค่ ピアン ケー	just, only ヂャスト, オウンリ
ほんのう **本能**	สัญชาตญาณ サン チャーッタヤーン	instinct インスティンクト
～的な	ด้วยสัญชาตญาณ ドゥアイ サン チャーッタヤーン	instinctive インスティンクティヴ
ぼんのう **煩悩**	กิเลส キレート	worldly desires ウォールドゥリ デザイアズ
ほんのり	เรื่อๆ, จางๆ ルア ルア, チャーン チャーン	faintly, slight フェイントリ
ほんぶ **本部**	สำนักงานใหญ่ サムナックガーン ヤイ	head office ヘド オーフィス
ポンプ	ปั๊ม パム	pump パンプ
ボンベ	ถังแก๊ส タン ケート	gas cylinder ギャス スィリンダ

日	タイ	英
<ruby>本名<rt>ほんみょう</rt></ruby>	ชื่อจริง チュー チン	real name リーアル ネイム
<ruby>本物<rt>ほんもの</rt></ruby>	ของจริง コーン チン	genuine article ヂェニュイン アーティクル
<ruby>本屋<rt>ほんや</rt></ruby>	ร้านขายหนังสือ ラーン カーイ ナンスー	bookstore ブクストー
<ruby>翻訳<rt>ほんやく</rt></ruby>	การแปล カーン プレー	translation トランスレイション
～する	แปล プレー	translate *into* トランスレイト
～家	ผู้แปล プー プレー	translator トランスレイタ
ぼんやり		
～した	คลุมเครือ, ไม่ชัดเจน クルム クルア, マイ チャット チェーン	dim, vague ディム, ヴェイグ
～と	สลัว, เลือนลาง サルア, ルアン ラーン	dimly, vaguely ディムリ, ヴェイグリ
（呆然と）	อย่างเหม่อลอย, ใจลอย ヤーン ムー ローイ, チャイ ローイ	absent-mindedly アブセントマインデドリ

ほ

ま, マ

日本語	タイ語	英語
まあ！	แหม メー	Oh! オウ
マーカー	ปากกาเมจิก パークカー メーチック	marker マーカ
マーガリン	เนยเทียม ヌーイ ティアム	margarine マーチャリン
マーク	เครื่องหมาย クルアン マーイ	mark マーク
～する	ทำเครื่องหมาย, เพ่งเล็ง タム クルアン マーイ, ペン レン	mark マーク
マーケット	ตลาด タラート	market マーケト
麻雀	ไพ่นกกระจอก パイ ノック クラチョーク	mah-jong マーチャング
マージン	ขอบ, ริม コープ, リム	margin マーヂン
（利幅）	มาร์จิ้น マーチン	margin マーヂン
まあまあだ	พอไปได้, เรื่อยๆ ポー パイ ダーイ, ルアイ ルアイ	so so, not so bad ソウソウ, ナトソウ バド
毎朝	ทุกเช้า トゥック チャーオ	every morning エヴリ モーニング
マイク	ไมโครโฟน マイクロフォーン	microphone マイクロフォウン
マイクロバス	รถไมโครบัส ロット マイクロバス	minibus ミニバス
（路線ミニバス）	รถโดยสารขนาดเล็ก ロット ドーイサーン カナート レック	minibus ミニバス
迷子	เด็กหลงทาง デック ロン ターン	stray child ストレイ チャイルド

日	タイ	英
まいしゅう 毎週	ทุกสัปดาห์ トゥック サップダー	every week エヴリ ウィーク
まいつき 毎月	ทุกเดือน トゥック ドゥアン	every month エヴリ マンス
マイナーな	น้อย, วิชารอง ノーイ, ウィチャーローン	minor マイナ
マイナス	ลบ, ติดลบ ロップ, ティットロップ	minus マイナス
まいにち 毎日	ทุกวัน トゥック ワン	every day エヴリ デイ
まいねん 毎年	ทุกปี トゥック ピー	every year エヴリ イア
まいばん 毎晩	ทุกคืน トゥック クーン	every evening エヴリ イーヴニング
マイペースで	ตามกำลังของตน ターム カムラン コーン トン	at *one's* own pace アト オウン ペイス
マイル	ไมล์ マイ	mile マイル
マウス （パソコンの）	เมาส์ マウス	mouse マウス
まえ 前	ข้างหน้า, ด้านหน้า カーン チー, ダーン チー	front フラント
〜に（時間）	หน้า, ก่อนที่จะ, เมื่อก่อน チー, コーン ティー チャ, ムア コーン	before, ago ビフォー, アゴウ
〜の（位置）	ข้างหน้า, ก่อน カーン チー, コーン	front, former フラント, フォーマ
まえう けん 前売り券	ตั๋วที่ขายล่วงหน้า トゥア ティー カーイ ルアン チー	advance ticket アドヴァンス ティケト
まえがみ 前髪	ผมด้านหน้า ポム ダーン チー	bang バング

日	タイ	英
まえば 前歯	ฟันหน้า ファン チー	front tooth フラント トゥース
まえばら 前払い	การจ่ายเงินล่วงหน้า カーン チャーイ グン ルアン チー	advance payment アドヴァンス ペイメント
まえむきの 前向きの	ในทางบวก ナイ ターン ブアック	positive パズィティヴ
まえもって 前以て	ล่วงหน้า ルアン チー	beforehand ビフォーハンド
まか 任せる	ปล่อยให้ทำ, มอบหมาย プロ-イ ハイ タム, モープ マーイ	leave, entrust リーヴ, イントラスト
ま 曲がった	โค้ง, งอ, คด コーン, ゴー, コット	bent ベント
ま かど 曲がり角	มุม, หัวเลี้ยวหัวต่อ ムム, フア リアオ フア トー	corner コーナ
ま 曲がる	งอ, โค้ง ゴー, コーン	bend, curve ベンド, カーヴ
(角を)	เลี้ยว リアオ	turn to ターン
まき 薪	ฟืน フーン	firewood ファイアウド
ぎ 紛らわしい	สับสน, คลุมเครือ サップソン, クルム クルア	confusing カンフューズィング
まく 膜	เยื่อ ユア	film, skin フィルム, スキン
ま 巻く	ม้วน, พัน ムアン, パン	roll ロウル
ま 撒く	รด, หว่าน, โปรย ロット, ワーン, プローイ	sprinkle, scatter スプリンクル, スキャタ
マグニチュード	หน่วยวัดของแผ่นดินไหว ヌアイ ウット コーン ペンディン ワイ	magnitude マグニテュード

日	タイ	英
まくら 枕	หมอน モーン	pillow ピロウ
抱き〜	หมอนข้าง モーン カーン	Dutch wife ダチ ワイフ
まく 捲る	พับตลบขึ้นไป パップ タロップ クン パイ	turn up ターン ナプ
まぐれ	ฟลุก, โชคช่วย フルック, チョーク チュアイ	fluke フルーク
ま 負ける	แพ้, พ่ายแพ้ ペー, パーイ ペー	be defeated, lose ビ ディフィーテド, ルーズ
ま 曲げる	ดัดให้โค้ง, ดัดให้งอ ダット ハイ コーン, ダット ハイ ゴー	bend ベンド
まご 孫	หลาน ラーン	grandchild グランチャイルド
まごつく	งง, ลุกลน ゴン, ルック ロン	be embarrassed ビ インバラスト
マザコン	ติดแม่ ティット メー	mother complex マザ カンプレクス
まさつ 摩擦	การเสียดสี カーン シアット シー	friction フリクション
〜する	เสียดสี シアット シー	rub *against* ラブ
まさ 正に	แน่นอน, ไม่ต้องสงสัย ネーノーン, マイ トンソンサイ	just, exactly ヂャスト, イグザクトリ
まさ 勝[優]る	เหนือกว่า, ดีกว่า ヌア クヴー, ディー クヴー	be superior *to* ビ シュピアリア
(…より)ましだ	…ดีกว่า ディー クヴー	be better than ベタ ザン
マジックインキ	ปากกาเมจิก パーッカー メーチック	marking pen マーキング ペン
まじな 呪い	เวทมนตร์คาถา ウェートモン カーター	charm, spell チャーム, スペル

日	タイ	英
真面目な（まじめな）	เอาจริงเอาจัง, ขยันขันแข็ง アオ チン アオ チャン, カヤン カン ケン	serious スィアリアス
混[交]じる（まじる）	ปะปน, ระคน パポン, ラコン	be mixed *with* ビ ミクスト
まず（…する）	ก่อนอื่น ゴーン ウーン	at first アト ファースト
麻酔（ますい）	การใช้ยาชา カーン チャイ ヤー チャー	anesthesia アニス**スィ**ージャ
不味い（まずい）		
（味が）	ไม่อร่อย マイ アロイ	bad バド
（得策でない）	ไม่เหมาะ, ไม่ได้เรื่อง マイ モ, マイ ダイ ルアン	unwise アンワイズ
マスク	หน้ากาก ナー カーク	mask マスク
マスコット	ตัวนำโชค トゥア ナム チョーク	mascot マスコト
マスコミ	สื่อมวลชน スー ムアン チョン	mass media マス ミーディア
益々（ますます）	ยิ่งขึ้น, เรื่อยๆ イン クン, ルアイ ルアイ	more and more モー アンド モー
ませた	แก่เกินวัย, ฉลาดเกินวัย ケー クーン ワイ, チャラート クーン ワイ	precocious プリコウシャス
混[交]ぜる（まぜる）	ผสม, คลุกเคล้า パソム, クルック クラオ	mix, blend ミクス, ブレンド
股（また）	ต้นขา トン カー	crotch クラチ
又（また）	อีกครั้ง, ใหม่ イーク クラン, マイ	again アゲイン
（その上）	และยิ่งกว่านั้น, ทั้ง...ด้วย レ イン クヴァー ナン, タン ドゥアイ	moreover, besides モーロウヴァ, ビサイヅ

日	タイ	英
…も〜	ด้วยซ้ำ, เช่นกัน ドゥアイ サム, チェンカン	too, also トゥー, オールソウ
未だ	ยัง ヤン	yet, still イエト, スティル
跨ぐ	ข้าม, คร่อม カーム, クローム	step over, cross ステプ オウヴァ, クロース
待たせる	ให้รอ ハイ ロー	keep waiting キープ ウェイティング
マタニティードレス	ชุดคลุมท้อง チュット クルム トーン	maternity wear マターニティ ウェア
又は	หรือ, หรือไม่ก็ ルー, ルー マイ コー	or オー
街	เมือง ムアン	town, city タウン, スィティ
待合室	ห้องพักรอ ホン パック ロー	waiting room ウェイティング ルーム
待ち合わせる	นัดพบ ナット ポップ	wait *for* ウェイト
間違い	ความผิด クワーム ピット	mistake, error ミステイク, エラ
（過失）	ความผิดพลาด クワーム ピット プラート	fault, slip フォルト, スリプ
間違える	ทำผิด, พลาด タム ピット, プラート	make a mistake メイク ア ミステイク
（取り違える）	หยิบผิด イップ ピット	take *for* テイク
（記憶違い）	จำผิด チャム ピット	misunderstand ミサンダスタンド
待ち遠しい	เฝ้าคอยอย่างโหยหา ファオ コーイ ヤーン ホーイ ハー	be looking forward *to* ビ ルキング フォーワド

日	タイ	英
待つ	รอ, คอย ロー, コーイ	wait ウェイト
睫毛	ขนตา コン ター	eyelashes アイラシズ
マッサージ	การนวด カーン ヌアット	massage マサージュ
～する	นวด ヌアット	massage マサージュ
タイ式～	นวดแผนโบราณ ヌアット ペーン ボーラーン	Thai traditional massage タイ トラディショナル マサージ
真っ直ぐな[に]	ตรง トロン	straight ストレイト
全く	ทีเดียว ティー ディアオ	quite, entirely クワイト, インタイアリ
（本当に）	จริงๆ チン チン	really, truly リーアリ, トルーリ
（否定で）	ไม่...เลย マイ...ルーイ	at all アト オール
マッチ	ไม้ขีด マイ キート	match マチ
マットミー	มัดหมี่ マットミー	*matmee* マットミー
マットレス	ฟูก フーク	mattress マトレス
松葉杖	ไม้ยันรักแร้ マイ ヤン ラックレー	crutches クラチズ
祭り	งานเทศกาล ガーン テーッサカーン	festival フェスティヴァル
まで	ถึง, จนกระทั่ง トゥン, チョン クラタン	to, as far as トゥー, アズ ファー アズ
（時）	ถึง, จนกว่า トゥン, チョン クワー	till, until ティル, アンティル

日	タイ	英
…までに	ก่อน..., จน... コーン, チョン	by, before バイ, ビフォー
まど 窓	หน้าต่าง ナー ターン	window ウィンドウ
まどぐち 窓口	ช่อง チョン	window ウィンドウ
（交渉係）	ผู้ทำหน้าที่ติดต่อ プー タム ナーティー ティット トー	contact man カンタクト マン
まど 間取り	แปลนบ้าน プレーン バーン	layout of a house レイアウト アヴ ア ハウス
マナー	มารยาท マーラヤート	manners マナズ
まないた 俎	เขียง キアン	cutting board カティング ボード
マニア	บ้า, คนคลั่ง バー, コン クラン	maniac メイニアク
ま あ 間に合う	ทันเวลา タン ウェーラー	be in time *for* ビ イン タイム
（満たす）	เพียงพอ ピアン ポー	answer, be enough アンサ, ビ イナフ
マニキュア	ยาทาเล็บ ヤー ター レップ	manicure マニキュア
マニュアル	คู่มือ クー ムー	manual マニュアル
まぬが 免れる	หลบ, หลุดพ้น ロップ, ルット ポン	escape イスケイプ
（回避）	หลีกเลี่ยง リーク リアン	avoid, evade アヴォイド, イヴェイド
まぬ 間抜けな	โง่, เซ่อ ゴー, ヌー	stupid, silly ステューピド, スィリ
マネージメント	การบริหาร カーン ボーリハーン	management マニヂメント

日	タイ	英
真似(まね)する	เลียนแบบ リアン ベープ	imitate, mimic イミテイト, ミミク
マネージャー	ผู้จัดการ プー チャッカーン	manager マニヂャ
マネキン	หุ่นโชว์ フン チョー	dummy ダミ
招(まね)く	เชิญ チューン	invite インヴァイト
（招来）	ก่อให้เกิด コー ハイ クート	cause コーズ
瞬(まばた)き	กะพริบตา カプリップ ター	blink ブリンク
眩(まぶ)しい	จ้าจนแสบตา チャー チョン セープ ター	glaring, dazzling グレアリング, ダズリング
まぶす	คลุก クルック	sprinkle, cover スプリンクル, カヴァ
瞼(まぶた)	เปลือกตา プルアック ター	eyelid アイリド
マフラー	ผ้าพันคอ, ท่อไอเสีย パー パン コー, トー アイ シア	scarf, muffler スカーフ, マフラ
魔法(まほう)	เวทมนต์ ウェートモン	magic マヂク
～瓶	กระติกน้ำร้อน クラティック ナム ローン	thermos bottle サーモス バトル
～使い	พ่อมด ポー モット	wizard ウィザド
幻(まぼろし)	ภาพลวงตา パープ ルアン ター	phantom ファントム
継母(ままはは)	แม่เลี้ยง メー リアン	stepmother ステプマザ
豆(まめ)	ถั่ว トゥア	bean ビーン

日	タイ	英
まもなく	ในไม่ช้า ナイ マイ チャー	soon スーン
守る	ปกป้อง, รักษา ポック ポン, ラック サー	defend, protect ディフェンド, プロテクト
麻薬	ยาเสพย์ติด ヤー セープ ティット	narcotic, drug ナーカティク, ドラグ
～中毒	ผู้ติดยาเสพย์ติด プー ティット ヤー セープ ティット	drug addiction ドラグ アディクション
眉	คิ้ว キウ	eyebrow アイブラウ
～墨	ดินสอเขียนคิ้ว ディンソー キアン キウ	eyebrow pencil アイブラウ ペンスル
迷う	ลังเล ラン レー	hesitate ヘズィテイト
道に～	หลงทาง ロン ターン	lose *one's* way ルーズ ウェイ
真夜中	กลางดึก クラーン ドゥック	midnight ミドナイト
マヨネーズ	มายองเนส マーヨーン ネート	mayonnaise メイオネイズ
マラソン	มาราธอน マーラートーン	marathon マラソン
マリファナ	กัญชา カンチャー	marijuana マリワーナ
丸	วงกลม ウォン クロム	circle, ring サークル, リング
円[丸]い	กลม クロム	round, circular ラウンド, サーキュラ
丸首の	คอกลม コー クロム	round-neck ラウンドネク
まるで	ราวกับ ラーオ カップ	completely, quite カンプリートリ, クワイト

日	タイ	英
まる 丸める	ทำให้กลม タム ハイ クロム	curl, wad カール, ワド
まれ 稀		
～な	หายาก ハー ヤーク	rare レア
～に	นานๆครั้ง ナーン ナーン クラン	rarely, seldom レアリ, セルドム
マレーシア	มาเลเซีย マーレーシア	Malaysia マレイジャ
はんとう マレー半島	แหลมมลายู レーム マラーユー	Malay Peninsula マレイ ペニンスラ
まわ 回す	หมุน ムン	turn, spin ターン, スピン
（順に渡す）	ส่ง ソン	pass パス
（転送）	ส่งต่อ ソン トー	forward フォーワド
まわ 回りくどい	อ้อมค้อม オーム コーム	roundabout ラウンダバウト
まわ みち 回り道	อ้อม オーム	detour ディートゥア
まわ 回る	หมุน ムン	turn round, spin ターン ラウンド, スピン
（循環）	เวียนรอบ ウィアン ローブ	circulate サーキュレイト
まん 万	หมื่น ムーン	ten thousand テン サウザンド
まんいん 満員		
（掲示）	เต็ม テム	No vacancy, House full ノウ ヴェイカンスィ, ハウス フル
～である	เต็ม テム	be full ビ フル

日	タイ	英
まんが 漫画	การ์ตูน カートゥーン	cartoon, comics カートゥーン, カミクス
まんき 満期	ครบกำหนด クロップ カムノット	expiration エクスピレイション
まんげつ 満月	ดวงเพ็ญ ドゥアン ペン	full moon フル ムーン
マンション	คอนโดมิเนียม コンドーミニアム	condominium カンドミニアム
まんぞくする 満足する	พอใจ ポー チャイ	be satisfied *with* ビ サティスファイド
まんちょう 満潮	น้ำขึ้นสูงสุด ナム クン スーン スット	high tide ハイ タイド
マンツーマンの	ตัวต่อตัว トゥア トー トゥア	one-to-one ワントゥワン
まんてん 満点	คะแนนเต็ม カネーン テム	perfect mark パーフィクト マーク
ま なか 真ん中	ศูนย์กลาง, ใจกลาง スーン クラーン, チャイ クラーン	center *of* センタ
マンネリ	การสูญเสียความเป็นเอกลักษณ์ カーン スーン シア クワーム ペン エーッカラック	mannerism マナリズム
まんねんひつ 万年筆	ปากกาหมึกซึม パークカー ムック スム	fountain pen ファウンティン ペン
まんびき 万引きする	ขโมยในร้าน カモーイ ナイ ラーン	shoplift シャプリフト
まんぷくする 満腹する	อิ่ม イム	have eaten enough ハヴ イートン イナフ
まんべんなく 満遍なく	ทั่วไปหมด トゥア パイ モット	evenly イーヴンリ
(もれなく)	โดยไม่มีตกหล่น ドーイ マイ ミー トック ロン	without exception ウィザウト イクセプション

日	タイ	英
マンホール	ช่องลอด チョン ロート	manhole マンホウル
万歩計 まんぽけい	เครื่องวัดก้าวเดิน クルアン ウット カーオ ドゥーン	pedometer ピダメタ

み, ミ

日	タイ	英
実 み	ผล, ลูก ポン, ルーク	fruit, nut フルート, ナト
見上げる みあ	แหงนมอง ゲーン モーン	look up *at, to* ルク アプ
ミーティング	การประชุม カーン プラチュム	meeting ミーティング
見失う みうしな	คลาดสายตา クラート サーイ ター	lose sight of... ルーズ サイト オヴ
身内 みうち	เครือญาติ クルア ヤート	relatives レラティヴズ
見栄 みえ	การโอ้อวด カーン オー ウアット	show, vanity ショウ, ヴァニティ
～っ張り	คนอวดมั่งอวดมี コン ウアット マン ウアット ミー	show-off ショウオフ
見える み	มองเห็น モーン ヘン	see, be seen スィー, ビ スィーン
…のように～	ดูเหมือน... ドゥー ムアン	look, seem ルク, スィーム
見送る みおく	ไปส่ง パイ ソン	see off, see スィー オフ
見落とす みお	มองข้ามไป モーン カーム パイ	overlook, miss オウヴァルク, ミス
見下ろす みお	มองเบื้องล่าง モーン ブアン ラーン	look down ルク ダウン
見返り みかえ	ค่าตอบแทน カー トープ テーン	rewards リウォーヅ

日	タイ	英
味覚（みかく）	ประสาทรับรู้รส プラサート ラップルー ロット	taste, palate テイスト, パレト
磨く（みがく）	ขัด, แปรง, ถู カット, プレーン, トゥー	polish, brush パリシュ, ブラシュ
（技能を）	ฝึกฝน フック フォン	improve, train インプルーヴ, トレイン
見掛け（みかけ）	รูปภายนอก ループ パーイ ノーク	appearance アピアランス
～倒しの	ดีแต่เปลือกนอก ディー テー プルアック ノーク	deceptive ディセプティヴ
見かける（みかける）	เห็น ヘン	see, find シー, ファインド
三日月（みかづき）	พระจันทร์เสี้ยว プラチャン シアオ	crescent クレセント
身勝手な（みがってな）	เห็นแก่ตัว ヘン ケー トゥア	selfish セルフィシュ
蜜柑（みかん）	ส้ม ソム	mandarin マンダリン
幹（みき）	ลำต้น ラム トン	trunk トランク
右（みぎ）	ขวา, ทางขวา クヮー, ターン クヮー	right ライト
右きき（みぎきき）	ถนัดขวา タナット クヮー	right-handed ライトハンデド
ミキサー	เครื่องปั่น, เครื่องผสม クルアン パン, クルアン パソム	mixer, blender ミクサ, ブレンダ
見下す（みくだす）	ดูถูก ドゥー トゥーク	despise ディスパイズ
見苦しい（みぐるしい）	ไม่น่าดู, น่าเกลียด マイ ナー ドゥー, ナー クリアット	unsightly, indecent アンサイトリ, インディーセント
（恥ずべき）	น่าอับอาย ナー アップ アーイ	indecent インディーセント

日	タイ	英
みごと **見事な**	งดงาม, ยอดเยี่ยม ゴット ガーム, ヨート イアム	beautiful, fine ビューティフル, ファイン
みこ **見込み**	ความคาดหมาย クワーム カート マーイ	prospect プラスペクト
（有望）	มีอนาคต, มีความหวัง ミー アナーコット, ミー クワーム ワン	promise, hope プラミス, ホウプ
（可能性）	ความเป็นไปได้ クワーム ペン パイ ダーイ	possibility パスィビリティ
みこん **未婚の**	ยังไม่ได้แต่งงาน, โสด ヤン マイ ダイ テンガーン, ソート	unmarried, single アンマリド, スィングル
ミサイル	ขีปนาวุธ キーパナーウット	missile ミスィル
みさき **岬**	แหลม レーム	cape ケイプ
みじか **短い**	สั้น サン	short, brief ショート, ブリーフ
みじ **惨めな**	น่าสมเพช, น่าสังเวช ナー ソムペート, ナー サンウェート	miserable ミザラブル
みじゅく **未熟な**	ยังไม่สุก ヤン マイ スック	unripe アンライプ
（技能が）	ยังอ่อนหัด ヤン オーン ハット	immature イマテュア
ミシン	จักรเย็บผ้า チャック イェップ パー	sewing machine ソウイング マシーン
みず **水**	น้ำ ナーム	water ウォータ
みずあ **水浴びする**	อาบน้ำ アープ ナーム	bathe ベイズ
みずいろ **水色**	สีฟ้าอ่อน シー ファー オーン	light blue ライト ブルー
みずうみ **湖**	ทะเลสาบ タレー サープ	lake レイク

日	タイ	英
みずか まつ 水掛け祭り	สงกรานต์ ソンクラーン	*Songkran*, Thai New Year ソンクラン, タイ ニュー イア
みずか ろん 水掛け論	ปัญหาโลกแตก パンハー ローク テーク	futile discussion フュートル ディスカション
みずがめ 水瓶	ตุ่มน้ำ トゥム ナーム	water jar ウォータ チャー
～座	ราศีกุมภ์ ラーシー クム	Aquarius, the Water Bearer アクウェアリアス, ザ ウォータ ベアラ
みずか 自ら	ด้วยตัวเอง ドゥアイ トゥア エーン	personally, in person パーソナリ, イン パーソン
みずぎ 水着	ชุดว่ายน้ำ チュット ワーイ ナーム	swimming suit スウィミング スート
みずくさ 水臭い	ทำเป็นคนอื่นคนไกล タム ペン コン ウーン コン クライ	reserved, cold リザーヴド, コウルド
みずさ 水差し	เหยือกน้ำ ユアック ナーム	pitcher ピチャ
みずしょうばい 水商売	ธุรกิจการบันเทิง トゥラキット カーン バントゥーン	entertaining trade エンタテイニング トレイド
みずた 水溜まり	แอ่งน้ำขัง エン ナム カン	pool, puddle プール, パドル
ミステリー	เรื่องลึกลับ ルアン ルック ラップ	mystery ミスタリ
みす 見捨てる	ทอดทิ้ง トート ティン	abandon アバンドン
ミスプリント	การพิมพ์ผิด カーン ピム ピット	misprint ミスプリント
みすぼらしい	โกโรโกโส, ปอน コーローコーソー, ポーン	shabby シャビ
みずみず 瑞々しい	สดใส, ฉ่ำ ソット サイ, チャム	fresh フレシュ

日	タイ	英
みずむし 水虫	โรคน้ำกัดเท้า ロールク ナム カット ターオ	athlete's foot アスリーツ フト
みせ 店	ร้าน, ร้านค้า ラーン, ラーン カー	store, shop ストー, シャプ
みせいねん 未成年	เยาวชน ヤオワチョン	minority マイノリティ
み か 見せ掛けの	แสร้งทำเป็น センーン タム ペン	make-believe メイクビリーヴ
み か 見せ掛ける	แกล้งทำ クレーン タム	pretend, feign プリテンド, フェイン
み 見せびらかす	อวด ウアット	show off ショウ オフ
みせもの 見世物	การแสดงโชว์ カーン サデーン チョー	show ショウ
み 見せる	ให้ดู, แสดง ハイ ドゥー, サデーン	show, display ショウ, ディスプレイ
みそ 味噌	เต้าเจี้ยว タオ チアオ	*miso* ミソウ
～汁	ซุปเต้าเจี้ยว スップ タオ チアオ	*miso* soup ミソウ スープ
みぞ 溝	คู, ท้องร่อง クー, トーン ロン	ditch, gutter ディチ, ガタ
（隔たり）	ช่องว่าง チョン ワーン	gap ギャプ
みそこ 見損なう	ดูไม่ทัน ドゥー マイ タン	fail to see フェイル トゥー スィー
（評価を誤る）	ดูผิด ドゥー ピット	misjudge ミスチャチ
(…) みたい	เหมือน..., ดูเหมือน... ムアン, ドゥー ムアン	be like ビ ライク
みだ 見出し	หัวข้อ ラア コー	heading ヘディング

店 ร้าน / ラーン /

八百屋（やおや）　ร้านขายผัก / ラーン カーイ パック / ([英] vegetable store)

花屋（はなや）　ร้านขายดอกไม้ / ラーン カーイ ドークマーイ / ([英] flower shop)

魚屋（さかなや）　ร้านขายปลา / ラーン カーイ プラー / ([英] fish shop)

肉屋（にくや）　ร้านขายเนื้อ / ラーン カーイ ヌア / ([英] meat shop)

酒屋（さかや）　ร้านขายเหล้า / ラーン カーイ ラオ / ([英] liquor store)

薬屋（くすりや）　ร้านขายยา / ラーン カーイ ヤー / ([英] pharmacy, drugstore)

文房具店（ぶんぼうぐてん）　ร้านขายเครื่องเขียน / ラーン カーイ クルアンキアン / ([英] stationery store)

靴屋（くつや）　ร้านขายรองเท้า / ラーン カーイ ローン ターオ / ([英] shoe store)

本屋（ほんや）　ร้านขายหนังสือ / ラーン カーイ ナンスー / ([英] bookstore)

雑貨屋（ざっかや）　กิ๊ฟท์ช็อป / キップチョップ / ([英] variety store)

時計屋（とけいや）　ร้านขายนาฬิกา / ラーン カーイ ナーリカー / ([英] watch store)

床屋（とこや）　ร้านตัดผม / ラーン タット ポム / ([英] barbershop)

クリーニング店（てん）　ร้านซักรีด / ラーン サック リート / ([英] laundry)

タバコ屋（や）　ร้านขายบุหรี่ / ラーン カーイ ブリー / ([英] tobacconist's)

玩具店（がんぐてん）　ร้านขายของเล่น / ラーン カーイ コーン レン / ([英] toyshop)

不動産屋（ふどうさんや）　นายหน้าค้าที่ดิน / ナーイナー カー ティーディン / ([英] real estate agent)

家具屋（かぐや）　ร้านขายเครื่องเรือน / ラーン カーイ クルアンルアン / ([英] furniture store)

キオスク　คีออสค์ / キーオース / ([英] kiosk)

スーパー　ซุปเปอร์มาเก็ต / スッパー マーケット / ([英] supermarket)

デパート　ห้างสรรพสินค้า / ハーン サッパシンカー / ([英] department store)

水上（すいじょう）マーケット　ตลาดน้ำ / タラート ナーム / ([英] floating market)

屋台（やたい）　แผงลอย / ペーン ローイ / ([英] street stall)

日	タイ	英
みだ 乱れる	ยุ่งเหยิง ユン ユーン	be out of order ビ アウト オヴ オーダ
みち 道	ทาง, ถนน ターン, タノン	way, road ウェイ, ロウド
みちくさ く 道草を食う	เถลไถล タレー タライ	loiter about on the way ロイタ アバウト オン ザ ウェイ
みち まよ 道に迷う	หลงทาง ロン ターン	miss *one's* way ミス ウェイ
みちのり 道程	ระยะทาง ラヤ ターン	distance ディスタンス
みちばた 道端	ริมถนน, ข้างถนน リム タノン, カーン タノン	roadside ロウドサイド
みちび 導く	นำ ナム	lead, guide リード, ガイド
み 見つかる	หาเจอ ハー チュー	be found ビ ファウンド
み 見つける	หาพบ ハー ポップ	find, discover ファインド, ディスカヴァ
みっともない	น่าอาย, ทุเรศ ナー アーイ, トゥレート	disgraceful ディスグレイスフル
みつにゅうこく 密入国	ลักลอบเข้าเมือง ラック ローブ カオ ムアン	illegal entry into a country イリーガル エントリ イントゥ ア カントリ
みつばい 密売	แอบขาย エープ カーイ	illicit sale イリスィト セイル
みっぺい 密閉する	ปิดผนึก ピット パヌック	close up クロウズ アプ
みつ 見詰める	จ้องดู チョーン ドゥー	gaze *at* ゲイズ
みつ 見積もる	ประเมินราคา プラムーン ラーカー	estimate エスティメイト

日	タイ	英
みつゆ 密輸	การลักลอบนำเข้า カーン ラック ロープ ナム カオ	smuggling スマグリング
みつりん 密林	ป่าทึบ パー トゥップ	dense forest デンス フォリスト
みてい 未定の	ยังไม่ได้กำหนด ヤン マイ ダイ カムノット	undecided アンディサイデド
みとお 見通し	วิสัยทัศน์ ウィサイ タット	prospect プラスペクト
みと 認める	ยอมรับ ヨーム ラップ	recognize レコグナイズ
（承認）	อนุมัติ, เห็นด้วย アヌマット, ヘン ドゥアイ	accept, acknowledge アクセプト, アクナリヂ
みどり 緑	สีเขียว シー キアオ	green グリーン
みと ず 見取り図	ภาพร่าง パープ ラーン	sketch スケチ
きゅう ミドル級	รุ่นมิดเดิ้ลเวท ルン ミッドゥーン ウェート	middleweight ミドルウェイト
み 見とれる	มองเพลิน モーン プルーン	look admiringly *at* ルク アドマイアリングリ
みな 皆	ทุกคน, ทั้งหมด トゥック コン, タンモット	all オール
みなお 見直す	ดูใหม่ ドゥー マイ	look at... again ルク アト アゲイン
（再検討）	พิจารณาใหม่ ピチャーラナー マイ	reexamine リーイグザミン
み 見なす	ถือ, เห็น トゥー, ヘン	think of... *as* スィンク オヴ
みなと 港	ท่าเรือ ター ルア	harbor, port ハーバ, ポート
みなみ 南	ทิศใต้ ティット ターイ	the south ザ サウス

日	タイ	英
~十字星	ดาวใต้ ダーオ ターイ	the Southern Cross
~半球	ซีกโลกใต้ シーク ローク ターイ	the Southern Hemisphere
見習い		
(人)	ผู้ฝึกงาน プー フック ガーン	apprentice
見習う	เรียนรู้, ฝึกงาน リアン ルー, フック ガーン	learn, imitate
見慣れた	คุ้นตา クン ター	familiar
醜い	น่าเกลียด ナー クリアット	ugly
ミニスカート	กระโปรงสั้น クラプローン サン	mini
ミニチュア	ของขนาดจิ๋ว コーン カナート チウ	miniature
見抜く	มองทะลุ モーン タル	see through
見逃す	มองข้ามไป モーン カーム パイ	overlook
(黙認)	ยอมไม่เอาเรื่อง ヨーム マイ アオ ルアン	connive *at*
身代金	ค่าไถ่ カー タイ	ransom
身の回り品	สิ่งของส่วนตัว シン コーン スアン トゥア	belongings
実る	ออกลูก オーク ルーク	ripen
(成果)	เป็นผลให้ ペン ポン ハイ	bear fruit

日	タイ	英
みは 見張る	จับตา, เฝ้า チャップ ター, ファオ	watch ワチ
みぶ 身振り	ท่าทาง ター ターン	gesture チェスチャ
みぶん 身分	สถานภาพ サターナパープ	social status ソウシャル ステイタス
〜証明書	บัตรประชาชน バット プラチャーチョン	identity card アイデンティティ カード
みぼうじん 未亡人	แม่หม้าย メー マーイ	widow ウィドウ
みほん 見本	ตัวอย่าง トゥア ヤーン	sample サンプル
〜市	งานแสดงสินค้า ガーン サデーン シンカー	trade fair トレイド フェア
みま 見舞う	เยี่ยมไข้ イアム カイ	visit, inquire after ヴィズィト, インクワイア アフタ
みまん 未満	ต่ำกว่า タム クワー	under, less than アンダ, レス ザン
みみ 耳	หู フー	ear イア
〜が遠い	หูตึง フー トゥン	be hard of hearing ビ ハード オヴ ヒアリング
みみか 耳掻き	ไม้แคะหู マイ ケラー	earpick イアピク
みみず 蚯蚓	ไส้เดือน サイ ドゥアン	earthworm アースワーム
みみ 耳たぶ	ติ่งหู ティン フー	earlobe イアロウブ
みめい 未明	รุ่งสาง ルン サーン	before daybreak ビフォー デイブレイク
みもと 身元	เป็นใครมาจากไหน ペン クライ マー チャーク ナイ	identity アイデンティティ

日	タイ	英
みやげ 土産	ของฝาก コーン ファーク	souvenir スーヴニア
ミャンマー	พม่า パマー	Myanmar ミャンマ
ミュージカル	ละครเพลง ラコーン プレーン	musical ミューズィカル
ミュージシャン	นักดนตรี ナック ドントリー	musician ミューズィシャン
みょうじ 苗［名］字	นามสกุล ナームサクン	family name, surname ファミリ ネイム, サーネイム
みょうにち 明日	พรุ่งนี้ プルンニー	tomorrow トマロウ
みらい 未来	อนาคต アナーコット	future フューチャ
みりょう 魅了する	ทำให้หลงใหล タム ハイ ロン ライ	fascinate ファスィネイト
みりょく 魅力	เสน่ห์ サネー	charm チャーム
～的な	มีเสน่ห์ ミー サネー	charming チャーミング
み 見る	ดู, มอง, เห็น ドゥー, モーン, ヘン	see, look *at* スィー, ルク
ミルク	นม ノム	milk ミルク
みれん 未練	ความอาลัยอาวรณ์ クワーム アーライ アーウォーン	attachment, regret アタチメント, リグレト
みわ 見分ける	แยกแยะ イェーク イェ	distinguish *from* ディスティングウィシュ
みわた 見渡す	มองออกไปไกล モーン オーク パイ クライ	look out *over* ルク アウト
みんえい 民営	การบริหารงานโดยเอกชน カーン ボーリハーン ガーン ドーイ エーッカチョン	private management プライヴェト マニヂメント

日	タイ	英
～化する	แปรรูปรัฐวิสาหกิจ プレー ループ ラッタウィサーハキット	privatize プライヴァタイズ
みんかん 民間の	ของเอกชน コーン エーッカチョン	private, civil プライヴェト, スィヴィル
みんげいひん 民芸品	งานหัตถกรรม ガーン ハッタカム	folk-art article フォウクアート アーティクル
みんじそしょう 民事訴訟	การฟ้องคดีแพ่ง カーン フォーン カディーペン	civil action スィヴィル アクション
みんしゅう 民衆	ประชาชน プラチャーチョン	people ピープル
みんしゅく 民宿	บ้านพัก バーン パック	tourist home トゥアリスト ホウム
みんしゅしゅぎ 民主主義	ระบอบประชาธิปไตย ラボープ プラチャーティッパタイ	democracy ディマクラスィ
みんぞく 民族	เผ่า, เชื้อชาติ パオ, チュア チャート	race, nation レイス, ネイション
みんぞくがく 民俗学	คติชนวิทยา カティチョン ウィッタヤー	folklore フォウクロー
みんぽう 民法	กฎหมายแพ่ง ゴットマーイ ペン	civil law スィヴィル ロー
みんよう 民謡	เพลงพื้นบ้าน プレーン プーン バーン	folk song フォウク ソーング
みんわ 民話	เรื่องเล่า ルアン ラオ	folk tale フォウク テイル

む, ム

日	タイ	英
むいしき 無意識に	โดยไม่รู้สึกตัว ドーイ マイ ルースック トゥア	unconsciously アンカンシャスリ
むいみ 無意味な	ไม่มีความหมาย, ไม่มีค่า マイ ミー クワーム マーイ, マイ ミー カー	meaningless ミーニングレス
ムード	บรรยากาศ, อารมณ์ バンヤーカート, アーロム	mood ムード

日	タイ	英
〜のある	มีบรรยากาศดีๆ ミー バンヤーカート ディー ディー	with atmosphere ウィズ アトモスフィア
無鉛ガソリン（むえん）	น้ำมันไร้สารตะกั่ว ナムマン ライ サーンタクア	unleaded gas アンリーデド ギャス
無害な（むがい）	ไม่มีภัย, ไม่มีพิษ, ไม่เป็นอันตราย マイ ミー パイ, マイ ミー ピット, マイ ペン アンタライ	harmless ハームレス
向かい合う（む あ）	หันหน้าเข้าหากัน ハン ナー カオ ハー カン	face フェイス
向かい側（む がわ）	ฝั่งตรงข้าม, ด้านตรงข้าม ファン トロン カーム, ダーン トロン カーム	opposite side アポジット サイド
向かう（む）	เผชิญหน้า, หันหน้า パチューン ナー, ハン ナー	face, look on フェイス, ルク
（進む）	ไป, มุ่งหน้า パイ, ムン ナー	go to, leave for ゴウ, リーヴ
迎える（むか）	รับ, ต้อนรับ ラップ, トーン ラップ	meet, welcome ミート, ウェルカム
昔（むかし）	สมัยก่อน, อดีต サマイ コーン, アディート	old times オウルド タイムズ
（かつて）	นานมาแล้ว ナーン マー レーオ	long ago ローング アゴウ
むかつく	คลื่นไส้ クルーン サイ	feel sick フィール スィク
（腹が立つ）	โมโห, โกรธ モーホー, クロート	get disgusted ゲト ディスガステド
むかつく！	หมั่นไส้ マン サイ	I'm pissed off! アイム ピスト オーフ
向き（む）	ทาง, ทิศ ターン, ティット	direction ディレクション
…〜の	สำหรับ... サムラップ	for フォー

日	タイ	英
むぎ 麦	ข้าวสาลี カーオ サーリー	wheat ホウィート
（大麦）	ข้าวบาร์เลย์ カーオ バーレー	barley バーリ
むきげん 無期限の	ไม่มีกำหนด マイ ミー カムノット	indefinite インデフィニト
むきになる	เห็นเป็นจริงเป็นจัง ヘン ペン チン ペン チャン	become serious ビカム スィアリアス
むきぶつ 無機物	สารอนินทรีย์ サーン アニンシー	inorganic matter イノーギャニク マタ
むきりょく 無気力な	เฉื่อยชา, เชื่องซึม チュアイ チャー, スアン スム	inactive, lazy イナクティヴ, レイズィ
む 向く	หันไป ハン パイ	turn to ターン
（…に適する）	เหมาะสำหรับ... モ サムラップ	suit スート
む 剥く	ปอก ポーク	peel, pare ピール, ペア
むく 報いる	ตอบแทน トープ テーン	reward for リウォード
むくち 無口な	เงียบ, พูดน้อย ギアップ, プート ノーイ	taciturn, silent タスィターン, サイレント
むくむ	บวม ブアム	swell スウェル
む 向ける	หันไป, มุ่งสู่ ハン パイ, ムン スー	turn to, direct to ターン, ディレクト
むこ 婿	ลูกเขย ルーク クーイ	bridegroom ブライドグルーム
む 向こう	ด้านตรงข้าม ダーン トロン カーム	opposite side アポズィト サイド
（先方）	ทางโน้น ターン ノーン	other party アザ パーティ

む

日	タイ	英
無効の	ที่ใช้ไม่ได้ ティーチャイ マイ ダーイ	invalid インヴァリド
向こう見ずな	ไม่คิดหน้าคิดหลัง マイ キット ナー キット ラン	reckless レクレス
虫	แมลง マレーン	insect インセクト
(みみずなど)	หนอน ノーン	worm ワーム
～のいい	เอาแต่ได้ アオ テー ダーイ	selfish セルフィシュ
～の好かない	ไม่ถูกชะตา マイ トゥーク チャター	disagreeable, disgusting ディサグリーアブル, ディスガスティング
～の知らせ	ลางสังหรณ์ ラーン サン ホーン	hunch ハンチ
蒸し暑い	อบอ้าว オップ アーオ	sultry サルトリ
無視する	เพิกเฉย, เมิน プーク チューイ, ムーン	ignore イグノー
無地の	สีพื้น, ไม่มีลวดลาย シー プーン, マイ ミー ルアット ラーイ	plain プレイン
虫歯	ฟันผุ ファン プ	decayed tooth ディケイド トゥース
無邪気な	ไร้เดียงสา ライ ディアンサー	innocent イノセント
無宗教である	ไม่มีศาสนา マイ ミー サーッサナー	believe in no religion ビリーヴ イン ノウ リリヂョン
矛盾	ความขัดแย้ง クワーム カット イェーン	contradiction カントラディクション
～する	ขัดแย้ง カット イェーン	be inconsistent *with* ビ インコンスィステント
無条件の	ไม่มีเงื่อนไข マイ ミー グアン カイ	unconditional アンコンディショナル

む

日	タイ	英
無償の	ไม่มีค่าตอบแทน マイ ミー カー トープ テーン	gratis, voluntary グラティス, **ヴァ**ランテリ
無職の	ไม่มีอาชีพ マイ ミー アーチープ	without occupation ウィザウト アキュペイション
毟る	ถอน トーン	pluck, pick プラク, ピク
むしろ…	…เสียมากกว่า シア マーク クワー	rather than ラザ ザン
無神経な	ไม่สนใจคนอื่น マイ ソンチャイ コン ウーン	insensible インセンシブル
無心に	ไร้เดียงสา ライ ディアンサー	innocently イノセントリ
蒸す	นึ่ง, อบ, ตุ๋น ヌン, オップ, トゥン	steam スティーム
難しい	ยาก, ลำบาก ヤーク, ラムバーク	difficult, hard ディフィカルト, ハード
息子	ลูกชาย ルーク チャーイ	son サン
結び目	ปม ポム	knot ナト
結ぶ	ผูก プーク	tie, bind タイ, バインド
（繋ぐ）	เชื่อม, ต่อ チュアム, トー	link *with* リンク
（契約を）	ทำสัญญา タム サンヤー	make, conclude メイク, カンクルード
娘	ลูกสาว ルーク サーオ	daughter ドータ
無制限の	ไม่จำกัด マイ チャムカット	free, unrestricted フリー, アンリストリクティド
無責任な	ไม่รับผิดชอบ マイ ラップ ピット チョープ	irresponsible イリスパンスィブル

む

日	タイ	英
むせる 噎せる	สำลัก サムラック	be choked *by, with* ビ チョウクト
むせん 無線	ไร้สาย, วิทยุ ライ サーイ, ウィッタユ	wireless ワイアレス
むだな 無駄な	ไม่มีประโยชน์ マイ ミー プラヨート	useless, futile ユースレス, フューティル
むだばなし 無駄話	เรื่องที่ไร้สาระ ルアン ティー ライ サーラ	idle talk アイドル トーク
むだぼねをおる 無駄骨を折る	เจ็บตัวเปล่า, เสียเวลา チェップ トゥア プラオ, シア ウェーラー	make vain efforts メイク ヴェイン エフォツ
むだんで 無断で	โดยไม่ได้รับอนุญาต ドーイ マイ ダイ ラップ アヌヤート	without notice ウィザウト ノウティス
むちな 無知な	ไม่มีความรู้ マイ ミー クワーム ルー	ignorant イグノラント
むちゃな 無茶な	ไม่มีเหตุผล, เกินควร マイ ミー ヘートポン, クーン クアン	unreasonable アンリーズナブル
むちゅうである 夢中である	หมกมุ่น モック ムン	be absorbed *in* ビ アブソーブド
むてんかの 無添加の	ไม่มีการเพิ่มเติม マイ ミー カーン プーム トゥーム	additive-free アディティヴフリー
むな 虚[空]しい	ว่างเปล่า ウーン プラオ	empty, vain エンプティ, ヴェイン
むね 胸	หน้าอก ナー オック	breast, chest ブレスト, チェスト
～焼け	แน่นหน้าอก ネン ナー オック	heartburn ハートバーン
むのう 無能な	ไม่มีความสามารถ マイ ミー クワーム サーマート	incompetent インカンピテント
むふんべつな 無分別な	ไม่คิดหน้าคิดหลัง マイ キット ナー キット ラン	imprudent インプルーデント
むほうな 無法な	เยกกฎหมาย ユーイ ゴットマーイ	unjust, unlawful アンヂャスト, アンローフル

日	タイ	英
無謀(むぼう)な	สะเพร่า, ไม่ไตร่ตรอง サプラオ, マイ トライトローン	reckless レクレス
無名(むめい)の	ไม่เป็นที่รู้จัก マイ ペン ティー ルーチャック	nameless, unknown ネイムレス, アンノウン
村(むら)	หมู่บ้าน ムー バーン	village ヴィリヂ
むらがある	ขึ้นๆ ลงๆ, ไม่สม่ำเสมอ クン クン ロン ロン, マイ サマムサム-	uneven, erratic アニーブン, イラテイク
群(むら)がる	รวมกลุ่ม, ชุมนุม ルアム クルム, チュム ヌム	crowd, flock クラウド, フラク
紫(むらさき)	สีม่วง シー ムアン	purple, violet パープル, ヴァイオレト
無理強(むりじ)いする	ฝืนให้ทำ フーン ハイ タム	force フォース
無理(むり)な	เกินความสามารถ クーン クワーム サーマート	unreasonable アンリーズナブル
(不可能)	เป็นไปไม่ได้ ペン パイ マイ ダーイ	impossible インパスィブル
無理(むり)に	ขืนใจให้ クーン チャイ ハイ	by force バイ フォース
無料(むりょう)です	ไม่คิดเงิน マイ キット グン	It is free. イト イズ フリー
無力(むりょく)な	ไร้กำลัง, ไม่สามารถ ライ カムラン, マイ サーマート	powerless パウアレス
無理(むり)をせずに	ไม่ฝืนใจ マイ フーン チャイ	in *one's* own way イン オウン ウェイ
群(むれ)	กลุ่ม, ฝูง, หมู่ クルム, フーン, ムー	group, crowd グループ, クラウド

め, メ

芽(め)	ต้นอ่อน, หน่อ, ตา トン オーン, ノー, ター	bud バド

日	タイ	英
め 目	ตา ター	eye アイ
めい 姪	หลานสาว ラーン サーオ	niece ニース
めいあん 名案	ความคิดที่ยอดเยี่ยม クワーム キット ティー ヨート イアム	good idea グド アイディーア
めいおうせい 冥王星	ดาวพลูโต ダーオ プルートー	Pluto プルートウ
めいかく 明確な	แน่ชัด, แน่นอน ネー チャット, ネー ノーン	clear, accurate クリア, アキュレト
めいがら 銘柄	ยี่ห้อ イーホー	brand, description ブランド, ディスクリプション
めいぎ 名義	ชื่อ, นาม チュー, ナーム	name ネイム
(…の)~で	ในนาม... ナイ ナーム	in the name of... イン ザ ネイム オヴ
めいきする 明記する	ระบุ ラブ	specify スペスィファイ
めいさい 明細	รายละเอียด ラーイ ライアット	details ディーテイルズ
めいし 名刺	นามบัตร ナーム バット	visiting card ヴィズィティング カード
めいし 名詞	คำนาม カム ナーム	noun ナウン
めいしょ 名所	สถานที่ที่มีชื่อเสียง サターンティー ティー ミー チュー シアン	noted place ノウティド プレイス
めいしん 迷信	ความเชื่องมงาย クワーム チュア ゴム ガーイ	superstition スーパスティション
めいじん 名人	ยอดฝีมือ ヨート フィー ムー	master, expert マスタ, エクスパート
めいせい 名声	ชื่อเสียง チュー シアン	fame, reputation フェイム, レピュテイション

日	タイ	英
めいそう 瞑想	การทำสมาธิ カーン タム サマーティ	meditation メディテイション
メイド	คนใช้, นังแจ๋ว コン チャイ, ナン チェオ	housemaid ハウスメイド
めいぶつ 名物	ของที่มีชื่อ コーン ティー ミー チュー	special product スペシャル プラダクト
めいぼ 名簿	รายชื่อ ラーイ チュー	list of names リスト オヴ ネイムズ
めいよ 名誉	เกียรติยศ キアッティ ヨット	honor アナ
～毀損	การหมิ่นประมาท カーン ミン プラマート	libel, slander ライベル, スランダ
めい 滅入る	หดหู่, เศร้าหมอง ホット フー, サオ モーン	feel depressed フィール ディプレスト
めいれい 命令	คำสั่ง カム サン	order, command オーダ, カマンド
～する	สั่ง サン	order オーダ
めいわく 迷惑		
～する	เดือดร้อน, ลำบาก ドゥアット ローン, ラムバーク	be troubled *with, by* ビ トラブルド
～をかける	รบกวนให้เดือดร้อน ロップクアン ハイ ドゥアット ローン	trouble, bother トラブル, バザ
めうつ 目移りがする	ลานตา ラーン ター	cannot make up *one's* mind キャナト メイク アプ マインド
メーカー	ผู้ผลิต プー パリット	maker メイカ
メーキャップ	การแต่งหน้า カーン テン ナー	makeup メイカプ
メーター	เครื่องวัด, มิเตอร์ クルアン ワット, ミトゥー	meter ミータ

日	タイ	英
メートル	เมตร メート	meter ミータ
メカニズム	ระบบการทำงาน ラボップ カーン タムガーン	mechanism メカニズム
めがね 眼鏡	แว่นตา ウェン ター	glasses グラスィズ
〜にかなう	เข้าท่า カオ ター	find favor *with* ファインド フェイヴァ
メガホン	เมกะโฟน, เครื่องขยายเสียง メカフォーン, クルアンカヤーイ シアン	megaphone メガフォウン
めぐすり 目薬	ยาหยอดตา ヤー ヨート ター	eye lotion アイ ロウション
めく 捲る	พลิก プリック	turn over ターン オウヴァ
めく 巡る	วนรอบ ウォン ローブ	travel around トラヴル アラウンド
めざ 目指す	มุ่งสู่, ตั้งจุดประสงค์ ムン スー, タン チュットプラソン	aim *at* エイム
めざ どけい 目覚まし時計	นาฬิกาปลุก ナーリカー プルック	alarm clock アラーム クラク
めざわ 目障りだ	ขัดตา カット ター	be an eyesore ビ アン アイソー
めし 飯	ข้าว, อาหาร カーオ, アーハーン	meal ミール
(米飯)	ข้าว カーオ	rice ライス
めじるし 目印	เครื่องหมาย クルアン マーイ	sign, mark サイン, マーク
めす 雌	ตัวเมีย トゥア ミア	female フィーメイル
めずら 珍しい	หายาก, แปลก ハー ヤーク, プレーク	rare, novel レア, ナヴェル

め

日	タイ	英
めだ 目立つ	เด่น, สะดุดตา デン, サドゥット ター	be conspicuous ビ カンスピキュアス
めだま 目玉	ลูกตา ルーク ター	eyeball アイボール
～商品	สินค้าราคาพิเศษ シンカー ラーカー ピセート	loss leader ロス リーダ
～焼き	ไข่ดาว カイ ダーオ	sunny-side up サニサイド アプ
メダル	เหรียญ リアン	medal メドル
メタンガス	ก๊าซมีเทน カート ミーテーン	methane メセイン
めちゃくちゃ 滅茶苦茶な	เละเทะ, ยับเยิน レテ, ヤップ ユーン	absurd アブサード
メッキする	ชุบ, เคลือบ チュップ, クルアップ	plate, gild プレイト, ギルド
メッセージ	ข้อความ, ข่าวสาร コー クワーム, カーオ サーン	message メスィヂ
めった 滅多に	แทบจะไม่ テープ チャ マイ	seldom, rarely セルドム, レアリ
メディア	สื่อมวลชน スー ムアン チョン	media ミーディア
(記憶媒体)	มีเดีย ミーディア	media ミーディア
めでた 目出度い	น่ายินดี, เป็นมงคล ナー インディー, ペン モンコン	good, happy グド, ハピ
メニュー	เมนู メーヌー	menu メニュー
めのう 瑪瑙	(หิน)โมรา (ヒン) モーラー	agate アゲト
めま 目眩い	อาการวิงเวียน アーカーン ウィン ウィアン	dizziness ディズィネス

712

め

日	タイ	英
～がする	รู้สึกวิงเวียน ルースック ウィン ウィアン	be dizzy ビ ディズィ
め 目まぐるしい	เร็วจนตามไม่ทัน レオ チョン ターム マイタン	bewildering, rapid ビウィルダリング, ラピド
メモ	บันทึก, โน้ต バントゥック, ノート	memo メモウ
～をとる	จดบันทึก チョット バントゥック	take a memo テイク ア メモウ
めも 目盛り	การขีดเป็นขั้นๆ カーン キート ペン カン カン	scale スケイル
メモリー (パソコンの)	หน่วยความจำ, เมมโมรี่ ヌアイ クワーム チャム, メンモリー	memory メモリ
めやす 目安	มาตรฐาน マートラターン	standard, aim スタンダド, エイム
めやに 目脂	ขี้ตา キーター	eye mucus アイ ミューカス
メリット	ประโยชน์, ข้อดี プラヨート, コー ディー	merit メリト
メロディー	ทำนองเพลง タムノーン プレーン	melody メロディ
メロドラマ	ละครเรื่องประโลมโลก ラコーン ルアン プラローム ローク	melodrama メロドラーマ
め 目をつける	หมายตา マーイ ター	mark マーク
めん 面	หน้ากาก ナー カーク	mask マスク
(表面)	ด้านหน้า ダーン ナー	face フェイス
(側面)	ด้านข้าง ダーン カーン	aspect, side アスペクト, サイド
めん 麺	บะหมี่, ก๋วยเตี๋ยว バミー, クアイティアオ	noodle ヌードル

日	タイ	英
めんえき 免疫	ภูมิคุ้มกันโรค プーム クム カン ローク	immunity イミューニティ
めんきょ 免許	การอนุญาต カーン アヌヤート	license ライセンス
～証	ใบอนุญาต バイ アヌヤート	license ライセンス
めんくらう 面食らう	งุนงง, ตะลึงงัน グン ゴン, タルン ガン	be bewildered ビ ビウィルダド
めんじょう 免状	ประกาศนียบัตร, ใบอนุญาต プラカーサニーヤバット, バイ アヌヤート	diploma, license ディプロウマ, ライセンス
めんじょ 免除する	ยกเว้น ヨック ウェン	exempt イグゼンプト
メンス	ประจำเดือน プラチャム ドゥアン	the menses ザ メンスィーズ
めん 面する	หันหน้าไปทาง ハン ナー パイ ターン	face, look フェイス, ルク
めんぜい 免税	ปลอดภาษี プロート パーシー	tax exemption タクス イグゼンプション
～店	ร้านปลอดภาษี ラーン プロート パーシー	duty-free shop デューティフリー シャプ
～品	สินค้าปลอดภาษี シンカー プロート パーシー	tax-free articles タクスフリー アーティクルズ
めんせき 面積	พื้นที่ プーンティー	area エアリア
めんせつ 面接	สัมภาษณ์ サムパート	interview インタヴュー
～試験	สอบสัมภาษณ์ ソープ サムパート	personal interview パーソナル インタヴュー
めんつ 面子	หน้าตา ナー ター	face, honor フェイス, アナ
～をつぶす	หักหน้า ハック ナー	make *a person* lose face メイク ア パーソン ロウズ フェイス

日	タイ	英
メンテナンス	การบำรุงรักษา カーン バムルン ラックサー	maintenance メインテナンス
めんどう 面倒		
～な	ยุ่งยาก ユン ヤーク	troublesome, difficult トラブルサム, ディフィカルト
～を見る	ดูแล ドゥーレー	look after ルク アフタ
～くさがり	ขี้รำคาญ キー ラムカーン	lazy person レイズィパースン
メンバー	สมาชิก サマーチック	member メンバ
めんみつ 綿密な	ละเอียดลออ ライアット ラオー	close, minute クロウス, マイニュート
めんもく 面目	หน้าตาภายนอก ナー ター パーイ ノーク	honor, credit アナ, クレディト
～を失う	เสียหน้า シア ナー	lose *one's* face ロウズ フェイス
～が立つ	ไม่เสียหน้า マイ シア ナー	save *one's* face セイヴ フェイス
～を施す	สร้างชื่อเสียง サーン チュー シアン	gain honor ゲイン アナ
めんるい 麺類	ก๋วยเตี๋ยว, บะหมี่ クアイティアオ, バミー	noodles ヌードルズ

も, モ

日	タイ	英
…も (また)	...ก็, ...ด้วย コー, ドゥアイ	too, also トゥー, オールソウ
もう	เดี๋ยวนี้ ティアオ ニー	now ナウ
(既に)	แล้ว レーオ	already オールレディ

日	タイ	英
（まもなく）	ในไม่ช้า ナイ マイ チャー	soon スーン
もう一度	อีกครั้ง, ใหม่ イーク クラン, マイ	once more, again ワンスモー, アゲイン
儲かる	มีกำไร, ได้กำไร ミー カムライ, ダイ カムライ	be profitable ビ プラフィタブル
儲け	กำไร, ผลประโยชน์ カムライ, ポン プラヨート	profit, gains プラフィト, ゲインズ
儲ける	หากำไร, เอากำไร ハー カムライ, アオ カムライ	make a profit, gain メイク ア プラフィト, ゲイン
設ける	จัดเตรียม チャット トリアム	establish イスタブリシュ
申し合わせる	ตกลงนัดแนะกัน トック ロン ナット ネ カン	arrange, agree アレインヂ, アグリー
申し入れる	ยื่นขอเสนอ ユーン コー サヌー	propose プロポウズ
申し込み	คำขอร้อง カム コー ローン	request *for* リクウェスト
（予約などの）	การจอง カーン チョーン	subscription サブスクリプション
～用紙	ใบสมัคร バイ サマック	application form アプリケイション フォーム
申し込む	สมัคร, ยื่นขอ サマック, ユーン コー	apply *for, to* アプライ
申し出る	เสนอ, แจ้ง サヌー, チェーン	offer, propose オファ, プロポウズ
盲人	คนตาบอด コン ター ボート	blind ブラインド
もうすぐ	ในไม่ช้า ナイ マイ チャー	soon スーン
もう少しで	จวนจะ..., เกือบจะ... チュアン チャ, クアップ チャ	nearly ニアリ

日	タイ	英
もうどうけん 盲導犬	สุนัขนำทางคนตาบอด スナック ナム ターン コン ターボート	seeing-eye dog スィーイングアイ ドーグ
もうふ 毛布	ผ้าห่ม パー ホム	blanket ブランケット
もうもく 盲目の	ตาบอด, ไม่ลืมหูลืมตา ターボート, マイ ルーム フー ルーム ター	blind ブラインド
もうれつ 猛烈な	รุนแรง, ดุเดือด ルン レーン, ドゥ ドゥアット	violent, furious ヴァイオレント, フュアリアス
も 燃える	ไหม้ マイ	burn, blaze バーン, ブレイズ
モーター	มอเตอร์, เครื่องยนต์ モートゥー, クルアン ヨン	motor モウタ
～ボート	เรือยนต์ ルア ヨン	motorboat モウタボウト
モード	แฟชั่น, ความนิยม フェーチャン, クワーム ニヨム	fashion ファション
（状態）	โหมด, วิธีการปฏิบัติงาน モート, ウィティカーンパティバット ガーン	mode モウド
モーラム	หมอลำ モーラム	molam モーラム
もがく	ดิ้นรน, บิดตัว ディン ロン, ビット トゥア	struggle, writhe ストラグル, ライズ
もくさつ 黙殺する	เฉยเมย チューイ ムーイ	ignore イグノー
もくじ 目次	สารบัญ サーラバン	contents カンテンツ
もくせい 木星	ดาวพฤหัส ダーオ プルハット	Jupiter ヂュピタ
もくてき 目的	จุดประสงค์, ความมุ่งหมาย チュット プラソン, クワーム ムン マーイ	purpose パーパス
～地	จุดหมายปลายทาง チュット マーイ プラーイ ターン	destination デスティネイション

日	タイ	英
もくにん 黙認する	ยินยอมอย่างเงียบๆ イン ヨーム ヤーン ギアップ ギアップ	give a tacit consent ギヴ ア タスィット カンセント
もくひょう 目標	เป้าหมาย パオ マーイ	mark, target マーク, ターゲット
もくようび 木曜日	วันพฤหัสบดี ワン プルハットサボーディー	Thursday サーズディ
もぐ 潜る	ดำน้ำ ダム ナーム	dive *into* ダイヴ
もくろく 目録	บัญชีรายการ, รายชื่อ バンチー ラーイカーン, ラーイ チュー	list, catalog リスト, キャタローグ
もけい 模型	แบบจำลอง, หุ่นจำลอง ベープ チャムローン, フン チャムローン	model マドル
もし	ถ้า ター	if イフ
もじ 文字	ตัวหนังสือ, ตัวอักษร トゥア ナンスー, トゥア アックソーン	letter レタ
もしもし	ฮัลโหล ハンロー	Hello! ヘロウ
モスク	สุเหร่า, มัสยิด スラオ, マッサイット	mosque マスク
もぞう 模造する	เลียนแบบ リアン ベープ	imitate イミテイト
～品	ของเทียม, ของปลอม コーン ティアム, コーンプローム	imitation イミテイション
もたもたする	อืดอาดยืดยาด ウート アート ユート ヤート	be slow *in* ビ スロウ
も あ 持ち上げる	ยกขึ้น ヨック クン	lift, raise リフト, レイズ
も ある 持ち歩く	พกพา, นำติดตัว ポック パー, ナム ティット トゥア	carry about キャリ アバウト
も かぶがいしゃ 持ち株会社	บริษัทผู้ถือหุ้น ボーリサット プー トゥー フン	holding company ホウルディング カンパニ

日	タイ	英
持ち込む	นำเข้ามา ナム カオ マー	carry in キャリ イン
持ち主	เจ้าของ チャオ コーン	owner オウナ
持ち物	ข้าวของ, สัมภาระติดตัว カーオ コーン, サムパーラティット トゥア	belongings ビローンギングズ
（所有物）	ทรัพย์สิน サップ シン	property プラパティ
勿論	แน่นอน ネー ノーン	of course アヴ コース
持つ	ถือ トゥー	hold ホウルド
（携帯）	พกพา, นำ(ไป[มา]) ポック パー, ナム（パイ [マー]）	have ハヴ
（所有）	มี, เป็นเจ้าของ ミー, ペン チャオ コーン	have, possess ハヴ, ポゼス
勿体無い	เสียดาย シアダーイ	be a waste, be too good ビア ウェイスト, ビ トゥー グド
勿体ぶる	หยิ่ง, ถือตัว, วางท่า イン, トゥー トゥア, ワーン ター	give *oneself* airs ギヴ エアズ
持って行く	เอาไป アオ パイ	take, carry テイク, キャリ
持っている	มี ミー	have ハヴ
持って来る	เอามา アオ マー	bring, fetch ブリング, フェチ
もっと	อีก, กว่านี้ イーク, クワー ニー	more モー
モットー	คำขวัญ カム クワン	motto マトウ
最も	ที่สุด ティースット	most モウスト

日	タイ	英
もっと 尤もな	สมเหตุสมผล ソム ヘート ソム ポン	reasonable, natural リーズナブル, ナチュラル
もっぱ 専ら	ส่วนใหญ่, ทีเดียว スアン ヤイ, ティー ディアオ	chiefly, mainly チーフリ, メインリ
もつ 縺れる	พัน, สับสน パン, サップソン	be tangled ビ タングルド
もてなす	เลี้ยงรับรอง リアン ラップ ローン	entertain エンタテイン
もてはやす	ยกย่อง, ยกยอ ヨック ヨーン, ヨック ヨー	talk much *about* トーク マチ
モデム	โมเด็ม モーデム	modem モウデム
モデル		
（女性の）	นางแบบ ナーン ベープ	model マドル
（男性の）	นายแบบ ナーイ ベープ	model マドル
～チェンジ	เปลี่ยนแบบ プリアン ベープ	model changeover マドル チェインヂョウヴァ
もど 戻す	เอากลับ, คืน アオ クラップ, クーン	return リターン
（吐く）	อาเจียน アーチアン	throw up, vomit スロウ アプ, ヴァミト
もと 基づく	มาจาก マー チャーク	come *from* カム
（根拠）	อาศัยเป็นหลัก, ตามหลัก アーサイ ペン ラック, ターム ラック	be based *on* ビ ベイスド
もとどお 元通りに	เหมือนเดิม ムアン ドゥーム	as before アズ ビフォー
もと 元の	เดิม ドゥーム	former, old, ex- フォーマ, オウルド, エクス
もと 求める	ร้องขอ, ต้องการ ローン コー, トンカーン	want ワント

日	タイ	英
（要求）	ขอ, ต้องการ, เรียกร้อง コー, トンカーン, リアック ローン	ask, demand アスク, ディマンド
（捜す）	หา ハー	look *for* ルク
もともと 元々	เดิมที ドゥーム ティー	originally オリヂナリ
（生来）	แต่ไหนแต่ไร テー ナイ テー ライ	by nature バイ ネイチャ
もど 戻る	กลับ クラップ	return, come back リターン, カム バク
（引き返す）	ย้อนคืน ヨーン クーン	turn back ターン バク
モニター	มอนิเตอร์, จอ モーニトゥー, チョー	monitor マニタ
もの 物	สิ่งของ, ของ シン コーン, コーン	thing, object スィング, アブヂクト
ものう 物売り	คนเร่ขาย コン レー カーイ	peddler ペドラ
ものおき 物置	ห้องเก็บของ ホン ケップ コーン	storeroom ストールーム
ものがたり 物語	นิทาน, เรื่องเล่า ニターン, ルアン ラオ	story ストーリ
モノクロの	สีขาวดำ シー カーオ ダム	monochrome マノクロウム
ものさ 物差し	ไม้บรรทัด マイ バンタット	rule, measure ルール, メジャ
ものし 物知り	คนรอบรู้ コン ローブ ルー	learned man ラーニド マン
ものず 物好きな	อยากรู้อยากเห็น ヤーク ルー ヤーク ヘン	curious キュアリアス
ものすご 物凄い	น่ากลัว, น่าขนพอง, มหันต์ ナー クルア, ナー コン ポーン, マ ハン	terrible, horrible テリブル, ホリブル

日	タイ	英
（素晴らしい）	ยอดเยี่ยม, ยิ่งใหญ่ ヨート イアム, インヤイ	wonderful, great ワンダフル, グレイト
もの た 物足りない	ไม่เพียงพอ マイ ピアン ポー	be not satisfied *with* ビ ナト サティスファイド
もの 物にならない	ไม่ได้เรื่อง マイ ダイ ルアン	be good for nothing ビ グド フォ ナスィング
ものまね 物真似	ล้อเลียน ロー リアン	mimicry ミミクリ
ものわ 物分かりのよい	หัวไว, ฉลาดเฉลียว フア ワイ, チャラート チャリアオ	sensible センスィブル
モバイル		
〜の	ที่เคลื่อนไหวอยู่เสมอ ティー クルアン ワイユー サムー	mobile モウビル
〜機器	อุปกรณ์สื่อสารมือถือ ウッパコーン スーサーン ムー トゥー	mobile computing device モウビル コンピューティング ディヴァイス
もはん 模範	ตัวอย่าง, แบบอย่าง トゥア ヤーン, ベープ ヤーン	example, model イグザンプル, マドル
〜を示す	สาธิต サーティット	set a good example セト ア グド イグザンプル
もふく 喪服	ชุดงานศพ チュット ガーン ソップ	mourning dress モーニング ドレス
もみじ 紅葉	ต้นเมเปิล トン メープン	maple メイプル
（葉）	ใบไม้เปลี่ยนสี バイ マーイ プリアン シー	red leaves レド リーヴズ
も 揉む	นวด, บีบนวด, คลึง ヌアット, ビープ ヌアット, クルン	rub, massage ラブ, マサージュ
も 揉める	ทะเลาะ, มีเรื่อง タロ, ミー ルアン	get into trouble ゲト イントゥ トラブル
もめん 木綿	ฝ้าย ファーイ	cotton カトン

日	タイ	英
もも 股	ต้นขา トン カー	thigh サイ
もや 靄	หมอก モーク	haze, mist ヘイズ, ミスト
も 燃やす	เผา パオ	burn バーン
もよう 模様	ลวดลาย ルアット ラーイ	pattern, design パタン, ディザイン
もよお 催し	งาน, เทศกาล ガーン, テーッサカーン	event, ceremony イヴェント, セレモウニ
もよ 最寄りの	ใกล้ที่สุด クライ ティースット	nearby ニアバイ
もら 貰う	รับ, ได้รับ ラップ, ダイ ラップ	get, receive ゲト, リスィーヴ
も 洩［漏］らす	รั่ว ルア	leak リーク
（秘密を）	รั่วไหล, เปิดเผย ルア ライ, プート プーイ	let out, leak レト アウト, リーク
モラル	ศีลธรรม シーンラタム	morals モラルズ
もり 森	ป่า パー	woods, forest ウッヅ, フォリスト
も かえ 盛り返す	กระเตื้องขึ้น クラトゥアン クン	regain リゲイン
も 洩［漏］れる	รั่ว ルア	leak, come through リーク, カム スルー
（秘密が）	รั่วไหล, เปิดเผย ルア ライ, プート プーイ	leak out リーク アウト
もろ 脆い	เปราะ, บอบบาง, แตกง่าย プロ, ボープ バーン, テーク ガーイ	fragile フラヂル
もん 門	ประตู プラトゥー	gate ゲイト

日	タイ	英
文句(もんく)	วลี, คำ ワリー, カム	expression, phrase イクスプレション, フレイズ
(不平)	คำบ่น カム ボン	complaint カンプレイント
〜を言う	บ่น ボン	complain コンプレイン
門限(もんげん)	เวลาประตูปิด ウェーラー プラトゥー ピット	curfew カーフュー
紋章(もんしょう)	ตราประจำตระกูล トラー プラチャム トラクーン	crest クレスト
モンスーン	มรสุม モーラスム	monsoon マンスーン
モン族(ぞく)		
(モン・クメール系)	มอญ モーン	the Mon ザ モン
(ミャオ族)	ม้ง モン	the Hmong ザ (フ)モン
問題(もんだい)	คำถาม, ปัญหา カム ターム, パンハー	question, problem クウェスチョン, プラブレム
〜にしない(不問)	ไม่เอาเรื่อง マイ アオ ルアン	pass over パス オウヴァ
文盲(もんもう)	ไม่รู้หนังสือ マイ ルー ナンスー	illiteracy イリタラスィ
(人)	คนไม่รู้หนังสือ コン マイ ルー ナンスー	illiterate イリタレト

日	タイ	英

や, ヤ

日本語	タイ語	英語
ヤード	หลา ラー	yard ヤード
ヤーンリパオ製品 せいひん	เครื่องจักสานย่านลิเภา クルアン チャクサーン ヤーン リパオ	*Yan-liphao* products ヤーンリパオ プラダクツ
ヤオ族 ぞく	เย้า ヤオ	the Yao ジ ヤオ
八百長をする やおちょう	ล้มมวย ロム ムアイ	fix a game フィクス ア ゲイム
八百屋 やおや	ร้านขายผัก ラーン カーイ パック	vegetable store ヴェヂタブル ストー
野外で やがい	กลางแจ้ง, นอกบ้าน クラーン チェーン, ノーク バーン	outdoor, open-air アウトドー, オウプンエア
やがて	ในไม่ช้า ナイ マイ チャー	soon スーン
（いつか）	สักวัน サック ワン	some time サム タイム
夜間 やかん	ตอนกลางคืน トーン クラーン クーン	night, nighttime ナイト, ナイトタイム
薬缶 やかん	กาต้มน้ำ カートム ナーム	kettle ケトル
山羊 やぎ	แพะ ペ	goat ゴウト
～座	ราศีมกร ラーシー マコーン	Capricorn, the Goat キャプリコーン, ザ ゴウト
焼き増し や ま	การอัดรูปเพิ่ม カーン アット ループ ブーム	extra print エクストラ プリント
焼き餅を焼く や もち や	อิจฉา, หึง イッチャー, フン	be jealous *of* ビ ヂェラス
野球 やきゅう	เบสบอล ベースボーン	baseball ベイスボール

日	タイ	英
<ruby>夜勤<rt>やきん</rt></ruby>	งานกลางคืน, เวรดึก ガーン クラーン クーン, ウェーンドゥック	night duty ナイト デューティ
<ruby>焼<rt>や</rt></ruby>く	ย่าง, ปิ้ง, เผา ヤーン, ピン, パオ	burn, bake バーン, ベイク
<ruby>役<rt>やく</rt></ruby>（劇の）	บทบาท ボット バート	part, role パート, ロウル
<ruby>約<rt>やく</rt></ruby>	ประมาณ プラマーン	about アバウト
<ruby>役員<rt>やくいん</rt></ruby>	กรรมการบริหาร カムマカーン ボーリハーン	officer, official オーフィサ, オフィシャル
<ruby>薬学<rt>やくがく</rt></ruby>	เภสัชศาสตร์ ペーサッチャ サート	pharmacy ファーマスィ
<ruby>訳語<rt>やくご</rt></ruby>	คำแปล カム プレー	translation トランスレイション
やくざ	นักเลง, อันธพาล ナックレーン, アンタパーン	*yakuza,* gangster ヤクザ, ギャングスタ
<ruby>薬剤師<rt>やくざいし</rt></ruby>	เภสัชกร ペーサッチャ コーン	pharmacist, druggist ファーマスィスト, ドラギスト
<ruby>役所<rt>やくしょ</rt></ruby>	สถานที่ราชการ サターンティー ラーッチャカーン	public office パブリク オーフィス
<ruby>役職<rt>やくしょく</rt></ruby>	ตำแหน่ง タムネン	executive position イグゼキュティヴ ポズィション
<ruby>躍進<rt>やくしん</rt></ruby>する	เจริญก้าวหน้า チャルーン カーオ ナー	make progress メイク プラグレス
<ruby>訳<rt>やく</rt></ruby>す	แปล プレー	translate *into* トランスレイト
タイ語に〜	แปลเป็นไทย プレー ペン タイ	translate into Thai トランスレイト イントゥ タイ
<ruby>薬草<rt>やくそう</rt></ruby>	สมุนไพร サムンプライ	medicinal herb メディスィナル アーブ
<ruby>約束<rt>やくそく</rt></ruby>	คำสัญญา, นัดหมาย カム サンヤー, ナット マーイ	promise プラミス

日	タイ	英
〜する	สัญญา, นัด, รับปาก サンヤー, ナット, ラップ パーク	promise プラミス
〜手形	ตั๋วสัญญาใช้เงิน トゥア サンヤー チャイ グン	promissory note プラミソーリ ノウト
〜を守る[破る]	รักษาสัญญา/กลับคำ ラックサー サンヤー[クラップ カム]	keep [break] one's promise キープ [ブレイク] プラミス
役立つ（やくだつ）	เป็น[มี]ประโยชน์ ペン [ミー] プラヨート	be useful ビ ユースフル
役得（やくとく）	ผลพลอยได้ ポン プローイ ダーイ	side benefit サイド ベネフィト
厄年（やくどし）	เบญจเพส, วัยที่จะมีเคราะห์ ベンチャペート, ワイ ティーチャ ミー クロ	unlucky age アンラキ エイチ
役人（やくにん）	ข้าราชการ カー ラーッチャカーン	government official ガヴァンメント オフィシャル
厄払いをする（やくばらいをする）	สะเดาะเคราะห์ サドゥ クロ	drive away one's evils ドライヴ アウェイ イーヴィルス
薬味（やくみ）	เครื่องเทศ クルアン テート	spice スパイス
役目（やくめ）	หน้าที่ ナーティー	duty デューティ
役割（やくわり）	บทบาท ボット バート	part, role パート, ロウル
夜景（やけい）	ทิวทัศน์ตอนกลางคืน ティウタット トーン クラーン クーン	night view ナイト ヴュー
やけ酒を飲む（やけざけをのむ）	กินเหล้าแก้กลุ้ม キン ラオ ケー クルム	drown one's cares in liquor ドラウン ケアズ イン リカ
火傷する（やけどする）	ถูกไฟลวก トゥーク ファイ ルアック	burn, get burned バーン, ゲト バーンド
焼ける（やける）	ไหม้ マイ	be burned ビ バーンド
（肉・魚などが）	(ย่าง, ปิ้ง)สุก (ヤーン, ピン)スック	be roasted, be broiled ビ ロウステド, ビ ブロイルド

日	タイ	英

やこうとりょう
夜光塗料   สีสะท้อนแสง / シー サトーン セーン / luminous paint / ルーミナス ペイント

やこうれっしゃ
夜行列車   รถไฟเที่ยวกลางคืน / ロット ファイ ティアオ クラーン クーン / night train / ナイト トレイン

■野菜■   ผัก / パック /

きゅうり
胡瓜   แตงกวา / テーンクワー / (英 cucumber)

なす
茄子   มะเขือยาว / マクア ヤーオ / (英 eggplant)

ニガウリ   มะระ / マラ / (英 bitter gourd)

にんじん
人参   แครอท / ケーロット / (英 carrot)

だいこん
大根   หัวไชเท้า / ファ チャイターオ / (英 radish)

いも
ジャガ芋   มันฝรั่ง / マン ファラン / (英 potato)

さといも
里芋   เผือก / ファック / (英 taro)

カボチャ   ฟักทอง / ファック トーン / (英 pumpkin)

はくさい
白菜   ผักกาดขาว / パックカート カーオ / (英 Chinese cabbage)

ホウレンソウ   ผักขม / パック コム / (英 spinach)

ネギ   ต้นหอม / トンホーム / (英 leek)

玉ネギ   หอมหัวใหญ่ / ホーム ファ ヤイ / (英 onion)

サヤインゲン   ถั่วฝักยาว / トゥア ファック ヤーオ / (英 green bean)

えだまめ
枝豆   ถั่วแระ / トゥアレ / (英 green soybeans)

トマト   มะเขือเทศ / マクアテート / (英 tomato)

ピーマン   พริกหยวก / プリック ユアック / (英 green pepper)

キャベツ   กะหล่ำปลี / カラムプリー / (英 cabbage)

レタス   ผักกาดหอม / パックカート ホーム / (英 lettuce)

アスパラガス   หน่อไม้ฝรั่ง / ノーマーイ ファラン / (英 asparagus)

カリフラワー   กะหล่ำดอก / カラム ドーク / (英 cauliflower)

ブロッコリー   บร็อกโคลี / ブロックコーリー / (英 broccoli)

日	タイ	英
<ruby>野菜<rt>やさい</rt></ruby>	ผัก パック	vegetables ヴェヂタブルズ
<ruby>易<rt>やさ</rt></ruby>しい	ง่าย ガーイ	easy, plain イーズィ, プレイン

セロリ　ผักขึ้นฉ่าย /パック クンチャーイ/ (® celery)

グリーンピース　ถั่วลันเตา /トゥア ランタオ/ (® pea)

トウモロコシ　ข้าวโพด /カーオポート/ (® corn)

<ruby>茸<rt>きのこ</rt></ruby>　เห็ด /ヘット/ (® mushroom)

キクラゲ　เห็ดหูหนู /ヘット ルー ヌー/ (® Jew's-ear)

フクロタケ　เห็ดฟาง /ヘット ファーン/ (® paddy straw mushroom)

モヤシ　ถั่วงอก /トゥア ゴーク/ (® bean sprout)

カブ　ผักกาดฝรั่ง /パック カート ファラン/ (® turnip)

<ruby>冬瓜<rt>とうがん</rt></ruby>　ฟักเขียว /ファック キアオ/ (® wax gourd)

<ruby>韮<rt>にら</rt></ruby>　กุยช่าย /クイチャーイ/ (® scallion)

<ruby>筍<rt>たけのこ</rt></ruby>　หน่อไม้ไผ่ตง /ノーマイ パイ トン/ (® bamboo shoot)

サトー<ruby>豆<rt>まめ</rt></ruby>（ネジレフサマメ）　สะตอ /サトー/ (® petai beans)

<ruby>菱<rt>ひし</rt></ruby>　กระจับ /クラチャップ/ (® water chestnut)

オクラ　กระเจี๊ยบ /クラチャップ/ (® okra)

アブラナ　ผักคะน้า /パックカナー/ (® collard)

ナンキョウ　ข่า /カー/ (® galingale)

バナナのつぼみ　หัวปลี /ファ プリー/ (® banana blossom)

<ruby>空芯菜<rt>くうしんさい</rt></ruby>　ผักบุ้ง /パック ブン/ (® morning glory)

<ruby>空豆<rt>そらまめ</rt></ruby>　ถั่วยาง /トゥアイ ヤーン/ (® broad bean)

アロエ　ว่านหางจระเข้ /ワーン ハーン チョーラケー/ (® aloe)

<ruby>小豆<rt>あずき</rt></ruby>　ถั่วแดง /トゥア デーン/ (® *azuki*)

ヘチマ　บวบ /ブアップ/ (® gourd)

日	タイ	英
<ruby>優<rt>やさ</rt></ruby>しい	ใจดี, อ่อนโยน チャイ ディー, オーン ヨーン	gentle, kind ヂェントル, カインド
<ruby>椰子<rt>やし</rt></ruby>	ต้นมะพร้าว トン マプラーオ	palm パーム
<ruby>野次馬<rt>やじうま</rt></ruby>	ไทยมุง タイ ムン	onlookers アンルカズ
<ruby>養<rt>やしな</rt></ruby>う	เลี้ยงดู リアン ドゥー	bring up ブリング アプ
（扶養）	อุปการะ ウッパカーラ	support, keep サポート, キープ
<ruby>野次<rt>やじ</rt></ruby>る	โห่เย้ย ホー ユーイ	hoot, catcall フート, キャトコール
<ruby>矢印<rt>やじるし</rt></ruby>	ลูกศร ルーク ソーン	arrow アロウ
<ruby>野心<rt>やしん</rt></ruby>	ความทะเยอทะยาน クワーム タユー タヤーン	ambition アンビション
〜<ruby>的<rt>てき</rt></ruby>な	ทะเยอทะยาน タユー タヤーン	ambitious アンビシャス
<ruby>安<rt>やす</rt></ruby>い	ถูก トゥーク	cheap, inexpensive チープ, イニクスペンスィヴ
<ruby>安<rt>やす</rt></ruby>っぽい	ดูไม่มีราคา ドゥー マイ ミー ラーカー	cheap, flashy チープ, フラシ
<ruby>休<rt>やす</rt></ruby>み	หยุด, พัก ユット, パック	rest レスト
（休日）	วันหยุด ワン ユット	holiday, vacation ハリデイ, ヴェイケイション
<ruby>休<rt>やす</rt></ruby>む	หยุด, พักผ่อน ユット, パック ポーン	rest レスト
（欠席）	ขาด カート	be absent *from* ビ アブセント
<ruby>安<rt>やす</rt></ruby>らかな	สงบสุข サゴップ スック	peaceful, quiet ピースフル, クワイアト

日	タイ	英
やす**安らぎ**	ความสงบ クワーム サゴップ	peace ピース
やすり**鑢**	ตะไบ タバイ	file ファイル
やせい**野生**		
～の	เกิดตามธรรมชาติ クート ターム タムマチャート	wild ワイルド
～動物	สัตว์ป่า サット パー	wild animal ワイルド アニマル
や**痩せた**	ผอม ポーム	thin, slim スィン, スリム
（土地が）	แห้งแล้ง ヘーン レーン	poor, barren プア, バレン
や**痩せる**	ผอมลง ポーム ロン	become thin ビカム スィン
（土地が）	เป็นหมัน ペン マン	become sterile ビカム ステリル
やたい**屋台**	แผงลอย ペーン ローイ	stall, stand ストール, スタンド
やちょう**野鳥**	นกป่า ノック パー	wild bird ワイルド バード
やちん**家賃**	ค่าเช่าบ้าน カー チャオ バーン	rent レント
やっかい**厄介な**	ยุ่งยาก ユン ヤーク	troublesome, annoying トラブルサム, アノイイング
やっきょく**薬局**	ร้านขายยา ラーン カーイ ヤー	drugstore ドラグストー
や つ しごと**遣っ付け仕事**	งานไม่ประณีต ガーン マイ プラニート	slipshod job スリプシャド チャブ
やってみる	ลองดู ローン ドゥー	try トライ

日	タイ	英
やっと	ในที่สุด ナイティースット	at last アト ラスト
(かろうじて)	หวุดหวิด, เกือบจะไม่ ウット ウィット, クアップ チャ マイ	barely ベアリ
やっぱり	ตามที่คาดไว้ ターム ティー カート ワイ	also, as expected オールソウ, アズ イクスペクテド
やつれる	ซูบผอม スープ ポーム	be worn out ビ ウォーン アウト
雇い主	นายจ้าง ナーイ チャーン	employer インプロイア
雇う	จ้าง チャーン	employ インプロイ
野党	พรรคฝ่ายค้าน パック ファーイ カーン	opposition party アポズィション パーティ
家主	เจ้าของบ้าน チャオ コーン バーン	owner of a house オウナ オヴ ア ハウス
屋根	หลังคา ランカー	roof ルーフ
矢張り	ว่าแล้ว, อย่างที่คิด ワー レーオ, ヤーン ティー キット	too, also トゥー, オールソウ
(依然として)	ยังคง ヤン コン	still スティル
(結局)	ในที่สุด ナイ ティー スット	after all アフタ オール
野蛮な	ป่าเถื่อน パー トゥアン	barbarous, savage バーバラス, サヴィヂ
藪	พุ่มไม้ プム マーイ	bush ブシュ
破る	ฉีก チーク	tear テア
(壊す)	ทำลาย タムラーイ	break ブレイク

日	タイ	英
破(やぶ)れる	ถูกฉีก, ขาด トゥーク チーク, カート	be torn ビ トーン
（壊れる）	แตก テーク	be broken ビ ブロウクン
野暮(やぼ)ったい	เปิ่น プン	unfashionable アンファショナブル
野望(やぼう)	ทะเยอทะยาน タユー タヤーン	ambition アンビション
山(やま)	ภูเขา プーカオ	mountain マウンティン
疾(やま)しい	รู้สึกผิด ルースック ピット	feel guilty フィール ギルティ
闇(やみ)	ความมืด クワーム ムート	darkness ダークネス
闇市(やみいち)	ตลาดมืด タラート ムート	black market ブラク マーケト
病(や)み付きになる	ติดใจ ティット チャイ	be wholly given up to ビ ホウリリ ギヴン アプ トゥ
飲茶(やむちゃ)	หยำฉ่า ヤムチャー	(Chinese) snack （チャイニーズ）スナク
やむを得(え)ず	จำใจ チャム チャイ	unavoidably アナヴォイダブリ
止(や)める	หยุด, เลิก ユット, ルーク	stop, end スタプ, エンド
ややこしい	ซับซ้อน, ยุ่งยาก サップ ソーン, ユン ヤーク	complicated カンプリケイテド
遣(や)り甲斐(がい)のある	คุ้มค่าที่จะทำ クム カー ティー チャ タム	worthwhile ワースホワイル
遣(や)り遂(と)げる	ทำให้สำเร็จ タム ハイ サムレット	accomplish アカンプリシュ
遣(や)る気(き)	ความตั้งใจ, ความกระตือรือร้น クワーム タン チャイ, クワーム クラトゥー ルー ロン	will, drive ウィル, ドライヴ

日	タイ	英
～をなくす	เสียกำลังใจ シア カムラン チャイ	loose *one's* motivation ルーズ モウティヴェイション
やわ 柔らかい	นิ่ม, อ่อนนุ่ม ニム, オーン ヌム	soft, tender ソーフト, テンダ
やわ 和らぐ	อ่อนลง オーン ロン	soften ソーフン
（苦痛などが）	บรรเทาลง バンタオ ロン	lessen レスン
（心が）	สงบลง サゴップ ロン	calm down カーム ダウン
やわ 和らげる	ทำให้อ่อนลง タム ハイ オーン ロン	soften ソーフン
（苦痛などを）	ผ่อนคลาย, บรรเทา ポーン クラーイ, バンタオ	allay, ease アレイ, イーズ
（心を）	ทำให้สงบลง タム ハイ サゴップ ロン	soothe, calm スーズ, カーム
やんちゃな	ซน, ซุกซน ソン, スックソン	naughty ノーティ

ゆ, ユ

日	タイ	英
ゆ 湯	น้ำร้อน ナム ローン	hot water ハト ウォータ
ゆいいつ 唯一の	หนึ่งเดียวเท่านั้น ヌン ディアオ タオ ナン	only, unique オウンリ, ユーニーク
ゆいごん 遺言	คำสั่งเสีย カム サン シア	will ウィル
～状	พินัยกรรม ピナイカム	will ウィル
ゆいしょ 由緒ある	มีตระกูล ミー トラクーン	historic ヒストーリク
ゆういぎ 有意義な	มีความหมาย ミー クワーム マーイ	significant スィグニフィカント

日	タイ	英
ゆうい た 優位に立つ	ได้เปรียบ ダイ プリアップ	get an advantage ゲト アン アドヴァンティヂ
ゆううつ 憂鬱な	ซึมเศร้า, หดหู่, มืดครึ้ม スム サオ, ホット フー, ムート クルム	melancholy, gloomy メランカリ, グルーミ
ゆうえき 有益な	มีประโยชน์ ミー プラヨート	useful, beneficial ユースフル, ベニフィシャル
ゆうえつかん 優越感	ความรู้สึกว่าตนเหนือกว่า クワーム ルースック ワー トン ヌア クワー	sense of superiority センス オヴ シュピアリオリティ
ユーエフオー UFO	จานบิน, จานผี チャーン ビン, チャーン ピー	UFO ユーエフオウ
ゆうえんち 遊園地	สวนสนุก スアン サヌック	amusement park アミューズメント パーク
ゆうかい 誘拐する	ลักพาตัว ラック パー トゥア	kidnap, abduct キドナプ, アブダクト
ゆうがい 有害な	เป็นอันตราย, เป็นโทษ ペン アンタラーイ, ペン トート	bad, harmful バド, ハームフル
ゆうかしょうけん 有価証券	หลักทรัพย์ ラック サップ	valuable securities ヴァリュアブル スィキュアリティズ
ゆうがた 夕方	ตอนเย็น, เวลาเย็น トーン イェン, ウェーラー イェン	evening イーヴニング
ゆうが 優雅な	สละสลวย, วิจิตร サラ サルアイ, ウィチット	graceful, elegant グレイスフル, エリガント
ゆうかん 夕刊	ฉบับเย็น チャバップ イェン	evening paper イーヴニング ペイパ
ゆうかん 勇敢な	กล้าหาญ クラーハーン	brave, courageous ブレイヴ, カレイヂャス
ゆうき 勇気	ความกล้า クワーム クラー	courage, bravery カーリヂ, ブレイヴァリ
ゆうきのうぎょう 有機農業	เกษตรกรรมปลอดปุ๋ยเคมี カセートラカム プロート プイ ケーミー	organic farming オーギャニック ファーミング

日	タイ	英
ゆうきぶつ **有機物**	สารอินทรีย์ サーン インシー	organic matter オーガニク マタ
ゆうきゅうきゅうか **有給休暇**	วันหยุดโดยยังได้รับเงินเดือน ワン ユット ドーイ ヤン ダイ ラップ グン ドゥアン	paid holiday ペイド ハリデイ
ゆうぐうする **優遇する**	ให้สิทธิพิเศษ, ปฏิบัติเป็นอย่างดี ハイ シッティ ピセート, パティ バット ペン ヤーン ディー	give preference *to* ギヴ プレファレンス
ゆうけんしゃ **有権者**	ผู้มีสิทธิ プー ミー シッティ	electorate イレクトレト
ゆうこうてき **友好的な**	ด้วยดี, ด้วยมิตรภาพ ドゥアイ ディー, ドゥアイ ミットラパープ	friendly フレンドリ
ゆうこう **有効な**	มีผลบังคับ, มีประสิทธิภาพ ミー ポン バンカップ, ミー プラシッティパープ	valid, effective ヴァリド, イフェクティヴ
ユーザー	ผู้บริโภค プー ボーリポーク	user ユーザ
ゆうざい **有罪**	มีความผิด ミー クワーム ピット	guilt ギルト
ゆうし **有志**	ผู้ที่สมัครใจ プー ティー サマック チャイ	volunteer ヴァランティア
ゆうし **融資する**	ให้เงินทุน ハイ グン トゥン	finance フィナンス
ゆうしゅう **優秀な**	ยอดเยี่ยม, ดีเลิศ ヨート イアム, ディー ルート	excellent エクセレント
ゆうじゅうふだん **優柔不断な**	โลเล ローレー	irresolute イレソリュート
ゆうしょう **優勝する**	ชนะเลิศ チャナ ルート	win a championship ウィン ア チャンピオンシプ
ゆうじょう **友情**	มิตรภาพ, ความเป็นเพื่อน ミットラパープ, クワーム ペン プアン	friendship フレンシプ
ゆうしょく **夕食**	อาหารเย็น アーハーン イェン	supper, dinner サパ, ディナ

日	タイ	英
ゆうじん 友人	เพื่อน プアン	friend フレンド
ゆうずう 融通		
(金を)〜する	ให้ยืมเงิน ハイ ユーム グン	lend レンド
〜をきかせる	ผ่อนปรน, ยืดหยุ่น ポーン プロン, ユート ユン	be flexible ビ フレクスィブル
ユースホステル	ยูธโฮสเต็ล ユートホーステン	youth hostel ユース ハステル
ゆうせい 優勢な	กำลังเหนือกว่า カムラン ヌア クワー	superior, predominant スーピアリア, プリダミナント
ゆうせん 優先する	มีสิทธิ์ก่อน ミー シット コーン	have priority ハヴ プライオーリティ
ゆうぜん 悠然と	อย่างใจเย็น ヤーン チャイ イェン	composedly カンポウズィドリ
ゆうせんほうそう 有線放送	การกระจายเสียงตามสาย カーン クラチャーイ スィアン ターム サーイ	wired radio system ワイアド レイディオウ スィスティム
ゆうそう 郵送		
〜する	ส่งทางไปรษณีย์ ソン ターン プライサニー	send by mail センド バイ メイル
〜料	ค่าส่งไปรษณีย์ カー ソン プライサニー	postage ポウスティヂ
ユーターンする	กลับรถ クラップ ロット	take a U-turn テイク ア ユーターン
ゆうたいけん 優待券	บัตรสมนาคุณ バット ソムナークン	complimentary ticket カンプリメンタリ ティケト
ゆうだい 雄大な	มโหฬาร, ยิ่งใหญ่ マホーラーン, イン ヤイ	grand, magnificent グランド, マグニフィセント
ゆうだち 夕立	ฝนไล่ช้าง フォン ライ チャーン	shower シャウア

日	タイ	英
<ruby>誘導<rt>ゆうどう</rt></ruby>する	นำ, นำทาง ナム, ナム ターン	lead リード
<ruby>有毒<rt>ゆうどく</rt></ruby>な	เป็นพิษ, มีพิษ ペン ピット, ミー ピット	poisonous ポイズナス
<ruby>有能<rt>ゆうのう</rt></ruby>な	มีความสามารถ ミー クワーム サーマート	able, capable エイブル, ケイパブル
<ruby>夕日<rt>ゆうひ</rt></ruby>	พระอาทิตย์ยามเย็น プラ アーティット ヤーム イェン	setting sun セティング サン
<ruby>優美<rt>ゆうび</rt></ruby>な	งดงาม, งามอ้อนช้อย ゴットガーム, ガーム オーン チョーイ	graceful, elegant グレイスフル, エリガント
<ruby>郵便<rt>ゆうびん</rt></ruby>	ไปรษณีย์ プライサニー	mail, post メイル, ポウスト
～<ruby>受<rt>う</rt></ruby>け	ตู้จดหมาย トゥー チョット マーイ	letter box レタ バクス
～<ruby>為替<rt>かわせ</rt></ruby>	ธนาณัติ タナーナット	money order マニ オーダ
～<ruby>局<rt>きょく</rt></ruby>	ที่ทำการไปรษณีย์ ティー タム カーン プライサニー	post office ポウスト オーフィス
～<ruby>番号<rt>ばんごう</rt></ruby>	รหัสไปรษณีย์ ラハット プライサニー	postcode ポウストコウド
ユーフォー	ยูเอฟโอ, จานผี, จานบิน ユー エフ オー, チャーン ピー, チャーン ビン	UFO ユーエフオウ
<ruby>裕福<rt>ゆうふく</rt></ruby>な	มั่งคั่ง, ร่ำรวย マン カン, ラム ルアイ	rich, wealthy リチ, ウェルスィ
<ruby>昨夜<rt>ゆうべ</rt></ruby>	เมื่อคืน ムア クーン	last night ラスト ナイト
<ruby>有望<rt>ゆうぼう</rt></ruby>な	มีอนาคต ミー アナーコット	promising, hopeful プラミスィング, ホウプフル
<ruby>遊歩道<rt>ゆうほどう</rt></ruby>	ทางเดินเล่น ターン ドゥーン レン	promenade プラメネイド
<ruby>有名<rt>ゆうめい</rt></ruby>な	มีชื่อเสียง ミー チュー スィアン	famous, well-known フェイマス, ウェルノウン

日	タイ	英
(…で)有名になる	ได้ชื่อว่า... ダイ チュー ワー	become famous for ビカム フェイマス フォー
ユーモア	อารมณ์ขัน アーロム カン	humor ヒューマ
ユーモラスな	น่าขัน, มีอารมณ์ขัน ナー カン, ミー アーロム カン	humorous ヒューマラス
夕焼け	ท้องฟ้ายามอาทิตย์อัสดง トーン ファー ヤーム アーティット アッサドン	evening glow イーヴニング グロウ
猶予		
〜する	เลื่อนออกไป, ผัดผ่อน ルアン オーク パイ, パット ポーン	give a reprieve ギヴ ア リプリーヴ
〜期間	ช่วงเวลาที่ยืดออกไป チュアン ウェーラー ティー ユート オーク パイ	grace period グレイス ピアリアド
遊覧船	เรือเที่ยวชม ルア ティアオ チョム	pleasure boat プレジャ ボウト
有利な	ได้ประโยชน์, ได้เปรียบ ダイ プラヨート, ダイ プリアップ	advantageous アドヴァンテイチャス
有料の	คิดค่าธรรมเนียม キット カー タムニアム	pay ペイ
有力な	มีอำนาจ, มีอิทธิพล ミー アムナート, ミー イッティポン	strong, powerful ストロング, パウアフル
幽霊	ผี, วิญญาณ ピー, ウィンヤーン	ghost ゴウスト
ユーロ	เงินยูโร グン ユーロー	euro ユアロ
誘惑する	ล่อ, ยั่วยวน ロー, ユア ユアン	tempt, seduce テンプト, スィデュース
床	พื้น プーン	floor フロー
愉快な	สนุกสนาน, รื่นเริง サヌック サナーン, ルーン ルーン	pleasant, cheerful プレザント, チアフル

日	タイ	英
ゆ 湯がく	ลวก ルアック	parboil パーボイル
ゆが 歪む	เบ้, เบี้ยว ベー, ビアオ	be distorted ビ ディストーテド
ゆが 歪める	บิดเบี้ยว, บิดเบือน ビット ビアオ, ビット ブアン	distort, bend ディストート, ベンド
ゆき 雪	หิมะ ヒマ	snow スノウ
〜が降る	หิมะตก ヒマ トック	It snows. イト スノウズ
ゆぎょう 遊行	การธุดงค์ カーン トゥドン	pilgrimage ピルグリミヂ
ゆくえふめい 行方不明の	หายสาบสูญ ハーイ サープ スーン	missing ミスィング
ゆげ 湯気	ไอน้ำ アイ ナーム	steam, vapor スティーム, ヴェイパ
ゆけつ 輸血する	ถ่ายเลือด, ให้เลือด ターイ ルアット, ハイ ルアット	transfuse blood トランスフューズ ブラド
ゆ 揺さぶる	โยก, เขย่า ヨーク, カヤオ	shake, move シェイク, ムーヴ
ゆしゅつ 輸出		
〜する	ส่งออก ソン オーク	export エクスポート
〜品	สินค้าส่งออก シンカー ソン オーク	export items エクスポート アイテムズ
ゆす 濯ぐ	ล้าง ラーン	rinse リンス
ゆす 漱ぐ	บ้วน ブアン	rinse リンス
ゆず う 譲り受ける	รับมอบ ラップ モープ	take over テイク オウヴァ

日	タイ	英
<ruby>強請る<rt>ゆす</rt></ruby>	ขู่กรรโชก クー カンチョーク	extort, blackmail イクストート, ブラクメイル
<ruby>譲る<rt>ゆず</rt></ruby>	ยกให้, โอนให้ ヨック ハイ, オーン ハイ	hand over, give ハンド オウヴァ, ギヴ
（売る）	ขาย カーイ	sell セル
（譲歩）	ยอมให้ ヨーム ハイ	concede *to* カンスィード
<ruby>輸送する<rt>ゆそう</rt></ruby>	ขนส่ง コン ソン	transport, carry トランスポート, キャリ
<ruby>豊かな<rt>ゆた</rt></ruby>	มั่งคั่ง, อุดมสมบูรณ์ マン カン, ウドム ソムブーン	abundant, rich アバンダント, リチ
ユダヤ人	ชาวยิว チャーオ イウ	Jew チュー
<ruby>油断する<rt>ゆだん</rt></ruby>	เผลอ, เลินเล่อ, ประมาท プルー, ルーン ルー, プラマート	be off *one's* guard ビ オフ ガード
<ruby>癒着する<rt>ゆちゃく</rt></ruby>	เกาะติด, ยึดมั่น コティット, ユット マン	adhere アドヒア
ゆっくり	ช้าๆ, ค่อยๆ チャー チャー, コイ コイ	slowly スロウリ
<ruby>茹で卵<rt>ゆ たまご</rt></ruby>	ไข่ต้ม カイ トム	boiled egg ボイルド エグ
<ruby>茹でる<rt>ゆ</rt></ruby>	ต้ม, ลวก トム, ルアック	boil ボイル
<ruby>油田<rt>ゆでん</rt></ruby>	บ่อน้ำมัน ボー ナムマン	oil field オイル フィールド
ゆとり	ช่องว่าง, เวลาว่าง チョン ワーン, ウェーラーワーン	room ルーム
（気持ちの）	สงบอารมณ์ サゴップ アーロム	time to spare, calmness タイム トゥ スペア, カームネス
ユニフォーム	เครื่องแบบ クルアン ベープ	uniform ユーニフォーム

日	タイ	英
ゆにゅう 輸入		
〜する	นำเข้า ナム カオ	import, introduce インポート, イントロデュース
〜品	สินค้านำเข้า シンカー ナム カオ	import items インポート アイテムズ
ゆび 指	นิ้ว ニウ	finger フィンガ
（足の）	นิ้วเท้า ニウ ターオ	toe トウ
ゆびさ 指差す	ชี้ チー	point at ポイント アト
ゆびわ 指輪	แหวน ウェーン	ring リング
ゆぶね 湯船	อ่างอาบน้ำ アーン アープ ナム	bathtub バスタブ
ゆめ 夢	ความฝัน クワーム ファン	dream ドリーム
〜占い	การทำนายฝัน カーン タムナーイ ファン	dream interpretation ドリーム インタープリテイション
(…を)夢見る	ฝันถึง... ファン トゥン	dream of ドリーム オヴ
ゆらい 由来	แหล่งกำเนิด, ประวัติ レン カム ヌート, プラワッ	origin オーリヂン
ゆ 揺らす	แกว่ง, โยก クウェーン, ヨーク	swing スウィング
ゆ かご 揺り籠	เปล プレー	cradle クレイドル
ゆる 緩い	หลวม ルアム	loose ルース
（規制が）	หละหลวม, หย่อนยาน ラルアム, ヨーン ヤーン	lenient リーニエント

ゆ

日	タイ	英
ゆる 許す	อนุญาต アヌヤート	allow, permit アラウ, パミト
（容赦する）	ให้อภัย, ยกโทษ ハイ アパイ, ヨック トート	forgive, pardon フォギヴ, パードン
ゆる 緩む	หลวม, หย่อน ルアム, ヨーン	loosen ルースン
（気が）	คลายออก クラーイ オーク	relax リラクス
ゆる 緩める	ผ่อนปรน, หย่อนคลาย ポーン プロン, ヨーン クラーイ	loosen, unfasten ルースン, アンファスン
（速度を）	ลดความเร็ว ロット クワーム レオ	slow down スロウ ダウン
ゆる 緩やかな	ผ่อนคลาย, ไม่เข้มงวด ポーン クラーイ, マイ ケム グアット	loose ルース
（傾斜が）	ลาดเอียงเล็กน้อย ラート イアン レック ノーイ	gentle ヂェントル
ゆ 揺れる	สั่น, ไหว サン, ワイ	shake, sway シェイク, スウェイ
ゆわか き 湯沸し器	เครื่องทำน้ำร้อน クルアン タム ナム ローン	water heater ウォータ ヒータ

よ, ヨ

日	タイ	英
よ 世	โลก, ชีวิต, ชาติ ローク, チーウィット, チャート	world, life ワールド, ライフ
よあ 夜明け	เช้ามืด, รุ่งเช้า チャーオ ムート, ルン チャーオ	dawn, daybreak ドーン, デイブレイク
よ 良[善]い	ดี ディー	good グド
よ ど 酔い止め	ยากันเมารถเมาเรือ ヤー カン マオ ロットマオ ルア	anti-nausea アンティノーズィア
よい くち 宵の口	หัวค่ำ ルア カム	early in the evening アーリ イン ジ イーヴニング

日	タイ	英
よ 酔う	เมา マオ	get drunk ゲト ドランク
船に〜	เมาเรือ マオ ルア	get seasick ゲト スィースィク
車に〜	เมารถ マオ ロット	get carsick ゲト カースィク
飛行機に〜	เมาเครื่องบิน マオ クルアン ビン	get airsick ゲト エアスィク
ようい 用意する	เตรียม トリアム	prepare プリペア
よういん 要因	ปัจจัย, สาเหตุหลัก パッチャイ, サーヘート ラック	factor ファクタ
ようかい 妖怪	ปีศาจ ピー サート	monster マンスタ
ようき 容器	ภาชนะ パーチャナ	receptacle リセプタクル
ようぎ 容疑	ความสงสัย クワーム ソンサイ	suspicion サスピション
〜者	ผู้ต้องสงสัย プートン ソンサイ	suspect サスペクト
ようき 陽気な	ร่าเริง, สนุกสนาน ラールーン, サヌック サナーン	cheerful, lively チアフル, ライヴリ
ようきゅう 要求	ความต้องการ, การเรียกร้อง クワーム トンカーン, カーン リアック ローン	demand, request ディマンド, リクウェスト
〜する	ต้องการ, เรียกร้อง トンカーン, リアック ローン	demand, require ディマンド, リクワイア
ようぐ 用具	เครื่องมือ クルアン ムー	tools トゥールズ
ようけん 用件	ธุระ トゥラ	business ビズネス
ようご 用語	ศัพท์เฉพาะ サップ チャポ	wording ワーディング

日	タイ	英
（語彙）	คำ, ศัพท์ カム, サップ	vocabulary ヴォウキャビュレリ
（術語）	ศัพท์เฉพาะด้าน サップ チャポ ダーン	term, terminology ターム, テーミナロディ
ようこう 要項	คู่มือแนะนำ クー ムー ネナム	outline アウトライン
ようし 用紙	แบบฟอร์ม ベープ フォーム	form フォーム
ようし 要旨	ข้อความสำคัญ コー クワーム サムカン	gist ヂスト
ようし 養子	ลูกเลี้ยง ルーク リアン	adopted child アダプテド チャイルド
ようじ 幼児	เด็กเล็ก デック レック	baby, child ベイビ, チャイルド
ようじ 用事	ธุระ, งาน トゥラ, ガーン	business ビズネス
～がある	มีธุระ ミー トゥラ	have something to do ハヴ サムスィング トゥ ドゥー
ようしき 様式	แบบแผน, รูปแบบ ベープ ペーン, ループ ベープ	mode, style モウド, スタイル
ようしょくする 養殖する	เลี้ยงสัตว์น้ำ リアン サット ナーム	cultivate, raise カルティヴェイト, レイズ
ようじん 要人	คนสำคัญ コン サムカン	important person インポータント パースン
ようじんする 用心する	ระวังเอาใจใส่, ระมัดระวัง ラワン アオ チャイ サイ, ラマット ラワン	be careful *of, about* ビ ケアフル
ようす 様子	สภาพ, สถานการณ์ サパープ, サターナカーン	state of affairs ステイト オヴ アフェアズ
（外見）	รูปภายนอก ループ パーイ ノーク	appearance アピアランス
（態度）	ท่าทาง ター ターン	attitude アティテュード

日	タイ	英
〜を見る	ชิมลาง, ดูสถานการณ์ チム ラーン, ドゥー サターナカーン	wait and see ウェイト アンド スィー
よう 要するに	โดยสรุป ドーイ サルップ	in short イン ショート
ようせい 要請する	เรียกร้อง リアック ローン	demand ディマンド
ようせき 容積	ความจุ, ปริมาตร クワーム チュ, パリマート	capacity, volume カパスィティ, ヴァリュム
ようせつ 溶接する	เชื่อมโลหะ チュアム ローハ	weld ウェルド
ようそ 要素	ปัจจัย, ส่วนประกอบ パッチャイ, スアン プラコープ	element, factor エレメント, ファクタ
ようそう 様相	รูปการ, แง่มุม ループカーン, ゲー ムム	aspect, phase アスペクト, フェイズ
ようだい 容体	อาการ アーカーン	condition カンディション
ようちえん 幼稚園	โรงเรียนอนุบาล ローンリアン アヌバーン	kindergarten キンダガートン
ようち 幼稚な	แบบเด็กๆ ベープ デック デック	childish チャイルディシュ
ようちゅう 幼虫	หนอน, ตัวอ่อน ノーン, トゥア オーン	larva ラーヴァ
ようつう 腰痛	อาการปวดเอว アーカーン プアット エーオ	lumbago ランベイゴウ
ようてん 要点	ประเด็นสำคัญ, ใจความ プラデン サムカン, チャイ クワーム	point, gist ポイント, ヂスト
ようと 用途	ทางที่นำไปใช้ ターン ティー ナム パイチャイ	use, purpose ユース, パーパス
(…の)ような	ราวกับ..., ดูเหมือนว่า... ラーオ カップ, ドゥー ムアン ワー	like..., such as, ライク, サチ アズ
ようび 曜日	วัน(ในรอบสัปดาห์) ワン (ナイ ロープ サップダー)	day デイ

日	タイ	英
ようふう 洋風の	แบบฝรั่ง แบ๊บ ฟารั่ง	Western style ウェスタン スタイル
ようふく 洋服	เสื้อผ้า เสื้อ ผ้า	clothes, dress クロウズ, ドレス
ようぶん 養分	สารอาหาร สาน อาหาน	nourishment ナーリシュメント
ようやく 要約する	สรุปย่อ สะหรุบ หย่อ	summarize サマライズ
ようりょう 要領	ข้อความสำคัญ, เค้าเรื่อง ข้อ ความ สำคัน, เค้า เรื่อง	point, gist ポイント, ヂスト
(こつ)	เคล็ด เคล็ด	knack ナク
～よく	หัวแหลม หัว แหลม	efficiently エフィシェントリ

■曜日■ วัน / ワン /

にちようび
日曜日 วันอาทิตย์ / ワン アーティット / (㊇Sunday)

げつようび
月曜日 วันจันทร์ / ワン チャン / (㊇Monday)

かようび
火曜日 วันอังคาร / ワン アンカーン / (㊇Tuesday)

すいようび
水曜日 วันพุธ / ワン プット / (㊇Wednesday)

もくようび
木曜日 วันพฤหัสบดี / ワン パルハットサボーディー / (㊇Thursday)

きんようび
金曜日 วันศุกร์ / ワン スック / (㊇Friday)

どようび
土曜日 วันเสาร์ / ワン サオ / (㊇Saturday)

しゅう
週 อาทิตย์, สัปดาห์ / アーティット、サップダー / (㊇week)

しゅうまつ
週末 สุดสัปดาห์ / スット サップダー / (㊇weekend)

へいじつ
平日 วันธรรมดา / ワン タムマダー / (㊇weekday)

きゅうじつ
休日 วันหยุด / ワン ユット / (㊇holiday, vacation)

さいじつ
祭日 วันหยุดนักขัตฤกษ์ / ワン ユット ナックカッタルーク / (㊇ national holiday, festival day)

日	タイ	英
ようりょう 容量	ขนาดบรรจุ カナート バンチュ	capacity カパスィティ
ようれい 用例	ตัวอย่าง トゥア ヤーン	example イグザンプル
ヨーグルト	โยเกิร์ต ヨークート	yogurt ヨウガト
ヨーロッパ	ยุโรป ユローブ	Europe ユアロブ
よか 余暇	เวลาว่าง ウェーラー ワーン	leisure リージャ
よかん 予感する	สังหรณ์ サンホーン	have a hunch ハヴ ア ハンチ
よき 予期する	คาดหวัง, คาดหมาย カートワン, カート マーイ	anticipate アンティスィペイト
よきん 預金	เงินฝาก グン ファーク	savings, deposit セイヴィングズ, ディパズィト
～する	ฝากเงิน ファーク グン	deposit money ディパズィト マニ
～通帳	สมุดคู่ฝาก サムット クー ファーク	bankbook バンクブク
よ 良く	อย่างดี ヤーン ディー	well ウェル
（十分に）	เพียงพอ ピアン ポー	fully, well フリ, ウェル
（しばしば）	บ่อยๆ ボイ ボイ	often, frequently オーフン, フリークウェントリ
よくあさ 翌朝	เช้าวันรุ่งขึ้น チャーオ ワン ルン クン	next morning ネクスト モーニング
よくげつ 翌月	เดือนหน้า ドゥアン ナー	next month ネクスト マンス
よくしつ 浴室	ห้องน้ำ ホン ナーム	bathroom バスルム

日	タイ	英
よくじつ 翌日	วันรุ่งขึ้น ワン ルン クン	next day ネクスト デイ
よくそう 浴槽	อ่างอาบน้ำ アーン アープ ナーム	bathtub バスタブ
よくねん 翌年	ปีต่อมา ピー トー マー	next year ネクスト イア
よくばり 欲張り	คนโลภ コン ローブ	greedy person グリーディ パースン
～な	โลภมาก, กิเลสหนา ローブ マーク, キレート ナー	greedy グリーディ
よくぼう 欲望	ความอยาก, กระหาย クワーム ヤーク, クラハーイ	desire, ambition ディザイア, アンビション
よけいな 余計な	เกินความจำเป็น クーン クワーム チャムペン	excessive, surplus イクセスィヴ, サープラス
（不必要な）	ไม่จำเป็น マイ チャムペン	unnecessary アンネスィセリ
よ 避[除]ける	หลีกเลี่ยง リーク リアン	avoid アヴォイド
よげん 予言する	ทาย, ทำนาย ターイ, タムナーイ	predict, foretell プリディクト, フォーテル
よこ 横	ข้างๆ カン カーン	side サイド
（幅）	ความกว้าง クワーム クワーン	width ウィドス
～になる	เอนกาย エーン カーイ	lie down ライ ダウン
よこうえんしゅう 予行演習	การฝึกซ้อม カーン フック ソーム	rehearsal リハーサル
よこがお 横顔	ใบหน้าด้านข้าง バイ ナー ダーン カーン	profile プロウファイル
よこぎる 横切る	ตัดข้าม タット カーム	cross クロース

日	タイ	英
よこく 予告する	แจ้งล่วงหน้า チェーン ルアン ナー	announce beforehand アナウンス ビフォーハンド
よご 汚す	ทำเปื้อน タム プアン	soil, stain ソイル, ステイン
よこみち 横道	ตรอก トローク	sideway サイドウェイ
よご 汚れ	รอยเปื้อน, คราบ ローイ プアン, クラープ	dirt, stain ダート, ステイン
よご 汚れた	เปื้อน プアン	dirty ダーティ
よご 汚れる	เปื้อน, สกปรก プアン, ソッカプロック	become dirty ビカム ダーティ
よさん 予算	งบประมาณ ゴップ プラマーン	budget バヂェト
よし！ （OK）	เอาล่ะ アオ ラ	OK! オウケイ
よしきた！	เอาเถอะ アオ トゥ	All right! オール ライト
よしゅう 予習する	เตรียมเรียน トリアム リアン	prepare *one's* lessons プリペア レスンズ
よ 寄せる	ให้เข้าใกล้ ハイ カオ クライ	draw up ドロー アプ
（脇へ動かす）	วางไว้ข้างๆ ワーン ワイ カン カーン	put aside プト アサイド
（集める）	รวบรวม ルアップ ルアム	gather ギャザ
（車を）	ขับชิด カップ チット	pull over プル オウヴァ
よせん 予選	การคัดเลือกรอบแรก カーン カット ルアック ロープ レーク	preliminary contest プリリミネリ カンテスト
よそ 余所	ที่อื่น ティー ウーン	another place アナザ プレイス

日	タイ	英
よそう 予想 カーン カート カネー	การคาดคะเน	expectation エクスペクテイション
〜する カート カネー	คาดคะเน	expect, anticipate イクスペクト, アンティスィペイト
よそう（ご飯を） タック	ตัก	help ヘルプ
よそく 予測する カート カーン	คาดการณ์	forecast フォーキャスト
よそみ 余所見する モーン パイ ティー ウーン	มองไปที่อื่น	look away ルク アウェイ
よそよそしい イェン チャー	เย็นชา	cold コウルド
（無関心な） マイ サイ チャイ	ไม่ใส่ใจ	indifferent インディファレント
よだれ 涎 ナム ラーイ	น้ำลาย	slaver スラヴァ
よ　かど 四つ角 シー イェーク	สี่แยก	crossing クロースィング
よっきゅうふまん 欲求不満 クワーム マイ ポー チャイ, クワーム マイ ソム ワン	ความไม่พอใจ, ความไม่สมหวัง	frustration フラストレイション
ヨット ルア ヨート	เรือยอชท์	yacht ヤト
よ　ばら 酔っ払い コン マオ	คนเมา	drunk ドランク
よ　ばら 酔っ払う マオ	เมา	get drunk ゲト ドランク
よてい 予定 カム ノット カーン	กำหนดการ	plan, program プラン, プロウグラム
よとう 与党 パック ラッタバーン	พรรครัฐบาล	Government party ガヴァンメント パーティ

日	タイ	英
よなか 夜中に	กลางดึก クラーン ドゥック	at midnight アト ミドナイト
よびこう 予備校	โรงเรียนกวดวิชา ローンリアン クアット ウィチャー	preparatory school プリパラトーリ スクール
よび 予備の	สำรอง サムローン	reserve, spare リザーヴ, スペア
よ りん 呼び鈴	กระดิ่ง クラディン	ring, bell リング, ベル
よ 呼ぶ	เรียก リアック	call コール
（招く）	เชิญ, ชวน チューン, チュアン	invite *to* インヴァイト
（称する）	เรียกชื่อ リアック チュー	call, name コール, ネイム
よふ 夜更かしする	อยู่ดึก ユー ドゥック	sit up late at night スィト アプ レイト アト ナイト
よぶん 余分な	ส่วนเกิน スアン クーン	extra, surplus エクストラ, サープラス
よほう 予報	การพยากรณ์ カーン パヤーコーン	forecast フォーキャスト
よぼう 予防	การป้องกัน カーン ポン カン	prevention プリヴェンション
～する	ป้องกัน ポン カン	prevent *from* プリヴェント
～注射	ฉีดวัคซีนป้องกันโรค チート ワックシーン ポンカン ローク	preventive injection プリヴェンティヴ インヂェクション
よほど	ทีเดียว ティー ディアオ	very, much ヴェリ, マチ
よ 読む	อ่าน アーン	read リード
よめ 嫁	เจ้าสาว チャオ サーオ	bride ブライド

日	タイ	英
（妻）	ภรรยา パンラヤー	wife ワイフ
（息子の妻）	ลูกสะใภ้ ルーク サパイ	daughter-in-law ドータインロー
よやく 予約する	จอง チョーン	reserve, book リザーヴ, ブク
よゆう 余裕がある	มีที่ว่าง ミー ティー ワーン	have room ルーム
（時間）	มีเวลาเพียงพอ ミ ウェーラー ピアン ポー	time to spare タイム トゥ スペア
（金銭）	มีเงินเพียงพอ ミー グン ピアン ポー	money to spare マニ トゥ スペア
よ か 寄り掛かる	พิง ピン	lean *against* リーン
（頼る）	พึ่งพิง プン ピン	depend *on* ディペンド
(…に) よりけりだ	แล้วแต่... レーオ テー	depend on ディペンド オン
よ そ 寄り添う	แนบชิดสนิท ネープ チット サニット	draw close ドロー クロウス
よ みち 寄り道する	แวะตามรายทาง ウェ ターム ラーイ ターン	stop on *one's* way スタプ オン ウェイ
もど よりを戻す	กลับคืนดีกัน クラップ クーン ディーカン	be reconciled *with* ビ レコンサイルド
よ 寄る	เข้าใกล้ カオ クライ	approach アプロウチ
（脇へ）	ค่อนไปทาง コーン パイ ターン	step aside ステプ アサイド
（立ち寄る）	แวะเยี่ยม ウェ イアム	call *at, on* コール
よる 夜	กลางคืน クラーン クーン	night ナイト

日	タイ	英
(…に) よると	ตาม... ターム	according to アコーディング トゥ
よろこ 喜ばす	ทำให้ดีใจ タム ハイ ディー チャイ	please, delight プリーズ, ディライト
よろこ 喜ぶ	ดีใจ, ยินดี ディー チャイ, インディー	be glad, be pleased ビ グラド, ビ プリーズド
(…に) よろしく	ฝากความระลึกถึง... ファーク クワーム ラルック トゥン	Say hello to... セイ ヘロウ トゥ
よろん 世論	ประชาพิจารณ์ プラチャー ピチャーン	public opinion パブリク オピニオン
よわ 弱い	อ่อน オーン	weak ウィーク
(身体が)	อ่อนแอ オーン エー	poor *in*, delicate プア, デリケト
(気が)	ใจอ่อนแอ チャイ オーン エー	timid ティミド
(光などが)	ริบหรี่ リップ リー	feeble, faint フィーブル, フェイント
よわ 弱さ	ความอ่อนแอ クワーム オーンエー	weakness ウィークネス
よわ 弱まる	อ่อนกำลังลง オーン カムラン ロン	weaken ウィークン
よわ 弱み	จุดอ่อน チュット オーン	weak point ウィーク ポイント
よわむし 弱虫	ขี้ขลาด キー クラート	coward カウアド
よわ 弱める	ทำให้อ่อนลง タム ハイ オーン ロン	weaken, enfeeble ウィークン, インフィーブル
よわ 弱る	อ่อนแรง オーン レーン	grow weak グロウ ウィーク
(困る)	เป็นทุกข์ ペン トゥック	be worried ビ ワーリド

日	タイ	英

ら, ラ

ラード	น้ำมันหมู ナムマン ムー	lard ラード
ラムカムヘン 大王(だいおう)	พ่อขุนรามคำแหงมหาราช ポークン ラームカムヘーン マハーラート	King Ramkhamhaeng the Great キング ラームカムヘーン ザ グレイト
ライ (面積)	ไร่ ライ	rai ライ
雷雨(らいう)	ฝนฟ้าคะนอง フォン ファー カノーン	thunderstorm サンダストーム
来月(らいげつ)	เดือนหน้า ドゥアン ナー	next month ネクスト マンス
来週(らいしゅう)	สัปดาห์หน้า サップダー ナー	next week ネクスト ウィーク
ライセンス	ใบอนุญาต バイ アヌヤート	license ライセンス
ライター	ไฟแช็ก ファイ チェック	lighter ライタ
ライト (明かり)	ไฟ, แสงไฟ ファイ, セーン ファイ	light ライト
ライト級(きゅう)	รุ่นไลท์เวท ルン ライウェート	lightweight ライトウェイト
ライトバン	รถแวน ロット ウェーン	van, station wagon ヴァン, ステイション ワゴン
来年(らいねん)	ปีหน้า ピー ナー	next year ネクスト イア
ライバル	คู่แข่ง クー ケン	rival ライヴァル
来賓(らいひん)	แขก, ผู้มีเกียรติ ケーク, プー ミー キアット	guest ゲスト

日	タイ	英
ライブ	การแสดงสด, การถ่ายทอดสด カーン サデーン ソット, カーン ターイ トート ソット	live concert ライヴ カンサト
ライフスタイル	วิถีทางการดำเนินชีวิต ウィティー ターン カーン ダムヌーン チーウィット	lifestyle ライフスタイル
ライフワーク	งานตลอดชีพ ガーン タロート チープ	lifework ライフワーク
ラオス	ประเทศลาว プラテート ラーオ	Laos ラウス
らくえん 楽園	สวรรค์, แดนสุขาวดี サウン, デーン スカーワディー	paradise パラダイス
らくがき 落書き	การขีดเขียน カーン キート キアン	scribble, graffiti スクリブル, グラフィーティ
〜する	ขีดเขียน キート キアン	scribble スクリブル
らくご 落伍する	ตก, อยู่ล้าหลัง トック, ユー ラー ラン	drop out ドラプ アウト
らくさつ 落札する	ชนะการประมูล チャナ カーン プラムーン	make a successful bid メイク ア サクセスフル ビド
らくせん 落選する	ไม่ได้รับเลือก マイ ダイ ラップ ルアック	be defeated *in* ビ ディフィーテド
らくだい 落第する	สอบตก ソープ トック	fail フェイル
らくてんてき 楽天的な	มองโลกในแง่ดี モーン ローク ナイ ゲー ディー	optimistic アプティミスティク
らく 楽な	ง่าย ガーイ	easy イーズィ
（安楽な）	สบาย サバーイ	comfortable カンフォタブル
らくのう 酪農	การทำฟาร์มโคนม カーン タム ファーム コーノム	dairy デアリ
ラグビー	รักบี้ ラックビー	rugby ラグビ

日	タイ	英
らくらい 落雷	ฟ้าผ่า ファー パー	thunderbolt サンダボウルト
ラケット	แร็กเกต レッケット	racket ラケト
ラジエーター	เครื่องกระจายความร้อน クルアン クラチャーイ クワーム ローン	radiator レイディエイタ
ラジオ	วิทยุ ウィッタユ	radio レイディオウ
ラジカセ	วิทยุเทป ウィッタユテープ	boom box ブーム バクス
ラジコン	รีโมทคอนโทรล リーモートコントローン	radio control レイディオウ カントロウル
らしんばん 羅針盤	เข็มทิศ ケム ティット	compass カンパス
らち 拉致する	ลักพาตัวไป ラック パー トゥア パイ	kidnap キドナプ
らっかん 楽観的な	ที่มองโลกในแง่ดี ティー モーン ローク ナイ ゲー ディー	optimistic アプティミスティク
ラッキーな	โชคดี チョーク ディー	lucky ラキ
ラッシュアワー	ช่วงเวลาเร่งด่วน チュアン ウェーラー レンドゥアン	rush hour ラシュ アウア
ラッパ	ทรัมเป็ต, แตร トラムペット, トレー	trumpet, bugle トランペト, ビューグル
ラップ	พลาสติกใสใช้ห่ออาหาร プラースサティック サイ チャイ ホー アーハーン	wrap ラプ
（音楽）	เพลงแร็พ プレーン レップ	rap music ラプ ミューズィク
ラテンの	ละติน ラティン	Latin ラティン
ぞく ラフー族	ลาฮู, มูเซอ ラーフー, ムーソー	the Lahu ザ ラフー

日	タイ	英
ラフな	หยาบๆ, ขรุขระ ヤープ ヤープ, クル クラ	rough ラフ
ラブレター	จดหมายรัก チョットマーイ ラック	love letter ラヴ レタ
ラベル	สลาก サラーク	label レイベル
らん 蘭	กล้วยไม้ クルアイ マーイ	orchid オーキド
ラン LAN	ระบบแลน ラボップ レーン	LAN ラン
ランキング	อันดับ アンダップ	ranking ランキング
ランクする	จัดอันดับ チャット アンダップ	rank ランク
らんし 乱視	สายตาเอียง サーイ ター イアン	astigmatism アスティグマティズム
ランジェリー	ชุดชั้นในสตรี チュット チャンナイ サトリー	lingerie ランジェリー
ランダムに	สุ่มๆ,ตามบุญตามกรรม スム スム、ターム ブンターム カム	at random アト ランダム
ランチ	อาหารเที่ยง アーハーン ティアン	lunch ランチ
ランドリー	ร้านซักผ้า ラーン サック パー	laundry ローンドリ
ランニングシャツ	เสื้อกล้าม スア クラーム	sleeveless undershirt スリーヴレス アンダシャツ
ランプ	โคมไฟ, ตะเกียง コーム ファイ, タキアン	lamp ランプ
らんぼう 乱暴		
〜する	ใช้ความรุนแรง チャイ クワーム ルン レーン	do violence ドゥ ヴァイオレンス

日	タイ	英
～な	รุนแรง ルン レーン	violent, rough ヴァイオレント, ラフ

り, リ

日	タイ	英
リアルな	เหมือนจริง ムアン チン	real リーアル
リアルタイム	เรียลไทม์, เวลาจริง リアン タイム, ウェーラー チン	real time リーアル タイム
リーグ	สหพันธ์, สมาคม サハパン, サマーコム	league リーグ
～戦	การแข่งขันลีก カーン ケンカン リーク	league series リーグ スィアリーズ
リース	เช่า チャオ	lease リース
リーダー	ผู้นำ, หัวหน้า プー ナム, ファ チー	leader リーダ
～シップ	ความเป็นผู้นำ クワーム ペン プー ナム	leadership リーダシプ
リードする	นำ, นำหน้า ナム, ナム ナー	lead by リード
利益 (りえき)	กำไร, ผลประโยชน์ カムライ, ポン プラヨート	profit, return プラフィト, リターン
理科 (りか)	วิทยาศาสตร์ ウィッタヤーサート	science サイエンス
理解 (りかい)	ความเข้าใจ クワーム カオチャイ	comprehension カンプリヘンション
～する	เข้าใจ カオチャイ	understand アンダスタンド
利害 (りがい)	คุณและโทษ, ผลดีผลเสีย クン レ トート, ポンディー ポン シア	interests インタレスツ
理学部 (りがくぶ)	คณะวิทยาศาสตร์ カナ ウィッタヤサート	faculty of science ファカルティ オブ サイエンス

日	タイ	英
リキュール	เหล้าผสม ラオ パソム	liqueur リカー
リクエストする	ขอ コー	request リクウェスト
（曲を）	รีเควสท์ リークウェース	request リクウェスト
陸軍（りくぐん）	ทหารบก タハーン ボック	army アーミ
陸上競技（りくじょうきょうぎ）	การแข่งขันกรีฑา カーン ケン カン クリーター	athletic sports アスレティク スポーツ
陸地（りくち）	พื้น, แผ่นดิน, บก プーン, ペン ディン, ボック	land ランド
理屈（りくつ）	เหตุผล, หลักการ ヘートポン, ラックカーン	reason, logic リーズン, ラヂク
〜にあった	สมเหตุสมผล ソム ヘート ソム ポン	reasonable リーズナブル
〜っぽい	ชอบโต้คารม チョープ トー カーロム	argumentative アーギュメンタティヴ
リクライニングシート	ที่นั่งเอนหลังได้ ティー ナン エーン ラン ダーイ	reclining seat リクライニング スィート
陸路で（りくろ）	ทางบก ターン ボック	by land バイ ランド
利権（りけん）	สัมปทาน サムパターン	rights, concessions ライツ, カンセションズ
利己的な（りこてき）	เห็นแก่ตัว ヘン ケー トゥア	egoistic イーゴウイスティク
利口な（りこう）	ฉลาด, หลักแหลม チャラート, ラック レーム	clever, bright クレヴァ, ブライト
リコール	การเพิกถอน, การรำลึก カーン プークトーン, カーン ラムルック	recall リコール
（製品の）	การเรียกคืน カーン リアック クーン	recall リコール

760

り

日	タイ	英
りこん **離婚する**	หย่า ヤー	divorce ディヴォース
リサイクル	การนำกลับมาใช้อีก, รีไซเคิล カーン ナム クラップ マー チャイ イーク, リーサイクーン	recycling リーサイクリング
リサイタル	การเล่นดนตรีเดี่ยว, การร้องเดี่ยว カーン レン ドントリー ディアオ, カーン ローン ディアオ	recital リサイタル
りし **利子**	ดอกเบี้ย ドーク ビア	interest インタレスト
りじ **理事**	กรรมการบริหาร カムマカーン ボーリハーン	director, manager ディレクタ, マニヂャ
〜会	คณะกรรมการบริหาร カナ カムマカーン ボーリハーン	board of directors ボード オヴ ディレクターズ
〜長	ประธานคณะกรรมการ プラターン カナ カムマカーン	chairman of the board of directors チェアマン オヴ ザ ボード オヴ ディレクターズ
りしょく **利殖**	การหาผลประโยชน์ カーン ハー ポン プラヨート	money-making マニメイキング
リスク	ความเสี่ยง クワーム シアン	risk リスク
〜マネージメント	การบริหารความเสี่ยง カーン ボーリハーン クワーム シアン	risk management リスク マニヂメント
ぞく **リス族**	ลีซู, ลีซอ リースー, リーソー	the Lisu ザ リスー
リスト	รายการ ラーイカーン	list リスト
リストラ	การลดพนักงานบริษัท カーン ロット パナックガーン ボーリサット	restructuring リーストラクチャリング

日	タイ	英
リズム	จังหวะ, ลีลา チャンワ, リー ラー	rhythm リズム
りせい 理性	ความมีเหตุผล, วิจารณญาณ クワーム ミー ヘート ポン, ウィチャーラナヤーン	reason リーズン
～的な	มีเหตุผล ミー ヘート ポン	rational ラショナル
りそう 理想的な	ซึ่งอยู่ในอุดมคติ スン ユー ナイ ウドム カティ	ideal アイディーアル
リゾート	ที่พักตากอากาศ ティー パック ターク アーカート	resort リゾート
りそく 利息	ดอกเบี้ย ドーク ビア	interest インタレスト
リチウム	ลิเทียม リティアム	lithium リスィアム
りちぎ 律義な	ซื่อตรงต่อหน้าที่ スー トロン トー チーティー	honest アニスト
りつ 率	อัตรา アットラー	rate レイト
（百分率）	อัตราร้อยละ アットラー ローイ ラ	percentage パセンティヂ
りっきょう 陸橋	สะพานลอย サパーン ローイ	flyover フライオウヴァ
りっこうほ 立候補		
～者	ผู้สมัครรับเลือกตั้ง プー サマック ラップ ルアック タン	candidate キャンディデイト
～する	สมัคร, เสนอตัว サマック, サヌー トゥア	run for ラン フォー
りったいてき 立体的な	เป็นสามมิติ ペン サーム ミティ	solid サリド
りっちじょうけん 立地条件	ปัจจัยแวดล้อม, สภาพที่ตั้ง パッチャイ ウェート ローム, サパープ ティー タン	conditions of location コンディションズ オヴ ロウケイション

日	タイ	英
リットル	ลิตร リット	liter リータ
りっぱ 立派な	งดงาม, สง่างาม, โอ่อ่า ゴットガーム, サガーガーム, オーアー	excellent, splendid エクセレント, スプレンディド
りてん 利点	ข้อได้เปรียบ, จุดดี コーダイ プリアップ, チュット ディー	advantage アドヴァンティヂ
りにゅうしょく 離乳食	อาหารเด็กอ่อน アーハーン デック オーン	baby food ベイビ フード
りねん 理念	ความคิด, ปรัชญา クワーム キット, プラットヤー	idea アイディーア
リハーサル	ซ้อมใหญ่ ソーム ヤイ	rehearsal リハーサル
りはつ 理髪		
〜店	ร้านตัดผม ラーン タット ポム	barbershop バーバシャプ
〜師	ช่างตัดผม チャーン タット ポム	barber バーバ
リハビリ	กายภาพบำบัด カーイ パープ バムバット	rehabilitation リハビリテイション
リビングルーム	ห้องนั่งเล่น ホン ナン レン	living room リヴィング ルーム
リフォームする	ตกแต่งใหม่ トック テン マイ	remodel リーマドル
リベート	ค่านายหน้า カー ナーイ ナー	rebate リーベイト
リベラルな	มีเสรีภาพ, เปิดกว้าง ミー セーリーパープ, プート クワーン	liberal リベラル
リポート	รายงาน ラーイガーン	report リポート
リボン	ริบบิ้น リッビン	ribbon リボン

日	タイ	英
りまわ 利回り	ผลกำไรตอบแทน ポン カムライ トープ テーン	yield イールド
リムジン	รถลีมูซีน ロット リームーシーン	limousine リムズィーン
リモコン	รีโมทคนโทรล リーモート コーントローン	remote control リモウト カントロウル
りゃくご 略語	คำย่อ カム ヨー	abbreviation アブリヴィエイション
りゃくしき 略式の	แบบกันเอง ベープ カン エーン	informal インフォーマル
りゃく 略す	ย่อ ヨー	abridge, abbreviate アブリヂ, アブリーヴィエイト
（省く）	ละไว้ ラワイ	omit オウミト
りゅう 竜	มังกร マンコーン	dragon ドラゴン
りゆう 理由	เหตุผล ヘートポン	reason, cause リーズン, コーズ
りゅうがく 留学	การไปเรียนในต่างประเทศ カーン パイ リアン ナイ ターン プラテート	studying abroad スタディング アブロード
〜する	ไปเรียนต่างประเทศ パイ リアン ターン プラテート	study abroad スタディ アブロード
〜生	นักศึกษาต่างชาติ ナック スックサー ターン チャート	foreign student フォリン ステューデント
りゅうかん 流感	ไข้หวัดใหญ่ カイ ウット ヤイ	influenza インフルエンザ
りゅうこう 流行	แฟชั่น フェーチャン	fashion, vogue ファション, ヴォウグ
（病気・思想などの）	ระบาด ラバート	prevalence プレヴァレンス
〜歌	เพลงฮิต プレーン ヒット	popular song パピュラ ソング

日	タイ	英
～語	คำฮิต カム ヒット	popular word パピュラ ワード
～する	ฮิต, เป็นที่นิยม ヒット, ペン ティー ニヨム	be in fashion ビ イン ファション
～遅れ	ล้าสมัย ラー サマイ	old-fashioned オウルドファションド
りゅうさん 硫酸	กรดกำมะถัน クロット カムマタン	sulfuric acid サルフュアリク アスィッド
りゅうざん 流産する	แท้งลูก テーン ルーク	have a miscarriage ハヴ ア ミスキャリヂ
りゅうしゅつ 流出する	ไหลออก ライ オーク	flow out フロウ アウト
りゅうちょう 流暢に	คล่อง クローン	fluently フルエントリ
りゅうつう 流通	การหมุนเวียน カーン ムン ウィアン	circulation サーキュレイション
（物流）	การกระจายสินค้า カーン クラチャーイ シンカー	distribution ディストリビューション
～する	กระจาย, หมุนเวียน クラチャーイ, ムン ウィアン	circulate サーキュレイト
りゅうどう 流動的な	ไม่หยุดนิ่ง マイ ユット ニン	fluid フルーイド
りゅうねん 留年する	ซ้ำชั้น サム チャン	be held back in school ビ ヘルド バクン イン スクール
リュックサック	กระเป๋าเป้ クラパオ ペー	rucksack ラクサク
りょう 漁	ประมง プラモン	fishing フィシング
りょう 寮	หอพัก ホー パック	dormitory ドーミトリ
りょう 猟	ล่าสัตว์ ラー サット	hunting, shooting ハンティング, シューティング

日	タイ	英
りょう 量	ปริมาณ パリマーン	quantity クワンティティ
りよう 理容師	ช่างตัดผม チャーン タット ポム	hairdresser ヘアドレサ
りようしゃ 利用者	ผู้ใช้ プー チャイ	user ユーザ
りよう 利用する	ใช้, ใช้เป็นประโยชน์ チャイ, チャイ ペン プラヨート	use, utilize ユーズ, ユーティライズ
りょういき 領域	อาณาเขต アーナーケート	domain ドメイン
りょうかい 了解する	รับทราบ, ยินยอม ラップ サープ, イン ヨーム	understand アンダスタンド
りょうがえ 両替する	แลกเงิน レーク グン	change, exchange *into* チェインヂ, イクスチェインヂ
りょうがわ 両側に	ทั้งสองข้าง タン ソーン カーン	both sides ボウス サイヅ
りょうきん 料金	ค่าธรรมเนียม カー タムニアム	charge, fee チャーヂ, フィー
りょうし 漁師	ชาวประมง チャーオ プラモン	fisherman フィシャマン
りょうし 猟師	นักล่าสัตว์ ナック ラー サット	hunter ハンタ
りょうじ 領事	กงสุล コン スン	consul カンスル
～館	สถานกงสุล サターン コン スン	consulate カンスレト
りょうしき 良識	สติดี, ปัญญาดี サティ ディー, パンヤー ディー	good sense グド センス
りょうしゅうしょ 領収書	ใบเสร็จรับเงิน バイ セット ラップ グン	receipt リスィート
りょうしょう 了承する	ตกลง, ยอมรับ トック ロン, ヨーム ラップ	consent コンセント

日	タイ	英
りょうしん 両親	พ่อแม่, บิดามารดา ポー ヌー, ビダー マーンダー	parents ペアレンツ
りょうしん 良心	ความรู้สึกผิดชอบชั่วดี クワーム ルースック ピット チョープ チュア ディー	conscience カンシエンス
りょうせい 良性の	ไม่อันตราย マイ アンタラーイ	benign ビナイン
りょうど 領土	อาณาเขต, ดินแดน アーナーケート, ディン デーン	territory テリトーリ
りょうはんてん 量販店	ร้านขายปลีกขนาดยักษ์ ラーン カーイ プリーク カナート ヤック	volume retailer ヴァリュム リーテイラ
りょうほう 両方	ทั้งสอง, ทั้งคู่ タン ソーン, タン クー	both ボウス
りょうめん 両面	ทั้งสองด้าน タン ソーン ダーン	both sides ボウス サイヅ
りょうよう 療養する	รักษาพยาบาล ラックサー パヤーバーン	recuperate リキューパレイト
りょうり 料理	อาหาร アーハーン	cooking クキング
～する	ทำอาหาร タム アーハーン	cook クク
りょかん 旅館	โรงแรม ローンレーム	hotel, inn ホウテル, イン
りょけん 旅券	หนังสือเดินทาง, พาสปอร์ต ナンスー ドゥーン ターン, パースポート	passport パスポート
りょこう 旅行	การเดินทาง, การท่องเที่ยว カーン ドゥーン ターン, カーン トン ティアオ	travel, trip トラヴル, トリプ
～者	นักท่องเที่ยว ナック トン ティアオ	traveler, tourist トラヴラ, トゥアリスト
～社	บริษัทท่องเที่ยว ボーリサット トン ティアオ	travel agency トラヴル エイヂェンスィ
～する	ท่องเที่ยว, เดินทาง トン ティアオ, ドゥーン ターン	travel トラヴル

■料理■ อาหาร /アーハーン/

ライス　ข้าวเปล่า /カーオ プラーオ/
もち米　ข้าวเหนียว /カーオ ニアオ/
チャーハン　ข้าวผัด /カーオ パット/
ゆで鶏のせごはん　ข้าวมันไก่ /カーオ マンカイ/
おかゆ　ข้าวต้ม /カーオ トム/
中華がゆ　โจ๊ก /チョーク/
煮込みアヒルのせごはん　ข้าวหน้าเป็ด /カーオ ナー ペット/
タイ焼きそば　ผัดไทย /パッタイ/
スープ入り太麺　ก๋วยเตี๋ยวเส้นใหญ่น้ำ /クアイティアオ セン ヤイ ナーム/
タイラーメン　บะหมี่น้ำ /バミー ナーム/
スープなしラーメン　บะหมี่แห้ง /バミー ヘーン/
カレーがけそうめん　ขนมจีน /カノム チーン/
チェンマイ・カレーラーメン　ข้าวซอย /カーオ ソーイ/
トムヤムクン　ต้มยำกุ้ง /トムヤム クン/
チキンのココナッツミルクスープ　ต้มข่าไก่ /トム カー カイ/
豆腐スープ　แกงจืดเต้าหู้ /ケーン チュート タオフー/
チキングリーンカレー　แกงเขียวหวานไก่ /ケーン キアオ ワーン カイ/
ポークレッドカレー　แกงเผ็ดหมู /ケーン ペット ムー/
イスラム風チキンカレー　แกงมัสมั่นไก่ /ケーン マッサマン カイ/
雷魚のスープ煮　ปลาช่อนแป๊ะซะ /プラー チョン ペサ/
タイ風さつま揚げ　ทอดมันปลา /トート マン プラー/
豚のど肉のあぶり焼き　คอหมูย่าง /コー ムー ヤーン/
揚げ春巻き　เปาะเปี๊ยะทอด /ポピア トート/
目玉焼き　ไข่ดาว /カイ ダーオ/
ワンタン　เกี๊ยว /キアオ/
チャーシュー　หมูแดง /ムー デーン/

つみれ　ลูกชิ้น / ルーク チン /
エビの素焼き　กุ้งเผา / クン パオ /
タイ・ソーセージ　แหนมสด / ネーム ソット /
牡蠣のタイ風お好み焼き　หอยทอด / ホイ トート /
アサリの辛み炒め　ผัดหอยลาย / パット ホイ ラーイ /
カニと春雨の香草蒸し　ปูอบวุ้นเส้น / プー オップ ウンセン /
炭火焼き鳥　ไก่ย่าง / カイ ヤーン /
カニのカレー炒め　ปูผัดผงกะหรี่ / プー パット ポン カリー /
空芯菜炒め　ผัดผักบุ้งไฟแดง / パット パック ブン ファイ デーン /
タイ風オムレツ　ไข่ยัดไส้ / カイ ヤッサイ /
タイスキ　สุกี้ / スキー /
青パパイヤの辛味サラダ　ส้มตำ / ソムタム /
豚ひき肉の辛味サラダ　ลาบหมู / ラープ ムー /
春雨とシーフードの辛味サラダ　ยำวุ้นเส้น / ヤム ウンセン /
揚げナマズのサラダ　ยำปลาดุกฟู / ヤム プラー ドゥック フー /
鯵のタイ風ディップ添え　น้ำพริกปลาทู / ナム プリック プラー トゥー /
竹筒飯　ข้าวหลาม / カーオ ラーム /
卵の串焼き　ไข่ปิ้งทรงเครื่อง / カイ ピン ソン クルアン /
中華まんじゅう　ซาลาเปา / サーラーパオ /
揚げバナナ　กล้วยทอด / クルアイ トート /
豚肉のサテ　หมูสะเต๊ะ / ムー サテ /
バナナのココナツミルク煮　กล้วยบวดชี / クルアイ ブアット チー /
マンゴーともち米のココナツミルクがけ　ข้าวเหนียวมะม่วง / カーオニアオ マムアン /
タイ風おしるこ　ขนมบัวลอย / カノム ブアローイ /
ココナツアイスクリーム　ไอศครีมกะทิสด / アイスクリーム カティ ソット /
タピオカとココナツミルク　สาคูเปียก / サークー ピアック /
かき氷　น้ำแข็งใส / ナムケン サイ /
ココナッツミルクのお焼き　ขนมครก / カノム クロック /

日	タイ	英
_{りょひ} 旅費	ค่าเดินทาง カー ドゥーン ターン	traveling expenses トラヴリング イクスペンスィズ
リラックスする	ผ่อนคลาย ポン クライ	relax リラクス
_{りりく} 離陸する	บินขึ้น ビン クン	take off テイク オフ
_{りりつ} 利率	อัตราดอกเบี้ย アットラー ドーク ビア	rate of interest レイト オヴ インタレスト
_{りれきしょ} 履歴書	ใบประวัติ バイ プラワット	curriculum vitae カリキュラム ヴィータイ
_{りろん} 理論	ทฤษฎี トリッサディー	theory スィオリ
〜的な	โดยทฤษฎี ドーイ トリッサディー	theoretical スィオレティカル
_{りんかく} 輪郭	เค้าโครง カオ クローン	outline アウトライン
_{りんぎょう} 林業	การทำป่าไม้ カーン タム パー マーイ	forestry フォリストリ
リンクする	เชื่อมโยง チュアム ヨーン	link リンク
_{りんじ} 臨時の	พิเศษ, ชั่วคราว ピセート, チュア クラーオ	temporary, special テンポレリ, スペシャル
_{りんじん} 隣人	เพื่อนบ้าน プアン バーン	neighbor ネイバ
リンスする	นวดผม ヌアット ポム	rinse リンス
リンチ	การลงประชาทัณฑ์ カーン ロン プラチャー タン	lynch リンチ
_{りんね} 輪廻	วัฏสงสาร ワッタソンサーン	transmigration トランスマイグレイション
_{りんりてき} 倫理的な	มีจริยธรรม ミー チャリヤ タム	ethical, moral エスィカル, モラル

る, ル

日	タイ	英
類 (るい)	ชนิด, ประเภท チャニット, プラペート	kind, sort カインド, ソート
累計 (るいけい)	รวมยอด ルアム ヨート	total amount トータル アマウント
累進課税 (るいしんかぜい)	การเก็บภาษีก้าวหน้า カーン ケップ パーシー カーオ ナー	progressive taxation プログレスィヴ タクセイション
累積する (るいせきする)	สะสมเพิ่มพูน サソム プーム プーン	accumulate アキューミュレイト
類別詞 (るいべつし)	ลักษณนาม ラックサナ ナーム	counter カウンタ
ルークトゥン	เพลงลูกทุ่ง プレーン ルーク トゥン	*lookthung* ルークトゥン
ルーズな	หละหลวม, เสเพล ラルアム, セープレー	loose ルース
ルーツ	ต้นตระกูล, รากเหง้า トン トラクーン, ラーク ガオ	roots ルーツ
ルート	ช่องทาง チョン ターン	route, channel ルート, チャネル
(平方根)	รูท, รากที่สอง ルート, ラーク ティー ソーン	root ルート
ルーペ	แว่นขยาย ウェン カヤーイ	loupe ループ
ルームサービス	บริการห้องพัก ボーリカーン ホン パック	room service ルーム サービス
ルームチャージ	ค่าห้อง カー ホン	room charge ルーム チャージ
ルームメイト	เพื่อนร่วมห้อง プアン ルアム ホン	roommate ルームメイト
ルール	กฎ, กติกา コット, カティカー	rule ルール

日	タイ	英
ルーレット	รูเล็ตต์ / ルーレット /	roulette / ルーレト /
るす 留守	การไม่อยู่ / カーン マイ ユー /	absence / アブセンス /

■類別詞■ ลักษณนาม /ラックサナ ナーム/

ものを数える場合，日本語の助数詞と同じように類別詞を使う．

อัน /アン/ …個（菓子・小さなもの一般）
คน /コン/ …人（人間）
คัน /カン/ …台（自動車），…本（スプーン，フォーク）
เครื่อง /クルアン/ …台（機械）
ฉบับ /チャバップ/ …部（新聞），…冊（雑誌），…通（手紙）
ชิ้น /チン/ …枚（布），…切れ（切り身）
ชุด /チュット/ …組（衣類），…セット（食器）
ใบ /バイ/ …個（果物），…枚（切符，葉）
ผืน /プーン/ …枚（ハンカチ，タオル，シーツ），…区画（土地）
แผ่น /ペン/ …枚（CD, 板，紙）
เม็ด /メット/ …粒（宝石，錠剤，米）
ลูก /ルーク/ …個（ボール，果実）
เล่ม /レム/ …冊（本），…本（ろうそく，針，はさみ，ナイフ）
ตัว /トゥア/ …頭，…匹（獣，魚，鳥，虫），…着（衣服），…個（机，椅子）
เส้น /セン/ …本（糸，紐，ロープ，毛髪）
ขวด /クアット/ …本（びん）
จาน /チャーン/ …皿，…品（料理）
ชาม /チャーム/ …杯（ご飯，そば）
แก้ว /ケーオ/ …杯（飲物）
แห่ง /ヘン/ …個所（場所）
ด้าม /ダーム/ …本（ペン，鉛筆）
กระป๋อง /クラポン/ …個（缶詰）
คู่ /クー/ …足（靴，靴下），…組（夫婦，カップル），…膳（箸）
ลำ /ラム/ …機（航空機），…隻（船）

日	タイ	英
<ruby>留守番電話<rt>るすばんでんわ</rt></ruby>	เครื่องตอบรับโทรศัพท์อัตโนมัติ クルアン トープ ラップ トーラサップ アッタノーマット	answerphone アンサフォウン
ルビー	ทับทิม タップティム	ruby ルービ

れ, レ

日	タイ	英
<ruby>例<rt>れい</rt></ruby>	ตัวอย่าง トゥア ヤーン	example イグザンプル
<ruby>礼<rt>れい</rt></ruby>	การคำนับ, การทำความเคารพ カーン カムナップ, カーン タム クワーム カオロップ	bow, salutation バウ, サリュテイション
（礼儀）	มารยาท マーラヤート	etiquette, manners エティケト, マナズ
（感謝）	ความขอบคุณ クワーム コープ クン	thanks サンクス
<ruby>霊<rt>れい</rt></ruby>	ผี, วิญญาณ ピー, ウィンヤーン	soul, spirit ソウル, スピリト
レイアウト	การออกแบบ カーン オーク ベープ	layout レイアウト
レイオフ	การเลิกจ้างชั่วคราว カーン ルーク チャーン チュア クラーオ	lay-off レイオーフ
<ruby>例外<rt>れいがい</rt></ruby>	ข้อยกเว้น コー ヨック ウェーン	exception イクセプション
<ruby>霊感<rt>れいかん</rt></ruby>	สัมผัสที่หก サムパット ティー ホック	inspiration インスピレイション
<ruby>礼儀<rt>れいぎ</rt></ruby>	มารยาท マーラヤート	etiquette, manners エティケト, マナズ

日	タイ	英
れいきゅうしゃ 霊柩車	รถบรรทุกศพ ロット バントゥック ソップ	hearse ハース
れいげん 霊験あらたかな	ศักดิ์สิทธิ์ サック シット	wonder-working ワンダワーキング
れいじょう 礼状	จดหมายขอบคุณ チョットマーイ コープ クン	letter of thanks レタ オヴ サンクス
れいせい 冷静な	สงบเยือกเย็น サゴップ ユアック イェン	cool, calm クール, カーム
れいぞうこ 冷蔵庫	ตู้เย็น トゥー イェン	refrigerator リフリチャレイタ
れいたん 冷淡な	เย็นชา, ไม่แยแส, ไม่สนใจ イェン チャー, マイ イェーセー, マイ ソンチャイ	cold, indifferent コウルド, インディファレント
れいとう 冷凍		
～庫	ตู้แช่แข็ง トゥー チェー ケン	freezer フリーザ
～食品	อาหารแช่แข็ง アーハーン チェー ケン	frozen foods フロウズン フーヅ
～する	แช่แข็ง チェー ケン	freeze フリーズ
れいはい 礼拝する	สักการะ, บูชา, บวงสรวง サッカーラ, ブーチャー, ブアン スアン	worship ワーシプ
レイプ	ข่มขืน コム クーン	rape レイプ
れいふく 礼服	เครื่องแต่งกายแบบพิธีการ クルアン テン カーイ ベープ ピティーカーン	full dress フル ドレス
れいぶん 例文	ประโยคตัวอย่าง プラヨーク トゥア ヤーン	example イグザンプル
れいぼう 冷房	เครื่องทำความเย็น, แอร์ クルアン タム クワーム イェン, エー	air conditioning エア カンディショニング
レインコート	เสื้อกันฝน スア カン フォン	raincoat レインコウト

日	タイ	英
レーザー	แสงเลเซอร์ セーン レーヌ-	laser レイザ
レース	ลูกไม้, ลายถัก ルーク マーイ, ラーイ タック	lace レイス
（競走）	การแข่งขัน, การวิ่งแข่ง カーン ケン カン, カーン ウィン ケン	race レイス
レーダー	เรดาร์ レーダー	radar レイダー
レート	อัตรา アットラー	rate レイト
レール	ราง ラーン	rail レイル
歴史	ประวัติศาสตร์ プラウッティ サート	history ヒストリ
レクリエーション	นันทนาการ ナンタナーカーン	recreation レクリエイション
レコード	บันทึก バントゥック	record レコド
（音盤）	แผ่นเสียง ペン シアン	record, disk レコド, ディスク
レジ	แคชเชียร์ ケッチア	cash register キャシュ レヂスタ
レシート	ใบเสร็จ バイ セット	receipt リスィート
レシピ	สูตรอาหาร, ตำราอาหาร スート アーハーン, タムラー アーハーン	recipe レスィピ
レジャー	สิ่งบันเทิงใจยามว่าง シン バントゥーン チャイ ヤーム ワーン	leisure リージャ
レジュメ	เนื้อความโดยย่อ ヌア クワーム ドーイ ヨー	summary サマリ
レズ	เลสเบี้ยน レーヌ ビアン	lesbian レズビアン

日	タイ	英
レストラン	ร้านอาหาร, ภัตตาคาร ラーン アーハーン, パッターカーン	restaurant レストラント
レスリング	มวยปล้ำ ムアイ プラム	wrestling レスリング
レセプション	การต้อนรับ カーン トーン ラップ	reception リセプション
列 (れつ)	แถว, คิว テオ, キウ	line, row, queue ライン, ラウ, キュー
レッカー車 (しゃ)	รถยก, รถลาก ロット ヨック, ロット ラーク	wrecker レカ
れっきとした	เป็นตัวเป็นตน ペン トゥア ペン トン	obvious, legal アブヴィアス, リーガリ
列車 (れっしゃ)	รถไฟ ロット ファイ	train トレイン
レッスン	บทเรียน ボット リアン	lesson レスン
レッテル	สลาก サラーク	label レイベル
レトロな	ย้อนอดีต, หวนกลับ ヨーン アディート, ラアン クラップ	retrospective レトロスペクティヴ
レバー	ตับ タップ	liver リヴァ
（取っ手）	คันโยก, ชะแลง カン ヨーク, チャ レーン	lever レヴァ
レパートリー	คลังแห่งความรู้ クラン ヘン クワーム ルー	repertory レパトーリ
レフェリー	ผู้ตัดสิน プー タット シン	referee レファリー
レベル	ระดับขั้น ラ ダップ カン	level レヴル
～アップする	ยกระดับมาตรฐาน ヨック ラダップ マートラターン	raise the level レイズ ザ レヴェル

日	タイ	英
レポーター	ผู้สื่อข่าว プー スー カーオ	reporter リポータ
レポート	รายงาน ラーイガーン	report リポート
恋愛 (れんあい)	ความรัก クワーム ラック	love ラヴ
～結婚	แต่งงานด้วยความรัก テンガーン ドゥアイ クワーム ラック	love match ラヴ マチ
煉瓦 (れんが)	อิฐ イット	brick ブリク
連結決算 (れんけつけっさん)	การปิดบัญชีร่วม カーン ピット バンチー ルアム	accounting for consolidation アカウンティング フォ コンサリデイション
連合 (れんごう)	สหภาพ サハパープ	union ユーニョン
～する	รวมกัน ルアム カン	be united ビ ユーナイテド
連鎖反応 (れんさはんのう)	ปฏิกิริยาลูกโซ่ パティキリヤー ルーク ソー	chain reaction チェイン リアクション
練習 (れんしゅう)	การฝึกซ้อม カーン フック ソーム	practice, exercise プラクティス, エクササイズ
～する	ฝึกซ้อม フック ソーム	practice, train プラクティス, トレイン
レンズ	เลนส์ レーン	lens レンズ
連想する (れんそうする)	นึกโยงไปถึง ヌック ヨーン パイ トゥン	associate *with* アソウシエイト
連続する (れんぞくする)	ต่อเนื่องกัน トー ヌアン カン	continue カンティニュー
レンタカー	รถให้เช่า ロット ハイ チャオ	rent-a-car レンタカー

れ

日	タイ	英
レンタル	ให้เช่า ハイ チャオ	rental レンタル
レントゲン	เอ็กซเรย์ エックスレー	X rays エクス レイズ
れんめい 連盟	สหพันธ์ サハパン	league リーグ
れんらく 連絡する	ติดต่อ ティット トー	connect *with* カネクト

ろ, ロ

日	タイ	英
ろうあしゃ 聾唖者	คนหูหนวกและเป็นใบ้ コン フー ヌアックレ ペン バイ	deaf-mute デフミュート
ろうか 廊下	ทางเดินในอาคาร ターン ドゥーン ナイ アーカーン	corridor コリダ
ろうか 老化する	แก่ลง, ชรา ケー ロン, チャラー	age エイチ
ろうがん 老眼	สายตายาว サーイ ター ヤーオ	presbyopia プレズビオウピア
ろうご 老後	ในวัยชรา, ยามแก่ ナイ ワイ チャラー, ヤーム ケー	old age オウルド エイチ
ろうじん 老人	คนแก่, คนชรา コン ケー, コン チャラー	old man オウルド マン
ろうそく 蝋燭	เทียน, เทียนไข ティアン, ティアン カイ	candle キャンドル
ろうでん 漏電	ไฟรั่ว ファイ ルア	leak リーク
ろうどう 労働	การใช้แรงงาน カーン チャイ レーン ガーン	labor, work レイバ, ワーク
～組合	สหภาพแรงงาน サハパープ レーン ガーン	labor union レイバ ユーニオン
～災害	อุบัติเหตุระหว่างการทำงาน ウバッティヘート ラウーン カーン タムガーン	labor accident レイバ アクスィデント

日	タイ	英
〜時間	เวลาทำงาน ウェーラー タムガーン	working hours ワーキング アウアズ
〜者	ผู้ใช้แรงงาน, กรรมกร プーチャイ レーン ガーン, カムマコーン	laborer, worker レイバラ, ワーカ
〜争議	ความขัดแย้งระหว่าง ลูกจ้างกับนายจ้าง クワーム カット イェーン ラワーン ルーク チャーン カップ ナーイ チャーン	labor dispute レイバ ディスピュート
〜力	แรงงาน レーンガーン	manpower, labor マンパウア, レイバ
〜許可証	ใบอนุญาตทำงาน バイ アヌヤート タムガーン	work permit ワーク パミト
〜ビザ	วีซ่าทำงาน ウィサー タムガーン	working visa ワーキング ヴィーザ
ろうにんぎょう 蝋人形	หุ่นขี้ผึ้ง フン キー プン	wax doll ワクス ダル
ろうひ 浪費する	ผลาญ, เสียเปล่า プラーン, シア プラオ	waste ウェイスト
ローイクラトン	ลอยกระทง ローイ クラトン	*Loi-krathong* ローイクラトーン
ローション	โลชั่น ローチャン	lotion ロウション
ロース	เนื้อสันนอก ヌア サン ノーク	sirloin サーロイン
ロータリー	วงเวียน ウォン ウィアン	rotary, roundabout ロウタリ, ラウンダバウト
ローテーション	การสับเปลี่ยน カーン サップ プリアン	rotation ロウテイション
ロープ	เชือกใหญ่ チュアック ヤイ	rope ロウプ
〜ウエイ	รถกระเช้า ロット クラチャオ	ropeway ロウプウェイ

日	タイ	英
ローラースケート	สเก็ตล้อ サケット ロー	roller skating ロウラ スケイティング
ローン	เงินกู้ グン クー	loan ロウン
ろくおん 録音する	อัดเสียง アット シアン	record, tape リコード, テイプ
ろくが 録画する	บันทึกภาพ バントゥック パープ	record *on* リコード
ろくがつ 六月	เดือนมิถุนายน ドゥアン ミトゥナーヨン	June チューン
ろくしょう 緑青	สนิมทองแดง サニム トーンデーン	green rust グリーン ラスト
ロケーション	โลเกชั่น, สถานที่ถ่ายภาพยนตร์ ローケーチャン, サターン ティー ターイ パープパヨン	location ロウケイション
ロケット	จรวด チャルアット	rocket ラケト
～祭り	งานบ้องไฟ ガーン ボーン ファイ	*Bongfai*, Rocket Festival ボンファイ, ラケト フェスティヴァル
ロゴ	สัญลักษณ์ サンヤラック	logo ロウゴウ
ろこつ 露骨な	ตรงไปตรงมา, เปิดเผย トロン パイ トロン マー, プート プーイ	plain, blunt プレイン, ブラント
ろじ 路地	ตรอก トローク	alley, lane アリ, レイン
ロシア	รัสเซีย ラッシア	Russia ラシャ
ろせん 路線	เส้นทาง セン ターン	route, line ルート, ライン

日	タイ	英
～図	แผนที่เส้นทาง ペーンティー センターン	route map ルート マプ
ロッカー	ล็อคเกอร์, ตู้เก็บของ ロックー, トゥー ケップ コーン	locker ラカ
ロックンロール	ร็อคแอนด์โรล ロック エーン ローン	rock'n'roll ラクンロウル
ろっこつ 肋骨	ซี่โครง シー クローン	rib リブ
ろてん 露店	แผงขายของ ペーン カーイ コーン	stall, booth ストール, ブース
ロビー	ล็อบบี้ ロッピー	lobby ラビ
ロボット	หุ่นยนต์ フンヨン	robot ロウボト
ロマンス	เรื่องโรแมนติก ルアン ローメーンティック	romance ロウマンス
ロマンチスト	คนโรแมนติก コン ローメーンティック	romanticist ロウマンティスィスト
ろめんでんしゃ 路面電車	รถราง ロット ラーン	streetcar ストリートカー
ろんぶん 論文	บทความ, วิทยานิพนธ์ ボット クワーム, ウィッタヤー ニポン	essay, thesis エセイ, スィースィス
ろんり 論理	หลักตรรกะ, หลักเหตุผล ラック タックカ, ラック ヘートポン	logic ラヂク
～的な	มีเหตุผล ミー ヘート ポン	logical ラヂカル

日	タイ	英

わ, ワ

わ 輪	วง, วงกลม, ล้อ ウォン, ウォン クロム, ロー	circle, ring サークル, リング
ワープロ	เวิร์ดโพรเซสเซอร์ ワートプロセッサー	word processor ワード プラセサ
ワールドカップ	การแข่งขันชิงถ้วยโลก カーン ケンカン チン トゥアイ ローク	World Cup ワールド カプ
ワイ (合掌)	ไหว้ ワイ	put hands together プト ハンズ トゲザ
ワイシャツ	เสื้อเชิ้ต スア チュート	shirt シャート
わいせつ 猥褻な	ลามก, อนาจาร ラーモック, アナーチャーン	obscene, indecent オブスィーン, インディーセント
わいだん 猥談	เรื่องลามก ルアン ラーモック	dirty talk ダーティ トーク
ワイパー	ที่ปัดน้ำฝน ティー パット ナム フォン	wiper ワイパ
ワイヤー	ลวด, สายไฟ[โลหะ] ルアット, サーイ ファイ [ローハ]	wire ワイア
わいろ 賄賂	สินบน シンボン	bribery, bribe ブライバリ, ブライブ
ワイン	ไวน์, เหล้าองุ่น ワーイ, ラオ アグン	wine ワイン
わか 若い	หนุ่ม, สาว, เยาว์วัย, อ่อน ヌム, サーオ, ヤオ ワイ, オーン	young ヤング
わかい 和解する	ประนีประนอม, คืนดีกัน プラニー プラノーム, クーンディー カン	be reconciled *with* ビ レコンサイルド
わか 若さ	ความเยาว์วัย, ความเป็นหนุ่ม[สาว] クワーム ヤオ ワイ, クワーム ペン ヌム [サーオ]	youth ユース

日	タイ	英
<ruby>沸<rt>わ</rt></ruby>かす	ต้ม トム	boil ボイル
わがままな	เห็นแก่ตัว, เอาแต่ใจ ヘン ケー トゥア, アオ テー チャイ	selfish, willful セルフィシュ, ウィルフル
<ruby>若者<rt>わかもの</rt></ruby>	คนหนุ่มสาว コン ヌム サーオ	young man ヤング マン
<ruby>分<rt>わ</rt></ruby>からず<ruby>屋<rt>や</rt></ruby>	คนหัวแข็ง, คนโง่เง่า コン ファ ケン, コン ゴー ガオ	blockhead ブラクヘド
<ruby>分<rt>わ</rt></ruby>かり<ruby>難<rt>にく</rt></ruby>い	เข้าใจยาก カオチャイ ヤーク	hard to understand ハード トゥー アンダスタンド
<ruby>分<rt>わ</rt></ruby>かり<ruby>易<rt>やす</rt></ruby>い	เข้าใจง่าย カオチャイ ガーイ	easy, simple イーズィ, スィンプル
<ruby>分<rt>わ</rt></ruby>かる	เข้าใจ, รู้ カオチャイ, ルー	understand, realize アンダスタンド, リーアライズ
<ruby>分<rt>わ</rt></ruby>かれる	แยก, แตกออก イェーク, テーク オーク	branch off *from* ブランチ オーフ
(区分)	(ถูก)แยก, (ถูก)แบ่ง (トゥーク) イェーク, (トゥーク) ベン	be divided *into* ビ ディヴァイデド
<ruby>別<rt>わか</rt></ruby>れる	จากกัน, แยกทาง チャーク カン, イェーク ターン	part *from* パート
<ruby>若々<rt>わかわか</rt></ruby>しい	ดูหนุ่มดูสาว, อ่อนวัย ドゥー ヌム ドゥー サーオ, オーン ワイ	young and fresh ヤング アンド フレシュ
<ruby>脇<rt>わき</rt></ruby>	ข้าง, ด้านข้าง カーン, ダーン カーン	side サイド
<ruby>脇<rt>わき</rt></ruby>の<ruby>下<rt>した</rt></ruby>	รักแร้ ラックレー	armpit アームピト
<ruby>脇役<rt>わきやく</rt></ruby>	บทตัวประกอบ ボット トゥア プラコープ	supporting player サポーティング プレイア
<ruby>沸<rt>わ</rt></ruby>く	เดือด ドゥアット	boil ボイル
<ruby>枠<rt>わく</rt></ruby>	กรอบ, รั้ว クロープ, ルア	frame, rim フレイム, リム

日	タイ	英
（範囲）	ขอบเขต, วงจำกัด コープ ケート, ウォン チャムカット	framework, limit フレイムワーク, リミト
ワクチン	วัคซีน ウックシーン	vaccine ヴァクスィン
わくわくする	ปลาบปลื้ม プラープ プルーム	be excited ビイクサイテド
分け前	ส่วนแบ่ง スアン ベン	share シェア
分ける	แบ่ง ベン	divide, part ディヴァイド, パート
（分離）	แบ่ง, แยก ベン, イェーク	separate, part セパレイト, パート
（区別）	แบ่ง ベン	classify クラスィファイ
（分配）	แบ่ง, จัดสรร ベン, チャット サン	distribute, share ディストリビュト, シェア
輪ゴム	ยางรัด ヤーン ラット	rubber band ラバ バンド
ワゴン	รถเข็น ロット ケン	wagon ワゴン
（自動車）	รถตู้ ロット トゥー	station wagon ステイション ワゴン
わざと	โดยตั้งใจ, จงใจ, แกล้ง ドーイ タン チャイ, チョンチャイ, クレーン	on purpose オン パーパス
和食	อาหารญี่ปุ่น アーハーン イープン	Japanese food ヂャパニーズ フード
僅かな	เล็กน้อย, นิดหน่อย レック ノーイ, ニット ノイ	a few, a little ア フュー, ア リトル
煩わしい	ยุ่งยาก, น่ารำคาญ ユン ヤーク, ナー ラムカーン	troublesome トラブルサム
煩わす	รบกวน, ทำให้เดือดร้อน ロップクアン, タム ハイ ドゥアット ローン	trouble トラブル

日	タイ	英
忘れっぽい	ขี้ลืม キー ルーム	have a poor memory ハヴ ア プア メモリ
忘れる	ลืม ルーム	forget フォゲト
綿	ฝ้าย ファーイ	cotton カトン
話題	หัวข้อ, เรื่องพูด フア コー, ルアン プート	topic タピク
私	ผม, ดิฉัน, ฉัน ポム, ディチャン, チャン	I, myself アイ, マイセルフ
～の	ของผม[ดิฉัน, ฉัน] コーン ポム [ディチャン, チャン]	my マイ
私たち	เรา, พวกเรา ラオ, プアック ラオ	we ウィー
～の	ของเรา[พวกเรา] コーン ラオ [プアック ラオ]	our アウア
渡す	ยื่นให้, ส่งให้ ユーン ハイ, ソン ハイ	hand ハンド
(引き渡す)	ส่งให้, มอบ ソン ハイ, モープ	hand over, surrender ハンド オウヴァ, サレンダ
轍	รอยล้อรถ ローイ ロー ロット	rut, track ラト, トラク
渡り鳥	นกที่ย้ายถิ่นตามฤดูกาล ノック ティー ヤーイ ティン ターム ルドゥーカーン	migratory bird マイグラトーリ バード
渡る	ข้าม, ผ่าน カーム, パーン	cross, go over クロース, ゴウ オウヴァ
ワックス	ขี้ผึ้ง, แว็กซ์ キー プン, ウェック	wax ワクス
罠	หลุมพราง, กับดัก ルム プラーン, カップ ダック	trap トラプ
侘しい	โดดเดี่ยว, อ้างว้าง ドート ディアオ, アーンワーン	lonely ロウンリ

日	タイ	英
(みすぼらしい)	เศร้า, หงอยเหงา サオ, ゴーイ ガオ	poor, miserable プア, ミザラブル
和風の	แบบญี่ปุ่น ベープ イープン	Japanese-style ジャパニーズスタイル
和服	เสื้อผ้าแบบญี่ปุ่น, กิโมโน スア パー ベープ イープン, キモーノー	Japanese clothes, *kimono* ジャパニーズ クロウズ, キモウノウ
藁	ฟาง ファーン	straw ストロー
笑い話	เรื่องขำขัน ルアン カム カン	funny story ファニ ストーリ
笑う	หัวเราะ フア ロ	laugh ラフ
笑わせる	ทำให้หัวเราะ タム ハイ フア ロ	make laugh メイク ラフ
(滑稽)	น่าขัน, น่าตลก ナー カン, ナー タ ロック	ridiculous, absurd リディキュラス, アブサード
割合	สัดส่วน サット スアン	rate, ratio レイト, レイシオウ
割り当て	ส่วนแบ่ง, โควต้า スアン ベン, クウォーター	assignment アサインメント
割り当てる	แบ่งให้, จัดสรรปันส่วน ベン ハイ, チャット サン パン スアン	assign アサイン
割が合わない	ไม่คุ้ม マイ クム	do not pay ドゥ ナト ペイ
割り勘にする	แชร์กัน, อเมริกันแชร์ チェー カン, アメーリカン チェー	go fifty-fifty ゴウ フィフティ フィフティ
割り込む	แทรก, แซง セーク, セーン	cut in カト イン
割り算	การหาร カーン ハーン	division ディヴィジョン
割引	ส่วนลด スアン ロット	discount ディスカウント

日	タイ	英
〜する	ลดราคา ロット ラーカー	make a discount メイク ア ディスカウント
わりま 割り増し	ส่วนเพิ่ม スアン プーム	premium プリーミアム
〜料金	ค่าบริการเพิ่ม カー ボーリカーン プーム	extra charge エクストラ チャーヂ
わ 割る	หัก, ทำแตก ハック, タム テーク	break, crack ブレイク, クラク
（分割）	แบ่งแยก, หาร ベン イェーク, ハーン	divide *into* ディヴァイド
（裂く）	ตัดแบ่ง, หัก タット ベン, ハック	split, chop スプリト, チャプ
わる 悪い	ไม่ดี, เลว マイ ディー, レーオ	bad, wrong バド, ロング
わるがしこ 悪賢い	ขี้โกง, ฉลาดแกมโกง キー コーン, チャラート ケーム コーン	cunning, sly カニング, スライ
わるくち 悪口を言う	นินทา ニンター	speak ill *of* スピーク イル
わる 悪のりする	ย่ามใจ, ได้ใจ ヤーム チャイ, ダイ チャイ	get carried away ゲト キャリド アウェイ
わるもの 悪者	คนไม่ดี, คนชั่ว コン マイ ディー, コン チュア	bad guy, villain バド ガイ, ヴィリン
わ 割れる	แตก, ร้าว テーク, ラーオ	break ブレイク
（裂ける）	หัก, แตกแยก, ปริ ハック, テーク イェーク, プリ	crack, split クラク, スプリト
われわれ 我々	พวกเรา プアック ラオ	we, ourselves ウィー, アウアセルヴズ
わん 湾	อ่าว アーオ	bay, gulf ベイ, ガルフ
わんがん 湾岸	ชายฝั่ง チャーイ ファン	coast コウスト

日	タイ	英
腕章（わんしょう）	ปลอกแขน プローク ケーン	arm band アーム バンド
腕白な（わんぱく）	ซน, ดื้อ ソン, ドゥー	naughty ノーティ
ワンピース	กระโปรงชุด クラプローン チュット	dress, one-piece ドレス, ワンピース
ワンマン	ทำคนเดียว タム コン ディアオ	dictator, autocrat ディクテイタ, オートクラト
腕力（わんりょく）	กำลัง, กำลังกาย カムラン, カムラン カーイ	physical strength フィズィカル ストレンクス

わ

日常会話表現

あいさつ……………789	電話………………802
お礼を言う…………791	道を尋ねる…………804
謝る…………………792	交通機関の利用……804
肯定・同意…………793	食事………………806
否定・拒否…………793	買い物……………808
尋ねる………………794	トラブル…………810
応答…………………796	助けを求める………811
許可・依頼…………797	苦情を言う…………811
紹介…………………799	宿泊………………812
誘う…………………800	病院・薬局…………814
感情・好み…………800	時刻・日にち・曜日・月・季節
約束・予約…………802	……………815

タイ語では，文末に男性はクラップ **ครับ** [クラップ]，女性はカー **ค่ะ** [カ] をつけるとていねいな言い方になります．ただし女性の疑問形では **คะ** [カ] となります．これは例えば自分が客である場合や目下に対して使いすぎるとかえって不自然になります．以下の会話表現中，つけなくてもよい場合は省略しました．また男女とも文末にナ **นะ** [ナ] をつけると，日本語の「…ね！」のように親しい表現になります．また主語は，男性は **ผม** [ポム]，女性は **ฉัน** [チャン] ですが，これも日本語と同じように省略される場合が多くあります．なお日常会話での声調は必ずしも声調規則通りではありません．

■あいさつ■

（タイでは，家族，友人，知人には「おはよう」，「こんにちは」，「おやすみなさい」などのあいさつはしません）

●**おはようございます**
Good morning.
สวัสดีครับ(ค่ะ)
サウッディー クラップ (カ)

●**こんにちは**
Good afternoon.
สวัสดีครับ(ค่ะ)
サウッディー クラップ (カ)

日常会話

- こんばんは
Good evening.
สวัสดีครับ(ค่ะ)
サワッディー クラップ (カ)

- (親しい人に)やあ！
Hello./ Hi!
หวัดดี
ワッディー

- お元気ですか
How are you?
สบายดีหรือครับ(ค่ะ)
サバーイディー ルー クラップ (カ)

- はい，元気です．あなたは？
I'm fine. And you?
สบายดี แล้วคุณล่ะ
サバーイディー レーオ クンラ

- お忙しいですか
Are you busy?
ยุ่งมากไหม
ユン マーク マイ

- お久しぶりです
I haven't seen you for a long time.
ไม่ได้เจอกันนาน
マイ ダイ チュー カン ナーン

- またお会いしましょう
See you again!
พบกันใหม่
ポップ カン マイ

- また近いうちに
See you soon.
แล้วพบกันใหม่
レーオ ポップ カン マイ

- おやすみ！
Sweet dreams!
นอนหลับฝันดีนะ
ノーン ラップ ファン ディー ナ

- はじめまして
How do you do?/ Nice to meet you.
ยินดีที่ได้รู้จักครับ(ค่ะ)
インディー ティー ダイ ルーチャック クラップ (カ)

- 調子はどうですか
How are you doing?
เป็นอย่างไรบ้าง
ペン ヤーンライ バーン

- まあまあです
So-so.
ก็ดี
コ ディー

- あいかわらずです
As usual.
เรื่อยๆ
ルアイ ルアイ

- お目にかかれてうれしいです
Nice to see you.
ยินดีที่ได้พบคุณครับ(ค่ะ)
インディー ティー ダイ ポップ クン クラップ (カ)

- また明日
See you tomorrow.
แล้วเจอกันพรุ่งนี้นะ
レーオ チュー カン プルンニー ナ

- じゃあまたあとで
See you later.
แล้วค่อยเจอกัน
レーオ コイ チュー カン

- **道中ご無事で**
  Have a safe trip!
  ขอให้เดินทางด้วยความปลอดภัย
  コー ハイ ドゥーンターン ドゥアイ クワーム プロート パイ

- **あなたもね！**
  You too!/ The same to you!
  คุณก็เหมือนกันนะ
  クン コー ムアン カン ナ

- **さようなら**
  Good-bye.
  ลาก่อน
  ラー コーン

- **そろそろ失礼します**
  I am afraid I must be going now.
  เห็นจะต้องลาละ
  ヘン チャ トン ラーラ

- **お先に失礼します**
  Excuse me, but I must be leaving now.
  ขอตัวก่อนนะครับ(ค่ะ)
  コー トゥア コーン ナ クラップ(カ)

- **またおいで下さい**
  Please visit again.
  เชิญมาใหม่
  チューン マー マイ

- **じゃあ，気をつけて！**
  Take care!
  โชคดีนะ
  チョーク ディー ナ

■お礼を言う■

- **ありがとう**
  Thank you./ Thanks.
  ขอบใจ, ขอบคุณ
  コープチャイ, コープクン

- **どうもありがとう**
  Thanks a lot.
  ขอบใจ, ขอบคุณ
  コープチャイ, コープクン

- **どうもありがとうございます**
  Thank you very much.
  ขอบคุณมากครับ(ค่ะ)
  コープクン マーク クラップ(カ)

- **いろいろとお世話になりました**
  Thank you for everything.
  ขอบคุณสำหรับทุกสิ่งทุกอย่าง
  コープクン サムラップ トゥック シン トゥック ヤーン

- **ご親切にありがとう**
  Thank you for your kindness.
  ขอบคุณที่ช่วยเหลือ
  コープクン ティー チュアイ ルア

- **おみやげをありがとう**
  Thank you for the present.
  ขอบคุณสำหรับของฝาก
  コープクン サムラップ コーン ファーク

日常会話

- **お礼の申し上げようもありません**
  I can't thank you enough.
  ไม่ทราบว่าจะขอบคุณอย่างไรดี
  マイ サープ ワー チャ コープクン ヤーンライ ディー

- **どういたしまして**
  You are welcome.
  ไม่เป็นไร
  マイ ペンライ

- **こちらこそ**
  The pleasure is mine./ My pleasure.
  ผม(ฉัน)ต่างหากที่ต้องขอบคุณคุณด้วย
  ポム(チャン)ターン ハーク ティートン コープクン クン ドゥアイ

■謝る■

- **ごめんなさい**
  Excuse me.
  ขอโทษ
  コートート

- **どうもすみません**
  Excuse me./ Pardon me!
  ขอโทษครับ(ค่ะ)
  コートート クラップ(カ)

- **だいじょうぶですか**
  Are you all right?
  เป็นอะไรไหม
  ペン アライ マイ

- **だいじょうぶです**
  That's all right.
  ไม่เป็นอะไร
  マイ ペン アライ

- **お手数かけます**
  Sorry to disturb you.
  รบกวนหน่อยครับ(ค่ะ)
  ロップクアン ノイ クラップ(カ)

- **気にしなくていいです**
  Don't worry about it.
  ไม่ต้องคิดมากหรอก
  マイ トン キット マーク ローク

- **遅れてすみません**
  Sorry [I'm sorry] I'm late.
  ขอโทษครับ(ค่ะ)ที่มาช้า
  コートート クラップ(カ) ティー マーチャー

- **待たせてすみません**
  I'm sorry to have kept you waiting.
  ขอโทษที่ทำให้รอ
  コートート ティー タム ハイ ロー

■肯定・同意■

● はい　（そうです）
Yes.
(ใช่)ครับ(ค่ะ)
(チャイ) クラップ(カ)

● そのとおりです
That's right./ Exactly!
ใช่เลยครับ(ค่ะ)
チャイ ルーイ クラップ(カ)

● そうだと思います
I think so.
คิดว่าเป็นอย่างนั้น
キット ワー ペン ヤーン ナン

● わかりました
I understand.
เข้าใจแล้ว
カオチャイ レーオ

● オーケー！
OK!
โอเค
オーケー

● もちろんです
Of course.
แน่นอน
ネー ノーン

● まったく同感です
I quite agree./ I couldn't agree with you more.
ผม(ฉัน)ก็รู้สึกเช่นนั้น
ポム(チャン) コー ルースック チェン ナン

● 私もそうだと思います
I think that's right.
คิดว่าใช่
キット ワー チャイ

● 喜んで
I'd love to./ I'll be glad to.
ด้วยความยินดี
ドゥアイ クワーム インディー

● いいですよ
All right.
ได้, เชิญ
ダーイ, チューン

● 時と場合によります
That depends.
ขึ้นอยู่กับสถานการณ์
クン ユー カップ サターナカーン

■否定・拒否■

● いいえ
No.
ไม่, ไม่ใช่
マイ, マイ チャイ

● いいえ，結構です
No, thank you.
ไม่ละครับ(ค่ะ)
マイ ラ クラップ(カ)

日常会話

- ●もう十分です
  That's enough.
  พอแล้ว
  ポー レーオ

- ●知りません，存じません
  I don't know.
  ไม่ทราบครับ(ค่ะ), ไม่รู้
  マイ サーブ クラップ(カ), マイ ルー

- ●今は忙しいのです
  I'm busy now.
  ตอนนี้กำลังยุ่ง
  トーン ニー カムラン ユン

- ●先約があります
  I have an appointment.
  มีนัดแล้ว
  ミー ナット レーオ

- ●それは別の問題です
  That's another matter [thing].
  นั่นเป็นคนละเรื่องกันครับ(ค่ะ)
  ナン ペン コン ラ ルアン カン クラップ(カ)

- ●そうは思いません
  I don't think so.
  คิดว่าไม่ใช่อย่างนั้น
  キット ウー マイ チャイ ヤーン ナン

- ●急いでいますので
  I'm in a hurry.
  กำลังรีบอยู่
  カムラン リープ ユー

■ 尋ねる ■

- ●すみませんが…
  Excuse me, but...
  ขอโทษครับ(ค่ะ)
  コー トート クラップ(カ)

- ●最寄の駅はどこですか
  Where is the nearest station?
  สถานีรถไฟที่ใกล้ที่สุดอยู่ที่ไหน
  サターニー ロットファイ ティー クライ ティースット ユー ティーナイ

- ●サクダーさんではありませんか
  Aren't you Mr. Sakda?
  คุณศักดาใช่ไหม
  クン サックダー チャイ マイ

- ●私を覚えていらっしゃいますか
  Do you remember me?
  จำผม(ฉัน)ได้ไหม
  チャム ポム(チャン) ダーイ マイ

- ●ちょっとお尋ねしたいのですが
  May I ask you a question?
  ขอถามอะไรหน่อยได้ไหมครับ(ค่ะ)
  コー ターム アライ ノイ ダーイ マイ クラップ(カ)

●お名前は何とおっしゃいますか
May I have your name please?
ช่วยบอกชื่อหน่อยได้ไหมครับ(คะ)
チュアイ ボーク チュー ノイ ダーイ マイ クラップ(カ)

●お名前は？
What's your name?
คุณชื่ออะไรครับ(คะ)
クン チュー アライ クラップ(カ)

●お名前をもう一度お願いします
What was the name again?
กรุณาบอกชื่ออีกครั้ง
カルナー ボーク チュー イーク クラン

●お名前はタイ語でどう書きますか
How do you spell your name in Thai?
ชื่อคุณภาษาไทยเขียนอย่างไรดี
チュー クン パーサータイ キアン ヤーンライ ディー

●ニックネームは何ですか
What is your nickname?
ชื่อเล่นชื่ออะไร
チュー レン チュー アライ

●どこからいらしたのですか
Where are you from?
มาจากไหน
マー チャーク ナイ

●お仕事は何をなさっていますか
What do you do?
ทำงานอะไร
タムガーン アライ

●干支（えと）は何ですか
What is your sign in Chinese astrology?
เกิดปีอะไร
クート ピー アライ

●何座の生まれですか
What is your sign of the Zodiac?
เกิดราศีอะไร
クート ラーシー アライ

日常会話

- **誕生日は何曜日ですか**
  What day of the week were you born?
  เกิดวันอะไร
  クート ワン アライ

- **これは何ですか**
  What's this?
  นี่คืออะไร
  ニー クー アライ

- **これはタイ語で何と言いますか**
  How do you call this in Thai?
  นี่ภาษาไทยเรียกว่าอะไร
  ニー パーサー タイ リアック ワー アライ

- **店は何時まで開いていますか**
  Until what time are you open?
  เปิดถึงกี่โมง
  プート トゥン キ モーン

- **それはどこにあるのですか**
  Where is it?
  มันอยู่ที่ไหน
  マン ユー ティーナイ

- **この席はあいていますか**
  Is this seat taken?
  ที่นั่งนี้ว่างไหม
  ティーナン ニー ワーン マイ

- **いいレストランを教えてくれませんか**
  Could you recommend a good restaurant?
  ช่วยแนะนำร้านอาหารดีๆให้หน่อยได้ไหม
  チュアイ ネナム ラーン アーハーン ディーディー ハイ ノイ ダーイ マイ

- **トイレはどこですか**
  Where is the rest room?
  ห้องน้ำอยู่ที่ไหน
  ホンナム ユー ティーナイ

- **それはどういう意味ですか**
  What does that mean?
  นั่นหมายความว่าอะไร
  ナン マーイクワーム ワー アライ

- **なぜですか**
  Why?
  ทำไม
  タムマイ

■応答■

- **何？**
  What?
  อะไร
  アライ

- **えっ，何ですって？**
  Pardon?
  เอ๊ะ, อะไรนะ
  エ アライ ナ

- 何て言いました？
  What did you say?/ I beg your pardon?/ Excuse me?
  คุณพูดว่าอะไร
  クン プート ウー アライ

- もう一度おっしゃってください
  Could you say that again, please?
  กรุณาพูดอีกครั้ง
  カルナー プート イーク クラン

- よく聞こえません
  I can't hear you.
  ไม่ค่อยได้ยิน
  マイ コイ タイイン

- お話がよくわかりませんでした
  I didn't catch you.
  ไม่ค่อยเข้าใจ
  マイ コイ カオチャイ

- 本当？
  Really?
  จริงหรือ
  チン ルー

- 本気かい？
  Are you serious?
  เอาจริงหรือ
  アオ チン ルー

- しまった！
  Oops!
  ตายจริง
  ターイ チン

- ちょっと待って
  Wait a minute.
  รอเดี๋ยว
  ロー ディアオ

- なるほど
  Well, I see.
  อ้อ, งั้นหรือ
  オー, ガン ルー

- どうりで！
  No wonder...
  มิน่าล่ะ
  ミナー ラ

- ああ，そうですか
  Is that so?
  หรือ, งั้นหรือ
  ルー, ガン ルー

- まったくですね
  That's right.
  จริงๆ
  チン チン

■許可・依頼■

- たばこを吸ってもいいですか
  Do you mind if I smoke?
  สูบบุหรี่ได้ไหม
  スープ ブリー タイ マイ

- これをもらってもいいですか
  May I have this?
  ขออันนี้ได้ไหม
  コー アン ニー タイ マイ

日常会話

日常会話

- ●ちょっと手伝ってください
  Could you give me a hand?
  ช่วยหน่อย
  チュアイ ノイ

- ●お願いがあるのですが
  Can I ask you a favor?
  มีเรื่องรบกวนหน่อย
  ミー ルアン ロップクアン ノイ

- ●ちょっと2，3分いいですか
  Can you spare me a few minutes?
  ขอเวลาสัก 2, 3 นาทีได้ไหม
  コー ウェーラー サック ソーン サーム ナーティー ダーイ マイ

- ●ここで写真を撮ってもいいですか
  Can I take pictures here?
  ถ่ายรูปตรงนี้ได้ไหม
  ターイ ループ トロン ニー ダーイ マイ

- ●中に入ってもいいですか
  May I come in?
  เข้าข้างในได้ไหม
  カオ カン ナイ ダーイ マイ

- ●シャッターを押していただけませんか
  Could you please take a photo of us?
  ช่วยถ่ายรูปให้หน่อยได้ไหม
  チュアイ ターイ ループ ハイ ノイ ダーイ マイ

- ●ここに書いてください
  Could you write that down?
  กรุณาเขียนตรงนี้
  カルナー キアン トロン ニー

- ●急いでください
  Please hurry.
  รีบหน่อย
  リープ ノイ

- ●砂糖を取ってください
  Could you pass me the sugar?
  ช่วยส่งน้ำตาลให้หน่อยได้ไหม
  チュアイ ソン ナムターン ハイ ノイ ダーイ マイ

- ●小銭も混ぜてください
  Please include the change.
  ขอแบงค์ย่อยด้วย
  コー ベン ヨイ ドゥアイ

- ●もう少しゆっくり話してください
  Speak more slowly, please.
  ช่วยพูดช้าๆหน่อยได้ไหม
  チュアイ プート チャー チャー ノイ ダーイ マイ

- ●名刺をいただけますか？
  May I have your (business) card?
  ขอนามบัตรได้ไหม
  コー ナームバット ダーイ マイ

- ●会社へ電話してください
  Call me at the office, please.
  กรุณาโทรฯไปที่บริษัท
  カルナー トー パイ ティー ボーリサット

- ●書類をファックスしてくれませんか
  Would you fax the document, please?
  ช่วยแฟ็กซ์เอกสารให้หน่อยได้ไหม
  チュアイ フェック エーカサーン ハイ ノイ ダーイ マイ

- ●メールで連絡してもらえますか
  Could you send me a message by e-mail?
  ช่วยติดต่อทางอีเมลได้ไหม
  チュアイ ティットト ターン イーメーオ ダーイ マイ

■紹介■

- ●私は大野信一です。シンと呼んでください
  My name is Shin-ichi Ono, please call me Shin.
  ผมชื่อชินอิจิ โอโนะ ช่วยเรียกผมชินครับ
  ポム チュー シンイチ オーノ チュアイ リアック ポム シン クラップ

- ●日本から来ました
  I'm from Japan.
  มาจากญี่ปุ่น
  マー チャーク ネープン

- ●東京の出身です
  I'm from Tokyo.
  เกิดที่โตเกียว
  クート ティー トーキアオ

- ●私，ヤマゼン商事の村松です
  I'm Muramatsu from Yamazen Company.
  ผมมุระมะซุจากบริษัทยะมะเซ็น
  ポム ムラマツ チャーク ボーリサット ヤマゼン

- ●友人の田中美佐子さんを紹介します
  Can I introduce my friend Misako Tanaka?
  ขอแนะนำเพื่อน ชื่อมิซะโกะ ทะนะกะ
  コー ネナム プアン チュー ミサコ タナカ

- ●こちらは阿部さんの奥さんです
  This is Mrs. Abe.
  ท่านนี้คือภรรยาของคุณอะเบะ
  タン ニー クー パンラヤー コーン クン アベ

- ●学生［看護師］です
  I am a student [nurse].
  เป็นนักเรียน［พยาบาล］
  ペン ナックリアン ［パヤーバーン］

- ●銀行［コンピューター会社］に勤めています
  I work in a bank [for a computer firm].
  ทำงานอยู่ที่ธนาคาร［บริษัทคอมพิวเตอร์］
  タムガーン ユー ティー タナーカーン ［ボーリサット コームピウトゥー］

- ●こちらへは休暇で来ました
  I am on vacation here.
  ลาหยุดมาเที่ยวที่นี่
  ラー ユット マー ティアオ ティー ニー

- ●仕事で来ています
  I am here on business.
  มาทำธุระ
  マー タム トゥラ

■誘う■

- ●映画に行きませんか
  Shall we go to the movies?
  ไปดูหนังกันไหม
  パイ ドゥー ナン カン マイ

- ●食事でもしませんか
  What about dinner together?
  ไปทานข้าวด้วยกันไหม
  パイ ターン カーオ ドゥアイ カン マイ

- ●いっしょに行きませんか
  Won't you come along?
  ไปด้วยกันไหม
  パイ ドゥアイ カン マイ

- ●あなたもどうですか
  How about you?
  แล้วคุณล่ะ
  レーオ クン ラ

- ●はい，もちろん
  Yes, I'd love to.
  แน่นอน
  ネーノーン

- ●ぜひ私の家にいらしてください
  Please come to visit me.
  มาเที่ยวที่บ้านผม(ฉัน)บ้างนะ
  マー ティアオ ティー バーン ポム (チャン) バーン ナ

■感情・好み■

- ●楽しかったです
  I've had a good time.
  สนุกมาก
  サヌック マーク

- ●わあ，おいしい
  How delicious!
  อร่อยจังเลย
  アロイ チャン ルーイ

- ●すごい！
  Great!/ Terrific!
  สุดยอด
  スット ヨート

- ●すばらしい！
  Wonderful!/ Fantastic!
  ยอดเยี่ยม
  ヨート イアム

- ●おもしろい
  What fun!
  สนุกมาก
  サヌック マーク イ

- ●感動しました
  That's very moving.
  ประทับใจมาก
  プラタップ チャイ マーク

日常会話

- わくわくします
I'm so excited!
รู้สึกตื่นเต้น
ルースック トゥーンテン

- どうしよう
What shall[should] I do?
ทำไงดี
タムガイ ディー

- 寂しいです
I'm lonely.
เหงาจังเลย
ガオ チャン ルーイ

- 怖いです
I'm scared.
น่ากลัว
ナー クルア

- 残念です
That's too bad.
น่าเสียดาย
ナー シアダーイ

- 大丈夫です
It's all right.
ไม่เป็นไร
マイペンライ

- 何でもありません
It's nothing at all.
ไม่มีอะไรเลย
マイ ミー アライ ルーイ

- 気に入りません
I don't like it.
ไม่ชอบ
マイ チョープ

- 信じられません
I can't believe it!
ไม่น่าเชื่อเลย
マイ チーチュア ルーイ

- 驚きました
What a surprise!
รู้สึกตกใจมาก
ルースック トックチャイ マーク

- 悲しいです
I feel sad.
เสียใจมาก
シアチャイ マーク

- 心配です
I'm worried.
รู้สึกเป็นห่วง
ルースック ペン フアン

- しかたがありません
It can't be helped!
ช่วยไม่ได้
チュアイ マイ ダーイ

- 問題ありません
No problem.
ไม่มีปัญหา
マイ ミー パンハー

- 気に入りました
I like it.
ชอบ
チョープ

■約束・予約■

● いつお会いしましょうか
When shall we meet?
จะพบกันเมื่อไหร่ดี
チャ ポップ カン ムアライ ディー

● 5時でご都合はいかがでしょうか
Would 5 o'clock be a convenient time to meet?
ตอน 5 โมงสะดวกไหม
トーン ハー モーン サドゥアック マイ

● 何曜日がいいですか
What day will suit you?
วันไหนดี
ワン ナイ ディー

● 金曜日はいかがですか
How about Friday?
วันศุกร์ดีไหม
ワン スック ディー マイ

● 私はそれで結構です
That suits me fine.
ผม(ฉัน)เอาตามนั้นล่ะ
ポム(チャン) アオ タームナンラ

● いつでもかまいません
Anytime will do.
เมื่อไรก็ได้
ムアライ ゴー ダーイ

● お約束ですか
Do you have an appointment?
มีนัดหรือเปล่า
ミーナット ルー プラオ

● 予約が必要ですか
Is an appointment necessary?
ต้องจองล่วงหน้าไหม
トン チョーン ルアンナー マイ

● 4時に歯医者の予約があります
I've got a dental appointment at 4 o'clock.
มีนัดกับหมอฟันตอน 4 โมง
ミーナット カップ モー ファン トーン シー モーン

■電話■

● もしもし，ユパーさんはいらっしゃいますか
Hello. Is Mrs Yupa there?
สวัสดีครับ(ค่ะ) คุณยุพาอยู่ไหมครับ(คะ)
サワッディー クラップ(カ), クン ユパー ユー マイ クラップ(カ)

- 私は宮田と申します
  My name is Miyata.
  ผม(ฉัน)ชื่อมิยะทะครับ(ค่ะ)
  ポム(チャン)チュー ミヤタ クラップ(カ)

- スパーポンさんをお願いしたいのですが
  May I speak to Miss Suparphon?
  ขอพูดกับคุณสุภาพรครับ(ค่ะ)
  コー プート カップ クン スパーポン クラップ(カ)

- どちら様ですか
  May I have your name, please?
  ไม่ทราบว่าใครพูดสายอยู่ครับ(ค่ะ)
  マイ サープ ワー クライ プート サーイ ユー クラップ(カ)

- 少々お待ちください
  Please hold (the line).
  รอสักครู่ครับ(ค่ะ)
  ロー サック クルー クラップ(カ)

- ただ今ほかの電話に出ております
  He is on another line right now.
  เขากำลังพูดอยู่อีกสายหนึ่งครับ(ค่ะ)
  カオ カムラン プート ユー イーク サーイ ヌン クラップ(カ)

- お電話くださるようお伝えください
  Could you tell him to call me back?
  ช่วยบอกให้เขาโทรกลับได้ไหม
  チュアイ ボーク ハイカオ トー クラップ ダーイ マイ

- 伝言をお願いします
  Could you give him a message?
  ขอสั่งข้อความไว้หน่อยได้ไหม
  コー サン コークワーム ワイ ノイ ダーイ マイ

- 江田から電話があったとお伝えください
  Please tell him Eda called.
  กรุณาบอกเขาว่าเอะดะโทรมาหา
  カルナー ボーク カオ ワー エダ トー マー ハー

- あとでこちらからかけなおします
  I'll call back later.
  แล้วจะโทรมาใหม่
  レーオ チャ トー マー マイ

■ 道を尋ねる ■

- …はどこでしょうか
  Where's …?
  ...อยู่ที่ไหนครับ(คะ)
  ユー ティーチャイ クラプ (カ)

- …に行きたいのですが
  I'd like to go to …
  อยากไปที่...
  ヤーク パイ ティー

- ここは何という通りですか
  What is the name of this street?
  ถนนนี้ชื่ออะไร
  タノン ニー チュー アライ

- この道は中央郵便局へ行けますか
  Does this street lead to General Post Office?
  ถนนสายนี้ไปไปรษณีย์กลางไหม
  タノン サーイ ニー パイ プライサニー クラーン マイ

- 遠いですか
  Is it far from here?
  ไกลไหม
  クライ マイ

- 歩いて行けますか
  Can I walk there?
  เดินไปได้ไหม
  ドゥーン パイ ダーイ マイ

- すぐそこですよ
  It's only a short distance.
  อยู่ตรงนั้นเอง
  ユー トロン ナン エーン

- ここからだとかなりありますよ
  It's quite a distance from here.
  จากที่นี่ไกลมาก
  チャーク ティー ニー クライ マーク

■ 交通機関の利用 ■

- BTS（スカイトレイン）の駅はどこですか
  Where is the BTS station?
  สถานีบีทีเอสอยู่ที่ไหน
  サターニー ビーティーエス ユー ティー チャイ

- **15 番線のバス停はどこですか**
  Where is the bus stop for the No. 15 line?
  ป้ายรถเมล์เบอร์15อยู่ที่ไหน
  パーイ ロットメー ブー シップハー ユー ティー ナイ

- **切符売り場はどこですか**
  Where is the ticket office?
  ที่ขายตั๋วอยู่ตรงไหน
  ティー カーイ トゥア ユー トロン ナイ

- **この電車は…に行きますか**
  Does this train stop at…?
  รถไฟสายนี้ไป…ไหม
  ロットファイ サーイ ニー パイ マイ

- **乗り換えが必要ですか**
  Do I need to transfer?
  ต้องเปลี่ยนรถไหม
  トン プリアン ロット マイ

- **どこで乗り換えるのですか**
  At which station do I transfer?
  ต้องเปลี่ยนรถที่ไหน
  トン プリアン ロット ティー ナイ

- **どこで降りたらいいですか**
  Where should I get off?
  ลงสถานีไหนดี
  ロン サターニー ナイ ディー

- **船着き場はどこですか**
  Where is the pier?
  ท่าเรืออยู่ที่ไหน
  タールア ユー ティー ナイ

- **…ホテルまでお願いします**
  To the Hotel…, please.
  ช่วยไปส่งที่โรงแรม…หน่อย
  チュアイ パイ ソン ティー ローンレーム ノイ

- **料金メーターを使ってください**
  Please use the meter.
  เปิดมิเตอร์
  プート ミトゥー

- **高速道路を使ってください**
  Please take the highway.
  ช่วยขึ้นทางด่วน
  チュアイ クン ターン ドゥアン

- **いくらですか**
  How much?
  เท่าไหร่
  タオ ライ

- **…バーツでいいでしょう？**
  …baht would be all right?
  …บาทก็แล้วกัน
  バート コー レーオ カン

- **おつりは取っておいてください**
  Keep the change.
  ไม่ต้องทอน
  マイ トン トーン

- **ノンカイまでエアコンバスで１枚ください**
  One for Nongkhai by air-conditioned bus, please.
  ขอตั๋วรถแอร์ไปหนองคายคนเดียว
  コー トゥア ロットエー パイ ノーンカーイ コン ディアオ

日常会話

●アユタヤまで2枚ください
Two round-trip tickets to Ayuthaya, please.
ขอตั๋วไปอยุธยา 2 ใบ
コートゥア パイ アユッタヤー ソーン バイ

●チェンマイまでどのくらい時間がかかりますか
How long will it take to go to Chiangmai?
ไปเชียงใหม่ใช้เวลานานเท่าไร
パイ チアンマイ チャイ ウェーラーナーン タオライ

●片道です／往復です
One way, please./ Round-trip, please.
ตั๋วเที่ยวเดียว/ตั๋วไปกลับ
トゥア ティアオ ディアオ/トゥア パイ クラップ

■食事■

●夕食はふだんは何時ごろですか
About what time do you usually eat dinner?
ปกติทานข้าวเย็นกี่โมง
パカティ ターン カーオ イェン キー モーン

●お昼は何を食べようか
What shall we eat for lunch?
มื้อกลางวันจะทานอะไรกันดี
ムー クラーンワン チャ ターン アライ カン ディー

●何でも結構です
Anything will be fine.
อะไรก็ได้นะ
アライ ユー ダーイ

●食事に行きませんか
Shall we go and eat together?
ไปทานข้าวกันไหม
パイ ターン カーオ カン マイ

●イサーン（東北地方）料理はどうですか
How about Esarn dishes?
ไปกินอาหารอีสานกันดีไหม
パイ キン アーハーン イーサーン カンディー マイ

●タイスキが食べたいです
I would like to have Thai-Suki.
อยากไปกินสุกี้
ヤーク パイ キン スキー

●ごちそうしますよ
I'll treat you.
เดี๋ยวผม(ฉัน)เลี้ยงเอง
ディアオ ポム（チャン）リアン エーン

●割り勘にしましょう
Let's share the bill.
จ่ายคนละครึ่ง
チャーイ コン ラ クルン

●遠慮なさらずに召し上がってください
Help yourself.
ไม่ต้องเกรงใจ
マイ トン クレーンチャイ

- ●お味はいかがですか
  Does it taste good?
  รสชาติเป็นอย่างไรบ้าง
  ロット チャート ペン ヤーンライ バーン

- ●たいへんおいしかったです，ごちそうさま
  It was very good, thank you.
  อร่อยมาก ขอบคุณ
  アロイ マーク コープクン

- ●おなかが一杯です
  I'm full.
  อิ่มแล้ว
  イム レーオ

- ●気に入ってもらえてうれしいです
  I'm glad you liked it.
  ดีใจที่คุณชอบ
  ディーチャイ ティー クン チョープ

- ●この店は食べ物はおいしくて値段も手ごろです
  The food in this restaurant is good and not expensive.
  ร้านนี้อาหารอร่อยและราคาไม่แพงด้วย
  ラーン ニー アーハーン アロイ レ ラーカー マイ ペーン ドゥアイ

- ●7時に予約をしてあります
  I have a reservation for seven o'clock.
  จองไว้ตอน 1 ทุ่ม
  チョーン ウイ トーン ヌン トゥム

- ●2［3］人です
  We are two [three].
  2 [3] คน
  ソーン [サーム] コン

- ●メニューを見せてください
  Could I have a menu, please?
  ขอดูเมนูหน่อย
  コー ドゥー メーヌー ノイ

- ●お勧めはなんですか
  What do you recommend?
  มีอะไรแนะนำบ้าง
  ミー アライ ネナム バーン

- ●この店の自慢料理は何ですか
  What's your specialty?
  ร้านนี้มีอาหารอะไรขึ้นชื่อบ้าง
  ラーン ニー ミー アーハーン アライ クン チュー バーン

- ●とりあえずシンハービールの大瓶を2本と鶏の炭火焼きをください
  2 big bottles of Shingha beer and *kaiyang* first, please
  ขอเบียร์สิงห์ขวดใหญ่ 2 ขวดและไก่ย่างก่อน
  コー ビアシン クアット ヤイ ソーン クアット レ カイヤーン コーン

- ●カニのカレー炒め，トムヤムクン，それに空芯菜炒めをください
  Curry flavor fried crab, *tomyamkun* and fried morning glory, please.
  ขอปูผัดผงกะหรี่ ต้มยำกุ้ง แล้วก็ ผัดผักบุ้งไฟแดง
  コー プー パットポンカリー トムヤムクン レーオコー パット パックブン ファイデーン

- ●ソムタムもください
  Somtam too, please.
  ขอส้มตำด้วย
  コー ソムタム ドゥアイ

- ●普通にして[辛くしないで]ください
  Ordinary [Not hot], please.
  ขอธรรมดา [ขอไม่เผ็ด]
  コー タムマダー [コー マイ ペット]

- ●私はココナッツアイスクリームにします
  I'll have coconut ice-cream.
  ผม(ฉัน)ขอไอศกรีมกะทิสด
  ポム(チャン)コー アイサクリーム カティソット

- ●氷をください
  Some ice, please.
  ขอน้ำแข็ง
  コー ナムケン

- ●お皿を替えてください
  New plates, please.
  ช่วยเปลี่ยนจาน
  チュアイ プリアン チャーン

- ●クレジットカードでお願いします
  By credit card, please.
  ขอจ่ายด้วยบัตรเครดิต
  コー チャーイ ドゥアイ バット クレーディット

■買い物■

- ●いらっしゃいませ
  May I help you?
  เชิญครับ(ค่ะ)
  チューン クラップ(カ)

- ●…はありますか
  Do you have …?
  มี...ไหม
  ミー マイ

- ●辛くしますか
  Do you like it hot?
  เอาเผ็ดไหม
  アオ ペット マイ

- ●デザートには何がありますか
  What do you have for dessert?
  มีของหวานอะไรบ้าง
  ミー コーンワーン アライ バーン

- ●ウイスキーの水割りをください
  A whiskey and water, please.
  ขอวิสกี้น้ำ
  コー ウィッサキー ナーム

- ●乾杯！
  Cheers!
  ชนแก้ว
  チョン ケーオ

- ●お勘定をお願いします
  Check, please.
  เช็คบิลด้วย
  チェック ビン ドゥアイ

- ●持ち帰ります
  I'd like take-out.
  ช่วยใส่ถุง
  チュアイ サイ トゥン

- ●ちょっと見ているだけです
  I'm just looking, thank you.
  ขอดูก่อน
  コー ドゥー コーン

- ●あれを見せてください
  Could you show me that one, please?
  ขอดูอันนั้นหน่อย
  コー ドゥー アン ナン ノイ

- **ほかのを見せてください**
  Could you show me another one, please?
  ขอดูอันอื่นด้วยได้ไหม
  コー ドゥー アン ウーン ドゥアイ ダーイ マイ

- **色違いのものはありますか**
  Do you have another color?
  มีสีอื่นไหม
  ミー シー ウーン マイ

- **違うデザインはありますか**
  Do you have another style?
  มีแบบอื่นไหม
  ミー ベープ ウーン マイ

- **試着してもいいですか**
  Can I try this on?
  ลองใส่ได้ไหม
  ローン サイ ダーイ マイ

- **ぴったりです**
  It fits me perfectly!
  พอดีเลย
  ポー ディー ルーイ

- **袖[裾]を詰めてください**
  Could you take the sleeve [the hem] up?
  ทำแขน[ชาย]ให้สั้นได้ไหม
  タム ケーン [チャーイ] ハイ サン ダーイ マイ

- **ちょっときつい[ゆるい]です**
  It's a bit tight [loose].
  คับ[หลวม]ไปหน่อย
  カップ [ルアム] パイ ノイ

- **いくらですか**
  How much (is it)?
  ราคาเท่าไหร่
  ラーカー タオライ

- **ラッピングしてもらえますか**
  Can you gift-wrap it please?
  ห่อเป็นของขวัญได้ไหม
  ホー ペン コーンクワン ダーイ マイ

- **気に入りましたがちょっと高すぎます**
  I like it but it's a little too expensive.
  ก็ชอบแต่แพงไปหน่อย
  コー チョープ テー ペーン パイ ノイ

- **まけてもらえますか**
  Can you give me a discount?
  ลดได้ไหม
  ロット ダイ マイ

- **これをください**
  I'll take this, please.
  ขออันนี้
  コー アン ニー

日常会話

- **いりません**
  No, thank you.
  ไม่เอา
  マイ アオ

■トラブル■

- **ちょっと困っています**
  I have a problem.
  มีปัญหานิดหน่อย
  ミー パン ハー ニット ノイ

- **日本語の話せる人を呼んでください**
  Could you call somebody who speaks Japanese?
  ช่วยเรียกคนที่พูดญี่ปุ่นเป็น
  チュアイ リアック コン ティー プート イープン ペン

- **道に迷いました**
  I think I am lost.
  หลงทาง
  ロン ターン

- **子どもがいなくなりました**
  My child is lost.
  ลูกหาย
  ルーク ハーイ

- **パスポートをなくしました**
  I have lost my passport.
  ทำพาสปอร์ตหาย
  タム パースサポート ハーイ

- **財布をすられました**
  I had my wallet stolen.
  ถูกล้วงกระเป๋าสตางค์
  トゥーク ルアン クラパオ サターン

- **かばんを盗まれました**
  Someone has stolen my bag.
  ถูกขโมยกระเป๋าครับ(ค่ะ)
  トゥーク カモーイ クラパオ クラップ(カ)

- **カードを無効にしてください**
  Please cancel my credit card.
  ช่วยยกเลิกการ์ด
  チュアイ ヨック ルーク カート

- **警察はどこですか**
  Where is the police station?
  สถานีตำรวจอยู่ที่ไหน
  サターニー タムルアット ユー ティーナイ

■助けを求める■

● 助けて！
Help!
ช่วยด้วย
チュアイ ドゥアイ

● 火事だ！
Fire!
ไฟไหม้
ファイ マイ

● どろぼう！
Thief!
ขโมย
カモーイ

● おまわりさん！
Police!
ตำรวจ
タムルアット

● お医者さんを呼んで！
Call a doctor!
ช่วยเรียกหมอให้หน่อย
チュアイ リアック モー ハイ ノイ

● 救急車を！
Get an ambulance!
เรียกรถพยาบาลให้หน่อย
リアック ロット パヤーバーン ハイ ノイ

● 交通事故です！
There's been an accident!
มีอุบัติเหตุรถชน
ミー ウバッティヘート ロット チョン

■苦情を言う■

● 計算が間違っています
This calculation is wrong.
คำนวณผิด
カムヌアン ピット

● おつりが足りません
This is not the correct change.
เงินทอนไม่ครบ
グントーン マイ クロップ

● 話が違います
That's not what you said.
คนละเรื่องกัน
コン ラルアン カン

● これは火が通っていません
This isn't cooked.
ยังไม่สุก
ヤン マイ スック

● スープがしょっぱ過ぎます
The soup is a bit too salty.
ซุปเค็มเกินไป
スップ ケム クーン パイ

● これは注文していません
I didn't order this.
อันนี้ไม่ได้สั่ง
アン ニー マイ ダイ サン

●頼んだものがまだ来ません
Our order hasn't arrived yet.
ของที่สั่งไปยังไม่มา
コーン ティー サン パイ ヤン マイ マー

●お湯が出ません
There isn't any hot water.
น้ำร้อนไม่ไหล
ナム ローン マイ ライ

●シャワーが出ません
The shower doesn't work.
น้ำฝักบัวไม่ไหล
ナム ファックブア マイ ライ

●冷房がききません
The air conditioner doesn't work.
แอร์ใช้ไม่ได้
エー チャイ マイ ダーイ

●この部屋はうるさいです
This room is too noisy.
ห้องนี้หนวกหูจัง
ホン ニー ヌアック フー チャン

●値段が高すぎます
The bill is too much.
ราคาแพงเกินไป
ラーカー ペーン クーン パイ

●外線電話が通じません
I cannot make an outside call.
โทรศัพท์สายนอกไม่ได้
トーラ サップ サーイ ノーク マイ ダーイ

●部屋が寒すぎます
It is too cold in this room.
ห้องนี้หนาวเกินไป
ホン ニー ナーオ クーン パイ

●洗濯物はまだできませんか？
Isn't my washing done yet?
ที่ส่งซักแห้งได้หรือยัง
ティー ソン サック ヘーン ダイ ルー ヤン

■ 宿泊 ■

● 1 泊 1000 バーツ以下のホテルを紹介してください
Could you recommend a hotel less than 1000 baht per night?
ช่วยแนะนำโรงแรมที่ราคาต่ำกว่า1000บาทต่อคืนให้หน่อย
チュアイ ネナム ローンレーム ティー ラーカー タム クワー ヌン パン バート クーン ハイ ノイ

●今夜は部屋はありますか
Do you have a room for the night?
คืนนี้มีห้องว่างไหม
クーン ニー ミー ホン ワーン マイ

- ツインをお願いします
  A twin room, please.
  ขอห้องเตียงคู่
  コー ホン ティアン クー

- バス［シャワー］付きの部屋をお願いします
  I'd like a room with a bath [shower].
  ขอห้องที่มีห้องอาบน้ำในตัว
  コー ホン ティー ミー ホン アーブナーム ナイ トゥア

- 眺めのいい部屋をお願いします
  I'd like a room with a nice view.
  ขอห้องที่มองวิวสวยๆได้
  コー ホン ティー モーン ウィウ スアイ スアイ ダーイ

- 1泊です／2［3］泊です
  One night./ Two [Three] nights.
  1คืน/ 2[3]คืน
  ヌン クーン／ソーン［サーム］クーン

- 朝食は付いてますか
  Is breakfast included?
  รวมอาหารเช้าด้วยหรือ
  ルアム アーハーン チャオ ドゥアイ ルー

- 上田です．チェックインをお願いします
  I'd like to check in. My name is Ueda.
  ชื่ออุแอะดะ ขอเช็คอินด้วย
  チュー ウエダ コー チェックイン ドゥアイ

- 日本から予約しました
  I made a reservation in Japan.
  จองมาจากญี่ปุ่น
  チョーン マー チャーク イープン

- 部屋を見せてください
  Please show me the room.
  ขอดูห้องหน่อย
  コー ドゥー ホン ノイ

- もっと静かな部屋はありますか
  Do you have any quieter rooms?
  มีห้องที่เงียบกว่านี้ไหม
  ミー ホン ティー ギアップ クワー ニー マイ

- この部屋にします
  I'll take this room.
  ขอห้องนี้
  コー ホン ニー

- クレジットカードは使えますか
  Can I use a credit card?
  ใช้บัตรเครดิตได้ไหม
  チャイ バット クレーディット ダーイ マイ

日常会話

日常会話

- ●朝食はどこでできますか
  Where can I have breakfast?
  ทานอาหารเช้าได้ที่ไหน
  ターン アーハーン チャーオ ダーイ ティーナイ

- ●チェックアウトは何時ですか
  What time is check-out?
  ต้องเช็คเอ้าท์กี่โมง
  トン チェックアオ キーモーン

■病院・薬局■

- ●この近くに病院［薬局］はありますか
  Is there a hospital [drugstore] near here?
  แถวนี้มีโรงพยาบาล[ร้านขายยา]ไหม
  テオ ニー ミー ローンパヤーバーン [ラーン カーイ ヤー] マイ

- ●病院に連れて行ってください
  Please take me to a hospital.
  ช่วยพาไปโรงพยาบาลหน่อย
  チュアイ パー パイ ローンパヤーバーン ノイ

- ●日本語の話せる医師はいますか
  Is there a Japanese-speaking doctor?
  มีหมอที่พูดภาษาญี่ปุ่นเป็นไหม
  ミー モー ティー プート パーサー イープン ペン マイ

- ●気分が悪いのですが
  I don't feel well.
  รู้สึกเวียนหัวครับ(ค่ะ)
  ルースック ウィアン ブア クラップ (カ)

- ●下痢をしています
  I have diarrhea.
  ท้องเสียครับ(ค่ะ)
  トン シア クラップ (カ)

- ●胃が痛みます
  My stomach aches.
  รู้สึกปวดท้องครับ(ค่ะ)
  ルースック プアット トーン クラップ (カ)

- ●頭が痛い［喉が痛い］です
  I have a headache [a sore throat].
  ปวดหัว[เจ็บคอ]ครับ(ค่ะ)
  プアット フア [チェップ コー] クラップ (カ)

- ●ここがとても痛いんです
  It hurts a lot here.
  เจ็บ(ปวด)ตรงนี้มากครับ(ค่ะ)
  チェップ (プアット) トロン ニー マーク クラップ (カ)

- ●熱があります
  I have a fever.
  รู้สึกมีไข้ครับ(ค่ะ)
  ルースック ミー カイ クラップ (カ)

- ●咳がひどいんです
  I'm coughing a lot.
  ไอมากครับ(ค่ะ)
  アイ マーク クラップ (カ)

- ●けがをしました
  I've injured myself.
  บาดเจ็บมาครับ(ค่ะ)
  バート チェップ マー クラップ (カ)

- ●目に何か入りました
  I have something in my eye.
  มีอะไรเข้าตาครับ(ค่ะ)
  ミー アライ カオ ター クラップ(カ)

- ●やけどをしました
  I've burned myself.
  โดน(ไฟ, น้ำร้อน)ลวกมาครับ(ค่ะ)
  ドーン (ファイ, ナムローン)ルアック マー クラップ(カ)

- ●風邪薬をください
  I'd like some medicine for a cold, please.
  ขอยาแก้หวัด
  コー ヤー ケー ウット

- ●頭痛薬はありますか
  Do you have medicine for a headache?
  มียาแก้ปวดหัวไหม
  ミー ヤー ケー プアット ブア マイ

- ●便秘の薬をください
  I'd like a laxative, please.
  ขอยาถ่าย
  コー ヤー ターイ

- ●私はアレルギー体質です
  I have allergies.
  ผม(ฉัน)ภูมิแพ้
  ポム (チャン) プームペー

■時刻・日にち・曜日・月・季節■

- ●(今)何時ですか
  What time is it (now)?
  (ตอนนี้)กี่โมง
  (トーン ニー)キー モーン

- ●2時です
  It's two o'clock.
  2 โมง
  ソーン モーン

- ●3時を回ったところです
  It's just after three (o'clock).
  เพิ่งจะ 3 โมง
  プン チャ サーム モーン

- ●1時半です
  Half past one.
  บ่ายโมงครึ่ง
  バーイ モーン クルン

- ●4時15分です
  Quarter past four./ Four fifteen.
  4 โมง 15 นาที
  シー モーン シップ ハー ナーティー

日常会話

- 6時10分前です
Ten to six.
อีก 10 นาที 6 โมง
イーク シップ ナーティー ホック モーン

- 4月18日です
It's April 18th.
วันที่ 18 เมษายน
ワンティー シップ ペート メーサーヨン

- 今日は何曜日ですか
What day (of the week) is it today?
วันนี้วันอะไร
ワン ニー ワン アライ

- 彼とは木曜日に会います
I'll meet him on Thursday.
จะพบกับเขาวันพฤหัส
チャ ポップ カップ カオ ワン パルハット

- 今日は何日ですか
What's the date (today)?
วันนี้วันที่เท่าไหร่
ワン ニー ワンティー タオライ

- こちらへは3月2日に来ました
I got here on 2nd of March.
มาที่นี่เมื่อวันที่ 2 มีนาคม
マーティーニー ムア ワンティー ソーン ミーナーコム

- 火曜です
Tuesday.
วันอังคาร
ワン アンカーン

- 先週の金曜日は大雨でした
We had heavy rain last Friday.
วันศุกร์ที่แล้วฝนตกหนักมาก
ワン スック ティーレーオ フォントック ナック マーク

- 5月に[の上旬に]チェンマイへ発ちます
I'll leave for Chiangmai in [at the beginning of] May.
จะไปเชียงใหม่ตอน[ต้น]เดือนพฤษภาคม
チャ パイ チアンマイ トーン [トン] ドゥアン プルッサパーコム

- 季節でいちばん好きなのはいつですか
Which season do you like best?
ชอบฤดูไหนมากที่สุด
チョープ ルドゥー ナイ マーク ティー スット

- 乾季がいちばん好きです
I like dry season best.
ชอบหน้าหนาวมากที่สุด
チョープ ナー ナーオ マーク ティー スット

- 暑季の終わりにはスコールが降ります
There are squalls at the end of summer [the hot season].
ปลายหน้าร้อนฝนจะตกชุก
プライ ナー ローン フォン チャ トック チュック

タイ日英
辞典

พจนานุกรม
ไทย-ญี่ปุ่น-อังกฤษ

ก

ก็ /ゴー/ (⊛ also, too) …も、…もまた，…でも，…ても，それなら，…には，…のは **ก็ดี** /ゴーディー/ …もいいですね **ก็แล้วกัน** /ゴーレーオガン/ それでかまわない

ก.ข.ค. /ゴーゴーゴー/ (⊛ ABC)「いろは」，基本，初歩

ก๋ง /ゴン/ (⊛ grandfather) 祖父《中国人の》

กงสุล /コンスン/ (⊛ consul) 領事

กฎ /ゴット/ (⊛ rule) 規則，法 **กฎเกณฑ์** /ゴットゲーン/ 規則，標準 **กฎจราจร** /ゴットチャラーチョーン/ 交通法規 **กฎหมาย** /ゴットマーイ/ 法律

กฐิน /カティン/ (⊛ Thot kathin,) カティン《僧に衣を布施する年中行事》

กด /ゴット/ (⊛ press) 押す，押さえる，圧する **กดขี่** /ゴットキー/ 抑圧する **กดราคา** /ゴットラーカー/ 安値をつける

กตัญญู /カタンユー/ (⊛ thank) 恩に感じる；忠誠心のある，親孝行な

กติกา /カティカー/ (⊛ rule) ルール，規則，条約

ก.ท. ⇒ **กรุงเทพฯ** バンコク

กทม. ⇒ **กรุงเทพมหานคร** バンコク首都圏

ก้น /ゴン/ (⊛ bottom) 尻，底，(鉛筆，たばこの) 残り **ก้นหอย** /ゴンホーイ/ 渦巻き模様

กนก /カノック/ (⊛ gold) 金(きん)，タイ式模様の一種

กบ /ゴップ/ (⊛ frog) カエル，かんな；(皿に) 山盛りの

กบฏ /カボット/ (⊛ rebellion; rebel) 反逆，暴動；反乱をおこす

ก้ม /ゴム/ (⊛ bend) (体を)かがめる，曲げる，(頭を)さげる **ก้มหน้า** /ゴムナー/ うつむく，降参する **ก้มหน้าก้มตา** /ゴムナーゴムター/ …に専心する，…に没頭する

กมล /カモン/ (⊛ lotus) 蓮の花，心

กร /コーン/ (⊛ arm) 手，腕，…者，…工《主に造語成分として》 **วิศวกร** /ウィッサワコーン/ 技術者，技師

กรกฎาคม /カラッカダーコム/ (⊛ July) 7月

กรง /クロン/ (⊛ cage) かご，檻(おり)

กรณี /カラニー/ (⊛ case) 事件，状況，原因

กรณียกิจ /カラニーヤキット/ (⊛ duty) 義務，任務

กรด /クロット/ (⊛ acid) 酸；猛烈な **กรดกำมะถัน** /クロットカムマタン/ 硫酸 **กรดเกลือ** /クロットクルア/ 塩酸

กรน /クロン/ (⊛ snore) いびきをかく

กรม /クロム/ (⊛ department, division)《官庁の **กระ**

ทรวง 省の下位組織》局, 連隊, …親王

กรรไกร /カンクライ/ (㊀ scissors) はさみ

กรรม /カム/ (㊀ act) 行い, 業 (ごう), 報い, 運命

กรรมกร /カンマコーン/ (㊀ laborer) 労働者

กรรมการ /カンマカーン/ (㊀ member of a committee) 委員, 理事 **คณะกรรมการ** /カナカンマカーン/ 委員会

กรรมวิธี /カンマウィティー/ (㊀ program, order) (式) 次第, (製造) 過程, 順序

กรรมสิทธิ์ /カンマシット/ (㊀ ownership) 所有権

กรรมาธิการ /カンマーティカーン/ (㊀ councilor) 審議委員

กรวด /クルアット/ (㊀ pebble) 小石, 砂利 **กรวดน้ำ** /クルアットナーム/ 追善供養の聖水をかける

กรวย /クルアイ/ (㊀ cone) 円錐形のもの, じょうご

กรอก /クローク/ (㊀ pour) 流し込む, (耳に) 入れる, 記入する

กรอง /クローン/ (㊀ filter) ろ過する, こす, 通す (糸を)

กรอบ /クロープ/ (㊀ frame) 枠, 囲み (記事);ぱりぱりの (おせんべい), もろい **กรอบๆ** /クロープクロープ/ ぱりぱりの, かりかりの

กรอม /クローム/ (㊀ covered) 覆われた, かぶさった;心配する

กร่อย /クローイ/ (㊀ salty) 塩気のある, 味の薄い, 面白みのない

กระ /クラ/ (㊀ freckles) そばかす, しみ;〖動〗タイマイ

กระจก /クラチョック/ (㊀ glass) ガラス, 鏡 **กระจกเงา** /クラチョックガオ/ 鏡

กระจอก /クラチョーク/ (㊀ sparrow) スズメ;手足の不自由な, 下等な **กระจอกงอกง่อย** /クラチョーク ゴーク ゴイ/ 手足の不自由な, 貧しい

กระจัด /クラチャット/ (㊀ drive away, clear) 追い払う, 明白な

กระจัดกระจาย /クラチャット クラチャーイ/ (㊀ scattered) 散らばった, 飛び散った

กระจ่า /クラチャー/ (㊀ scoop) (ヤシ殻の) ひしゃく

กระจ่าง /クラチャーン/ (㊀ bright) 明るい, はっきりした

กระจาด /クラチャート/ (㊀ basket) (野菜) かご, ざる

กระจาย /クラチャーイ/ (㊀ splash) 飛び散る, 広がる **กระจายเสียง** /クラチャーイ シアン/ 放送する

กระจุก /クラチュック/ (㊀ bundle) (髪や草の) 束, 房, (星の) 群 **กระจุกกระจิก** /クラチュック クラチック/ ささいな **กระจุกกระ**

จุย /クラチュック クラチュイ/ 乱雑に散らかった

กระจุ๋มกระจิ๋ม /クラチュム クラチム/ ([英] elegant) 優美な，小さくて可愛いらしい

กระเจิดกระเจิง /クラチューット クラチューン/ ([英] scattered) 四散した，潰走（かいそう）した

กระโจน /クラチョーン/ ([英]jump) 跳び上がる，跳び越える

กระโจม /クラチョーム/ ([英] tent, pavilion) テント，天幕；とんがり帽子；飛びかかる **กระโจมไฟ** /クラチョーム ファイ/ 灯台

กระฉับกระเฉง /クラチャップ クラチェーン/ ([英] promptly) てきぱきとした，機敏な

กระชัง /クラチャン/ ([英]fish preserve) 竹編みの生簀（いけす）かご

กระชั้น /クラチャン/ ([英]near by) 間近に，すぐ後から，接近した

กระชับ /クラチャップ/ ([英] suit, fit) ぴったり合っている，密接な

กระชาก /クラチャーク/ ([英] pull, shout)（綱を）ぐいと引っ張る，どなる

กระเช้า /クラチャオ/ ([英]basket) 取っ手付きの編みかご

กระแชง /クラチェーン/ ([英](straw) mat) 雨を防ぐ筵（むしろ）

กระโชก /クラチョーク/ ([英] threaten, shout) 脅かす，どなる；乱暴な **กระโชกกระชาก** /クラチョーク クラチャーク/ 大声でどなる

กระซิก /クラシック/ ([英]edge up) すり寄る **กระซิกๆ** /クラシック クラシック/ むせび泣く，すすり泣く **กระซิกกระซี้** /クラシック クラシー/（男女間で）ふざけ合う

กระซิบ /クラシップ/ ([英] whisper) ささやく，耳打ちする **กระซิบกระซาบ** /クラシップ クラサープ/ ひそひそ話をする

กระเซ็น /クラセン/ ([英] splash)（水が）はねる，はねかかる

กระเซอะกระเซิง /クラスクラスーン/ ([英] desultorily) 漫然と，あてどなく

กระเซ้า /クラサオ/ ([英] persecute) からかう，いじめる **กระเซ้ากระซี้** /クラサオ クラシー/ しつこく文句を言う

กระดก /クラドック/ ([英] lean) 片方を傾ける，（いすの脚のひとつが）わずかに高い

กระด้ง /クラドン/ ([英] basket) 箕（み）（モミをふるいにかけるざる）

กระดอน /クラドーン/ ([英] jump) 跳ね返る，はずむ

กระดาก /クラダーク/ ([英]be shy) 恥ずかしがる，恥じる

กระด้าง /クラダーン/ ([英] hard) 固い，硬質の（水），（きめの）粗い，生硬な（文），反抗的な（態度） **กระด้างกระ**

เดื่อง /クラターン クラドゥアン/ 強情な, 反抗的な

กระดาน /クラダーン/ (⊛ board) 板, 盤, (将棋などの)対局 **กระดานชนวน** /クラダーン チャヌアン/ 石板 **กระดานดำ** /クラダーンダム/ 黒板

กระดาษ /クラダート/ (⊛ paper) 紙 **กระดาษแก้ว** /クラダート ケオ/ セロファン紙 **กระดาษแข็ง** /クラダート ケン/ ボール紙 **กระดาษชำระ** /クラダート チャムラ/ トイレットペーパー **กระดาษห่อ** /クラダート ホー/ 包装紙

กระดิก /クラディック/ (⊛ move, shake) (体を)動かす, 揺する, (尾を)振る

กระดิ่ง /クラディン/ (⊛ bell) 鈴, ベル

กระดุกกระดิก /クラドゥック クラディック/ (⊛ twitch) ぴくぴく動く, もぞもぞする

กระดุม /クラドゥム/ (⊛ button) ボタン

กระดูก /クラドゥーク/ (⊛ bone) 骨 **กระดูกซี่โครง** /クラドゥーク シークローン/ 肋骨 **กระดูกสันหลัง** /クラドゥーク サンラン/ 背骨

กระเด็น /クラデン/ (⊛ fire, rush) (弾丸・水・火花が)飛び出す, はじけ飛ぶ

กระเดียด /クラディアット/ (⊛ carry ... at *one's* waist) 腰に抱える《女性が物を運ぶときの姿勢》; …の傾向がある

กระเดือก /クラドゥアック/ (⊛ the Adam's apple) のどぼとけ; 無理に飲み込む, もがく

กระเดื่อง /クラドゥアン/ (⊛ famous) 有名な, 硬い

กระโดก /クラドーク/ (⊛ shake) 揺れる

กระโดกกระเดก /クラドーク クラデーク/ (⊛ shake) (前後左右に)ぐらぐら揺れる

กระโดด /クラドート/ (⊛ jump) 跳び上がる, はねる, 跳ぶ **กระโดดเข้า** /クラドート カオ/ 飛びつく **กระโดดร่ม** /クラドート ロム/ 学校を早退する **กระโดดสูง** /クラドート スーン/ 走り高跳び

กระได /クラダイ/ (⊛ stairs) 階段, はしご段

กระต๊อบ /クラトープ/ (⊛ hut) 小屋

กระต่าย /クラターイ/ (⊛ rabbit) ウサギ

กระติก /クラティック/ (⊛ jar, pot) 水筒, 魔法びん

กระตือรือร้น /クラトゥー ルーロン/ (⊛ ardent) 熱心な, 熱烈な; あわてる, 急ぐ

กระตุก /クラトゥック/ (⊛ pull) 急に引く, ぐいと曲げる

กระตุ้น /クラトゥン/ (⊛ press) 強いる, 促す, 刺激する

กระเตื้อง /クラトゥアン/ (⊛ get better) (病気・事態が)好転する, よくなる, ゆるむ

กระถาง /クラターン/ (⊛ vase)

花びん，植木鉢

กระโถน /クラトーン/ ([英] cuspidor) たん壺

กระทง /クラトン/ バナナの葉の器；(訴訟の) 訴因 **กระทงความ** /クラトン クワーム/ 要点，罪状

กระทบ /クラトップ/ ([英] hit) ぶつかる，衝突する，(気持ちを) 傷つける，あてこする **กระทบกระเทียบ** /クラトップ クラティアップ/ あてこする，皮肉な **กระทบกระเทือน** /クラトップ クラトゥアン/ 影響を与える

กระทรวง /クラスアン/ ([英] Ministry) (行政機関の) 省；群，団，種類 **กระทรวงกลาโหม** /クラスアン カラーホーム/ 国防省 ([英] Ministry of Defense) **กระทรวงการคลัง** /クラスアン カーン クラン/ 大蔵省 ([英] Ministry of Finance) **กระทรวงการต่างประเทศ** /クラスアン カーン ターン プラテート/ 外務省 ([英] Ministry of Foreign Affairs) **กระทรวงการท่องเที่ยวและกีฬา** /クラスアン カーン トーン ティアオ レ キーラー/ 観光スポーツ省 ([英] Ministry of Tourism and Sports) **กระทรวงการพัฒนาสังคมและความมั่นคงของมนุษย์** /クラスアン カーン パッタナーサンコム レ クワームマンコン コーン マヌット/ 社会開発・人間安全保障省 ([英] Ministry of Social Development and Human Security) **กระทรวงเกษตรและสหกรณ์** /クラスアン カセート レ サハコーン/ 農業省 ([英] Ministry of Agriculture and Cooperatives) **กระทรวงคมนาคม** /クラスアン カマナーコム/ 運輸省 ([英] Ministry of Transport) **กระทรวงทรัพยากรธรรมชาติและสิ่งแวดล้อม** /クラスアン サッパヤーコーンタンマチャート レ シンウェートローム/ 自然資源環境省 ([英] Ministry of Natural Resources and Environment) **กระทรวงเทคโนโลยีสารสนเทศและการสื่อสาร** /クラスアン テックノーローイー サーラソンテート レ カーンスーサーン/ 情報通信技術省 ([英] Ministry of Information and Communication Technology) **กระทรวงพลังงาน** /クラスアン パランガーン/ エネルギー省 ([英] Ministry of Energy) **กระทรวงพาณิชย์** /クラスアン パーニット/ 商業省 ([英] Ministry of Commerce) **กระทรวงมหาดไทย** /クラスアン マハーッタイ/ 内務省 ([英] Ministry of Interior) **กระทรวงยุติธรรม** /クラスアン ユティタム/ 法務省 ([英] Ministry of Justice) **กระทรวงแรงงานและสวัสดิการสังคม** /クラスアン レーンガーン レ サワッディカーン サンコム/ 労働・社会福祉省 ([英] Ministry of Labor) **กระทรวงวัฒน**

ธรรม /クラスアン ウッタサタム/ 文化省 (⊛ Ministry of Culture)

กระทรวงวิทยาศาสตร์และเทคโนโลยี /クラスアン ウィッタヤーサート レテックノーロイー/ 科学技術省 (⊛ Ministry of Science and Technology)

กระทรวงศึกษาธิการ /クラスアン スックサーティカーン/ 教育省 (⊛ Ministry of Education)

กระทรวงสาธารณสุข /クラスアン サーターラナスック/ 公衆衛生省 (⊛ Ministry of Public Health)

กระทรวงอุตสาหกรรม /クラスアン ウッサーハカム/ 工業省 (⊛ Ministry of Industry)

กระท่อม /クラトム/ (⊛ hut) 小屋, あばら屋

กระทะ /クラタ/ (⊛ frying pan) フライパン

กระทั่ง /クラタン/ (⊛ till, until, beat) 叩く, 吹く

กระทำ /クラタム/ (⊛ make, act) 作る, 行う, 行動する
กระทำตัว /クラタム トゥア/ 振る舞う

กระทิง /クラティン/ (⊛ bison) 〖動〗野牛の一種

กระทืบ /クラトゥープ/ (⊛ stamp down) 踏みつける

กระทุ้ง /クラトゥン/ (⊛ strike) (棒で) 突っつく, けしかける, (人を) そそのかす

กระเทียม /クラティアム/ (⊛ garlic) ニンニク

กระเทือน /クラトゥアン/ (⊛ shake) 揺れる, 振動する

กระแทก /クラテーク/ (⊛ hit) ぶつかる, 衝突する **กระแทกกระทั้น** /クラテーク クラタン/ 皮肉を言う, ののしる, 八つ当たりする

กระนั้น /クラナン/ (⊛ so) かくて, それゆえ, そんな

กระบวน /クラブアン/ (⊛ line) 列, 行列; 方式, 手続き **กระบวนการ** /クラブアン カーン/ 運動, プロセス, 手順

กระบวย /クラブアイ/ (⊛ scoop) (ヤシ殻の) ひしゃく

กระบอก /クラボーク/ (⊛ bamboo container) 筒, 竹筒

กระบือ /クラブー/ (⊛ water buffalo) 水牛

กระบุง /クラブン/ (⊛ bamboo basket) 竹かご

กระเบื้อง /クラブアン/ (⊛ tile) 瓦, タイル

กระป๋อง /クラポン/ (⊛ can) 缶, 缶詰

กระปุก /クラプック/ (⊛ pot) 小壺, 小瓶 **กระปุกลุก** /クラプック ルック/ 小太りの可愛いらしい

กระเป๋า /クラパオ/ (⊛ bag) かばん, 袋, ポケット; 車掌 **กระเป๋าเงิน** /クラパオ グン/ 財布 **กะเป๋าถือ** /クラパオ トゥー/ ハンドバッグ **กระเป๋าเดินทาง** /クラパオ ドゥーン ターン/ スーツケース

กระโปรง /クラプローン/ (⊛ skirt) スカート

กระผม /クラポム/ (Ⓔ I) 私《男性が目上対して》

กระเพาะ /クラポ/ (Ⓔ stomach) 胃, 膀胱, 囊 (のう) **กระเพาะอาหาร** /クラポアーハーン/ 胃袋 **กระเพาะอาหารกระตุก** /クラポアーハーン クラトゥック/ 胃けいれん **กระเพาะเบา** /クラポ バオ/ 膀胱

กระเพื่อม /クラプアム/ (Ⓔ swell) 波立つ, 揺らぐ

กระมัง /クラマン/ (Ⓔ perhaps) おそらく…だろう

กระย่องกระแย่ง /クラヨン クラエン/ (Ⓔ be unsteady) ふらつく, よろよろと

กระยา /クラヤー/ (Ⓔ article) 品物, 食料

กระยาจก /クラヤーチョック/ (Ⓔ beggar) 物乞い

กระไร /クラライ/ (Ⓔ why) どうして, どんなに, 何と (すばらしいことか); 変な, おかしい

กระวนกระวาย /クラウォン クラワーイ/ (Ⓔ nervous) 落ち着かない, 興奮して, 気をもむ

กระวีกระวาด /クラウィー クラワート/ (Ⓔ in a hurry) 慌しく, 急いで

กระสอบ /クラソープ/ (Ⓔ bag) 袋, 麻袋

กระสัน /クラサン/ (Ⓔ yearn after) 慕う, 欲情する; きつく縛る

กระสุน /クラスン/ (Ⓔ bullet) 弾, 弾丸

กระเสือกกระสน /クラスアック クラソン/ (Ⓔ struggle) もがく, あがく, 苦闘する

กระแส /クラセー-/ (Ⓔ stream) (水・風の) 流れ, 流通, 方向 **กระแสน้ำ** /クラセー チーム/ 水流 **กระแสไฟฟ้า** /クラセー ファイファー/ 電流

กระหนก /クラノック/ タイ図案の総称

กระหน่ำ /クラナム/ (Ⓔ clang ... repeatedly) 連打する, 連射する

กระหาย /クラハーイ/ (Ⓔ be thirsty) のどが渇く, 渇望する

กระหึ่ม /クラフム/ (Ⓔ hum, rumble) うなる, (雷が) とどろく, 鳴り響く

กระหืดกระหอบ /クラフート クラホープ/ (Ⓔ be short of breath) 息切れする

กรัม /クラム/ (Ⓔ gram) 【単】グラム

กราก /クラーク/ (Ⓔ rush) 突進する; 急な, ざらざらした, 粗い

กราด /クラート/ (Ⓔ sweep) 掃く, (日に) 晒 (さら) す **มองกราด** /モーン クラート/ 辺りを見渡す **ยิงกราด** /イン クラート/ 掃射する

กราดเกรี้ยว /クラート クリアオ/ (Ⓔ be enraged *with*) 激怒する, 叱りつける

กราบ /クラープ/ (⊛ prostrate *oneself*) 平伏する, 跪拝 (きはい) する **กราบทูล** /クラープ トゥーン/ (王族に) 奏上する **กราบเท้า** /クラープ ターオ/ 跪拝する, 謹啓 **กราบกราน** /クラープ クラーン/ 平伏する, 五体投地する

กราย /クライ/ (⊛ walk with a swagger) 肩で風を切って歩く, かすめて通る

กร้าว /クラーオ/ (⊛ tough, rough) 堅い, 粗い, しゃがれた

กรำ /クラム/ (⊛ endure) 忍ぶ, 苦しみに耐える

กริ่ง /クリン/ (⊛ bell) 鈴, 鈴の音;(…ではないかと) 怪しむ, 疑う **กริ่งเกรง** /クリン クレーン/ 心配する, 疑念を抱く **กริ่งไฟฟ้า** /クリン ファイフアー/ ブザー

กริ๊ง /クリン/ (⊛ jingle) チリンチリン

กริบ /クリップ/ (⊛ cut) はさみで切る; とても静かな **กริบผม** /クリップ ポム/ 髪を切る

กริยา /クリヤー/ (⊛ verb) 動詞

กรีฑา /クリーター/ (⊛ athletics) 陸上競技, スポーツ **กรีฑาสถาน** /クリーター サターン/ 競技場, スタジアム

กรีด /クリート/ (⊛ cut, slit) 切り裂く **กรีดร้อง** /クリート ローン/ (驚いて) 悲鳴を上げる

กรีธา /クリーター/ (⊛ march) 行進する

กรุ /クル/ (⊛ cache, cover) 収蔵庫;隠す

กรุง /クルン/ (⊛ city, capital) 都, 首都《多くは地名につく》 **กรุงเก่า** /クルン カオ/ 旧都

กรุงเทพฯ /クルンテープ/ (⊛ Bangkok) クルンテープ《バンコク》

กรุงเทพมหานคร /クルンテープ マハーナコーン/ (⊛ Bangkok Metropolitan) 大バンコク《バンコク首都圏》

กรุณา /カルナー/ (⊛ mercy, please) 慈悲, 哀れみ;親切な, 情け深い;どうぞ…してください

กรุ่น /クルン/ (⊛ smoulder) (熱気が) こもる, (煙が) たちこめる

กรุ้มกริ่ม /クルム クリム/ (⊛ flirt, coquette) にやける

กรุย /クルイ/ (⊛ stake, flirt) 杭 (くい), ふざける **กรุยกราย** /クルイ クライ/ いちゃついて, ベタベタして

กรู /クルー/ (⊛ crowd) 群がる

กรูด /クルート/ (⊛ retreat) 退却する, 退く

กล /コン/ (⊛ trick, machine) 策略, 機械 **กลไก** /コン カイ/ メカニズム, システム **กลเม็ด** /コンラメット/ テクニック

กลบ /クロップ/ (⊛ hide) 隠す **กลบเกลื่อน** /クロップ クルアン/ 隠す, 静める

กลม /クロム/ (⊛ round) 丸い

กลมกล่อม /クロム クローム/ まろやかな **กลมกลืน** /クロム クルーン/ 調和した

กลวง /クルアン/ (⓽empty) 空っぽの, うつろな

กล้วย /クルアイ/ (⓽banana) 〖植〗バナナ;〖口〗やさしい, ちょろい

กล้วยไม้ /クルアイ マーイ/ (⓽orchid) 〖植〗蘭(らん)の総称

กลอก /クローク/ (⓽roll, goggle) 転がる, ぎょろつかせる **กลอกตา** /クローク ター/ (目を) きょろきょろさせる

กลอง /クローン/ (⓽drum) 太鼓

กล่อง /クロン/ (⓽box, case) 小箱, ケース

กล้อง /クロン/ (⓽tube, camera) 管, カメラ **กล้องถ่ายรูป** /クロン タイ ループ/ カメラ **กล้องส่องทางไกล** /クロン ソン ターンクライ/ 双眼鏡

กลอน /クローン/ (⓽*klon*, latch) クローン《タイの詩型の一種》;(門, 窓の) かんぬき

กล่อม /クローム/ (⓽lull) あやす, (子供を) 寝かしつける **กล่อมลูก** /クローム ルーク/ 子守唄を歌う

กล้อมแกล้ม /クロム クレム/ (⓽mutter, makeshift) つぶやく; 間に合わせの

กลัก /クラック/ (⓽box) (マッチなどの) 小箱; …個《小箱類の類別詞》

กลัด /クラット/ (⓽pin, button) ピンで留める, (ボタンを) かける **กลัดกลุ้ม** /クラット クルム/ 悶々と悩む

กลั่น /クラン/ (⓽distill) 蒸留する, 精製する **กลั่นแกล้ง** /クラン クレン/ 圧迫する, 中傷する

กลั้น /クラン/ (⓽suppress) 抑制する **กลั้นใจ** /クラン チャイ/ 息を殺す **กลั้นโทสะ** /クラン トーサ/ 怒りを抑える

กลับ /クラップ/ (⓽return, instead) 帰る, 戻る; かえって **กลับคำ** /クラップ カム/ 前言をひるがえす **กลับใจ** /クラップ チャイ/ 改心する

กลัว /クルア/ (⓽fear) 恐れる **กลัวว่า** /クルア ワー/ …することを恐れる **กลัวน้ำ** /クルア ナーム/ 狂犬病

กลั้ว /クルア/ (⓽gargle, rinse) うがいする, すすぐ

กล้า /クラー/ (⓽dare, brave, strong) あえて(…する); 勇敢な, 強い **กล้าได้กล้าเสีย** /クラー ダイ クラー シア/ 冒険的な **กล้าบ้าบิ่น** /クラー バービン/ 無鉄砲な

กลาก /クラーク/ (⓽ringworm) タムシ

กลาง /クラーン/ (⓽center, central) 中央, 中間; 中央の, …途中の **กลางคืน** /クラーン クーン/ 夜間 **กลางทาง** /クラーン ター

ン/ 中途, 途上 **กลางวัน** /クラーン ワン/ 昼間, 日中

กล้ามเนื้อ /クラーム ヌア/ ([英] muscle) 筋肉

กลาย /クラーイ/ ([英] become, change into) (…に) なる, 変化する **กลายเป็น** /クラーイ ペン/ 変化して…となる

กล่าว /クラーオ/ ([英] speak) 述べる **กล่าวคือ** /クラーオ クー/ すなわち **กล่าวถึง** /クラーオ トゥン/ …に言及する **กล่าวหา** /クラーオ ハー/ 責める

กล้ำ /クラム/ ([英] mix) 混合する

กลิ้ง /クリン/ ([英] roll, tricky) 転がる, 狡猾(こうかつ)な, ずるい

กลิ่น /クリン/ ([英] smell, clue, rumor) 匂い, 手がかり, 噂 **กลิ่นหอม** /クリン ホーム/ よい香り

กลี /クリー/ ([英] evil) 悪い, 邪悪な

กลีบ /クリープ/ ([英] petal) 花びら, ひだ, プリーツ

กลึง /クルン/ ([英] lathe, knead) こねる, 旋盤にかける

กลืน /クルーン/ ([英] swallow, match) 飲み込む, (色が) 調和する **กลืนไม่เข้าคายไม่ออก** /クルーン マイ カオ カーイ マイ オーク/ 進退がきわまる《飲み込むことも吐き出すこともできない》

กลุ่ม /クルム/ ([英] group) グループ, 《政党など》団 **กลุ่มลุ่ม** /クルム ルム/ 群がる

กลุ้ม /クルム/ ([英] worried) 苦悩する, 気落ちした

กวด /クアット/ ([英] drive, chase) (ねじを) 締める, 追いたてる **กวดขัน** /クアット カン/ 厳重に **กวดวิชา** /クアット ウィチャー/ 補習を行なう

กวน /クアン/ ([英] stir, disturb) かき回す, 妨害する

ก๋วยเตี๋ยว /クアイティアオ/ ([英] noodle) 中華風めん類《米の粉が原料》

กวัก /クウック/ ([英] call) 手招きする

กว่า /クワー/ ([英] more than, over) …より, …以上 **กว่าเพื่อน** /クワー プアン/ いちばん

กวาง /クワーン/ ([英] deer) 鹿

กว้าง /クワーン/ ([英] wide) 広い, 幅広い **กว้างขวาง** /クワーン クワーン/ 広々とした, 有名な

กวาด /クワート/ ([英] sweep) 掃く, 一掃する **กวาดตา** /クワート ター/ ぐるりと見回す **กวาดล้าง** /クワート ラーン/ 除く, 消去する

กว้าน /クワーン/ ([英] wind, winch) (ウインチで) 吊り上げる ; ウインチ **กว้านซื้อ** /クワーン スー/ 買い占める

กวี /カウィー/ ([英] poet) 詩人 **กวีนิพนธ์** /カウィー ニポン/ 詩

กษัตริย์ /カサット/ ([英] king) 王, 君主 ; 純粋な

กษาปณ์ /カサープ/ ([英] money)

貨幣

กสิกร /カシコーン/ (⊛ farmer) 農民

กสิกรรม /カシカム/ (⊛ agriculture) 農業

กอ /コー/ (⊛ clump, cluster) やぶ, 群, 団

ก่อ /コー/ (⊛ found, create) 建設する, 創り出す, 引き起こす **ก่อไฟ** /コー ファイ/ 火をおこす **ก่อสร้าง** /コー サーン/ 建築する

ก็อ ⇒ **ก็** …もまた

ก๊อก /コーク/ (⊛ faucet) コック, 栓 **ก๊อกน้ำ** /コーク ナーム/ 水道の蛇口

กอง /コーン/ (⊛ division, pile) 部《官庁の **กรม** 局の下部組織》, 堆積; 積み重ねる **กองดับเพลิง** /コーン ダップ プルーン/ 消防隊 **กองตรวจคนเข้าเมือง** /コーン トルアット コン カオ ムアン/ 入国管理部 **กองทัพ** /コーン タップ/ 軍隊 **กองไฟ** /コーン ファイ/ たき火

ก้อง /コーン/ (⊛ echo) 反響する, こだまする **ก้องกังวาน** /コーン カンワーン/ 鳴り響く

กอด /コート/ (⊛ hug) 抱く, 抱きしめる **กอดจูบลูบคลำ** /コート チューブ ループ クラム/ いちゃつく

ก่อน /コーン/ (⊛ former, ahead) 以前の, 先ず…, 先に… **ก่อนที่...** /コーン ティー/ …する前に **ก่อนอื่น** /コーン ウーン/ 先ずは

ก้อน /コーン/ (⊛ lump) …個《チーズ, 砂糖, 金 (かね), 石など塊状のものの類別詞》; かたまり

กอบ /コープ/ (⊛ scoop, much) (両手で) すくう; たくさんの

ก๊อปปี้ /コッピー/ (⊛ copy) コピーする

ก้อย /コイ/ (⊛ little finger) 小指; (くじをする時の) コインの裏

กอล์ฟ /コープ/ (⊛ golf) ゴルフ

กะ /カ/ (⊛ with, estimate) …とともに, 見積もる

กะแช่ /カチェー/ (⊛ palm wine) 砂糖ヤシ酒

กะทัดรัด /カタット ラット/ (⊛ compact, concise) コンパクトな, 簡潔な

กะทันหัน /カタンハン/ (⊛ suddenly) 突然

กะทิ /カティ/ (⊛ coconut cream) ココナッツクリーム

กะเทย /カトゥーイ/ (⊛ homosexual) ホモセクシャル、おかま

กะปิ /カピ/ (⊛ shrimp paste) カピ, エビペースト《タイの調味料》

กะโปโล /カポーロー/ (⊛ slovenly) だらしない, ずさんな

กะพร่องกะแพร่ง /カプロン カプレン/ (⊛ incomplete) 不完全な

กะพริบ /カプリップ/ (⊛wink) ウインクする, まばたきする

กะละมัง /カラマン/ (⊛basin) 洗面器

กะลา /カラ-/ (⊛coconut shell) ヤシの実の殻

กะหนุงกะหนิง /カヌン カニン/ (⊛whisper soft words) (男女が) 睦 (むつ) 言をかわす

กะหรี่ /カリー/ (⊛curry) カレー, カレー料理, 売春婦 (俗)

กะหล่ำดอก /カラム ドーク/ (⊛cauliflower) 〖植〗カリフラワー

กะหล่ำปลี /カラム プリー/ (⊛cabbage) 〖植〗キャベツ

กะเหรี่ยง /カリアン/ (⊛the Karen) カレン族

กะโหลก /カローク/ (⊛skull, coconut shell) 頭蓋骨, ヤシの実の殻

กะไหล่ /カライ/ (⊛plate) メッキする

กัก /カック/ (⊛stop, imprison, store) 止める, 留置する, 貯蔵する **กักขัง** /カック カン/ 投獄する **กักโรค** /カック ローク/ 検疫する, 隔離する

กังวล /カンウォン/ (⊛anxious) 心配な, くよくよした

กังวาน /カンワーン/ (⊛resonant) 鳴り響く

กัญชา /カンチャー/ (⊛marijuana) 大麻, マリファナ

กัด /カット/ (⊛bite, corrode) 噛む, 腐食させる **กัดปลา** /カット プラー/ 闘魚をする **กัดฟัน** /カット ファン/ 歯を食いしばる

กัน /カン/ (⊛prevent, together, I) 防ぐ, …し合う; 俺《親しい相手に》 **กันน้ำ** /カン ナーム/ 防水性の

กั้น /カン/ (⊛bar, block) (道を) ふさぐ, 遮 (さえぎ) る

กันดาร /カンダーン/ (⊛arid) 荒れた, 不毛の

กันยายน /カンヤーヨン/ (⊛September) 九月

กับ /カップ/ (⊛and, with) …と, …とともに **กับข้าว** /カップ カーオ/ おかず

กัมพูชา /カムプーチャー/ (⊛Cambodia) カンボジア

กัมมันตภาพรังสี /カムマンタパープ ランシー/ (⊛radioactive ray) 放射線

กัวลาลัมเปอร์ /クアラーラムプー/ (⊛Kuala Lumpur) クアラルンプール

กา /カ-/ (⊛crow, kettle, cross) カラス, やかん; ×の印をつける

กาชาด /カーチャート/ (⊛the Red Cross) 赤十字

กาก /カーク/ (⊛refuse) かす, くず **กากบาท** /カーカバート/ ＋, ×の記号

กากี /カーキー/ (⊛khaki, adulterous woman) カーキ色の; 浮気女

กาง /カーン/ (⊛stretch out) (傘, 腕, 羽を) 開く, 広げ

ร

ก้าง /カーン/ (⊛ fishbone) 魚の骨 **ก้างขวางคอ** /カーン クワーン コー/ 目の上のこぶ《喉に刺さった魚の骨》

กางเกง /カーンケーン/ (⊛ trousers) ズボン **กางเกงใน** /カーンケーン ナイ/ パンツ, ズボン下

ก๊าซ, แก๊ส /カート, ケート/ (⊛ gas) ガス

กาญจนบุรี /カーンチャナブリー/ (⊛ Khanchanaburi) カンチャナブリ (県・市)

ก้าน /カーン/ (⊛ twig, stem) 枝, 茎, 葉柄, (道具の) 柄 **ก้านคอ** /カーン コー/ 首すじ, うなじ

กาบ /カープ/ (⊛ sheath) 殻, さや

กาฝาก /カーファーク/ (⊛ parasite) 寄生, パラサイト

กาแฟ /カーフェー/ (⊛ coffee) コーヒー **กาแฟเย็น** /カーフェーイェン/ アイスカフェオレ **กาแฟผง** /カーフェー ポン/ インスタントコーヒー **กาแฟดำ** /カーフェー ダム/ ブラックコーヒー

กาม /カーム/ (⊛ sexual desire) 性欲 **กามตายด้าน** /カーム ターイ ターン/ インポテンツ **กามโรค** /カームマローク/ 性病

ก้าม /カーム/ (⊛ claw) (カニなどの) はさみ

กาย /カーイ/ (⊛ body, physical) 身体, 身体的な **กายบริหาร** /カーイ ボーリハーン/ 体操, ジム

ก่าย /カーイ/ (⊛ cross over, stack) 架ける, 積み重ねる

การ /カーン/ (⊛ act, work) 行動, 仕事;…すること **การคลัง** /カーン クラン/ 財政, 金融 **การค้า** /カーン カー/ 商売, 貿易, 商売 **การบ้าน** /カーン バーン/ 宿題 **การแปล** /カーン プレー/ 翻訳 **การผลิต** /カーン パリット/ 生産 **การเมือง** /カーンムアン/ 政治 **การศึกษา** /カーン スックサー/ 教育

การ์ตูน /カートゥーン/ (⊛ cartoon) 漫画

กาล /カーン/ (⊛ period) 時, 時代;テンス

กาลี /カーリー/ (⊛ evil) 邪悪な

กาว /カーオ/ (⊛ glue) にかわ, のり

ก้าว /カーオ/ (⊛ step) 歩, ステップ;歩を進める **ก้าวก่าย** /カーオ カーイ/ 侵害する, 干渉する **ก้าวล่วง** /カーオ ルアン/ 破る, 違反する **ก้าวหน้า** /カーオ ナー/ 前進する, 進歩する

กำ /カム/ (⊛ grasp, fist) 握る, つかむ;こぶし

ก่ำ /カム/ (⊛ bright) 赤い, 激しい;赤くなる

กำกับ /カムカップ/ (⊛ control, direct) 監督する, 指揮する

ก้ำกึ่ง /カム クン/ (⊛ fifty-fifty, equal) 半々の, 同等の

ก้ำเกิน /カム クーン/ (⊛ offensive, violate) しゃくにさわる, 侵入する

กำจัด /カムチャット/ (⊛ get rid

of) 排除する，根絶する

กำชับ /カムチャッブ/ (⊛ exhort, urge) 促す，せき立てる

กำดัด /カム ダット/ (⊛ budding) 新進の，若々しい

กำนัน /カムナン/ (⊛ district chief) 区長

กำเนิด /カムヌート/ (⊛ origin, be born) 起源；生まれる

กำบัง /カム バン/ (⊛ shield) 覆う，カバーする

กำพร้า /カム プラー/ (⊛ orphaned) 孤児の

กำพืด /カムプート/ (⊛ pedigree) 血統

กำแพง /カムペーン/ (⊛ wall, fence) 壁，塀

กำมะลอ /カム マロー/ (⊛ fake) でっち上げる，捏造 (ねつぞう) する；漆器

กำยำ /カム ヤム/ (⊛ robust) がっちりした

กำราบ /カム ラープ/ (⊛ tame, chasten) 抑える，懲 (こ) らしめる

กำเริบ /カムルーブ/ (⊛ worsen, swollen headed) (病状が) 悪化する，うぬぼれた

กำไร /カムライ/ (⊛ profit) もうけ，利益 **กำไรสุทธิ** /カムライ スッティ/ 純利益

กำลัง /カムラン/ (⊛ power, energy, be going to) 力，エネルギー；…しつつある **กำลังจะ** /カムラン チャ/ …しようとしている **กำลังใจ** /カムランチャイ/ 意志，気力 **กำลังดี** /カムランディー/ ちょうどよい **กำลังม้า** /カムランマー/ 馬力

กำไล /カムライ/ (⊛ bracelet) ブレスレット **กำไลมือ** /カムライ ムー/ 腕輪

กำหนด /カムノット/ (⊛ regulation, determine) 決まり；(日程を) 決める，規定する **กำหนดการ** /カムノットカーン/ 予定，スケジュール **กำหนดเวลา** /カムノット ウェーラー/ 時間を決める

กำหนัด /カムナット/ (⊛ sexual desire, lust) 性欲；欲情する

กำแหง /カムヘーン/ (⊛ strong, arrogant) 強い，傲慢な

กิ่ง /キン/ (⊛ twig, branch) 枝；支所 **กิ่งอำเภอ** /キン アムプー/ 支郡

กิจ /キット/ (⊛ business) ビジネス，仕事 **กิจกรรม** /キッチャカム/ 活動，事業 **กิจการ** /キッチャカーン/ 仕事，ビジネス

กิตติ /キッティ/ (⊛ praise, compliment) 賞賛，賛辞 **กิตติศัพท์** /キッティ サップ/ 名声

กิน /キン/ (⊛ eat, waste) 食べる，(酒，薬を) 飲む，(金，時間を) 食う **กินข้าว** /キン カーオ/ 飯を食う **กินดิบ** /キン ディップ/ 生で食べる；労せず手に入れる **กินเมือง** /キン ムアン/ 統治する **กินไม่ลง** /キン マイロン/ 勝てそうにない **กินเวลา**

/キン ウェーラー/ 時間がかかる

กิริยา /キリヤー/ (⒠ act, manner) 動作, 作法

กิเลส /キレート/ (⒠ greed) 欲望, 煩悩

กิโล /キロー/ (⒠ kilo)【単】キロ（グラム, メートル） **กิโลกรัม** /キローグラム/【単】キログラム **กิโลเมตร** /キローメート/【単】キロメートル

กิ่ว /キウ/ (⒠ narrow) 狭い, 収縮した

กี่ /キー/ (⒠ how many) いくつ,《類別詞とともに》何個の… **กี่มากน้อย** /キー マーゥノーイ/ いくら, どのくらい

กีด /キート/ (⒠ bar) 妨害する, 遮る **กีดขวาง** /キート クワーン/ 邪魔する, 障害になる

กีฬา /キーラー/ (⒠ sport) 運動, スポーツ, 競技

กึก /クック/ (⒠ thud, suddenly) ドスン；急に

กึ่ง /クン/ (⒠ half, middle) 半分の, 中程の **กึ่งกลาง** /クン クラーン/ 真中の, 中央の

กุ /ク/ (⒠ lie, make up) 嘘を言う, でっち上げる

กุ๊กกิ๊ก /クック キック/ (⒠ pretty) 可愛い

กุ้ง /クン/ (⒠ shrimp) エビ **กุ้งแห้ง** /クンヘーン/ 干しエビ；やせっぽち

กุญแจ /クンチェー/ (⒠ key) かぎ

กุฏิ /クティ/ (⒠ monk's cell) 庫裡（くり）《僧侶の住居》

กุด /クット/ (⒠ shortened, cut off) 短くした；切断する

กุน /クン/ (⒠ the Year of the Boar) 亥（い）年

กุม /クム/ (⒠ grasp, arrest) つかむ, 捕える **กุมอำนาจ** /クム アムナート/ 政権を握る

กุมภาพันธ์ /クムパーパン/ (⒠ February) 2月

กุมาร /クマーン/ (⒠ infant, little boy)【王】幼児, 少年

กุมารี /クマーリー/ (⒠ little girl)【王】幼女, 少女

กุ๊ย /クイ/ (⒠ vagrant) 浮浪者, ゴロツキ

กุล /クン/ (⒠ clan, family) 血族, 集団

กุลี /クリー/ (⒠ coolie) 苦力（クーリー）, 肉体労働者

กุลีกุจอ /クリー クチョー/ (⒠ hurry, actively) 急がせる, 熱心に

กุศล /クソン/ (⒠ merit, wise) 善行；賢い, 慈悲深い

กุหลาบ /クラープ/ (⒠ rose)【植】バラ

กู /クー/ (⒠ I) 俺, わし

กู้ /クー/ (⒠ borrow, restore) 借りる, 回復する **กู้หน้า** /クー ナー/ 面目をとりもどす

เก /ケー/ (⒠ distorted, lame) 曲がった, 障害のある；怠惰な

เก๊ /ケー/ (⒠ fake)【口】にせの

เก๋ /ケー/ (⒠ chic, smart) 粋な,

かっこいい

เก๊ก /ケーク/ (⊛ put on airs) 気取る

เก้ๆกังๆ /ケー ケー カン カン/ (⊛ clumsily) 不器用に, 無様に

เก็ง /ケン/ (⊛ guess) 推測する

เก่ง /ケン/ (⊛ skillful) 上手な, (仕事, 勉強が) できる

เก๋ง /ケン/ (⊛ pavilion, saloon) テント, 幌 (ほろ) **รถเก๋ง** /ロット ケン/ セダン, クーペ

เก้งก้าง /ケーン カーン/ (⊛ awkward) 不器用な, できの悪い

เกณฑ์ /ケーン/ (⊛ criterion, limit, force) 基準, 標準, 制限; 強制する **เกณฑ์ทหาร** /ケーン タハーン/ 徴兵する

เก็บ /ケップ/ (⊛ take, collect) 取る, 集める, 貯める **เก็บเกี่ยว** /ケップ キアオ/ 収穫する, 刈り入れる **เก็บเงิน** /ケップ グン/ 勘定する, 金 (かね) を貯める **เก็บไว้** /ケップ ウイ/ 取っておく

เกม /ケーム/ (⊛ game) ゲーム, 試合

เกย /クーイ/ (⊛ overlap) 重複する, 座礁する

เกย์ /ケー/ (⊛ gay) ゲイ, おかま

เกรง /クレーン/ (⊛ respect with fear) 恐れる, 畏れる **เกรงใจ** /クレーン チャイ/ 気がねする, 遠慮する

เกร็ง /クレン/ (⊛ contract) 引き締める

เกร็ด /クレット/ (⊛ bit, anecdote) 断片, 逸話; 川の湾曲部

เกรอะ /クル/ (⊛ stained) 汚れた

เกราะ /クロ/ (⊛ armor, dry) よろいかぶと; 乾燥した

เกริก /クルーク/ (⊛ resounding) 響き渡る, 騒々しい

เกริ่น /クルーン/ (⊛ notify in advance) 予告する

เกรียง /クリアン/ (⊛ grand, powerful) 大きい, パワフルな **เกรียงไกร** /クリアンクライ/ 強大な

เกรียม /クリアム/ (⊛ sunburnt) 日焼けした

เกรียวกราว /クリアオ クラーオ/ (⊛ uproarious) 騒々しい

เกรี้ยวกราด /クリアオ クラート/ (⊛ scold) 叱る

เกเร /ケーレー/ (⊛ naughty, quarrelsome) 行儀の悪い, 腕白な

เกล็ด /クレット/ (⊛ scale, flake, scab) うろこ, 片状のもの, かさぶた

เกลา /クラオ/ (⊛ polish) 磨く, 修正する

เกล้า /クラオ/ (⊛ head, wear one's hair) 〖王〗頭; まげに結う **เกล้ากระผม** /クラオ クラポム/ 私, 小職 ((男性が上役に対して))

ก

เกลี่ย /クリア/ ([英] level) (地面を) 平らにする, ならす

เกลี้ยกล่อม /クリア クローム/ ([英] persuade) 説得する, 勧誘する

เกลี้ยง /クリアン/ ([英] smooth, all gone) すべすべした, すっかりなくなった

เกลียด /クリアット/ ([英] hate) 憎む, 嫌う **น่าเกลียด** /ナー クリアット/ みっともない, 醜い

เกลียว /クリアオ/ ([英] strand) 撚り; らせんの, ねじれた **เกลียวกลม** /クリアオ クロム/ 調和のとれた

เกลือ /クルア/ ([英] salt) 塩

เกลือก /クルアック/ ([英] roll about, welter) (泥の中を) 転げ回る, のたうつ **เกลือกกลิ้น** /クルアック クリン/ のたうち回る

เกลื่อน /クルアン/ ([英] abundant) 普及した, 豊富な

เกวียน /クウィアン/ ([英] oxcart) 牛車; 〖単〗約２キロリットルまたは６０キログラム

เกษตร /カセート/ ([英] land) 土地, 農地, 農業 **เกษตรกร** /カセーットラコーン/ 農民 **เกษตรกรรม** /カセーットラカム/ 農業 **เกษตรศาสตร์** /カセーットサート/ 農学, カセサート大学

เกษม /カセーム/ ([英] happiness) 幸福, 安心; 快適な

เกษียณ /カシアン/ ([英] retire) 定年になる

เกสร /ケーソーン/ ([英] pollen) 花粉, 蕊 (しべ)

เก้อ /クー/ ([英] embarrassed, ashamed) 当惑した, 当て外れの, ばつの悪い

เกะกะ /ケカ/ ([英] obstruct, block) 妨げる, さえぎる

เกา /カオ/ ([英] scratch) (かゆい所を) かく

เก่า /カオ/ ([英] old) 古い, 昔の **เก่าแก่** /カオ ケー/ 古くさい

เก้า /カーオ/ ([英] nine) 9

เกาหลี /カオリー/ ([英] Korea) 朝鮮, 韓国 **เกาหลีใต้** /カオリーターイ/ 韓国 **เกาหลีเหนือ** /カオリーヌア/ 北朝鮮

เก้าอี้ /カオ イー/ ([英] chair) いす **เก้าอี้นวม** /カオ イー ヌアム/ 安楽椅子

เกาะ /コ/ ([英] island, hold) 島; つかむ, (鳥が) 止まる

เกิด /クート/ ([英] be born, happen) 生まれる, 発生する **เกิดขึ้น** /クート クン/ 発生する

เกิน /クーン/ ([英] too…, over) 度を越す, …すぎる **เกินกว่า** /クーン クウー/ …よりもはるかに **เกินควร** /クーン クアン/ 不適切な **เกินตัว** /クーン トゥア/ 能力以上の **เกินไป** /クーン パイ/ …しすぎる

เกี่ยง /キアン/ ([英] haggle over) 押し問答する

เกียจคร้าน /キアット クラーン/ ([英] lazy) 怠惰な

เกียรติ /キアット/ ([英] honor) 名

誉, 栄光 **เกียรติยศ** /キアットティ ヨット/ 名誉, 威信

เกี่ยว /キアオ/ (⊗ hook, relate, harvest) (釣針で) ひっかける, (事件, 人と) 関係がある, 刈り取る **เกี่ยวข้อง** /キアオ コン/ 関係する, つき合う **เกี่ยวดอง** /キアオ ドーン/ 親戚関係にある

เกี้ยว /キアオ/ (⊗ flirt) ナンパする, 言い寄る **เกี้ยวพาราสี** /キアオ パーラーシー/ 口説く

เกื้อ /クア/ (⊗ aid) 助ける, 支援する **เกื้อกูล** /クア クーン/ 援助する

เกือบ /クアップ/ (⊗ nearly) もう少しで…, ほとんど… **เกือบจะ** /クアップチャ/ …しかけている, 間もなく…

แก /ケー/ (⊗ he, she, they, you) 彼, 彼女, 彼ら《比較的親しい間柄》, お前, 君《男性が友人に》, あんた《女性が親しい女性に》, てめえ《目下に》

แก่ /ケー/ (⊗ old, ripe, strong, for) 老いた, 古い ; 熟した, (色が) 濃い, 強い (酒) ; …に対して

แก้ /ケー/ (⊗ untie, solve) ほどく, 解く, 改める **แก้ไข** /ケー カイ/ 改善する, 訂正する **แก้แค้น** /ケー ケーン/ 恨みを晴らす, 復讐する **แก้ตัว** /ケー トゥア/ 弁解する

แกง /ケーン/ (⊗ curry) スープ ; カレーを作る **แกงกะหรี่** /ケーン カリー/ カレー, カレー料理 **แกงจืด** /ケーン チュート/ 中華スープ

แก่ง /ケン/ (⊗ cataract, islet) 急流, 小島

แก่งแย่ง /ケーン イェーン/ (⊗ compete) 競う, 争う

แก๊ง /ケーン/ (⊗ gang) ギャング

แกน /ケーン/ (⊗ core, axis) 中心, 軸 **แกนๆ** /ケーン ケーン/ いやいや, 心ならずも

แก่น /ケン/ (⊗ kernel, heart wood) 核心, エッセンス ; 心材 **แก่นสาร** /ケン サーン/ 本質, 実体

แกม /ケーム/ (⊗ mix, mingle) 混じる, 混ぜる

แก้ม /ケーム/ (⊗ cheek) ほお

แกร่ง /クレン/ (⊗ strong, firm) 強い, 堅固な

แกร็น /クレン/ (⊗ little) 矮(わ)い, 小な, 発育不良の

แกร่ว /クレーオ/ (⊗ hang around) ぶらぶらする

แกล้ง /クレーン/ (⊗ tease, pretend) いじめる, …のふりをする, 故意に

แกล้ม /クレーム/ (⊗ side dish for wine) (酒の) さかな

แกล้วกล้า /クレーオ クラー/ (⊗ brave) 勇敢な, 大胆な

แก้ว /ケーオ/ (⊗ glass, cup) ガラス, コップ, 宝石 **แก้วกระดาษ** /ケーオ クラダート/ 紙コッ

แก้วใจ /ケーオ チャイ/ 最愛の人 แก้วตา /ケーオター/ 眼球, 最愛の人

แกว่ง /クウェン/ (⊛ swing) 揺れる, 揺すぶる, 振る

แกะ /ケ/ (⊛ peel, carve, sheep) むく, 彫る；羊 แกะสลัก /ケ サラック/ 彫刻する

โก้ /コー/ (⊛ stylish) スマートな, しゃれた

โก๋ /コー/ (⊛ ruffian) ちんぴら, ごろつき

โกง /コーン/ (⊛ bent, corrupt) 曲がった, 不正な；詐取する

โก่ง /コーン/ (⊛ bend) 曲げる, 膨らませる；曲がった โก่งราคา /コーン ラーカー/ 高い値段を吹っかける

โกดัง /コーダン/ (⊛ warehouse) 倉庫

โกน /コーン/ (⊛ shave) (ひげ, 頭を) そる

โกย /コーイ/ (⊛ sweep, run away) さらう, 疾走する

โกรก /クローク/ (⊛ pour, blow) (水を) 注ぐ, (風が) 吹く

โกรธ /クロート/ (⊛ get angry) 怒る

โกร๋น /クローン/ (⊛ stripped) 裸の, まばらな, ほとんどない

โกโรโกโส /コーローコーソー/ (⊛ shabby, dirty) ぼろぼろの, よろよろの

โกลาหล /コーラーホン/ (⊛ confusion, confused) 混乱, 大騒ぎの, 無秩序な

โกหก /コーホック/ (⊛ lie) 嘘をつく

ใกล้ /クライ/ (⊛ near, soon) 近い；もう少しで… ใกล้ๆ /クライ クライ/ 近くに ใกล้เคียง /クライ キアン/ 近隣の

ไก่ /カイ/ (⊛ hen, cock) ニワトリ ไก่โห่ /カイ ホー/ 先に, 早めに

ไกล /クライ/ (⊛ far) 遠い

ไกล่เกลี่ย /クライ クリア/ (⊛ mediate, negotiate) 調停する, 交渉する

ไกว /クワイ/ (⊛ swing) 揺する

ข

ขจร /カチョーン/ (⊛ spread, permeate) 広がる, 行き渡る

ขจัด /カチャット/ (⊛ eliminate) 除く, 消す

ขณะ /カナ/ (⊛ time, moment) 時, 時間 ขณะนี้ /カナニー/ 現在, 今

ขด /コット/ (⊛ coil) コイル

ขน /コン/ (⊛ hair, carry) 毛, 運ぶ ขนแกะ /コン ケ/ 羊毛, ウール ขนตา /コン ター/ まつ毛 ขนส่ง /コン ソン/ 運送する ขนหนู /コン ヌー/ タオル地

ข้น /コン/ (⊛ dense) 濃い ข้นแค้น /コン ケーン/ 貧乏な

ขนบ /カノップ/ (⊛ custom) 型, 慣例 ขนบธรรมเนียม /カノップ

タムニアム / 伝統

ขนม /カノム/ (⊛ sweets) 菓子類 **ขนมปัง** /カノム パン/ パン

ขนัด /カナット/ (⊛ row, crowded) 列, 込み合った

ขนาด /カナート/ (⊛ size) サイズ **ขนาดกลาง** /カナート クラーン/ 中型 **ขนาดเล็ก** /カナート レック/ 小型 **ขนาดใหญ่** /カナート ヤイ/ 大型

ขนาน /カナーン/ (⊛ dose, be paralleled) 薬の種類 ; 平行する **ขนานนาม** /カナーン ナーム/ 名付ける

ขนุน /カヌン/ (⊛ jackfruit)〖植〗ジャックフルーツ

ขบ /コップ/ (⊛ bite) 噛む **ขบคิด** /コップ キット/ 熟考する **ขบปัญหา** /コップ パンハー/ 解決する

ขบขัน /コップ カン/ (⊛ funny) 滑稽(こっけい)な, 面白い

ขบถ /カボット/ (⊛ rebel) 反乱

ขบวน /カブアン/ (⊛ procession) 行列, 行進 **ขบวนการ** /カブアン カーン/ 運動 **ขบวนรถไฟ** /カブアン ロット ファイ/ 列車

ขม /コム/ (⊛ bitter) 苦い **ขมขื่น** /コム クーン/ 悲しい, 苦しい

ข่ม /コム/ (⊛ repress) 抑える, 支配する **ข่มขี่** /コム キー/ 抑圧する **ข่มขืน** /コム クーン/ 強姦する **ข่มขู่** /コム クー/ 脅迫する

ขมวด /カムアット/ (⊛ twist, curl) 巻く, よじる **ขมวดคิ้ว** /カムアット キウ/ 顔をしかめる

ขมับ /カマップ/ (⊛ temple) こめかみ

ขมิ้น /カミン/ (⊛ turmeric)〖植〗ウコン

ขมิบ /カミップ/ (⊛ withhold) 抑える

ขมีขมัน /カミー カマン/ (⊛ hurriedly) 大急ぎで

ขมึงทึง /カムン トゥン/ (⊛ serious) 重大な

ขมุบขมิบ /カムップ カミップ/ (⊛ murmur) ぶつぶつ言う

ขโมย /カモーイ/ (⊛ thief, steal) 泥棒 ; 盗む

ขยะ /カヤ/ (⊛ garbage) ごみ

ขยะแขยง /カヤ カエーン/ (⊛ loath) うんざりする

ขยักขย่อน /カヤック カヨーン/ (⊛ hesitate) ためらう

ขยัน /カヤン/ (⊛ diligent) 勤勉な, 熱心な **ขยันขันแข็ง** /カヤン カン ケン/ 懸命に

ขยับ /カヤップ/ (⊛ shift) 動かす, ずらす **ขยับขยาย** /カヤップ カヤーイ/ 拡大する

ขยาด /カヤート/ (⊛ be afraid of) 怖れる

ขยาย /カヤーイ/ (⊛ extend) 拡大する, 伸ばす **ขยายความ** /カヤーイ クワーム/ 説明する **ขยายตัว** /カヤーイ トゥア/ 膨張する **ขยายรูป** /カヤーイ ループ/ 写真を引き伸ばす

ขย้ำ /カヤム/ (⊛ squeeze) こ

ขย้ำ ►

ねる
ขย้ำ /カヤム/ (⊛devour) むさぼり食う
ขยิบ /カイップ/ (⊛blink) まばたきする
ขยี้ /カイー/ (⊛scrub) こする, 揉(も)む
ขยุกขยิก /カユック カイック/ (⊛fidget) そわそわする
ขยุกขยุย /カユック カユイ/ (⊛untidy) だらしのない
ขยุ้ม /カユム/ (⊛seize) つかむ
ขริบ /クリップ/ (⊛trim, cut) 切る, 裁つ
ขรึม /クルム/ (⊛grave) まじめな, 重々しい, 控えめな
ขรุขระ /クル クラ/ (⊛bumpy, uneven) (道が)でこぼこの, 平坦でない
ขลัง /クラン/ (⊛magical) 超能力の, 魔術の
ขลับ /クラップ/ (⊛lustrous) ぴかぴかの
ขลาด /クラート/ (⊛fearful) 臆病な
ขลิบ /クリップ/ (⊛trim, hem) 刈り込む, (服の)へり縫いをする
ขลุก /クルック/ (⊛be engrossed) 熱中する **ขลุกขลัก** /クルック クラック/ 面倒な, 不自由な
ขลุ่ย /クルイ/ (⊛flute) 笛, フルート
ขวด /クアット/ (⊛bottle) びん, …本 《びん類の類別詞》

ขวนขวาย /クアン クワーイ/ (⊛positive, seek for) 積極的な, 熱心に探す
ข่วน /クアン/ (⊛scratch) 引っかく
ขวบ /クアップ/ (⊛... years old) …歳 《12歳以下の子供の》
ขวักไขว่ /クワック クワイ/ (⊛confused) 右往左往の
ขวัญ /クワン/ (⊛guardian spirit) 霊魂 **ขวัญใจ** /クワン チャイ/ 最愛の人
ขวา /クワー/ (⊛right) 右; 右の
ขวาง /クワーン/ (⊛obstruct, block) 塞ぐ, 遮(さえぎ)る
ขวางหูขวางตา /クワーン ラーク ワーン ター/ 不愉快な
ขว้าง /クワーン/ (⊛throw) 投げる
ขวาน /クワーン/ (⊛ax) 斧(おの)
ขวิด /カウィット/ (⊛horn) 角(つの)で突く
ขอ /コー/ (⊛ask for, hook) …を下さい, …させて下さい; フック **ขอดู** /コー ドゥー/ 見せて下さい **ขอทาน** /コー ターン/ 乞食 **ขอโทษ** /コー トート/ ごめんなさい, 失礼 **ขอร้อง** /コー ローン/ 頼む, お願いします **ขอแสดงความยินดี** /コー サデーン クワーム インディー/ おめでとうございます **ขออนุญาต...** /コー アヌヤート/ …の許可を下さい
ข้อ /コー/ (⊛issue, knot) 項目,

点, 継ぎ目 **ข้อความ** /ヨーク ワーム/ 内容, 要点 **ข้อดี** /ヨーディー/ 利点 **ข้อโต้แย้ง** /ヨー トーイェーン/ 論点 **ข้อเท้า** /ヨー ターオ/ 足首 **ข้อมือ** /ヨー ムー/ 手首 **ข้อมูล** /ヨー ムーン/ データ **ข้อสอบ** /ヨー ソープ/ 試験問題 **ข้อสังเกต** /ヨー サンケート/ 備考

ของ /ヨーン/ (㊥thing, of) 物;…の **ของกิน** /ヨーン キン/ 食物 **ของขลัง** /ヨーン クラン/ お守り, 護符 **ของขวัญ** /ヨーン クワン/ 贈り物, プレゼント **ของฝาก** /ヨーン ファーク/ おみやげ **ของเล่น** /ヨーン レン/ おもちゃ **ของว่าง** /ヨーン ワーン/ おやつ **ของหวาน** /ヨーン ワーン/ デザート

ข้อง /ヨーン/ (㊥be related to, creel) 関係がある; 魚籠(びく) **ข้องเกี่ยว** /ヨーン キアオ/ つき合う **ข้องใจ** /ヨーン チャイ/ 疑いを持つ

ขอด /コート/ (㊥knot) 結ぶ, こする, こそげる **ขอดเกร็ด** /コート クレット/ 測る **ขอดค่อน** /コート コーン/ 風刺する

ขอน /コーン/ (㊥log) 丸太 **ขอนไม้** /コーン マーイ/ 材木

ขอนแก่น /コーン ケン/ (㊥Khonken) コンケン(県・市)

ขอบ /コープ/ (㊥edge) 周辺, 縁 **ขอบเขต** /コープ ケート/ 範囲, 境界 **ขอบคุณ** /コープ クン/ ありがとうございます **ขอบใจ** /コープ チャイ/ ありがとう

ขะมักเขม้น /カマック カメン/ (㊥intentionally) 一生懸命に

ขะมุกขะมอม /カムック カモーム/ (㊥dirty) 汚れた

ขัง /カン/ (㊥imprison) 閉じ込める **ขังน้ำ** /カン ナーム/ 貯水する

ขัด /カット/ (㊥obstruct, rub, fasten, oppose) 妨げる, 磨く, 締める, 反対する **ขัดขวาง** /カット クワーン/ 妨害する **ขัดใจ** /カット チャイ/ いらいらする **ขัดแย้ง** /カット イェーン/ 矛盾する **ขัดหู** /カット ラー/ 耳ざわりな

ขัน /カン/ (㊥dipper, fasten, twist, funny) 水汲み; (ねじを) 締める, からむ; 滑稽な **ขันอาสา** /カン アーサー/ 進んで引き受ける

ขั้น /カン/ (㊥level, stage) 段, レベル, 段階 **ขั้นต้น** /カン トン/ 初級

ขับ /カップ/ (㊥drive, expel) 運転する, 追い出す **ขับรถ** /カップ ロット/ 車を運転する **ขับร้อง** /カップ ローン/ 歌う **ขับไล่** /カップ ライ/ 追放する

ขา /カー/ (㊥leg, mate) 脚, メンバー **ขากลับ** /カー クラップ/ 帰路 **ขาประจำ** /カー プラチャム/ 常連 **ขาไป** /カー パイ/ 往路 **ขาไพ่** /カー パイ/ (ゲームの) メンバー

ข่า /カー/ (㊥galingale) 〖植〗ナンキョウ((ショウガの一種))

ข้า /カー/ (⊛ servant, I) 奴隷, 召使, 俺　ข้าพเจ้า /カーパチャオ/ 私《男性の文章, 演説用語》 ข้าราชการ /カー ラーッチャカーン/ 公務員　ข้าศึก /カースック/ 敵

ข้าง /カーン/ (⊛ side, group, next) …側, …方, グループ, 横の, 隣の　ข้างๆ /カン カーン/ 隣の, 横の　ข้างๆคูๆ /カン カーン クー クー/ 非合理的な　ข้างนอก /カーン ノーク/ 外, 外側　ข้างใน /カーン ナイ/ 中, 内側　ข้างบน /カーン ボン/ 上, 上方　ข้างล่าง /カーン ラーン/ 下, 下方　ข้างหน้า /カーン ナー/ 前, 将来　ข้างหลัง /カーン ラン/ 後ろ, 後方

ขาด /カート/ (⊛ lack of, deficient, apart, without) 切れる, 欠乏する;不完全な, …なしに　ขาดแคลน /カート クレーン/ 不足する　ขาดใจ /カート チャイ/ 息を引き取る　ขาดตลาด /カート タラート/ 品切れになる　ขาดทุน /カート トゥン/ 損をする

ขาน /カーン/ (⊛ call, reply) 呼ぶ, 応答する　ขานชื่อ /カーン チュー/ 出席をとる

ข้าม /カーム/ (⊛ cross, skip) 渡る, (話が) 飛ぶ　ข้ามชาติ /カーム チャート/ 多国籍の　ข้ามหัว /カーム ファ/ 侵害する

ขาย /カーイ/ (⊛ sell) 売る　ขายเชื่อ /カーイ チュア/ 掛売りする　ขายปลีก /カーイ プリーク/ 小売りする　ขายส่ง /カーイ ソン/ 卸売りする　ขายหน้า /カーイ ナー/ 恥をかく　ขายหมด /カーイ モット/ 売り切れる

ข่าย /カーイ/ (⊛ range, limit, net) 範囲, 限界, 網

ขาล /カーン/ (⊛ the Year of the Tiger) 寅 (とら) 年

ขาว /カーオ/ (⊛ white) 白い

ข่าว /カーオ/ (⊛ news) ニュース　ข่าวล่าสุด /カーオ ラー スット/ 最新ニュース　ข่าวลือ /カーオ ルー/ うわさ　ข่าวสาร /カーオ サーン/ ニュース, 情報, 新聞

ข้าว /カーオ/ (⊛ rice, food, grain) 米, ご飯, 稲　ข้าวต้ม /カーオ トム/ かゆ　ข้าวปลา /カーオ プラー/ 食物　ข้าวเปลือก /カーオ プルアック/ 籾 (もみ)　ข้าวผัด /カーオ パット/ チャーハン　ข้าวโพด /カーオ ポート/ トウモロコシ　ข้าวสวย /カーオ スアイ/ 米飯　ข้าวสาร /カーオ サーン/ 精米, 白米　ข้าวสาลี /カーオ サーリー/ 小麦　ข้าวเหนียว /カーオ ニアオ/ もち米

ขำ /カム/ (⊛ funny, amusing) 面白い, 滑稽な

ขิง /キン/ (⊛ ginger)〖植〗ショウガ

ขี่ /キー/ (⊛ ride, drive) (馬, 自転車に) 乗る, 運転する　ขี่คร่อม /キー クローム/ またがる

ขี้ /キー/ (⊛ shit, feces) 糞 (ふん), 間抜け　ขี้เกียจ /キー キアット/ 怠け者　ขี้โกหก /キー コーホック/ 嘘つき　ขี้บุหรี่ /キー ブリー/ (た

ばこの) 灰 **ขี้ฝุ่น** /キー ファン/ ほこり **ขี้เมา** /キー マオ/ 酔っ払い **ขี้เหนียว** /キー ニアオ/ けちん坊 **ขี้อาย** /キー アーイ/ 恥ずかしがり屋

ขีด /キート/ (⊛ draw, scratch) (線を) 引く, いっかく **ขีดเส้นใต้** /キート セン ターイ/ アンダーラインを引く

ขึง /クン/ (⊛ stretch) 伸ばす **ขึงขัง** /クン カン/ 重大な, 精力的な

ขึ้น /クン/ (⊛ rise, grow up) 上がる, (車に) 乗る, 生える;《動詞・形容詞に後続して上昇・増加・発生を表す》**ขึ้นต้น** /クン トン/ 開始する **ขึ้นปีใหม่** /クン ピー マイ/ 新年になる **ขึ้นไป** /クン パイ/ …以上; 上がって行く **ขึ้นรา** /クン ラー/ かびが生える **ขึ้นสวรรค์** /クン サワン/ ハイになる **ขึ้นอยู่กับ** /クン ユー カップ/ …に依存する

ขืน /クーン/ (⊛ force, disobey) 無理に…する, 逆らう **ขืนใจ** /クーン チャイ/ 強姦する

ขื่น /クーン/ (⊛ bitter) 渋みのある, きつい, とげとげしい

ขุด /クット/ (⊛ dig) 掘る **ขุดรากถอนโคน** /クット ラーク トン コーン/ 抜け出す; 根こそぎにする

ขุน /クン/ (⊛ lord) (昔のタイの) 君主, 旧貴族の一番下の位 (男爵), チェスの王

ขุนนาง /クンナーン/ 貴族

ขุ่น /クン/ (⊛ dim, gloomy) 曇った, 憂鬱 (ゆううつ) な **ขุ่นเคือง** /クン クアン/ 怒った

ขุม /クム/ (⊛ pit, hole) 穴 **ขุมทรัพย์** /クム サップ/ 宝庫

ขุย /クイ/ (⊛ fluff) カサカサしたもの《ほこり, 毛玉など》

ขู่ /クー/ (⊛ threaten) 脅す **ขู่เข็ญ** /クー ケン/ 強要する

ขูด /クート/ (⊛ scratch) 削る

เข /ケー/ (⊛ squint) 斜視

เข่ง /ケン/ (⊛ bamboo basket) 竹かご《果物・魚を入れる》

เข็ญใจ /ケン チャイ/ (⊛ dire poverty) 貧窮した

เข็ด /ケット/ (⊛ be afraid, reel) 怖れる, 糸巻き **เข็ดขยาด** /ケット カヤート/ …にこりごりする

เขต /ケート/ (⊛ border, area) 境界, 地域, (バンコクの) 区 **เขตแดน** /ケート デーン/ 辺境 **เขตปลอดบุหรี่** /ケート プロート ブリー/ 禁煙ゾーン **เขตเมือง** /ケート ムアン/ 都市部

เข็น /ケン/ (⊛ push, force) 押す, 強いる

เข็ม /ケム/ (⊛ needle) 針 **เข็มกลัด** /ケム クラット/ ブローチ, ピン **เข็มขัด** /ケム カット/ ベルト **เข็มยาว** /ケム ヤーオ/ 時計の長針

เข้ม /ケム/ (⊛ intense) 濃い, 強い **เข้มแข็ง** /ケム ケン/ 堅固

เขม็ง ▶

な, 強硬な **เข้มงวด** /ケム クアッ ト/ 厳格な, 厳重な

เขม็ง /カメン/ (⊛ tightly) しっかりと

เขม่น /カメン/ (⊛ twitch, hate) ピクピクする, 嫌う

เขมร /カヌーン/ (⊛ Khmer) クメール (カンボジア)

เขม่า /カマオ/ (⊛ soot) すす

เขย /クーイ/ (⊛ ...in-law) 《義理の間柄にある男性を表す》

เขยก /カエーク/ (⊛ limp) 足を引きずって歩く

เขย่า /カヤオ/ (⊛ shake) 揺する, 振る, 動揺させる **เขย่าขวัญ** /カヤオ クワン/ ぞっとさせる

เขา /カオ/ (⊛ he, she, they, mountain, horn) 彼, 彼女, 彼ら; 山, (牛の) 角 (つの)

เข่า /カオ/ (⊛ knee) ひざ

เข้า /カオ/ (⊛ enter, load) 入る, 入れる;《他の動詞, 形容詞に後続して, 進入・到着・合致・到達などを表す》 **เข้ากันได้** /カオ カン ターイ/ うまが合う, マッチする **เข้าใกล้** /カオ クライ/ 近づく **เข้าข้าง** /カオ カーン/ …の側につく **เข้าคิว** /カオ キウ/ 列に並ぶ **เข้าใจ** /カオ チャイ/ 理解する **เข้าใจผิด** /カオ チャイ ピッ/ 誤解する

เขิน /クーン/ (⊛ shy) 恥ずかしい

เขี่ย /キア/ (⊛ set aside) どける

เขียง /キアン/ (⊛ chopping board) まな板

เขียน /キアン/ (⊛ write, draw) 書く, 描く **เขียนหวัด** /キアン ウット/ 走り書きする **เขียนออก** /キアン オーク/ 字が書ける

เขียม /キアム/ (⊛ economize) 倹約する

เขียว /キアオ/ (⊛ green) 緑の **เขียวขจี** /キアオ カチー/ 新緑の, 緑あざやかな **เขียวชอุ่ม** /キアオ チャウム/ 常緑の, 衰えを知らない

เขี้ยว /キアオ/ (⊛ dogtooth, selfish) 牙, 犬歯; 利己的な

เขื่อง /クアン/ (⊛ big, superior) 大きめの, 優れた

เขื่อน /クアン/ (⊛ dam) ダム

แขก /ケーク/ (⊛ guest, customer, Indian, Arabian) 客, インド人, アラブ人, イスラム教徒 **แขกเหรื่อ** /ケークルア/ 〖口〗お客

แข็ง /ケン/ (⊛ hard, tough) 固い, 強健な **แข็งกระด้าง** /ケン クラダーン/ 無礼な **แข็งกร้าว** /ケン クラーオ/ 攻撃的な **แข็งกล้า** /ケン クラー/ 勇気のある **แข็งข้อ** /ケン コー/ 抵抗する, 反抗する **แข็งใจ** /ケン チャイ/ 耐える, 我慢する **แข็งแรง** /ケン レーン/ 丈夫な, 元気な

แข่ง /ケン/ (⊛ compete) 競争する **แข่งขัน** /ケン カン/ 競争

する，張り合う **แข่งม้า** /ケン マー/ 競馬 **แข่งเรือ** /ケン ルア/ ボートレース

แข้ง /ケン/ ([英] shin) 向こうずね

แขน /ケーン/ ([英] arm) 腕 **แขนยาว** /ケーン ヤーオ/ 長袖 **แขนสั้น** /ケーン サン/ 半袖

แขนง /カネーン/ ([英] twig, field) 枝，分野

แขม่ว /カメオ/ ([英] tighten) 引き締める，引っこめる

แขยง /カイェーン/ ([英] disgust) 嫌悪を感じる，むかつく **แขยงขน** /カイェーン コン/ 身の毛がよだつ

แขวง /クウェーン/ ([英] district, region) 地区，管区

แขวน /クウェーン/ ([英] hang) 吊るす **แขวนคอ** /クウェーン コー/ 首を吊る **แขวนไว้บนเส้นด้าย** /クウェーン ウイ ボン セン ダーイ/ 危険な立場にある，命がけである

โข /コー/ ([英] abundant) たくさん，豊富な

โขง /コーン/ ([英] the Mekong) メコン河

โข่ง /コーン/ ([英] foolish, awkward) 愚かな，不器用な

โขด /コート/ ([英] hill, mound) 小丘，塚

โขน /コーン/ ([英] *khon*) コーン《タイの古典仮面劇》

โขยกเขยก /カヨーク カイェーク/ ([英] limp) 足を引きずって歩く

โขยง /カヨーン/ ([英] flock, group) 団，群

โขลก /クローク/ ([英] crush) 砕く

ไข /カイ/ ([英] solve, unlock, fat) 解く，開ける；脂肪 **ไขควง** /カイ クアン/ ドライバー **ไขความ** /カイ クワーム/ 明らかにする **ไขมัน** /カイ マン/ 脂肪 **ไขลาน** /カイ ラーン/ (時計のねじを) 巻く；そそのかす

ไข่ /カイ/ ([英] egg) 卵 **ไข่ขาว** /カイ カーオ/ 卵の白身 **ไข่เจียว** /カイ チアオ/ オムレツ **ไข่ดาว** /カイ ダーオ/ 目玉焼き **ไข่แดง** /カイ デーン/ 卵の黄身 **ไข่ต้ม** /カイ トム/ ゆで卵 **ไข่มุก** /カイ ムック/ 真珠 **ไข่ลวก** /カイ ルアック/ 半熟卵

ไข้ /カイ/ ([英] fever, illness) 熱，病気 **ไข้จับสั่น** /カイ チャップ サン/ マラリア **ไข้ทรพิษ** /カイ トーラピット/ 天然痘 **ไข้หวัด** /カイ ウット/ 風邪 **ไข้หวัดใหญ่** /カイ ウット ヤイ/ インフルエンザ

ไขว่ /クウイ/ ([英] cross, interlace) 交錯する，絡みあった **ไขว่คว้า** /クウイ クワー/ 物をつかむ

ไขว้ /クウイ/ ([英] twist, cross) 交差する，(手足を) 組む **ไขว้เขว** /クウイ クウェー/ 誤解する

ไขสือ /カイ スー/ ([英] pretend) …の振りをする

ค

คง /コン/ (® may, keep) 恐らく, きっと；続く **คงกระพัน** /コン クラパン/ 不死身の **คงที่** /コン ティー/ 不変の

คณะ /カナ/ (® group, faculty, society) 団体, 学部, 会 **คณะกรรมการ** /カナ カムマカーン/ 委員会 **คณะรัฐมนตรี** /カナ ラッタモントリー/ 内閣 **คณะนิติศาสตร์** /カナニティサート/ 法学部 **คณะวิทยาศาสตร์** /カナウィッタヤーサート/ 理学部 **คณะวิศวกรรมศาสตร์** /カナウィッサワカムマサート/ 工学部 **คณะเศรษฐศาสตร์** /カナセーッタサート/ 経済学部 **คณะศึกษาศาสตร์** /カナスックサーサート/ 教育学部 **คณะอักษรศาสตร์** /カナアクソーンサート/ 文学部

คณบดี /カナボーディー/ (® dean) 学部長（大学の）

คณิตศาสตร์ /カニッタサート/ (® mathematics) 数学

คด /コット/ (® scoop, curved) すくう, よそう, 曲がる, 曲がった **คดโกง** /コット コーン/ だます **คดเคี้ยว** /コット キアオ/ 曲がりくねった

คดี /カディー/ (® lawsuit, case) 訴訟, 件 **คดีแพ่ง** /カディー ペン/ 民事訴訟 **คดีอาญา** /カディー アーヤー/ 刑事事件

คติ /カティ/ (® method, moral) 方法, 理想, 教訓 **คติพจน์** /カティ ポット/ 格言, モットー

คน /コン/ (® person, stir) 人（ひと）, …人（《 人の類別詞 》）；かき回す **คนกลาง** /コン クラーン/ 仲介人, ブローカー **คนไข้** /コン カイ/ 病人, 患者 **คนงาน** /コン ガーン/ 労働者, 工員 **คนชั่ว** /コン チュア/ 悪人 **คนใช้** /コン チャイ/ 使用人, 使用者 **คนญี่ปุ่น** /コン イープン/ 日本人 **คนดี** /コン ディー/ 善人 **คนต่างชาติ** /コン ターン チャート/ 外国人 **คนโต** /コン トー/ 長子 **คนไทย** /コン タイ/ タイ人 **คนละคน** /コン ラ コン/ めいめいの **คนละอย่าง** /コン ラ ヤーン/ 別々のこと **คนเล็ก** /コン レック/ 末っ子

ค้น /コン/ (® search) 探す **ค้นคว้า** /コン クワー/ 研究する **ค้นพบ** /コン ポップ/ 発見する **ค้นหา** /コン ハー/ 追究する

คบ /コップ/ (® associate) 交際する **คบค้าคบหา** /コップ カー, コップ ハー/ 交際する, 取り引きする **คบคิด** /コップ キット/ 共謀する **คบชู้** /コップ チュー/ 不倫する

คม /コム/ (® sharp) 鋭い **คมคาย** /コム カーイ/ 聡明な **คมสัน** /コム サン/ ハンサムな

คมนาคม /カマナーコム, コンマナーコム/ (® communication) コミュニケーション, 交通, 通信

ครก /クロック/ (® mortar) 突き臼（うす）, すり鉢

ครบ /クロップ/ (® complete,

full) 数が揃った，完全な **ครบถ้วน** /クロップ トゥアン/ 完全に揃った **ครบรอบ...ปี** /クロップ ローブ ピー/ …周年

ครรภ์ /カン/ (⊛ pregnancy) 妊娠 **ตั้งครรภ์** /タン カン/ 妊娠する

ครวญ /クルアン/ (⊛ complain) 不平を言う，嘆く **ครวญคราง** /クルアン クラーン/ 嘆き悲しむ

ครหา /カラハー/ (⊛ blame, gossip) 非難する，噂する

ครอง /クローン/ (⊛ occupy, possess) 支配する，占める，所有する **ครองชีพ** /クローン チープ/ 生活する，暮らす

ครอบ /クロープ/ (⊛ cover, dominate) 覆う，支配する **ครอบครอง** /クロープ クローン/ 占領する **ครอบครัว** /クロープ クルア/ 家族 **ครอบคลุม** /クロープ クルム/ 覆う，包む

คร่อม /クローム/ (⊛ straddle, overarch) またがる，(橋を)かける

ครั้ง /クラン/ (⊛ time) 回, 度 **ครั้งคราว** /クラン クラーオ/ 時々 **ครั้งแรก** /クラン レーク/ 初めて **ครั้งแล้วครั้งเล่า** /クラン レーオ クラン ラオ/ 何度も，繰り返し

ครั่นคร้าม /クラン クラーム/ (⊛ fear) 怖れる

ครั้น /クラン/ (⊛ when, as) (…した) 時

ครับ /クラップ/ (⊛ Yes, sir) 《男性のていねいな文末辞》はい，そうです

ครัว /クルア/ (⊛ kitchen) 台所 **ครัวเรือน** /クルア ルアン/ 家族，家庭，世帯

คร่า /クラー/ (⊛ drag, pull) 引っ張る

คราง /クラーン/ (⊛ moan, groan) うめく，うなる

คร้าน /クラーン/ (⊛ lazy) 不精な，怠惰な

คราบ /クラープ/ (⊛ slough, stain) 抜け殻，汚れ

คราม /クラーム/ (⊛ indigo) 藍(あい)，藍色

คราว /クラーオ/ (⊛ time) 回, 度

คร่าว /クラーオ/ (⊛ briefly) 大まかに，概略の

คราส /クラート/ (⊛ eclipse) (天体の) 食 (しょく)

คร่ำ /クラム/ (⊛ very old) 古い **คร่ำคร่า** /クラム クラー/ 古ぼけた，陳腐な **คร่ำครึ** /クラム クル/ 古くさい，時代遅れの

คร่ำเคร่ง /クラム クレン/ (⊛ be engrossed in) 夢中になる

คริสต์มาส /クリッサマート/ (⊛ Christmas) クリスマス

คริสต์ศักราช /クリッタサッカラート/ (⊛ Christian era) 西暦

คริสต์ศาสนา /クリッサーッサナー/ (⊛ Christianity) キリスト教

ครีม /クリーム/ (⊛ cream) クリーム《化粧用》

ครึกครื้น /クルック クルーン/ (⊛

ครึกโครม /クルック クローム/ (⓮ noisy) 騒がしい

ครึ่ง /クルン/ (⓮ half) 半分 **ครึ่งต่อครึ่ง** /クルント- クルン/ 半分ずつ, 等分に **ครึ่งทาง** /クルン ターン/ 途中 **ครึ่งหนึ่ง** /クルン ヌン/ 半分

ครึ้ม /クルム/ (⓮ pleased, dull) 楽しい, 曇った **ครึ้มใจ** /クルム チャイ/ うきうきする **ครึ้มฝน** /クルム フォン/ 雨模様の

ครืน /クルーン/ (⓮ roll, noisy)《雷鳴, 物が倒れる音》, ゴロゴロ; 騒々しい

ครือ /クル-/ (⓮ fit, same)(身体に) ぴったりの, 同じ **ครือกัน** /クル- カン/ 同じ位の大きさの

ครุฑ /クルット/ (⓮ Garuda) ガルーダ

ครุ่น /クルン/ (⓮ always) いつも **ครุ่นคิด** /クルン キット/ 熟考する

ครู /クル-/ (⓮ teacher, instructor) 教師, 先生 **ครูใหญ่** /クル- ヤイ/ 校長

ครู่ /クル-/ (⓮ a moment, pull, scratch) ちょっと, しばらく; 引く, こする **ครู่หนึ่ง** /クル- ヌン/ ほんのしばらく

คฤห /カルハ/ (⓮ house) 住宅 **คฤหาสน์** /カルハート/ 邸宅, 豪邸

คลอ /クロ-/ (⓮ bring) 同伴する

คลอก /クロ-ク/ (⓮ burn) (野山を) 焼く

คลอง /クロ-ン/ (⓮ canal) 運河, 水路 **คลองชลประทาน** /クローン チョンプラターン/ 灌漑用水

คล่อง /クロン/ (⓮ fluent, skillful) 流暢(りゅうちょう)な, 巧みな, 機敏な **คล่องแคล่ว** /クロン クレオ/ 器用な, 流暢な

คล้องจอง /クローン チョーン/ (⓮ harmonize) 協調する

คลอด /クロ-ト/ (⓮ give birth to) 出産する

คลอน /クロ-ン/ (⓮ shaky) ぐらつく, ゆれる **คลอนแคลน** /クローン クレーン/ 不安定な

คล้อย /クロ-イ/ (⓮ inclining, agree with) 傾向がある, 賛成する **คล้อยตาม** /クロ-イターム/ 賛成する **คล้อยหลัง** /クロ-イ ラン/ 通り過ぎる

คละ /クラ/ (⓮ mixed, blend) 入り混じった, ブレンドする

คลั่ก /クラック/ (⓮ crowded)《口》満員の

คลัง /クラン/ (⓮ storehouse) 倉庫

คลั่ง /クラン/ (⓮ be mad) 錯乱した, クレージーな

คลับ /クラップ/ (⓮ club) クラブ

คลับคล้ายคลับคลา /クラップ クラ-イ クラップ クラ-/ (⓮ vaguely) ぼんやりと, 不明瞭に

คลาคล่ำ /クラ- クラム/ (⓮

crowded) 混雑した，群がった

คลางแคลง /クラーン クレーン/ ([英] suspect) 怪しむ，疑う

คลาด /クラート/ ([英] miss) 間違う **คลาดเคลื่อน** /クラート クルアン/ 計算ミスをする，誤る

คลาน /クラーン/ ([英] crawl, move slowly) はう，のその そ動く

คลาย /クラーイ/ ([英] loosen, solve) ゆるめる，解く **คลายใจ** /クラーイ チャイ/ リラックスする

คล้าย /クラーイ/ ([英] similar to) 似ている

คลำ /クラム/ ([英] seek, fondle) 手探りする，なでる

คล่ำ /クラム/ ([英] rich, crowded) 豊富な，混雑した

คล้ำ /クラム/ ([英] dark) 暗い

คลินิค /クリニック/ ([英] clinic) 診療所，クリニック

คลี่ /クリー/ ([英] spread) 広げる **คลี่คลาย** /クリー クラーイ/ 解く

คลึง /クルン/ ([英] roll, massage) 丸める，揉む

คลื่น /クルーン/ ([英] wave, surge) 波，うねり **คลื่นเสียง** /クルーン シアン/ 音波

คลื่นไส้ /クルーン サイ/ ([英] be nauseated, be disgusted) 吐き気を催す，うんざりする

คลุก /クルック/ ([英] blend, associate) 混ぜ合わす；交際する **คลุกคลี** /クルック クリー/ 入り混じる，つき合う

คลุ้ง /クルン/ ([英] smelly) (悪臭，煙が) たちこめる

คลุม /クルム/ ([英] wrap) 被(おお)う，包む **คลุมเครือ** /クルム クルア/ 曖昧(あいまい)な，どんよりした (天気)

ควง /クアン/ ([英] swing) 振り回す **ควงแขน** /クアン ケーン/ 腕を組み合う **ควงสว่าน** /クアン サワーン/ 回す，ねじる

ควบ /クアップ/ ([英] combine, run in full speed) 組み合わせる，フルスピードで走る **ควบคุม** /クアップ クム/ コントロールする **ควบคุมตนเอง** /クアップ クム トン エーン/ 自制した **ควบคู่** /クアップ クー/ ふたつとも…する

ควร /クアン/ ([英] should, proper) …すべきである；適切な

ควัก /クワック/ ([英] dig out) えぐり出す **ควักเนื้อ** /クワック ヌア/ 自腹を切る

ควัน /クワン/ ([英] smoke) 煙 **ควันโขมง** /クアン カモーン/ 煙が立ちこめる

คว้า /クワー/ ([英] grab) つかむ，ひったくる **คว้าน้ำเหลว** /クワー ナム レーオ/ 失敗する，水の泡になる

ค.ศ. ⇒ **คริสต์ศักราช** 西暦

คว้าง /クワーン/ ([英] aimlessly) あてもなく

ควาน /クワーン/ ([英] search) 探

คว้าน /クワーン/ (⊛ core, scoop) 芯を抜く **คว้านท้อง** /クワーン トーン/ 切腹, 腹切り

ความ /クワーム/ (⊛ fact, matter) 事, 事実, 事件 ; 《動詞, 形容詞の前について抽象名詞を作る》 **ความกดดัน** /クワーム コットダン/ 圧力 **ความคิด** /クワーム キット/ 考え **ความจริง** /クワーム チン/ 真実 **ความดี** /クワーム ディー/ 善 **ความต้องการ** /クワーム トーンカーン/ 需要 **ความตาย** /クワーム ターイ/ 死 **ความเป็นอยู่** /クワーム ペン ユー/ 生活, 暮らし **ความผิด** /クワーム ピット/ 過ち, 罪 **ความยาว** /クワーム ヤーオ/ 長さ **ความรัก** /クワーム ラック/ 愛, 愛情 **ความรู้** /クワーム ルー/ 知識 **ความเร็ว** /クワーム レオ/ 速度 **ความลับ** /クワーム ラップ/ 秘密 **ความสัมพันธ์** /クワーム サムパン/ 関係 **ความสามารถ** /クワーム サーマート/ 能力 **ความสุข** /クワーム スック/ 幸福 **ความสูง** /クワーム スーン/ 高度 **ความหมาย** /クワーム マーイ/ 意味 **ความเห็น** /クワーム ヘン/ 意見

ควาย /クワーイ/ (⊛ water buffalo) 水牛

คว่ำ /クワム/ (⊛ overturn, defeat) ひっくり返る, 倒す (ボクサーを) **คว่ำบาตร** /クワム バート/ ボイコットする

คอ /コー/ (⊛ neck, throat, taste) のど, 首 ; 好み **คอขาดบาดตาย** /コー カート バート ターイ/ 極めて重大な **คอแข็ง, คอทองแดง** /コー ケン, コー トーン デーン/ 酒が強い **คอตก** /コー トック/ うなだれる, がっかりする **คอแห้ง** /コー ヘーン/ のどが渇く

คอก /コーク/ (⊛ pen, bent) 囲い, 畜舎 ; 曲がった

คอด /コート/ (⊛ narrow, constricted) 狭い, 締めつけられた

ค่อน /コーン/ (⊛ satirize, ridicule, quite) 皮肉る, 嘲 (あざけ) る ; ほとんど **ค่อนข้าง** /コーン カーン/ かなり, むしろ

ค้อน /コーン/ (⊛ hammer, sidelong glance) かなづち ; 横目で見る

คอนกรีต /コーンクリート/ (⊛ concrete) コンクリート

คอนโดมิเนียม /コーンドーミニアム/ (⊛ condominium) マンション

คอนแทคเลนส์ /コーンテックレーン/ (⊛ contact lens) コンタクトレンズ

คอนเสิร์ต /コーンスート/ (⊛ concert) コンサート

ค้อม /コーム/ (⊛ bow, stoop) 曲げる, かがむ

คอมพิวเตอร์ /コームピゥトゥー/ (⊛ computer) コンピューター

คอมมิวนิสต์ /コームミゥニット/ (⊛ communism, communist) 共産主義 (者)

คอย /コーイ/ (® wait for) 待つ **คอยระวัง** /コーイ ラワン/ 警戒する

ค่อย /コイ/ (® gently, slightly, then) 徐々に, 優しく; それから **ค่อยๆ** /コイ コイ/ 静かに, だんだん **ค่อยเป็นค่อยไป** /コイ ペン コイ パイ/ 少しずつ **ค่อยยังชั่ว** /コイ ヤン チュア/ 少しはましだ **ไม่ค่อย…** /マイ コイ/ あまり…でない

คอรัปชั่น /コーラップ チャン/ (® corruption) 汚職

คะ /カ/ …ですか？《女性のていねいな疑問・勧誘・呼びかけの文末辞》

ค่ะ /カ/ (® Yes, sir) はい, そうです《平叙文の文末で女性のていねいな返事》

คะนอง /カノーン/ (® jump) 飛び跳ねる

คะนึง, คำนึง /カヌン, カムヌン/ (® consider) 熟慮する

คะเน /カネー/ (® guess, estimate) 推定する, 見積もる

คะแนน /カネーン/ (® score) 点数, 票 **คะแนนเสียง** /カネーン シアン/ 得票数

คะมำ /カマム/ (® fall) 転ぶ, 倒れる

คะยั้นคะยอ /カヤン カヨー/ (® urge) 促す, あおる

คั่ง /カン/ (® crowded) 過密な, 渋滞した **คั่งค้าง** /カン カーン/ 一時中断する, ペンディングの **คั่งแค้น** /カン ケーン/ 怒り狂う

คัด /カット/ (® choose, copy) 選ぶ, 書き写す **คัดค้าน** /カット カーン/ 反対する **คัดเลือก** /カット ルアック/ 選抜する

คัน /カン/ (® itch) かゆい; …台, …丁, …本《乗物, バイオリン, スプーンなどの類別詞》

คั่น /カン/ (® separate) 仕切る, 分ける

คั้น /カン/ (® crush, squeeze) 押しつぶす, 絞る

คับ /カップ/ (® tight) 窮屈な **คับขัน** /カップ カン/ 緊急の

คัมภีร์ /カムピー/ (® scripture) 聖典, 経典

คั่ว /クア/ (® roast, broil) 炒(い)る, 焙(あぶ)る

คา /カー/ (® stick, remain) くっつく, (体内に) とどまる **คาที่** /カー ティー/ その場で, 即座の **คาราคาซัง** /カーラーカーサン/ 未処理の, ペンディングの

ค่า /カー/ (® value, cost) 価値, 料金, 値段 **ค่าจ้าง** /カー チャーン/ 賃金 **ค่าเช่า** /カー チャオ/ 賃貸料 **ค่าใช้จ่าย** /カー チャイ チャーイ/ 経費, 出費 **ค่าธรรมเนียม** /カー タムニアム/ 料金, 手数料 **ค่าเล่าเรียน** /カー ラオ リアン/ 授業料

ค้า /カー/ (® trade) 商売する **ค้าขาย** /カー カーイ/ 売買する

คาง /カーン/ (® jaw) あご **คาง**

ค้าง ▶

คก /カーン ゴック/【動】ヒキガエル　คางหมู /カーン ムー/ 不等辺四角形, 台形　คางเหลือง /カーンルアン/ 瀕死の, 危篤の

ค้าง /カーン/ (⊛ lodge, stay) 泊まる, 留まる　ค้างคา /カーン カー/ 未解決の, 未払いの　ค้างคืน /カーン クーン/ 宿泊する

คาด /カート/ (⊛ tie, expect) 締める, 結ぶ, 期待する　คาดคะเน /カート カネー/ 推測する　คาดไม่ถึง /カート マイ トゥン/ 予測できない, 突然の　คาดหวัง /カート ワン/ 期待する

คาน /カーン/ (⊛ shaft, support) 柄；支える

ค้าน /カーン/ (⊛ oppose, object) 反対する, 反論する

คาบ /カープ/ (⊛ hold in one's mouth, time) (口に) くわえる；度　คาบสมุทร /カープ サムット/ 半島

คาย /カーイ/ (⊛ spit out, reveal) 吐く, 排出する, 明らかにする

ค่าย /カーイ/ (⊛ camp) 陣営　ค่ายกักกัน /カーイ カックカン/ 収容所

คารม /カーロム/ (⊛ rhetoric) 雄弁, 弁舌, レトリック

คาว /カーオ/ (⊛ stench) 生臭さ

คำ /カム/ (⊛ word, bite) 語, (ひと) 口　คำขวัญ /カム クワン/ 標語, モットー　คำตอบ /カム トープ/ 返事, 回答　คำถาม /カム ターム/ 質問

คำแนะนำ /カム ネナム/ 助言, アドバイス　คำปราศรัย /カム プラーサイ/ スピーチ　คำพูด /カム プート/ 口語, 話しことば

คำศัพท์ /カム サップ/ 単語

คำสั่ง /カム サン/ 命令

คำอธิบาย /カム アティバーイ/ 説明

ค่ำ /カム/ (⊛ dusk, night) 夕暮れ, 夜

ค้ำ /カム/ (⊛ shore up, support, aid) 支える　ค้ำจุน /カム チュン/ 援護する, 扶助する　ค้ำประกัน /カム プラカン/ 保証する

คำนวณ /カムヌアン/ (⊛ calculate) 計算する

คำนับ /カムナップ/ (⊛ salute) おじぎする, 挨拶をする

คำราม /カムラーム/ (⊛ roar, snarl) 吠 (ほ) える, どなる

คิกๆ /キック キック/ (⊛ giggle) くすくす (笑う)

คิด /キット/ (⊛ think, calculate) 考える, 計算する　คิดถึง /キット トゥン/ 恋しがる, 懐かしく思う　คิดสั้น /キット サン/ 自殺しようとする　คิดออก /キット オーク/ 思い出す, 考えつく　คิดอ่าน /キット アーン/ 熟考する

คิว /キウ/ (⊛ queue, cue) 列

คิ้ว /キウ/ (⊛ eyebrow) 眉 (まゆ)

คี่ /キー/ (⊛ odd) 奇数の

คีบ /キープ/ (⊛ grip, clamp) つ

かむ，留める
คีม /キーム/ (㊥ pliers) ペンチ，小ばさみ
คึกคัก /クック カック/ (㊥ active, lively) 活気のある，アクティブな
คืน /クーン/ (㊥ night, return) 夜；返す，戻す **คืนคำ** /クーン カム/ 約束を破る **คืนชีพ** /クーン チーブ/ 生き返る，よみがえる **คืนดี** /クーン ディー/ 仲直りする
คืบ /クーブ/ (㊥ *khup*, crawl) 〖単〗クープ，一わたり（（約25cm）)；這う **คืบหน้า** /クーブ チー/ 前進する，はかどる
คือ /クー/ (㊥ as, that) すなわち，…に等しい **คือว่า** /クー ウー/ つまり
คุ /ク/ (㊥ smolder) いぶる
คุก /クック/ (㊥ jail) 刑務所
คุกเข่า /クック カオ/ (㊥ kneel) ひざを曲げる
คุกคาม /クック カーム/ (㊥ threaten) おどす，恐喝する
คุ้ง /クン/ (㊥ concave side) 河川の屈曲部
คุณ /クン/ (㊥ you, favor) あなた，…さん；恩，徳 **คุณครู** /クン クルー/ 先生（（敬称）) **คุณค่า** /クン カー/ 価値 **คุณงามความดี** /クン ガーム クワーム ディー/ 美徳 **คุณนาย** /クン ナーイ/ 奥様 **คุณภาพ** /クンナパーブ/ 品質 **คุณไสย** /クン サイ/ 魔術

คุณหมอ /クン モー/ お医者様（（敬称）)
คุดคู้ /クット クー/ (㊥ curled, rolled) カールした，丸めた
คุ้น /クン/ (㊥ familiar) 親しい，慣れている **คุ้นเคย** /クン クーイ/ 熟知した
คุม /クム/ (㊥ control, conduct) 監督する，管理する **คุมกำเนิด** /クム カムヌート/ 避妊 **คุมขัง** /クム カン/ 拘置する **คุมสติ** /クム サティ/ 自制する
คุ้ม /クム/ (㊥ protect, worthwhile) 保護する；…に値する **คุ้มครอง** /クム クローン/ 保護する **คุ้มค่า** /クム カー/ …に値する，元が取れる
คุ้มดีคุ้มร้าย /クム ディー クム ラーイ/ (㊥ disordered) 情緒不安定の
คุย /クイ/ (㊥ talk, chat) 雑談する，おしゃべりする **คุยเขื่อง** /クイ クアン/ (話が)大げさな **คุยโม้** /クイ モー/ 大言壮語する
คุ้ย /クイ/ (㊥ dig out) 掘る **คุ้ยเขี่ย** /クイ キア/ 古いことをほじくり返す
คุรุศาสตร์ /クルサート/ (㊥ pedagogy) 教育学
คุรุสภา /クルサパー/ (㊥ teacher's union) 教員組合
คู /クー/ (㊥ ditch) 堀，溝
คู่ /クー/ (㊥ pair, couple) …組（（対をなすものの類別詞）)，ペア，組，相手；偶数の **คู่แข่ง** /クー

ケン/ 競争相手 **คู่ครอง** /クー クロー ン/ 配偶者 **คู่มือ** /クー ムー/ ハンドブック, マニュアル **คู่รัก** /クーラック/ 愛人 **คู่หมั้น** /クー マン/ 婚約者

คู้ /クー/ (⊛ bent, curve) 曲げる

คูณ /クーン/ (⊛ multiply) 掛け算をする

เค้น /ケーン/ (⊛ force, compel) 無理に…させる

เค็ม /ケム/ (⊛ salty, stingy) 塩辛い, けちな

เคมี /ケーミー/ (⊛ chemistry) 化学

เคย /クーイ/ (⊛ be used to, ever) (…に) 慣れる, かつて… **เคยชิน** /クーイ チン/ (…に) 慣れている **เคยตัว** /クーイトゥア/ 習慣になっている

เคร่ง /クレン/ (⊛ strict, serious) 厳しい, 重大な **เคร่งเครียด** /クレン クリアット/ 重大な, 過酷な

เครา /クラオ/ (⊛ beard) あごひげ

เคราะห์ /クロ/ (⊛ fortune, fate) 運, 宿命 **เคราะห์ดี** /クロディー/ 幸運 **เคราะห์ร้าย** /クロラーイ/ 不運

เครียด /クリアット/ (⊛ tense, stressful) 緊張した, ストレスのある

เครือ /クルア/ (⊛ vine, kin, vague, trembling) つる (植物), 親族, ぼんやりした, 震えた **เครือญาติ** /クルア ヤート/ 親族, 家族

เครื่อง /クルアン/ (⊛ machine, component) 機械, 用品 **เครื่องแกง** /クルアン ケーン/ カレーの素 **เครื่องเขียน** /クルアン キアン/ 文房具 **เครื่องจักร** /クルアン チャック/ 機械 **เครื่องใช้** /クルアン チャイ/ 用具, 用品 **เครื่องดื่ม** /クルアン ドゥーム/ 飲み物 **เครื่องบิน** /クルアン ビン/ 飛行機 **เครื่องแบบ** /クルアン ベープ/ 制服 **เครื่องพิมพ์ดีด** /クルアン ピム ティート/ タイプライター **เครื่องมือ** /クルアン ムー/ 道具, 工具 **เครื่องเรือน** /クルアン ルアン/ 家具 **เครื่องสำอาง** /クルアン サムアーン/ 化粧品 **เครื่องหมาย** /クルアン マーイ/ 記号

เคล็ด /クレット/ (⊛ trick, hint, sprain) 策略, ヒント ; (手足を) くじく

เคล้า /クラオ/ (⊛ mix, blend) 混ぜる **เคล้าเคลีย** /クラオ クリア/ なでる, 愛撫する, いちゃつく

เคลิ้ม /クルーム/ (⊛ doze, lost in thought) うたたねする, 夢見心地の

เคลื่อน /クルアン/ (⊛ move, differ) 移動する, 違う **เคลื่อนคลาด** /クルアン クラート/ 間違う **เคลื่อนไหว** /クルアン ワイ/ 動く

เคลือบ /クルアップ/ (⊛ coat) かぶせる, メッキする, (悪事

を) ごまかす **เคลือบแคลง** /クルアップ クレーン/ 怪しい, 疑わしい

แคว้งคว้าง /クウェーン クワーン/ (๏ lonely, wandering) 孤独な, 放浪の, あてどない

เคอะเขิน /ク クーン/ (๏ shy, clumsy) 内気な, ぎこちない

เค้า /カオ/ (๏ hint, clue, plot, outline) 手がかり, 糸口, プロット, 輪郭 **เค้ามูล** /カオ ムーン/ 糸口, 発端 **เค้าเรื่อง** /カオ ルアン/ 話の筋, あらまし **เค้าหน้า** /カオ ナー/ 顔つき, 面影

เคารพ /カオロップ/ (๏ respect) 尊敬する

เคาะ /コ/ (๏ knock) 叩く, ノックする

เคียง /キアン/ (๏ close, side by side) 接近した, 隣り合った

เคียดแค้น /キアット ケーン/ (๏ resent, detest) 怒る, 憎む

เคียว /キアオ/ (๏ sickle) 鎌 (かま)

เคี่ยว /キアオ/ (๏ simmer) 煮つめる **เคี่ยวเข็ญ** /キアオ ケン/ 強いる, 追い立てる

เคี้ยว /キアオ/ (๏ chew, grind) かむ, 砕く

เคือง /クアン/ (๏ be angry with, be irritated by) 腹を立てる, むかつく **เคืองขุ่น** /クアン クン/ 憤る

แค่ /ケー/ (๏ just, only, merely) …くらい, …だけ, わずか… **แค่ไหน** /ケー ナイ/ どれほど

แคน /ケーン/ (๏ khaen) ケーン《タイ東北地方の笙 (しょう) に似た楽器》

แค้น /ケーン/ (๏ grudge) 恨む, ねたむ

แคนาดา /ケーナーダー/ (๏ Canada) 〖地〗カナダ

แคบ /ケープ/ (๏ narrow) 狭い

แคม /ケーム/ (๏ edge, rim) 縁 (ふち)

แคระ /クレ/ (๏ short, mini) 短い, ミニの

แคล้วคลาด /クレーオ クラート/ (๏ miss, escape) (…し) そこなう, 逃れる

แคล่วคล่อง /クレーオ クロン/ (๏ active, fluent) 機敏な, 流暢な

แคว้น /クウェーン/ (๏ region) 地域, 地方

แคะ /ケ/ (๏ clean out) (耳を) ほじる

โค /コー/ (๏ cow, ox) 牛 **โคนม** /コー ノム/ 乳牛 **โคบาล** /コーバーン/ カウボーイ **โคชน** /コーチョン/ 闘牛

โคก /コーク/ (๏ hillock, mound) 丘, 小山

โค้ง /コーン/ (๏ bent, arched, bend) 曲がった, 湾曲した; 曲げる

โคตร /コート/ (๏ ancestor, extremely) 祖先, すごく

โค่น /コーン/ (⊛ fell) (木, 政府を) 倒す

โคม /コーム/ (⊛ lamp, lantern) ランプ, カンテラ

โคมลอย /コーム ローイ/ ばかな, 噂, ゴシップ

โครง /クローン/ (⊛ skeleton, framework) 骨組み, 枠組み **โครงการ** /クローン カーン/ 計画, プロジェクト **โครงร่าง** /クローン ラーン/ ドラフト、試案 **โครงเรื่อง** /クローン ルアン/ ストーリー **โครงสร้าง** /クローン サーン/ 構造

โคร่ง /クローン/ (⊛ huge, big) 巨大な

โครม /クローム/ (⊛ bang) どすん, どたん, ばたん

โคลง /クローン/ (⊛ *khlong* poetry, sway) クローン《タイの詩型》;揺れる **โคลงเคลง** /クローンクレーン/ 不安定な

โคลน /クローン/ (⊛ mud) 泥

ใคร /クライ/ (⊛ who, whom) 誰, 誰か **ใครๆ** /クライ クライ/ 誰でも

ใคร่ /クライ/ (⊛ wish, sexual desire) 欲する, 性欲

ใคร่ครวญ /クライ クルアン/ (⊛ think over) 熟考する

ไคล /クライ/ (⊛ sweat stain) 垢 (あか)

ฆ

ฆราวาส /カラーワート/ (⊛ layman) 俗人

ฆ้อง /コーン/ (⊛ gong) 銅鑼 (どら)

ฆ่า /カー/ (⊛ kill, get rid of) 殺す, 除去する **ฆ่าตัวตาย** /カー トゥア ターイ/ 自殺する **ฆ่าตาย** /カー ターイ/ 殺す

ฆาตกร /カーッタコーン/ (⊛ killer) 殺人者

ฆาตกรรม /カーッタカム/ (⊛ murder) 殺人

เฆี่ยน /キアン/ (⊛ beat) むち打つ

โฆษก /コーソック/ (⊛ announcer, spokesperson) アナウンサー, スポークスマン

โฆษณา /コーッサナー/ (⊛ advertise, advertisement) 宣伝する, 宣伝

ง

งก /ゴック/ (⊛ greedy, stingy) 欲の深い, けちな **งกๆเงิ่นๆ** /ゴック ゴック グン グン/ ぎこちなく;びびって震える

งง /ゴン/ (⊛ be dazzled, be puzzled) 目がくらむ, 当惑する

งด /ゴット/ (⊛ cancel) 中止する, 取り消す **งดเว้น** /ゴット ウェーン/ 差し控える

งดงาม /ゴット ガーム/ (⊛ graceful, fine) うるわしい, 見事な

งบประมาณ /ゴップ プラマーン/ (⊛ budget) 予算

งม /ゴム/ (⊛ fumble) 手探りする **งมงาย** /ゴム ガーイ/ 盲目的に信じる，だまされやすい，教条的な

ง่วง /グアン/ (⊛ become sleepy) 眠くなる **ง่วงนอน** /グアン ノーン/ 眠い

งวด /グアット/ (⊛ boil dry, dry up, period) 煮つめる，干上がる，(在庫が) 払底する；時期

ง่วน /グアン/ (⊛ be immersed in) 没頭している

งอ /ゴー/ (⊛ bend, bent) 曲げる，曲がった

ง้อ /ゴー/ (⊛ reconcile) 和解させる **ง้องอน** /ゴー ゴーン/ 許しを乞う

งอก /ゴーク/ (⊛ bud, grow) 生える，成長する，増える **งอกงาม** /ゴーク ガーム/ 成長する，栄える **งอกเงย** /ゴーク グーイ/ 増える，発展する

งอแง /ゴーゲー/ (⊛ childish, fussy) だだをこねる，騒ぎたてる

งอน /ゴーン/ (⊛ curved, sulk) 曲がった；すねる

ง่อนแง่น /ゴン ゲン/ (⊛ unsteady) 不安定な

งอบ /ゴープ/ (⊛ peasant's hat) 農民笠

งอม /ゴーム/ (⊛ overripe, old, serious) 熟れ過ぎた，老巧した，(病気，負け方が) ひどい

ง่อย /ゴイ/ (⊛ lame) 手足の不自由な

งักๆ /ガック ガック/ (⊛ brr) ぶるぶる，がたがた

งัด /ガット/ (⊛ pry) こじ開ける

งัน /ガン/ (⊛ halt, stop) 発育が止まる，突然黙る

งั้น /ガン/ (⊛ so)【口】それじゃあ《ยังงั้น, อย่างนั้น の短縮形》

ง่วเงีย /グア ギア/ (⊛ drowsy) 眠い

งา /ガー/ (⊛ ivory, sesame) 象牙，【植】ゴマ

ง้าง /ガーン/ (⊛ pull out) 引っ張る

งาน /ガーン/ (⊛ work, festival, party) 仕事，祭り，パーティー；【単】4分の1ライ《約400 ㎡》 **งานฉลอง** /ガーン チャローン/ お祭り，お祝い **งานเลี้ยง** /ガーン リアン/ 宴会，パーティー **งานวัด** /ガーン ワット/ 寺の祭り **งานศพ** /ガーン ソップ/ 葬式

งาม /ガーム/ (⊛ graceful, splendid) 美しい，立派な **งามหน้า** /ガーム ナー/ 不名誉な

ง่าย /ガーイ/ (⊛ easy, simple) やさしい，簡単な **ง่ายดาย** /ガーイ ダーイ/ とても簡単に，容易な

งำ /ガム/ (⊛ cover up, hide) 覆う，隠す

ง้ำ /ガム/ (⊛ protruding, sullen) 突き出た，前に傾いた，

不機嫌な
งิ้ว /ギウ/ (⊛ Chinese opera) 中国古典劇
งีบ /ギープ/ (⊛ doze off) うたた寝する
งึมงำ /グムガム/ (⊛ murmur) ぶつぶつ（つぶやく）
งุ่นง่าน /グンガーン/ (⊛ annoyed) いらいらする
งุ่มง่าม /グム ガーム/ (⊛ sluggish) のろい，ぐずの
งู /グー/ (⊛ snake) ヘビ งูพิษ /グー ピット/ 毒蛇 งูเห่า /グー ハオ/ コブラ
เงย /グーイ/ (⊛ lift one's face, look up)（顔を）上げる，見上げる เงยหน้าอ้าปาก /グーイ チー テー パーク/（暮らしが）よくなる
เงา /ガオ/ (⊛ shadow, image) 影，像 เงามืด /ガオ ムート/ シルエット
เง้างอด /ガオ ゴート/ (⊛ sulking, sullen) ふくれる，すねる
เงาะ /ゴ/ (⊛ rambutan, the Sakai)〖植〗ランブータン；サカイ族《マレー半島の少数民族》
เงิน /グン/ (⊛ silver, money) 銀，お金 เงินเดือน /グン ドゥアン/ 月給 เงินตรา /グン トラー/ 通貨 เงินทอน /グン トーン/ おつり เงินทุน /グン トゥン/ 資本金 เงินฝาก /グン ファーク/ 貯金 เงินสด /グン ソット/ 現金

เงี่ยน /ギアン/ (⊛ crave) 渇望する
เงียบ /ギアップ/ (⊛ calm, quiet) 静かな，沈黙の เงียบเชียบ /ギアップ チアップ/ しんとした เงียบเหงา /ギアップ ガオ/ ひっそりとした，孤独な
เงี้ยว /ギアオ/ (⊛ the Shan) シャン族
เงื่องหงอย /グアン ゴイ/ (⊛ sluggish) 無精な
เงื่อน /グアン/ (⊛ knot, clue) 結び目，こぶ、手がかり เงื่อนไข /グアン カイ/ 条件
เงื่อนงำ /グアン ガム/ かぎ，ヒント
แง่ /ゲー/ (⊛ edge, point of view) 角,観点 แง่คิด /ゲー キット/ 観点 แง่ดี /ゲー ディー/ 楽観的な見方 แง่ร้าย /ゲー ラーイ/ 悲観的な
แงะ /ゲ/ (⊛ pry) こじ開ける
โง่ /ゴー/ (⊛ stupid, dull) ばかな，愚かな โง่เง่า /ゴー ガオ/ ばかな
โง้ง /ゴーン/ (⊛ bend upward) 上に反り返った
ไง /ガイ/ (⊛ how, what)〖口〗どう《ยังไง,อย่างไร の短縮形》

จ

จง /チョン/ (⊛ must, have to) …しなければならない จงใจ /チョン チャイ/ 意図する จงรักภักดี /チョン ラック パック ディー/

誠実な
จด /チョット/ (英 touch, take a note) 触れる, 書きとめる **จดจำ** /チョット チャム/ 思い出す, 記憶する **จดทะเบียน** /チョット タビアン/ 書留にする **จดหมาย** /チョット マーイ/ 手紙 **จดหมายเหตุ** /チョット マーイ ヘート/ 記録, 備忘録

จน /チョン/ (英 poor, lose, until) 貧しい；尽きる；…まで **จนใจ** /チョン チャイ/ 途方にくれる **จนถึง** /チョン トゥン/ …に至るまで **จนปัญญา** /チョン パンヤー/ 万策尽きる

จบ /チョップ/ (英 finish, end) 終わる

จม /チョム/ (英 sink, drown) 沈む, 溺れる **จมน้ำ** /チョム ナーム/ 水に溺れる

จ.ม. ⇒ จดหมาย 手紙

จมูก /チャムーク/ (英 nose) 鼻

จร /チョーン/ (英 wander)『文』さまよう

จรรยา /チャンヤー/ (英 morals) 道徳

จรรโลง /チャンローン/ (英 maintain) 保持する

จรวด /チャルアット/ (英 rocket, missile) ロケット, ミサイル

จระเข้ /チョーラケー/ (英 crocodile)『動』ワニ

จราจร /チャラーチョーン/ (英 traffic) 交通

จริง /チン/ (英 true, real) 本当の, 本物の **จริงๆ** /チン チン/ 本当に **จริงใจ** /チン チャイ/ 心からの

จริต /チャリット/ (英 behavior, manner) 行動, 品行

จริยธรรม /チャリヤタム/ (英 morality) 道徳

จลาจล /チャラーチョン/ (英 riot) 暴動

จวน /チュアン/ (英 official residence, almost) 公邸；ほとんど, まもなく **จวนจะ** /チュアン チャ/ もう少しで…しかける **จวนตัว** /チュアン トゥア/ 切迫した

จอ /チョー/ (英 the Year of the Dog, screen) 戌 (いぬ) 年, (映画の) スクリーン

จ่อ /チョー/ (英 point at, concentrate) 突きつける；集中する

จ้อ /チョー/ (英 talkative) おしゃべりな

จอก /チョーク/ (英 cup, water lettuce) カップ,『植』ウォーターレタス

จ้อกแจ้ก /チョーク チェーク/ (英 noisy) 騒々しい (話し声)

จอง /チョーン/ (英 make reservation) 予約する

จ้อง /チョーン/ (英 stare, aim) 凝視する, 狙いをつける **จ้องมอง** /チョーン モーン/ 凝視する

จองหอง /チョーン ホーン/ (英 arrogant) 傲慢な

จอแจ /チョーチェー/ (® crowded, noisy) にぎやかな, 騒がしい

จอด /チョート/ (® stop, anchor) 停車する, 停泊する

จอดรถ /チョートロット/ 駐車する

จอบ /チョープ/ (® hoe) 鍬(くわ)

จอม /チョーム/ (® chief, peak, head) 長, 頂点, 最高位 **จอมทัพ** /チョームタップ/ 総司令官 **จอมพล** /チョームポン/ 陸軍元帥

จ้อย /チョイ/ (® small, trivial) 小さな, つまらない

จะ /チャ/ (® shall, will) …(する)でしょう, …(する)だろう 《意志・未来・推測の助動詞》

จ๊ะ /チャ/ 《目下に対して, 平叙文の文末につけて親しみを表す》; (返事の)「はい」

จ๊ะ /チャ/ 《目下に対して, 疑問文, 命令文の文末で親しみを表す》

จัก /チャック/ (® split) 割る, 裂く

จักจั่น /チャッカチャン/ (® cicada) セミ

จักจี้ /チャッカチー/ (® tickle) くすぐる

จักร /チャック/ (® wheel, machine) 輪, 機械 **จักรพรรดิ** /チャックラパット/ 皇帝 **จักรยาน** /チャックラヤーン/ 自転車 **จักรยานยนต์** /チャックラヤーンヨン/ オートバイ **จักรวรรดินิยม** /チャックラウットニヨム/ 帝国主義

จักรวาล /チャックラワーン/ 宇宙, 世界

จักรี /チャックリー/ (® king, monarch, the Chakri dynasty) 君主; チャクリ王朝

จัง /チャン/ (® really, indeed) 本当に, 極めて

จังหวะ /チャンウ/ (® rhythm) リズム, タイミング

จังหวัด /チャンウット/ (® province) 県

จัญไร /チャンライ/ (® wicked, damned) 呪われた, 邪悪な

จัด /チャット/ (® arrange, strongly) とり仕切る; 非常に強い, 濃い **จัดการ** /チャットカーン/ 管理する **จัดแจง** /チャットチェーン/ 準備する, 処理する **จัดตั้ง** /チャットタン/ 設立する

จันทร์ /チャン/ (® moon) 月 《天体》

จันทรคราส /チャントラクラート/ (® lunar eclipse) 月食

จับ /チャップ/ (® hold, catch) つかむ, 捕らえる **จับกลุ่ม** /チャップクルム/ 集まる **จับไข้** /チャップカイ/ 熱を出す **จับใจ** /チャップチャイ/ 心に残る, 印象的な **จับตา** /チャップター/ 目を奪う, 注視する **จับผิด** /チャップピット/ あら探しをする **จับมือ** /チャップムー/ 握手する

จั่ว /チュア/ (® gable, deal a card) (建物の) 破風; カー

ドを切る

จ่าฝูง /チャー ラーン/ (英 head, leader) 頭，リーダー

จ้า /チャー/ (英 intense, bright) 強烈な，明るい

จ๋า /チャー/ …ちゃん《親しい呼びかけ》; はい

จาก /チャーク/ (英 leave, from) 去る，別れる；…から **จากกัน** /チャーク カン/ 別れる

จาง /チャーン/ (英 faded, pale) 弱まる，(色が) あせる

จ้าง /チャーン/ (英 employ) 雇う

จาน /チャーン/ (英 dish) 皿 **จานเสียง** /チャーン シアン/ レコード **จานบิน** /チャーン ビン/ ＵＦＯ

จ๊าบ /チャープ/ (英 very good, cool) すごくいい，イケてる

จาม /チャーム/ (英 sneeze, chop) くしゃみをする，叩き切る

จ่าย /チャーイ/ (英 pay, buy) 支払う，買う **จ่ายตลาด** /チャーイ タラート/ 買い物をする

จารกรรม /チャーラカム/ (英 espionage) 諜報活動

จารชน /チャーラチョン/ (英 spy) スパイ

จาระไน /チャーラナイ/ (英 elucidate) 詳しく説明する

จารีต /チャーリート/ (英 custom, tradition) 習慣，伝統

จารึก /チャールック/ (英 inscribe) (心，石に) 刻む

จ้าละหวั่น /チャーラウン/ (英 confused) 混乱した，(鳥が) ばたばた騒ぐ

จำ /チャム/ (英 memorize, imprison) 記憶する，監禁する

จำคุก /チャム クック/ 投獄する

จำใจ /チャム チャイ/ いやいや…する **จำได้** /チャム ダーイ/ 覚えている **จำต้อง** /チャム トン/ …しなければならない **จำเป็น** /チャム ペン/ 必要がある，必須の

จ้ำ /チャム/ (英 speed up, hurry) 速くする，急ぐ

จำกัด /チャムカット/ (英 limit) 制限する **จำกัดความ** /チャムカット クワーム/ 定義する

จำเจ /チャムチェー/ (英 repeatedly, boring) 繰り返し，あきるほど

จำนง /チャムノン/ (英 intend, wish) 意図する，望む

จำนน /チャムノン/ (英 surrender) 降伏する

จำนวน /チャムヌアン/ (英 number) 数 **จำนวนเงิน** /チャムヌアン グン/ 金額 **จำนวนรวม** /チャムヌアン ルアム/ 総計

จำนอง /チャムノーン/ (英 mortgage) 抵当に入れる

จำนำ /チャムナム/ (英 pawn) 質 (しち) に入れる

จำแนก /チャムネーク/ (英 sort out) 分類する

จ้ำบ๊ะ /チャム バ/ (英 showgirl) ショーガール

จำพวก /チャムプアック/ (英 kind, genus) 種類，属 (動植物の)

จ้ำม่ำ /チャム ₴ム/ (㊥ plump) ぽっちゃりした

จำลอง /チャムローン/ (㊥ duplicate) 模倣する，複製する

จำเลย /チャムルーイ/ (㊥ defendant) 被告

จำแลง /チャムレーン/ (㊥ disguise) 変装する

จำหน่าย /チャムナーイ/ (㊥ sell, distribute) 販売する，分配する

จำอวด /チャム ウアット/ (㊥ comedy, clown) 喜劇，ピエロ

จิก /チック/ (㊥ peck) (くちばしで) つつく

จิ๊กโก๋ /チックコー/ (㊥ gigolo) ジゴロ，ひも

จิ้งจก /チンチョック/ (㊥ gecko)【動】ヤモリ

จิต /チット/ (㊥ mind) 心，精神 จิตแพทย์ /チッタペート/ 精神科医 จิตวิทยา /チッタウィッタヤー/ 心理学 จิตสำนึก /チット サムヌック/ 意識

จิตร /チット/ (㊥ painting, pattern) 絵画，模様 จิตรกร /チットラコーン/ 画家 จิตรกรรม /チットラカム/ 絵画

จินต, จินต์ /チンタ, チン/ (㊥ think) 思う จินตนาการ /チンタナーカーン/ 想像する，イマジネーション จินตภาพ /チンタパープ/ イメージ

จิบ /チップ/ (㊥ sip) すする

จิปาถะ /チパータ/ (㊥ miscellaneous) いろいろな

จิ้ม /チム/ (㊥ dip) 浸す，漬ける

จิ๋ว /チウ/ (㊥ tiny) 小さな，小型の

จี้ /チー/ (㊥ poke, pendant) (銃, 指を) 突きつける；ペンダント

จี๋ /チー/ (㊥ extremely) はなはだしく

จืด /チート/ (㊥ minute, intense) 微細な, 強烈な (味・光・感情)

จีน /チーン/ (㊥ China) 中国 จีนต่างด้าว /チーン ターン ダーオ/ 華僑

จีบ /チープ/ (㊥ fold, flirt) ギャザーを寄せる，口説く จีบปากจีบคอ /チープ パーク チープ コー/ 気取る，おだてる

จีวร /チーウォーン/ (㊥ Buddhist monk's robe) 僧衣

จึง /チュン/ (㊥ then, so) そこで，それで

จืด /チュート/ (㊥ tasteless, boring) 薄味の，つまらない จืดจาง /チュート チャーン/ 愛がさめる จืดชืด /チュート チュート/ 味のない，退屈な

จุ /チュ/ (㊥ accommodate) (大勢) 入れる，…の容量がある

จุก /チュック/ (㊥ topknot, cork, block) 稚児 (ちご) まげ，栓, 栓をする

จุกจิก /チュックチック/ (㊥ trifling, disturb) とるにたらない, 悩ます

จุด /チュット/ (⊛ dot, set fire) 点, 点を打つ, 点火する **จุดประสงค์** /チュット プラソン/ ねらい, 目的 **จุดหมาย** /チュット マーイ/ 目標 **จุดหมายปลายทาง** /チュット マーイ プライ ターン/ 目標, 行先 **จุดอ่อน** /チュット オーン/ 弱点

จุนเจือ /チュン チュア/ (⊛ support) 支える, 支持する

จุ้นจ้าน /チュン チャーン/ (⊛ interfere) 邪魔をする

จุ่ม /チュム/ (⊛ dip into) ちょっと浸す

จุล /チュン/ (⊛ tiny) 小さい, 微小の **จุลชีพ** /チュンラチーブ/ 微生物 **จุลทรรศน์** /チュンラタット/ 顕微鏡 **จุลศักราช** /チュンラサッカラート/ 小暦

จุฬาลงกรณ์ /チュラーロンコーン/ (⊛ King Chulalongkon the Great) チュラロンコン大王 (ラーマ5世) **จุฬาลงกรณ์มหาวิทยาลัย** /チュラーロンコーン マハー ウィッタヤーライ/ 国立チュラロンコン大学

จู่ /チュー/ (⊛ suddenly) 不意に, 突然に

จูง /チューン/ (⊛ lead) 誘導する **จูงใจ** /チューン チャイ/ 刺激される **จูงมือกัน** /チューン ムー カン/ 手に手を取って

จู้จี้ /チュー チー/ (⊛ nag, fuss) むずかる, 騒ぐ

จู๋จี๋ /チュー チー/ (⊛ talk intimately) (愛を) ささやく

จูบ /チューブ/ (⊛ kiss) キスする

เจ /チェー/ (⊛ vegetarian food) 精進料理

เจ๊ /チェー/ (⊛ sister) 姉, 姐さん

เจ๊ก /チェック/ (⊛ Chinese) 中国人《蔑称》

เจ๊ง /チェン/ (⊛ go bankrupt) 倒産する

เจ็ด /チェット/ (⊛ seven) 7

เจดีย์ /チェーディー/ (⊛ pagoda) パゴダ, 仏舎利塔

เจตนา /チェータナー/ (⊛ intention, intend) 意志, 意図; 意図する **เจตนาดี** /チェータナー ディー/ 善意 **เจตนารมณ์** /チェータナー ロム/ 意図, 目的

เจน /チェーン/ (⊛ be familiar with) 慣れている

เจ็บ /チェップ/ (⊛ painful, ill) 痛い, 病気の **เจ็บใจ** /チェップ チャイ/ 気持ちを傷つけられる **เจ็บป่วย** /チェップ プアイ/ 病気になる

เจรจา /チェーラチャー/ (⊛ negotiate) 交渉する, 協議する

เจริญ /チャルーン/ (⊛ grow, develop) 成長する, 繁栄する **เจริญก้าวหน้า** /チャルーン カーオ ナー/ 進歩する

เจอ /チュー/ (⊛ meet, find) 出会う, 見つける

เจ่า /チャオ/ (⊛ depressed) 気落ちした

เจ้า /チャオ/ (⊛ king, chief, god, you) 君主, 王子, 主人,

神，きみ，…ちゃん《子供への愛称》 **เจ้าของ** /チャオ コーン/ 持主 **เจ้านาย** /チャオ ナーイ/ 王族，ボス，上司 **เจ้าบ่าว** /チャオ バーオ/ 花婿 **เจ้าพนักงาน** /チャオ パナックガーン/ 係官，係員 **เจ้าพระยา** /チャオ プラヤー/ チャオプラヤー川 **เจ้าฟ้า** /チャオ ファー/ 王子 **เจ้าฟ้าหญิง** /チャオ ファー イン/ 王女 **เจ้าภาพ** /チャオ パープ/ (宴会などの)主人役 **เจ้าเมือง** /チャオ ムアン/ 総督，知事 **เจ้าสาว** /チャオ サーオ/ 花嫁 **เจ้าหน้าที่** /チャオ ナーティー/ 係官，役人 **เจ้าหล่อน** /チャオ ロン/ 彼女

เจาะ /チョ/ (® pierce) (穴を)あける **เจาะหู** /チョ ラー/ 耳たぶにピアスする

เจิดจ้า /チュート チャー/ (® brilliant) 輝いた

เจิม /チューム/ (® purify) (香粉で祝福印をつけて)清める

เจียด /チアット/ (® spare) (時間を)割く

เจียน /チアン/ (® trim, almost, close to) (髪を)刈る；ほとんど，もう少しで

เจี๊ยบ /チアップ/ (® very) 非常に；ひよこの鳴き声

เจียม /チアム/ (® modest) 謙遜する

เจียว /チアオ/ (® fry, surely) 油で揚げる；実に

เจี๊ยวจ๊าว /チアオ チャーオ/ (® noisy) うるさい

เจือ /チュア/ (® mix) 混ぜる **เจือจาง** /チュア チャーン/ 薄めた

เจื่อน /チュアン/ (® pale, embarrassed) 青ざめた，まごついた

เจื้อย /チュアイ/ (® incessantly) 絶え間なく

แจ /チェー/ (® closely) ぴったり (後に続く)

แจก /チェーク/ (® distribute) 配る，分ける **แจกแจง** /チェークチェーン/ 説明する

แจกัน /チェーカン/ (® vase) 花びん

แจ้ง /チェーン/ (® inform, bright, clear) 知らせる，報告する；明るい，明瞭な **แจ้งความ** /チェーン クワーム/ 通告する

แจ๊ด /チェート/ (® intense) 強烈な

แจ่ม /チェム/ (® shining, clear, bright) 輝く，晴れた，明るい **แจ่มใส** /チェム サイ/ 楽しい，明るい

แจว /チェオ/ (® oar) 櫓(ろ)，櫓で漕ぐ

แจ้ว /チェオ/ (® melodious, with a beautiful voice) 旋律的な，美声の

แจ๋ว /チェーオ/ (® clear, good) 澄んだ(音色)，素敵な

โจก /チョーク/ (® leader, instigator) 親分，音頭取り

โจ๊ก /チョーク/ (® joke, Chinese rice porridge) 冗談；中華

がゆ

โจงกระเบน /チョーン クラベーン/ (㊒ chong-kraben) 《よじったパヌン（タイ式サロン）の先を股下から後腰にはさむ着方》

โจ่งแจ้ง /チョーン チェーン/ (㊒ obviously) 大っぴらに，公然と

โจทก์ /チョート/ (㊒ complainant) 原告

โจน /チョーン/ (㊒ jump (into) 跳ぶ，飛び込む

โจม /チョーム/ (㊒ spring, tent) とびかかる，テント **โจมตี** /チョーム ティー/ 攻撃する

โจร /チョーン/ (㊒ robber) 泥棒 **โจรสลัด** /チョーン サラット/ 海賊

โจษจัน /チョート チャン/ (㊒ rumor, spread the rumor) 噂する，風説が広がる

ใจ /チャイ/ (㊒ heart, mind) 心，気；《動詞，形容詞と共に用いて，心の状態，感情，性質を表す》 **ใจกว้าง** /チャイ クワーン/ 心が大きい，寛大な **ใจแข็ง** /チャイ ケン/ 気丈な，冷たい（人） **ใจแคบ** /チャイ ケープ/ 狭量な **ใจง่าย** /チャイ ガーイ/ 誘惑されやすい **ใจจริง** /チャイ チン/ 真心の **ใจดำ** /チャイ ダム/ 腹黒い **ใจดี** /チャイ ディー/ 親切な **ใจแตก** /チャイ テーク/ 放縦な，堕落した **ใจน้อย** /チャイ ノーイ/ 感じやすい．怒りっぽい **ใจเย็น** /チャイ イェン/ 冷静な **ใจร้อน** /チャイ ローン/ せっかちな **ใจร้าย** /チャイ ラーイ/ 残忍な **ใจหาย** /チャイ ハーイ/ 胸がつまる，びっくりする **ใจอ่อน** /チャイ オーン/ おとなしい，気の弱い，涙もろい

ฉ

ฉก /チョック/ (㊒ snatch, grab) 強奪する，ひったくる

ฉกรรจ์ /チャカン/ (㊒ brave, strong) 勇敢な，頑健な

ฉงน /チャゴン/ (㊒ astonished, puzzled) 驚いた，困惑した

ฉบับ /チャバップ/ (㊒ issue, volume, edition) …部，…冊，…通《手紙，書類，新聞，雑誌などの類別詞》

ฉลอง /チャローン/ (㊒ celebrate) 祝う **ฉลองวันเกิด** /チャローン ワン クート/ お誕生日祝い

ฉลาก /チャラーク/ (㊒ label) ラベル，くじ

ฉลาด /チャラート/ (㊒ clever) 賢い，利口な

ฉลาม /チャラーム/ (㊒ shark)【動】サメ，フカ

ฉลู /チャルー/ (㊒ the Year of the Ox) 丑（うし）年

ฉวย /チュアイ/ (㊒ snatch) ひっつかむ **ฉวยโอกาส** /チュアイ オーカート/ 機会をとらえる

ฉวัดเฉวียน /チャウット チャウィアン/ (㊒ wheel) (鳥が) 飛び回る，旋回する

ฉ้อฉล /チョー チョン/ (⊛ cheat) だます, 詐取する

ฉอดๆ /チョート チョート/ (⊛ glib) 口の達者な

ฉอเลาะ /チョー ロ/ (⊛ flatter) お世辞を言う

ฉะ /チャ/ (⊛ hit, fight) 攻撃する, 争う

ฉะนั้น /チャ ナン/ (⊛ so, therefore) それゆえ, かくして

ฉัน /チャン/ (⊛ I) 私《女性が同等以下の相手に対して》, 俺《男性が召使い, 妻などに対して》

ฉับ /チャップ/ (⊛ quickly, suddenly) 素早く, 突然 ฉับพลัน /チャップ プラン/ 即座に, 瞬時に ฉับไว /チャップ ワイ/ 迅速に

ฉาก /チャーク/ (⊛ screen, backdrop) 幕, 背景; 垂直の

ฉาง /チャーン/ (⊛ barn) 倉, 納屋

ฉาดฉาน /チャート チャーン/ (⊛ clearly) 明瞭に

ฉาน /チャーン/ (⊛ diffuse, shining, the Shan) 拡散する, 明るい (光, 色); シャン族

ฉาบ /チャープ/ (⊛ coat) メッキする

ฉาบฉวย /チャープ チュアイ/ (⊛ inattentive) 不注意な, ぞんざいな

ฉาย /チャーイ/ (⊛ shadow, project) 影, 投影する ฉายหนัง /チャーイ ナン/ 映画を上映する

ฉายา /チャーヤー/ (⊛ shadow, alias) 肖像; あだ名

ฉ่ำ /チャム/ (⊛ juicy, humid) ジューシーな, 湿っぽい

ฉิ่ง /チン/ (⊛ small cymbals) 小型シンバル

ฉิบหาย /チップ ハーイ/ (⊛ destroy) 破滅する; ちくしょう!

ฉิว /チウ/ (⊛ get angry, smoothly) 腹が立つ; スムーズに

ฉีก /チーク/ (⊛ tear) 裂く, 引き裂く ฉีกหน้า /チーク ナー/ 恥をかかせる

ฉีด /チート/ (⊛ spurt, inject) 噴出する, 注射する ฉีดยา /チート ヤー/ 薬を注射する

ฉุก /チュック/ (⊛ suddenly) 突然 ฉุกเฉิน /チュック チューン/ 緊急の, 救急の

ฉุด /チュット/ (⊛ drag, abduct) 引っぱる, 誘拐する

ฉุน /チュン/ (⊛ angry, acrid) 激怒する; (味・匂いが) きつい ฉุนเฉียว /チュン チアオ/ 怒りっぽい

ฉุย /チュイ/ (⊛ diffusely, wafted) 拡散する, (匂いが) 漂った

ฉุยฉาย /チュイ チャーイ/ (⊛ walk gracefully) 気どって歩く

ฉูด /チュート/ (⊛ sprint) 疾走する ฉูดฉาด /チュート チャート/ 目

立つ, 派手な

เฉ /チェ-/ (⊛ inclined) 歪んだ, 斜めの

เฉ่ง /チェン/ (⊛ pay off debts) 清算する, 返済する

เฉพาะ /チャポ/ (⊛ particular) 特に…だけの, 専用の **เฉพาะกาล** /チャポ カーン/ 一時の, 仮の **เฉพาะตัว** /チャポ トゥア/ プライベートな

เฉย /チューイ/ (⊛ still, indifferent) 平気な, 無関心の **เฉยๆ** /チューイ チューイ/ 無関心の, 気にしない **เฉยเมย** /チュイムーイ/ 無視する

เฉลย /チャルーイ/ (⊛ answer, reveal) 答える, 明らかにする

เฉลิม /チャルーム/ (⊛ praise) 誉める **เฉลิมฉลอง** /チャルーム チャローン/ 祝う

เฉลี่ย /チャリア/ (⊛ share out) 平均する, 均等に分ける

เฉลียง /チャリアン/ (⊛ veranda) ベランダ, 回廊

เฉลียว /チャリアオ/ (⊛ realize suddenly, suspect) 突然ひらめく, 怪しむ **เฉลียวฉลาด** /チャリアオ チャラート/ 賢明な

เฉอะแฉะ /チュチェ/ (⊛ wet) じめじめした

เฉา /チャオ/ (⊛ wither) しおれる

เฉิดฉาย /チュート チャーイ/ (⊛ graceful, elegant) 優雅な, エレガントな

เฉียง /チアン/ (⊛ oblique) 斜めの, 傾いた

เฉียด /チアット/ (⊛ pass near, just miss) かすめる, (わずかに) 外れる

เฉียบ /チアップ/ (⊛ extremely) 極端な **เฉียบขาด** /チアップ カート/ 絶対に

เฉียว /チアオ/ (⊛ terrible) 猛烈な **เฉียวฉุน** /チアオ チュン/ 怒りっぽい

เฉี่ยว /チアオ/ (⊛ sweep) (鳥が獲物に) 襲いかかる

เฉือน /チュアン/ (⊛ slice) 薄く切る

เฉื่อย /チュアイ/ (⊛ sluggishly) ゆっくり, のろのろ **เฉื่อยชา** /チュアイ チャー/ けだるい

แฉ /チェー/ (⊛ reveal) あかす, ばらす

แฉ่ง /チェン/ (⊛ happily) うれしそうに

แฉล้ม /チャレーム/ (⊛ lovely) 愛らしい, きれいな

แฉะ /チェ/ (⊛ wet) ぬかるみの, じめじめした

โฉ /チョー/ (⊛ smelly) 臭い; (悪臭が) におう

โฉบ /チョープ/ (⊛ pounce) (鳥が) 襲いかかる

โฉม /チョーム/ (⊛ appearance, beautiful) 容姿; 美貌の **โฉมงาม** /チョーム ガーム/ 美女

ไฉน /チャナイ/ (⊛ why) どうして, なぜ

ช

ชก /チョック/ (⊛ hit, box) 殴る, ボクシングをする **ชกมวย** /チョック ムアイ/ 拳闘, ボクシング

ชง /チョン/ (⊛ brew) (茶, コーヒーを)いれる **ชงน้ำชา** /チョン ナム チャー/ 茶をいれる **ชงกาแฟ** /チョン カーフェー/ コーヒーをいれる

ชฎา /チャダー/ (⊛ crown) 冠, 頭飾り《タイ伝統舞踊の》

ชดช้อย /チョット チョーイ/ (⊛ graceful, soft) 優美な, 柔軟な

ชดเชย /チョット チューイ/ (⊛ replace, compensate) 代用する, 補償する

ชดใช้ /チョット チャイ/ (⊛ repay, compensate) 補償する, 賠償する

ชน /チョン/ (⊛ hit, run over, people) 衝突する, (車が人を)ひく; 人々 **ชนไก่** /チョン カイ/ 闘鶏 **ชนชาติ** /チョン チャート/ 国籍, 民族 **ชนบท** /チョン ナボット/ 田舎

ชนะ /チャナ/ (⊛ win) 勝つ **ชนะเลิศ** /チャナルート/ 優勝する

ชนิด /チャニット/ (⊛ kind, sort) 種類

ชบา /チャバー/ (⊛ hibiscus)【植】ハイビスカス

ชม /チョム/ (⊛ praise, view) ほめる, 鑑賞する **ชมเชย** /チョム チューイ/ ほめる, 色っぽい

ชมดชม้อย /チャモット チャモーイ/ (⊛ cast amorous glances) 色目を使う

ชมพู /チョムプー/ (⊛ pink) 桃色の, ピンクの

ชมพู่ /チョムプー/ (⊛ roseapple)【植】ローズアップル

ชมรม /チョムロム/ (⊛ club, association) サークル, 集い

ชโย /チャヨー/ (⊛ Hurrah!) 万歳

ชรา /チャラー/ (⊛ old, aged) 年老いた

ชล /チョン/ (⊛ water) 水《主に造語成分として》 **ชลประทาน** /チョン プラターン/ 灌漑

ชลี, ชุลี /チャリー, チュリー/ (⊛ salute) 挨拶する, 会釈する

ช่วง /チュアン/ (⊛ span, interval, use, bright) 間隔(時間, 空間的); 使う; 明るい **ช่วงชิง** /チュアン チン/ 奪う **ช่วงใช้** /チュアン チャイ/ 使用する **ช่วงเวลา** /チュアン ウェーラー/ 期間

ชวด /チュアット/ (⊛ miss, the Year of the Rat) し損ねる, 当てが外れる; 子(ね)年

ชวน /チュアン/ (⊛ persuade) 説得して…させる **ชวนเชื่อ** /チュアン チュア/ 宣伝する

ช่วย /チュアイ/ (⊛ help, aid) 助ける **ช่วยด้วย** /チュアイ ドゥアイ/ 助けて! **ช่วยไม่ได้** /チュア

ㄧマイ ターイ/仕方がない **ช่วยเหลือ** /チュアイ ルア/援助する

ชวา /チャワー/ (㊥ Java(nese), Indonesia(n)) ジャワ、インドネシア（の）

ช่อ /チョー/ (㊥ bunch) (ブドウの）房、（花）束 **ช่อดอกไม้** /チョー ドーク マーイ/花束

ชอกช้ำ /チョーク チャム/ (㊥ be bruised) 傷つく

ช็อก /チョック/(㊥shock)ショック、チョーク

ช็อกโกแล็ต /チョッコーレート/ (㊥ chocolate) チョコレート

ช่อง /チョン/ (㊥ hole, channel, chance) 孔、窓口、(テレビの）チャンネル、機会 **ช่องขายตั๋ว** /チョン カーイ トゥア/切符売り場 **ช่องแคบ** /チョン ケープ/海峡 **ช่องทาง** /チョン ターン/方法、機会 **ช่องว่าง** /チョン ウーン/すきま、ギャップ

ช้อน /チョーン/ (㊥ spoon) スプーン；すくい上げる

ชอบ /チョープ/ (㊥ like, right) 好む；正しい **ชอบกล** /チョープ コン/奇妙な、変な **ชอบใจ** /チョープ チャイ/気に入る **ชอบธรรม** /チョープ タム/公正な

ช้อยชด /チョーイ チョット/ (㊥ curved, graceful) 反り返った；上品な

ชอุ่ม /チャウム/ (㊥ fresh, moist) 鮮やかな（色）、瑞々しい

ชะ /チャ/(㊥rinse, clean)ゆすぐ、洗い落とす

ชะงัก /チャガック/ (㊥ stop suddenly) 急に停止する

ชะเง้อ /チャグー/ (㊥crane) (首を) 伸ばす

ชะแง้ /チャゲー/ (㊥ look upward) 仰ぎ見る

ชะโงก /チャゴーク/ (㊥ poke one's head into) (頭を) 突き出す

ชะตา /チャター/ (㊥ fate) 運勢、運命

ชะนี /チャニー/ (㊥gibbon)【動】テナガザル

ชะมัด /チャマット/ (㊥ very, greatly) とても、大変

ชะรอย /チャローイ/ (㊥ probably) あるいは、多分

ชะลอ /チャ ロー/ (㊥ move slowly) 徐行する

ชะลอม /チャローム/ (㊥bamboo basket) 竹の果物かご

ชะล่า /チャラー/ (㊥ impertinent) 図々しい、不作法な

ชัก /チャック/ (㊥ drag, induce, convulse) 引っぱる、説得して…させる、痙攣（けいれん）する **ชักเงา** /チャック ガオ/磨く、つやのある **ชักชวน** /チャック チュアン/誘う、説得して…させる **ชักธง** /チャック トン/旗を揚げる **ชักว่าว** /チャック ウーオ/凧を揚げる；(男が) オナニーする

ชัง /チャン/ (㊥ hate) 憎む、嫌う

ชั่ง /チャン/ ([英] weigh) 目方を量る；〖単〗チャン《昔の重量単位》 **ชั่งใจ** /チャン チャイ/ あれこれ考える

ชัด /チャット/ ([英] clear, obvious) はっきりと，明らかな **ชัดแจ้ง** /チャット チェーン/ 明瞭な **ชัดถ้อยชัดคำ** /チャット トイ チャット カム/ はっきりと，きちんと

ชัน /チャン/ ([英] erect, steep, resin) 直立する，急勾配の；樹脂

ชั้น /チャン/ ([英] step, class, level) 階，等級，学年 **ชั้นกลาง** /チャン クラーン/ 中流 **ชั้นบน** /チャン ボン/ 階上，２階 **ชั้นล่าง** /チャン ラーン/ 階下，１階 **ชั้นหนึ่ง** /チャン ヌン/ 一流の，一等の

ชันสูตร /チャンナ スート/ ([英] inspect) 検証する

ชัย /チャイ/ ([英] victory, triumphal return) 勝利，凱旋

ชั่ว /チュア/ ([英] for, period, evil) …の間，期間；悪い，下劣な **ชั่วคราว** /チュア クラーオ/ 臨時の，一時的な **ชั่วช้า** /チュア チャー/ 邪悪な，下賤な **ชั่วชาติ** /チュア チャート/ 一生，終生 **ชั่วโมง** /チュア モーン/〖単〗時間

ชา /チャー/ ([英] tea, numb) 茶；麻痺（まひ）する

ช้า /チャー/ ([英] slow, rude) 遅い，ゆっくり，荒っぽい **ช้าๆ** /チャー チャー/ ゆっくりと **ช้าก่อน** /チャー コーン/ 待て！

ช่าง /チャーン/ ([英] technician, good) …工；上手な **ช่างกล** /チャーン コン/ 機械工，技師 **ช่างเขียน** /チャーン キアン/ 画家 **ช่างคิด** /チャーン キット/ 思慮深い人 **ช่างตัดผม** /チャーン タット ポム/ 床屋，理髪師 **ช่างตัดเสื้อ** /チャーン タット スア/ 仕立屋 **ช่างถ่ายรูป** /チャーン ターイ ループ/ カメラマン **ช่างพูด** /チャーン プート/ おしゃべりな人，話上手 **ช่างไฟฟ้า** /チャーン ファイファー/ 電気工 **ช่างไม้** /チャーン マーイ/ 大工

ช่าง /チャン/ ([英] How…!, Never mind!) 何と…《感嘆》；放っておけ！ **ช่างเถอะ** /チャン トゥ/ 放っておけ，かまわない **ช่างสวย** /チャン スアイ/ 何てきれいなんだろう！

ช้าง /チャーン/ ([英] elephant) 象 **ช้างเท้าหลัง** /チャーン ターオ ラン/ 象の後足；妻子 **ช้างน้ำ** /チャーン ナーム/ カバ **ช้างเผือก** /チャーン プアック/ 白象；掃きだめに鶴

ชาด /チャート/ ([英] cinnabar, red) 辰砂（しんしゃ）；朱色の

ชาดก /チャードック/ ([英] Jataka) 本生経（ほんじょうきょう），ジャータカ

ชาตรี /チャートリー/ ([英] warrior) 武者，強者（つわもの）

ชาติ /チャート/ ([英] birth, race,

nation) 民族, 国家, 血筋, (この) 世 **ชาติก่อน** /チャート コーン/ 前世 **ชาตินี้** /チャート ニー/ 現世 **ชาตินิยม** /チャート ニヨム/ 民族主義 **ชาติหน้า** /チャート ナー/ 来世

ชาน /チャーン/ (㊥ refuse, terrace) かす, ベランダ **ชานชาลา** /チャーン チャーラー/ プラットホーム **ชานเมือง** /チャーン ムアン/ 郊外

ชาม /チャーム/ (㊥ bowl) 茶碗, 鉢

ชาย /チャーイ/ (㊥ man, rim) 男; 縁, 裾 (すそ) **ชายแดน** /チャーイ デーン/ 国境 **ชายทะเล** /チャーイ タレー/ 海岸 **ชายหนุ่ม** /チャーイ ヌム/ 若者 (男)

ชาว /チャーオ/ (㊥ tribe, race) …人, 民族, 種族 **ชาวเขา** /チャーオ カオ/ 山岳民族 **ชาวต่างประเทศ** /チャーオ ターン プラテート/ 外国人 **ชาวนา** /チャーオ ナー/ 農民 **ชาวบ้าน** /チャーオ バーン/ 村人, 住民 **ชาวบ้านนอก** /チャーオ バーン ノーク/ 田舎の人 **ชาวเมือง** /チャーオ ムアン/ 都会の住民, 町の人

ช้ำ /チャム/ (㊥ bruised) 傷ついた **ช้ำใจ** /チャム チャイ/ 心が傷つく

ช่ำช่อง /チャム チョーン/ (㊥ skillfully) 上手に

ชำนาญ /チャム ナーン/ (㊥ skilled) 巧みな, 熟練した

ชำระ /チャムラ/ (㊥ wash, clean, pay off) 洗う, きれいにする, 清算する **ชำระหนี้** /チャムラニー/ 借金を清算する

ชำรุด /チャムルット/ (㊥ decay, ruin) 損傷する, 崩壊する

ชำเรา /チャムラオ/ (㊥ have sex with) 性交する

ชำเลือง /チャムルアン/ (㊥ glance sideways) 横目でちらりと見る

ชำแหละ /チャムレ/ (㊥ cut up, slice) 解体する, 細かく切る

ชิง /チン/ (㊥ snatch, compete) 奪う, 競う

ชิงชัย /チン チャイ/ (㊥ compete) 勝敗を争う

ชิงชัง /チン チャン/ (㊥ hate) 憎む, 憎悪する

ชิงช้า /チンチャー/ (㊥ swing) ブランコ

ชิด /チット/ (㊥ approach, close) 近づく, 近い **ชิดชอบ** /チット チョープ/ 親密な **ชิดซ้าย** /チット サーイ/ 車を路肩に寄せる

ชิน /チン/ (㊥ used to, experienced) 慣れた, 精通した

ชิ้น /チン/ (㊥ piece) 一片, 一切れ;《 片状のものの類別詞 》 **ชิ้นเล็กชิ้นน้อย** /チン レック チン ノーイ/ 破片 **ชิ้นเอก** /チン エーク/ 傑作

ชิม /チム/ (㊥ taste, savor) 味わう, 味見する

ชี /チー/ (㊥ nun) 尼僧

ชี้ /チー/ (㊥ point out, suggest) 指さす, 示唆する **ชี้แจง**

/チー チェーン/ 説明する **ชี้แนะ** /チー ネ/ 提案する

ชีพ /チープ/ (英 life) 生命 **ชีพจร** /チープ パチョーン/ 脈拍

ชีว /チーウ/ (英 life, living) 生命, 生存 **ชีวทัศน์** /チーウタット/ 人生観 **ชีวประวัติ** /チーウプラワッti/ 伝記 **ชีววิทยา** /チーウウィッタヤー/ 生物学

ชีวิต /チーウィット/ (英 life, lifestyle) 生命, 人生 **ชีวิตชีวา** /チーウィット チーワー/ 活気のある

ชืด /チュート/ (英 tasteless) 味がない

ชื่น /チューン/ (英 joyful, glad) 愉快な, うれしい **ชื่นใจ** /チューン チャイ/ 爽快そのものの **ชื่นชม** /チューン チョム/ 賞賛する

ชื้น /チューン/ (英 humid) 湿った

ชื่อ /チュー/ (英 name, title) 名, タイトル **ชื่อดัง** /チュー ダン/ 有名な **ชื่อตัว** /チュー トゥア/ 名前《名字に対する》 **ชื่อเล่น** /チュー レン/ あだ名, 通称 **ชื่อเสียง** /チュー シアン/ 名声

ชุก /チュック/ (英 plentiful) 豊富な

ชุด /チュット/ (英 set, series) セット **ชุดไทย** /チュット タイ/ タイ民族衣装 **ชุดนอน** /チュット ノーン/ パジャマ **ชุดราตรี** /チュット ラートリー/ イブニングドレス **ชุดว่ายน้ำ** /チュット ウーイ チーム/ 水着

ชุบ /チュップ/ (英 dip, gild) 浸す, メッキする **ชุบชีวิต** /チュップ チーウィット/ 蘇生させる

ชุม /チュム/ (英 gather, abundant) 集まる, たくさん **ชุมชน** /チュム チョン/ 集落, 共同体 **ชุมทาง** /チュム ターン/ 合流点

ชุมนุม /チュム ヌム/ (英 club, meet) クラブ ; 集まる

ชุ่ย /チュイ/ (英 sloppy) だらしのない

ชุลมุน /チュンラムン/ (英 chaotic, disordered) 無秩序な, 雑然とした

ชู /チュー/ (英 raise, lift) 高める, 持ち上げる **ชูกำลัง** /チュー カムラン/ 体力をつける **ชูมือ** /チューム-/ 手を挙げる **ชูรส** /チュー ロット/ 味を増す

ชู้ /チュー/ (英 lover, adultery) 愛人, 不倫

เช็ค /チェック/ (英 check) 小切手 ; チェックする **เช็คเดินทาง** /チェックドゥーン ターン/ トラベラーズチェック

เช้ง /チェーン/ (英 beautiful) きれいな

เช็ด /チェット/ (英 wipe, rub) 拭(ふ)く, こすり落とす

เช่น /チェン/ (英 like..., for example) …の様な, たとえば… **เช่นเดียวกัน** /チェン ディアオ カン/ 同様に

เชย /チューイ/ (英 fondle, old-fashioned) 愛撫する ; 時代遅れの **เชยชม** /チューイ チョム/

優しくなでる
เชลย /チャルーイ/ (Ⓔ captive) 捕虜
เช่า /チャオ/ (Ⓔ rent) 賃貸する, 借りる **เช่าบ้าน** /チャオ バーン/ 家を借りる
เช้า /チャーオ/ (Ⓔ morning, early in the morning) 朝, 朝早く **เช้าตรู่** /チャオ トルー/ 早朝 **เช้านี้** /チャオ ニー/ 今朝
เชิง /チューン/ (Ⓔ foot, base, play tricks) ふもと, 土台; だます **เชิงชั้น** /チューン チャン/ 戦術 **เชิงลบ** /チューン ロップ/ ネガティブな
เชิงซ้อน /チューン ソーン/ (Ⓔ complex) 複雑な
เชิงเดียว /チューン ディアオ/ (Ⓔ simple) 単純な
เชิญ /チューン/ (Ⓔ invite, allow, please) 招く; どうぞ… **เชิญเข้ามา** /チューン カオ マー/ お入り下さい **เชิญชวน** /チューン チュアン/ 説得する
เชิด /チュート/ (Ⓔ lift, raise) 上げる, 高める **เชิดชู** /チュート チュー/ 誉める
เชิ้ต /チュート/ (Ⓔ shirt) ワイシャツ
เชียงราย /チアンラーイ/ (Ⓔ Chiangrai) チェンライ (県・市)
เชียงใหม่ /チアンマイ/ (Ⓔ Chiangmai) チェンマイ (県・市)
เชียว /チアオ/ (Ⓔ extremely) 〖口〗全く, 本当に
เชี่ยว /チアオ/ (Ⓔ swift) (流れが) 速い **เชี่ยวชาญ** /チアオ チャーン/ 巧みな, 熟練した
เชื่อ /チュア/ (Ⓔ believe) 信じる **เชื่อใจ** /チュア チャイ/ 信頼する **เชื่อถือ** /チュア トゥー/ 信仰する, 尊敬する **เชื่อฟัง** /チュア ファン/ 言うことに従う **เชื่อมั่น** /チュア マン/ 自信を持つ
เชื้อ /チュア/ (Ⓔ germ, lineage) 細菌, 血筋 **เชื้อชาติ** /チュア チャート/ 人種, 民族 **เชื้อเพลิง** /チュア プルーン/ 燃料 **เชื้อโรค** /チュア ローク/ 病原菌 **เชื้อสาย** /チュア サーイ/ 血統
เชือก /チュアック/ (Ⓔ rope, cord) ひも, コード
เชื่อง /チュアン/ (Ⓔ tame, docile) 飼い馴らされた, 従順な
เชื่องช้า /チュアン チャー/ (Ⓔ slow) ゆっくりした
เชือด /チュアット/ (Ⓔ slash) 切り裂く
เชื่อม /チュアム/ (Ⓔ weld, cook with sugar) 接合する, 砂糖煮にする **เชื่อมโยง** /チュアム ヨーン/ リンクする
แช่ /チェー/ (Ⓔ soak, dawdle) 漬ける; のらくらする **แช่แข็ง** /チェー ケン/ 冷凍する **แช่น้ำ** /チェー ナーム/ 水に浸す **แช่เย็น** /チェー イエン/ 冷蔵する
แช่ง /チェーン/ (Ⓔ curse, damn) 呪う, ののしる
แช่มช้อย /チェーム チョーイ/ (Ⓔ courteous) 礼儀正しい

แชมป์, แชมเปี้ยน /チェーム, チェームピアン/ (⊛ champion) チャンピオン

แชมพู /チェームプー/ (⊛ shampoo) シャンプー

โชก /チョーク/ (⊛ drenched) びしょ濡れの

โชค /チョーク/ (⊛ luck, fate) 運 **โชคดี** /チョーク ディー/ 運がよい **โชคร้าย** /チョーク ラーイ/ 運が悪い

โชติ /チョート/ (⊛ glory) 光輝, 光明

โชน /チョーン/ (⊛ ablaze, strong) あかあかと;強く

โชยชาย /チョーイ チャーイ/ (⊛ be breezy) そよ風が吹く

โชว์ /チョー/ (⊛ show) ショー; 陳列する

ใช่ /チャイ/ (⊛ yes) はい, そうです **ใช่ไหม** /チャイ マイ/ そうですね?; そうですか?

ใช้ /チャイ/ (⊛ use, utilize) 使う, 利用する **ใช้จ่าย** /チャイ チャーイ/ (金(かね)を) 使う **ใช้ได้** /チャイ ダーイ/ 使いものになる **ใช้ให้** /チャイ ハイ/ (人に)…させる, 返済する

ไชโย /チャイ ヨー/ (⊛ Hurrah!, Bravo!) 万歳!

ซ

ซด /ソット/ (⊛ sip) ちびちび飲む

ซน, ซุกซน /ソン, スックソン/ (⊛ naughty) いたずらな, やんちゃな

ซบ /ソップ/ (⊛ lean against) もたれる **ซบเซา** /ソップ サオ/ 活気のない, 悲しい

ซม /ソム/ (⊛ weakly) 弱々しく **ซมซาน** /ソム サーン/ どうしようもなく

ซวนเซ /スアン セー/ (⊛ totter) よろめく

ซวย /スアイ/ (⊛ unlucky, ill-fated) 不運な, ついてない

ซอ /ソー/ (⊛ so) タイ胡弓

ซอก /ソーク/ (⊛ recess, hide) 隘路;隠す **ซอกแซก** /ソーク セーク/ 詮索する

ซอง /ソーン/ (⊛ case) ケース, …枚, …個((封筒, 小箱などの類別詞)) **ซองจดหมาย** /ソーン チョット マーイ/ 封筒 **ซองบุหรี่** /ソーン ブリー/ シガレットケース

ซ่อง /ソン/ (⊛ brothel, gather) 売春窟;集まる

ซ่อน /ソーン/ (⊛ hide, cover) 隠す, 隠れる **ซ่อนตัว** /ソーン トゥア/ 身を隠す **ซ่อนหา** /ソーン ハー/ かくれんぼ

ซ้อน /ソーン/ (⊛ overlap) 重ねる, 重なる **ซ้อนกล** /ソーン コン/ うまく出し抜く

ซ่อม /ソム, ソーム/ (⊛ repair, folk) フォーク, 修理する **ซ่อมแซม** /ソーム セーム/ 修理する

ซ้อม /ソーム/ (⊛ rehearse) 下げいこする, 練習する **ซ้อม**

ข้าว /ソーム カーオ/ 米を搗(つ)く **ซ้อมรบ** /ソーム ロップ/ 演習する **ซ้อมใหญ่** /ソーム ヤイ/ リハーサル

ซอมซ่อ /ソームソー/ (㊄shabby, poky) (衣服が) くたびれた, みすぼらしい

ซอย /ソーイ/ (㊄lane, slice, shuffle) 小路, ソイ；薄切りにする, (カードを) 切る **ซอยเท้า** /ソーイ ターオ/ 足をひきずる

ซอส /ソート/ (㊄sauce) ソース

ซัก /サック/ (㊄wash, inquire) 洗う, 尋ねる **ซักไซ้** /サック サイ/ 尋問する **ซักผ้า** /サック パー/ 洗濯する **ซักฟอก** /サック フォーク/ (石けんで) 洗う, 取り調べる **ซักแห้ง** /サック ヘーン/ ドライクリーニングする

ซังกะตาย /サンカターイ/ (㊄unwilling) …する気がしない

ซัด /サット/ (㊄throw, blame) 投げる, 他人のせいにする **ซัดเซ** /サット セー/ 放浪する

ซับ /サップ/ (㊄mop up, absorb) 拭き取る, 吸い取る **ซับซ้อน** /サップ ソーン/ 複雑な, 錯綜した **ซับใน** /サップ ナイ/ (服の) 裏地

ซา /サー/ (㊄diminish) 減らす, 弱まる

ซ่า /サー/ (㊄the sound of falling water, tinkle) ざーざー《 滝の音 》；うずく；スーッとする, スカッとする

ซาก /サーク/ (㊄corpse, remains) 死体, 遺物, 遺跡 **ซากศพ** /サークソップ/ 死体, 死骸

ซ่านเซ็น /サーン セン/ (㊄diffuse) 拡散する

ซาบซ่าน /サープ サーン/ (㊄pass through the whole body) 浸透する

ซาบซึ้ง /サープ スン/ (㊄be impressed) 感激する

ซ้าย /サーイ/ (㊄left) 左 **ซ้ายมือ** /サーイ ムー/ 左側

ซาละเปา /サーラパオ/ (㊄Chinese bun) 中華まんじゅう

ซาว /サーオ/ (㊄wash rice) (米を) とぐ

ซ้ำ /サム/ (㊄repeat) 繰り返す **ซ้ำซาก** /サム サーク/ 再三再四

ซิ, ซี /シ, シー/ (㊄please, let) …しなさい《 強調・命令・勧誘の文末辞 》

ซิกแซ็ก /シック セック/ (㊄zigzag) ジグザグの

ซิบ /シップ/ (㊄gradually) じわじわと；ファスナー

ซี ⇒ **ซิ** …しなさい

ซี่ /シー/ (㊄piece) …本《 歯・櫛・フォークなどの類別詞 》 **ซี่โครง** /シー クローン/ 肋骨

ซี้ /シー/ (㊄close friend) 親友

ซีก /シーク/ (㊄half) 半分, 断片

ซีด /シート/ (㊄pale) 蒼ざめた

ซีดี /シーディー/ (㊄compact

ซีเมนต์ /シーメン/ (⑲ cement) セメント

ซีอิ๊ว /シーイウ/ (⑲ soy sauce) 醤油

ซึ่ง /スン/ (⑲ which, that) ((関係代名詞))…である（人，物）．**ซึ่งกันและกัน** /スン カン レ カン/ お互いに　**ซึ่งหน้า** /スン ナー/ 面と向かって

ซึ้ง /スン/ (⑲ deep) 深い, 深遠な　**ซึ้งใจ** /スン チャイ/ 感動的な

ซึม /スム/ (⑲ absorb, dull) 滲む; さえない

ซื่อ /スー/ (⑲ honest) 正直な, 忠実な　**ซื่อสัตย์** /スー サット/ 誠実な

ซื้อ /スー/ (⑲ buy) 買う　**ซื้อของ** /スー コーン/ 買い物をする　**ซื้อขาย** /スー カーイ/ 売買する

ซุกซ่อน /スック ソーン/ (⑲ hide) しまい込む　**ซุกซน** /スック ソン/ 腕白な

ซุง /スン/ (⑲ log) 丸太材

ซุบซิบ /スップ シップ/ (⑲ whisper) ひそひそささやく

ซุป /スップ/ (⑲ soup) スープ

ซุ่ม /スム/ (⑲ hide) 隠れる, 待ち伏せする

ซุ่มซ่าม /スム サーム/ (⑲ awkward) 不器用な

ซุ้ม /スム/ (⑲ arch) 樹木のアーチ門

ซู่ /スー/ (⑲ sound of dashing rain) ザーザー《雨が激しく降る音》 **ซู่ซ่า** /スー サー/ 刺激的な

ซูบ /スープ/ (⑲ thin) やせこけた

เซ /セー/ (⑲ stagger) よろめく

เซ็ง /セン/ (⑲ tedious) うんざりした

เซ็งแซ่ /セン セー/ (⑲ noisy) 騒々しい

เซ้ง /セン/ (⑲ change hands) 譲渡する

เซ็น /セン/ (⑲ sign) 署名する　**เซ็นชื่อ** /セン チュー/ サインする

เซ่น /セン/ (⑲ offer) 供物を捧げる

เซฟ /セーフ/ (⑲ safe, save) 金庫, 節約する

เซลล์ /セン/ (⑲ cell, battery) 細胞, 電池

เซ่อ /スー/ (⑲ foolish, clumsy) 愚かな, 不器用な　**เซ่อซ่า** /スー サー/ ばかばかしい

เซา /サオ/ (⑲ sleepy, cease) 眠そうな; やむ.

เซ้าซี้ /サオ シー/ (⑲ pester) うるさくせがむ

เซาะ /ソ/ (⑲ erode) 侵食する, 腐食する

เซียน /シアン/ (⑲ professional) プロの

เซียว /シアオ/ (⑲ sickly, pale) やつれた, 蒼ざめた

แซ่ /セー/ (⑲ surname, noisy) 姓（中国人の）; うるさい

แซง /セーン/ (⑲ interfere,

pass) 間に入る，追い越す
แทรกแซง /セーク セーン/ 介入する

แซ่บ /セーブ/ (⊛ delicious) おいしい《東北方言》

แซม /セーム/ (⊛ put in) 差し込む，はさむ

แซะ /セ/ (⊛ spade) 掘り起こす

โซ /ソー/ (⊛ needy, hungrily) 貧乏な，腹ぺこの

โซ่ /ソー/ (⊛ chain) 鎖；カレン族

โซเซ /ソー セー/ (⊛ staggering) よろめく

โซดา /ソーダー/ (⊛ soda) ソーダ，ソーダ水

ไซ้ /サイ/ (⊛ pick) (鳥が) ついばむ

ไซร้ /サイ/ (⊛ like that) そのように《条件節の強調》

ฌ

ฌาปนกิจ /チャーパナキット/ (⊛ cremation) 火葬

ญ

ญวน /ユアン/ (⊛ Viet Nam) ベトナム

ญาณ /ヤーン/ (⊛ perception) 知覚

ญาติ /ヤート/ (⊛ relatives) 親族，親戚 **ญาติดีกัน** /ヤート ディーカン/ 仲直りする **ญาติพี่น้อง** /ヤート ピーノーン/ 親族一同

ญี่ปุ่น /イープン/ (⊛ Japan, Japanese) 日本，日本人

ฎ

ฎีกา /ディーカー/ (⊛ petition) 請願（書）

ฐ

ฐาน /ターン/ (⊛ base) 基礎，土台 **ฐานข้อมูล** /ターン コー ムーン/ データベース **ฐานทัพ** /ターン タップ/ 軍事基地

ฐานะ /ターナ/ (⊛ position) 地位，立場

ฒ

เฒ่า /タオ/ (⊛ aged) 老いた
เฒ่าแก่ /タオケー/ 仲人，頭（かしら）

ณ

ณ /ナ/ (⊛ at, in)《文》…に《時間》，…において《場所》

ณรงค์ /ナロン/ (⊛ campaign, fight) (選挙) 運動，戦闘

เณร /ネーン/ (⊛ Buddhist novice) 少年僧《20 歳以下》

ด

ด.ช. ⇒ **เด็กชาย** 男の子
ด.ญ. ⇒ **เด็กหญิง** 女の子
ดกดื่น /ドック ドゥーン/ (⊛ abundant) 多産の，豊富な

ดง /ドン/ (⊛ jungle) 密林 **ดงดิบ** /ドン ディップ/ 原始林，ジャングル

ด้น /ドン/ (⊛ venture) (密林

ดนตรี ►

に) 分け入る **ดันดั้น** /ドンタン/ 突き進む **ด้นถอยหลัง** /ドントイラン/ 半返し縫いにする

ดนตรี /ドントリー/ (⊛ music) 音楽

ดม /ドム/ (⊛ smell)（匂いを）かぐ

ดรรชนี /ダッチャニー/ (⊛ index) 指数, インデックス

ดล /ドン/ (⊛ destine) 霊感で感動を起こさせる **ดลใจ** /ドンチャイ/ 霊感を与える, 感動させる **ดลบันดาล** /ドンバンダーン/ 駆り立てる

ดวง /ドゥアン/ (⊛ round object) 《天体，ランプなど丸いものの類別詞》 **ดวงจันทร์** /ドゥアンチャン/ 月《天体》 **ดวงใจ** /ドゥアンチャイ/ 心, 最愛の人 **ดวงตา** /ドゥアンター/ 目, 瞳 **ดวงอาทิตย์** /ドゥアンアーティット/ 太陽

ด่วน /ドゥアン/ (⊛ urgent) 急ぎの, 緊急の

ด้วน /ドゥアン/ (⊛ shortened) 切り詰めた

ด้วย /ドゥアイ/ (⊛ also, with, due to) …も, …とともに, (手段)…で, (理由)…のせいで；(依頼)…して下さい **ด้วยกัน** /ドゥアイカン/ 一緒に **ด้วยตัวเอง** /ドゥアイトゥアエーン/ 自力で, 自分で **ด้วยเหตุนี้** /ドゥアイヘートニー/ それゆえに

ดอก /ドーク/ (⊛ flower) 花；…本，…輪《花の類別詞》 **ดอกกุหลาบ** /ドーククラープ/ バラ **ดอกบัว** /ドークブア/ ハスの花 **ดอกเบี้ย** /ドークビア/ 利息 **ดอกมะลิ** /ドークマリ/ ジャスミンの花 **ดอกไม้** /ドークマーイ/ 花 **ดอกไม้ไฟ** /ドークマーイファイ/ 花火

ดอง /ドーン/ (⊛ pickle)（野菜を）漬ける

ดอน /ドーン/ (⊛ highlands) 高地

ดอย /ドーイ/ (⊛ mountain)（北部タイの）山

ด้อย /ドイ/ (⊛ inferior) 劣る **ด้อยพัฒนา** /ドイパッタナー/ 未開発の

ดอลลาร์, ดอลล่าร์ /ドーンラー/ (⊛ dollar) ドル

ดะ /ダ/ (⊛ indiscriminately) 無差別に

ดัก /ダック/ (⊛ trap) わなを仕掛ける **ดักฟัง** /ダックファン/ 盗聴する

ดัง /ダン/ (⊛ loud, sound, like)（音が）大きい, 響く；…のように **ดังกล่าว** /ダンクラーオ/（上に）述べた通り **ดังนั้น** /ダンナン/ それゆえ **ดังนี้** /ダンニー/ このように, かくて

ดั้ง /ダン/ (⊛ bridge of a nose) 鼻柱

ดั้งเดิม /ダンドゥーム/ (⊛ original) 元来の

ดัด /ダット/ (⊛ bend, modify) 曲げる, 修正する **ดัดจริต**

/タットチャリット/ 気取った，ぶりっ子的な **ดัดแปลง** /ダットプレーン/ 改める **ดัดผม** /ダットポム/ パーマをかける

ดัน /ダン/ (⊛ push, resist) 押す，抵抗する **ดันทุรัง** /ダントゥラン/ 頑固にがんばる

ดับ /ダッブ/ (⊛ put out, quench) 消える，（感情を）しずめる **ดับไฟ** /ダッブファイ/ 火を消す **ดับเพลิง** /ダッブプルーン/ 消火する

ดา /ダー/ (⊛ advance, abundant) 大勢で押し寄せる；ありふれた **ดาหน้า** /ダーナー/ 一団となって前進する

ด่า /ダー/ (⊛ curse) ののしる **ด่าประจาน** /ダー プラチャーン/ 公衆の前でののしる

ด่าง /ダーン/ (⊛ alkali, spotted) アルカリ；斑点のある

ดาด /ダート/ (⊛ pave) (床を) 張る，覆う **ดาดฟ้า** /ダート ファー/ テラス，デッキ

ดาน /ダーン/ (⊛ hard) 硬い

ด่าน /ダーン/ (⊛ checkpoint) 関所，検問所 **ด่านตรวจคนเข้าเมือง** /ダーン トルアット コン カオ ムアン/ 入国管理事務所 **ด่านภาษี** /ダーン パーシー/ 税関

ด้าน /ダーン/ (⊛ side, hard, shameless) 側，方面；硬い，恥知らずの **ด้านหน้า** /ダーンナー/ 前面，フロント

ดาบ /ダープ/ (⊛ sword) 刀，剣

ด้าม /ダーム/ (⊛ handle) 柄 (え)；…本《ペン，小刀など柄のついたものの類別詞》

ดาย /ダーイ/ (⊛ cut)（草を）刈る

ด้าย /ダーイ/ (⊛ cotton thread) 糸，綿糸 **ด้ายไหม** /ダーイ マイ/ 絹糸

ดารา /ダーラー/ (⊛ star) 星，（映画）スター **ดาราหนัง** /ダーラーナン/ 映画スター

ดาว /ダーオ/ (⊛ planet)《太陽・月以外の》星，惑星 **ดาวเทียม** /ダーオ ティアム/ 人工衛星

ด้าว /ダーオ/ (⊛ land) 国，国土

ดำ /ダム/ (⊛ black, dive) 黒い；潜る **ดำดิน** /ダム ディン/ 逃げる **ดำนา** /ダム ナー/ 田植えをする **ดำน้ำ** /ダム ナーム/ 潜水する，ダイビングをする

ดำเนิน /ダムヌーン/ (⊛ proceed) 進む，実施する **ดำเนินการ** /ダムヌーンカーン/（仕事を）実行する **ดำเนินกิจการ** /ダムヌーン キッチャカーン/ ビジネスを展開する

ดำรง /ダムロン/ (⊛ sustain) 維持する，持ちこたえる **ดำรงชีวิต** /ダムロン チーウィット/ 生きて行く

ดำริ /ダムリ/ (⊛ consider) 熟考する

ดิกๆ /ディック ディック/ (⊛ waggling) ブルブル，ガタガタ

ดิฉัน /ディ チャン/ (⊛ I) 私《女性のていねいな一人称》

ดิน /ディン/ (⊛ soil, land) 土，

ดิ้น ▶

土地 **ดินแดน** /ディン デーン/ 領土, 国土 **ดินฟ้าอากาศ** /ディン ファー アーカート/ 気候 **ดินสอ** /ディンソー/ 鉛筆 **ดินเหนียว** /ディン ニアオ/ 粘土

ดิ้น /ティン/ (㊇wriggle) もがく, あがく **ดิ้นรน** /ティン ロン/ 奮闘する

ดิบ /ティップ/ (㊇raw) 生の **ดิบๆ สุกๆ** /ティップ ティップ スック スック/ 生焼けの, 半煮えの **ปลาดิบ** /プラー ティップ/ 刺身

ดี /ディー/ (㊇good) 良い **ดีกัน** /ディー カン/ 仲直りする **ดีใจ** /ディー チャイ/ うれしい **ดีเด่น** /ディー デン/ 優秀な **ดีแล้ว** /ディー レーオ/ それはいい, 結構だ

ดีด /ティート/ (㊇flip) (指で) はじく, 軽く叩く **ดีดกลับ** /ティート クラップ/ はね返る

ดีบุก /ディー ブック/ (㊇tin) 錫(すず)

ดึก /ドゥック/ (㊇late, midnight) 夜遅い, 深夜 **ดึกดื่น** /ドゥック ドゥーン/ 夜遅い, 真夜中の

ดึง /ドゥン/ (㊇pull) 引く, 引っぱる **ดึงดื้อ** /ドゥン ドゥー/ 強情な, 頑固な **ดึงดูด** /ドゥン ドゥート/ 惹きつける

ดื่น /ドゥーン/ (㊇plentiful) たくさんの **ดื่นดาษ** /ドゥーン ダート/ 豊富な

ดื่ม /ドゥーム/ (㊇drink) 飲む **ดื่มอวยพร...** /ドゥーム ウアイポーン/ …に乾杯する

ดื้อ /ドゥー/ (㊇stubborn) 強情な **ดื้อด้าน** /ドゥー ダーン/ 強情な

ดุ /ドゥ/ (㊇fierce, scold) どう猛な, 叱る **ดุร้าย** /ドゥ ラーイ/ 凶悪な

ดุกดิก /ドゥック ティック/ (㊇stir, fidget) (尾を) 振る, もじもじする

ดุจ /ドゥット/ (㊇like, as) …のような, …の如く

ดุน /ドゥン/ (㊇shove, emboss) 押しやる, 浮彫りにする

ดุ้น /ドゥン/ (㊇stick) …本《薪や骨などの類別詞》

ดุม /ドゥム/ (㊇button) ボタン

ดุริยางค์ /ドゥリヤーン/ (㊇musical instruments) 楽器

ดุล /ドゥン/ (㊇scales, balance) 天秤；均衡 **ดุลการค้า** /ドゥンラカーンカー/ 貿易収支

ดุษฎี /ドゥッサディー/ (㊇pleasure) 快楽, 賛美 **ดุษฎีบัณฑิต** /ドゥッサディー バンティット/ 博士号

ดู /ドゥー/ (㊇watch, see) 見る **ดูดาย** /ドゥー ダーイ/ 傍観する, 無関心でいる **ดูถูก** /ドゥー トゥーク/ 軽蔑する, ばかにする **ดูแล** /ドゥー レー/ 面倒を見る **ดูหนังสือ** /ドゥー ナンスー/ 勉強する **ดูเหมือน** /ドゥー ムアン/ …のように思える

ดูด /ドゥート/ (㊇suck, draw in) 吸う, 惹きつける **ดูดดื่ม** /ドゥート ドゥーム/ 感銘を与える

เด็ก /デック/ ([英] child) 子ども **เด็กกำพร้า** /デック カムプラー/ 孤児 **เด็กชาย** /デック チャーイ/ 男の子，少年 **เด็กทารก** /デック ターロック/ 乳幼児 **เด็กหญิง** /デック イン/ 女の子，少女 **เด็กอ่อน** /デック オーン/ 赤ん坊

เด้ง /デン/ ([英] spring, be fired) 跳ね返る；首になる

เดช /デート/ ([英] power) 力，権力

เด็ด /デット/ ([英] pluck) （花を）摘む **เด็ดขาด** /デット カート/ 絶対に **เด็ดเดี่ยว** /デット ティアオ/ 断固とした **เด็ดสะระตี่** /デット サラティー/ すごい

เด่น /デン/ ([英] outstanding) 目立った，顕著な

เดา /ダオ/ ([英] guess) 推測する **เดาสุ่ม** /ダオ スム/ 当てずっぽうを言う

เดิน /ドゥーン/ ([英] walk, operate) 歩く，（機械）を動かす **เดินทาง** /ドゥーン ターン/ 旅行する **เดินเล่น** /ドゥーン レン/ 散歩する

เดิม /ドゥーム/ ([英] former) 元の，最初の，以前の **เดิมที** /ドゥーム ティー/ 最初，元々は **เดิมพัน** /ドゥーム パン/ 賭け金

เดียงสา /ディアンサー/ ([英] sensible) 分別のある

เดียว /ディアオ/ ([英] single, same) ひとつの，同一の

เดี่ยว /ディアオ/ ([英] one, single) 単独の

เดี๋ยว /ディアオ/ ([英] (for a) moment) 瞬間；ちょっと **เดี๋ยวก่อน** /ディアオ コーン/ ちょっと待って **เดี๋ยวๆ** /ディアオ ディアオ/ ちょっと待って **เดี๋ยวนี้** /ディアオ ニー/ 今すぐ

เดือด /ドゥアット/ ([英] boil, be furious) 沸騰する，激怒する **เดือดร้อน** /ドゥアット ローン/ 心配する，困った

เดือน /ドゥアン/ ([英] moon, month) 月《天体，暦》 **เดือนก่อน** /ドゥアン コーン/ 先月 **เดือนที่แล้ว** /ドゥアン ティー レーオ/ 先月 **เดือนนี้** /ドゥアン ニー/ 今月 **เดือนหน้า** /ドゥアン ナー/ 来月

แด่ /デー/ ([英] to, for) に対し，…へ

แดก /デーク/ ([英] devour) 〖口〗むさぼり食う **แดกดัน** /デーク ダン/ 皮肉る

แดง /デーン/ ([英] red) 赤い **แดงก่ำ** /デーン カム/ 真っ赤な

แดด /デート/ ([英] sunlight) 日光 **แดดร่ม** /デート ロム/ 曇った

แดน /デーン/ ([英] territory) 領土，境界

โด่ง /ドーン/ ([英] high, rising) 高い，持ち上がった **โด่งดัง** /ドーン ダン/ 著名な

โดด /ドート/ ([英] jump, alone) 跳ぶ；単独の **โดดเดี่ยว** /ドート ティアオ/ 単独の，ひとりぼっちの **โดดร่ม** /ドート ロム/ （学校・仕事を）さぼる

โดน /ドーン/ (⊛ hit, suffer from) ぶつかる；…される
โดนดี /ドーン ディー/ 痛い目にあう

โดย /ドーイ/ (⊛ by, with) …によって，…で **โดยเฉพาะ** /ドーイ チャポ/ 特に，とりわけ **โดยตรง** /ドーイ トロン/ 直接に **โดยทั่วไป** /ドーイ トゥア パイ/ 一般に **โดยมาก** /ドーイ マーク/ たいてい

โดยสาร /ドーイ サーン/ (⊛ go by, take) 乗車する，乗船する

ใด /ダイ/ (⊛ what, any) 《文》どんな，何の

ได้ /ダイ/ (⊛ get, be able to) 得た，…をした，(《動詞の後で》) …できる **ได้กลิ่น** /ダイ クリン/ 匂う **ได้การ** /ダイ カーン/ うまくいく **ได้แก่** /ダイ ケー/ すなわち **ได้ที** /ダイ ティー/ 優位に立つ **ได้เปรียบ** /ダイ プリアップ/ 有利な **ได้รับ** /ダイ ラップ/ 受取る **ได้ไหม** /ダイ マイ/ …できますか，いいですか

ได้ยิน /ダイ イン/ (⊛ hear) 聞こえる

ต

ตก /トック/ (⊛ fall) 落ちる，降る **ตกใจ** /トック チャイ/ 驚く **ตกแต่ง** /トック テン/ 飾る **ตกเบ็ด** /トック ベット/ (女が) オナニーする **ตกปลา** /トック プラー/ 魚を釣る **ตกลง** /トック ロン/ 合意する，落下する **ตกหาย** /トック ハーイ/ (物を) なくす

ตด /トット/ (⊛ break wind) おなら；おならをする

ตน /トン/ (⊛ self) 自分，自己 **ตนเอง** /トン エーン/ 自分自身

ต้น /トン/ (⊛ first, original) 始め，根源 **ต้นขั้ว** /トン クア/ 控え **ต้นฉบับ** /トン チャバップ/ 原稿，原本 **ต้นทุน** /トン トゥン/ コスト **ต้นโพธิ์** /トン ポー/ 《植》菩提樹 **ต้นไม้** /トン マーイ/ 樹木 **ต้นเหตุ** /トン ヘート/ 原因

ตบ /トップ/ (⊛ clap) 叩く **ตบตา** /トップ ター/ だます，ごまかす **ตบแต่ง** /トップ テン/ 飾る，嫁にやる **ตบมือ** /トップ ムー/ 拍手する

ต้ม /トム/ (⊛ boil, cheat) 煮る，だます **ต้มหมู** /トム ムー/ 《口》カモる

ตรง /トロン/ (⊛ straight, accurate) 真っ直ぐな，正確な **ตรงข้าม** /トロン カーム/ 正反対の **ตรงกับ** /トロン カップ/ ぴったり一致する **ตรงไปตรงมา** /トロン パイ トロン マー/ 率直に **ตรงเวลา** /トロン ウェーラー/ 時間通りの

ตรม /トロム/ (⊛ grieve *at*) 悲しむ，嘆く

ตรวจ /トルアット/ (⊛ check, examine) 調べる，検査する **ตรวจสอบ** /トルアット ソープ/ 検査する，チェックする

ตรอก /トローク/ (⊛ path, lane) 小路，路地

ตรอง /トローン/ (⊛ consider) 考える, 熟慮する

ตระการ /トラカーン/ (⊛ graceful, outstanding) 華麗な, 目立った

ตระกูล /トラクーン/ (⊛ lineage) 家柄, 血筋

ตระเวน /トラウェーン/ (⊛ go around) 巡回する, (諸国を)巡る

ตระหง่าน /トラガーン/ (⊛ towering) そびえ立つ

ตระหนก /トラノック/ (⊛ surprised, scared) 驚いた, おびえた

ตระหนัก /トラナック/ (⊛ realize) 認識する

ตระหนี่ /トラニー/ (⊛ stingy) けちな

ตรา /トラー/ (⊛ seal, brand) 印, ブランド **ตราประทับ** /トラープラタップ/ シール **ตราสินค้า** /トラー シンカー/ ブランド

ตรากตรำ /トラーク トラム/ (⊛ endure) 困難に耐える

ตราบ /トラープ/ (⊛ until, as long as) …まで, …する限りは **ตราบใด** /トラープ ダイ/ いつであろうと **ตราบเท่าที่** /トラープ タオ ティー/ …まで

ตรี /トリー/ (⊛ three, third) 三, 第三の《階級, 等級について》

ตรึกตรอง /トルック トローン/ (⊛ consider) 熟考する

ตรึง /トルン/ (⊛ fix, bind) 固定する, くい止める **ตรึงใจ** /トルン チャイ/ 魅了する

ตรุษ /トルット/ (⊛ Lunar New Year) 旧暦の正月 **ตรุษจีน** /トルット チーン/ 中国正月

ตรู่ /トルー/ (⊛ dawn) 夜明け, 早朝

ตลก /タロック/ (⊛ funny) こっけいな

ตลบ /タロップ/ (⊛ turn over) (匂いが)ただよう, ひっくり返す **ตลบตะแลง** /タロップ タレーン/ 油断のならない **ตลบหลัง** /タロップ ラン/ 裏切る

ตลอด /タロート/ (⊛ through, all over) ずっと, …を通して **ตลอดไป** /タロート パイ/ …これからずっと **ตลอดมา** /タロート マー/ 今までずっと **ตลอดเวลา** /タロート ウェーラー/ 終始 **ตลอดวัน** /タロート ワン/ 一日中

ตลับ /タラップ/ (⊛ small case) 小さい容器 **ตลับแป้ง** /タラップ ペーン/ コンパクト

ตลาด /タラート/ (⊛ market) 市場 **ตลาดนัด** /タラート ナット/ 定期市 **ตลาดน้ำ** /タラート ナーム/ 水上マーケット **ตลาดสด** /タラート ソット/ 生鮮市場 **ตลาดหลักทรัพย์** /タラート ラックサップ/ 証券取引所

ตลิ่ง /タリン/ (⊛ bank) 岸辺, 堤

ตวง /トゥアン/ (⊛ measure) 計量する

ต่วน /トゥアン/ (⊛ satin) 繻子

(しゅす), サテン

ตวาด /タウート/ (⊛ bawl) 大声でどなる

ตอ /トー/ (⊛ obstacle, stump) 邪魔, 切株

ต่อ /トー/ (⊛ expand, build, against) 接続する, 建てる; に対して **ต่อต้าน** /トー ターン/ 抵抗する **ต่อไป** /トー パイ/ 以後, 今後 **ต่อมา** /トー マー/ 以来, その後 **ต่อราคา** /トー ラーカー/ 値切る **ต่อว่า** /トー ウー/ 抗議する **ต่อสู้** /トー スー/ 闘う **ต่อหน้า** /トー ナー/ 面と向かって **ต่ออายุ** /トー アーユ/ 期限を延期する

ต้อ /トー/ (⊛ cataract) 白内障 **ต้อกระจก** /トー クラチョック/ 白内障

ตอก /トーク/ (⊛ nail) (杭を)打ち込む **ตอกหน้า** /トーク ナー/ 叱る

ต่อกร /トー コーン/ (⊛ fight) 戦う

ต้อง /トン/ (⊛ touch, must) 触れる; …しなければならない, …に違いない **ต้องใจ** /トン チャイ/ 気に入る **ต้องตา** /トン ター/ 魅力的な **ต้องห้าม** /トン ハーム/ 禁じられた

ต้องการ /トンカーン/ (⊛ want, hope) 欲しい, 望む

ตอน /トーン/ (⊛ part, time) 部分, 区切り **ตอนเช้า** /トーン チャーオ/ 朝, 午前 **ตอนต้น** /トーン トン/ 始め, 最初 **ตอนเที่ยง** /トーンティアン/ 正午 **ตอนนี้** /トーン ニー/ 今, ここ **ตอนบ่าย** /トーン バーイ/ 午後 **ตอนปลาย** /トーン プラーイ/ 終わり, 最後 **ตอนเย็น** /トーン イェン/ 夕方 **ตอนหลัง** /トーン ラン/ 後ろで

ต้อน /トーン/ (⊛ herd) (動物を)追い込む **ต้อนรับ** /トーン ラップ/ 歓迎する

ตอบ /トープ/ (⊛ answer, sunken) 答える; へこんだ **ตอบแทน** /トープ テーン/ 報いる

ตอม /トーム/ (⊛ fly around) (ハエが)たかる

ต่อย /トイ/ (⊛ punch, sting) 拳で殴る, (虫が)刺す **ต่อยมวย** /トイ ムアイ/ ボクシング

ต่อยหอย /トイ ホイ/ (⊛ endlessly) 休みなく

ต้อย /トイ/ (⊛ small) 小さな **ต้อยต่ำ** /トイ タム/ 劣った

ตอแหล /トーレー/ (⊛ lie) 嘘をつく

ตะกร้อ /タクロー/ (⊛ *takraw*) タクロー((タイの球技))

ตะกร้า /タクラー/ (⊛ bamboo basket) 竹かご

ตะกละ /タクラ/ (⊛ greedy) 食いしん坊の

ตะกอน /タコーン/ (⊛ deposit) 沈殿物

ตะกั่ว /タクア/ (⊛ lead) 鉛

ตะกี้นี้ /タキーニー/ (⊛ just now) たった今

ตะกุย /タクイ/ (⊛ scratch) (手・

ตะเกียกตะกาย /タキアック タカーイ/ (⊛ struggle) 努力する

ตะเกียง /タキアン/ (⊛ lamp) ランプ

ตะเกียบ /タキアップ/ (⊛ chopsticks) 箸(はし)

ตะแกรง /タクレーン/ (⊛ sieve) ざる, ふるい

ตะโกน /タゴーン/ (⊛ shout) 叫ぶ, 大声で呼ぶ

ตะไกร /タクライ/ (⊛ scissors) はさみ

ตะขอ /タコー/ (⊛ hook) 留め金

ตะขาบ /タカープ/ (⊛ centipede) ムカデ

ตะขิดตะขวง /タキット タケアン/ (⊛ be shy, ashamed) 恥ずかしがる, まごつく

ตะเข็บ /タケップ/ (⊛ stitch) 縫い目

ตะครุบ /タクルップ/ (⊛ swoop) 飛びかかる

ตะคอก /タコーク/ (⊛ howl) どなりつける

ตะคุ่ม /タクム/ (⊛ shadowy) 曖昧模糊とした

ตะแคง /タケーン/ (⊛ lie on *one's* side) 横倒しになる

ตะไคร่ /タクライ/ (⊛ moss) 苔

ตะไคร้ /タクライ/ (⊛ lemongrass) 〖植〗レモングラス

ตะบอง /タボーン/ (⊛ bat) 棍棒

ตะบัน /タバン/ (⊛ stubborn) 頑固な

ตะบี้ตะบัน /タビー タバン/ (⊛ repeatedly) 繰り返して

ตะบึง /タブン/ (⊛ hurriedly) 一目散に

ตะเบ็ง /タベン/ (⊛ shout) 声を張り上げる

ตะปู /タプー/ (⊛ nail) 釘

ตะพด /タポット/ (⊛ stick) つえ, ステッキ

ตะเพียน /タピアン/ (⊛ carp) 鯉(こい)の類

ตะโพก /タポーク/ (⊛ hip) 尻

ตะราง /タラーン/ (⊛ jail) 刑務所

ตะลอน /タローン/ (⊛ roam) ぶらつく

ตะลึง /タルン/ (⊛ be stunned by) ぼう然とする

ตะวัน /タワン/ (⊛ the sun) 太陽, 日 **ตะวันขึ้น** /タワン クン/ 日が昇る, 日の出 **ตะวันตก** /タワン トック/ 日が沈む, 西 **ตะวันออกกลาง** /タワン オーク/ 日が出る; 東 ; 中東

ตัก /タック/ (⊛ ladle) 汲み上げる, (飯を)よそう **ตักบาตร** /タック バート/ 僧侶に布施を行う

ตักเตือน /タック トゥアン/ (⊛ warn) 警告する

ตั่ง /タン/ (⊛ stool) スツール

ตั้ง /タン/ (⊛ stand, set, establish, much) 立てる, 置く, 設立する, 開始する; (そんなにも) 多く **ตั้งครรภ์** /タン カン/ 妊娠する **ตั้งใจ** /タン チャイ/ 意図する, 決心する **ตั้งชื่อ** /タン チュー/ 命名

する ตั้งต้น /タントン/ 始める ตั้งตัว /タン トゥア/ 身を立てる ตั้งแต่ /タンテ-/ ((時間))…から, …以来 ตั้งเวลา /タン ウェーラ-/ 時計を合わせる ตั้งหลายวัน /タン ラーイ ワン/ 何日も ตั้งอกตั้งใจ /タン オック タン チャイ/ 専心する, 一心不乱に ตั้งอยู่ /タン ユ-/ 位置している

ตัณหา /タンハー/ (⊛ lust, sexual desire) 性欲, 愛欲

ตัด /タット/ (⊛ cut) 切る, 断つ ตัดผม /タット ポム/ 散髪する ตัดสิน /タット シン/ 判決する, 決定する ตัดสินใจ /タット シン チャイ/ 決心する ตัดเสื้อ /タット スア/ 洋服を作る

ตัน /タン/ (⊛ clogged, ton) 詰まった;《単》トン

ตับ /タップ/ (⊛ liver, line) 肝臓; 列 ตับแข็ง /タップ ケン/ 肝硬変 ตับอ่อน /タップ オーン/ 膵(すい)臓 ตับอักเสบ /タップ アクセープ/ 肝炎

ตัว /トゥア/ (⊛ body, self, you) 体, 自分, あんた;…匹, …字, …脚, …着((動物, 文字, 机, 椅子, 衣類などの類別詞)) ตัวแทน /トゥア テーン/ 代理人 ตัวผู้ /トゥアプー/ 雄 ตัวเมีย /トゥア ミア/ 雌 ตัวร้อน /トゥア ローン/ 熱がある ตัวละคร /トゥア ラコーン/ 俳優 ตัวเลข /トゥア レーク/ 数字 ตัวหนังสือ /トゥア ナンス-/ 字 ตัวอย่าง /トゥア ヤーン/ 例, 本 ตัวเอก /トゥア エーク/ 主人公

ตั๋ว /トゥア/ (⊛ ticket) 切符, 券 ตั๋วไปกลับ /トゥア パイ クラップ/ 往復乗車券 ตั๋วผ่านประตู /トゥア パーン プラトゥー/ 入場券 ตั๋วเครื่องบิน /トゥア クルアンビン/ 航空券

ตา /ター/ (⊛ eye, grandfather) 眼;祖父《母方》 ตากล้อง /ター クローン/ カメラマン ตาขาว /ター カーオ/ 臆病な ตาเขียว /ター キアオ/ 怒った ตาแข็ง /ター ケン/ 不眠の ตาดำ /ター ダム/ 瞳 ตาบอด /ター ボート/ 盲目の ตาลาย /ター ラーイ/ 目が回る

ตาก /タ-ク/ (⊛ expose) (日・風に) さらす ตากแดด /タークデート/ 日に当たる ตากอากาศ /タ-ク アーカート/ 避暑・避寒に出かける

ต่าง /ターン/ (⊛ each, different) 各々の, 異なる ต่างคนต่าง /ターン コン ターン/ 人それぞれ ต่างจังหวัด /ターン チャンウット/ 地方, 田舎 ต่างชาติ /ターン チャート/ 外国の, 異国の ต่างๆ /ターン ターン/ 色々な, 様々な ต่างประเทศ /ターン プラテート/ 外国 ต่างเพศ /ターン ペート/ 異性 ต่างหาก /ターン ハーク/ …とは別に, むしろ

ต้าน /ターン/ (⊛ resist) 抵抗する, 阻止する

ตาม /ターム/ (⊛ follow, along) 従う, 追う;…に沿って

ตามเคย /ターム クーイ/ いつもどおり **ตามใจ** /ターム チャイ/ 好きなようにする **ตามทัน** /ターム タン/ 追いつく **ตามธรรมดา** /ターム タムマダー/ 通常は，いつもは **ตามปกติ** /ターム パカティ, タームポッカティ/ 普通は **ตามสบาย** /ターム サバーイ/ 気楽に

ตาย /ターイ/ (⊛ die) 死ぬ **ตายคาที่** /ターイ カーティー/ 即死する **ตายจริง** /ターイ チン/ おやおや，まあ！ **ตายแล้ว** /ターイ レーオ/ しまった，大変！

ตาราง /ターラーン/ (⊛ table, square) 表，平方 **ตารางเวลา** /ターラーン ウェーラー/ 時刻表 **ตารางสอน** /ターラーン ソーン/ 授業時間割

ตำ /タム/ (⊛ pound)（臼で）つく，刺さる

ต่ำ /タム/ (⊛ low, inferior) 低い，下等な **ต่ำสุด** /タム スット/ 最低の

ตำนาน /タムナーン/ (⊛ legend) 伝説，縁起

ตำบล /タムボン/ (⊛ district) 区《郡と村の間の行政区》

ตำรวจ /タムルアット/ (⊛ police (officer)) 警察，警官 **ตำรวจจราจร** /タムルアット チャラーチョーン/ 交通警官 **ตำรวจลับ** /タムルアット ラップ/ 秘密警察，私服警官

ตำรับ /タムラップ/ (⊛ recipe, textbook) 処方，教本 **ตำรับอาหาร** /タムラップ アーハーン/ レシピ

ตำรา /タムラー/ (⊛ textbook) 教科書，参考書，教本

ตำหนิ /タムニ/ (⊛ blame, flaw) 非難する；きず，欠点

ตำแหน่ง /タムネン/ (⊛ post, rank) 地位，役職

ติ /ティ/ (⊛ blame) 批判する，非難する **ติเตียน** /ティ ティアン/ 批判する，非難する

ติ๊ก /ティック/ (⊛ check, tic) チェック印（✓）をつける，（時計）のチクタク

ติง /ティン/ (⊛ move) 動かす，反論する

ติ่ง /ティン/ (⊛ wart, appendix) こぶ，付録

ติด /ティット/ (⊛ stick, attach, form a habit, light, next) くっつく，（貼り）つける，習慣になる，（火を）つける，次の **ติดเงิน** /ティット グン/ 借金がある **ติดใจ** /ティット チャイ/ 好きになる **ติดต่อ** /ティット トー/ 連絡する **ติดตัว** /ティット トゥア/ 身につける **ติดตาติดใจ** /ティット ター ティット チャイ/ 印象づける **ติดตาม** /ティット ターム/ 後を追う **ติดๆกัน** /ティット ティット カン/ 立て続けに，くっついて **ติดนิสัย** /ティット ニサイ/ 癖になる **ติดเนื้อติดใจ** /ティット ヌア ティット チャイ/ 夢中になる **ติดปาก** /ティット パーク/ 口癖になる **ติดโรค** /ティット ローク/ 病気にかかる **ติดหูติดตา** /ティット フー ティット ター/ 心に浮かぶ

ติวเตอร์ /ティウター/ (⊛ tutor) 家庭教師, 指導学生

ติ้ว /ティウ/ (⊛ rapidly) 急速に

ตี /ティー/ (⊛ beat, a.m.) 叩く, 打つ；午前…時《午前1時から午前5時》 **ตีกลอง** /ティー クローン/ 太鼓を叩く **ตีความ** /ティー クワーム/ 解釈する **ตีฉิ่ง** /ティー チン/ レズビアンの **ตีตรา** /ティー トラー/ 押印する **ตีตั๋ว** /ティー トゥア/ 切符を買う **ตีราคา** /ティー ラーカー/ 値をつける

ตีต่าง /ティー ターン/ (⊛ suppose) …と仮定する

ตีน /ティーン/ (⊛ foot) 足, 基部 **ตีนถีบปากกัด** /ティーン ティープ パーク カット/ 必死になって **ตีนเปล่า** /ティーン プラーオ/ 裸足 **ตีนผี** /ティーン ピー/ カミカゼ・ドライバー **ตีนแมว** /ティーン メーオ/ こそ泥

ตีบ /ティープ/ (⊛ narrow) 狭まった, 縮まった

ตึก /トゥック/ (⊛ building) ビルディング **ตึกระฟ้า** /トゥック ラファー/ 摩天楼

ตึกๆ /トゥック トゥック/ (⊛ heartbeat) (心臓の音) ドキドキ, ドクンドクン

ตึง /トゥン/ (⊛ tight) ぴんと張った, 緊張した **ตึงเครียด** /トゥン クリアット/ 重大な, 張りつめた

ตืด /トゥート/ (⊛ stingy, smelly) けちな, 悪臭のする

ตื่น /トゥーン/ (⊛ wake up, be excited) 目を覚ます, 興奮する **ตื่นขึ้น** /トゥーン クン/ 起きる **ตื่นตัว** /トゥーン トゥア/ 活発な **ตื่นเต้น** /トゥーン テン/ 興奮する

ตื้น /トゥーン/ (⊛ shallow, superficial) 浅い, 皮相な **ตื้นตันใจ** /トゥーン タン チャイ/ 圧倒される

ตื๋อ /トゥー/ (⊛ dull) 暗い

ตื้อ /トゥー/ (⊛ bother) 悩ます, 面倒をかける

ตุ๊กแก /トゥッケー/ (⊛ wall gecko) 【動】トッケー, オオイエヤモリ

ตุ๊กตา /トゥッカター/ (⊛ doll) 人形

ตุน /トゥン/ (⊛ hoard) 蓄える

ตุ่น /トゥン/ (⊛ blockhead, gray) うすのろ, グレーの

ตุ๋น /トゥン/ (⊛ stew) とろ火で煮込む, 蒸す；だます

ตุ่ม /トゥム/ (⊛ water jar, acne) 水がめ, にきび

ตุ้ม /トゥム/ (⊛ pendulum, round) 振り子, 丸い **ตุ้มหู** /トゥムフー/ イヤリング

ตุ๋ย /トゥイ/ (⊛ punch) 拳で殴る

ตุลาคม /トゥラーコム/ (⊛ October) 10月

ตู้ /トゥー/ (⊛ closet) 戸棚, たんす **ตู้ไปรษณีย์** /トゥー プライサニー/ 郵便ポスト **ตู้เย็น** /トゥー

ィェン/ 冷蔵庫 **ตู้เสื้อผ้า** /トゥーアパー/ 洋服だんす **ตู้หนังสือ** /トゥーナンスー/ 書棚

ตูด /トゥート/ (🅐 ass) 尻, 肛門

ตูบ /トゥーブ/ (🅐 droppy) 垂れている

ตูม /トゥーム/ (🅐 budding, plop) つぼみの；ピチャン, ドシン **ตูมตาม** /トゥーム ターム/ うるさい

เต่งตึง /テン トゥン/ (🅐 tight) (張りつめて) 堅い

เต้น /テン/ (🅐 dance, pulse) 踊る, 動悸を打つ **เต้นรำ** /テン ラム/ ダンスをする

เต็ม /テム/ (🅐 full) 満ちた, いっぱいの **เต็มใจ** /テム チャイ/ 喜んで (…する) **เต็มที่** /テム ティー/ 完璧に, 全力で **เต็มปาก** /テム パーク/ 自由に **เต็มอก** /テム オック/ 鮮明に

เตร่ /トレー/ (🅐 hang around) ぶらぶら歩く **เตร็ดเตร่** /トレット トレー/ ぶらつく

เตรียม /トリアム/ (🅐 prepare) 準備する **เตรียมตัว** /トリアム トゥア/ 身仕度する **เตรียมพร้อม** /トリアム プローム/ 準備が整った

เตลิด /タルート/ (🅐 scatter) 散在する

เตะ /テ/ (🅐 kick) 蹴 (け) る **เตะตา** /テター/ 目を引く **เตะโทษ** /テ トート/ ペナルティーキック

เตา /タオ/ (🅐 stove, oven) ス

トーブ, オーブン **เตาไมโครเวฟ** /タオ マイクロー ウェーブ/ 電子レンジ **เตารีด** /タオ リート/ アイロン **เตาอบ** /タオ オップ/ オーブン

เต่า /タオ/ (🅐 turtle)【動】カメ

เต้า /タオ/ (🅐 breast) 乳房 **เต้านม** /タオ ノム/ 乳房 **เต้าหู้** /タオ ラー/ 豆腐

เต๋า /タオ/ (🅐 dice, Taoism) さいころ；道教

เตาะแตะ /トテ/ (🅐 toddling) よちよち歩きの

เติบโต /トゥープ トー/ (🅐 grow up) 成長する **เติบใหญ่** /トゥープ ヤイ/ 成長する, 大きくなる

เติม /トゥーム/ (🅐 add, fill) 加える, 満たす **เติมน้ำมัน** /トゥーム ナムマン/ 燃料を補給する

เตี้ย /ティア/ (🅐 short) (背が) 低い

เตียง /ティアン/ (🅐 bed) ベッド **เตียงเดี่ยว** /ティアン ディアオ/ シングルベッド

เตียน /ティアン/ (🅐 clear, flat) 片づいた, 平らな

เตือน /トゥアン/ (🅐 warn) 警告する, 注意する **เตือนสติ** /トゥアン サティ/ 気づかせる

แต่ /テー/ (🅐 but, only, since) しかし；…だけ, (時・所) から **แต่ก่อน** /テー コーン/ 以前に **แต่นั้นมา** /テー ナン マー/ それ以来 **แต่นี้ไป** /テー ニー パイ/ 今

後 **แต่ละ** /テー ラ/ 各…，毎… **แต่ลำพัง** /テー ラムパン/ 一人で

แตก /テーク/ ([英] break, crack) 壊れる，砕ける **แตกเงิน** /テーク グン/ お金をくずす **แตกต่างกัน** /テーク ターン カン/ 相違する **แตกแยก** /テーク イェーク/ 分裂する

แตง /テーン/ ([英] squash)〖植〗ウリ類 **แตงกวา** /テーン クワー/ キュウリ **แตงโม** /テーン モー/ スイカ

แต่ง /テン/ ([英] dress, write) 飾る，著わす **แต่งงาน** /テン ガーン/ 結婚する **แต่งตั้ง** /テン タン/ 任命する **แต่งตัว** /テン トゥア/ 装う **แต่งเพลง** /テン プレーン/ 作曲する **แต่งหนังสือ** /テン ナンスー/ 著作する **แต่งหน้า** /テン ナー/ 化粧する

แต้ม /テーム/ ([英] paint, dot) 塗る；しみ，点 **แต้มคู** /テーム クー/ 策略

แตร /トレー/ ([英] horn) ラッパ，トランペット類 **แตรวง** /トレー ウォン/ ブラスバンド

แตะ /テ/ ([英] touch) 触れる **แตะต้อง** /テ トン/ 触れる，携わる

โต /トー/ ([英] big, great) 大きい，偉大な

โต้ /トー/ ([英] resist) 抵抗する **โต้ตอบ** /トー トープ/ 応答する，文通する **โต้แย้ง** /トー イェーン/ 反論する **โต้วาที** /トー ワーティー/ 討論する，ディベートをする

โตเกียว /トーキアオ/ ([英] Tokyo) 東京

โต๊ะ /ト/ ([英] table) 机，食卓

ใต้ /ターイ/ ([英] south, under) 南；下の，南の **ใต้ดิน** /ターイ ディン/ 地下 **ใต้ถุน** /ターイ トゥン/ 床下 **ใต้ลม** /ターイ ロム/ 風下

ไต /タイ/ ([英] kidney) 腎臓

ไต่ /タイ/ ([英] crawl, climb) 這（は）う，登る **ไต่เต้า** /タイ タオ/ 出世する **ไต่ถาม** /タイ ターム/ 問う **ไต่สวน** /タイ スアン/ 問う，尋問する

ไต้ /ターイ/ ([英] torch) 松明（たいまつ）

ไต้ฝุ่น /タイフン/ ([英] typhoon) 台風

ไต๋ /タイ/ ([英] trick) トリック，策略

ไตร /トライ/ ([英] third, three) 第三の，三つの **ไตรรงค์** /トライロン/ 三色旗（タイ国旗）

ไตร่ตรอง /トライ トローン/ ([英] consider) 考慮する，熟慮する

ไต้หวัน /タイワン/ ([英] Taiwan) 台湾

ถ

ถก /トック/ ([英] roll up, discuss)（袖を）たくし上げる，議論する **ถกเถียง** /トック ティアン/ 論争する

ถนน /タノン/ ([英] road) 道路 **ถนนหลวง** /タノン ルアン/ 国道

ถนอม /タノーム/ (⊛cherish) 可愛がる

ถนัด /タナット/ (⊛ skilled, clearly) 巧みな, はっきりと **ถนัดขวา** /タナット クワー/ 右ききの **ถนัดใจ** /タナット チャイ/ 直接, きっちりと **ถนัดซ้าย** /タナット サーイ/ 左ききの **ถนัดนี้** /タナット タニー/ 明確に

ถม /トム/ (⊛ fill) 満たす **ถมไปถมเถ** /トム パイトム テー/ 満ちあふれている

ถ่ม /トム/ (⊛spit) 唾を吐く

ถลก /タロック/ (⊛pull, roll up) むく, まくる

ถล่ม /タロム/ (⊛ collapse, attack) 崩壊する, 攻撃する

ถลอก /タローク/ (⊛ have a scratch) すりむく

ถลำ /タラム/ (⊛slip) スリップする, つまずく

ถลุงเงิน /タルン グン/ (⊛ squander) 浪費する

ถ่วง /トゥアン/ (⊛ load, delay) 重くする, 遅らせる **ถ่วงเวลา** /トゥアン ウェーラー/ 時間を遅らせる

ถ้วน /トゥアン/ (⊛ completely, just) 完全に, (金額) ちょうど **ถ้วนถี่** /トゥアン ティー/ 徹底的に

ถ้วย /トゥアイ/ (⊛ cup) 茶わん, コップ **ถ้วยแก้ว** /トゥアイ ケーオ/ グラス **ถ้วยชาม** /トゥアイ チャーム/ 陶器類

ถวาย /タワーイ/ (⊛ present) (王, 僧侶に) 献上する

ถวายบังคม /タワーイ バンコム/〖王〗表敬する, 伺候する

ถวิล /タウィン/ (⊛miss) 恋慕する

ถ่อ /トー/ (⊛ go with difficulty) 困難とともに歩む

ถอง /トーン/ (⊛ elbow) ひじで突く

ถอด /トート/ (⊛take off) 脱ぐ, 外す **ถอดแบบ** /トート ベープ/ 複製する, 模倣する

ถอน /トーン/ (⊛ draw, cancel) 抜く, 取り消す **ถอนเงิน** /トーン グン/ お金を下ろす **ถอนใจ** /トーン チャイ/ ため息をつく **ถอนฟ้อง** /トーン フォーン/ 訴訟を取りさげる **ถอนสายบัว** /トーン サーイ ブア/ 膝を曲げておじぎをする **ถอนหมั้น** /トーン マン/ 婚約を解消する

ถ่อมตัว /トム トゥア/ (⊛ humble, modest) 卑下する, 謙虚な

ถอย /トイ/ (⊛ move backwards, diminish) 後退する, 減少する **ถอยหลัง** /トイ ラン/ 後へ下がる

ถ้อย /トイ/ (⊛word) 語句, 言葉 **ถ้อยคำ** /トイ カム/ 語句, 声明

ถัก /タック/ (⊛ knit) 編む, 結う

ถัง /タン/ (⊛bucket, tank) バケツ, タンク **ถังขยะ** /タン カヤ/ ごみ箱 **ถังน้ำมัน** /タン ナムマ

ン/ ドラム缶

ถัด /タット/ ([英] move, next) 横にずらす；次の **ถัดไป** /タットパイ/ 次の

ถั่ว /トゥア/ ([英] bean) 豆 **ถั่วลิสง** /トゥア リソン/ ピーナッツ

ถาโถม /ター トーム/ ([英] rush) 急いで行く

ถ้า /ター/ ([英] if) もし…ならば **ถ้าหาก, ถ้าหากว่า** /ター ハーク, ター ハーク ワー/ もし…ならば，仮に…とすれば

ถาก /ターク/ ([英] scrape, trim) 削る，刈る **ถากถาง** /ターク ターン/ あざける

ถาง /ターン/ ([英] cut away) 刈って平らにする **ถางหญ้า** /ターン ヤー/ 雑草を取る

ถาด /タート/ ([英] tray) 盆

ถ่าน /ターン/ ([英] charcoal) 木炭 **ถ่านหิน** /ターン ヒン/ 石炭

ถาม /ターム/ ([英] ask) たずねる，質問する **ถามไถ่** /ターム タイ/ 問い質す

ถ่าย /ターイ/ ([英] pass on, excrete) 移す，排泄する **ถ่ายทอด** /ターイ トート/ 中継する **ถ่ายรูป** /ターイ ルーブ/ 写真をとる **ถ่ายเลือด** /ターイ ルアット/ 輸血する

ถาวร /ターウォーン/ ([英] permanent, durable) 永久的な，長持ちする

ถ้ำ /タム/ ([英] cave, tunnel) 洞窟，トンネル

ถิ่น /ティン/ ([英] region, land) 地方，土地 **ถิ่นฐาน** /ティン ターン/ 居住地，故郷

ถี่ /ティー/ ([英] close, tight) すき間のない，密な

ถีบ /ティーブ/ ([英] boot) (足の裏で) 蹴る **ถีบตัว** /ティーブ トゥア/ 登る

ถึง /トゥン/ ([英] arrive, reach, till, through) 到着する，…に至る；たとえ…にせよ；…まで ((時間・場所の到達点)) **ถึงแก่กรรม** /トゥン ケー カム/ 亡くなる **ถึงใจ** /トゥン チャイ/ 満足な **ถึงที่สุด** /トゥン ティー スット/ とうとう **ถึงแม้ว่า** /トゥン メー ワー/ たとえ…にせよ

ถือ /トゥー/ ([英] hold, regard, believe in) 持つ，見なす，信仰する **ถือดี** /トゥー ディー/ 高慢な **ถือตัว** /トゥー トゥア/ 高慢な **ถือศีล** /トゥー シーン/ 戒律を守る **ถือสา** /トゥー サー/ 気にする

ถุง /トゥン/ ([英] bag) 袋 **ถุงเท้า** /トゥン ターオ/ 靴下 **ถุงมือ** /トゥン ムー/ 手袋 **ถุงยางอนามัย** /トゥン ヤーン アナーマイ/ コンドーム

ถุย /トゥイ/ ([英] spit, Bah!) 唾を吐く，ふん！

ถู /トゥー/ ([英] rub, clean) こする，磨く **ถูบ้าน** /トゥー バーン/ 拭き掃除をする **ถูลู่ถูกัง** /トゥー ルー トゥー カン/ 容赦なく

ถูก /トゥーク/ ([英] cheap, right, touch) 安い，(的に) 当たる，正しい；((受動態)) (…

ถ

に) …される **ถูกกฎหมาย** /トゥーク コット マーイ/ 合法的な **ถูกใจ** /トゥーク チャイ/ 喜ばす, 気に入る **ถูกต้ม** /トゥーク トム/ だまされる **ถูกต้อง** /トゥーク トン/ 正しい **ถูกปาก** /トゥーク パーク/ おいしい **ถูกลอตเตอรี่** /トゥーク ロッターリー/ 宝くじに当たる

เถร /テーン/ (㊇ Senior Buddhist monk) 長老僧《僧籍10年以上》

เถอะ /トゥ/ (㊇ Let's …, please) 《文末で命令・誘いを表す》…なさい, …しよう

เถา /タオ/ (㊇ vine, tendril, set, lineage) 蔓(つる), 蔓生植物, (器など各種サイズの) セット, 血族

เถ้า /タオ/ (㊇ ash) 灰; 年とった **เถ้าแก่** /タオ ケ-/ 仲人, 金持ちの華僑

เถาะ /ト/ (㊇ the Year of the Hare) 卯(う)年

เถียง /ティアン/ (㊇ quarrel) 口論する

เถื่อน /トゥアン/ (㊇ forest, wild, illegal) 密林, 野性の, 非合法の

แถบ /テープ/ (㊇ strap, zone) 帯, 地帯 **แถบร้อน** /テープ ローン/ 熱帯

แถม /テーム/ (㊇ add) つけ加える

แถลง /タレーン/ (㊇ announce) 声明する, 報告する **แถลงการณ์** /タレーンカーン/ 声明, コミュニケ

แถว /テオ/ (㊇ row, area) 列, 地区 **แถวนี้** /テオ ニー/ このあたり

โถ /ト-/ (㊇earthen jar, Alas!) 蓋つきのびん; あーあ《悲嘆》

โถง /トーン/ (㊇ spacious) 広々した

โถม /トーム/ (㊇rush) 突進する

ไถ /タイ/ (㊇ plow) 鋤(すき); 耕す **ไถนา** /タイ ナ-/ 田を耕す **ไถเงิน** /タイ グン/ 金を搾り取る

ไถ่ /タイ/ (㊇ redeem) 買い戻す **ไถ่ตัว** /タイ トゥア/ 身代金を払う

ไถล /タライ/ (㊇ slip, slow) 滑る, ぐずぐずする **พูดไถล** /プート タライ/ 言い逃れをする

ท

ทด /トット/ (㊇ dam, add) (水を) せき止める, 増す **ทดแทน** /トット テーン/ 報いる, 賠償する **ทดน้ำ** /トット ナーム/ 灌漑する **ทดลอง** /トット ローン/ 実験する **ทดสอบ** /トット ソープ/ 試験をする

ทน /トン/ (㊇ bear) 耐える, 長持ちする **ทนทาน** /トン ターン/ 長持ちする **ทนไฟ** /トン ファイ/ 耐火性の **ทนไม่ไหว** /トン マイ ワイ/ 我慢できない

ทนายความ /タナーイ クワーム/ (㊇

lawyer) 弁護士

ทบ /トップ/ (㊥ double) 二重にする **ทบทวน** /トップ トゥアン/ 復習する，校閲する

ทบวง /タブアン/ (㊥ bureau) 庁，部局

ทมิฬ /タミン/ (㊥ cruel, the Tamil) 残忍な，タミール人

ทยอย /タヨーイ/ (㊥ gradually) 次から次へと

ทแยงมุม /タイェーン ムム/ (㊥ diagonal) 斜めの，対角の

ทรง /ソン/ (㊥ sustain, form) 保つ，維持する，形；【王】なさる **ทรงจำ** /ソン チャム/ 記憶する **ทรงตัว** /ソン トゥア/ バランスを保つ **ทรงผม** /ソン ポム/ 髪形

ทรมาน /トーラマーン/ (㊥ abuse, torment) 苦しめる

ทรยศ /トーラヨット/ (㊥ betray) 背(そむ)く，裏切る

ทรวง /スアン/ (㊥ breast, heart) 胸，心 **ทรวงอก** /スアン オック/ 胸

ทรัพย์ /サップ/ (㊥ property) 富，財産 **ทรัพย์จาง** /サップ チャーン/ 文無しの **ทรัพย์สมบัติ** /サップ ソムバット/ 財産，資産 **ทรัพย์สิน** /サップ シン/ 財産，富

ทรัพยากร /サッパヤーコーン/ (㊥ resources) 資源 **ทรัพยากรธรรมชาติ** /サッパヤーコーン タムマチャート/ 天然資源

ทราบ /サープ/ (㊥ know) 存じている (**รู้** のていねいな形)

ทราม /サーム/ (㊥ bad, wicked) 悪い，卑しい

ทราย /サーイ/ (㊥ sand) 砂

ทรุด /スット/ (㊥ sink, decline) 沈下する，悪化する **ทรุดโทรม** /スット ソーム/ 荒廃した，すり切れた

ทฤษฎี /トリッサディー/ (㊥ theory) 理論

ทลาย /タラーイ/ (㊥ destroy) 倒壊する，破壊する

ทวง /トゥアン/ (㊥ ask for) 催促する

ท้วงติง /トゥアン ティン/ (㊥ object) 抗議する

ทวงท่า /トゥアン ター/ (㊥ behavior) 態度

ทวด /トゥアット/ (㊥ great-grandparents) 曾祖父母

ทวน /トゥアン/ (㊥ lance, revise, go backward) 槍；復習する，逆行する **ทวนทบ** /トゥアン トップ/ 復習する **ทวนน้ำ** /トゥアン ナーム/ 遡(さかのぼ)る

ท่วม /トゥアム/ (㊥ overflow, flood) あふれる，洪水になる

ท้วม /トゥアム/ (㊥ plump) ぽっちゃりした

ทว่า /タワー/ (㊥ however) …であろうと，だがもし…

ทวารหนัก /タワーン ナック/ (㊥ anus) 肛門

ทวี /タウィー/ (㊥ increase) 増加する **ทวีคูณ** /タウィー クーン/ 二

倍の

ทวีป /タウィープ/ (⊛ continent) 大陸

ทศ /トット/ (⊛ ten) 10 《主に造語成分》

ทหาร /タハーン/ (⊛ soldier) 軍人, 兵隊 **ทหารบก** /タハーンボック/ 陸軍兵士 **ทหารเรือ** /タハーン ルア/ 海軍兵士 **ทหารอากาศ** /タハーン アーカート/ 空軍兵士

ทอ /トー/ (⊛ weave, shine) 織る, 照らす **ทอแสง** /トー セーン/ 輝く

ท่อ /トー/ (⊛ tube, hose) 溝, 管, ホース **ท่อน้ำ** /トー ナーム/ 水道管, 下水管

ท้อ /トー/ (⊛ discouraged) ひるむ, くじける **ท้อแท้** /トー テー/ 意気消沈した

ทอง /トーン/ (⊛ gold) 金 **ทองคำ** /トーン カム/ 黄金 **ทองแดง** /トーン デーン/ 銅 **ทองเหลือง** /トーン ルアン/ 真ちゅう

ท่อง /トン/ (⊛ wade, memorize) 苦労して歩く, 暗記する **ท่องจำ** /トン チャム/ 暗記する **ท่องเที่ยว** /トン ティアオ/ 旅行する, 観光する **นักท่องเที่ยว** /ナック トン ティアオ/ 観光客

ท้อง /トーン/ (⊛ belly, pregnant) 腹; 妊娠した **ท้องถิ่น** /トーン ティン/ 地方 **ท้องฟ้า** /トーン ファー/ 大空 **ท้องเสีย** /トーン シア/ 腹をこわす

ทอด /トート/ (⊛ fry, throw) 油で揚げる, (さいころを) 投げる **ทอดทิ้ง** /トート ティン/ 放棄する, 見捨てる **ทอดสะพาน** /トート サパーン/ 誘惑する **ทอดอาลัย** /トート アーライ/ 諦める, 未練を断つ

ทอน /トーン/ (⊛ cut, give change) 切り刻む, 小銭に両替する **ทอนเงิน** /トーン グン/ つり銭を出す

ท่อน /トーン/ (⊛ block, paragraph) 断片, 節

ทอย /トーイ/ (⊛ cast) (硬貨を) 投げる

ทะนง /タノン/ (⊛ preen) 得意になる

ทะนุ /タヌ/ (⊛ support) 援助する **ทะนุถนอม** /タヌタノーム/ 大切に世話する **ทะนุบำรุง** /タヌバムルン/ 維持する

ทะเบียน /タビアン/ (⊛ registration) 登録, 登記簿 **จดทะเบียนสมรส** /チョット タビアン ソムロット/ 婚姻登録をする

ทะมัดทะแมง /タマット タメーン/ (⊛ actively) 精力的に, 熱心に

ทะยาน /タヤーン/ (⊛ jump) 跳ね上がる **ทะยานอยาก** /タヤーンヤーク/ あこがれる

ทะเยอทะยาน /タユー タヤーン/ (⊛ ambitious) 熱望する

ทะลัก /タラック/ (⊛ gush) ほとばしる **ทะลักทะแลง** /タラック タレーン/ めちゃくちゃに

ทะลุ /タル/ (⊛ bore) 貫通する,

突き抜ける

ทะเล /タレー/ (㉺ sea) 海 **ทะเลทราย** /タレー サーイ/ 砂漠 **ทะเลสาบ** /タレー サープ/ 湖

ทะเลาะ /タロ/ (㉺ quarrel with) 口げんかする **ทะเลาะวิวาท** /タロヴィワート/ けんかする, 取っ組み合う

ทัก /タック/ (㉺ greet) 挨拶する **ทักท้วง** /タック トゥアン/ 抗議する **ทักทาย** /タック ターイ/ 挨拶する

ทักษิณ /タックシン/ (㉺ south, southern) 南 (の)

ทั้ง /タン/ (㉺ all, whole) 全ての, …も, …中 **ทั้งดั้น** /タン トゥン/ 完全に **ทั้ง...ทั้ง...** /タン タン/ …も…もどちらも **ทั้งๆ ที่** /タン タン ティー/ …にもかかわらず **ทั้งนั้น** /タン ナン/ ことごとく **ทั้งปวง** /タン プアン/ 全部, すっかり **ทั้งสิ้น** /タン シン/ 一切合切 **ทั้งหมด** /タン モット/ 全部, すっかり **ทั้งหลาย** /タン ラーイ/ 全員の, 全部の

ทัณฑ์ /タン/ (㉺ penalty) ペナルティー

ทัด /タット/ (㉺ put something behind the ear, oppose, object) (物を) 耳にはさむ, 反対する, 等しい **ทัดเทียม** /タット ティアム/ 肩を並べる

ทัน /タン/ (㉺ be in time) (時間に) 間に合う **ทันใด** /タン ダイ/ その場で直ぐに **ทันที** /タン ティー/ 即刻 **ทันสมัย** /タン サマイ/ 最新の, 流行の **ทันอกทันใจ** /タン オック タン チャイ/ 直ちに, たちどころに

ทับ /タップ/ (㉺ overlay, cottage) 重ねる, 被さる; 小屋

ทับทิม /タップ ティム/ (㉺ ruby) ルビー

ทัพ /タップ/ (㉺ armed forces) 軍

ทัพพี /タップ ピー/ (㉺ ladle) ひしゃく, お玉じゃくし

ทั่ว /トゥア/ (㉺ throughout) あまねく, …中 **ทั่วไป** /トゥア パイ/ 至る所 **ทั่วโลก** /トゥア ローク/ 世界中に

ทัวร์ /トゥア/ (㉺ tour) 旅行する; ツアー

ทัศน์, ทัศนะ /タット, タッサナ/ (㉺ view, sight) 意見, 見ること **ทัศนคติ** /タッサナカティ/ 見解, 観点 **ทัศนาจร** /タッサナー チョーン/ 見物, 観光

ทัศนศึกษา /タッサナスックサー/ (㉺ field trip) 社会見学

ทา /ター/ (㉺ paint) 塗る **ทาสี** /ター シー/ ペンキを塗る

ท่า /ター/ (㉺ port, posture) 港, 船着場, 態度 **ท่าทาง** /ター ターン/ 態度, 姿勢 **ท่าที** /ター ティー/ 態度 **ท่าเรือ** /ター ルア/ 港, 船着場 **ท่าอากาศยาน** /ターアーカートサヤーン/ 《文》空港

ท้า /ター/ (㉺ challenge) 挑戦する **ท้าทาย** /ター ターイ/ 挑発する

ทาง /ターン/ (㉺ path, way) 道,

方法 **ทางเข้า** /ターン カオ/ 入口 **ทางน้ำ** /ターン ナーム/ 水路 **ทางบก** /ターン ボック/ 陸路 **ทางรถไฟ** /ターン ロット ファイ/ 鉄道 **ทางลัด** /ターン ラット/ 近道 **ทางหลวง** /ターン ルアン/ 国道 **ทางออก** /ターン オーク/ 出口 **ทางอากาศ** /ターン アーカート/ 空路 **ทางอ้อม** /ターン オーム/ 回り道, バイパス；間接的に

ทาน /ターン/ (⊛ eat, resist, donation) 食べる, 対抗する；布施 **ทานข้าว** /ターン カーオ/ 食事をする **ทานน้ำหนัก** /ターン ナム ナック/ 重さに耐える

ท่าน /タン/ (⊛ sir, you) あなた様, あの方, 閣下 **ท่านทั้งหลาย** /タン タン ラーイ/ 皆様

ทาบ /タープ/ (⊛ put upon) 重ねる, 被せる **ทาบกิ่ง** /タープ キン/ 接ぎ木する **ทาบทาม** /タープ ターム/ 探りを入れる

ท่ามกลาง /ターム クラーン/ (⊛ among, midst) 真中で, …の最中に

ทาย /ターイ/ (⊛ predict) 言い当てる, 予言する

ท้าย /ターイ/ (⊛ back, the last) 後部, 最後

ทารก /ター ロック/ (⊛ baby) 赤ん坊

ทารุณ /タールン/ (⊛ cruel) 残忍な

ทาวน์เฮาส์ /ターウハウ/ (⊛ townhouse) タウンハウス

ทาส /タート/ (⊛ slave) 奴隷

ทำ /タム/ (⊛ do, make) (仕事を) する, 作る **ทำขวัญ** /タム クワン/ 弁償する **ทำความผิด** /タム クワームピット/ 過ちを犯す **ทำความสะอาด** /タム クワーム サアート/ 掃除をする **ทำงาน** /タム ガーン/ 仕事をする, 働く **ทำ...แตก** /タム テーク/ …を壊す **ทำโทษ** /タム トート/ 罰する **ทำนา** /タム ナー/ 農業をする **ทำบุญ** /タム ブン/ 功徳を積む **ทำเป็น** /タム ペン/ …のふりをする **ทำผิด** /タム ピット/ 誤る **ทำพิษ** /タム ピット/ 傷つける **ทำมาหากิน** /タム マー ハーキン/ 生計を立てる **ทำร้าย** /タム ラーイ/ 危害を加える **ทำสัญญา** /タム サンヤー/ 契約する **ทำหน้าที่** /タム ナーティー/ 義務を果たす **ทำให้** /タム ハイ/ …が原因で起こる **ทำให้เกิด** /タム ハイ クート/ 引き起こす

ทำนบ /タムノップ/ (⊛ dike) 堰(せき), 堤防

ทำนอง /タムノーン/ (⊛ tune, style) 旋律, 様式, やり方 **ทำนองเพลง** /タムノーン プレーン/ メロディ **ทำนองเดียวกัน** /タムノーン ディアオ カン/ 同様に

ทำนาย /タムナーイ/ (⊛ forecast) 占う, 予言する **ทำนายฝัน** /タムナーイ ファン/ 夢占い

ทำไม /タムマイ/ (⊛ why) なぜ, どうして **ทำไมถึง** /タムマイトゥン/ 一体どうして

ทำลาย /タムラーイ/ (⊛ destroy)

ทำเล ▶

破壊する **ทำลายสถิติ** /タムラーイ サティティ/ 記録を破る

ทำเล /タムレー/ (⊛ area) 地域, 地区

ทิ้ง /ティン/ (⊛ throw away) 投げ捨てる **ทิ้งขว้าง** /ティン クワーン/ 投棄する, 無視する **ทิ้งจดหมาย** /ティン チョットマーイ/ 投函する **ทิ้งทวน** /ティン トゥアン/ 最後にベストを尽くす

ทิฐิ /ティティ/ (⊛ opinion, the ego, stubborn) 見解；エゴ, 強情

ทิป /ティップ/ (⊛ tip) チップ

ทิพย์ /ティップ/ (⊛ divine, supernatural) 天の, 超自然の

ทิ่ม /ティム/ (⊛ stick) 刺す, 突く

ทิว /ティウ/ (⊛ line) 列 **ทิวเขา** /ティウ カオ/ 山脈 **ทิวทัศน์** /ティウ タット/ 景色

ทิศ /ティット/ (⊛ direction) 方向, 方角 **ทิศตะวันตก** /ティット タワントック/ 西 **ทิศตะวันออก** /ティット タワンオーク/ 東 **ทิศใต้** /ティット ターイ/ 南 **ทิศเหนือ** /ティット ヌア/ 北

ที่ /ティー/ (⊛ time, chance) 回, 好機 **ทีเดียว** /ティー ディアオ/ 全く **ทีแรก** /ティー レーク/ 最初は **ทีละคน** /ティー ラコン/ ひとりずつ **ทีละน้อย** /ティー ラノーイ/ 少しずつ, 徐々に **ทีหลัง** /ティー ラン/ のちに, あとで

ที่ /ティー/ (⊛ place, which, that) 場所, 所；…であるところの《関係代名詞》 **ที่เกิด** /ティー クート/ 生まれた場所 **ที่เขี่ยบุหรี่** /ティー キア ブリー/ 灰皿 **ที่จริง** /ティー チン/ 実は **ที่จอดรถ** /ティー チョート ロット/ 駐車場 **ที่ดิน** /ティー ディン/ 土地 **ที่ทำการ** /ティー タムカーン/ 事務所, オフィス **ที่ทำงาน** /ティー タムガーン/ 勤務先 **ที่นอน** /ティー ノーン/ ベッド, 寝具 **ที่นั่ง** /ティー ナン/ 座席 **ที่นั่น** /ティー ナン/ そこ **ที่นี่** /ティー ニー/ ここ **ที่โน่น** /ティー ノーン/ あそこ **ที่ราบ** /ティー ラープ/ 平地, 平野 **ที่ว่าการ** /ティー ワーカーン/ 役所, 役場 **ที่สุด** /ティー スット/ 最後に, 一番… **ที่ไหน** /ティー ナイ/ どこ **ที่อื่น** /ティー ウーン/ よそ **ที่อยู่** /ティー ユー/ 住所

ทีม /ティーム/ (⊛ team) チーム

ทีวี /ティーウィー/ (⊛ TV) テレビ

ทึกทัก /トゥック タック/ (⊛ assume) 早合点する

ทึ่ง /トゥン/ (⊛ amazed) びっくりした

ทึ้ง /トゥン/ (⊛ pull) 引く, 引き抜く

ทึนทึก /トゥン トゥック/ (⊛ overripe, mature) 熟しすぎた, 年増の

ทึบ /トゥップ/ (⊛ thick, opaque, stupid) 詰まった, 不透明な, 鈍い **ทึบแสง** /トゥップ セーン/ 不透明な

ทื่อ /トゥー/ (⊛ blunt)（刃物,

頭の）切れ味が鈍い

ทุก /トゥック/ (⊛ each, all) 各…，毎…，すべての… **ทุกคน** /トゥック コン/ みんな，全員 **ทุกที** /トゥック ティー/ 毎回，ますます **ทุกวัน** /トゥック ワン/ 毎日 **ทุกวันนี้** /トゥック ワン ニー/ 最近，近頃 **ทุกสองวัน** /トゥック ソーン ワン/ 一日おきに **ทุกสิ่งทุกอย่าง** /トゥック シン トゥック ヤーン/ 何もかも

ทุกข์ /トゥック/ (⊛ hardship) 苦，悲哀 **ทุกข์ร้อน** /トゥック ローン/ 苦しむ，困る

ทุ่ง /トゥン/ (⊛ field) 平原 **ทุ่งนา** /トゥン ナー/ 田野 **ทุ่งหญ้า** /トゥン ヤー/ 草原

ทุจริต /トゥッチャリット/ (⊛ dishonest, cheat) 不正な；欺く

ทุน /トゥン/ (⊛ capital, fund) 資本，元金 **ทุนทรัพย์** /トゥン ナサップ/ 資本金，元手 **ทุนนิยม** /トゥン ニヨム/ 資本主義

ทุ่น /トゥン/ (⊛ buoy, reduce) ブイ；節約する

ทุบ /トゥップ/ (⊛ hit) 叩く **ทุบตี** /トゥップ ティー/ 殴る

ทุ่ม /トゥム/ (⊛ ... o'clock of the evening, devote) 午後…時《**หนึ่งทุ่ม**＝午後7時から **ห้าทุ่ม**＝午後11時まで》；…に捧げる **ทุ่มเถียง** /トゥム ティアン/ 激しく口論する **ทุ่มเท** /トゥム テー/ 捧げる

ทุรกันดาร /トゥラ カンダーン/ (⊛ distant) 僻（へき）地の

ทุรนทุราย /トゥロン トゥライ/ (⊛ uneasy, strive) 落ち着かない；もがく

ทุเรศ /トゥレート/ (⊛ ugly, pitiful) 醜い，哀れな

ทุเรียน /トゥリアン/ (⊛ durian) 〖植〗ドリアン

ทุลักทุเล /トゥラック トゥレー/ (⊛ confused) 混乱した

ทุเลา /トゥラオ/ (⊛ get better) やわらぐ，快方にむかう

ทู่ /トゥー/ (⊛ blunt) 鈍い **ทู่ซี้** /トゥー シー/ 人を困らせる，しつこい

ทูต /トゥート/ (⊛ messenger, diplomat) 使者，外交官

ทูนหัว /トゥーン ファ/ (⊛ Dear...) 尊敬する…

ทูล /トゥーン/ (⊛ inform) 〖王〗奏上する

เท /テー/ (⊛ upset, pour) ひっくり返す，流れ出る，注ぐ **เทน้ำเทท่า** /テー ナーム テー ター/ よく売れる

เทคนิค /テックニック/ (⊛ technique) テクニック **เทคโนโลยี** /テックノーローイー/ テクノロジー，技術

เท็จ /テット/ (⊛ false) 嘘の **เท็จจริง** /テット チン/ 真偽

เทนนิส /テーンニット/ (⊛ tennis) テニス

เทป /テープ/ (⊛ tape) テープ

เทพ /テープ/ (⊛ god, deity) 神，天人 **เทพเจ้า** /テーッパチャーオ/

神 **เทพธิดา** /テーッパティダー/ 女神 **เทพนิยาย** /テーッパニヤーイ/ 神話

เทวรูป /テーワルーフ/ (⊛ idol) 偶像

เทศ /テート/ (⊛ foreign) 外国の **เทศกาล** /テーッサカーン/ 祭り, フェスティバル **เทศบาล** /テートサバーン/ 市役所

เทศน์, เทศนา /テート, テーッサナー/ (⊛ sermon) 説法；説教する

เทอม /トゥーム/ (⊛ term) 学期

เทอะทะ /トゥッタ/ (⊛ bulky) ばかでかい

เทา /タオ/ (⊛ gray) 灰色の

เท่า /タオ/ (⊛ comparable, ...times) 等しい；…倍 **เท่ากัน** /タオ カン/ 相等しい **เท่ากับ...** /タオ カップ/ …と等しい **เท่าที่...** /タオ ティ/ …するかぎり **...เท่านั้น** /タオ ナン/ …だけ, …のみ **เท่าไร** /タオライ/ どれだけ, いくら

เท้า /ターオ/ (⊛ foot, lean) 足；もたれる **เท้าแขน** /ターオ ケーン/ 肘かけ, 手すり

เทิด /トゥート/ (⊛ respect) 尊敬する **เทิดทูน** /トゥート トゥーン/ 最敬礼をする

เที่ยง /ティアン/ (⊛ noon, exact) 正午；正確な **เที่ยงคืน** /ティアン クーン/ 午前零時 **เที่ยงตรง** /ティアン トロン/ 正確な

เทียน /ティアン/ (⊛ candle) ろうそく

เทียบ /ティアップ/ (⊛ compare, get close) 比較する, そばに寄る **เทียบเท่า** /ティアップ タオ/ 肩を並べる **เปรียบเทียบ** /プリアップ ティアップ/ 比較する

เทียม /ティアム/ (⊛ yoke, fake) (牛を) つなぐ；偽の **ของเทียม** /コーン ティアム/ 偽物

เที่ยว /ティアオ/ (⊛ walk, surely) 歩き回る；まったく

เที่ยว /ティアオ/ (⊛ make a trip) 遊びに行く, 旅行する；…便 **เที่ยวเตร่** /ティアオ トレー/ ぶらつく **เที่ยวบิน** /ティアオ ビン/ (飛行機の) 便

เทือก /トゥアック/ (⊛ range, clan) 列, …系 **เทือกเถา** /トゥアック タオ/ 家系

แท้ /テー/ (⊛ real) 真の, 本当の **แท้จริง** /テー チン/ 実際は

แท็กซี่ /テックシー/ (⊛ taxi) タクシー

แทง /テーン/ (⊛ pierce, bet) 突き刺す, 賭ける

แท่ง /テン/ (⊛ bar) …本《鉛筆などの類別詞》

แท็งก์ /テーン/ (⊛ tank) タンク

แทน /テーン/ (⊛ substitute, represent) 代わる, 代表する **แทนคุณ** /テーン クン/ 恩返しする **แทนที่...** /テーン ティー/ …の代わりに行う

แท่น /テン/ (⊛ base) 壇, 台 **แท่นบูชา** /テン ブーチャー/ 仏壇, 祭壇

แทบ /テープ/ (英 almost, nearly) 今にも, ほとんど… **แทบจะ** /テープ チャ/ ほとんど（…しそうになる）

แทรก /セーク/ (英 insert) 挿入する,（水で）割る **แทรกแซง** /セーク セーン/ 介入する, 干渉する

แทะ /テ/ (英 bite) かじる **แทะโลม** /テ ローム/ 口説く

โท /トー/ (英 secondary) 第二の

โทน /トーン/ (英 tom tom, sole) 太鼓の一種；唯一の

โทร /トー/ (英 telephone, call) 電話；電話する

โทรทัศน์ /トーラタット/ (英 TV) テレビ **โทรเลข** /トーラレーク/ 電報 **โทรศัพท์** /トーラサップ/ 電話；電話をかける **โทรศัพท์สาธารณะ** /トーラサップ サーターラナ/ 公衆電話 **โทรศัพท์ระหว่างประเทศ** /トーラサップ ラウーン プラテート/ 国際電話

โทรม /ソーム/ (英 decay, rape) 崩壊する, レイプする

โทษ /トート/ (英 sin, accuse) 罪；責める **โทษประหาร** /トート プラハーン/ 死刑

โทสะ /トーサ/ (英 anger) 怒り

ไท /タイ/ (英 freedom) 自由

ไทย /タイ/ (英 Thailand, Thai) タイ（国・人・語）

ไทร /サイ/ (英 banyan tree) 〚植〛榕樹, ガジュマル

ธ

ธง /トン/ (英 flag) 旗 **ธงชาติ** /トン チャート/ 国旗

ธนบัตร /タナバット/ (英 bank note)〚文〛紙幣

ธนาคาร /タナーカーン/ (英 bank) 銀行 **ธนาคารโลก** /タナーカーン ローク/ 世界銀行 **ธนาคารแห่งชาติ** /タナーカーン ヘン チャート/ タイ国立銀行

ธนาณัติ /タナーナット/ (英 postal money order) 郵便為替

ธนู /タヌー/ (英 bow) 弓

ธรณี /トーラニー/ (英 the earth, land)〚文〛地球, 大地

ธรรม /タム/ (英 Dharma) 仏法, ダルマ

ธรรมชาติ /タムマチャート/ (英 nature) 自然

ธรรมดา /タムマダー/ (英 common) 普通の

ธรรมนูญ /タムマヌーン/ (英 constitution) 憲法, 憲章

ธรรมเนียม /タムニアム/ (英 tradition) 慣習, 伝統

ธรรมศาสตร์ /タムマサート/ (英 law) 法学, タマサート大学

ธันวาคม /タンワーコム/ (英 December) 12月

ธาตุ /タート/ (英 element, Buddha's relic) 元素；仏舎利

ธานี /ターニー/ (英 town) 町, 市

ธาร /ターン/ (英 water, river) 水, 川

ธำรง /タムロン/ (英 keep) 維持

する，保持する
ธิดา /ティダー/ ([英]daughter)〖文〗娘
ธุระ /トゥラ/ ([英]work) 用事，任務 **ธุระปะปัง** /トゥラ パパン/ 用事
ธุรการ /トゥラカーン/ ([英]administration) 事務 **ธุรกิจ** /トゥラキット/ ビジネス
ธุลี /トゥリー/ ([英]dust) ちり，ほこり
ธูป /トゥープ/ ([英]incense) 線香
เธอ /トゥー/ ([英]you, she) 君，彼女
โธ่ /トー/ ([英]Oh!, Alas!) ああ！

น

น. ⇒ **นาฬิกา** …時
นก /ノック/ ([英]bird, trigger) 鳥，引き金 **นกกระจอก** /ノック クラチョーク/ スズメ **นกแก้ว** /ノック ケーオ/ オウム **นกป่า** /ノック パー/ 野鳥 **นกพิราบ** /ノック ピラープ/ ハト **นกยูง** /ノック ユーン/ クジャク **นกเหล็ก** /ノック レック/ 飛行機
นคร /ナコーン/ ([英]city) 都 **นครวัด** /ナコーン ワット/ アンコールワット **นครหลวง** /ナコーン ルアン/ 首都
นครราชสีมา /ナコーンラッチャシーマー/ ([英]Nakhonrachasima) ナコンラチャシマ（県・市）
นง /ノン/ ([英]lady) 女性
นม /ノム/ ([英]milk, breast) ミルク，乳房 **นมกระป๋อง** /ノム クラポーン/ 缶ミルク **นมข้น** /ノム コン/ コンデンスミルク **นมผง** /ノム ポン/ 粉ミルク **นมสด** /ノム ソット/ 生乳
นโยบาย /ナヨーバーイ/ ([英]policy) 政策
นรก /ナロック/ ([英]hell) 地獄
นรี, นารี /ナリー，ナーリー/ ([英]woman) 女性
นวด /ヌアット/ ([英]knead, massage) こねる，マッサージをする
นวนิยาย /ナワニヤーイ/ ([英]novel) 小説
นวม /ヌアム/ ([英]padding, glove, kilt) 詰め物，グローブ，キルト
นวล /ヌアン/ ([英]cream, beautiful skin) クリーム色の，美肌の **นวลนาง** /ヌアン ナーン/ 美女
น.ส. ⇒ **นางสาว** ミス…
นอก /ノーク/ ([英]outside, outer) 外に，外の **นอกกฎหมาย** /ノーク コット マーイ/ 不法な **นอกจาก** /ノーク チャーク/ …の他に **นอกเวลา** /ノーク ウェラー/ 時間外の
นอง /ノーン/ ([英]flood) あふれる，満ちる **นองเลือด** /ノーン ルアット/ 血の海
น่อง /ノン/ ([英]calf) ふくらはぎ
น้อง /ノーン/ ([英]younger brother or sister) 年下の弟妹 **น้องชาย** /ノーン チャーイ/ 弟 **น้องๆ** /ノーン ノーン/ ほとんど，もうすぐ **น้องสาว** /ノーン サーオ/

/ 妹

นอน /ノーン/ (⊛ lie down, sleep) 横たわる, 寝る **นอนใจ** /ノーン チャイ/ 無関心な, 楽観する **นอนตีพุง** /ノーン ティープン/ 快適な **นอนหลับ** /ノーンラップ/ よく眠れる **ง่วงนอน** /グアン ノーン/ ねむい

นอบ /ノープ/ (⊛ crouch) 体を低くする **นอบน้อม** /ノープ ノーム/ 礼儀正しい

น้อม /ノーム/ (⊛ bow down) おじぎする **น้อมนำ** /ノーム ナム/ 案内する

น้อย /ノーイ/ (⊛ little) 少ない, 小さい **น้อยใจ** /ノーイ チャイ/ 気を悪くする, 傷つく

น้อยหน่า /ノーイナー/ (⊛ custard apple)〖植〗シャカトウ

นะ /ナ, ナ/ …よ, …ね, …な《念押し, 願い, 感嘆, 同意, 命令など》

นัก /ナック/ (⊛ very, …er, …ist) 非常に;する人, …家, …者 **นักกฎหมาย** /ナック ゴットマーイ/ 法律家 **นักการทูต** /ナック カーン トゥート/ 外交官 **นักการเมือง** /ナック カーン ムアン/ 政治家 **นักกีฬา** /ナック キーラー/ スポーツマン **นักเขียน** /ナック キアン/ 作家 **นักท่องเที่ยว** /ナック トンティアオ/ 観光客, ツーリスト **นักโทษ** /ナック トート/ 囚人, 罪人 **นักประพันธ์** /ナック プラパン/ 作家, 著作家 **นักปราชญ์** /ナック プラート/ 賢者, 学者, 哲学者 **นักมวย** /ナック ムアイ/ ボクサー **นักรบ** /ナック ロップ/ 戦士, 武士 **นักร้อง** /ナック ローン/ 歌手 **นักเรียน** /ナック リアン/ 生徒 **นักเลง** /ナック レーン/ 顔役, ごろつき **นักวิทยาศาสตร์** /ナック ウィッターサート/ 科学者 **นักศึกษา** /ナック スックサー/ 大学生 **นักหนังสือพิมพ์** /ナック ナンスーピム/ ジャーナリスト

นั่ง /ナン/ (⊛ sit) 座る **นั่งกินนอนกิน** /ナン キン ノーン キン/ 快適な **นั่งเก้าอี้** /ナン カオ イー/ 椅子に座る **นั่งโต๊ะ** /ナント/ 食卓につく **นั่งพับเพียบ** /ナン パップピアップ/ 横座りする《タイ式の正座》 **นั่งยองๆ** /ナン ヨーン ヨーン/ しゃがむ

นัด /ナット/ (⊛ make an appointment) 約束する, かぐ; 約束, デート; …発《射撃回数の類別詞》 **นัดหมาย** /ナットマーイ/ 約束する

นั่น /ナン/ (⊛ that, there) それ, そこ **นั่นซี** /ナン シー/ その通り! **นั่นแน่** /ナン ネー/ ほら見ろ! **นั่นแหละ** /ナン レ/ それだ, そうなんだよ

นั้น /ナン/ (⊛ this, that) その, あの

นับ /ナップ/ (⊛ count, regard) 数える, …と見なす **นับตั้งแต่** /ナップ タンテー/ それ以来 **นับถือ** /ナップ トゥー/ 尊敬する **นับไม่ถ้วน** /ナップ マイ トゥアン/ 数えきれない **นับว่า…** /ナップ ワー/

…と見なす

นัย /ナイ/ ([英] meaning) 意味, 要点 **นัยว่า…** /ナイ ワー/ …と理解できる

นัยน์ตา /ナイ ター/ ([英] eye) 眼, 瞳

นา /ナー/ ([英] field) 田 **นาเกลือ** /ナー クルア/ 塩田 **ชาวนา** /チャーオ ナー/ 農民

น่า /ナー/ ([英] should, likely) …すべき, …のような **น่ากลัว** /ナー クルア/ 恐ろしい **น่ากิน** /ナー キン/ おいしそうな **น่าเกลียด** /ナー クリアット/ いやな, 醜い **น่าจะ** /ナー チャ/ 当然…すべきだ **น่าดู** /ナー ドゥー/ 美しい, (見て) 面白い **น่าฟัง** /ナー ファン/ (音が) きれいな, 聴く価値がある **น่ารัก** /ナー ラック/ 愛らしい **น่ารังเกียจ** /ナー ランキアット/ 憎むべき, いやらしい **น่าสงสัย** /ナー ソンサイ/ 疑わしい **น่าสงสาร** /ナー ソンサーン/ 可哀そうな **น่าสนใจ** /ナー ソンチャイ/ 面白そうな, 興味深い **น่าเสียดาย** /ナー シアダーイ/ 残念な **น่าอยู่** /ナー ユー/ 居心地のよい, 住みよい

น้า /ナー/ ([英] uncle, aunt) 叔父・叔母《母の弟妹》 **น้าชาย** /ナー チャーイ/ 叔父《母の弟》 **น้าสาว** /ナー サーオ/ 叔母《母の妹》

นาค /ナーク/ ([英] Naga, ordinand) ナーガ, 龍神, 出家志願者

นาง /ナーン/ ([英] woman) 女, ミセス… **นางพยาบาล** /ナーン パヤーバーン/ 看護婦 **นางฟ้า** /ナーン ファー/ 天女, スチュワーデス **นางละคร** /ナーン ラコーン/ 舞台女優 **นางสาวไทย** /ナーン サーオ タイ/ ミス タイランド **นางเอก** /ナーン エーク/ ヒロイン

นาฏ /ナート/ ([英] beauty) 舞姫, 美女

นาฏกรรม /ナーッタカム/ ([英] dance, play) 舞踏, 演劇

นาที /ナーティー/ ([英] minute)〚単〛分

นาน /ナーン/ ([英] long) 長い (時間) **นานๆครั้ง** /ナーン ナーン クラン/ たまに, 珍しく **นานมาแล้ว** /ナーン マー レーオ/ 久しく, 以前に

นานา /ナーナー/ ([英] various) 種々の, 諸々の **นานาประการ** /ナーナー プラカーン/ 種々の, 様々な **นานาประเทศ** /ナーナー プラテート/ 各国の, 国際的な

นาบ /ナープ/ ([英] iron) (アイロンで) 伸ばす

นาม /ナーム/ ([英] name, noun) 名前, 名詞 **นามธรรม** /ナーム タム/ 抽象 **นามบัตร** /ナーム バット/ 名刺 **นามปากกา** /ナーム パークカー/ ペンネーム **นามสกุล** /ナーム サクン/ 姓

นาย /ナーイ/ ([英] Mr., boss) 主人, 長, 様, 氏 ; 軍隊・警察の階級名 **นายจ้าง** /ナーイ チャーン/ 雇い主 **นายช่าง** /ナー-

イ チャーン/ 技師, エンジニア **นายตำรวจ** /ナーイ タムルアット/ 警察幹部 **นายทหาร** /ナーイ タハーン/ 将校 **นายทุน** /ナーイ トゥン/ 資本家 **นายแพทย์** /ナーイ ペート/ 医師 **นายเรือ** /ナーイ ルア/ 船長 **นายห้าง** /ナーイ ハーン/ 店主, 旦那さん **นายอำเภอ** /ナーイ アムプー/ 郡長

นายก /ナーヨック/ (⊛ president) 会長, 総裁 **นายกเทศมนตรี** /ナーヨック テーッサモントリー/ 市長 **นายกรัฐมนตรี** /ナーヨック ラッタモントリー/ 総理大臣

นาวา /ナーワー/ (⊛ boat, ship) 舟, 船；海軍佐官の階級

นาฬิกา /ナーリカー/ (⊛ clock, ... o'clock) 時計；…時 ((24時間制)) **นาฬิกาข้อมือ** /ナーリカー コー ムー/ 腕時計 **นาฬิกาปลุก** /ナーリカー プルック/ 目覚まし時計

นำ /ナム/ (⊛ lead, carry) 導く, 運ぶ **นำทาง** /ナム ターン/ 道案内する **นำเที่ยว** /ナム ティアオ/ 観光案内する **นำสมัย** /ナム サマイ/ ファッショナブルな

น้ำ /ナム, ナーム/ (⊛ water, river) 水, 川 **น้ำขึ้น** /ナム クン/ 潮が満ちる **น้ำแข็ง** /ナム ケン/ 氷 **น้ำแข็งเปล่า** /ナム ケン プラーオ/ 氷水 **น้ำใจ** /ナム チャイ/ 優しい心, 思いやり **น้ำชา** /ナム チャー/ お茶 ((液体)) **น้ำดื่ม** /ナム ドゥーム/ 飲料水 **น้ำตก** /ナム トック/ 滝 **น้ำตา** /ナム ター/ 涙 **น้ำตาล** /ナム ターン/ 砂糖 **น้ำท่วม** /ナム トゥアム/ 洪水 (になる) **น้ำนม** /ナム ノム/ 乳, ミルク **น้ำประปา** /ナム プラパー/ 水道の水 **น้ำปลา** /ナム プラー/ ナムプラー, 魚醤 **น้ำผึ้ง** /ナム プン/ 蜂蜜 **น้ำพริก** /ナム プリック/ ナムプリック ((タイ風ディップ)) **น้ำพุร้อน** /ナムプ ローン/ 温泉 **น้ำมัน** /ナム マン/ 油の総称 **น้ำมันก๊าด** /ナム マン カート/ 灯油, 石油 **น้ำยา** /ナム ヤー/ 腕前 **น้ำเย็น** /ナム イェン/ 水, お冷や **น้ำร้อน** /ナム ローン/ 湯, お湯 **น้ำแร่** /ナム レー/ ミネラルウオーター **น้ำลาย** /ナム ラーイ/ 唾 **น้ำส้ม** /ナム ソム/ 酢, オレンジジュース **น้ำเสียง** /ナム シアン/ 音色, 口調 **น้ำหนัก** /ナム ナック/ 重さ, 目方, 重量 **น้ำหมึก** /ナム ムック/ インク **น้ำหวาน** /ナム ワーン/ ジュース類 **น้ำหอม** /ナム ホーム/ 香水 **น้ำอัดลม** /ナム アット ロム/ 炭酸飲料水

นิกาย /ニカーイ/ (⊛ sect) 派, 宗派

นิโกร /ニクロー/ (⊛ Black) 黒人

นิคม /ニコム/ (⊛ estate) 団地 (住宅・工業)

นิ่ง /ニン/ (⊛ be quiet, still) 黙る, 静止した **นิ่งเงียบ** /ニン ギアップ/ 沈黙した

นิจ /ニット/ (⊛ always) 絶えず, いつも

นิด /ニット/ (⊛ little) 少ない,

นิตยสาร ▶

わずかな **นิดเดียว** /ニット ディアオ/ ちょっぴり **นิดหน่อย** /ニット ノイ/ 少し, ちょっと **นิดหนึ่ง** /ニット ヌン/ ほんの少し

นิตยสาร /ニッタヤサーン/ (⊛ magazine) 雑誌

นิติกรรม /ニティカム/ (⊛ legal act) 法律行為

นิติศาสตร์ /ニティサート/ (⊛ law) 法学

นิติบัญญัติ /ニティ バンヤット/ (⊛ legislation) 立法

นิทาน /ニターン/ (⊛ tale) 物語, お話

นิเทศศาสตร์ /ニテートサート/ (⊛ media studies) マスコミ学

นินทา /ニンター/ (⊛ gossip) 噂する, 陰口を言う

นิพนธ์ /ニポン/ (⊛ write, work) 著述する, 著作

นิพพาน /ニッパーン/ (⊛ nirvana) 涅槃 (ねはん), 入滅

นิ่ม /ニム/ (⊛ soft) やわらかい, 滑らかに **นิ่มนวล** /ニム ヌアン/ 柔和な, 優しい

นิมนต์ /ニモン/ (⊛ invite (a monk)) (僧侶を儀式に) 招く

นิมิต /ニミット/ (⊛ indication) 前兆, 兆 (きざし)

นิยม /ニヨム/ (⊛ prefer, popular) 好む, 流行する **กำลังนิยม** /カムラン ニヨム/ 流行中の, ヒット中の

นิยาย /ニヤーイ/ (⊛ legend, tale) 伝説, 物語

นิรมิต /ニラミット/ (⊛ create) 創造する

นิรันดร /ニランドーン/ (⊛ perpetual) 永遠の

นิล /ニン/ (⊛ sapphire, dark blue) ブルーサファイア；濃紺色の

นิ้ว /ニウ/ (⊛ finger, inch) 指, 【単】インチ **นิ้วกลาง** /ニウ クラーン/ 中指 **นิ้วก้อย** /ニウ コイ/ 小指 **นิ้วชี้** /ニウ チー/ 人差指 **นิ้วนาง** /ニウ ナーン/ 薬指 **นิ้วหัวแม่มือ** /ニウ ファ メー ムー/ 親指

นิวยอร์ค /ニウヨーク/ (⊛ New York) ニューヨーク

นิเวศ, นิเวศน์ /ニウェート/ (⊛ house) 住居, 家屋 **นิเวศวิทยา** /ニウェート ウィッタヤー/ エコロジー

นิสัย /ニサイ/ (⊛ nature, habit) 性質, 習慣

นิสิต /ニシット/ (⊛ student) 大学生 ((特にチュラロンコン大, カセサート大の))

นี่ /ニー/ (⊛ this, here) これ, ここ；ちょっと！

นี้ /ニー/ (⊛ this) この

นีออน /ニーオーン/ (⊛ neon (sign)) ネオン (サイン)

นึก /ヌック/ (⊛ think, imagine) 思う, 想う **นึกออก** /ヌック オーク/ 思い出す **นึกไม่ถึง** /ヌック マイトゥン/ 予期せず

นึ่ง /ヌン/ (⊛ steam) 蒸す

นุงนัง /ヌン ナン/ (英 confused) 乱れた, もつれた

นุ่ง /ヌン/ (英 wear) はく, まとう **นุ่งห่ม** /ヌン ホム/ 着る, つける

นุ่ม /ヌム/ (英 soft) 柔らかい

นูน /ヌーン/ (英 convex) 隆起した, 凸面の

นู่น /ヌーン/ (英 that) あれ

เน็คไท /ネックタイ/ (英 necktie) ネクタイ

เนตร /ネート/ (英 eye)【文】眼

เน้น /ネン/ (英 emphasize) 強調する **เน้นหนัก** /ネン ナック/ 強調する

เนย /ヌーイ/ (英 butter) バター **เนยแข็ง** /ヌーイ ケン/ チーズ

เนรเทศ /ネーラテート/ (英 exile) 国外に追放する

เนรมิต ⇒ **นิรมิต** 創造する

เนา /ナオ/ (英 baste) 仮縫いする

เน่า /ナオ/ (英 rotten) 腐った

เนินเขา /ヌーン カオ/ (英 highland, hill) 高地, 丘

เนิ่น /ヌーン/ (英 early, ahead) 早く, 先に **เนิ่นๆ** /ヌーン ヌーン/ 早めに **เนิ่นช้า** /ヌーン チャー/ ぐずぐずと

เนิบ /ヌープ/ (英 slowly) ゆっくりと **เนิบนาบ** /ヌープ ナープ/ のろい

เนียน /ニアン/ (英 delicate, neatly) デリケートな, きちんと

เนื้อ /ヌア/ (英 meat, beef, theme) 肉 (特に牛肉) ; テーマ **เนื้อความ** /ヌア クワーム/ 内容 **เนื้อที่** /ヌア ティー/ 面積 **เนื้อผ้า** /ヌア パー/ 布地 **เนื้อเพลง** /ヌア プレーン/ 歌詞 **เนื้อย่าง** /ヌア ヤーン/ 焼肉

เนือง /ヌアン/ (英 always) 常に **เนืองนิตย์** /ヌアン ニット/ 常に

เนื่องจาก /ヌアン チャーク/ (英 because) ···の理由で

เนื่องด้วย /ヌアン ドゥアイ/ (英 because) ···の理由で

เนือย /ヌアイ/ (英 slow, tardy) 鈍い, 緩慢な

แน่ /ネー/ (英 certain, surely) 確かに, きっと **แน่ใจ** /ネー チャイ/ 確信する **แน่นอน** /ネー ノーン/ 確かな, 当然の **แน่ๆ** /ネー ネー/ きっと, 必ず **แน่ละ** /ネー ラ/ もちろん

แน่น /ネン/ (英 firmly, dense) 固く, ぎっしり詰まった **แน่นแฟ้น** /ネン フェーン/ 調和して, 仲良く

แนบ /ネープ/ (英 enclose, attach) 近づく, くっつける **แนบเนียน** /ネープ ニアン/ スムーズに

แนว /ネーオ/ (英 line) 列, 線 **แนวทาง** /ネーオ ターン/ 方向, 方法 **แนวโน้ม** /ネーオ ノーム/ トレンド **แนวรบ** /ネーオ ロップ/ 戦線

แน่ว /ネオ/ (英 straight) 一直線の **แน่วแน่** /ネオ ネー/ しっかりした, 断固たる

แนะ /ネ/ (⊛ advise) 教示する, 忠告する **แนะนำ** /ネ ナム/ 紹介する, アドバイスする

แน่ะ /ネ/ (⊛ say, look) あのね, ちょっと, ほら

โน /ノー/ (⊛ swell up) 腫れる

โน่น, โน้น /ノーン, ノーン/ (⊛ that) あれ, あの

โน้ม /ノーム/ (⊛ bend) 曲げる, 反らす

ใน /ナイ/ (⊛ in, within) …の中に, …の内に, …以内に **ในแง่ของ…** /ナイ ゲー コーン/ …の観点から **ในที่สุด** /ナイ ティー スット/ 最後に, ついに **ในเมื่อ…** /ナイ ムア/ …の時には **ในไม่ช้า** /ナイ マイ チャー/ やがては **ในเร็วๆ นี้** /ナイ レオ レオ ニー/ 近い内に

ในหลวง /ナイ ルアン/ (⊛ king) 〖口〗王様

บ

บ. ⇒ **บาท** バーツ

บก /ボック/ (⊛ land, dry) 陸; 乾いた場所

บกพร่อง /ボック プロン/ (⊛ lack, incomplete) 欠如した, 不完全な

บ่ง /ボン/ (⊛ point out, indicate) 指摘する, 明示する

บงการ /ボン カーン/ (⊛ command) 命令する, 指令する

บึ้งเบิ้ง /ボン ベン/ (⊛ loudly) 大声で

บด /ボット/ (⊛ grind) 砕く, 挽く **บดขยี้** /ボット カイー/ 粉砕する **บดบัง** /ボット バン/ さえぎる, 暗くする

บท /ボット/ (⊛ chapter, lesson, script) 章, 課, スクリプト **บทกลอน** /ボット クローン/ 詩, 詩歌 **บทความ** /ボット クワーム/ 記事, 論説 **บทนำ** /ボット ナム/ 序言, 序章 **บทบัญญัติ** /ボット バンヤット/ 条項, 規定 **บทบาท** /ボット バート/ 役割 **บทเรียน** /ボット リアン/ 学課, 教材 **บทละคร** /ボット ラコーン/ 脚本, シナリオ

บน /ボン/ (⊛ above, pray) …の上に; 祈る **บนบาน** /ボン バーン/ 願をかける

บ่น /ボン/ (⊛ complain) 文句を言う, 愚痴をこぼす

บ่ม /ボム/ (⊛ ripen) 熟成させる

บรม /ボーロム/ (⊛ supreme, very) 偉大な, とても

บรรจง /バンチョン/ (⊛ neatly) 入念に

บรรจุ /バンチュ/ (⊛ contain, fill) 詰める, 込める, 積む

บรรณาธิการ /バンナーティカーン/ (⊛ editor in chief) 編集長

บรรณารักษ์ /バンナーラック/ (⊛ librarian) 司書

บรรดา /バンダー/ (⊛ whole) 全体の, すべての **ในบรรดา…** /ナイ バンダー/ …の中で **บรรดาศักดิ์** /バンダー サック/ 位階勲等

บรรทัด /バンタット/ (⊛ line,

ruler)（本の）行，定規 **บรรทัดฐาน** /バンタットターン/ 基準，尺度

บรรทุก /バントゥック/ (® carry, load) 運ぶ，載せる **รถบรรทุก** /ロットバントゥック/ トラック

บรรเทา /バンタオ/ (® ease, relax) 軽減する，楽にする

บรรพบุรุษ /バンパブルット/ (® ancestor) 先祖

บรรยากาศ /バンヤーカート/ (® atmosphere) 大気，雰囲気

บรรยาย /バンヤーイ/ (® explain, lecture) 述べる，講義する

บรรลุ /バンル/ (® reach, achieve) 達する，達成する

บรรเลง /バンレーン/ (® play) 演奏する

บริการ /ボーリカーン/ (® service, serve) サービス；サービスする

บริจาค /ボーリチャーク/ (® present, donate) 贈る，寄付する

บริบูรณ์ /ボーリブーン/ (® complete, plentiful) 完全な，豊富な

บริโภค /ボーリポーク/ (® eat, consume) 食する，消費する **ผู้บริโภค** /プーボーリポーク/ 消費者

บริวาร /ボーリワーン/ (®disciple) 従者，部下，随員

บริเวณ /ボーリウェーン/ (® area) 地域，周辺

บริษัท /ボーリサット/ (® company) 会社 **บริษัทขนส่ง** /ボーリサットコンソン/ 運送会社，長距離バス公団

บริสุทธิ์ /ボーリスット/ (® pure, innocent) 純粋な，潔白な **บริสุทธิ์ใจ** /ボーリスットチャイ/ 誠心誠意，真心の

บริหาร /ボーリハーン/ (® manage, exercise) 管理する，施行する **บริหารธุรกิจ** /ボーリハーントゥラキット/ 経営する，マネジメントする

บวก /ブアック/ (® add, positive) 加算する，ポジティブな

บ่วง /ブアン/ (® lasso) 投げ縄 **บ่วงชูชีพ** /ブアンチューチープ/ 救命ブイ

บวช /ブアット/ (® become a Buddist monk) 出家する **บวชพระ** /ブアットプラ/ 出家する

บ้วน /ブアン/ (® spit) 唾を吐く **บ้วนปาก** /ブアンパーク/ 口をすすぐ

บวม /ブアム/ (® swell, idiot) 腫れる，間抜け

บ๊วย /ブアイ/ (® last, plum) ビリの；梅

บ่อ /ボー/ (® pond, origin) 池，源泉 **บ่อเกิด** /ボークート/ 源泉，発祥地 **บ่อน้ำ** /ボーナーム/ 井戸 **บ่อน้ำมัน** /ボーナムマン/ 油田 **บ่อน้ำร้อน** /ボーナムローン/ 温泉

บอก /ボーク/ (㉺ tell, inform) 告げる，言う **บอกกล่าว** /ボーク クラーオ/ 通告する **บอกใบ้** /ボーク バイ/ 暗に意味する **บอกเลิก** /ボーク ルーク/ キャンセルする

บ้อง /ボーン/ (㉺ pipe) (竹)筒, 管 **บ้องไฟ** /ボーン ファイ/ 竹筒ロケット

บ้องๆ /ボーン ボーン/ (㉺ frivolous) くだらない

บ้องแบ๋ว /ボーン ベオ/ (㉺ cute) かわいい

บอด /ボート/ (㉺ blind) 目が見えない **ตาบอด** /ター ボート/ 盲目の

บอน /ボーン/ (㉺ naughty, restless) 腕白な，落ちつかない

บ่อน /ボーン/ (㉺ casino, break) カジノ；壊す **บ่อนทำลาย** /ボーン タムラーイ/ 破壊する

บอบช้ำ /ボープ チャム/ (㉺ damaged) 傷んだ

บอบบาง /ボープ バーン/ (㉺ fragile) もろい

บ่อย /ボイ/ (㉺ often) しばしば **บ่อยๆ** /ボイ ボイ/ しばしば，いつも

บ๋อย /ボイ/ (㉺ waiter) ウェーター, ボーイ

บอล /ボーン/ (㉺ ball) ボール

บ๊ะ /バ/ (㉺ Oh my God!) (驚き，怒り，不満) わっ！えーっ！

บะหมี่ /バミー/ (㉺ noodle) 中華そば **บะหมี่น้ำ** /バミー ナム/ タイ風ラーメン **บะหมี่ผัด** /バミー パット/ 焼きそば

บัง /バン/ (㉺ screen, shield) 遮る，隠す **บังแดด** /バン デート/ 日除け **บังแสง** /バン セーン/ ブラインド

บังเกิด /バンクート/ (㉺ occur) 発生する，起こる

บังคม /バンコム/ (㉺ pay homage to) 礼拝する（王に）

บังควร /バンクアン/ (㉺ proper) 適切な

บังคับ /バンカップ/ (㉺ force) 強制する **บังคับบัญชา** /バンカップ バンチャー/ 指揮する **บังคับให้** /バンカップ ハイ/ 強制して…させる

บังอาจ /バンアート/ (㉺ dare) 大胆に…する

บังเอิญ /バンウーン/ (㉺ unexpectedly) 偶然に

บัญชา /バンチャー/ (㉺ command) 命令する，指揮する

บัญชี /バンチー/ (㉺ account, list) 簿記，一覧 **บัญชีกระแสรายวัน** /バンチー クラセー ラーイワン/ 当座預金 **บัญชีเผื่อเรียก** /バンチー プア リアック/ 定期預金 **บัญชีฝากประจำ** /バンチー ファーク プラチャム/ 普通預金

บัญญัติ /バンヤット/ (㉺ regulation) 規定，ルール，制定する

บัณฑิต /バンティット/ (㉺ bachelor) 学士

บัด /バット/ (⊛ time) 時, 時期 **บัดนั้น** /バット ナン/ そのとき, 当時 **บัดนี้** /バット ニー/ 現在

บัดสี /バット シー/ (⊛ shameful) 恥ずべき

บัตร /バット/ (⊛ ticket, card) 券, カード **บัตรเครดิต** /バット クレーディット/ クレジットカード **บัตรเชิญ** /バット チューン/ 招待状 **บัตรประจำตัว** /バット プラチャム トゥア/ 身分証明書

บั่น /バン/ (⊛ cut short) 短く切る **บั่นทอน** /バン トーン/ 弱める

บั้น /バン/ (⊛ half, part) 半分, 部分 **บั้นท้าย** /バン ターイ/ お尻, ヒップ

บันดาล /バンダーン/ (⊛ cause to happen) 生じさせる **บันดาลใจ** /バンダーン チャイ/ 鼓舞する

บันได /バンダイ/ (⊛ steps, stairs) 階段, はしご **บันไดเลื่อน** /バンダイ ルアン/ エスカレーター

บันทึก /バントゥック/ (⊛ record) 記録する **บันทึกเสียง** /バントゥック シアン/ 録音する

บันเทิง /バントゥーン/ (⊛ enjoy) 楽しむ **บันเทิงคดี** /バントゥーン カディー/ コメディー

บันยะบันยัง /バンヤ バンヤン/ (⊛ moderate) 節度のある

บัว /ブア/ (⊛ lotus) ハス, スイレン

บ่า /バー/ (⊛ shoulder, overflow) 肩 ; あふれる

บ้า /バー/ (⊛ mad, crazy) 狂った **บ้าๆบอๆ** /バー バー ボー ボー/ 馬鹿げた, 阿呆らしい **บ้าบิ่น** /バー ビン/ 大胆に

บาก /バーク/ (⊛ open) (道を) 切り開く **บากบั่น** /バーク バン/ 奮闘する **บากหน้า** /バーク ナー/ 立ち向かう ; 取りかかる

บาง /バーン/ (⊛ thin, some, waterside) 薄い ; ある… ; 水辺 **บางกอก** /バーン コーク/ バンコク **บางคน** /バーン コン/ ある人 **บางครั้ง** /バーン クラン/ ある時, 時々 **บางคราว** /バーン クラーオ/ ある時, 時々 **บางที** /バーン ティー/ 時々は, もしかして

บ้าง /バーン/ (⊛ some, any) いくらか, いくぶん …**บ้าง**…**บ้าง** /バーン バーン/ …したり…したり

บาด /バート/ (⊛ be wounded) けがをする **บาดเจ็บ** /バート チェップ/ 負傷する **บาดใจ** /バート チャイ/ 人の心を傷つける **บาดตา** /バート ター/ 目に毒の, 目ざわりな **บาดแผล** /バート プレー/ 傷, 傷口

บาดทะยัก /バート タヤック/ (⊛ tetanus) 破傷風

บาดาล /バーダーン/ (⊛ underground) 地底, 地下

บาตร /バート/ (⊛ alms bowl) 托鉢用の鉢

บาท /バート/ (英 baht, foot) バーツ《タイの通貨》;【文】足

บาทหลวง /バート ルアン/ (英 missionary) (カトリックの) 宣教師

บาน /バーン/ (英 bloom, open, much) 咲く, 開く;《窓, 門, 鏡などの類別詞》; たくさん

บานตะเกียง /バーン タキアン/ すごく多い

บ้าน /バーン/ (英 house, village) 家, 村 **บ้านเกิด** /バーン クート/ 故郷 **บ้านเช่า** /バーン チャオ/ 借家 **บ้านนอก** /バーン ノーク/ 田舎 **บ้านเมือง** /バーン ムアン/ 国家 **บ้านเรือน** /バーン ルアン/ 家屋, 世帯 **การบ้าน** /カーン バーン/ 宿題 **งานบ้าน** /ガーン バーン/ 家事

บาป /バープ/ (英 sin, evil) 罪, 悪業, 不吉な **บาปกรรม** /バープ カム/ 罪業

บายศรี /バーイシー/ (英 baisee) バーイシー《精霊への供え物, それを使う伝統儀式》

บ่าย /バーイ/ (英 afternoon) 午後 **บ่าย…โมง** /バーイ…モーン/ 午後…時《タイ式時刻の数え方. **บ่ายโมง** =午後 1 時から **บ่ายสี่โมง** =午後 4 時まで》

บาร์ /バー/ (英 bar) バー, 酒場, 手すり

บารมี /バーラミー/ (英 virtue) 威光

บาล /バーン/ (英 govern) 統治する

บาลี /バーリー/ (英 Pali) パーリ語

บ่าว /バーオ/ (英 servant, young man) 召使, 若者

บ่าวสาว /バーオ サーオ/ 新郎新婦 **เจ้าบ่าว** /チャオ バーオ/ 花婿

บาศก์ /バート/ (英 dice) さいころ

บำนาญ /バムナーン/ (英 pension) 年金, 恩給

บำบัด /バムバット/ (英 treat) 治療する

บำเพ็ญ /バムペン/ (英 perform) 行う, 実践する **บำเพ็ญกุศล** /バムペン クソン/ 善行を積む

บำรุง /バムルン/ (英 nourish, maintain) 養育する, 維持する **บำรุงเลี้ยง** /バムルン リアン/ 養育する

บำเรอ /バムルー/ (英 serve) 仕える

บำเหน็จ /バムネット/ (英 reward) 報酬, 退職金

บิณฑบาต /ビンタバート/ (英 do mendicancy) 托鉢する ; 僧侶の鉢に入れる食物

บิณฑบาตร /ビンタバート/ (英 alms for mendicancy bowl) 僧侶の食物を入れる鉢

บิด /ビット/ (英 twist, distorted) ねじる, ねじれた **บิดเบือน** /ビット ブアン/ ねじ曲げる **บิดพลิ้ว** /ビット プリウ/ 責任逃れをする

บิดา /ビダー/ (英 father)【文】

父 **บิดามารดา** /ビダー マーンダー/ 〖文〗父母，両親

บิน /ビン/ ([英]fly) 飛ぶ

บิล /ビン/ ([英]bill, receipt) 勘定書，領収書 **เช็คบิล** /チェック ビン/ お勘定

บี้ /ビー/ ([英]crush) 押し潰す

บีบ /ビーブ/ ([英]press) 圧搾する **บีบคอ** /ビーブ コー/ 首をしめる，無理にやらせる **บีบคั้น** /ビーブ カン/ 圧迫する **บีบน้ำตา** /ビーブ ナムター/ 嘆く

บึง /ブン/ ([英]swamp) 沼，沢

บึ่ง /ブン/ ([英]drive fast) (車を) 飛ばす

บึ้ง /ブン/ ([英]sulk) すねる，ふくれる

บุ /ブ/ ([英]pad) 当てる，裏貼りする，覆う

บุก /ブック/ ([英]invade) 侵入する **บุกบั่น** /ブック バン/ 戦う **บุกรุก** /ブック ルック/ 侵犯する

บุคคล /ブッコン/ ([英]individual) 個人 **บุคคลภายนอก** /ブッコン パーイ ノーク/ 部外者，第三者

บุคลากร /ブッカラーコーン/ ([英]staff) 職員

บุคลิก /ブッカリック/ ([英]characteristic) 特有な **บุคลิกภาพ** /ブッカリッカパーブ/ 個性 **บุคลิกลักษณะ** /ブッカリッカ ラックサナ/ 個性，外見

บุ้ง /ブン/ ([英]caterpillar, file) 毛虫，やすり

บุญ /ブン/ ([英]virtue, merit) 徳，福運 **บุญคุณ** /ブン クン/ 恩恵

บุตร /ブット/ ([英]child) 〖文〗子《息子，娘》 **บุตรี** /ブッタリー/ 娘

บุบ /ブップ/ ([英]crush) 押しつぶす

บุรี /ブリー/ ([英]town, city) 町，市

บุรุษ /ブルット/ ([英]person,male) 人，男性 **บุรุษไปรษณีย์** /ブルット プライサニー/ 郵便配達人

บุษบา /ブッ サバー/ ([英]flower) 花

บุหรี่ /ブリー/ ([英]cigarette) たばこ

บู๊ /ブー/ ([英]fight) 戦う；アクション **หนังบู๊** /ナン ブー/ アクション映画

บูชา /ブーチャー/ ([英]enshrine, worship) 祭る，礼拝する

บูด /ブート/ ([英]rotten, sullen) 腐った，しかめ面の

บูรณภาพ /ブーラナパーブ/ ([英]perfection) 完璧

บูรพา /ブーラパー/ ([英]the east) 〖文〗東方

เบ้ /ベー/ ([英]crooked) 歪(ゆが)んだ，ねじれた

เบ่ง /ベン/ ([英]expand, accelerate, shout) 膨らませる，加速する，叫ぶ **เบ่งบาน** /ベン バーン/ 咲く

เบญจรงค์ /ベンチャロン/ ([英]*Benjarong* ware) ベンジャロン焼

เบ็ด /ベット/ (ⓔ fishhook) 釣針

เบ็ดเตล็ด /ベット タレット/ (ⓔ miscellaneous) こまごました

เบ็ดเสร็จ /ベット セット/ (ⓔ in total) 全部で

เบน /ベーン/ (ⓔ deviate) それる, 方向転換する

เบรก /ブレーク/ (ⓔ brake) ブレーキ; ブレーキをかける

เบอร์ /ブー/ (ⓔ number) 番号, ナンバー

เบ้อเร่อ /ブー ルー/ (ⓔ huge) 大きい, 巨大な

เบอะ /ブ/ (ⓔ acute, clumsy) ひどい, のろまの

เบา /バオ/ (ⓔ light, urine) 軽い; 小便 **เบาใจ** /バオ チャイ/ ほっとした **เบาเนื้อ** /バオ ヌア/ エネルギッシュな **เบาปัญญา** /バオ パンヤー/ 馬鹿な **เบาๆ** /バオ バオ/ そっと, 静かに **เบาสมอง** /バオ サモーン/ リラックスした

เบาหวาน /バオ ワーン/ (ⓔ diabetes) 糖尿病

เบ้า /バオ/ (ⓔ crucible) るつぼ **เบ้าตา** /バオ ター/ 眼窩(がんか)

เบาะ /ボ/ (ⓔ cushion, seat) クッション, (車の)シート **เบาะแส** /ボ セー/ 手がかり, ヒント

เบิก /ブーク/ (ⓔ open, withdraw) 開く, 引き出す **เบิกเงิน** /ブーク グン/ 預金を下ろす **เบิกตา** /ブーク ター/ 眼をあける **เบิกบาน** /ブーク バーン/ 愉快な, 楽しい

เบี้ย /ビア/ (ⓔ expense) …費, …手当 **เบี้ยบำนาญ** /ビア バムナーン/ 年金, 恩給 **ดอกเบี้ย** /ドーク ビア/ 利息

เบียด /ビアット/ (ⓔ crowd, hustle) 混み合う, ハッスルする **เบียดบัง** /ビアット バン/ 横領する **เบียดเบียน** /ビアット ビアン/ 迫害する **เบียดเสียด** /ビアット シアット/ 押し合いへし合いになる

เบียร์ /ビア/ (ⓔ beer) ビール **เบียร์สด** /ビアソット/ 生ビール

เบี้ยว /ビアオ/ (ⓔ distorted, cheat) 歪んだ: だます, 約束を破る

เบื่อ /ブア/ (ⓔ be bored, poison) 飽きる; 毒を盛る **เบื่อหน่าย** /ブア ナーイ/ うんざりする

เบื้อง /ブアン/ (ⓔ way, side) 方, 側 **เบื้องต้น** /ブアン トン/ 初歩 **เบื้องหน้า** /ブアン ナー/ 前方 **เบื้องหลัง** /ブアン ラン/ 背景, 経歴

เบือน /ブアン/ (ⓔ turn away, refuse) (顔を)そむける, 拒絶する

แบ /ベー/ (ⓔ spread) 拡げる **แบไต๋** /ベー タイ/ 暴露する **แบมือ** /ベー ムー/ 手を開く, 拒否する

แบก /ベーク/ (ⓔ carry (on one's

back)) 運ぶ，背負う

แบ่ง /ベン/ (⊛ divide) 分ける **แบ่งแยก** /ベン イェーク/ 区別する，分離する **แบ่งออก** /ベン オーク/ 分割する

แบงก์ /ベーン/ (⊛ bank) 銀行，紙幣

แบตเตอรี่ /ベッターリー/ (⊛ battery) バッテリー，電池

แบน /ベーン/ (⊛ flat, ban) 平らな，(出版を) 差し止める

แบบ /ベープ/ (⊛ model) 型，タイプ **แบบตัวอักษร** /ベープ トゥア アクソーン/ フォント **แบบไทย** /ベープ タイ/ タイ風 **แบบแผน** /ベープ ペーン/ 慣例，方式 **แบบฝึกหัด** /ベープ フック ハット/ 練習問題 **แบบฟอร์ม** /ベープ フォーム/ 申し込み用紙 **แบบเรียน** /ベープ リアン/ 教科書 **แบบอย่าง** /ベープ ヤーン/ 見本，実例

แบหลา /ベー ラー/ (⊛ stretch, sprawl) 伸びをする，大の字に寝る

แบะ /ベ/ (⊛ spread) 広げる，伸ばす **แบะแฉะ** /ベ チェ/ 怠け者の

โบ /ボー/ (⊛ ribbon) リボン **โบแดง** /ボー デーン/ 傑作

โบ๋เบ๋ /ボー ベー/ (⊛ empty) 中身のない

โบก /ボーク/ (⊛ wave, fan, paint) 振る，あおぐ，塗る **โบกมือ** /ボーク ムー/ 手を振る，手で合図する

โบนัส /ボーナット/ (⊛ bonus) ボーナス

โบราณ /ボーラーン/ (⊛ old, out of date) 昔の，時代遅れの **โบราณกาล** /ボーラーンナカーン/ 古代 **โบราณคดี** /ボーラーンナカディー/ 故事，考古学 **โบราณวัตถุ** /ボーラーンウットゥ/ アンティーク

โบสถ์ /ボート/ (⊛ temple, church) 本堂，教会

ใบ /バイ/ (⊛ leaf) 葉；…枚，…個《書類，カード，果物，食器，卵，かばんなどの類別詞》 **ใบขับขี่** /バイ カップ キー/ 運転免許証 **ใบชา** /バイ チャー/ お茶の葉 **ใบตอง** /バイ トーン/ バナナの葉 **ใบไม้** /バイ マーイ/ 木の葉 **ใบรับเงิน** /バイ ラップ グン/ 領収証 **ใบรับรอง** /バイ ラップ ローン/ 保証書 **ใบสำคัญ** /バイ サムカン/ 証明書 **ใบเสร็จ** /バイ セット/ 領収書 **ใบหน้า** /バイ ナー/ 顔 **ใบอนุญาต** /バイ アヌヤート/ ライセンス

ใบ้ /バイ/ (⊛ mute) 言語障害の；ジェスチャーで示す

ป

ปก /ポック/ (⊛ cover) カバー，覆う **ปกแข็ง** /ポック ケン/ ハードカバー **ปกครอง** /ポック クローン/ 統治する **ปกคลุม** /ポック クルム/ 包み込む **ปกป้อง** /ポック ポン/ 保護する **ปกอ่อน** /ポック オーン/ ペーパーバック

ปกติ, ปรกติ /パカティ, ポッカティ,

ปฏิกิริยา ►

ブロックカティ/ (⓹ normal) 普通の, 平常な **ผิดปกติ** /ピットポッカティ/ 異常な

ปฏิกิริยา /パティキリヤー/ (⓹ reaction) 反応, 反響

ปฏิกูล /パティクーン/ (⓹ waste, unpleasant) 廃物, 不愉快な

ปฏิชีวนะ /パティチーワナ/ (⓹ antibiotic) 抗生物質

ปฏิญญา /パティンヤー/ (⓹ promise, vow) 約束, 誓い

ปฏิญาณ /パティヤーン/ (⓹ vow) 宣誓する

ปฏิทิน /パティティン/ (⓹ calendar) 暦, カレンダー

ปฏิบัติ /パティバット/ (⓹ perform) 行動する **ปฏิบัติการ** /パティバットカーン/ 行動, 活動

ปฏิรูป /パティルーブ/ (⓹ reform, proper, false) 改革する；適当な, 偽の

ปฏิวัติ /パティワット/ (⓹ cause a) revolution) 革命（を起こす）**ปฏิวัติรัฐประหาร** /パティワットラッタプラハーン/ クーデター

ปฏิเสธ /パティセート/ (⓹ deny, refuse) 否定する, 断る

ปฐม /パトム/ (⓹ first, primary) 最初の, 初等の **ปฐมพยาบาล** /パトムパヤーバーン/ 応急手当

ปด /ポット/ (⓹ lie) 嘘をつく

ปน /ポン/ (⓹ mix, blend) 混ぜる, 混合する **ปนเป** /ポンペー/ ごちゃ混ぜの

ป่น /ポン/ (⓹ pound, grind) 粉にする, 挽く **ป่นปี้** /ポンピー/ 破壊された, めちゃめちゃな

ปม /ポム/ (⓹ knot, complex) 結び目；コンプレックス **ปมเขื่อง, ปมเด่น** /ポム クアン, ポム テン/ 優越感 **ปมด้อย** /ポム ドイ/ 劣等感

ปรน /プロン/ (⓹ foster) 養育する **ปรนเปรอ** /プロンプルー/ 甘やかす, スポイルする

ปรนนิบัติ /プロンニバット/ (⓹ gratify, serve) 喜ばせる, 奉仕する

ปรบมือ /プロップ ムー/ (⓹ applaud) 拍手かっさいする

ปรมาณู /パラマーヌー/ (⓹ atom) 原子, 原子核

ปรวนแปร /プルアン プレー/ (⓹ vary) 変わる

ปรสิต /パラシット/ (⓹ parasite) 寄生動物

ปร๋อ /プロー/ (⓹ quickly) 速く

ปรองดอง /プローン ドーン/ (⓹ accord) 調和する, 一致した

ปรอท /パロート/ (⓹ thermometer) 温度計, 体温計

ปรอยๆ /プローイ プローイ/ (⓹ It rains gently.) (雨が) しとしと

ประกบตัว /プラコップ トゥア/ (⓹ follow closely) 追いかける

ประกวด /プラクアット/ (⓹ contest) コンテスト **ประกวดนางงาม** /プラクアット ナーン ガーム/

美人コンテスト

ประกอบ /プラコーブ/ ([英] assemble, comprise) 組み立てる，…からなる **ประกอบคุณความดี** /プラコーブ クン クワームディー/ 貢献する **ประกอบด้วย** /プラコーブ ドゥアイ/ …よりなる **ประกอบอาชีพ** /プラコーブ アーチーブ/ 生計を立てる

ประกัน /プラカン/ ([英] assure, insurance) 保証する；保険 **ประกันภัย** /プラカン パイ/ 保険 **ประกันชีวิต** /プラカン チーウイット/ 生命保険；生命を保証する

ประกาย /プラカーイ/ ([英] flash) 火花，きらめき

ประการ /プラカーン/ ([英] sort, thing) 点，事項 **ประการแรก** /プラカーン レーク/ まず最初に，第一に

ประกาศ /プラカート/ ([英] announce) 告知する；告示，宣言 **ประกาศนียบัตร** /プラカートサニーヤバット/ 卒業証書

ประคบประหงม /プラコップ プラゴム/ ([英] take good care) よく世話をする

ประคับประคอง /プラカップ プラコーン/ ([英] support) 手で支える

ประโคม /プラコーム/ ([英] hit) 殴る，僧に食物を捧げる

ประโคมข่าว /プラコーム カーオ/ ([英] rumor) 噂が広まる

ประจบประแจง /プラチョップ プラチェーン/ ([英] flatter) おべっかを使う

ประจวบ /プラチュアップ/ ([英] concur, meet) 一致する，出会う

ประจักษ์ /プラチャック/ ([英] clear) 明らかな

ประจัน /プラチャン/ ([英] confront) 向かい合う **ประจันหน้า** /プラチャン ナー/ 遭遇する

ประจาน /プラチャーン/ ([英] discredit) 人の面前で侮辱する

ประจำ /プラチャム/ ([英] fixed, usually) 定期的な，いつも **ประจำการ** /プラチャムカーン/ …に服している **ประจำเดือน** /プラチャム ドゥアン/ 月毎に；月経 **ประจำตัว** /プラチャム トゥア/ 個人的な **ประจำปี** /プラチャム ピー/ 年毎の **ประจำวัน** /プラチャム ワン/ 日々の，日常的な

ประเจิดประเจ้อ /プラチュート プラチュー/ ([英] shameful) 恥ずべき

ประชด /プラチョット/ ([英] taunt) 皮肉を言う，あてこする

ประชัน /プラチャン/ ([英] compete) 競争する

ประชา /プラチャー/ ([英] people) 民衆 **ประชากร** /プラチャーコーン/ 大衆，人口，国民 **ประชาชน** /プラチャーチョン/ 民衆，人民 **ประชาชาติ** /プラチャー チャート/ 人民，国家 **ประชาธิปไตย** /プラチャーティパタイ/ 民主主義

ประชิด /プラチット/ ([英] approach) 近寄る

ประชุม /プラチュム/ (⊛ assemble) 集まる，会議を行う
ประชุมใหญ่ /プラチュム ヤイ/ 大会，総会

ประณีต /プラニート/ (⊛ delicate) 精巧な，緻密な

ประดัง /プラダン/ (⊛ overwhelmingly) 圧倒的に，次々と

ประดับ /プラダップ/ (⊛ decorate) 飾る，陳列する **ประดับประดา** /プラダップ プラダー/ 装飾する

ประดิดประดอย /プラティット プラドーイ/ (⊛ embellish) 念入りに仕上げる

ประดิษฐ์ /プラティット/ (⊛ invent) 発明する，作り出す

ประดิษฐาน /プラティットサターン/ (⊛ place)〖文〗安置する

ประดุจ /プラドゥット/ (⊛ similar, as) …のように，例えば

ประเด็น /プラデン/ (⊛ subject, issue) 問題点，論点

ประเดิม /プラドーム/ (⊛ begin) 開始する

ประเดี๋ยว /プラティアオ/ (⊛ moment) 瞬間 **ประเดี๋ยวเดียว** /プラティアオ ディアオ/ さしあたり

ประตู /プラトゥー/ (⊛ door) ドア，(サッカーの) ゴール **ประตูกล** /プラトゥー コン/ 自動ドア
ประตูน้ำ /プラトゥー ナーム/ 水門
ประตูวิวาห์ /プラトゥー ウィワー/ ウエディング

ประถม /プラトム/ (⊛ primary) 初等の **ประถมศึกษา** /プラトム スックサー/ 初等教育

ประท้วง /プラトゥアン/ (⊛ protest) 抗議する

ประทัง /プラタン/ (⊛ maintain, bear) 維持する，耐える

ประทับใจ /プラタップ チャイ/ (⊛ impressive) 印象的な **ประทับตรา** /プラタップ トラー/ 判を押す

ประทีป /プラティープ/ (⊛ light, lamp) 灯火，ランプ

ประเทศ /プラテート/ (⊛ country, nation) 国，国家 **ประเทศกำลังพัฒนา** /プラテート カムラン パッタナー/ 発展途上国 **ประเทศเจริญแล้ว** /プラテート チャルーンレーオ/ 先進国 **ประเทศมหาอำนาจ** /プラテート マハーアムナート/ 強国，超大国

ประเทือง /プラトゥアン/ (⊛ improve) 改善する

ประธาน /プラターン/ (⊛ chairperson) 議長，委員長 **ประธานบริหาร** /プラターン ボーリハーン/ CEO，最高経営責任者

ประธานาธิบดี /プラターナー ティボディー/ (⊛ president) 大統領

ประนม /プラノム/ (⊛ put one's hands together) 合掌する

ประนอม /プラノーム/ (⊛ negociate) 協議する **ประนีประนอม** /プラニー プラノーム/ 妥協する

ประปราย /プラプラーイ/ (⊛

ประปา /プラパー/ (英 water supply) 水道

ประพฤติ /プラプルット/ (英 behave, behavior) 振る舞う、行い

ประพันธ์ /プラパン/ (英 compose) 著述する **นักประพันธ์** /ナック プラパン/ 作家

ประเพณี /プラペーニー/ (英 custom, tradition) 習慣、伝統

ประเภท /プラペート/ (英 kind, sort) 種類、部門

ประมง /プラモン/ (英 fishery) 漁業

ประมวล /プラムアン/ (英 compile) 編集する **ประมวลกฎหมาย** /プラムアン コットマーイ/ 法令集、法典

ประมาณ /プラマーン/ (英 estimate) 見積もる

ประมาท /プラマート/ (英 underestimate, hasty) 軽視する、軽率な

ประมุข /プラムック/ (英 chief) 元首、首長

ประมูล /プラムーン/ (英 bid) (競売で) 競る、入札する

ประเมิน /プラムーン/ (英 assess, estimate) 査定する、評価する

ประยุกต์ /プラユック/ (英 apply) 応用する、実用化する

ประโยค /プラヨーク/ (英 sentence, grade) 文、等級

ประโยชน์ /プラヨート/ (英 benefit, effect) 利益、効果 **เป็นประโยชน์** /ペン プラヨート/ 役に立つ、有益な **ไม่มีประโยชน์** /マイ ミー プラヨート/ 役に立たない

ประลอง /プラローン/ (英 practice, compete) 演習する、練習する、力比べする

ประโลม /プラローム/ (英 comfort) 慰める、なだめる **ประโลมโลก** /プラローム ローク/ ロマンチックな

ประวัติ /プラウット/ (英 history) 歴史、履歴 **ประวัติการณ์** /プラウッティカーン/ 記録 **ประวัติศาสตร์** /プラウッティサート/ 歴史学

ประเวณี /プラウェーニー/ (英 copulation) 性交

ประสงค์ /プラソン/ (英 want) 望む、欲する

ประสบ /プラソップ/ (英 meet, encounter) 出会う、遭遇する **ประสบการณ์** /プラソップ カーン/ 経験

ประสา /プラサー/ (英 manners) 礼儀作法 **ประสาเด็ก** /プラサーデック/ 子供じみた行い **ตามประสา** /ターム プラサー/ …のやり方で

ประสาท /プラサート/ (英 nerve, sense, give) 神経、感覚；授与する **ประสาทหลอน** /プラサート ローン/ 幻視、幻聴

ประสาน /プラサーン/ (英 join, weld) 結合する、溶接する

ประสานงาน /プラサーン ガーン/ コーディネートする

ประสิทธิ์ /プラシット/ (⊛ completion) 完成 **ประสิทธิภาพ** /プラシットティパープ/ 効果, 効率

ประเสริฐ /プラスート/ (⊛ excellent) 優秀な, すばらしい

ประหนึ่ง /プラヌン/ (⊛ as if, like) まるで…

ประหม่า /プラマー/ (⊛ nervous) 不安な, 心配する

ประหยัด /プラヤット/ (⊛ economize) 倹約する, 節約する

ประหลาด /プララート/ (⊛ weird) 不思議な, 奇妙な **ประหลาดใจ** /プララート チャイ/ びっくりする

ประหาร /プラハーン/ (⊛ kill, execute) 殺す, 処刑する **ประหารชีวิต** /プラハーン チーウィット/ 殺す, 処刑する

ปรัชญา /プラットヤー/ (⊛ philosophy) 哲学

ปรับ /プラップ/ (⊛ adjust, tell) 調整する, 語る **ปรับทุกข์** /プラップトゥック/ 悲しみを訴える **ปรับปรุง** /プラップ プルン/ 改善する **ปรับไหม** /プラップ マイ/ 罰金を課す **ปรับอากาศ** /プラップ アーカート/ 空調する, 冷房する

ปรากฏ /プラーコット/ (⊛ appear) 現れる **ปรากฏการณ์** /プラーコットカーン/ 現象

ปราชญ์ /プラート/ (⊛ scholar, sage) 学者, 賢人

ปราด /プラート/ (⊛ dash, swiftly) 突進する；素早く

ปรานี /プラーニー/ (⊛ have mercy) 憐れむ

ปราบ /プラープ/ (⊛ level, suppress) 平らにする, 平定する **ปราบปราม** /プラープ プラーム/ 制圧する

ปราม /プラーム/ (⊛ warn) 警告する

ปรารถนา /プラーッタナー/ (⊛ wish) 欲する

ปรารภ /プラーロップ/ (⊛ mention) 言及する

ปราศจาก /プラートサチャーク/ (⊛ without, free from) …なしに, …から離れて **ปราศจากเงิน** /プラートサチャーク グン/ 文無しの **ปราศจากที่อยู่** /プラートサチャーク ティーユー/ 宿無しの

ปราศรัย /プラーサイ/ (⊛ greet, have a friendly talk) 挨拶する, 懇談する

ปราสาท /プラーサート/ (⊛ castle) 城, 宮殿

ปริ /プリ/ (⊛ open slightly) わずかに開く **ปริปาก** /プリパーク/ 口を開く, 話し出す

ปริญญา /パリンヤー/ (⊛ degree) 学位 **ปริญญาตรี** /パリンヤートリー/ 学士号 **ปริญญาโท** /パリンヤートー/ 修士号 **ปริญญาเอก** /パリンヤー エーク/ 博士号

ปริทัศน์ /パリタット/ (⊛ criticism) 評論

ปริบ /プリップ/ (⊛ blink, spit) (目

を）ぱちぱちさせる，（雨が）ぼつぼつ降る

ปริ่ม /プリム/ (⊛ brimful) あふれんばかりの **ปริ่มใจ** /プリム チャイ/ 喜びにあふれた

ปริมาณ /パリマーン/ (⊛ quantity) 量，分量，数量

ปริยาย /パリヤーイ/ (⊛ way, implication, indirectly) 方法，含蓄，間接的に

ปริศนา /プリットサナー/ (⊛ riddle) 謎

ปรีชา /プリーチャー/ (⊛ wisdom, talent) 知識，才能

ปรีดี /プリーディー/ (⊛ gladness) 歓喜

ปรึกษา /プルックサー/ (⊛ consult, advisor) 相談する，アドバイザー

ปรือ /プルー/ (⊛ train, sleepy) 訓練する；眠い

ปรุง /プルン/ (⊛ season) 調味する **ปรุงอาหาร** /プルン アーハーン/ 調理する

ปรู๊ฟ /プルーフ/ (⊛ proofreading) 校正

ป.ล. ⇒ **ปัจฉิมลิขิต** 追伸

ปลง /プロン/ (⊛ put down) 下ろす **ปลงใจ** /プロン チャイ/ 結論を下す **ปลงตก** /プロン トック/ 服従する

ปลด /プロット/ (⊛ unbind, release) 外す，放す **ปลดเกษียณ** /プロット カシアン/ 定年退職する **ปลดปล่อย** /プロット プローイ/ 解放する

ปล้น /プロン/ (⊛ rob) 略奪する

ปลอก /プローク/ (⊛ sheath, case) (刀の) さや，ケース

ปล่อง /プロン/ (⊛ chimney, air shaft) 煙突，通風筒 **ปล่องไฟ** /プロン ファイ/ 煙突

ปลอด /プロート/ (⊛ safe, free) 脱した，免れた **ปลอดภัย** /プロート パイ/ 安全な

ปลอบ /プローブ/ (⊛ console) 慰める **ปลอบใจ** /プローブ チャイ/ 慰める

ปลอม /プローム/ (⊛ imitate, false) 模倣する；偽の **ปลอมตัว** /プローム トゥア/ 変装する **ปลอมแปลง** /プロームプレーン/ 偽造する

ปล่อย /プロイ/ (⊛ release, ignore) 放す，無視する **ปล่อยปละละเลย** /プローイ プラ ラルーイ/ 放っておく **ปล่อยมือ** /プローイ ムー/ やめる **ปล่อยให้** /プローイ ハイ/ 勝手に…させる

ปลั๊ก /プラック/ (⊛ plug) プラグ

ปลัด /パラット/ (⊛ deputy) 副…，次… **ปลัดกระทรวง** /パラット クラスアン/ 次官

ปลา /プラー/ (⊛ fish) 魚 **ปลาฉลาม** /プラー チャラーム/ フカ **ปลาดิบ** /プラー ディップ/ 刺身 **ปลาดุก** /プラー ドゥック/ ナマズ **ปลาทอง** /プラー トーン/ 金魚 **ปลาทู** /プラー トゥー/ サバ **ปลาย่าง** /プラー ヤーン/ 焼魚 **ปลาร้า** /プラー ラー/ 塩漬け魚 **ปลาวาฬ** /プラー ワーン/ 鯨 **ปลาหมึก** /プラー

ปลาบปลื้ม ▶

ムック/ イカ **ปลาไหล** /プラーライ/ ウナギ

ปลาบปลื้ม /プラープ ブルーム/ (⊛ be pleased) 喜ぶ

ปลาย /プラーイ/ (⊛ peak, end) 先端, 末, 終わり **ปลายทาง** /プラーイ ターン/ ゴール **ปลายสัปดาห์** /プラーイ サップダー/ 週末

ปล้ำ, ปลุกปล้ำ /プラム, プルックプラム/ (⊛rape) レイプする

ปลิด /プリット/ (⊛ pick) 摘み取る

ปลิ้น /プリン/ (⊛ turn inside out, smuggle) 裏返す, 密輸する **ปลิ้นปล้อน** /プリン プロン/ だます

ปลิว /プリウ/ (⊛ be blown away) 吹き飛ばされる

ปลีก /プリーク/ (⊛ separate) 分かれる, 分裂する **ปลีกตัว** /プリーク トゥア/ 距離を置く **ปลีกย่อย** /プリーク ヨイ/ ささいな

ปลื้ม /プルーム/ (⊛ be happy) うれしい

ปลุก /プルック/ (⊛wake up) 起こす **ปลุกใจ** /プルック チャイ/ 目覚めさせる **ปลุกปล้ำ** /プルック プラム/ レイプする **นาฬิกาปลุก** /ナーリカー プルック/ 目覚まし時計

ปลูก /プルーク/ (⊛ cultivate, build) 植える, 建てる **ปลูกบ้าน** /プルーク バーン/ 家を建てる

ปวง /プアン/ (⊛ whole) 全部の

ปวด /プアット/ (⊛ ache) 痛む **ปวดท้อง** /プアット トーン/ 腹が痛い **ปวดฟัน** /プアット ファン/ 歯が痛い **ปวดหัว** /プアット ラア/ 頭が痛い

ป่วน /プアン/ (⊛ confused) 混乱した

ป่วนปั่น /プアン パン/ 騒動になる

ป่วย /プアイ/ (⊛ be sick) 病気の **ป่วยการ** /プアイ カーン/ 時間の無駄な **ผู้ป่วย** /プー プアイ/ 患者, 病人

ปอ /ポー/ (⊛hemp, jute)〖植〗麻, ジュート

ป้อยอ /ポー ヨー/ (⊛ cajole) おだててだます

ปอก /ポーク/ (⊛peel) 皮をむく **ปอกลอก** /ポーク ローク/ だます

ปอง /ポーン/ (⊛ desire) 望む **ปองร้าย** /ポーン ラーイ/ 悪事をたくらむ, つけ狙う

ป่อง /ポン/ (⊛ bulging) 膨れた

ป้อง /ポン/ (⊛ protect) 防ぐ, 防護する

ป้องกัน /ポン カン/ 防護する, 防衛する

ปอด /ポート/ (⊛ lung, be afraid) 肺; 怖れる **ปอดบวม** /ポート ブアム/ 肺炎

ป้อน /ポーン/ (⊛ feed, supply) 餌を与える, 供給する

ป้อม /ポム/ (⊛ fort) 要塞, とりで **ป้อมตำรวจ** /ポム タムルアッ

ト/交番

ปะ /パ/ (⊛ patch, meet)（破れ目を）繕う，出会う

ปะทะ /パタ/ (⊛ crash) 衝突する

ปะปน /パポン/ (⊛ mix) 混じる，混ぜる

ปัก /パック/ (⊛ stick, stab)（針を）刺す **ปักหลัก** /パック ラック/ …に落ち着く（住所・職業）

ปักกิ่ง /パッキン/ (⊛Beijing) 北京

ปักเป้า /パック パオ/ (⊛ blowfish, kite) フグ，凧の名称

ปัง /パン/ (⊛ bread, bang) パン，バタン《ドアを閉めたり，物が落ちる音》

ปัจจัย /パッチャイ/ (⊛ factor, cause) 要素，要因；布施

ปัจจุบัน /パッチュバン/ (⊛ present time) 現在 **ปัจจุบันนี้** /パッチュバン ニー/ 現在，今日（こんにち）

ปัจฉิม /パッチム/ (⊛ the west, later) 西，後（あと）の

ปัญญา /パンヤー/ (⊛ wisdom, intelligence) 知恵，知性

ปัญหา /パンハー/ (⊛ problem, question) 問題，疑問 **ปัญหาโลกแตก** /パンハー ローク テーク/ 解決できない問題

ปัด /パット/ (⊛ wipe) 払いのける，掃除する **ปัดเศษ** /パット セート/ 四捨五入する

ปัน /パン/ (⊛ divide) 分配する **ปันส่วน** /パン スアン/ 分け与え

ปั่น /パン/ (⊛ spin) 回転する **ปั่นป่วน** /パン プアン/ 混乱する **ปั่นหัว** /パン フア/ 洗脳する

ปั้น /パン/ (⊛ mold, shape) こねあげる，（性格を）作り上げる **ปั้นสีหน้า** /パン シー ナー/ …を装う

ปั๊ม /パム/ (⊛ pump) ポンプ **ปั๊มน้ำมัน** /パム ナムマン/ ガソリンスタンド

ปัสสาวะ /パッサーワ/ (⊛ urine) 尿

ปา /パー/ (⊛throw) 投げる

ป่า /パー/ (⊛forest, jungle) 森，ジャングル **ป่าช้า** /パー チャー/ 墓地 **ป่าดง** /パー ドン/ ジャングル **ป่าไม้** /パー マーイ/ 森林

ป้า /パー/ (⊛aunt) 伯母《父または母の姉》

ปาก /パーク/ (⊛ mouth) 口 **ปากกา** /パーク カー/ ペン **ปากกาลูกลื่น** /パーク カー ルーク ルーン/ ボールペン **ปากกาหมึกซึม** /パーク カー ムック スム/ 万年筆 **ปากน้ำ** /パーク ナーム/ 河口 **ปากมาก** /パーク マーク/ おしゃべりの **ปากร้าย** /パーク ラーイ/ 口が悪い **ปากหนัก** /パーク ナック/ 口の重い，口数の少ない **ปากหวาน** /パーク ワーン/ お世辞がうまい **ปากเหม็น** /パーク メン/ 口が悪い，口が臭い

ปากีสถาน /パーキーサターン/ (⊛ Pakistan) パキスタン

ปาง /パーン/ (⊛ period, almost) 頃; もう少しで **ปางตาย** /パーンターイ/ 致命的な

ปาฏิหาริย์ /パーティハーン/ (⊛ miracle, magic) 奇跡, 魔法

ปาฐก /パートッก/ (⊛ narrator, lecturer) 話し手, 講師

ปาฐกถา /パータカター/ (⊛ speech) 講演, 演説

ปาด /パート/ (⊛ even) 平らにならす

ปาท่องโก๋ /パートンコー/ (⊛ Chinese fried bread) 油条 (ヨウティアオ), 中華揚げパン

ปาน /パーン/ (⊛ birthmark, like) 痣 (あざ); …のように **ปานกลาง** /パーン クラーン/ ほどよい

ป่าน /パーン/ (⊛ flax, hemp line, in the same way) 亜麻, 麻ひも; …同様に, …程度の, …位の **ป่านนี้** /パーンニー/ 今頃は

ป้าย /パーイ/ (⊛ signboard) 看板, 標識;《バスで》次降ります! **ป้ายถนน** /パーイタノン/ 道路標識 **ป้ายรถเมล์** /パーイロットメー/ バス停

ปารีส /パーリート/ (⊛ Paris) パリ

ปาล์ม /パーム/ (⊛ palm) ヤシ科植物

ป่าว /パーオ/ (⊛ announce) 公表する

ป้าเปอ /パムプー/ (⊛ senile, be forgetful) ぼけた, 忘れっぽい

ปิ้ง /ピン/ (⊛ grill) 焙る, (パ

ン を) 焼く

ปิด /ピット/ (⊛ close, seal, hide, turn off) 閉じる, 貼る, 秘す, 消す **ปิดเทอม** /ピット トゥーム/ 学期が終わる

ปิดเทอมฤดูร้อน /ピット トゥームルドゥーローン/ (学校の) 夏休み **ปิดบัง** /ピット バン/ 隠す **ปิดบัญชี** /ピット バンチー/ 決算する **ปิดไฟ** /ピット ファイ/ 電気を消す **ปิดแสตมป์** /ピット サテーム/ 切手を貼る

ปิ่น /ピン/ (⊛ hairpin) ヘアピン

ปิ่นโต /ピントー/ (⊛ lunch box) 弁当箱

ปีศาจ, ปีศาจ /ピサート, ピーサート/ (⊛ ghost) 妖魔, 悪霊

ปี /ピー/ (⊛ year, …years old) 年, …歳 **ปีก่อน** /ピーコーン/ 前年, 先年 **ปีที่แล้ว** /ピーティーレオ/ 去年 **ปีนี้** /ピーニー/ 今年 **ปีหน้า** /ピーナー/ 来年 **ปีใหม่** /ピーマイ/ 新年

ปี่ /ピー/ (⊛ oboe, flute) 笛 **ปี่พาทย์** /ピーパート/ タイ式オーケストラ

ปีก /ピーก/ (⊛ wing) 翼 **ปีกกา** /ピーก カー/ 大かっこ

ปีติ /ピーティ/ (⊛ be happy, gladness) 嬉しい, 愉快

ปีน /ピーン/ (⊛ climb) 登る **ปีนเกลียว** /ピーン クリアオ/ 意見が合わない

ปีนัง /ピーナン/ (⊛ Penang) 〖地〗ペナン

ปี๊บ /ピープ/ ([英] oil can) 石油缶
ปึกแผ่น /プック ペン/ ([英] stable) 安定した
ปืน /プーン/ ([英] gun) 銃 **ปืนกล** /プーン コン/ 機関銃 **ปืนพก** /プーン ポック/ ピストル **ปืนใหญ่** /プーン ヤイ/ 大砲
ปุถุชน /プトゥチョン/ ([英] common people) 普通の人
ปุบปับ /プップ パップ/ ([英] suddenly) 突然に
ปุ่ม /プム/ ([英] knob) つまみ, スイッチ
ปุย /プイ/ ([英] fluff) ふわふわした物（雪・綿）
ปุ๋ย /プイ/ ([英] fertilizer) 肥料 **หลับปุ๋ย** /ラップ プイ/ ぐっすり眠った
ปู /プー/ ([英] crab, lay)〖動〗カニ；敷く **ปูที่นอน** /プーティーノーン/ 布団を敷く **ผ้าปูโต๊ะ** /パープー ト/ テーブルクロス
ปู่ /プー/ ([英] grandfather) 祖父《父方》 **ปู่ย่าตายาย** /プー ヤー ター ヤーイ/ 先祖, 祖父母
ปูด /プート/ ([英] swell, leak) 腫れる, 秘密を漏らす
ปูน /プーン/ ([英] lime, period, give) 石灰；…期, 与える **ปูนซีเมนต์** /プーン シーメン/ セメント
เป๋ /ペー/ ([英] distorted, disabled) 歪んだ, 足の不自由な
เป็ด /ペット/ ([英] duck) アヒル **เป็ดไก่** /ペット カイ/ 家禽
เป็น /ペン/ ([英] be, become, can, alive) …である《繋辞》, …になる, …ができる, 生きている **เป็นกลาง** /ペン クラーン/ 中立の, 中間の **เป็นกันเอง** /ペン カン エーン/ くつろぐ, 気楽な **เป็นงานเป็นการ** /ペン ガーン ペン カーン/ 本気で, すごく **เป็นการใหญ่** /ペン カーン ヤイ/ 大いに, 盛大に **เป็นไข้** /ペン カイ/ 熱がある, 病気になる **เป็นครั้งแรก** /ペン クラン レーク/ 初めて…する **เป็นจริง** /ペン チン/ 実現する **เป็นต้น** /ペン トン/ 等々, etc. **เป็นแถว** /ペン テオ/ 列になって **เป็นทางการ** /ペン ターン カーン/ 公的に **เป็นทุกข์** /ペン トゥック/ 苦痛である **เป็นธรรม** /ペン タム/ 公平な **เป็นธรรมดา** /ペン タムマダー/ 普通の **เป็นน้ำ** /ペン ナーム/ 液体の；滑らかに **เป็นแน่** /ペン ネー/ 確実に **เป็นบ้า** /ペン バー/ すごく **เป็นปกติ** /ペン パカティ/ 普段は **เป็นประจำ** /ペン プラチャム/ 習慣的に **เป็นประโยชน์** /ペン プラヨート/ 有益である **เป็นไป** /ペン パイ/ (物事が) 成り行く **เป็นไปได้** /ペン パイ ダーイ/ あり得る **เป็นผล** /ペン ポン/ (努力が) 実る **เป็นพิเศษ** /ペン ピセート/ 特別に **เป็นพิษ** /ペン ピット/ 有毒な **เป็นเพื่อน** /ペン プアン/ 友達になる **เป็นลม** /ペン ロム/ 気絶する **เป็นลำดับ** /ペン ラムダッ

ป

| เปรต ▶

ๆ/ 順々に **เป็นโสด** /ペン ソート/ 独身である **เป็นห่วง** /ペン フアン/ 心配する **เป็นหวัด** /ペン ウット/ 風邪をひく **เป็นอย่างยิ่ง** /ペン ヤーン イン/ 極めて **เป็นอยู่** /ペン ユー/ 生きている **เป็นอะไรไป** /ペン アライ パイ/ どうかしましたか **เป็นอันขาด** /ペン アン カート/ 絶対に **เป็นอันมาก** /ペン アン マーク/ 非常に **เป็นอันว่า** /ペン アン ワー/ つまり **เป็นเอง** /ペン エーン/ ひとりでに

เปรต /プレート/ (⊛ hungry ghost) 餓鬼, 亡者

เปรม /プレーム/ (⊛ enjoy, affection) 楽しむ; 愛情

เปรย /プルーイ/ (⊛ mention casually) 何気なくほのめかす

เปรอะ /プル/ (⊛ untidy) だらしない, 汚(きた)ない

เปราะ /プロ/ (⊛ brittle) 脆(もろ)い

เปรี้ยง /プリアン/ (⊛ bang, burning) バリバリ, ドーン; 強烈に((暑い, 熱い))

เปรียบ /プリアップ/ (⊛ compare ... with ...) 比べる **เปรียบเทียบ** /プリアップ ティアップ/ 比較する **เปรียบเหมือน** /プリアップ ムアン/ …に似た

เปรียว /プリアオ/ (⊛ wild, active) 野性の, 機敏な

เปรี้ยว /プリアオ/ (⊛ sour, fashionable) 酸っぱい, 格好いい

เปรื่องปราด /プルアン プラート/ (⊛ shrewd) 利口な

เปล /プレー/ (⊛ cradle, hammock) ゆりかご, ハンモック

เปล่ง /プレン/ (⊛ utter, shine) (声を) 発する; まばゆい

เปลว /プレーオ/ (⊛ flame) 炎, 輝き **เปลวไฟ** /プレーオ ファイ/ 炎

เปล่า /プラーオ/ (⊛ empty, no) からっぽの; いいえ **เปล่าประโยชน์** /プラーオ プラヨート/ 無駄な, 無益な **เปล่าๆ** /プラーオ プラーオ/ 空しく **เปล่าเปลี่ยว** /プラーオ プリアオ/ 孤独な

เปลี่ยน /プリアン/ (⊛ change) 変わる, 変える **เปลี่ยนแปลง** /プリアン プレーン/ 変化する

เปลี่ยว /プリアオ/ (⊛ lonely) 孤独な

เปลือก /プルアック/ (⊛ bark) 外皮, 殻 **เปลือกข้าว** /プルアック カーオ/ 籾(もみ)殻 **เปลือกหอย** /プルアック ホイ/ 貝殻

เปลือง /プルアン/ (⊛ waste) 浪費する **เปลืองไฟ** /プルアン ファイ/ 電気を無駄遣いする

เปลื้อง /プルアン/ (⊛ strip) 裸になる

เปลือย /プルアイ/ (⊛ naked) 裸の

เปอร์เซ็นต์ /プーセン/ (⊛ percent) パーセント

เป่า /パオ/ ([英] blow, play) (笛を) 吹く **เป่าหู** /パオ ラー/ そそのかす

เป้า /パオ/ ([英] target) 標的 **เป้าหมาย** /パオ マーイ/ 目標

เป๋าฮื้อ /パオフー/ ([英] abalone) アワビ

เปาะ /ポ/ ([英] repeatedly) くり返して

เปิด /プート/ ([英] open, turn on, run away) 開く，開ける，逃げる **เปิดเทอม** /プート トゥーム/ 学期が始まる **เปิดเผย** /プート プーイ/ オープンにする **เปิดไฟ** /プート ファイ/ 電気をつける **เปิดอก** /プート オック/ 胸襟を開いて話す

เปิ่น /プーン/ ([英] awkward, restless) ぶざまな，落ち着かない

เปิบข้าว /プープ カーオ/ ([英] eat with *one's* fingers) 指で(ご飯を) 食べる

เปียก /ピアック/ ([英] wet) 濡(ぬ)れた **เปียกน้ำ** /ピアック チーム/ 水に濡れた

เปี๊ยก /ピアック/ ([英] tiny, small) 小さな

เปี๊ยบ /ピアップ/ ([英] exactly, accurately) 完全に (真直ぐな)，正確に

เปี่ยม /ピアム/ ([英] be full of…) 溢(あふ)れる

เปื้อน /プアン/ ([英] be dirty) 汚れる

เปื่อย /プアイ/ ([英] decay) 腐る，脆(もろ)くなる，腐った **เปื่อยเน่า** /プアイ ナオ/ 腐敗する

แป้ง /ペーン/ ([英] flour, powder, noodle) 粉，麺の総称 **แป้งมัน** /ペーン マン/ タピオカ澱粉 **แป้งสาลี** /ペーン サーリー/ 小麦粉

แปด /ペート/ ([英] eight) 8

แป้น /ペーン/ ([英] round and flat, grin) 円くて平板な；にやりとする

แปร /プレー/ ([英] change) 変更する，転換する **แปรรูป** /プレー ループ/ 変形させる

แปรง /プレーン/ ([英] brush) ブラシで磨く **แปรงสีฟัน** /プレーン シー ファン/ 歯ブラシ

แปล /プレー/ ([英] translate) 訳す，通訳する **แปลเป็น…** /プレー ペン/ (…語に) 訳す **แปลว่า…** /プレー ワー/ …を意味する

แปลก /プレーク/ ([英] strange) 珍しい **แปลกใจ** /プレーク チャイ/ 驚く **แปลกตา** /プレーク ター/ 見慣れない **แปลกประหลาด** /プレーク プララート/ 不思議な

แปลง /プレーン/ ([英] alter, field) 変える；区画《田畑などの類別詞》 **แปลงกาย** /プレーン カーイ/ 変身する **เปลี่ยนสัญชาติ** /プリアン サンチャート/ 帰化する，国籍を変える

แปะ /ペ/ ([英] slap, paste) ピシャリ；貼る

โป /ポー/ ([英] swollen) 膨れた

ป

โป๊ /ポ-/ (⊛ porno, mend) ポルノ, 直す

โปเก /ポーケー/ (⊛ old) 使い古した

โป่ง /ポーン/ (⊛ infloated) 膨張した

โป้ง /ポーン/ (⊛ have a big mouth, bang) 口の軽い；バーン《破裂音》

โปร่ง /プローン/ (⊛ transparent, translucent) 透ける, (光・風を) 通す **โปร่งใส** /プローン サイ/ 透明な, 晴れた

โปรดปราน /プロート プラーン/ (⊛ like) 気に入る

โปรยปราย /プローイ プライ/ (⊛ scatter) 撒き散らす

ไป /パイ/ (⊛ go, too much) 行く, …過ぎる **ไปกลับ** /パイ クラップ/ 往復する **ไปถึง** /パイ トゥン/ 到着する **ไปเที่ยว** /パイ ティアオ/ 遊びに出かける **ไปเยี่ยม** /パイ イアム/ 訪問する **ไปหา** /パイ ハー/ 訪ねる

ไปรษณีย์ /プライサニー/ (⊛ post office) 郵便局 **ไปรษณีย์อากาศ** /プライサニー アーカート/ 航空便

ผ

ผง /ポン/ (⊛ dirt, powder) 粉末, ほこり **ผงขาว** /ポン カーオ/ ヘロイン **ผงชูรส** /ポン チューロット/ 化学調味料 **ผงซักฟอก** /ポン サック フォーク/ 粉石けん, 洗剤

ผงก /パゴック/ (⊛ nod) うなずく

ผจญ /パチョン/ (⊛ encounter, fight) 遭遇する, 闘う **ผจญภัย** /パチョン パイ/ 冒険する

ผดุง /パドゥン/ (⊛ keep, support) 支える, 助ける **ผดุงครรภ์** /パドゥンカン/ 助産婦

ผนวก /パヌアック/ (⊛ add) 付け加える

ผนัง /パナン/ (⊛ wall, partition) 壁, 間仕切り

ผนึก /パヌック/ (⊛ seal) 封をする

ผม /ポム/ (⊛ hair, I) 髪；私 **ผมปลอม** /ポム プローム/ かつら **ผมหยิก** /ポム イック/ 縮れ毛の

ผล /ポン/ (⊛ fruit, result, benefit) 果実, 結果, 利益 **ผลประโยชน์** /ポン プラヨート/ 利益, 収入 **ผลผลิต** /ポン パリット/ 産物, 生産品 **ผลไม้** /ポンラマーイ/ 果物 **ผลสำเร็จ** /ポン サムレット/ 成功 **ผลสุดท้าย** /ポン スットターイ/ 最終結果, 結局

ผละ /プラ/ (⊛ leave suddenly, abandon) 離れる, 反発し合う **ผละงาน** /プラ ガーン/ ストライキをする

ผลัก /プラック/ (⊛ push) 押す, 突く

ผลัด /プラット/ (⊛ replace, shift) 代わる, 交替する

ผลาญ /プラーン/ (⊛ ruin) 滅ぼす

ผลิ /プリ/ (⊛ sprout) 芽を出す

ผลิต /パリット/ (⊛ produce) 生産する **ผลิตผล** /パリッタポン/ 製品 **ผลิตภัณฑ์** /パリッタパン/ 産品, 製品 **อาหารเสริม** /アーハーンスーム/ 栄養補助食品, サプリメント

ผลึก /パルック/ (⊛ crystal, quartz) 水晶, クオーツ

ผลุนผลัน /プルン プラン/ (⊛ hastily) 大慌てで

ผลุบ /プルップ/ (⊛ dive into) ぱっと潜る

ผวา /パウ-/ (⊛ be startled) 仰天する

ผสม /パソム/ (⊛ mix) 混ぜる **ผสมพันธุ์** /パソム パン/ 交配する

ผ่อง /ポン/ (⊛ bright) (表情が) 明るい **ผ่องแผ้ว** /ポン ペオ/ さわやかな **ผ่องใส** /ポン サイ/ 明るい

ผ่อน /ポーン/ (⊛ relieve) 緩 (ゆる) める **ผ่อนคลาย** /ポーン クラーイ/ リラックスする **ผ่อนผัน** /ポーン パン/ 寛大に振る舞う

ผอม /ポーム/ (⊛ slim) 痩 (や) せている **ผอมโซ** /ポーム ソー/ 痩せこけた **ผอมลง** /ポーム ロン/ 痩せる

ผัก /パック/ (⊛ vegetables) 野菜類の総称 **ผักกาดขาว** /パック カート カーオ/ 白菜 **ผักกาดหอม** /パック カート ホーム/ レタス **ผักชี** /パック チー/ コリアンダー, 香菜 (シャンツァイ) **ผักดอง** /パック ドーン/ 漬け物 **ผักบุ้ง** /パック ブン/ 空芯菜

ผัง /パン/ (⊛ plan, layout) 計画, レイアウト **ผังเมือง** /パン ムアン/ 都市計画

ผัด /パット/ (⊛ fry, postpone) 炒 (いた) める, 延期する

ผันแปร /パン プレー/ (⊛ change) 変更する **ผันผวน** /パン プアン/ 変動する, 動揺する

ผัว /プア/ (⊛ husband) 夫 **ผัวเมีย** /プア ミア/ 夫婦

ผ่า /パー/ (⊛ slit, cut) 切り裂く, 切る **ผ่าตัด** /パー タット/ 手術する

ผ้า /パー/ (⊛ cloth) 布 **ผ้าขนหนู** /パー コン ヌー/ タオル **ผ้าขาวม้า** /パー カーオ マー/ 男性用サロン (腰布), 万能布 **ผ้าเช็ดตัว** /パー チェット トゥア/ バスタオル **ผ้าเช็ดหน้า** /パー チェット ナー/ 手拭い, ハンカチ **ผ้าซิ่น** /パー シン/ タイ式サロン (腰布) **ผ้านุ่ง** /パー ヌン/ 腰布《タイの民族衣装》 **ผ้าใบ** /パー バイ/ キャンバス地 **ผ้าปูที่นอน** /パー プー ティー ノーン/ シーツ **ผ้าพันแผล** /パー パン プレー/ 包帯 **ผ้าเย็น** /パー イェン/ おしぼり **ผ้าห่ม** /パー ホム/ 毛布

ผาก /パーク/ (⊛ parched) 乾ききった

ผาดโผน /パート ポーン/ (⊛ wild) 荒っぽい, おてんば

ผ่าน /パーン/ (⊛ pass) 通る,

経る **ผ่านพ้นไป** /パーン ポン パイ/ 経過する

ผาย /パーイ/ (⊛ expand) ふくらませる, 広がる **ผายปอด** /パーイ ポート/ 人工呼吸をする

ผายลม /パーイ ロム/ おならをする

ผาสุก /パースック/ (⊛ happiness) 幸福

ผิง /ピン/ (⊛ warm, bake) 暖める, 焼く

ผิด /ピット/ (⊛ wrong) 誤った, 不正な **ผิดกฎหมาย** /ピットゴットマーイ/ 非合法の **ผิดกับ** /ピット カップ/ …と異なる **ผิดคาด** /ピット カート/ 思いがけない **ผิดตา** /ピット ター/ 見違える **ผิดปกติ** /ピット パカティ/ 普通でない, 異常な **ผิดพลาด** /ピット プラート/ 誤りを犯す **ผิดสัญญา** /ピット サンヤー/ 約束を破る **ผิดหวัง** /ピット ワン/ 失望する

ผิว /ピウ/ (⊛ skin, surface) 皮膚, 表面 **ผิวเผิน** /ピウ プーン/ 皮相的な **ผิวพรรณ** /ピウ パン/ 肌の色 **ผิวหนัง** /ピウ ナン/ 皮膚

ผี /ピー/ (⊛ ghost) お化け, 精霊 **ผีเรือน** /ピー ルアン/ 家の守護霊 **ผีสาง** /ピー サーン/ 幽霊 **ผีอำ** /ピー アム/ 金しばりにあう

ผีเสื้อ /ピー スア/ (⊛ butterfly) 蝶

ผึ่ง /プン/ (⊛ expose to the sun) (日光に) 晒(さら)す, 干す

ผึ้ง /プン/ (⊛ (honey) bee) ミツバチ

ผืน /プーン/ (⊛ sheet) …枚, …個所 ((タオル, 敷物, 土地などの類別詞))

ผุ /プ/ (⊛ be rotten, be riddled) 腐る, ぼろぼろになる

ผุด /プット/ (⊛ pop up, appear) 浮上する, 出現する

ผุดผ่อง /プット ポン/ 明るい, 澄んだ

ผู้ /プー/ (⊛ who, whom, person) (…する)人, …者 **ผู้ก่อการร้าย** /プー ゴー カーンラーイ/ テロリスト **ผู้จัดการ** /プー チャッカーン/ 支配人 **ผู้ช่วย** /プー チュアイ/ 助手 **ผู้ชาย** /プー チャーイ/ 男の人 **ผู้ดูแล** /プー ドゥーレー/ 管理人, 世話人 **ผู้ต้องสงสัย** /プー トン ソンサイ/ 容疑者 **ผู้แต่ง** /プー テン/ 著者 **ผู้แทน** /プー テーン/ 代理人 **ผู้น้อย** /プー ノーイ/ 部下, 後輩 **ผู้นำ** /プー ナム/ リーダー **ผู้พิพากษา** /プー ピパークサー/ 裁判官 **ผู้รับ** /プー ラップ/ 受取人 **ผู้รับรอง** /プー ラップローン/ 保証人 **ผู้ร้าย** /プー ラーイ/ 悪者, 犯人 **ผู้ว่าราชการ** /プー ワー ラートチャカーン/ 知事 **ผู้สมัคร** /プー サマック/ 志願者 **ผู้ส่ง** /プー ソン/ 差出人 **ผู้หญิง** /プー イン/ 女の人, 婦人 **ผู้ใหญ่** /プー ヤイ/ 大人, 偉い人 **ผู้อำนวยการ** /プー アムヌアイ カーン/ 局長, 取締役

ผูก /プーク/ (⊛ bind, tie) 縛る, つなぐ **ผูกขาด** /プーク カート/ 独

占する **ผูกพัน** /プーク パン/ 縛る，思いを寄せる **ผูกมัด** /プーク マット/ 縛る

เผชิญ /パチューン/ ([英] face) 直面する，遭遇する **เผชิญภัย** /パチューン パイ/ 危険を冒す

เผ็ด /ペット/ ([英] spicy) 辛（から）い **เผ็ดร้อน** /ペット ローン/ 辛辣な，激烈な

เผด็จการ /パデットカーン/ ([英] dictatorship) 独裁

เผ่น /ペン/ ([英] leap) 跳び上がる **เผ่นหนี** /ペン ニー/ 逃走する

เผย /プーイ/ ([英] reveal) 明らかにする **เผยแผ่** /プーイ ペー/ 広める，普及させる

เผลอ /プルー/ ([英] careless) うっかりした，不注意な **เผลอตัว** /プルー トゥア/ うかつな，軽率な

เผอิญ /パウーン/ ([英] accidentally) 偶然に

เผา /パオ/ ([英] burn) 燃やす，焼く **เผาผลาญ** /パオ パラーン/ 焼き払う **เผาศพ** /パオ ソップ/ 火葬にする

เผ่าพันธุ์ /パオパン/ ([英] lineage, race) 血統，一族

เผื่อ /プア/ ([英] in case) …に備えて **เผื่อแผ่** /プア ペー/ 寛大な，分け合う **เผื่อว่า** /プア ワー/ 仮に…ならば

เผือก /プアック/ ([英] albino) アルビノの，白子（しらこ）の；タロイモ，里イモ

แผ่ /ペー/ ([英] spread, extend) 拡げる，拡張する **แผ่ซ่าน** /ペー サーン/ 広める

แผงลอย /ペーン ローイ/ ([英] street stall) 屋台，露店

แผดเสียง /ペート シアン/ ([英] shout) 大声を上げる

แผน /ペーン/ ([英] plan, plot) 計画，構想 **แผนการ** /ペーンカーン/ プロジェクト **แผนที่** /ペーン ティー/ 地図 **แผนผัง** /ペーン パン/ 図面，チャート **แผนลวง** /ペーン ルアン/ わな

แผ่น /ペン/ ([英] sheet) …枚《紙，皿などの類別詞》 **แผ่นดิน** /ペンディン/ 土地，国，治世 **แผ่นดินไหว** /ペンディン ワイ/ 地震 **แผ่นดีวีดี** /ペン ディー ウィー ディー/ DVD

แผนก /パネーク/ ([英] section, division) 課，科 **แผนกการเงิน** /パネーク カーングン/ 会計課

แผล /プレー/ ([英] wound) けが **แผลเป็น** /プレー ペン/ 傷跡

แผลง /プレーン/ ([英] convert, change) 修正する，変える

แผ่ว /ペオ/ ([英] gently) そっと，静かに

โผ /ポー/ ([英] dash into) 突進する

โผงผาง /ポーン パーン/ ([英] outspokenly) 遠慮なく

โผน /ポーン/ ([英] jump) 跳び上がる

โผล่ /プロー/ ([英] appear) 出現する

ผ

ไผ่ /パイ/ (ⓢ bamboo) 〖植〗竹

ฝ

ฝน /ฟォン/ (ⓢ rain, grind) 雨；砥(と)ぐ ฝนตก /ฟォン トック/ 雨が降る ฝนตกหนัก /ฟォントックナック/ 土砂降り ฝนแล้ง /ฟォン レーン/ 干ばつ

ฝรั่ง /ファラン/ (ⓢ westerner) 西洋人；グアバ

ฝรั่งเศส /ファランセート/ (ⓢ France, French) フランス, フランス人

ฝอย /ฟォイ/ (ⓢ spray, be talkative) しぶき；鼻にかける；細い糸状のもの

ฝัก /ฟァック/ (ⓢ sheath) 莢, 鞘(さや) ฝักบัว /ฟァック ブア/ シャワー

ฝักใฝ่ /ฟァック ファイ/ (ⓢ pay attention to) 関心をむける

ฝัง /ฟァン/ (ⓢ bury) 埋める ฝังพลอย /ฟァン プロイ/ (宝石を) 嵌め込む ฝังหัว /ฟァン ラア/ 信じやすい

ฝั่ง /ฟァン/ (ⓢ shore) 岸 (川, 海の) ฝั่งฝา /ฟァン ファー/ 安定, 落ち着くこと

ฝัน /ฟァン/ (ⓢ dream, imagine) 夢；夢を見る, 空想する ฝันร้าย /ฟァンライ/ 悪夢

ฝา /ฟァー/ (ⓢ lid, wall) 蓋(ふた), 仕切り, 壁

ฝาแฝด /ฟァーフェート/ (ⓢ twins) 双生児

ฝ่า /ฟァー/ (ⓢ palm, sole, disobey) 手のひら, 足の裏；背く ฝ่าเท้า /ฟァーターオ/ 足の裏 ฝ่าฝืน /ฟァー ルーン/ 違反する ฝ่ามือ /ฟァームー/ 手のひら

ฝ้า /ฟァー/ (ⓢ ceiling, scum) 天井；かす

ฝาก /ฟァーク/ (ⓢ deposit, leave) 預ける, 託す ฝากเงิน /ฟァーク グン/ 預金する ฝากตัว /ฟァーク トゥア/ ゆだねる

ฝาด /ฟァート/ (ⓢ astringent) 渋い

ฝาน /ฟァーン/ (ⓢ slice) スライスする

ฝ่าย /ฟァーイ/ (ⓢ side, group) 派, 側 ฝ่ายข้างมาก /ฟァーイカーン マーク/ 多数派

ฝ้าย /ฟァーイ/ (ⓢ cotton) 綿, 木綿

ฝิ่น /ฟィン/ (ⓢ opium) 〖植〗ケシ；阿片

ฝี /ฟィー/ (ⓢ pustule) できもの ฝีดาษ /ฟィーダート/ 天然痘 ฝีเท้า /ฟィーターオ/ ペース, スピード ฝีมือ /ฟィームー/ 腕前, 手仕事

ฝึก /ฟック/ (ⓢ practice) 訓練する ฝึกหัด /ฟック ハット/ 訓練する, 実習する

ฝืน /ルーン/ (ⓢ do... unwillingly) 無理に…する ฝืนใจ /ルーン チャイ/ 心ならずも…する

ฝุ่น /ฟン/ (ⓢ dust) ほこり, ちり

ฝูง /ルーン/ (ⓢ group) 群れ, 団

体

เฝ้า /ฟ้าว/ (ⒺWatch) 見張る
เฝ้าบ้าน /ฟ้าว บ้าน/ 留守番する

แฝง /แฝง/ (ⒺHide) 隠れる, 避ける

แฝด /แฝด/ (ⒺTwin) 双子の

ใฝ่ /ฟ่าย/ (ⒺHope, aim) 願う, 関心を持つ **ใฝ่สูง** /ฟ่าย สูง/ 野望に燃える

พ

พก /พ็อก/ (ⒺSmall pocket, carry) ポケット；身につけて持つ **พกปืน** /พ็อก ปืน/ ピストルを携帯する

พงศ์พันธุ์ /พงพัน/ (ⒺLineage) 血族, 子孫

พงศาวดาร /พงสาวะดาน/ (ⒺChronicle) 年代記

พจน์ /พ็อด/ (ⒺWord, speech) 言葉, スピーチ **พจนานุกรม** /พ็อดจะนานุกรม/ 辞書, 辞典

พญา /พะยา/ (ⒺKing) 王 **พญานาค** /พะยา นาก/ ナーガ王《龍神》

พ่น /พ่น/ (ⒺSpray, blow) 吹きかける, ぺらぺらしゃべる **พ่นน้ำลาย** /พ่น นัม ลาย/ つばを吐く

พ้น /พ้น/ (ⒺGo through, be free from) 過ぎ去る, 免れる, 助かる **พ้นกำหนด** /พ้น กำหฺนด/ 期限を過ぎる **พ้นอันตราย** /พ้น อันตะราย/ 危機を脱する

พนม /พะนม/ (ⒺPut one's hands together, hill) 合掌する；丘

พนัก /พะนัก/ (ⒺBackrest) (椅子の) 背もたれ

พนักงาน /พะนัก งาน/ (ⒺOfficer, staff) 職員, 従業員, 係官 **พนักงานขาย** /พะนัก งาน ขาย/ 売り子, セールスマン **พนักงานทำความสะอาด** /พะนัก งาน ทำ ความ สะอาด/ 清掃職員 **พนักงานเสิร์ฟ** /พะนัก งาน เสิร์ฟ/ ウエイター, ウエイトレス

พนัน /พะนัน/ (ⒺGamble) 賭博をする

พเนจร /พะเนจอน/ (ⒺWander, job-hopping part-time worker) 放浪する；フリーター

พบ /พ็อบ/ (ⒺMeet, face) 出会う, 遭遇する **พบกันใหม่** /พ็อบ กัน ใหฺม่/ また会いましょう

พม่า /พะม่า/ (ⒺBurma, Myanmar, Burmese) ビルマ (人), ミャンマー (人)

พยักหน้า /พะยัก หน้า/ (ⒺNod) うなずく

พยัญชนะ /พะยันชะนะ/ (ⒺConsonant) 子音

พยากรณ์ /พะยากอน/ (ⒺForecast) 予言する

พยาธิ /พะยาด/ (ⒺParasite) 寄生虫

พยาน /พะยาน/ (ⒺWitness)

証人 **พยานหลักฐาน** /パヤーン ラック ターン/ 証拠

พยาบาท /パヤーバート/ (⊛ intend to revenge) 恨みを抱く

พยาบาล /パヤーバーン/ (⊛ nurse) 看病する

พยายาม /パヤヤーム/ (⊛ try) 努力する, 試みる

พยุง /パユン/ (⊛ support) 支える

พร /ポーン/ (⊛ blessing) 祝福, 祝詞 **พรสวรรค์** /ポーン サウン/ 天分, 天性

พรม /プロム/ (⊛ carpet) 敷物, じゅうたん

พรมแดน /プロムデーン/ (⊛ frontier, border) 国境, 境界線

พรรค /パック/ (⊛ party) 党, 派 **พรรคการเมือง** /パック カーンムアン/ 政党 **พรรคฝ่ายค้าน** /パック ファーイ カーン/ 野党 **พรรครัฐบาล** /パックラッタバーン/ 与党

พรรณ /パン/ (⊛ kind, complexion) 種類, 肌色

พรรณนา /パンナナー/ (⊛ describe) 叙述する, 説明する

พรรษา /パンサー/ (⊛ *Phansa*, year) 雨安居(うあんご)《(ほぼ雨季(6月〜10月)の間)》, (出家した)年数

พรวดพราด /プルアット プラート/ (⊛ suddenly) あわてて, 突然

พรหม /プロム/ (⊛ Brahma) 梵天(ぼんてん) **พรหมจารี** /プロムマチャリー/ 処女 **พรหมลิขิต** /プロムリキット/ 天命

พร่อง /プロン/ (⊛ lacking) 欠けている, 少ない

พร้อม /プローム/ (⊛ together, ready) 同時に; 準備完了した **พร้อมกัน** /プローム カン/ みんな一緒に **พร้อมใจ** /プローム チャイ/ 心をひとつにして **พร้อมมูล** /プローム ムーン/ 完全に

พระ /プラ/ (⊛ monk, image of Buddha, Saint...) 僧侶, 仏像, 《神, 仏, 王, 聖物, 聖地の名に冠する》 **พระเครื่อง** /プラクルアン/ 仏像のペンダント (お守り) **พระจันทร์** /プラチャン/ お月様 **พระเจ้า** /プラチャオ/ 神, 王, 支配者 **พระเจ้าอยู่หัว** /プラチャオユーアラ/ 国王陛下 **พระนคร** /プラナコーン/ 首都 **พระนอน** /プラノーン/ 寝釈迦仏 **พระบรมมหาราชวัง** /プラボロム マハーラーチャワン/ 王宮 **พระบรมราชินี** /プラボーロム ラーチニー/ 王妃殿下 **พระบาทสมเด็จพระเจ้าอยู่หัว** /プラバートソムデット プラチャオユーアラ/ 国王陛下 **พระยา** /プラヤー/ 貴族の位の名称 **พระสงฆ์** /プラソン/ 僧侶 **พระสังฆราช** /プラサンカラート/ 大僧正 **พระองค์** /プラオン/ 陛下, 殿下, 《王族, 神, 仏陀, 僧侶の類別詞》 **พระอาทิตย์** /プラアーティット/ お日様, 太陽 **พระอินทร์** /プライン/ インドラ

神 **พระเอก** /プラエーク/ 主人公
พรั่งพร้อม /プラン プローム/ (⊛ abundant) 豊富な **พรั่งพรู** /プラン プルー/ 続々と, 集団で
พร่า /プラー/ (⊛ destroy, blurred) 破壊する；(眼が) かすむ, (声が) かすれる
พร้า /プラー/ (⊛ sickle, sword) 大刀, 刀類 (農業用)
พราก /プラーク/ (⊛ leave, flowing) 離れる；(涙が) あふれた
พราง /プラーン/ (⊛ disguise) 隠蔽する
พร่างพราย /プラーン プラーイ/ (⊛ brilliant) 輝いた
พราน /プラーン/ (⊛ hunter) 狩人, 猟師
พราย /プラーイ/ (⊛ spirit, bright) 亡霊；きらきら光った **พรายน้ำ** /プラーイ ナム/ 水泡
พราวแพรว /プラーオ プレーオ/ (⊛ glittering) きらきら輝いた
พรำๆ /プラム プラム/ (⊛ drizzle) しとしと降る
พร่ำเพรื่อ /プラム プルア/ (⊛ repeatedly, always) くり返し, 絶えず **พร่ำบ่น** /プラム ボン/ 始終不平を言う
พริก /プリック/ (⊛ chili) 唐辛子 **พริกขี้หนู** /プリック キーヌー/ 小唐辛子 **พริกชี้ฟ้า** /プリック チーファー/ 赤唐辛子, タカノツメ **พริกไทย** /プリック タイ/ 胡椒
พริ้ง /プリン/ (⊛ beautiful) 美貌の, 艶 (なまめ) かしい

พริบตา /プリップ ター/ (⊛ blink) まばたきする **พริบตาเดียว** /プリップ ター ディアオ/ 一瞬のうちに
พรึบ /プルップ/ (⊛ all together) 揃って
พรุ่งนี้ /プルンニー/ (⊛ tomorrow) 明日
พรู /プルー/ (⊛ throng) 大勢で…する
พฤกษ์ /プルック/ (⊛ plant) 植物, 草木 **พฤกษชาติ** /プルック サチャート/ 植物, 植物界 **พฤกษศาสตร์** /プルックササート/ 植物学
พฤติกรรม /プルッティカム/ (⊛ behavior) 行為
พฤติการณ์ /プルッティカーン/ (⊛ occurrence) 事件, 情勢
พฤศจิกายน /プルットサチカーヨン/ (⊛ November) 11月
พฤษภาคม /プルットサパーコム/ (⊛ May) 5月
พฤหัสบดี /プルハットサボーディー/ (⊛ Thursday) 木曜日
พล /ポン, パラ/ (⊛ armed forces) 軍隊, 《軍人の階級名》 **พลตรี** /ポン トゥリー/ 陸軍少将 **พลทหาร** /ポン タハーン/ 兵卒 **พลโท** /ポン トー/ 陸軍中将 **พลเมือง** /ポンラムアン/ 市民, 国民, 人口 **พลศึกษา** /パラスックサー/ 体育 **พลเอก** /ポン エーク/ 陸軍大将
พลอดรัก /プロート ラック/ (⊛ talk intimately) 求愛する

พลอย /プローイ/ ([英] jewel) 宝石

พล่อย /プロ̂ーイ/ ([英] thoughtlessly) 軽率に

พลัง /パラン/ ([英] power, energy) 力, エネルギー **พลังงาน** /パラン ガーン/ エネルギー **พลังจิต** /パラン チット/ 精神力

พลั้ง /プラ̂ン/ ([英] make a mistake carelessly) うっかり失敗する **พลั้งปาก** /プラ̂ン パーク/ つい口を滑らす

พลัด /プラット/ ([英] fall from) 落ちる, 離れる **พลัดตก** /プラット トック/ 落ちる **พลัดพราก** /プラット プラーク/ 別々になる

พลัน /プラン/ ([英] suddenly) 急に, 即座に

พลาง /プラーン/ ([英] while, as) (…し) ながら (…する) **… พลาง…พลาง** /プラーン プラーン/ …したり…したりする

พลาด /プラート/ ([英] miss) しくじる

พล่าน /プラ̂ーン/ ([英] boil, get angry) 煮えたぎる, (怒りで) かっかする

พลาสติค /プラーサティック/ ([英] plastic) プラスチック, ビニール

พลิก /プリック/ ([英] turn over) めくる, 翻(ひるがえ)す **พลิกคว่ำ** /プリック クウム/ 俯せにする **พลิกแพลง** /プリック プレーン/ ゆがめて…する

พลิ้ว /プリウ/ ([英] twist) よじる

พลี /プ リ ー/ ([英] offerings, strong) 供え物 ; 強力な **พลี** /パリー/ 犠牲にする, 捧げる

พลุก /プルック/ ([英] ivory, gush *out*) 象牙 ; (血が) 吹き出る

พลุกพล่าน /プルック プラ̂ーン/ ([英] crowded, confused) 混雑した, 混乱した

พลุ่ง /プル̂ン/ ([英] gushed, burst) (煙・湯気が) もうもうと出る, 湧き出る, ほとばしる

พวก /プアック/ ([英] group) 連中, 一味 **พวกเขา** /プアック カオ/ 彼ら **พวกเดียวกัน** /プアック ディアオ カン/ 同じ仲間 **พวกเรา** /プアック ラオ/ 我々

พวง /プアン/ ([英] cluster) 房, 束 **พวงมาลัย** /プアン マー ライ/ 花輪, 車のハンドル

พ่วง /プ̂アン/ ([英] tow, fat) 引き綱をつける ; 太った

พวย /プアイ/ ([英] nozzle) ノズル **พวยพุ่ง** /プアイ プ̂ン/ 噴き出す

พ.ศ. ⇒ **พุทธศักราช** 仏暦

พอ /ポー/ ([英] enough, when) 十分な ; …した時 **พอกันที** /ポー カン ティー/ おしまいにする **พอกินพอใช้** /ポー キン ポー チャイ/ 暮らして行ける **พอควร** /ポー クアン/ 適当な, 適正な **พอใจ** /ポー チャイ/ 満足する, 喜ぶ **พอดี** /ポー ディー/ (程度が) ちょうど良い, 折よく

พ่อ /ポ̂ー/ ([英] father) 父 **พ่อ**

ครัว /ポー クルア/ コック《男の》
พ่อค้า /ポー カー/ 商人《男の》
พ่อแม่ /ポー メー/ 両親

พอก /ポーク/ (® plaster) (薬を)貼る，塗る **พอกพูน** /ポーク プーン/ 積み上げる

พอง /ポーン/ (® swell) 膨らむ，腫れる

พ้อง /ポーン/ (® same) 一致した

พะรุงพะรัง /パルン パラン/ (® untidy) 乱雑な

พะวง, พะวักพะวน /パウォン, パウック パウォン/ (® worry about) 気にかける，心配する

พัก /パック/ (® rest, time) 泊まる，休息する；時 **พักผ่อน** /パック ポーン/ 休息をとる **พักร้อน** /パック ローン/ (夏期)休暇をとる **พักหนึ่ง** /パック ヌン/ 一時，ちょっとの間 **พักใหญ่** /パック ヤイ/ 長い間

พัง /パン/ (® collapse) とり壊す，崩壊する

พัฒนา /パッタナー/ (® develop) 発展する，開発する **พัฒนาการ** /パッタナー カーン/ 開発，発展

พัด /パット/ (® blow, fan) 扇，うちわ；(風が) 吹く，あおぐ **พัดลม** /パット ロム/ 扇風機

พัน /パン/ (® thousand, tie) 千；(包帯を) 巻く

พันธ์, พันธ /パン, パンタ/ (® bind, obligation) 結ぶ，つなぐ；責務 **พันธบัตร** /パンタバット/ 国債，公債 **พันธมิตร** /パンタミット/ 同盟

พันธุ์ /パン/ (® species, lineage) 品種，血統 **พันธุกรรม** /パントゥカム/ 遺伝 **พันธุ์ผสม** /パン パソム/ 混血，ハイブリッド

พับ /パップ/ (® fold) 畳む，(紙を)折る **พับเพียบ** /パップ ピアップ/ (タイ式の正座) 横座りする

พา /パー/ (® take, lead) 同伴する，連れて… **พากัน** /パーカン/ 皆で…する

พากเพียร /パーク ピアン/ (® struggle) 奮闘する

พาณิชย์ /パーニット/ (® commerce) 商業 **พาณิชยศาสตร์** /パーニット チャヤサート/ 商学 **พาณิชย์อิเล็กทรอนิกส์** /パーニット イレクトローニック/ 電子取引，Eコマース

พาด /パート/ (® lean on) もたれる，(肩に) 掛ける **พาดพิง** /パート ピン/ もたれる，関連する **พาดหัว** /パート フア/ (新聞の) 大見出し

พาน /パーン/ (® footed tray, meet) 脚つきの盆；出会う

พาย /パーイ/ (® oar, row) 櫂(かい)；漕(こ)ぐ

พ่าย /パーイ/ (® be defeated) 敗北する **พ่ายแพ้** /パーイ ペー/ 敗北する

พายุ /パーユ/ (® storm) 暴風，

嵐 **พายุไต้ฝุ่น** /パーユ タイフン/ 台風

พาล /パーン/ (⊛ ignorant, wicked) 無知な, 卑劣な；悪人

พาสปอร์ต /パースサポート/ (⊛ passport) 旅券, パスポート

พาหนะ /パーハナ/ (⊛ vehicle) 乗物

พิกล /ピコン/ (⊛ abnormal) 異常な, 奇妙な **พิกลพิการ** /ピコン ピカーン/ 異常な, 奇形の

พิการ /ピ カーン/ (⊛ disabled) 身体障害の

พิเคราะห์ /ピクロ/ (⊛ ponder) 熟考する

พิง /ピン/ (⊛ lean on, rely on) もたれる, 頼る

พิจารณา /ピチャーラナー/ (⊛ consider) 検討する, 審議する **พิจารณาใหม่** /ピチャーラナー マイ/ 再考する

พิจิต /ピチット/ (⊛ choose) 選ぶ

พิชัย /ピチャイ/ (⊛ victory) 勝利 **พิชัยสงคราม** /ピチャイ ソン クラーム/ 戦略

พิถีพิถัน /ピティー ピタン/ (⊛ delicate) デリケートな

พิธี /ピティー/ (⊛ ceremony, rites) 儀式 **พิธีกรรม** /ピティーカム/ 宗教儀礼 **พิธีการ** /ピティーカーン/ 外交儀式, 式次第 **พิธีแต่งงาน** /ピティー テンガーン/ 結婚式

พินัยกรรม /ピナイカム/ (⊛ will) 遺言

พินาศ /ピナート/ (⊛ disaster, be ruined) 破滅；滅亡する, 破壊される

พินิจ /ピニット/ (⊛ consider) 考慮する, 検討する

พิบัติ /ピバット/ (⊛ calamity) 災難

พิพากษา /ピパークサー/ (⊛ judge) 判決する

พิพาท /ピパート/ (⊛ quarrel) 口論する, 論争する

พิพิธภัณฑ์ /ピピッタパン/ (⊛ museum) 博物館

พิมพ์ /ピム/ (⊛ print, mold) 印刷する；鋳型 **พิมพ์ดีด** /ピム ディート/ タイプを打つ **พิมพ์ออก** /ピム オーク/ 出版する

พิราบ /ピラープ/ (⊛ pigeon) 鳩

พิรี้พิไร /ピリー ピライ/ (⊛ dilly-dally) ぐずぐずする

พิรุธ /ピルット/ (⊛ suspicious) 不審な

พิลึก /ピルック/ (⊛ strange, weird) 奇妙な, 奇怪な

พิศวง /ピット サウォン/ (⊛ surprised) 驚いた

พิเศษ /ピセート/ (⊛ special) 特別な

พิษ /ピット/ (⊛ poison) 毒 **พิษสง** /ピット ソン/ 有害な **พิษสุราเรื้อรัง** /ピット スラー ルア ラン/ アルコール中毒

พิสดาร /ピットサダーン/ (⊛ wide, strange) 広大な, 奇妙な

พิสูจน์ /ピスート/ (⊛ prove) 証明する, 実証する

พี่ /ピー/ (⊛ elder brother, elder sister) 年上のきょうだい《兄, 姉》 **พี่เขย** /ピー クーイ/ 義兄 **พี่ชาย** /ピー チャーイ/ 兄 **พี่น้อง** /ピー ノーン/ 兄弟姉妹 **พี่สะใภ้** /ピー サパイ/ 義姉 **พี่สาว** /ピー サーオ/ 姉

พึง /プン/ (⊛ should) …すべき, 当然の **พึงใจ** /プン チャイ/ 気に入った **พึงปรารถนา** /プン プラートタナー/ 望ましい

พึ่ง, เพิ่ง /プン/ (⊛ depend on) 頼る, …したばかり **พึ่งตัวเอง** /プン トゥア エーン/ 自分の力で

พึมพำ /プム パム/ (⊛ murmur) つぶやく

พืช /プート/ (⊛ plant) 植物

พื้น /プーン/ (⊛ floor, basic) 床, 地面, 基本的な **พื้นความรู้** /プーン クワームルー/ 教養, 基礎知識 **พื้นที่** /プーン ティー/ 地表, 面積 **พื้นดิน** /プーン ディン/ 地面, 土地 **พื้นเมือง** /プーン ムアン/ 土着の, 地方の

พุง /プン/ (⊛ belly, guts)【口】腹, はらわた

พุ่ง /プン/ (⊛ throw, sprint) 投げる, 疾走する

พุทธ /プット/ (⊛ Buddha) 仏陀 **พุทธศักราช** /プッタサッカラート/ 仏暦《西暦プラス543年. 略号は **พ.ศ.**》 **พุทธศาสนา** /プッタサーッサナー/ 仏教 **พุทโธ่** /プットー/ ああ, まあ

พุธ /プット/ (⊛ Mercury, Wednesday) 水星, 水曜日

พุ่ม /プム/ (⊛ bush) 茂み, やぶ **พุ่มพวง** /プム プアン/ 若い女性 **พุ่มม่าย** /プム マーイ/ 未亡人

พุ้ย /プイ/ (⊛ row hastily) あわてて漕ぐ, (ご飯を) かきこむ

พูด /プート/ (⊛ speak, talk) 話す **พูดโกหก** /プート コーホック/ 嘘をつく **พูดจา** /プート チャー/ しゃべる **พูดถึง** /プート トゥン/ …に言及する **พูดโทรศัพท์** /プート トーラサップ/ 電話をかける **พูดไป** /プート パイ/ 話し続ける **พูดมาก** /プート マーク/ よくしゃべる **พูดไม่ออก** /プート マイ オーク/ 言葉が出ない, 話せない **พูดเล่น** /プート レン/ 冗談を言う **พูดว่า** /プート ウー/ …と言った, …と話していた

พูน /プーン/ (⊛ pile up) 積み上げる, 盛り上げる

เพ่ง /ペン/ (⊛ gaze at, concentrate) 注視する, 精神を集中する **เพ่งเล็ง** /ペン レン/ 狙いを定める

เพชฌฆาต /ペッチャカート/ (⊛ executioner) 死刑執行人

เพชร /ペット/ (⊛ diamond) ダイヤモンド **เพชรพลอย** /ペット プローイ/ 宝石

เพ็ญ /ペン/ (⊛ full) (月が) 満ちた

เพดาน /ペー ダーン/ (⊛ ceiling, palate) 天井, 口蓋

Thailand folk dance) タイ北部の舞踊 **ฟ้อนเล็บ** /ฟ้อーン レップ/ (チェンマイの) 爪踊り

ฟัก /ファック/ (⊛hatch) 卵をかえす, 〖植〗ウリ類 **ฟักทอง** /ファック トーン/ カボチャ

ฟัง /ファン/ (⊛listen) 聞く **ฟังไม่ออก** /ファン マイ オーク/ 聞き取れない

ฟัน /ファン/ (⊛tooth, cut) 歯; 切る **ฟันปลอม** /ファン プローム/ 入れ歯 **ฟันผุ** /ファン プ/ 虫歯

ฟั่น /ファン/ (⊛twist, dim) 撚(よ)る; くすんだ **ฟั่นเฟือน** /ファン フアン/ 精神錯乱した

ฟ้า /ファー/ (⊛sky) 空 **ฟ้าผ่า** /ファー パー/ 落雷, 稲妻 **ฟ้าร้อง** /ファー ローン/ 雷鳴 **ฟ้าแลบ** /ファー レープ/ 稲妻

ฟาก /ファーク/ (⊛bamboo flooring, shore) 竹の床張り, 岸

ฟาง /ファーン/ (⊛straw, dim) 藁(わら); かすんだ

ฟาด /ファート/ (⊛whip, beat) 鞭打つ, ぶん殴る **ฟาดเคราะห์** /ファート クロ/ 悪霊を払う

ฟิล์ม /フィム/ (⊛film) フィルム

ฟืน /フーン/ (⊛firewood) 薪(まき)

ฟื้น /フーン/ (⊛recover, revive) (意識, 健康を) 回復する, 生き返る **ฟื้นตัว** /フーン トゥア/ 快方に向かう **ฟื้นฟู** /フーン フー/ 回復する

ฟุ้ง /フン/ (⊛spread) 広がる, 普及する **ฟุ้งซ่าน** /フン サーン/ 気まぐれな **ฟุ้งเฟ้อ** /フン フー/ 金遣いが荒い **ฟุ้งเฟื่อง** /フン フアン/ 有名な, 老練な; 広まる

ฟุต /フット/ (⊛foot) 〖単〗フィート, 足 **ฟุตบอล** /フットボーン/ サッカー

ฟุบ /フップ/ (⊛crouch, collapse) しゃがむ, 崩壊する

ฟุ่มเฟือย /フム フアイ/ (⊛extravagant) 贅沢な

ฟู /フー/ (⊛puff) 発酵する, 膨れる **ฟูฟ่อง** /フー フォーン/ 順調に行く

ฟูก /フーク/ (⊛mattress) 敷布団, マットレス

เฟรชชี่ /フレッチー/ (⊛freshman) (大学の) 新入生

เฟ้อ /フー/ (⊛inflated, nervous) インフレの, いらいらした

เฟอะฟะ /フ ファ/ (⊛clumsy) 不器用な

เฟลิต /フルート/ (⊛flirt) (女性が) 恋をもてあそぶ

เฟื่องฟ้า /フアン ファー/ (⊛bougainvillea) ブーゲンビリア

เฟื่อง /フアン/ (⊛be widespread) 広まること **เฟื่องฟุ้ง** /フアン フン/ 広まる **เฟื่องฟู** /フアン フー/ 栄えた

แฟกซ์ /フェック/ (⊛fax) ファックス

แฟชั่น /フェーチャン/ (㊇ fashion) ファッション

แฟน /フェーン/ (㊇ lover, fan)〖口〗恋人，ファン

แฟนซี /フェーンシー/ (㊇ fancy) 仮装

แฟบ /フェーブ/ (㊇ flat) 平らな，ぺちゃんこの

แฟ้ม /フェーム/ (㊇ file, folder) ファイル，フォルダ

แฟลต /フレット/ (㊇ flat) アパート

ไฟ /ファイ/ (㊇ fire) 火 **ไฟฉาย** /ファイ チャーイ/ 懐中電灯，照明 **ไฟแช็ก** /ファイ チェック/ ライター **ไฟดูด** /ファイ ドゥート/ 感電する **ไฟฟ้า** /ファイ ファー/ 電気 **ไฟไหม้** /ファイ マイ/ 火事

ภ

ภพ /ポップ/ (㊇ world, transmigration)〖文〗世界，輪廻

ภรรยา /パンラヤー, パンヤー/ (㊇ wife) 妻，夫人

ภักดี /パックディー/ (㊇ honesty) 忠誠

ภัตตาคาร /パッターカーン/ (㊇ restaurant) 料亭，レストラン

ภัย /パイ/ (㊇ harm, danger) 危険，災難

ภาค /パーク/ (㊇ part, term) 部分, 期間 **ภาคกลาง** /パーク クラーン/ (タイの) 中部地方 **ภาคใต้** /パーク ターイ/ (タイの) 南部地方 **ภาคเรียน** /パーク リアン/ 学期 **ภาคอีสาน** /パーク イーサーン/ (タイの) 東北地方，イサーン

ภาคภูมิ /パークプーム/ (㊇ grand) 堂々たる，立派な **ภาคภูมิใจ** /パークプーム チャイ/ 誇りに思う

ภาคี /パーキー/ (㊇ alliance, member) 提携者，メンバー

ภาชนะ /パーチャナ/ (㊇ vessel) 容器，食器

ภาพ /パープ/ (㊇ photo, picture) 映像，絵，写真 **ภาพเขียน** /パープ キアン/ デッサン, 図画 **ภาพถ่าย** /パープ ターイ/ 写真 **ภาพประกอบหนังสือ** /パープ プラコープ ナンスー/ イラスト **ภาพพจน์** /パープ ポット/ イメージ **ภาพยนตร์** /パープ パヨン/ 映画 **ภาพลวงตา** /パープ ルアンター/ 幻想 **ภาพลักษณ์** /パープ ラック/ イメージ **ภาพวาด** /パープ ワート/ 絵，絵画

ภาย /パーイ/ (㊇ place, time, side) 所, 時, 側 **ภายนอก** /パーイ ノーク/ 外側に **ภายใน** /パーイ ナイ/ …以内に **ภายหน้า** /パーイ ナー/ 将来 **ภายหลัง** /パーイ ラン/ あとで

ภารโรง /パーンローン/ (㊇ janitor) 管理人，用務員

ภาร, ภาระ /パーン, パーラ/ (㊇ obligation) 重責, 義務 **ภารกิจ** /パーラ キット/ 責務 **ภาระหนัก** /パーラ ナック/ 重責

ภาวนา /パーワナー/ (㊇ pray, meditation) 祈る；黙想

ภาวะ /パーウ/ (⑨ condition) 状態, 情勢 **ภาวะการเงิน** /パーウ カーングン/ 財政状態 **ภาวะฉุกเฉิน** /パーウ チュック チューン/ 非常事態 **ภาวะโลกร้อน** /パーウ ローク ローン/ 地球温暖化

ภาษา /パーサー/ (⑨ word, language) 言葉, 言語 **ภาษากลาง** /パーサー クラーン/ 標準語 **ภาษาตลาด** /パーサー タラート/ スラング **ภาษาต่างประเทศ** /パーサー ターン プラテート/ 外国語 **ภาษาท้องถิ่น** /パーサー トーン ティン/ 方言 **ภาษาพื้นเมือง** /パーサー プーン ムアン/ 方言 **ภาษาศาสตร์** /パーサーサート/ 言語学

ภาษี /パーシー/ (⑨ tax) 税金 **ภาษีเงินได้** /パーシー グン ダイ/ 所得税 **ภาษีมูลค่าเพิ่ม** /パーシー ムーンカー プーム/ 付加価値税

ภิกษุ, ภิกขุ /ピックス, ピック/ (⑨ Buddhist monk) 比丘 (びく), 僧

ภูเก็ต /プーケット/ (⑨ Phuket) プーケット (島・県・市)

ภูเขา /プーカオ/ (⑨ mountain) 山 **ภูเขาไฟ** /プーカオ ファイ/ 火山

ภูมิ /プーム/ (⑨ land, position, background) 土地, 立場, 履歴 **ภูมิใจ** /プーム チャイ/ 誇りに思う **ภูมิฐาน** /プーム ターン/ エレガントな, 堂々とした **ภูมิประเทศ** /プーミ プラテート/ 地勢 **ภูมิแพ้** /プーム ペー/ アレルギー **ภูมิภาค** /プーミパーク/ 地方, 田舎 **ภูมิลำเนา** /プーミラムナオ/ 本籍地 **ภูมิศาสตร์** /プーミサート/ 地理学

เภสัช /ペーサット/ (⑨ drug, medicine, pill) 薬 **เภสัชกร** /ペーサッチャコーン/ 薬剤師

โภคภัณฑ์ /ポークカパン/ (⑨ daily necessaries) 日用品

โภชนะ /ポーチャナ/ (⑨ food, cooking) 食物, 食事, 料理 **โภชนาการ** /ポーチャナカーン/ 栄養, 栄養学

ม

มกราคม /マカラーコム, モッカラー コム/ (⑨January) 1月

มงกุฎ /モンクット/ (⑨ crown, headdress) 王冠, 頭飾り (舞踊などの) **มกุฎราชกุมาร** /マクット ラーチャクマーン/ 皇太子

มงคล /モンコン/ (⑨ auspiciousness) 吉兆, おめでたいこと

มณี /マニー/ (⑨jewel) 宝石

มด /モット/ (⑨ant) 蟻 (あり)

มดลูก /モット ルーク/ (⑨uterus) 子宮

มติ /マティ/ (⑨ view, resolution) 意見, 決定 **มติมหาชน** /マティ マハーチョン/ 世論

มน /モン/ (⑨round) 丸い

มนต์ /モン/ (⑨ sacred words) 呪文, まじない

มนุษย์ /マヌット/ (⑨ human beings) 人間 **มนุษยชาติ** /マヌットサヤチャート/ 人類 **มนุษยธรรม** /マヌットサヤタム/ ヒューマニズム

มนุษยสัมพันธ์ /マヌットサヤ サムパン/ 人間関係, 人付き合い

มนุษยวิทยา /マヌットサヤウィッタヤー/ 人類学

มโน /マノー/ (㊥ mind) 心, 精神 **มโนคติ** /マノー カティ/ コンセプト, 観念 **มโนธรรม** /マノータム/ 良心 **มโนภาพ** /マノー パープ/ 想像（力）, 心象

มยุรา /マユラー/ (㊥ peacock) 孔雀（くじゃく）

มรกต /モーラコット/ (㊥ emerald) エメラルド

มรณะ /モーラナ/ (㊥ death, die) 〖文〗死；死去する

มรดก /モーラドック/ (㊥ legacy) 遺産

มรรยาท /マンヤート, マンラヤート/ (㊥ manner) 行儀, 作法

มรสุม /モーラスム/ (㊥ monsoon) モンスーン

มลพิษ /モンラピット/ (㊥ pollution) 汚染 **มลพิษทางสภาวะแวดล้อม** /モンラピット ターン サパーウウェートローム/ 環境汚染

มลทิน /モンティン/ (㊥ blemish) 汚点, きず

มลายู /マラーユー/ (㊥ Malay, Malayan) マレーの, マレー人

ม่วง /ムアン/ (㊥ violet) 紫の

มวน /ムアン/ (㊥ roll) …本《紙巻たばこの類別詞》

ม้วน /ムアン/ (㊥ roll, reel) …巻《巻いた物の類別詞》; 巻く

มวย /ムアイ/ (㊥ boxing, knot) ボクシング；髪を束ねる **มวยไทย** /ムアイ タイ/ タイ式ボクシング **มวยปล้ำ** /ムアイ プラム/ レスリング

ม่วย /ムアイ/ (㊥ sister, Chinese girl) 〖口〗妹, 中国娘

มวล /ムアン/ (㊥ all, entire) 一切の, 全ての **มวลชน** /ムアン チョン/ 大衆 **มวลรวม** /ムアン ルアム/ 合計

มหรสพ /マホーラソップ/ (㊥ entertainment) 娯楽, 催し物

มหันต์ /マハン/ (㊥ huge) 巨大な

มหัศจรรย์ /マハッサチャン/ (㊥ amazing) 不可思議な, 奇怪な

มหา /マハー/ (㊥ big, great) 大, 偉大な《造語成分》 **มหาชน** /マハー チョン/ 大衆 **มหาบุรุษ** /マハー ブルット/ 偉人 **มหาประเทศ** /マハー プラテート/ 大国 **มหาศาล** /マハーサーン/ 巨大な **มหาสมุทร** /マハー サムット/ 大海, 大洋

มหาธาตุ /マハー タート/ (㊥ Buddha relic) 仏舎利

มหาบัณฑิต /マハー バンディット/ (㊥ master) 修士

มหายาน /マハー ヤーン/ (㊥ Mahayana Buddhism) 大乗仏教

มหาราช /マハー ラート/ (㊥ the Great) 大王

มหาวิทยาลัย /マハー ウィッタヤー

ライ/ (英 college, university) 大学 **มหาวิทยาลัยเกษตรศาสตร์** /マハーウィッタヤーライ カセートサート/ カセサート大学 **มหาวิทยาลัยธรรมศาสตร์** /マハーウィッタヤーライ タムマサート/ タマサート大学

มหึมา /マフマー/ (英 gigantic, great) 巨大な, 偉大な

มเหสี /マヘーシー/ (英 queen)【王】王妃

มโหรี /マホーリー/ (英 traditional Thai orchestra) タイ民族楽器の楽団

มโหฬาร /マホーラーン/ (英 vast) 広大な, 壮大な

มอซอ /モー ソー/ (英 shabby) 着古した, むさくるしい

มอง /モーン/ (英 look *at*, watch) 見る, 眺める **มองข้าม** /モーン カーム/ 見落とす, 見逃す **มองดู** /モーン ドゥー/ 見つめる **มองในแง่ดี** /モーン ナイ ゲー ディー/ 楽観的な **มองในแง่ร้าย** /モーン ナイ ゲー ラーイ/ 悲観的な **มองไม่เห็น** /モーン マイ ヘン/ 《目を向けても》見えない **มองหา** /モーン ハー/ 探す

มอญ /モーン/ (英 the Mon) モン人, モン族《モン・クメール系》

มอเตอร์ไซค์ /モーター サイ/ (英 motorcycle) バイク **มอเตอร์ไซค์รับจ้าง** /モーターサイ ラップチャーン/ バイクタクシー

มอบ /モープ/ (英 hand, give) 渡す, 任す **มอบตัว** /モープ トゥア/ 自首する **มอบหมาย** /モープ マーイ/ (仕事を) 割り当てる **มอบให้** /モープ ハイ/ 差し上げる

มอม /モーム/ (英 dirty, blacken) 汚れた ; 汚れで黒くなる **มอมเมา** /モーム マオ/ ミスリードする **มอมแมม** /モーム メーム/ 汚れた, ほこりまみれの **มอมเหล้า** /モーム ラオ/ 酔わせる

ม่อย /モイ/ (英 doze) うたたねする, まどろむ

มอร์ฟีน /モーフィーン/ (英 morphine) モルヒネ

มะกรูด /マクルート/ (英 kaffir lime)【植】コブミカン

มะขาม /マカーム/ (英 tamarind)【植】タマリンド

มะเขือ /マクア/ (英 eggplant)【植】ナス類

มะเขือเทศ /マクアテート/ (英 tomato)【植】トマト

มะนาว /マナーオ/ (英 lime)【植】ライム

มะพร้าว /マプラーオ/ (英 coconut)【植】ココナッツ

มะม่วง /マムアン/ (英 mango)【植】マンゴー

มะเมีย /マミア/ (英 the year of the Horse) 午 (うま) 年

มะแม /マメー/ (英 the year of the Ram) 未 (ひつじ) 年

มะยม /マヨム/ (英 star gooseberry)【植】スターグースベ

มะระ /マラ/ (⊛ bitter gourd) 苦瓜

มะรืนนี้ /マルーンニー/ (⊛ day after tomorrow) 明後日

มะเร็ง /マレン/ (⊛ cancer) 癌(がん) **มะเร็งกระเพาะอาหาร** /マレン クラポ アーハーン/ 胃ガン **มะเร็งเต้านม** /マレン タオ ノム/ 乳ガン **มะเร็งปอด** /マレン ポート/ 肺ガン **มะเร็งมดลูก** /マレン モット ルーク/ 子宮ガン

มะโรง /マローン/ (⊛ the year of the Dragon) 辰(たつ)年

มะละกอ /マラコー/ (⊛ papaya) 〖植〗パパイヤ

มะลิ /マリ/ (⊛ jasmine)〖植〗ジャスミン

มะเส็ง /マセン/ (⊛ the year of the Snake) 巳(み)年

มัก /マック/ (⊛ often, prefer) よく…, …しやすい **มักง่าย** /マック ガーイ/ 軽はずみの **มักจะ...** /マック チャ/ …しがちな, しょっちゅう…する **มักได้** /マック ダーイ/ 欲張りの **มักมาก** /マック マーク/ 貪欲な

มั่ง /マン/ (⊛ rich) 富裕な **มั่งคั่ง** /マン カン/ 金持の, 裕福な **มั่งมี** /マン ミー/ 金持の, 裕福な

มังกร /マンコーン/ (⊛ dragon) 龍

มังคุด /マンクット/ (⊛ mangosteen)〖植〗マンゴスチン

มังสวิรัติ /マンサウィラット/ (⊛ vegetarian) ベジタリアン

มัณฑนา /マンタナー/ (⊛ decoration) 装飾 **มัณฑนศิลป์** /マントン シン/ インテリアデザイン **มัณฑนากร** /マンタナーコーン/ インテリアデザイナー

มัด /マット/ (⊛ tie up, bundle) 縛る；束, 包み **มัดจำ** /マット チャム/ 手付金, 保証金

มัธยม /マッタヨム/ (⊛ middle, secondary school) 中間の, 中等の；中学 **มัธยมตอนต้น** /マッタヨム トーントン/ 中学校(中等教育前期) **มัธยมตอนปลาย** /マッタヨム トーン プラーイ/ 高校（中等教育後期) **มัธยมศึกษา** /マッタヨム スックサー/ 中等教育

มัน /マン/ (⊛ it, fat, glossy) それ, あいつ, イモ類, 脂肪；脂気がある, 艶のある **มันฝรั่ง** /マン ファラン/〖植〗ジャガイモ **มันมือ** /マン ムー/ …したくてむずむずする **มันสมอง** /マン サモーン/ 頭脳, インテリ

มั่น /マン/ (⊛ fixed, firm) 固定した, 確固とした **มั่นคง** /マン コン/ 安定した, 安全な **มั่นใจ** /マン チャイ/ 確信した, 信念のある

มัว /ムア/ (⊛ dim, gloomy) ぼんやりした, くすんだ **มัวแต่** /ムア テー/ …してばかりいる, …に溺れる **มัวเมา** /ムア マオ/ …に耽(ふけ)る **มัวหมอง** /ムア モーン/ (名声が)傷ついた

มั่วสุม /ムア スム/ (英 associate with) 集合する，たむろする

มา /マー/ (英 come) 来る，…して来る，…しに来る **มาถึง** /マートゥン/ 到着する **มาหา** /マーハー/ 訪ねて来る

ม้า /マー/ (英 horse) 馬 **ม้าแข่ง** /マーケン/ 競走馬 **ม้านั่ง** /マーチン/ スツール **ม้ามืด** /マームート/ ダークホース **ม้าเร็ว, ม้าใช้** /マー レオ, マー チャイ/ メッセンジャー **ม้ายาว** /マーヤーオ/ ベンチ **ม้าหมุน** /マームン/ 回転木馬

มาก /マーク/ (英 many, very) 多い，とても **มากไป** /マークパイ/ 多すぎる **มากมาย** /マークマーイ/ 多くの，どっさり

มาด /マート/ (英 aim) 意図する

มาตร /マート/ (英 measure, even if) 計量，たとえ…でも

มาตรการ /マートトラカーン/ (英 standard) 規準，尺度

มาตรฐาน /マートトラターン/ (英 standard) 標準 **มาตรแม้น, มาตรว่า** /マート メーン, マート ウー/ たとえ…であっても

มาตรา /マーットラー/ (英 weights and measures, unit) 度量衡，単位，《法律》条 **มาตราเงิน** /マーットラー グン/ 貨幣制度 **มาตราชั่ง** /マーットラー チャン/ 重量単位 **มาตราส่วน** /マーットラー スアン/ 縮尺

ม่าน /マーン/ (英 curtain, screen) 幕，カーテン

ม้าน /マーン/ (英 withered) しおれた

มานะ /マーナ/ (英 effort) ねばり強さ，強固な意志

ม่าย /マーイ/ (英 widow, overlook) 未亡人，男やもめ；見落とす

มายา /マーヤー/ (英 trick, illusion) トリック，幻想 **มายากล** /マーヤー コン/ マジック，手品

มาร /マーン/ (英 devil) 悪魔

มาร์ช /マート/ (英 march) 行進曲，マーチ

มารดา /マーンダー/ (英 mother) 《文》母

มารยาท /マーラヤート/ (英 manners, etiquette) 行儀作法，礼儀

มาราธอน /マーラートーン/ (英 marathon) マラソン

มาลัย /マーライ/ (英 garland, lei) 花輪，レイ

มาลา /マーラー/ (英 flower, wreath) 花，花輪

มาลาเรีย /マーラーリア/ (英 malaria) マラリア

มาเลเซีย /マーレーシア/ (英 Malaysia) マレーシア

มิ /ミ/ (英 not) 《否定詞》…ではない，…しない（= **ไม่**） **มิฉะนั้น** /ミチャナン/ さもなければ **มิดีมิร้าย** /ミディー ミラーイ/ ひどい **มิได้** /ミダイ/ だめ **มิน่า**

/ミチ-/ どうりで **มิไย** /ミャイ/ …にもかかわらず

มิจฉา /ミッチャー/ (⑬ bad, loose) 悪い, ふしだらな **มิจฉาชีพ** /ミッチャー チープ/ あくどい生き方

มิด /ミット/ (⑬ completely) すっぽりと, 完全に **มิดชิด** /ミット チット/ ぴったりと

มิตร /ミット/ (⑬ friend)〖文〗友《主に造語成分として》 **มิตรจิต** /ミットラチット/ 友情 **มิตรภาพ** /ミットラパープ/ 友好, 友愛 **มิตรสหาย** /ミットサハーイ/ 親友

มิถุนายน /ミトゥナーヨン/ (⑬ June) 6月

มี /ミー/ (⑬ have) ある, 持っている **มีกำไร** /ミー カムライ/ 儲かる **มีค่า** /ミー カー/ 値打ちがある **มีชีวิต** /ミー チーウィット/ 生きている **มีชื่อเสียง** /ミーチュー シアン/ 有名な **มีท้อง** /ミートーン/〖口〗妊娠した **มีทาง** /ミーターン/ 方法がある **มีธุระ** /ミートゥラ/ 用事がある **มีประโยชน์** /ミー プラヨート/ 有益な, 役に立つ **มีรส** /ミー ロット/ 美味の **มีเสน่ห์** /ミー サネー/ チャーミングな **มีหน้ามีตา** /ミー ナー ミー ター/ 顔が広い **มีเหย้ามีเรือน** /ミーヤオ ミー ルアン/ (女が) 所帯を持つ **มีอายุ** /ミー アーユ/〖口〗年とった

มีด /ミート/ (⑬ knife) ナイフ, 包丁 **มีดโกน** /ミート コーン/ かみそり

มีนาคม /ミーナーコム/ (⑬ March) 3月

มึง /ムン/ (⑬ you) お前

มึน /ムン/ (⑬ giddy) 目がくらむ **มึนงง** /ムン ゴン/ ぼうっとする

มืด /ムート/ (⑬ dark) 暗い **มืดมัว** /ムート ムア/ 暗い, 曇った **มืดหน้า** /ムート ナー/ めまいがする, くらくらする

มือ /ムー/ (⑬ hand, -er, -ist) 手, …する人 **มือขึ้น** /ムー クン/ 良くなる **มือถือ** /ムー トゥー/ 携帯電話 **มือปืน** /ムー プーン/ 殺し屋 **มือเปล่า** /ムー プラーオ/ 手ぶら, 素手 **มือไว** /ムー ワイ/ 盗癖がある

มื้อ /ムー/ (⑬ meal) …食《食事の類別詞》 **มื้อกลางวัน** /ムー クラーンワン/ 昼食 **มื้อเช้า** /ムー チャーオ/ 朝食 **มื้อเย็น** /ムー イエン/ 夕食

มุก /ムック/ (⑬ pearl oyster) 真珠貝

มุกดา /ムックダー/ (⑬ pearl, opal) 真珠, ムーンストーン

มุข /ムック/ (⑬ entrance, face) 正面玄関, 前面 **มุขบุรุษ** /ムック カブルット/ 首脳

มุง /ムン/ (⑬ roof) 屋根を葺く, 寄り集まる

มุ่ง /ムン/ (⑬ aim at, intend) (的を) 狙う, 目指す **มุ่งหมาย** /ムン マーイ/ 目指す **มุ่งหวัง** /ムン ワン/ 期待する

มุ้ง /ムン/ (⑬ mosquito net)

มุด ▶

蚊帳（かや） **มุ้งสายบัว** /ムン サーイ ブア/ 刑務所

มุด /ムット/ (🅔 duck, dive) 潜りこむ **มุดหัว** /ムット ファ/ 潜（ひそ）む，隠れる

มุ่น /ムン/ (🅔 twist up, worry) （髪を）結う，心配する

มุม /ムム/ (🅔 corner) 角（かど），隅 **มุมฉาก** /ムム チャーク/ 直角 **มุมถนน** /ムム タノン/ 曲り角

มุ่ย /ムイ/ (🅔 frowning) ぶすっとした

มุสลิม /ムッサリム/ (🅔 a Muslim) イスラム教徒

มุสา /ムサー/ (🅔 lying) 嘘つきの

มูก /ムーク/ (🅔 mucus) 粘液

มูล /ムーン/ (🅔 base, waste, all) 基礎，基金，ごみ；すべての **มูลฐาน** /ムーン ターン/ 基礎 **มูลนิธิ** /ムーン ラニティ/ 基金, 財団 **มูลฝอย** /ムーン フォーイ/ 塵芥 **มูลเหตุ** /ムーン ヘート/ 発端, 原因

เมฆ /メーク/ (🅔 cloud) 雲

เม็ด /メット/ (🅔 seed) 種,《粒状物の類別詞》

เมตตา /メーッター/ (🅔 kindness) 慈悲, 憐れみ **เมตตากรุณา** /メーッター カルナー/ 慈悲, 憐れみ

เมตร /メート/ (🅔 meter) 【単】メートル

เมนู /メーヌー/ (🅔 menu) メニュー

เม้ม /メム/ (🅔 hem) 縁を内側へ曲げる **เม้มริมฝีปาก** /メム リムフィー パーク/ 唇を噛む

เมรุ /メール/ (🅔 Meru Mountain) 須弥山（しゅみせん）《仏教の宇宙観で, 世界の中心にあるという山》

เมล์ /メー/ (🅔 mail, post) 郵便 **เมล์อากาศ** /メー アーカート/ 航空便

เมล็ด /マレット/ (🅔 seed, grain) 種子, 穀粒

เมษายน /メーサーヨン/ (🅔 April) 4月

เมา /マオ/ (🅔 drunk, indulge oneself in) 酔った, …にふける **เมารถ** /マオ ロット/ 車に酔う **เมาเรือ** /マオ ルア/ 船に酔う **เมาเหล้า** /マオ ラオ/ 酒に酔う

เมิน /ムーン/ (🅔 ignore) 無視する **เมินเฉย** /ムーン チューイ/ 知らん顔の

เมีย /ミア/ (🅔 wife) 妻 **เมียน้อย** /ミアノーイ/ 妾 **เมียหลวง** /ミアルアン/ 本妻

เมื่อ /ムア/ (🅔 when) …した時 **เมื่อก่อนนี้** /ムア ゴーン ニー/ 以前 **เมื่อกี้นี้** /ムア キーニー/ たった今 **เมื่อคืนนี้** /ムア クーンニー/ 昨夜 **เมื่อเช้านี้** /ムア チャオニー/ 今朝がた **เมื่อเร็วๆนี้** /ムア レオレオ ニー/ 最近 **เมื่อไร** /ムアライ/ いつ **เมื่อไรก็ได้** /ムアライ コーダーイ/ いつでもよい **เมื่อวันก่อน** /ムア ワンゴーン/ 先日 **เมื่อวานนี้** /ムア ワーンニー/ きのう

เมือง /ムアン/ (🅔 city, country) 町, 市, 国 **เมืองขึ้น** /ムアン クン/ 植民地 **เมืองไทย** /ムアン タイ/ タイ国 **เมืองนอก** /ムアン ノーク/ 外国 **เมืองหลวง** /ムアン ルアン/ 首都

เมื่อย /ムアイ/ (Ⓔ be fatigued) 凝る, だるい **เมื่อยขา** /ムアイ カー/ 足がだるい

แม่ /メー/ (Ⓔ mother) 母 **แม่ครัว** /メー クルア/ 女料理人 **แม่ค้า** /メー カー/ 女商人 **แม่ทัพ** /メー タップ/ 司令官 **แม่น้ำ** /メーナーム/ 川, 河 **แม่น้ำโขง** /メーナーム コーン/ メコン川 **แม่น้ำเจ้าพระยา** /メーナーム チャオプラヤー/ チャオプラヤー河 **แม่บ้าน** /メー バーン/ 主婦 **แม่ผัว** /メー プア/ 姑 **แม่ม่าย** /メー マーイ/ 寡婦 **แม่เลี้ยง** /メー リアン/ 養母

แม้ /メー/ (Ⓔ even if...) …とはいえ **แม้กระนั้น** /メー クラナン/ そうであっても **แม้แต่** /メー テー/ …でさえ **แม้ว่า** /メー ワー/ …であっても

แมง /メーン/ (Ⓔ arthropod) 節足動物 **แมงดา** /メーンダー/ タガメ, (女の) ひも, ポン引き **แมงป่อง** /メーン ポーン/ サソリ **แมงมุม** /メーン ムム/ クモ

แม่น, แม่นยำ /メン, メン ヤム/ (Ⓔ accurate) 正確な

แมลง /マレーン/ (Ⓔ insect) 昆虫, 虫 **แมลงปอ** /マレーン ポー/ トンボ **แมลงสาบ** /マレーン サープ/ ゴキブリ **แมลงวัน** /マレーン ワン/ ハエ

แมว /メーオ/ (Ⓔ cat) 猫 **แมวขโมย** /メーオ カモーイ/ 泥棒 **แมวไทย** /メーオ タイ/ シャム猫

โม่ /モー/ (Ⓔ stone mortar, grind) 石臼; (粉を) 挽(ひ)く

โมฆะ /モーカ/ (Ⓔ empty, invalid) 空の, 無効の

โมง /モーン/ (Ⓔ ...o'clock)【単】…時《午前6時から午後6時まで》

โมโห /モーホー/ (Ⓔ get angry) 怒る

ไม่ /マイ/ (Ⓔ not)《不定詞》…ではない, …しない **ไม่ค่อย...** /マイ コイ/ あまり…でない **ไม่เคย...** /マイ クーイ/ …したことがない **ไม่ใช่...** /マイ チャイ/ …ではありません **ไม่ได้...** /マイ ダイ/ …していない《動詞の前で》 **ไม่ได้** /...マイ ダーイ/ …できない, …してはいけない《動詞の後で》, だめ **ไม่ต้อง...** /マイ トン/ …する必要がない **...ไม่เป็น** /マイ ペン/ …ができない **ไม่เป็นไร** /マイ ペン ライ/ かまいません **ไม่มีปัญหา** /マイ ミー パンハー/ 問題はない **ไม่รู้ไม่ชี้** /マイ ルー マイ チー/ 耳を傾けない **ไม่...เลย** /マイ ルーイ/ 全然…ない **ไม่ว่า...** /マイ ワー/ …を問わず

ไม้ /マーイ/ (Ⓔ wood) 木の総称 **ไม้กวาด** /マイ クワート/ ほうき **ไม้ขีด** /マイ キート/ マッチ

ไม้เท้า /マイ ターオ/ 杖 ไม้บรรทัด /マイ バンタット/ 定規 ไม้ไผ่ /マイ パイ/ 竹 ไม้สัก /マイ サック/ チーク

ไมตรี /マイトリー/ (⊛ friendship) 友好

ย

ยก /ヨック/ (⊛ raise, round) 持ち上げる, 免除する, ラウンド ยกเครื่อง /ヨック クルアン/ オーバーホールする ยกเค้า /ヨック カオ/ 盗みに入る ยกตัวอย่าง /ヨック トゥア ヤーン/ 例をあげる ยกทัพ /ヨック タップ/ 軍を動かす ยกโทษ /ヨック トート/ 罪を許す ยกธงขาว /ヨック トン カーオ/ 降伏する ยกยอ /ヨック ヨー/ へつらう ยกย่อง /ヨック ヨン/ ほめる ยกเว้น /ヨック ウェーン/ …を除く

ยก...ให้ /ヨック ハイ/ …に与える, 贈る

ยง /ヨン/ (⊛ eternal, brave) 堅固な, 勇敢な

ยถากรรม /ヤターカム/ (⊛ fate) 運命

ย่น /ヨン/ (⊛ shorten, wrinkled) 短縮する；しわが寄った ย่นย่อ /ヨン ヨー/ しりごみする

ยนต์ /ヨン/ (⊛ motor, engine) モーター, エンジン

ยมบาล /ヨムマバーン/ (⊛ guardian of hell) 地獄の使者 ยมโลก /ヨムマローク/ 冥土（めいど）

ยวดยาน /ユアット ヤーン/ (⊛ vehicle) 乗物

ยวดยิ่ง /ユアット イン/ (⊛ extremely) 最高に

ยวน /ユアン/ (⊛ tempt) 挑発する, 魅惑する

ยวบ /ユアップ/ (⊛ sink) 沈下する ยวบๆ /ユアップ ユアップ/ グラグラする

ยศ /ヨット/ (⊛ rank, title) 位階

ยอ /ヨー/ (⊛ flatter, dip net) お世辞を言う；たも網

ย่อ /ヨー/ (⊛ summarize) 要約する ย่อความ /ヨー クワーム/ 要約する ย่อตัว /ヨー トゥア/ 身を屈める ย่อย่น /ヨー ヨン/ 尻込みする

ยอก /ヨーク/ (⊛ prick) ちくりと刺す, チクチクする

ยอกย้อน /ヨーク ヨーン/ (⊛ complicated) こみ入った, 回りくどい

ย่อง /ヨン/ (⊛ walk stealthily) 忍び足で歩く

ยอด /ヨート/ (⊛ summit, supremeness) 頂上, 最高 ยอดเยี่ยม /ヨート イアム/ 最高の ยอดรัก /ヨート ラック/ 最愛の

ย้อน /ヨーン/ (⊛ return) 戻る, 繰り返す ย้อนรอย /ヨーン ローイ/ 足跡をたどる ย้อนหลัง /ヨーン ラン/ 遡（さかのぼ）る, 解雇する

ยอม /ヨーム/ (⊛ allow) 容認する ยอมแพ้ /ヨーム ペー/ 降参す

る **ยอมรับ** /ヨームラップ/ 認める **ยอมให้** /ヨームハイ/ 許可する

ย่อม /ヨム/ (⊛ naturally, small) 当然…だ；小さめの **ย่อมจะ** /ヨム チャ/ 当然…する **ย่อมเยา** /ヨム ヤオ/ 値ごろな

ย้อม /ヨーム/ (⊛ dye) 染める **ย้อมสี** /ヨームシー/ 染色する

ย่อย /ヨイ/ (⊛ digest, break into pieces, small) 消化する，細かく砕く；零細な **ย่อยยับ** /ヨイ ヤップ/ 木端微塵 (こっぱみじん)の

ย้อย /ヨーイ/ (⊛ droop) 垂れ下がる

ยัก /ヤック/ (⊛ shrug) (肩を)すくめる **ยักยอก** /ヤック ヨーク/ 横領する

ยักษ์ /ヤック/ (⊛ demon, giant) 鬼, 巨人

ยัง /ヤン/ (⊛ remain, yet, toward) 存続する；未だ；…へ **ยังคง** /ヤンコン/ 今もなお

ยังไง(=อย่างไร) /ヤン ガイ/ (⊛ how) どのように **ยังงั้น (=อย่างนั้น)** /ヤン ガン/ そのように **ยังงี้(=อย่างนี้)** /ヤン ギー/ このように

ยั่งยืน /ヤン ユーン/ (⊛ lasting, permanent) 永続した，不変の

ยั้ง /ヤン/ (⊛ cease) 停止する **ยั้งคิด** /ヤン キット/ 熟考する

ยัด /ヤット/ (⊛ stuff) 詰めこむ, むさぼり食う **ยัดเยียด** /ヤット イアット/ ギュウギュウ詰めの

ยัน /ヤン/ (⊛ support, hang on) 支える，踏みとどまる

ยันต์ /ヤン/ (⊛ amulet) 護符

ยับ /ヤップ/ (⊛ wrinkled, ruined) 皺(しわ)のよった, 壊滅的な **ยับเยิน** /ヤップ ユーン/ 粉砕する

ยับยั้ง /ヤップ ヤン/ (⊛ ban) 抑える，止める

ยั่ว /ユア/ (⊛ tease, tempt) からかう，(怒りを)誘う **ยั่วใจ** /ユア チャイ/ 誘惑する **ยั่วยวน** /ユア ユアン/ 刺激する

ยั้วเยี้ย /ユア イア/ (⊛ swarming) うようよした

ยัวะ /ユア/ (⊛ get angry) 怒る

ยา /ヤー/ (⊛ medicine, cure) 薬, 治す **ยากันยุง** /ヤー カン ユン/ 蚊取線香 **ยาคุมกำเนิด** /ヤー クム カムヌート/ ピル **ยาชา** /ヤー チャー/ 麻酔剤 **ยาบ้า** /ヤー バー/ 覚醒剤, エクスタシー **ยาฝิ่น** /ヤー フィン/ 阿片 **ยาพิษ** /ヤー ピット/ 毒物 **ยาเม็ด** /ヤー メット/ 丸薬, 錠剤 **ยาสีฟัน** /ヤー シー ファン/ 歯みがき **ยาเสพติด** /ヤー セープ ティット/ 麻薬

ย่า /ヤー/ (⊛grandmother (on the father's side 《父方の》) 祖母 **ย่าทวด** /ヤー トゥアット/《父方の》曾祖母

ยาก /ヤーク/ (⊛ difficult) 難しい **ยากจน** /ヤーク チョン/ 貧乏な **ยากลำบาก** /ヤーク ラムバーク/

ยาง ▶

困窮した

ยาง /ヤーン/ (⊛ rubber) ゴム, タイヤ **ยางแตก** /ヤーン テーク/ タイヤがパンクする **ยางลบ** /ヤーン ロッブ/ 消しゴム

ยาจก /ヤーチョック/ (⊛ beggar) 乞食

ยาน /ヤーン/ (⊛ vehicle, pendent) 乗物;垂れた **ยานพาหนะ** /ヤーン パーハナ/ 乗り物 **ยานอวกาศ** /ヤーン アワカート/ 宇宙船

ย่าน /ヤーン/ (⊛ area, zone) 地域, 区域 **ย่านการค้า** /ヤーン カーンカー/ 繁華街

ยาม /ヤーム/ (⊛ guard, time) 守衛, ガードマン;時 **ยามค่ำ** /ヤーム カム/ 晩 **ยามดึก** /ヤームドゥック/ 深夜

ย่าม /ヤーム/ (⊛ shoulder bag) ショルダーバッグ

ยาย /ヤーイ/ (⊛ grandmother (on the mother's side 《母方の》) 祖母 **ยายทวด** /ヤーイトアット/ 《母方の》曾祖母

ย้าย /ヤーイ/ (⊛ move) 移る **ย้ายตำแหน่ง** /ヤーイ タムネン/ 転任する **ย้ายบ้าน** /ヤーイ バーン/ 引っ越す

ยาว /ヤーオ/ (⊛ long) 長い《距離》

ยำ /ヤム/ (⊛ yam, Thai spicy salad, mix) ヤム(タイ風和え物);混ぜ合わせる

ยำเกรง /ヤム クレーン/ (⊛ respect) 畏敬する

ย่ำ /ヤム/ (⊛ tramp on, strike) 踏みつける, 歩く, 打つ **ย่ำค่ำ** /ヤム カム/ たそがれ **ย่ำยี** /ヤム イー/ 迫害する **ย่ำแย่** /ヤム イェー/ 疲れ果てる

ย้ำ /ヤム/ (⊛ repeat, emphasize) 繰り返す, 強調する

ยิง /イン/ (⊛ shoot) 撃つ **ยิงปืน** /インプーン/ 銃を撃つ **ยิงเป้า** /イン パオ/ 射殺する

ยิ่ง /イン/ (⊛ extremely) 非常に **ยิ่งกว่านั้น** /イン クワー ナン/ その上さらに **ยิ่ง...ยิ่ง...** /イン イン/ …するほど, ますます… **ยิ่งเร็วยิ่งดี** /イン レオ イン ディー/ 早ければ早いほどいい **ยิ่งใหญ่** /イン ヤイ/ 偉大な, 強大な

ยินดี /イン ディー/ (⊛ be glad) 喜ばしい **ยินดีต้อนรับ** /イン ディー トーン ラップ/ ようこそ

ยินยอม /イン ヨーム/ (⊛ permit) 同意する, 承諾する

ยิ้ม /イム/ (⊛ smile) ほほえむ **ยิ้มแป้น** /イム ペーン/ にっこり笑う **ยิ้มเยาะ** /イム ヨ/ あざ笑う **ยิ้มแย้ม** /イム イェーム/ ニコニコする **ยิ้มหัว** /イム ラア/ 笑いころげる

ยิว /イウ/ (⊛ Jew) ユダヤ人

ยีนส์ /イーン/ (⊛ jeans) ジーンズ

ยี่สิบ /イーシップ/ (⊛ twenty) 20

ยี่หระ /イー ラ/ (⊛ care, mind) 気をつける

ยี่ห้อ /イー ホー/ (⊛ brand) ブランド名

ยึด /ユット/ ([英]capture) つかむ，捕らえる，占領する **ยึดตัว** /ユット トゥア/ 身柄を拘留する **ยึดถือ** /ユット トゥー/ 信じる **ยึดอำนาจ** /ユット アムナート/ 権力を握る

ยืด /ユート/ ([英]stretch) 引き伸ばす **ยืดยาว** /ユート ヤーオ/ 長たらしい **ยืดเยื้อ** /ユート ユア/ 延々と

ยืน /ユーン/ ([英]stand) 立つ **ยืนขึ้น** /ユーン クン/ 起立する **ยืนนาน** /ユーン ナーン/ 永続する **ยืนยัน** /ユーン ヤン/ 断言する **ยืนหยัด** /ユーン ヤット/ 屈しない

ยื่น /ユーン/ ([英] submit, protrude) 提出する，突き出る **ยื่นฟ้อง** /ユーン フォーン/ 訴訟を起こす **ยื่นมือ** /ユーン ムー/ 介入する

ยืม /ユーム/ ([英]borrow) 借りる

ยื้อ /ユー/ ([英] seize) 奪い取る **ยื้อแย่ง** /ユー イェーン/ 力ずくで奪う

ยุ /ユ/ ([英]incite) 励ます，駆り立てる **ยุยง** /ユ ヨン/ (悪事を) そそのかす

ยุค /ユック/ ([英] age, era) 時代 **ยุคทอง** /ユック トーン/ 黄金時代

ยุง /ユン/ ([英]mosquito) 蚊

ยุ่ง /ユン/ ([英] troublesome, busy) ごたごたした，忙しい **ยุ่งยาก** /ユン ヤーク/ 厄介な **ยุ่งเหยิง** /ユン ユーン/ 混乱した

ยุ้งข้าว /ユン カーオ/ ([英] granary) 米倉

ยุติ /ユッティ/ ([英]finish, correct) 完了する；正しい **ยุติธรรม** /ユッティタム/ 正義，公平な

ยุทธ /ユット/ ([英]fight) 戦闘

ยุบยับ /ユップ ヤップ/ ([英] devastating) 壊滅的な **ยุบสภา** /ユップ サパー/ 議会を解散する

ยุ่มย่าม /ユム ヤーム/ ([英]untidy) だらしのない；干渉する

ยุ่ย /ユイ/ ([英]fragile) 脆（もろ）い，砕けやすい

ยุโรป /ユロープ/ ([英]Europe) ヨーロッパ

ยุวชน /ユアチョン/ ([英]youth) 青少年

ยู่ /ユー/ ([英] crushed, wrinkled) つぶれた，皺（しわ）くちゃの **ยู่ยี่** /ユー イー/ 皺（しわ）くちゃな

เย้ /イェー/ ([英]leaning) 傾いた

เยน /イェーン/ ([英] yen) (日本) 円

เย็น /イェン/ ([英]cool, evening) 涼しい，冷たい；夕方 **เย็นใจ** /イェン チャイ/ 安心した **เย็นชา** /イェン チャー/ 冷淡な，無感動な **เย็นนี้** /イェン ニー/ 今晩

เย็บ /イェップ/ ([英]sew) 縫う

เย้ย /ユーイ/ ([英]jeer) 冷やかす **เย้ยหยัน** /ユーイ ヤン/ あざける

เยอรมัน /ユーラマン/ ([英] Germany) ドイツ

เยอะ, เยอะแยะ /ユ, ユイェ/ ([英] many, much) 〖口〗たくさん

ย

เยา /ヤオ/ (⊛ low, little) 安い, 幼い

เย้า /ヤオ/ (⊛ make fun of, the Yao) からかう；ヤオ族

เย้ายวน /ヤオ ユアン/ セクシーな

เยาวชน /ヤオワチョン/ (⊛ youth) 若者

เยาะ /ヨ/ (⊛ jeer) からかう

เยาะเย้ย /ヨ ユーイ/ あざける

เยิ้ม /ユーム/ (⊛ ooze) 滲み出る

เยี่ยง /イアン/ (⊛ alike, example) …のように；例

เยี่ยงอย่าง /イアン ヤーン/ 例, モデル

เยี่ยม /イアム/ (⊛ visit, excellent) 訪問する；最高の

เยี่ยมไข้ /イアム カイ/ 病人を見舞う **เยี่ยมยอด** /イアム ヨート/ 最優秀の **เยี่ยมเยียน** /イアム イアン/ 訪問する

เยี่ยว /イアオ/ (⊛ urine) 小便

เยื่อ /ユア/ (⊛ membrane) 皮膜 **เยื่อใย** /ユア ヤイ/ きずな

เยือกแข็ง /ユアック ケン/ (⊛ freeze) 凍る

เยือกเย็น /ユアック イェン/ (⊛ cool, calm) 冷たい, 静かな

เยื้อง /ユアン/ (⊛ deviated from, walk with style) それた, 気取って歩く

เยือน /ユアン/ (⊛ visit) 訪れる

แย่ /イェー/ (⊛ terrible) ひどい, 困難な

แยก /イェーク/ (⊛ divide, divorce) 分ける, 離婚する

แยกออก /イェーク オーク/ 引き離す

แย่ง /イェーン/ (⊛ fight for) 争奪する

แย้ง /イェーン/ (⊛ oppose) 反対する, 矛盾する

แยบคาย /イェープ カーイ/ (⊛ clever) 利口な

แยม /イェーム/ (⊛ jam) ジャム

แย้ม /イェーム/ (⊛ open slightly) 少しだけ開く **แย้มบาน** /イェーム バーン/ 花開く

แยแส /イェーセー/ (⊛ mind) 気にかける

แยะ /イェ/ (⊛ many, much) たくさん

โย้ /ヨー/ (⊛ leaning) 傾いた

โย้เย้ /ヨー イェー/ よろよろする

โยก /ヨーク/ (⊛ shake, lose teeth 揺さぶる, (歯が) ぐらぐらの **โยกเยก** /ヨーク イェーク/ ぐらついた

โยคะ /ヨーカ/ (⊛ yoga) ヨガ

โยง /ヨーン/ (⊛ bind) 結ぶ, つなぐ

โยน /ヨーン/ (⊛ throw) 放り投げる **โยนหัวโยนก้อย** /ヨーン ラア ヨーン コイ/ コイントスで順番を決める

โยนี /ヨーニー/ (⊛ vagina) 膣

โยม /ヨーム/ (⊛ you) あなた (僧侶が両親や檀家に使う二人称)

ใย /ヤイ/ (⊛ fiber, hair) 繊維, クモの糸, 髪の毛 **ใยแมงมุม** /ヤイ メーン ムム/ クモの巣

ไยดี /ヤイ ディー/ 関心を持つ, 満足する

ร

รก /ロック/ (⑲ messy, placenta) 散らかった；胎盤

รงค์ /ロン/ (⑲ color, dye) 色, 染料

รณรงค์ /ロナロン/ (⑲ campaign) キャンペーンを行う

รด /ロット/ (⑲ pour) (水を)かける, 注ぐ รดน้ำ /ロット チーム/ 水をかける

รถ /ロット/ (⑲ vehicle) 車 รถเก๋ง /ロット ケン/ 乗用車, セダン รถจักรยาน /ロット チャックラヤーン/ 自転車 รถด่วน /ロット ドゥアン/ 急行 รถดับเพลิง /ロット ダップブルーン/ 消防自動車 รถแท็กซี่ /ロット テックシー/ タクシー รถบรรทุก /ロット バントゥック/ トラック รถพยาบาล /ロット パヤーバーン/ 救急車 รถไฟ /ロット ファイ/ 汽車 รถไฟใต้ดิน /ロット ファイ タイ ディン/ 地下鉄 รถมอเตอร์ไซค์ /ロット モーターサイ/ バイク รถเมล์ /ロット メー/ バス รถยนต์ /ロット ヨン/ 自動車 รถสามล้อ /ロット サームロー/ オート三輪, サムロー

รน /ロン/ (⑲ restless) じっとしていられない รนหาที่ /ロン ハー ティー/ 災難の種を求める

ร่น /ロン/ (⑲ move back, reduce) 後退する, 縮小する

รบ /ロップ/ (⑲ fight) 戦う

รบกวน /ロップ クアン/ (⑲ annoy) 煩わす รบเร้า /ロップ ラオ/ しつこくねだる

รม /ロム/ (⑲ smoke) (煙で)燻(いぶ)す รมควัน /ロム クワン/ 燻(くん)製にする

ร่ม /ロム/ (⑲ umbrella, shade) 傘(かさ), 日影 ร่มกันแดด /ロム カン テート/ 日傘 ร่มชูชีพ /ロム チューチープ/ パラシュート

รวง /ルアン/ (⑲ ear of rice, honeycomb) 稲穂, ハチの巣

ร่วง /ルアン/ (⑲ fall) 抜ける, 落ちる ร่วงโรย /ルアン ローイ/ 衰える, しぼむ

รวด /ルアット/ (⑲ fast, time) 速い；回 รวดเร็ว /ルアット レオ/ 直ぐに, 急速に

ร่วน /ルアン/ (⑲ friable) 脆(もろ)い, ボロボロの

รวบ /ルアップ/ (⑲ gather) 集める รวบรวม /ルアップ ルアム/ 編纂する รวบรัด /ルアップ ラット/ 要約的に

รวม /ルアム/ (⑲ collect, join, include) 集める, 合わせる, 含む รวมกลุ่ม /ルアム クルム/ グループを作る รวมความ /ルアム クワーム/ 要約する รวมทั้ง /ルアム タン/ 合わせて, 含めて รวมยอด /ルアム ヨート/ 総計

ร่วม /ルアム/ (⑲ together, take part in, almost) 共にする, 参加する；ほぼ ร่วมใจ /ル

ルアム チャイ/ 心を合わせる **ร่วมเพศ** /ルアム ペート/ セックスする **ร่วมมือ** /ルアム ムー/ 協力する **ร่วมสองปี** /ルアム ソーンピー/ ほぼ2年 **ร่วมสมัย** /ルアム サマイ/ 現代の

รวย /ルアイ/ (⊛rich) 金持ちの

รส /ロット/ (⊛ taste) 味 **รสชาติ** /ロット チャート/ 味, 味わい **รสนิยม** /ロット ニヨム/ 好み, 趣味

รหัส /ラハット/ (⊛ code, password) コード, パスワード **รหัสแท่ง** /ラハット テン/ バーコード **รหัสไปรษณีย์** /ラハット プライサニー/ 郵便番号

รอ /ロー/ (⊛wait for) 待つ

รอง /ローン/ (⊛underlay, deputy) 支える, 受ける；次…, 副… **รองเท้า** /ローン ターオ/ 靴 **รองเท้าแตะ** /ローン ターオ テ/ スリッパ, サンダル **รองเท้าส้นสูง** /ローン ターオ ソンスーン/ ハイヒール **รองนายกรัฐมนตรี** /ローン ナーヨック ラッタモントリー/ 副首相 **รองรับ** /ローン ラップ/ 支える

ร่อง /ロン/ (⊛ditch) 溝, 水路 **ร่องรอย** /ロン ローイ/ ヒント, 跡

ร้อง /ローン/ (⊛ cry, sing) 叫ぶ, 歌う **ร้องเพลง** /ローン プレーン/ 歌を歌う **ร้องเรียก** /ローン リアック/ 大声で呼ぶ **ร้องเรียน** /ローン リアン/ 懇願する **ร้องไห้** /ローン ハイ/ 泣く

รอด /ロート/ (⊛ pull through) 脱する, 免れる **รอดชีวิต** /ロート チーウィット/ 命拾いする **รอดตาย** /ロート ターイ/ 死を免れる **รอดหูรอดตา** /ロートラーロート ター/ 雲隠れする

รอน /ローン/ (⊛fade) 弱る, 衰える **รอนๆ** /ローン ローン/ 陽光が弱い

ร่อน /ロン/ (⊛sieve, glide) ふるいにかける, 滑空する **ร่อนเร่** /ロン レー/ さまよう

ร้อน /ローン/ (⊛ hot) 熱い, 暑い **ร้อนใจ** /ローン チャイ/ 焦る **ร้อนรน** /ローン ロン/ いらいらする **ร้อนอกร้อนใจ** /ローン オック ローン チャイ/ 心配する, 不安がる

รอบ /ロープ/ (⊛ round, cycle) 周り, 周期, …回《試合などの類別詞》 **รอบคอบ** /ロープ コープ/ 用意周到な **รอบๆ** /ロープ ロープ/ まわり中 **รอบรู้** /ロープ ルー/ 博識の

รอมร่อ /ローム ロー/ (⊛ nearly) 危うく…しそうになる

รอย /ローイ/ (⊛ track, trace) 跡, 痕 **รอยขีด** /ローイ キート/ 引っかき傷 **รอยแตก** /ローイ テーク/ 割れ目 **รอยเท้า** /ローイ ターオ/ 足跡 **รอยนิ้ว** /ローイ ニウ/ 指紋 **รอยย่น** /ローイ ヨン/ しわ **รอยร้าว** /ローイ ラーオ/ ひび割れ

ร่อยหรอ /ロイ ロー/ (⊛be gradually used up) 消耗する, (お金が) つき果てる

ร้อย /ローイ/ (⊛hundred, string) 百；糸を通す **ร้อยกรอง** /ロー-

イクローン/ 詩 **ร้อยแก้ว** /ローイ ケーォ/ 散文 **ร้อยละ** /ローイ ラ/ パーセント **ร้อยล้าน** /ローイ ラーン/ 億

ร่อแร่ /ロー レー/ (⊛ near to death) 死にかけている

ระกา /ラカー/ (⊛ the Year of the Cock) 酉(とり)年

ระกำ /ラカム/ (⊛ pain, sorrow) 苦難, 悲しみ

ระเกะระกะ /ラケラカ/ (⊛ untidy) 散らかった

ระคน /ラコン/ (⊛ mixed) 入り混じった

ระคาย /ラカーイ/ (⊛ rough, irritated) ざらざらした, 苛立(いらだ)った, 不愉快な **ระคายหู** /ラカーイ ラー/ 耳ざわりな

ระฆัง /ラカン/ (⊛ bell) 鐘

ระงับ /ラガップ/ (⊛ stop, control) 停止する, 抑える

ระดม /ラドム/ (⊛ mobilize, strengthen) 動員する, 強化する

ระดับ /ラダップ/ (⊛ level, grade) 水準 **ระดับขอบฟ้า** /ラダップ コープ ファー/ 地平線 **ระดับน้ำทะเล** /ラダップ ナムタレー/ 水平線 **ระดับสูง** /ラダップ スーン/ 高水準の

ระทด, รันทด /ラトット, ラントット/ (⊛ grieve) 深く悲しむ

ระทม /ラトム/ (⊛ mourn) 憂い悲しむ

ระบบ /ラボップ/ (⊛ system) 体系, システム **ระบบธรรมเนียม** /ラボップ タムニアム/ 慣例, ならわし **ระบบนิเวศ** /ラボップ ニウェート/ 生態系

ระบม /ラボム/ (⊛ feel sluggish) だるい

ระบอบ /ラボープ/ (⊛ model, government) 制度, 政体 **ระบอบประชาธิปไตย** /ラボープ プラチャーティップパタイ/ 民主主義政体

ระบาด /ラバート/ (⊛ spread) (病気, 流行が) 蔓延する

ระบาย /ラバーイ/ (⊛ drain, paint) 排出する, 色を塗る

ระบำ /ラバム/ (⊛ dance) 舞踊

ระบุ /ラブ/ (⊛ indicate) 言及する, 名前を出す

ระเบิด /ラブート/ (⊛ blast, bomb) 爆発する ; 爆弾 **ระเบิดปรมาณู** /ラブート パラマーヌー/ 原子爆弾 **ระเบิดเวลา** /ラブート ウェーラー/ 時限爆弾

ระเบียง /ラビアン/ (⊛ veranda) ベランダ

ระเบียบ /ラビアップ/ (⊛ order, rule) 秩序, 規律 **ระเบียบการ** /ラビアップ カーン/ 規則, 説明書 **ระเบียบวินัย** /ラビアップ ウィナイ/ 規律

ระฟ้า /ラファー/ (⊛ sky-high) 雲を突く高さの

ระมัดระวัง /ラマット ラワン/ (⊛ regard) 注意を払う

ระยะ /ラヤ/ (⊛ distance) 間隔 **ระยะทาง** /ラヤターン/ 距離 **ระ**

ระยับ ▶

ยะเวลา /ラヤウェー ラー/ 期間

ระยับ /ラヤップ/ (⊛ sparkling) キラキラ, ピカピカ

ระย้า /ラヤー/ (⊛ hang, pendant) 吊す; ペンダント ระย้าแก้ว /ラヤー ケーオ/ シャンデリア

ระย่ำ /ラヤム/ (⊛ damn) だめな, 卑劣な

ระริก /ラリック/ (⊛ vibrate, giggle) どきどきする, くすくす笑う

ระรื่น /ラルーン/ (⊛ delightful) 心地よい, 愉快な

ระเริง /ラルーン/ (⊛ rejoice) はしゃぐ

ระลึก /ラルック/ (⊛ remember) 思い出す, 記念する

ระวัง /ラワン/ (⊛ mind) 用心する, 気をつける ระวังตัว /ラワン トゥア/ 身辺に気をつける

ระแวง /ラウェーン/ (⊛ suspect) 疑う

ระแวดระวัง /ラウェート ラワン/ (⊛ be careful) 警戒する

ระส่ำระสาย /ラサム ラサーイ/ (⊛ chaotic) 混乱状態の

ระหว่าง /ラウーン/ (⊛ among, during) …の間《時間, 空間》 ระหว่างทาง /ラウーン ターン/ 途上で ระหว่างประเทศ /ラウーン プラテート/ 国際的な

ระเหย /ララーイ/ (⊛ evaporate) 蒸発する

ระแหง /ラヘーン/ (⊛ crack) ひび割れ

ระอา /ラアー/ (⊛ be bored with) 飽きる, 嫌気がさす

รัก /ラック/ (⊛ love) 愛する รักใคร่ /ラック クライ/ 愛している, 好きな รักชาติ /ラック チャート/ 愛国の

รักแร้ /ラックレー/ (⊛ armpit) わきの下

รักษา /ラックサー/ (⊛ maintain, take care of) 保存する, 維持する, 治療する รักษากฎหมาย /ラック サー コットマーイ/ 法を守る รักษาการณ์ /ラック サー カーン/ 事態を見守る รักษาโรค /ラック サー ローク/ 病気を治療する

รัง /ラン/ (⊛ nest) 巣 รังไข่ /ラン カイ/ 卵巣 รังนก /ラン ノック/ 鳥の巣, ツバメの巣

รั้ง /ラン/ (⊛ withhold) 引きとめる รั้งรอ /ラン ロー/ 待つ

รังเกียจ /ランキアット/ (⊛ dislike) 嫌う, 憎む

รังแก /ラン ケー/ (⊛ bully) いじめる

รังควาน /ランクワーン/ (⊛ harass) 悩ます, 苦しめる

รังสรรค์ /ランサン/ (⊛ establish) 建てる, 創始する

รังสี /ランシー/ (⊛ beam, rays) 光線, 熱線

รัชกาล /ラッチャカーン/ (⊛ reign) …世, …代 รัชกาลที่๙ /ラッチャカーン ティー カーオ/ ラーマ9世時代

รัฐ /ラット/ (⊛ country, state) 国家, 州 รัฐธรรมนูญ /ラッタ

タムマヌーン/ 憲法 **รัฐบาล** /ラッタバーン/ 政府 **รัฐประหาร** /ラッタプラハーン/ クーデター **รัฐมนตรี** /ラッタモントリー/ 大臣 **รัฐศาสตร์** /ラッタサート/ 政治学 **รัฐสภา** /ラッタサパー/ 国会

รัด /ラット/ ([英]bind, fit) 締める，(服が) ぴったり合う

รัตน์ /ラット/ ([英] jewel) 宝石 **รัตนโกสินทร์** /ラッタナコーシン/ バンコク王朝

รั้น /ラン/ ([英] stubborn) 頑固な

รันทด /ラントット/ ([英] miserable) 哀れな

รับ /ラップ/ ([英] receive, admit) 受ける，承諾する **รับจ้าง** /ラップ チャーン/ 雇われる **รับเชิญ** /ラップ チューン/ 招待を受ける **รับใช้** /ラップ チャイ/ 人に使われる，仕える **รับประทาน** /ラップ プラターン/ 頂く，召し上がる **รับปาก** /ラップ パーク/ 同意する，口約束する **รับผิดชอบ** /ラップ ピットチョープ/ 責任をとる **รับมือ** /ラップ ムー/ 受けてたつ **รับรอง** /ラップ ローン/ 保証する **รับเหมา** /ラップ マオ/ 請負う

รัว /ルア/ ([英] beat repeatedly) 連打する，(舌先を) 震わせる

รั่ว /ルア/ ([英] leak) 漏れる，漏洩する

รั้ว /ルア/ ([英] fence) 垣根，囲い

รัศมี /ラッサミー/ ([英]ray, halo) 光線，威光 **รัศมีทำการ** /ラッサミータムカーン/ 行動半径 **บารมีของบิดามารดา** /バーラミー コーン ビダーマーンダー/ 親の七光り

รัสเซีย /ラッシア/ ([英] Russia) ロシア

รา /ラー/ ([英]mold) かび **ขึ้นรา** /クン ラー/ かびがはえる

รามือ /ラー ムー/ ([英]give up) 止める

ร่าเริง /ラールーン/ ([英]glad, overjoyed) 嬉しい，はしゃいだ

ราก /ラーク/ ([英]root, vomit) 根，基礎；吐く **รากฐาน** /ラーク ターン/ 基礎 **รากแตก** /ラーク テーク/ 嘔吐する

ราคา /ラー カー/ ([英]price) 値段

ราง /ラーン/ ([英]groove, rail) 溝，軌条，樋 **รางรถ** /ラーン ロット/ 軌道，レール

ร่าง /ラーン/ ([英] figure, draft) 体（からだ），姿；起草する **ร่างกาย** /ラーン カーイ/ 身体，健康

ร้าง /ラーン/ ([英]deserted) 捨てられた，荒廃した

รางวัล /ラーンワン/ ([英] award) 賞品，ほうび

ราช /ラート/ ([英] king, monarch) 王，王国 ((造語成分)) **ราชการ** /ラーッチャカーン/ 公務 **ราชธานี** /ラーッチャターニー/ 王都，首都 **ราชบัญญัติ** /ラーッチャバンヤット/ 法律 **ราชวงศ์** /ラーッチャウォン/ 王朝 **ข้าราชการ** /カーラーッチャカーン/ 公務員

ราชย์ /ラ̂ート/ ([英] the throne) 王位

ราชา /ラー チャー/ ([英] king) 王《主に造語成分》 **ราชาภิเษก** /ラーチャーピ́セーク/ 即位式 **ราชาศัพท์** /ラーチャーサップ/ 王室用語

ราชินี /ラーチ́ニー/ ([英] queen) 王妃

ราด /ラ̂ート/ ([英] pour over, pave) (スープを) かける, 舗装する **ราดหน้า** /ラ̂ート ナ̂ー/ あんかけの

ราตรี /ラー トリー/ ([英] night) 夜

ร้าน /ラ́ーン/ ([英] store) 店 **ร้านซักผ้า** /ラ́ーン サ́ック パ̂ー/ クリーニング店 **ร้านตัดผม** /ラ́ーン タ̀ット ポ̌ム/ 理髪店 **ร้านตัดเสื้อ** /ラ́ーン タ̀ット スア̂/ 仕立屋 **ร้านเสริมสวย** /ラ́ーン ス̌ーム スア̌イ/ 美容院 **ร้านอาหาร** /ラ́ーン アーハ̌ーン/ 食堂, レストラン

ราบ /ラ̂ープ/ ([英] flat) 平らな **ราบคาบ** /ラ̂ープ カ̂ープ/ 平静な **ราบรื่น** /ラ̂ープ ル̂ーン/ 滑らかな, 順調な **ราบเรียบ** /ラ̂ープ リ̂アップ/ 静かな, 平穏な

ราม /ラーム/ ([英] Rama) ラーマ王子《ラーマーヤナ物語の》

รามเกียรติ์ /ラーマキアン/ ([英] the Ramakien) ラーマキエン物語《タイ版のラーマヤナ》

ราย /ラーイ/ ([英] item, case) 件(けん), 項目 **รายการ** /ラーイ カーン/ 番組, プログラム **รายงาน** /ラーイ ガーン/ 報告書；報告する **รายจ่าย** /ラーイ チャ̀ーイ/ 支出 **รายชื่อ** /ラーイ チュ̂ー/ 名簿, 目録 **รายเดือน** /ラーイ ドゥアン/ 月刊の **รายได้** /ラーイ ダ̂ーイ/ 収入 **รายปี** /ラーイ ピー/ 年次の **รายวัน** /ラーイ ワン/ 日刊の **รายสัปดาห์** /ラーイ サップダー/ 週刊の **รายใหญ่** /ラーイ ヤ̀イ/ 重要案件

ร้าย /ラ́ーイ/ ([英] bad, evil) 悪い, 凶悪な

ราว /ラーオ/ ([英] about, line) 約；物干し《竿, 網》, 列 **ราวกับ...** /ラーオ カ̀ップ/ まるで…のようだ

ร้าว /ラ́ーオ/ ([英] crack) ひびが入る **ร้าวราน** /ラ́ーオ ラーン/ 仲違いする

ราศี /ラー シ̌ー/ ([英] zodiac, radiance) 黄道十二宮, 光輝

ราษฎร /ラ̂ートサドーン/ ([英] citizen) 国民, 民衆

รำ /ラム/ ([英] dance) 踊る **รำไทย** /ラム タイ/ タイ舞踊 **รำวง** /ラム ウォン/ 輪踊り

ร่ำ /ラ̂ム/ ([英] repeat) くり返す, 燻(いぶ)る **ร่ำร้อง** /ラ̂ム ロ́ーン/ しつこくせがむ **ร่ำไร** /ラ̂ム ライ/ ぐずぐずする **ร่ำลือ** /ラ̂ム ルー/ 噂(うわさ)を広める **ร่ำไห้** /ラ̂ム ハ̂イ/ 泣き続ける

รำคาญ /ラムカーン/ ([英] be annoyed) うんざりする, いらつく

รำพัน /ラムパン/ ([英] bemoan) 悲しむ, 嘆く

รำพึง /ラム プン/ (® remind) 思い起こす

รำลึก /ラムルック/ (® recollect) 思い出す, 回想する

ริ /リ/ (® initiate) 新しく始める **ริเริ่ม** /リ ルーム/ 創始する **ริอ่าน** /リアーン/ …始める

ริดสีดวงทวารหนัก /リット シードゥアン タワーン ナック/ (® hemorrhoid) 痔（じ）

ริน /リン/ (® pour, gurgling) 注ぐ；ゆっくり, ちょろちょろ

ริบ /リップ/ (® confiscate) 没収する

ริบบิ้น /リップビン/ (® ribbon) リボン

ริม /リム/ (® edge, rim) 縁, 辺 **ริมฝีปาก** /リム フィーパーク/ 唇

ริ้ว /リウ/ (® streak, stripe) 筋（すじ）, 縞（しま） **ริ้วรอย** /リウローイ/ 皺（しわ）

ริษยา /リッサヤー/ (® jealous) 妬（ねた）み深い

รี /リー/ (® oval, tapered) 楕円形の, 先の細くなった

รี่ /リー/ (® go straight to) 直進する

รีด /リート/ (® squeeze, press) 搾（しぼ）る, 圧する **รีดผ้า** /リート パー/ アイロンをかける **รีดลูก** /リート ルーク/ 堕胎（だたい）する

รีบ /リープ/ (® rush, urgent) 急ぐ, 急いで **รีบร้อน** /リープローン/ 大急ぎで **รีบเร่ง** /リープレン/ 早急に

รีรอ /リーロー/ (® hesitate) ためらう

รัดรึง /ラットルン/ (® tighten) きつく締める

รื่น /ルーン/ (® happy) 楽しい, うれしい **รื่นรมย์** /ルーン ロム/ 楽しい, 愉快な **รื่นเริง** /ルーンルーン/ 機嫌のいい

รื้อ /ルー/ (® tear down) 取り壊す **รื้อฟื้น** /ルーフーン/ 復活する

รุก /ルック/ (® advance) 進出する **รุกฆาต** /ルック カート/ (チェス) チェックメイト, 王手 **รุกราน** /ルックラーン/ 侵略する

รุกขชาติ /ルッカチャート/ (® plant) 植物

รุ่ง /ルン/ (® daybreak) 夜明け **รุ่งขึ้น** /ルン クン/ 翌朝 **รุ่งเรือง** /ルン ルアン/ 繁栄した **รุ่งโรจน์** /ルン ロート/ 輝かしい

รุ้ง /ルン/ (® rainbow) 虹, 緯度

รุงรัง /ルン ラン/ (® be in disorder) 散らかっている

รุด /ルット/ (® speed forward) 急行する **รุดหน้า** /ルット ナー/ 前進する

รุน /ルン/ (® push forward) 押す

รุนแรง /ルン レーン/ (® fierce) 激しい, 強烈な

รุ่น /ルン/ (® generation, young) 世代；青年期の **รุ่นเดียวกัน** /ルン ディアオ カン/ 同

期の **รุ่นใหม่** /ルン マイ/ 新世代
รุม /ルム/ ([英]throng) 群がる
รุมร้อน /ルム ローン/ ([英] anxious) 心配な
รุ่มร่าม /ルム ラーム/ ([英] loose fitting) (衣類が) ゆったりした
รู /ルー/ ([英]hole) 孔, 穴
รู้ /ルー/ ([英] know) 知る **รู้จัก** /ルーチャック/ ((人, 場所を)) 知っている **รู้ตัว** /ルー トゥア/ 気づく, 自覚する **รู้เรื่อง** /ルー ルアン/ 話が分っている **รู้สึก** /ルースック/ 感じる **รู้เห็นเป็นใจ** /ルー ヘン ペン チャイ/ 共謀する
รูด /ルート/ ([英] draw) 引っぱる, 抜く
รูป /ループ/ ([英] shape, figure, picture) 形, 姿, 絵 **รูปถ่าย** /ループ ターイ/ 写真 **รูปประกอบ** /ループ プラコープ/ イラストレーション **รูปปั้น** /ループ パン/ 彫像 **รูปภาพ** /ループ パープ/ 絵 **รูปร่าง** /ループ ラーン/ 姿形, スタイル **รูปหล่อ** /ループ ロー/ ハンサムな
เร่ /レー/ ([英] wander) 歩き回る **เร่ร่อน** /レー ローン/ 流浪の
เร่ง /レン/ ([英]hurry) 急がせる, 速める **เร่งด่วน** /レン ドゥアン/ 緊急の **เร่งมือ** /レン ムー/ 仕事を急がせる **เร่งรัด** /レン ラット/ 促す, 急がせる
เรณู /レーヌー/ ([英]pollen) 花粉
เร้น /レーン/ ([英] concealed) 隠された
เรไร /レーライ/ ([英] cicada) セミの一種
เร็ว /レオ/ ([英]fast, early) 速い, 早い **เร็วๆเข้า** /レオ レオ カオ/ 早く早く!
เรอ /ルー/ ([英] belch) げっぷをする
เร่อร่า /ルー ラー/ ([英] shapeless, awkward) 無様な, ぎこちない
เรา /ラオ/ ([英]we, us) 私たち
เร่าร้อน /ラオ ローン/ ([英] get excited, hurry, in a bind) かっかする, あせる
เร่าๆ /ラオ ラオ/ ([英] writhe) もがく, 身もだえする
เร้า /ラオ/ ([英] stimulate) 興奮させる **เร้าใจ** /ラオ チャイ/ 鼓舞する
เราะ /ロ/ ([英] chip off) こそぎ落とす **เราะราย** /ロ ラーイ/ 口汚く罵(ののし)る
เริง /ルーン/ ([英] joyous) 楽しい **เริงรมย์** /ルーン ロム/ 気晴らしの
เริ่ม /ルーム/ ([英] begin) 始める, 始まる **เริ่มต้น** /ルーム トン/ 開始する **เริ่มแรก** /ルーム レーク/ 最初は
เรี่ย /リア/ ([英] skim) すれすれに飛ぶ **เรี่ยราด** /リア ラート/ 点在した **เรี่ยไร** /リア ライ/ 寄付を集める
เรียก /リアック/ ([英] call, demand) 呼ぶ, 要求する **เรียก**

ร

ชื่อ /リテック チュー/ 出欠をとる
เรียกร้อง /リアック ローン/ 要求する **เรียกว่า** /リアック ウー/ …と言う

เรียง /リアン/ (🄔 line up) 並ぶ, 並べる **เรียงความ** /リアン クワーム/ 作文する **เรียงคิว** /リアン キウ/ 列に並ぶ

เรียน /リアン/ (🄔 learn, tell) 学ぶ, 申し上げる **เรียนถาม** /リアン ターム/ 質問する **เรียนรู้** /リアン ルー/ 学習する **เรียนหนังสือ** /リアン ナンスー/ 勉強する

เรียบ /リアップ/ (🄔 level, calm) 平らな, 静かな **เรียบร้อย** /リアップ ローイ/ (態度, 服装が) きちんとしている **เรียบเรียง** /リアップ リアン/ 編集する **เรียบๆ** /リアップ リアップ/ 地味な

เรี่ยม /リアム/ (🄔 new, excellent) 真新しい, すばらしい

เรียว /リアオ/ (🄔 tapering) 先細の

เรี่ยวแรง /リアオ レーン/ (🄔 power) 体力

เรือ /ルア/ (🄔 boat, ship) 舟, 船 **เรือบิน** /ルア ビン/ 飛行機 **เรือใบ** /ルア バイ/ ヨット **เรือประมง** /ルア プラモン/ 漁船 **เรือพาย** /ルア パーイ/ 小舟, ボート **เรือรบ** /ルア ロップ/ 軍艦 **เรือหางยาว** /ルア ハーン ヤーオ/ エンジン付きロングボート

เรื้อรัง /ルア ラン/ (🄔 chronic) 慢性的な

เรื่อง /ルアン/ (🄔 glorious) 輝いた, 華やかな

เรื่อง /ルアン/ (🄔 story, matter) 物語, 話, 件 (けん) **เรื่องแต่งขึ้น** /ルアン テン クン/ フィクション **เรื่องไม่เป็นเรื่อง** /ルアン マイ ペン ルアン/ ナンセンス **เรื่องราว** /ルアン ラーオ/ 事件, 話 **เรื่องส่วนตัว** /ルアン スアン トゥア/ プライバシー

เรือน /ルアン/ (🄔 house, home) 家屋, 世帯 **เรือนจำ** /ルアン チャム/ 刑務所 **เรือนแพ** /ルアン ペー/ 水上家屋 **เรือนหอ** /ルアン ホー/ 新婚夫婦の新居

เรื่อย /ルアイ/ (🄔 continuously) 絶えず **เรื่อยๆ** /ルアイ ルアイ/ ずっと, 着実に **เรื่อยเปื่อย** /ルアイ プアイ/ ゆったりと, ぶらぶらと

แร่ /レー/ (🄔 mineral) 鉱物

แรก /レーク/ (🄔 first) 最初の

แรง /レーン/ (🄔 power, strong) 力; 強い **แรงงาน** /レーン ガーン/ 労働, 労働者 **แรงจูงใจ** /レーン チューン チャイ/ モチベーション **แรงดัน** /レーン ダン/ プレッシャー **แรงบันดาลใจ** /レーン バンダーン チャイ/ インスピレーション **แรงม้า** /レーン マー/ 馬力

แรด /レート/ (🄔 affected, rhinoceros) 気取った, 〖動〗サイ

แร้นแค้น /レーン ケーン/ (🄔 impoverished) どん底の

แรม /レーム/ (⊛ stay, waning) 泊まる，(月が) 欠ける **แรม...ค่ำ** /レーム カム/ 満月後の第…日《陰暦の数え方》

โรค /ローク/ (⊛ disease) 病気 **โรคไข้ทรพิษ** /ローク カイ トーラピット/ 天然痘 **โรคคอตีบ** /ローク コーティープ/ ジフテリア **โรคคิดถึงบ้าน** /ローク キット トゥン バーン/ ホームシック **โรคติดต่อ** /ローク ティット トー/ 伝染病 **โรคมะเร็ง** /ローク マレン/ 癌(がん) **โรคเรื้อน** /ローク ルアン/ ハンセン病 **โรคอหิวาต์** /ローク アヒワート/ コレラ

โรง /ローン/ (⊛ place, building)《大きな建造物》 **โรงงาน** /ローンガーン/ 工場 **โรงจำนำ** /ローン チャムナム/ 質屋 **โรงพยาบาล** /ローン パヤーバーン/ 病院 **โรงพัก** /ローン パック/〖口〗警察署 **โรงไฟฟ้า** /ローン ファイファー/ 発電所 **โรงเรียน** /ローンリアン/ 学校 **โรงแรม** /ローンレーム/ 旅館, ホテル **โรงละคร** /ローン ラコーン/ 劇場 **โรงสี** /ローン シー/ 精米所 **โรงหนัง** /ローン ナン/ 映画館

โรย /ローイ/ (⊛fade, sprinkle)(花が) しぼむ, 振りかける **โรยรา** /ローイ ラー/ 衰える, 減る **โรยหน้า** /ローイ ナー/ 見せかけの

ไรๆ /ライ ライ/ (⊛ see dimly) ぼんやり見える

ไร่ /ライ/ (⊛field) 畑,〖単〗(1600 ㎡))

ไร้ /ライ/ (⊛…free, …less) …がない **ไร้ค่า** /ライ カー/ 無価値な **ไร้งาน** /ライ ガーン/ 無職の **ไร้เดียงสา** /ライ ディアンサー/ 無邪気な **ไร้ผล** /ライ ポン/ 実りのない, 無益な

ฤ

ฤกษ์ /ルーク/ (⊛ auspicious time) 吉時, 吉日 **ฤกษ์งามยามดี** /ルーク ガーム ヤーム ディー/ 吉時

ฤดู /ルドゥー/ (⊛ season) 季節 **ฤดูกาล** /ルドゥー カーン/ …の時期 **ฤดูใบไม้ผลิ** /ルドゥー バイマイ プリ/ 春 **ฤดูใบไม้ร่วง** /ルドゥー バイマーイ ルアン/ 秋 **ฤดูฝน** /ルドゥー フォン/ 雨期 **ฤดูร้อน** /ルドゥー ローン/ 暑季, 夏 **ฤดูแล้ง** /ルドゥー レーン/ 乾期 **ฤดูหนาว** /ルドゥー ナーオ/ 寒季, 冬

ฤทธิ์ /リット/ (⊛ supernatural power, effect) 神通力, 効力 **ฤทธิ์เดช** /リット デート/ 威力

ฤาษี /ルーシー/ (⊛ sage) 仙人, 隠者

ล

ลง /ロン/ (⊛ go down, descend) 下る, 降りる;《動詞・形容詞に後続して, 下降・減少・悪化の方向を表す》 **ลงชื่อ** /ロン チュー/ 署名する **ลงทะเบียน** /ロン タビアン/ 書留にする **ลงทุน** /ロン トゥン

/投資する **ลงโทษ** /ロン トート/ 罰する **ลงพิมพ์** /ロン ピム/ 印刷する **ลงมือ** /ロン ムー/ 着手する **ลงรถ** /ロン ロット/ 下車する **ลงเรือ** /ロン ルア/ 舟に乗る

ลด /ロット/ (⊛ reduce, lower) 下がる,下げる **ลดความเร็ว** /ロット クワーム レオ/ スピードを落とす **ลดความอ้วน** /ロット クワーム ウアン/ ダイエットをする **ลดราคา** /ロット ラーカー/ 値下げする **ลดลง** /ロット ロン/ 減少する

ลน /ロン/ (⊛ singe) 焙（あぶ）る **ลนลาน** /ロン ラーン/ 慌てふためく

ล้น /ロン/ (⊛ overflow) 満ち溢（あふ）れる **ล้นพ้น** /ロン ポン/ とても **ล้นมือ** /ロン ムー/ 手に余る

ลบ /ロップ/ (⊛ erase, negative) 消す,減ずる,ネガティブな **ลบล้าง** /ロップ ラーン/ 抹消する,消去する **ลบเลือน** /ロップ ルアン/ 消滅する **ลบหลู่** /ロップ ルー/ 見下す

ลม /ロム/ (⊛ wind, breath) 風,気分 **ลมปาก** /ロム パーク/ ゴシップ **ลมฟ้าอากาศ** /ロム ファー アーカート/ 天気 **ลมร้าย** /ロム ラーイ/ 機嫌が悪い **ลมๆแล้งๆ** /ロム ロム レーン レーン/ 役に立たない **ลมหายใจ** /ロム ハーイ チャイ/ 呼吸,息

ล่ม /ロム/ (⊛ sink, fail) 沈む,倒産する **ล่มจม** /ロム チョム/ 倒産する

ล้ม /ロム/ (⊛ fall over) 倒れる **ล้มคว่ำ** /ロム クワム/ うつぶせに倒れる **ล้มเจ็บ** /ロム チェップ/ 病気で寝込む **ล้มลุกคลุกคลาน** /ロム ロム ルック ルック/ 七転び八起き **ล้มละลาย** /ロム ララーイ/ 破産する **ล้มเลิก** /ロム ルーク/ 取り消す **ล้มเหลว** /ロム レーオ/ 失敗する

ลวก /ルアック/ (⊛ scald) 湯通しする,火を通す,やけどする

ลวกๆ /ルアック ルアック/ (⊛ carelessly) ぞんざいに

ลวง /ルアン/ (⊛ deceive) 欺く **ลวงตา** /ルアン ター/ 錯覚の,虚偽の

ล่วง /ルアン/ (⊛ exceed) 越える,過ぎる **ล่วงเกิน** /ルアン クーン/ 侮辱する **ล่วงล้ำ** /ルアン ラム/ 侵入する **ล่วงเวลา** /ルアン ウェーラー/ 残業 **ล่วงหน้า** /ルアン ナー/ 前もって

ล้วง /ルアン/ (⊛ draw out) つかみ出す **ล้วงกระเป๋า** /ルアン クラパオ/ （財布を）する **ล้วงตับ, ล้วงไส้** /ルアン タップ, ルアン サイ/ だます

ลวด /ルアット/ (⊛ wire) 針金 **ลวดลาย** /ルアット ラーイ/ 模様,パターン

ล้วน /ルアン/ (⊛ pure) 純粋の **ล้วนแต่...** /ルアン テー/ すべて

ล่อ /ロー/ (⊛ tempt, mule) 誘う,誘惑する；【動】ラバ

ล้อใจ /ló- チャイ/ 誘惑する
ล้อลวง /ló- ルアン/ だます
ล่อแหลม /ló-レ-ム/ 危険な
ล้อ /ló-/ (⊛ wheel, tease) 車輪；からかう ล้อเล่น /ló-レン/ ふざける ล้อเลียน /ló-リアン/ (物まねをして) からかう
ลอก /lók/ (⊛ imitate, shell) 模写する, むける ลอกคราบ /lók クラ-プ/ 脱皮する
ลอกแลก /lók レーク/ (⊛ be restless) そわそわする
ลอง /lon-/ (⊛ try) 試す ลองเชิง /lon- チューン/ 力を試す ลองดู /lon- ドゥ-/ …して見る
ล่อง /lôn/ (⊛ go downstream, up) 川下へ流れる, 上りの ล่องลม /lôn ロム/ 風に流される ล่องลอย /lôn ロイ/ 漂流する
ล่องหน /lôn ホン/ (⊛ vanish) 呪文で姿を消す
ลอด /lót/ (⊛ pass through) くぐり抜ける
ลอตเตอรี่ /lóットタ-リ-/ (⊛ lottery) 宝くじ
ลอน /lon-/ (⊛ wave) 波状のもの ลอนผม /lon- ポム/ (髪の) ウェーブ
ลอบ /lóp/ (⊛ do... in secret, steal) 密(ひそ)かに…する, 忍び込む ลอบฆ่า /lóp カ-/ 暗殺する ลอบทำร้าย /lóp タムラ-イ/ 待ち伏せして襲う

ล้อม /ló-ム/ (⊛ surround) 取り囲む, 包囲する
ลอย /lói/ (⊛ float) 漂う, 浮ぶ ลอยกระทง /lói クラトン/ とうろう流し ลอยน้ำ /lói チ-ム/ 水に流す ลอยตัว /lói トゥア/ 借金がなくなる ลอยหน้า /lói ナ-/ 偉そうにする
ละ /lá/ (⊛ give up, per) 放棄する；…につき；((強調詞))…よ ละก็ /lá コ-/ それならば ละทิ้ง /lá ティン/ 捨てる ละลด /lá ロット/ 大目に見る ละเลย /lá ルーイ/ 無視する
ล่ะ /lâ/ …は？, …なの？；…なさい((疑問・命令などの強調詞))
ละคร /lá コーン/ (⊛ drama) 劇 ละครสัตว์ /lá コーン サット/ サーカス
ละม่อม /lá モム/ (⊛ tenderly) 優しく, 温和に
ละมุนละม่อม /lá ムン ラ モム/ (⊛ tender, gentle) 優しい, 穏やかな
ละเมอ /lá ム-/ (⊛ talk in one's sleep) 寝言を言う, 夢を見る
ละเมาะ /lá モ/ (⊛ grove) 小さい森
ละเมิด /lá ム-ト/ (⊛ violate) 破る, 違反する ละเมิดลิขสิทธิ์ /lá ム-ト リッカシット/ 著作権侵害
ละไม /lá マイ/ (⊛ sweet) 可愛い

ละลาย /ララーイ/ (⊛ melt) 溶ける

ละล่ำละลัก /ララム ララック/ (⊛ sputter) 早口でしゃべる, せき込んで話す

ละเลง /ラレーン/ (⊛ smear) 塗りつける

ละแวก /ラウェーク/ (⊛ neighbourhood) 周辺

ละห้อย /ラホイ/ (⊛ sorrowful) 悲痛な, 憂鬱(ゆううつ)な

ละเหี่ย /ラヒア/ (⊛ weary) ぐったりする **ละเหี่ยใจ** /ラヒア チャイ/ うんざりする

ละออง /ラオーン/ (⊛ dust) 微粒子 **ละอองเกสร** /ラオーン ケーソーン/ 花粉 **ละอองฝน** /ラオーン フォン/ 霧雨

ละอาย /ラアーイ/ (⊛ feel ashamed) 恥じる

ละเอียด /ライアット/ (⊛ delicate) 細かい, デリケートな

ลัก /ラック/ (⊛ steal) 盗む **ลักไก่** /ラック カイ/ こっそりと **ลักขโมย** /ラック カモーイ/ 盗む **ลักพา** /ラック パー/ 誘拐する **ลักยิ้ม** /ラック イム/ えくぼ **ลักลอบ** /ラック ローブ/ こっそりと

ลักษณะ /ラックサナ/ (⊛ characteristic) 性格, 特徴, 様子 **ลักษณนาม** /ラックサナナーム/ 類別詞

ลัง /ラン/ (⊛ case, carton) 運送用の箱

ลังเล /ランレー/ (⊛ hesitate) ためらう

ลัด /ラット/ (⊛ take a short cut) 近道する **ลัดนิ้วมือ** /ラット ニウ ムー/ あっという間に

ลัทธิ /ラッティ/ (⊛ doctrine) 主義 **ลัทธิชาตินิยม** /ラッティ チャートニヨム/ ナショナリズム

ลั่น /ラン/ (⊛ sound) 大きく響く **ลั่นกุญแจ** /ラン クンチェー/ 鍵をかける

ลับ /ラップ/ (⊛ secret, grind) 秘密の ; 研ぐ **ลับตา** /ラップ ター/ 人目につかない **ลับหลัง** /ラップ ラン/ 陰で

ลา /ラー/ (⊛ say goodbye) ロバ ; 別れを告げる **ลาก่อน** /ラー ゴーン/ さようなら **ลาป่วย** /ラー プァイ/ 病気で休む **ลาออก** /ラー オーク/ 辞職する

ล่า /ラー/ (⊛ retreat, late) 退く ; 遅い **ล่าสุด** /ラー スット/ 最新の

ล้า /ラー/ (⊛ tired) くたびれた **ล้าสมัย, ล้าหลัง** /ラー サマイ, ラーラン/ 時代遅れの

ลาก /ラーク/ (⊛ pull) 引っぱる

ลาง /ラーン/ (⊛ omen) 前兆

ลางที /ラーン ティー/ (⊛ sometimes) 時々

ล่าง /ラーン/ (⊛ below) 下の

ล้าง /ラーン/ (⊛ wash away) 洗う **ล้างแค้น** /ラーン ケーン/ 恨みを晴らす **ล้างรูป** /ラーン ルーブ/ 現像する **ล้างหน้า** /ラーン ナー/ 洗顔する

ลาด /ラート/ (⊛ lay, inclined)

敷く；傾いた **ลาดเอียง** /ラート アン/ 傾きのゆるい **ทางลาด** /ターン ラート/ 坂道

ลาน /ラーン/ (⊛ field, clockwork) 広場, (時計の) ぜんまい **ลานตา** /ラーン ター/ 目が回る

ล้าน /ラーン/ (⊛ million, bald) 百万；禿(は)げた

ลาภ /ラープ/ (⊛ luck) 思いがけない幸運

ลาม /ラーム/ (⊛ extend) 広がる, 及ぶ

ล่าม /ラーム/ (⊛ interpreter, chain up) 通訳；鎖につなぐ

ลามก /ラーモック/ (⊛ lewd) 猥(わい)せつな

ลาย /ラーイ/ (⊛ design) 模様, デザイン **ลายเซ็น** /ラーイ セン/ サイン **ลายนิ้วมือ** /ラーイ ニウムー/ 指紋 **ลายมือ** /ラーイ ムー/ 筆跡

ลาว /ラーオ/ (⊛ Laos, Lao) ラオス, ラオス人

ลำ /ラム/ …本, …隻, …機《幹, 船, 飛行機などの類別詞》 **ลำคลอง** /ラム クローン/ 運河 **ลำธาร** /ラム ターン/ 小川 **ลำน้ำ** /ラム ナーム/ 水路 **ลำแสง** /ラム セーン/ 光線 **ลำไส้** /ラム サイ/ 腸

ล่ำ /ラム/ (⊛ sturdy) がっしりした **ล่ำสัน** /ラム サン/ 頑健な

ล้ำ /ラム/ (⊛ pass over) (境界を) 越える **ล้ำเลิศ** /ラム ルート/ 卓越した

ลำดับ /ラム ダップ/ (⊛ order, priority) 順序, 順番

ลำบาก /ラム バーク/ (⊛ difficult) 苦しい, 困難な **ลำบากลำบน** /ラムバーク ラムボン/ 骨折って…する

ลำพัง /ラム パン/ (⊛ alone) 一人で

ลำไพ่ /ラム パイ/ (⊛ extra income) 臨時収入

ลำไย /ラム ヤイ/ (⊛ longan) 〖植〗ロンガン, 竜眼《果物》

ลำเลียง /ラムリアン/ (⊛ transport) 運搬する

ลำเอียง /ラムイアン/ (⊛ biased) えこひいきする

ลิเก /リケー/ (⊛ Li-ke folk drama) リケー芝居 (タイの大衆芸能)

ลิขสิทธิ์ /リックカシット/ (⊛ copyright) 著作権

ลิง /リン/ (⊛ monkey) 〖動〗猿

ลิตร /リット/ (⊛ liter) 〖単〗リットル

ลิ้น /リン/ (⊛ tongue) 舌 **ลิ้นชัก** /リンチャック/ 引き出し

ลิบ /リップ/ (⊛ far away) 遥(はる)か遠くに **ลิบลับ** /リップラップ/ (人里) 離れた **ลิบลิ่ว** /リップリウ/ 遥か遠くに

ลิ่ม /リム/ (⊛ wedge) くさび；くさびを打つ

ลิ้ม /リム/ (⊛ taste) 味見する

ลิ่ว /リウ/ (⊛ soar, very high) (空へ) 舞上がる, 高々と

ลี้ /リー/ (Ⓔ escape) 隠れる，逃げる **ลี้ภัย** /リー パイ/ 避難する

ลีบ /リープ/ (Ⓔ atrophic) 発育不全の

ลีลา /リー ラー/ (Ⓔ elegant action, rhythm) 優雅な動き，リズム

ลึก /ルック/ (Ⓔ deep) 深い **ลึกซึ้ง** /ルック スン/ 奥深い，深遠な **ลึกลับ** /ルック ラップ/ 秘密の，謎の

ลึงค์ /ルン/ (Ⓔ penis) 男性器

ลื่น /ルーン/ (Ⓔ slip, slippery) 滑る，滑りやすい

ลืม /ルーム/ (Ⓔ forget) 忘れる **ลืมตัวลืมตน** /ルーム トゥア ルーム トン/ 我を忘れる **ลืมตา** /ルームター/ 目を開ける

ลื้อ /ルー/ (Ⓔ you) 【口】お前，君《男性同士のみ》

ลุ /ル/ (Ⓔ attain) 至る，達成する **ลุแก่โทษ** /ル ケートート/ 謝罪する **ลุล่วง** /ル ルアン/ 達成する

ลุก /ルック/ (Ⓔ stand up, blaze) 立つ，火がつく **ลุกขึ้น** /ルック クン/ 立ち上がる **ลุกโพลง** /ルック プローン/ 燃え上がる **ลุกลาม** /ルック ラーム/ (伝染病が)広がる

ลุกลน /ルック ロン/ (Ⓔ upset) うろたえる

ลุง /ルン/ (Ⓔ uncle) 伯父《父または母の兄》

ลุ่ม /ルム/ (Ⓔ low) 低い，湿地 **ลุ่มน้ำ** /ルム ナーム/ 流域 **ลุ่มๆ ดอนๆ** /ルム ルム ドーン ドーン/ ごつごつした

ลุย /ルイ/ (Ⓔ wade in) 歩いて渡る；困難に踏み込んで行く

ลุ่ย /ルイ/ (Ⓔ fall apart, unravel) ほつれる，すり切れる

ลู่ /ルー/ (Ⓔ track, alley) 《競技場の》トラック，小道 **ลู่ทาง** /ルー ターン/ 方法，アクセス

ลูก /ルーク/ (Ⓔ child) 子《息子・娘》；《丸い物などの類別詞》**ลูกเขย** /ルーク クーイ/ 婿《娘の夫》**ลูกค้า** /ルーク カー/ 顧客 **ลูกจ้าง** /ルーク チャーン/ 雇用人 **ลูกชาย** /ルーク チャーイ/ 息子 **ลูกตา** /ルーク ター/ 眼球 **ลูกน้อง** /ルーク ノーン/ 子分 **ลูกบอล** /ルーク ボーン/ ボール **ลูกบ้าน** /ルーク バーン/ 村人，家人 **ลูกพี่** /ルーク ピー/ ボス **ลูกพี่ลูกน้อง** /ルーク ピー ルーク ノーン/ いとこ **ลูกเมีย** /ルーク ミア/ 妻子 **ลูกระเบิด** /ルーク ラブート/ 爆弾 **ลูกเรือ** /ルーク ルア/ 《船の》乗組員 **ลูกเลี้ยง** /ルーク リアン/ 養子 **ลูกศิษย์** /ルーク シット/ 弟子 **ลูกสะใภ้** /ルーク サパイ/ 嫁《息子の妻》**ลูกสาว** /ルーク サーオ/ 娘 **ลูกหลาน** /ルーク ラーン/ 子孫 **ลูกหัวปี** /ルーク フア ピー/ 長子

ลูบ /ループ/ (Ⓔ touch) 撫(な)でる，さする **ลูบคม** /ループ コム/ 見下す **ลูบคลำ** /ループ クラ

ム/愛撫する **ลูบไล้** /ルーブライ/（クリームを）塗る

เล็ก /レック/ (⊛ small) 小さい **เล็กน้อย** /レックノーイ/ わずかな，少しばかり **เล็กๆน้อยๆ** /レックレックノーイノーイ/ 僅かに，少しばかり

เลข /レーク/ (⊛ number) 数，数字 **เลขคณิต** /レーク カニット/ 算数 **เลขคี่** /レーク キー/ 奇数 **เลขคู่** /レーク クー/ 偶数 **เลขที่** /レークティー/ 番号，番地

เลขา /レーカー/ (⊛ secretary) 秘書 **เลขาธิการ** /レーカーティカーン/ 事務局長 **เลขานุการ** /レーカーヌカーン/ 秘書，書記

เล็ง /レン/ (⊛ aim at) 狙いを定める **เล็งเห็น** /レンヘン/ 見抜く

เล้ง /レン/ (⊛ shout)【口】どなりつける

เล็ดลอด /レット ロート/ (⊛ sneak) こっそりもぐり込む

เลน /レーン/ (⊛ mud) 泥，ぬかるみ

เล่น /レン/ (⊛ play) 遊ぶ，（スポーツを）する，（楽器を）弾く **เล่นงาน** /レン ガーン/ きびしく叱る **เล่นตัว** /レン トゥア/ もったいぶる **เล่นน้ำ** /レンナム/ 水遊びをする **เล่นละคร** /レン ラコーン/ 芝居をする

เลนส์ /レーン/ (⊛ lens) レンズ

เล็บ /レップ/ (⊛ nail) 爪（つめ）

เล็ม /レム/ (⊛ cut)（髪・布を）切り揃える

เล่ม /レム/ …冊，…本《本，刃物などの類別詞》

เลย /ルーイ/ (⊛ beyond, so, at all, very) 過ぎる；それで；全く（…ない），すごく **เลยตามเลย** /ルーイ ターム ルーイ/ 成り行きに任せる **เลยเถิด** /ルーイトート/ (…し) 過ぎる

เลว /レーオ/ (⊛ bad) 悪い **เลวร้าย** /レーオ ラーイ/ 悪辣（あくらつ）な **เลวลง** /レーオ ロン/ 悪化する

เล่ห์ /レー/ (⊛ trickery) 陰謀 **เล่ห์กล** /レー コン/ トリック **เล่ห์เหลี่ยม** /レー リアム/ いんちき

เลอะ /ル/ (⊛ disorderly, dirty) 乱雑な，汚れた **เลอะเทอะ** /ルトゥ/ 乱雑な，汚れた **เลอะเลือน** /ル ルアン/ 呆（ぼ）けた，鈍い

เละ /レ/ (⊛ watery, muddy) びしょびしょの，どろどろの **เละเทะ** /レ テ/ でたらめの，ひどい

เล่า /ラオ/ (⊛ tell) 語る **เล่าเรียน** /ラオ リアン/ 学習する **เล่าเรื่อง** /ラオ ルアン/ 物語る **เล่าให้ฟัง** /ラオ ハイ ファン/ 話して聞かせる **เล่าลือ** /ラオ ルー/ 言い伝える，広まる

เล้า /ラオ/ (⊛ brothel, stable) 売春宿，家畜小屋

เลาะ /ロ/ (⊛ rip, peel) 裂ける，はがす

เลิก /ルーク/ (⊛ cease, cancel)

プリアン/ 交換する
แล้ง /レ̀ーン/ ([英] droughty, barren) 旱魃（かんばつ）の，不毛の
แลบ /レ̂ーブ/ ([英] stick out)（舌を）突き出す，（光が）きらめく
แล่น /レ̂ン/ ([英] drive, sail)（車を）走らせる，航行する
แล้ว /レ́ーオ/ ([英] already, then) もう…した，それから **แล้วก็** /レ́ーオ コ̂ー/ それで，それから **แล้วแต่** /レ́ーオ テ̀ー/ …次第 **แล้วหรือยัง** /レ́ーオ ル̌ー ヤン/ もう…しましたか
และ /レ́/ ([英] and) …そして…，…と… **และอื่นๆ** /レ́ ウ̀ーン ウ̀ーン/ 等々
โล่ /ロ̂ー/ ([英] shield, blind) 盾（たて），ブラインド
โล้ /ロ́ー/ ([英] swing) 揺らす
โลก /ロ̂ーク/ ([英] world, earth) 世界，世の中，地球 **โลกาภิวัตน์** /ローカー ピワット/ グローバリゼーション
โลง /ローン/ ([英] coffin) 棺（ひつぎ）
โล่ง /ロ̂ーン/ ([英] empty, fine) 空いた，機嫌のいい **โล่งใจ** /ロ̂ーン チャイ/ 気持ちがすっきりする，ほっとする
โลด /ロ̂ート/ ([英] jump) 跳ぶ **โลดเต้น** /ロ̂ート テン/ （喜びで）踊りまわる **โลดโผน** /ロ̂ート ポ̌ーン/ 大胆な，興奮した
โลภ /ロ̂ーブ/ ([英] greedy) 貪欲な，欲張りな
โลม /ローム/ ([英] caress) 可愛がる，愛撫する **โลมเล้า** /ローム ラ́オ/ 可愛がる，愛撫する
โลหะ /ローハ̀/ ([英] metal) 金属
โลหิต /ローヒット/ ([英] blood) 血液
ไล่ /ラ̂イ/ ([英] chase, hunt, try) 追う，狩りをする，試す **ไล่เลี่ย** /ラ̂イ リ̂ア/ 同様の **ไล่เลียง** /ライ リアン/ 熱心に質問する **ไล่ออก** /ラ̂イ オ̀ーク/ 解雇する
ไล้ /ラ́イ/ ([英] paint)（ペンキを）塗る

ว

วก /ウ́ォック/ ([英] turn back) 引き返す **วกเวียน** /ウ́ォック ウィアン/ （川が）蛇行する，そぞろ歩きする
วง /ウォン/ ([英] circle, ring) 円を描く；円，輪，；《指輪，円などの類別詞》 **วงกลม** /ウォン クロム/ 円 **วงการ** /ウォン カーン/ 領域，…界 **วงจร** /ウォン チョーン/ 周期，サイクル **วงดนตรี** /ウォン ドントリー/ バンド，オーケストラ **วงเล็บ** /ウォン レ́ップ/ かっこ(　) **วงเวียน** /ウォン ウィアン/ コンパス，ロータリー
วงศ์ /ウォン/ ([英] clan, lineage) 家系，血統
วน /ウォン/ ([英] whirl, forest) 回転する；/ワナ/ 森 **วนเวียน**

止める，取り消す **เลิกล้ม** /ルーク ล้ม/ 断念する，止める
เลิศ /ルート/ (ⓔ excellent) 最高の，素晴らしい **เลิศลอย** /ルート ローイ/ 完璧に
เลีย /リア/ (ⓔ lick, flatter) なめる，へつらう **เลียตีน** /リア ティーン/ ごまをする **เลียแข้ง** /リア ケン/ おべっかをつかう
เลี่ยง /リアン/ (ⓔ avoid, dodge) 避ける，よける
เลี้ยง /リアン/ (ⓔ bring up, feed, treat) 養う，飼う，おごる **เลี้ยงแขก** /リアン ケーク/ お客を招く **เลี้ยงชีพ** /リアン チープ/ 生計を立てる **เลี้ยงดู** /リアン ドゥー/ 養育する **เลี้ยงส่ง** /リアン ソン/ 送別会をする
เลียน /リアン/ (ⓔ imitate) まねする **เลียนแบบ** /リアン ベープ/ 物まねをする
เลี่ยน /リアン/ (ⓔ smooth, oily) なめらかな，油っこい
เลียบ /リアップ/ (ⓔ skirt) 縁を通る **เลียบเคียง** /リアップ キアン/ 探りを入れる
เลี้ยว /リアオ/ (ⓔ turn) (道を)曲がる **เลี้ยวขวา** /リアオ クヴァー/ 右折する **เลี้ยวซ้าย** /リアオ サーイ/ 左折する **เลี้ยวลด** /リアオ ロット/ 曲がりくねった
เลือก /ルアック/ (ⓔ select) 選ぶ **เลือกตั้ง** /ルアック タン/ 選挙する
เลื่องชื่อ /ルアン チュー/ (ⓔ famous) 有名な

เลื่องลือ /ルアン ルー/ (ⓔ famous) 有名な，評判になる
เลือด /ルアット/ (ⓔ blood) 血 **เลือดเนื้อเชื้อไข** /ルアット ヌア チュア カイ/ 子孫 **เลือดเย็น** /ルアット イェン/ 冷血の **เลือดร้อน** /ルアット ローン/ 性急な，ハイテンションな **เลือดออก** /ルアット オーク/ 出血する
เลือน /ルアン/ (ⓔ blurred, fade) (記憶が) ぼやけた，消える **เลือนหาย** /ルアン ハーイ/ 消える，薄れる
เลื่อน /ルアン/ (ⓔ slide, move, put off, be promoted) 滑る，動かす，延期する，昇進する **เลื่อนชั้น** /ルアン チャン/ 進級する **เลื่อนตำแหน่ง** /ルアン タムネン/ 昇進する
เลื่อม /ルアム/ (ⓔ spangle, glossy) スパンコール；光沢のある，輝く
เลื่อมใส /ルアム サイ/ (ⓔ adore, believe) 崇拝する，信じる
เลื่อย /ルアイ/ (ⓔ saw) のこぎり
เลื้อย /ルアイ/ (ⓔ crawl) (蛇が) はう，はい上がる **เลื้อยเจื้อย** /ルアイ チュアイ/ とりとめなくお喋りする
แล /レー/ (ⓔ look, watch) 見る，見つめる **แลเห็น** /レーヘン/ 見える
แลก /レーク/ (ⓔ exchange) 交換する **แลกเงิน** /レーク グン/ 両替する **แลกเปลี่ยน** /レーク

/ウォン ウィアン/ 回る **วนอุทยาน**
/ワチ ウッタヤーン/ 森林公園

วรรค /ウック/ (英 paragraph, phrases) 段落, 句

วรรณ /ワン/ (英 color, class) 肌の色, 階級 **วรรณกรรม** /ワンナカム/ 文学 **วรรณคดี** /ワンナカディー/ 文学（古典）**วรรณยุกต์** /ワンナユック/ 声調符号

วลี /ワリー/ (英 phrase) 句

วอก /ウォーク/ (英 the year of the Monkey) 申（さる）年

วอกแวก /ウォーク ウェーク/ (英 distracted) 乱れた, 不安定な

ว่องไว /ウォン ワイ/ (英 quick) す早い, 機敏な

วอด /ウォート/ (英 be destroyed, die) 破壊される, 死ぬ

วอน /ウォーン/ (英 beg, tease) 懇願する,（女が）男を挑発する

ว่อน /ウォン/ (英 fly in clouds) 大群で飛ぶ

วอลเลย์บอล /ウォーンレーボール/ (英 volleyball) バレーボール

วะ /ウ/ …ね, …さ《文末で強調を表す俗語》

ว่ะ /ウ/ …な, …ぞ, …だ《文末で親しみを表す男性だけの表現》

วัคซีน /ウックシーン/ (英 vaccine) ワクチン

วัง /ワン/ (英 palace, puddle) 宮殿, 水たまり **วังน้ำวน** /ワン ナム ウォン/ 渦巻 **วังหลวง** /ワン ルアン/ 王宮

วังเวง /ワン ウェーン/ (英 lonely, unforgettable) 寂しい, 忘れられない

วัชระ /ウッチャラ/ (英 thunderbolt, diamond) 雷光, ダイヤモンド

วัฏ /ウット/ (英 cycle of life) 転輪, 循環

วัฒนธรรม /ウッタナタム/ (英 culture) 文化

วัฒนา /ウッタナー/ (英 progress) 発展する, 繁栄する

วัณโรค /ワンナローク/ (英 tuberculosis) 結核

วัด /ウット/ (英 temple, measure) 寺; 測る **วัดผล** /ウット ポン/ 評価する, 査定する **วัดตัว** /ウットトゥア/ 寸法を取る

วัตถุ /ウットゥ/ (英 material, object) 物資, 目的 **วัตถุดิบ** /ウットゥ ディップ/ 原料 **วัตถุนิยม** /ウットゥ ニヨム/ 物質主義 **วัตถุประสงค์** /ウットゥ プラソン/ 目的, 狙い

วัน /ワン/ (英 day, forest) 日, 森 **วันก่อน** /ワン コーン/ 先日 **วันเกิด** /ワン クート/ 誕生日 **วันจันทร์** /ワン チャン/ 月曜日 **วันที่...** /ワン ティー/ …日 **วันนี้** /ワン ニー/ 今日 **วันพระ** /ワン プラ/ 仏日（ぶつじつ）**วันเพ็ญ** /ワン ペン/ 満月の日 **วันพฤหัส** /ワン プルハット/ 木曜日 **วันพฤหัสบดี** /ワン プルハットサボーディー/ 木曜日 **วันพุธ** /ワン プット/ 水曜日

วันมะรืนนี้ /ワン マルーンニー/ 明後日　**วันละ** /ワン ラ/ 一日につき　**วันเว้นวัน** /ワン ウェン ワン/ 一日おきに　**วันศุกร์** /ワン スック/ 金曜日　**วันเสาร์** /ワン サオ/ 土曜日　**วันหน้า** /ワン ナー/ 他日, 後日　**วันหยุด** /ワン ユット/ 休日　**วันอังคาร** /ワン アンカーン/ 火曜日　**วันอาทิตย์** /ワン アーティット/ 日曜日

วับ /ウップ/ (® suddenly) ぱっと, 突然に　**วับวาว** /ウップ ワーム/ きらきら, ぴかぴか

วัย /ワイ/ (® age) 年齢, …期　**วัยกลางคน** /ワイ クラーン コン/ 中年　**วัยชรา** /ワイ チャラー/ 老年　**วัยรุ่น** /ワイ ルン/ 思春期

วัว /ウア/ (® cattle, cow, ox) 牛

วัสดุ /ウッサドゥ/ (® material) 物質, 材料

วา /ワー/ (® wa) 【単】ワー《約2メートル》

ว่า /ウー/ (® say, that, blame) 言う, 非難する;…と (思う, 聞く…)　**ว่าการ** /ウー カーン/ 指図する, 管理する　**ว่าความ** /ウー クワーム/ 管理する　**ว่าง่าย** /ウー ガーイ/ (子どもが) おとなしい　**ว่าจ้าง** /ウー チャーン/ 雇う, 従事させる　**ว่าด้วย** /ウー ドゥアイ/ …に関する　**ว่านอนสอนง่าย** /ウー ノーン ソーン ガーイ/ 従順な　**ว่าราชการ** /ウー ラーチャカーン/ 政務を司る

วาง /ワーン/ (® put, lay down) 置く, 定める　**วางใจ** /ワーン チャイ/ 安心する　**วางท่า** /ワーン ター/ 尊大にふるまう　**วางแผน** /ワーン ペーン/ 計画を立てる　**วางมัดจำ** /ワーン マットチャム/ 手付金を払う　**วางมือ** /ワーン ムー/ 手を引く　**วางไว้** /ワーン ワイ/ 置いておく

ว่าง /ウーン/ (® vacant) 空いている　**ว่างงาน** /ウーン ガーン/ 失業している　**ว่างเปล่า** /ウーン プラオ/ 空 (むな) しい, 空虚な　**ว่างมือ** /ウーン ムー/ 手が空いている

วาจา /ワー チャー/ (® word, speech) 言葉, 発言

วาณิช /ワーニット/ (® merchant) 商人

วาด /ワート/ (® draw, paint) 描く　**วาดเขียน** /ワート キアン/ 図画, 絵画

วาทะ /ワータ/ (® word) 言葉, 式辞

วาน /ワーン/ (® yesterday, ask) 昨日; 頼む　**วานซืน** /ワン スーン/ 一昨日

ว่าน /ウーン/ (® medicinal herb) 薬草

วาบ /ウープ/ (® glitteringly, tremble) 一瞬きらめく; おののく　**วาบหวาม** /ウープ ワーム/ (人に) 夢中の; わくわくした

วาย /ワーイ/ (® end, finish) 終わる, 終える　**วายวอด** /ワーイ ウォート/ 滅亡する

ว่ายน้ำ /ワーイ ナーム/ ([英] swim) 泳ぐ
ว้าย /ワーイ/ ([英] Oh!) おお, あれ, ああ《感嘆》
วาร /ワーン/ ([英] time, day, chance) 時, 日, 機会 **วารสาร** /ワーラサーン/ マガジン, ジャーナル
วารี /ワーリー/ ([英] water) 水
วาเลนไทน์ /ワーレンタイ/ ([英] St. Valentine) 聖バレンタイン
วาว /ワーオ/ ([英] shiny) 輝く, ぴかぴかする
ว่าว /ワーオ/ ([英] kite) 凧（たこ）
ว้าวุ่น /ワー ウン/ ([英] be confused, be at a loss)（気持ちが）混乱する, 迷う, あわてる
วาสนา /ワートサナー/ ([英] fortune, merit)《前世の善行の》応報, 果報
วิก /ウィック/ ([英] wig, theater) かつら, 劇場
วิกฤติ /ウィクリット/ ([英] critical, important) 危機の, 重大な **วิกฤติกาล** /ウィクリッティカーン/ 危機
วิกลจริต /ウィコン チャリット/ ([英] abnormal) 精神異常の
วิกาล /ウィカーン/ ([英] night, the Dark Ages) 夜, 暗黒時代
วิเคราะห์ /ウィク ロ/ ([英] analyze) 分析する
วิ่ง /ウィン/ ([英] run) 走る **วิ่งแข่ง** /ウィン ケン/ 競走, レース **วิ่งเต้น** /ウィン テン/ 奔走する, 活躍する **วิ่งหนี** /ウィン ニー/ 逃走する **วิ่งเหยาะๆ** /ウィン ヨ ヨ/ 楽々と走る, ジョギングする
วิงวอน /ウィンウォーン/ ([英] beg, plead) 請う, 懇願する
วิงเวียน /ウィンウィアン/ ([英] dizzy) 目まいでふらふらする
วิจัย /ウィチャイ/ ([英] research) 研究する
วิจารณ์ /ウィチャーン/ ([英] criticize) 批評する **วิจารณญาณ** /ウィチャーラナヤーン/ 思考力, 判断力
วิจิตร /ウィチット/ ([英] wonderful, exquisite) すばらしい, 精巧な
วิชา /ウィチャー/ ([英] knowledge, subject) 知識, 学科 **วิชาการ** /ウィチャーカーン/ 技術, 専門知識 **วิชาชีพ** /ウィチャーチープ/ 職業《特に知的》 **วิชาโท** /ウィチャー トー/ 副専攻 **วิชาบังคับ** /ウィチャー バンカップ/ 必修科目 **วิชาเอก** /ウィチャー エーク/ 主専攻
วิญญาณ /ウィンヤーン/ ([英] soul, spirit) 霊魂, 精神, 意識
วิด /ウィット/ ([英] bail) 汲み出す, すくう
วิดีโอ /ウィーディーオー/ ([英] video) ビデオ
วิตก /ウィトック/ ([英] worry, be anxious) 心配する, 不安に思う **วิตกกังวล** /ウィトッ

วิถี ▶

ク カンウォン/ 案ずる，懸念する

วิตกจริต /ウィトック チャリット/ 悲観的な

วิตามิน /ウィターミン/ (® vitamin) ビタミン

วิถี /ウィティー/ (® way) 道, 方法 **วิถีทาง** /ウィティー ターン/ 道, 方法 **วิถีชีวิต** /ウィティー チーウィット/ ライフスタイル

วิทยา /ウィッタヤー/ (® knowledge, science) 知識，科学 **วิทยาการ** /ウィッタヤーカーン/ 科学，学術 **วิทยานิพนธ์** /ウィッタヤーニポン/ 論文 **วิทยาลัย** /ウィッタヤー ライ/ 専門学校 **วิทยาศาสตร์** /ウィッタヤーサート/ (自然) 科学

วิทยุ /ウィッタユ/ (® radio) ラジオ，無線

วิเทศ /ウィテート/ (® foreign country) 外国 **วิเทศสัมพันธ์** /ウィテートサムパン/ 外交，対外関係

วิธี /ウィティー/ (® method, way) 方法，手段，手順

วินัย /ウィナイ/ (® discipline) 規律，戒律

วินาที /ウィナーティー/ (® second) 〖単〗秒

วินาศ /ウィナート/ (® ruin, destruction) 滅亡，破壊 **วินาศกรรม** /ウィナーッサカム/ サボタージュ

วินิจฉัย /ウィニッチャイ/ (® judge) 審理する，判決を下す

วิปโยค /ウィッパヨーク/ (® separation, grieve) 分離，別離，悲しむ

วิปริต /ウィッパリット/ (® insane) 異常な，狂気の

วิพากษ์ /ウィパーク/ (® judge) 判決を下す **วิพากษ์วิจารณ์** /ウィパーク ウィチャーン/ 批評する，コメントする

วิมาน /ウィマーン/ (® celestial mansion, paradise) 天宮，天国

วิริยะ /ウィリヤ/ (® diligence, patience) 勤勉，忍耐

วิโรจ /ウィロート/ (® bright, wonderful) 輝く，素晴らしい

วิลาส /ウィラート/ (® beautiful, gorgeous) 美しい，ゴージャスな

วิไล /ウィライ/ (® beautiful, pretty) 美しい，可愛い

วิว /ウィウ/ (® view) 景色

วิวัฒนาการ /ウィウッタナーカーン/ (® development, evolution) 発展，進化

วิวาท /ウィウート/ (® quarrel) 口論する

วิวาห์ /ウィワー/ (® marriage) 〖文〗結婚

วิเวก /ウィウェーク/ (® loneliness, lonely place) 孤独，寂しい所

วิศวกร /ウィッサウコーン/ (® engineer) エンジニア **วิศวกรรม** /ウィッサウカム/ 工学

วิเศษ /ウィセート/ (® excellent)

素晴しい，最高の

วิษณุ /ウィッサヌ/ ([英] Vishnu) ヴィシュヌ神

วิสกี้ /ウィッサキー/ ([英] whiskey) ウイスキー

วิสัย /ウィサイ/ ([英] character, nature, ability) 性格，性質，能力

วิสามัญ /ウィサーマン/ ([英] unusual, special) 普通でない，特別の

วิสาสะ /ウィサーサ/ ([英] acquaintance, association, familiarity) 面識，交際，親しさ

วิสาหกิจ /ウィサーハキット/ ([英] enterprise) 企業

วิสุทธิ์ /ウィスット/ ([英] clean) 清潔な，汚れのない

วิหาร /ウィハーン/ ([英] Buddha image hall, temple) 仏殿，本堂

วีซ่า /ウィーサー/ ([英] visa) ビザ，査証

วีซีดี /ウィーシーディー/ ([英] video CD) VCD

วี้ด /ウィート/ ([英] scream) 悲鳴をあげる

วีร /ウィーラ/ ([英] brave) 勇敢な **วีรบุรุษ** /ウィーラブルット/ 英雄，ヒーロー **วีรสตรี** /ウィーラサットリー/ 女傑，ヒロイン

วี่แวว /ウィーウェーオ/ ([英] clue, hint) 手がかり，ヒント，糸口

วุฒิสภา /ウッティサパー/ ([英] the Upper House) 上院，参議院 **วุฒิสมาชิก** /ウッティサマーチック/ 上院議員，参議院議員

วุ่น /ウン/ ([英] be busy, cut in) …で忙しい，口出しする **วุ่นวาย** /ウンワーイ/ 忙しい，混乱した

วุ้น /ウン/ ([英] agar, jelly) 寒天，ゼリー **วุ้นเส้น** /ウン セン/ 春雨《緑豆から作る麺》

วูบ /ウープ/ ([英] flash, suddenly) ぱっと光る；突然に **วูบวาบ** /ウープ ウープ/ ぱっぱっと点滅する，きらめく

วู่วาม /ウーワーム/ ([英] impulsive) 激しやすい

เวท /ウェート/ ([英] Veda) ヴェーダ《ヒンズーの教典》 **เวทมนตร์** /ウェートモン/ 呪文（じゅもん）

เวทนา /ウェーッタナー/ ([英] pity, sense) 哀れむ；感覚

เวที /ウェーティー/ ([英] stage, scholar) 舞台；学者 **เวทีมวย** /ウェーティー ムアイ/ ボクシングのリング

เว้น /ウェン/ ([英] abstain from, omit) 除外する，省く **เว้นแต่** /ウェン テー/ …を除いて，…以外

เว็บไซต์ /ウェップ サイ/ ([英] website) ホームページ，ウェブサイト

เวร /ウェーン/ ([英] shift, revenge) 交替，復讐 **เวรกรรม** /ウェーンカム/ 因果応報，運命

เวลา /ウェーラー/ ([英] time) 時間，

[ศ]

(…する)時 **เวลากี่โมง** /ウェーラー キー モーン/ 何時ですか **เวลานัด** /ウェーラー ナット/ 約束の時間 **เวลานี้** /ウェーラー ニー/ このごろ, 今時分 **เวลาว่าง** /ウェーラー ワーン/ 暇

เว้า /ウォ/ ([英] speak, concave) 話す；凹んだ

เวิ้งว้าง /ウーン ウーン/ ([英] vast) 広々とした

เวียงจันทน์ /ウィアンチャン/ ([英] Vientiane)〖地〗ビエンチャン

เวียดนาม /ウィアトナーム/ ([英] Vietnam)〖地〗ベトナム

เวียน /ウィアン/ ([英] rotate) 回る, 循環する **เวียนหัว** /ウィアン フア/ 目まいがする

แว้งกัด /ウエーン カット/ ([英] bite, betray) 咬みつく, 裏切る

แวดล้อม /ウェート ローム/ ([英] surround, enclose) 囲む, 取り巻く **สิ่งแวดล้อม** /シン ウェート ローム/ 環境

แว่น /ウェン/ ([英] ring, area, glasses) 輪, 地域, 眼鏡 **แว่นกันแดด** /ウェン カン デート/ サングラス **แว่นตา** /ウェン ター/ 眼鏡

แวบ /ウェーブ/ ([英] flashing) キラキラ輝いた, きらめいた **แวบวับ** /ウェーブ ワップ/ きらきら輝いた

แวว /ウェーオ/ ([英] spark, flash) 輝き, (才能の) きらめき **แววตา** /ウェーオ ター/ 眼光, まなざし **แววววาม** /ウェーオ ワーム/ 眼光；きらめいた

แว่ว /ウェオ/ ([英] hear dimly, be a bad connection) かすかに聞こえる, (電話が) 遠い

แวะ /ウェ/ ([英] stop off) 立ち寄る **แวะรับ** /ウェ ラップ/ 途中で拾う

โวย, โว้ย /ウォーイ, ウォーイ/ ([英] Hey!) おーい！ **โวยวาย** /ウォーイ ワーイ/ 叫ぶ, 喚声を上げる

โวหาร /ウォーハーン/ ([英] eloquence, rhetoric) 能弁, レトリック

ไว /ワイ/ ([英] quick) 速い, 早い **ไวไฟ** /ワイ ファイ/ 燃えやすい, 激しい, セクシーな

ไว้ /ウイ/ ([英] put, remain) 置く, …しておく **ไว้ใจ** /ウイ チャイ/ 信用する, 信頼する **ไว้ตัว** /ウイ トゥア/ 尊大な, 横柄な **ไว้ทุกข์** /ウイ トゥック/ 喪に服す **ไว้หน้า** /ウイ ナー/ 顔を立てる **ไว้อาลัย** /ウイ アーライ/ 追憶する

ไวยากรณ์ /ワイヤーコーン/ ([英] grammar) 文法

ศ

ศก /ソック/ ([英] era, year)〖文〗年, 時代

ศตวรรษ /サタワット/ ([英] century) 世紀

ศพ /ソップ/ ([英] corpse) 死体, 遺体

ศร /ソーン/ (⊛ arrow) 矢

ศรัทธา /サッター/ (⊛ belief, faith, believe) 信念, 信仰; 信じる

ศรี /シー/ (⊛ great, glory) 《語頭ついて》偉大な, 栄ある

ศอก /ソーク/ (⊛ elbow, sok) ひじ, ソーク《単》《約60cm》

ศักดา /サックダー/ (⊛ power) 力

ศักดิ์ /サック/ (⊛ power, position, prestige) 力, 身分, 威信 **ศักดิ์ศรี** /サック シー/ 威信, 威厳 **ศักดิ์สิทธิ์** /サック シット/ 神聖な

ศักราช /サッカラート/ (⊛ era, calendar) 紀元, 暦

ศัตรู /サットルー/ (⊛ enemy) 敵

ศัพท์ /サップ/ (⊛ word, vocabulary) 語, 語彙

ศัลยกรรม /サンラヤカム/ (⊛ surgery) 外科手術

ศาล /サーン/ (⊛ court, church) 裁判所, 聖堂 **ศาลแขวง** /サーン クウェーン/ 地方裁判所 **ศาลเจ้า** /サーン チャオ/ 廟 (びょう); 祠 (ほこら) **ศาลฎีกา** /サーン ディーカー/ 最高裁判所

ศาลา /サーラー/ (⊛ pavilion, hall) パビリオン, 講堂 **ศาลากลาง** /サーラー クラーン/ 県庁 **ศาลาประชาคม** /サーラー プラチャーコム/ コミュニティーホール

ศาสดา /サート サダー/ (⊛ the founder of a religion, sage) 教祖, 賢者

ศาสตร์ /サート/ (⊛ -ology, -logy) …学《造語成分として》**ศาสตราจารย์** /サーッ サトラーチャーン/ 教授

ศาสนา /サーッサナー/ (⊛ religion) 宗教 **ศาสนาคริสต์** /サーッサナー クリット/ キリスト教 **ศาสนาพราหมณ์** /サーッサナー プラーム/ バラモン教 **ศาสนาพุทธ** /サーッサナー プット/ 仏教 **ศาสนาอิสลาม** /サーッサナー イッサラーム/ イスラム教 **ศาสนาฮินดู** /サーッサナー ヒンドゥー/ ヒンズー教 **ศาสนิกชน** /サーッサニッカチョン/ 信者

ศิโรราบ /シローラープ/ (⊛ surrender) 降伏する

ศิลป, ศิลป์ /シンラパ シン/ (⊛ art) 美術, 芸術 **ศิลปิน** /シンラピン/ 芸術家

ศิลา /シラー/ (⊛ stone) 石 **ศิลาแลง** /シラー レーン/ ラテライト, 紅土

ศิวะ /シウァ/ (⊛ Siva) シバ神

ศิษย์ /シット/ (⊛ pupil, disciple) 生徒, 弟子

ศีรษะ /シーサ/ (⊛ head) 頭

ศีล /シーン/ (⊛ religious precepts) 戒律 **ศีลธรรม** /シーンラタム/ 道徳

ศึก /スック/ (⊛ war) 戦争, 戦乱

ศึกษา /スックサー/ (⊛ education, research, study) 教育, 研究; 勉学する

ศุกร์ /スック/ (⊛ Friday, Venus) 金曜日, 金星

ศุภนิมิต /スパニミット/ (⊛ good omen) / 吉兆

ศูนย์ /スーン/ (⊛ empty, zero, center, vanish) 空(から)の, ゼロ, …センター; 消える

ศูนย์กลาง /スーン ク ラーン/ 中心 **ศูนย์การค้า** /スーン カーンカー/ ショッピングセンター **ศูนย์เสีย** /スーン シア/ 消える, 失せる

เศรษฐกิจ /セートタキット/ (⊛ economy) 経済

เศรษฐศาสตร์ /セートタサート/ (⊛ economics) 経済学

เศรษฐี /セートティー/ (⊛ ultra-rich, billionaire) 大金持ち, 億万長者

เศร้า /チャオ/ (⊛ sad, tragic, grieve) 悲しい, 憂うつな; 嘆く **เศร้าโศก** /チャオ ソーク/ 悲しい, 憂うつな

เศวต /サウェート/ (⊛ white) 白

เศษ /セート/ (⊛ remainder) 余り; (分数の) 分子 **เศษสตางค์** /セート サターン/ 小銭 **เศษส่วน** /セート スアン/ 分数

โศก /ソーク/ (⊛ sadness, grieve) 悲しみ, 哀愁; 悲しむ **โศกศัลย์** /ソーク サン/ …に涙する, 泣き叫ぶ

ส

สกปรก /ソックカプロック/ (⊛ dirty) 汚い

สกล /サコン/ (⊛ universal, perfect) 世界の, 完全な

สกลโลก /サコン ローク/ 全世界; グローバルな

สกัด /サカット/ (⊛ block, carve, separate) ふさぐ, 削る, 分離する

สกี /サキー/ (⊛ ski) スキー

สกุล /サクン/ (⊛ blood, lineage) 血統, 家系

สกู๊ป /サクープ/ (⊛ scoop) スクープ

สเกต /サケート/ (⊛ roller-skate) ローラースケート

สเก็ตช์ /サケッチ/ (⊛ sketch) スケッチ(する)

สง /ソン/ (⊛ sift with hands) ふるう (手で)

ส่ง /ソン/ (⊛ send, hand, launch) 送る, 渡す, 推進する **ส่งกลิ่น** /ソン クリン/ 匂いを放つ **ส่งข่าว** /ソン カーオ/ 報道する **ส่งมอบ** /ソン モープ/ 配達する, デリバリーする **ส่งเสริม** /ソン スーム/ 支える, 振興する **ส่งเสีย** /ソン シア/ 支える, 扶養する **ส่งออก** /ソン オーク/ 輸出する

สงกรานต์ /ソン クラーン/ (⊛ *Songkran*, Thai New Year) ソンクラーン《タイ正月, 水かけ祭り. 毎年4月13日から15日》

สงคราม /ソンクラーム/ (⊛ war) 戦争 **สงครามนิวเคลียร์** /ソンクラーム ニウクリア/ 核戦争 **สงครามโลกครั้งที่สอง** /ソンクラームローク クラン ティー ソーン/ 第二次世

界大戦
สงเคราะห์ /ソンクロ/ (＠ aid) 救援する；援助
สงฆ์ /ソン/ (＠ Buddhist monk) 僧侶
สงบ /サゴップ/ (＠ calm, peaceful) 静かな, 平和な **สงบสุข** /サゴップスック/ 停戦 **สงบสติอารมณ์** /サゴップ サティ アーロム/ 気持ちを落着かせる **สงบเสงี่ยม** /サゴップ サギアム/ 穏和な, 礼儀正しい
สงวน /サグアン/ (＠ preserve, keep) 保存する, 保全する
สงสัย /ソンサイ/ (＠ suspect) 疑う
สงสาร /ソンサーン/ (＠ pity) 同情する
สงัด /サガット/ (＠ silent) 静かな
สง่า /サガー/ (＠ elegant, dignified) 優美な, 堂々とした
สด /ソット/ (＠ fresh, new) 新鮮な, 新しい **สดชื่น** /ソット チューン/ 機嫌がいい, 爽やかな **สดๆร้อนๆ** /ソットソット ローン ローン/ 最新の, ほやほやの **สดใส** /ソットサイ/ 明るい, 輝いた
สตรี /サトリー/ (＠ woman, lady) 婦人, 女性 **สตรีเพศ** /サトリーペート/ 女性
สตาฟฟ์ /サターフ/ (＠ staff) スタッフ
สตางค์ /サターン/ (＠ *satang*) 《単》サタン《百分の１バーツ》；お金

สติ /サティ/ (＠ consciousness, prudence) 意識, 分別 **สติปัญญา** /サティ パンヤー/ 知力, 知恵 **สติอารมณ์** /サティ アーロム/ 感情, 情緒
สถาน /サターン/ (＠ public space, facilities) 公共の場所, 施設 **สถานกงสุล** /サターン コンスン/ 領事館 **สถานที่** /サターン ティー/ 場所 **สถานทูต** /サターン トゥート/ 外交公館 **สถานเอกอัครราชทูต** /サターン エークアッカラーッチャトゥート/ 大使館
สถาน-, สถานะ /サターナ/ (＠ situation, position) 状況, 地位 **สถานการณ์** /サターナカーン/ 状況, 場合
สถานี /サターニー/ (＠ station, office) 駅, 署, 所 **สถานีตำรวจ** /サターニー タムルアット/ 警察署 **สถานีดับเพลิง** /サターニー ダップ プルーン/ 消防署 **สถานีรถไฟ** /サターニー ロット ファイ/ 駅 **สถานีวิทยุโทรทัศน์** /サターニー ウィッタユトーラタット/ 放送局
สถาบัน /サターバン/ (＠ public facilities, educational institutions) 公共施設, 教育機関
สถาปนา /サターパナー/ (＠ found, appoint, install) 設立する, インストールする, 任命する **สถาปัตยกรรม** /サターパットヤカム/ 建築学
สถาพร /サターポーン/ (＠ firm, everlasting) 堅固な, 永久

สถิติ /サティティ/ (⊛ statistics, record) 統計, 記録

สถุล /サトゥン/ (⊛ rude, uneducated) 失礼な, 無教養な

สน /ソン/ (⊛ pine, yoke) 〖植〗マツ;(糸を)通す

สนใจ /ソン チャイ/ (⊛ be interested in) 関心を持つ, 興味を持つ

ส้น, ส้นเท้า /ソン, ソン ターオ/ (⊛ heel) かかと ส้นสูง /ソン スーン/ ハイヒール

สนทนา /ソンタナー/ (⊛ talk) 会話する สนทนาประจำวัน /ソンタナープラチャム ワン/ 日常会話

สนเท่ห์ /ソンテー/ (⊛ doubt, confuse) 疑い;とまどう

สนธยา /ソンタヤー/ (⊛ twilight) 黄昏(たそがれ)

สนธิ /ソンティ/ (⊛ connection, agreement) 接合, 協定 สนธิสัญญา /ソンティ サンヤー/ 条約

สนอง /サノーン/ (⊛ reply, return) 返答する, 報いる สนองคุณ /サノーン クン/ お返しをする, 報恩する

สนั่น /サナン/ (⊛ loud) 鳴り響く, とどろく

สนับ /サナップ/ (⊛ blouse, clothes) ブラウス, 衣服

สนับสนุน /サナップ サヌン/ (⊛ support) 応援する, 支持する

สนาม /サナーム/ (⊛ field) 広場の

สนามกอล์ฟ /サナーム ゴーフ/ ゴルフ場 สนามกีฬา /サナーム キーラー/ 運動場, 競技場 สนามบิน /サナーム ビン/ 飛行場 สนามรบ /サナーム ロップ/ 戦場 สนามหญ้า /サナーム ヤー/ 芝生 สนามหลวง /サナーム ルアン/ 王宮前広場

สนิท /サニット/ (⊛ close, perfectly) 親しい, 完全に สนิทสนม /サニット サノム/ 親密な

สนิม /サニム/ (⊛ rust) 錆(さび) สนิมสร้อย /サニム ソーイ/ 怠惰な

สนุก /サヌック/ (⊛ enjoyable) 楽しい, 面白い สนุกสนาน /サヌック サナーン/ 楽しい, 面白い

สบ /ソップ/ (⊛ meet, face) 会う, 出くわす, 直面する สบตา /ソップ ター/ 目を合わせる, 見つめる สบประมาท /ソップ プラマート/ 侮辱する สบเหมาะ /ソップ モ/ 都合よく, 偶然に

สบถ /サボット/ (⊛ curse) 呪いをかける

สบาย /サバーイ/ (⊛ comfortable, healthy) 快適な, 健康な สบายใจ /サバーイ チャイ/ いい気分の สบายดี /サバーイ ディー/ 健康な, 快適な

สบู่ /サブー/ (⊛ soap) 石けん สบู่เหลว /サブー レーオ/ 液体石けん

สไบ /サバイ/ (⊛ sabai) 肩衣((タイ女性正装用))

สปริง /サプリン/ (⊛ spring) スプリング, ばね

สปอนเซอร์ /サポーンサー/ (⊛ sponsor) スポンサー

สเปิร์ม /サペーム/ (⊛ sperm) 精子, 精液

สภา /サパー/ (⊛ assembly, association, council) 議会, 協会, 評議会 **สภากาชาด** /サパー カーチャート/ 赤十字 **สภาผู้แทนราษฎร** /サパー プーテーン ラート サドーン/ 国会, 下院

สภาพ /サパープ/ (⊛ situation, condition, essence) 状況, 状態, 本質 **สภาพแวดล้อม** /サパープ ウェートローム/ 環境, 周囲の状況

สภาวะ /サパーワ/ (⊛ condition, situation) 状態, 状況 **สภาวการณ์** /サパーウカーン/ 状況, 事態

สม /ソム/ (⊛ worthy, suitable) 価値がある, 適切な **สมควร** /ソムクアン/ 適正な, しかるべき **สมจริง** /ソム チン/ リアルに **สมใจ** /ソム チャイ/ 心にかなう, 満足できる

สมดุล /ソム ドゥン/ 釣り合いのとれた **สมน้ำหน้า** /ソム ナム ナー/ ざまあみろ, いい気味だ **สมทบ** /ソム トップ/ つなぐ, 一緒にする **สมสู่** /ソム スー/ 同棲する, 性交する

ส้ม /ソム/ (⊛ orange) みかん類

สมญา /ソムヤー/ (⊛ name, nickname, title) 名, あだ名, 称号

สมณ /サマナ/ (⊛ monk) 僧侶

สมเด็จ /ソムデット/ (⊛ Your/His/Her Majesty [Highness]) 陛下, 殿下, 猊下（げいか） **สมเด็จเจ้าฟ้า** /ソムデット チャオファー/ 王子 **สมเด็จพระนางเจ้าฯพระบรมราชินีนาถ** /ソムデット プラナーンチャオ プラボロムラーチニーナート/ 王妃陛下

ส้มตำ /ソム タム/ (⊛ somtam) ソムタム, 青パパイヤの辛味サラダ

สมนาคุณ /ソムナークン/ (⊛ return, reward) 報いる, 恩返しをする

สมบัติ /ソムバット/ (⊛ property) 富, 財産

สมบูรณ์ /ソムブーン/ (⊛ perfect, absolute, healthy) 完全な, 絶対的な, 丈夫な

สมพงศ์ /ソムポン/ (⊛ be compatible) 相性がいい

สมเพช /ソムペート/ (⊛ sympathize) 哀れむ, 同情する

สมภาร /ソムパーン/ (⊛ abbot) 住職

สมโภช /ソムポート/ (⊛ feast) 祝宴

สมมุติ /ソムムット/ (⊛ suppose) 仮定する **สมมุติฐาน** /ソムムッティターン/ 仮説 **สมมุติว่า** /ソムムットワー/ 仮に…とすれば

สมร /サモーン/ (⊛ beautiful woman, battle) 美人；戦い

สมรรถภาพ /サマッタパープ/ (⊛ ability, effect) 能力, 効力

สมรส /サムロット/ (⊛ get married) 結婚する

สมอ /サモー/ (⊛ anchor) 錨（いかり）

สมอง /サモーン/ (⊛ brain) 脳, 頭脳 **สมองดี** /サモーン ディー/ 頭がよい, 頭脳明晰な

สมัคร /サマック/ (⊛ volunteer, apply *for*) 志願する, 応募する **สมัครงาน** /サマック ガーン/ 求職に応募する **สมัครใจ** /サマック チャイ/ 喜んで…する **สมัครเล่น** /サマック レン/ へたな, アマチュアの

สมัชชา /サマッチャー/ (⊛ conference) 会議

สมัย /サマイ/ (⊛ period) 時代, 年代 **สมัยก่อน** /サマイ コーン/ 以前, 昔 **สมัยนี้** /サマイ ニー/ 現代, 今日 **สมัยโบราณ** /サマイ ボーラーン/ 昔, 古代 **สมัยใหม่** /サマイ マイ/ 最新の, 現代, 近代

สมาคม /サマーコム/ (⊛ association, club, associate) 協会, クラブ；交際する

สมาชิก /サマーチック/ (⊛ member) 会員, メンバー **สมาชิกภาพ** /サマーチック カパープ/ 会員資格, メンバーシップ **สมาชิกรัฐสภา** /サマーチック ラッタサパー/ 国会議員

สมาธิ /サマーティ/ (⊛ concentration, meditation) 三昧（ざんまい）, 集中, 瞑想（めいそう）

สมาน /サマーン/ (⊛ join, combine) 加わる, 結合する

สม่ำเสมอ /サマム サムー/ (⊛ regular, consistent) 規則的な, 一定の

สมุด /サムット/ (⊛ notebook) 帳面, ノート **สมุดเงินฝาก** /サムット グン ファーク/ 預金通帳 **สมุดบันทึก** /サムット バントゥック/ 日記 **สมุดภาพ** /サムット パープ/ アルバム

สมุทร /サムット/ (⊛ sea, ocean) 海, 大洋

สมุน /サムン/ (⊛ subordinate, follower) 部下, 手下

สมุนไพร /サムン プライ/ (⊛ herb) ハーブ

สโมสร /サモーソーン/ (⊛ club, socialize) クラブ；会合する

สยดสยอง /サヨット サヨーン/ (⊛ fear, be frightened) 恐れる, おびえる

สยาม /サヤーム/ (⊛ Siam) シャム《タイ国の旧称》

สยาย /サヤーイ/ (⊛ spread, untie) 広がる, (髪が) ほどける

สยิว /サヰウ/ (⊛ feel excited) (性的に) 興奮する, ぞくぞくする

สรณะ /サラナ/ (⊛ sanctuary) 聖域, サンクチュアリ, 保護区域

สรร /サン/ (⊛ choose) 選ぶ, 選別する **สรรหา** /サンハー/ 探し求める

สรรค์ /サン/ (⊛ create, build)

> สลาก

創造する, 建てる

สรรพ /サップ/ (⊛ whole, entire) 全…《造語成分》; 完全に **สรรพคุณ** /サッパクン/ 効能, 財産 **สรรพากร** /サンパーコーン/ 歳入, 総収益

สรรเสริญ /サンスーン/ (⊛ praise, admire) 賞賛する, ほめる

สรวงสวรรค์ /スアンサウン/ (⊛ heaven, sacrifice) 天国; いけにえを捧げる

สรวลเสเฮฮา /スアン セーヘーハー/ (⊛ laugh with satisfaction) 満足げに笑う

สร้อย /ソイ/ (⊛ necklace, grieve) ネックレス; 悲しむ **สร้อยเศร้า** /ソイ ソォ/ 嘆き悲しむ

สระ /サ/ (⊛ pond, shampoo) 池; 洗髪する **สระว่ายน้ำ** /サ ウーイ ナーム/ プール

สระ /サッ/ (⊛ vowel) 母音

สร่าง /サーン/ (⊛ recover) 回復する **สร่างเมา** /サーン マオ/ 酔いがさめる

สร้าง /サーン/ (⊛ build, create) 建てる, 創造する **สร้างภาพ** /サーン パープ/ 見せかける, 捏造(ねつぞう)する **สร้างสรรค์** /サーン サン/ 設立する, 創造する

สรุป /サルップ/ (⊛ summarize, outline) 要約する; 概要

สลด /サロット/ (⊛ sorrowful, discouraged, wither) 悲しげな, 落胆した; (花が) しおれる

สลบ /サロップ/ (⊛faint) 気絶する

สลวย /サルアイ/ (⊛ beautiful, shiny) きれいな, 明るい

สลอน /サロン/ (⊛ great many, rich) 多数の, 豊富な

สละ /サラ/ (⊛abandon, sacrifice) 放棄する, 犠牲にする

สละสลวย /サラ サルアイ/ (⊛ graceful, fluent) 優雅な, 流暢な

สลัก /サラック/ (⊛ carve, bolt) 彫る; ボルト, かんぬき **สลักสำคัญ** /サラック サムカン/ 重大な **สลักหลัง** /サラック ラン/ 裏書する (小切手を)

สลัด /サラット/ (⊛ salad, pirate, leave) サラダ, 海賊; (恋人を) ふる

สลับ /サラップ/ (⊛alternate) 交互になる, 交替に並ぶ **สลับซับซ้อน** /サラップ サップソーン/ 複雑な, ややこしい **สลับไพ่** /サラップ パイ/ (トランプを) シャッフルする

สลัม /サラム/ (⊛slum) スラム

สลัว /サルア/ (⊛dull, gloomy) (刃が) なまくらの, 薄暗い, ぼやけた

สลาก /サラーク/ (⊛ bill, ticket) 札, 券 **สลากกินแบ่ง** /サラーク キン ベン/ 宝くじ **สลากกินรวบ** /サラーク キン ルアップ/ 福引, 闇 (やみ) の宝くじ

ส

สลาย /サラ̄ーイ/ ([英] decompose, disappear) 分解する，消滅する **สลายตัว** /サラ̄ーイ トゥア/ 分解する，崩壊する

สลึง /サルン/ ([英] *salung*)〖単〗サルン（（4分の1バーツ））

สแลง /サレーン/ ([英] slang) スラング

สวด /スアット/ ([英] recite)（経を）唱える **สวดมนต์** /スアット モン/ 読経する

สวน /スアン/ ([英] garden, park, pass by, enema) 庭，公園；（車，意見が）すれ違う，浣腸をする **สวนทาง** /スアン ターン/ すれ違う **สวนสนุก** /スアン サヌック/ テーマパーク **สวนสัตว์** /スアン サット/ 動物園 **สวนสาธารณะ** /スアン サーターラナ/ 公園

ส่วน /スアン/ ([英] part) 部分 **ส่วนตัว** /スアン トゥア/ 私的な，個人的な **ส่วนน้อย** /スアン ノーイ/ 小部分，少数 **ส่วนประกอบ** /スアン プラコーブ/ 部品，パーツ **ส่วนมาก** /スアン マーク/ 大部分，多数の **ส่วนรวม** /スアン ルアム/ 公共の **ส่วนใหญ่** /スアン ヤイ/ 大多数，大部分

สวม /スアム/ ([英] wear)（衣服，帽子を）身につける **สวมกอด** /スアム コート/ 抱きしめる

ส้วม /スアム/ ([英] toilet) 便所

สวย /スアイ/ ([英] beautiful, completely) 美しい，きれいな；見事に **สวยงาม** /スアイ ガーム/ 美しい

สวรรค์ /サワン/ ([英] heaven) 天，天国

สวัสดิ์ /サワット/ ([英] happiness, prosperity, safety) 幸福，繁栄，安全 **สวัสดิการ** /サワッディカーン/ 福祉 **สวัสดิภาพ** /サワッディパーブ/ ([英] safety) 安全 **สวัสดี** /サワッディー/ おはよう，今日は，今晩は，さようなら **สวัสดีปีใหม่** /サワッディー ピーマイ/ 新年おめでとう

สว่าง /サワーン/ ([英] bright) 明るい **สว่างไสว** /サワーン サワイ/ 明るい，輝いた

สวาท /サワート/ ([英] love, beloved) 愛する；最愛の

สวิส /サウィット/ ([英] Switzerland) スイス

สห /サハ/ ([英] united, joint) 連合の，共同の **สหกรณ์** /サハコーン/ 協同組合 ([英] cooperative) **สหประชาชาติ** /サハプラチャーチャート/ 国連 **สหภาพแรงงาน** /サハパーブ レーンガーン/ 労働組合 **สหรัฐ** /サハラット/ 合衆国 **สหรัฐอเมริกา** /サハラット アメーリカー/ アメリカ合衆国

สหาย /サハーイ/ ([英] friend, mate) 友人，仲間

สอ /ソー/ ([英] white, neck, lime) 白い；首，石灰；絶えず流れる

ส่อ /ソー/ ([英] denote) 示す

สอง /ソーン/ ([英] two) 2 **สองจิตสองใจ** /ソーン チット ソーン チャイ

/ ためらう **สองใจ** /ソーン チャイ/ 二心 (にしん) を抱く, 不実の **สองต่อสอง** /ソーン トー ソーン/ 一対一で

ส่อง /ソン/ (⊛ shine, light) (光を) 発する, 照らす, (鏡を) 見る **ส่องกระจก** /ソン クラチョック/ 鏡を見る **ส่องสว่าง** /ソン サウーン/ 照らす, 明るくする **ส่องสัตว์** /ソン サット/ ナイトサファリ **ส่องแสงจ้า** /ソン セーン チャー/ まぶしく輝く, ぎらぎら光る **ส่องแสงสลัว** /ソン セーン サルア/ かすかに光る

สอด /ソート/ (⊛ insert, cut in, enclose) 挿入する, 口をはさむ, 同封する **สอดคล้อง** /ソート クローン/ 一致する, うまくいく **สอดแนม** /ソート ネーム/ 密偵する **สอดรู้สอดเห็น** /ソート ルー ソート ヘン/ 詮索 (せんさく) 好きな, お節介な

สอน /ソーン/ (⊛ teach) 教える

สอบ /ソープ/ (⊛ examine) 試験する **สอบเข้า** /ソープ カオ/ 入学試験を受ける **สอบได้** /ソープ ダーイ/ 試験に合格する **สอบตก** /ソープ トック/ 試験に落ちる **สอบถาม** /ソープ ターム/ 尋ねる **สอบไล่** /ソープ ライ/ 学年末試験 **สอบสวน** /ソープ スアン/ 尋問する, 取り調べる

ส้อม /ソム/ (⊛ fork) フォーク

สอย /ソーイ/ (⊛ pick fruit by a stick, hem) (竿で果物を) 取る, 縫い合わせる **สอย**

ดาว /ソーイ ダーオ/ アッパーカットを打つ

สะกด /サコット/ (⊛ suppress, restrain, spell) 抑える, 追う, 綴る **สะกดจิต** /サコット チット/ 催眠術にかける **สะกดใจ** /サコット チャイ/ (感情を) 抑える **สะกดรอย** /サコット ローイ/ 跡をつける

สะกิด /サキット/ (⊛ scratch gently, tap) 軽くひっかく, 《相手にさわったりして》注意を促す **สะกิดใจ** /サキット チャイ/ 思い起こさせる, 気付かせる

สะเก็ด /サケット/ (⊛ fragment) 破片, 断片

สะใจ /サチャイ/ (⊛ satisfied) 満足した

สะดวก /サドゥアック/ (⊛ convenient, easily) 便利な, 都合のよい, やすやすと, 楽々と

สะดือ /サドゥー/ (⊛ navel) へそ

สะดุ้ง /サドゥン/ (⊛ surprise, be surprised) 驚かす, びっくりする **สะดุ้งใจ** /サドゥン チャイ/ ぱっとわかる

สะดุด /サドゥット/ (⊛ stumble over, rest) つまずく, 休止する **สะดุดใจ** /サドゥット チャイ/ 疑いを持つ **สะดุดตา** /サドゥット ター/ 目を奪われる, 目立つ

สะเด็ด /サテット/ (⊛ superb, drain) 素晴らしい; 水気を切る

สะเดาะ /サド/ (⊛ break a

spell, exorcize) 魔法がとける，(厄を) 払う

สะเต๊ะ /サテ/ (㊧ satay) サテ，串焼肉

สะทกสะท้าน /サトックサターン/ (㊧ shudder) 恐怖で震える

สะท้อน /サトーン/ (㊧ reflect) 反射する，反映する **สะท้อนใจ** /サトーン チャイ/ (悲しみ，落胆で) ため息をつく

สะท้าน /サターン/ (㊧ quiver) (寒，恐怖，感動で) 震える

สะเทือน /サトゥアン/ (㊧ shake, swing) 振動する，揺れる **สะเทือนใจ** /サトゥアン チャイ/ 感動させる

สะบัด /サバット/ (㊧ flick, shake off, flutter) 揺する，振り払う，(翼，旗が) ばたばたする **สะบัดหน้า** /サバットナー/ 顔をぱっとそむける

สะเปะสะปะ /サペ サパ/ (㊧ confusedly) 乱雑に

สะพรั่ง /サプラン/ (㊧ plentiful, in full bloom) おびただしい，満開の

สะพัด /サパット/ (㊧ widely, endlessly, surround) 広範に，際限なく；取り囲む

สะพาน /サパーン/ (㊧ bridge) 橋 **สะพานลอย** /サパーン ローイ/ 陸橋

สะพาย /サパーイ/ (㊧ carry on one's shoulder(s)) 肩にかつぐ **สะพายแล่ง** /サパーイ レン/ 肩に斜めに下げる

สะเพร่า /サプラオ/ (㊧ careless) 軽率な，うかつな

สะใภ้ /サパイ/ (㊧ -in-law) 義理の…((義姉など義理の関係にある女性))

สะลึมสะลือ /サルム サルー/ (㊧ sleepy) うとうとした

สะสม /サソム/ (㊧ collect, save) 集める，貯 (た) める

สะสาง /ササーン/ (㊧ settle, clear up) 片付ける，一掃する

สะอาด /サアート/ (㊧ clean) 清潔な **สะอาดสะอ้าน** /サアート サアーン/ 清潔な，真新しい

สะอิดสะเอียน /サイット サイアン/ (㊧ be disgusted) うんざりする，嫌悪を催す

สะอื้น /サウーン/ (㊧ weep) すすり泣く **สะอึกสะอื้น** /サウック サウーン/ むせび泣く

สะเออะ /サウ/ (㊧ intrude, intervene) 邪魔する，介入する

สะโอดสะอง /サオート サオン/ (㊧ slender) すらっと細い，スレンダーな

สัก /サック/ (㊧ about, mere, teak, tattoo) …ばかり，ほんの；〖植〗チーク；入れ墨する **สักครู่หนึ่ง** /サック ルー ヌン/ ほんのちょっとの間

สักการะ /サッカーラ/ (㊧ worship) 礼拝する；奉納

สั่ง /サン/ (㊧ order) 命ずる，注文する **สั่งสอน** /サン ソーン/

教示する
สังกะสี /サンカシー/ ([英] zinc, galvanized iron sheet) 亜鉛，トタン板
สังกัด /サンカット/ ([英] belong to, subject to) 所属する，管轄下にある
สังเกต /サンケート/ ([英] notice, observe) 気がつく，注目する
สังข์ /サン/ ([英] conch) ほら貝
สังขยา /サンカヤー/ ([英] *sangkhaya*) カスタード菓子
สังขาร /サンカーン/ ([英] the body) 肉体
สังเขป /サンケープ/ ([英] outline, summary) 概要，まとめ
สังคม /サンコム/ ([英] society) 社会 **สังคมนิยม** /サンコム ニヨム/ 社会主義 **สังคมวิทยา** /サンコム ウィッタヤー/ 社会科学 **สังคมศาสตร์** /サンコムサート/ 社会学 **สังคมสงเคราะห์** /サンコム ソンクロ/ 社会福祉
สังเคราะห์ /サンクロ/ ([英] synthesis, synthesize) 合成（する）
สังฆ /サンカ/ ([英] monk, *sanga*) 僧，僧団，サンガ
สังคโลก /サンカローク/ ([英] *Sangkalok* ware) 宋胡録（すんころく）焼き
สังฆราช /サンカラート/ ([英] the supreme patriarch) 大僧正，法皇
สังวร /サンウォーン/ ([英] restrain, heed) 抑制；気をつける
สังเวช /サンウェート/ ([英] pity, sympathize) 哀れむ，同情する
สังเวียน /サンウィアン/ ([英] arena, ring, cockpit) 闘技場，リング，コックピット
สังสรรค์ /サンサン/ ([英] associate, talk, meeting) 交際する，語り合う；会合 **สังสรรค์ศิษย์เก่า** /サンサンシット カオ/ 同窓会
สังหรณ์ /サンホーン/ ([英] presage, omen) 予感がする；前兆
สังหาร /サンハーン/ ([英] kill, assassinate) 殺す，暗殺する
สัจ, สัจจะ /サット, サッチャ/ ([英] truth) 真実，真理
สัญจร /サンチョーン/ ([英] travel, way) 旅行する，放浪する，道
สัญชาตญาณ /サンチャートタヤーン/ ([英] instinct) 本能
สัญชาติ /サンチャート/ ([英] *one's* nationality) 国籍
สัญญา /サンヤー/ ([英] promise, contract) 約束，契約；約束する
สัญญาณ /サンヤーン/ ([英] signal, alarm) 信号，警報
สัญลักษณ์ /サンヤラック/ ([英] symbol, sign, mark) 象徴，記号，しるし
สัด /サット/ ([英] copulate) 交尾する

สัดส่วน /サット スアン/ ([英] proportion, figure) プロポーション，体型

สัตย์ /サット/ ([英] reality, honesty, promise) 真実，誠実さ，約束 **สัตย์ซื่อ** /サット スー/ 正直な **สัตยาบัน** /サッタヤーバン/ 批准，承認

สัตว์ /サット/ ([英] animal, beast) 動物，けだもの **สัตว์ป่า**/サット パー/ 野生動物 **สัตว์เลี้ยง** /サット リアン/ 家畜，ペット

สัน /サン/ ([英] backbone, ridge) 背骨，（本，山の）背 **สันเขา** /サン カオ/ 山の尾根 **สันหลัง** /サン ラン/ 背すじ，背骨，バックボーン

สั่น /サン/ ([英] shake, tremble) 振る，震える **สั่นคลอน** /サン クローン/ 不安定な **สั่นหัว** /サン フア/ 頭を振る，いやいやをする

สั้น /サン/ ([英] short) 短い

สันดาน /サンダーン/ ([英] tendency) 性向，性癖

สันดาป /サンダープ/ ([英] metabolism) 新陳代謝

สันโดษ /サンドート/ ([英] solitude, seclusion) 孤独，閑居

สันติ /サンティ/ ([英] peace) 平和，平穏 **สันติภาพ** /サンティパープ/ 平和，平穏 **สันติสุข** /サンティスック/ 平和，平穏 **สันติวิธี** /サンティウィティー/ 非暴力

สันทัด /サンタット/ ([英] skilled, skillful) 熟練した，巧みな

สันนิษฐาน /サンニッターン/ ([英] assume) 推測する，推理する

สันสกฤต /サンサクリット/ ([英] Sanskrit) サンスクリット，梵語（ぼんご）

สับ /サップ/ ([英] chop, mince, change) 切り刻む，叩き切る，交換する **สับสน** /サップソン/ 混乱した

สับปะรด /サッパロット/ ([英] pineapple) 〚植〛パイナップル

สัปดน /サッパドン/ ([英] rude, indecent) 下品な，卑猥な

สัปดาห์ /サップ ダー/ ([英] week) 週

สัปหงก/サッパ ゴック/ ([英] drowsy) うたた寝した

สัปเหร่อ /サッパルー/ ([英] undertaker, undertaker's) 葬儀屋

สัมปทาน /サムパターン/ ([英] concession, monopoly) 利権，専売権

สัมผัส /サムパット/ ([英] touch, rhyme) 触れる，押韻する

สัมพันธ์ /サムパン/ ([英] relation, relate) 関係（する） **สัมพันธมิตร** /サムパンタミット/ 同盟国 **สัมพันธไมตรี** /サムパンタマイトリー/ 親善，友好

สัมภาระ /サムパーラ/ ([英] food, goods, necessity) 食料，物資，必需品

สัมภาษณ์ /サムパート/ (® interview) インタビュー

สัมมนา /サムマナー/ (® seminar) セミナー

สัมฤทธิ์ /サムリット/ (® accomplishment, bronze) 達成；ブロンズ

สา /サー/ (® be satisfied, like) 満足する, 意に叶う **สาแก่ใจ** /サー ケー チャイ/ すっかり満足する **กระดาษสา** /クラダート サー/ 手漉(す)き紙

ส่า /サー/ (® yeast) イースト菌, 酵母

สาก /サーク/ (® pestle, rough) すりこぎ；ざらざらした **สากกะเบือ** /サークカブア/ (唐辛子をつぶす) すりこぎ

สากล /サーコン/ (® general, universal) 普遍的な, 世界的な

สาขา /サーカー/ (® branch) 枝, 支店

สาคร /サーコーン/ (® river, sea) 川, 海

สาง /サーン/ (® ghost, dawn) 亡霊, 夜明け

สาด /サート/ (® splash, pour) 水をはね飛ばす, 水をかける

สาธยาย /サータヤーイ/ (® explain, give a reading) 説明する, 朗読する

สาธารณ, สาธารณะ /サーターラナ/ (® public) 公衆の, 公共の **สาธารณชน** /サーターラナチョン/ 公衆 **สาธารณรัฐ** /サーターラナラット/ 共和国 **สาธารณสุข** /サーターラナスック/ 公衆衛生

สาโท /サート—/ (® satho) どぶろく, にごり酒

สาธุ /サートゥ/ (® pay homage, prayers) 拝む；祈祷(きとう)の言葉

สาน /サーン/ (® weave, carry out) 編む, 最後までやり通す

สาบ /サープ/ (® smell, frill) 悪臭；(衣服の) 前立て

สาบาน /サーバーン/ (® swear) 誓う, 宣誓する

สาป /サープ/ (® curse) 呪う

สาม /サーム/ (® three) 3 **สามล้อ** /サーム ロー/ 三輪タクシー

สามเณร /サーマネーン/ (® novice) 少年僧 (20 歳以下)

สามัคคี /サーマッキー/ (® solidarity, unity) 一致団結, 和合

สามัญ /サーマン/ (® common, general) 普通の, 一般の **สามัญชน** /サーマン チョン/ 一般の人 **สามัญสำนึก** /サーマン サムヌック/ 常識

สามานย์ /サーマーン/ (® bad, rude) 悪い, 卑しい

สามารถ /サーマート/ (® can, be able to) 〚文〛…できる **สามารถ...ได้** /サーマート…ダイ/ …が可能である

สามี /サーミー/ (® husband) 夫 **สามีภรรยา** /サーミー パンラヤー/ 夫婦

สาย /サーイ/ (㋲ late (in the morning), line, route) 朝遅く, 遅れて; 線, (電話) 回線, 路線, 《線状のものの類別詞》 **สายการบิน** /サーイ カーンビン/ 航空会社 **สายด่วน** /サーイ ドゥアン/ ホットライン **สายตา** /サーイター/ 視線 **สายตายาว** /サーイ ターヤーオ/ 遠視 **สายตาสั้น** /サーイター サン/ 近視 **สายรุ้ง** /サーイ ルン/ 虹 **สายลับ** /サーイ ラップ/ スパイ

สาร, สาระ /サーン, サーラ/ (㋲ material, essence) 物質, 本質, 核心 **สารคดี** /サーラカディー/ ドキュメンタリー **สารเคมี** /サーン ケーミー/ 化学物質 **สารบัญ** /サーラバン/ 目次 **สารประกอบ** /サーン プラコープ/ 複合物

สารท /サート/ (㋲ autumn festival) 秋祭り《中国人の年中行事》

สารพัด /サーラパット/ (㋲ multiple, all) 多種多様な, 全ての

สารภาพ /サーラパープ/ (㋲ confess, admit) 白状する, (罪を) 認める

สารวัตร /サーラワット/ (㋲ captain) 警部 **สารวัตรใหญ่** /サーラワット ヤイ/ 警察署長

สาระแน /サーラネーˋ/ (㋲ meddlesome, impudent) お節介な, ずうずうしい

สารานุกรม /サーラーヌ ロム/ (㋲ encyclopedia) 百科事典

สาละวน /サーラウォン/ (㋲ be absorbed, busy) 没頭する, 忙しい

สาลี /サーリー/ (㋲ wheat) 小麦

สาว /サーオ/ (㋲ young girl, draw close) 若い女性; 引き寄せる **สาวใช้** /サーオ チャイ/ 家事手伝い

สาหร่าย /サーラーイ/ (㋲ seaweed) 海藻

สาหัส /サーハット/ (㋲ serious) 重症の

สาเหตุ /サーヘート/ (㋲ reason, cause) 原因, 理由

สำคัญ /サムカン/ (㋲ important, sign) 重要な; 兆 (きざし) **สำคัญว่า...** /サムカン ワー/ …と思う

สำแดง /サムデーン/ (㋲ express, bring about)〖文〗表現する, 引き起こす

สำทับ /サムタップ/ (㋲ repeat, threaten) くり返す, 脅す

สำนวน /サムヌアン/ (㋲ style, diction, idiom) 文体, 言い回し, 成句

สำนัก /サムナック/ (㋲ office, facilities) 事務所, (教育) 施設 **สำนักงาน** /サムナックガーン/ 事務所, オフィス **สำนักงานใหญ่** /サムナック ガーン ヤイ/ 本社 **สำนักพิมพ์** /サムナック ピム/ 出版社

สำนึก /サムヌック/ (㋲ notice, recognize) 気がつく, 認める

สำเนา /サムナオ/ (英 copy) 写し, コピー

สำเนียง /サムニアン/ (英 pronunciation, accent) 発音, アクセント

สำมะโนครัว /サムマノー クルア/ (英 census) 国勢調査

สำรวจ /サムルアット/ (英 survey, examine) 調査する, 検査する

สำรวม /サムルアム/ (英 control *oneself*) 自制する, 抑制する

สำรวย /サムルアイ/ (英 elegant) 一流好みの, 優美な, おしゃれな

สำรอง /サムローン/ (英 spare, substitutional) 予備 ; 予備の, 代役の

สำรับ /サムラップ/ (英 set, food-tray) 一揃い, 盆

สำราญ /サムラーン/ (英 enjoy, glad) 楽しむ, 喜ぶ

สำเร็จ /サムレット/ (英 succeed, complete) 成功する, 完成する **สำเร็จรูป** /サムレット ループ/ 既製の, インスタントの

สำลัก /サムラック/ (英 choke, sob) 息が詰まる, むせぶ
สำลักน้ำ /サムラック ナーム/ (稲が) 水没する

สำลี /サムリー/ (英 cotton, absorbent cotton) 綿, 脱脂綿

สำหรับ /サムラップ/ (英 for, as regards) …については, …用の

สำอาง /サムアーン/ (英 neat, clean, smart) 小ぎれいな, 清潔な, スマートな

สิง /シン/ (英 haunt) (お化けが) とりつく **สิงสู่** /シン スー/ (お化けが) とりつく

สิ่ง /シン/ (英 thing, matter, item) 物, 事, 件 **สิ่งของ** /シン コーン/ 品物 **สิ่งมีชีวิต** /シン ミー チーウィット/ 生物 **สิ่งยั่วยุ** /シン ユアユ/ 誘惑するもの **สิ่งแวดล้อม** /シン ウェートローム/ 環境

สิงคโปร์ /シンカポー/ (英 Singapore) シンガポール

สิงห์ /シン/ (英 lion) 獅子, ライオン

สิงหาคม /シンハーコム/ (英 August) 8月

สิทธิ, สิทธิ์ /シッティ, シット/ (英 right, privilege) 権利, 特権 **สิทธิบัตร** /シッティバット/ 特許, パテント **สิทธิเลือกตั้ง** /シッティルアック タン/ 選挙権

สิน /シン/ (英 money, wealth) 財, …金 ((造語成分)) **สินค้า** /シンカー/ 商品 **สินค้าเข้า** /シンカー カオ/ 輸入品 **สินเชื่อ** /シン チュア/ クレジット, 信用貸 **สินน้ำใจ** /シン ナム チャイ/ ほうび, 報奨金 **สินบน** /シンボン/ 賄賂 (わいろ), 報奨

สิ้น /シン/ (英 finish, end, completely) 終る, 尽きる ; 完全に **สิ้นใจ** /シン チャイ/ 命が尽きる, 死ぬ **สิ้นชีวิต** /シン チーウィット/ 命を失う **สิ้น**

สิเน่หา ▶

เชิง /シン チューン/ 完璧に, 完全に **สิ้นปี** /シン ピー/ 年末 **สิ้นสุด** /シン スット/ 終了する, 終結する **สิ้นหวัง** /シン ワン/ 絶望する

สิเน่หา /シネーハー/ (⊛ love) 愛
สิบ /シップ/ (⊛ ten) 10
สิริมงคล /シリモンコン/ (⊛ fortune, prosperity) 幸運, 繁栄
สิว /シウ/ (⊛ acne, pimple) にきび, 吹出物
สี /シー/ (⊛ color, paint, polish) 色, 塗料 ; 磨く, 精米する **สีแก่** /シー ケー/ 濃い色 **สีขาว** /シー カーオ/ 白色 **สีเขียว** /シー キアオ/ 緑色 **สีชมพู** /シ チョムプー/ 桃色, ピンク **สีดำ** /シー ダム/ 黒色 **สีแดง** /シー デーン/ 赤色 **สีตก** /シー トック/ 色が落ちる, 色あせる **สีเทา** /シー タオ/ 灰色, グレー **สีน้ำเงิน** /シー ナムグン/ 青色 **สีน้ำตาล** /シー ナムターン/ 茶色 **สีฟ้า** /シー ファー/ 空色 **สีม่วง** /シー ムアン/ 紫色 **สีสด** /シー ソット/ 明るい色 **สีส้ม** /シー ソム/ オレンジ色, 橙(だいだい)色 **สีแสด** /シー セート/ 朱色 **สีหน้า** /シー ナー/ 顔色 **สีเหลือง** /シー ルアン/ 黄色 **สีอ่อน** /シー オーン/ 淡い色

สี่ /シー/ (⊛ four) 4 **สี่แยก** /シー イェーク/ 交差点 **สี่เหลี่ยม** /シー リアム/ 四角形

สีมา /シーマー/ (⊛ border, territory) 境界, 領域

สึก /スック/ (⊛ return to secular life, corrode) 還(げん)俗する, 腐食する **สึกหรอ** /スックローロー/ 朽ちる, 崩壊する

สืบ /スープ/ (⊛ succeed, seek) 継承する, 探す **สืบทอด** /スープ トート/ …のあとを継ぐ **สืบถาม** /スープ ターム/ 尋ねる **สืบพันธุ์** /スープ パン/ 繁殖させる **สืบสวน** /スープ スアン/ 取り調べる

สื่อ /スー/ (⊛ media, report) メディア, 報道する, 伝える **สื่อมวลชน** /スー ムアンチョン/ マスコミ **สื่อสาร** /スーサーン/ コミュニケーション **ผู้สื่อข่าว** /プースーカーオ/ 新聞記者

สุก /スック/ (⊛ ripen, be cooked) 熟す, 煮える **สุกก่ำ** /スック カム/ 完熟した **สุกๆดิบๆ** /スック スック ディップ ディップ/ 生煮えの **สุกใส** /スック サイ/ (健康に) 輝く

สุข /スック/ (⊛ happy) 幸福な **สุขนาฏกรรม** /スックナータッカム/ コメディ, 喜劇 **สุขภาพ** /スッカパープ/ 健康 **สุขสบาย** /スックサバーイ/ 快適な

สุขา /スカー/ (⊛ lavatory) 便所, トイレ

สุขาภิบาล /スカーピバーン/ (⊛ public health) 地方自治体の衛生区

สุขุม /スクム/ (⊛ wise, careful) 賢明な, 慎重な

สุโขทัย /スコータイ/ (⊛ Sukho-

➤ สูญ

tai) スコータイ（県・市）

สุงสิง /スンシン/ (ⓔ associate) 交際する，つき合う

สุจริต /スチャリット/ (ⓔ honest, sincere) 正直な，誠実な

สุด /スット/ (ⓔ end, top) 終る；頂点の **สุดแต่** /スットテー/ …次第，…による **สุดท้าย** /スットターイ/ 最後に，最終の **สุดยอด** /スットヨート/ トップの，最高の **สุดวิสัย** /スットウィサイ/ 不可能な **สุดเอื้อม** /スットウアム/ 手の届かない

สุทธิ /スッティ/ (ⓔ pure) 純…，純粋な

สุนทร /スントーン/ (ⓔ eloquent, sweet) 雄弁な，甘美な **สุนทรพจน์** /スントーラポット/ 演説，スピーチ

สุนัข /スナック/ (ⓔ dog)【文】犬 **สุนัขจิ้งจอก** /スナック チンチョーク/ キツネ，ジャッカル **สุนัขป่า** /スナック パー/ オオカミ，ヤマイヌ

สุพรรณ /スパン/ (ⓔ gold) 黄金

สุภาพ /スパープ/ (ⓔ gentle) 上品な，丁寧な **สุภาพบุรุษ** /スパープブルット/ 紳士 **สุภาพสตรี** /スパープ サトリー/ 淑女

สุภาษิต /スパーシット/ (ⓔ proverb, maxim) ことわざ，格言

สุม /スム/ (ⓔ pile up, burn) 積む，燃える **สุมไฟ** /スム ファイ/ 火を燃やす

สุ่ม /スム/ (ⓔ coop, guess) 築（やな）((漁具))；当てずっぽうに **สุ่มตัวอย่าง** /スム トゥアヤーン/ サンプリングする **สุ่มสี่สุ่มห้า** /スムシースム ハー/ 軽挙妄動の

สุรา /スラー/ (ⓔ liquor) 酒

สุริยะ /スリヤ/ (ⓔ sun) 太陽，日輪

สุริยคราส /スリヤクラート/ (ⓔ solar eclipse) 日食

สุรุ่ยสุร่าย /スルイ スラーイ/ (ⓔ wasteful) 無駄遣いの

สุสาน /スサーン/ (ⓔ cemetery) 墓地

สุเหร่า /スラオ/ (ⓔ mosque) モスク，イスラム寺院

สู่ /スー/ (ⓔ toward, arrive) …へ向かって；着く **สู่ขอ** /スーコー/ 求婚する **สู่รู้** /スールー/ 知ったかぶりをする **สู่สม** /スーソム/ 同棲する

สู้ /スー/ (ⓔ fight, resist) 闘う，抵抗する **สู้ความ** /スー クワーム/ 裁判で争う **สู้ไม่ได้** /スー マイ ダーイ/ 敵わない **สู้หน้า** /スー ナー/ 直面する

สูง /スーン/ (ⓔ high, tall) (背が) 高い **สูงสุด** /スーン スット/ 最高の **สูงอายุ** /スーン アーユ/ 高齢の

สูจิบัตร /スーチ バット/ (ⓔ program) プログラム

สูญ /スーン/ (ⓔ center, zero, vanish) 中心，ゼロ；消える **สูญกลาง** /スーン クラーン/ 中心，核 **สูญเสีย** /スーン シア/ な

くす **สูญหาย** /スーン ハーイ/ 消え失せる

สูด /スート/ (英 breathe in, inhale) 息を吸う, 吸い込む

สูตร /スート/ (英 sutra, formula) 経典, 公式

สูติ /スーティ/ (英 birth) 出産, 出生 **สูติบัตร** /スーティ バット/ 出生証明書

สูบ /スープ/ (英 smoke) (たばこを) 吸う

เสแสร้ง /セー セーン/ (英 pretend) みせかける, 偽る

เสก /セーク/ (英 cast a spell) まじないをする **เสกเป่า** /セーク パオ/ まじないをする《呪文を唱えて息を吹きかける》

เส็งเคร็ง /センクレン/ (英 vulgar, inferior) 悪い, 劣った

เสงี่ยม /サギアム/ (英 modest, shy) 控えめな, 内気な

เสด็จ /サデット/ (英 go, come, live)〖王〗お出ましになる, お住まいになる

เสถียร /サティアン/ (英 steady, unchangeable) 堅固な, 不変の **เสถียรภาพ** /サティアンラパープ/ 安定性

เส้น /セン/ (英 line, fiber, string) 線, 繊維, 紐; …本《線状の物の類別詞》 **เส้นโค้ง** /センコーン/ カーブ, アーチ **เส้นใต้** /センターイ/ アンダーライン, 下線 **เส้นทาง** /センターン/ 道, コース **เส้นประสาท** /セン プラサート/ 神経 **เส้นใย** /センヤイ/ 繊維 **เส้นโลหิต** /セン ローヒット/ 血管 **เส้นหมี่** /センミー/ 米粉, ビーフン

เสน่ห์ /サネー/ (英 charm, love potion) 魅力, ほれ薬

เสน่หา /サネーハー/ (英 love, affection) 恋する, ほれる; 恋愛

เสนอ /サヌー/ (英 submit, offer) 提出する, 提供する **เสนอข่าว** /サヌー カーオ/ ニュースを報道する

เสนา /セーナー/ (英 the armed forces, attendant) 軍隊, 随員

เสนาะ /サノ/ (英 exquisite, sweet) 妙なる (音), 美声の

เสนียด /サニアット/ (英 misfortune, disgusting) 不吉な, いまわしい

เสบียง /サビアン/ (英 food, dining car) 食料, 食堂車 **เสบียงกรัง** /サビアン クラン/ 保存食

เสพ /セープ/ (英 take) (飲食物を) 摂る **เสพติด** /セープ ティット/ …中毒の

เสเพล /セープレー/ (英 immoral, vulgar) 不道徳な, 下品な

เสมอ /サムー/ (英 always, equal) いつも,同等の **เสมอกัน** /サムー カン/ 同等の; 引き分ける **เสมอภาค** /サムー パーク/ 平等の, 対等の

เสมา /セーマー/ (英 boundary

stone) セーマー，結界石
เสมียน /サミアン/ ([英] clerk, secretary) 事務員，書記
เสมือน /サムアン/ ([英] alike, same) …のように，…同様に
เสย /スーイ/ ([英] push upward, flip back) 押し上げる，(髪を) かき上げる
เสร็จ /セット/ ([英] finish, complete) …し終る，完了する **เสร็จแล้ว** /セット レーオ/ 終った
เสริม /スーム/ ([英] add, stimulate) 付け加える，強化する **เสริมสวย** /スーム スアイ/ メイクする；美容(院)
เสรี /セーリー/ ([英] free, independent) 自由な，独立した **เสรีนิยม** /セーリー ニヨム/ リベラリズム
เสรีภาพ /セーリーパーブ/ ([英] freedom) 自由 **เสรีภาพแห่งการพูด** /セーリーパーブ ヘン カーンプート/ 言論の自由 **เสรีภาพแห่งหนังสือพิมพ์** /セーリーパーブ ヘン ナンスーピム/ 出版の自由
เสา /サオ/ ([英] pole) 柱，竿
เสาร์ /サオ/ ([英] Saturn, Saturday) 土星，土曜日
เสาะ /ソ/ ([英] search, cowardly, weak) 探し求める；臆病な，弱い **เสาะท้อง** /ソトーン/ 腹具合が悪い **เสาะแสะ** /ソ セー/ 病弱な
เสีย /シア/ ([英] miss, break, spoil, die, get worse) 失う，こわれる，腐る，死亡する，(性質が) 悪くなる **เสียคน** /シア コン/ 没落する，堕落する **เสียเงิน** /シア グン/ 浪費する **เสียใจ** /シア チャイ/ 残念な **เสียชีวิต** /シア チーウィット/ 亡くなる **เสียชื่อ** /シア チュー/ 不名誉な **เสียดาย** /シア ダーイ/ 惜しむ，残念がる **เสียเด็ก** /シア デック/ 子供をスポイルする **เสียแต่** /シア テー/ …を除いて，…だけ **เสียท่า** /シア ター/ バランスを失う，形勢不利になる **เสียเปรียบ** /シア プリアップ/ 不利になる **เสียเปล่า** /シア プラーオ/ 無に帰す，水の泡になる **เสียรู้** /シア ルー/ だまされる **เสียเวลา** /シア ウェーラー/ 時間がかかる，空費する **เสียสละ** /シア サラ/ 犠牲になる **เสียหน้า** /シア ナー/ 面目を失う **เสียหาย** /シア ハーイ/ 損害をうける
เสี่ย /シア/ ([英] wealthy Chinese) 金持ちの華僑
เสียง /シアン/ ([英] sound, voice) 音，声 **เสียงข้างน้อย** /シアン カン ノーイ/ 少数派 **เสียงข้างมาก** /シアン カン マーク/ 多数派 **เสียงลือ** /シアン ルー/ うわさ **เสียงสะท้อน** /シアン サトーン/ こだま，反響
เสี่ยง /シアン/ ([英] part, risk) 部分；(命を) 賭ける **เสี่ยงโชค** /シアン チョーク/ 運に賭ける **เสี่ยงตาย** /シアン ターイ/ 死を覚悟でやる **เสี่ยงภัย** /シアン パイ

/ 危険を冒す **เสี่ยงอันตราย** /シアン アンタラーイ/ 危険を冒す

เสียด /シアット/ (⊛ pierce, hurt) 突き刺す, 痛む **เสียดท้อง** /シアット トーン/ 腹がさしこむように痛い **เสียดสี** /シアット シー/ 当てこする, 皮肉を言う

เสี้ยน /シアン/ (⊛ splinter, bur) 刺(とげ), いが **เสี้ยนหนาม** /シアン ナーム/ 敵, 裏切者

เสียบ /シアップ/ (⊛ stick) (串, ピンに) 刺す **เสียบปลั๊ก** /シアップ プラック/ プラグに差し込む

เสียม /シアム/ (⊛ spade) 鋤(すき)

เสี้ยม /シアム/ (⊛ taper, drift apart) 削って先を尖らせる, 疎遠にする

เสียว /シアオ/ (⊛ be in suspense, be thrilled) ぞっとする, (性的に) 感じる **เสียวไส้** /シアオ サイ/ ぞっとする

เสี่ยว /シアオ/ (⊛ friend, swoop) 仲間; (鳥が) 襲いかかる

เสี้ยว /シアオ/ (⊛ quarter, deviating) 4分の1; 逸脱した

เสือ /スア/ (⊛ tiger, bandit) トラ, 盗賊 **เสือผู้หญิง** /スア プーイン/ 色魔

เสื่อ /スア/ (⊛ mat) ござ

เสื้อ /スア/ (⊛ coat, blouse, shirt) 上着, ブラウス, シャツ **เสื้อกันฝน** /スア カンフォン/ レインコート **เสื้อชั้นใน** /スア チャンナイ/ アンダーシャツ **เสื้อเชิ้ต** /スア チュート/ ワイシャツ **เสื้อนอก** /スア ノーク/ ジャケット, 上着 **เสื้อนอน** /スア ノーン/ パジャマ **เสื้อผ้า** /スア パー/ 衣服 **เสื้อยกทรง** /スア ヨックソン/ ブラジャー **เสื้อยืด** /スア ユート/ Tシャツ **เสื้อว่ายน้ำ** /スア ウーイナーム/ 水着

เสือก /スアック/ (⊛ push, interfere) 押しのける, でしゃばる **เสือกไส** /スアック サイ/ 押しのける, 追い払う

เสื่อม /スアム/ (⊛ get worse, decay) 悪化する, 衰退する **เสื่อมโทรม** /スアム ソーム/ 悪化する, 堕落する

แส่ /セー/ (⊛ interfere, incite) 干渉する, けしかける

แส้ /セー/ (⊛ whip, duster) むち, はたき

แสก /セーク/ (⊛ part *one's* hair, part) (髪を) 分ける; 髪の分け目, 中心線

แสง /セーン/ (⊛ light, weapon) 光, 武器 **แสงแดด** /セーン デート/ 日光 **แสงจันทร์** /セーン チャン/ 月光 **แสงสว่าง** /セーン サワーン/ 光明, 光輝 **แสงอรุณ** /セーン アルン/ 黎明(れいめい)

แสดง /サデーン/ (⊛ show, exhibit, perform) 示す, 展示する, 上演する **แสดงความยินดี** /サデーン クワーム インディー/ お

祝いを述べる **แสดงบทบาท** /サデーン ボット バート/ 役を演じる **แสดงสด** /サデーン ソット/ ライブ

แสตมป์ /サテーム/ (㋹ postage stamp) 切手

แสน /セーン/ (㋹ one hundred thousand, very) 10万; はなはだ **แสนจะ** /セーン チャ/ 大変に, はなはだ **แสนรัก** /セーン ラック/ 最愛の **แสนรู้** /セーン ルー/ 博識の

แสบ /セーブ/ (㋹ sore) ひりひり痛む **แสบตา** /セーブ ター/ 眼がちかちかする **แสบแก้วหู** /セーブ ケーオラ/ 耳障りな (かん高い声)

แสยะ /サイエ/ (㋹grimace) (怒り, 苦痛, 嘲笑で) 歯をむき出す

แสร้ง /セーン/ (㋹ pretend) …のふりをする

แสลง /サレーン/ (㋹ harmful, poisonous) 有害な, 有毒な

แสวง /サウェーン/ (㋹ search, pursue) 探し求める, 追求する

โสโครก /ソーク ロ-ク/ (㋹ dirty, filthy) 汚い, 不潔な

โสด /ソート/ (㋹single) 独身の

โสต, โสตะ /ソータ, ソータ/ (㋹ ear, ear hole, flow) 耳, 耳の穴, 水流 **โสตทัศนอุปกรณ์** /ソータタッサナ ウッパコーン/ AV機器

โสภา /ソーパー/ (㋹ graceful, beautiful) 優美な, きれいな

โสเภณี /ソーペーニー/ (㋹ prostitute) 売春婦

โสม /ソーム/ (㋹ ginseng, the moon, gold) チョウセンニンジン, 月 (《天体》), 金 (きん)

โสมนัส /ソーマナット/ (㋹ happiness, joy) 幸福, 歓喜

โสมม /ソーモム/ (㋹filthy) 汚い, 下品な

โสร่ง /サローン/ (㋹ *sarong*) サロン (《腰布》)

ใส /サイ/ (㋹clear, lucid) 透明な, 澄んだ **ใสสะอาด** /サイ サアート/ 清浄な

ใส่ /サイ/ (㋹ insert, put on, wear) 入れる, 身につける **ใส่กุญแจ** /サイ クンチェー/ 鍵をかける **ใส่ไข่** /サイ カイ/ 大袈裟に言う **ใส่ความ** /サイ クワーム/ 中傷する **ใส่ใจ** /サイ チャイ/ 注意を向ける, 留意する **ใส่ถุง** /サイ トゥン/ (屋台料理の) テイクアウト **ใส่บาตร** /サイ バート/ 托鉢僧に食物を供する **ใส่ไฟ** /サイ ファイ/ けなす **ใส่ร้ายป้ายสี** /サイ ラーイ パーイ シー/ 中傷する, けなす **ใส่เสื้อ** /サイ スア/ 服を着る

ไส /サイ/ (㋹ push, plane) 押しやる, かんなをかける **ไสกบ** /サイ コップ/ かんなをかける **ไสหัว** /サイ ラア/ 追い出す, あっちへ行け！

ไส้ /サイ/ (㋹ intestine, filling, inside facts, relative)

腸, 中味, 内情, 親族 **ไส้กรอก** /サイ クローク/ ソーセージ **ไส้ตะเกียง** /サイ タキアン/ (ろうそくの) 芯 **ไส้ติ่ง** /サイティン/ 盲腸 **ไส้เล็ก** /サイレック/ 小腸 **ไส้ศึก** /サイスック/ スパイ, 裏切り者 **ไส้แห้ง** /サイヘーン/ 貧乏な, 赤貧の **ไส้ใหญ่** /サイヤイ/ 大腸

ไสยศาสตร์ /サイヤサート/ (⊛ magic) 魔術, 呪術

ไสว /サワイ/ (⊛ abundant, numerous) 数多い, おびただしい

ห

หก /ホック/ (⊛ six, overturn, spill) 6；ひっくり返る, こぼれる **หกคะเมน** /ホック カメン/ とんぼ返りする, 転倒する **หกล้ม** /ホック ロム/ 転ぶ

หงส์ /ホン/ (⊛ the Chinese phoenix, swan) 鳳凰 (ほうおう), 白鳥

หงอก /ゴーク/ (⊛ white-haired) 白髪の

หงอน /ゴーン/ (⊛ cockscomb, crest) とさか, 冠毛

หงอย /ゴーイ/ (⊛ withered, downcast) (花が) しおれた, ふさぎこんだ **หงอยเหงา** /ゴーイ ガオ/ 寂しい, 孤独な

หงาย /ガーイ/ (⊛ lie on *one's* back) 仰向けになる

หงำเหงอะ /ガム ゴ/ (⊛ fascinated, senile) うっとりした, もうろくした

หงิก /ギック/ (⊛ crooked, curled) 先の曲った, 縮れた

หงิม /ギム/ (⊛ silently, quietly) 黙って, おとなしく

หงึกๆ /グックグック/ (⊛ nod) こっくりこっくりする, うなずく

หงุดหงิด /グットギット/ (⊛ annoyed, displeased) いらいらした, 不機嫌な

หญ้า /ヤー/ (⊛ grass, weed) 草, 雑草

หญิง /イン/ (⊛ woman.) 女, 女性

หด /ホット/ (⊛ shrink, draw back) 収縮する, 引っ込める **หดตัว** /ホット トゥア/ 身を縮める **หดหู่** /ホット フー/ 憂うつな, 気がふさぐ

หน /ホン/ (⊛ time, way) 回；道 **หนทาง** /ホン ターン/ 道, 方途 **หนทางอันราบรื่น** /ホン ターン ラープ ルーン/ 王道, 近道

หนวก /ヌアック/ (⊛ deaf) 耳が聞こえない **หนวกหู** /ヌアック フー/ 耳を聾 (ろう) する, やかましい

หน่วง /ヌアン/ (⊛ delay, restrain) 遅らせる, 引き留める **หน่วงเหนี่ยว** /ヌアン ニアオ/ 遅らせる, 引き戻す

หนวด /ヌアット/ (⊛ mustache) ひげ **หนวดเครา** /ヌアット クラオ/ あごひげ

หน่วย /ヌアイ/ (⊛ unit, eyeball) 単位；目玉 **หน่วย**

ก้าน /ヌアイ カーン/ 態度, マナー หน่วยกิต /ヌアイ キット/ 履修単位 หน่วยความจำ /ヌアイ クワーム チャム/ 記憶容量, メモリー หน่วยดับเพลิง /ヌアイ ダッププルーン/ 消防隊 หน่วยรบ /ヌアイ ロップ/ 戦闘部隊

หนอ /ノー/ (…なのか) なあ ((自問自答))

หน่อ /ノー/ ([英] sprout, descendant) 新芽, 子孫 หน่อไม้ /ノー マーイ/ タケノコ หน่อไม้ฝรั่ง /ノー マーイ ファラン/ アスパラガス

หนอง /ノーン/ ([英] swamp, pus) 沼, 膿(うみ)

หนอน /ノーン/ ([英] worm, maggot) 虫, うじ

หน่อย /ノイ/ ([英] a little) 少し, ちょっと

หนัก /ナック/ ([英] heavy, hard, considerable) 重い, きつい, 甚だ หนักข้อ /ナック コー/ (状況が) 厳しい หนักใจ /ナック チャイ/ 気が重い หนักแน่น /ナック ネン/ 確固とした หนักหนา /ナック ナー/ 非常に

หนัง /ナン/ ([英] skin, film) 皮; 映画 หนังตะลุง /ナン タルン/ 影絵芝居 หนังตา /ナン ター/ まぶた หนังยาง /ナン ヤーン/ 輪ゴム หนังเหนียว /ナン ニアオ/ 丈夫な, 不死身の

หนังสือ /ナンスー/ ([英] book) 本 หนังสือคู่มือ /ナンスー クームー/ マニュアル หนังสือเดินทาง /ナンスー ドゥーン ターン/ パスポート หนังสือพิมพ์ /ナンスー ピム/ 新聞 หนังสือรับรอง /ナンスー ラップ ローン/ 証明書, 推薦書

หนา /ナー/ ([英] thick, dense) 厚い, 密な; …ね ((懇願・命令)) หนาเตอะ /ナートゥ/ 厚ぼったい หนาแน่น /ナー ネン/ 密集した, 充実した

หน้า /ナー/ ([英] face, page, season, next) 顔, ページ, 季節; 前の, 次の หน้าคว่ำ /ナー クウム/ 顔をしかめる หน้าซีด /ナー シート/ 顔色が青ざめる หน้าด้าน /ナー ダーン/ ずうずうしい หน้าตา /ナー ター/ 目鼻だち, 容貌 หน้าต่าง /ナーターン/ 窓 หน้าตาย /ナー ターイ/ 無表情の หน้าที่ /ナー ティー/ 義務 หน้าบาง /ナー バーン/ 内気な หน้าบึ้ง /ナー ブン/ 仏頂面 หน้าผาก /ナー パーク/ おでこ, 額 หน้าฝน /ナー フォン/ 雨季 หน้าม้า /ナー マー/ (客をつる) さくら หน้ามืด /ナー ムート/ 目がくらむ, 目まいがする หน้าร้อน /ナー ローン/ 夏, 暑季 หน้าแล้ง /ナー レーン/ 乾季 หน้าหนาว /ナー ナーオ/ 冬, 寒季 หน้าอก /ナー オック/ 胸

หนาม /ナーム/ ([英] thorn, bur) とげ, いが

หน่าย /ナーイ/ ([英] be bored, get fed up) 飽きる, うんざりする

หนาว /ナーオ/ ([英] cold, cool) 寒い หนาวใจ /ナーオ チャイ/ 孤独

ห

最近 **หมู่บ้าน** /ムー バーン/ 村落

หยก /ヨック/ ([英] jade) 翡翠（ひすい） **หยกๆ** /ヨックヨック/ たった今，つい最近

หยด /ヨット/ ([英] drop, drip) 滴；滴らす **หยดย้อย** /ヨット ヨーイ/ 調べの美しい，優雅な

หยวก /ユアック/ ([英] banana stalk) バナナの茎

หยอก /ヨーク/ ([英] tease) からかう，冷やかす **หยอกล้อ** /ヨーク ロー/ からかう，ふざける

หยอง /ヨーン/ ([英] shudder) 恐怖で毛が逆立つ

หยอด /ヨート/ ([英] drop, drip) ポタポタ落とす，したたる

หย่อน /ヨーン/ ([英] loosen) ゆるむ，リラックスする **หย่อนใจ** /ヨーン チャイ/ リラックスする **หย่อนอารมณ์** /ヨーン アーロム/ くつろぐ

หย่อม /ヨム/ ([英] bush, cluster, tuft) 茂み，小さな群れ，束

หยัก /ヤック/ ([英] bent, wavy, zigzag) 曲った，波型の，ジグザグの **หยักศก** /ヤック ソック/ ウエーブのかかった

หยักไย่ /ヤック ヤイ/ クモの巣

หยั่ง /ヤン/ ([英] measure, probe) 測る，探る **หยั่งรู้** /ヤン ルー/ 予知する，予測する

หย่า /ヤー/ ([英] divorce) 離婚する **หย่ากัน** /ヤー カン/ 離婚する **หย่านม** /ヤー ノム/ 離乳させる **หย่าร้าง** /ヤー ラーン/ 離婚する

หยาด /ヤート/ ([英] drop, drip) 滴（しずく）；滴がたれる

หยาบ /ヤーブ/ ([英] rough, crude) 粗い，粗野な **หยาบคาย** /ヤーブ カーイ/ 粗野な，失礼な **หยาบช้า** /ヤーブ チャー/ 下品な，俗悪な **หยาบโลน** /ヤーブ ローン/ わいせつな，淫（みだ）らな

หยาบหยาม /ヤーブ ヤーム/ 侮辱的な

หยาม /ヤーム/ ([英] insult, look down) 侮辱する，見下げる

หยิก /イック/ ([英] pinch, nip) つねる，ひねる **หยิกหย็อง** /イック ヨン/ （髪を）巻く，カールする

หยิ่ง /イン/ ([英] arrogant, be conceited) 高慢な，うぬぼれた

หยิบ /イップ/ ([英] pick, select, a pinch) つまむ，選ぶ；ひとつまみ **หยิบยก** /イップ ヨック/ 与える，寄付する **หยิบยืม** /イップユーム/ 借りる **หยิบหย่ง** /イップ ヨン/ ぶらつく，のろい，さぼる

หยิมๆ /イム イム/ ([英] drizzle) （雨が）しとしと

หยี /イー/ ([英] narrow *one's* eyes, open slightly) （目を）細める，半開きにする

หยุกหยิก /ユック イック/ ([英] wriggle, restless) 体をくね

らせる, 落ちつかない

หยุด /ユット/ (⊛ stop, pause) 止まる, 休む **หยุดกิจการ** /ユット キッチャカーン/ 廃業する, 停止する **หยุดงาน** /ユット ガーン/ 仕事を休む, ストをする **หยุดพัก** /ユット パック/ 休憩する

หยุ่น /ユン/ (⊛ elastic, flexible) 弾力性のある, 伸びる

หรอก /ローク/ (⊛ never) …だとは, 絶対に…《強調の終助詞. 肯定文を強調することもある》

หรี่ /リー/ (⊛ narrow one's eyes, turn down) (目を) 細める, (ガス, 明かりを) 弱める

หรือ /ルー/ (⊛ or) …か?《疑問, 確認の終助詞》; …かそれとも…? **...หรือเปล่า** /ルー プラオ/ …か? **...หรือยัง** /ルー ヤン/ もう…か? **...แล้วหรือยัง** /レーオ ルー ヤン/ もう…したか?

หรู /ルー/ (⊛ luxurious) 派手な, 豪華な **หรูหรา** /ルーラー/ 派手な, 豪華な

หฤทัย /ハルタイ/ (⊛ cordiality, core) 真心, 核心

หลง /ロン/ (⊛ get lost, be drowned) 迷う, 溺れる **หลงกล** /ロン コン/ だまされる **หลงเชื่อ** /ロン チュア/ 盲信する **หลงตา** /ロン ター/ 見逃す **หลงทาง** /ロン ターン/ 道に迷う **หลงรัก** /ロン ラック/ 恋に溺れる **หลงลืม** /ロン ルーム/ 忘れる **หลงใหล** /ロン ライ/ (快楽に) ふける

หลน /ロン/ (⊛ stew) とろ火で煮込む

หล่น /ロン/ (⊛ fall) (木の葉が) 落ちる

หลบ /ロップ/ (⊛ avoid) 避ける, よける **หลบภัย** /ロップ パイ/ 避難する **หลบหนี** /ロップ ニー/ 逃亡する, 免れる **หลบหลีก** /ロップ リーク/ 避ける, そらす

หลวง /ルアン/ (⊛ royal, official) 王の, 公 (おおやけ) の **หลวงพ่อ** /ルアン ポー/ 老師 **ใน หลวง** /ナイ ルアン/ 国王

หลวม /ルアム/ (⊛ loose) ゆるい, だぶだぶの **หลวมตัว** /ルアム トゥア/ 度を過ぎた, 深入りした

หล่อ /ロー/ (⊛ cast, oil, handsome) 鋳造する, 油を差す; ハンサムな **หล่อลื่น** /ロー ルーン/ 潤滑油 **หล่อเลี้ยง** /ロー リアン/ 養成する, はぐくむ

หลอก /ローク/ (⊛ deceive, tease) だます, からかう **หลอกลวง** /ローク ルアン/ だます **หลอกหลอน** /ローク ローン/ 怖がらせる, おどす

หลอด /ロート/ (⊛ pipe, tube, straw) 管, チューブ, ストロー **หลอดไฟ** /ロート ファイ/ 電球 **หลอดลม** /ロート ロム/ 気管 **หลอดเลือด** /ロート ルアット/

血管

หล่อน /ロン/ (㊇ you, she) お前, 《文》彼女

หลอม /ローム/ (㊇ melt) 溶解する **หลอมละลาย** /ローム ララーイ/ 溶ける, 解ける

หลัก /ラック/ (㊇ pole, base, principle) 柱, 基礎, 原則, 規準 **หลักการ** /ラック カーン/ 原理, 倫理 **หลักเกณฑ์** /ラック ケーン/ 規則, 基準 **หลักฐาน** /ラックターン/ 基礎, 根拠 **หลักประกัน** /ラック プラカン/ 保証 **หลักลอย** /ラック ローイ/ ホームレスの **หลักสูตร** /ラック スート/ 課程, カリキュラム **หลักหน่วย** /ラック ヌアイ/ 基数, (10の) 位

หลัง /ラン/ (㊇ back, next, later) 背中, 後部, 後 (あと) (で); …軒《家の類別詞》 **หลังโกง** /ラン コーン/ ねこ背の **หลังคา** /ランカー/ 屋根 **หลังจาก** /ランチャーク/ …の後 (あと) で **หลังฉาก** /ランチャーク/ 舞台裏, 裏話 **หลังยาว** /ラン ヤーオ/ 怠け者の, 不精な

หลั่ง /ラン/ (㊇ pour, flow) 降り注ぐ, (涙を) 流す **หลั่งไหล** /ラン ライ/ (血, 言葉が) ほとばしる

หลับ /ラップ/ (㊇ sleep) 眠る **หลับตา** /ラップ ター/ 目を閉じる **หลับใน** /ラップ ナイ/ うたたねをする **หลับหูหลับตา** /ラップラーラップター/ 向こう見ずな,

軽率な

หลา /ラー/ (㊇ yard)【単】ヤード

หลาก /ラーク/ (㊇ various, overflow, flow) 種々の, 様々の; 氾濫 (はんらん) させる, (海に) 注ぐ **หลากใจ** /ラーク チャイ/ 奇異に感じる

หลาน /ラーン/ (㊇ grandchild, nephew, niece) 孫, おい, めい **หลานชาย** /ラーン チャーイ/ 男の孫, おい **หลานสาว** /ラーン サーオ/ 女の孫, めい

หลาบ /ラープ/ (㊇ be chastened) 懲 (こ) りる

หลาย /ラーイ/ (㊇ many, much, some) 多くの, いくつかの **หลายแง่** /ラーイ ゲー/ 多面的な **หลายใจ** /ラーイ チャイ/ 気まぐれな, 気が多い **หลายหลาก** /ラーイ ラーク/ 種々の

หลีก /リーク/ (㊇ avoid) 避ける, よける **หลีกเลี่ยง** /リーク リアン/ 避ける

หลุด /ルット/ (㊇ come off, get loose) 外れる, ほどける **หลุดพ้น** /ルット ポン/ 釈放される

หลุบ /ルップ/ (㊇ hang down, droop) 垂れ下がる, 下へ向ける

หลุม /ルム/ (㊇ pit, hole) 凹み, 穴 **หลุมกอล์ฟ** /ルム ゴープ/ (ゴルフの) ホール **หลุมดำ** /ルム ダム/ ブラックホール **หลุมฝังศพ** /ルム ファンソップ/ 墓穴, 墓

ห**วง** /フアン/ (⊛ possessive, jealous, taboo) 物惜しみする, 嫉妬深い, タブーにする **หวงห้าม** /フアン ハーム/ 禁ずる

ห่**วง** /フアン/ (⊛ worry, ring) 心配する ; 輪, 環

ห**วด** /フアット/ (⊛ steamer, whip, beat) 蒸し器 ; むち打つ, 叩く

ห**วน** /フアン/ (⊛ back, return) 引き返す, 元に戻る **หวนนึกถึง** /フアン ヌックトゥン/ 思い出す

ห้**วน** /フアン/ (⊛ short, abrupt) 短い, ぶっきらぼうな

ห**วย** /フアイ/ (⊛ private lottery)〘口〙私設宝くじ

ห่**วย** /フアイ/ (⊛ bad, meager) 悪い, 貧弱な

ห้**วย** /フアイ/ (⊛ brook) 小川

ห**วัง** /ワン/ (⊛ hope) 希望する **หวังดี** /ワン ディー/ 好意を持つ, 幸せを願う **หวังว่า...** /ワンワー/ ...を希望する

ห**วัด** /ウット/ (⊛ cold) 風邪 **เป็นหวัด** /ペン ウット/ 風邪をひく

ห**วั่น** /ワン/ (⊛ fear, be afraid) 恐れる, こわがる **หวั่นไหว** /ワンワイ/ 震える

ห**วาด** /ワート/ (⊛ fear, worry) 怖がる, 心配する **หวาดเสียว** /ワート シアオ/ ぞっとする, 肝を冷やす

ห**วาน** /ワーン/ (⊛ sweet) 甘い

ห**ว่าน** /ワーン/ (⊛ scatter, sow) ばらまく, 種をまく **หว่านล้อม** /ワーン ローム/ 説得する

ห**วาย** /ワーイ/ (⊛ rattan)〘植〙籐 (とう)

ห**วิว** /ウィウ/ (⊛ dizzy, soft) 目まいがする ; 柔らかい

ห**วี** /ウィー/ (⊛ comb, brush) 櫛 (くし) ; (髪を) とかす

ห**อ** /ホー/ (⊛ hall) 講堂, 会館 **หอคอย** /ホー コーイ/ タワー, 展望塔 **หอประชุม** /ホー プラチュム/ 会議場 **หอพัก** /ホー パック/ 寮, ホステル **หอสมุด** /ホー サムット/ 図書館

ห่**อ** /ホー/ (⊛ pack, wrap) 包み, 包む **ห่อหุ้ม** /ホー フム/ 包む, カバーをする **ห่อเหี่ยว** /ホー ヒアオ/ 萎 (しお) れる, がっかりする

ห้**อ** /ホー/ (⊛ gallop) (馬を) 駆る **ห้อเลือด** /ホー ルアット/ 内出血する

ห้**อง** /ホン/ (⊛ room) 部屋 **ห้องครัว** /ホン クルア/ キッチン **ห้องนอน** /ホン ノーン/ 寝室 **ห้องนั่งเล่น** /ホン ナンレン/ リビング **ห้องน้ำ** /ホン ナーム/ お手洗い **ห้องรับแขก** /ホン ラップケーク/ 客間 **ห้องเรียน** /ホン リアン/ 教室 **ห้องสมุด** /ホン サムット/ 図書室, 書斎 **ห้องอาบน้ำ** /ホン アープ ナーム/ 浴室 **ห้องอาหาร** /ホン アーハーン/ 食堂

ห**อน** /ホーン/ (⊛ howl) (犬が)

ห

遠ぼえする

หอบ /ホ̀ーッ/ ([英] carry, gasp) 抱えて運ぶ，喘（あえ）ぐ **หอบหิ้ว** /ホ̀ーッ ヒ̂ウ/ 苦楽を共にする

หอม /ホ̌ーム/ ([英] fragrant, kiss) よい香りがする，〖口〗キスをする

ห้อมล้อม /ホ̂ーム ロ́ーム/ ([英] surround) 包囲する

หอย /ホ̌イ/ ([英] shellfish) 貝 **หอยนางรม** /ホ̌イ ナーンロム/ カキ

ห้อย /ホ̂イ/ ([英] hang, suspend) ぶらさがる，（首に）かける

หัก /ハ̀ック/ ([英] break, be broken, deduct) 折る，折れる，差し引く **หักใจ** /ハ̀ック チャイ/ 自制する **หักหลัง** /ハ̀ック ラ̌ン/ 裏切る

หัด /ハ̀ット/ ([英] train, measles) 練習する；はしか

หัตถกรรม /ハ̀ッタカム/ ([英] craft, handicraft) 工芸，手工業

หัน /ハ̌ン/ ([英] look back, turn) ふり向く，（顔を）向ける **หันเห** /ハ̌ン ヘ̌ー/ 裏返す，それる

หั่น /ハ̀ン/ ([英] cut, slice) 刻む，細かく切る **หั่นแหลก** /ハ̀ン レ̀ーク/ 大幅に，極端に

หัว /ファ̌/ ([英] head, top) 頭，先端，長；…個《球根の類別詞》 **หัวกะทิ** /ファ̌ カティ́/ ココナッツクリーム；精髄，エリート **หัวกะโหลก** /ファ̌ カロ̀ーク/ 頭蓋骨 **หัวเก่า** /ファ̌ カ̀オ/ 考えが古い，時代遅れの **หัวข้อ** /ファ̌ コ̂ー/ トピック，テーマ，見出し **หัวข่าว** /ファ̌ カ̀ーオ/ ニュースの見出し **หัวขี้เลื่อย** /ファ̌ キ̂ー ル̂アイ/ ばかな **หัวแข็ง** /ファ̌ ケ̌ン/ 頑固な **หัวค่ำ** /ファ̌ カ̂ム/ 夕暮れ時 **หัวใจ** /ファ̌ チャイ/ 心臓，心 **หัวเมือง** /ファ̌ ムアン/ 地方の都市 **หัวแม่มือ** /ファ̌ メ̂ー ムー/ 親指 **หัวล้าน** /ファ̌ ラ́ーン/ はげ頭 **หัวสูง** /ファ̌ ス̌ーン/ 傲慢（ごうまん） **หัวหน้า** /ファ̌ ナ̂ー/ 代表者，長 **หัวหอม** /ファ̌ ホ̌ーム/ 玉ねぎ

หัวเราะ /ファ̌ロ́/ ([英] laugh) 笑う **หัวเราะเยาะ** /ファ̌ロ́ ヨ́/ 嘲笑する

หา /ハ̌ー/ ([英] search, visit) 探す，訪ねる **หากิน** /ハ̌ー キン/ 生計を立てる **หาเงิน** /ハ̌ー グン/ 金を稼（かせ）ぐ **หาไม่พบ** /ハ̌ー マ̂イ ポ́ップ/ 見つからない **หายาก** /ハ̌ー ヤ̂ーク/ 珍しい **หารือ** /ハ̌ールー/ 相談する **หาเรื่อง** /ハ̌ー ル̂アン/ あら探しをする

ห่า /ハ̀ー/ ([英] cholera, evil star, heavy rain) コレラ，疫病神，どしゃ降り

ห้า /ハ̂ー/ ([英] five) 5

หาก /ハ̀ーク/ ([英] if …, in case of…) もし…ならば，…の場合は

หาง /ハーン/ (⊛ tail, end) 尾, (列の) 後尾 **หางเครื่อง** /ハーンクルアン/ (ルークトゥン・ショーの) バックダンサー

ห่าง /ハーン/ (⊛ distant) 離れた, 遠い **ห่างไกล** /ハーン クライ/ 遠く離れて **ห่างจาก** /ハーン チャーク/ …から離れて **ห่างเหิน** /ハーンヘーン/ 疎遠な, よそよそしい

ห้าง /ハーン/ (⊛ firm, shop) 会社, 商店 **ห้างสรรพสินค้า** /ハーン サッパシンカー/ デパート

หาญ /ハーン/ (⊛ bold, brave) 大胆な, 勇敢な

หาด /ハート/ (⊛ beach) 浜, なぎさ **หาดทราย** /ハート サーイ/ 砂浜

ห่าน /ハーン/ (⊛ goose) ガチョウ

หาบ /ハープ/ (⊛ carry on *one's* shoulder, *hap*) 肩に担ぐ；〖単〗ハープ《60 kg》 **หาบเร่** /ハープレー/ 行商人

หาม /ハーム/ (⊛ carry on a pole by two) 2人で天秤棒を担ぐ **หามรุ่งหามค่ำ** /ハームルン ハーム カム/ 朝から晩まで

ห้าม /ハーム/ (⊛ forbid) 禁止する **ห้ามเข้า** /ハーム カオ/ 立入禁止 **ห้ามจอดรถ** /ハーム チョート ロッ/ 駐車禁止 **ห้ามปราม** /ハームプラーム/ 制止する **ห้ามไม่ให้…** /ハーム マイ ハイ/ …を禁じる

หาย /ハーイ/ (⊛ disappear, recover) 消える, 治る **หายขาด** /ハーイ カート/ (病気が) 完治する **หายไป** /ハーイ パイ/ 無くなる

หายใจ /ハーイ チャイ/ (⊛ breath) 呼吸；息をする **หายใจเข้า** /ハーイ チャイ カオ/ 息を吸う **หายใจออก** /ハーイ チャイ オーク/ 息を吐く

หาร /ハーン/ (⊛ divide) 割り算する

หาว /ハーオ/ (⊛ yawn, outdoor) あくびをする；野外

ห้าว /ハーオ/ (⊛ bold, fully-ripened (coconut) 大胆な, (果実が) 完熟した

หิ้ง /ヒン/ (⊛ shelf) 棚

หิน /ヒン/ (⊛ stone, rock) 石 **หินอ่อน** /ヒン オーン/ 大理石

หินยาน /ヒンヤーン/ (⊛ Hinayana Buddhism) 小乗仏教

หิมะ /ヒマ/ (⊛ snow) 雪

หิว /ヒウ/ (⊛ hungry, yearn) 空腹の；渇望する **หิวข้าว** /ヒウ カーオ/ 腹がへる **หิวน้ำ** /ヒウ ナーム/ のどが渇く **หิวโหย** /ヒウ ホーイ/ 飢餓の

หิ้ว /ヒウ/ (⊛ carry in hand) 手に提げる, ぶらさげて持つ **หิ้วได้** /ヒウ ダーイ/ 携帯用の

หี /ヒー/ (⊛ pussy)〖口〗女性器

หีบ /ヒープ/ (⊛ box, compress) 箱；圧搾する **หีบศพ** /ヒープ ソッ/ 棺

หึง /フン/ (⊛ be jealous) 嫉妬

する **หึงหวง** /ランラアン/ 嫉妬する

หึ่งๆ /ラン ラン/ ([英] buzz) ブンブン《プロペラなどの回転音》

หือ /ラー/ ([英] What?, quarrel *with*) えっ？；言い争う **หือไม่ขึ้น** /ラー マイ クン/ 文句なしに（同意する）

หุง /ラン/ ([英] cook) 炊く

หุ่น /ラン/ ([英] puppet) 人形 **หุ่นกระบอก** /ラン クラボーク/ 人形劇 **หุ่นยนต์** /ラン ヨン/ ロボット **หุ่นขี้ผึ้ง** /ラン キー プン/ ロウ人形

หุ้น /ラン/ ([英] stocks) 株式，株 **หุ้นส่วน** /ラン スアン/ 共同出資者

หุบ /ラップ/ ([英] valley, close) 谷；閉じる **หุบเขา** /ラップ カオ/ 谷間 **หุบปาก** /ラップ パーク/ 黙る

หุ้ม /ラム/ ([英] wrap, coat) 包む，覆う

หู /ラー/ ([英] ear, knob, grip) 耳，取っ手 **หูตึง** /ラー トゥン/ 難聴の **หูโทรศัพท์** /ラー トーラサップ/ 受話器 **หูไว** /ラー ワイ/ 早耳 **หูหนวก** /ラー ヌアック/ 耳の聞こえない

เห /ヘー/ ([英] deviate, go off) 向きが変る，外れる

เหงา /ガオ/ ([英] lonely) 寂しい **เหงาหงอย** /ガオ ゴーイ/ 寂しい，もの憂い

เหงื่อ /グア/ ([英] sweat) 汗 **เหงื่อออก** /グア オーク/ 汗をかく

เหงือก /グアック/ ([英] gums, gill) 歯茎，えら

เห็ด /ヘット/ ([英] mushroom) きのこ

เหตุ /ヘート/ ([英] reason, cause) 理由，原因 **เหตุการณ์** /ヘート カーン/ 出来事，状況 **เหตุผล** /ヘート ポン/ 理由，動機

เห็น /ヘン/ ([英] see, sight) 見える，目に入る **เห็นแก่...** /ヘン ケー/ …のために **เห็นแก่ตัว** /ヘン ケー トゥア/ 利己的な **เห็นแก่ได้** /ヘン ケー ダーイ/ 欲張りな **เห็นจะ...** /ヘン チャ/ …しそうな **เห็นใจ** /ヘン チャイ/ 同情する **เห็นชอบ** /ヘン チョープ/ 同意する，賛成する **เห็นด้วย** /ヘン ドゥアイ/ 同意する，賛成する **เห็นว่า** /ヘン ワー/ …と思う，…と考える

เหน็ดเหนื่อย /ネット ヌアイ/ ([英] be tired) くたびれる

เหน็บ /ネップ/ ([英] tuck, jeer) 挟む，手足がしびれる **เหน็บชา** /ネップ チャー/ 脚気；しびれる **เหน็บแนม** /ネップ ネーム/ あてこすりを言う，皮肉る

เหนียว /ニアオ/ ([英] sticky, stingy) 粘っこい，けちな

เหนี่ยว /ニアオ/ ([英] pull, pull back) 引っぱる，引き戻す **เหนี่ยวรั้ง** /ニアオ ラン/ 控える，ためらう

เหนือ /ヌア/ ([英] north, above, superior) 北，上方；…より

優れた **เหนือธรรมดา** /ヌアタムマダー/ 並外れた, 異常な

เหนื่อย /ヌアイ/ (⊛ be tired) 疲れる **เหนื่อยอ่อน** /ヌアイオーン/ 疲れ果てる

เห็บ /ヘップ/ (⊛ tick) ダニ, 雹 (ひょう)

เหม็น /メン/ (⊛ stink) 臭い

เหม่อ /ムー/ (⊛ absent-minded) 不注意な, ぼんやりした

เหมา /マオ/ (⊛ undertake, speculate) 請け負う, 推測する

เหมาะ /モ/ (⊛ suitable, become) ふさわしい, 似合う **เหมาะเจาะ** /モチョ/ 似合う, ぴったりの **เหมาะสม** /モソム/ 適切な, 釣り合いのとれた

เหมือง /ムアン/ (⊛ mineral, ditch) 鉱物, 溝

เหมือน /ムアン/ (⊛ same, similar) 同じ, 似ている **เหมือนกัน** /ムアン カン/ 同じ, 同様に **เหมือนกับ...** /ムアン カップ/ まるで…のように

เหย้า /ヤオ/ (⊛ house) 住宅 **มีเหย้ามีเรือน** /ミー ヤオ ミー ルアン/ (女が) 所帯を持つ

เหยาะ /ヨ/ (⊛ drop, add, slowly) かける；ゆっくり

เหยียด /イアット/ (⊛ extend, stretch, look down) 伸びる, 伸ばす, 見下す **เหยียดผิว** /イアットピゥ/ 人種差別

เหยียบ /イアップ/ (⊛ step on, hide, almost) 踏みつける, 隠す；ほとんど **เหยียบย่ำ** /イアップ ヤム/ 踏みにじる, 冒涜 (ぼうとく) する

เหยี่ยว /イアオ/ (⊛ hawk) 鷹 (たか) **เหยี่ยวข่าว** /イアオ カーオ/ 報道マン

เหยื่อ /ユア/ (⊛ victim, prey) 犠牲, 餌食, わな

เหรียญ /リアン/ (⊛ coin, medal) 硬貨, メダル

เหล็ก /レック/ (⊛ iron) 鉄 **เหล็กกล้า** /レック クラー/ 鋼鉄, スチール **เหล็กใน** /レック ナイ/ (ハチなどの) 針

เหลว /レーオ/ (⊛ liquid, nonsense) 液体の, でたらめな **เหลวแหลก** /レーオ レーク/ 大失敗の, めちゃくちゃの **เหลวไหล** /レーオ ライ/ でたらめな, 無価値の

เหล่า /ラオ/ (⊛ group, tribe) 群, 族 **เหล่ากอ** /ラオ コー/ 家柄, 血統, ファミリー **เหล่านั้น** /ラオ ナン/ それらの **เหล่านี้** /ラオ ニー/ これらの

เหล้า /ラオ/ (⊛ liquor) 酒

เหลิง /ルーン/ (⊛ very excited, haughty) (浮かれて) 舞い上がった, 高慢な

เหลี่ยม /リアム/ (⊛ corner, angle, trick) 角, 稜 (りょう), 策略 **เหลี่ยมคู** /リアム クー/ 策略

เหลียว /リアオ/ (⊛ turn *one's* face, look) 顔を向ける, 眺める **เหลียวแล** /リアオ レー/ 注

意を払う

เหลือ /ルア/ (⊛ be left, too much) 残る, 余る; 余りにも **เหลือเกิน** /ルア クーン/ 大変, 非常に **เหลือเฟือ** /ルア ファ/ あり余る, おびただしい **เหลือหลาย** /ルア ラーイ/ あり余るほど, たっぷりと, 非常に **เหลืออด** /ルア オット/ 我慢できない

เหลือง /ルアン/ (⊛ yellow) 黄色の

เหลือบ /ルアプ/ (⊛ gadfly, glance) 虻（あぶ）; ちらりと横を見る

เหลื่อม /ルアム/ (⊛ exceed, disagree) 超過する, 一致しない

เหว /ヘーオ/ (⊛ crack, valley, abyss) 割れ目, 谷, 深淵

เหวี่ยง /ウィアン/ (⊛ fling) 投げつける, 投げとばす **เหวี่ยงแห** /ウィアンヘー/ 投網を投げる

เห่อ /ヘー/ (⊛ be obsessed *with*, show off, be full of rash) (権力欲に) とりつかれる, …を見せびらかす; 吹き出物だらけの **เห่อรถ** /ヘーロット/ 車を見せびらかす **เห่อเหิม** /ヘーヘーム/ 野心を抱く

เหา /ハオ/ (⊛ louse) しらみ

เห่า /ハオ/ (⊛ bark, abuse) 吠える, 罵る

เหาะ /ホ/ (⊛ fly, very) 飛行する; 非常に **อร่อยเหาะ** /アロイホ/ 非常に美味な

เหิน /ヘーン/ (⊛ wing) 飛行する **เหินห่าง** /ヘーン ハーン/ 疎遠になる

เหี้ยม /ヒアム/ (⊛ cruel, merciless) 残忍な, 無慈悲な **เหี้ยมโหด** /ヒアムホート/ 残忍な

เหี่ยว /ヒアオ/ (⊛ withered, become haggard) しおれた, 枯れた; やつれる

แห /ヘー/ (⊛ fishnet) 投網

แห่ /ヘー/ (⊛ parade, march) 行列する; 行列, 行進 **แห่แหน** /ヘーヘーン/ 行進する

แหก /ヘーク/ (⊛ tear, be torn) 引き裂く, 裂ける **แหกคอก** /ヘーク コーク/ 伝統を打ち破る **แหกคุก** /ヘーク クック/ 脱獄する **แหกตา** /ヘーク ター/〖口〗嘘をつく

แห่ง /ヘン/ (⊛ place, of) 場所; …の《場所, 所有》 **…แห่งชาติ** /ヘン チャート/ 国立…

แห้ง /ヘーン/ (⊛ dry, barren) 乾いた, 不毛の **แห้งแล้ง** /ヘーンレーン/ 干ばつ, 水不足の

แหงน /ゲーン/ (⊛ look up, crane) 見上げる, (首を) 伸ばす

แหบ /ヘープ/ (⊛ husky) ハスキーな

แหม /メー/ (⊛ Oh!, Ah!) まあ！, へえ

แหม่ม /メム/ (⊛ madam) マダム, 奥様

แหย่ /イェー/ (⊛ poke, irritate) 棒で突く, いらいらさ

แหลก /レーク/ (⊛ ruin, wrecked) 破滅させる；破壊された，粉々の

แหล่ง /レン/ (⊛area, source) 所，起源，発生地 **แหล่งกำเนิด** /レン カム ヌート/ 発生源

แหล่งเสื่อมโทรม /レン スアムソーム/ スラム，貧民窟

แหลม /レーム/ (⊛ pointed, keen) 尖(とが)った，鋭い；半島，岬 **แหลมทอง** /レーム トーン/ インドシナ半島

แหละ /レ/ (⊛just, surely) まさに…だ

แหว /ウェー/ (⊛howl) わめく

แหวก /ウェーク/ (⊛ push... open, rush) 押し開く，突き進む **แหวกแนว** /ウェーク ネーオ/ 革新的な；イノベーション

แหวน /ウェーン/ (⊛ring) 指輪

โห่ /ホー/ (⊛ give cheers, hoot) 喝采(かっさい)する，野次る

โหด /ホート/ (⊛ cruel, merciless) 残忍な，無慈悲な **โหดร้าย** /ホート ラーイ/ 残忍な，無慈悲な

โหม /ホーム/ (⊛ strain, mobilize) 力を尽くす，動員する **โหมไฟ** /ホーム ファイ/ 火をさかんに燃やす

โหย /ホーイ/ (⊛ exhausted, moan) 疲労し切った；うめく **โหยหวน** /ホーイ ラアン/ うめく **โหยหา** /ホーイ ハー/ 渇望する，慕う **โหยไห้** /ホーイ ハイ/ 嘆く，うめく

โหร /ホーン，ホーラー/ (⊛ astrologer) 占星術師 **โหราจารย์** /ホーラー チャーン/ 占星術師 **โหราศาสตร์** /ホーラー サート/ 占星術，星占い

โหล /ロー/ (⊛dozen, hollow) 〖単〗ダース；(目が) くぼんだ

โหว่ /ウォー/ (⊛ hollowed, loophole, hole) 空洞の；(法の) 抜け穴，(服の) 穴

ให้ /ハイ/ (⊛give, let, so that …) 与える，…させる；…なるように **ให้เช่า** /ハイ チャオ/ 賃貸する **ให้ได้** /ハイ ダーイ/ 必ず **ให้ยืม** /ハイ ユーム/ 貸す **ให้อภัย** /ハイ アパイ/ 許す

ใหญ่ /ヤイ/ (⊛ big, large) 大きい **ใหญ่โต** /ヤイ トー/ 巨大な，偉大な

ใหม่ /マイ/ (⊛new, again) 新しい；再び

ไห /ハイ/ (⊛ jar) 壷(つぼ)，かめ

ไหน /ナイ/ (⊛which, where) どの，どこの **ไหนๆ** /ナイ ナイ/ 今はもう，ともかくも **ไหนว่า** /ナイ ヴァー/ 一体どうして

ไหม /マイ/ (⊛ silk) …か？《疑問の終助詞》；絹

ไหม้ /マイ/ (⊛burn) 燃える，焼ける

ไหล /ライ/ (⊛flow, overflow) 流れる，あふれ出す

ไหล่ /ライ/ (⊛ shoulder) 肩 **ไหล่ถนน** /ライ タノン/ 路肩

ไหว /ワイ/ (⊛ shake, vibrate, stand, can afford to) 揺れる，震動する；耐えられる《体力・気力的に》 **ไหวตัว** /ワイトゥア/ 気がつく **ไหวพริบ** /ワイプリップ/ ウィット，頭の回転

ไหว้ /ワーイ/ (⊛ pray, put one's hands together) 拝む，合掌する

อ

อก /オック/ (⊛ breast, chest) 胸 **อกหัก** /オック ハック/ 失恋する

อกตัญญู /アカタンユー/ (⊛ ungrateful) 恩知らずな

อกุศล /アクソン/ (⊛ sin, evil) 不徳，邪悪

อคติ /アカティ/ (⊛ prejudice) 偏見

องค์ /オン/ (⊛ organ) 身体の器官；…柱，…人，…体《神，王族，僧侶，仏像などの類別詞》 **องค์การ** /オンカーン/ 機構，公社 **องค์การสหประชาชาติ** /オンカーン サハプラチャーチャート/ 国際連合

องศา /オンサー/ (⊛degree)《単》度《温度，角度》

องุ่น /アグン/ (⊛grape) ぶどう

อด /オット/ (⊛persevere, give up) 我慢する，(酒，食などを) 断つ **อดตาย** /オット ターイ/ 餓死する **อดทน** /オットトン/ 我慢する，忍耐する **อดสู** /オット スー/ 恥をかく **อดอยาก** /オット ヤーク/ 飢える **อดอาหาร** /オット アーハーン/ 飢える，断食する

อดิเรก /アディレーク/ (⊛ hobby) 趣味，道楽

อดีต /アディート/ (⊛ the past) 過去

อธิการบดี /アティカーンボーディー/ (⊛ president) 学長

อธิบดี /アティボーディー/ (⊛ director) 局長

อธิบาย /アティバーイ/ (⊛ explain) 説明する

อธิษฐาน /アティッターン/ (⊛ pray) 祈願する

อนาคต /アナーコット/ (⊛future) 未来

อนาถ /アナート/ (⊛ pity) かわいそうに思う **อนาถา** /アナーター/ 貧しい，身寄りのない

อนามัย /アナーマイ/ (⊛ health, hygiene) 保健，衛生

อนึ่ง /アヌン/ (⊛besides)《文》さらに，なおまた

อนุญาต /アヌヤート/ (⊛permit, allow) 許可する，認める

อนุบาล /アヌバーン/ (⊛ nourish, kindergarten) 養育する；幼稚園

อนุมัติ /アヌマット/ (⊛ approve, consent) 承認する，同意する

อนุมาน /アヌマーン/ (⊛ calcu-

อนุรักษ์ /アヌラック/ (® conserve) 保護する

อนุโลม /アヌローム/ (® cooperate, comply) 協調する, 従う

อนุสาวรีย์ /アヌサーワリー/ (® monument) 記念塔

เอนก /アネーク/ (® numerous) 多くの, 無数の

อบ /オップ/ (® steam, stuffy) 蒸す; 風通しの悪い **อบรม** /オップ ロム/ 教育する, 訓練する **อบอวล** /オップウアン/ 拡がる, みなぎる **อบอุ่น** /オップウン/ 暖かい (雰囲気)

อบายมุข /アバーイヤムック/ (® vice, evil path) 〚文〛悪徳, 破滅への道

อพยพ /オッパヨップ/ (® migrate, shelter) 移住する, 避難する **ผู้อพยพ** /プーオッパヨップ/ 難民

อพาร์ตเมนต์ /アパートメン/ (® apartment house) アパート

อภัย /アパイ/ (® forgive, forgiveness) (罪を) 許す; 許し **อภัยโทษ** /アパイヤトート/ 罪を許す, 恩赦を与える

อภิเษก /アピセーク/ (® coronation) 〚王〛戴冠式

อม /オム/ (® suck, keep) 口に含む, (秘密を) 守る **อมพะนำ** /オム パナム/ 無口の, 口がかたい **อมยิ้ม** /オム イム/ 静かにほほえむ **อมโรค** /オム ロー ク/ 不健康な

อมตะ /アマタ/ (® immortal, eternal) 不死の, 不滅の

อมร /アモーン/ (® immortal, eternal) 不死の, 不滅の

อเมริกัน /アメーリカン/ (® American) アメリカ人

อเมริกา /アメーリカー/ (® America) アメリカ

อย่า /ヤー/ (® Don't...) …するな 《禁止》

อยาก /ヤーク/ (® want, wish) …したい **อยากน้ำ** /ヤーク ナム/ 〚口〛のどが渇いた **อยากอาหาร** /ヤーク アーハーン/ 〚口〛おなかがすいた

อย่าง /ヤーン/ (® kind, method, like) 種類, 方法; …のように **อย่างกับ...** /ヤーン カップ/ …と同様に **อย่างเดียว** /ヤーン ディアオ/ …のみ **อย่างเดียวกัน** /ヤーン ディアオ カン/ 同種類の **อย่างน้อย** /ヤーン ノーイ/ 少なくとも **อย่างน้อยที่สุด** /ヤーン ノーイ ティー スット/ 最低でも **อย่างนั้น** /ヤーン ナン/ そのような **อย่างนี้** /ヤーン ニー/ このような **อย่างมาก** /ヤーン マーク/ 多くても, せいぜい **อย่างมากที่สุด** /ヤーン マーク ティー スット/ 最高でも **อย่างไร** /ヤーン ライ/ どのように **อย่างไรก็ดี** /ヤーン ライ コー ディー/ いずれにせよ **อย่างว่า** /ヤーン ウー/ よく言われるように

อยุติธรรม /アユッティタム/ (® injustice, unfairness, wrong) 不正, 不公平; 不正な

อยุธยา /アユッタヤ-/ (® Ayutthaya) アユタヤ（市）

อยู่ /ユ-/ (® stay, be, live, be ...ing) 居る, (…して) いる **อยู่กับที่** /ユ-カップティ-/ びくとも動かない **อยู่ดีกินดี** /ユ-ディ-キンディ-/ 暮らし向きがよい **อยู่ดีๆ** /ユ-ディ-ディ-/ (前触れもなく) 突然に **อยู่เป็นเพื่อน** /ユ-ペン プアン/ …と一緒にいる **อยู่เย็นเป็นสุข** /ユ-イェン ペン スック/ 幸福に暮らしている

อรรถ /アット/ (® aim, contents, text) 趣旨, 内容, テキスト **อรรถประโยชน์** /アッタプラヨート/ 実用

อร่อย /アロイ/ (® delicious) おいしい

อร่าม /アラーム/ (® shining, splendid) 輝いた, すばらしい

อรุณ /アルン/ (® dawn) 夜明け

อวกาศ /アワカート/ (® space) 宇宙

อวด /ウアット/ (® boast) 自慢する **อวดดี** /ウアット ディ-/ うぬぼれた

อ้วน /ウアン/ (® fat) 太った

อวบ /ウアップ/ (® plump) でっぷりした

อวย /ウアイ/ (® bless) 祝福する **อวยพร** /ウアイ ポーン/ 祝福する

อวัยวะ /アワイヤウ/ (® organ) 身体器官

อวสาน /アワサーン/ (® finish) 終了する

อสุจิ /アスチ/ (® impure, sperm) 不浄な; 精子

อหังการ /アハンカーン/ (® arrogance, self-respect) 傲慢, 自尊

อหิวาต์ /アヒワ-/ (® cholera) コレラ

อโหสิกรรม /アホ-シカム/ (® forgive, reconciliation) (罪を) 赦す; 和解, 許し

ออ /オ-/ (® throng, gather) 群がる, 集まる

อ้อ, อ๋อ /オ-, オ-/ (® Oh, Yes) よし, そうか **อ้อแอ้** /オ-エ-/ (赤ん坊が) むにゃむにゃ言う

ออก /オーク/ (® go out, leave, very) 出る, 出す;《動詞に続いて, 出発・分離・可能を表す》;〖口〗すごく **ออกกำลัง** /オーク カムラン/ 運動する, 力を出す **ออกไข่** /オーク カイ/ 卵を産む **ออกจะ** /オーク チャ/ …のように思われる **ออกจะตาย** /オーク チャ ターイ/ すごく **ออกบวช** /オーク ブアット/ 出家する **ออกปาก** /オーク パーク/ つい口にする **ออกพรรษา** /オーク パンサー/ オークパンサー, 安居 (あんご) 明け《仏教の祝日》 **ออกรส** /オーク ロット/ 美

味である，趣がある **ออกเรือน** /オーク ルアン/ 新世帯を持つ **ออกลูก** /オーク ルーク/ 実を結ぶ **ออกเสียง** /オーク シアン/ 発音する，発声する **ออกอากาศ** /オーク アーカート/ 放送する，放映する

อ่อง /オーン/ (⊛ radiant, bright) 晴れやかな，明るい

ออด /オート/ (⊛ bemoan) 嘆き悲しむ **ออดอ้อน** /オート オーン/ 懇願する，泣き言を言う

ออดแอด /オート エート/ 虚弱な

อ่อน /オーン/ (⊛ soft, weak, young, pale) 柔らかい，弱い，若い，薄い **อ่อนกำลัง** /オーン カムラン/ 弱まる，静まる **อ่อนใจ** /オーン チャイ/ うんざりする **อ่อนน้อม** /オーン ノーム/ 服従的な，うやうやしい **อ่อนนุ่ม** /オーン ヌム/ ふわふわと柔らかい **อ่อนเพลีย** /オーン プリア/ 疲れてぐったりした **อ่อนโยน** /オーン ヨーン/ やさしい，柔和な **อ่อนลง** /オーン ロン/ 弱まる，柔らかくなる **อ่อนละมุน** /オーン ラムン/ 柔らかい，滑らかな **อ่อนหวาน** /オーン ワーン/ やさしい，温和な **อ่อนแอ** /オーン エー/ (体が) 弱い，虚弱な

อ้อน /オーン/ (⊛ entreat, beg) 懇願する，ねだる **อ้อนวอน** /オーン ウォーン/ 哀願する

อ้อนแอ้น /オン エン/ (⊛ slim, slender) すらりとした

ออม /オーム/ (⊛ economize, save) 節約する，貯蓄する **ออมสิน** /オーム シン/ 貯蓄する，蓄財する

อ้อม /オーム/ (⊛ encircle) 遠回りする **อ้อมกอด** /オーム コート/ しっかり抱きしめる **อ้อมค้อม** /オーム コーム/ 迂回する，遠回しに言う

อ้อมแอ้ม /オーム エーム/ (⊛ murmur, obscure) つぶやく，もぐもぐ言う；不明瞭な

อ่อย /オイ/ (⊛ feed, tempt, slowly) 餌をやる，誘惑する；ゆっくり

อ้อย /オイ/ (⊛ sugarcane) サトウキビ

อ้อยส้อย /オイ ソイ/ (⊛ tardy) (憐みをさそおうと) ぐずぐずする

อ้อยอิ่ง /オイ イン/ (⊛ slow) (動作が) 遅い，のろい

อะไร /アライ/ (⊛ what) 何 **อะไรก็ได้** /アライ コーダーイ/ 何でもいいです **อะไรๆ** /アライ アライ/ 何もかも **อะไรเอ่ย** /アライ ウーイ/ ((クイズで)) さて何でしょう？

อักษร /アックソーン/ (⊛ letter) 文字 **อักษรศาสตร์** /アックソーンサート/ 文学 (部)

อักเสบ /アック セープ/ (⊛ inflamed) 炎症を起した

อัคร /アッカラ/ (⊛ superior) 最高の《造語成分》 **อัครมเหสี** /アッカラ マヘーシー/ 王妃，皇后

อัง /アン/ (⊛ put beside the fire, toast) 火のそばに置く, 焙（あぶ）る

อังกฤษ /アンクリット/ (⊛ England) イギリス

อังคาร /アンカーン/ (⊛ Tuesday, Mars, ash) 火曜日, 火星, 灰

อัจฉริยะ /アッチャリヤ/ (⊛ amazing) 驚くべき

อัญเชิญ /アンチューン/ (⊛ invite, set in place) 招待する, (仏像を) 安置する

อัญมณี /アンヤマニー/ (⊛ gem) 宝石

อัฐิธาตุ /アッティタート/ (⊛ relic) 遺骨

อัด /アット/ (⊛ press, record) 圧する, 圧搾する, 記録する **อัดก๊อปปี้** /アットコッピー/ コピーする, ぺしゃんこにする **อัดไฟ** /アットファイ/ 充電する **อัดรูป** /アットループ/ (写真を) 焼き付ける **อัดสำเนา** /アットサムナオ/ 複写する **อัดเสียง** /アットシアン/ 録音する **อัดภาพ** /アットパープ/ 録画する

อัตคัด /アッタカット/ (⊛ poor, lacked) 窮乏した, 欠乏した

อัตโนมัติ /アッタノーマット/ (⊛ automatic) 自動の, オートマチックの

อัตภาพ /アッタパープ/ (⊛ ego, individualism) 【文】自我, 個人主義

อัตรา /アットラー/ (⊛ rate, ratio) 率, 割合 **อัตราแลกเปลี่ยน** /アットラー レーク プリアン/ 為替相場, 交換率 **อัตราส่วน** /アットラー スアン/ 比, 割合

อัธยาศัย /アッタヤーサイ/ (⊛ nature, personality) 性格, 気質

อัน /アン/ (⊛ piece, item) 《小さな物や不定形な物の類別詞. また他の類別詞の代わりになる》; …する (人, 事) **อันที่จริง** /アン ティー チン/ 実際のところ **อันนั้น** /アン ナン/ それ, あれ **อันนี้** /アン ニー/ これ **อันไหน** /アン ナイ/ どれ

อั้น /アン/ (⊛ repress, withhold) 抑える, 差し控える, がまんする **อั้นอ้น** /アン アン/ 黙っている

อันดับ /アンダップ/ (⊛ rank, grade) 順位, 等級

อันตราย /アンタラーイ/ (⊛ danger, dangerous) 危険 (な)

อันธพาล /アンタパーン/ (⊛ rascal, gangster) ならず者, ギャング

อับ /アップ/ (⊛ airless, lack) 風通しの悪い, 不足した **อับจน** /アップ チョン/ 窮した, 行詰った **อับปัญญา** /アップ パンヤー/ 途方にくれる **อับแสง** /アップ セーン/ 光が弱まる, 威光が劣える **อับอาย** /アップ アーイ/ 恥じる

อัปมงคล /アッパモンコン/ (⊛ unlucky) 不吉な

อัปยศ /アッパヨット/ (⊛ shameful) 恥さらしの

อัมพาต /アムマパート/ (⊛ paralysis) 麻痺 (まひ)

อัยการ /アイヤカーン/ (⊛ prosecutor) 検事

อั๊ว /ウア/ (⊛ I) 〖口〗俺

อัศจรรย์ /アッサチャン/ (⊛ amazing) 不思議な, すばらしい

อัศเจรีย์ /アッサチェーリー/ (⊛ exclamation mark) エクスクラメーションマーク (！)

อัศว /アッサウ/ (⊛ horse) 馬 **อัศวิน** /アッサウィン/ 騎士 **อัศวินม้าขาว** /アッサウィン マーカーオ/ 白馬の騎士

อัสดง /アッサドン/ (⊛ set) 日が沈む

อา /アー/ (⊛ uncle, aunt) 叔父・叔母《父の弟妹》

อ้า /アー/ (⊛ open) (口を) 開ける

อากร /アーコーン/ (⊛ tax, revenue) 税, 歳入

อาการ /アーカーン/ (⊛ condition, symptom) 状態, 容体, 症状 **อาการหนัก** /アーカーン ナッ ク/ 重態

อากาศ /アーカート/ (⊛ air, sky, weather) 空気, 空, 天気 **อากาศเป็นพิษ** /アーカート ペン ピット/ 大気汚染 **ท่าอากาศยาน** /ター アーカートサヤーン/ 〖文〗空港

อาคม /アーコム/ (⊛ spell) 呪文, まじない

อาคเนย์ /アーカネー/ (⊛ the southeast) 〖文〗東南 **เอเชียอาคเนย์** /エーチア アーカネー/ 東南アジア

อาคาร /アーカーン/ (⊛ house, residence, building) 住宅, 建物, …棟, …館

อาฆาต /アーカート/ (⊛ grudge, revenge) 怨恨 (えんこん), 報復を企てる

อ่าง /アーン/ (⊛ tub, bowl) 洗面器, ボウル **อ่างอาบน้ำ** /アーン アープ ナーム/ 浴槽

อ้าง /アーン/ (⊛ quote) 引用する **อ้างอิง** /アーン イン/ 引用する

อ้างว้าง /アーン ワーン/ (⊛ lonely, uninhabited) 寂しい, 無人の

อาจ /アート/ (⊛ perhaps, may) 多分, 恐らく **อาจหาญ** /アート ハーン/ 勇敢な, 大胆な **อาจเอื้อม** /アート ウアム/ 横柄な, 図々しい

อาจารย์ /アーチャーン/ (⊛ professor, teacher) 教授, 教師, 師 **อาจารย์ใหญ่** /アーチャーン ヤイ/ 校長

อาจิณ /アーチン/ (⊛ regularly) 規則正しく

อาเจียน /アーチアン/ (⊛ vomit, feel nauseous) 吐く, 吐き気がする

อาชญา /アーッチャヤー/ (⊛ punishment) 罰, 刑罰 **อาชญากร** /アーッチャヤーコーン/ 罪人 **อาชญากรรม** /アーッチャヤーカム/ 罪, 犯罪

อาชีพ /アーチーブ/ (⊛ occupation) 職業

อาญา /アーヤー/ (⊛ criminal) 刑事上の **อาญาสิทธิ์** /アーヤーシット/ 絶対権力

อาณัติ /アーナット/ (⊛ rule, signal) 規程, 合図 **อาณัติสัญญาณ** /アーナット サンヤーン/ 合図, 信号

อาณาเขต /アーナーケート/ (⊛ border, territory) 国境, 領土

อาณาจักร /アーナーチャック/ (⊛ country, territory) 国土, 領土

อาตมา /アータッマー/ (⊛ I) 私《僧侶の自称》, 自我

อาถรรพณ์ /アータン/ (⊛ magic, cursed) 魔術；呪われた

อาทร /アートーン/ (⊛ concern, care) 関心；気にかける

อาทิตย์ /アーティット/ (⊛ week, Sunday) 週, 日曜日 **อาทิตย์ที่แล้ว** /アーティット ティー レーオ/ 先週 **อาทิตย์นี้** /アーティット ニー/ 今週 **อาทิตย์หน้า** /アーティット ナー/ 来週

อ่าน /アーン/ (⊛ read) 読む **อ่านออกเขียนได้** /アーン オーク キアン ダーイ/ 読み書きができる

อานุภาพ /アーヌパーブ/ (⊛ power) 力, 権力

อาบ /アーブ/ (⊛ bathe) 浴びる **อาบแดด** /アーブ デート/ 日光浴をする **อาบน้ำ** /アーブ ナーム/ 水浴をする, 風呂に入る

อาภัพ /アーパッブ/ (⊛ ill-fated) 不運な

อาย /アーイ/ (⊛ shameful, be ashamed) 恥ずかしい；恥じる

อ้าย /アーイ, イ/ (⊛ chap, guy) 奴, 野郎《軽蔑, からかい》 **อ้ายนี่** /アーイ ニー/ こいつ **อ้ายบ้า** /アーイ バー/ ばか野郎 **อ้ายหนู** /アーイ ヌー/ 坊や

อายุ /アーユ/ (⊛ age, span) 年齢, 期間 **อายุขัย** /アーユ カイ/ 寿命 **อายุยืน** /アーユ ユーン/ 長生きする

อารบิก /アーラビック/ (⊛ Arabic) アラビアの **เลขอารบิก** /レーク アーラビック/ アラビア数字

อารมณ์ /アーロム/ (⊛ mood, feeling) 気分, 機嫌, 気持ち **อารมณ์ขัน** /アーロム カン/ ユーモア **อารมณ์เสีย** /アーロム シア/ 不機嫌な

อารย, อารยะ /アーラヤ/ (⊛ civilized) 文明の **อารยชน** /アーラヤチョン/ 文明人, 文化人 **อารยธรรม** /アーラヤタム/ 文明 **อารยประเทศ** /アーラヤプラテート/ 文明国

อาราม /アーラーム/ (⊛ temple, hurriedly) 寺院；性急に

อารี /アーリー/ (⊛ kind, generous) 親切な, 寛大な **อารีอารอบ** /アーリー アーローブ/ 寛容な, 慈悲深い

อาละวาด /アーラワート/ (⊛ rage about, shout) 暴れ回る, ど

なる
อาลัย /アーライ/ (⊛ mourn, long *for*) 悼む, 恋しがる
อ่าว /ア-オ/ (⊛bay) 湾
อ้าว /ア-オ/ (⊛ Oh!, sultry, full speed) えっ！《驚き》; 蒸し暑い; 全速力の
อาวรณ์ /アーウォーン/ (⊛ miss) 慕う
อาวาส /アーウート/ (⊛ temple) 寺院
อาวุธ /アーウット/ (⊛weapon) 武器, 兵器
อาวุโส /アーウソー/ (⊛older, senior) 年上の; 年輩, 年長者
อาศัย /アーサイ/ (⊛ inhabit, depend on) 住む, 頼る
อาสา /アーサー/ (⊛ volunteer) 志願する, 自発的に行う
อาสาสมัคร /アーサー サマック/ ボランティア
อาหรับ /アーラップ/ (⊛Arab) アラブ, アラビア
อาหาร /アーハーン/ (⊛ food, cooking) 食物, 料理 **อาหารกระป๋อง** /アーハーン クラポーン/ 缶詰食品 **อาหารกลางวัน** /アーハーン クラーン ワン/ 昼食 **อาหารเช้า** /アーハーン チャーオ/ 朝食 **อาหารเย็น** /アーハーン イェン/ 夕食 **อาหารว่าง** /アーハーン ワーン/ おやつ, 間食
อำ /アム/ (⊛cover up) 隠す
อำนวย /アムヌアイ/ (⊛ give, command) 与える, 率いる **อำนวยการ** /アムヌアイ カーン/ 管理する, 執行する **อำนวยผล** /アムヌアイ ポン/ 効果をもたらす
อำนาจ /アムナート/ (⊛ power) 権力 **อำนาจจิต** /アムナート チット/ 精神力 **อำนาจอธิปไตย** /アムナート アティパタイ/ 主権
อำเภอ /アムプー/ (⊛ district) 郡《県 **จังหวัด** の下位行政区分》
อำเภอใจ /アムプー チャイ/ (⊛ free will) 自由意志
อำลา /アムラー/ (⊛ say good bye) 別れの言葉を述べる
อ้ำอึ้ง /アムウン/ (⊛ be silent, be amazed *at*) 黙る, 唖然とする
อิง /イン/ (⊛lean on, rely on) もたれる, 頼る **อิงประวัติศาสตร์** /イン プラウッティサート/ 史実に基づく, 歴史的な **อิงแอบ** /イン エープ/ 寄り添う, 抱き合う
อิจฉา /イッチャー/ (⊛be jealous *of*, envy) ねたむ, うらやむ
อิฐ /イット/ (⊛brick) 煉瓦 (れんが)
อิดออด /イット オート/ (⊛ be reluctant) 気が進まない, 不承不承の
อิทธิ /イッティ/ (⊛power, prosperity) 威力, 繁栄 **อิทธิพล** /イッティポン/ 影響力 **อิทธิฤทธิ์** /イッティリット/ (魔法の) 力, 神通力
อินเดีย /インディア/ (⊛ India)

インド
อินโดจีน /インドーチーン/ (⊛ Indo-china) インドシナ
อินโดนีเซีย /インドーニーシア/ (⊛ Indonesia) インドネシア
อินทร์ /イン/ (⊛ Indra) インドラ神, 帝釈天 (たいしゃくてん)《ヒンドゥー教の神》
อินทรี /インシー/ (⊛ eagle)〖動〗ワシ
อินทรีย์ /インシー/ (⊛ body and soul, organic) 心身；有機的 **อินทรีย์เคมี** /インシーケーミー/ 有機化学
อิ่ม /イム/ (⊛ have eaten enough) 満腹する **อิ่มใจ** /イムチャイ/ 満足する
อิ่มอาบ /イムアープ/ すっかり満足する **อิ่มเอิบ** /イムウープ/ すっかり満足する
อิริยาบถ /イリヤーボット/ (⊛ manners, behavior) マナー, 振る舞い
อิสระ /イッサラ/ (⊛ free) 自由の **อิสรภาพ** /イッサラパープ/ 自由, 独立
อิสราเอล /イッサラーエーン/ (⊛ Israel) イスラエル
อิสลาม /イッサラーム/ (⊛ Islam) イスラム (教)
อิหร่าน /イラーン/ (⊛ Iran) イラン
อี /イー/《女性, 雌の名につけて, 軽蔑を表す》**อีกา** /イーカー/ カラス **อีแก่** /イーケー/ おいぼれ《老妻, 老婆に》**อีตัว** /イートゥア/ 売春婦, 売女 (ばいた)

อีก /イーク/ (⊛ more, again) もっと, 再び **อีกทีหนึ่ง** /イークティーヌン/ もう一度 **อีกประการหนึ่ง** /イークプラカーンヌン/ 一つには, 更にまた
อีกไม่นาน /イークマイナーン/ 間もなく, やがて
อีกหน่อย /イークノイ/ じきに, もう少し
อียิปต์ /イーイップ/ (⊛ Egypt) エジプト
อีสาน /イーサーン/ (⊛ Northeast district, Esarn)〖文〗東北,〖地〗イサーン, タイ東北地方
อีโหน่อีเหน่ /イーノーイーネー/ (⊛ situation, details) 事情, いきさつ **ไม่รู้อีโหน่อีเหน่** /マイルーイーノーイーネー/ 一切事情を知らない

อี๋ /ウ/ (⊛ feces) 大便
อึก /ウック/ (⊛ swallow) ひと飲み, ごくり
อึกทึก /ウックトゥック/ (⊛ loudly, noisy) 大声で, 騒々しい
อึกอัก /ウックアック/ (⊛ mumble, hesitate) 口ごもる, ためらう
อึง /ウン/ (⊛ noisy) やかましい, 騒々しい
อึ้ง /ウン/ (⊛ paused) 黙り込んだ
อึด /ウット/ (⊛ endure, control, have guts) 耐える, 抑

える，根性がある **อึดใจ** /ウットチャイ/ 息をとめる；一瞬 **อึดอัด** /ウットアット/ 窮屈な，息苦しい

อืด /ウート/ (英 distended, sluggish) 膨らんだ；のろい **อืดอาด** /ウートアート/ のろい，ぐずぐずする

อื่น /ゥーン/ (英 other) 他の **ก่อนอื่น** /コーンウーン/ まずは

อือ /ゥー/ (英 Uh!, Yes) えーっ！，うん《驚き，同意》

อื้อ /ゥー/ (英 loud, abundant) やかましい，豊富に **อื้อฉาว** /ウーチャーオ/ 悪評にさらされた，悪名高い **อื้ออึง** /ウーウン/ 耳をつんざく，騒々しい

อุกฉกรรจ์ /ウック チャカン/ (英 serious) 重大な，シリアスな

อุกอาจ /ウック アート/ (英 encroach, bold) 侵犯する；大胆な

อุ้ง /ウン/ (英 palm, sole) 手のひら，足の裏

อุจจาระ /ウッチャーラ/ (英 feces) 大便

อุด /ウット/ (英 plug, block) 栓をする，ふさぐ **อุดอู้** /ウットゥー/ 窮屈な，息のつまる

อุดม /ウドム/ (英 rich, fertile) 豊かな，肥沃な **อุดมการณ์** /ウドムカーン/ 理想 **อุดมคติ** /ウドムカティ/ 理想 **อุดมสมบูรณ์** /ウドムソムブーン/ 豊富な

อุดรธานี /ウドンターニー/ (英 Udonthani) ウドンタニ（県・市）

อุดหนุน /ウットヌン/ (英 support) 助ける，援助する

อุตสาหกรรม /ウッサーハカム/ (英 industry) 工業，産業

อุตส่าห์ /ウッサー/ (英 bother, attempt) わざわざ…する，一生懸命やる

อุทกภัย /ウトッカパイ/ (英 flood) 洪水

อุทธรณ์ /ウットーン/ (英 appeal) 訴える

อุทัย /ウタイ/ (英 sunrise) 夜明け

อุทาน /ウターン/ (英 exclaim, interjection) 叫ぶ；間投詞

อุทาหรณ์ /ウターホーン/ (英 example) 例

อุทิศ /ウティット/ (英 devote) 捧げる

อุ่น /ウン/ (英 warm) 暖かい；暖める

อุบ /ウップ/ (英 hide, embezzle) 隠す，私物化する **อุบอิบ** /ウップイップ/ つぶやく

อุบลราชธานี /ウボンラーッチャターニー/ (英 Ubonrachathani) ウボンラチャタニ（県・市）

อุบัติเหตุ /ウバッティヘート/ (英 accident) 事故

อุบาย /ウバーイ/ (英 stratagem, plot) 計略，陰謀

อุโบสถ /ウボーソット/ (英 main temple building) 本堂，仏堂

อุปกรณ์ /ウッパコーン/ (® facilities, equipment) 設備, 機器

อุปการะ /ウッパカーラ/ (® support) 援助する

อุปถัมภ์ /ウッパタム/ (® patronize, support) スポンサーになる, 援助

อุปนิสัย /ウッパニサイ/ (® habit, nature) 素質, 性質

อุปโภค /ウッパポーク/ (® use, consume) 使う, 消費する

อุปมา /ウッパマー/ (® figure of speech, compare) 比喩 ; たとえる

อุปสรรค /ウッパサック/ (® obstacle) 障害

อุปาทาน /ウパーターン/ (® imagination, prejudice) 想像 ; 偏見

อุ้ม /ウム/ (® hold) 抱く, 抱える **อุ้มชู** /ウム チュー/ かわいがる **อุ้มท้อง** /ウム トーン/ 妊娠する **อุ้มน้ำ** /ウム チャム/ 吸湿性の

อุโมงค์ /ウモーン/ (® cave, tunnel) 洞穴, トンネル

อุ้ยอ้าย /ウィテーイ/ (® awkward, stolid) ぎこちない, 鈍重な

อุ๊ย /ウイ/ (® Oh!) あれっ! 《驚き》 **อุ๊ยตาย** /ウイ タイ/ あれまあ

อู่ /ウー/ (® cradle, garage, dock) 揺りかご, 自動車修理工場, ドック **อู่ต่อเรือ** /ウー トールア/ 造船所 **อู่รถ** /ウー ロット/ ガレージ, 自動車修理工場

อู้ /ウー/ (® delay, talk) 遅れる ; 話す **อู้อี้** /ウーエー/ (目, 耳に) はっきりしない

อูฐ /ウート/ (® camel) 【動】ラクダ

อูม /ウーム/ (® swelling, raised) 膨れた, 隆起した

เอ /エー/ (® Huh!) あっ!, えっ!《軽い驚き, 疑い》

เอ่ /エー/ (® important, leading) 〖口〗重要な, 第一人者の

เอก /エーク/ (® first, top-ranked) 第一の, 最高の **เอกชน** /エークカチョン/ 私立の, 私的な **เอกราช** /エークカラート/ 独立 **เอกลักษณ์** /エークカラック/ アイデンティティ **เอกสาร** /エークカサーン/ 書類 **เอกสิทธิ์** /エーク カシット/ 特権 **เอกอัครราชทูต** /エーク アック クララート チャトゥート/ 大使

เอง /エーン/ (® self, by itself) 自身 ; ひとりでに

เอ็ง /エン/ (® you) お前《目下に》

เอเชีย /エーシア/ (® Asia) アジア

เอ็ด /エット/ (® one, scold) 《11,101など, 二桁以上の数の一桁目の1》; 叱る **เอ็ดตะโร** /エット タロー/ 大声を上げる, 騒ぐ

เอน /エーン/ (® inclined, lean on) 傾いた, もたれる **เอน**

หลัง /エーン ラン/ 横たわる **เอนเอียง** /エーン イアン/ …寄りの, 偏向した

เอ็น /エン/ (⊛ tendon) (アキレス) 腱

เอ็นดู /エンドゥー/ (⊛ care for) 可愛がる

เอ่ย /ウーイ/ (⊛ mention, speak) 言い出す, 口を開く **อะไรเอ่ย** /アライ ウーイ/《 クイズで 》さて何でしょう?

เอร็ดอร่อย /アレット アロイ/ (⊛ delicious) おいしい

เอว /エーオ/ (⊛ waist, hip) 腰

เออ /ウー/ (⊛ Ah!, Yes!, Good!) うん, そうだ, よし

เอออวย /ウー ウアイ/ 同意する, 認める **เออออห่อหมก** /ウー オー ホーモック/ 同意する

เอ่อ /ウー/ (⊛ rising, overflowed) (潮が) 満ちた, 溢れた

เอะใจ /エ チャイ/ (⊛ perceive) はっと気づく

เอะอะ /エ ア/ (⊛ noisy, make a lot of noise, suddenly) やかましい, 騒ぐ; 突然に

เอา /アオ/ (⊛ take, want) 取る, 要る;《 動詞の後について入手, 受領, 完遂などを表す 》**เอาการเอางาน** /アオ カーン アオ ガーン/ 勤勉な, 熱心な **เอาจริง** /アオ チン/ 真面目に, 本気で **เอาใจ** /アオ チャイ/ 機嫌をとる **เอาใจใส่** /アオ チャイ サイ/ 一生懸命にやる, 留意する **เอาตัวรอด** /アオ トゥア ロート/ 命が助かる, 生き残る **เอาแต่ได้** /アオ テー ダーイ/ 自分の利益ばかり考える **เอาเถอะ** /アオ トゥ/ よし来た! **เอาเปรียบ** /アオ プリアップ/ よく知っている, もっと利益をあげる **เอาละ** /アオ ラ/ では, よろしい **เอาหน้า** /アオ ナー/ (注目されようと) いい顔をする **เอาใหม่** /アオ マイ/ やり直す, もう一度やる **เอาอย่าง** /アオ ヤーン/ まねをする **เอาออก** /アオ オーク/ 取り出す, 取り除く

เอ้า /アオ/ (⊛ Look!, There!) ほら, そこだ

เอิกเกริก /ウーク カルーク/ (⊛ boisterous) ばか騒ぎの

เอิบ /ウープ/ (⊛ soak) しみ込む

เอิบอาบ /ウープ アープ/ (⊛ stand out, be full of) 浴びる (脚光を), (幸せに) 浸る

เอียง /イアン/ (⊛ slope, tendency toward…) 傾く;…寄りの **เอียงอาย** /イアン アーイ/ 恥じらう **เอียงหู** /イアン ラー/ 耳を寄せる《 内緒話を聞く 》

เอี่ยม /イアム/ (⊛ brand-new, fresh) 真新しい, ぴかぴかの

เอื้อ /イアオ/ (⊛ share) 分ける

เอี้ยว /イアオ/ (⊛ twist, turn, crouch) (体を) ねじる, かがむ

เอื้อ /ウア/ (⊛ care, help) 世話

| เอื้อม ► | |

をする，助ける **เอื้อเฟื้อ** /ウアフア/ 助ける

เอือม /ウアム/ (⊛ be tired *of*) うんざりする

เอื้อม /ウアム/ (⊛ reach for, aspire) (物に) 手をのばす，熱望する **เอื้อมอาจ** /ウアムアート/ 挑戦する，高望みする

เอื่อย /ウアイ/ (⊛ gently, softly) ゆるやかに，穏やかに

แอก /エーク/ (⊛ yoke, tyranny) くびき，圧政

แอ่ง /エン/ (⊛ hollow, puddle) 窪地, 水たまり

แอ่น /エーン/ (⊛ bend, convex) 反る；凸状の

แอบ /エープ/ (⊛ in secret) こっそり…する **แอบดู** /エープドゥー/ のぞき見る **แอบอ้าง** /エープアーン/ 盗用する **แอบอิง** /エープイン/ もたれる

แอปเปิ้ล /エッブン/ (⊛ apple) リンゴ

แอฟริกา /エーッフリカー/ (⊛ Africa) アフリカ

แอ้ม /エム/ (⊛ eat, get)【口】食べる，手に入れる

แอร์ /エー/ (⊛ air conditioner) エアコン

แออัด /エーアット/ (⊛ crowded, overcrowded) 混雑した，すし詰めの

โอ /オー/ (⊛ small bowl, Oh!) 水飲み椀；おー《驚き，うろたえ》

โอ่ /オー/ (⊛ show off) 見せびらかす **โอ่อ่า** /オーアー/ 豪華な，派手な

โอ้ /オー/ (⊛ Oh!, loudly) おお！《悲しみ》；大声で **โอ้อวด** /オーウアット/ 自慢する，ほらを吹く

โอ๋ /オー/ (⊛ There, there) よしよし《子どもをなだめる》

โอกาส /オーカート/ (⊛ chance) 機会，チャンス

โอ่ง /オーン/ (⊛ water jar) 水がめ

โอชา /オーチャー/ (⊛ tasty) 美味な **โอชารส** /オーチャーロット/ 美味，好物

โอด /オート/ (⊛ cry, grieve) 泣く，嘆く

โอน /オーン/ (⊛ transfer, tend) 譲る，…に傾く **โอนสัญชาติ** /オーンサンチャート/ 帰化する **โอนอ่อน** /オーンオーン/ いやいや従う **โอนเอน** /オーンエーン/ ぐらつく

โอบ /オープ/ (⊛ embrace) 抱擁する **โอบอ้อมอารี** /オーブオームアーリー/ 親切な，寛大な **โอบอุ้ม** /オープウム/ 抱きかかえる，支援する

โอยโอ๋ย /オーイ, オーイ/ (⊛ Ouch!) 痛い！，あいたっ！

โอรส /オーロット/ (⊛ royal son)【王】王子

โอเลี้ยง /オーリアン/ (⊛ Thai iced coffee) オリアン，タイ風アイスコーヒー

โอวาท /オーワート/ (⊛ advice, admonition) 忠告, 訓戒

โอหัง /オーハン/ (⊛ arrogant) 傲慢な

ไอ /アイ/ (⊛ gas, steam, cough) ガス, 蒸気 ; 咳をする **ไอน้ำ** /アイナーム/ 湯気, 蒸気 **ไอพ่น** /アイポン/ ジェット《飛行機, エンジン》 **ไอพิษ** /アイピット/ 毒ガス **ไอเสีย** /アイシア/ 排気ガス

ไอศกรีม /アイサクリーム/ (⊛ ice cream) アイスクリーム

ฮ

ฮวบฮาบ /フアップ ハープ/ (⊛ rapidly) 急いで

ฮ่อ /ホー/ (⊛ good, OK) よい, OK

ฮ่องกง /ホンコン/ (⊛ Hong Kong) 香港

ฮอลันดา /ホーランダー/ (⊛ Holland) オランダ

ฮะ ⇒ **ครับ, คะ** 《文末につけるていねい語》

ฮัลโหล /ハンロー/ (⊛ Hello!) もしもし《電話で》

ฮา /ハー/ (⊛ Hah, hah!, laugh) はっはっは《笑い声》, 笑う

ฮึกเหิม /フックハーム/ (⊛ fearless) 恐れを知らぬ

ฮุบ /フップ/ (⊛ grab, bite) ひったくる, 噛みつく

เฮ, เฮโล /ヘー, ヘーロー/ (⊛ whoop it up, crowd) ばか騒ぎする, 群がる

เฮง /ヘン/ (⊛ lucky) 幸運な

เฮฮา /ヘーハー/ (⊛ a ripple of laughter) 笑いさざめき

เฮ้ย /ラーイ/ (⊛ Hey!, Hi!) おーい!

เฮีย /ヒア/ (⊛ (elder) brother) 兄さん

เฮี้ยน /ヒアン/ (⊛ manifest) 霊が現れる

เฮี้ยบ /ヒアップ/ (⊛ strict, serious) 厳しい

เฮือก /フアック/ (⊛ tremble hard) 激しく揺れる

แฮม /ヘム/ (⊛ ham) ハム

โฮ /ホー/ (⊛ cry loudly) わあわあ泣く

โฮกฮาก /ホックハーク/ (⊛ rudely) そっけなく

โฮเต็ล /ホーテン/ (⊛ hotel) ホテル

ไฮโซ /ハイソー/ (⊛ high-society) ハイソな

タイの観光地 สถานที่ท่องเที่ยว /サターンティー トンティアオ/

アユタヤ　อยุธยา /アユッタヤー/
アランヤプラテート　อรัญประเทศ /アランヤプラテート/
アンダマン海　ทะเลอันดามัน /タレー アンダーマン/
イサーン（東北地方）　อีสาน /イーサーン/
カンチャナブリ　กาญจนบุรี /カーンチャナブリー/
カオ・プラビハーン　เขาพระวิหาร /カオ プラウィハーン/
カオヤイ国立公園　เขาใหญ่ /カオヤイ/
カタ・ビーチ　หาดกะตะ /ハート カタ/
カロン・ビーチ　หาดกะรน /ハート カロン/
カンペンペット　กำแพงเพชร /カムペーンペット/
クワイ川　แม่น้ำแควน้อย /メーナーム クウェー ノーイ/
クラビ　กระบี่ /クラビー/
コラート　โคราช /コーラート/
ゴールデントライアングル　สามเหลี่ยมทองคำ /サームリアム トーンカム/
サムイ島　เกาะสมุย /コ サムイ/
サメット島　เกาะเสม็ด /コ サメット/
シーサッチャナライ　ศรีสัชนาลัย /シーサッチャナーライ/
ジョムティエン・ビーチ　หาดจอมเทียน /ハート チョームティアン/
スコータイ　สุโขทัย /スコータイ/
タートパノム　ธาตุพนม /タートパノム/
タイ・ラオス友好橋　สะพานมิตรภาพไทยลาว /サパーン ミットラパープ タイ ラーオ/
チー川　แม่น้ำชี /メーナーム チー/
チェンセン　เชียงแสน /チアンセーン/
チェンマイ　เชียงใหม่ /チアンマイ/
チェンライ　เชียงราย /チアンラーイ/

チャーム・ビーチ	หาดชะอำ	/ ハート チアム /
ドイインタノン	ดอยอินทนนท์	/ ドーイ インタノン /
ドイステープ	ดอยสุเทพ	/ ドーイ ステープ /
トラン	ตรัง	/ トラン /
ナコンシータマラート	นครศรีธรรมราช	/ ナコーンシータムマラート /
ナコーンパトム	นครปฐม	/ ナコーンパトム /
ハジャイ	หาดใหญ่	/ ハートヤイ /
バンチェン遺跡	บ้านเชียง	/ バーンチアン /
バンパイン離宮	บางปะอิน	/ バーンパイン /
パタヤ	พัทยา	/ パッタヤー /
パトン・ビーチ	หาดป่าตอง	/ ハート パトーン /
パノム・ルン遺跡	ปราสาทหินพนมรุ้ง	/ プラサートヒン パノムルン /
パンガー湾	อ่าวพังงา	/ アーオ パンガー /
ピピ島	เกาะพีพี	/ コ ピーピー /
ピマイ遺跡	ปราสาทหินพิมาย	/ プラサートヒン ピマーイ /
ピン川	แม่ปิง	/ メー ピン /
フアヒン・ビーチ	หาดหัวหิน	/ ハート フアヒン /
プーケット島	เกาะภูเก็ต	/ コ プーケット /
プロンテープ岬	แหลมพรหมเทพ	/ レーム プロムテープ /
ムアン・タム遺跡	ปราสาทหินเมืองต่ำ	/ プラサートヒン ムアンタム /
ムーン川	แม่น้ำมูล	/ メーナーム ムーン /
メーサイ	แม่สาย	/ メーサーイ /
メーホンソン	แม่ฮ่องสอน	/ メーホンソーン /
メコン川	แม่น้ำโขง	/ メーナーム コーン /
ヨム川	แม่น้ำยม	/ メーナーム ヨム /
ラノン	ระนอง	/ ラノーン /
ラヨン	ระยอง	/ ラヨーン /
ラン島	เกาะล้าน	/ コ ラーン /
ロップリー	ลพบุรี	/ ロップリー /

タイ県名　จังหวัด / チャンウット /

アムナートチャルーン　อำนาจเจริญ / アムナートチャルーン /
アントーン　อ่างทอง / アントーン /
ウタイタニ　อุทัยธานี / ウタイターニー /
ウタラディット　อุตรดิตถ์ / ウッタラディット /
ウドンタニ　อุดรธานี / ウドンターニー /
ウボンラチャタニ　อุบลราชธานี / ウボンラーチャターニー /
カラシン　กาฬสินธุ์ / カーラシン /
カンチャナブリ　กาญจนบุรี / カーンチャナブリー /
カンペンペット　กำแพงเพชร / カムペーンペット /
クラビ　กระบี่ / クラビー /
バンコク　กรุงเทพมหานคร / クルンテープマハーナコーン /
コンケン　ขอนแก่น / コーンケン /
サケオ　สระแก้ว / サケーオ /
サコンナコン　สกลนคร / サコンナコーン /
サトーン　สตูล / サトゥーン /
サムットサコン　สมุทรสาคร / サムットサーコーン /
サムットソンクラム　สมุทรสงคราม / サムットソンクラーム /
サムットプラカン　สมุทรปราการ / サムットプラカーン /
サラブリ　สระบุรี / サラブリー /
シーアユタヤ　พระนครศรีอยุธยา / プラナコーン シーアユッタヤー /
シーサケット　ศรีสะเกษ / シーサケート /
シンブリ　สิงห์บุรี / シンブリー /
スコータイ　สุโขทัย / スコータイ /
スパンブリ　สุพรรณบุรี / スパンブリー /
スラタニー　สุราษฎร์ธานี / スラートターニー /
スリン　สุรินทร์ / スリン /
ソンクラー　สงขลา / ソンクラー /
タ−ク　ตาก / タ−ク /
チェンマイ　เชียงใหม่ / チアンマイ /

チェンライ　　เชียงราย / チアンラーイ /
チャイナート　　ชัยนาท / チャイナート /
チャイヤプーム　　ชัยภูมิ / チャイヤプーム /
チャチュンサオ　　ฉะเชิงเทรา / チャチューンサオ /
チャンタブリ　　จันทบุรี / チャンタブリー /
チュムポン　　ชุมพร / チュムポーン /
チョンブリ　　ชลบุรี / チョンブリー /
トラート　　ตราด / トラート /
トラン　　ตรัง / トラン /
ナン　　น่าน / ナーン /
ナコンサワン　　นครสวรรค์ / ナコーンサワン /
ナコンナーヨック　　นครนายก / ナコーンナーヨック /
ナコンパトム　　นครปฐม / ナコーンパトム /
ナコンパノム　　นครพนม / ナコーンパノム /
ナコンラチャシマ　　นครราชสีมา / ナコーンラーッチャシーマー /
ナコンシータマラート　　นครศรีธรรมราช / ナコーンシータムマラート /
ナラティワート　　นราธิวาส / ナラーティワート /
ノンカイ　　หนองคาย / ノーンカーイ /
ノンブアランプー　　หนองบัวลำภู / ノーンブアラムプー /
ノンタブリ　　นนทบุรี / ノンタブリー /
パッタニー　　ปัตตานี / パッターニー /
パッタルン　　พัทลุง / パッタルン /
パトゥムタニー　　ปทุมธานี / パトゥムターニー /
パヤオ　　พะเยา / パヤオ /
パンガー　　พังงา / パンガー /
ピサヌローク　　พิษณุโลก / ピサヌローク /
ピチット　　พิจิตร / ピチット /
プーケット　　ภูเก็ต / プーケット /
プラチンブリ　　ปราจีนบุรี / プラーチーンブリー /
プラチュアップキリカン　　ประจวบคีรีขันธ์ / プラチュアッキーリーカン /
ブリラム　　บุรีรัมย์ / ブリーラム /
プレー　　แพร่ / プレー /
ブンカーン　　บึงกาฬ / ブンカーン /

ペチャブン　เพชรบูรณ์ / ペッチャブーン /
ペブリ　เพชรบุรี / ペップリー /
マハーサラカム　มหาสารคาม / マハーサーラカーム /
ムクダーハン　มุกดาหาร / ムックダーハーン /
メーホンソン　แม่ฮ่องสอน / メーホンソーン /
ヤソトン　ยโสธร / ヤソートーン /
ヤラー　ยะลา / ヤラー /
ラートブリ　ราชบุรี / ラートブリー /
ラノン　ระนอง / ラノーン /
ラヨン　ระยอง / ラヨーン /
ランパーン　ลำปาง / ラムパーン /
ランプーン　ลำพูน / ラムプーン /
ルーイ　เลย / ルーイ /
ロイエット　ร้อยเอ็ด / ローイエット /
ロップリ　ลพบุรี / ロップリー /

2004年6月10日 初版発行

デイリー日タイ英・タイ日英辞典

2015年2月10日　第6刷発行

監　修　宇戸清治（うど・せいじ）

編　集　三省堂編修所

発行者　株式会社三省堂　代表者 北口克彦

印刷者　三省堂印刷株式会社
　　　　（DTP　株式会社ジャレックス）

発行所　株式会社三省堂
　　　　〒101-8371
　　　　東京都千代田区三崎町二丁目22番14号
　　　　　　電話　編集　(03) 3230-9411
　　　　　　　　　営業　(03) 3230-9412
　　　　http://www.sanseido.co.jp/
　　　　振替口座　00160-5-54300
　　　　商標登録番号　521139・521140

〈デイリー日タイ英・1056 pp.〉

落丁本・乱丁本はお取替えいたします

ISBN978-4-385-12240-3

の全部または一部を無断で複写複製（コピー）する
，著作権法上での例外を除き，禁じられていま
者からの複写を希望される場合は，日本複製権
（03-3401-2382）にご連絡ください。

コラム：タイトル一覧

味	おいしい, まずい, 甘い, 辛い, 苦い, 渋い, 酸っぱい, …………	11
家	門, 呼び鈴, ドア, ベランダ, 庭, 部屋, 和室, ………………	31
衣服	スーツ, ズボン, スラックス, スカート, ワンピース, ………	46
色	黒, グレー, 白, 青, 赤, 緑, 茶, 紫, …………………………	51
家具	クローゼット, 椅子, 長椅子, 肘掛け椅子, ソファー, テーブル,	119
家族	父, 母, 兄, 姉, 弟, 妹, 夫, 妻, 息子, 娘, ………………………	130
体	頭, 目, 肩, 肘, 膝, 鼻, 腹, 手首, ……………………………	145
木	松, 杉, チーク, タイ桜, 椰子, ウチワヤシ, 菩提樹, ゴムノキ, ……	159
季節・月	春, 夏, 秋, 冬, 1月, 12月…………………………………	167
果物	苺, バナナ, パイナップル, ドリアン, マンゴー, ランブータン, …	196
化粧品	口紅, アイシャドー, 化粧水, パック, シャンプー, …………	214
ゴルフ	ウッド, アイアン, ドライバー, キャディー, ギャラリー, ………	258
コンピュータ	パソコン, メモリ, モニター, アイコン, インストール, …	262
魚・水棲動物	鰯, 鮪, 鮭, 鮑, 鰻, 帆立貝, 雷魚, 鯨, ………………	272
時間	年, 週, 朝, 夜, 明日, 昨日, ……………………………………	295
時刻	午前6時, 午前7時, 午前4時20分, 午後8時半, …………	298
職業	医者, 会社員, 教師, 公務員, 職人, 弁護士, 薬剤師, …………	346
食器	グラス, コーヒーポット, 皿, スプーン, 箸, …………………	351
人体	脳, 骨, 血管, 胃, 肝臓, 心臓, 肺, …………………………	362
数字	1, 10, 100, 万, 億, 2倍, ………………………………	370
スポーツ	体操, 卓球, 野球, テニス, ゴルフ, セパタクロー, …………	384
台所用品	鍋, フライパン, 包丁, ミキサー, 泡立て器, ………………	435
調味料・香辛料・ハーブ	砂糖, 魚醬, 唐辛子, ココナツミルク, ………	472
動物	ライオン, 山羊, 虎, 犬, 猫, 水牛, …………………………	514
鳥	鶏, 白鳥, 鶴, 燕, 鳩, 雲雀, 鴎, ペンギン, …………………	531
度量衡	ミリ, メートル, マイル, キロ, トン, 摂氏, ………………	534
飲み物	水, コーラ, 紅茶, ワイン, カクテル, ……………………	570
花	タンポポ, 紫陽花, 菊, 椿, ジャスミン, 睡蓮, ……………	591
バンコクの正式名称	クルンテープ マハーナコーン アモーン, ……	601
病院	看護師, 患者, 内科, 外科, 小児科, レントゲン, …………	621
病気	赤痢, エイズ, 結核, 糖尿病, コレラ, 風邪, ………………	623
店	八百屋, 花屋, 本屋, クリーニング店, ………………………	696
野菜	トマト, ピーマン, レタス, ズ, 冬瓜, オクラ, 人参, ………	728
曜日	日曜日, 水曜日, 土曜日, 平日, 週末, ………………………	747
料理	ライス, もち米, 焼きそば, トムヤムクン, グリーンカレー, …	768
類別詞	台, 枚, 組, 冊, 個, 本, 杯, …………………………………	772